資源・エネルギー史事典

トピックス 1712-2014

日外アソシエーツ編集部編

日外アソシエーツ

A Cyclopedic Chronological Table of Natural Resources and Energy 1712-2014

Compiled by
Nichigai Associates, Inc.

©2015 by Nichigai Associates, Inc.
Printed in Japan

本書はディジタルデータでご利用いただくことができます。詳細はお問い合わせください。

●編集担当● 小川 修司

刊行にあたって

　戦後、日本の主要なエネルギーは、石炭から石油へ、オイルショックを経て石油から原子力へと推移をみた。そして直近の東日本大震災での東京電力福島第一原子力発電所事故を経て、依存が進んでいた原子力からの脱却が進み始めている。福島第一原発事故の爪痕は未だに国民に大きく影を落とす一方で、資源・エネルギー分野、特に、太陽光発電、地熱発電、風力発電、波力発電など、いままで顧みられなかった再生可能エネルギーの分野に注目が集まることとなったのである。しかしながら、日本が必要とする莫大なエネルギーを賄うには不足があるという理由で、原子力の「安全神話」が再び語られるようになるのかもしれない。歴史は繰り返すという言葉がある。福島第一原発事故以前にも、原発に関連する事故、事故隠し、データ改ざん等が発覚し、警鐘を鳴らす機会はあった。にもかかわらず、事故に至るまで原発は安全だという神話の前に結局抜本的な対策は取られなかったのである。今こそ、資源エネルギーの歴史を学び、敢えて再びの危機を選ぶか、暮らしの安全を選ぶか考えなければならないのではないだろうか。

　本書は、1712年（延宝3年）から2014年（平成26年）まで、実用的な蒸気機関が開発され産業革命が起こったその時から現在に至るまでの資源・エネルギーに関する出来事を収録した年表形式の事典である。熱エネルギー、電力、火力、原子力、再生可能エネルギー、核エネルギーなどさまざまなエネルギー、石油・石炭・天然ガスなど資源に関する出来事を広く収録し、実用的な蒸気機関が開発されて以降の資源・エネルギー史を概観できる資料を目指した。巻末には、分野別索引、事項名索引を付し、利用の便をはかった。

　編集にあたっては誤りや遺漏のないよう努めたが、不十分な点もあるかと思われる。お気付きの点はご教示いただければ幸いである。

　本書が資源・エネルギー史についての便利なデータブックとして多くの方々に活用されることを期待したい。

2015年5月

日外アソシエーツ

目　次

凡　例 ……………………………………………… (6)

資源・エネルギー史事典 ―トピックス 1712-2014
　本　文 ……………………………………………… 1
　分野別索引 ………………………………………… 307
　事項名索引 ………………………………………… 349

凡　例

1. **本書の内容**
   本書は、資源・エネルギーに関する出来事を年月日順に掲載した記録事典である。

2. **収録対象**
   (1) 熱エネルギー、電力、火力、原子力、再生可能エネルギー、核エネルギー、石炭、石油、ガス、核燃料など、資源・エネルギー史に関する重要なトピックとなる出来事を幅広く収録した。
   (2) 収録期間は1712年から2014年(平成26年)まで、実用的な蒸気機関が開発されて以降から現在にわたり、収録項目は3,930件である。

3. **排　列**
   (1) 各項目を年月日順に排列した。
   (2) 原則として明治5年以前については、日本では旧暦の年月日を使用した。
   (3) 原則として、海外における出来事については、現地時間ではなく、日本時間を使用した。
   (4) 日が不明な場合は各月の終わりに、月日とも不明または確定できないものは「この年」として、おおよその年しか分からない場合は「この頃」として、各年の末尾に置いた。

4. **記載事項**
   各項目は、分野、内容を簡潔に表示した見出し、本文記事で構成した。

5. **分野別索引**
   (1) 本文に記載した項目を分野別にまとめた。
   (2) 分野構成は、索引の先頭に「分野別索引目次」として示した。
   (3) 各分野の中は年月日順に排列し、本文における項目の所在は、見出しと年月日で示した。

6. 事項名索引
    (1) 本文記事に現れる用語、テーマ、人名、団体名などを事項名とし、読みの五十音順に排列した。
    (2) 各事項の中は年月日順に排列し、本文記事の所在は、本文見出しと年月日で示した。

7. 参考文献
    本書の編集に際し、主に以下の資料を参考にした。
    『おもしろい電池のはなし』山川正光著 日刊工業新聞社 1991.1
    『エネルギーの科学史』小山慶太著 河出書房新社 2012.10
    『エネルギー工学と社会』内山洋司著 放送大学教育振興会 2006.3
    『エネルギー戦後50年の検証』松井賢一編著 電力新聞社 1995.7
    『エレクトロニクスを中心とした年代別科学技術史(第5版)』城阪俊吉著 日刊工業新聞社 2001.11
    『エンジンからクルマへ』E. ディーゼルほか著 山海堂 1984.10
    『解説・都市ガス』日本ガス協会編著 ダイヤモンド社 1985.7
    『改訂 エレクトロニクスの開拓者たち』水島宜彦著, 電子通信学会編 電子通信学会 1985.3
    『科学千夜一夜』利岡靖著 ジャパンマシニスト社 1980.9
    『原子力総合年表』原子力総合年表編集委員会編 すいれん舎 2014.7
    『原子力年鑑2015』「原子力年鑑」編集委員会編 日刊工業新聞社 2014.10
    『原子力年表』森一久編 日本原子力産業会議 1986.11
    『現代工業経済論』三訂版 川上幸一著 税務経理協会 1989.1
    『公害・環境問題史を学ぶ人のために』小田康徳編 世界思想社 2008.10
    『自然科学の歴史:物質とエネルギー』紫藤貞昭著 弘学出版 1983.4
    『自動車エンジン基本ハンドブック』長山勲著 山海堂 2007.1
    『省エネルギー読本』向坂正男監修 省エネルギーセンター 1985.3
    『新技術の社会誌』鈴木淳著 中央公論新社 2013.10
    『新・電気文明の展望』岸田純之助監修 ダイヤモンド社 1988.5
    『新版 電気の技術史』山崎俊雄ほか著 オーム社 1992.12
    『水素エネルギー読本』水素エネルギー協会編 オーム社 2007.1
    『水力技術百年史』水力技術百年誌編纂委員会編 電力土木技術協会 1992.6
    『世界石油年表』村上勝敏著 オイル・リポート社 2001.10
    『世界発明年表』江夏弘著 通産資料調査会 1971.9
    『石炭の科学と技術-未来につなぐエネルギー』日本エネルギー学会編

2013.11.25 コロナ社
『石油』岡部彰著 日本経済評論社 1986.11
『石油の歴史』エティエンヌ・ダルモンほか著 三浦礼恒訳 白水社 2006.8
『石油便覧 2000(最新版)』日石三菱株式会社編 燃料油脂新聞社 2000.3
『戦後エネルギー産業史』日本エネルギー経済研究所編 東洋経済新報社 1986.7
『戦後石油産業史』石油連盟編纂 石油連盟 1985.12
『戦後日本公害史論』宮本憲一著 岩波書店 2014.7
『太陽電池:21世紀のクリーンな発電として』谷辰夫ほか共著 パワー社 2008.10
『地球環境・エネルギー食料問題研究会報告書』地球環境・エネルギー・食料問題研究会 1997.3
『地中熱利用ヒートポンプの基本がわかる本』内藤春雄著 オーム社 2012.10
『地熱開発の記録』佐藤浩[著] 佐藤浩 2012.9
『地熱発電の現状と動向 2013 年』火力原子力発電技術協会編 火力原子力発電技術協会 2014.5
『電気事業発達史』電気事業講座編集委員会編 電力新報社 1996.7
『電気鉄道技術発達史』鉄道電化協会編 鉄道電化協会 1983.12
『電気鉄道技術変遷史』持永芳文ほか監修 オーム社 2014.11
『電気の歴史 人と技術のものがたり』高橋雄造著 東京電機大学出版局 2011.7
『天然ガス総説』 天然ガス鉱業会 1983.8
『トコトンやさしい石油の本』藤田和男編著 日刊工業新聞社 2014.2
『なぜ、日本が太陽光発電で世界一になれたのか』「NEDO books」編集委員会編 新エネルギー・産業技術総合開発機構 2007.6
『日本の石油と天然ガス』 天然ガス鉱業会 1998.3
『燃料電池』工藤徹一ほか著 内田老鶴圃 2005.10
『バイオマスエネルギー利用技術』普及版 湯川英明監修 2006.10.24 シーエムシー出版
『波力発電:21世紀のクリーンな発電として』渡部富治ほか共著 パワー社 2005.10
『風力発電の歴史』牛山泉著 オーム社 2013.1
『プロメテウスの火』朝永振一郎著 みすず書房 2012.6
『モーターを創る』見城尚志ほか著 講談社 1992.3
『リチウムイオン電池物語』吉野彰著 シーエムシー出版 2004.9
『歴史を学べば未来は拓ける-火力発電の歴史』火力原子力発電技術協会編 2013.12.20 火力原子力発電技術協会

1712年
（正徳2年）

この年　〔熱〕ニューコメン、実用的蒸気機関を発明　イギリスの発明家トーマス・ニューコメン、史上初の実用的蒸気機関（ニューコメン機関）を発明した。鉱山の水汲み用の蒸気機関ポンプで、1733年に特許が切れるまでに100機以上が生産された。

この年　〔熱〕物理学者のパパン、消息を絶つ　フランスの物理学者ドニ・パパンがロンドンで消息不明となる。はじめアンジェ大学で医学を専攻したが、物理学に転向。簡単な蒸気機関を作成し、1707年にはトマス・セーヴァリの高圧蒸気ポンプを改良したが、実用には至らなかった。そのほかに、ロバート・ボイルの助手として研究中に、初期の圧力釜を発明し、チャールズ2世などに料理を供している。

1713年
（正徳3年）

この年　〔熱〕ダービー1世、コークス製鉄法を発明　イギリスの製鉄業者エイブラハム・ダービー1世は、1709年にコークスによる精錬に非実用的ながら成功していたが、良質の木炭と配合使用することで、溶鉱炉の燃料にコークスを用いた製鉄に成功した。以後も改良を重ねて、良質な鋳鉄の大量生産を可能とし、産業革命を準備した。これ以前には鉄鉱石の溶融には木炭が使われていたが、蒸気機関が発明されて森林の伐採が進むにつれ燃料の供給が不十分になっていた。石炭をそのまま代用すると、硫黄の不純物が鉄を傷めるため、石炭を蒸し焼きにして硫黄などの不純物を取り除いたコークスの導入が待たれていた。

1714年
（正徳4年）

この年　〔熱〕ファーレンハイト、水銀温度計を発明　ポーランド生れの物理学者ガブリエル・ダニエル・ファーレンハイトは、ガリレイが既に発明していた空気の体積変化を応用した温度計を改良し、水銀温度計を作成した。空気の体積が圧力により簡単に変化するため、変わりとなる液体が捜されていたが、ファーレンハイトは水銀を利用したその最初のひとり。負の温度を避けるため、当時到達できる最低温度だった氷と塩の混合物（寒剤）の温度を0、人体の温度を96とする、ファーレンハイト度（華氏温度）を創始した。

1717年
(享保2年)

この年　〔全般〕ヨハン・ベルヌーイ、仮想変位の原理を示す　スイスの数学者ヨハン・ベルヌーイは、フランスの数学者ピエール・ヴァリニョンにあてた手紙の中で、力学の基礎原理の一つ、質点系・剛体系の平衡条件を求める仮想変位の原理を初めて示した。公表は1724年のヴァリニョン『新力学』第2版による。

1720年
(享保5年)

この年　〔熱〕レオミュール、溶鉱炉を建設　フランスの昆虫学者・物理学者・冶金学者ルネ・レオミュールは、鋳物用に鋳鉄を溶かすキューポラ(溶鉱炉)を建設した。キューポラは円筒の炉で、地金とコークスを層状に上部から入れて、燃焼させ、溶けた鉄がコークスの間を滴り、下部にたまった溶湯が得られる。

1723年
(享保8年)

この年　〔熱〕シュタール、『教条的および実験的化学の基礎』刊　ドイツの医師・化学者シュタールは『教条的および実験的化学の基礎』を出版した。ヨハン・ベッヒャーのフロギストン説をわかりやすくまとめあげ、一般に普及。空気を元素と見なすアリストテレスの四元素説を引き継ぎ、燃える土を燃素(フロギストン)と命名し、燃焼とは可燃性物質からフロギストンが分離する現象であると主張した。フロギストン説は18世紀の化学に大きな影響力を持った。

この年　〔熱〕ロイポルト、『機械の一般論』刊行開始　ドイツの工学者J.ロイポルトは機械工学を系統的に論じた『機械の一般論』の刊行を開始、1739年に9巻で完結した。1725年頃に彼が建造し、鉱山などの揚水用に使われた、二個のピストンと二個のシリンダーがついた最初の高圧蒸気機関についての記述が含まれる。

1724年
（享保9年）

この年　〔熱〕ブールハーヴェ、カロリック説をまとめる　オランダの医師・化学者ヘルマン・ブールハーヴェは、『化学の基礎』を出版した。ブールハーヴェは熱の正体を「カロリック」（熱素）と呼ぶ重さを持たない元素であるとし、水が高きから低きに流れるように、熱素も高温の部分から低温の部分に伝わるとする、熱物質説のひとつカロリック説をまとめた。カロリック説は18世紀後半から19世紀前半の熱学研究で大きな影響力を持った。

1728年
（享保13年）

この年　〔再生〕ピトー、ピトー管を発明　フランスの流体工学者アンリ・ピトーが、液体の流速や風速を測定するピトー管を発明した。

1729年
（享保14年）

この年　〔電力〕グレイ、電気伝導を発見　イギリスの物理学者スティーヴン・グレイは、樹脂・絹・ガラスなど電気を発生し、保持することができる物質（絶縁体）と、金属など電気を発生しないが、流すことができる物質（導体）とが存在することを発見し、電気伝導の基礎的現象を発見した。

この年　〔再生〕ブーゲ、『光の強度に関する光学実験』刊　フランスの数学者・物理学者ピエール・ブーゲは『光の強度に関する光学実験』を出版。ブーゲが発明したヘリオメーターによって行った光度測定における最初期の測定の一部を報告、光の物質による吸収を論じ、ランベルト＝ベールの法則を最初に発見した。

1730年
（享保15年）

この年　〔熱〕レオミュール、アルコール温度計を発明　フランスの昆虫学者・物理学者・冶金学者ルネ・レオミュールは、アルコールと水の混合物を使うアルコール温度計を発明。水の

融点を0度とし、アルコールの沸点80度を利用するレオミュール温度目盛（列氏温度目盛）を採用した。

1733年
（享保18年）

この年　〔電力〕デュ・フェ、金属摩擦電気を発見　フランスの化学者シャルル・フランソワ・デュ・フェ、ガラスなどの絶縁体だけでなく、金属も摩擦すれば電気を帯びること（金属摩擦電気）を発見した。

この年　〔電力〕デュ・フェ、電気の二流体説を提唱　フランスの化学者シャルル・フランソワ・デュ・フェ、電気にはガラス電気（正電気）と樹脂電気（負電気）の2種類が存在することを提唱。また、同極に帯電した物体が反発し合い、異極に帯電した物体が吸引し合うことを発見した。

1734年
（享保19年）

5.14　〔熱〕医師・化学者のシュタールが没する　ドイツの医師・化学者ゲオルク・エルンスト・シュタールが、ベルリンで死去する。イェナ大学で医学を学び、ヴァイマール侯爵家の侍医を務めた後、ハレ大学の医学教授を経て、プロイセンの宮廷医。ヨハン・ベッヒャーのフロギストン説をまとめたことで知られる。

1735年
（享保20年）

この年　〔熱〕ダービー2世、鉄鉱石をコークス高炉で溶解　イギリスの製鉄業者エイブラハム・ダービー2世が、鉄鉱石をコークス高炉で木炭を混ぜずに精錬することに成功、コークスによる鉄の量産化が可能になる。

1736年
（享保21年，元文1年）

2.25 〔電力〕物理学者のグレイが没する　イギリスの物理学者スティーヴン・グレイがロンドンで死去する。豊かな染物職人の家に生まれ、家業を継ぐ。独学で科学を学び、英国王立協会に論文を投稿。ホークスビー起電機を使って、電気伝導を発見し、導体と不導体を区別、絶縁体を同定したことで知られる。

9.16 〔熱〕物理学者のファーレンハイトが没する　ポーランドの物理学者ガブリエル・ダニエル・ファーレンハイトがハーグで死去する。オランダでガラス職人になった後、気象観測機器製造の専門家となった。水銀温度計、華氏温度の発明、過冷却の発見で知られる。

1738年
（元文3年）

この年 〔再生〕ダニエル・ベルヌーイ、『流体力学』刊　スイスの数学者ダニエル・ベルヌーイは『流体力学』を出版。ニュートン力学を流体力学に応用し、現代的理論の基礎を確立した。流体の圧力と速度の関係を説明する流体力学の基本定理、ベルヌーイの定理を発表。

1742年
（寛保2年）

この年 〔熱〕セルシウス、摂氏温度目盛を作成　スウェーデンの天文学者アンデルス・セルシウスは、当時一般に使われていた華氏温度目盛の氷点が32度に設定されているなどの不便な点を解消するため、一般的な関心事である氷の融点を100度、水の沸点を0度とする百分度目盛を作成した。1743年J.P.クリスティンがこれを逆転させ、1948年に国際的な合意のもとで摂氏温度目盛と改称を受けることで、現在に至っている。

この年 〔熱〕フランクリン、フランクリンストーブを発明　アメリカの政治家・科学者ベンジャミン・フランクリンは、前開き式鉄製ストーブを発明。箱内で火をたき、煙は配管を使って逃すことで、室内暖房に欠かせなかった煙突から冷たい空気が入りこむことなく、室内を暖めることができる。

この頃 〔熱〕ハンツマン、るつぼ製鋼法を確立　イギリスの発明家ベンジャミン・ハンツマンが、セメンテーション法を改良して、るつぼ製鋼法を確立。シェフィールドを製鋼業の中心地へと発展させた。

1743年
(寛保3年)

この年　〔全般〕ダランベール、『動力学論』刊　フランスの数学者・哲学者ジャン・ル・ロン・ダランベールは『動力学論』を出版。ダランベールの原理はニュートンの第3法則を一般化し、ニュートン力学を質点系にまで拡大した。

1744年
(寛保4年, 延享1年)

この年　〔全般〕モーペルテュイ、最小作用の原理を提唱　フランスの数学者ピエール＝ルイ・ド・モーペルテュイは、論文『自然のさまざまな法則の一致』で、速さと通過距離の積に比例する作用の量は最小になるとした最小作用の原理を提唱。ラグランジュによる物理学の原理としての確立を経て、現在でも物理学、解析力学の基礎的な原理の一つとされる。

1745年
(延享2年)

この年　〔電力〕クライストら、ライデン瓶を発明　ドイツ・ポメラニア出身の発明家エヴァルト・ゲオルク・フォン・クライスト、静電気を蓄える装置であるライデン瓶を発明した。1746年、オランダの物理学者ピーター・ファン・ミュッセンブルクも同様に、クライストとは独立にライデン瓶を発明している。

この年　〔再生〕リー、ファンテイルを発明　イギリスのエドモント・リー、風の向きに応じて風車の回転面を自動的に正対するように方位を制御するファンテイルを発明、特許を取得した。

1746年
(延享3年)

この年　〔熱〕ローバック、鉛室法を確立　イギリスの技術者ジョン・ローバックとS.ガーベットの共同研究によって、鉛室法による硫酸製造が確立された。15世紀のヴァレンティヌス以来、硫黄と硝石をガラス鐘中で燃焼し、水に溶かして硫酸を作成していたが、これをガラス鐘ではなく鉛を張った鉛室で行った。

1747年
(延享4年)

この年　〔電力〕フランクリン、避雷針の原理を発見　アメリカの政治家・科学者ベンジャミン・フランクリンは、この年からライデン瓶を用いた一連の実験を行い、手紙の中で先端を尖らせた導体を用いると帯電した物質から電気を取り去ることができると述べ、避雷針の原理を基礎づけた。

この年　〔再生〕ダランベール、『風の一般的な原因についての考察』刊　フランスの数学者・哲学者ジャン・ル・ロン・ダランベールは『風の一般的な原因についての考察』を出版。偏微分方程式の解をはじめて与え、数理物理学の分野で応用したことで知られる。

1749年
(寛延2年)

この年　〔電力〕キャントン、人工磁石を発明　イギリスの物理学者ジョン・キャントンは、鉄と天然磁石を使って人工磁石を作る新しい方法を発明した。

1750年
(寛延3年)

この年　〔電力〕フランクリン、電気一流体説を提唱　アメリカの政治家・科学者ベンジャミン・フランクリンは、電気現象に関する一流体説を提唱。電気はただ1種の非物質的な荷電流体であり、流体を含まない物質は全て負に荷電しており、流体と負の量のバランスにより正・負・中性の性質を帯びるとした。

この年　〔電力〕フランクリン、避雷針を発明　アメリカの政治家・科学者ベンジャミン・フランクリンは、帯電した物質をつりおろしていくと、下にある物質が尖っていると、おろした物体から電気が失われ火花が飛ばないことを発見、避雷針を提案した。翌年『電気に関する観察と実験』が刊行されると、大いに注目され、1752年にはダリバールが避雷針を立てて落雷させることに成功。同年、フランクリンもフィラデルフィアの自分の家に避雷針を設置している。フランクリンは公益に還元するため、避雷針やその他の特許をとらなかった。

この年　〔電力〕ミッチェル、『人工磁石論』刊　イギリスの地質学者・天文学者ジョン・ミッチェルは『人工磁石論』を出版。クーロンに30年先んじて、磁力の逆2乗法則を発見。

1752年
(宝暦2年)

この年　〔電力〕フランクリン、雷が電気であることを証明　アメリカの政治家・科学者ベンジャミン・フランクリン、雷を伴う嵐の中で凧を揚げ、凧糸に接続したライデン瓶に電気を蓄えることで、雷が電気であることを証明。フランクリンの実験は極めて危険で、追試者には死亡したものもある。

1753年
(宝暦3年)

この年　〔電力〕キャントン、静電誘導を発見　イギリスの物理学者ジョン・キャントン、静電誘導（静電感応）を発見。帯電体の側に金属を置くと、帯電体側に反対の電荷、離れた側に同符号の電荷が発生し、帯電体と引き合う現象のことで、これを応用して検電器や電位計を発明した。

1755年
(宝暦5年)

この年　〔再生〕オイラー、流体の運動方程式を発見　スイスの数学者レオンハルト・オイラー、粘性が存在しない理想的な完全流体について、運動方程式を導く。

1759年
(宝暦9年)

この年　〔電力〕エピヌス、『電気磁気試論』刊　ドイツの物理学者フランツ・エピヌスは『電気磁気試論』を出版。絶縁体として知られていたガラスだけでなく、空気などの絶縁性を主張、電気現象の理論を一新、電気・磁気の引力・斥力に関する遠隔作用説を打ち出した。

この年　〔再生〕スミートン、水車を改良　イギリスの土木技術者・機械工学者ジョン・スミートンは、1752年頃から水車について研究を行い、水車の上から水を頂部にかける上射式水車の効率が最も高いことを報告した。風車についても改良を行ったが、蒸気機関との競争不可能であることを理論的に証明すると、以後ニューコメン機関の改良に専念、効率を2倍にま

で上昇させている。

1760年
（宝暦10年）

この年　〔再生〕ランベルト、『光量測定』刊　フランス出身ドイツの数学者・物理学者ヨハン・ハインリヒ・ランベルトは『光量測定』を出版した。惑星からの反射光の研究を扱い、光度計の原理、光の照度に関するランベルトの法則などについて記述した。

この頃　〔熱〕ブラック、比熱と潜熱を定義　イギリスの医師・化学者ジョゼフ・ブラック、比熱と潜熱を定義し、これを測定した。

1761年
（宝暦11年）

9.19　〔電力〕物理学者のミュッセンブルクが没する　オランダの物理学者ピーター・ファン・ミュッセンブルクがライデンで死去する。ライデン大学で学ぶ。デュイスブルク大学で医学を、ユトレヒト大学で自然哲学を教えてから、ライデン大学に戻り、死去するまで物理学教授を勤めた。静電気を絶縁体の中に貯めようと試み、同様の試みをしていたクライストに遅れること3ヶ月、独自にライデン瓶を発明。

1764年
（宝暦14年, 明和1年）

この年　〔電力〕ヴィルケ、電気盆を発明　スウェーデンの物理学者ヨハン・ヴィルケ、静電誘導を利用して電荷を集める装置である電気盆を発明。1775年、イタリアのアレッサンドロ・ヴォルタ、電気盆を改良し、広く世に知らしめる。

1765年
（明和2年）

この年　〔熱〕ワット、蒸気凝縮を発明　スコットランドの発明家ジェイムズ・ワットは、蒸気機関（分離凝結器）を発明。不経済な大気圧型機関に替わる画期的な蒸気機関で、1769年に特

許が成立。その後、マシュー・ボールトンと共にボールトン・アンド・ワット商会を設立し、蒸気機関の製造・販売を開始。

1766年
(明和3年)

この年　〔熱〕クラネージ兄弟、反射炉を製作　イギリスのジョージ・クラネージとトマス・クラネージの兄弟は反射炉を製作した。燃料を燃やす燃焼室と精錬を行う炉床が別室になっており、燃焼室からの火炎を天井に反射させて金属を溶融・精錬する。

この年　〔再生〕キャヴェンディッシュ、水素を発見　イギリスの化学者・物理学者ヘンリー・キャヴェンディッシュは、英国王立協会に『人工空気に関する実験についての3つの論文』を発表。亜鉛などの金属を酸によって溶かすことで、通常の空気の11分の1しか質量を持たない、可燃性の気体が得られることを報告。彼はこれを可燃性空気と命名して、フロギストンであると見なしたが、後にラヴォアジェがこれを水素であることを示した。

1767年
(明和4年)

この年　〔再生〕ソシュール、ホットボックスを製作　スイスの物理学者・地理学者オラス・ベネディクト・ド・ソシュール、西洋初の太陽熱による温熱器であるホットボックスを製作した。

1768年
(明和5年)

この年　〔電力〕プリーストリー、『電気学の歴史と現状』刊　アメリカの政治家・科学者ベンジャミン・フランクリンの勧めを受けて、イギリスの化学者ジョゼフ・プリーストリーは、『電気学の歴史と現状』を出版した。フランクリンの有名な凧の実験などそれまでの研究を体系的にまとめあげたほか、放電によって作られるプリーストリー環の発見、電気力の逆2乗法則を示唆する事実などの研究を掲載する。

この年　〔再生〕アークライト、水力紡績機を発明　イギリスの発明家リチャード・アークライト、J.ケイらの協力により、動力に水車を用いた水力紡績機を発明。1769年、特許を取得した。これにより紡績業の機械化・工場制化が大いに進展する。

1769年
（明和6年）

この年　〔熱〕キュニョー、世界初の蒸気機関自動車を製作　フランスのエンジニアニコラス・ヨセフ・キュニョー、世界初の蒸気機関自動車を製作。前一輪駆動の三輪車で、パリ市内を時速40kmで走行した。

1770年
（明和7年）

この年　〔熱〕キュニョー、大砲牽引用蒸気自動車を製作　フランスのエンジニアニコラス・ヨセフ・キュニョー、フランス政府の注文により大砲牽引用蒸気自動車を製作するが、最初の運転で使用不能となり、実用化には至らなかった。

1771年
（明和8年）

この年　〔再生〕アークライト、紡績工場を建設　イギリスの発明家リチャード・アークライトは、ダービシャー州クロムフォードに水力紡績機を用いる工場を建設し、それまでの小規模な家内工業に代わる、大規模な現代的工場システムを創始した。続いて、梳毛から紡績までの全工程を機械化した工場を建設するまでに至り、イギリス北部の主要産業として木綿産業を確立した。

1772年
（明和9年, 安永1年）

この年　〔熱〕シェーレ、酸素を発見　スウェーデンの化学者カール・ヴィルヘルム・シェーレは、ガラス容器内の炭酸銀に、虫眼鏡の効果を拡大した集光レンズを使って光を当て、加熱し、二酸化炭素と酸化銀に分解。二酸化炭素をアルカリを使って除去したあと、さらに加熱することで気体状の酸素を世界で初めて単離させることに成功。プリーストリーの発見に2年先んじたが、1777年まで公表が遅れたことから、一般的には酸素の発見者はプリーストリーであるとされている。

1773年
（安永2年）

この年　〔電力〕キャヴェンディッシュ、静電容量の概念を確立　イギリスの化学者・物理学者ヘンリー・キャヴェンディッシュ、蓄電池に蓄えられる電気量が面積に比例し、厚さに反比例することなど、蓄電池の容量・誘電率・電圧・電気分布の概念を確立。

1774年
（安永3年）

この年　〔熱〕プリーストリー、酸素を発見　イギリスの化学者ジョゼフ・プリーストリーは酸素を発見。シェーレと同様、凸レンズを用いて太陽熱で酸化水銀などを加熱、酸素を捕集した。酸化窒素より水に対する溶解度はずっと小さく、この気体中ではハツカネズミは普通の空気より長く生きることができた。熱烈なフロギストン理論の信奉者だったプリーストリーは、この気体を脱フロギストン空気と呼んでいる。

この年　〔熱〕マードック、乗合蒸気自動車を製作　スコットランドの技術者・発明家ウィリアム・マードックは、イギリスで乗合蒸気自動車を製作した。マードックはジェイムズ・ワットとマシュー・ボールトンの協力者だった。

この年　〔熱〕ラヴォアジェ、『物理学および化学の小論』刊　フランスの化学者アントワーヌ・ローラン・ド・ラヴォアジェは『物理学および化学の小論』を出版した。ラヴォアジェがこの年までに行っていたさまざまな物質の燃焼実験の結果について記述する。空気中で燃焼した金属灰は、空気中から何かを獲得し、重量が増加することを示した。また、閉じた容器中で燃焼を行い、燃焼前後で容器と内容物の総重量に変化がないことを示し、質量保存の法則を発見して、化学革命を起こした。ほかにダイヤを燃焼すると二酸化炭素が得られること、つまりダイヤが石炭などと同じく炭素から出来ていることも示した。

1775年
（安永4年）

この年　〔熱〕ウィルキンソン、中ぐり旋盤を改良　イギリスの技師ジョン・ウィルキンソンは、ワットの依頼に応じて、大砲の砲身用に開発された中ぐり旋盤をシリンダー用に改良。ワットの蒸気機関の発明をあと押しした。

この年　〔熱〕ワット、蒸気機関の特許を取得　スコットランドの発明家ジェイムズ・ワットは、1764年ブラックの潜熱の考え方を応用して、凝縮器を分離し、再冷却の際に捨てられる熱の無駄を省き、一室で加熱・冷却を行っていたニューコメンの蒸気機関を改良、1775年特許を

取得した。

この年　〔電力〕ベリマン、『電気引力に関する試論』刊　スウェーデンの化学者・鉱物学者トルビョルン・オラフ・ベリマンが『電気引力に関する試論』を出版した。フロギストン時代末期の化学的親和力論を主張、当時としては最大の表を掲載した。

この年　〔電力〕ヴォルタ、蓄電器を改良　イタリアの物理学者アレッサンドロ・ヴォルタ（伯爵）がヨハン・ヴィルケの発明になる蓄電器（電気盆）を改良し広く紹介した。電気盆は、誘電体の円盤を摩擦することで発生させた静電気を、導体を近づけ異符号の電荷を集め（静電誘導）、逃がすことで、特定の電荷のみを集める器具である。電気盆はライデン瓶にとってかわり、後のコンデンサの原型となった。

1776年
（安永5年）

この年　〔熱〕ヴォルタ、メタンの爆発実験を行う　イタリアの物理学者アレッサンドロ・ヴォルタ、爆発性ガス（メタン）を電気火花で着火・燃焼させる公開実験を行い、メタンが水素と異なる物質であることを発見した。

この年　〔電力〕平賀源内、エレキテルを完成　日本の平賀源内は、1770年2度目の長崎遊学の際に持ち帰った壊れたエレキテルを復元、改良して、オランダ渡来の蓄電器付き摩擦起電機「エレキテル」を日本で初めて製作した。

1777年
（安永6年）

この年　〔熱〕シェーレ、『空気と火に関する科学的観察と実験』刊　スウェーデンの化学者カール・ヴィルヘルム・シェーレは、生前に刊行のあった唯一の著作『空気と火に関する科学的観察と実験』を出版した。1772年の酸素をつくる実験について記述する。空気は燃焼を助ける火の空気と燃焼を妨げる無効空気の二種の気体から成るとした。

この年　〔熱〕ブッシュネル、魚雷を発明　アメリカの発明家デヴィッド・ブッシュネルは、火薬が水中でも爆発することを証明し、魚雷を発明。イギリスの艦船に仕掛けたが、失敗に終わっている。

この年　〔熱〕ラヴォアジェ、燃焼理論を確立　フランスの化学者アントワーヌ・ローラン・ド・ラヴォアジェは、1772年からの燃焼についての研究から、シュタールによって提唱されていたフロギストン説を否定し、燃焼を物質と空気の一成分である酸素との化合であると結論、新しい燃焼理論を確立した。

この年　〔電力〕クーロン、ねじり天秤を発明　フランスの物理学者シャルル・オーギュスタン・ド・クーロンは天秤を応用して、ねじる力の大きさ（重さ）を測定する、ねじり天秤を発明。荷電した球を用いることで引力、斥力などを測定することも可能だった。

1778年
(安永7年)

この年　〔熱〕クロフォード、『動物熱と可燃物の燃焼についての実験と考察』刊　イギリスの化学者アデア・クロフォードは『動物熱と可燃物の燃焼についての実験と考察』を出版。物質の比熱の測定法を明らかにし、動物の体温を測定した。

この年　〔熱〕トムソン、摩擦熱を発見　アメリカ生れ、イギリスの物理学者ラムフォード伯爵ベンジャミン・トムソンは、ミュンヘンの軍事工場で砲身の中ぐりを監督している際、摩擦による熱の発生を発見。

1779年
(安永8年)

9.5　〔熱〕ラヴォアジェ、酸素を命名　フランスの化学者アントワーヌ・ローラン・ド・ラヴォアジェは、燃焼の際に化合する気体と、酸化水銀を加熱することによって生じる気体が同一のものであるとし、すべての酸がこの気体を含む化合物だと考え、酸素、ギリシャ語でoxygene(酸をつくるもの)と名づけた。プリーストリーが脱フロギストン空気、シェーレが火の空気、ブラックが固定空気と呼んだ気体はすべてこの酸素である。

この年　〔電力〕リヒテンベルク、電気の正・負の名称を導入　ドイツ啓蒙主義の作家・物理学者ゲオルク・クリストフ・リヒテンベルクは、電気が過剰な場合(陽)を正電気、不足した場合(陰)を負電気と呼ぶことを提唱。

1780年
(安永9年)

この年　〔電力〕ガルヴァーニ、動物電気を発見　イタリアの解剖学者・生理学者ルイージ・ガルヴァーニは、電気火花・雷を死んだカエルの脚の神経に当てると、カエルの脚がけいれんすることを発見。続いて、二種類の異なった金属を接触させることで、雷がなくとも同様の現象が起こることを偶然に発見。ガルヴァーニはこれを電気は生体に由来するものとし、筋肉を収縮させる力を動物電気と名づけた。

1781年
（安永10年, 天明1年）

この年　〔熱〕クーロン、『単純機械の理論』刊　フランスの物理学者シャルル・オーギュスタン・ド・クーロンは、『単純機械の理論』を出版した。てこ・滑車・歯車などの単純な機械について研究し、ダ・ヴィンチ、アモントンも発見していた、摩擦力と過重が比例するという摩擦法則を再発見した。

この年　〔熱〕ジョフロア侯爵、蒸気船を設計　フランスのジョフロア侯爵によって、世界初の実用的な蒸気船パイロシェイプ号が設計され、1783年リヨン近郊のソーヌ川での試験航海に成功した。船用の蒸気機関としては最初の成果で、工学的に相性のよい外輪船として設計された。

この年　〔熱〕ワット、遊星歯車機構を発明　スコットランドの発明家ジェイムズ・ワットは蒸気機関による往復運動を、特許取得済みのクランクを利用せずに、複数の歯車からなる遊星歯車機構によって回転運動にかえる方法の特許を取得。蒸気機関をさまざまな機械の動力源に出来るようにし、産業革命の原動力の一つとなった。

1782年
（天明2年）

この年　〔熱〕ウェッジウッド、パイロメーターを発明　イギリスの陶芸家・企業家ジョサイア・ウェッジウッドは、陶器を焼成中に温度を計測するため高温計（パイロメーター）を発明した。

この年　〔熱〕シックス、最高最低温度計を発明　イギリスのジェームス・シックスが、ある期間の最高温度と最低温度を測定するシックス温度計を発明した。エタノールと水銀を満たした液体温度計の一種で、指標として入れられた鉄片が水銀が上昇する際は押し上げられ、下降する際は押し上げられた位置に留まることで、最高温度と最低温度を測定することができる。

この年　〔熱〕ワット、複動式蒸気機関の特許を取得　スコットランドの発明家ジェイムズ・ワットは蒸気や燃焼ガスの圧力をピストンの両側から受けて運動することで、より効率的になった複動式蒸気機関の特許を取得。工場用の動力として広く普及した。

この年　〔電力〕ヴォルタ、コンデンサに関する論文を発表　イタリアの物理学者アレッサンドロ・ヴォルタ、コンデンサに関する論文を発表した。金属板をアースし、その上に薄い絶縁層、さらに絶縁棒のついた金属板を重ねる。上の金属板に電気を与え、絶縁棒を持って金属板を引き離すと、少量の電荷でも強い電気力が得られるという実験。この実験結果は、後に電位の概念と結びつくことになった。

この頃　〔熱〕ラヴォアジェら、氷熱量計を発明　フランスの化学者アントワーヌ・ローラン・ド・ラヴォアジェとピエール・シモン・ド・ラプラスは氷を溶かして熱を計測する氷熱量計を発明して、比熱や燃焼熱を測定した。

1783年
(天明3年)

6.5 〔熱〕**モンゴルフィエ兄弟、熱気球の公開実験** フランスの気球製作者、ジャック・エティエンヌ・ド・モンゴルフィエとジョゼフ・ミッシェル・ド・モンゴルフィエの兄弟は、世界最初の熱気球の公開実験を行った。わらを燃やした火で熱した空気が膨張して軽くなることを利用した気球で、紙を裏打ちしたリンネルで作られていた。羊と鶏と家鴨を乗せた気球は1830mの高さまで昇り、2400m離れた地点に降下した。10月には有人熱気球も成功させている。

8.27 〔再生〕**シャルル、水素気球を発明** フランスの物理学者ジャック・アレクサンドル・セザール・シャルルが、鉄くずを酸で溶かして発生させた水素による気球を発明し、パリ上空約43kmを飛行した。その後、イタリア、フランス、ドイツでも飛行に成功し、水素気球は飛行船へと発展した。

10.29 〔再生〕**数学者・哲学者のダランベールが没する** フランスの数学者・哲学者ジャン・ル・ロン・ダランベールがパリで死去する。百科全書派の主要な一人。ド・サンタン侯爵夫人の私生児として生れ、ガラス屋夫婦に養育された。1735年コレージュマザランを卒業、1741年フランス科学アカデミー会員。1743年に『力学要論』を出版、ダランベールの原理を発表して脚光を浴びた。偏微分方程式、流体力学、風の一般理論などの業績があるほか、ディドロと共同編集した『百科全書』が著名。

この年 〔熱〕**ジョフロア、実用的蒸気船を開発** フランスのジョフロア侯爵は、世界初の実用的蒸気船を開発した。

この年 〔熱〕**ソシュール、『湿度測定についての小論』刊** スイスの物理学者・地理学者オラス・ベネディクト・ド・ソシュールは『湿度測定についての小論』を出版した。ヒトの毛髪の湿度の高低に応じて伸縮する性質を利用して、相対湿度を測定する毛髪湿度計を発明した。

この年 〔熱〕**ミンケレス、石炭ガス照明を用いる** フランドルのヤン・ピーター・ミンケレス、石炭ガスを部屋の照明に用いる。

この年 〔熱〕**ラヴォアジェ、呼吸について研究** フランスの化学者アントワーヌ・ローラン・ド・ラヴォアジェはピエール・シモン・ド・ラプラスと共同研究で、モルモットが呼吸によって発生させる熱量と二酸化炭素の量を測定。発生した二酸化炭素の量と燃焼理論から予測できる熱量と実際に発生した熱量がほぼ等しいことを示し、呼吸が燃焼の一形態であるとした。体外で行われた燃焼についての法則が、体内で行われる呼吸にも適用できることを示し、生命に特別な力を認める生気論を否定した。

この年 〔原子力〕**アイスランドのラキ火山が噴火** アイスランドのラキ火山が噴火し、島民の5分の1にあたる約1万人が死亡、その年の冬は厳しい寒さに見舞われた。アメリカの政治家・科学者ベンジャミン・フランクリンは、噴火によって大気中にまき散らされた火山灰やガスが、太陽からの光を反射してしまい気温の低下をもたらしたのではないかと推測。こうした現象は、核兵器を使用した際に核の冬が起きるとする推測を裏付けると言われる。

1784年
（天明4年）

この年　〔熱〕コート、パドル法を発明　イギリスの発明家・冶金学者ヘンリー・コートは、コークスを燃料に反射炉中で銑鉄を加熱して錬鉄を得るパドル法を発明した。鉄は完全に溶融しないが、パドルでかきまぜることで、不純物を酸化させ除去することができる。これによって、燃料を森林に依存せず鉄を生産することができるようになった。

1785年
（天明5年）

この年　〔熱〕ブランシャール、熱気球によるドーヴァー海峡横断に成功　フランスの航空家・発明家ジャン＝ピエール・ブランシャールが、世界で初めて熱気球を使ったドーヴァー海峡の横断に成功。パラシュートの先駆者のひとり。

この年　〔電力〕クーロン、クーロンの法則を発表　フランスの物理学者シャルル・オーギュスタン・ド・クーロンは、クーロンの法則（クーロンの逆自乗の法則）を発表した。2つの荷電粒子の間には電荷量の積に比例し、距離の2乗に反比例する力が働く（同符号の電荷には斥力、異なる符号の電荷には引力が働く）というもので、電磁気学の基本法則とされる。後に、1772年にヘンリー・キャヴェンディッシュが先行して発見していた（生前未発表）ことが明らかになっている。

この年　〔再生〕カートライト、動力織布機を発明　イギリスのエドムンド・カートライト、水力を動力とする動力織布機を発明。1787年には蒸気を動力とする織布機を発明。

1786年
（天明6年）

この年　〔電力〕ベネット、金箔検電器を発明　イギリスの発明家・物理学者エイブラハム・ベネットが、電荷を検出・測定する金箔検電器を発明した。

1787年
(天明7年)

8.22　〔熱〕フィッチ、最初の蒸気船を航行させる　アメリカの発明家ジョン・フィッチが、デラウェア川でスクリュー蒸気船の試運転に成功、1790年まで夏期に限って定期運行を行ったが経済的には失敗で、1792年には蒸気船自体も嵐で壊れている。

1788年
(天明8年)

この年　〔熱〕ラグランジュ、『解析力学』刊　イタリア生れ、フランスの数学者・物理学者のジョゼフ・ルイ・ラグランジュ、『解析力学』を著し、力学的エネルギーが保存されることを主張した。

この年　〔電力〕ヴォルタ、電圧などの概念を導入　イタリアの物理学者アレッサンドロ・ヴォルタは、電流を流そうとする力を電圧と呼び、導体にどの程度電荷を蓄えられるかを電気容量と呼んだ。

1789年
(天明9年, 寛政1年)

8月　〔電力〕ガルヴァーニ、ガルヴァーニ現象を発見　イタリアの解剖学者・生理学者ルイージ・ガルヴァーニ、蛙を解剖する際に2つのメスを脚に差し入れると、脚が痙攣する現象を発見。これをもとに1791年に論文『筋肉運動に対する人工電気の作用について』を発表し、生体電気現象研究の端緒を開く。またアレッサンドロ・ヴォルタ、これを2種の金属が蛙の脚を通じて接触することで電気が発生したものと考え、電池発明の契機となる。

この年　〔熱〕ワット、遠心調速機を発明　スコットランドの発明家ジェイムズ・ワットは、遠心力を利用して、蒸気機関の速度を制御する遠心調速機を発明。

この年　〔原子力〕クラプロート、ウランを発見　ドイツの化学者マルティン・ハインリヒ・クラプロート、ピッチブレンド（塊状の閃ウラン鉱）から酸化ウランを精製し、ウランを発見。

この年　〔全般〕ラヴォアジェ、『化学原論』刊　フランスの化学者アントワーヌ・ローラン・ド・ラヴォアジェ、『化学原論』を著す。33種の元素を提示したほか、気体の生成分解、化学の実験器具と操作方法、質量保存の法則などに言及、化学の世界に革命を起こした。

1790年
(寛政2年)

この年　〔再生〕スレーター、アメリカ最初の紡績工場の建設を開始　イギリス生れのサミュエル・スレーターは、オークランドで徒弟をしている間に、アメリカ政府の賞金に誘われて、秘密保持の政策が布かれて、持出しを禁止されていた紡績機械の設計図を隅々まで暗記して、1789年渡米。翌年、ロード・アイランド州パータキットにアメリカ最初の紡績工場の建設を開始、アメリカ紡績業の父と呼ばれるようになった。これにより、アメリカでも産業革命が開始されることとなる。

1791年
(寛政3年)

この年　〔電力〕ガルヴァーニ、『筋肉運動に対する人工電気の作用について』刊　イタリアの解剖学者・生理学者ルイージ・ガルヴァーニは、『筋肉運動に対する人工電気の作用について』を出版した。1771年、1780年に彼が発見した動物電気について報告。

1792年
(寛政4年)

この年　〔火力〕マードック、ガス照明を発明　スコットランドの技術者・発明家ウィリアム・マードックは、ボールトン・アンド・ワット商会のソーホー工場内の自分の家に、石炭ガスの照明を世界で初めて用いた。

1794年
(寛政6年)

この年　〔熱〕ストリート、テレビン油使用エンジンを発明　イギリスのロバート・ストリート、テレビン油またはタール油を用いるエンジンの特許を取得。しかし、実現に失敗。

1795年
(寛政7年)

この年 〔再生〕ブラマ、水圧器を発明　イギリスの発明家ジョゼフ・ブラマは、パスカルの原理を用いて、小さい力を大きな力へと変換する水圧器(水圧プレス)を発明して、特許を取得した。

1797年
(寛政9年)

この年 〔熱〕エバンス、高圧蒸気機関を発明　アメリカの発明家オリバー・エバンスは、メリーランドで高圧蒸気機関の特許を取得した。1805年には、アメリカで初めて蒸気自動車を製作した。

1798年
(寛政10年)

この年 〔熱〕トムソン、『摩擦によって引き起こされる熱の源についての実験的研究』刊　アメリカ出身のランフォード伯ベンジャミン・トムソン、論文『摩擦によって引き起こされる熱の源についての実験的研究』を発表。熱は運動の一形態であるとするもので、エネルギー概念確立に大きく貢献。

この年 〔火力〕マードック、建物の照明にガス照明を使用　スコットランドの技術者・発明家マードックが、ボールトン・アンド・ワット商会のソーホー工場に、石炭ガスによるガス照明を設置すると、1805年にはイギリスの各工場に普及した。

1799年
(寛政11年)

この年 〔電力〕ヴォルタ、ヴォルタ電堆を発明　イタリアの物理学者アレッサンドロ・ヴォルタ、ヴォルタ電堆を発明。銅板・塩水含浸紙・亜鉛板を幾重にも重ねた構造で、亜鉛が塩水に溶ける際に亜鉛の原子から電子が離れて銅板の方に移動することで、電流が発生する装置。

1800年
（寛政12年）

5.2 〔電力〕ニコルソン、電気分解に成功　イギリスの化学者ウィリアム・ニコルソンとアンソニー・カーライルは、ヴォルタ電池が発明されたことを聞くと、自分でも電池を組み立てて、これを使って水の電気分解を行い、水素と酸素に分解することに成功した。これは電流が化学反応を引き起こすことを示す。

この年　〔熱〕W.ハーシェル、赤外線放射の発見　ドイツ生れ、イギリスの天文学者ウィリアム・ハーシェルは、論文『プリズム分解された色光が、物体を加熱し、輝かせる能力に関する研究』を著して、赤外線放射の発見について報告した。光がもたらす温度上昇をスペクトル別に調査している際に、太陽スペクトルの赤外の部分に最大の発熱をもたらす不可視の赤外線があることを発見し、熱と光の本性研究の端緒となった。

この年　〔電力〕ヴォルタ、ヴォルタ電池を発明　イタリアの物理学者アレッサンドロ・ヴォルタ、世界初の実用電池であるヴォルタ電池（起電力1.1Vの一次電池）を発明。ヴォルタ電堆を改良したもので、正極は銅、負極は亜鉛、電解液は希硫酸。静電気を利用する時代にかわり、持続電流による動電気の時代の幕が開く。

1801年
（寛政13年, 享和1年）

12.24 〔熱〕トレヴィシック、蒸気自動車を完成　イギリスの機械技術者リチャード・トレヴィシックは、道路用の蒸気自動車「パフィング・デヴィル号」を完成。人間を乗り込ませる試運転を行い4日間運行させることに成功したが、ボイラーの水をすべて蒸発させてしまい、焼け落ちてしまった。

この年　〔熱〕ジャカール、ジャカード織機を発明　フランスの発明家ジョゼフ・マリー・ジャカール、ジャカード織機を発明。パンチカードを用いてプログラム可能な機械で、コンピュータ史においても重要な発明である。

この年　〔熱〕ダンブルザン、石炭ガス使用内燃機関を提案　フランスの化学者フィリップ・レボン・ダンブルザン、内燃機関に石炭ガスを用いることを提案する。

この年　〔熱〕ドルトン、気体の分圧の法則を定式化　イギリスの化学者・物理学者ジョン・ドルトンは、『混合気体の組成について』を著す。気体の圧力は個々の成分が独立に与えることを観察して、空気が化合物ではなく混合物であることを示し、気体の分圧の法則を定式化した。また同年発表した『気体の熱膨張について』は、シャルルの法則を初めて活字にして発表した論文であるなど、気体についての計4つの重要な論文を発表している。

この年　〔再生〕リッター、紫外線放射を発見　ドイツの物理学者ヨハン・ヴィルヘルム・リッターは、ハーシェルの赤外線の発見に触発されて、硝酸銀が太陽光によって銀イオンが還元されるため黒変する現象を用いて、太陽スペクトルの紫外の部分が最も速く黒変することから、不可視の紫外線を発見した。

1802年
(享和2年)

この年　〔熱〕ゲイ＝リュサック、シャルルの法則を発表　フランスの化学者・物理学者ジョゼフ・ルイ・ゲイ＝リュサックは、圧力が一定のとき、すべての気体の体積は温度に比例して膨張するというシャルルの法則として知られる法則を発表。気体の厳密な乾燥法などを開発したことで、シャルルら先駆者の結果に含まれる誤差を消去することに成功。さらに、0〜100度までの気体膨張係数を測定、絶対零度の概念を基礎付けた。

この年　〔熱〕トレヴィシック、世界初の高圧蒸気機関を製作　イギリスの機械技術者リチャード・トレヴィシックは、世界初の高圧蒸気機関を製作した。ピストン運動は毎分40回、ボイラー圧力は145psiだった。

この年　〔熱〕マードック、建物の照明にガス灯を常用　スコットランドの技術者・発明家ウィリアム・マードックは、自分の工場で石炭ガスによるガス照明を世界で初めて常用した。

1803年
(享和3年)

この年　〔原子力〕ドルトン、原子論を提唱　イギリスの化学者・物理学者ジョン・ドルトンは、全ての物質は非常に小さく分割不可能な原子で構成されているとする原子論を提唱した。1808年、『New System of Chemical Philosophy』を著す。

この年　〔原子力〕ベルツェリウスとヒシンガー、セリウムを発見　スウェーデンの化学者イェンス・ヤコブ・ベルツェリウスとその友人の鉱物学者ウィルヘルム・ヒシンガーは、未知の元素を発見。発見されたばかりの小惑星セレスに因んで、セリウムと名付けられた。同年、クラプロートも独立にこれを発見している。

1804年
(享和4年, 文化1年)

この年　〔熱〕トレヴィシック、軌道用蒸気機関車を開発　イギリスの機械技術者リチャード・トレヴィシックは、鉄のレールを走る蒸気機関車を世界で初めて開発した。機関車は、総重量10tにも達する荷物を積んだ5台の車両を引いて、時速8km、15kmの距離を走る事に成功した。トレヴィシックは蒸気機関車の開発に成功したものの、商業的に成功することは出来なかった。

1805年
(文化2年)

この年　〔電力〕グロートゥス、電気分解に関する理論を発表　ドイツの化学者T.フォン・グロートゥスが、初めて電気分解の説明を発表、陰極が水素原子を引きつけるとした。

1807年
(文化4年)

8.17　〔熱〕フルトン、蒸気外輪船を航行　アメリカの技術者ロバート・フルトン製作の蒸気外輪船「ノース・リバー・スティームボート・オブ・クラーモント」通称「クラーモント」、公開実験を行い、ニューヨーク―オールバニ間を往復（往路32時間、復路30時間）。9月4日、ニューヨーク―オールバニ間で営業運航を開始。

この年　〔熱〕ド・リバ、街の乗物用にエンジンを推奨　スイスのアイザック・ド・リバ、街の乗物駆動用としてエンジンを推奨する。

この年　〔熱〕ヤング、エネルギーの概念を導入　イギリスの医師・物理学者トマス・ヤングは、『自然哲学講義』を出版。エネルギーという用語を、物体の質量に速度の2乗を乗じた積（$F=mv^2$）として初めて定義したほか、弾性のヤング率、潮汐現象の理論、光の波動説について記述。

この年　〔熱〕ロンドンにガス灯がともる　スコットランドの技術者・発明家ウィリアム・マードックが発明した石炭ガスによるガス照明が、ロンドンの街路で使用される。

この年　〔電力〕デーヴィー、アーク灯を発明　イギリスの化学者ハンフリー・デーヴィー、アレッサンドロ・ヴォルタの発明した電池を電源とするアーク灯を発明。改良を重ね、1821年、ヴォルタ電池200個を使用した照明実験を行い、アーク灯を完成させる。

この年　〔電力〕デーヴィー、ナトリウムとカリウムを発見　イギリスの化学者ハンフリー・デーヴィー、ヴォルタ電気を用いた電気分解によりナトリウム、カリウムを発見。1808年以降、同様の手法でカルシウム、マグネシウム、ホウ素、バリウムを発見。

この年　〔電力〕フーリエ、熱伝導に関する論文を提出　フランスの数学者ジャン・バプティスト・フーリエ（男爵）は、熱伝導に関する最初の論文を、フランス科学アカデミーに提出。数学を熱学に応用して、金属中の熱伝導を、フーリエ級数（三角級数）によって、数学的に解析した。審査員だったラグランジュは、数学的厳密さがないと批判。

1809年
（文化6年）

この年　〔電力〕ゼンメリング、電信機を発明　ドイツの解剖学者ザムエル・トマス・フォン・ゼンメリングは、水の電気分解を利用した世界最初の電信機を発明。アルファベットの文字数分だけ、それに対応した電気分解の装置を用意し、文字が伝送されればそれに対応した電流が流れて、気泡が生まれるので、文字を解読することができる。

1810年
（文化7年）

1.23　〔電力〕物理学者のリッターが没する　ドイツの物理学者ヨハン・ヴィルヘルム・リッターが、ミュンヘンで死去する。14歳で学校をやめて、薬剤師の徒弟になったが、わずかな遺産を相続して、イェナとゴータで学ぶ。1804年バイエルン科学アカデミー会員。33歳の若さで没する。紫外線を発見したほか、初めて乾電池を作ったことで知られる。

この年　〔火力〕ウィンザー、都市ガス事業を創始　イギリスのフレデリック・ウィンザーは、ロンドンに世界最初の都市ガス供給会社であるウェストミンスター・ガスライト・アンド・コーク社を設立した。

1811年
（文化8年）

9.11　〔熱〕フーリエ、懸賞に応じて、熱伝導に関する論文を提出　フランスの数学者ジャン・バプティスト・フーリエ（男爵）は、フランス科学アカデミーが設定した懸賞問題に応じて、熱伝導に関する2度目の論文を提出。翌年1月、賞金を獲得するが、評価は芳しくなかった。

この年　〔熱〕アヴォガドロ、アヴォガドロの仮説を発表　イタリアの物理学者アメデオ・アヴォガドロは、ドルトンの原子説、ゲイ＝リュサックの法則の矛盾を解決しようと試み、等圧、等温、同体積の場合、全ての種類の気体は同じ数の分子を持つとするアヴォガドロの仮説（気体の分子説）を発表。単一の原子と化合物を構成する原子の結合（分子）を区別したが、アヴォガドロの仮説は半世紀近く無視された。

この年　〔熱〕クルップ、クルップ社を設立　ドイツの実業家フリードリヒ・クルップがエッセンに鋳鋼工場を建設して、クルップ社を創始。息子アルフレート・クルップのもとで、一大兵器会社に発展。

この年　〔火力〕トレヴィシック、コルニッシュボイラーを発明　イギリスの機械技術者リ

チャード・トレヴィシックは、コルニッシュボイラーを発明。錬鉄製で内部を貫通する煙道を一つ持つ。

1812年
（文化9年）

この年　〔電力〕ベルツェリウス、『化学的比例説と電気の化学的影響に関する試論』刊　スウェーデンの化学者イェンス・ヤコブ・ベルツェリウスは、『化学的比例説と電気の化学的影響に関する試論』を出版した。化学結合力を電気的親和力に基づくとして、原子が電荷を持つと推測した。

1813年
（文化10年）

この年　〔熱〕アンペール、気体の分子説を発表　フランスの数学者・物理学者アンドレ・マリー・アンペールは、アメデオ・アヴォガドロと独立に、等圧、等温、同体積の場合、全ての種類の気体は同じ数の分子を持つとする気体の分子説を発表。これも注目されなかった。アヴォガドロの法則は、アヴォガドロ－アンペールの法則とも呼ばれる。

この年　〔資源〕オハイオ州で石油を採取　オハイオ州のダック・クリークの塩井で石油が噴出した。

1814年
（文化11年）

8.21　〔熱〕物理学者のトムソンが没する　アメリカ生れ、イギリスの物理学者ラムフォード伯爵ベンジャミン・トムソンが、フランスのオートゥイユで死去する。ニューイングランドの農家の息子に生まれる。裕福な未亡人と結婚し、ラムフォードに移住。アメリカ独立戦争が勃発すると、イギリス側のスパイとなって、憎まれたため、妻子を置いてイギリスに亡命。植民地省次官になったあと、バイエルン王国に移って、じゃがいもの導入や救貧院の創設など、数々の社会改革を実施、ラムフォード伯爵に叙される。科学者としては、摩擦熱の発見でカロリック説を否定するなどの業績で知られる。

この年　〔熱〕スティーヴンソン、最初の実用的蒸気機関車を製作　イギリスのエンジニア・発明家ジョージ・スティーヴンソンは、最初の実用的な蒸気機関車「ブリュヘル号」を製作した。7月25日、初走行に成功。石炭輸送用で、約30tの石炭を運搬可能だった。

1819年
(文政2年)

8.19 〔熱〕**発明家のワットが没する** スコットランドの発明家ジェイムズ・ワットがヒースフィールドで死去する。造船業者・家屋建築業者の息子として生まれる。数学用機器製作者としてグラスゴーで働く。1764年、ニューコメン機関の改良を思いつき、1775年に特許を取得。1781年に遊星歯車機構を発明したほか、圧力計・調速器などの発明で知られ、イギリスの産業革命の大きな原動力となった。

この年 〔熱〕**サヴァンナ号が大西洋を横断** アメリカの蒸気船サヴァンナ号が、アメリカ・ジョージア州サヴァンナからイギリスのリヴァプールまで、世界で初めて蒸気船として大西洋を横断することに成功した。航海の87%は帆走で、29日11時間を要した。

この年 〔熱〕**デュロンとプティ、原子量の表を作成** フランスの化学者・物理学者ピエール・ルイ・デュロンとフランスの物理学者アレクシ・テレーズ・プティは、12個の原子量の表を作成。また、原子量あたりの固体の比熱は一定とするデュロン-プティの法則を発見した。

この年 〔資源〕**キッド、ナフタレンを分離** イギリスの化学者ジョン・キッドは、コールタールからナフタレンの分離に成功。ナフタレンは、殺虫用に利用される。

1820年
(文政3年)

この年 〔熱〕**ブルメンタール、精留塔を発明** フランスのC.ブルメンタールは、ブドウ酒を連続的に蒸留してアルコールを作るために、蒸留塔にトレイを使った精留塔を発明。

この年 〔電力〕**アラゴー、電磁石現象を発見** フランスの物理学者フランソワ・ジャン・ドミニク・アラゴー、鉄棒に導線を巻き付けて電流を流すと、鉄棒が強く磁化されるという実験により、電磁石現象を発見した。

この年 〔電力〕**アンペール、アンペールの法則を発見** フランスの数学者・物理学者アンドレ・マリー・アンペール、ハンス・クリスティアン・エルステッドによる発見を受け、磁針の振れる方向が電流の流れている方向に関係することを発見。電流とその周囲にできる磁場との関係をあらわす法則であるアンペールの法則(右手の法則、右ねじの法則)を発表。

この年 〔電力〕**エルステッド、電流の磁気作用を発見** デンマークの物理学者ハンス・クリスティアン・エルステッド、電流が流れている電線の近くにある方位磁針が北でない方角に振れることに気付き、電流の磁気作用を発見し、電気と磁気の相関性を確認。電磁現象研究の端緒を開く。

この年 〔電力〕**シュヴァイガー、倍率器を発明** ドイツの物理学者ヨハン・ザロモン・クリストフ・シュヴァイガー、倍率器(マルチプライヤー)を発明。指針型電流計・電圧計の原型となる。

この年 〔電力〕**ビオとサバール、ビオ・サバールの法則を発見** フランスの物理学者ジャン・

バティスト・ビオとフェリックス・サバール、ビオ・サバールの法則を発見した。電流の周囲に発生する磁界の強さを定式化する。

この年　〔電力〕ポッケンドルフ、電流計を発明　ドイツの物理学者・科学史家ヨハン・クリスチャン・ポッケンドルフ、電流計（電磁倍率器）を発明。方形コイルの中に磁針を置いた構造。

1821年
（文政4年）

この年　〔電力〕ファラデー、電磁回転を発明　イギリスの物理学者・化学者マイケル・ファラデーは、モーターの原理を利用して、電流と磁石の相互作用によって動く機械「電磁回転」を製作した。

1822年
（文政5年）

この年　〔熱〕フーリエ、『熱の解析的理論』刊　フランスの数学者ジャン・バプティスト・フーリエ（男爵）は、フランス科学アカデミーに提出した固体の熱伝導に関する1807年の論文と1811年の論文を基礎として、『熱の解析的理論』を出版。固体の熱伝導現象を記述する偏微分方程式である、熱伝導方程式を導き、これを解くフーリエ級数やフーリエ変換の方法をはじめて紹介した。カロリック説と運動説の2つが熱の理論として存在していたが、彼の熱伝導方程式は、これらのいずれであっても利用することが出来た。

この年　〔電力〕ゼーベック、ゼーベック効果を発見　ドイツの物理学者トマス・ヨハン・ゼーベック、物体の温度差が電圧に直接変換される現象である熱起電力効果（ゼーベック効果）を発見。

この頃　〔全般〕バベッジ、差分機械を考案　イギリスの数学者チャールズ・バベッジ、機械式計算機の祖である差分機械を考案した。

1823年
（文政6年）

この年　〔熱〕ブラウン、実用ガス機関を発明　イギリスの発明家サミュエル・ブラウンは、石炭ガスと空気の混合物を燃焼して、シリンダーに送りこみ、それを冷却することで得た圧力差を利用した、最初の実用ガス機関を発明して、特許を取得。

この年　〔電力〕アンペール、電磁気の理論を研究　フランスの数学者・物理学者アンドレ・マリー・アンペールは、磁気の原因を微小な電荷の運動であると正しく説明したが、注目され

なかった。

この年　〔電力〕スタージョン、電磁石を発明　イギリスの物理学者ウィリアム・スタージョンは、アラゴーの研究に従い、鉄棒に18回銅線を巻いて、ヴォルタ電池から電流を流すことで、電磁石を発明した。

この年　〔資源〕クレーン、水性ガスを得る　クレーンは、石炭、タール、油類を蒸溜器具レトルト内部で加熱、水を滴下して水性ガスを得ることに成功した。窒素と一酸化炭素を主成分とする発生炉ガスは、簡単にガスを得られるが、発熱量が低い。

この年　〔資源〕グロズニー油田産油開始　ロシアのグロズニー油田で産油が開始された。

1824年
(文政7年)

この年　〔熱〕カルノー、カルノーサイクルを考案　フランスの物理学者ニコラ・レオナール・サディ・カルノー、『火の動力およびこの動力を発生させるに適した機関についての考察』を著す。熱の動力としての効率を論じた熱力学上の画期的な論文で、思考実験として仮想的な熱機関であるカルノーサイクルを提示。同時に冷凍サイクルとしては逆カルノーサイクルが最高効率となる。後代の研究者らが熱力学第二法則やエントロピー等の概念を導き出す契機となる。

この年　〔電力〕アラゴー、アラゴーの円盤を発明　フランスの物理学者フランソワ・ジャン・ドミニク・アラゴー、電流による回転磁気の実験を行う。円形の磁石と円形の金属板が隣接している時、磁石が回転すると、磁気を帯びていない金属板も磁石と同方向に回転するというもので、アラゴーの円盤と呼ばれる。

1825年
(文政8年)

9.27　〔熱〕スティーヴンソン、蒸気機関車完成　イギリスのエンジニア・発明家ジョージ・スティーヴンソンは、蒸気機関車ロコモーション1号を完成させ、ストックトン―ダーリントン間で開業。38両の車両を連結し、450人の乗客を載せて時速20～25kmを走らせることに成功、世界初の旅客輸送として知られる。リヴァプールからマンチェスターまで64kmの鉄道建設を開始した。

この年　〔資源〕ファラデー、ベンゼンを発見　イギリスの物理学者・化学者マイケル・ファラデーは、鯨油を熱分解して製造された、照明用のオイルガスからベンゼンを発見。1833年、ドイツの化学者アイルハルト・ミッチェルリッヒが安息香酸と生石灰を蒸留して同一の物質を生成し、ベンゼンと命名した。

この頃　〔火力〕水管ボイラーが実用化される　火力発電の発展に従い、丸ボイラーに代わって、水管ボイラーが実用化される。ドラムの外側に水管を巡らし、これを加熱することで蒸気を作る。この水管の伝熱面積は、ドラム自体の大きさとは無関係なので、より大きな蒸発量が

期待できる。特許自体は1776年には早くもオランダのW.Blakeyによって取得されていたが、技術的な問題から実用化には至っていなかった。

1826年
（文政9年）

この年　〔熱〕ハザード、爆発性混合物で特許を取得　エルスカイン・ハザード、爆発性混合物を作ってエンジンに利用することについて、イギリスで特許を取得した。

この年　〔電力〕オーム、オームの法則を発見　ドイツの物理学者ゲオルク・ジーモン・オームは、導線を流れる電流の大きさ・電圧・抵抗の値の関係を示すオームの法則を発見した。1879年に、イギリスのヘンリー・キャヴェンディッシュが1781年にオームの法則を発見したが、生前に発見を公表していなかったことが判明した。

1827年
（文政10年）

5.5　〔電力〕物理学者のヴォルタが没する　イタリアの物理学者アレッサンドロ・ヴォルタ（伯爵）がコモで死去する。親族のほとんどが僧職につく信仰心ある一族に育ちながら、24歳までにフランクリンの研究について独自の解釈をつけ、早くから電気の研究を志した。1774年、コモのギムナジウムの物理学教授。1775年、ウィルケの電気盆を広く紹介したことで、コモ大学物理学教授、1778年、パヴィア大学物理学教授。1795年同学長。同僚で友人だったガルヴァーニの動物電気の実験に刺激を受け、ヴォルタの法則を発見、さらに世界初の電池を発明したことなどで知られる。

この年　〔原子力〕R.ブラウン、ブラウン運動を発見　イギリスの植物学者ロバート・ブラウンは、花粉の粒子を浮かべた水を顕微鏡で観察中に、粒子がそれぞれ不規則な運動をすることを観察して、ブラウン運動を発見。彼は当初、花粉が生命の源を含むことに由来すると考えたので、同じ大きさの染料の粒子を使って再度観察してみると、驚いたことに再びブラウン運動が行われていることを発見。そのため、ブラウン運動が何に由来しているのかは説明することができなかったが、約80年後、アインシュタインの理論に基づき、この運動によって、原子・分子の存在が実証されることとなった。

この年　〔再生〕フルネーロン、タービンを製作　フランスのエンジニア・発明家ブノワ・フルネーロンは、彼の教授だったクロード・ビュルダンが1824年に考案したタービンを実作して、6馬力の性能を持つタービンを組立てることに成功。中心の噴出口から車軸を伝った水が、外側の角度を付けた羽根を回転させて、車が回転し、その力によって、水の勢いも強まるのでそれだけ大きな力が得られると考えられた。数年後、フルネーロンは、これに改良を加えて、50馬力のタービンを作ることにも成功している。さらに蒸気タービンの製作を考えたが、これは当時の技術では不可能だったので、製作されなかった。

1829年
(文政12年)

5.29 〔電力〕**化学者のデーヴィーが没する** イギリスの化学者サー・ハンフリー・デーヴィーが、スイスのジュネーヴで死去する。1778年、小地主の家に生まれ、ペンザンスとトルーロの学校で学んだあと、17歳で医師を志して、徒弟となる。だが、化学を独学で学ぶと、1798年ベドウズの気体医学研究所に採用され、気体の人体への影響を研究することになった。1800年、亜酸化窒素の麻酔効果を発表すると、この気体を吸うことが流行になって、彼は若くして有名人になる。翌年、王立研究所に移って、講義が人気となった。1806年、電気分解を使った元素の発見を思いつくと、生涯で6種もの元素を発見、1812年ナイトに叙爵されて、裕福な未亡人と結婚。1813年には、事故のために、助手としてファラデーを採用。1820年、英国王立協会会長となった。塩素の研究でラヴォアジェ流の酸の起源論を却下したほか、農芸化学の研究や安全灯を発明するなどの多くの業績がある。

10月 〔熱〕**スティーヴンソン、レインヒルの競争を行う** イギリスのエンジニア・発明家ジョージ・スティーヴンソンが建設していたリヴァプール・マンチェスタ鉄道が完成した。固定した蒸気機関を利用するつもりだった同鉄道の支配人に蒸気機関車を試験するよう説得、賞金500ポンドの競技会をレインヒルで実施させると、息子のロバートと製作した蒸気機関車ロケット号で参加して、時速58kmもの速度を出して優勝。翌年正式に開通した鉄道で8台の蒸気機関車が利用されることとなった。ロケット号の製作により、蒸気機関車の基本設計が確立した。

この年 〔原子力〕**デーベライナー、3つ組元素の法則を発表** ドイツの化学者ヨハン・ヴォルフガング・デーベライナーは、塩素-臭素-ヨウ素など類似する3種類の元素について研究した観察結果を発表、中央の元素の原子量が両端の元素の原子量の平均にほぼ等しいこと、同様に化学的性質も中間的な性質を持つことなどを示して、後年のメンデレーエフの周期律の基礎となった。

この年 〔原子力〕**ベルツェリウス、トリウムを発見** スウェーデンの化学者イェンス・ヤコブ・ベルツェリウスは、トール石から新しい元素を発見して、その名の由来である北欧神話の神トールに因んでトリウムと命名した。

この年 〔資源〕**ケンタッキー州で噴油** ケンタッキー州のリトルレークス・クリークでアメリカで初となる自噴井が発見される。一日あたり数十バレルが噴油した。

1830年
(文政13年, 天保1年)

5.16 〔熱〕**数学者のフーリエが没する** フランスの数学者ジャン・バプティスト・フーリエ(男爵)がパリで死去する。仕立て屋の子に生れ、フランス革命後、パリのエコール・ノルマルで学ぶ。エコール・ノルマルとエコール・ポリテクニークで教職を勤め、強い影響力を持った。エジプト遠征に参加して、『エジプト誌』の出版を監修した。フーリエ級数によって、固体中の熱伝導を、数学的に解釈したことで名高く、オームに影響を与えた。また、

シャンポリオンにエジプト文字を初めて紹介したことでも知られる。
この年　〔熱〕アメリカで鉄道が開業　アメリカのボルティモア—オハイオ間で鉄道が開業した。
この年　〔電力〕ネグロ、往復式電動機を製作　ダル・ネグロ、往復式電動機を製作した。電磁石を両端において上下に往復運動を行うことによって発電する。
この年　〔電力〕ヘンリー、電磁誘導を発見　アメリカの物理学者ジョセフ・ヘンリー、電磁誘導を発見。イギリスのマイケル・ファラデーに先行しての発見だが、発表はファラデーの方が早かった。
この年　〔資源〕ドノヴァン、照明用ガスを製造　イギリスのドノヴァンが、水性ガスに揮発性の炭化水素を加えて、発熱量を高めた照明用の増熱水性ガスを製造した。

1831年
（天保2年）

8.21　〔電力〕ファラデー、電磁誘導を発見　イギリスの物理学者・化学者マイケル・ファラデーは、10月17日に至るまで行われた一連の実験により電磁誘導を発見した。11月24日、英国王立協会で論文『電磁誘導の法則』を発表。発電機・電動機・変圧器など、電気工学発展の基礎となる。

12.10　〔熱〕物理学者のゼーベックが没する　エストニア生れ、ドイツの物理学者トマス・ヨハン・ゼーベックはベルリンで死去する。富裕な家の生れ。17歳でドイツに移住すると、ベルリン大学、ゲッティンゲン大学で医学を学び、1802年医学の学位を受けた。医業の傍ら、科学研究に勤しむ。イェナに移住すると、科学者たちと親しく付き合って、数々の研究を行って、実験物理学者として知られるようになった。特に熱電効果の発見で知られる。

この年　〔熱〕グレアム、グレアムの法則を発見　スコットランドの化学者トーマス・グレアムは、デーベライナーの研究に触発されて、気体の拡散が起きる速度の測定を試みて、気体の拡散速度は分子量の平方根に反比例することを示して、グレアムの法則を発見。

この年　〔電力〕ヘンリー、『電動機についての論文』を発表　アメリカの物理学者ジョセフ・ヘンリー、今日の電動機の原型となる『電動機についての論文』を発表。同年、電磁気を動力源として動く世界初の電動機を製作。近代モーターの発明者と称される。

1832年
（天保3年）

この年　〔電力〕ガウス、絶対単位系を提唱　ドイツの数学者ヨハン・カール・フリードリヒ・ガウスは、絶対単位系を提唱した。

この年　〔電力〕ピキシ、手回し発電機を発明　フランスのN.ヒポライト・ピキシ、世界初の機械式発電機である手回し磁石発電機（ピキシ発電機）を発明。電磁誘導の法則を用いた装置で、交流発電機の原型となった。

この年　〔電力〕ヘンリー、自己誘導を発見　アメリカの物理学者ジョセフ・ヘンリー、1831年に製作した電動機を用いた実験により、自己誘導（インダクタンス）を発見。

1833年
（天保4年）

4.22　〔熱〕機械技術者のトレヴィシックが没する　イギリスの機械技術者リチャード・トレヴィシックが、ケント州ダートフォードで死去する。父親が監督していたコーンウォール鉱山で蒸気機関に関心を持つ。ボールトン・アンド・ワット商会に勤めたあと、独立して機械工場を創設。1800年、高圧複動機関を初めて作り、1804年までに製糖・製粉用など50台を製作。また、1801年には蒸気自動車を開発し、1804年にはレールを走る蒸気機関車を発明したが、いずれも実用化できなかった。

この年　〔電力〕ガウスとウェーバー、電信機を発明　ドイツの数学者ヨハン・カール・フリードリヒ・ガウスとヴィルヘルム・エドゥアルト・ウェーバーは、地磁気に関する実験を管理するために、ウェーバーの地磁気観測所とガウスの天文台を結ぶ、世界初の実用的な電信装置を発明した。

この年　〔電力〕ファラデー、電気分解のファラデーの法則を発表　イギリスの物理学者・化学者マイケル・ファラデーは、電気分解のファラデーの法則を発見した。電気分解された物質の量は流れた電気量に比例するとの第一法則、電気化学当量は化学当量に等しく、同じものであるとの第二法則からなる。

この年　〔電力〕リッチー、電磁石モーターを製作　イギリスのウィリアム・リッチーが、ロンドンのロイヤル・ソサエティーで、電機子（コイル）が回転するモーターを製作・発表した。

1834年
（天保5年）

この年　〔全般〕ハミルトン、ハミルトンの方程式を発見　アイルランドの数学者サー・ウィリアム・ローワン・ハミルトンは、ラグランジュの運動方程式を変換して、粒子の集合の位置と運動量を記述するハミルトンの方程式を導く。量子力学で利用される系の全エネルギーを記述するハミルトン関数が含まれる。また、ハミルトンの原理（最小作用の原理）を確立。

この年　〔熱〕クラペーロン、熱力学理論を確立　フランスの物理学者・工学者エミール・クラペーロンは、ニコラ・レオナール・サディ・カルノーの研究を高く評価して、これに解析的な説明を与えて、初歩的な熱力学の第2法則を公表、ルドルフ・クラウジウスの一般化につながった。また、カルノーサイクルを初めてグラフ化し発展させたことでも知られる。

この年　〔電力〕ペルティエ、ペルティエ効果を発見　フランスの物理学者ジャン・シャルル・ペルティエ、熱電効果の一つであるペルティエ効果を発見した。異なる金属を接合し電圧をかけると接合点で熱の吸収・放出が起こるというもので、電圧から温度差を作り出す現象である。

| この年 | 〔電力〕ホイートストンら、電気伝導速度を実験　イギリスの物理学者チャールズ・ホイートストンとワトソン、電気伝導速度の実験を行う。
| この年 | 〔電力〕ヤコビ、整流子モーターを試作　ロシアのM.H.フォン・ヤコビ、整流子モーター(直流電動機)を試作した。
| この年 | 〔電力〕レンツ、レンツの法則を発表　ロシアの物理学者ハインリヒ・レンツ、レンツの法則を発表。電磁誘導により生じる誘導電流は、磁束の変化を妨げる方向に流れるとした。
| この年 | 〔再生〕パーキンス、圧縮式冷凍機を開発　アメリカのヤコブ・パーキンスがエチルエーテルを冷媒とした圧縮式冷凍機を開発。1855年頃にはアメリカで、冷凍機による人口氷の製造が開始された。日本には1870年に初めて登場し、これはアンモニア吸収冷凍機であった。
| この年 | 〔資源〕ルンゲ、フェノールとアニリンを発見　ドイツの化学者フリードリヒ・フェルディナント・ルンゲは、コールタールを蒸溜して、フェノール(石炭酸)とアニリンの分離に成功。また、同様にキノリンの合成法を得た。

1835年
(天保6年)

この年　〔熱〕ドイツ初の鉄道が開通　ドイツ初の鉄道がニュルンベルクーフィルス間で開通した。

1836年
(天保7年)

6.10　〔電力〕物理学者のアンペールが没する　フランスの数学者・物理学者アンドレ・マリー・アンペールが、マルセイユで死去する。1775年、裕福な商人の息子に生まれる。家庭教師に教育を授けられたが、多くを独学で学んだ。数学の才能に優れ、1799年リヨンの数学教師となった。1802年、ブールアンブレスに移住した後、エコール・サントラルの物理学・化学教授。1809年、エコール・ポリテクニークの解析学教授。ナポレオンに登用されて、新大学体系の総視学官になり、没するまでその地位にあった。電磁気学の数学的業績で著名。
この年　〔電力〕スタージョン、『電気磁気年報』を刊行　イギリスの物理学者ウィリアム・スタージョン、世界初の電気雑誌である『電気磁気年報』を刊行した。
この年　〔電力〕ダニエル、ダニエル電池を発明　イギリスの化学者・物理学者ジョン・フレデリック・ダニエル、起電力1.1Vの化学一次電池であるダニエル電池を発明。正極は銅、負極は亜鉛、電解液は硫酸水溶液。
この年　〔電力〕ダベンポート、直流モーターを製作　アメリカのT.ダベンポート、直流モーターを製作し、旋盤を回転させる。
この年　〔電力〕ファラデー、電媒定数を測定　イギリスの物理学者・化学者マイケル・ファラデーは、電媒定数(比感応容量)を測定した。

1837年
(天保8年)

- 9.4 〔電力〕モールス、電信機を発明　アメリカの発明家・画家サミュエル・モールスは、スイッチの開閉で生じる電気信号を長い電線で送り、その組み合わせをモールス符号で読み解く、モールス電信機を発明した。
- この年 〔電力〕スタージョン、ロンドン電気協会を設立　イギリスの物理学者ウィリアム・スタージョン、世界初の電気専門団体であるロンドン電気協会を設立。
- この年 〔電力〕ファラデー、真空放電を発見　イギリスの物理学者・化学者マイケル・ファラデーは、真空放電（ファラデー暗部）を発見した。ファラデー暗部とは、低真空度の放電管に電流を流すと、グロー放電の陽光柱直前に暗部が生じる現象の際に、電場が弱まり気体分子の励起も電離も行われない領域を指す。
- この年 〔電力〕ブイエ、正検検流計を発明　クロード・S.M.ブイエ、電流による磁針の振れ角に関する論文『tangent galvanometer』を発表し、正検検流計を発明。

1838年
(天保9年)

- 7.18 〔熱〕化学者・物理学者のデュロンが没する　フランスの化学者・物理学者ピエール・ルイ・デュロンが、パリで死去する。1785年生れ。エコール・ポリテクニークで初め化学、後に医学を学んだ。ベルトレの助手をした後、1820年、エコール・ポリテクニーク物理学教授になり、1830年には校長を務めた。プティと共同研究で、比例に関するデュロン－プティの法則を発見したほか、爆発事故で片目と指2本を失いながらも、三塩化窒素を偶然に発見した業績などで知られる。
- この年 〔熱〕バーネット、圧縮式内燃機関を発明　イギリスの発明家ウィリアム・バーネット、ガスを圧縮してから点火する方式のガスエンジン（圧縮式内燃機関）を発明。試験中に壊れたものの、一定の成果を挙げる。
- この年 〔電力〕シュタインハイル、大地帰線を考案　ドイツのカール・アウグスト・フォン・シュタインハイル、大地を帰線として利用することを考案。
- この年 〔電力〕ダビッドソン、直流モーターを製作　イギリスのR.ダビッドソン、直流モーターを製作し、数年間にわたり鉄道・印刷・旋盤などへの応用を試みる。

1839年
(天保10年)

11.15 〔熱〕発明家のマードックが没する　スコットランドの技術者・発明家ウィリアム・マードックが、バーミンガムで死去する。1754年生れ。著名な研磨機製作者の父を持つ。1777年、ボールトン・アンド・ワット商会の機械工となって、ワットの助手となり、その後53年間、ソーホー工場の仕事に従事した。1792年に発明したガス照明で有名なほか、多数の発明がある。

この年 〔熱〕アルキメデス号が就航　世界初のスクリュープロペラ装備の蒸気船アルキメデス号が就航。全長約32m、総t数約240tで、スクリューはイギリスのフランシス・ペティ・スミスが発明したもの。試験航行でイギリス沿海を一周し、スクリューの優秀性を証明した。古くからベルヌーイ、オイラーによって、プロペラの有用性が指摘されてきたにも係わらず、これまで外輪船が専ら利用されてきたが、以後、プロペラの利用が広まる契機となった。外輪船は横ゆれに弱く、また、戦争の際にも砲撃を受けやすいという問題も抱えていた。

この年 〔熱〕スミス、スクリュー・プロペラを発明　イギリスの発明家フランシス・ペティ・スミスは、1836年に二つのねじ山をもった木ねじ型のスクリュー・プロペラを発明して、特許を取得していたが、さらに改良を重ねて2枚翼スクリュー・プロペラを発明した。

この年 〔電力〕ブンゼン、ブンゼン電池を発明　ドイツの化学者ローベルト・ヴィルヘルム・ブンゼン、陽極をそれまでの白金から炭素に変えたブンゼン電池を発明。

この年 〔再生〕グローブ、燃料電池の原理が実証される　イギリスの物理学者ウィリアム・ロバート・グローブ卿が、気体燃料を用いて、電池が構成できることを提案、グローブ電池を発明した。しかし他の化学電池である1次電池(充電できない電池)・2次電池(充電して再使用できる電池)は発明・実用化されていったが、燃料電池は実用化されなかった。

この年 〔再生〕ベクレル、太陽電池の基礎原理を発見　フランスの物理学者アレクサンドル・エドモン・ベクレル、物質に光を照射することで起電力が発生する現象を発見。これを光起電力効果または、ベクレル効果といい、太陽電池の基礎原理をなす。

この年 〔資源〕ビショップ、石炭ガスを溶鉱炉で利用　ドイツのビショップは、泥炭を竪型炉で自然の風を利用してガス化し、溶鉱炉の加熱に初めて利用した。1842年には、同様にこの発生炉ガスを製鉄所で燃料とした。

1840年
(天保11年)

この年 〔熱〕アウクスブルク機械製作所設立　アウクスブルク機械製作所(現MAN社)が設立。ドイツの機械・自動車メーカーとして有名である。

この年 〔熱〕ヘス、総熱量不変の法則を発表　スイス生れ、ロシアの化学者ジェルマン・アンリ・ヘスは、化学反応で生じる熱を測定して、あらゆる化学反応で発生する熱の量の総和は

- 35 -

反応経路に関わらず常に一定であるとする、現在ヘスの法則として知られる、総熱量不変の法則を発見。カルノーの熱力学の研究との類似性を指摘して、その応用を示唆、熱化学の基礎を築いた。

この年　〔電力〕ジュール、ジュールの法則を発表　イギリスの物理学者ジェームズ・プレスコット・ジュール、電流と発熱の関係を研究し、熱が仕事に、仕事が熱に変化することを発見し、熱がエネルギーの一種であることを証明。電流により生み出される熱量は電流の強さの自乗、電気抵抗、電流が流れる時間に比例するというジュールの法則を発表。

この年　〔再生〕アームストロング、水力発電機を発明　イギリスの発明家・事業家ウィリアム・ジョージ・アームストロング（男爵）が水力発電機を製作した。1846年には水力発電機工場を開設した。

1842年
（天保13年）

5.31　〔熱〕マイヤー、エネルギー保存の法則を発表　ドイツの医師・精神科医ユリウス・ロベルト・フォン・マイヤーは、論文『エネルギー保存の法則 生命なき自然の力に関する考察』を発表。同年、熱の仕事当量についても発表したが、いずれも評価されなかった。

この年　〔熱〕ネイスミス、蒸気ハンマーを発明　イギリスのエンジニアジェームズ・ネイスミスは、結局採用されなかったグレート・ブリテン号の超大型外輪を製作するために1839年に設計した、蒸気ハンマーを発明。その後の鍛造技術に大きな影響を与えた。

この年　〔電力〕ジーメンス、電気めっき法を発明　ドイツのエンジニアヴェルナー・フォン・ジーメンスは、電気めっき法を発明して、特許を取得。

1843年
（天保14年）

7.19　〔熱〕グレート・ブリテン号が就航　蒸気船のグレート・ブリテン号が就航し、大西洋定期航路が初めて開通した。イギリスの技術者イザムバード・キングダム・ブルーネルの設計で、全長約100m、商船としては世界初の大型鉄船で、完全に蒸気で走り、スクリュー・プロペラを用いる。蒸気船の登場は、天候に大きく左右されていた航海の定期化を可能にした。

この年　〔熱〕ジュール、熱の仕事当量を測定　イギリスの物理学者ジェームズ・プレスコット・ジュールは、この年から電磁誘導を利用した仕事と熱の変換効率を測定実験を始める。1845年には、水槽に入れた羽根車を回転、水を撹拌する時の温度上昇を測定する有名な実験を行うなど、1カロリーは4.18ジュールにあたる、と熱の仕事当量を厳密に測定した。1849年、これを英国王立協会で論文『熱の機械的等時性について』を講演すると、彼の業績はすぐに評価された。

この年　〔熱〕リリュー、多重効用缶を発明　アメリカの技術者ノルベルト・リリューは、減圧した状態で加熱することで効率的に糖汁を蒸発させて、砂糖を精製する多重効用缶を発明。

アメリカのルイジアナの蔗糖工場で工業化に成功し、この年特許を取得した。多重効用缶は広く精糖工業で利用された。

この年　〔電力〕**ホイートストンブリッジを発明**　イギリスの物理学者チャールズ・ホイートストン、ホイートストンブリッジを発明。1833年にイギリスのサミュエル・ハンター・クリスティが発明した電気抵抗の測定法を改良したもので、ひずみゲージの測定回路や様々な電気量の測定回路として用いられる。

この頃　〔電力〕**ウェーバー、絶対測定電流力計を考案**　ドイツの物理学者ヴィルヘルム・エドゥアルト・ウェーバー、絶対測定電流力計を考案した。

1844年
(天保15年, 弘化1年)

5.24　〔電力〕**モールス、電信機を実用化**　アメリカの発明家・画家サミュエル・モールスは、ワシントンからボルティモアへ敷設した電信線を使って、モールス符号の電送に成功した。最初の伝言は、聖書の一節「What hath God wrougt？」。

この年　〔火力〕**フェアベーンら、ランカシャボイラーを発明**　イギリスのW.フェアベーンとJ.ヘザリントンは、ランカシャボイラーを発明。外殻の直径を大きくして、円筒状の煙道が二つ作られた。ランカシャボイラーは、イギリス・ランカシャー地方で広く利用されたので、この名がある。

1845年
(弘化2年)

この年　〔熱〕**シェーンバイン、綿火薬を発見**　ドイツの化学者クリスティアン・フリードリヒ・シェーンバインは、夫人からきつく禁じられていた台所での実験中に、硝酸と硫酸の混酸溶液をこぼしてしまったのでパニックになり、慌てて夫人の綿製エプロンで拭き取って、ストーブで乾かしたところエプロンが爆発してしまい、ニトロセルロース（綿火薬）を偶然に発見。すぐさま特許を取得した。これは黒色火薬の発見以後、初の爆発性質物質である。

この年　〔電力〕**ファラデー、ファラデー効果を発見**　イギリスの物理学者・化学者マイケル・ファラデー、ファラデー効果（磁気旋光）を発見。磁場に平行な直線偏光を物質に透過させたとき、偏光面が回転する現象のこと。

この年　〔電力〕**ホイートストン、電磁石を用いた発電機を製作**　イギリスの物理学者チャールズ・ホイートストン、それまでの天然磁石に変えて電磁石を用いた発電機を製作。

1846年
(弘化3年)

この年　〔熱〕ケルヴィン卿、地球の年齢を約1億年と割り出す　イギリスの理論・実験物理学者、ケルヴィン卿（ウィリアム・トムソン）は、フーリエ級数を使って、熱をもとに地球の年齢を計算した。放射性元素の崩壊熱を考えなかったので、実際の年齢よりかなり若い年齢が算出されてしまった。

この年　〔熱〕ソブレロ、ニトログリセリンを発明　イタリアの化学者アスカーニオ・ソブレロは、冷却した濃硫酸と濃硝酸を攪拌しつつ、グリセリンを滴下することで、未知の爆発性化合物ニトログリセリンを発見した。ニトログリセリンは、わずか1滴を加熱しただけで、大爆発を起こすので、ソブレロはこれの商業利用を全く考えなかった。ダイナマイトの発明は、1866年のノーベルを待つことになる。

この年　〔電力〕ウェーバー、『電気力学的な量の測定』刊　ドイツの物理学者ヴィルヘルム・エドゥアルト・ウェーバーは、『電気力学的な量の測定』を出版した。アンペールの法則をより詳しく研究して、2つの荷電粒子の間に働く力は距離、速度、加速度により決まるとするウェーバーの法則を発表した。荷電粒子の運動として電磁誘導の現象を記述することができる。

この年　〔電力〕ルームコルフ、感応コイルを製作　パリ在住のドイツ人機械工ハインリッヒ・ダニエル・ルームコルフ、電池点火装置の基礎となる感応コイルを製作した。

1847年
(弘化4年)

12.12　〔電力〕ジーメンス、シーメンス社を設立　ドイツの発明家・実業家ヴェルナー・フォン・ジーメンス、ベルリンでシーメンス社を設立。電信をはじめ、初期の電車や発電も手掛けた電機企業である。

この年　〔熱〕ジュール、熱の仕事当量を確立　イギリスの物理学者ジェームズ・プレスコット・ジュール、熱の仕事当量を精密に測定し、オックスフォードで開催された英国学術協会で論文を発表。1849年、熱力学を初めて提唱。

この年　〔熱〕ヘルムホルツ、『力の保存について』を発表　ドイツの生理学者・物理学者ヘルマン・フォン・ヘルムホルツ、論文『力の保存について』を発表。ジェームズ・プレスコット・ジュールの熱の仕事当量に関する実験を元に、熱力学の第一法則（エネルギー保存の法則）を提唱した。

この年　〔電力〕レンツ、電機子反作用を明らかに　ロシアの物理学者ハインリヒ・レンツ、電機子反作用を明らかにした。

1848年
(弘化5年, 嘉永1年)

この年　〔熱〕ケルヴィン、絶対温度を提唱　イギリスの理論・実験物理学者ウィリアム・トムソン(ケルヴィン卿)は、アモントンの法則から、気体の体積がゼロとなる温度(絶対零度)が存在するのではないかという推測し、固体、液体、気体を問わず、マイナス273度で熱運動が停止するとして、この絶対零度を零点とする新しい温度目盛を提唱。セルシウス温度目盛と対応させると、水の凝固点は273.15Kになる。また、絶対温度の単位はケルヴィンの頭文字が取られた。絶対温度の概念は熱力学理論で重要である。

この年　〔資源〕マンスフィールド、トルエンを発見　イギリスのマンスフィールドは、コールタールの分別蒸留によって、トルエンの分離に成功した。

1849年
(嘉永2年)

この年　〔電力〕キルヒホッフ、キルヒホッフの法則を発見　ドイツの物理学者グスタフ・ローベルト・キルヒホッフ、キルヒホッフの法則を発見。電気回路の任意の節点に流れ込む電流の総和に関する第一法則、任意の閉路の電圧の総和に関する第二法則からなる。

この年　〔再生〕フランシス、水力タービンを発明　アメリカの技術者J.B.フランシスは、発電用の水力タービン(フランシス水車)を発明した。

1850年
(嘉永3年)

この年　〔熱〕クラウジウス、熱力学の諸法則が確立　ドイツの物理学者ルドルフ・クラウジウス、フランスのニコラ・レオナール・サディ・カルノーらの先行研究を集大成し、熱力学の第1法則(エネルギー保存の法則)および熱力学の第2法則を定式化。

この年　〔電力〕ジョン・ブレットとヤコブ・ブレット、英仏間に海底ケーブルを敷設　イギリスのジョン・ブレットとヤコブ・ブレットの兄弟が、ドーヴァー～カレー間に最初の海底ケーブルを敷いた。このケーブルは不慮の事故により翌日切断されたが、翌年に再び敷設され、イギリスとフランスをケーブルで結ぶことに成功した。

この年　〔電力〕メローニ、赤外線と可視光の同一性を証明　イタリアの物理学者マセドニオ・メローニは、赤外線には反射、屈折だけでなく、偏光、干渉、回折などの諸現象もみられ、その特性は可視光と同じであることを実験によって証明した。

この頃　〔再生〕多翼揚水風車の工場生産が始まる　アメリカで、19世紀中期頃から農業や牧畜の際に揚水用として用いる多翼型風車の工場生産が始まる。世界各地で現在でも使用されている形式のものである。特に有名なシカゴのアエロモーター社の風車は市場の半分以上を占有し、20世紀半ばまでに80万台以上も製造がなされた。

1851年
（嘉永4年）

この年　〔熱〕ジュール、気体分子の平均運動速度を計算　イギリスの物理学者ジェームズ・プレスコット・ジュールは、容器に入れた気体分子は高速で動き回り、分子が容器の壁に衝突するときに壁に加える力が総合されて気体の圧力になると考え、気体分子の運動の速さを計算した。

この年　〔電力〕ワイルド、他励式発電機を発明　ワイルド、他励式発電機を発明した。

この年　〔電力〕誘導コイルを発明　フランスのH.D.リュームコルフは、感応コイルを発明した。電流を断続させて高電圧を得る装置で、真空放電実験などに用いられ、重要な役割を果たす。

1852年
（嘉永5年）

この年　〔熱〕ジファール、蒸気機関付き飛行船を建造　フランスの技術者アンリ・ジファールが、蒸気機関(5馬力)付きの飛行船を建造し、初めての蒸気動力の飛行に成功した。

この年　〔熱〕ジュールとケルヴィン、ジュール＝トムソン効果を発見　イギリスの物理学者ジェームズ・プレスコット・ジュールとウィリアム・トムソン（ケルヴィン卿）が気体が膨張すると温度が下がることを確認した。現在ジュール＝トムソン効果として知られている。この効果は気体の液化に応用されるようになる。

この年　〔熱〕薩摩藩、反射炉を築造　薩摩藩主島津斉彬は、オランダ陸軍少将ヒュゲニンが著した『ルイク王立鋳砲所における鋳造法』を参考に、反射炉の建設に着手した。

1853年
（嘉永6年）

3.17　〔全般〕ランキン、エネルギー転化の一般法則を提唱　スコットランドの数学者・物理学者W.J.M.ランキンは顕在エネルギーと潜在エネルギーを区別して、熱や運動体のエネルギーを前者の例、重力や静電気のエネルギーを後者の例として、力学・化学・熱・光・電気・磁気などのすべてについてエネルギー転換の法則を説いた。

この年　〔熱〕黒船来航　マシュー・ペリー指揮のアメリカ海軍東インド艦隊（蒸気外輪船サスケハナ号、同ミシシッピ号、帆装船サラトガ号、同プリマス号）が日本に来航し、一般の日本人が初めて蒸気機関を目撃。

この年　〔資源〕ゲスナー、灯油を発見　イギリスの医学者エイブラハム・ゲスナーは、アスファルトから可燃性の液体を製造する方法を開発、ケロシンと名づけた。ケロシンはランプの油（灯油）に適していたが、多量に生産することはまだできなかった。

1854年
（嘉永7年, 安政1年）

7.7　〔電力〕物理学者のオームが没する　ドイツの物理学者ゲオルク・ジーモン・オームが、ミュンヘンで死去する。電流は電圧に比例するというオームの法則を発見した。オームを記念して電気抵抗の単位はオーム（Ω）と名づけられている。

1855年
（安政2年）

この年　〔熱〕ベッセマー、転炉製鋼法の特許取得　イギリスの技術者ヘンリー・ベッセマーは、空気を吹きこむことで、鋳鉄から安く炭素不純物を取り除く方法を発見し、ベッセマー法（鋳鋼用転炉）を発明、特許を取得した。ベッセマー法は、無リン鉄鉱石の使用が前提だったが、これにより、鋼鉄の大量生産が可能となった。

この年　〔熱〕薩摩藩で、日本最初の小型木造外輪蒸気船を建造　薩摩藩で、箕作阮甫訳『水蒸船略説』を手掛かりに、日本最初の小型木造外輪蒸気船雲行丸の製造に成功した。この時最初の蒸気エンジンを作る。

この年　〔電力〕フーコー、渦電流を発見　フランスの物理学者ジャン・ベルナール・レオン・フーコー、電磁誘導効果により金属内で生じる渦状の誘導電流である渦電流を発見。

1856年
（安政3年）

3月　〔熱〕大島高任、石炭で銑鉄の溶解に成功　日本の冶金技術者大島高任が、水戸藩の反射炉で石炭を用いて銑鉄の溶解に成功した。銑鉄レトルトにより石炭を乾留してコークスを製造し、反射炉に使用。

この年　〔熱〕バルサンチら、大気圧エンジンを製作　イタリアのオユゲニオ・バルサンチとフェリス・マトウチ、フィレンツェで大気圧エンジンを製作。

この年　〔電力〕マクスウェル、『ファラデーの力線について』を発表　イギリスの物理学者ジェームズ・クラーク・マクスウェルが、マイケル・ファラデーの電磁誘導の研究等を数学的に記述しようと試み、『ファラデーの力線について』と題する論文を発表した。

この年　〔資源〕パーキン、最初の人工染料モーブを発見　イギリスの化学者ウィリアム・パーキンが、キニーネの合成を研究中、アリルトルイジンのニクロム酸カリウム酸化を試みて、赤褐色の沈殿が得られることを発見。アニリンにこれを試みたうえでエタノールを加えると、高貴とされる紫色になることを発見した。これにより最初の人工染料モーブを合成すると、1857年染料工場を設立。大流行し、色素工業の発展が始まった。

1857年
(安政4年)

この年　〔熱〕クラウジウス、気体分子運動論の基礎をつくる　ドイツの物理学者ルドルフ・クラウジウスが『熱という運動の形態について』で、数学的基礎にたった熱の運動理論を確立し、また蒸発がいかにして起るのかも説明した。

この年　〔熱〕石炭ガスで灯籠点灯　島津藩主島津斉彬が、石灯籠の点灯に石炭ガスを使用した。

この年　〔電力〕ガイスラー、ガイスラー管を発明　ドイツの発明家ハインリッヒ・ガイスラーは水銀を使う真空ポンプを考案し、真空放電管であるガイスラー管を発明した。ガイスラー管はネオン管や蛍光灯の先駆けになった。

この年　〔資源〕江戸幕府、釧路で石炭採掘開始　江戸幕府が函館へ入港した外国船の石炭の要求に応じ、釧路白糠で罪人を使っての石炭採掘を始めた。

1858年
(安政5年)

この年　〔熱〕ヒューゴン、無圧縮ガスエンジンの特許を取得　ピエール・ヒューゴン、無圧縮ガスエンジンの特許を取得。その後、ジャン・ジョゼフ・エティエンヌ・ルノワールが同エンジンの実用化に成功した。

この年　〔電力〕フェダーセン、振動放電を発見　ドイツのW.フェダーセンは、振動放電を発見した。機械式オシログラフの先駆となる。

この年　〔電力〕プリュッカー、陰極線を発見　ドイツの数学者・物理学者ユリウス・プリュッカー、真空放電管の放電現象における電子の流れを発見。1876年、ドイツのオイゲン・ゴルトシュタインが陰極から発生する放射線の意で陰極線と命名。

1859年
（安政6年）

この年　〔電力〕プランテ、鉛蓄電池を発明　フランスの物理学者ガストン・プランテ、初の再充電可能な電池である鉛蓄電池を発明。希硫酸に2枚の鉛板を浸して電流を流し、鉛板に起電力を発生させる仕組み。

この年　〔資源〕ドレーク、ドレーク油田で採掘開始　アメリカの鉄道員だったエドウィン・L.ドレークが、アメリカ・ペンシルベニア州タイタスヴィルで、綱堀式で深さ22mの石油坑掘削に成功。世界初の機械掘りによる石油採掘。同年、アメリカで灯油の生産を開始。近代石油産業の始まりとなった。

1860年
（安政7年, 万延1年）

この年　〔熱〕ジーメンス兄弟、蓄熱式ガス発生炉を発明　ドイツのエンジニアフリードリヒ・ジーメンスとチャールズ・ウィリアム・ジーメンスの兄弟が、蓄熱式ガス発生炉を発明した。

この年　〔熱〕ベッセマー、回転炉の特許取得　イギリスの技術者ヘンリー・ベッセマーは、ベッセマー法（鋳鋼用転炉）をさらに改良し、可動式転炉を発明した。

この年　〔熱〕マクスウェル、気体分子運動論を発表　イギリスの物理学者ジェームズ・クラーク・マクスウェル、気体分子運動論と気体の状態方程式を発表した。

この年　〔熱〕ルノワール、無圧縮ガスエンジンの特許取得　フランスの技術者ジャン・ジョゼフ・エティエンヌ・ルノワールは、無圧縮ガスエンジンの特許を取得。同エンジンは世界初の内燃機関で、電気式の点火装置を備えた単気筒2ストロークガスエンジンだった。また、400台以上が生産され、広く実用に供された。

この年　〔電力〕パチノッティ、環状電機子を発明　イタリアの物理学者アントニオ・パチノッティ、モーターやダイナモに応用可能な環状電機子を発明。1865年、環状電機子のまわりに導線をまく構造を考案。この装置は従来のものよりも安定した直流が得られるほか、電動機として用いることも可能で、直流発電機の発明者とされる。

この年　〔電力〕ライス、振動膜を利用した電話機を発明　ドイツの発明家F.ライスがスピーカーとマイク、電線を用いて通話が可能となる電話機を発明した。電線の両端に電磁石を設置し、人工鼓膜を振動させてお互いの声を伝えるという仕組みだった。

この年　〔原子力〕ブンゼンとキルヒホッフ、セシウムを発見　ドイツの化学者ローベルト・ヴィルヘルム・ブンゼンとドイツの物理学者グスタフ・ローベルト・キルヒホッフは、スペクトル分析により、セシウムを発見した。セシウムは空色を意味し、そのスペクトルの色を表している。

この頃　〔再生〕ムショー、太陽エネルギーで動くモーターを発明　オーギュスト・ムショー、太陽エネルギーで動くモーターを発明した。

1861年
（万延2年, 文久1年）

この年　〔電力〕『エレクトリシャン』創刊　イギリスで世界初の商業電気雑誌である『エレクトリシャン』が創刊される。

この年　〔電力〕マクスウェル、『電磁場の理論』刊　イギリスの物理学者ジェームズ・クラーク・マクスウェルは、マイケル・ファラデーの電気力線、磁力線の考えを発展させて、変位電流を導入し、電磁的な媒質の中を横波が伝わることを導いて、この媒質と光の媒質とは1つのものであると考えた。

この年　〔電力〕電気単位に関する委員会設立　大英協会、電気単位に関する委員会を設立した。

1862年
（文久2年）

この年　〔熱〕オットー、4サイクルエンジンを試作　ドイツの技師ニコラウス・アウグスト・オットー、混合気を圧縮する4シリンダ・4サイクルのエンジンを試作。この他にも1860年代にはドイツで多くの内燃機関が発達。

この年　〔熱〕ド・ロシャス、4サイクルの作動を記述　フランスの鉄道技師アルフォンス・ウジェーヌ・ボー・ド・ロシャス、4サイクルの作動を記述したパンフレットを作成。しかし、同パンフレットは長期間にわたり未公開となった。

この年　〔資源〕ロックフェラー、製油工場を建設　アメリカの実業家ジョン・D.ロックフェラーが、オハイオ州クリーブランドに製油工場を建設した。

1863年
（文久3年）

この年　〔熱〕オットー、大気圧エンジンを実用化　ドイツの技師ニコラウス・アウグスト・オットー、大気圧実用エンジンを製作。

1864年
（文久4年, 元治1年）

3.31　〔熱〕オットーら、N.A.オットー会社設立　ドイツの技師ニコラウス・アウグスト・オットーとオイゲン・ランゲンが、ケルンに世界初の内燃機関製造会社N.A.オットー会社を設立。

この年　〔熱〕マルクス、第1マルクスカー製作　オーストリア人発明家ジークフリート・マルクス、大気圧エンジンを荷車に搭載して駆動させる研究を行う。これがガソリンを使って駆動する世界初の自動車で、第1マルクスカーと呼ばれる。1875年から1877年にかけて、2回目の研究を行う。

この年　〔熱〕マルタン父子、ジーメンス＝マルタン炉を組み立て売り出す　ジーメンス兄弟の指導のもと、P.マルタンとE.マルタン父子が、平炉製鋼法（ジーメンス＝マルタン法）を工業化した。

この年　〔電力〕マクスウェル、電磁場の存在を予言　イギリスの物理学者ジェームズ・クラーク・マクスウェルは、マイケル・ファラデーの場の概念を、電気と磁気の数学的取扱いの基礎として用い、マクスウェルの方程式を導いた。

1865年
（元治2年, 慶応1年）

9月　〔資源〕ペンシルベニア州でタンク車が実用化　ペンシルベニア州タイタスビルの油田地帯とニューヨーク州の間でタンク車が実用化された。荷馬車やボートに代わる手段となる。

10.10　〔資源〕ペンシルベニア州で石油パイプライン敷設　アメリカのサミュエル・ヴァン・シッケルらの石油運送連盟がペンシルベニア州で鋳鉄製の石油パイプラインを敷設、16日に稼働開始した。

この年　〔熱〕クラウジウス、エントロピーを提唱　ドイツの物理学者ルドルフ・クラウジウス、閉じた系でのエネルギーの不活性化を記述するために、エントロピーの概念を提唱、これを用いて熱力学の第2法則を定式化した。カルノーサイクルの研究などを通じての知見。

この年　〔熱〕蒸気船スルタナ号ボイラー破裂事故が発生　アメリカ・ミシシッピー川で、蒸気船スルタナ号のボイラーが破裂、1238人の死者を出す惨事となった。

この年　〔資源〕リスター、石炭酸による消毒法を提唱　イギリスの外科医ジョゼフ・リスターは、化膿がバクテリアによるというパスツールの研究に着目して、石炭酸（フェノール溶液）消毒法を創始し、外科治療上に画期的な発展をもたらした。

1866年
(慶応2年)

この年　〔熱〕ノーベル、ダイナマイトを開発　スウェーデンの発明家・実業家アルフレッド・ベルンハルド・ノーベル、ダイナマイトを開発。ニトログリセリンを珪藻土に染み込ませることで耐衝撃性を持たせ、信管で起爆させる構造となっている。

この年　〔電力〕フィールド、大西洋横断海底電信を敷設　アメリカの実業家サイラス・W.フィールドは大西洋にケーブルを通すことを計画し、1857年にニューファウンドランド～アイルランド間で事業を開始した。アメリカ巡洋艦ナイヤガラとイギリス汽船アガメノンの2隻が大西洋横断海底電線架設に赴き、1866年に敷設に成功した。

この年　〔電力〕ヴァーレイが自励式発電機の特許を出願　イギリスのS.A.ヴァーレイ、自励式発電の特許「電気発生の方法と装置についての改良」を出願。自励原理の基本である残留磁気の作用を明らかにする。

この年　〔火力〕ハートフォード蒸気ボイラ検査・保険会社設立　蒸気船スルタナ号の破裂事故を受け、ハートフォード蒸気ボイラ検査・保険会社が設立される。これを端緒として多くのボイラー検査・保険会社が設立された。

1867年
(慶応3年)

8.25　〔電力〕物理学者・化学者のファラデーが没する　イギリスの物理学者・化学者マイケル・ファラデーがハンプトン・コートで死去する。ファラデーは高等教育を受けておらず、高度な数学もほとんど知らなかったが、科学史上最も影響を及ぼした科学者の1人とされている。静電容量のSI単位「ファラッド (F)」はファラデーに因んでいる。また、1モルの電子の電荷に相当するファラデー定数にも名を残している。

10.26　〔資源〕パークス、石炭無税輸出の承諾を要求　イギリス公使ハリー・パークスが江戸幕府に石炭無税輸出の承諾書を要求。また、兵庫の商社設立の趣旨と経営者の通告を求めた。

この年　〔熱〕オットーのエンジンが、パリ万博で金賞を受賞　N.A.オットー会社がパリ万国博覧会に大気圧エンジンを出品し、最も経済的な内燃機関として金賞を受賞。1868年、同エンジンの生産を開始。

この年　〔電力〕ジーメンスら、複T形電機子を用いた発電機を製作　ドイツのヴェルナー・フォン・ジーメンス、弟のウィリアム・ジーメンスと共に、複T形電機子を用いて発電機を製作。従来の永久磁石式発電機に対し、自励式による初の発電機。同じ頃、イギリスの物理学者チャールズ・ホイートストンらも独自に自励式発電機を製作。

この頃　〔火力〕ルート、ルーツボイラーを発明　アメリカのベンジャミン・ルートが、ルーツボイラーの特許をイギリスで取得。ヨーロッパで広く普及し、特許が切れた後は各社で独自の改良が行われたため、さまざまなデザインがある。

1868年
(慶応4年, 明治1年)

この年　〔熱〕ボルツマン、『運動する質点の間の活力の平衡についての研究』を発表　オーストリアの物理学者ルートヴィヒ・エドゥアルト・ボルツマン、『運動する質点の間の活力の平衡についての研究』を発表。熱平衡状態の統計力学の端緒を開く。

この年　〔熱〕日本初の蒸気ポンプを設置　高島炭鉱に日本初の蒸気ポンプが設置される。

この年　〔電力〕ルクランシェ、ルクランシェ電池を発明　フランスのジョルジュ・ルクランシェ、ルクランシェ電池を発明。持運びが容易になる電池史上画期的な発明で、現在のマンガン乾電池の原型となる。

1869年
(明治2年)

5.10　〔熱〕アメリカ大陸横断鉄道が完成　ユタ州プロモントリー・ポイントで金製の鉄道用の犬くぎが打たれ、大西洋から太平洋に至る最初の大陸横断鉄道線路が完成し、西部開拓の促進に大きく貢献した。

8.9　〔電力〕横浜でブレゲ指字電信機による通信実験に成功　イギリスから通信技師を招いて、横浜燈台役所と横浜裁判所に日本で初めての電信回線を開通させた。ここではモールス信号ではなく、「ブレゲ指字電信機」と呼ばれる電信機を採用した。

12.25　〔電力〕東京・横浜間電信開通　東京・横浜間に電信が開通し、電報の取り扱いが始まった。

この年　〔熱〕アンドルーズ、臨界温度・臨界圧力を発見　アイルランドの物理学者トマス・アンドルーズは、空気などのいわゆる永久気体は、その温度以上では圧力をかけるだけでは液化することのできない臨界温度があることを指摘した。

この年　〔電力〕ヒットルフ、陰極線を発見　ドイツの化学者・物理学者J.W.ヒットルフは、ユリウス・プリュッカーのあとを引き継いで、気体中の電気伝導の研究を行い、放電現象においてグロー光線と名付けた陰極線を発見。同時にこの陰極線の直進性や磁場による屈曲性、蛍光作用や熱作用なども明らかにした。

この年　〔全般〕メンデレーエフ、元素の周期律を発見　ロシアの化学者ドミトリ・I.メンデレーエフ、元素の周期律を発見し、63元素を8グループに分類した周期律表を作成した。今日の周期律表の原型である。

1870年
(明治3年)

1.10 〔資源〕ロックフェラー、オハイオ・スタンダード設立　アメリカの実業家ジョン・D.ロックフェラーが、オハイオ州クリーブランドに石油会社オハイオ・スタンダードを設立した。

この年 〔電力〕グラム、グラム発電機を発明　ベルギーの電気技術者ゼノブ・グラム、アントニオ・パチノッティの発明した環状電機子を実用化し、交流発電機であるグラム発電機を製作。グラム発電機は電気機械用強電流の送電が可能なうえ、過熱が少なく連続運転ができるため、近代電気工業の発展につながった。

1871年
(明治4年)

8月 〔資源〕石坂周造、長野石炭油会社設立　幕末志士で実業家となった石坂周造が、東京に日本最初の石油鉱業会社となる長野石炭油会社を設立した。

この年 〔熱〕モンスニ=トンネル開通　モンスニ=トンネルが開通し、イタリア―フランス国境のアルプス山脈が貫通した。おもな鉄道トンネルとしてはこれが最初のものである。全長12kmで、1860年着工した。

この年 〔電力〕イギリス電信学会設立　世界初の電気関係学会であるイギリス電信学会が設立される。後のイギリス電気学会(IEE)である。1872年、世界初の電気関係学会機関誌で、後の『IEE Proceedings』の刊行を開始した。

この年 〔電力〕エジソン、印字電信機を発明　アメリカの発明家トーマス・アルバ・エジソンが、印字電信機を発明した。

1872年
(明治5年)

4.2 〔電力〕画家で発明家のモールスが没する　アメリカの画家で発明家のサミュエル・モールスがニューヨークで死去する。全米デザイン学院を創立し、その初代院長であったが、電磁石の話を偶然耳にし、電信機の設計の着想を得、電気的信号で通信を送るための点と線のシステム、モールス符号を考案した。

9.29 〔熱〕高島嘉右衛門、ガス灯をともす　横浜の神奈川県庁と本町通りの間に、日本初のガス灯十数基が点灯した。イギリス人W.H.スミス、ドイツ人シキルツ・ライスが設置の申

請を行っていたが、ガス灯の権利を外国資本に取られることを阻止すべく日本の高島嘉右衛門が日本社中を結成して1870年12月に県の免許を得ると、フランス人技師を招いてガス工場を建設して、灯火にこぎつけた。

10月　〔熱〕日本初の鉄道が開業　新橋—横浜間に日本初の鉄道が開業。距離29km。1870年イギリスからエドモンド・モレルが建築師長に着任し、本格的工事が始まった。日本側では井上勝が鉱山頭兼鉄道頭に就任し、建設に携わった。鉄道は大評判となり、開業翌年には大幅な利益を計上したが、運賃収入の大半は旅客収入であった。

この年　〔電力〕エジソン、二重電信機を発明　アメリカの発明家トーマス・アルバ・エジソンが、二重電信機を発明した。

この年　〔電力〕交流発電機の商業利用が開始　フランスでグラム発電機がアーク灯の電源として実用化される。マイケル・ファラデーによる電磁誘導の発見から40年目にして商業ベースでの利用が開始される。

1873年
（明治6年）

この年　〔電力〕クラーク、クラーク電池を発明　イギリスのエンジニアJ.L.クラークは、カドミウム標準電池のカドミウムを亜鉛に、硫酸カドミウムを硫酸亜鉛に変えたクラーク電池（クラークの標準電池）を発明した。

この年　〔電力〕グラム、電動機と発電機の可逆性を発見　ウィーン博覧会が開催され、ベルギーの電気技術者ゼノブ・グラムが1870年に発明のグラム発電機を出品した。電線の接続を間違えたために他の発電機からの電流が流れ込み、グラム発電機が回転。これにより発動機と電動機の可逆性（発電機を電動機として使用できること）を発見した。

この年　〔電力〕デビッドソン、電気自動車を試作　イギリスのR.デビッドソンは、世界初の電気自動車（4輪トラック）を試作した。

この年　〔電力〕マクスウェル、『電気磁気論』を刊行　イギリスの物理学者ジェームズ・クラーク・マクスウェル、『電気磁気論』を著す。マイケル・ファラデーの実験などを元にした電磁気理論の書で、1864年の電磁場の理論、1871年の光の電磁波説など、一連の研究を集大成したもの。これによりマクロ世界の電磁気現象を4つの方程式で説明するマクスウェルの方程式が完成。

この年　〔電力〕工部大学校電信科設立　工部省、工部大学校（現東京大学工学部）に電信科を設置。高等教育機関における世界初の電気関係学科で、教授はイギリス人のウィリアム・エドワード・エアトンが務めた。

この年　〔資源〕日本坑法施行　日本坑法が施行された。鉱物の採掘を許可制とし、鉱業実施上の義務、土地使用等について規定した初の鉱業規制である。

1874年
（明治7年）

- 8月　〔資源〕金津で石油採掘開始　日本の実業家中野貫一が、新潟県金津で手堀井を開坑、石油採掘に着手した。
- この年　〔熱〕ギブズ、相律を確立　アメリカの数学者・物理学者ウィラード・ギブズは、化学熱力学を発展させ、実質的に完成させた。自由エネルギーの概念を導入し、不均一物質系の平衡における相律の理論を出した。
- この年　〔電力〕ストーニー、電子の概念を提唱　イギリスのジョージ・J.ストーニー、電気分解におけるイオンの電気量を調べ、電気素子（電子：electron）の概念を提唱。
- この年　〔再生〕グラム、水力発電機で3.2kWを出力　ベルギーの電気技術者ゼノブ・グラム、水力発電機で出力3.2kWを記録した。
- この年　〔資源〕清国が日本産石炭の売買を禁止　清国政府が日本産石炭の売買を禁止した。それまで上海・香港などでは、日本産石炭を輸入して蒸気船・工場機械などの運転に用いていた。
- この年　〔資源〕日本、原油産額の記録を開始　日本で、原油産額の公式記録が開始された。年産555kℓ。

1875年
（明治8年）

- 10.19　〔電力〕物理学者のホイートストン卿が没する　イギリスの物理学者チャールズ・ホイートストン卿が、パリで死去する。最初は楽器職人として仕事を始めた。電信機の発明、電磁気応用の電気時計の発明、ホイートストン・ブリッジ（電気抵抗測定法）の普及などの業績がある。
- この年　〔電力〕ドイツのエンジニアジーメンス、蒸気機関利用の発電機で5kWを出力　ヴェルナー・フォン・ジーメンス、蒸気機関を用いた発電機で出力5kWを記録した。
- この年　〔再生〕クルックス、ラジオメーター効果を発見　イギリスの物理学者ウィリアム・クルックスが、ラジオメーターを考案。これは一面が黒で反対面が金属光沢の羽根車からなる装置で、羽根車は減圧したガラス管内に置かれている。ラジオメーターに光があたると空気分子の羽根による反跳は光沢面より黒い面で大きく、羽根車の回転が引き起こされる（ラジオメーター効果）。
- この年　〔資源〕ノーベル兄弟、ロシアにロベルト・ノーベル製油所を建設　スウェーデンの発明家・実業家アルフレッド・ノーベルとその兄弟が、ロシアのバクーにロベルト・ノーベル製油所を建設した。

1876年
（明治9年）

5月　〔資源〕ライマン、油田地質調査開始　アメリカ人B.S.ライマンが北海道から九州までの日本初となる油田地質調査を開始した。調査図は「日本油田の地質および地形図」として1882年に完成した。

6月　〔資源〕春日永太郎ら、石油削井組合設立　春日永太郎らが、新潟県尼瀬で石油削井組合を設立した。

この年　〔熱〕オットー、4サイクル内燃機関完成　ドイツの技師ニコラウス・アウグスト・オットーが、ピストンが4行程を行うタイプの4サイクルのガソリン内燃機関（オットー機関）を完成させた。オットーサイクルエンジンとも呼ばれるこのエンジンは、非常に大きな進歩が見られたので、たちまち好評を博し、現在の自動車エンジンの原型となった。

この年　〔電力〕ゴルトシュタイン、ヒットルフの放射線を陰極線と命名　ドイツの物理学者オイゲン・ゴルトシュタインが、20年前のJ.プリュッカーの研究を再現し、真空になった管の蛍光は放射線があたかも陰極（負の電極）からガラス上の蛍光を示す点まで流れていくことによって起こっているように思われた。この現象を陰極線と呼んだ。

この年　〔電力〕ベル、実用電話機を発明　イギリスの発明家アレクサンダー・グラハム・ベルは、音が空気を圧縮したり減圧したりするのに対応して、音波を電流の強弱変化に変換し、実際の会話を電線を通して送り、その電流をもう一方の端で再び音に変換できるようにしたいと考え、電話機を発明した。

この年　〔再生〕アダムスら、セレン光起電力効果を発見　イギリスのW.G.アダムスとR.E.デイらが、固体セレン（Se）の光起電力効果を発見した。

1877年
（明治10年）

7.9　〔電力〕ベル、ベル電話会社を設立　イギリスの発明家アレクサンダー・グラハム・ベルが、ボストンでベル電話会社を創業した。最初は新聞社にニュースを送るだけであったが、その便利さが世の中に知れ渡り徐々に拡大していった。

7月　〔資源〕滝沢安之助、愛国石油削井会社を設立　滝沢安之助が愛国石油削井会社を設立し、新潟県荻平で機械掘を開始した。

この年　〔熱〕ボルツマン、熱力学の第2法則に統計的基礎をおく　オーストリアの物理学者ルートヴィヒ・エドゥアルト・ボルツマンが、『熱平衡法則に関する力学的熱理論の第2主法則と確率計算の関係について』の論文で、ボルツマンの関係式を導き、エントロピーと系のとりうる状態との関係を明らかにした。

この年　〔再生〕ペルトン、ペルトン水車を発明　アメリカの発明家レスター・アラン・ペルトンは、水流の衝撃を利用した衝動水車（水力タービン）であるペルトン水車を発明した。高

効率なため、発電用水車として現在まで広く用いられている。
この年　〔資源〕シッケル、連続蒸留法を発明　アメリカのサミュエル・ヴァン・シッケルが、これまでの単独蒸留法に代わる原油連続蒸留法を発明した。
この年　〔全般〕大阪府、鋼折・鍛冶・湯屋三業取締規則を制定　大阪府が、鋼折・鍛冶・湯屋の三業を取り締まる鋼折・鍛冶・湯屋三業者心得方を制定した。都市公害を取り締まる規則は全国初となる。

1878年
(明治11年)

1月　〔資源〕ノーベル兄弟、タンカーを建造　スウェーデンの発明家・実業家アルフレッド・ノーベルとその兄弟が、スウェーデンでタンカー「ゾロアスター」の建造を開始した。

3.20　〔熱〕物理学者で医師のマイヤーが没する　ドイツの医師、物理学者ユリウス・ロベルト・フォン・マイヤーが、ハイルブロンで死去する。熱と仕事が相互に変換可能であること、エネルギー保存の法則を論文で発表した。比熱に関するマイヤーの関係式にも名前を残している。

3.25　〔電力〕日本初のアーク灯が点灯　東京電信中央局開局記念祝賀会が工部大学校大ホールにおいて開催され、アーク灯の試験点灯が行われる。日本初のアーク灯点灯で、1927年に日本電気協会が3月25日を電気の日に制定。

この年　〔熱〕オットー、マグネト点火装置を開発　ドイツの技師ニコラウス・アウグスト・オットー、ヴェルナー・フォン・ジーメンスの二重T型電機子を使用し、マグネト点火装置を開発。

この年　〔電力〕スワン、白熱電灯を発明　イギリスの物理学者・化学者ジョゼフ・ウィルスン・スワンが、トーマス・アルバ・エジソンの1年前に、真空の球の中に炭素のフィラメントを入れた白熱電灯を発明し、ニューカッスル化学協会で公開し特許を取得。スワン電気会社を設立した。

この年　〔火力〕ド・ラバール、S型反動タービンを発明　スウェーデンのグスタフ・ド・ラバールが、牛乳とクリームの分離を目的としたS型反動タービンを発明。分離に必要な1万rpmを達成した。遠心クリーム分離器の発明は世界初。

この年　〔再生〕アダムス、ソーラー発電塔を建設　ウィリアム・アダムスが、ソーラー発電塔を建設した。

この年　〔再生〕世界初の水力発電が開始　フランスのパリ近郊セルメーズ製糖工場で世界最初の水力発電が行われる。

この年　〔資源〕ドーソン、半水性ガスを製造　ドーソンは、1878年から1881年にかけて発生炉から生じた加熱蒸気から、発生炉ガスと水性ガスの中間的な性質を持つ半水性ガス(ドーソンガス)を製造すると、ガス機関の燃料とした。

1879年
(明治12年)

5.15　〔資源〕ノーベル兄弟、ノーベル兄弟産油会社設立　スウェーデンの発明家・実業家アルフレッド・ノーベルとその兄弟が、ロシアのバクーでノーベル兄弟産油会社を設立した。

5.31　〔電力〕ジーメンス、ベルリン勧業博覧会に電車を出展　ドイツのヴェルナー・フォン・ジーメンス、ベルリン勧業博覧会に世界初の電気鉄道を出展。試運転では3馬力の電動機で300m、時速13kmで走行した。

10月　〔電力〕エジソン、白熱電球を実用化　アメリカのトーマス・アルバ・エジソン、炭素フィラメントを開発し、1878年にイギリスの物理学者・化学者ジョゼフ・ウィルスン・スワンが発明した白熱電球の長寿命化・実用化に成功した。

11.5　〔電力〕物理学者のマクスウェルが没する　イギリスの物理学者ジェームズ・クラーク・マクスウェルが、ケンブリッジで死去する。マイケル・ファラデーによる電磁場理論をもとに、マクスウェルの方程式を導いて古典電磁気学を確立した。さらに電磁波の存在を理論的に予想しその伝播速度が光の速度と同じであること、および横波であることを示した。これらの業績から電磁気学の最も偉大な学者の1人とされる。また、土星の環や気体分子運動論・熱力学・統計力学などの研究でも知られている。

11月　〔資源〕日本初の原油パイプライン敷設　愛国石油削井会社が、新潟県荻平に日本初の原油パイプラインを敷設した。

この年　〔熱〕J.シュテファン、シュテファンの法則を証明　オーストリアの物理学者ヨーゼフ・シュテファンは高温の放射エネルギーは、絶対温度の4乗に比例することを実験的に証明した。今日シュテファンの4乗則、またはシュテファン-ボルツマンの法則として知られているものである。それはボルツマンが1884年に熱力学の第1法則から証明したことによる。

この年　〔熱〕クラーク、2サイクルガスエンジンを製作　イギリスのデュガルド・クラーク、2サイクルガスエンジンを製作。

この年　〔電力〕エジソン、エジソン・ダイナモを発明　トーマス・アルバ・エジソン、白熱電灯の電源用にエジソン・ダイナモを発明。電圧を一定に保つため並列配電とした他、効率を従来の40%から90%に高めることに成功。

この年　〔電力〕ベルリン電気学会設立　ベルリン電気学会(ETV)が設立される。後、ドイツ電気学会と改称した。

この年　〔電力〕ホール効果を発見　アメリカの物理学者エドウィン・ハーバート・ホール、電流が流れている物体に対し、電流に垂直に磁場をかけると、電流と磁場の両方に直交する方向に起電力が現れる現象であるホール効果を発見。

この年　〔火力〕ブラッシュ、照明事業を開始　アメリカのチャールズ・F.ブラッシュ、サンフランシスコに火力発電所を建設し、世界初のアーク灯用電力供給事業を開始。

この年　〔資源〕尼瀬で出油　加藤直重が新潟県尼瀬自宅土蔵裏で掘削を行い、出油に成功した。

1880年
(明治13年)

- この年　〔電力〕キュリー兄弟、圧電効果を発見　フランスのジャック・キュリーとピエール・キュリーの兄弟、水晶やロッシェル塩などの結晶に圧力をかけると電気分極が起き、電位が発生するという圧電効果(ピエゾ電気効果)を発見。
- この年　〔電力〕ベル、光線電話機の特許を取得　イギリスの発明家アレクサンダー・グラハム・ベルが、光線電話機の特許を取得。電話回線が鏡を振動させ、反射された日光をセレン検波器が検出するもので、光線による音の伝送を可能にした。
- この年　〔火力〕宮原二郎、宮原式水管ボイラーを発明　日本海軍の宮原二郎は、宮原式水管ボイラーの特許を取得。水管ボイラーの特許が取得されるのは日本初。
- この年　〔火力〕米国機械学会設立　蒸気ボイラーの事故が多発したことを受け、米国機械学会(ASME)が設立される。ボイラーの検査基準について検討を開始。1911年、ボイラコード委員会を設置。
- この年　〔資源〕オハ油田が発見される　ロシア人が北樺太で油田を発見した。のちのオハ油田である。
- この頃　〔再生〕エリクソン、パラボラトラフを製作　スウェーデン出身のアメリカのジョン・エリクソン、凹面鏡で太陽光を集光し、その熱で蒸気を生成して発電する装置であるパラボラトラフを製作した。

1881年
(明治14年)

- 5.12　〔電力〕シーメンス社、電車を開業　シーメンス社、世界最初の電車路線を開業した(ベルリン～リヒターフェルデ間約2.5km)。この路線は試験線としての意味合いをもつものだった。ジーメンスはこれを「高架から降ろされた高架線」と名付けた。
- この年　〔電力〕パリ国際電気会議で、電気単位が決定　パリ国際電気会議が開催され、V(ボルト)、A(アンペア)、Ω(オーム)などの単位記号が定められる。
- この年　〔電力〕ヘルムホルツ、電気素量を初めて計算　ドイツの生理学者・物理学者ヘルマン・フォン・ヘルムホルツが、原子中の電気量は一定の整数比に分割されることを示し、電気の最小単位の存在という考えを示唆した。
- この年　〔電力〕ラランド、ラランド電池を発明　ラランド、酸化銅亜鉛電池(ラランド電池)を発明。電解液にアルカリを使った初の電池で、後の空気電池の原型となる。
- この年　〔火力〕エジソン、ロンドンに火力発電所を建設　アメリカの発明家トーマス・アルバ・エジソンが、ロンドンに主として照明を目的としたホルボーン・バイアダクト火力発電所を建設し、翌年世界最初の白熱灯による電気供給事業を開始した。発電効率は推定6%程

この年　〔原子力〕マイケルソンとモーリー、地球とエーテルとの相対運動に関する実験を実施　ドイツ出身のアメリカの物理学者アルバート・マイケルソンとエドワード・モーリーが、地球の光エーテルに対する運動を実証する実験（マイケルソン・モーリーの実験、失敗したことでエーテルの存在の否定を決定づけた）を行う（〜1887）。

この年　〔原子力〕マイケルソン、干渉計を発明　ドイツ出身のアメリカの物理学者アルバート・マイケルソンが干渉計を発明した。これは2本の光線を重ね合わせ、生じた干渉縞のずれから光の波長を精密に測定する装置である。またこれを用いると短い距離を高精度で測れるため、メートル原器の誤差測定などにも使われるようになった。

この年　〔再生〕アメリカ・イギリスで水力発電所が建設される　アメリカ初の小規模水力発電所であるナイアガラ水力発電所、イギリス初の水力発電所であるゴダルミン水力発電所が建設される。いずれもアーク灯用に電力を供給する。

この年　〔資源〕ノーベル兄弟産油会社、連続蒸留法を実用化　ノーベル兄弟産油会社がバクー製油所で連続蒸留法を初めて実用化し、翌年から稼働を開始した。

1882年
（明治15年）

1.2　〔資源〕ロックフェラー、スタンダード・オイル・トラスト成立　アメリカの実業家ジョン・D.ロックフェラーがスタンダード・オイル・トラストを結成、オハイオ・スタンダードを中心に40の精製業者、パイプライン会社が参加、全米石油業の90％を支配することになる。

3月　〔電力〕東京電灯設立を出願　東京電灯設立が出願される。11月、宣伝のため銀座街頭にアーク灯が設置される。1883年2月、設立が認可される。

この年　〔熱〕ダイムラーら、4サイクル高速ガソリンエンジンを製作　ドイツのエンジニア・発明家のゴットリーブ・ダイムラーとヴィルヘルム・マイバッハ、シュツットガルトのカンスタットで自動車用の4サイクル高速ガソリンエンジンの製作を開始。1883年、完成。1885年、軽乗用車内燃機関の特許を取得。1886年には4サイクルガソリン自動車を完成させた。

この年　〔熱〕ヘルムホルツ、自由エネルギーを提唱　ドイツの生理学者・理論物理学者ヘルマン・フォン・ヘルムホルツ、熱力学における状態量の1つである自由エネルギーの概念を提唱。

この年　〔電力〕ゴラールとギブス、二次発電機の特許を取得　フランスのL.ゴラールとイギリスのジョン・ディクスン・ギブス、交流変圧器を直列に接続する二次発電機（直列型変圧器）の特許を取得。

この年　〔電力〕テスラ、二相交流モーターを考案　セルビア出身のニコラ・テスラ、ブダペストで二相交流モーターの原理を考案。

この年　〔電力〕デプレ、長距離送電実験を実施　フランスのマルセル・デプレ、ミュンヘン電気博覧会で電信線を用いて2kV・57kmの長距離送電実験を行う。効率は約20％に留まるが、発電所と需要地を切り離す長距離送電への道を拓く。

この年　〔火力〕エジソン電灯会社、世界初の商用電力事業を開始　エジソン電灯会社、ニューヨーク市パール街に中央発電所（540kW火力直流発電所）を建設し、白熱灯向けおよ

1883年（明治16年）

び昇降クレーン向けの商業用電力事業を開始した。
- この年　〔再生〕**商業用水力発電所を建設**　アメリカ・ウィスコンシン州アップルトンのフォックス川に、白熱電灯用として世界初の商業用水力発電所が建設される。
- この年　〔資源〕**田代虎次郎、泰平社を設立**　新潟出身の田代虎次郎が東京に泰平社を設立し、火止石油を生産した。
- この頃　〔電力〕**電流戦争が勃発**　電力供給事業において、電流戦争（交直論争）と呼ばれる直流送電陣営と交流送電陣営の激しい対立が発生。

1883年
（明治16年）

- 3.20　〔電力〕**エジソン、3線式送電法を発明**　アメリカの発明家トーマス・アルバ・エジソンが、電力輸送のための3線式送電法の特許を取得。これは現在でも使われているものである。
- この年　〔熱〕**ドブテビーユ、ガスエンジンを製作**　フランスの技師エドア・デラマル・ドブテビーユ、ガスエンジンの製作を開始し、自動車への応用を試みた。
- この年　〔熱〕**ハドフィールド、マンガン鋼の特許を取得**　イギリスの冶金学者サー・ロバート・アボット・ハドフィールドは、鉄に大量のマンガンを加え（約12〜14パーセント）、鋼鉄を熱し、冷水で焼き入れをすると、その結果得られる合金は、極度に固く強いことを発見した。
- この年　〔熱〕**ベンツ、ベンツ会社を設立**　カール・フリードリヒ・ベンツ、ベンツ会社ライン川ガスエンジン工場を設立。
- この年　〔電力〕**エジソン、エジソン効果を発見**　アメリカの発明家トーマス・アルバ・エジソン、白熱電球のフィラメントの劣化の研究中に、フィラメントを金属箔で覆うと金属箔とフィラメントの間に電流が流れるのを観測、エジソン効果を発見した。熱電子放出現象（加熱されたフィラメントから電荷が放出される現象）のことで、電子管の基礎となる。
- この年　〔電力〕**スタンリー、逆起電力を提唱**　アメリカの電気技術者ウィリアム・スタンリー、逆起電力の概念を提唱。ここから変圧器の原理が導かれ、1886年にはナイアガラの交流送電に変圧器が用いられることになる。
- この年　〔電力〕**ラーテナウ、ドイッチェ・エジソン社を設立**　ユダヤ人実業家エミール・ラーテナウ、トーマス・アルバ・エジソンの特許を取得し、ドイッチェ・エジソン社（現AEG）を設立。家電、発電機、自動車・航空機・鉄道車両開発、鉄道電化などを扱う電機メーカーである。
- この年　〔電力〕**国際電気学会設立**　国際電気学会が設立される。後のフランス電気学会（SEE）である。
- この年　〔火力〕**ド・ラバール、単式衝動タービンを発明**　スウェーデンのグスタフ・ド・ラバールが、1883年ブランカ型の単式衝動タービンを発明。衝動タービンは、ノズルから噴出する蒸気によって単列の羽根列を回転させる。以降もこれの改良に取り組んで、1889年には、現在でも利用される超音速でガスを噴射できる末広のラバールノズルを発明。回転数は2万6000rpmにも達した。ド・ラバールは、これを遠心クリーム分離器として用いたので、容量を大きくするために羽を長くした際に起きる破損の問題は解決されなかった。

| この年 | 〔資源〕スマトラ油田、開発開始　オランダ人アイルコ・ヤンツ・ジンガーがオランダ領スマトラでスマトラ石油開発準備会社を設立、油田開発に着手した。
| この年 | 〔資源〕ロスチャイルド、バクー石油の販売開始　ロスチャイルドがバクー石油の販売を開始した。
| この頃 | 〔電力〕ホプキンソンら、交流電動機を製作　イギリスのジョン・ホプキンソンら、磁気回路や電気機械理論を研究し、最初の実用的な交流電動機を製作した。

1884年
（明治17年）

| この年 | 〔熱〕L.ボルツマン、シュテファンの法則を証明　オーストリアの物理学者ルートヴィヒ・エドゥアルト・ボルツマンが、師ヨーゼフ・シュテファンが見出した放射法則に理論的証明を与えた。これにより、一般にシュテファン－ボルツマンの法則として知られる。
| この年 | 〔熱〕ファント・ホフ、化学熱力学の確立　オランダの物理化学者ヤコブス・ヘンリクス・ファント・ホフは『化学動力学の研究』を書き、溶液論、特に反応速度の熱力学的理論、化学平衡について研究結果を述べた。
| この年 | 〔電力〕アメリカ電気学会設立　アメリカ電気学会（AIEE）が設立される。
| この年 | 〔電力〕アレニウス、電離説を提唱　スウェーデンの化学者スヴァンテ・A.アレニウスが電離説を提唱。電解質が溶液に溶けている時、その何割かは正に帯電したイオンと負に帯電したイオンとに解離しているというものであった。
| この年 | 〔電力〕電車が実用化される　ドイツ・フランクフルト－オッフェンバッハ間に、架線を用いて電気を供給するシステムの電車が開通。初めて電車が実用化される。
| この年 | 〔火力〕パーソンズ、蒸気タービンを発明　イギリスの技術者チャールズ・アルジャーノン・パーソンズ卿、交流発電機用の蒸気タービン（多段階反動式タービン）を発明し、特許を取得した。パーソンズタービンは多数の羽根列を用いて、蒸気速度が過大となることを実用レベルにまで抑えることができた。パーソンズタービンは1900年頃から工業的に使用される。

1885年
（明治18年）

| 6月 | 〔電力〕日本初の電灯が点灯する　万国電気博覧会審査員を務めて1884年12月に帰国した藤岡市助が、同郷の友人三吉正一が興した三吉電機工場で日本最初の白熱電灯用発電機を製作した。6月東京電灯は、東京麹町の内閣官報局印刷所および銀行集会所に、エジソン式15kW75灯用直流発電機を設置して、わが国最初の電灯を点灯させた。藤岡は後、三吉と共に白熱舎を設立し電球製造を行った。
| 10月 | 〔資源〕東京瓦斯会社設立　1874年に設立された東京瓦斯局が払い下げられ、東京瓦斯会

社が設立された。

この年　〔電力〕ガスナー、ガスナー乾電池を発明　ドイツのカール・ガスナー、ガスナー乾電池の特許を取得。1888年、生産開始。

この年　〔電力〕スタンリー、変圧器を実用化　アメリカの電気技術者ウィリアム・スタンリー、交流変圧器の実用化に成功。1886年、発電機・変圧器・高圧送電線で構成される高圧交流送電システムを公開し、広範囲な電力供給を実現した。

この年　〔電力〕デリら、閉磁路変圧器の並列使用を考案　ハンガリーのM.デリ、C.ツィペルノフスキー、O.T.ブラティの3人は、L.ゴラールやジョン・ディクスン・ギブスの直列型変圧器を改良し、並列型変圧器を開発した。

この年　〔電力〕フレミング、フレミングの右手の法則を発表　イギリスのジョン・アンブローズ・フレミング、電磁誘導に関する「フレミングの右手の法則」を発表。後にローレンツ力に関する「フレミングの左手の法則」を発表。

この年　〔電力〕小型二相交流電動機を発明　イタリアのガリレオ・フェラリス、二相交流の回転磁界原理を発見し、出力3kWの小型二相交流電動機を発明。

この年　〔原子力〕バルマー、バルマーの公式を発見　スイスのヨハン・ヤコブ・バルマーが、水素スペクトルの4本の輝線の波長には規則性があり、その大きさは簡単な公式で表せることを発見。この4本の輝線は今日バルマー系列と呼ばれている。これが後にニールス・ボーアに原子模型を思いつかせることになった。

この年　〔資源〕アメリカ石油事業の情報を収集　内藤久寛がニューヨーク領事館の鬼頭悌二郎から、アメリカの石油事業についての情報を入手した。

この年　〔資源〕ロシア石油の輸出開始　ロシアの石油の輸出が開始され、インド西岸に到達した。

1886年
（明治19年）

1.30　〔熱〕オットー・サイクルの特許が無効に　ライプチヒ・ドイツ大審院、オットー・サイクルに関するニコラウス・アウグスト・オットーの特許を無効とする。アルフォンス・ウジェーヌ・ボー・ド・ロシャスが書いたパンフレットを根拠とする決定で、オットーのエンジン実用化までの発明者としての権利は認められない。

9月　〔電力〕大阪紡績会社三軒家工場に発電機を設置　東京電灯、大阪紡績会社三軒家工場にエジソン式25kW直流発電機を設置。日本における一般自家用白熱電灯の始まり。

11.15　〔熱〕ボッシュが工場を設立　ロベルト・ボッシュ、シュツットガルトで精密機械および電気工場を設立。1887年、ドイツ・ガスエンジン製作所の製品を手本としてマグネト点火装置の製造を開始した。

この年　〔熱〕ベンツ、ベンツ・パテント・モートルヴァーゲンを製作　カール・フリードリヒ・ベンツ、内燃機関で自力走行するように設計された世界初の自動車ベンツ・パテント・モートルヴァーゲンを製作し、マンハイムの路上で試験を行う。同年、ゴットリープ・ダイムラーも独自に自動車を製作し、カンスタットの路上で試験を行う。いずれも世界初の実用ガソリンエンジン車として知られ、これをもって乗用車の誕生とみなされる。

この年　〔電力〕ウェスティングハウス、ウェスティングハウス社を設立　アメリカのジョージ・ウェスティングハウス、ウェスティングハウス・エレクトリック社を設立。同年、バッファロー市内に最初の交流発電所を建設し、ゼネラル・エレクトリック(GE)と特許紛争を展開。

この年　〔電力〕ゴルトシュタイン、カナル線を発見　ドイツの物理学者オイゲン・ゴルトシュタインが、通り抜けることができるように小さな穴(あるいはチャンネル)を開けた陰極を用いてみると、陰極線がいつもどおり出現するだけでなく、チャンネルを通過して反対の方向へと流れていく放射線もあることを発見。これをカナル線(陽極線)と呼んだ。

この年　〔電力〕ホールとエルー、独立にアルミニウムの電気精錬法を発見　アメリカの化学科の学生チャールズ.M.ホールとフランスの冶金学者P.L.T.エルーがそれぞれ独立に、豊富なアルミナと電力からアルミニウムを製造する経済的な方法を発見した。この方法はホール－エルー法と呼ばれている。

この年　〔火力〕ウェルスバッハ、白熱ガス・マントルを発明　オーストリアのC.A.ウェルスバッハが白熱ガス・マントルを発明した。1896年、日本に紹介された。

この年　〔資源〕尼瀬油田、開発開始　尼瀬油田の開発が始まった。

1887年
(明治20年)

7月　〔再生〕イギリスで垂直軸風車による発電が開始　イギリス・グラスゴーのJ.ブライスが、垂直軸風車により出力3kWの発電を始める。発生した電力をバッテリーに貯蓄して、照明に用いるもので、1914年8月まで25年間にわたって使用された。1891年、風力原動機の特許を取得した。

9月　〔電力〕名古屋電灯を設立　名古屋電灯の設立が許可される。

11.29　〔火力〕東京電灯、火力発電で市内配電開始　東京電灯(現東京電力)が、電灯供給事業を有望視した初代社長矢嶋作郎、大倉喜八郎らの発意により発足。日本橋茅場町に最初の火力発電所第2電灯局(25kW、210V、直流)が落成し、架空配電による送電を開始。初の公衆用配電となった。

11月　〔電力〕京都電灯設立　京都電灯の設立が許可される。1889年7月、開業。

12月　〔電力〕大阪電灯設立　大阪電灯の設立が許可される。1889年5月、開業。11月、西道頓堀発電所(30kW、1155V、125サイクル)が完成し、日本初の交流式送電を開始。

この年　〔電力〕テスラ、二相誘導発電機を製作　ニコラ・テスラ、二相誘導発電機の原理を考案し、自ら発電機を製作。同年、アメリカでテスラ電灯社を設立し、世界初の交流送電事業を開始。

この年　〔再生〕多翼風車での発電実験は失敗　フランスのシャルル・ド・ゴワイヨン公爵は、ラエーブ岬で多翼風車の発電実験を開始。直径12mの大きさで風力により2個の発電機を駆動させる予定だったが、実験は不成功に終わった。

1888年
（明治21年）

1月　〔電力〕神戸電灯設立　神戸電灯の設立が許可される。9月、開業。

4.27　〔資源〕アングロ・アメリカン石油設立　スタンダード・オイル・トラストは、ロスチャイルドやノーベル兄弟産油会社に対抗するため、イギリスにアングロ・アメリカン石油を設立した。

5月　〔資源〕内藤久寛ら、日本石油会社設立　内藤久寛らが、新潟県刈場郡石地村に日本石油会社を設立した。

6月　〔電力〕電気学会設立　電気学術の調査・研究と広報・普及を目的に、日本で電気学会が設立される。初代会長は榎本武揚。8月には機関誌『電気学会雑誌』が創刊された。

7.1　〔再生〕日本初の水力発電、運転開始　宮城県仙台市の宮城紡績（のち宮城水力紡績会社に改称）が三居沢発電所を設置（出力5kW）した。自家用で直流発電機を据え付け、紡績用水車により、水力発電を開始した。

7.18　〔資源〕石炭無税輸出へ勅令　7月20日付けの官報に、外国に輸出する石炭の海関税を免税とする勅令が掲載された。

この年　〔電力〕ハルバックス、光電効果を発見　ドイツの物理学者W.L.F.ハルバックスは、絶縁された亜鉛板の清浄表面に紫外線を当てると、亜鉛板は正に帯電すること、またあらかじめ負に帯電させた亜鉛板は、紫外線照射により電荷を失うことを見いだした。

この年　〔電力〕ヘルツ、電磁波を証明　ドイツの物理学者ハインリヒ・ルドルフ・ヘルツ、火花放電を起こすことで電磁波の存在を証明。それが有限時間で伝わる横波であり、反射・屈折・偏りなど光と一致する性質をもつことを明らかにした。これにより、イギリスの物理学者ジェームズ・クラーク・マクスウェルの電磁気理論が実証された。この電磁波はヘルツ波、後にラジオ波と呼ばれるようになる。

この年　〔電力〕ロンドン電力供給会社、デットフォード計画を開始　ロンドン電力供給会社は交流システム専門家セバスチャン・Z.フェランティを雇い、テムズ河畔にデットフォードの大交流火力発電所を建設し、10kWの交流発送電の実用化を図った。フェランティは建物と発電システム・配電システムを設計した。

この年　〔電力〕屋井先蔵、屋井乾電池を発明　日本の発明家・実業家屋井先蔵、日本の寒冷地でも使用可能な時計用小型一次電池である屋井乾電池を発明。

この年　〔再生〕ブラッシュ、マンモス多翼風車で発電を開始　アメリカのチャールズ・F.ブラッシュがオハイオ州クリーブランドの自宅に、直径17m144枚のブレードのマンモス多翼風車を設置し、12kWの発電を行い、二次電池に蓄電した。

1889年
(明治22年)

8月	〔電力〕札幌電灯舎設立	札幌電灯舎の設立が許可される。
11月	〔電力〕横浜共同電灯設立	横浜共同電灯の設立が許可される。1890年10月、開業。
12月	〔電力〕熊本電灯設立	熊本電灯の設立が許可される。1891年7月、開業。
この年	〔熱〕F.アーベル、コルダイトを開発	イギリスの化学者フレデリック・アーベルが、煙を出さない無煙火薬の開発に取り組み、イギリスの化学者ジェイムズ・デュアーの助けを得て、コルダイトを開発した。それはニトログリセリンとニトロセルロースに石油からとったゼリー状物質を加えたものである。
この年	〔電力〕エジソン・ゼネラル・エレクトリック社設立	1878年にトーマス・アルバ・エジソンが設立したエジソン電気照明会社を吸収してエジソン・ゼネラル・エレクトリック社（EGE）が創立される。1892年にトムソン・ヒューストン・カンパニーと合併して、ゼネラル・エレクトリック社（GE）が誕生した。
この年	〔電力〕トムソン、積算電力計を発明	アメリカのE.トムソン、積算電力計を発明。
この年	〔電力〕ドブロウォルスキー、三相籠型誘導モーターを発明	ドイツのドリボ・フォン・ドブロウォルスキー、三相籠型誘導電動機（出力100W）、三相交流変圧器を発明した。1890年、三相四線結線方式を考案。これにより三相交流送配電システムを確立した。
この年	〔電力〕ブランリー、コヒーラ検波器を発明	フランスのエドアール・ブランリー、電磁波検出装置であるコヒーラ検波器を発明した。
この年	〔資源〕ロイターがペルシャで石油利権獲得	J.D.ロイターがペルシャで石油の利権を再獲得した。
この年	〔資源〕小倉油店開業	埼玉出身の小倉常吉が小倉油店を開業した。

1890年
(明治23年)

5.4	〔電力〕東京電灯が電車に電力供給	東京電灯、第3回内国勧業博覧会において上野公園―車坂上間を運行する架空単線式電車を運航。車両はアメリカ・ブリル製、スプレーグ式、500V15馬力、22人乗り。日本初の臨時電力需要だった。
6.16	〔資源〕ロイヤル・ダッチ設立	オランダ領東インド石油開発会社として、ロイヤル・ダッチが設立される。支配人はJ.B.ケスラー。
7月	〔再生〕工場電灯用水力発電が開始	栃木県鹿沼市の下野麻紡織が、下野麻紡織発電所を設置（出力17kW）した。アメリカ製水車2基により発電し、工場の電灯用に使用した。現廃止。

1891年（明治24年）

7月	〔資源〕シャーマン反トラスト法制定　アメリカの上院議員ジョン・シャーマンが提案した、最初の独占禁止法であるシャーマン反トラスト法が制定された。正式名称は、不当な取引制限および不当な独占を禁ずる法律で、主にカルテルやトラストによる独占を禁止する。
8月	〔再生〕日本初の自家用水力発電　下野麻紡績所で、日本初の自家用水力発電（竪軸水車、65馬力）が開始された。
10.17	〔資源〕ユニオン石油会社設立　カリフォルニア州でユニオン石油会社が設立された。
11.28	〔熱〕ダイムラーら、ダイムラー・エンジン会社を設立　ゴットリープ・ダイムラーとヴィルヘルム・マイバッハ、ドイツ・カンスタットにダイムラー・エンジン会社を設立。
12月	〔再生〕鉱山業の水力発電が開始　栃木県古河市の足尾銅山の間藤原動所が間藤発電所を設置、トルビン式横水車により発電を開始した。ドイツのシーメンス社の技師ヘルマン・ケスラーの設計に基づき起工した。横軸水車と発電機3台で、発電所から銅山まで約2kmを送電した。現廃止。
12月	〔資源〕日本石油、アメリカから掘削機を輸入　日本石油が、アメリカ・ピーヤス社から鋼式掘削機を輸入。1891年4月、尼瀬での機械堀に成功した。
この年	〔電力〕トムソン、高周波発電機を発明　アメリカのE.トムソンが、高周波発電機を発明した。
この年	〔電力〕ヘルツ、運動物体の電子力学の論文を発表　ドイツの物理学者ハインリヒ・ルドルフ・ヘルツはマクスウェル理論の解析を続け、運動物体の電子力学の論文を発表した。
この年	〔電力〕レベデフ、光の圧力を測定　ロシアの物理学者ピョートル・レベデフは電磁波が物体に当たると吸収あるいは反射される際の圧力（放射圧または光の圧力）を高い真空度の中で測定した。それによると実験誤差内で、電磁気学と熱力学に基づく予想と一致する放射圧が得られた。
この年	〔電力〕電気式地下鉄を運行　イギリス・ロンドンで地下鉄が電化され、世界初の電気式地下鉄が運行される。
この年	〔火力〕日本で初めてボイラーの特許が取得される　細谷安太郎が、日本で初めて煙管式ボイラーの特許を取得した。

1891年
(明治24年)

2月	〔電力〕電気営業取締規則を制定　警視庁、警察令「電気営業取締規則」を制定した。
5月	〔電力〕日本電灯協会設立　日本電灯協会が設立される。後の電気協会である。
7月	〔電力〕東京電灯、1万灯祝典を挙行　東京電灯が、電灯1万灯祝典を挙行した。
8.16	〔電力〕逓信省に電気試験所が設立　逓信省電務局内に電気試験所が設立された。官制上明確化された日本最古の国立研究機関である。年々高度の発展を続ける電気技術の先導的研究部門で、多くの秀れた業績や成果をあげますます充実していった。
8.16	〔再生〕ナイアガラ水力発電所が開業　アメリカのナイアガラ＝フォールス社がナイアガラの瀑布を使用したナイアガラ水力発電所の操業を開始した。大規模な水力開発の初めと

この年　〔熱〕下瀬雅允、下瀬火薬を発明　海軍省で火薬の研究をしていた下瀬雅允が、ピクリン酸が成分の下瀬火薬を発明。後年の日露戦役大勝の一因をつくった。

この年　〔電力〕テスラ、テスラコイルを発明　セルビア出身のアメリカの物理学者ニコラ・テスラは、高電圧を高周波数で生ずるテスラコイルを発明。フランクフルト博覧会でその変圧器が初めてその有効性を証明し、間もなく交流が直流にとって代わった。

この年　〔電力〕ドブロウォルスキー、三相交流発送電実験を行う　ドリボ・フォン・ドブロウォルスキー、フランクフルト電気博覧会でラウフェン水力発電所からの高電圧三相交流長距離発送電の実験を実施。170km遠方のネッカー河で三相交流発電機（75kW）を用いて発電、55Vの電圧を1万5000Vに昇圧して博覧会場まで送電し、三相電動機（65V、200馬力）を駆動するというもので、送電効率は70％。同システムはハイルブロンに移設され、1892年に世界最初の三相交流送配電システムとして稼働。

この年　〔再生〕WEC、エームズ水力発電プラントを建設　アメリカのウェスティングハウス・エレクトリック社、世界初の商業用交流発電システムであるエームズ水力発電プラントを建設。

この年　〔再生〕ケンプ、ソーラーヒーターを製作　アメリカのクラレンス・M.ケンプ、世界初のソーラーヒーター（湯沸かし器）を製作。

この年　〔再生〕ラ・クール、世界初の風力発電装置を製作　デンマークのホール・ラ・クールは、政府の補助金を得て、アスコウに世界初の風力発電装置を（揚力利用風車）を製作し、発電を開始。同年、ラ・クールは風力発電研究所を設立し、風の不安定な挙動を是正する機械式回転調速機の発明などの多大な業績を残し、風力発電の父、風力発電の創始者、デンマークのエジソンと呼ばれる。

この年　〔資源〕ウェスト・バージニア油田隆盛　この頃から、アメリカのウェスト・バージニア油田が隆盛となる。

この年　〔資源〕バクー油田産油激増　ロシアのバクー油田で大噴油井が続出して産油量が激増、アメリカの石油生産独占を脅かす存在となる。

1892年
（明治25年）

2.23　〔熱〕ディーゼル、ディーゼル・エンジンを開発　ドイツの技術者ルドルフ・ディーゼルが、「合理的な新型熱機関」の名称でディーゼル・エンジンの特許を出願。1893年2月23日、特許が成立。1895年に試作品を完成させ、1897年に実用化に向けて完成させた。高温圧縮空気に霧状の重油を噴射して自然爆発させるエンジンで、従来のガソリンエンジンより高効率・低燃費かつ構造を単純化できるという利点がある一方、振動・騒音・排ガス臭気が悪化し、重量化するという欠点もあった。同年、フリードリッヒ・クルップとアウクスブルク機械製作所は、ディーゼル・エンジン実用化のための契約を締結した。

3.2　〔資源〕スタンダード・トラストに解散命令　スタンダード・オイル・トラストがシャーマン反トラスト法に基づきオハイオ高等裁判所から解散命令を受け、スタンダード石油連合に変容する。

6.4	〔再生〕日本初の電気事業用水力発電所が営業開始　田辺朔郎設計による京都市営蹴上水力発電所が営業を開始した。日本初の営業用水力発電所であり、日本初の市営電気事業でもある。琵琶湖疏水を利用、120馬力横軸ペルトン水車と発電機各2基で供給した。1897年当初計画の全工事が終了した。現関西電力所有。
6月	〔再生〕箱根電灯発電所完成　箱根電灯による箱根電灯発電所が完成し、箱根湯本へ電気の供給を開始した。三吉工場製20kW直流発電機および中島機械の発電用反動水車を設置した。国産第1号。水力・20kW。現廃止。
6月	〔資源〕後の宝田石油設立　山田又七らが、石油会社を設立、新潟県古志郡比礼で試掘を開始した。後の宝田石油。
6月	〔資源〕鉱業条例施行　日本坑法が廃止され、鉱業条例が施行された。これにより、鉱業の国家独占主義は、鉱業自由主義に改められ、採掘権が認められた。
7月	〔資源〕タンカー「ミュレックス」完成　マーカス・サミュエルがタンク・シンジゲートの最初のタンカーとして4200tの「ミュレックス」を完成させた。初のバラ積みタンカー。タンク・シンジゲートは後のシェル運輸貿易会社である。
この年	〔電力〕GEが誕生　エジソン・ゼネラル・エレクトリック社とトムソン・ヒューストン・カンパニーが合併し、ゼネラル・エレクトリック（GE）が設立される。
この年	〔電力〕モアッサン、電気炉を製作　フランスの化学者ヘンリー・モアッサンが、電気炉により、数多くの金属の窒化物、ホウ化物、炭化物などを合成し、広く電熱化学を研究した。
この年	〔電力〕ローレンツ、電子論を提唱　オランダの物理学者ヘンドリック・アントーン・ローレンツ、全ての物質が微小な荷電粒子を持つとした上で、古典力学と古典電磁気学とを適用して物質の電気的・磁気的・光学的性質を論じた電子論を提唱。
この年	〔原子力〕レーナルト、レーナルト線を発見　ハンガリー出身のドイツの物理学者フィリップ・レーナルトが陰極線管を改良してアルミニウム箔の窓を設け、陰極線を管外へ導き、その研究が開放空間でできるようにした。これをレーナルト線と呼んだ。
この年	〔再生〕世界初の揚水発電　スイスのチューリッヒ発電所で、揚水発電が実用化された。

1893年
(明治26年)

2月	〔資源〕日本、ロシア灯油輸入開始　サミュエル・サミュエル商会が、神戸でロシアの灯油の輸入を開始した。
2月	〔資源〕宝田石油創業　山田又七らが長岡に宝田石油を設立、創業総会を開催した。
5月	〔資源〕アメリカの石油会社が日本支店を開設　アメリカのニューヨーク・スタンダード石油が、横浜に日本支店を開設した。
10月	〔再生〕国産初の交流発電機が設置される　栃木県の日光電力が国産初の交流発電機（ホプキンソン単相交流）を設置し、日光発電所（日光第二発電所に改称）の運用を開始した。
この年	〔電力〕ウェストン、標準電池を発明　アメリカのエドワード・ウェストン、ウェストン標準電池（カドミウム標準電池）を発明。起電力は摂氏20度で1.01866V。

この年	〔電力〕スタインメッツがGEに入社　チャールズ・プロテウス・スタインメッツ、ゼネラル・エレクトリック（GE）の顧問となる。1889年にドイツからアメリカに政治亡命した人物で、交流に関する理論および技術を確立し、電気事業の発展に貢献。同年、複素数を導入して交流回路論を確立した。
この年	〔原子力〕ウィーンの変位則　ドイツの物理学者ウィルヘルム・カール・ウィーンが、黒体放射について最大エネルギーの波長は熱源の絶対温度の逆数に比例することを明らかにした。これをウィーンの変位則と呼ぶ。のち、マックス・プランクの量子力学仮説発展につながった。1911年、ノーベル物理学賞を受賞。
この年	〔原子力〕ウィーン、熱放射の変位則を発見　ドイツの物理学者ウィルヘルム・カール・ウィーンは、黒体放射について最大エネルギーの波長は熱源の絶対温度の逆数に比例することを明らかにした。これをウィーンの変位則と呼ぶ。これにより、恒星の温度が求められる。のち、マックス・プランクの量子力学仮説発展につながった。1911年、ノーベル物理学賞を受賞。
この年	〔資源〕グロズニー油田で機械掘成功　ロシアのグロズニー油田で機械掘が成功し、本格的な商業生産を開始した。
この年	〔資源〕テキサス油田試掘成功　アメリカのテキサス油田の試掘が成功した。
この年	〔資源〕ドヘニー、ロサンゼルスで石油掘削　エドワード・ドヘニーがロサンゼルスで石油掘削に成功した。

1894年
（明治27年）

3月	〔再生〕鉱山の水力発電所、運用開始　岐阜県の三井鉱山（神岡鉱山）が鹿間発電所の運用を開始した。自家用で当時の出力は5kW。
11月	〔資源〕新津油田で出油　上野昌治ら、新潟県新津油田で上総掘井では初めてとなる出油に成功した。
この年	〔資源〕ジャワ島で噴油井出現　ジャワ島のスラバヤ油田で噴油井が出現した。

1895年
（明治28年）

2.1	〔電力〕日本初の電気鉄道が開通　京都電気鉄道が開業し、日本初の電気鉄道を運行開始。車両はアメリカ・ゼネラル・エレクトリック（GE）製、550V、25馬力。
6月	〔資源〕日本石油、新潟鉄工所設置　日本石油が新潟鉄工所を設置した。1896年5月操業開始。
10.15	〔資源〕ロータリー式掘削に成功　アメリカ・テキサス州でロータリー式掘削が初めて

1896年（明治29年）　　　　　　　　　　　　　　　　　　　資源・エネルギー史事典

成功した。

11.8　〔原子力〕レントゲン、X線を発見　ドイツの物理学者ヴィルヘルム・レントゲンは、暗い部屋の中で放電管による陰極線の実験中に、放電管の近くで蛍光が生じる現象を発見し、これが放電管から出てくる放射線の作用によることを示し、その放射線をX線と命名した。

この年　〔電力〕P.キュリー、磁性に関するキュリーの法則を発見　フランスの物理学者ピエール・キュリーは、磁石の温度を上げていくと、磁性が消失する温度があることを示した。この温度はキュリー温度と呼ばれている。

この年　〔電力〕ポポフ、無線通信法を発明　ロシアの物理学者アレクサンドル・S.ポポフが、自ら研究・製作に取り組んでいた雷検知器を改良して空中線（アンテナ）を製作し、ペテルブルグ大学で無線通信の公開実験に成功した。

この年　〔電力〕マルコーニ、無線通信法を発明　イタリアの電気工学者グリエルモ・マルコーニが、ヘルツ波を無線電信に利用しうることを発見。イギリス通信局で無線通信の公開実験に成功した。（6kmに達した）

この年　〔電力〕ローレンツ、運動物体の電磁光学理論を展開　オランダの物理学者ヘンドリック・アントーン・ローレンツは運動している荷電粒子には、電界による力の他に磁界により運動方向に対して垂直に働く力（ローレンツ力）があることを示した。

この年　〔電力〕電灯が11万個を突破　日本における取り付け電灯数が11万6000灯に達する。

この年　〔原子力〕ラムゼー、地球上でヘリウムを発見　イギリスの化学者ウィリアム・ラムゼーは、ウラニウム鉱石を繰り返し研究する中、その不活性さという点で、窒素に似た気体を得た。それはヤンセンが太陽光の中に検出したヘリウムと同じ気体であった。ラムゼーは地球上でヘリウムを得たのである。

1896年
（明治29年）

2月　〔原子力〕ベクレル、放射線を発見　フランスの物理学者アントワーヌ・アンリ・ベクレル、ウランが放出する放射線を発見した。後にベクレル線と命名される（現在のα線、β線、γ線）。

3月　〔資源〕中島謙造、本邦石油産地調査報告発表　農商務省地質調査所の中島謙造が地質要報「本邦石油産地調査邦文」を発表した。

5月　〔熱〕フォード、ガソリン自動車を製作　アメリカ・デトロイトのヘンリー・フォードが初のガソリン自動車の製作に成功。6月4日、試運転を行う。

5月　〔電力〕電気事業取締規則を公布　通信省令「電気事業取締規則」が公布される。6月、施行。

9月　〔火力〕幸町火力発電所建設　日清戦争の影響で、電力不足に陥ったため、大阪電灯は幸町火力発電所を建設した。1887年に交流発電機（60Hz）をアメリカのゼネラル・エレクトリック（GE）から購入したことで、西日本における交流周波数が決定づけられた。浅草火力発電所の建設と併せて、今日でも東西日本の周波数が異なる原因となった。

11.16　〔再生〕E.D.アダムズ発電所が稼働　アメリカ・ナイアガラの滝に建設されたE.D.アダ

- 66 -

ムズ発電所(水力発電、二相交流、ウェスティングハウス・エレクトリック社製)、バッファローの工業地帯への送電を開始。

この年　〔熱〕アチソン、人造黒鉛をつくる　アメリカの発明家E.G.アチソンは、無煙炭と少量の砂との混合物を電気炉で熱し、電極用人造黒鉛を作りの特許を取得した。

この年　〔火力〕カーチス、速度複式衝動タービンを発明　アメリカのチャールズ・ゴードン・カーチスが、ド・ラバール・タービンを改良して、カーチスタービンを発明。ノズルから噴き出す蒸気流は、数列の羽根列によって車軸に伝えられる。このカーチス段は、その他の形式と組み合わせるなど広く採用された。

この年　〔原子力〕ゼーマン、ゼーマン効果を発見　オランダの物理学者ピーター・ゼーマンが、ナトリウム原子を磁場の中で発光させると、磁場がない状態だと単一波長かつ黄色だったスペクトル線が複数のスペクトル線に分裂することを発見した(ゼーマン効果)。オランダの物理学者ヘンドリック・アントーン・ローレンツは発光現象は原子の中で荷電粒子が運動しているためだと考えた。

この年　〔原子力〕ローレンツ、ゼーマン効果を荷電粒子の比電荷の計算に利用　オランダの物理学者ヘンドリック・アントーン・ローレンツは、ゼーマンが観測したスペクトル線の変化を計算。そこから荷電粒子の比電荷(電荷eと質量mの比e/m)も求めた。

この年　〔資源〕サンノーキンバレー油田発見　カリフォルニア州でサンノーキンバレー油田が発見された。

この年　〔全般〕大阪府、製造場取締規則規定を制定　大阪府が、製造場取締規則規定を制定。公害という用語が用いられるのは、日本初。

1897年
(明治30年)

2.16　〔熱〕ディーゼル・エンジンの実働に成功　アウクスブルク機械製作所、ディーゼル・エンジンの完璧な実働に初成功。

5月　〔資源〕米露の石油事情視察へ　内藤久寛、三島徳蔵、アメリカとロシアの石油事情を視察。1898年農商務省「米露両国石油事情調査報告」として刊行。

6月　〔熱〕初の蒸気タービン船の完成　パーソンズタービン(反動タービン)を装備した世界最初のイギリスの蒸気タービン船、チャールズ・アルジャーノン・パーソンズ卿の「タービニア号」が完成した。従来の蒸気船よりもすぐれていることが示された。

7月　〔再生〕滝を利用した水力発電所、運転開始　岡崎電灯岩津発電所が愛知県で20mの落差の滝を利用して発電し、岡崎市への送電を開始した。横軸ペクトル水車・交流発電機を設置して、出力50kW。

10.18　〔資源〕シェル運輸貿易会社設立　イギリスでシェル運輸貿易会社が設立された。

この年　〔電力〕C.F.ブラウン、ブラウン管を発明　ドイツの物理学者カール・フェルディナント・ブラウンは、陰極線管を利用し、電圧を変えて電子ビームを曲げ、オシロスコープを発明したが、それがテレビ受信機の基本的構成部品(ブラウン管)となった。

この年　〔電力〕ダッデル、電磁オシログラフを発明　イギリスのウイリアム・ダッデル、実用

的電磁オシログラフを発明した。

この年　〔電力〕大阪電灯、60サイクル発電機を採用　大阪電灯は、幸町火力発電所にアメリカ・ゼネラル・エレクトリック(GE)製3相交流式60式サイクル発電機を採用した。西日本における60ヘルツの交流周波数の起点となる。

この年　〔火力〕ラトー、圧力複式衝動タービンを発明　フランスのA.C.E.ラトーが、ド・ラバール・タービンを改良して、ラトータービンを発明。ラバールノズルを採用せず、複数のノズル(固定羽根)と続く回転羽根によって、蒸気圧を複数回にわたって降下させ、都合のよい回転数を得る。彼の業績は、パーソンズとは独立のものであり、ラトー段は、その他の形式と組み合わせるなど広く採用された。ラトーは、1918年ころ航空機用の排気タービンの発明にも成功している。

この年　〔火力〕浅草火力発電所建設　日清戦争の影響で、電力不足に陥ったため、東京電灯は交流方式による浅草火力発電所(現：蔵前変電所)を建設。設計は電気工学者の中野初子、製作は石川島造船所。ドイツのアルゲマイネ社から交流発電機(50Hz)を購入したことで、東日本における交流周波数が決定づけられた。

この年　〔原子力〕J.J.トムソン、電子を発見　イギリスのジョゼフ・ジョン・トムソン、陰極線粒子の速度と電荷を測定し、電子を発見した。物質の最小構成要素である原子はそれ以上分割できないとの旧説を覆す。

この年　〔原子力〕ラーモア、歳差運動を予言　アイルランドの物理学者ジョゼフ・ラーモアは、磁場中にある原子の中で運動している電子のスピンが揺れる運動である、ラーモア歳差運動を初めて論じた。

この年　〔再生〕ネルンスト、ネルンストランプを発明　ドイツの物理化学者ヴァルター・ヘルマン・ネルンストが、固体電解質を用いたネルンストランプ(電気照明)を発明した。金属酸化物のジルコニアとイットリウムで作られた発光体が、ヒーターによって加熱されて、発光する。

1898年
(明治31年)

7月　〔再生〕九州初の水力発電所が運転開始　鹿児島県で日本初の3相3線式3500V配電の鹿児島電気小山田発電所が運用を開始した。

12月　〔原子力〕キュリー夫妻、ラジウムを発見　フランスのピエール・キュリーとポーランド出身のマリア・スクウォドフスカ・キュリー夫妻、ウランの抽出残渣(ピッチブレンド)から分別結晶して、7月にポロニウム、12月にラジウムを発見。

この年　〔電力〕ガイテルとエルスター、光電管を発明　ドイツのハンス・フリードリヒ・ガイテルとユリウス・エルスター、光電効果を利用して光エネルギーを電気エネルギーに変換する光電管を発明した。

この年　〔資源〕バクー油田の生産量が世界一　ロシアのバクー石油の生産量がアメリカの産油量を超え世界一となった。

1899年
(明治32年)

3.29　〔再生〕**農業用水利用の水力発電所が運転開始**　富山電灯が農業用である大久保用水を利用した大久保発電所を設置し、12km離れた富山市へ送電を開始した。

5月　〔再生〕**日本で、長距離送電始まる**　広島水力電気会長渋沢栄一や、当時の日本最高技術者(田辺朔郎、藤岡市助、山川義太郎)らの指導により広発電所が設置され、26kmの長距離送電を開始した。現廃止。

この年　〔熱〕**アマガ、気体の超高圧を実現**　フランスの物理学者エミール・イレール・アマガは、水力応用の圧力器を工夫して、3200気圧という超高圧を実現して、そうした条件下での気体の振る舞いを研究した。

この年　〔原子力〕**J.J.トムソン、電子論を展開**　イギリスの物理学者ジョゼフ・ジョン・トムソンは、ウィルソンの霧箱を使い、陰極線粒子は電気分解の際の水素イオンと同じ量の電気を持つことを証明した。

この年　〔原子力〕**キュリー夫妻、誘導放射能を発見**　ピエール・キュリーとマリア・スクウォドフスカ・キュリー夫妻、誘導放射能を発見。

この年　〔原子力〕**ドビエルヌ、アクチニウムを発見**　フランスの化学者アンドレ=ルイ・ドビエルヌは、ウラン鉱石からポロニウム・ラジウム以外のもう1つの元素を単離し、光線を意味するギリシャ語からアクチニウムと呼んだ。

この年　〔原子力〕**ラザフォード、α線とβ線を分離**　ニュージーランド出身のイギリスのアーネスト・ラザフォード、ウラニウム放射線から、電離能が大きく透過性の弱い放射線であるα線と、電離能が小さく透過性の強い放射線であるβ線を分離。

この年　〔再生〕**1万V級の水力発電所建設**　郡山絹糸紡績が、猪苗代湖安積疎水を利用した沼上水力発電所を建設した。出力300kW、送電電圧1万1000V、送電距離22.5km。長距離送電の草分けとして知られる。

この年　〔再生〕**ユングナー、ニカド電池を発明**　スウェーデンのユングナーは、充電式のニカド電池(ニッケル-カドミウム電池)を発明した。

この年　〔資源〕**ニュージャージー・スタンダード設立**　アメリカの実業家ジョン・D.ロックフェラーは、スタンダード・オイル・トラストを解散し、ニュージャージー・スタンダードを設立、持株会社として石油業界を支配した。

この年　〔資源〕**日石、タンク車を製作**　日本石油が、新潟鉄工所で木製タンクを装備した6tのタンク車を製作した。

1900年
(明治33年)

4月 〔資源〕**ライジング・サン石油設立** サミュエル・サミュエル商会が、日本法人として横浜でライジング・サン石油を設立した。

5月 〔再生〕**鍛接管利用の水力発電所、運転開始** 山形県の両羽電気紡績が、水圧鉄管の材料に鍛接管を使用した白岩発電所の運用を開始した。

11月 〔資源〕**インターナショナル石油設立** アメリカのスタンダード石油が日本法人インターナショナル石油を設立し、1901年直江津に製油所を建設した。

12月 〔再生〕**鍛接管利用の水力発電所、運転開始** 長野県の諏訪電気が水圧鉄管に鍛接管を使用した落合発電所の運用を開始した。

この年 〔熱〕**ツェッペリン卿、飛行船の製作をし、飛行する** ドイツの発明家フェルディナント・フォン・ツェッペリン卿は、空気抵抗を小さくするため、気球を流線型にすることを思いつき、アルミニウムを使用した葉巻型の飛行船を作り、飛行に成功した。その底には内燃機関とプロペラを装備し、風まかせではなく思うままの方向に動かすことができた。

この年 〔電力〕**エジソン、エジソン電池を発明** アメリカのトーマス・アルバ・エジソン、電解液にアルカリ性の水酸化カリウム、電極に水酸化ニッケルと鉄を使用したアルカリ蓄電池(エジソン電池)を発明。

この年 〔原子力〕**ドルーデ、金属内の自由電子モデルを発表** ドイツの物理学者パウル・ドルーデは、金属内の自由電子モデルを発表。金属内では移動する電子が電流を起こすことを示し、またすべての自由電子の速さを同一とした。

この年 〔原子力〕**ドルン、ラドンを発見** ドイツの物理学者F.E.ドルンは、キュリー夫妻が発見したラジウムは、放射線を放射するだけでなく、放射能をもった気体を発散することを発見した。その気体はラドンと名づけられた。

この年 〔原子力〕**プランク、「黒体放射の公式」発表** マックス・プランクが「黒体放射の公式」を発表した。またの名をプランクの公式ともいい、ある絶対温度の物体と熱平衡にある熱放射が出す様々な波長の光を、どのような割合で含んでいるかを表す公式である。このエネルギーの量子仮説は物理学において、量子力学への道を開くものとなった。

この年 〔原子力〕**ヴィラール、γ線を発見** フランスの物理学者ポール・ヴィラールは、ウランからの放射の中に、磁石に全く影響を受けないある放射線が含まれていることを発見し、γ線と呼んだ。これは電磁放射の一種で、X線に似ているがより透過性が強く短い波長であった。

この頃 〔電力〕**鉄道電化が始まる** ヨーロッパ・アメリカで鉄道の電化が始まる。

1901年
(明治34年)

1月　〔資源〕**スピンドルトップで大噴油**　アメリカ・テキサス州のスピンドルトップ油田で日産10万バレルの大噴油。

12.12　〔電力〕**マルコーニ、大西洋横断の無線通信に成功**　イタリアの電気工学者グリエルモ・マルコーニが、大西洋横断の無線通信に成功。イギリスのスコーンウォール州ポルデュからの電波をカナダのニューファンドランドのセントジョーンズで受信、火花式送信機と改良した検波器を用いた。

この年　〔熱〕**マイバッハ、メルセデス第1号車を製作**　ドイツの自動車技術者ヴィルヘルム・マイバッハ、ダイムラー・エンジン会社でガソリン駆動の自動車であるメルセデス第1号車を製作。現代的な自動車の第1号とされる。

この年　〔電力〕**C.F.ブラウン、電波の検出に鉱石検波器を用いる**　ドイツの物理学者カール・フェルディナント・ブラウンは、無線工学において鉱石検波器(ダイオード)を用いた。

この年　〔電力〕**ジョルジ、MKSΩ単位系を提唱**　イタリアのジョヴァンニ・ジョルジ、MKSΩ単位系を提唱。メートル・キログラム・秒・オームを基本単位とする単位系で、後にオームにかえてアンペアを用いるMKSA単位系、さらにケルビン・モル・カンデラを加えた国際単位系(SI)に発展。

この年　〔原子力〕**カウフマン、β粒子が電子であることを実証**　ドイツのW.カウフマンは、β線につきe/mの測定をし、β粒子が電子であることを実証した。

この年　〔原子力〕**リチャードソン、熱電子効果を発見**　イギリスの物理学者オーエン・リチャードソンは、熱せられた金属の表面から高速電子が放出される現象を発見。熱電子効果またはリチャードソン効果と呼ぶ。

1902年
(明治35年)

4.7　〔資源〕**テキサス会社設立**　テキサス会社が設立された。テキサス燃料会社の事業内容を拡大した。

5.15　〔資源〕**バーマ石油会社設立**　イギリス・エジンバラでバーマ石油会社が設立された。1886年設立のバーマ・オイルを改組したもの。

この年　〔熱〕**ホノルド、高電圧点火装置を開発**　ゴットロフ・ホノルド、ボッシュ社で高電圧点火装置を開発。

この年　〔原子力〕**レーナルト、光電子のエネルギーが照射光の強さに無関係であると確認**　ドイツの物理学者フィリップ・レーナルトは、光電効果で放出される電子エネルギーは、入射する光の波長に関係し、強さには関係しないことを発見。後にアインシュタインにより説

明される。

この年　〔再生〕キャリア、空調装置を発明　ヒートポンプ式熱機関が冷房用設備で使用されるようになり、アメリカのW.H.キャリアが空調(空気調和機)という言葉を定義、空調装置を発明した。最初は工場の品質管理を目的に設置された。1930年にはゼネラル・エレクトリック(GE)が初の家庭用エアコンを開発した。

この年　〔資源〕宝田石油第一次大合同　宝田石油第一次大合同。翌10月までに、30の石油会社・組合を買収した。

1903年
(明治36年)

1月　〔再生〕愛媛県に電灯がともる　伊予水力電気が湯山第一発電所(現湯山発電所)の運用を開始し、愛媛県松山市、道後町、三津浜町に初めて2328の電灯がともった。

6.16　〔熱〕フォード、フォード・モーターを設立　アメリカの実業家ヘンリー・フォードは、デトロイトでフォード・モーターを設立。自動車大量生産、ガソリン需要増加の契機となる。

6月　〔資源〕アジアチック・ペトロリアム設立　ロスチャイルド、ロイヤル・ダッチ、シェル運輸貿易会社が合併でアジアチック・ペトロリアムを設立した。

10月　〔再生〕ラ・クール、デンマーク風力発電協会(DVES)設立　デンマークのポール・ラ・クールらは、デンマーク風力発電協会を設立。60あまりの風力発電所を建設し、農村に電力普及をはかった。さらに1905年には、風力発電技術者協会を設立するなど、デンマークにおける風力発電の基礎を築いた。

12.5　〔原子力〕長岡半太郎、土星型原子模型を発表　東京帝国大学の長岡半太郎は東京数学物理学会の常会において「帯および線スペクトル線と放射性現象を説明する典型原子内における粒子の運動について」の講演を行い、中央に正電荷を帯びた原子核があり、その周りを電子が回っているという、いわゆる土星型原子模型を発表した。

12.17　〔熱〕ライト兄弟が初飛行　ウィルバー・ライトとオーヴィル・ライトの兄弟、アメリカ・ノースカロライナ州キティホーク近郊で12馬力のガソリンエンジンを搭載したライトフライヤー号に乗り、世界初の有人動力飛行に成功。高度2.5～3m、滞空59秒、距離255.6mだった。

この年　〔熱〕ツィオルコフスキー、『ロケットによる宇宙空間の探求』刊　ロシアのロケット工学者コンスタンチン・ツィオルコフスキーが『反動装置による宇宙空間の探求』を出版。同書で人類が宇宙飛行出来ることを理論的に証明し、また液体燃料ロケットの理論を述べ、ロケット工学研究の基礎となった。

この年　〔電力〕アイントホーフェン、心電図を開発　オランダの生理学者ウィレム・アイントホーフェンは、心臓から電気が発せられていることを発見し、心臓の電気ポテンシャルの変化を記録するつり線検流計を開発。これが心電図(EKG)である。

この年　〔電力〕ビルケランとエイデ、電弧式空中窒素固定法の特許取得　ノルウェーの物理学者クリスチャン・ビルケランとノルウェーのエンジニアのサムエル・エイデは、大気中の窒素と酸素を電気アーク(電気放電の一種)で反応させる方法を開発。大気中の窒素を窒素化合物として固定する方法は、農業の窒素化学肥料の生産にとってきわめて重要である。

この年　〔原子力〕ラザフォードとソディー、原子崩壊説を提唱　イギリスのアーネスト・ラ

ザフォードとフレデリック・ソディ、放射性物質が放射線を出す原因について原子崩壊（放射性崩壊）説を提唱。その後、ウランやトリウムなど鉛よりも原子番号の大きな放射性元素はα線・β線・γ線を放射しつつ、最終的に鉛に変わることを明らかにし、従来の永久不変の究極的原子という概念を否定。

1904年
（明治37年）

9月 〔再生〕F形分岐鉄管使用の水力発電所、運転開始　安曇電気が長野県に水圧鉄管にF形分岐を使用した宮城第一発電所を設置し、運用を開始した。現在稼働中で日本最古の水車と発電機。

11月 〔資源〕国油共同販売所設立　日本石油と宝田石油が国油共同販売所を共同で設立した。

この年 〔熱〕八幡製鉄所で火入れ　1897年2月筑豊炭田に隣接する八幡村に製鉄所の設置が決定。ドイツ人技術者の指導のもと、日本人技術者・職人らにより建設工事が行われ、1901年2月東田第一高炉に火入れが行われた。その後、相次ぐトラブルなどで生産量が目標に満たない中、休止に追い込まれる。その後、高炉の改良や、本格的なコークス炉を建設し、1904年7月火入れが行われ、以降、鉄鋼生産は軌道にのり、日本人による高炉の操業技術が確立した。

この年 〔電力〕J.フレミング、2極真空管を発明　イギリスの電気技師ジョン・アンブローズ・フレミングは、初めて真空管の特許を取得。この真空管は整流器として働くダイオードで、交流電流を一定方向の電流に、すなわち交流を直流に変えるものである。

この年 〔電力〕ラーモアとローレンツ、ローレンツ変換を提唱　アイルランドのジョゼフ・ラーモアとオランダの物理学者ヘンドリック・アントーン・ローレンツ、電磁力学と古典力学の矛盾を回避する理論を提唱。1905年、フランスのジュール・アンリ・ポアンカレがこの理論をローレンツ変換と命名。

この年 〔火力〕横浜共同電灯、蒸気タービンを導入　横浜共同電灯、裏高島火力発電所に500kWカーチスタービン発電機を導入して運転を開始。翌年にはさらに1台の発電機を増設した。

この年 〔火力〕深川古石場発電所、蒸気タービンを導入　東京市街鉄道深川古石場発電所に、それまで往復式蒸気機関による発電のみだった日本で、初めて蒸気タービン発電機が2台導入される。500kWカーチス式。

この年 〔原子力〕J.J.トムソン、『原子の構造について』刊　イギリスの物理学者ジョゼフ・ジョン・トムソンは、無核原子模型を提出し、陽電気が原子全体に分布し、この内部で電子が振動しているという考え方を発表した。

この年 〔原子力〕ラザフォード、地球の年齢問題について言及　イギリスの物理学者アーネスト・ラザフォード（ネルソン卿）は、『放射能』を刊行し、英国王立協会でこのテーマに関する講演を行い、地球の年齢問題について言及。地球は内部に放射性物質という熱源を持っており冷却する速度は遅くなり、ウィリアム・トムソン（ケルヴィン卿）が1億年と見積もったより、地球の年齢は伸びるとした。

この年 〔再生〕Cu、Cu_2O光敏感性の発見　ドイツの物理学者W.L.F.ハルバックスは、Cu、Cu_2Oが光敏感性を持つことを発見した。

この年　〔再生〕コンティ公爵、世界初の地熱発電を行う　イタリア・ラルデレロでジリノ・コンティ（公爵）による世界初の地熱発電が行われる。天然蒸気を利用したもので、この時の実験運転では0.75馬力を記録。1913年、商業発電を開始。

この年　〔資源〕アメリカ液体燃料局、重油の優秀性を立証　アメリカ液体燃料局が重油・石炭燃焼比較試験を実施し、重油の優秀性を立証した。

この年　〔資源〕コッパース、コッパース炉を発明　ドイツのH.コッパースが、蓄熱式コッパース炉を発明。一度燃焼した廃ガスを燃焼側に循環させて、燃焼速度を遅くさせ、上下で均一の燃焼速度を保つことができる。

この頃　〔熱〕プラントル、境界層理論等を提出　ドイツの物理学者ルートヴィヒ・プラントルが、境界層理論、楊力理論、翼理論、乱流理論をたて、航空、タービン、電熱の問題を解決した。

1905年
（明治38年）

1月　〔電力〕東京電灯、タービン発電機を採用　東京電灯、タービン発電機を採用した千住火力発電所を一部竣工し、浅草発電所と連系。

3.17　〔原子力〕アインシュタイン、光量子仮説を発表　ドイツ生まれのユダヤ人理論物理学者アルベルト・アインシュタインは、光量子を仮定。ある波動数をもつ光は光量子（エネルギーの粒子）の流れだとした。光は粒子のようにふるまうので、電子をたたくことによって金属の表面から解放することができる。後に光量子は光子と呼ばれるようになる。

3.30　〔原子力〕アインシュタイン、特殊相対性理論に関する最初の論文を発表　ドイツ生まれのユダヤ人理論物理学者アルベルト・アインシュタインは、特殊相対性理論に関する最初の論文『運動する物体の電気力学について』を発表。その理論は、光の速さはすべての条件下で一定である（光速不変の原理）とし、お互いに一定速度で運動している物体では、時間の経過が異なる、と述べた。

7月　〔資源〕鉱業法施行　鉱業条例を廃止し、鉱業法が施行された。鉱業に関する基本的制度を定め、鉱夫の保護を内容に含むほか、1939年改正では、戦時体制下における乱掘から鉱業権者の無過失責任制度を導入した。

9.29　〔原子力〕アインシュタイン、特殊相対性理論に関する2番目の論文を発表　ドイツ生まれのユダヤ人理論物理学者アルベルト・アインシュタインは、特殊相対性理論に関する2番目の論文『物体の慣性は、そのエネルギーに依存するか？』を発表。そこには有名な質量とエネルギーの関係が述べられている。

この年　〔電力〕ブリッジマン、高圧装置を開発　アメリカの物理学者パーシー・ブリッジマンは、圧力漏れのないように、圧力が増加するにつれ一層きつくなって押し込まれるようなパッキングを設計し、2万気圧を達成した。

この年　〔原子力〕アインシュタイン、ブラウン運動の理論　ドイツ生まれのユダヤ人理論物理学者アルベルト・アインシュタインは、いかにして液体中の分子の運動が、液体に浮かぶ小さい粒子のブラウン運動の原因となるかを計算。原子が実在することの最初の説明であるとみなされる。

この年　〔資源〕自動車給油所誕生　アメリカ・ミズーリ州セントルイスに、自動車用給油所が誕生した。

1906年
(明治39年)

6.26　〔電力〕IEC設立　国際電気標準会議(IEC)創立総会が開催される。

9月　〔資源〕国油共同販売所、宝田石油の販売会社に　宝田石油は、国油共同販売所を販売会社化した。1910年10月に吸収合併する。

11月　〔再生〕北海道で滝利用の水力発電、運転開始　北海道の岩内水力電気が幌内川上流にある鳴神の滝を利用した敷島内発電所を設置し、運用を開始した。電気事業用で出力120kW。

12.24　〔電力〕フェッセンデン、AMラジオを発明　カナダ出身のアメリカの物理学者レジナルド・A.フェッセンデンは、音波の不規則な動きに従って変化する振幅を連続的な信号として送ることを思いつき、AMラジオを発明。最初のメッセージがマサチューセッツの海岸から送られ、コードでつながっていない受信機が音楽を拾い上げた。

この年　〔熱〕ネルンスト、熱力学の第3法則を発見　ドイツの物理化学者ヴァルター・ヘルマン・ネルンストは、真空中の光の速度のように絶対零度は、いくらでも近づくことができるが、決して到達することができない限界であるという、エントロピーの絶対値に関する熱力学の第3法則を発見した。

この年　〔電力〕アレクサンダーソン、高周波発電機を製作　スウェーデン系アメリカ人のアーンスト・アレクサンダーソンは、高周波発電機(80kHz)を製作した。

この年　〔電力〕クーリッジ、電球のフィラメントにタングステンを用いる　アメリカの物理学者ウィリアム・デイヴィッド・クーリッジが、タングステンを極細の線に引き伸ばす方法を完成させ、フィラメントにタングステンを用いた電球が考案されるようになった。

この年　〔電力〕ド・フォレストとリーベン、三極真空管を発明　アメリカのリー・ド・フォレストとR.リーベン、グリッドと呼ばれる穴の開いた電極を真空管の中に挿入し、用途の広い三極真空管(オーディオン)を発明。検波・増幅・発振をする能動素子の曙矢で、電子工学発展の契機となる。

この年　〔原子力〕J.J.トムソン、電子の数と原子量の比を発見　イギリスの物理学者ジョゼフ・ジョン・トムソンは、水素原子がただ1個の電子をもつことを示した。それ以前の理論は、水素原子1個あたり1000個にも及ぶ多数の電子の存在を認めていた。

この年　〔原子力〕バークラ、特性X線を発見　イギリスの物理学者チャールズ・グローヴァー・バークラは、それぞれの元素には、X線ビームの照射により発生する特性X線があることを発見。この発見は原子番号の考えを導く鍵となった。

この年　〔原子力〕ラザフォード、α粒子の電荷の質量に対する比を決定　イギリスの物理学者アーネスト・ラザフォード(ネルソン卿)は、従来のα線の質量－電荷比の測定法を改良し、α粒子はヘリウムの原子核であると考えるようになった。

この年　〔資源〕カルテル・エプーが成立　ヨーロッパの灯油販売カルテルエプーが成立した。ドイツ銀行、ロスチャイルド、ルーマニア資本が参加し、スタンダード石油と対抗する。

この年　〔資源〕スタンダード石油(カリフォルニア)設立　パシフィック・コースト石油がスタンダード石油(カリフォルニア)と改称した。

この年　〔資源〕パーカー、コーライトを発明　イギリスのトマス・パーカーが、灯油を得る目的で、揮発分の多い石炭を低温で乾留したところ、軟質の半成コークス(コーライト)を得た。コーライトは、揮発分を持つことから火つきがよく、煙も出さず、さらに火力も強い。1906年、コーライト社から家庭用の燃料としてこれを販売。

この年　〔資源〕日本天然瓦斯会社、天然ガス井掘削に成功　日本天然瓦斯会社が新潟県大口村で天然ガス井掘削に成功した。

1907年
(明治40年)

1.30　〔資源〕ガルフ・オイル設立　J.M.ガッフィ石油会社とガルフ石油精製会社を継承してガルフ・オイルが設立された。

1月　〔資源〕ロイヤル・ダッチ・シェルグループ結成　ロイヤル・ダッチとシェル運輸貿易会社が出資比率60対40で提携に合意、ロイヤル・ダッチ・シェルグループが誕生。

4月　〔熱〕東京自動車製作所、ガソリン自動車第1号製作　東京自動車製作所が、国産のガソリン自動車第1号製作した。

4月　〔再生〕広島水力電気、第二発電所を設置　広島水力電気が広島県に第二発電所(現河内発電所)を設置し、運用を開始した。出力200kW。

5月　〔再生〕札幌水力電気、定山渓発電所を設置　札幌水力電気が北海道定山渓に発電所を設置し、運用を開始した。出力400kW。

6月　〔資源〕日石がインターナショナル一部事業を買収　日本石油が、インターナショナル石油の新潟県内の全資産を買収した。

12.20　〔再生〕日本の水力発電技術が進歩　東京電灯(現東京電力)が山梨県桂川水系に駒橋水力発電所を完成させ、東京の早稲田変電所まで送電した。5万5000V送電線で東京まで80km、1万5000kW。1908年1月送電開始。日本における大容量発電・長距離発電の最初となった。

この年　〔熱〕モーリタニア号完成　蒸気タービンを装備したモーリタニア号(3万1938t)が完成、後に世界最大・最速の客船となり、豪華さ・速度・安全性から乗客に好評であった。

この年　〔原子力〕アインシュタイン、固体の比熱の理論を発表　ドイツ生まれのユダヤ人理論物理学者アルベルト・アインシュタインは、固体を構成する原子は、その温度に応じた熱振動を行っている。そこで、光量子仮説のアナロジーとして、原子の熱振動にもエネルギーのかたまりである粒子性がみられるとした。

この年　〔原子力〕ボルトウッド、ウラン鉱物中の鉛の量で放射年代を測定　アメリカの化学者バートラム・ボーデン・ボルトウッドは、ウランが崩壊して最終的に鉛になること、その速度が一定でいかなる化学的および力学的条件にも影響されないことを利用して、ウランと鉛の量比から逆算して岩石の年齢を知る方法を開発した。

1908年
(明治41年)

5.26 〔資源〕第一開発会社、マスジッド・イ・スライマン油田開発成功　オーストラリアの鉱山技師ウィリアム・ノックス・ダーシーの第一開発会社が中東で初めてペルシャのマスジッド・イ・スライマン油田で試掘に成功した。

10.1 〔熱〕フォード、自動車量産開始　フォード・モーターが、T型自動車の量産を開始した。

この年 〔電力〕国際会議で電気の単位を確定する　国際電気標準会議（IEC）で、国際電流単位にアンペアが採択。アンペアの絶対測定には、イギリス国立物理学研究所で使われたW.E.エアトンとV.ジョーンズの考案による電流天秤が用いられた。標準電圧電源としてウェストン電池が採用された。

この年 〔火力〕ツェリー、圧力複式衝動タービンを発明　スイスのH.ツェリーは、ラトーとは独立に圧力複式衝動タービン（ツェリータービン）を発明した。

この年 〔火力〕三菱長崎造船所、国産第一号舶用タービンを製作　三菱長崎造船所で、国産第一号舶用蒸気タービンとなる3軸パーソンズタービンを搭載した義勇艦桜丸が竣工した。

この年 〔火力〕三菱長崎造船所、国産第一号発電用タービンを製作　三菱長崎造船所は、1904年にイギリスのパーソンズ社と技術提携をすると、国産第1号発電用蒸気タービンの製作に成功した。500kW。

この年 〔原子力〕ガイガーとラザフォード、計数管を開発　ドイツの物理学者ハンス・ウィリアム・ガイガーとアーネスト・ラザフォード（ネルソン卿）が、高エネルギーの粒子を検出し、記録する装置を発明。ガイガーカウンターとして知られるようになる。

この年 〔原子力〕パッシェン、水素スペクトル系列に、パッシェン系列を発見　ドイツの物理学者フリードリッヒ・パッシェンは、水素原子に固有の原子スペクトルのうち、赤外線領域にある系列（パッシェン系列）を発見した。

この年 〔原子力〕ペラン、ブラウン運動から分子の実在を証明　フランスの物理学者ジャン・バティスト・ペランは、水分子の大きさを計算するために、アインシュタインのブラウン運動に関する式を用いて計算。初めて原子の大きさを観測から推定することができ、原子が実際に存在することが実証された。

この年 〔資源〕日本石油、旭川油田で出油に成功　日本石油が秋田県旭川油田で鋼掘により試掘を行い、出油した。秋田油田開発に繋がる。

1909年
(明治42年)

4.4 〔資源〕アングロ・ペルシャン石油設立　オーストラリアの鉱山技師ウィリアム・ノックス・ダーシーの第一開発会社が改組してアングロ・ペルシャン石油が設立された。

4月	〔資源〕原油関税を独立	関税定率法が改正施行され、原油関税が独立した。
7.25	〔熱〕ブレリオ、飛行機で初めて英仏海峡を横断	フランスのルイ・ブレリオが、レイモン・ソルニエ設計のブレリオⅥを駆って、カレー市郊外からドーヴァー城まで所用時間36分55秒で英仏海峡の初横断に成功した。
7月	〔電力〕電気局設立	逓信省に電気局が開設される。
7月	〔資源〕西戸崎製油所完成	ライジング・サン石油が福岡県に西戸崎製油所を完成させた。
この年	〔熱〕ファルマン、161kmの飛行に成功	フランスのアンリ・ファルマンが、161kmの飛行に成功した。この年アンリ・ファルマンにより設計・製作された推進式の複葉機ファルマンⅢは、第一次大戦前の世界各国で広く導入された。

1910年
（明治43年）

1月	〔資源〕国内4社が販売協定に調印	日本石油、宝田石油、スタンダード石油、ライジング・サン石油の4社が販売協定に調印した。のち9月に破綻して市場を混乱させた。
2.20	〔資源〕イギリス海軍、石油への転換を言明	イギリス海軍省は、艦船の燃料を石炭から石油に転換すると言明した。
4月	〔再生〕逓信省、第1次水力調査を開始	逓信省、臨時発電水力調査局を設置し、第1次水力調査を開始。
6月	〔資源〕新潟鉄工所が日石から分離	新潟鉄工所が日本石油から分離して、別会社の新潟鉄工所として発足した。
12.19	〔熱〕徳川好敏、代々木原で初飛行に成功	日本陸軍の徳川好敏が、代々木原の軍公式の飛行試験で、日本初の飛行に成功した。(高度40m、飛行距離3280m、時間4分)。
この年	〔熱〕ホルツワース、ガスタービンを製作	ハンス・ホルツワース、ガスタービンを製作。
この年	〔電力〕GE、タングステン電球を発表	ゼネラル・エレクトリック(GE)、アメリカの物理学者ウィリアム・デイヴィッド・クーリッジによるタングステンフィラメント電球を発表。アーヴィング・ラングミュアによる改良を経て、1913年に市販。
この年	〔電力〕G.クロード、パリでネオンランプを考案	フランスの化学者ジョルジュ・クロードが、希ガスを通して放電すると、光を発することを発見して、ネオンランプを発明。この方法でどの気体でも発せられる光をネオン光と呼ぶようになった。
この年	〔原子力〕J.J.トムソン、原子量を測定	イギリスの物理学者ジョセフ・ジョン・トムソンは、いくつかの物質の原子量を測定するために、加速された正イオンビームを用いる。そしてネオンは2つの同位体 ^{20}Neと ^{22}Neをもつことを発見。ソディにより示唆された同位体の存在の最初の確認であった。
この頃	〔再生〕デンマークで大量の風力発電機が利用される	第一次世界大戦中のデンマークで、1万6000台もの風車が利用されるなど風力の利用が進んだ。1918年までには風力発電機が120箇所に設置され、供給された電力は消費電力量の3%にも及ぶ。風力発電機は特に農

村部でのエネルギー供給に大きく貢献し、農業の機械化に役だった。

1911年
(明治44年)

2月	〔資源〕日石がインターナショナル一部事業買収	日本石油がインターナショナル石油の北海道内の事業資産を買収した。
3.20	〔全般〕工場法が制定される	1887年職工条例、職工徒弟条例の草案を作成、1897年には労働運動の本格化を受け、職工法案を作成したが、財界の支持を得られず廃案となった。日露戦争終結後の1909年、政府は再び議会に工場法案を提出するも、繊維産業を中心に女子の夜間労働禁止に対する反対が強く、法案は撤回された。1911年深夜業禁止については15年間適用しないとする修正を行って法案を議会に提出し、同年貴族院で可決し工場法は制定された。
3月	〔電力〕電気事業法を公布	電気事業法が公布される。10月1日、施行。これにより保安取締行政から保護助長行政へと移行。
5.15	〔資源〕スタンダード石油連合解散	アメリカ合衆国連邦裁判所は「反トラスト法」に基づき、スタンダード石油連合に解散を命令、同連合は34社に分裂した。
12月	〔再生〕日本初の発電用アースダム完成	姫路水力電気が1907年12月に運用を開始した兵庫県の南小田第一発電所に、発電用アースダムの峰山第二ダムを建設した。高さ19.98m。
この年	〔熱〕ケタリング、自動車の自動スターターを開発	アメリカの発明家チャールズ・ケタリングが、面倒で危険なクランクをなくし、キーを回すだけでエンジンをかける電気スターターを開発。たちまち一般的となり、自動車はますます生活の中に広がった。
この年	〔熱〕フォード、テーラーシステムを導入	アメリカのフォード・モーター、テーラーシステムを導入し、ベルトコンベアによる自動車の大量生産を開始。
この年	〔電力〕カーメルリング-オンネス、超伝導を発見	オランダの物理学者ハイケ・カーメルリング-オンネスは、金属の電気抵抗が温度の高低でどう変化するかを測定。水銀が絶対零度近くで電気抵抗を突然失うことを発見。これを超伝導と呼んだ。
この年	〔火力〕ユングストローム、輻流タービンを発明	スウェーデンのユングストローム兄弟が、輻流(半径流式)タービンを発明。このユングストロームタービンの互いに反対に回転する2つの隣り合った回転子は、お互いの案内羽根の役割を果たすとともに、反動作用によって熱エネルギーを仕事へと転換する。
この年	〔原子力〕C.T.R.ウィルソン、霧箱を完成	スコットランドの物理学者C.T.R.ウィルソンは、蒸気の凝結作用を用いて荷電粒子の飛跡を検出するための装置、霧箱を完成し、核研究にとって傍らになくてはならない重要なものとなった。
この年	〔原子力〕アインシュタイン、万有引力場における光線屈折の理論	ドイツ生まれのユダヤ人理論物理学者アルベルト・アインシュタインは、太陽をかすめて通る星の光が角度にして0.83秒の円弧分だけ曲げられることを予言した。
この年	〔原子力〕ラザフォード、有核原子模型を発表	イギリスの物理学者アーネスト・ラザフォード(ネルソン卿)、原子が原子核と電子からなることを証明し、原子の中心に正電荷を凝縮させた原子核を置き、その周りに電子を配置する「ラザフォードの原子模型」を発表。

こうすれば、核に接近した α 線は強い電気的な反発力を受け、後方に跳ね返されると予想した。

この年　〔全般〕大阪でばい煙防止研究会が発足　1870年代から大阪に大きな工場が次々と造られ、工業都市として発展したのに伴い、日本で最初に煤煙問題が深刻化したとされる。都市周辺の漁業従事者は漁獲に、農業従事者は農作物の収穫に影響が出て、工場の操業停止や損害賠償を求め抗議行動を起こした。これを受け、1911年大阪でばい煙防止研究会が発足した。

1912年
(明治45年, 大正1年)

3月　〔資源〕日石、新式削井機輸入　日本石油が新式ロータリー削井機を輸入した。

5.1　〔電力〕国鉄、日本初の電気機関車を導入　国鉄、信越本線横川―軽井沢間においてドイツ・ドイッチェ・エジソン社 (AEG) 社およびエスリンゲン社製の電気機関車EC40形 (直流600V下面接触第三軌条とアプト式) を導入。日本初の電気機関車である。

5.30　〔資源〕帝国瓦斯協会創立　日本初の全国的なガス事業者団体として、帝国瓦斯協会が設立された。

10.23　〔資源〕トルコ石油会社設立　アフリカン・アンド・イースタン・コンセッションズ会社を基礎にトルコ石油会社が設立された。

この年　〔熱〕セランディア号が就航　世界初の航洋型ディーゼル・エンジン搭載船である「セランディア」号 (総t数4964t, 載貨重量t数7400t, 主機2基2軸, 出力計2500馬力, 速力12ノット)、就役。

この年　〔電力〕アームストロング、再生増幅器を発明　アメリカの電気工学研究者エドウィン・ハワード・アームストロング、三極真空管を用いた再生増幅器 (再生発振回路) を発明し、エレクトロニクスの発展に大いに寄与。

この年　〔原子力〕V.F.ヘス、「宇宙線」を発見　オーストリア出身のアメリカの物理学者ヴィクトール・フランツ・ヘスは、大気の電離現象を研究するために、気球を使って昼夜を問わず観測して、高さとともに空気の電離度が上昇することを示して、太陽の影響を受けない放射線を発見し、「宇宙線」と名づけた。

この年　〔原子力〕W.H.ブラッグとW.L.ブラッグ、結晶格子によるラウエ斑点の説明　イギリスの物理学者ヘンリー・ブラッグとローレンス・ブラッグの父子が、X線を散乱する結晶構造 (原子の3次元的配列) を使ってX線の波長を測定。X線による結晶構造解析という新しい分野が開拓された。

この年　〔原子力〕デバイ、固体比熱の量子論を改良　オランダの物理化学者ピーター・デバイは、量子論を用いて固体の比熱を計算。また非対称分子の電気双極子モーメントを研究し、これにより分子モーメントの単位名にデバイの名前が使われている。

この年　〔原子力〕ラウエ、結晶によるX線の回折 (ラウエ斑点) を発見　ドイツの物理学者マックス・テオドール・フェリックス・フォン・ラウエ、X線が結晶によって回折図形を作ることから、X線は電磁波の一種であることを示す。また結晶は分子の周期的構造を持つことも明らかにした。

この年　〔再生〕シューマン、ソーラーポンプ場を建設　アメリカのフランク・シューマン、パ

資源・エネルギー史事典　　　　　　　　　　　　　　　　　　　　　　　　　1913年（大正2年）

　　　　ラボラ反射鏡を用いたソーラーポンプ（液体を太陽熱で気化させ、蒸気で動力ポンプを働かせる装置）場をエジプトに建設。

この年　〔再生〕水力発電が火力を追い越す　水力発電出力（23.3万kW）が、火力発電出力（22.9万kW）を追い越す。

この年　〔再生〕発電用ダム完成　鬼怒川水力電気が、水路式調整池式の下滝発電所（現鬼怒川発電所）の運用を開始した。取水用に利用していた黒部ダムは日本初の発電用コンクリート重力ダム。完成当時は東洋一だった。現廃止。

この年　〔資源〕アバダン製油所操業開始　オーストラリアの鉱山技師ウィリアム・ノックス・ダーシーのアングロ・ペルシャン石油、マスジッド・イ・スライマン油田の生産開始に伴い、アバダン製油所を操業開始した。

この年　〔全般〕大阪府、煤煙防止令草案を作成　大阪での煤煙問題深刻化により、大阪府は煤煙防止令草案を作成した。大阪商工会議所の激しい反発により、廃案となった。

1913年
（大正2年）

4月　〔電力〕東京に電灯が普及　電灯の普及により、東京市内からガス灯・石油灯が姿を消す。

5.20　〔資源〕イギリス海軍省がアングロ・ペルシャン石油に出資　イギリス海軍省が、アングロ・ペルシャン石油に資本参加した。出資率は52.55%。

6.13　〔再生〕臨時発電水力調査局廃止　臨時発電水力調査局が廃止される。

この年　〔電力〕シュタルク、シュタルク効果を発見　ドイツの物理学者ヨハネス・シュタルクは、強い電場がスペクトル線の多重化を引き起こすことを実証。このシュタルク効果は磁場によるゼーマン効果に類比される。

この年　〔電力〕ラングミュア、窒素封入電球を開発　アメリカの化学者アーヴィング・ラングミュアは、タングステン電球を改良。電球内に窒素を入れ、フィラメントからタングステン原子が蒸発するのを遅くし、長持ちする電球を作ることができた。

この年　〔原子力〕ガイガーとマースデン、原子核の大きさと荷電を測定　ドイツの物理学者ハンス・ウィリアム・ガイガーとニュージーランドのアーネスト・マースデンは、イギリスのマンチェスター大学で、α粒子のビームを金箔に当て、いくらかの粒子が入射した方向にもはね返されることを見いだし、原子には密度の高い核が存在することを証明した。

この年　〔原子力〕ガイガー、計数管を改良　ドイツの物理学者ハンス・ウィリアム・ガイガーが、β粒子をα粒子と同様に個々に数える放射能検出器を発明した。

この年　〔原子力〕クーリッジ、クーリッジ管を発明　アメリカの物理学者ウィリアム・デイヴィッド・クーリッジ、クーリッジ管（高真空熱陰極X線管）を発明。タングステンの塊を陰極線管の陽極に使うことによって、X線を発生させた。これにより、X線をより容易により効率的に発生させることができるようになった。現在のX線にも利用されている。

この年　〔原子力〕ソディら、放射性崩壊の変位法則を発見　イギリスの化学者フレデリック・ソディとポーランドの化学者K.ファヤンスとイギリスの化学者A.S.ラッセルが、それぞれ独立に、原子がβ粒子を放出すると周期表で1つ前の場所の原子に変わることに気づいて、放

1914年（大正3年）

射性元素の変位法則を発見した。

この年　〔原子力〕ソディ、同位体と命名　イギリスの化学者フレデリック・ソディは、異なる原子質量をもつ同種の元素を表す、同位体（アイソトープ）の呼び名を作った。

この年　〔原子力〕ボーア、ボーアの原子模型を発表　デンマークの物理学者ニールス・ヘンリク・ダヴィド・ボーア、論文『原子および分子の構成について』で原子構造論を発表し、「ボーアの原子模型」を提示。量子条件と振動数条件という2つの条件のもと、安定に水素原子が存在し、原子核のまわりをまわっている電子の軌道の半径は約1オングストロームだとするもの。「ラザフォードの原子模型」が抱える物理学的矛盾を解消するため考案され、量子力学の端緒を開いた。

この年　〔原子力〕モーズリー、特性X線と原子番号の関係を発見　イギリスの物理学者ヘンリー・モーズリーは、特性X線スペクトルから周期表における元素の位置を導き、元素は原子番号に等しい数の電子をもつとする、電子数の法則（モーズリーの法則）を定式化した。

この年　〔原子力〕リチャーズ、鉛の同位体を証明　アメリカの化学者セオドア・W.リチャーズは、それまでにない精度で原子量を決める方法を完成させ、ウランやトリウムを含む鉱石から得られた鉛とどちらも含まない鉛の原子量に違いがあることを発見。ソディの同位体の理論を実証したことになった。

この年　〔再生〕宇治川水力発電所建設　宇治川電気、宇治川水力発電所（2万5000kW）を建設、大阪へ送電を行った（5万5000V）。

この年　〔再生〕世界初の地熱発電所運転　イタリア・ラルデレロで、世界初の地熱発電所が運転を開始した。出力は250kW、1916年には2750kWに、1932年には1万2000kWとなった。

この年　〔資源〕バートン、クラッキングを実用化　アメリカ・スタンダード石油のウィリアム・M.バートンは、天然の石油にはガソリンが2割ほどしか含まれていない一方で、自動車用ガソリンの需要が増大したことを受け、1912年灯油や軽油を加熱分解してガソリンを製造する熱分解法を発明した。これにより、石油から2倍のガソリンを得ることが可能となった。1913年にはこのクラッキング（石油の分解蒸留）を実用化に成功。ロータリー式原油採掘法が普及することとなった。

この年　〔資源〕ベルギウス、石炭液化法を発明　ドイツ出身のアルゼンチンの工業化学者フリードリヒ・カール・ルドルフ・ベルギウスは、石炭液化法（ベルギウス法）を発明。高温高圧のとき触媒の存在下で、石炭と重質油の混合物を水素と反応させることで、低分子量の炭化水素を得ることが出来る。これにより、不要な副産物なしに石炭からガソリンや潤滑油を作成することが可能になった。ベルギウスは1931年ノーベル化学賞を受賞。

1914年
（大正3年）

3月　〔再生〕『発電水力調査』刊　逓信省臨時発電水力調査局が、『発電水力調査』全3巻を刊行した。

5月　〔資源〕黒川油田で大噴油　日本石油の秋田県黒川油田ロータリー式油井から大噴出。

10月　〔再生〕日本初の水力発電での長距離送電　猪苗代水力電気が猪苗代第一発電所で運用を開始した。翌年6月には、猪苗代から東京田端まで225.3kmを国内初の115kVの高圧送電

— 82 —

が行われた。当時世界第3位。また発電所に電圧調整器を設置した。

この年　〔電力〕ラングミュア、高真空真空管を製作　アメリカのアーヴィング・ラングミュアは、高真空真空管を製作した。

この年　〔原子力〕J.フランクとG.ヘルツ、電子と原子の衝突実験を行う　ドイツの物理学者ジェームズ・フランクとグスタフ・ヘルツは、電子を加速して気体原子に衝突させ、電子が失うエネルギーの量を測定。すると、電子エネルギーの損失量が原子の線スペクトルに現れる光のエネルギーに一致した。ニールス・ボーアの原子構造論の正しさを示す証拠となった。

この年　〔原子力〕チャドウィック、β線の連続スペクトルを検出　イギリスの物理学者ジェームズ・チャドウィックは、β粒子ははっきりと定義できる最大値からゼロまでの連続したエネルギー領域で放射されていたことを検出した。

この年　〔原子力〕ラザフォード、陽子を発見　イギリスの物理学者アーネスト・ラザフォード（ネルソン卿）は、水素の原子核を含む陽極線が最も小さくこれより小さい正の電荷をもった粒子は存在しないという結論に達した。そこで、水素の原子核をプロトン（陽子）と呼んだ。

1915年
（大正4年）

3.15　〔再生〕ランチェスター、風車のパワー係数を導出　イギリスのフレデリック・W.ランチェスターが、風車のパワー係数を導出した。風車ロータ下流の風速が上流風速の3分の1であるとき、理論効率は最大となり、このときの数値は59.3%（27分の16）であるとする。また、抗力型風車の理論上の最大効率を15%であると計算した。

11.25　〔原子力〕アインシュタイン、一般相対性理論を完成　ドイツ生まれのユダヤ人理論物理学者アルベルト・アインシュタインは、一般相対性理論として知られている重力の理論を完成し、物理学の新しい理論体系を構築した。その基盤をなすのは、重力と見かけ上の力を完全に同等のものとみなす「等価原理」である。

12月　〔熱〕ユンカース、金属製の単葉飛行機を完成　ドイツの技術者フーゴー・ユンカースが、J1型全金属単葉飛行機を完成させ、初飛行に成功した。片持翼、流体力学の進歩の最初の成果となった。

この年　〔熱〕ゾンマーフェルト、スペクトル線の微細構造を相対性理論で説明　ドイツの物理学者アルノルト・ヨハネス・ゾンマーフェルトは、スペクトル線の微細構造を説明するために、ボーアの原子模型を拡張。電子の中のいくつかは円軌道でなく楕円軌道を運動しているのではないかと提案した。

この年　〔熱〕ラングミュア、高真空の水銀ポンプを製作　アメリカの化学者アーヴィング・ラングミュアは、完全に近い真空をつくる水銀蒸気凝結ポンプ（水銀拡散ポンプ）を考案した。検波のみならず、増幅にも使用。

この年　〔原子力〕アインシュタイン、一般相対性理論を発表　アルベルト・アインシュタイン、一般相対性理論、重力場方程式を発表。光速度に近い運動や大きな重力場における運動など、ニュートン力学で扱いにくい現象が正確に記述できるようになる。

この年　〔資源〕イランで巨大油井　イランに、日産4万バレルの巨大油井が出現した。

この年　〔資源〕クイーン・エリザベス号完成　イギリスで世界初の石油専焼艦「クイーン・エ

リザベス号」が完成した。

1916年
（大正5年）

この年 〔原子力〕シーグバーン、X線スペクトルのM系列を発見　スウェーデンの物理学者カール・シーグバーンがX線スペクトルのM系列を発見。1924年、ノーベル物理学賞を受賞。

この年 〔全般〕浅野セメントで新型電気集塵装置設置　東京・深川の浅野セメントにおいて、工場の煙突から飛散する大量のセメント粉末の降灰が問題となり、コットレル式電気集塵装置を設置した。

1917年
（大正6年）

6月 〔電力〕本多光太郎と高木弘、KS鋼を発明　日本の物理学者本多光太郎と高木弘は、コバルト・タングステン・クロム・炭素を含む鉄の特殊鋼を発明した。それまでの磁石の3倍の強さを持つ世界最強の永久磁石鋼であることを発見した。研究費の提供者、財閥の住友吉左衛門のイニシャルをとってKS磁石鋼と名づけた。1931年に三島徳七がMK鋼を開発するまで15年間にわたり世界最強の磁石だった。

6月 〔資源〕スマトラで大噴油井　スマトラに大噴油井が出現した。

7月 〔電力〕3電協定が成立　東京市電・東京電灯・日本電灯、電力供給条件の均一化を図る3電協定を締結。

10月 〔資源〕日本石油、殉職者追悼碑を建立　日本石油が、新潟県弥彦神社域内新公園に殉職者追悼之碑を建立した。石油掘削にあたり、弥彦神社に成功と安全を祈る風習があった。

この年 〔資源〕テキサスで大噴油井　テキサス油田で大噴油井が続出した。

この年 〔全般〕理研を設立　財団法人理化学研究所、東京都文京区駒込に設立される。設立者総代は渋沢栄一、初代総裁は伏見宮貞愛親王、初代所長は菊池大麓。

1918年
（大正7年）

8月 〔再生〕ダム式発電所、運転開始　富士電機が日本初のダム式発電所、野花南発電所の運用を開始した。高さ25.06m。

11月	〔再生〕地熱利用の研究・調査開始	海軍中将山内万寿治が将来、石油・石炭の減尽に備えて地熱利用の研究・調査の為、登別・鳴子・鬼首・浅間・諏訪・別府等を踏査。大分県速見郡朝日村（通称別府坊主地獄付近）で掘削を開始し、1919年4月に成功した。
この年	〔電力〕アームストロング、スーパーヘテロダイン回路を開発	アメリカの電気工学研究者エドウィン・ハワード・アームストロングが、スーパーヘテロダイン電波受信機を開発した。
この年	〔電力〕リーベンス、『**The Theory of Electricity**』刊	イギリスのG.H.リーベンス、『The Theory of Electricity』を著す。磁化による力についての数学的表現の研究書。
この年	〔原子力〕アストン、質量分析器による同位体の分離	イギリスの物理学者フランシス・ウィリアム・アストンは、最初の質量分析器を作製し、ほとんどの安定な元素が2つ、あるいはそれ以上の安定同位体（アイソトープ）からなることが示された。同位体は同じ化学的性質を持つが、それぞれの原子の質量は同じではない。
この年	〔原子力〕ボーア、対応原理を提唱	デンマークの物理学者ニールス・ヘンリク・ダヴィド・ボーアが、量子論的なある量と古典物理学上の量との間には性質が異なるにもかかわらず、一定の対応が成り立つという対応原理を提唱した。
この年	〔資源〕京大、重力偏差計探査	京都帝国大学が、新津油田で初めて重力偏差計による探査を実施した。
この年	〔全般〕発電水利権の法規制定に関する建議案審議	発電水利権の法規制定に関する建議案が審議される。

1919年
（大正8年）

2月	〔資源〕日本初のガソリンスタンド完成	日本石油が日本初のガソリンスタンドを東京神田鎌倉河岸に設置した。
3.14	〔資源〕アメリカ石油協会設立	アメリカ石油協会（API）がニューヨークに設立された。
4月	〔資源〕鉱山専門学校に石油学科開設	秋田鉱山専門学校に石油学科が開設された。
5.29	〔原子力〕アインシュタイン、重力で光線が湾曲することを予想	アインシュタインは、重力の働く場で運動する光線は、曲った経路を通過すると予言。1919年5月29日、ロンドン王立天文学会の日食観測隊が日食でこれを実測し、いわゆる一般相対性理論の予言の正しさが確認された。
5月	〔資源〕北辰会結成	北樺太油田開発のため北辰会が結成された。
6.19	〔熱〕オールコックとブラウン、大西洋横断無着陸飛行に成功	イギリス空軍の将校ジョン・オールコックとアーサー・ブラウンが、ビッカースビミーに乗り、カナダのニューファンドランド島のセントジョンからアイルランドのクリフデンまでの大西洋横断無着陸飛行に初めて成功した。
7.10	〔再生〕水路式流込み式発電所、運用開始	名古屋電灯が水路式流込み式の賤母発電所1号機の運用を開始した。

この年　〔熱〕ゴダード、『超高層に到達する方法』刊　液体ロケット研究を行っていた工学者ロバート・ハッチングス・ゴダードがそれまでの研究成果をまとめた『超高層に到達する方法』を発表。高空に到達する最良の方法はロケットであり、月ロケット構想についても言及したが、あまり受け入れられなかった。

この年　〔熱〕初めてロンドン—パリ間定期旅客空輸を開始　ロンドン—パリ間に世界初の定期旅客空輸が始まった。大幅な軍縮によって軍務から退いた飛行士や民間へ販売されたプロペラ式の軍用機によって旅客輸送事業は始まった。

この年　〔電力〕ウォーカー、ステッピングモーターの分解能を向上　イギリスのC.L.ウォーカー、ステッピングモーターの分解能を向上させる構造を発明した。しかし、商業ベースでの利用に至るには約30年を要した。

この年　〔火力〕レークサイド発電所建設　アメリカで、レークサイド発電所が建設される。蒸気条件の向上に伴い、燃焼室内のガス温度が高温になった結果として、接触熱のみならず、放射伝熱の考え方を取り入れたボイラーとしては世界初とされる。シュテファン－ボルツマンの法則により、放射伝熱は絶対温度の4乗にも達する。

この年　〔原子力〕ラザフォード、α粒子による原子核破壊実験　イギリスの物理学者アーネスト・ラザフォード（ネルソン卿）は、自分の2年前の発見、窒素にα粒子を当てると陽子をたたき出すことができるという、最初の人工的核反応を報告した。この実験は陽子が原子核の構成要素であることを証明するものであった。

この年　〔再生〕ヤンセンら、高性能アグリコ風車を開発　デンマークのヨハネス・ヤンセンとポール・ヴィンディングが高性能アグリコ風車40kWを開発した。航空機の翼構造を採用した5～6枚のブレードを使用するもので、1921～1924年に行われた実験では、可変ピッチ効率がラクール型の23％を大幅に上回る43％にも達した。

この年　〔資源〕オレゴン州で、ガソリン税創設　アメリカ・オレゴン州でガソリン税が初めて創設された。1ガロン1セント。

この年　〔資源〕ダブズ、連続熱分解法を開発　ダブズは、原油を煮詰めないように連続で加熱、少しずつガソリンを取り出すことで、重油からもガソリンを製造できる連続熱分解法を開発した。

この年　〔資源〕日本石油、油田地質調査にアメリカ人技師を招聘　日本石油は、アメリカから技師M.J.カーワンを招聘し、各油田の地質調査を開始した。

1920年
（大正9年）

4.25　〔資源〕サンレモ協定成立　イギリス・フランス間にサンレモ協定が成立。イギリスはパイプラインのフランス領通過権、フランスはトルコ石油会社のドイツ持株分をそれぞれ獲得した。

11.2　〔電力〕ラジオ放送が始まる　ウェスティングハウス・エレクトリック社が、アメリカのピッツバーグに世界最初のラジオ放送局KDKA局を設立し、正式にラジオ放送を開始した。

この年　〔電力〕アメリカで、「超電力方式」計画開始　アメリカで、「超電力方式」と称する統一周波数の送電システムの建設が始められた。

この年	〔原子力〕チャドウィック、原子核の電荷が原子番号と一致することを実証　イギリスの物理学者ジェームズ・チャドウィックは、ガイガーとマースデンが行ったα線の散乱実験を改良して詳しい測定を行い、原子核の電荷が原子番号と一致することを実証した。
この年	〔再生〕ガイザースで地熱開発調査開始　アメリカのカリフォルニア州ガイザース地域で、地熱開発の調査が開始した。1960年、ガイザース地熱発電所1号機が運転を開始し、出力は1万1000kW。
この年	〔再生〕ベッツ、風車のパワー係数を導出　ゲッチンゲン大学のアルバート・ベッツが、風車のパワー係数を59.3％（27分の16）と導出。これに先だって、ランチェスターが同様にパワー係数を導出しているが、1923年に、英訳が刊行され広まったので、一般にこの関係をベッツ係数ないしベッツ限界と呼ぶ。
この年	〔全般〕大阪府、工場取締規定を制定　主要な工業都市として大気汚染が進行していた大阪府では、1891年に煙突建設に対する規制が大阪府令として出され、煙突の設置に際して周辺住民の承諾書提出が規定された。その後、製造場取締取締規則として改められ、1920年工場取締規則として定められた。
この頃	〔再生〕デンマークの風力発電機製造は一社のみに　石油・石炭の再利用が可能になったことで、アグリコ風車などの成功にも関わらず、1901年より1957年までラクール式4枚ブレードを製造したリュッケゴール社以外のデンマークの風力発電機メーカーは1920年代以降製造を停止した。

1921年
（大正10年）

4月	〔資源〕海軍燃料廠令施行　海軍燃料廠令が施行された。徳山の海軍練炭製造所を海軍燃料廠に改称拡大する。
6月	〔資源〕燃料調査会開催　農商務省、大蔵省、外務省、陸軍省、海軍省、国務院が石油政策に関する燃料調査会を開催した。
10月	〔資源〕日石、宝田が合併　日本石油と宝田石油が対等合併し、新たに日本石油株式会社として発足した。
10月	〔全般〕電気協会設立　日本電気協会・中央電気協会・九州電気協会が合併して、社団法人電気協会が設立される。
この年	〔熱〕ミジリー、四エチル鉛がアンチノッキング剤となることを発見　アメリカの化学者トマス・ミジリー2世は、四エチル鉛がガソリンエンジンのノッキング（金属をたたくような特異な音を生ずる現象）を防止することを発見。以来四エチル鉛を加えたガソリンはエチルガスと呼ばれるようになった。
この年	〔電力〕ハル、マグネトロンを発明　アメリカのアルバート・ウォーレス・ハル、発振用真空管の一種であるマグネトロンを発明した。高い強度をもったマイクロ波を出すことができる二極管で、真空管内部にある電極に磁石を用いたので、マグネトロン（磁電管）と呼ばれる。のちレーダー開発の鍵となる。
この年	〔原子力〕ボーア、原子の電子配置から新元素を予言　デンマークの物理学者ニールス・ヘンリク・ダヴィド・ボーアは、電子配置に基づき、ジルコニウムに化学的性質がよく

似た72番元素が存在することを予言した。予言どおり、翌年、ハフニウムが発見された。

この年　〔再生〕グラント、ガイザースで井戸を掘削　アメリカのジョン・グラント、カリフォルニア州ガイザースの温泉に最初の井戸を掘る。ガイザースは世界最大の蒸気卓越型の地熱地域であり、現在も多くの地熱発電所が稼働している。

この年　〔再生〕バウアー、MCFCが試作される　ドイツのバウアーによって、Na_2CO_3とK_2CO_3などの炭酸塩を電解質に用いた溶融炭酸塩形燃料電池（MCFC）が試作される。

この年　〔資源〕ベネズエラ石油大増産　ベネズエラの産油量が激増した。

この年　〔資源〕石炭鉱害が問題に　石炭鉱害が問題視され始め、1933年被害地域復旧助成の建議案が出される。

1922年
(大正11年)

7月　〔再生〕コンクリート遮水型アースダム完成　九州水力電気が、大分県の町田第一発電所にコンクリート遮水型アースダムの地蔵原ダムを完成させ、運用を開始した。高さ22.00m。

8.9　〔資源〕ペンシルベニア・ガルフ石油会社設立　ペンシルベニア州とニュージャージー州のガルフ石油会社が合併し、ペンシルベニア・ガルフ石油会社が設立された。

12.2　〔資源〕クウェート・イラク中立地帯設定　国境線を定めたウカイル協定によって、クウェートとイラクの間に中立地帯が設定された。

この年　〔火力〕ベンソン、貫流ボイラーを発明　チェコの技術者ベンソンによって、ドラムを持たず、火力発電の高効率を達成する超臨界圧の小型蒸気発生器（ベンソンボイラー）が発明される。1924年シーメンス社は特許を取得すると、1926年にはこの貫流ボイラーをベルリンに建設した。貫流ボイラーでは、水管の一方からポンプで押し込んだ水が、加熱された管を通り、もう一方から蒸気として出てくる。このため、ドラムは持たないが、良質な給水が必要になる。

1923年
(大正12年)

5月　〔再生〕全自動式発電所開始　東邦電力の川上川第四発電所で、全自動式の運転が開始された。

5月　〔再生〕大容量送電開始　京浜電力が長野県の竜島発電所（現名称竜島第二発電所）と神奈川県戸塚変電所（200km）で、154km長距離送電を開始した。12月には、須原発電所と大阪変電所間（238km）でも送電を開始。

11.25　〔再生〕50、60Hz用発電機設置　大同電力が長野県の桃山発電所に、50、60Hz周波数

用発電機を設置して運用を開始した。出力23.1MW。

この年　〔熱〕ディーゼル・エンジン、自動車に搭載　ディーゼル・エンジンがトラックに、次いで乗用車に採用される。

この年　〔熱〕デ・ラ・シェルバ、オートジャイロの飛行に成功　スペインの発明家フアン・デ・ラ・シェルバが、オートジャイロを発明し、満足した性能を備える試験飛行に成功した。

この年　〔原子力〕コンプトン、コンプトン効果を発見　アメリカの物理学者アーサー・ホリー・コンプトンが、X線を物体に照射したとき、散乱X線の波長が入射X線の波長より長くなる現象であるコンプトン効果を発見し、光量子仮説を実証した。

この年　〔原子力〕ド・ブロイ、物質波の概念を提唱　フランスのルイ・ド・ブロイ（第7代ブロイ公爵ルイ・ヴィクトル・ピエール・レーモン）、粒子-波動の二重性を導入したド・ブロイ波（物質波）を提唱。オーストリアのエルヴィーン・シュレディンガーの波動力学を導き、量子力学の基礎となる。

この年　〔原子力〕ヘヴェシーとコスター、ハフニウムを発見　ハンガリー生まれの化学者ゲオルク・ド・ヘヴェシーとオランダの物理学者ディルク・コスターが、共同でコスターによって研究されたX線解析法を使ってハフニウム（コペンハーゲンのラテン語名に由来）を発見した。

この年　〔資源〕F.フィッシャーとトロプシュ、人造石油を製造　ドイツのカイザー・ウィルヘルム研究所の研究者、フランツ・フィッシャーとハンス・トロプシュが、石油の代替品となる合成石油を作り出した。一酸化炭素と水素から触媒反応を用いて液体炭化水素を合成する一連の過程をフィッシャー・トロプシュ法と呼んでいる。

この年　〔資源〕フードリー、固定床接触分解法を開発　フランスのE.J.フードリーは、加熱した石油の重質留分が活性白土上で分解されると、高オクタン価ガソリンが得られることを発見して、固定床接触分解法を開発した。熱分解法で得られるガソリンより、臭気がなく、安定的でオクタン価も高い。

この年　〔資源〕北辰会が北樺太で試掘に成功　北辰会が北樺太のオハ油田で試掘に成功した。

1924年
(大正13年)

3.28　〔資源〕フランス石油会社設立　フランス石油会社（CFP）がパリで設立された。

9月　〔再生〕発電用バットレスダム完成　信越電力が、発電用のバットレスダムの高野山調整池ダムを完成させ、中津川第一発電所が運用を開始した。

12.12　〔再生〕ダム水路式が運転開始　大同電力が、岐阜県に本格的なダム水路式の大井発電所の運用を開始した。出力42.9MW、有効落差は42.42m。

12.19　〔資源〕連邦石油保全局設置　アメリカのカルビン・クーリッジ大統領が、連邦石油保全局を設置した。

12月　〔再生〕国産初の自動発電用水車設置　長野県安曇野市の中房第四発電所が国産初の自動発電用水車を設置して、運用を開始した。

この年　〔熱〕ダイムラー社、自動車用ディーゼル・エンジンの試作に成功　ドイツのダイムラー社が、世界最初の自動車用ディーゼル・エンジンの試作に成功した。

この年　〔電力〕東京電灯と大同電力が電力融通契約　東京電灯と大同電力、電力融通契約を締結し、東西融通の端緒を開く。

この年　〔原子力〕シュテルンとゲルラッハ、方向電子化を実証　ドイツ出身のアメリカの物理学者オットー・シュテルンとドイツの物理学者ヴァルター・ゲルラッハは、中性の原子や分子の磁界中で受ける効果の実験を行い、原子や分子がそれを構成する陽子や電子の電荷に起因する小さい磁石のようにふるまうことを確認した。

この年　〔原子力〕パウリ、排他原理を発見　スイスのヴォルフガング・エルンスト・パウリ、2つ以上のフェルミ粒子は同一の量子状態を占めることはできないとの排他原理を発見。

この年　〔原子力〕ボース、ボース＝アインシュタイン統計を導入　インドの物理学者サティエンドラ・ボースは、ある種の素粒子を統計的に取り扱うことを考え出した。アインシュタインも強い関心を抱き、ボース統計を物質粒子に適用し、低温では物質の波動性が巨視的な規模で現れるはずであると述べる（ボース＝アインシュタイン凝縮）。

この年　〔資源〕プロパンガス供給開始　アメリカでプロパンガスの供給が開始される。

この年　〔資源〕日石鶴見製油所完成　日本石油鶴見製油所が完成した。ダブス式分解蒸留装置が稼働する。

この年　〔資源〕北樺太油田から初搬入　日本海軍が北樺太オハ油田の原油を初めて搬入した。

1925年
(大正14年)

3.14　〔資源〕トルコ石油会社、イラクと利権協定　トルコ石油会社がイラク政府より75年間の利権を付与された。

11月　〔再生〕太刀川平治、日本初のタービンによる地熱発電成功　東京電灯研究所長太刀川平治が、鶴見噴気孔と命名した大分県速見郡朝日村で掘削に成功した噴気孔で、タービンによる日本初の地熱発電に成功した。出力は1.12kW。1927年、太刀川所長は、さらに大分県玖珠郡飯田村大岳温泉付近で、孔径8吋深度90mのボーリングにより、湯坪噴気孔を得たが、地熱発電には成功しなかった。

12.29　〔資源〕メキシコ産油制限令公布　メキシコが産油制限令を公布した。31日は政令で全国石油行政監督局を設置した。

12月　〔資源〕ソ連との北樺太石油利権契約に調印　北サガレン石油企業組合が結成され、ソ連との北樺太石油開発利権契約に調印した。

この年　〔電力〕国際電力発電供給連合を設立　国際電力発電供給連合（UNIPEDE）が設立される。

この年　〔火力〕ラモント、ラモントボイラーを発明　アメリカ海軍大尉W.D.ラモントによって、強制循環ボイラー（ラモントボイラー）が発明される。循環ポンプにより強制的に降水管に水を送ることで、高圧になるに従い水の循環が悪くなる問題を解決する。また、燃焼による炉壁の損傷を防ぐことができる火炉水管壁を簡単に増設できるラモント水冷壁を採用し

た。ラモント水冷壁は、他の形式のボイラーにも採用され、ボイラー大容量化の基礎を作った。しかし、ラモントの発明は、アメリカでは顧みられず、第2次世界大戦の敵国である日本やドイツで評価された。

この年　〔原子力〕ハイゼンベルク、行列力学を提唱　ドイツの物理学者ヴェルナー・カール・ハイゼンベルク、行列力学（マトリックス力学）を提唱。1927年には不確定性原理を発表。これらの業績により量子力学の確率論に大いに寄与する。

1926年
（大正15年, 昭和1年）

1.27　〔資源〕カリフォルニア・スタンダード設立　アメリカで、カリフォルニア・スタンダード石油会社（ソーカル）が設立された。

2月　〔原子力〕フェルミ、フェルミ-ディラックの統計を導入　イタリアの物理学者エンリコ・フェルミは、電子の振る舞いにパウリの排他原理を導入した新しい統計力学を発表。ディラックもこれに貢献したため、フェルミ-ディラックの統計として知られている。

3.16　〔熱〕ゴダード、世界最初の液体燃料ロケット飛行成功　1923年から液体燃料ロケットの設計を開始していたロケット工学者ロバート・ハッチングス・ゴダードが、世界最初の液体燃料ロケット飛行に成功した。用いたのは石油と液体酸素。この成功ののち、ゴダードはグッゲンハイム財団の援助を受けて打ち上げ実験を繰り返し、1935年音速を突破することに成功した。

5.19　〔資源〕イタリアで国策石油会社設立　ムッソリーニ政権下のイタリアで国策石油会社アジップ（AGIP）が設立された。

6.7　〔資源〕北樺太石油設立　北樺太石油株式会社が設立され、北辰会を吸収した。

9.13　〔資源〕油槽船爆発　神奈川県横浜市のドック内で清掃作業中に油槽船が爆発した。日本初のタンカー爆発事故。死者13名。

10月　〔再生〕京大に地熱・温泉関係の研究開始　京都大学が地熱・温泉関係の研究のため、理学部附属地球物理学研究施設を設置した。

この年　〔原子力〕エディントン、『恒星の内部構造』刊　イギリスのアーサー・スタンレー・エディントン、『恒星の内部構造』を刊行し、恒星が核融合によりエネルギーを得ていると主張。

この年　〔原子力〕シュレディンガー、波動力学を提唱　オーストリアのエルヴィーン・ルードルフ・ヨーゼフ・アレクサンダー・シュレディンガー、波動力学を提唱。

この年　〔資源〕ウィンクラー、流動床ガス化法を開発　ウィンクラーが、細かく粉砕した石炭を、流動床式反応器でガス化する流動床ガス化法（ウィンクラー法）を発明。以降の流動床技術の基礎となった。

この年　〔資源〕フィッシャーら、合成ガソリン製造に成功　ドイツのフランツ・フィッシャーとハンス・トロプシュが石炭からの合成ガソリン製造に成功。フィッシャー法で、1935年以降ドイツで工業化された。

1927年
(昭和2年)

8月　〔資源〕**石油試掘奨励金公布規則施行**　石油試掘奨励金公布規則が公布・施行された。

この年　〔電力〕**ラウンド、五極管を発明**　イギリスのH.J.ラウンド、五極管を発明。高周波増幅や低周波電力増幅を低電圧で効率良く行うことが可能になる。

この年　〔電力〕**英軍艦にステッピングモーターを搭載**　イギリスの軍艦にVR型ステッピングモーターが利用されているとの記事が出る。

この年　〔再生〕**日本初のカプラン水車、運用開始**　1923年10月に運用を開始した福井県大野市の西勝原第一発電所が、日本で初めてカプラン水車を設置した。

この年　〔資源〕**IG社、石炭液化技術の工業化に成功**　IG社（1925年、8社合併により成立したドイツタール染料利益共同体）は、高圧水素化工場を建設した。これにより、石炭液化技術の工業化に成功した。

この年　〔資源〕**キルクーク大油田発見**　イランのキルクーク大油田が発見された。

1928年
(昭和3年)

1.10　〔資源〕**メキシコ石油法改正**　メキシコの石油法が改正され、これを受けてアメリカ資本が相次いでメキシコに進出した。

3.30　〔資源〕**フランス石油業法制定**　フランスが委託専売主義を貫く石油業法を制定した。

7.31　〔資源〕**トルコで赤線協定を締結**　トルコ石油会社に参加する各社の利権紛争が、赤線協定の締結をもって解決した。中近東石油開発の単独行動を禁じる内容。同協定に基づき、米英資本によりトルコ石油会社が設立される。

9.7　〔資源〕**アクナキャリー協定締結**　ダッチ・シェル、アングロ・ペルシャン石油（後のBP）、スタンダードの3社、アクナキャリー協定を締結。メコシコ湾岸を基準点とする単一価格システムやシェアの凍結などが決まった。

10月　〔資源〕**シェル化学会社設立**　世界初の石油化学の基礎研究を目的にシェル開発会社がカリフォルニアに設立された。ここでの研究を基に翌年石油化学専業企業としてシェル化学会社が設立される。

11月　〔再生〕**日本初の差動式サージタンク発電所、運転開始**　関東水力電気が、日本初の鋼製差動式サージタンクが設置された群馬県佐久発電所の運用を開始した。当時世界一のサージタンクの高さで、水圧鉄管の支承にスライド形式、三又分岐を設置した。発電所の開設者は、浅野セメント創業者の浅野総一郎。

この年　〔熱〕**日本、石炭液化研究に着手**　日本海軍と南満州鉄道が、共同で石炭の液化研究に

着手した。

この年　〔電力〕イギリスの「グリッドシステム」が計画される　イギリスで、「グリッドシステム」の導入が始められ、電力供給の規格が作られて電圧や周波数が統一され、上位の電力供給網が全国を接続するようになった。

この年　〔原子力〕ディラック、ディラック方程式を発表　イギリスの物理学者ポール・エイドリアン・モーリス・ディラック、ディラック方程式（電子の相対論的波動方程式）を発表し、電子スピンの概念を導く。

この年　〔再生〕小諸発電所のダムで決壊事故が発生　東京電力小諸発電所の第一調整池ダムで決壊事故が発生した。

この年　〔再生〕日本電力、水車効率を測定　日本電力が1927年11月に運用を開始した柳河原発電所で、本格的な水車効率を測定した。

この年　〔資源〕ガッチサラン、ハフトケル油田発見　ペルシャでガッチサラン、ハフトケルの両油田が発見された。

1929年
（昭和4年）

1.11　〔資源〕バーレーン石油会社設立　バーレーン石油会社がカナダのオタワに設立された。カリフォルニア・スタンダード石油会社（ソーカル）の完全子会社。

3月　〔資源〕南樺太油田試掘契約が締結　日本石油が、樺太庁と南樺太油田試掘契約を結び、4月に本斗町に試掘鉱場を設置した。

4月　〔資源〕日本鉱業設立　日本産業の鉱業部門を継承する日本鉱業が設立された。

6.8　〔資源〕イラク石油会社と改称　トルコ石油会社がイラク石油会社（IPC）と社名を変更した。

6月　〔資源〕石油販売協定により、ガソリン値上げが決定　日本石油、小倉石油など6社が石油販売協定を締結し、ガソリンの値上げを協定した。

7月　〔火力〕日本初の発電設備付きごみ焼却施設が操業　横浜市で、本格的発電設備（1万2000kW）が付属した日本初のごみ焼却施設である滝頭塵芥処理所が操業を開始した。

11月　〔資源〕小倉石油横浜製油所完成　小倉石油の横浜製油所が完成した。

この年　〔電力〕ヴァン・デ・グラフ、高圧静電発電機を発明　アメリカの物理学者ロバート・ジェミソン・ヴァン・デ・グラフは、8万Vの電圧を生み出せる高圧静電発電機のヴァン・デ・グラフ起電機を製作した。

この年　〔資源〕アメリカの産油激増　アメリカで産油量が激増し、日産38万バレルに達した。世界的に油価が低落した。

1930年
(昭和5年)

4月　〔資源〕**日石下松製油所開所**　日本石油の下松製油所が開所式を行った。

10月　〔再生〕**国産初のカプラン水車が設置**　金沢市電気水道局が、国産初のカプラン水車を設置した吉野第二発電所の運用を開始した。出力716kW×2台。

11月　〔再生〕**屋外式発電所、運転開始**　東邦電力が屋外式発電所の玉島発電所(佐賀県)の運用を開始した。12月には遠隔監視制御方式を採用した屋外式の厳木発電所の運用も開始した。

この年　〔熱〕**パウリ、ニュートリノ仮説を提唱**　スイスのヴォルフガング・エルンスト・パウリ、ニュートリノ仮説を提唱。β 崩壊で観測される運動エネルギーの増加が質量の減少より小さい問題について、エネルギー保存の法則と角運動量保存の法則を成立させるもの。

この年　〔熱〕**ホイットル、ガスタービン・ジェットエンジンの特許取得**　イギリスの航空工学者フランク・ホイットルが、圧縮機で吸入圧縮した空気へ灯油などを混ぜて燃焼し、その高温高圧ガスを噴出して推力を発生し、ガス流動の途中でタービン回転して圧縮機を駆動するガスタービン・ジェットエンジンの最初の特許を取得した。

この年　〔熱〕**ローレンスら、サイクロトロンを建設**　アメリカのE.O.ローレンスとM.S.リビングストン、カリフォルニア大学でサイクロトロンを建設。

この年　〔電力〕**加藤与五郎ら、OP磁石を発明**　東京工業大学の加藤与五郎と武井武、OP磁石を発明した。磁鉄鉱と亜鉄酸コバルトの固溶体を材料とし、スピネル型の結晶構造をもつフェライト磁石で、フェライトの最初の実用例である。

この年　〔原子力〕**ディラック、空孔理論を発表**　イギリスの物理学者ポール・エイドリアン・モーリス・ディラックが、真空中で γ 線が消滅すると、そのエネルギーに対応した電子と正電荷の電子がペアで発生するという空孔理論を発表し、陽電子の存在を予言した。

この年　〔原子力〕**ボーテとベッカー、原子核を α 衝撃して γ 線放出実験**　ドイツの物理学者ヴァルター・ボーテとH.ベッカーは、ベリリウムを α 粒子でたたいて、磁場によっても曲げられない透過力の高い放射線を発見。後にチャドウィックによってこの放射線が中性子であることがわかった。

この年　〔資源〕**5ケ年計画成功**　ソ連の石油5ケ年計画が成功し、産出量が増大した。

この年　〔資源〕**バーレーン島で油田発見**　バーレーン島で油田が発見された。

この頃　〔再生〕**小型風車製造が活発化**　1930年代以降、アメリカで送電線を設置することが困難な農牧業地帯などでの利用を目的とした、ウィンチャージャ風車やジェイコブス風車など小型風車の製造が活発となる。

この頃　〔資源〕**石炭・石油の液体燃料化技術が発展**　1927年に気相熱分解法が開発され、1932年にベルギウス法が工業化、1936年にフィッシャー法が工業化、同年に接触分解法が開発され、1942年に流動触媒法が工業化されるなど、ドイツで石炭および石油の液体燃料化技術が発展。

1931年
（昭和6年）

2月	〔資源〕三菱石油設立	三菱（本社）、三菱鉱業、三菱商事とアメリカ・アソシェーテッド石油が折半出資で三菱石油を設立した。石油業界での外資提携は初。
4月	〔電力〕電気事業法改正	電気事業法が全面改正される。1932年7月12日、施行。これにより料金認可制、供給義務の明確化、設備合理化命令など、統制政策へ移行。
7.30	〔資源〕ソコニー・バキューム社設立	ニューヨーク・スタンダード石油とバキューム・オイルが合併し、ソコニー・バキューム社を設立した。
9月	〔資源〕台湾でカーボンブラック装置が稼働	台湾の錦水油田で日本石油のカーボンブラック装置が稼働した。
11月	〔資源〕シェルメックス社設立	シェルとアングロ・ペルシャン石油がイギリス国内での販売を目的にシェルメックス社を設立した。
11月	〔資源〕三菱石油川崎製油所完成	三菱石油の川崎製油所が完成し、12月に操業を開始した。
11月	〔資源〕早山石油川崎製油所完成	早山石油の川崎製油所が完成した。
この年	〔熱〕オンサーガー、オンサーガーの相反定理を発見	ノルウェー生まれの化学者ラース・オンサーガーが熱力学の平衡状態を論じ、非可逆反応の一般論を樹立。オンサーガーの相反定理を発見した。1968年、ノーベル化学賞を受賞。
この年	〔電力〕三島徳七、MK鋼を発明	三島徳七、MK鋼を発明。KS鋼の2倍の保磁力を持つ世界最強の磁石で、かつKS鋼より安価だった。
この年	〔火力〕スルザーボイラーが発明される	スイス・スルザー社で、石炭・鉄鉱石の産出がなかったために小重量のボイラーが望ましかったことから、貫流ボイラーの一種であるスルザーボイラーが発明される。蒸発管の冷却を確保するために、管寄せを多数配置したベンソンボイラーとは異なり、蒸発器の最後に気水分離器が作られるスルザーボイラーは管径が比較的大きいものとなる。
この年	〔原子力〕ユーリー、重水素を発見	アメリカのハロルド・ユーリー、重水素を発見。
この年	〔再生〕ジェイコブス風車の商用利用が始まる	ジェイコブス兄弟が、モンタナ州ミネアポリスで商用利用を目的としたジェイコブス風車の製造を開始。
この年	〔再生〕ダリウス風車の特許を取得	フランスのジョルジュ・ジャン・マリー・ダリウス、ダリウス風車（垂直軸風車）の特許を取得。
この年	〔再生〕マンモス風車構想が発表	ドイツの鋼製タワーの権威ヘルマン・ホネフによる2万kWマンモス風車構想が打ち出される。高さ450mのタワーに直径160mの風車を3基設置するというもので、1933年のシカゴ万博博覧会では、その模型の展示が行われた。
この年	〔再生〕可逆式ポンプ水車の運転を開始	ドイツとイタリアで可逆式ポンプ水車が運転を開始した。
この年	〔資源〕ベネズエラで産油制限	市況が軟化したことを受け、ベネズエラが産油制限を

実施。一方ソ連が増産したために原油生産量で世界2位になった。

1932年
(昭和7年)

6.1　〔資源〕バーレーンで試掘に成功　バーレーン石油会社がバーレーンでの石油開発に成功した。

6.3　〔全般〕初の煤煙防止規則公布　大阪府が、日本初の公的な大気汚染防止施策「煤煙防止規則」を公布(10月1日施行)。大阪市、堺市、岸和田市に適用された。

8月　〔資源〕国内6社販売協定成立　日本石油、小倉石油、三井物産、三菱商事、スタンダード石油、ライジング・サン石油の6社がガソリンの値上げを発表した。

11.26　〔資源〕イギリス・ペルシャで紛争が起こる　ペルシャ政府が、アングロ・ペルシャン石油の利権の取り消しを通告、イギリス・ペルシャ紛争が起こり、両国は国際連盟に提訴した。

11月　〔資源〕重要産業統制法が、揮発油産業に適用　揮発油製造業・販売業に対し、重要産業統制法が適用されることとなった。

この年　〔電力〕ベーコン、アルカリ型燃料電池を開発　イギリスのフランシス・トーマス・ベーコン、アルカリ型燃料電池を開発。

この年　〔原子力〕アンダーソン、陽電子を発見　アメリカの物理学者カール・デイヴィッド・アンダーソン、磁場をかけた霧箱の中で、鉛の板をつきぬける陽電子(正に帯電した電子、予想された反物質の最初のもの)を発見し、ディラックの予想を実証した。1936年、ノーベル物理学賞を受賞。

この年　〔原子力〕コッククロフトとウォルトン、原子核の人工転換に成功　イギリスの物理学者ジョン・コッククロフトとアイルランドの物理学者アーネスト・ウォルトンは、60万Vの電圧を安定して発生させ、陽子を加速する装置を開発。水素ガスを高圧放電によって電離する方法で用意した陽子をこの加速装置に導入し、リチウム核に衝突させ、2つのヘリウム核に分裂させ、人工的に加速した粒子による核破壊(元素変換)に初めて成功した。

この年　〔原子力〕チャドウィック、中性子を発見　イギリスの物理学者ジェームズ・チャドウィックは、ベリリウム線をさまざまな物質に照射し、そこから飛び出してくる陽子以外の原子核の反跳も測定した結果、それは陽子とほぼ等しい質量をもつ電気的に中性の粒子であることを突き止めた。こうして、陽子とともに核を構成するもうひとつの要素である中性子が発見された。1935年、ノーベル物理学賞を受賞。

この年　〔原子力〕ハイゼンベルク、原子核が陽子と中性子からなるとする理論を提出　ドイツの物理学者ヴェルナー・ハイゼンベルクは、陽子と新たに発見された中性子とが、電子の交換により結合されているとする原子核の模型を提案。また数学的手段としてある行列を導入したが、これはその後「アイソスピンの概念」を導くものとなった。

この年　〔再生〕ホネフ、浮体式洋上風力発電構想を発表　ドイツのヘルマン・ホネフによる巨大な2つのローターを備える世界最初の浮体式洋上風力発電の構想が打ち出される。

1933年
(昭和8年)

5.25　〔資源〕石油技術協会設立　石油・天然ガスの採取事業にかかわる技術の進歩と会員相互の親睦を図ることを目的とし、石油技術協会が設立された。

6月　〔資源〕東洋商工設立　東洋商工が設立された。1934年12月、東洋商工石油と改称する。後の興亜石油。

7.19　〔資源〕第1回世界石油会議開催　第1回世界石油会議がロンドンで19日から25まで開催された。

9.7　〔資源〕スタンダード・バキューム石油会社設立　ニュージャージー・スタンダードとソコニー・バキューム社が両者の系列会社としてスタンダード・バキューム石油会社(スタンバック)を設立した。

11.8　〔資源〕カリフォルニア・アラビアン・スタンダード社設立　カリフォルニア・スタンダード石油会社(ソーカル)がカリフォルニア・アラビアン・スタンダード石油会社を設立した。後のアラムコ。

11月　〔資源〕丸善石油設立　丸善石油大阪製油所が分離して丸善石油として設立された。

12月　〔原子力〕フェルミ、β崩壊の理論を提出　イタリアの物理学者エンリコ・フェルミは、「β崩壊の理論」を発表。これは、β崩壊に関する定量的理論を定式化するものであった。

この年　〔電力〕マイスナー、マイスナー効果を発見　ドイツの物理学者フリッツ・ヴァルター・マイスナーは、超伝導状態の物質が非常に強い反磁性を有することを発見した。これをマイスナー効果という。

この年　〔原子力〕ゾンマーフェルトとベーテ、『固体電子論』刊　ドイツの物理学者アルノルト・ヨハネス・ゾンマーフェルトとハンス・アルブレヒト・ベーテ、『固体電子論』を著し、結晶中の電子の状態を量子力学を用いて記述する理論であるバンド理論を提唱。

この年　〔資源〕イギリス・ペルシャ紛争解決　イギリス・ペルシャの両国は石油利権に関する国際連盟調停案を受諾し、5月28日、アングロ・ペルシャン石油とペルシャ政府との間に、修正契約を締結して解決した。

この年　〔資源〕イタリア石油業法公布　イタリアで石油業法が公布された。液体燃料局を設置し、石油業を統制する。

1934年
(昭和9年)

2.2　〔資源〕クウェート石油設立　アングロ・ペルシャン石油とガルフ・オイルがクウェート石油(KOC)を設立。12月には排他的利権を獲得した。

2月	〔資源〕国際タンカー船主協会設立	国際タンカー船主協会が設立された。
2月	〔資源〕満州石油設立	満州石油が設立された。
4月	〔再生〕日本初の揚水式水力発電が行われる	中央電気が長野県で、日本で初めての混合揚水式水力発電所、池尻川発電所の運用を開始した。出力2.34MW。
5.17	〔再生〕小口川第三発電所で、初の別置ポンプが使用される	1931年11月に国内最大有効落差(621.2m)の発電所として運用を開始した小口川第三発電所が、揚水設備を別置して運転した。1978年11月30日揚水運転停止。
6月	〔資源〕国内7社販売協定成立	日本石油、小倉石油、三菱石油、三井、スタンダード石油、ライジング・サン石油、松方日ソの7社の販売協定が成立した。
7.1	〔資源〕石油業法施行	3月28日に公布されていた石油業法が施行された。6ヶ月分貯油制、精製・輸入業許可制、販売割当制等を規定する。
この年	〔原子力〕ジョリオ＝キュリー夫妻、人工放射能を発見	フランスの物理学者イレーヌ・ジョリオ＝キュリーとフレデリック・ジョリオ＝キュリー夫妻は、放射性元素のポロニウムの上にアルミニウムやホウ素などの元素を置くことにより、ポロニウムを取り除いた後もアルミニウムやホウ素が天然の放射性元素と同様に放射線を発して崩壊していくことを観測。放射性元素から出るα線の照射により、アルミニウムと核反応を起こし、リンの放射性同位体が生成され、世界で初めて人工放射性元素である放射性リンを作った。20世紀最大の発見の一つといわれる。同実験が行われたとき、母のマリー・キュリー夫人が立ち会っていた。
この年	〔原子力〕フェルミ、人工放射性同位元素を生成	ジョリオ＝キュリー夫妻の人工放射性元素の生成にヒントを得た、イタリアの物理学者エンリコ・フェルミは、中性子を照射することで元素変換が出来ると予測し実験を開始。63種類の元素に中性子を照射、37種の人工放射性元素を作り出した。同年、減速させた中性子または、熱中性子は、原子核と反応しやすいということを発見。これがのちの原子爆弾、原子力発電につながった。
この年	〔資源〕アルゼンチンが石油国有化	アルゼンチンで石油国有化法が公布された。

1935年
(昭和10年)

2.22	〔資源〕アメリカ石油産業が国家管理から解放	大審院判決により、アメリカの石油業が国家産業復興法等による国家管理から解放された。
3月	〔火力〕広島電気が世界最大の発電機を増設	広島電気、坂火力発電所に高速機として当時世界最大の三菱製2万6200kW3600RPMタービン発電機を増設した。
3月	〔資源〕秋田県の雄物川油田で噴油	日本鉱業の秋田県雄物川油田で上総堀により大噴油。八橋油田の発端となった。
4月	〔資源〕満州国で石油専売制を実施	満州国で石油類専売法が施行された。
6月	〔資源〕アングロ・ペルシャンがアングロ・イラニアン石油と改称	ペルシャが国号をイランと変更したのを受け、石油会社アングロ・ペルシャン石油がアングロ・イラニアン石油と社名を変更した。

この年　〔原子力〕湯川秀樹が中間子を予言　日本の理論物理学者湯川秀樹が、中間子（メソン）とよばれる新たな粒子が原子核内の粒子間引力の原因であると「日本数学物理学会記事」に発表。原子核が存在するためには、陽子と中性子は質量を持ったある粒子を交換しなければならないと主張。アインシュタインが導いたエネルギーと質量の透過性を著す式とハイゼンベルクの不確定性原理を用いて、核力の特徴を説明し、中間子の質量を計算。この交換粒子は電子の270倍の質量があるとされた。1937年、高層の宇宙線の中に発見される。

この年　〔再生〕満州で風力発電研究を開始　満州の大陸科学院で本岡玉樹らにより風力開発の研究が開始。1937年には、農業用ほか各種小動力用として利用できる大陸科学院式標準型風力発電機を設計。1945年8月まで50あまりの風車の建設指導を行った。

この年　〔資源〕人造石油ドイツで工業化　フィッシャー法による人造石油がドイツのルールベンジン社により工業化された。

1936年
（昭和11年）

6.6　〔資源〕アメリカで接触分解装置を工業化　アメリカで、石油精製における固定床接触分解法（フードリー法）に基づく接触分解装置が世界で初めて完成し、工業化された。

6月　〔資源〕カリフォルニア・テキサス・オイル設立　カリフォルニア・スタンダード石油会社（ソーカル）とテキサスの両社は折半の販売会社カリフォルニア・テキサス・オイル（カルテックス）を設立した。

この年　〔電力〕第1回国際電熱会議を開催　第1回国際電熱会議が開催される。1953年、国際学術団体化した。

この年　〔原子力〕ウィグナー、中性子が原子核に吸収される数学を完成　ハンガリー生まれのアメリカの物理学者ユージン・ポール・ウィグナーは、中性子が原子核に吸収される様式を記述する数学を完成させ、中性子吸収の可能性が中性子のエネルギーと共にいかに変化するかを示す。また「核断面積」という概念も導入し、原子核の断面積が大きいほど、中性子を吸収する可能性が高いことも発見する。

この年　〔再生〕アメリカでフーバーダムが完成　アメリカ・アリゾナ州とネバダ州の州境に位置するコロラド川のブラック峡谷にフーバーダムが完成。水位調整・発電・水道に用いられる多目的ダムで、着工は1931年。形式は重力式アーチダム、高さ221m、長さ379m、貯水量約400億t。

1937年
（昭和12年）

6月　〔全般〕逓信省が臨時電力調査会を設置　逓信省、電力国管に関する諮問機関として官民協力の臨時電力調査会を設置。1938年5月、国管移行のための期間として電力管理準備局および電力審議会を設立。

11月	〔資源〕第1次石油消費規制を実施	日本で第1次石油消費規制が実施された。事業者の自発的な消費節約を主な内容とする。
この年	〔熱〕オハインとホイットルがジェットエンジンを製作	ドイツのハンス・ヨアヒム・パブスト・フォン・オハインとイギリスのフランク・ホイットル、それぞれ独自に世界初のターボジェットエンジンを製作。
この年	〔電力〕ヒステリシスモーターの論文を発表	アメリカのB.R.Teare、ヒステリシスモーターの理論および実験に関する論文を発表。
この年	〔原子力〕アルバレス、原子核による電子捕獲を観測	アメリカの物理学者ルイス・ウォルター・アルバレスは、原子核によるK電子捕獲の現象が存在することを初めて実験的に示した。1968年、素粒子物理学に対する貢献によりノーベル物理学賞を授与された。
この年	〔再生〕ドイツで直径130m風車構想発表	ドイツのフランツ・クラインヘンツの1万kW（直径130m）風車構想が発表された。MAN社によって、1938年から1942年にかけて建設予定だったが、第2次大戦勃発のあおりを受けて実施されなかった。
この年	〔再生〕京都で世界初のヒートポンプ式冷暖房設備導入	1932年から日本でもヒートポンプ式の暖房設備が利用され始め、京都電灯本社（現関西電力京都支店）では世界初の地下水熱源の全館ヒートポンプ式冷暖房設備が導入、この設備は高度で精密なシステムになっている。空調装置の量産は1950年代に入ってから始まり、普及された。1980年代になると、よりエネルギー消費効率のいい地中熱ヒートポンプが登場した。
この年	〔再生〕固体酸化物形燃料電池が試作される	チューリヒ大学のバウアーとプライスによって、固体酸化物形燃料電池（SOFC）が世界で初めて試作されるが、発電性能が低く、注目されなかった。

1938年
（昭和13年）

1月	〔資源〕人造石油製造事業法施行	液体燃料の自給を確立することが急務であったことから、1937年に公布された人造石油製造事業法が施行された。
1月	〔資源〕帝国燃料興業設立	政府の半額出資で帝国燃料興業が設立された。
2月	〔資源〕ブルガン油田発見	クウェート石油（KOC）が、ブルガン大油田を発見した。単一の油田としては世界最大。
3.7	〔資源〕揮発油および重油販売取締規則施行	物資動員計画による消費規制の強化で、揮発油および重油販売取締規則が制定された。
3.18	〔資源〕メキシコが国内外資系企業を国有化	メキシコ政府は、国内にある英米系17社の財産を収用、営業を国有化し、公共管理併行すると決定した。
3月	〔資源〕ダンマン油田発見	サウジアラビアのダンマン油田が発見された。翌年にはペルシャ湾までの43マイルのパイプラインが整備され、輸出を開始した。
4月	〔全般〕電力国家管理法、日本発送電法を公布	電力国家管理法、日本発送電株式会社法が公布される。1939年4月、日本発送電が設立される。

5月	〔資源〕第2次石油消費規制を実施	第2次石油消費規制として、初の石油配給切符制が実施された。
6.7	〔資源〕メキシコが石油国有化	メキシコ、外国石油会社の資産を接収・国有化し、国営の石油会社メキシコ石油公社(ペメックス)を設立した。アメリカ政府、接収資産に対する補償を条件に国有化を承認。
8月	〔資源〕石油資源開発法施行	4月28日に公布された石油資源開発法が施行された。
12.22	〔原子力〕ハーンとシュトラスマンがウランの核分裂反応発見	ベルリン大学のオットー・ハーンとフリッツ・シュトラスマンは中性子を照射したウランの核分裂反応を発見した。原子エネルギーが科学的興味の対象を越え、実用化(原子力発電・原子爆弾)される転換点となる。翌年1月、ニールス・ボーア研究所のオットー・ロベルト・フリッシュが、核分裂によるエネルギー発生を実証した。
この年	〔電力〕蛍光灯を発表	アメリカ・ゼネラル・エレクトリック(GE)とウェスティングハウス・エレクトリック社、実用的な蛍光灯を発表。
この年	〔原子力〕ベーテとヴァイツゼッカーが恒星の核融合反応を提唱	ドイツ出身のアメリカの物理学者ハンス・アルブレヒト・ベーテとドイツの天文学者カール・フリードリヒ・フォン・ヴァイツゼッカーそれぞれ独立に「トンネル効果」によりできた重い核の質量のごく一部がアインシュタインの導いた式に従い、エネルギーに添加されることになる前提に基づき、星の内部で、炭素・窒素サイクル変化を経て、水素が核融合を起こしてヘリウムとなり、エネルギーを放出する過程を発見する。太陽のエネルギー源に関するヘルムホルツの疑問に対し、初めて解答が得られた。
この年	〔資源〕玉門油田が産油を開始	中国、甘粛省の玉門油田が産油を開始した。

1939年
(昭和14年)

1.26	〔原子力〕マイトナーとフリッシュが「核分裂」理論を提出	オーストリア国籍の女性物理学者リーゼ・マイトナーは、甥の物理学者オットー・ロベルト・フリッシュの助けを借り、ハーンとシュトラスマンが考えた「核分裂」と呼ばれる現象を検証し続け、ウランが核分裂をして、バリウムの放射性同位体を生み出すという結論に至る。1939年1月26日付けの論文を準備して、イギリスの科学雑誌『ネイチャー』に送る。
1月	〔資源〕イギリス、石油局を設置	イギリスは、戦時下に置ける石油確保、配給統制のため石油局を設置した。
3.25	〔資源〕ドイツ・ルーマニア石油通商協定成立	ドイツはルーマニアとの間に石油通商協定を成立させ、ルーマニアの石油を確保した。
4月	〔電力〕電気庁を設立	日本で電気庁が設立される。
6月	〔資源〕秋田県の油井掘削現場で原油噴出	秋田県小出村の油井掘削現場で原油が噴出、2時間のうちに約360.8kℓの原油が流失した。
7.5	〔資源〕東亜燃料工業設立	東亜燃料工業が設立された。
9.4	〔資源〕大協石油設立	新潟県下の製油業者8社が合併し、大協石油が設立された。

1939年（昭和14年）

9.14　〔熱〕シコルスキー、ヘリコプターを完成　ロシア生まれのアメリカの航空技術者イーゴリ・シコルスキーは、30年間ヘリコプターの研究を続け、1939年満足のいくモデルを完成させ、9月14日自身が操縦するヘリコプターで飛行に成功する。

10月　〔電力〕電力調整令を公布　国家総動員法により電力調整令が公布される。消費規則を目的とするもの。

11月　〔再生〕国内最大出力の水路式発電所が運転開始　東京電灯が水路式で国内最大出力の信濃川発電所の一部運転を開始した。1941年の2期工事が完了し、出力が165MWとなり、日本最大出力となった。

12.12　〔資源〕アメリカ、ソ連・日本に対し道義的輸出禁止　アメリカは、ソ連と日本に対し、航空揮発油製造装置技術・特許の輸出を禁止した。

この年　〔電力〕バリアン兄弟がクライストロンを発明　バリアン兄弟、初期のマイクロ波真空管であるクライストロンを発明。

この年　〔原子力〕ジンが核分裂反応は持続可能なことを確認　レオ・シラードとウォルター・ジンは、反応によって熱が発生、その熱がさらに反応を促進し、その反応が更に熱を発生させるという連鎖反応が、原子核でも起こりうると考えての核連鎖反応の研究を進め、「核分裂反応」は、それ自身で持続させうることを確認する。

この年　〔原子力〕ラービが原子核の磁気モーメントの測定法を発見　アメリカのイジドール・イザーク・ラービ、原子核の磁気モーメントの測定法を発見。量子電気力学の発展に大きく貢献。

この年　〔再生〕オールがシリコンの光起電力効果を発見　ラッセル・オール、シリコンの結晶に光が当たると電気が生じることを発見し、シリコンで発電が可能であることを明らかにする。

この年　〔核〕アインシュタインが原子爆弾開発を促す書簡の差出人になる　「核分裂」の発見に伴い、分裂が連鎖反応的に進行すると莫大なエネルギーが解放され、とてつもない破壊力を持つ原子爆弾の開発が可能となり、ナチスが原爆の研究に着手することが懸念されるようになる。そのため、ヒトラー、ムッソリーニにより、アメリカに亡命を強いられた多くのヨーロッパの亡命科学者たちは、ルーズベルト大統領宛てにドイツに先んじてアメリカの原子爆弾開発を促す書簡をしたため、プリンストン高級研究所に招かれていたドイツ生まれのユダヤ人物理学者アインシュタインに差出人になるように依頼した。アインシュタインはこれに応じたが、晩年、書簡に署名したことを悔やんだという。

この年　〔資源〕イタリア、ガソリン消費規制実施　イタリアは、ガソリンの切符制などガソリンの消費規制を実施した。

この年　〔資源〕ベルギー新石油業法施行　ベルギーで新石油業法が施行された。石油輸入業者の貯油義務数量等を規程する。

この年　〔全般〕鉱業法の改正で、無過失賠償の原則　鉱業法の改正が行われ、無過失賠償の原則が採用された。

1940年
(昭和15年)

7月　〔資源〕帝国石油資源開発会社設立　帝国石油資源開発会社が設立された。

9月　〔資源〕日蘭石油交渉開始　日本、オランダ領インド政府との間で石油交渉を開始したが、1941年7月28日に決裂した。

この年　〔原子力〕ニフラーがウラン235の分離に成功　アメリカのニフラー、ウラン238からウラン235を分離することに成功。

この年　〔原子力〕マクミランとアベルソンが、最初の超ウラン元素ネプツニウムを発見　アメリカのエドウィン・マティソン・マクミランとフィリップ・アベルソンが、カリフォルニア大学のサイクロトロンを使い、初めて超ウラン元素をつくるのに成功。質量数238のウランに中性子をぶつけ、核反応の生成物として得られた原子番号93の元素は、ネプツニウム(Np)と命名される。

この年　〔再生〕軍部にボーリング機械徴用　九州大学教授山口修一博士・小田二三男博士らは、静岡県賀茂郡南中村でボーリング作業を行っていたが、戦争のため軍部に機械を徴用されて中止となった。

この年　〔資源〕ラスタヌラに製油所を建設　カリフォルニア・アラビアン・スタンダード石油会社が、サウジアラビアのラスタヌラに製油所を建設した。

この頃　〔再生〕デンマーク各地に風車設置　戦時下のデンマークで、化石燃料が不足したことから小型の風力発電機の研究が進展。F.L.スミト社製の50kW(直径17.5m)から70kW(直径24m)の風車などが各地に設置された。

1941年
(昭和16年)

2月　〔資源〕四日市に第二海軍燃料廠が完成　三重県四日市に第二海軍燃料廠が完成した。

3.27　〔資源〕ドイツ、大陸石油会社設立　ドイツ、ヨーロッパの占領地の石油を確保するため大陸石油会社を設立した。

6月　〔資源〕日石が小倉と合併　日本石油が小倉石油と合併し、新たに日本石油となった。

8.10　〔資源〕アメリカ、石油対日輸出全面停止　6月に石油製品全般の輸出規制を強化していたアメリカが、対日石油輸出を全面停止とした。

8月　〔電力〕配電統制令を公布　国家総動員法により配電統制令が公布される。電気事業と電鉄業を分離。

9月　〔資源〕第3次石油消費規制を実施　第3次石油消費規制が実施され、ガソリンの民間消費が禁止された。また、10月には石油販売取締法規則が施行され、灯油・軽油は切符販売制

1942年（昭和17年）　　　　　　　　　　　　　　　　　　　　　　　　　　　　　　　資源・エネルギー史事典

9月	〔資源〕帝国石油設立　3月に公布された「帝国石油株式会社法」により、帝国石油資源開発会社を吸収し、政府の半額出資で帝国石油が設立された。
12.8	〔資源〕アメリカがPIWC創設　アメリカが、戦時石油産業諮問委員会（PIWC）を創設した。
この年	〔原子力〕超ウラン元素、プルトニウムの発見　アメリカのグレン・セオドア・シーボーグとエドウィン・マクミラン等はカリフォルニア大学のサイクロトロンを使い、原子番号94のプルトニウム（Pu）をつくるのに成功した。核分裂性が高いため、後に原子爆弾に利用されることになった。
この年	〔再生〕アメリカで史上初のMW級風車設置　アメリカのバーモント州グランドパ山頂で史上初のMW級風車「スミス・パトナム」（1250kW、直径53m）が設置されたが、営業運転1ヶ月でブレードが損傷して開発中止となった。
この年	〔再生〕東洋一の発電所が完成　朝鮮半島と旧満州国境にある鴨緑江水力発電水豊発電所が一部送電を開始した。1937年から建設中で完成は1944年。完成後の出力は700MWで、水豊ダムの堤体積は300万m³で世界最大。
この年	〔資源〕南方油田占領作戦を展開　日本は南方油田占領作戦を展開し、12月末にボルネオのセリア油田ルトン製油所を占領した。

1942年
（昭和17年）

1.24	〔資源〕日本軍がバリクパパン占領　日本海軍の石油部隊がオランダ領ボルネオ、バリクパパンに上陸、占領した。
2月	〔資源〕イギリスでガソリン不足が深刻化　イギリスでガソリン不足が深刻化し、自動車輸送の統制を実施した。
2月	〔資源〕日本軍がパレンバン製油所占領　15日から17日にかけ、日本軍の落下傘部隊がスマトラのパレンバンに降下、製油所を占領した。
4月	〔熱〕ドイツでジェット戦闘機が実用化　ドイツ、メッサーシュミットMe-262が初飛行。1944年6月、運用開始。ジェット機として世界で初めて実戦配備および実戦を経験。
4月	〔電力〕国内に9配電会社を設立　配電統制令に基づき、全国732の電力会社が統合され、北海道・東北・関東・中部・北陸・近畿・中国・四国・九州に配電会社が設立される。日本発送電および9配電会社の設立により、日本の電力事業が完全に国家管理下に入る。
4月	〔資源〕帝国石油が4社の石油鉱業部門を統合　帝国石油が、日本石油、日本鉱業、中野興業、旭石油の石油鉱業部門を統合・吸収した。
7.22	〔資源〕アメリカ、ガソリン切符割当制へ　アメリカはガソリンの切符割当制を導入した。
7月	〔資源〕南方原油の共同製油計算制実施　南方原油について、国内各社の間で共同製油計算制が実施された。

- 104 -

8月	〔資源〕石油精製業者8ブロックに統合	日本の石油精製業者が、日本石油、昭和石油、丸善石油、三石石油、東亜燃料工業、大協石油、日本鉱業の8ブロックに統合された。11月、8社は石油精製業協議会を設立。
11月	〔電力〕電気局を設立	電気庁が廃止され、電気局が設立される。
11月	〔核〕スペディングが原子爆弾開発用の高純度ウランを製造	アメリカの化学者で化学薬品精製の専門家F.H.スペディングは、原子爆弾の開発に使用するために、高純度のウラン2tを製造した。
12.2	〔原子力〕フェルミらが持続的原子核連鎖反応に成功	シカゴ大学で、イタリア出身の物理学者エンリコ・フェルミらが世界初の原子炉CP-1を完成し、制御されたウランの核分裂の持続的連鎖反応に成功した。原子爆弾製造の「マンハッタン計画」の実現。
この年	〔熱〕ドイツでロケットを実用化	ドイツ、V-1飛行爆弾とV-2ロケットを実用化。ロケットの実用化は世界初。V-2は10月3日の発射実験で、宇宙に到達した初の人工物体となる。
この年	〔電力〕ルーベンが水銀電池を発明	P.R.マロリー社のサミュエル・ルーベン、安定的な水銀電池であるルーベン電池(ルーベン・マロリー電池、RM電池)を発明。水銀電池の理論は100年以上前から知られていたが、これにより実用化の域に達する。
この年	〔原子力〕世界初の原子炉シカゴ・パイル1号が完成	イタリア出身のエンリコ・フェルミら、シカゴ大学で世界初の原子炉であるシカゴ・パイル1号を完成させ、原子核分裂の連鎖反応の制御に成功。熱中性子炉で、核燃料には天然ウラン(ウラン238が99.3%、ウラン235が0.7%)を使用。
この年	〔資源〕マーフリー、流動接触分解法を開発	アメリカの化学者エーゲル・ヴォーン・マーフリーは、流動状態の触媒を用いる流動接触分解法を開発。流動接触分解法は現在も利用される。

1943年
(昭和18年)

7.1	〔資源〕石油専売法公布・施行	日本で石油専売法が公布・施行された。
10月	〔電力〕大日本電気会と改称	電気協会、大日本電気会と改称。
11.4	〔原子力〕ORNL原子炉クリントン・パイル臨界	アメリカ・オークリッジ国立研究所(ORNL)の原子炉クリントン・パイルが臨界に達した。(X-10、天然ウラン黒鉛型、500kW)。
11月	〔電力〕軍需省電力局を設立	軍需省が設立され、省内に電力局が設置される。1945年8月、軍需省廃止・商工省設立に伴い、商工省電力局を設置。
この年	〔再生〕日本初の地下式発電所、運転開始	地下式発電所(貯水池・ダム水路式発電所)の北海道電力雨竜発電所が運転を開始した。出力51MW、高さ28.0m。
この年	〔資源〕ベネズエラ新炭化水素法制定	ベネズエラが新炭化水素法を制定した。政府の利権取得率増大、国内精製の促進、政府監督権拡大等を内容とする。
この年	〔資源〕ベネズエラ利益の50-50配分原則で合意	ベネズエラ政府、改正石油法を制定

し、ロイヤルティを17.6%に引き上げる。同年、石油メジャーと利益の50-50配分原則で合意。

1944年
（昭和19年）

1月 〔資源〕アラムコに改称　カリフォルニア・アラビアン・スタンダード石油会社が、アラビアン・アメリカン・オイル（アラムコ）に改称した。

3月 〔資源〕北樺太の利権をソ連に委譲　日本政府は日ソ議定書を締結、北樺太石油のオハ油田における利権をソ連に委譲した。北樺太石油は4月24日に帝国石油に合併され、7月1日に解散した。

4.5 〔資源〕アメリカ軍、ルーマニア油田地帯爆撃　アメリカ軍が、ドイツへの重要な石油供給源となっていたルーマニア油田地帯とドイツへの連絡路の爆撃を開始。

5.15 〔原子力〕アメリカでウラン重水減速実験炉が試験可能段階へ　アメリカ・アルゴンヌ国立研究所のウラン重水減速実験炉（CP-3）が、試験可能段階へ入る。研究用炉で、300kW規模。

5月 〔原子力〕アメリカで「湯わかし型」原子炉（LOPO）完成　アメリカ・ロスアラモス国立研究所で、世界最初の濃縮ウラン炉「湯わかし型」原子炉LOPOが臨界に達した。

7.4 〔原子力〕アメリカでCP-3炉稼働　アメリカ・アルゴンヌ国立研究所にあるウラン重水減速実験炉（CP-3）で、190kWの発電に成功した。

9.7 〔熱〕ドイツ軍、V-2ロケットでロンドン攻撃　ドイツ軍はウェルナー・フォン・ブラウンが開発した液体燃料ロケットV-2で、イギリスのロンドンを攻撃した。1230発がロンドンに命中し、全部で4300発のV-2が発射された。Vはドイツ語の報復を意味する言葉からとられた。

9月 〔原子力〕ハンフォード・パイル第1号完成　アメリカでハンフォード・パイル（プルトニウム生産用天然ウラン石墨減速）の第1号が完成した。同日、世界最初のキセノン・ポイゾニング現象が起こる。1990年までに生産したプルトニウムは60.5tである。

9月 〔資源〕日本、ミナス油田の試掘に成功　日本が中スマトラのミナス油田で試掘に成功した。

1945年
（昭和20年）

2月 〔資源〕英米石油協定締結　英米石油協定がロンドンで締結された。批准は1947年。

3.12 〔原子力〕アメリカで初のウラン235製造　アメリカ・オークリッジ国立研究所（ORNL）で、気体拡散法により最初のウラン235が製造された。

3月 〔資源〕日本国内の製油所被爆　日本各地の製油所が3月から8月にかけて空襲を受け被爆

した。日本石油3月10日東京、鶴見7月13日、秋田8月14日、関西6月15日、7月20日、8月10日、下松6月29日、7月15日、7月22日、興亜石油5月10日麻里布、大協石油5月17日四日市、丸善石油6月大阪、7月下津、東亜燃料工業7月28日和歌山、三菱石油7月川崎、昭和石油7月川崎。

6.4　〔原子力〕ロスアラモスの高濃縮ウラン臨界集合体で臨界事故　アメリカのロスアラモスの高濃縮ウラン臨界集合体で、臨界超過事故が発生し、3名が被曝した。

6月　〔資源〕中東原油輸出価格独立して公示　中東原油輸出価格が、初めてアメリカガルフトコースト価格から独立して公示された。

7.16　〔核〕アメリカでトリニティ実験を実施　午前5時30分、アメリカ・ニューメキシコ州ソコロ近郊のアラモゴード爆撃試験場の砂漠で世界初の核実験であるトリニティ実験が行われる。爆縮型プルトニウム原子爆弾の爆発実験で、爆発規模は約20kt。原爆は地上30mの鉄塔の上で爆発し、直径360m、深さ5mのクレーターが形成された。これにより、アメリカは世界初の核保有国となり、同年8月9日、同型の爆弾が長崎市に投下される。

8.6　〔核〕広島に原爆投下　午前8時15分、米軍機（B-29爆撃機）エノラ・ゲイ号から投下されたガンバレル型ウラニウム活性実弾L11（コードネーム：リトルボーイ）が広島市の上空580mで炸裂、熱線と爆風により市内の建物の90%が一瞬にして全焼、全壊した。核出力は約15ktにも及び、爆心地から500m以内にいた人たちのほとんどがその日のうちに死亡したほか、数km離れた地点でも放射線障害となり、原爆投下から4ヶ月たった12月末までに死者15万9000人、5年後の1950年には死者24万7000人に達した。

8.8　〔原子力〕ロスアラモス国立研究所で臨界事故　アメリカ・ロスアラモス国立研究所のプルトニウム金属臨界集合体で、臨界測定中に反射体を施設から落としたことによる、臨界事故が発生した。2名が被曝し、うち1名が死亡した。

8.9　〔核〕長崎に原爆投下　午前11時2分、米軍機（B-29爆撃機）ボックス・カー号から投下されたインプロージョン方式プルトニウム活性実弾 F31（コードネーム：ファットマン）が長崎市上空500mで炸裂、市内の約38%が破壊された。核出力は約22ktにも及び、約27万人が被曝、うち7万4000人が早期に死亡、12月までに死者は8万人に達した。当初、原爆投下の目標は小倉市であったが、天候不順のため第二目標の長崎に変更された。

8.21　〔原子力〕ロスアラモス国立研究所で臨界事故　アメリカ・ロスアラモス国立研究所で、プルトニウム臨界集合体の手動操作中、臨界超過事故が発生した。研究員1名死亡。

9.20　〔核〕京大原爆調査隊員が放射線被曝　原子爆弾の実態調査に加わっていた京都大学の関係者が、放射線被曝により死亡した。

10.3　〔原子力〕トルーマン大統領、原子力の平和利用を力説　アメリカのハリー・S.トルーマン大統領は、議会教書で、原爆の使用と製造を禁止する国際機関設置の必要性を力説し、原子力の平和利用について言及した。

10.9　〔資源〕石油販売取締規則等を廃止　石油販売取締規則、廃油取締規則、配給統制規則等が廃止された。

10.13　〔資源〕GHQが製油所に関する覚書を公布　連合国軍最高司令官総司令部（GHQ）は製油所に関する覚書（SCAPIN134）を政府に対して公布。国内原油生産と国産原油地帯製油所整備を許可し、国内石油在庫の民需向けを指令する。

10.13　〔資源〕GHQが石油製品に関する覚書を公布　連合国軍最高司令官総司令部（GHQ）は日本の石油製品に関する覚書を公布した。

10.27　〔全般〕財閥解体を決定　連合国軍最高司令官総司令部（GHQ）は、三菱、三井、安田、住友の4大財閥の解体を決定した。

11.1 〔資源〕**GHQが石油顧問団を設置**　連合国軍最高司令官総司令部（GHQ）は、石油顧問団（PAG）を設置した。

11.15 〔原子力〕**米英加、「原子力国際管理」について声明**　アメリカ、イギリス、カナダの3首相は、「原子力国際管理」についての声明を発表した。国際連合のもとで原子力を産業と人道主義的目的に使用することを提案した。

11.24 〔核〕**GHQがサイクロトロンを破壊**　連合国軍最高司令官総司令部（GHQ）は、「日本の原爆開発につながる危険な装置」として、理化学研究所の粒子加速装置サイクロトロンを破壊した。

11.24 〔資源〕**GHQが石油製品等の輸入許可を表明**　連合国軍最高司令官総司令部（GHQ）は、食料、綿花、石油製品、塩の輸入許可を表明した。

12.7 〔資源〕**ポーレー調査団が中間報告**　ポーレー賠償調査団が賠償取り立てに関する中間報告を発表した。

12.9 〔核〕**九大医学部の桝屋冨一が原爆症を指摘**　九州大学医学部の桝屋冨一教授は、回復・復興に向かうように思われた被爆者について「白血病があらたな脅威として取り上げられなくてはならない」と指摘した。広島や長崎では被爆直後には救護所が設置されたが、戦時災害法によって2ヶ月後には閉鎖され、戦後に原爆症で苦しむ被爆者の救済は立ち遅れていた。

12.20 〔資源〕**石油業法、石油専売法などを廃止**　石油業法、人造石油製造事業法、石油専売法、軍需会社法を廃止。同月商工省は石油統制要綱を制定し、施行した。

12.20 〔資源〕**石油精製業連合会を設立**　石油精製業連合会が設立された。

12.27 〔原子力〕**米英ソ、原子力委員会の設置を提唱**　アメリカ、イギリス、ソ連のモスクワ3国外相会議にて、国際連合での原子力委員会の設置に関して合意がなされた。

12月 〔資源〕**石油配給統制要綱制定を施行**　商工省が、石油配給統制要綱を制定施行した。石油配給統制株式会社が暫定的に配給統制を実施する。

1946年
(昭和21年)

1.21 〔資源〕**GHQが原油輸入に関する覚書を公布**　連合国軍最高司令官総司令部（GHQ）が原油輸入に関する覚書（SCAPIN640）を公布。原油の輸入を禁止した。

1.24 〔原子力〕**国連原子力委員会設置を決議**　国際連合第1回総会にて、原子力国際管理を目的とした国際連合原子力委員会の設置が、満場一致で決議された。

1.24 〔核〕**ビキニ環礁を核実験場に選定**　ビキニ環礁がアメリカの核実験場に選定された。

4月 〔全般〕**電気産業労働協議会を設立**　電気産業労働協議会（電産）が設立される。

5.13 〔資源〕**GHQが石油の一元的取扱機関を指定**　連合国軍最高司令官総司令部（GHQ）は、石油配給統制株式会社を輸入・国産石油製品の一元的機関として指定した。

5.21 〔原子力〕**ロスアラモス国立研究所で臨界事故**　アメリカ・ロスアラモス国立研究所で、プルトニウム臨界集合体組み立て中の操作ミスにより臨界事故が発生、8名が被曝し、内1名が死亡した。

資源・エネルギー史事典　　　　　　　　　　　　　　　　　　　　　　1946年（昭和21年）

6.14　〔原子力〕アメリカがバルーク案を提案　アメリカは、国際連合原子力委員会第1回会議に、すべての原子力に係る活動の管理または所有、ライセンスの許可、監督、管理の権限、平和利用の育成義務をゆだねる国際機関の設立を提案する、バルーク・プランを提出した。この構想に、ソ連が強く反発した。

6.19　〔原子力〕ソ連・グロムイコ国連代表、原子力管理案提出　ソ連のアンドレイ・グロムイコ国連代表は、国際連合に原子力管理案を提出した。核兵器の完全禁止、手持ちの核兵器は条約締結後3ヶ月以内に廃棄するというもの。

7.1　〔核〕アメリカ、マーシャル群島ビキニ環礁で核実験　アメリカ政府はマーシャル群島ビキニ環礁で、21kt規模の核実験を行ったと公表した。住民167人は事前に、ロンゲリック環礁エニウエタック島へ強制移住していた。1958年7月までに、同地で水爆3回を含む計23回の核実験が行われた。

8.1　〔原子力〕米国原子力管理法（マクマホン法）成立　アメリカ原子力委員会（AEC）が成立し、原子力管理法（マクマホン法）が成立した。これにより、核開発の権限が軍から民間に移管された。また核拡散防止のため、他国との原子力情報交換を禁止した。

8.11　〔原子力〕ロスアラモスで世界最初の高速中性子炉が臨界　アメリカ・ロスアラモス国立研究所で、世界最初の高速中性子炉クレメンタインが臨界に達した。プルトニウム燃料、25kW。

9.27　〔資源〕GHQが太平洋岸製油所の操業停止を指令　連合国軍最高司令官総司令部（GHQ）はm太平洋岸製油所に関する覚書を公布、11月30日までに操業を停止するよう指令した。

9.30　〔電力〕配電統制令、電力調整令を廃止　日本政府は、国家総動員法に基づいた配電統制令と電力調整令を廃止。11月6日には電気需要調整規則を公布した。

10.25　〔資源〕GHQが石油配給公団設立を指令　連合国軍最高司令官総司令部（GHQ）は、石油製品の配給に関する覚書により、石油配給統制株式会社を解散し、全額政府出資による一元的配給機関として石油配給公団設立を指令した。

11.28　〔資源〕ポーレー賠償調査団が最終報告　ポーレー賠償調査団は賠償問題で最終報告書を発表した。

12.24　〔資源〕鉄鋼・石炭の傾斜生産方式を決定　政府は、鉄鋼、石炭の傾斜生産方式を閣議決定。

12.25　〔原子力〕ソ連、原子炉1号機が初臨界　ソ連第1号原子炉FSR（天然ウラン黒鉛型研究用、5500kW）が臨界に達した。

この年　〔熱〕マクミランとヴェクスラーがシンクロサイクロトロンを発明　アメリカのエドウィン・マティソン・マクミランとソ連のV.ヴェクスラーが、それぞれ独自にシンクロサイクロトロンを発明。

この年　〔電力〕エッカートとモークリーがENIACが完成　アメリカのJ.P.エッカートとJ.W.モークリーが、真空管式デジタル・コンピュータ「ENIAC」を完成させる。世界最初の電子計算機。

この年　〔電力〕ノイマンがプログラム内蔵式コンピュータを考案　ハンガリー出身のアメリカのジョン・フォン・ノイマンが、ノイマン型コンピュータ（プログラム内蔵方式デジタル・コンピュータ）を考案。

この年　〔再生〕GHQが地熱開発を提唱　地熱発電の開発推進者であるGHQ（連合国軍最高司令官総司令部）経済科学技術局ボーリング大佐、有識者、電力関係者が、鳴子町を視察し地

熱開発を提唱。宮城県地熱開発利用協会が発足され、地熱利用技術委員会が設置された。

1947年
(昭和22年)

1月 〔再生〕**地熱開発地域選定の調査開始** 地質調査所が地熱開発地域の選定に関する全国的調査研究を開始した。

3.12 〔資源〕**アラムコに2社が参加** ニュージャージー・スタンダードとソコニー・バキューム社の両社がアラビアン・アメリカン・オイル（アラムコ）へ資本参加。

4.15 〔資源〕**配炭公団法を公布** 4月15日配炭公団法を公布。12月20日臨時石炭鉱業管理法を公布し、1948年4月1日施行。しかし、1949年に9月15日には配炭公団解散令を公布し、石炭価格統制を撤廃。1950年5月2日臨時石炭鉱業管理法を廃止した。

5.31 〔資源〕**石油配給統制株式会社が解散** 前年の連合国軍最高司令官総司令部（GHQ）石油製品の配給に関する覚書により、石油配給統制株式会社が解散した。

5月 〔電力〕**日本電気協会と改称** 大日本電気会、日本電気協会と改称。

6.2 〔資源〕**石油配給公団設立** 前年の連合国軍最高司令官総司令部（GHQ）石油製品の配給に関する覚書により、石油配給公団が設立された。

7.26 〔資源〕**ゼネラル物産設立** 三井物産解体に際し、石油部門が独立してゼネラル物産が設立された。

9月 〔再生〕**地熱開発技術委員会を設置** 商工省（現通商産業省）に地熱開発技術委員会を設置した。

10.15 〔資源〕**日本瓦斯協会設立** 戦時中は統制機関として瓦斯工業会、瓦斯統制会として活動していたが、日本瓦斯協会として新たに創立された。のち1952年6月、日本ガス協会と名称を変更する。

11.14 〔電力〕**電力危機突破対策要綱を閣議決定** 電力危機突破対策要綱を閣議決定し、12月30日公布。

12月 〔電力〕**ショックレーらがトランジスターを発明** アメリカの物理学者ウィリアム・ショックレーらによって、点接触トランジスターが発明される。5週間後の翌年1月、安定してかつ量産性のある接合トランジスターが発明される。さらに1949年4月、サンドイッチ構造のバイポーラトランジスターが発明される。1956年ノーベル物理学賞。

この年 〔再生〕**ユールが系統連系方式風力発電システムを開発** デンマークSEASのヨハネス・ユールがこの年から系統連系方式風力発電機の試験を開始し、1950年ヴェスター・アイアスボアに15kW（直径8m）、1952年ボウワ島に65kW（直径13m）の風力発電機を建設。13mという小さな直径にもかかわらず、旧型の風車の3倍もの発電量を得ることに成功した。

この年 〔再生〕**各地でボーリング開始** 利根ボーリング（現在利根地下技術開発）の創立者塩田岩治が、静岡県賀茂郡城東村湯沢・宮城県玉造郡鳴子町及び中山平地区で数多くのボーリングを開始した。1948年8月には、利根ボーリングが同社の湯之沢試験所で蒸気タービンによる発電に成功した。出力は3kW。

この年	〔資源〕クウェートが独立系業者へ利権供与	クウェート政府、アメリカ・アミノイルに中立地帯の石油利権を供与。独立系業者に対する初の供与。
この年	〔全般〕筑豊、山口地方の鉱害被害は200億円超	政府の調査により、筑豊地方と山口地方をあわせた鉱害被害は、200億円を超えることが判明した。1948年4月には、政府は九州と山口地方における鉱害被害対策を閣議決定した。

1948年
(昭和23年)

2.8	〔資源〕主要石油会社が過度経済力集中企業に指定	持株会社整理委員会は、帝国石油、日本石油、昭和石油、丸善石油、三菱石油、日本鉱業、出光石油の主要石油会社7社に過度経済力集中排除法適用を指定(このうち日本石油は1949年2月18日に適用解除を受ける)。2月22日、日本発送電と9配電に集中控除法を指定。
3.9	〔資源〕ストライク報告書発表	第2次ストライク賠償調査団が報告書を発表した。
3月	〔再生〕大分県で地熱開発調査実施	地質調査所が大分県別府市南立石白竜温泉地区に試験地を定め(1950年に工業技術庁地熱開発別府実験場となる)、孔径75mm深度110mのボーリングを実施した。
4.14	〔原子力〕アメリカ、マーシャル諸島エニウェトク環礁で核実験	アメリカは、マーシャル諸島エニウェトク環礁で核実験を行った。37kt規模。島民137人は事前に強制移住していた。1958年までに水爆3回を含む43回の核実験を行った。
4.22	〔全般〕持株会社整理委に電気事業再編計画案提出	集中控除法を指定された日本発送電と9配電は持株会社整理委員会に、電気事業再編計画案を提出した。また、同月電気事業民主化委員会を設置。
6.19	〔原子力〕ソ連、プルトニウム生産炉運転開始	ソ連は、ウラル山脈のキシュチムで、最初のプルトニウム生産炉の運転を開始した。
6月	〔資源〕ガワール油田発見	サウジアラビアで世界最大のガワール油田が発見された。
8.5	〔資源〕GHQが在日民間人への石油販売を許可	連合国軍最高司令官総司令部(GHQ)は、カルテックス、スタンダード・バキューム、ライジング・サン石油の3社に在日民間連合国人への石油販売を許可した。
8月	〔再生〕温泉法設定	工業技術庁(現工業技術院)が設置され、温泉法が設定された。(従来は都道府県令)。
10.15	〔資源〕シェル石油と改称	ライジング・サン石油がシェル石油と名称を変更した。
11.12	〔資源〕ベネズエラ、所得税法制定	ベネズエラで所得税法を制定。世界で初めて石油利益折半方式を確立した。
12.22	〔原子力〕ソ連、チェリャビンスク40の再処理工場が運転開始	ソ連のチェリャビンスク40の再処理工場が運転を開始した。1949～1952年まで、300万Ciの高レベル放射性廃棄物がテチャ川に放出された。
この年	〔電力〕ウィーナーがサイバネティックスを創始	アメリカのノーバート・ウィー

- 111 -

ナー、通信工学と制御工学を融合させ、人間と機械における制御と通信に関する科学であるサイバネティックスを創始。

この年　〔電力〕シャノンが情報理論を体系化　アメリカのクロード・エルウッド・シャノン、情報理論を体系化し、二進符号の概念を考案。

この年　〔再生〕ニールセンが地熱を暖房に利用　カール・ニールセン、地熱をアメリカの自宅の暖房に利用。

この年　〔資源〕アメリカ、石油純輸入国へ　石油消費が増大したアメリカが、石油純輸入国となった。

1949年
（昭和24年）

2.20　〔資源〕クウェート中立地帯の利権を供与　サウジアラビアが、パシフィック・ウェスタン・オイル（後のゲッティ・オイル）に、アラビアン・アメリカン・オイル（アラムコ）が返還したクウェート中立地帯の利権を供与した。

3.31　〔資源〕三菱、タイドウォーターと提携復活　三菱石油とタイド・ウォーターとの資本提携が復活した。

4.30　〔資源〕揮発油税法公布　従価税率100％の揮発油税法が公布され、翌月施行された。

4月　〔原子力〕原子核研究連絡委員会を設置　日本学術会議に、原子核研究連絡委員会が設置された。委員長は仁科芳雄。

4月　〔再生〕地熱開発技術審議会を設置　工業技術庁内に地熱開発技術審議会が設置された。1951年6月廃止。

5.17　〔資源〕石油資源開発促進審議会設立　商工省が石油資源開発促進審議会（PEAC）を設置した。

5.25　〔全般〕通商産業省が発足　1949年5月24日通商産業省設置法を公布。翌5月25日施行、通商産業省、資源庁を発足した。

6.20　〔資源〕昭和石油とロイヤル・ダッチ・シェル、第1次協定に調印　昭和石油とロイヤル・ダッチ・シェルが、第1次協定となる委託精製、原油・石油製品供給、技術援助提携の契約に調印した。

7.9　〔電力〕GHQが電気事業再編成に関する覚書を提出　連合国軍最高司令官総司令部（GHQ）は、通産大臣に電気事業再編成の覚書を提出した。それに伴い、11月4日電気事業再編成審議会設置を閣議決定。

7.13　〔資源〕GHQが太平洋岸製油所再開を許可　6月22日、日本政府は連合国軍最高司令官総司令部（GHQ）に対し、太平洋岸製油施設12ヵ所の閉鎖解除を申し入れた。GHQは7月13日、太平洋岸製油所の操業および原油輸入に関する覚書（SCAPIN2027）で太平洋岸製油所の修理、復興および原油輸入を許可、11月28日SCAPIN6983-1で1950年末までに順次復旧・操業開始にむけ準備するよう指令した。

7月　〔熱〕世界初の実用旅客機が初飛行　イギリスのデ・ハビランド社製の世界初の実用

ジェット旅客機「DH-コメット」が就航、第二次世界大戦中の航空技術の成果として注目された。

8.1 〔資源〕3社石油元売り業者に追加指定　丸善石油、興亜石油、大協石油の3社が元売り業者の追加指定を受け、業務を開始した。

8.29 〔原子力〕ソ連、セミパラチンスク核実験場で原爆実験　ソ連は、現カザフスタンのセミパラチンスク核実験場で、22ktの原爆実験を行った。同地では、計470回の核実験が行われた。アメリカによる核兵器の独占が崩れた。

8月 〔資源〕丸善、ユニオンと提携　丸善石油がユニオン石油会社と提携契約を締結した。

9.17 〔資源〕富士興産設立　石油会社富士興産が設立された。

11月 〔原子力〕湯川秀樹、ノーベル賞物理学賞を受賞　湯川秀樹は、1934年11月の日本物理学会において、中間子仮説を発表。翌1935年には「素粒子の相互作用について」と題して日本数学物理学会誌に英文で発表し、同年訪日したベックが外国人物理学者として初めて賛意を表明した。1937年アメリカのC.D.アンダーソンの宇宙線の飛跡中の中間子発見により、彼の仮説は一躍学会の注目を引いた。アンダーソンが発見した粒子と、彼が予言した粒子とはいくつかの性質を共有したが、すべてを共有するものではなかった。それに応じて坂田昌一、武谷三男、小川稔らと共同して、中間子の理論を発展させ、湯川理論を提唱した。1942年には坂田、谷川安孝、井上健らの協力を得て、核力中間子と宇宙線中間子を区別する二中間子論が完成された。その後、1947年イギリスのC.F.パウエルが特殊写真によって宇宙線中から発見した飛跡から、湯川理論の予言による中間子が発見された。これらの中間子の存在を予言した功績により、1949年ノーベル物理学賞を受賞。

12月 〔資源〕カタールで商業生産開始　カタールの油田が石油の商業生産を開始した。

12月 〔資源〕ミナス油田の掘削開始　カルテックスが、インドネシアのミナス油田の掘削を開始した。

この年 〔電力〕ウィルクスらがEDSACを製作　イギリスのモーリス・ウィルクスら、世界初の実用的ノイマン型コンピュータであるEDSACを製作。

この年 〔電力〕接合型トランジスターを開発　W.B.ショックレー、接合型トランジスター実現の可能性を理論的に提示。1951年、ショックレー、M.スパークス、G.K.ティール、接合型トランジスターを発明。

この年 〔再生〕九州地方の地熱開発調査開始　九州配電(現九州電力)が大分県の地熱地帯の調査と発電の研究を開始した。1952年には玖珠郡九重町地域(大岳)、1963年には同地域の八丁原で地熱開発調査を開始。

この年 〔再生〕山田風力電設工業所設立　戦前から民間において風車の製造を行っていた山田基博が、山田風力電設工業所を北海道札幌市に設立。本格的に小型風車(山田風車)の製造を開始。

この年 〔資源〕外資との提携進展　日本石油とカルテックスが石油製品委託販売契約を正式締結、興亜石油とカルテックスが原油委託精製に関する正式契約締結する等、外資との提携が相次いだ。

1950年
（昭和25年）

1月 〔資源〕太平洋岸各製油所操業再開　1日、大協石油四日市製油所、27日東亜燃料工業清水製油所、2月3日丸善石油下津製油所がそれぞれ操業を再開した。

2.16 〔資源〕昭和石油川崎製油所で原油流出火災　川崎港に臨む昭和石油川崎製油所から原油が同港内に流出、発火し、近くの艀など船舶23隻が全半焼、沈没した。

3.3 〔資源〕石油精製懇話会発足　石油精製懇話会が発足した。

3.8 〔核〕原子爆弾組立基地爆発　アメリカのニューメキシコ州サンディアにある原子爆弾組立基地で爆発が起こり、14人の死者を出した。基地所属の刑務所で火事が起こり、それが爆発を誘発したものとみられる。

4.1 〔資源〕帝国石油が民間会社へ　帝国石油会社法を廃止する法律が公布され、6月、帝国石油は民間会社として新発足し、8月過度経済力集中排除法の適用を解除された。

4.21 〔資源〕日石・カルテックス委託契約締結　日本石油とカルテックスが原油委託精製契約を締結した。

5.18 〔資源〕アスファルト統制撤廃　アスファルトの統制が撤廃された。

6.24 〔資源〕石炭鉱業合理化3ヶ年計画を策定　産業合理化審議会は、「石炭鉱業合理化3ヶ年計画」を策定した。

7.20 〔資源〕興亜とカルテックスが資本提携　興亜石油とカルテックスが50％の資本提携契約に調印した。

8.1 〔原子力〕アメリカBNLで濃縮ウラン黒鉛減速空冷型研究炉、臨界　アメリカのブルックヘブン国立研究所で濃縮ウラン黒鉛減速空冷型研究炉BGRR（2万kW）が臨界に達した。

10月 〔原子力〕イギリス・ウィンズケールのプルトニウム生産1号機、臨界　イギリス・ウィンズケールのプルトニウム生産1号機（天然ウラン黒鉛減速空冷型）が臨界。1951年6月には2号機が臨界に達し、2基で年に45kgのプルトニウムを生産した。

11.24 〔電力〕電気事業再編成令公布　ポツダム政令による電気事業再編成令および公益事業令が公布され、日本発送電を北海道電力、東北電力、東京電力、中部電力、北陸電力、関西電力、中国電力、四国電力、九州電力の9社に分割民営化することが決定。1951年5月1日、発送配電一貫経営の9社が発足。

11.30 〔核〕朝鮮戦争で原爆使用の可能性　アメリカのトルーマン大統領が、朝鮮戦争で核使用の可能性を示唆した。これに対し、イギリスのアトリー首相は、トルーマンと会談し強い反対を表明。12月5日に北朝鮮の中国軍が平壌を奪回。12月14日、国際連合総会、アジア・アラブ13ヶ国が提出した朝鮮戦争停戦決議案を採択し、停戦3人委員会の設置を決定した。

12.30 〔資源〕サウジアラビアとアラムコが利益折半協定　サウジアラビアが勅令により利益取得率折半方式を導入、アラビアン・アメリカン・オイル（アラムコ）の間に利益折半協定を締結した。

12月	〔資源〕タップライン完成	サウジアラビアの石油パイプライン、タップラインが完成した。
12月	〔全般〕公益事業委員会を設置	総理府、電気事業法を廃止し、電気・ガス事業の行政機関として公益事業委員会を設置。
この年	〔電力〕カストレルが光ポンピング法の発見	フランスの物理学者アルフレッド・カストレルは、光照射によって高いエネルギー状態に電子を励起し、負温度状態といわれる電子分布を実現する光ポンピングの実態を解明した。以後のレーザー開発に大きな貢献を果たした。1966年、ノーベル物理学賞を受賞。
この年	〔核〕被爆者の肺癌死亡率激増	この年から1957年5月にかけて広島県衛生部が実施した、悪性腫瘍による死亡者の統計的調査の結果、広島市の肺癌による死亡率(人口10万人当たりの死亡者数)が1950年1.4、1954年3.3、1955年4.5(全国平均2.9)、1956年7.3(同3.5)と約5.2倍に激増しており、全国平均と比較しても異常な高率であることがわかった(1957年8月8日、公衆衛生院発表)。特に70歳から79歳までの年齢層の死亡率は全国平均の4.6倍で、原爆の放射能および放射性塵埃の影響ではないかと見られる。
この頃	〔再生〕イギリスでも大型風車開発実施	イギリスで大型風車の開発が実施される。ジョン・ブラウン社が1950年にオークニー島で100kW(15m)、エンフィールド社が1951年にセント・アルバンスで100kW(24m)の風力発電機の実証実験を行われたが、いずれも不調に終わった。
この頃	〔再生〕国内で山田風車多数設置	北海道庁などからこの頃から1966年まで支出された補助金を背景に、北海道の開拓地などに山田風車(200Wと300W)が数千台規模で設置された。
この頃	〔資源〕石油が主要エネルギーに	石炭に替わり石油が主要なエネルギー源となる。

1951年
(昭和26年)

1.27	〔原子力〕アメリカ、ネバダ核実験場で核実験	アメリカ・ネバダ核実験場で、最初の核実験が行われた。計124回の大気圏核実験が行われ、放射性降下物を浴びた者は約17万2000人に及んだ。
2.10	〔資源〕日本精蠟設立	連合国軍最高司令官総司令部(GHQ)による在外資産の管理が解かれ、資本金620万円により日本精蠟が再興された。
3.13	〔全般〕ガスの供給規定を認可制に	ガス事業関係公益事業令施行規則を施行し、ガスの供給規定を届出制から認可制に変更。
4.1	〔資源〕GHQが石油行政権を政府に委譲	連合国軍最高司令官総司令部(GHQ)は、外貨と価格をのぞく石油行政権を日本政府に委譲した。
4.26	〔電力〕タウンズ、「メーザー」のアイデアを考案	アメリカのチャールズ・ハード・タウンズは、アンモニアを使ってマイクロ波を増幅する装置「メーザー」を考案。実際に、3年後の1954年にメーザーの開発に成功。メーザーとはMicrowave Amplification by Stimulated Emission of Radiation(電磁波の誘導放射によるマイクロ波増幅)の略。
4.28	〔資源〕イランが石油産業を国有化	イラン議会は石油産業国有化法案を可決、5月1日に施行された。これにより、国営イラン石油会社(NIOC)が設立された。同年、アメリカ政

1951年（昭和26年）

府の指導により、アメリカ系19社がイラン対策としてサウジアラビア・クウェート・イラクで原油増産体制に入った。

5.1 〔電力〕9電力会社設立　電気事業再編成令により、北海道、東北、北陸、東京、中部、関西、中国、四国、九州の9電力会社が設立した。これに伴い、同日、日本発送電および9配電会社が解散した。

5.1 〔原子力〕日本放射性同位元素協会設立　日本放射性同位元素協会（現日本アイソトープ協会）が設立された。

5.1 〔資源〕関税定率法を全面改定　関税定率法が改定実施され、従量税から従価税に変更された。

5.2 〔資源〕イランが英石油会社国有化を命令　イランのモハンマド・モサデク新首相が、アングロ・イラニアン石油の接収開始を命令した。イギリスは共同経営等の条件付きで国有化を承認し、アメリカ特使W.A.ハリマンが調停にあたったが、イラン政府は8月、これを拒絶し、決裂した。

5.4 〔資源〕潤滑油元売り業者制度創設　潤滑油元売り業者制度が創設された。

5月 〔資源〕サファニア油田発見　サウジアラビアの沖合でサファニア海底油田が発見された。当時の海底油田としては世界最大。

6.16 〔電力〕電気料金算定基準を公布・施行　5月1日に日本発送電、9配電会社が解散し、9電力会社が発足したことに伴い、電気料金算定基準が公布・施行された。8月13日9電力会社は、電気供給規定改定を実施、平均30.1％の値上げとなった。

7.3 〔資源〕日本石油精製設立契約　日本石油とカルテックスが、折半出資で日本石油精製設立に関する契約に調印した。7月18日に外資委員会に認可され、10月1日に設立された。

7月 〔再生〕地熱実験場で発電成功　工業技術庁別府実験場で地熱発電が成功、出力30kW。10月には九州電力が地熱発電装置の連続運転を行い、共同研究を開始した。

8月 〔再生〕熊本県・大分県で地熱開発調査　工業技術庁に地熱発電共同研究班を設置し、熊本県企業局と共同で阿蘇郡小国町岳ノ湯、峐ノ湯地域の地熱開発調査を開始した。12月には地熱調査所が大分県玖珠郡野矢地区及び大岳地区で地熱開発調査し、翌1952年2月に試験を行った。

8月 〔資源〕イラクとイラク石油会社が折半協定締結　イラク政府とイラク石油会社（IPC）が利益折半協定を締結した。

9.5 〔電力〕本州全域に電力制限実施を決定　公益事業委員会は、本州全域に電力制限実施を決定した。

9.8 〔火力〕関西電力火力発電所が爆発　兵庫県尼崎市末広町の関西電力火力発電所で蒸気発生管が突然爆発し、付近にいた関係者4名が死亡、6名が重軽傷を負った。

9.8 〔資源〕石油製品配給規則等の一部適用停止　政府は石油製品配給規則等の一部運用停止に関する命令を公布施行した。潤滑油、グリース・パラフィンをのぞく加工石油製品の価格・消費統制が撤廃された。

10.16 〔電力〕電源開発5ヶ年計画を発表　経済安定本部は、電源開発5ヶ年計画を発表した。

11.5 〔原子力〕新軍縮委員会設置　第6回国際連合総会は、軍縮委員会と原子力委員会を統合し、新軍縮委員会を設置した。

11.19 〔原子力〕イギリスで民間初の原子炉の使用開始　イギリスのハーウェルで民間初の原子炉使用が開始された。

11月	〔電力〕電力技術研究所を設立	財団法人電力技術研究所が設立される。後に電力中央研究所と改称。
11月	〔資源〕クウェートとクウェート石油が折半協定締結	クウェートが、クウェート石油(KOC)と利益折半協定を締結した。
12.8	〔原子力〕アメリカ、実験用増殖原子炉完成	アメリカ原子力委員長は、アイダホ州アーコに建設された国立実験用高速増殖炉(EBR-1)の完成を発表した。熱出力は1400kW。
12.29	〔原子力〕アメリカ、世界初の原子力発電成功	アメリカ・アイダホ州アーコに建設された実験用高速増殖炉1号(EBR-1)で、100kWの原子力発電実験に成功した。
この年	〔原子力〕原子核の流体的理論の数学的検討	デンマークの物理学者オーゲ・ニールス・ボーアとアメリカのベン・ロイ・モッテルソンは、レオ・ジェームス・レインウォーターにより提唱された原子核の流体的理論(集団運動モデル)の理論的検討を行い、原子核の形が球形からひずむ可能性を示唆した。これは後の核融合の実現に寄与した。
この年	〔再生〕地熱発電第2期計画	工業技術庁が3000kW発電の第2期計画を作成した。

1952年
(昭和27年)

1.16	〔電力〕公益事業委、電源開発5ヶ年計画を発表	公益事業委員会は、電源開発5ヶ年計画を発表した。
2.26	〔核〕イギリスが核保有公表	イギリスのチャーチル首相は、同国の原爆保有を公表した。10月2日にはモンテベロ島で第一回の核実験が行われた。
4.1	〔資源〕国産原油価格配給統制撤廃	国産原油の価格、割当統制が撤廃された。
4.22	〔原子力〕ネバダでアメリカ最大の核爆発実験	アメリカ最大の核爆発実験が、ネバダ核実験場で実施される。
4.28	〔原子力〕サンフランシスコ講和条約発効	サンフランシスコ講和条約が発効し、日本の原子力研究が解禁された。
4月	〔原子力〕ソ連、濃縮ウラン黒鉛原子炉の運転開始	ソ連で、濃縮ウラン黒鉛原子炉の運転が開始された。
4月	〔資源〕ミナス油田商業生産開始	インドネシアのミナス油田でカルテックスが商業生産を開始した。
5.31	〔資源〕石油および可燃性天然ガス資源開発法公布	石油および可燃性天然ガス資源開発法が公布され、6月27日に施行された。石油資源開発促進審議会(PEAC)は石油および可燃性天然ガス資源開発審議会に改組。
5月	〔再生〕日本初の無人発電所	中国電力は、半屋外式無人発電の森原発電所の運用を開始した。電子管式自動同期装置を設置。
6.14	〔原子力〕ノーチラス号を起工	アメリカ海軍、世界初の原子力潜水艦ノーチラス号(3200t、水中速力20ノット、加圧水型)を起工。1954年1月21日、進水。1954年9月30日、就役。

1952年（昭和27年）　　　　　　　　　　　　　　　　　　　　　資源・エネルギー史事典

7.1　　〔資源〕燃料油の価格・配給統制撤廃　燃料油の価格・配給統制が撤廃された。

7.22　〔資源〕イラン石油国有化問題提訴を却下　イランの石油産業国有化問題に関し、ハーグ国際司法裁判所はイギリスの提訴を却下した。

7.31　〔電力〕電源開発促進法を公布　電源開発促進法が公布される。8月、同法に基づき総理府に電源開発調整審議会を設置。9月、電源開発を設立。

8.1　　〔全般〕通商産業省に公益事業局を設置　サンフランシスコ講和条約発効に伴うポツダム政令失効により、公益事業委員会が廃止され、通商産業省に公益事業局が設置された。

8.22　〔資源〕国際石油カルテル報告書　アメリカ連邦取引委員会が報告書「国際石油カルテル」を公表した。

8月　　〔資源〕米上院、反トラスト法公聴会開催　アメリカ上院の独占小委員会が、国際石油会社の反トラスト法活動に関して公聴会を開いた。

10.3　〔核〕イギリス、最初の原爆実験成功　イギリスはオーストラリア北西岸沖合のモンテベロ諸島で、最初の原爆実験（プルトニウム型、25kt）を行った。1953年にはオーストラリアの砂漠地帯エミュ・フィールドで2回、1956から1957年の間、同砂漠内マラリンガで計7回の核実験を実施した。

10.4　〔資源〕亜細亜石油設立　亜細亜石油が設立された。

10月　〔再生〕蒸気機関車で発電　宮城県鳴子町中山平で、利根ボーリングが仙北鉄道より譲り受けた蒸気機関車を利用した発電に成功した。出力は20～30kW。

10月　〔資源〕イギリス・イラン国交断絶　かねてから懸案となっていたイラン・モサデク政権による石油産業国有化問題を受け、イギリスがイランと国交を断絶した。

11.1　〔核〕アメリカ、水爆実験に成功　アメリカ、世界初の水爆実験であるアイビー作戦をマーシャル諸島・エニウェトク環礁で実施し、水素爆弾（核融合爆弾）「マイク」の爆発に成功。物理学者エドワード・テラーらが開発したもので、出力10.4Mt、TNT（トリニトロトルエン）1000万tに相当する。

11.14　〔再生〕日本初の純揚水発電所が運用開始　東北電力は福島県に天然湖を利用した日本初の揚水発電である沼沢沼発電所を設置し、運用を開始した。出力43.7MW。基礎掘削にシートパイル、取水口工事にニューマチックケーソン工法を採用した。2002年9月12日廃止。

11月　〔電力〕日本電力調査委員会設立　日本電力調査委員会が設立される。

12.12　〔原子力〕カナダ・チョークリバーで燃料棒融解　カナダ・チョークリバー重水減速・軽水冷却型実験炉NRXで、連鎖反応が開始、燃料棒融解破壊が起きた。約1万Ciの放射能を浴びた冷却水約4000tが漏出し、原子炉建屋が汚染された。

12月　〔全般〕電気およびガスに関する臨時措置法を施行　電気およびガスに関する臨時措置法が施行され、公益事業令・電気事業再編成令が一部復活。

この年　〔電力〕ハイブリッド型ステッピングモーターを発明　アメリカのK.M.FeiertagとJ.T.Donahooが、ゼネラル・エレクトリック（GE）でハイブリッド型ステッピングモーターを発明した。

この年　〔原子力〕グレーザー、泡箱を発明　アメリカの物理学者ドナルド・グレーザーは、過熱した液体をイオンのまわりで沸騰させ、液体の中に気体の泡を作ることを考案し、直径10cm足らずの泡箱を製作した。泡箱は高エネルギー物理実験において欠くことのできない検出器となった。1960年、ノーベル物理学賞を受賞。

この年　〔原子力〕電力経済研究所設立　後藤文夫、橋本清之助らによって、財団法人電力経済研究所が設立された。日本で最初の原子力導入研究が行われた。

この年　〔再生〕アルカリ型水素・酸素燃料電池実用化へ　イギリスのフランシス・トーマス・ベーコンが、高圧の水素と酸素を用いるアルカリ型水素・酸素燃料電池が実用化できる特性を示すことを実証し、世界的に開発が始まった。

この年　〔資源〕プロパンガスを家庭用に供給　日本でプロパンガスが家庭用に用いられるようになる。

1953年
(昭和28年)

1月　〔資源〕通商産業省が重油へ転換を奨励　通商産業省は石炭から重油への熱源転換を奨励した。

2.10　〔資源〕イタリア、国営炭化水素公社設立　イタリアが、炭化水素工業法を公布、アジップ (AGIP)、アニッチ (ANIC)、スナム (SNAM) を統合して、国営の炭化水素公社 (ENI) を設立した。

3.17　〔核〕アメリカで原爆実験　アメリカ・ネバダ核実験場で原爆実験が行われる。

4.21　〔原子力〕原子核研究所の設置を決定　日本学術会議第14回総会で、原子核研究所の設置が決定した。

5.7　〔資源〕石油陸揚停止処分が申請される　イギリスのアングロ・イラニアン石油は、出光興産日章丸の石油陸揚停止仮処分を東京地裁に申請。27日、申請却下と判決。

5.9　〔資源〕イラン産揮発油を初輸入　出光興産が、イラン産揮発油をタンカー日章丸で輸入、川崎へ入着した。

8.12　〔核〕ソ連、最初の水爆実験　ソ連が、重水素化リチウムを用いた最初の水爆実験に成功した。400kt規模。

8月　〔原子力〕ゲルマン、ストレンジ粒子を研究　アメリカの物理学者マレー・ゲルマンは、κ中間子とハイペロンが、強い相互作用の理論から予想されるよりもはるかに長い寿命を持つ現象を、ストレンジネスという性質を導入することにより説明できることを示した。

8月　〔再生〕ダムと平行して発電所を設置　東北電力は、片門ダムと平行して設置した片門発電所を設置し運用を開始した。出力57MW。

9.17　〔資源〕石油総合開発5ヶ年計画　石油および可燃性天然ガス資源開発審議会が、開発5ヶ年計画を通商産業省に答申した。

10.3　〔資源〕ブラジルが石油産業国有化　ブラジルが石油産業を国有化し、ブラジル国営石油会社 (ペトロブラス) を設立した。

12.8　〔原子力〕アイゼンハワーが原子力の国際管理を提案　国際連合総会でドワイト・D.アイゼンハワー大統領が原子力の国際管理を提案した。

この年　〔火力〕1缶1機システムを採用　中国電力小野田火力発電所5号機に、1缶1機システムが日本で初めて採用される。1缶1機システムは、これ以後の標準となった。

1954年
（昭和29年）

1.21　〔原子力〕世界初の原子力潜水艦「ノーチラス号」進水　世界初のアメリカ・原子力潜水艦「ノーチラス号」（ウェスチングハウス社のPWR）が、コネチカット州グロトンのエレクトリック・ボート社造船所から進水した。搭載された原子炉は、軽水冷却原子炉で、今日の軽水炉の原型となるものであった。一度潜水すると数ヶ月間は充電の必要がなく潜航できる。建造費は4000千万ドル。

2.5　〔資源〕石油元売懇話会設立　石油元売懇話会が設立され、創立総会を開催した。会長に日本石油社長佐々木弥弥が就任。

3.1　〔核〕ビキニ環礁で水爆実験　アメリカがビキニ環礁で水爆実験「キャッスル作戦」を実施。マーシャル諸島の島民および、第5福竜丸の乗員23名が被曝した。爆発規模はおよそ15Mtで、広範囲に放射性降下物を降らせた。ロンゲラップ住民86人、ウトリック住民157人、米兵28人も被曝。

3.1　〔核〕漁船第5福竜丸被曝　午前4時12分頃、太平洋のマーシャル諸島北端にあるビキニ環礁の東北東約148kmの海上で、静岡県焼津市の中型マグロ漁船第5福竜丸（156t）が、アメリカの水爆実験による放射性物質を含む死の灰を浴び、久保山愛吉無線長（9月23日死亡）ら乗組員23名全員が被曝。帰国後、漁獲物のマグロやサンマなどからも強い放射能が検出され、埋立廃棄処分を受けた。その後も、同海域付近で漁獲した放射能汚染魚の廃棄処分が長期にわたって続いた。

3.3　〔火力〕東京電力鶴見第2火力発電所建設現場ガス爆発　川崎市大川町の東京電力鶴見第2火力発電所建設現場でメタンガスが爆発し、作業員5名が死亡、3名が重軽傷を負った。

3.6　〔核〕奈良県で放射能灰　奈良県吉田郡で50カウント前後の放射性物質を含む黄色がかった灰が降った（4月2日に200ppmの放射能を検出）。

3.13　〔核〕愛知県で放射能灰　愛知県渥美郡の伊良湖岬で、50カウント前後の放射性物質を含む黄色がかった灰が降り、東京大学で分析した結果、核分裂生成物が検出された。

3.18　〔原子力〕原子力研究の三原則採択　原子核特別委員会は、原子力研究の平和・公開・民主の三原則を採択した。23日、日本学術会議の総会で三原則、兵器の研究を行わない基本方針が可決された。

3.29　〔資源〕通商産業省、重油消費を規制　通商産業省は、重油需給調整要綱により重油消費規制措置を決定した。

3.31　〔全般〕ガス事業法を公布　ガス事業法を公布。4月1日施行。

3月　〔再生〕立軸ペルトンを使用の発電所を設置　東京電力、立軸ペルトン（4ノズル）水車を使った白根発電所を設置し、運用を開始した。

4.2　〔核〕北海道で放射能雪　北海道に3.2ℓ当たり52カウントの人工放射能を含む雪が降った。また8日にも札幌市に微弱な放射能を含む降雪があった。ソ連の原水爆実験が原因と見られた。

4.11　〔資源〕イラン・コンソーシアム設立　世界8大石油会社がイラン・コンソーシアム（国際石油財団）を設立した。

− 120 −

4月	〔原子力〕原子力国際管理並びに原子力兵器禁止に関する決議	衆参両院で、「原子力国際管理並びに原子力兵器禁止に関する決議」が可決された。
5.9	〔原子力〕ソ連第1号発電用原子炉AM-1臨界	ソ連の第1号発電用原子炉AM-1(濃縮ウラン黒鉛減速軽水冷却型、核加熱方式、3万kW)が臨界に達した。6月2日から送電開始。
5.11	〔原子力〕原子力利用審議会設置	閣議で、原子力利用審議会の設置が決定された。委員は石川一郎、茅誠司、藤岡由夫ら。のちに、原子力利用準備調査会と改称される。
5.13	〔核〕全国各地で放射能雨	5月13日から8月1日にかけて、全国各地で高数値の放射能を含む雨が降り、5月16日に京都市で8万6760カウント、大阪市で2127カウント、広島市で2357カウント、鹿児島市で1万5000カウント、17日に東京で3万2000カウント、18日に名古屋市で4555カウント、21日に仙台市で1200カウント、金沢市で2100カウント、静岡市で1万9500カウント、6月2日に弘前市で8000カウントを記録。山形や新潟、甲府などの各市でも同様の放射能雨が観測された。
5.15	〔核〕緑茶・野菜類放射能汚染	5月15日に九州で採取した緑茶から10g当たり24カウント、同21日に静岡県で採取した緑茶から10g当たり75カウントという高数値の人工放射能を検出。以後5、6月に採取した煎茶7種類から10カウントないし32カウント、8月末に東京で採取したキュウリの茎葉の風乾物から10g当たり84カウント、ナスの茎葉の風乾物から79カウント、山東菜(白菜の一種)やシソ、ミツバ、唐ぢさなどの葉菜類からも10数カウントから50カウント前後の放射能を検出した。
5.20	〔核〕飲料用天水放射能汚染	伊豆大島で採取した飲料用天水から1ℓ当たり95カウントという高数値の放射能が検出され、厚生省原爆症調査研究協議会の食品衛生部会は人体への悪影響が懸念される、と指摘した。
5月	〔核〕佐多岬燈台で関係者が被曝	5月頃、愛媛県松山市の釣島燈台と鹿児島県佐多町の佐多岬燈台で、関係者に放射能症患者が発生。原因は、これらの燈台で飲料用に使っていた雨水に、ビキニ環礁で行われた水爆実験の放射能が混入したためと見られる。
5月	〔資源〕石油資源炭鉱促進臨時措置法施行	石油資源炭鉱促進臨時措置法が公布施行された。
6.15	〔原子力〕ヨーロッパ原子力協会結成	ヨーロッパ原子力協会(EAES)が結成された。参加国は、イギリス・フランス・イタリア・ベルギー・オランダ・ノルウェー・スウェーデン・スイスの8ヶ国。
6月	〔原子力〕「ヤン=ミルズ理論(非可換ゲージ理論)」の発表	中国出身のアメリカの物理学者楊振寧とアメリカのロバート・ミルズは、ゲージ変換に対して非可換の対称性を有するゲージ場の理論を発表した。これは、素粒子を記述するための多くの理論の原型となった。
6月	〔原子力〕世界初の原子力発電所運転開始	ソ連・モスクワ郊外のオブニンスク原子力発電所、商用原子力発電所として運転を開始。世界初の原子力発電による送電。核燃料は5%の濃縮ウラン、出力5000kW、熱効率17%。
8.19	〔資源〕イラン・コンソーシアム協定調印	イラン政府とイラン・コンソーシアム(国際石油財団)が、旧アングロ・イラニアン石油の利権をコンソーシアムが運営し、利益を50—50配分とする新石油協定(イラン・コンソーシアム協定)に調印した。
8.30	〔原子力〕アメリカが原子力法を改正	アメリカのドワイト・D.アイゼンハワー大統領は、原子力改正法案に署名した。軍事利用と平和利用面での情報交換拡大、同盟国に原子力情報を提供する権限を大統領に与えること、民間産業に原子力発電開発計画への参加を認めることなどが盛り込まれた。
9.18	〔核〕東北地方から日本海沿岸部で放射能雨	9月18日から23日にかけて、東北地方と

1954年（昭和29年）　　　　　　　　　　　　　　　　　　　　　　　　　　　資源・エネルギー史事典

	日本海の沿岸部で高数値の放射性物質を含む雨が降り、20日に新潟市で1840カウント、弘前市で2100カウント、22日に仙台市で3万8300カウント、23日に山形市で11万6000カウントを記録した。原因は、ソ連による北氷洋での原爆実験の影響と見られる。
9月	〔核〕関東地方各地で稲の放射能汚染　放射能被害調査関係科学者の会で、関東地方各地の稲から放射性物質を検出したという報告があった。また、29日にも新潟大学で、早生種の米から放射性物質を検出したという発表が行われた。
10.11	〔原子力〕アメリカ原子力学会設立　アメリカ原子力学会 (ANS) が設立した。
10.15	〔資源〕大協石油四日市製油所爆発　午前11時30分、三重県四日市市大協町の大協石油四日市製油所で第3号原油タンクが爆発。隣接の第1・2・4号タンクに燃え移り、工場など3万9669m²と原油1万6000tを全焼して34時間後に鎮火した。この火事で、関係者24名が負傷。
10月	〔再生〕層雲峡発電所に高圧バタフライバルブ設置　北海道電力は、層雲峡発電所の水車入口弁に高圧バタフライバルブを設置した。
10月	〔核〕日本海側各地で放射能雨　10月末から11月初めにかけて、日本海側の各地で高数値の放射性物質を含む雨が降り、弘前・山形・新潟・金沢などの各市で1万カウントを記録、東京や鹿児島市などの雨からも人工放射能が検出された。
11.11	〔核〕青森県で放射能雪　青森県に降った初雪から3600カウントの人工放射能が検出された。
12.4	〔原子力〕国連総会で原子力平和利用7ヶ国決議案採択　国際連合総会で、原子力平和利用7ヶ国決議案が採択された。国際原子力機関 (IAEA) 設立と、原子力平和利用国際会議の開催に関する議案が、満場一致で採択された。
12.17	〔資源〕ブリティッシュ・ペトロリアムと改称　イギリスのアングロ・イラニアン石油がブリティッシュ・ペトロリアム (BP) と改称した。
この年	〔電力〕メーザーを発明　アメリカの物理学者チャールズ・ハード・タウンズ、メーザーを発明。アンモニア分子の振動を利用したマイクロ波周波数の発信器。
この年	〔火力〕超臨界圧ベンソンボイラーが建設される　アメリカのフィロ発電所6号機に、超臨界圧ベンソンボイラー (125MW) が建設される。商用の超臨界圧発電ユニットは世界初。
この年	〔再生〕アメリカで世界初の実用的シリコン太陽電池を開発　アメリカのベル研究所の科学者ゲラルド・L.ピアソン、ダリル・チャピン、カルビン・フラーが、いままでより性能の良い太陽電池の発明を発表した。単結晶シリコンを材料としていて、エネルギー変換効率は6%。
この年	〔再生〕東北電力が水車モデル試験実施　東北電力が本名発電所で、実落差 (36.1m) 水車モデル試験を実施した。
この年	〔資源〕ガス事業法施行　使用者の利益保護、ガス事業の健全な発達、公害の防止等を目的に、ガス事業法が施行された。
この年	〔資源〕石油資源探鉱促進臨時促進法を公布　石油資源探鉱促進臨時促進法を公布。

1955年
(昭和30年)

1.17　〔原子力〕世界初の原子力潜水艦「ノーチラス号」の試運転成功　アメリカで世界初の原子力潜水艦「ノーチラス号」の試運転が成功した。

1.17　〔全般〕東京でスモッグが頻繁に発生　1月17日朝、東京にスモッグがたちこめる。この頃、頻繁にスモッグが発生した。

1月　〔再生〕北陸電力が高効率運転方式を採用　北陸電力は桑島発電所の運用に際し、フランシス水車で高効率運転方式を採用し開始した。

2.18　〔核〕アメリカ、水爆実験開始　アメリカは、ネバダで水爆実験を開始した。実験は5月15日までに14回を数えた。

3.5　〔核〕東京都に放射能雪　東京都に降った雪を分析した結果、3日後の8日になって強い放射性物質が検出された。

4.11　〔原子力〕通商産業省工業技術院に原子力課発足　通商産業省工業技術院に、原子力課が発足した。

4.28　〔資源〕アメリカの独立系業者がイラン・コンソーシアム参加　アメリカの独立系石油会社がイラン・コンソーシアム（国際石油財団）に資本参加した。資本比率は5％。

4.29　〔資源〕ソコニー・モービル・オイルと改称　ソコニー・バキューム社がソコニー・モービル・オイルと改称した。

5月　〔再生〕日本初のハイアーチダム完成　九州電力は、日本初の100m級大規模アーチ式ダムの上椎葉ダムを完成し、上椎葉発電所の運用を開始した。耳川水系の水力発電所群の中核となる。最大出力約9万kW。高さ110.0m。341m。

6.18　〔原子力〕原子力平和利用調査会が発足　電力経済研究会が、原子力平和利用調査会を設置した。

6.22　〔原子力〕日米原子力双務協定仮調印　日米原子力双務協定の仮調印が行われた。

7.1　〔原子力〕東京大学原子核研究所設立　東京大学原子核研究所が設立した。所長は菊池正士。

7.2　〔原子力〕アメリカが原子炉輸出　スイスにアメリカの輸出原子炉第1号が到着した。

7.9　〔原子力〕ラッセル・アインシュタイン宣言　ラッセル・アインシュタイン宣言、原水爆戦争の危険を各国首相に警告。イギリスの哲学者バートランド・ラッセルとアメリカの物理学者アルベルト・アインシュタインが中心となり、核兵器廃絶・科学技術の平和利用を提唱。

7月　〔再生〕岩手県で地熱調査開始　工業技術院地質調査所が、岩手県岩手郡松尾村松川地域の地熱調査を開始した。1956年11月には、東化工（現日本重化学工業）が、同地域の地熱開発調査を開始。1958年、地質調査所と東化工が共同研究を締結した。

8.8　〔原子力〕第1回ジュネーヴ会議開催　20日まで、第1回原子力平和利用国際会議（ジュネーヴ会議）が国際連合主催で開催された。議長に、インドのバーバー博士が選出された。

1955年（昭和30年）

8.9　〔資源〕石油資源開発設立　石油資源開発株式会社法が公布され、石油資源開発（JAPEX）が設立された。

8.10　〔熱〕石炭鉱業合理化臨時措置法を公布　石炭鉱業合理化臨時措置法を公布。9月1日施行。

8.26　〔資源〕旧軍燃料廠の払下を決定　旧日本軍燃料廠の払い下げを閣議決定した。四日市は昭和石油に、徳山は出光興産、岩国は興亜石油と三井グループにそれぞれ払い下げ。

10.1　〔資源〕重油ボイラー規制法施行　重油ボイラーの設置の制限等に関する臨時措置に関する法律施行令および重油ボイラーの設置者の報告に関する規則が公布された。10月10日施行。1967年廃止。

10.1　〔全般〕東京都に煤煙防止条例が制定される　東京都に戦後日本初の煤煙防止条例が制定される。

10.11　〔原子力〕東京電力、原子力発電委員会設置　東京電力は、原子力発電委員会を設置した。

10.21　〔原子力〕原子力研究開発計画基本方針決定　原子力平和利用準備調査会総合部会は、原子力研究開発基本方針を決定した。第1号炉にウォーターボイラー型、第2号炉にCP-5型原子炉各1基の輸入をすること、関西にスイミングプール型炉の設置、昭和34年度までに国産炉の製造をすること等が盛り込まれた。

11.1　〔原子力〕原子力平和利用博覧会開催　12月12日まで、読売新聞社とアメリカ文化交流局共催の、原子力平和利用博覧会が開かれた。

11.1　〔資源〕石油連盟創立　石油精製懇話会と石油元売懇話会が合同して石油連盟が創立された。初代会長には佐々木弥市が就任。

11.5　〔原子力〕原子力基本法要綱決定　原子力合同委員会は、原子力基本法要綱を決定した。

11.12　〔原子力〕人形峠でウラン鉱床発見　岡山・鳥取県境の人形峠で、ウラン鉱床が発見された。翌年採掘開始。

11.14　〔原子力〕日米原子力研究協定、ワシントンで調印　原子力非軍事利用に関する日米協定がワシントンで調印、実験用原子炉に使用する濃縮ウランを、アメリカが日本政府に貸与することになった。

11.29　〔原子力〕実験用高速増殖炉EBR-1で炉心溶融事故　アメリカ国立原子炉試験場の実験用高速増殖炉EBR-1で、炉心溶融事故が発生した。

11.30　〔原子力〕原子力研究所設立　財団法人原子力研究所が設立。理事長は石川一郎。1956年に、原子力基本法、日本原子力研究所法に基づき、特殊法人日本原子力研究所に改組した。

12.1　〔資源〕石油資源開発設立　石油資源開発（JAPEX）が設立された。

12.13　〔核〕マーシャル群島で放射能汚染　1954年に太平洋で実験された核爆発による放射能が原因で、約64のマーシャル群島住民の90％が一時的な発疹と頭髪脱毛を起こしていたことが、北米放射能線学会第11回年次会議で発表された。

12.19　〔原子力〕原子力関係三法案公布　原子力基本法、原子力委員会設置法、総理府原子力設置法の一部改正が公布された。「民主・自主・公開」の三原則が原子力基本法に成文化された。1956年1月1日施行。1月、総理府に原子力委員会が設置される。

12月　〔原子力〕日米原子力研究協定発効　日米原子力研究協定が発効し、アメリカから濃縮ウランを賃貸した。

資源・エネルギー史事典　　　　　　　　　　　　　　　　　　　　　　　　　1956年（昭和31年）

この年　〔電力〕海野和三郎、「Unnoの式」を導く　東京大学の海野和三郎は、磁場中のゼーマン線の輻射輸達を解く方法について、大気内の磁場分布を求める「Unnoの式」を提唱した。これは1956年日本天文学会（PASJ）から出版され、以降の磁場観測の基本的な理論となった。

この年　〔原子力〕ウラン鉱採掘作業員被曝　9月6日に行われた通商産業省地質調査所の発表によると、福島県内にあるウラン鉱の採掘現場で働いていた作業員が被曝していたことが判明した。

この年　〔原子力〕チェンバレンとセグレが反陽子を発見　アメリカの物理学者オーウェン・チェンバレンとエミリオ・ジノ・セグレは、カリフォルニア大学バークレー校で加速器ベヴァトロンを使った実験を行い、銅原子に高エネルギー陽子を照射し続け反陽子の生成に成功。4万個の粒子の中から60個の反陽子を検出した。1959年、ノーベル物理学賞を受賞。

この年　〔再生〕CdS太陽電池の発明　レオナルドらによって、CdS（硫化カドミウム）太陽電池が発明される。日本でも同年に日本電気が試作品を作った。

この年　〔再生〕「水力発電所の設備規模の決定について」発表　Wing&Griffinが、「水力発電所の設備規模の決定について」を発表した。

この年　〔再生〕変換効率11％の太陽電池完成　アメリカのベル研究所が、変換効率11％のシリコン太陽電池を製作した。

この年　〔核〕アメリカで「大量報復戦略」構想　アメリカのジョン・フォスター・ダレス国務長官が、核戦争時における「大量報復戦略」構想を発表。アメリカ冷戦戦略の基本となった。

この年　〔資源〕リビア石油法制定　リビアが新石油法を制定した。

1956年
（昭和31年）

1.1　〔原子力〕原子力委員会発足　国家行政組織法第8条に基づく審議会として、総理府に原子力委員会が発足した。原子力の研究・開発及び利用に関する国の施策を計画的に遂行し、原子力行政の民主的運営を図るものである。委員長は正力松太郎、常勤委員は石川一郎、藤岡由夫、非常勤委員は湯川秀樹、有澤広巳である。

2.10　〔核〕原水爆実験禁止要望決議　衆参両院にて、原水爆実験禁止要望決議を可決した。

2.24　〔資源〕北日本石油設立　北日本石油が設立された。

3.1　〔原子力〕日本原子力産業会議を設立　電力各社・重電機メーカーら、日本原子力産業会議を設立。

3.27　〔原子力〕原研、ウォーターボイラー型実験原子炉の輸入契約を発表　日本原子力研究所は、NAA社とウォーターボイラー型実験原子炉の正式輸入契約が25万8000ドルで成立したと発表した。

4.1　〔原子力〕フォード財団、原子力平和利用賞設定　アメリカのフォード財団は、原子力平和利用賞を設定した。

4.16　〔核〕全国各地に放射能雨　4月16日から17日にかけて、全国各地に高濃度のストロンチウム90を含む雨が降り、気象庁測候課への報告によれば北海道稚内市で1ℓ当たり毎分3万

1956年(昭和31年)　　　　　　　　　　　　　　　　　　　　　　　資源・エネルギー史事典

6000カウント、東京都で2万5400カウント、新潟市で78万5400カウント、鹿児島市で5万7000カウントを記録したほか、静岡大学化学教室が静岡市で同1万3500カウント、兵庫県衛生研究所が神戸市で7130カウント、島根大学物理学教室が松江市で3万7000カウントの放射能を観測、検出した。原因は同15日以降に実施された核爆発実験とみられる。

4.30　〔原子力〕日本原子力研究所法、核原料物質開発促進臨時措置法、原子燃料公社法成立　日本原子力研究所法、核原料物質開発促進臨時措置法、原子力燃料公社法が成立した。5月4日公布。6月、日本原子力研究所が発足。8月、原子力燃料公社が発足。

5.4　〔原子力〕アメリカで民間の原子力工場が設立　アメリカ原子力委員会(AEC)は、民間の原子力工場設立を許可した。

5.4　〔核〕爆撃機からの水爆投下実験　アメリカがビキニ環礁で、初めて爆撃機からの水爆投下実験を行った。

5.19　〔全般〕科学技術庁が発足　1956年3月31日科学技術庁設置法が成立し、同年5月19日科学技術庁が発足。

5.23　〔原子力〕英国原子力公社・原発運転開始　英国原子力公社(AEA)は、原子力発電炉第1号(コールダーホール型)の運転開始を発表した。

6.1　〔原子力〕国産金属ウラン製造　科研で、国産金属ウラン第1号が製造された。

6.4　〔資源〕日本輸出石油設立　日本輸出石油が設立された。

6.15　〔原子力〕日本原子力研究所発足　茨城県東海村に日本原子力研究所が、特殊法人として発足した。理事長は安川第五郎。

6.21　〔原子力〕ニュートリノ発見　アメリカ原子力委員会(AEC)は、新素粒子ニュートリノの存在を確認した。

6.21　〔核〕東北地方と日本海沿岸で放射能雨　東北地方と日本海沿岸の各地で強い放射能を含む雨が降り、石川県輪島市では1万9000カウントを記録した。

6.28　〔原子力〕民間初の工業用原子炉運転開始　シカゴで、民間初の工業用原子炉の運転が開始した。

6月　〔資源〕クルサニア油田発見　サウジアラビアでクルサニア油田が発見された。

6月　〔資源〕ハシ・メサウド油田発見　アルジェリア石油探査公社が、アルジェリア最大の油田ハシ・メサウド巨大油田を発見した。

7.19　〔原子力〕原子力発電準備室設置を決定　通商産業省は、公益事業局内に、原子力発電準備室設置を決定した。

7.27　〔原子力〕CP-5型研究用原子炉の輸入、国産原子炉制作を決定　原子力委員会は、CP-5型研究用原子炉の輸入および、国産原子炉製作を決定した。

7月　〔原子力〕コールダーホール型原子炉、商業運転開始　イギリスのコールダーホール原子力発電所で、原子力発電炉第1号(コールダーホール型)が商業運転を開始した。

8.4　〔原子力〕アジア初の原子炉運転開始　アジア初の原子炉運転が、ボンベイ近郊で開始された。

8.10　〔原子力〕原子燃料公社発足　原子燃料公社が発足した。核原料物質の探鉱、採鉱および核燃料物質の生産・加工を業務とする。理事長は高橋幸三郎三菱金属鉱業顧問。

9.6　〔原子力〕原子力開発利用長期基本計画内定　原子力委員会は、「原子力開発利用長期

- 126 -

基本計画」を内定した。

9.15　〔原子力〕反中性子発見　アメリカ・カリフォルニア大学の科学者ブルース・コークが、G.R.ランバートソン、W.A.ヴェンツェル、イタリアのO.ピッチオニとともに、中性子に対して反対の磁気能率を持つ反中性子を確認したと発表した。

9.20　〔原子力〕国際原子力機関（IAEA）創立総会　国際原子力機関（IAEA）の創立総会が、ニューヨークで開催された。

10.23　〔原子力〕国連総会IAEA憲章草案を採択　国際連合総会は、IAEA憲章草案を採択し、26日には70ヶ国が署名した。1957年7月29日発効。

10.29　〔資源〕第2次中東戦争が勃発　10月29日にイスラエル軍がエジプトに侵攻、11月1日にエジプトがイギリス・フランスと国交を断絶の上スエズ運河を封鎖し、石油の海上輸送費が高騰した。スエズ運河はその後1957年4月9日に再開した。

10月　〔原子力〕世界初の商用原発が稼働　イギリスのコールダーホール原子力発電所、世界初の商業用原子力発電所として運転開始。天然ウラン・黒鉛減速・ガス冷却型で、出力は9万2000kW。

10月　〔再生〕コンクリ表面遮水壁型ダム完成　発電用コンクリート表面遮水壁型ロックフィルダムの野反ダムが完成、東京電力切明発電所が運用を開始した。高さ44.0m。放流設備にフィックストコーンバルブを設置した。

10月　〔再生〕佐久間ダムが完成　静岡県浜松市と愛知県北設楽郡豊根村にまたがる地域に、電源開発建設の佐久間ダムが完成した。着工は1953年4月。高さ155.5mの重力式コンクリートダムで、主目的は佐久間発電所・新豊根発電所による水力発電。周波数調整器が設置され、東西日本どちらにも送電が可能である。

10月　〔資源〕海南製油所を売却へ　昭和石油が海南製油所を富士興産に売却した。

11.10　〔資源〕北日本石油函館製油所完成　北日本石油の函館製油所が完成した。

11.24　〔原子力〕日米原子力細目協定調印　日米原子力協定の細目協定調印。20%濃縮ウランの貸借を決めたもの。

11月　〔資源〕ハシ・ルメルガス田発見　アルジェリアで巨大ガス田ハシ・ルメルガス田が発見された。

12.15　〔資源〕日本石油精製室蘭製油所完成　日本石油精製の室蘭製油所が完成した。

12.19　〔核〕福岡で放射能を観測　福岡での大気中の放射能観測で、1ℓあたり13万5000カウントという高い数値の放射能が観測された。

この年　〔電力〕ブレームバーゲン、連続可能な固体メーザーを考案　アメリカの物理学者ニコラス・ブルームバーゲンは、マイクロ波領域でのレーザーの仲間であるメーザーについて、連続可能な固体メーザーを製作する理論的基礎を与えた。もともとタウンズによって開発されたメーザーは、はじめ間欠的なものであった。ブレームベルゲンは、2つではなく、3つのエネルギーレベルをもたせることによって、連続可能なメーザーを考案。

この年　〔電力〕拡散接合型トランジスターを開発　アメリカのチャールズ・A.リー、拡散接合型トランジスター（メサ・トランジスター）を開発。

この年　〔火力〕西ドイツで超臨界火力発電所を建設　西ドイツで超臨界火力発電所が建設される。

この年　〔火力〕多奈川発電所、運転開始　関西電力の石炭火力発電所である多奈川発電所が運転開始。再熱サイクルを日本で初めて採用した。プラント効率を上げるために初圧を上昇さ

せつづけた結果、タービン排気の湿り度が大きくなると、タービン効率が悪化し、生まれた水滴はタービンのブレードの浸食原因になるので、ある程度膨張した蒸気をボイラーに再熱する再熱サイクルを採用することで、低圧の再熱蒸気の湿り度を減少させることができる。

この年　〔再生〕ガリウムヒ素太陽電池の発明　ジェニーらが、ガリウムヒ素（GaAs）の太陽電池を製作した。

この年　〔再生〕水力開発規模決定の基準を発表　通商産業省公益事業局が「水力開発規模決定の基準について」発表した。

この年　〔再生〕地熱調査必要なしと結論　電力中央研究所が、フランスのCGG社土木技術部長次席マチエ氏を招聘。地熱調査地域の視察を依頼したが、結果一部を除き調査必要なしとの結論が出た。

この頃　〔再生〕ユールがゲサ風車を設計　デンマークのヨハネス・ユール、ブレードが3枚の主流型風車であるゲサ風車を設計。

1957年
（昭和32年）

1.21　〔核〕核実験登録制の提案　日本は、カナダ・ノルウェー両国と協議の結果、第11回国際連合総会にて「核実験の登録制」の提案を行う。多数の国から支持を受けるも、表決には付されず。

1.30　〔核〕核実験反対を申入れ　政府は、イギリス政府にクリスマス諸島での核実験中止を要請、2月12日イギリス政府が文書で中止要請を拒否する旨を回答。その後、3月19日にソ連に対し核兵器実験の中止を申入れたが、事前警告もないまま4月に実験を行った模様。さらに3月20日にはアメリカ政府に対して原水爆の製造・使用・実験の中止決議を行ったが、アメリカ政府は現段階では核実験を継続する意志を明らかに。

2.1　〔熱〕ロータリー・エンジンを発明　ドイツの発明家フェリクス・ヴァンケル、ロータリー・エンジンを発明し、最初の試作機を作動させる。

2.20　〔原子力〕欧州原子力共同体の設置決定　西欧6ヶ国首脳会談で、欧州原子力共同体（EURATOM）と欧州共同市場（EEC）の設置が決定した。

2月　〔資源〕ハシ・メサウド油田出油成功　アルジェリア石油探査公社らが、ハシ・メサウド油田での出油に成功した。

3.17　〔資源〕出光徳山製油所完成　出光石油の徳山製油所が完成した。

3.25　〔原子力〕欧州原子力共同体設立　ローマ条約により、欧州経済共同体（EEC）とともに、欧州原子力共同体（EURATOM）が設立された。1958年1月1日条約発効。

4.17　〔資源〕サファニア海底油田商業生産開始　アラビアン・アメリカン・オイル（アラムコ）がサファニア海底油田での商業生産を開始した。

4月　〔核〕ゲッチンゲン宣言　西ドイツの物理学者18人により、核兵器の製造・実験への参加を拒否するゲッチンゲン宣言がなされた。

4月　〔核〕各種放射性同位元素検出　4月から9月にかけて、文部省研究班をはじめ、群馬・新

潟・静岡・京都・立教の各大学が、粉乳などの製品や血液、自然界の物質などを観測・分析した結果、数万カウントという高濃度のストロンチウム90やセシウム137、プルトニウム139、トリウム231などの放射性同位元素が検出され、9月18日には群馬大学でセシウム137は精米後も減衰しない、と発表された。

5.15 〔核〕イギリス、クリスマス島で水爆実験　イギリス、最初の水爆実験を、南太平洋のクリスマス島で実施した。5月30日、6月19日、11月8日にも、Mt級の実験を行う。

5.16 〔核〕水爆実験抗議デモ　全学連がイギリス大使館に対し、クリスマス島の水爆実験に抗議するデモを行った。

6.10 〔原子力〕原子炉等規制法を公布　「核原料物質、核燃料物質及び原子炉の規制に関する法律(原子炉等規制法)」が公布された。12月9日施行。

6.16 〔核〕世界平和評議会総会で核実験停止の呼びかけ　世界平和評議会総会がコロンボで開催され、核実験即時無条件停止の呼びかけと軍縮宣言が採択された。

6.21 〔資源〕アラビア油田開発出資　電気事業連合会はアラビア油田開発に10億円の出資を決定。

7.6 〔原子力〕第1回パグウォッシュ会議開催　核兵器に反対する科学者らによる、第1回パグウォッシュ会議が10日まで開催された。米ソ日などの科学者20人が参加した。翌日、核兵器の脅威と、科学者の社会的責任を強調する声明を出した。以降、毎年開催されている。

7.29 〔原子力〕国際原子力機関発足　オーストリア・ウィーンにおいて、国際原子力機関(IAEA)が発足した。理事会構成国は原子力技術が最も進歩した国に限定され、強い権限を持つ。日本は設立当初から加盟し、指定理事国として運営に携わっている。

7月 〔資源〕ENI、イランと利権協定　イタリアの炭化水素公社(ENI)と国営イラン石油会社(NIOC)が利権協定を締結した。

8.27 〔原子力〕日本初の原子炉JRR-1が臨界　日本原子力研究所東海研究所で、沸騰水型原子炉JRR-1(アメリカのノース・アメリカン・エイビエイション社製、ウォーターボイラー型、50kW)が臨界に達した。11月に全出力運転に成功した。

9.23 〔核〕国連に核実験停止決議案提出　日本が、国際連合に核実験停止決議案を提出する。管理・査察に関する原則的合意から次期国際連合総会までの暫定的停止案で、11月6日政治委員会で否決された。

9.27 〔資源〕灯油・軽油等輸入事前割当制に移行　灯油、軽油、A・B重油の輸入が自動承認制から外貨割当制に移行した。

9.29 〔原子力〕ソ連の再処理施設で、高レベル放射性廃棄物爆発事故　ソ連、チェリャビンスク40の再処理施設で、高レベル放射能廃棄物タンクが爆発し、200万Ciが広範囲の汚染を起こした。INESレベル6。

9月 〔再生〕日本初の中空重力ダム完成　日本初の中空重力ダムの井川ダムが完成し、中部電力井川発電所が運用を開始した。高さ103.6m。またスウェーデンから輸入の電気式調速機を設置した。

10.4 〔熱〕ソ連、スプートニク1号を打ち上げ　ソ連、世界初の人工衛星スプートニク1号の打ち上げに成功。スプートニク・ショックを引き起こし、米ソ間で宇宙開発競争が勃発。

10.10 〔原子力〕ウィンズケール原子炉火災事故　イギリス・ウィンズケールの軍用プルトニウム生産炉で火災事故が発生した。ウラン燃料と黒鉛が燃焼し、燃料棒が融けて放射性物質2万Ciが飛散した。施設周辺での牛乳の出荷停止、第2号炉の永久閉鎖などの措置が取られた。INESレベル5。

11.1	〔原子力〕日本原子力発電株式会社発足	電源開発と民間の共同出資で、日本原子力発電株式会社(原電)が発足した。資本金40億円、電源開発20%、民間80%出資。社長は安川第五郎。
11.1	〔資源〕昭和四日市石油設立	昭和四日市石油が設立された。
11.6	〔核〕核実験停止決議案否決	日本の提出した核実験停止決議案が、国際連合政治委員会で否決された。
11月	〔火力〕豊富発電所が完成	日本初の天然ガス発電所である北海道電力豊富発電所(2000kW)が完成。
12.7	〔資源〕日本アスファルト協会設立	日本アスファルト協会が設立された。
12.10	〔資源〕日本とサウジアラビア石油利権協定に調印	日本輸出石油がサウジアラビアと石油利権協定に調印した。1958年1月18日に発効した。
12.18	〔原子力〕シッピングポート原子力発電所、運転開始	アメリカ・シッピングポート原子力発電所(PWR、10万kW)が運転を開始した。
12.29	〔原子力〕アメリカ、沸騰水型実験炉発電開始	アメリカ原子力委員会(AEC)は、沸騰水型実験炉の発電開始を発表した。
この年	〔電力〕GE、サイリスタを発明	アメリカ・ゼネラル・エレクトリック(GE)は、サイリスタ(シリコン制御整流器、SCR)を開発。1958年、商業生産を開始。半導体を用いたモーターの駆動および制御が飛躍的に発展する契機となる。
この年	〔電力〕VR型ステッピングモーターが実用化	アメリカでVR型ステッピングモーターが数値制御に使用される。
この年	〔電力〕エサキダイオードを発明	江崎玲於奈、pn接合ダイオードの研究中に負性抵抗(電圧が増加しても電流が減少する現象)、および負性抵抗の原因がトンネル効果であることを発見。量子トンネル効果を利用した半導体によるダイオードであるエサキダイオード(トンネルダイオード)を発明。
この年	〔電力〕バーディーンら、超伝導理論を提唱	アメリカのジョン・バーディーン、レオン・クーパー、ジョン・ロバート・シュリーファーが、超伝導現象を解明する標準理論を発表した。名前の頭文字Bardeen、Cooper、SchriefferをとってBCS理論と呼ばれる。
この年	〔原子力〕核融合反応制御の成果を発表	アメリカとイギリス、核融合反応制御の成果を共同発表。
この年	〔原子力〕原子力砕氷艦レーニン号が進水	ソ連(現ロシア)で世界初の原子力船である原子力砕氷艦レーニン号が進水。出力90MWのOK-150原子炉を3基搭載。全長134m、排水量1万6000t、速度18ノット。
この年	〔再生〕3枚ブレード非同期発電機設置	デンマークのゲサーに、ユールによる3枚ブレード翼端ブレーキ方式200kW(直径24m)非同期発電機を用いた風力発電機が設置された。ユール設計の風力発電機としては最大・最後のもので、1967年まで10年に渡って稼働を続けた。
この年	〔核〕自衛隊員に放射線障害	北海道旭川市の陸上自衛隊で、通信隊員14名に放射能の影響とみられる白血球の減少症状が発生、同第二管区総監部衛生課で調べたところ、同隊の飲料用の雨水貯蔵タンク内の沈澱物からストロンチウム90が検出された(1958年3月8日・保健衛生学会北部分会で発表)。
この年	〔資源〕イランで石油法が成立	イラン、包括的採掘権の廃止、資源保存などを内容とす

る石油法を制定。同年、国営イラン石油会社（NIOC）とイタリア・アジップ（AGIP）が合弁企業SIRIPを設立。利益配分は折半原則を破り75—25となる。また、初めて請負方式を採用。

1958年
（昭和33年）

1.1 〔原子力〕欧州原子力共同体設立　前年3月25日に締結されたローマ条約（欧州原子力共同体設立条約および欧州原子力共同体設立条約）が発効し、フランスなど6ヶ国により、欧州原子力共同体（EAECまたはEuratom）が設立。原子力産業の発展に必要な環境を整備する。

1.13 〔核〕核実験停止嘆願書を国連に提出　世界の著名科学者44ヶ国9236人が署名し、核実験停止嘆願書を国際連合に提出した。

1.22 〔核〕日本海側に放射能雪　日本海側に放射能を含む雪が降り、秋田市で1ℓにつき毎分3120（秋田気象台調べ）、新潟市で8713（新潟大学調べ）、鳥取県米子市で3万1900カウント（米子測候所調べ）の放射能を検出した。

1月 〔核〕放射能雨からウラン238を検出　1月から2月にかけて、東京都に放射能を含む雨が降り、東京大学放射化学研究室の分析で、この雨からウラン238が検出された。日本では同物質が雨水から検出されたのは初めて。ソ連による水爆実験の影響と見られる（4月3日・日本化学会で発表）。

2.1 〔原子力〕経済協力開発機構の欧州原子力機関発足　経済協力開発機構（OECD）の欧州原子力機関（ENEA）が、原子力安全分野の国際協力を目的に設立された。1972年の日本加盟により、原子力機関（NEA）と改称される。

2.10 〔資源〕アラビア石油設立　アラビア石油が設立された。日本輸出石油のサウジアラビアにおける石油利権を継承する。

2月 〔資源〕インドネシア、プルミナを国有化　インドネシアがプルミナを国有化し、P.N.プルミナを設立した。

2月 〔資源〕ナイジェリア産原油輸出開始　ナイジェリアがイギリス向けの原油輸出を開始した。

3.3 〔核〕島根県に放射能雨　3月3日から10日にかけて、松江市付近に放射能を含む雨が降り、島根大学放射能研究室の分析では1ℓ当たり4万672カウントの放射能が検出された。

3.6 〔核〕中国の第1号原子炉完成　ソ連の援助を受け、中国・北京原子能研究院に第1号原子炉（重水型研究炉・7000kW）が完成した。6月13日に運転開始。

3.7 〔核〕新潟県に放射能雪　新潟県長岡市付近に放射能を含む雪が降り、新潟大学工学部の分析では1ℓ当たり毎分2万892カウントの放射能が検出された。

3.10 〔核〕立教大学理学部が放射能塵を分析　立教大学理学部が電気集塵機と濾紙を使って別々に落下塵を集め分析したところによると、東京都付近では前者の方法で空気3500m³につき1000カウント、後者の方法で同500m³につき500カウントの放射能が検出された。

3.14 〔原子力〕インド原子力委員会設置　インド政府が原子力委員会の設置を発表した。

3.18 〔核〕全国各地に放射能雨　全国各地で放射能雨が降り、気象庁測候課の測定では東京都

1958年（昭和33年）

で1万4900カウント、大阪府で2万4000カウントをそれぞれ記録した。

3.25 〔核〕**大阪府に放射能雨** 3月25日から26日にかけて、大阪府に放射能を含む雨が降り、大阪市立大学医学部生物物理学教室の分析で、1ℓ当たり4万6000カウントの放射能が測定された。

3.31 〔核〕**ソ連が一方的核実験中止宣言** 核実験の一方的中止をソ連が発表した。

3月 〔資源〕**サハラ石油輸出開始** サハラ石油が積み出しを開始し、3月に初めてフランスに到着した。

4.4 〔核〕**イギリスで核武装反対運動の大行進** イギリスで、核武装反対運動の大行進（オルダーマストンからロンドンまで）が始まった。この大行進は1963年まで毎年行われた。

4.7 〔核〕**インド放射能汚染** インドの放射能による大気汚染が最大限まで増大していることが、インド政府原子力委員会の報告で明らかにされた。バンガロール、ボンベイ、ニューデリー、カルカッタなど7か所の観測所で、ストロンチウム90、セシウム137、ヨウ素131などが一部食物中にも含まれていることが発見された。相次ぐ原水爆実験によるものとみられる。

4.28 〔原子力〕**日米原子力協定調印** 日米原子力協定の調印が行われた。

5.23 〔資源〕**石油学会創立** 石油学会が創立された。

5.24 〔原子力〕**カナダ・チョークリバーで火災事故** カナダ・チョークリバー重水減速・軽水冷却型研究炉NRUで、破損した燃料棒が貯蔵プールに落下したことで発火し、建屋内が汚染され、一部外部へも流出するという事故が発生した。

5.26 〔原子力〕**アメリカで世界初の商用原子炉が操業開始** アメリカ・ペンシルベニア州シッピングポートに建設された、世界初の本格的な商用原子炉・シッピングポート原子力発電所が操業を開始した。

5.26 〔資源〕**四日市製油所完成** 昭和四日市石油の四日市製油所が完成した。

6.6 〔原子力〕**原子力産業育成方針策定** 通商産業省は原子力産業育成方針を打ち出した。産業合理化審議会に原子力産業部会を設置すること、原子力技術導入方針の確立などを決めた。

6.16 〔原子力〕**日米、日英原子力協定調印** 日米、日英原子力協定（動力協定）調印。12月5日発効。

6月 〔再生〕**初の50・60Hz両用機採用** 電源開発が、カプラン水車として初の50・60kHz両用機を採用した秋葉第二発電所の運用を開始した。出力34.9MW。

7.5 〔資源〕**アラビア石油、クウェートと協定締結** アラビア石油がクウェートと中立地帯沖合油田開発協定に調印し、ペルシア湾海底油田の開発体制が完了した。

7.9 〔核〕**全国各地に放射能雨** 9日から10日にかけて全国各地で、核実験の影響によると見られる放射能雨が降り、鳥取県米子市で4万カウント、高知市で7万カウント、福岡市で6万7000カウントをそれぞれ記録した。

7.21 〔核〕**観測測量船拓洋・さつまで被曝** 海上保安庁の観測測量船拓洋から、被曝により乗組員の白血球数が減少したとの報告が届いたため翌日、同庁は拓洋と僚船さつまとに帰国を指示、両船は8月7日、東京に帰港した（拓洋の乗組員のうち首席機関士が翌年8月3日、急性骨髄性白血病で死亡）。

8.4 〔原子力〕**米英原子力協定発効** 米英原子力協定が発効した。

8.10 〔核〕**国連が核実験の影響を発表** 核実験の悪影響を示す報告書を国際連合が発表した。

- 132 -

| 8.14 | 〔核〕日本学術会議が米核実験に抗議　日本学術会議が、アメリカが核実験を続けた場合、国際地球観測年（IGY）の赤道海流調査に協力しないことを決定し、アメリカに抗議した。
| 8.22 | 〔核〕アメリカ、1年間の核実験停止を発表　アメリカは、10月以後1年の間核実験を停止すると発表した。
| 8.25 | 〔原子力〕日本原子力事業株式会社創立　日本原子力事業株式会社が創立した。資本金5億円、授権資本20億円。
| 9.30 | 〔核〕ソ連、核実験を再開　ソ連が核実験を再開した。
| 10.10 | 〔原子力〕日本原子力学会創立決定　日本学術会議は、日本原子力学会創立を決定した。
| 10.13 | 〔核〕北海道で、放射能雨　北海道稚内市付近に降った雨から、1ℓにつき毎分4万9000カウントの放射能が検出された。
| 10.15 | 〔原子力〕ユーゴスラビア重水減速炉で即発臨界事故　ユーゴスラビアのボリス・キドリッチ核化学研究所の重水減速炉で、即発臨界事故が発生した。被曝者8名のうち、6名重傷、うち1名が死亡した。
| 10.24 | 〔核〕東京で、放射能雨　東京地方に降った雨から、気象庁の分析で1ℓにつき毎分4万6960カウントの放射能が検出された。原因は、北極圏で行ったソ連の核実験と見られる。
| 10.29 | 〔原子力〕天然ウラン精鉱輸入契約締結　三菱商事が、南アフリカ連邦から天然ウラン精鉱輸入契約を締結と発表。
| 10.31 | 〔核〕核実験停止3国会議開催　核実験停止に関する米英ソ3国会議がジュネーヴで開催された。
| 11.4 | 〔資源〕ゼネラル石油設立　東亜燃料工業とゼネラル物産の折半出資によりゼネラル石油が設立された。
| 11.8 | 〔原子力〕アメリカ・ユーラトム協力協定調印　原子力発電所建設開発に関する、アメリカ・ユーラトム協力協定が締結された。技術開発の分担、アメリカからの濃縮ウラン供給の取り決めなど。1959年2月18日発効。
| 11.25 | 〔資源〕日網石油精製設立　東亜燃料工業、日本漁網船具、日本水産の共同出資により日網石油精製が設立された。
| 11月 | 〔再生〕日本初の太陽光発電　東北電力信夫山無線中継所（VHF無線中継局）に日本初の太陽電池（70W）が設置され、太陽光発電が始まる。
| 12.5 | 〔原子力〕日米、日英原子力協定発効　日米、日英原子力協定が発効となった。
| 12.30 | 〔原子力〕ロスアラモス国立研究所で即発臨界事故　アメリカのロスアラモス国立研究所プルトニウム回収プラントで、即発臨界事故が発生した。3名被曝、うち1名死亡。
| 12月 | 〔再生〕立軸4ノズルペルトン水車の新太田切発電所、運用開始　中部電力は、立軸4ノズルペルトン水車を設置した新太田切発電所の運用を開始した。出力14MW。
| この年 | 〔電力〕第2世代コンピュータを発表　IBM社、全トランジスター方式を採用したコンピュータである7000シリーズを発表。第2世代コンピュータへの移行が始まる。
| この年 | 〔原子力〕メスバウアー効果の実験成功　ドイツの物理学者ルドルフ・メスバウアーは、すでに「イリジウム191におけるγ線の核共鳴蛍光」を発表していた。原子核によるX線の共鳴吸収現象（メスバウアー効果）を直接示す実験結果を得た。
| この年 | 〔原子力〕第2回原子力平和利用国際会議を開催　第2回原子力平和利用国際会議が開

催され、制御核融合に関する多数の研究発表が行われる。

この年　〔再生〕人工衛星に太陽電池を使用　アメリカ海軍が実用的な太陽電池を人工衛星バンガード1号の電源として搭載した。この電池は6年以上も作動した。

この年　〔再生〕世界初の熱水分離型地熱発電所　ニュージーランドのワイラケイで、世界初の熱水分離型地熱発電所が運転を開始した。出力は、6500kW。

この年　〔資源〕アメリカ、原油輸入割当制を実施　アメリカ、原油輸入割当制を実施。

この頃　〔再生〕フランスで大型風車開発実施　1958年から1964年にかけて、フランス電力庁を中心する大型風力発電装置の開発が実施される。Typeベスト－ロマニ、Typeネイルビック計3機が設置され、それぞれの発電容量は800kW（30m）、132kW（21m）1085kW（35m）に達する。

1959年
（昭和34年）

1.14　〔原子力〕国産一号原子炉JRR-3着工　原子力研究所は、国産一号原子炉JRR-3を起工した。炉本体は日立製作所、水ガス系が三菱重工業、計測制御が東芝、アイソトープ製造設備が石川島播磨重工業がそれぞれ行い、合わせて23億円の規模。

2.4　〔原子力〕イギリス・ユーラトム原子力協定調印　イギリス・ユーラトム原子力協定が調印された。原子炉に関する相互援助、燃料製造処理施設の設計・運営、燃料の供給・再処理の協力を商業ベースで行うというもの。

2.5　〔資源〕全漁連の重油輸入を許可　通商産業省は全国漁業協同組合連合会によるソ連A重油の輸入を認可した。

2.13　〔資源〕中東原油公示価格を一斉値下げ　国際石油会社が、中東産原油公示価格のアラビアンライト2.08ドルから1.90ドルへの一斉値下げを発表した。

2.14　〔原子力〕日本原子力学会創立総会　日本原子力学会創立総会が行われた。会長に茅誠司が選出された。

2月　〔資源〕石油公示価格を引き下げ　石油メジャー、アラビアン・ライトが2.08ドルから1.90ドルなど、石油公示価格の引き下げを実施。

3.10　〔資源〕アメリカ、石油輸入割当制へ　アメリカが石油輸入管理局規制を制定し、石油の輸入割当制を実施した。

3月　〔原子力〕日本初の金属ウラン製造　原子力燃料公社精錬所、日本で初めて金属ウランを製造。

3月　〔資源〕出光、ソ連石油公団と輸入契約　出光興産がソ連石油公団と原油輸入契約を締結した。

4.22　〔資源〕テキサコ・インコーポレーテッドと改称　テキサス会社が5月よりテキサコ・インコーポレーテッドと改称することを決定した。

4月　〔再生〕日本初の典型的薄肉ドーム型アーチダム完成　日本初の典型的薄肉ドーム型アーチダムの佐々並川ダムが完成し、中国電力佐々並川発電所が運用を開始した。高さ67.

40m。

4月	〔資源〕第1回アラブ石油会議を開催	第1回アラブ石油会議がカイロで開催され、石油メジャー、イラン、ベネズエラも参加。5月、石油輸出国機構（OPEC）の設立を提唱。
5.22	〔原子力〕米加原子力協定調印	アメリカとカナダが原子力協定に調印した。
5.27	〔原子力〕可搬型ベータトロン完成	東芝マツダ研は、可搬型ベータトロン（15MeV）を完成させた。
5月	〔再生〕日本最大のコンクリ重力ダム完成	日本最大のコンクリート重力ダムの田子倉ダムが完成（高さ145.0m、堤体積195万m3）し、日本最大のダム式田子倉発電所が運用を開始した。出力380MW。
6.13	〔資源〕リビア、大油田発見	リビアのエッソ利権区域で、日産1万7500バレルの大噴油。
7.1	〔核〕琉球立法院で原水爆基地化反対決議	琉球立法院で、祖国復帰、原水爆基地化反対、主席公選が決議された。
7.2	〔原子力〕日加原子力協定調印	日加原子力協定が調印された。1960年7月27日発効。
7.21	〔原子力〕アメリカで初の原子力商船進水	アメリカで初の原子力船「サバンナ号」が進水した。
8月	〔再生〕大森川水力発電所が完成	日本初の可逆ポンプ式水車による揚水式発電所である四国電力大森川水力発電所が完成。
9.26	〔資源〕大慶油田発見	中国で大慶油田が発見された。1960年6月に生産を開始した。
10.16	〔原子力〕アルコ燃料化学処理工場で、高濃縮ウラン臨界超過事故	アメリカ・アイダホ州のアルコ燃料化学処理工場で、高濃縮ウラン臨界超過事故が発生した。11名被曝。
11.8	〔原子力〕日本原子力研究所で放射物質汚染発生	茨城県東海村にある日本原子力研究所の1号炉で、放射性物質による汚染が発生した。
11.8	〔資源〕アメリカで油送船が火災	午前0時半ごろ、アメリカのヒューストン港に停泊中の油送船アモコ・バージニア号（1万2000t）の積荷のガソリンに火がつき、午前7時45分までの間に4回にわたり大爆発を起こした。乗組員42人のうち22人が死亡したとみられている。
11.20	〔原子力〕オークリッジ国立研究所再処理施設で爆発事故	アメリカ・オークリッジ国立研究所再処理施設で、除染材と硝酸の反応による爆発事故が発生した。プルトニウム600mgが外部へ漏えいした。
12.1	〔核〕南極条約を採択	南極地域における軍事基地、防衛施設の設置、軍事演習の実施、あらゆる兵器の実験、核爆発、放射性廃棄物の処分を禁止する南極条約が、日本、アメリカ、イギリス、フランス、ソ連など12ヶ国により採択される。1961年6月23日発効、同日日本締約。
12.2	〔再生〕フランスで、大雨のためダムが決壊	大雨のため満水となったフランスのマルパッセ・ダムが突如決壊し、南仏フランスのフレジェスの町の大部分が押し流された。前日の大雨でダムの水量が急に増加、突如大音響とともに高さ100mのダムがくずれ、わずか15分の間に海岸の町フレジェスのおよそ500人の人が泥に埋まり、または海に流されたものとみられる。このダムは水量に対してセメントの使用率が少なく、"経済ダム"といわれていた。1000km3の水量に対しセメント1km3という比率に無理があったともみられる。近年のフランス最大の災害となった。
この年	〔電力〕イーリヒが燃料電池トラクターを製作	ハリー・カール・イーリヒ、燃料電池でトラクターを稼働させることに成功。

この年	〔電力〕ベーコンが燃料電池をデモンストレーション　フランシス・トーマス・ベーコン、燃料電池のデモンストレーションを行う。
この年	〔再生〕シャープ、太陽電池の研究を開始　シャープが太陽電池の研究を始め、1961年、太陽電池付きトランジスタラジオを発売した。1963年に単結晶シリコン太陽電池の量産に入った。1976年には世界初の単結晶シリコン太陽電池付き電卓を発売した。
この年	〔再生〕ヒュッターが高性能風力タービンを開発　ドイツのウルリッヒ・ヒュッターによる高性能100kW（24m）風力タービンが開発された。
この年	〔再生〕ミャンマーに日本の水力技術　日本の水力技術が海外で初めて活かされたミャンマーのバルーチャン第二発電所が運転を開始した。
この年	〔再生〕日本電気、太陽電池を設置　日本電気が、山口県上関町沖合にある海上保安庁の周防灘瀬灯標に太陽電池（13.5W）を設置、太陽光発電が始まる。
この年	〔資源〕フローニンゲンガス田発見　オランダでフローニンゲンガス田が発見された。
この年	〔資源〕石油プラントをコンピュータ管理　テキサコ、石油プラントのコンピュータ管理を開始した。
この頃	〔電力〕キルビーとノイスが集積回路を製作　アメリカのジャック・セイント・クレール・キルビーとロバート・ノートン・ノイス、それぞれ独自に集積回路（IC）を製作。

1960年
（昭和35年）

1.3	〔原子力〕アメリカ国立原子炉試験場で臨界事故　アメリカの国立原子炉試験場で、沸騰水型実験用発電炉（BWR：3000kW）の補修作業中に、即発臨界事故が発生し、3名が死亡した。
1月	〔熱〕ソ連でスーパーロケット打ち上げ実験　ソ連がスーパーロケットの打ち上げ実験を行った。衛星船を打ち上げた多段式ロケットの最終段だけを、同形同重量で燃料なしの模型に変更したもので、中部太平洋に打ち込まれ、いずれも回収された。アメリカを攻撃するには遠すぎる遠距離まで到達させるなど兵器としての実験を超えていたため、衛星船回収の予備実験と推測された。
2.1	〔資源〕新亜細亜石油設立　亜細亜石油と北日本石油が合併し、新亜細亜石油が設立された。
2.13	〔核〕フランス、サハラで初の核実験　フランスが、アルジェリア中部のサハラ砂漠、レガンヌで初の核実験に成功した。プルトニウム型、79kt。以降、サハラ砂漠とフランス領ポリネシアで米ソに次ぐ200回を超える核実験を繰り返すことになる。なお、当時フランスは地下核実験の技術は持っていなかった。
3.7	〔原子力〕原電、英国原子力公社との核燃料協定に調印　日本原子力発電は、英国原子力公社（AEA）との、核燃料協定に調印した。燃料引渡し開始は、1963年である。
3.27	〔核〕アイゼンハワーとマクミランが核実験停止の共同声明を発表　アメリカのドワイト・D.アイゼンハワー大統領とイギリスのハロルド・マクミラン首相が、ワシントンで核実験の停止についての共同声明を発表した。

4.7	〔資源〕北スマトラ油田開発協定締結	日本・石油資源開発が、インドネシア国営石油会社と北スマトラ油田開発協定に調印した。発効は6月1日。5月26日北スマトラ石油開発協力を設立（油田復旧開発の日本側協力機関）。
5.6	〔原子力〕東海製錬所が金属ウラン4.2t生産	日本原燃東海製錬所は、国産第一号原子炉JRR-3用の金属ウラン4.2tを生産し、5月10日に日本原子力研究所に引き渡した。
5.26	〔資源〕北スマトラ石油開発協力設立	インドネシア国営石油会社と結んだ協定に従い、油田復旧開発の日本側協力機関として、北スマトラ石油開発協力が設立された。
6月	〔再生〕日本地熱調査会設立	内閣総理大臣、通商産業大臣、厚生大臣連名の三省（現科学技術庁、通商産業省、環境庁）共管の、日本地熱調査会が設立された。1961年9月9日社団法人認可。
7.4	〔原子力〕ドレスデン原子力発電所1号機が営業運転開始	アメリカ・ドレスデン原子力発電所1号機（BWR、18万kW）が営業運転を開始した。ゼネラル・エレクトリック（GE）が初めてターンキー方式で完成させたものである。
7.29	〔原子力〕パリ条約採択	欧州原子力機関（ENEA）で、「原子力の分野における第三者に対する責任に関する条約（パリ条約）」が採択された。1968年に発効。
8.9	〔資源〕中東原油価格引き下げ	国際石油会社各社が中東産原油の公示価格をアラビアンライト1.90ドルから1.80ドルへ相次いで引き下げた（～9月10日）。
9.14	〔資源〕石油輸出国機構（OPEC）を設立	原油価格の引き下げを受け、イラン、イラク、クウェート、サウジアラビア、ベネズエラの5ヶ国がバグダード会議を開催し、石油輸出国機構（OPEC）を設立。国際石油資本（メジャー）との価格安定交渉など6項目を決議。
9.24	〔原子力〕世界初の原子力空母エンタープライズ号が進水	世界初となるアメリカの原子力空母「エンタープライズ号」が進水した。WH製A2W炉8基搭載。
10.1	〔原子力〕原研JRR-2臨界	日本原子力研究所の研究炉JRR-2（CP-5型）が臨界に達した。燃料棒8本の予定が、15本での臨界となった。
10.3	〔資源〕クウェート国営石油会社設立	クウェート国内での精製・販売業務を目的にクウェート国営石油会社（KNPC）が設立された。政府が60％出資する。
10.12	〔資源〕日網石油川崎製油所完成	日網石油精製の川崎製油所が完成した。
10月	〔再生〕箱根の旅館が自家発電開始	藤田観光箱根小涌園が、地熱自家用発電の運転を開始した。出力は30kW。1965年廃止。
11.15	〔資源〕スタンダード・バキューム解散へ	ニュージャージー・スタンダードが米国独占禁止法違反訴訟での同意判決に従い、スタンダード・バキューム石油会社の解散を発表した。
11.28	〔資源〕ゼネラル石油川崎製油所完成	ゼネラル石油の川崎製油所が完成した。
12.18	〔核〕イスラエルの原爆開発情報	アメリカのマッコーン原子力委員長が、イスラエルの原爆開発に関する情報入手を発表した。
12.20	〔資源〕九州石油設立	九州石油が設立された。
12月	〔再生〕日本最大有効貯水量の奥只見ダムが完成、発電所の運用開始	日本最大のコンクリート重力ダムの奥只見ダムが完成（高さ157.0m）し、電源開発奥只見発電所が運用を開始した。有効貯水量$458 \times 10^6 m^3$。
この年	〔電力〕カーングとアタラがMOSトランジスターを発明	アメリカのD.カーングとM.M.アタラ、MOSトランジスターを発明。1961年に一部実用化、1966年頃には本格的に実

1961年（昭和36年）　　　　　　　　　　　　　　　　　　　　　　　　資源・エネルギー史事典

　　　　　用化され、IC・LSIへと発展するなど、半導体技術の確立に大きく貢献。

この年　〔電力〕メイマンが、世界初のレーザーを発明　アメリカの物理学者セオドア・ハロルド・メイマン、ルビー結晶による固体レーザー（ルビーレーザー）発振を世界で初めて発明した。

この年　〔火力〕アメリカで超臨界圧スルザーボイラーが建設される　アメリカのエディストン発電所に、超臨界圧スルザーボイラー（325MW）が建設される。1号ボイラーの損傷による蒸気漏洩事故は、運転開始後およそ13万時間経過した1983年3月に発生した。

この年　〔火力〕東電千葉火力発電所で水管腐食事故が発生　東京電力千葉火力発電所3号ボイラー（175MW）で、水管腐食事故が発生。酸化物の付着のほか、ボイラー水が熱されることにより、不純物であるNaOHがアルカリ濃縮され、これにより鋼が腐食されるアルカリ濃縮が原因であると見られた。

この年　〔資源〕イランとERAPが石油開発について協定締結　国営イラン石油会社（NIOC）とフランス・ERAP、石油開発について請負方式で協定を締結。ERAPが油田を探査・開発、その後NIOCがコストを返還し、資源の半分は保存するという内容。

この年　〔資源〕石油公示価格を再引き下げ　石油メジャー、前年に続いて石油公示価格の引き下げを実施し、アラビアン・ライトを1.80ドルとする。

この年　〔全般〕四日市第一コンビナートが完成　三重県四日市市に四日市第一コンビナートが完成。操業に伴い、異臭魚などが確認され、1961年には四日市で喘息患者が多発。1963年にはコンビナートが所在する塩浜地区で検診を受けた住民の8割に喘息症状がみられた。

この頃　〔熱〕液体水素燃料エンジンを開発　サターン5型の第2段ロケットとして、液体水素燃料エンジンが開発された。

この頃　〔再生〕デュポン社がナフィオン膜を開発　アメリカのデュポン社が、ナフィオン膜（プロトン伝導性高分子膜）を開発した。

この頃　〔再生〕燃料電池がアポロ宇宙船に搭載される　アメリカ航空機部品大手のユナイテッド・テクノロジーズ（UTC）、アリス・チャルマーズ社のアルカリ型燃料電池がアポロ宇宙船に搭載された。

この頃　〔資源〕日本で石油が主要エネルギーに　日本でも石炭に替わり石油が主要なエネルギー源となる。

1961年
（昭和36年）

1.15　〔資源〕OPEC第3回総会開催　石油輸出国機構（OPEC）の第3回総会がベネズエラのカラカスで15日から21日まで開かれ、カタールの加盟が承認された。

1月　〔再生〕御母衣ダム完成　大規模ロックフィルダムの先駆けとなる御母衣ダムが完成、御母衣発電所が運用を開始した。高さ131.0m。出力215MW。高落差変動発電所でもある。8939.76mの長大放水路トンネルも完成。

1月　〔資源〕インドネシアがプルミンドを国有化　インドネシアの石油会社プルミンドを国営会社とし、P.N.プルタミンと改称した。

— 138 —

1961年（昭和36年）

3.30　〔原子力〕世界初の移動発電炉臨界　世界初の移動発電炉ML-1（高濃縮ウラン軽水減速気体冷却、300kW）がアメリカ・アイダホ州で臨界に達した。

4.28　〔原子力〕純国産金属ウランの精錬に成功　日本原燃東海製錬所は、国産ウラン原鉱石から、約200kgの金属ウランの精錬に成功した。これにより、純国産金属ウランの精錬体制確立。

4.30　〔原子力〕世界初熔融プルトニウムを使った原子炉が臨界　世界初の、熔融プルトニウムを使ったアメリカ・ロスアラモス国立研究所の液体金属燃料実験原子炉（LAMPRE）が臨界に達した。

4月　〔熱〕世界初の有人宇宙飛行が成功　ユーリイ・アレクセーエヴィチ・ガガーリンを乗せたソ連の宇宙船ボストーク1号が打ち上げられ、世界初の有人宇宙飛行に成功。

5.1　〔資源〕東邦石油設立　出光興産、中部電力、三菱商事の共同出資で東邦石油が設立された。

5.16　〔資源〕水島製油所完成　三菱石油の水島製油所完成し、開所式が5月16日に行われた。6月23日には日本鉱業の水島製油所で火入れ式が行われた。水島コンビナートの建設が本格化する。

6.1　〔資源〕石油関税が従量税に変更される　関税定率法が改正施行された。石油関税は従価税から従量税に変更された。

6.8　〔原子力〕原子力損害関係の2法案成立　「原子力損害賠償法案」と「原子力損害賠償補償契約法案」が参議院で可決・成立した。6月17日公布。

6月　〔資源〕クウェートが独立　クウェートが独立。シェルとの間で20%経営参加などを内容とする沖合石油利権協定を締結した。

7.25　〔全般〕エネルギー長期政策の基本問題発表　経済企画庁は、エネルギー長期政策の基本問題を発表した。

8.17　〔全般〕エネルギー懇談会が発足　エネルギー懇談会が発足。31日石炭政策についての中間報告を発表。12月石油政策についての中間報告を発表。

9.1　〔核〕ソ連、核実験を再開　ソ連が核実験再開。これに対し日本政府・日本社会党が抗議を行ったが、日本共産党はソ連を支持した。

9.1　〔資源〕帝石トッピング・プラント設立　帝石トッピング・プラントが設立された。

9.15　〔核〕アメリカ、核実験を再開　アメリカのJ.F.ケネディ大統領、核実験の再開を発表。ネバダ州で核実験が実施された。

10.15　〔資源〕リビア原油輸出開始　リビアのゼルテンからメルサ・エル・ブラガまでのパイプラインが稼働を開始し、リビアの原油輸出が始まった。

10.16　〔核〕新潟県に放射能塵降下　新潟県長岡市付近に放射性物質を含む塵が降り、新潟大学の測定で22万7000カウントの放射能を記録した。

10.25　〔核〕衆議院で核実験禁止決議　核実験の禁止が衆議院で決議された。翌々日には参議院でも決議。

10.27　〔核〕全国各地に放射能雨　北海道など全国各地に放射能雨が降り、北海道室蘭市で8万5400カウント、同函館市で1万4600カウント、水戸市で2万202カウント、鳥取県米子市で8万200カウントの放射能を検出。汚染源は23日のソ連による核爆発実験とみられる。

10.30　〔核〕ソ連、史上最大の水爆実験　ソ連は、ノヴァヤゼムリャ島上空で、58Mtの水爆実

11.5	〔核〕福岡市付近に放射能雨	福岡市付近に雨が降り、内閣の放射能対策本部による定量観測の結果、1cc当たり1820マイクロキュリーの放射能が検出された。
11.13	〔資源〕産炭地域振興臨時措置法を公布	産炭地域振興臨時措置法を公布、施行。
11.20	〔資源〕石油鉱業連盟設立	5月19日に創立された石油鉱業懇話会を解消し、石油鉱業連盟が設立された。
11.29	〔原子力〕原研JRR-2、出力上昇試験運転成功	日本原子力研究所のJRR-2で、3000kWの出力上昇試験運転に成功した。
11月	〔原子力〕国連総会で核兵器使用禁止宣言可決	国際連合総会は、核兵器使用禁止宣言を可決した。
12.11	〔核〕ビキニ被曝の第五拓新丸元乗務員が死去	ビキニ環礁の核実験で被曝した「第五拓新丸」元乗務員が、急性骨髄性白血病で死亡した。
12.11	〔資源〕エッソとモービルに分割	スタンダード・バキューム石油日本支社が解体され、エッソ・スタンダード石油とモービル石油が新たに発足した。
12.12	〔資源〕イラクがイラク石油会社の利権を接収	イラクのA.カセム政権は、イラク石油会社（IPC）の利権区域、ルメイラ油田を接収した。
12.19	〔全般〕エネルギー対策協議会の設置	通商産業省は、エネルギー対策協議会の設置を決定した。
12.21	〔原子力〕アメリカの原子力船「サバンナ号」臨界	アメリカの原子力貨客船「サバンナ号」の原子炉が臨界。翌年4月13日に、チェサピーク湾内にて初の公開運転をおこなった。
12.22	〔資源〕石油政策に関する中間報告発表	エネルギー懇談会が石油政策に関する中間報告を発表した。
12月	〔資源〕LPガス輸入が本格化	LPガスを積載した輸送船「豪鷲丸」、川崎港に入港。LPガス低温輸送の第一陣で、以後輸入が本格化。
12月	〔資源〕OECDが備蓄保有を要請	経済協力開発機構（OECD）は加盟国に対し、石油備蓄90日分を保有するよう要請した。
この年	〔電力〕マシアスとクンツラーが超伝導磁石を製作	アメリカのベル研究所のマシアスとクンツラーはPIT法で試作したNb$_3$Snを使って6テスラの磁場を発生できる超伝導磁石の製作に成功した。
この年	〔火力〕重油専焼ボイラーの導入が可能に	重油ボイラー規制法が改正される。規制が緩和されて、石炭に対して価格優位となった重油を燃焼させる、重油専焼火力発電所の運転が可能となった。以後の電源開発は石油が主力となる。
この年	〔再生〕九電が熱水蒸気利用を調査研究	九州電力が噴出熱水のフラッシュ蒸気を発電利用の目的で調査研究を開始した。
この年	〔再生〕大規模地下式発電所の完成	国内最大容量（95.8MW）のペルトン水車（世界初の6ノズル）を設置した、関西電力黒部川第四発電所が全設備を地下にして運転を開始した。

1962年
（昭和37年）

1.29　〔核〕核実験停止会議が一時決裂　353回目の会議で米英ソ3国核実験停止会議が一時決裂した。

1.30　〔原子力〕東京原子力産業研究所開設　東京原子力産業研究所が開設された。

2.7　〔原子力〕横須賀市に天然ウラン黒鉛減速型未臨界実験装置完成　富士電機は、横須賀市武山に、天然ウラン黒鉛減速型未臨界実験装置を完成させた。

3.13　〔資源〕東燃川崎工業完成　東亜燃料工業の川崎工業が完成した。

3.15　〔原子力〕原子力損害賠償法、原子力損害補償法施行　原子力損害賠償法、原子力損害補償法が施行された。

4.5　〔資源〕OPEC第4回総会開催　石油輸出国機構（OPEC）の第4回総会がジュネーヴで5日から7日まで開催された。利権料の経費計上化を決議した他、リビアとインドネシアの加盟を承認した。

4.7　〔原子力〕ハンフォード再処理工場で臨界事故　アメリカのハンフォード再処理工場の有機廃棄物洗浄施設で臨界事故が発生、4名が病院に収容された。

4.11　〔原子力〕放射性廃棄物処理に関する中間報告書提出　原子力委員会廃棄物処理専門部会は、「放射性廃棄物処理に関する中間報告書」を原子力委員会に提出した。放射性廃棄物処理は、3つのレベルに分け、低・中レベルは海洋投棄、高レベルは安全性が確認されるまで海洋処分は行うべきではないという内容。

4.25　〔核〕アメリカ、核実験を再開　アメリカが太平洋上で核実験を再開した。

4月　〔電力〕電気事業審議会を設置　通商産業省設置法に基づき、通産大臣の諮問機関として電気事業審議会が設置される。

4月　〔再生〕坂本ダム完成、尾鷲第一発電所が運用開始　奈良県に、ダムの高さ1：ダム底の厚さ0.12の比率とした薄肉アーチダムである坂本ダムが完成した。高さ103.0m。電源開発尾鷲第一発電所が運用を開始した。

5.11　〔資源〕石油業法を公布　石油業法を公布。7月10日施行。

6.1　〔原子力〕IAEA初の原子炉査察　国際原子力機関（IAEA）が初めて原子炉査察を行った。査察を受けた原子炉は、アメリカのピクワ発電所、アルゴンヌ国立研究所のEBWR、ブルックヘブン国立研究所の医学用炉と研究炉であった。

6.2　〔全般〕煤煙排出規制法を公布　煤煙排出規制法を公布。12月1日施行。公害防止対策法としては、水質保全法、工場排水法に続き3番目。

6.4　〔資源〕OPECにリビアとインドネシア加盟　ジュネーヴで開催された石油輸出国機構（OPEC）の第4回総会で加盟を承認されたリビアとインドネシアが、正式に加盟した。

6.15　〔原子力〕バークレイ原子力発電所、一般家庭へ送電開始　イギリスのバークレイ原子力発電所が、一般家庭への送電を開始した。

1962年(昭和37年)

6.15　〔原子力〕日本で原子力船建造計画　原子力委員会原子力船専門部会は、「原子力海洋観測船」の建造を決め、1963年度予算で開始し、1969年度に進水、1971年度まで実験航海という構想を発表した。

6.25　〔資源〕西部石油設立　西部石油が設立された。

6月　〔資源〕ウム・シャイフ油田生産開始　アブダビのウム・シャイフ油田で生産が開始された。

7.10　〔資源〕石油審議会発足　石油審議会が発足した。

7.24　〔原子力〕アメリカ核燃料回収工場で臨界事故　アメリカ・ユナイテッド・ニュークリア社の核燃料回収工場で、高濃縮ウラン液を誤ってタンクに入れ、即発臨界事故が発生した。3名が被曝、内1名が死亡した。

7.25　〔資源〕アブダビ石油会社と改称　アブダビのアブダビ石油開発会社がアブダビ石油会社 (ADCP) と改称した。

7月　〔資源〕石油業法施行　石油行法が施行された。精製業、精製設備新設が許可制となった。

8.1　〔原子力〕第8回原水爆禁止世界大会開催　第8回原水爆禁止世界大会が、東京で開催された。ソ連の核実験に抗議する社会党と総評の緊急動議で紛糾した。

9.12　〔原子力〕国産1号炉「JRR-3」臨界　日本原子力研究所の国産1号炉「JRR-3」が臨界に達した。熱出力は1万kW、天然ウラン重水型。

9.22　〔資源〕中国で勝利油田発見　中国山東省黄河流域で勝利油田が発見された。

9月　〔再生〕畑薙第一ダムが完成、畑薙第一発電所が運用開始　静岡県に、中庸熱セメント(フライアッシュ25%置き換え)を採用した世界一の中空重力ダムである畑薙第一ダムが完成。高さ125.0m。畑薙第一発電所が運用を開始した。

10.1　〔資源〕原油の輸入自由化を実施　原油の輸入自由化を実施した。

10.17　〔原子力〕ドーンレイ高速増殖炉、発電開始　英国原子力公社 (AEA) のドーンレイ高速増殖炉DFR (1.5万kW) が発電を開始した。翌年6月に全出力運転を達成した。

10.21　〔核〕原爆機事故で、核爆弾が投下されたことが判明　1961年1月24日にノースカロライナ州で起きたB52原爆機墜落事故のおり、24Mtの核爆弾が投下されたが、爆発はしなかったことが発表された。

10.22　〔核〕キューバ危機　アメリカのケネディ大統領は、ソ連がキューバにミサイル基地建設中と発表し、キューバ海上封鎖を声明した。アメリカ海軍がキューバ海上封鎖を開始し、ソ連がワルシャワ条約加盟国に警戒態勢を発令すると、核戦争の脅威がにわかに高まった。ラッセルは巨頭会談を提案、ウ・タント国連事務総長も調停を呼びかけ、25日に米ソは調停案を受諾した。27日、フルシチョフはケネディに対し、キューバのソ連ミサイル基地とトルコのアメリカ・ミサイル基地の相互撤去を提案、28日にはフルシチョフはキューバからの攻撃的武器撤去を命じ、アメリカのキューバ不侵略を信じ国際連合監視下で撤去すると通告し、キューバ危機は収束した。

10月　〔資源〕頸城～豊洲間パイプライン完成　帝国石油の新潟県頸城から東京・豊洲の間の天然ガス輸送パイプライン全長331.7kmが完成した。

11.10　〔資源〕石油製品販売価格の標準額を告示　通商産業省は、石油製品の元売販売各区の標準額を告示した。

11.18　〔資源〕京浜運河でタンカー衝突炎上事故　川崎市の京浜運河鶴見航路で、ガソリンを

— 142 —

満載して入ってきた宗像海運のタンカー第1宗像丸(1973t)が東亜燃料岸壁を出たノルウェイのタンカーサラルドブロビーグ号(3万4000t)と衝突、炎上し、両船と現場付近にいた大平油送の大平丸(100t)、三社海運賃借の辞宝栄丸が全焼、宗像丸の乗組員36名と大平丸の乗組員2名、宝栄丸の乗組員2名が焼死、ブロビーグ号の10名と他船の1名が重軽傷を負った。

11.27　〔原子力〕**アメリカでプルトニウム炉の連鎖反応維持に成功**　アメリカ原子力委員会(AEC)は、アイダホ国立原子炉試験場で、プルトニウムを燃料とする原子炉「EBR-1」の連鎖反応維持にはじめて成功したと発表した。

11.29　〔熱〕**石炭対策大綱を閣議決定**　日本政府は石炭鉱業調査団答申に基づき、石炭対策大綱を閣議決定した。

11.30　〔資源〕**サウジアラビアでペトロミン設立**　サウジアラビアが国営石油会社ペトロミンを設立した。

12.1　〔原子力〕**アメリカ原子力委員会が「世界の原子炉数」を発表**　アメリカ原子力委員会(AEC)の「世界の原子炉数」によれば、運転中が381基、建設中137基の、合計518基であった。

この年　〔電力〕**ジョセフソン効果を発表**　イギリスのブライアン・D.ジョセフソン、2つの超伝導体の間に超伝導電子対のトンネル効果によって超伝導電流が流れる現象であるジョセフソン効果を発表し、低電力性と高速性が注目を集める。

この年　〔電力〕**ホロニアック・ジュニア、発光ダイオードを発明**　アメリカの物理学者ニック・ホロニアック・ジュニアは、世界初の発光ダイオード(当時は赤色のみ)を開発して論文発表し、実用化した。「発光ダイオードの父」と呼ばれる。

この年　〔原子力〕**オークンが素粒子を分類してハドロンと命名**　ソ連の理論物理学者L.B.オークンは、素粒子標準模型において強い相互作用をする陽子、中性子、π中間子、κ中間子などの素粒子グループをハドロンと命名した。

この年　〔再生〕**WH社、SOFCの性能について高く評価**　アメリカのウェスティングハウス・エレクトリック社は、安定化ジルコニアを固体電解質として用いた固体酸化物形燃料電池(SOFC)にかなりの発電性能が見込まれると発表。

この年　〔核〕**ライナス・ポーリングがノーベル平和賞を受賞**　1957年に核実験反対署名を世界の科学者に訴えるなど、核実験・軍備拡大またはそれらの使用だけに止まらない国際紛争の手段とした全武力衝突に反対する活動を長年続けてきたとして、アメリカ合衆国の化学者ライナス・ポーリングがノーベル平和賞を受賞した。ポーリングは1954年にノーベル化学賞を受賞している。

1963年
(昭和38年)

1.9　〔原子力〕**ライシャワーが原潜の日本寄港を申し入れ**　駐日アメリカ大使のエドウィン・O.ライシャワーが、原子力潜水艦日本寄港の申し入れを行った。

1.10　〔資源〕**丸善千葉製油所完成**　丸善石油の千葉製油所が完成し、火入れ式が行われた。

1.31　〔原子力〕**ブラッセル補足条約調印**　パリ条約を補足し、賠償責任と財政保証の限度額を1億2000万ドルとする、ブラッセル補足条約が調印された。

1.31 〔資源〕出光千葉製油所完成　出光興産の千葉製油所が完成し、火入れ式が行われた。

1月 〔核〕全国各地に放射性物質降下　全国各地にアメリカやソ連の核実験による放射性物質が大量に降り、放射能対策指標の第1段階を超えるレベルになったが、その後は増減をくり返しながら徐々に少なくなった。

2.21 〔原子力〕日本原子力研究所で爆発　午後7時頃、茨城県東海村の日本原子力研究所東海研究所の使用済みウラン再処理試験室内で誤って高濃度の硝酸を揮発性廃液中に投入、ポリブチルフォスフェート(PBP)のケロシン溶液が爆発し、同室の窓ガラス数十枚が壊れ、天井の一部が焼けた。爆発時に、使用済み核燃料のうち低カウントのウラン235がごく少量流出したが、負傷者などはなかった。

3.22 〔資源〕イタリア、ニュージャージー・スタンダードと契約締結　イタリア・炭化水素公社(ENI)は、ニュージャージー・スタンダードと5年間の原油供給契約を締結した。

3.23 〔資源〕大協午起製油所完成　三重県四日市市に大協石油の午起製油所が完成し、火入れ式が行われた。

3.25 〔原子力〕原潜寄港に対して湯川秀樹らが声明を発表　原子力潜水艦寄港の安全性確認を要求し、湯川秀樹らの研究グループが声明を発表した。また27日には原子力科学者154人による反対声明が発表された。

4.10 〔原子力〕アメリカの原潜「スレッシャー」沈没　アメリカのボストンの沖合およそ350kmの深海で潜航演習中の原子力潜水艦スレッシャー号が消息を絶った。11日に沈没したものと断定され、民間人17人を含む乗員129人の死亡が発表された。アメリカ原子力委員会(AEC)の原子炉開発部リーブマン博士は、この沈没に関し放射能汚染の心配はないと言明した。のちの調査報告では、沈没原因は機関室のパイプ系統の故障により海水が流れ込んだものとされた。

5.14 〔資源〕日石と九石が販売業務提携　日本石油と九州石油が製品販売で業務提携した。九州石油が自社販売量を除く全量の生産する製品を、日本石油が購入・販売する契約を締結する。

5.19 〔原子力〕IAEAでウィーン条約採択　国際原子力機関(IAEA)において、「原子力損害民事責任に関する条約(ウィーン条約)」が採択された。発効は1977年11月。

5.29 〔原子力〕アメリカ・ハラム原子力発電所送電開始　アメリカで、黒鉛減速ナトリウム冷却炉の、最初の実用規模のハラム原子力発電所が、7万5000kWで送電を開始した。

5月 〔再生〕国内最大水量の揚川発電所が運用開始　一般水力で国内最大使用水量(460m3/s)のダム水路式の揚川発電所(東北電力)が運用を開始した。揚川ダムはトンネル式魚道を設置し、高さ19.0m。

6.1 〔原子力〕名古屋大学プラズマ研究所開所　名古屋大学プラズマ研究所が開所した。所長に伏見康治。

6.6 〔原子力〕使用済み核燃料の海上輸送開始　世界で初めて、使用済み核燃料の海上輸送が行われた。オーストラリアの研究炉HIFARの使用済み核燃料が、イギリス・リバプールへ入港。

6.8 〔原子力〕日本原子力船開発事業団法公布　政府は「日本原子力船開発事業団法」を公布し、即日実施した。また「日本原子力船開発事業団法施行令」を公布した。

6.15 〔資源〕極東石油工業設立　極東石油工業が資本金2.5億円で設立された。

6.20 〔核〕核戦争回避のための米ソホットライン協定を締結　アメリカのホワイトハウスとソビエト連邦のクレムリンとの間にホットライン協定が結ばれた。直通緊急電話が開設さ

れ、8月30日に機能を開始した。核戦争の危機を最小限にとどめようとするもの。

7.8 〔原子力〕東工大で濃縮ウラン軽水系臨界未満実験装置完成　東京工業大学は、濃縮ウラン軽水系臨界未満実験装置を完成させた。

7.12 〔火力〕ばい煙規制改正法公布　「ばい煙の排出の規則等に関する法律の一部改正法」公布（9月1日施行）。京浜、阪神、北九州地区を第1次指定地域とし、排出基準が告示された。

7.15 〔核〕米英ソによる核実験停止会議開催　アメリカ、イギリス、ソ連の3ヶ国による核実験停止会議がモスクワで開かれた。

7.25 〔核〕米英ソ、部分的核実験禁止条約に仮調印　「大気圏内、宇宙空間及び水中における核兵器実験を禁止する条約（部分的核実験禁止条約、PTBT）」（部分的核実験停止条約とも）に米英ソが仮調印した。この条約は地下を対象に含んでおらず、この後3国は地下核実験に走ることになった。一方、当時既に核兵器開発をしていたものの地下核実験の技術までは保有していなかったフランスと中国は、相次いで条約に反対・不参加を表明して、大気圏内の核実験を継続することになる。

7.26 〔資源〕日本、OECD加盟に関する覚書に署名　日本が経済協力開発機構（OECD）加盟に関する覚書に署名。タンカー（石油）は二年、鉄鉱石・石炭専用船は一年の留保条項に合意。翌年正式に加盟した。

7月 〔資源〕新潟県に頸城製油所完成　新潟県旧大潟町（現・上越市大潟区）に帝石トッピング・プラントの頸城製油所が完成した。

8.5 〔核〕米英ソ、部分的核実験禁止条約に調印　「大気圏内、宇宙空間及び水中における核兵器実験を禁止する条約（部分的核実験禁止条約、PTBT）」に、アメリカ・イギリス・ソ連が本調印した。

8.14 〔核〕日本、部分的核実験禁止条約に調印　「大気圏内、宇宙空間及び水中における核兵器実験を禁止する条約（部分的核実験禁止条約、PTBT）」に日本が調印した。1963年12月末で調印に参加した国は100ヶ国に達した。

8.17 〔原子力〕原子力船開発事業団発足　原子力船開発事業団法により、原子力船開発事業団が発足。資本金の3分の2を政府が出資した。理事長は石川一郎。

8.22 〔原子力〕原研の原発実験炉臨界　日本原子力研究所東海研究所の動力試験炉JPDRが臨界に達した。

8.23 〔原子力〕アメリカのエンリコ・フェルミ発電所臨界　世界最大の高速増殖炉であるアメリカのエンリコ・フェルミ発電所が臨界に達した。電気出力は6万9000kW。

9.1 〔全般〕ばい煙規制法全面施行　水質2法に続いて3番目の公害防止関係法となる「ばい煙の排出の規制等に関する法律（ばい煙規制法）」が全面施行された。同法に基づき厚生省が東京・大阪・北九州など10都市をばい煙排出規制地域に指定、濃度規制が実施された。

9.2 〔原子力〕原研でガス噴出　夜、茨城県東海村の日本原子力研究所東海研究所で、バンデグラフ粒子加速装置のボルトが緩んで、静電気の絶縁物である窒素と炭酸ガスが噴出したが、放射能漏れや負傷者はなかった。

9.25 〔資源〕インドネシアが3社と開発契約　シェル、スタンバック、カルテックスの3社が、インドネシアとの利権契約に代わり、ジャカルタで利益配分方式の開発請負契約を調印した。

10.10 〔核〕部分的核実験禁止条約発効　米英ソ三国は、「大気圏内、宇宙空間及び水中における核兵器実験を禁止する条約（部分的核実験禁止条約、PTBT）」を発効した。

10.26 〔原子力〕日本初の原子力発電に成功　茨城県東海村に建設された日本原子力研究所の

1964年（昭和39年）

動力試験炉JPDRが、わが国初の発電に成功した。出力は2400kWであった。1964年には、閣議決定を受けこの日を「原子力の日」に制定。JPDRは12月1日にフルパワーの熱出力（4万5000kW）に到達し、12月9日に100時間全力運転試験を終了した。

11.11　〔資源〕コメコン・パイプライン完成　ソ連は、クイビシェフ地域から東欧地域に至る総延長4、480kmのコメコン・パイプラインを完成させた。

11.12　〔資源〕出光、石油連盟脱退　出光石油が、石油業法を受けた自主調整に抗議して、石油連盟を脱退。当時アジア最大の千葉製油所は、その生産能力の半分程度しか稼働が許されておらず、市場での割高な製品調達を強要されていた。

11.16　〔原子力〕ウィンズケールAGR炉で事故　イギリスのウィンズケールの改良型ガス冷却炉（AGR炉）で事故が発生し、6名が被曝した。

12.31　〔資源〕アルジェリアで国営石油会社設立　アルジェリアが、国営炭化水素公社ソナルトラックを設立した。

この年　〔熱〕日本初のOHCエンジン　日本初のOHCエンジンが製作される。同年、日本初のDOHCエンジンが製作される。

この年　〔電力〕アメリカ電機電子学会を設立　アメリカ電気学会（AIEE）とアメリカラジオ学会（IRE）が合併し、アメリカ電機電子学会（IEEE）が設立される。世界最大の学会。

この年　〔電力〕ガン・ダイオードを開発　アメリカ・IBMのJ.B.ガン、自ら発見した電流不安定現象（ガン効果）を利用したガン・ダイオードを開発。

この年　〔再生〕太陽電池を実用化　シャープが、海上保安庁の鶴見航路1号ブイの電源を設置。小松ホフマン電子工業は、国土交通省の伊豆沖海洋気象観測塔の電源を設置した。

この年　〔資源〕OPECとメジャーが一括交渉　石油輸出国機構（OPEC）加盟国、事務局長に交渉権を一任し、石油メジャーとの一括交渉を開始。

この年　〔全般〕三島・沼津・清水コンビナート反対運動　1963～1964年にかけて、静岡県の三島・沼津・清水コンビナート反対運動がおこる。1963年12月には三島市にコンビナート進出反対のための石油コンビナート対策市民懇談会を結成。1964年3月には、石油コンビナート進出反対沼津市・三島市・清水市連絡協議会を結成。

この年　〔全般〕四日市公害でさまざまな抗議運動　三重県四日市市に四日市第二コンビナートが本格稼働開始。悪臭、騒音、振動、煤煙、ガスなどの被害が増大し、多くの住民に喘息症状がみられた。被害区域でさまざまな抗議運動が行われた。

この年　〔全般〕東京でスモッグ発生　東京において1週間にわたりスモッグが発生。この頃より、首都圏において冬にスモッグ発生回数が増加する。

1964年
（昭和39年）

1.25　〔資源〕通商産業省が石油各社に生産調整を指示　通商産業省が行政指導による石油各社に生産調整を指示した。

2.8　〔資源〕イラク国営石油会社設立　イラクで、国営石油会社Iraq National Oil

Company (INOC) が設立された。

2.12　〔資源〕エジプトが西部砂漠の利権を許可　エジプトが、パン・アメリカン石油、フィリップス、炭化水素公社 (ENI) などに、共同開発方式での西部砂漠（ガルビーヤ砂漠）の利権を許可した。

2月　〔原子力〕ゲルマン、クォークの概念を提唱　アメリカの物理学者マレー・ゲルマンは、それまでに作り出されてきた素粒子の二つのグループ（ハドロンおよびレプトン）のうち、少なくともハドロンは素粒子ではなく、3種の素粒子から構成されることを提唱し、この構成素粒子をクォークと命名した。

3.5　〔全般〕公害防止対策連絡協議会を設置　公害防止政策の一元的推進のため、「公害防止対策連絡協議会」の設置が決定した。

3.16　〔資源〕九石大分製油所完成　九州石油の大分製油所が完成した。

3.17　〔資源〕日石精根岸製油所完成　日本石油精製の根岸製油所が完成した。

3.27　〔資源〕沼津市で石油コンビナート誘致反対集会が紛糾　静岡県沼津市で、漁業関係者ら住民約2000名が出席して行われた石油コンビナート誘致計画の反対集会が紛糾し、出席していた同市議会議長らが負傷した。

3.28　〔原子力〕動力試験用原子炉で蒸気噴出　午後7時50分頃、茨城県東海村の動力試験用原子炉JPDR（アメリカ製）で、運転習熟訓練中に制御棒出入部分の合成ゴム製パッキングが破損し、同炉内の蒸気が噴出。蒸気1cc当たりにごく微量の放射能（国際放射線防護委員会の勧告許容量の10万分の1前後）が含まれていたため、同炉は10月26日まで運転を休み、点検をおこなった。

3月　〔全般〕公害対策連絡会議を設置　閣議決定により政府内に公害対策連絡会議が設置された。

4.1　〔資源〕ガソリン等輸入自由化　ガソリン、ナフサ、ジェット燃料油、灯油、ならびにLPGの輸入が自由化された。

4.1　〔資源〕関西石油設立　関西石油が設立された。

4.1　〔全般〕厚生省に公害課を設置　厚生省環境衛生局に公害課が設置された。

4.5　〔再生〕熊本県が下筌ダム予定地の収用を決定　熊本県が下筌ダム建設予定地の収用を決定し、反対派住民による「蜂ノ巣城」紛争に発展した。

4.17　〔資源〕富士石油設立　富士石油が設立された。

4月　〔資源〕カナダ、石油開発を条件付きで許可　カナダはアルバータ州のタール・サンド（オイル・サンド）の開発について、州政府の関与を条件に許可した。

5.1　〔全般〕四日市をばい煙規制地域に指定　黒川公害調査団の報告結果を受け、四日市市が「ばい煙規制法」に基づくばい煙規制地域に指定された。

5.15　〔核〕衆議院が部分的核実験禁止条約を承認　「大気圏内、宇宙空間及び水中における核兵器実験を禁止する条約（部分的実験禁止条約、PTBT）」を衆議院が承認した。

5.20　〔原子力〕世界初の原子力灯台が完成　アメリカ、世界初の原子力灯台を完成。

6.1　〔資源〕丸善シンガポール製油所を売却　丸善石油がシンガポール製油所をブリティッシュ・ペトロリアム (BP) に売却した。

6.12　〔原子力〕原子力安全研究協会創立　原子力安全研究協会が創立した。理事長は、藤波

1964年（昭和39年）

収北海道電力相談役。

6.13　〔原子力〕オットー・ハーン号進水　欧州初の原子力推進ばら積み貨物船「オットー・ハーン号」（西ドイツ）が進水した。

6.16　〔資源〕新潟地震で製油所被災　新潟地震が発生。昭和石油新潟製油所で火災が発生、7月1日に鎮火した。

6.23　〔再生〕熊本県下筌ダム反対派の拠点を強制撤去　熊本県小国町の下筌ダム建設反対派拠点「蜂ノ巣城」が、強制撤去で落城した。

6.25　〔電力〕電気事業法案可決・成立　電気事業法案が参議院で可決、成立した。原子炉、核燃料に関する安全検査が規定された。7月11日公布、翌年7月1日施行。

7.24　〔原子力〕アメリカの核燃料回収工場で臨界事故　アメリカのロードアイランド州ウッドリバー・ジャンクション核燃料回収工場で、高濃縮ウラン臨界事故が発生し、1名が死亡した。回復処理中に再び臨界となり、1名が被曝した。

7.31　〔原子力〕「原子力の日」閣議決定　政府閣議で、日本原子力研究所の動力試験炉JPDRが発電に成功した10月26日を「原子力の日」に決定した。

8.11　〔原子力〕原子力発電所建設反対派住民が反対集会で負傷　三重県度会郡で、同郡紀勢町・南島町の漁業関係者約600名が中部電力の原子力発電所建設計画の反対集会で2名が負傷した。

9.25　〔全般〕産業構造審議会総合エネルギー部会発足　産業構造審議会は、総合エネルギー部会を発足。同年11月産業構造審議会は、石油政策についての中間報告を公表した。

10.16　〔核〕中国、初の核実験実施　中国は新疆ウイグル自治区ロプノールで、初の核実験に成功、同時に核兵器全面禁止のための世界首脳会議開催を提唱した。日本政府は抗議の談話を発表。1965年5月14日に第2回目を実施。1995年までにロプノールで行った核実験は、計43回に及ぶ。

11.10　〔資源〕東邦尾鷲製油所完成　東邦石油の尾鷲製油所が完成した。

11.28　〔資源〕OPEC第7回総会を開催　第7回石油輸出国機構（OPEC）総会がジャカルタで開催される。利権料の経費化の実現、市況に基づく公示価格割引などを内容とする対石油メジャー交渉が妥結。

12.16　〔原子力〕JPDR発電開始　日本原子力研究所動力試験炉JPDRが発電を開始した。

12.20　〔資源〕中国・大港油田で出油　中国河北省天津の臨海地区で、大港油田が出油に成功した。1967年には商業生産を開始した。

この年　〔電力〕集積回路MOS-ICを発表　テキサス・インスツルメンツ社とGMI社、MOS-IC（MOSトランジスターを基本素子とする集積回路）を発表。1965年、生産開始。

この年　〔原子力〕オメガ粒子が発見される　アメリカのブルックヘブン国立研究所のグループが初めてオメガ粒子を発見した。このとき発見されたオメガ粒子はΩ^-で、この発見によってクォークの研究が発展した。

この年　〔原子力〕フィッチとクローニン、CP対称性の破れを発見　アメリカの物理学者V. L.フィッチとJ.W.クローニンは、CP（Charge-Parity、電荷-パリティ）対称性は中性κ中間子の崩壊において必ずしも保存されないことを発見した。

この年　〔再生〕益田善雄、世界初の波力発電用航路標識ブイを発明　日本の益田善雄が世界で初めて波力発電に用いられる益田ブイを発明。垂直の管を備えた航路標識用ブイで、海面

− 148 −

が上下することによって管内の空気が圧縮され、タービンが回り発電が行われる。翌1965年に海上保安庁に採用された。

この年　〔再生〕松川発電所生産井M-1成功　松川地熱発電所の生産井M-1が成功した。

この年　〔資源〕アルジェリアがLNGを初輸出　アルジェリアから、世界初の液化天然ガス（LNG）輸出がイギリス向けに開始された。

この年　〔資源〕インドネシアが石油開発の生産物分与方式を導入　インドネシア、石油開発について生産物分与方式を導入。1966年、日本・カナダ・アメリカの3社と契約を締結。

この年　〔資源〕オマーンでファフード油田発見　オマーンでファフード油田が発見された。

1965年
（昭和40年）

1.10　〔原子力〕地中海で原子力潜水艦衝突事故　アメリカの原子力潜水艦が、地中海で貨物船と衝突した。

1.21　〔核〕全国各地で高数値の放射能を観測　全国各地で平時の数十倍という高数値の放射能が観測、検出された。アメリカ原子力委員会（AEC）の報告によれば、原因はソ連の地下核実験。

1.22　〔原子力〕インドでプルトニウム生産開始　インドは、独力で設計したトロンベイのプルトニウム工場の生産を開始した。

1月　〔全般〕四日市コンビナートで高煙突の建設が始まる　厚生省・通商産業省による調査団（黒川調査団）の勧告を受けて、四日市昭和石油が130mの高煙突を建設するなど四日市コンビナート地区で高煙突化が始まり、1971年までに95m以上の煙突が40本以上建設された。また翌月18日には四日市市公害関係医療審査会が発足した。

2.3　〔原子力〕アメリカのピーチ・ボトム発電炉で火災　アメリカのピーチ・ボトム原子力発電所の発電炉で、火災が発生した。

2.12　〔原子力〕欧州原子力機関（ENEA）への準加盟申し込みを閣議決定　政府閣議は、欧州原子力機関（ENEA）への準加盟を希望する旨を経済協力開発機構（OECD）に申し入れることを決定した。

4.14　〔資源〕ラバン石油会社設立　テヘランでラバン石油会社が設立された。

4月　〔資源〕通商産業省が給油所建設指導開始　通商産業省は、2月26日に当年度の給油所建設方針を決定し、給油所の新設に対する規制を実施した。

5.4　〔原子力〕東海発電炉臨界　日本原子力発電東海1号炉（黒鉛減速ガス冷却炉、16万6000kW）が臨界に達した。

5.20　〔全般〕四日市ぜんそくを「公害病」と認定　四日市市で国に先駆けて独自の公害認定制度が発足、公的機関で初めて「公害病」の言葉が使われた。同制度は同市医師会の提案によるもので、ぜんそく患者の医療費を市費・県費補助・企業寄付で捻出する。

5.23　〔資源〕室蘭でタンカーの衝突爆発事故　北海道室蘭市で、原油を満載したノルウェイのタンカーハイムバルト号（5万8200t）が、日本石油精製室蘭製油所の岸壁に到着する直前

1965年（昭和40年）

に室蘭通船のタグボート港隆丸（7t）とコンクリート製の岸壁に続けて衝突。このためハイムバルト号から流出した原油が引火、爆発し、同船など12隻が全焼または沈没、乗組員13名が死亡、3名が重傷、5名が軽傷を負い、積荷の原油約3万8000kℓが649時間燃え続けた。原因は水先案内人の誘導ミス。

6.1	〔全般〕公害防止事業団法を公布	公害防止事業団法を公布。10月2日同事業団が設立。
6.8	〔資源〕アラスカ州で油田発見	ユニオン・オイルとマラソン・オイルの2社が、アメリカ・アラスカ州クック入江で油田を発見した。
6.28	〔全般〕総合エネルギー調査会設置法を公布	総合エネルギー調査会設置法を公布および施行。8月11日産業構造審議会は、総合エネルギー部会を解散し、総合エネルギー調査会を発足。同月第一回会議を開催した。
7.1	〔資源〕ゼネラル石油堺製油所完成	ゼネラル石油の堺製油所が完成した。
7.20	〔原子力〕動力炉・核燃料開発事業団発足	動力炉・核燃料開発事業団が発足した。1998年、核燃料サイクル開発機構に改組された。
7.29	〔資源〕仏・アルジェリア共同開発機構設立	フランスとアルジェリアが新石油協定を締結し、これに基づいてフランス・アルジェリア共同開発機構を設立した。
8.9	〔全般〕産業公害面からする産業立地適正化要綱がまとまる	通商産業省により「産業公害面からする産業立地適正化要綱」が策定された。
8.10	〔資源〕共同石油設立	日本鉱業、アジア石油、東亜石油の3社の販売部門を集約し共同石油が設立された。
9月	〔全般〕厚生省に公害審議会を設置	公害対策行政の施策内容の諮問機関として、公害審議会が厚生省に設置された。
10.21	〔原子力〕朝永振一郎、ノーベル物理学賞受賞	朝永振一郎は、「量子電磁力学」の研究で、ジュリアン・シュウィンガー、リチャード・ファインマンとともに、湯川以来日本人2人目となるノーベル物理学賞を受賞した。朝永は、1943年湯川が研究を進めていた場の理論に着想を得てディラックの多時間理論を発展させ、場の量子論の相対論的定式化を成し遂げた「超多時間理論」を、1947年には同理論を基礎として無限大の矛盾を質量にくり込んで処理する「くりこみ理論」を発表、20世紀物理学最大の発見である相対論と量子論を結びつけることに成功した。
10月	〔原子力〕日本初の営業用原子力発電を認可	日本原子力研究所、営業用原子力発電所の試験使用を認可。1966年7月、日本原子力発電東海発電所が日本初の営業運転を開始（12万5000kW）。
11.9	〔再生〕カナダ、水力発電所の誤作動により停電	カナダのオンタリオ州ナイアガラの水力発電所で中継機が誤作動し、アメリカ北東部からカナダ南部20万km^{2}が14時間にわたって停電した。
11.10	〔原子力〕日本初の営業用原子力発電に成功	日本原子力発電東海発電所は、初の営業用発電に成功。電気出力は2000kW。1966年から本格稼働。
11.26	〔原子力〕原子力空母日本寄港についてアメリカから連絡	将来における原子力空母日本寄港の必要性について、アメリカから日本政府に非公式連絡があった。
12.15	〔資源〕サモトロール巨大油田発見	ソ連、西シベリアでサモトロール巨大油田が発見された。1969年に生産を開始した。
12.29	〔資源〕石油ガス税法を公布	石油ガス税法を公布。1966年2月1日施行。

12月	〔資源〕シェルがインドネシアの施設を売却　ロイヤル・ダッチ・シェルグループは、インドネシア国内の全ての石油施設をインドネシア政府に売却する協定に調印した。
12月	〔全般〕電気保安協会設立　電気保安を目的とする電気保安協会が1965年から1966年にかけて各地で設立。
この年	〔電力〕NASAが燃料電池を採用　アメリカ航空宇宙局（NASA）、有人宇宙船ジェミニ5号にゼネラル・エレクトリック（GE）製の高分子固体電解質型燃料電池（PEFC）を採用し、燃料電池の実用化第1号となる。その後、アポロ計画で宇宙船搭載燃料電池としてユナイテッド・テクノロジーズ（UTC）製のアルカリ型燃料電池を採用。
この年	〔電力〕ジェーバーが非定常ジョセフソン効果を観測　ノルウェー生まれの物理学者アイバー・ジェーバーが非定常ジョセフソン効果を観測。現在の高速・超小型コンピュータ時代を開く基礎をつくった。1973年、江崎玲於奈、ブライアン・D.ジョセフソンと共にノーベル物理学賞を受賞。
この年	〔再生〕秋田県で地熱調査開始　三菱金属（現三菱マテリアル）が秋田県鹿角市八幡平地域で地熱開発基礎調査を開始。1968年蒸気井の掘削を始め、1970年に発電所の建設を開始した。
この年	〔資源〕OPEC第9回総会を開催　第9回石油輸出国機構（OPEC）総会がトリポリで開催され、生産の自主規制で合意が成立。供給量と価格・収入の相関が認められる。
この年	〔資源〕アルジェリアとフランスが石油開発政府間協定　アルジェリア、国営ソナトラーチを設立し、フランスとの間で石油開発に関する最初の政府間協定を締結。内容はASCOOP方式（国家資本間の合弁）。
この頃	〔再生〕太陽熱温水器の発売が相次ぐ　太陽熱温水器の新製品の発売が相次ぎ、農村を中心に広く普及した。水道の水圧を利用し、屋根上に置かれた温水器に水をためる汲み置き方式が多かった。

1966年
（昭和41年）

1.1	〔資源〕フランスでERAP発足　フランスは、精製・販売・輸送・探鉱開発の各部門の国有会社、石油探査局と石油経営自治公社の2機関を統合し、ERAPを発足させた。
1.4	〔資源〕フランスで石油貯蔵タンク爆発　フランス・リヨン近郊の製油所で石油貯蔵タンクが爆発炎上し、約30人が行方不明となったほか、少なくとも80人が負傷した。老朽化したパイプからのガス漏れが原因とみられる。
1.4	〔資源〕リビア、米国計4社に新法を是認させる　リビア政府は、アメリカの石油会社4社コンチネンタル、パン・アメリカン石油、グレース・ペトロリアム、ネルソン・パンカー・ハントに、新石油法を是認させたと発表した。
1.17	〔核〕地中海岸上空で軍爆撃機墜落・原爆行方不明　スペイン南東部パロマレス村近くの地中海岸上空でアメリカ空軍のB52爆撃機とKC135空中給油機が空中衝突、両機が墜落した。両機合わせて11人の乗員のうち7人が死亡したほか、爆撃機が積載していた原爆4個のうち2個の起爆用通常爆薬の一部が落下の衝撃で爆発し、少量のプルトニウム239とウラン235が飛散した。このため、事故現場の捜索に当たっていた警察官や現場付近の農民の一部が放

- 151 -

1966年（昭和41年）

射能を浴びたが、許容量以下のため健康被害などは発生しなかった。原爆のうち3個は地上に落下して事故後間もなく回収されたが、残る1個は長期間行方不明となり、3月16日に沖合8km、深さ750mの海底で発見され、4月7日に回収された。

1.18　〔資源〕西ドイツで石油製油所爆発　西ドイツ・フランクフルトに近いマイン川沿いのラウンハイムの石油製油所で大爆発が発生した。死者3人、負傷者約90人（うち重体約30人）のほか、多数が行方不明となった。

1月　〔再生〕ソ連の地熱発電所が運転開始　ソ連のパウジェトカ地熱発電所が運転を開始した。出力1万1000kW。

2.14　〔原子力〕首相が、原子力空母寄港承認と答弁　安全性の確認を条件にアメリカ原子力空母の寄港を認めると、佐藤栄作首相が答弁した。

2.21　〔資源〕北スマトラ海洋石油資源開発設立　SKと北スマトラ石油開発協力の共同出資により北スマトラ海洋石油資源開発が設立された。

3.3　〔資源〕インドネシア政府、国営会社の担当を発表　インドネシア政府は、プルミナを炭坑・開発部門、プルタミンを精製・販売部門をそれぞれ担当すると発表した。

3.14　〔資源〕日本、サハリン・シベリアの資源に関心　第1回日ソ経済合同委員会が3月14日から23日まで東京で開かれた。ソ連側出席者は、ネステロフ商議会頭ら28人、日本側は足立正日本商工会議所会頭ら33人。最終日に発表された共同コミュニケでは、日本がサハリンの天然ガスやシベリアの銅資源開発に関心を持っていることを示し、ソ連側の協力を要望した。

3.21　〔原子力〕JPDR、5000kW/hを達成　日本原子力研究所の動力試験炉JPDRが5000kW/hを達成した。稼働率は50％を記録した。

5.3　〔資源〕アトランチック・リッチフィールド設立　アトランチック石油精製とリッチフィールドが合併し、アトランチック・リッチフィールド（ARCO）を設立した。

5.3　〔資源〕モービル・オイルと改称　ソコニー・モービル・オイルが、モービル・オイルと名称を変更した。

5.9　〔核〕中国が3回目の水爆実験　中国が第3回目の水爆実験を実施し、5月10日に日本政府は強く抗議した。5月11日、東京都や新潟県など各地で放射性の巨大粒子が検出された。

5.23　〔核〕核探知国際会議開催、日本も参加　ストックホルムで開かれた核探知国際会議に、日本も参加。これは核拡散防止・全面的核実験禁止への布石として進められていたもので、今回地下核実験追跡のための探知網の設置を世界各国に呼びかける声明が採択された。

5.29　〔原子力〕横須賀で米軍原潜寄港反対派と警官隊が衝突　5月29日夜から6月3日にかけて、神奈川県横須賀市で、全日本学生自治会総連合の関係者ら多数がアメリカ海軍の原子力潜水艦スヌークの寄港反対デモを実施して基地周辺で機動隊と衝突し、124名が重軽傷を負った。

5.30　〔原子力〕横須賀港に米軍原子力潜水艦寄港　横須賀港にアメリカ海軍の原子力潜水艦スヌーク号が初寄港した。

6.29　〔原子力〕日本エネルギー経済研究所発足　日本エネルギー経済研究所が発足した。理事長は有澤広巳であった。

6.30　〔原子力〕フランス、黒鉛炉燃料の再処理施設運転開始　フランスのラ・アーグで、黒鉛炉燃料の再処理施設UP2が運転を開始した。1976年からは軽水炉燃料の再処理も開始した。

6.30　〔核〕フランス、ムルロア環礁で初の核実験　フランス、ムルロア環礁で初の核実験を

— 152 —

		実施。1966年から1974年まで、南太平洋で計44回の大気圏内核実験を行った。
6月	〔資源〕ドバイでファテ油田発見	ドバイでファテ油田が発見された。
7.1	〔資源〕共同石油が3社の販売部門を全面集約	共同石油が、日本鉱業、アジア石油、東亜石油の3社の販売部門を全面的に集約した。
7.2	〔核〕フランスがムルロア環礁で地上核実験を開始	フランス領ポリネシアのムルロア環礁で、フランスが地上核実験を開始した。
7.11	〔資源〕九石が石油連盟に加盟	九州石油が石油連盟に加盟、9月には出光興産が石油連盟に復活した。
7.27	〔原子力〕国内初の商業用発電所が連続送電開始	日本原子力発電東海発電所(黒鉛減速ガス冷却炉、12.5万kW)が、連続送電を開始した。東京電力を通じて一般家庭へ送電された。
8.27	〔原子力〕京大の研究用原子炉が臨界に達する	京都大学原子炉実験所の研究用原子炉が、住友電工の成型加工による燃料で臨界に達した。国内メーカーの成型加工による燃料では初めて。
9.1	〔原子力〕東海発電所が営業運転を開始	日本原子力発電東海発電所は12万5000kWで営業運転を開始した。
9.2	〔資源〕通商産業省が石油生産調整の廃止表明	通商産業省は、行政指導による石油生産調整の廃止を表明した。
9.19	〔資源〕エジプトのエル・モルガン油田開発成功	エジプトでパン・アメリカン石油とエジプト・ジェネラル石油との合弁会社GUPCOにより、エル・モルガン油田の開発が成功した。
10.1	〔全般〕公害防止事業団を設立	公害防止事業団が設立された。
10.5	〔原子力〕アメリカで実験用高速増殖炉が炉心溶解事故	アメリカの実験用高速増殖炉エンリコ・フェルミ1号機で、冷却材の流入停止による、炉心溶融事故が発生した。メルトスルー事故防止用コニカル板が外れ燃料入口に付着し、冷却材の流量が停止したことによる。
10.6	〔核〕政府、フランスの核実験に抗議	7月2日から10月4日まで太平洋ムルロア環礁で核実験を行ったフランスに対し、政府はフランス外務省に抗議の申し入れをした。
10.8	〔再生〕日本初の地熱発電所、運転開始	日本重化学工業の岩手県松川地熱発電所で、日本で初めての商業用の地熱発電所の運転を開始した。この発電所は蒸気だけが噴出する日本では珍しい蒸気卓越型で、出力9500kW(当初)。
10.14	〔資源〕日本オイルターミナル設立	日本オイルターミナルが設立された。
10.15	〔全般〕アメリカで大気汚染規制法が制定	「大気汚染規制法」がアメリカで制定された。
10月	〔資源〕ベネズエラで第1回国営石油会社会議が開催される	第10回石油輸出国機構(OPEC)総会の決議に基づき、第1回国営石油会社会議がベネズエラで開催される。
11.7	〔再生〕矢木沢ダム発電所で爆発事故	群馬県水上町藤原の矢木沢ダム地下の東京電力発電所で、第3発電機の取付作業中に油圧タンクが発火、爆発し、日立工事の作業員3名が死亡、5名が重軽傷を負った。
11.10	〔原子力〕北極海で原潜ノーチラス号衝突事故	アメリカの原子力潜水艦「ノーチラス号」が、北極海で空母「エセックス号」と衝突した。

1967年（昭和42年）　　　　　　　　　　　　　　　　　　　　　　　　　　　　資源・エネルギー史事典

11.15　〔原子力〕カナダの商業用原子炉が初臨界　カナダの商業用原子炉・ダグラスポイント原子力発電所（CANDU、21.8万kW）が臨界に達した。1968年9月26日に営業運転を開始した。

11.21　〔資源〕リビアでオーギラ油田発見　リビアでオーギラ油田が発見された。

12.4　〔資源〕OPEC第12回総会開催　石油輸出国機構（OPEC）第12回総会がクウェートで開催され、課税基準が公示価格によることを決議した。

この年　〔電力〕プリントモーターを発明　フランスのHenry-Baudot、プリントモーターを発明。電機子巻線をプリント基板上にエッチングまたは印刷技術により形成した直流電動機で、軽量かつ加速・減速がきわめて速い。

この年　〔火力〕煤塵対策で電気集塵機が導入される　1962年成立、1963年一部改正されたばい煙規制法の制定を受け、煤塵対策として、東京電力横須賀火力発電所に電気集塵機が世界で初めて導入される。電気集塵機は、クーロンの法則の原理に基づく。放電極からのコロナ放電によって帯電した大気中の粒子が、反対の電荷を持つ集塵極に付着することで、大気が清浄される。

この年　〔再生〕フランスで潮汐ダムが稼働　フランス・ランス川河口のランス潮汐発電所で潮汐ダムの運転が開始。

この年　〔再生〕九大研究所で地熱研究開始　九州大学九重地熱資源開発研究所で地熱開発研究が開始された。

1967年
（昭和42年）

1.28　〔原子力〕仏・高速増殖炉実験炉ラプソディー臨界　フランスの高速増殖炉実験炉ラプソディーが臨界に達した。3月17日に定格出力2万kWを達成した。

2.4　〔原子力〕東海発電所、定格出力の試運転に成功　日本原子力発電東海発電所は、16万6000kWの定格出力の試運転に成功した。

2.12　〔資源〕川崎港、船舶事故で原油流出　川崎港入り口の川崎信号所付近で、原油を満載して東南アジアから戻ったタンカー第15永進丸が別の船と衝突して船体左舷を破損、乗組員に死傷者はなかったが、原油300klが流出したため同港は一時閉鎖された。

2.20　〔全般〕総合エネルギー調査会第一次答申　総合エネルギー調査会は第一次答申で、貯油増強、石油開発公団の必要性をうったえた。

2月　〔資源〕カルテックスがヨーロッパの資産を分割　カルテックスの西ヨーロッパ12ヶ国の資産を、カリフォルニア・スタンダード石油会社（ソーカル）とテキサコの間で分割した。

3.1　〔資源〕日本石油基地設立　日本石油基地株式会社が設立された。

3.18　〔資源〕イギリス沖合でタンカーが座礁し原油流出　イギリス南西端の沖合40kmの暗礁通称「七つ岩」で、11万8000tの石油を積んでペルシャ湾からイギリスへ向かって航行中のアメリカ・ユニオン石油所有・リベリア船籍のタンカー「トリー・キャニオン号」（12万3000t）が座礁、石油が流出し始めた。即日、同国海軍やチャーターされた民間船などによる汚染除去作業が開始されたが、最終的に数万tの石油が流出、同国海岸線100マイル（約160km）以上の広範囲が汚染された。原油流出量は7万t余りで、当時として世界最悪の規模。

— 154 —

		この事故を契機として、1969年に「油による汚染損害についての船主の民事責任に関する国際条約」(69CLC)が締結された。
3月	〔原子力〕	ラティーナ原子力発電所で溶融破損　イタリアのラティーナ原子力発電所で、黒鉛減速ガス冷却炉起動時、炉心燃料の20%が溶融破損した。
4.20	〔原子力〕	核燃料加工会社日本ニユクリア・フユエルの設置許可　政府は、東芝、日立製作所、ゼネラル・エレクトリック(GE)の合弁による核燃料加工会社日本ニユクリア・フユエル(JNF)の設定を認可した。設立は5月26日。
4.24	〔資源〕	神戸港でタンカー二重衝突　神戸港第3区の石油貯蔵施設付近で、タンカー3隻が二重衝突、乗組員に死傷者はなかったが、積荷のジェット機用燃料(43t)の一部が海面に流出し、神戸海上保安部の巡視艇など4隻が乳化剤を投入して炎上を食いとめた。
5.9	〔原子力〕	アメリカでウラン鉱山で肺ガン多発と発表　アメリカ公衆衛生局長代理がアメリカ議会の上下両院原子力委員会で証言し、これまでに国内のウラン鉱山で働く労働者98人が肺ガンで死亡、今後20年間に529人が死ぬことが確実と述べた。ウラン鉱山における高度の放射能が原因で、放射性のチリやガスの量を減らすための換気方法の改善など、早急な対策の必要性が訴えられた。12月14日、労働長官が労働者に対する補償法案を下院に提出、これまでに100人以上が死亡したと語った。
5.16	〔全般〕	公害対策基本法を閣議決定　公害対策基本法案が閣議決定した。
5.25	〔原子力〕	スペイン初の原子力発電所が臨界　スペイン最初のゾリタ原子力発電所(ホセ・カブレラ原子力発電所:16万kW)が臨界に達した。
5.25	〔資源〕	重油直接脱硫研究開発組合発足　石油各社が重油直接脱硫研究開発組合を発足させた。
5.26	〔資源〕	神戸港内でタンカーから重油流出　神戸港内で、小型タンカー(251t)と関西汽船の客船が衝突し、タンカーが破損、傾斜して重油約20kℓが海面に流出、客船は前部に亀裂を生じたが、双方の乗組員や乗客に死傷者はなかった。
5.30	〔電力〕	電源開発新長期計画を決定　電源開発調整審議会は、電源開発新長期計画を決定した。
6.7	〔資源〕	スエズ運河閉鎖　5日、イスラエルとアラブ連合の間で6日間戦争が勃発、スエズ運河が閉鎖された。
6.17	〔核〕	中国・新疆ウイグル自治区で初の水爆実験　中国は新疆ウイグル自治区のロプノールで、初の水爆実験(3Mt)を行った。
6月	〔資源〕	アラブ諸国、対英米石油輸出禁止　イラク、サウジアラビア、クウェート、アルジェリア、リビア、カタール等アラブ諸国が、イギリス・アメリカへの石油輸出を禁止した。9月に解除された。
7.1	〔核〕	核拡散防止条約の調印式　モスクワ・ロンドン・ワシントンで、核拡散防止条約(NPT)の調印式が行われた。
7.19	〔資源〕	日本海石油設立　日本海石油が設立された。
8.3	〔全般〕	公害対策基本法を公布・施行　「公害対策基本法」の公布・施行。公害の定義として、典型7公害:大気汚染、水質汚濁、騒音、振動、地盤沈下、悪臭、土壌汚染(1970年に追加)を挙げる。1993年、その内容を発展的に継承する「環境基本法」の成立により廃止となった。
8.11	〔再生〕	九州初の地熱発電所完成　大分県の九州電力大岳発電所で、日本初の熱水型シ

1967年（昭和42年）

ングルフラッシュ方式の事業用地熱発電所が運転を開始した。出力1万1000kW。全国で2番目に完成。

8月	〔原子力〕原研再処理試験、プルトニウムの回収に成功　日本原子力研究所再処理試験装置にて、プルトニウム18グラムの回収に成功した。
8月	〔資源〕サウジアラビア、クウェート、リビアが石油輸出禁止に反対　ハルツーム・アラブ外相会議で、サウジアラビア、クウェート、リビアの3国が石油の全面輸出禁止に反対した。
9.1	〔全般〕認定患者による四日市公害訴訟　四日市市の公害病認定患者9人が、市内の石油コンビナート6社を相手取り、損害賠償請求訴訟をおこした。日本初の本格的な大気汚染訴訟となった。
9.7	〔原子力〕アメリカから原子力空母寄港申し入れ　アメリカ代理大使から外務省に、原子力空母エンタープライズ号日本寄港の申し入れがあった。
10.2	〔原子力〕動力炉・核燃料開発事業団（動燃）発足　原子燃料公社を吸収合併し、「動力炉・核燃料開発事業団（動燃）」が発足した。動力炉開発及び核燃料開発を一元的に担う。理事長は井上五郎。
10.2	〔資源〕石油開発公団設立　7月29日に公布された石油開発公団法により、石油開発公団が設立された。石油資源開発は解散して、公団の事業本部となった。
10.10	〔資源〕出光千葉製油所で重油直接脱硫装置が完成　出光興産の千葉製油所で世界初の重油直接脱硫装置が完成した。
10.11	〔原子力〕西ドイツの原子力船、約6時間航海　西ドイツの原子力第一船「オットー・ハーン号」が、はじめて原子炉の運転により、母港キールからバルチックまで、約6時間を航海した。
10.17	〔資源〕リビアでイドリス油田発見　オクシデンタル社がリビアのイドリス油田で新たな油田を発見した。
10.18	〔原子力〕原研高崎研究所でコバルト60食品照射開始　日本原子力研究所高崎研究所で、リンゴ、ジャガイモなどへのコバルト60の本格的な食品照射がはじまった。11月20日には、玉ねぎの照射実験も行う。
10.30	〔資源〕鹿島石油設立　鹿島石油が設立された。
10.31	〔資源〕日石柏崎製油所閉鎖　日本石油は柏崎製油所を廃止した。
11.14	〔原子力〕原子力船「むつ」の定係港決まる　原子力第1船「むつ」の定係港が、青森県知事の同意により、青森県むつ市に決定した。
11.18	〔原子力〕日本原子力発電発電所で火災　午前11時20分、茨城県東海村の日本原子力発電東海発電所で、熱交換器関係のガス循環器の定期検査中に、飛び散った軸受けの潤滑油が発火し、同工務課の係員1名が死亡、2名が火傷を負った。発表によれば放射能漏れなどはなかった。
11.27	〔資源〕OPEC第14回総会開催　石油輸出国機構（OPEC）第14回総会がウィーンで27日から29日まで開催され、アブダビの加盟を承認した。
11.28	〔全般〕四日市のぜんそく罹患率を発表　大気汚染研究全国協議会が横浜で開催され、四日市市の大気汚染地区のぜんそく罹患率が非汚染地区に比べて3倍であることが発表された。
12.27	〔資源〕西シベリアでガス田発見　ソ連が西シベリアで世界最大級のウレンゴイ・ガス田を発見した。

12月	〔火力〕東電姉崎火力発電所で600MW級超臨界圧ユニットを採用	東京電力姉崎火力発電所で、日本初の600MW級超臨界圧ユニットが採用される。
この年	〔熱〕日本初の4サイクル直接噴射式ディーゼル・エンジン	日本初の4サイクル直接噴射式ディーゼル・エンジンが製作される。
この年	〔電力〕世界初の2ローター・ロータリー・エンジンを日本で製作	世界初の2ローター・ロータリー・エンジンが日本で製作される。
この年	〔原子力〕ワインバーグ、電弱統一理論を発表	アメリカの物理学者S.ワインバーグは、1961年にS.L.グラショウが発表した電弱相互作用に関する研究を発展させて、電磁相互作用と弱い相互作用を統一する理論を発表した。パキスタンの物理学者A.サラムも独立にこれを完成させたので、この理論をワインバーグ＝サラム理論と呼ぶ。
この年	〔再生〕アメリカで一般用燃料電池の開発が本格化	アメリカでは民生用（宇宙用、軍需用など特殊用途以外）のリン酸型燃料電池が実用化に向け開発された。
この年	〔再生〕海獺島灯台で海岸固定式波力発電装置の実用化	三浦半島の海獺島灯台で、海岸固定式波力発電装置（130W）の実用化がなされる。孤岩などに筒を固定して、その海面の上下により、発電が行われるもので、灯標基部に80cmのパイプを引き従来の3倍もの光力までに高めた。
この年	〔資源〕アブダビのザクム油田生産開始	1963年に発見されたアブダビのザクム油田で生産が開始された。
この年	〔資源〕イラン、石油開発についてフランス・ERAPと協定	イラン、国営イラン石油会社（NIOC）に全未開発地の開発権を付与し、フランス・ERAPと役務契約方式で協定を締結した。ERAPが探査を負担、開発は請負とし、ERAPに一定量の買付権を付与する内容。
この年	〔資源〕パルドーが、海底と資源を人類共有財産とする提案	国際連合海洋法総会でパルドー・マルタ国連大使が、沿岸国の排他的管轄権が及ばない海底と資源を人類の共有財産として国際的に管理・開発するよう提案した。1992年、「アジェンダ21」の海洋の項にこの理念が反映された。

1968年
（昭和43年）

1.1	〔資源〕カルテックス・ペトロリアムと改称	アメリカの石油会社カリフォルニア・テキサス・オイル（カルテックス）がカルテックス・ペトロリアムと改称した。
1.10	〔資源〕OAPEC結成	サウジアラビア、クウェート、リビアの3ヶ国がアラブ石油輸出国機構（OAPEC）を結成した。
1.13	〔資源〕オハイオ州で、原油パイプラインが破裂	アメリカ・オハイオ州北部のライマ市で原油の油送管が破れ、原油が街路にあふれ出たため、約8000人の市民が避難した。爆発を警戒して同市には非常事態が宣言された。原油が流出し始めた際に小さな爆発が続き、警官1人が負傷。また、下水溝のポンプ上に火災が起こり、油がそのままオタワ川に流れ込んで川は真っ黒になった。
1.17	〔原子力〕米原子力空母寄港反対派学生と警官隊衝突（佐世保事件・平瀬橋事件・佐世保橋事件）	長崎県佐世保市の国鉄佐世保駅とアメリカ海軍基地との間の平瀬橋付近で、

— 157 —

1968年（昭和43年）

反日本共産党系の全日本学生自治会総連合の学生約800名がアメリカ海軍の原子力航空母艦エンタープライズの寄港に抗議して、警備の機動隊5000名と激突し、報道関係の18名を含む155名が負傷。続く18、19、21日にも学生らと機動隊は佐世保橋付近で衝突し、住民ら無関係の19名を含む352名が負傷した。

1.17 〔資源〕**アブダビ石油設立** 大協石油、日本鉱業、丸善石油3社の均等出資によりアブダビ石油が設立された。

1.20 〔資源〕**琉球政府が製油所建設を許可** 琉球政府がガルフ・オイル、エッソ・イースタン、カルテックス、カイザーの4社に貯油基地を含む製油所の建設を許可、5月、エッソの琉球法人としてエッソ・スタンダード（沖縄）が設立された。

1月 〔資源〕**ガビンダ石油生産開始** アンゴラのカビンダで原油の生産が開始された。

2.26 〔原子力〕**日米新原子力協力協定調印、ウラン供給を確保** 日米新原子力協力協定の調印により、アメリカからのウラン供給が確保された。7月10日発効。

3.6 〔原子力〕**日英新原子力協定調印** 日英新原子力協定調印。10月15日発効。

3.30 〔全般〕**公害防止事業団法改正** 公害防止事業団法の一部改正法が公布された。

3月 〔火力〕**日本初の二段再熱サイクルが採用される** 関西電力姫路第二発電所4号機が、超臨界圧下で日本初の二段再熱サイクルを採用する。

3月 〔資源〕**石油開発公団がガス田を発見** 石油開発公団が新潟県で吉井ガス田、秋田県で西大潟油田を発見した。

4.26 〔核〕**ネヴァダ州で最大規模地下核実験** アメリカはネヴァダ州で最大規模地下核実験を行った。

4月 〔資源〕**第1回LNG国際会議開催** 第1回LNG国際会議がシカゴで開催された。

4月 〔資源〕**日本海洋掘削設立** 海外で石油・天然ガスの探鉱開発のため日本海洋掘削が設立された。

5.6 〔原子力〕**原潜ソードフィッシュ号、寄港中の佐世保港で異常放射能測定** アメリカの原子力潜水艦「ソードフィッシュ号」が寄港していた佐世保港で、異常放射能が測定された。科技庁は5専門家による検討会を開き、原因究明をおこなった結果、「確認は得られなかったが、米原潜ソードフィッシュによる汚染の疑いが濃い」という最終報告書を提出した。

5.16 〔原子力〕**原研、使用済み核燃料からプルトニウムを初抽出** 日本原子力研究所は、国産1号炉（JRR-3）の使用済燃料棒から、プルトニウム18gを初抽出した。10月2日にも105gを抽出した。

5.27 〔原子力〕**原子力潜水艦スコーピオンが遭難** 99人が乗り組み、正午にバージニア州ノーフォークに寄港する予定だったアメリカ海軍の原子力潜水艦スコーピオンが行方不明になった。28日、航路に沿った海面に油が浮いているのが発見され、6月5日、沈没と断定し救助不能とされた。半年後に大西洋アゾレス諸島沖の海底で発見された。核兵器と原子炉を搭載したままの沈没事故である。

6.8 〔資源〕**重油流出で浦賀水道海域が汚染** 静岡県下田町の約17km沖合で、フィリピンの貨物船ホセアバドサントス号（1万15t）が濃霧によりタンカー霧島丸（5万7706t）と衝突、沈没した。乗組員に死傷者はなかったが、3日後に船内から燃料の重油が流出し、浦賀水道付近の海域が汚染された。

6.10 〔全般〕**大気汚染防止法制定** 有害物質や発生施設を規定する大気汚染防止法が制定された。11月30日公布、12月1日施行。

− 158 −

6.12	〔核〕核拡散防止条約可決	国際連合総会は、5大国の核独占と条約締結国の原子力平和利用を認める、核拡散防止条約(NPT)を可決した。7月1日調印、1970年3月5日発効。日本は1970年2月に調印した。
6.24	〔資源〕OPEC第16回総会開催	石油輸出国機構(OPEC)第16回総会がウィーンで24日から25日まで開催され、基本的石油政策10項目を決議した。
6.26	〔資源〕サウジアラビアがアラムコに利権返還を要求	サウジアラビアは、アラビアン・アメリカン・オイル(アラムコ)に、石油利権の50%返還を要求した。
6月	〔再生〕岩手県葛根田で地熱本格調査開始	日本重化学工業(JMC)が、岩手県岩手郡雫石町滝の上地域(葛根田)で地熱開発の本格調査を開始した。
7.3	〔原子力〕日本原子力研究所材料試験炉で漏水	茨城県東海村の日本原子力研究所東海研究所の材料試験炉で、放射能を帯びた金属材料を炉内から研究室へ送る第1水路に水漏れのあることがわかり、同炉が運転を休止した。
7.8	〔資源〕東北石油設立	東北石油が設立された。
7.12	〔原子力〕日本原子力研究所制御室で火災	午前2時54分、茨城県東海村の日本原子力研究所東海研究所の第2号研究炉で制御室内の操作盤から出火し、部屋の一部と隣にあった変電盤が燃えた。原因は火元の配線の過熱で、同炉に影響はなかった。
7.17	〔資源〕ブルドー・ベイ油田発見	アトランチック・リッチフィールド(ARCO)が、アラスカ州ノーススロープのブルドー・ベイで最大級の油田を発見した。
7月	〔原子力〕那覇アメリカ海軍港付近で放射性物質汚染	沖縄那覇市でアメリカ海軍港付近の水や海底泥、魚介類などが原子力潜水艦の排出したとみられる放射性物質のコバルト60に汚染された(7月2日にアメリカ・琉球の合同調査で検出後、8月5日判定)。
7月	〔原子力〕日米原子力協定公布	日米原子力協定が公布された。
7月	〔再生〕日本地熱調査会が地熱資源調査受託	日本地熱調査会が経済企画庁より、「地熱資源の有効利用に関する調査研究」を受託した。これは調査業務第1号。
7月	〔資源〕西日本石油開発設立	三菱グループとシェルにより西日本石油開発が設立された。
8.20	〔資源〕インドネシアでプルタミナ設立	インドネシアはプルミナとプルタミンを統合し、国営石油会社プルタミナを設立した。
8.22	〔資源〕東洋石油精製設立	東洋石油精製が設立された。
8.24	〔核〕フランス初の水爆実験	フランスが南太平洋上空で、初の水爆実験を行った。2MT規模。
9.6	〔原子力〕米原潜寄港中の那覇軍港からコバルト60検出	アメリカの原子力潜水艦が寄港中の那覇軍港海底土壌からコバルト60が検出されたと、原子力潜水艦寄港・汚染問題調査研究委員会が発表した。
10.1	〔資源〕関西、富士、極東の製油所が完成	関西石油の堺製油所、富士石油の袖ヶ浦製油所、極東石油工業の千葉製油所がそれぞれ完成した。
10.2	〔原子力〕ORNL実験炉で、世界で初めてウラン233を燃料で臨界	アメリカのオークリッジ国立研究所(ORNL)の溶融塩燃料実験炉MSRE(熱出力1万kW)で、世界で初めてウラン233を燃料にして、臨界に達した。
11.10	〔資源〕フィリピンでガソリンタンク爆発	フィリピン中央部イロイロ市のラパズ地区でガソリンタンクが爆発した。19人が死亡、57人が負傷したとみられる。死者のほとんどは

子どもだった。タンクに繋がるパイプからガソリンが漏れて爆発したもの。

12.5　〔資源〕浦賀水道でタンカーと貨物船が衝突、重油流出　東京湾口の浦賀水道で、川崎から出港した貨物船富浦丸（1万19t）が、シンガポールから千葉港に向かうインド船籍のタンカーアディジャヤンティ号（2万418t）と衝突、富浦丸が船首を、タンカーは左舷中央を損壊し、タンカーから流出した燃料の重油により千葉県産の海苔などに壊滅的な被害が発生した。

12.10　〔資源〕日本石油開発設立　日本石油開発が設立された。

この年　〔電力〕アメリカでサマリウム・コバルト磁石を発明　アメリカでサマリウム・コバルト磁石が発明される。

この年　〔電力〕松下電器産業、酸化亜鉛バリスタを開発　松下電器産業、異常電圧による事故を防止する低電圧用の酸化亜鉛バリスタの開発に成功。

この年　〔電力〕大規模集積回路LSIの生産を開始　テキサス・インスツルメンツ社、MOS-LSI（MOSトランジスターを基本素子とする大規模集積回路）の試作を発表。同年、LSIの生産が開始される。

この年　〔再生〕松川地熱発電所の出力増加　1966年10月8日に運転を開始した岩手県の松川地熱発電所は、追加井を掘削したことにより、出力が2万kWとなった。1973年には2.2万kW、タービン更新により1993年には2万3500kWとなった。

この年　〔資源〕OPEC第15回総会を開催　第15回石油輸出国機構（OPEC）総会が開催され、生産制限支持が決議される。

1969年
（昭和44年）

1.14　〔原子力〕原子力空母「エンタープライズ」ハワイ海上で火災　世界最大の原子力空母エンタープライズが、ハワイのオアフ島南西120kmの海上で大火災を起こした。空母に着艦しようとした飛行機から爆弾が落ち、12、13回の爆発が発生、死者26人の大惨事となった。29日、ジェット機発進用の小型ジェット・タービンの排気熱によって、近くにあったジェット機に積んであった空対地ミサイルが爆発したことが事故原因であると発表された。

3.29　〔火力〕静岡県富士市で東電発電所建設反対派住民と警官隊が衝突　午前0時過ぎ、静岡県富士市の公害反対市民協議会や周辺地域に住む農漁業の関係者ら数百名が東京電力富士川火力発電所建設計画と市議会の誘致案に反対して同議場を占拠、機動隊と衝突し、うち数名が負傷した。

3.31　〔原子力〕IAEA、INIS計画を承認　国際原子力機関（IAEA）は、INIS（国際原子力情報システム）計画を承認した。

3.31　〔原子力〕ガス拡散法によるウラン濃縮成功　理化学研究所・住友電工は、アルミナ製隔壁を共同開発し、ガス拡散法によるウラン濃縮に成功した。

4.11　〔原子力〕日本原子力研究所でプルトニウム飛散　茨城県東海村の日本原子力研究所東海研究所でプルトニウム70mgの入ったポリエチレン製の瓶が破損し、硝酸とケロシンの混合溶液が研究室内に飛散。このため同室内の空気1cm^{3}当たり100億分の1から100億分の5キュリーの比較的弱い放射能汚染が発生したが、5月末までに除去作業は終わった。

5.4	〔資源〕アブダビでムバラス油田発見　アブダビでムバラス油田が発見された。のち1973年5月に生産を開始する。
5.9	〔資源〕エジプト・ソ連石油炭鉱協定　エジプトとソ連が石油炭鉱協定に調印した。
5.11	〔原子力〕ロッキーフラッツ核工場で火災事故　アメリカ・コロラド州のロッキーフラッツ核工場で、火災が発生した。プルトニウム2000kgが燃焼し、大部分が外部に放出された。放射能汚染のため4500万ドルの損害。
5.23	〔全般〕厚生省、初の公害白書を発表　初の「公害白書」発表。千葉県千葉・市原、三重県四日市、岡山県水島の3地域に対し、公害防止計画の基本方針が示された。
5.28	〔原子力〕高速炉用ナトリウム加熱蒸気発生器の開発成功　三菱原子力は、高速炉用ナトリウム加熱蒸気発生器の開発に成功した。
5.30	〔原子力〕動燃、遠心分離法によるウラン濃縮実験成功　動力炉・核燃料開発事業団は、遠心分離法によるウラン濃縮実験に成功。
6.2	〔資源〕西ドイツ、デミネックス設立　西ドイツで民族系8社が参加して石油供給会社デミネックスを設立した。
6.12	〔原子力〕原子力第一船「むつ」進水　東京都江東区の石川島播磨重工業で、原子力船「むつ」の進水式が行われた。皇太子ご夫妻が出席された。
7.8	〔資源〕OPEC第18回総会開催　石油輸出国機構（OPEC）第18回総会がウィーンで開催され、アルジェリアの加盟を承認した。
7.15	〔資源〕ソ連、イラクと石油開発協定締結　ソ連が、イラクと石油開発協定を締結した。
7.16	〔熱〕アポロ11号を打ち上げ　アメリカ航空宇宙局（NASA）、宇宙船アポロ11号を打ち上げ。20日、ニール・オールデン・アームストロング船長とバズ・オルドリンが人類として初めて月面に着陸。
7.19	〔資源〕三井石油開発設立　三井石油開発が設立された。
7月	〔資源〕ムバラス油田発見　日本のアブダビ石油はムバラス油田で試掘に成功した。1973年5月7日、生産開始。
7月	〔資源〕大陸棚石油天然ガス資源開発懇談会発足　日本周辺海洋における石油・天然ガス資源の探鉱開発を促進することを目的に大陸棚石油天然ガス資源開発懇談会が発足した。
9.15	〔資源〕タンカー運賃基準レートを変更　タンカー運賃基準レートが、ワールド・スケール・方式へ変更された。
9.27	〔核〕被爆者二世が白血病で死去　広島市牛田町松風園団地在住の被爆者二世で広島女学院ゲーンズ幼稚園児（5歳）が急性骨髄性白血病により死亡した。1969年には被爆者二世3名が同病で死亡した。
9.29	〔原子力〕溶融塩燃料実験炉MSRE、12000時間の全出力運転達成　アメリカの溶融塩燃料実験炉MSREが、12000時間の全出力運転を達成した。フッ化プルトニウム溶融塩燃料の安全性が実証された。
10.1	〔資源〕アモコ・インタナショナルと改称　アメリカン・インタナショナル・オイルがアモコ・インタナショナルと改称した。
10.1	〔資源〕日鋼など製油所完成　日本鉱業の水島製油所、ゼネラル石油精製の堺製油所、日本海石油の富山製油所がそれぞれ完成した。11月には西部石油の山口製油所が完成した。

1969年（昭和44年）

10.1	〔資源〕日石基地、喜入基地を完成　日本石油基地が、喜入基地第1期工事を完成した。
10.5	〔資源〕日石基地喜入基地から原油流出　鹿児島県喜入町の日本石油基地喜入基地から原油が鹿児島湾に流れ出し、隣接の指宿市の岩本漁港の沖合をはじめ同基地周辺の海域でボラなどの魚介類に被害があいついだ。
10.17	〔原子力〕サン・ローラン・デゾー原発1号機で炉心溶融事故　フランスのサン・ローラン・デゾー原子力発電所1号機（黒鉛炉、48万kW）で、50kgのウランの炉心溶融事故が発生した。
10月	〔資源〕タンカー船主自主協定発効　石油汚濁責任に関するタンカー船主自主協定TOVALOPが発効した。
11.8	〔原子力〕原研で被曝事故　茨城県の日本原子力研究所東海研究所で、職員が放射性水銀を吸い込む被曝事故が発生した。
11.26	〔全般〕公害被害者全国大会開催　公害被害者全国大会が初めて開催された。
11.29	〔資源〕油による汚染損害についての民事責任に関する国際条約採択　政府間海事協議機関（IMCO）が、油汚染事故の公海上の措置に関する国際条約、油による汚染損害についての民事責任に関する国際条約を採択した。日本は1970年5月に批准。
11月	〔再生〕地熱発電設備輸出第1号　東芝がメキシコ電力庁のセロブリエト発電所へ、シングルフラッシュ複流排気形37.5MW発電設備を出荷した。
11月	〔資源〕LNガス輸入開始　東京電力、東京ガスがアラスカ産LNガスの輸入を開始、第一船は東京ガス根岸工場に入港した。
12.1	〔資源〕ジャワ島沖合で油田を発見　インドネシア、ジャワ島沖合で巨大油田が発見された。
12.4	〔原子力〕国連総会で核実験停止決議案採択　全ての核実験の停止決議が、国際連合総会政治委員会で採択された。
12.15	〔全般〕公害健康被害救済法公布　公害の被害に対する医療補償を定める「公害に係る健康被害の救済に関する特別措置法」が公布された。治療関係費の一部を一時金として給付するもので、費用は産業界と政府が折半。1970年2月1日施行、新法公布により1973年に廃止。
12.29	〔原子力〕東北地方に放射性物質飛来　東北地方に中国の核爆発実験によるとみられる放射能を含む灰が飛来した（同日検出）。
この年	〔熱〕日本初のフルトランジスター式点火装置　日本初のフルトランジスター式点火装置が製作される。
この年	〔再生〕フランスで太陽炉が完成　フランス・オデオに太陽光を集光して高温を生み出す装置である太陽炉が完成。
この年	〔資源〕ノルウェーでエコフィスク油田発見　ノルウェーの港町スタヴァンゲル南西約310km地点にエコーフィスク油田が発見される。北海で発見された油田中最初のもので、その規模は最大を誇る。
この年	〔全般〕アメリカで国立高エネルギー物理学研究所設立　アメリカ、イリノイ州のバタヴィアにアメリカ合衆国エネルギー省の国立高エネルギー物理学研究所が建設された。通称フェルミ国立加速器研究所またはフェルミ研究所と呼ばれる。「原子炉の父」と言われる原子物理学者フェルミの名に由来する。

1970年
(昭和45年)

1.16 〔資源〕アブ・ギラブ油田発見　ERAPがイラクでアブ・ギラブ油田を発見した。

1.19 〔原子力〕インド初の原発　インドで、初の原子力発電所が完成した。

1.26 〔資源〕リビア、原油公示価格値上げを要求　リビアが石油会社に対し原油公示価格の早期値上げを要求した。

1月 〔全般〕環境教書発信　アメリカで「国家環境政策法(NEPA)」に初めて環境影響評価(アセスメント)の概念が盛り込まれた。また、ニクソン大統領と連邦議会が環境教書を世界に発信した。

2.1 〔全般〕四日市ぜんそくで医療費給付開始　1969年制定の「公害に係る健康被害の救済に関する特別措置法」が施行された。2月、同法に基づき四日市地域の公害病患者に対する医療費などの給付が開始された。

2.3 〔核〕核拡散防止条約に調印　日本、アメリカ、ソ連、イギリスの各駐在大使が、発効が間近になった核拡散防止条約(NPT)に調印。同年3月5日発効した。

2月 〔原子力〕高速増殖実験炉「常陽」を設置　動力炉・核燃料開発事業団の高速増殖実験炉「常陽」(原子炉熱出力5万kW)の設置が許可される。

3.4 〔原子力〕英、西独、蘭がガス遠心分離法による濃縮ウラン共同生産協定に正式調印　イギリス、西ドイツ、オランダの3ヶ国はガス遠心分離方式による濃縮ウランの共同生産協定に、欧州原子力共同体(EURATOM)の承認を経て、正式に調印した。3%濃縮ウランを年間350t生産するというもの。

3.7 〔原子力〕原研東海研究所内で放射能汚染　茨城県東海村の日本原子力研究所東海研究所の施設内で放射能汚染が発生した(17日に定期検査で発見)。

3.9 〔全般〕公害問題国際シンポジウムが開催　社会科学者らによる公害問題国際シンポジウムが東京で開催され、12日に環境権を盛り込んだ東京宣言が採択された。

3.14 〔原子力〕敦賀発電所営業運転開始　福井県敦賀市に日本初の沸騰水型軽水炉である日本原子力発電敦賀発電所(アメリカ製BWR、33万7000kW)が100時間連続全出力運転を達成後、営業運転を開始した。大阪万国博覧会に送電した。

3.26 〔核〕アメリカが地下核実験　アメリカが、ネバダ州で大規模な地下核実験(TNT換算100万t)を実施した。

3.27 〔資源〕リビア、新石油会社リノコを設立　リビアが国営石油会社リペトコを発展的解消させ、新たに総合国営石油会社リノコを設立した。

3.31 〔資源〕日石秋田製油所廃止　日本石油が秋田製油所を廃止した。

3月 〔核〕核拡散防止条約が発効　核兵器の不拡散に関する条約(NPT)が発効。核軍縮を目的とする条約で、米露英仏中5ヶ国以外の核兵器保有を禁じるもの。2015年2月現在の締結国は191ヶ国・地域。

4.8 〔資源〕石油会社国際評議会が定款を決定　石油会社国際評議会(OCIMF)が定款を決

定した。

4.27　〔原子力〕世界初の原子力ペースメーカー移植成功　パリのブルッセ病院にて、心筋患者に世界初の原子力ペースメーカーが体内移植された。プルトニウム238使用。

4月　〔火力〕南横浜火力発電所が稼働　東京電力南横浜火力発電所第1号機(35万kW)、世界初の硫黄分がない液化天然ガス専焼運転を開始。

4月　〔資源〕石油資源開発発足　石油開発公団の事業本部部分が独立し、石油資源開発として発足した。

5.15　〔核〕フランスが核実験　南太平洋でフランスの核実験が行われた。

5.15　〔資源〕サウジアラビア、送油停止問題でシリアを非難　サウジアラビアが、タップ・ラインの送油停止問題でシリアを非難した。

5.18　〔資源〕アジア共石設立　アジア共石が設立された。

5.25　〔資源〕リビア、石油会社に減産命令　リビア政府が、オクシデンタル社に減産を命令。6月15日にはエッソ、アメリカンオーバーシーズ石油会社にも同様の命令を出した。

5.29　〔資源〕OAPECに5ヶ国加盟　アルジェリア、アブダビ、カタール、バーレーン、ドバイの5ヶ国がOAPECに加盟した。

5.30　〔全般〕大気汚染防止法規制対象に鉛が追加　大気汚染防止法政令の排出規制対象として、鉛が追加された。

6.1　〔全般〕公害紛争処理法公布　「公害紛争処理法」が公布された(11月1日施行)。

6.3　〔全般〕排ガス無鉛化のガソリン規制　通商産業省により、ハイオクタンガソリンの鉛を7月までに半減し、普通ガソリンは5年以内に無鉛化するガソリン規制が定められた。

6.20　〔原子力〕IAEA、保障措置委員会を発足　国際原子力機関(IAEA)は、NPTに基づき核拡散防止を目的とする保障措置協定を審議するため、保障措置委員会を発足させた。

6.24　〔原子力〕日本最大の原子力発電センター建設計画発表　東京電力と東北電力は、青森県下北半島の東通村に、わが国最大の原子力発電センター(2000万kW)を建設する計画を発表した。

6月　〔資源〕リビアがメジャーズ4社を国有化　リビアが国内の外国会社、シェル・リビア、エッソ・リビア、ペトロリビアなど4社を国有化、国営会社LGPC改廃して国営石油会社NOCを設立した。

7.14　〔原子力〕原子力人工補助心臓移植手術成功　イギリス・ロンドンの国立病院で、心臓障害患者にプルトニウム238を電源とする人工補助心臓を移植する手術が成功した。

7.17　〔資源〕イラク政府がIPCに警告　産油量引き揚げおよび利権料の経費化の問題をめぐり、イラク政府は利権協定を再検討するとイラク石油会社(IPC)に警告した。

7.17　〔資源〕エジプト石油開発設立　エジプト石油開発が設立された。

7.18　〔全般〕首都圏で光化学スモッグが発生　首都圏(東京・神奈川・千葉など)において、光化学スモッグが発生。夏の日中屋外にいた生徒らに、目や喉の痛み、呼吸困難、めまいや痙攣などの症状が多発。

7.23　〔資源〕アルジェリアが原油公示価格引き上げ　アルジェリアが原油公示価格を大幅に引き上げた。

7.24	〔全般〕長期エネルギー需給バランスの改定	総合エネルギー調査会需給部会は、長期エネルギー需給バランスを改定した。
7.29	〔原子力〕関西電力美浜原発が稼働	福井県三方郡美浜町丹生に位置する関西電力美浜発電所1号機が臨界に達する。7月29日、大阪府吹田市の万博会場への約1万kWの試送電が実施される。11月28日、1号機の営業運転を開始(34万kW)。電力会社による日本初の原発であり、日本初の加圧水型軽水炉でもある。
8.1	〔資源〕コンゴ石油設立	コンゴ石油が設立された。のち1971年12月15日にザイール石油、1997年9月帝石コンゴ石油と改称する。
8.3	〔原子力〕多核弾頭ミサイルの実験成功	アメリカの原子力潜水艦が、ポセイドン・ミサイル(多核弾頭ミサイル)の水中発射実験に成功した。
8.8	〔原子力〕美浜1号機、初発電	関西電力美浜発電所1号機が初発電に成功し、大阪万博へも送電された。
8.10	〔全般〕アメリカ、初の環境白書	ニクソン大統領が、初の環境白書を議会に提出した。
8.21	〔原子力〕ドーンレイ高速増殖炉で火災事故	イギリスのドーンレイ高速増殖炉で、ナトリウム漏えい事故による火災が発生し、約8時間燃えた。
9.5	〔資源〕リビアが原油公示価格引き上げに合意	リビア政府とオクシデンタルの原油公示価格引き上げ交渉が、30%引き上げで妥結した。14日に実施された。
9.9	〔資源〕リビア、原油課税と価格決定方式を改訂	リビア政府は、原油課税と利益折半価格の決定方式を改定した。
9.22	〔全般〕アメリカで大気汚染防止法案可決	大気汚染防止法案(マスキー法案)が、アメリカ上院で可決した。
9月	〔資源〕水溶性天然ガス採集規制強化	東京通産局が、千葉県での水溶性天然ガスの採集について規制を強化した。
10.2	〔熱〕日産、ロータリー・エンジンの技術導入契約調印	日産自動車が、ドイツ・NSU社とロータリー・エンジンの技術導入契約に調印した。
10.2	〔資源〕石油パイプライン設立	石油パイプラインが設立された。
10.16	〔資源〕静岡県沖合で軽油輸送中のタンカー沈没	静岡県下田町の沖合で、タンカー笠松丸(801t)が川崎港から名古屋港へ軽油1500kgを輸送中、爆発、炎上して4日後に沈没し、乗組員2名が死亡した。
10.24	〔電力〕三菱重工業長崎造船所でボイラー爆発	午後1時過ぎ、長崎市飽ノ浦の三菱重工業長崎造船所の組立工場で試運転していた発電用原動機(出力3万3000kW)のボイラーが爆発。飛び散った鉄片により工場の屋根が吹き飛び、周辺の住宅20棟の屋根や窓ガラスなどが壊れ、従業員3名と約800m離れた住宅の居住者1名が死亡、54名が重軽傷を負った。
10.26	〔資源〕ナイジェリア原油公示価格引き上げ	ナイジェリアで原油公示価格が引き上げされた。
10月	〔資源〕第2回LNG国際会議開催	第2回LNG国際会議がパリで開催された。
11.5	〔資源〕東洋石精中城製油所完成	東洋石油精製の中城製油所が完成した。
11.6	〔資源〕合同石油開発設立	合同石油開発が設立された。
11.21	〔資源〕出光兵庫製油所完成	出光興産の兵庫製油所が完成した。

1970年（昭和45年）

11.24	〔全般〕公害国会開催　1970年11月の臨時国会は、公害問題に関する法令の抜本的な整備を目的として通称"公害国会"が開かれ、改正公害対策基本法、公害罪法など公害関係の14法案が提出され、可決・成立した。また、公害対策基本法の"経済との調和"条項は削除された。1971年7月、環境庁（現・環境省）が設置された。
11.28	〔原子力〕美浜原発1号機、営業運転開始　関西電力美浜発電所1号機（PWR、34万kW）が営業運転を開始した。日本で3番目、加圧水型では日本初の商業用原子炉となる。
11月	〔原子力〕「ふげん」設置　動力炉・核燃料開発事業団の純国産転換炉「ふげん」（電気出力16万5000kW）の設置が許可される。
11月	〔資源〕フォーティーズ油田発見　ブリティッシュ・ペトロリアム（BP）が北海でフォーティーズ巨大油田を発見した。
12.9	〔資源〕OPEC第21回総会開催　第21回石油輸出国機構（OPEC）総会がカラカスで開催され、1960年の据置以来初めてとなる、全油種の公示価格引き上げを決議。また、中東・アフリカ・ベネズエラの3グループがそれぞれ石油メジャーと交渉を行うこととなる。
12.23	〔全般〕総合エネルギー調査会答申　総合エネルギー調査会は、通産大臣に対し、エネルギー問題と今後の産業政策について答申。
12.25	〔全般〕公害関係14法公布　公害対策基本法改正法ほか、公害関係14法が公布された。
12月	〔再生〕岩手県での地熱開発で協定締結　東北電力と日本重化学工業が、岩手県滝の上地域（葛根田）における地熱開発に関する共同開発基本協定（出力5万kW）を締結した。
12月	〔全般〕道路交通法に公害規定追加　大気汚染・騒音・振動といった自動車による交通公害に関する規定を盛り込む「道路交通法」改正が行われた。
12月	〔全般〕廃棄物処理法を制定　1970年12月廃棄物処理法が制定され、1971年9月施行された。
この年	〔熱〕日本初の電子制御燃料噴射装置製作　日本初の電子制御燃料噴射装置が製作される。エンジンの電子制御研究の嚆矢。
この頃	〔再生〕3000kW風車の実証試験　イギリスやスウェーデンで、3000kW風車の実証試験が行われた。
この頃	〔再生〕GROWIAN計画　ドイツでは、大型風車の開発を目的とするGROWIAN（3000kW風車）が計画された。
この頃	〔再生〕NASA/ERDAのMODシリーズが開発　アメリカで、NASA/ERDAのMODシリーズなど大型風車の開発が行われた。
この頃	〔再生〕液体水素燃料エンジンが開発される　スペースシャトルの主エンジンとして液体水素燃料エンジンが開発された。
この頃	〔再生〕浮体式洋上風力発電の構想発表　アメリカ・マサチューセッツ大学のW.E.ヒロニマスが自然エネルギー利用の可能性を検討して、浮体式洋上風力発電の構想を発表。ニューイングランド沖に浮体式の洋上発電プラントを複数の風車を組み合わせて設置し、その電力で水を電気分解して水素製造を行うというもの。

1971年
（昭和46年）

1.6 〔資源〕**興亜石油大阪製油所完成** 興亜石油の大阪製油所が完成した。

1.13 〔全般〕**フランス、環境省設置** フランスで環境省が設置された。

1.13 〔全般〕**総合エネルギー調査会、地域暖冷房事業振興について中間報告** 総合エネルギー調査会第7回熱供給部会は、地域暖冷房事業の振興について中間報告。

1.18 〔資源〕**米サンフランシスコ湾でタンカー衝突による石油流出** 1万トン級の大型タンカー同士がアメリカのサンフランシスコ湾にかかるゴールデン・ゲートの下で衝突、757万ℓの燃料用石油が流出し、太平洋岸にまで流れた。サンフランシスコ湾はこのため史上最悪の油汚染に見舞われた。23日にはコネチカット州ニューヘブン港入口で、大型タンカーが座礁し、38万5000ガロンの重油が流出した。

1.21 〔資源〕**地中海でタンカー爆発** リベリア船籍のタンカー、ユニバース・パトリオット号（8万3882t）がサルディニア島南西海岸沖約4kmの地中海で爆発、炎上した。39人の乗組員のうち23人は救助されたが、16人は行方不明となり、のちに死亡とされた。同船はフランスのポール・ド・ブー港で石油を降ろし、トリポリに向かう途中だった。油をおろした後、残留原油から発生したガスが空のタンクにこもり、ガスの濃度が高まったところに静電気など何らかの火源があって爆発したとみられる。

1.26 〔資源〕**出光日本海石油開発設立** 出光日本海石油開発が設立された。のち1976年に出光石油開発と改称する。

1.28 〔資源〕**アルジェリア・フランス、暫定石油協定を締結** アルジェリアとフランスが暫定的な石油協定を締結した。原油基準価格を2.58ドル/バレルと定めた。1961年にさかのぼって実施された。

2.3 〔資源〕**OPEC第22回総会開催** 石油輸出国機構（OPEC）第22回総会がテヘランで3日から4日まで開催された。原油値上げを決議。会社側が認めない場合、原油供給停止等の措置をとるとした。

2.14 〔資源〕**テヘラン協定成立** ペルシャ湾岸6ヶ国と国際石油会社がテヘラン協定を成立した。課税率の引き上げ、原油公示価格の一律35セント引き上げ、インフレーション対策エスカレーション条項等を規程する。

2.24 〔資源〕**アルジェリアが外資石油会社資産の半分を国有化** アルジェリアがフランス系石油会社の資産と利権の51％を国有化、天然ガス部門、輸送部門については全面的に国有化した。

3.10 〔資源〕**日本、メコン・デルタ油田開発に参加** 南ベトナム、メコン・デルタ沖の油田開発に日本の参加が決定。石油公団と8社、海洋石油を設立した。

3.26 〔原子力〕**福島第一原発1号機、営業運転開始** 東京電力福島第一原子力発電所1号機（GE製BWR、40万kW）が営業運転を開始した。

3.27 〔資源〕**ノースカロライナ州沖で大型タンカー石油流出** アメリカのノースカロライナ州ハテラス岬沖200kmで、アメリカのタンカーがまっぷたつに折れて沈没、20人が行方不明になったほか、大量の石油が流出した。同船は2万8000kℓの石油を積んでテキサス州ボー

1971年（昭和46年）

トアーサーからボストンへ向かう途中だった。

3月 〔原子力〕高エネルギー物理学研究所設置　筑波学園都市に、高エネルギー物理学研究所を設置することが決定した。

4.1 〔資源〕トリポリ協定成立　地中海沿岸4ヶ国と国際石油企業22社の間でトリポリ協定を締結。リビアの原油公示価格が引き上げ、アルジェリアも新価格を設定した。

4.1 〔資源〕ナイジェリアが国営石油会社を設立　ナイジェリアが国営石油会社NNOCを設立した。1977年にNNPCと改称。1971年～1972年付与の沖合新鉱区で51%のシェアを獲得。

4月 〔電力〕マイクロプロセッサが登場　アメリカのインテル社、日本のビジコン社と共同開発した4ビットマイクロプロセッサである4004を発表。世界初のマイクロプロセッサの一つだが、ほぼ同時期に各社が相次いでマイクロプロセッサを発表しており、モーターのマイコン制御が飛躍的に発達する契機となる。

5.10 〔全般〕公害対策法公布　公害防止事業の費用負担を定めた「公害防止事業費事業者負担法施行令」が公布された。26日には、地方公共団体の公害防止対策事業費の国の負担・助成割合を定める「公害の防止に関する事業に係る国の財政上の特別措置に関する法律」が公布された。

5.20 〔資源〕日本海洋石油資源開発設立　日本海洋石油資源開発（JPO）が設立された。

5.31 〔全般〕環境庁設置法公布　環境庁設置法が公布された。

5月 〔資源〕北海道沖で廃油汚染　5月頃、北海道の南東北緯38度から42度、東経145度から163度にかけての海域で廃油がボール状に固まって浮遊、拡散し、海面付近が$1m^2$当たり3mgの濃度で汚染されていることが、道立釧路水産試験場によるサンマの産卵場調査でわかった。同海域は千島海流（親潮）と日本海流（黒潮）の出会うところで、原因は本州南岸の臨海工業地帯の工場やタンカーなどの排油類。

6.10 〔全般〕公害対策法公布　「特定工場における公害防止組織の整備に関する法律」が公布された。

6.13 〔資源〕第8回世界石油会議開催　第8回世界石油会議がモスクワで13日から19日まで開催された。

6.28 〔資源〕石油産業海事協議会設立　石油産業海事協議会が設立された。1974年4月25日に石油商事協会と改称。

6月 〔資源〕OECDが石油備蓄を勧告　経済協力開発機構（OECD）が90日分以上の石油備蓄保有を勧告した。

7.1 〔全般〕環境庁発足　公害・環境問題に取り組む新官庁「環境庁」が発足した。

7.12 〔資源〕OPEC第24回総会開催　石油輸出国機構（OPEC）第24回総会がウィーンで開催された。ナイジェリアの加盟を承認、生産調整、石油事業への参加推進等を決議した。

7.13 〔原子力〕原研東海研究所で廃棄物発火　朝、茨城県東海村の日本原子力研究所東海研究所の放射性廃棄物処理施設でコバルト60やセシウム、セリウムなど液体の放射性同位元素を入れたポリエチレン製の25ℓ容器が破裂、瓶内の燃料が発火し、容器と廃棄物が焼け（全体の約30%）、壁の一部が焦げたほか、同施設内で空気$1cm^3$当たり2ピコキュリーのトリチウムと、床面積$100cm^2$当たり20dpm（毎分崩壊数）の放射能によるごく弱い汚染が発生した。原因は作業員が容器の蓋をはずすのを忘れたため。

7.15 〔原子力〕日本原電東海発電所で放射能漏れ　茨城県東海村の日本原子力発電東海発電所で制御棒を炉内から保管孔への移送作業中、放射能が漏れ、発電課の当直係員ら3名が法

— 168 —

資源・エネルギー史事典　　　　　　　　　　　　　　　　　　　　　　　　　　　1971年（昭和46年）

　　　　　定許容量（3ヶ月間に3レム）を超える9.42レムから2.98レムの放射線を浴びた（同21日に科学
　　　　　技術庁が公表）。

7.28　　〔原子力〕スイス、原発で火災　　スイスのベルンに近いミューレベルク原子力発電所で、
　　　　　タービン室に火災が起こり、同発電所は無期限閉鎖となった。タービン潤滑系統で発生した
　　　　　火災は2時間半燃え続けたが、原子炉は火災発生から30秒後に自動的に閉鎖。同発電所は3月
　　　　　に試運転に入り、10月に営業運転に入る予定だった。

7月　　　〔資源〕ブレント油田発見　　イギリス領シェトランド諸島北東沖の北海でブレント油田が
　　　　　発見された。ここで主に採掘されるブレント原油は国際的な原油価格の指標の一つ。

8.1　　　〔原子力〕日本アイソトープ協会と改称　　日本放射性同位元素協会は、日本アイソトー
　　　　　プ協会と名称を変更した。

8.9　　　〔資源〕インドネシアがPS方式の条件を改定　　インドネシアがPS方式の条件をプルタ
　　　　　ミナ67.5％対外国石油会社32.5％から、各70％対30％に改定した。

8.29　　〔再生〕一ツ瀬川で水質汚濁　　宮崎県西都市の一ツ瀬川で台風23号の通過以降、水質汚
　　　　　濁が続き、流域産の魚介類に被害が発生した。県の調査によれば、汚染源は同川上流にある
　　　　　九州電力一ツ瀬ダムであった。1972年10月に九州電力がダム取水口の改善計画を提示する。

8月　　　〔資源〕アブダビで国営石油会社設立　　アブダビで国有石油会社アドノックが設立さ
　　　　　れた。

8月　　　〔資源〕青森市石油貯蔵基地で悪臭被害　　青森市沖館の石油貯蔵基地の周辺地域で悪臭
　　　　　が深刻化し、8月24日と26日に実施された市健康診断では住民91名のうち2名に肝機能障害、
　　　　　6名に吐き気などの症状が発見された。

9.14　　〔全般〕中央公害対策審議会設置　　中央公害対策審議会が設置された。

9.20　　〔原子力〕三井造船イリジウム紛失　　千葉県市原市八幡海岸通の三井造船千葉造船所で
　　　　　溶接部分の非破壊検査に使用する放射性同位元素イリジウム192（約6キュリー）を紛失、同
　　　　　造船所の下請け配管作業員（20歳）が拾い、約6km離れた勤務先の寮に持ち帰って触ったり
　　　　　したところ、拾得者、同僚6名が吐き気などの症状を訴えて放射線医学総合研究所付属病院
　　　　　に入院し、うち1名は白血球数が減少、重体に陥った。

9月　　　〔再生〕秋田県で地熱調査開始　　同和鉱業が、秋田県湯沢町泥湯・小安地域（上の岱）で
　　　　　地熱開発調査を開始した。

11.1　　〔資源〕低硫黄原油関税引き下げ　　低硫黄原油の関税が引き下げられた。

11.6　　〔核〕アメリカ、地下核実験を強行実施　　アメリカは、アリューシャン列島アムチトカ
　　　　　島において、自然環境を破壊すると言う世論を無視して、史上最大の5メガトン級（広島型の
　　　　　250倍）の地下核実験を強行実施した。

11.30　〔資源〕新潟沖でタンカー座礁による原油流出　　リベリア船籍のタンカージュリアナ号
　　　　　（1万9124t）が新潟市日和山の海岸付近から北北西の強風に流され、新潟港西防波堤の燈台
　　　　　付近で座礁。乗組員47名は全員救助されたが、船体は両断して積荷のペルシャ湾産原油2万
　　　　　1742kℓのうち7196kℓが流出、現場付近の海域を汚染した（12月2日に船長を逮捕）。

12.1　　〔原子力〕三菱原子燃料発足　　三菱金属鉱業、三菱重工業、ウェスティングハウス・エレ
　　　　　クトリック社の合弁で、三菱原子燃料が発足した。社長は山県四郎。

12.7　　〔核〕ビキニ水爆実験の被曝調査　　原水爆禁止日本国民会議がビキニ水爆実験被曝調査
　　　　　団をミクロネシアに派遣した。

12.8　　〔資源〕リビアがBP資産の50％を国有化　　リビアがブリティッシュ・ペトロリアム

－ 169 －

(BP) の国内原油資産の50%を国有化した。翌年12月には全面国有化した。

12.25　〔全般〕大気汚染防止法施行令改正　「大気汚染防止法施行令」の一部改正、政令公布。「大気汚染防止法施行規則」の一部改正、総理府令公布。硫黄酸化物の第4次規制が設置された。

12月　〔資源〕千葉県海岸で廃油汚染　千葉県木更津市の海岸付近に廃重油が漂着し、特産の養殖海苔柵に深刻な被害があった（1972年12月に地元の漁業関係者が提訴）。

この年　〔電力〕トホーフト、ヤン＝ミルズ理論の繰り込み可能性を証明　オランダの理論物理学者ヘーラルト・トホーフトが、ヤンとミルズによって提唱されたゲージ場が繰り込み可能であることを証明した。

この年　〔火力〕東京電力、GMFを世界初設置　東京電力大井火力発電所2号機に、NO$_x$低減用排ガス混合ファン（GMF）が世界で初めて設置される。

この年　〔資源〕日本各地で船舶廃油汚染が深刻化　1971年頃から、東京湾や伊勢湾、瀬戸内海、南西諸島など全国各地の沿岸付近の海域を中心にタンカーを含む船舶多数の投棄した廃油がボール状またはタール状に固まり、海水浴場が閉鎖されたり魚介類が異臭を放ったりするなど汚染が深刻化した（1972年7月25日に海上保安庁が汚染実態を公表）。

この頃　〔原子力〕日本原電敦賀発電所で放射能汚染　福井県敦賀市の日本原子力発電敦賀発電所で放射性同位元素のコバルト60を含む廃水を排出し、排水口付近の海域でムラサキガイに1kg当たり数十ピコキュリーの軽微な汚染が発生。科学技術庁の見解によれば、ムラサキガイは一般に食用にされず、常食しても数値的に危険のないことから、住民の健康への影響はないとみられる（1月25日に水産庁が検出結果を発表）。

1972年
（昭和47年）

1.5　〔原子力〕ソ連、初の商業用高速増殖炉完成　ソ連はカスピ海東岸シェフチェンコ（現アクタウ）に、初の商業用高速増殖炉BN350（35万kW）が完成したと発表した。

1.18　〔資源〕エッソ西原製油所完成　エッソ・スタンダード（沖縄）の西原製油所が完成した。4月25日に南西石油と改称。

1.19　〔原子力〕遠心分離法による国産濃縮機完成　動力炉・核燃料開発事業団は、遠心分離法による国産濃縮機9台の完成を発表した。

1.20　〔資源〕ジュネーヴ協定締結　OPEC加盟湾岸6ヶ国と国際石油会社がジュネーヴ協定を締結した。原油公示価格の引き上げ、四半期ごとに通貨変動調整を実施する等を規定。

1月　〔資源〕ペルシャ湾に海底油田から原油流出　1月初め、イタリアとアメリカの共同経営する石油会社の海底油田の送油管が壊れ、2月1日までの22日間に約1万バレルの原油がペルシャ湾に流れ込み、ペルシャ湾一帯に油膜が広がった。

2.1　〔資源〕キグナス石油設立　日本漁網船具の鉱油部門が分離独立し、キグナス石油を設立した。

2.4　〔全般〕川崎市条例に「環境権」の概念　川崎市で「環境権」の概念を持ち込む新公害防止条例案がまとめられた。

| 2.15 | 〔原子力〕日本核燃料開発会社発足　日立製作所と東芝の折半出資により、日本核燃料開発会社が発足した。
| 2.16 | 〔原子力〕プルトニウム燃料製造工場完成　動力炉・核燃料開発事業団のプルトニウム燃料製造工場が2月7日に完成し、運転を開始した。
| 2.21 | 〔原子力〕日豪原子力協力協定に調印　日豪原子力協力協定に調印。同月、日仏原子力協力協定に調印。
| 2.21 | 〔資源〕日ソ経済合同委員会開会　日ソ経済合同委員会が、大手町の経団連会館で開会。24日、チュメニ油田開発協力などの共同声明を採択して閉幕。
| 2月 | 〔電力〕沖縄電力設立　沖縄電力が設立される。
| 2月 | 〔資源〕ローマクラブ「成長の限界」を発表　ローマクラブが石油の供給限界を強調する「成長の限界」を発表した。従来は無限のように扱われてきた地球資源と地球環境の有限性を指摘し、人口増加や環境汚染に警鐘を鳴らす。
| 2月 | 〔資源〕三菱石油開発設立　三菱石油開発が設立された。
| 3.6 | 〔資源〕新潟県沖合で新油田発見　出光日本海石油開発と日本海洋石油資源開発（JPO）が新潟県沖合で阿賀沖油ガス田を発見した。
| 3.31 | 〔資源〕航空機燃料税法成立　空港整備事業の財源を目的とした航空機燃料税法が成立し、翌4月1日航空機燃料税が創設された。
| 3月 | 〔電力〕リニアモーターカー公開走行試験実施　日本の鉄道技術研究所、超電導磁気浮上式リニアML100の公開走行試験を実施。
| 4.1 | 〔資源〕軽油・重油の輸入自由化　軽油と重油の輸入が自由化された。重油および粗油には関税割当制度を実施。
| 4.16 | 〔資源〕沖縄ガルフ石油精製平安座製油所完成　沖縄ガルフ石油精製の平安座製油所が完成した。25日に沖縄石油精製と改称した。
| 4.19 | 〔原子力〕日本原電東海研究所で放射性物質廃液流出　茨城県東海村の日本原子力発電東海研究所で高放射性物質取扱施設（通称ホットラボ）の廃液約0.7tが、同施設と廃棄物処理場を結ぶ排水管の付属弁から流出し、現場付近のコンクリート舗装路面や土壌を汚染した。廃液にはセシウム137をはじめ、1cm³当たり約0.008マイクロキュリー（人体摂取許容濃度の10倍）の放射性物質が含まれていた（流出後に現場周辺の立入禁止と汚染路面や土壌の洗浄、除去などの対策を実施）。
| 5.26 | 〔全般〕環境白書発表　閣議了承を得て、初の「環境白書」が発表された。
| 5月 | 〔資源〕韓国、石油鉱区を設定　韓国が一方的に日韓中間線を超えて南側の東シナ海の大陸棚および沖縄舟状海盆に石油鉱区を設定。日韓両国間に、大陸棚の境界画定の紛争が起こった。
| 6.1 | 〔資源〕イラク、国営石油会社INOCを設立　イラクがイラク石油会社（IPC）、モスル石油会社（MPC）の国有化を宣言し、国営石油会社INOCを設立した。
| 6.3 | 〔全般〕公害紛争処理法改正　「公害等調整委員会設置法」が公布され、同法附則により「公害紛争処理法」の一部が改正された。
| 6.5 | 〔全般〕国連人間環境会議開催　国際連合による初めての環境会議となる国際連合人間環境会議が、114ヶ国が参加してストックホルムで開催された（～19日）。越境汚染防止の義務の明示、スウェーデンによる酸性雨環境影響の報告、日本水俣病の被害者らによる公害報

告などが行われ、「人間環境宣言(ストックホルム宣言)」や「環境国際行動計画」が採択され、6月5日を「世界環境デー」とすることや「商業捕鯨10年禁止」が決議された。

6.6 〔全般〕環境アセスメント施策が閣議了解　日本初の環境アセスメント施策となる「各種公共事業等に係る環境保全対策について」が閣議了解された。建設事業実施前に環境影響に対しての調査・予測・評価などを行い、環境保全への適正措置を図るもの。

6.9 〔全般〕公害対策法案可決　「公害の無過失賠償責任」法案が国会で可決された。

6.15 〔原子力〕美浜原発で放射性物質漏出　福井県美浜町の関西電力美浜発電所で1号炉(加圧水型軽水炉、出力34万kW)の蒸気発生器の付属管に微細な亀裂が発生、比較的高数値の放射性物質を含む1次水が2次水系へ漏出、同炉の運転を停止した(12月9日に最大出力の約90%で運転再開)。

6.16 〔資源〕石油パイプライン事業法改正　石油パイプライン事業法が改正された。12月に施行。

6.22 〔全般〕公害無過失責任規定導入　「大気汚染防止法及び水質汚濁防止法の一部を改正する法律」公布(10月1日施行)。「公害無過失賠償責任規定」が導入され、人の健康被害が生じた場合の事業者の無過失損害賠償責任を定めた。これにより、公害裁判における被告の「故意・過失」立証が不要となった。

6.22 〔全般〕自然環境保全法を公布　自然環境保全法を公布。1973年4月施行。自然環境の適切な保全を総合的に推進し、国民の健康で文化的な生活の確保に寄与する。

6.22 〔全般〕熱供給事業法を公布　熱供給事業法を公布。同年12月施行。熱供給事業を公益事業と位置づけ、事業の運営を適正かつ合理的なものとし、熱供給施設の工事・維持・運用を規制、公共の安全を確保する。

6.26 〔原子力〕大分製油所でイリジウム被曝　大分市一ノ洲の九州石油大分製油所構内で配管検査をしていた日本非破壊検査会社が、検査に使った放射性同位元素イリジウム192を紛失、これに触れた大分製油所の従業員4名が手などに放射線による皮膚炎障害を受けていた(1974年6月発覚)。紛失していたイリジウムは1974年6月10日に従業員のロッカーから発見された。

6月 〔資源〕東京ガス、天然ガスへ転換　東京ガスが天然ガスへの転換作業を開始した。

7.1 〔全般〕公害等調整委員会発足　中央公害審査委員会と土地調整委員会に代わる機関として公害等調整委員会が発足した。9月30日には「公害紛争の処理手続等に関する規則」が公布・施行され、法律的判断のための「公害紛争裁定制度」が導入された。

7.3 〔資源〕愛知県沖合でタンカー衝突による燃料油流出　午後8時20分頃、リベリアの貨物船グランドフェア号(7079t)が愛知県渥美町の伊良湖燈台の沖合でオランダのタンカーコラチア号と衝突し、沈没。同船の燃料油が流出し現場付近の海面を汚染した。

7.24 〔全般〕四日市ぜんそく訴訟で住民勝訴　津地裁四日市支部が、四日市ぜんそく訴訟で原告住民側勝訴の判決を下した。

7.25 〔原子力〕美浜2号機、営業運転開始　関西電力美浜発電所2号機(PWR、50万kW)が営業運転を開始した。

7.27 〔火力〕伊達火力発電所環境権訴訟　「環境権」を主張して、北海道電力伊達発電所の建設差し止め請求第1次訴訟が提訴された(住民による初の環境権訴訟)。

7月 〔再生〕北海道で本格的地熱調査開始　日本重化学工業が、北海道茅部郡森町濁川地域で本格的な地熱開発調査を開始した。

資源・エネルギー史事典　　　　　　　　　　　　　　　　　　　　　　　1972年（昭和47年）

7月	〔資源〕石油開発技術センター設置　石油開発公団に石油開発技術センターが設置された。
8.17	〔電力〕電気使用制限に関する通産相指定告示　電気使用制限に関する通商産業大臣指定告示。
8.21	〔全般〕四日市ぜんそくで工場が排出削減を確約　四日市石油コンビナートの54工場が、四日市公害訴訟判決に基づきイオウ酸化物の排出量削減を確約、住民などの工場立入り権を認める契約書に仮調印した。この年、各企業が資金を提供して補償に備える四日市公害対策協力財団が設立された。
9.9	〔全般〕水源地域対策連絡協議会発足　関係六省庁によって、水源地域対策連絡協議会が発足。
9.18	〔資源〕ノルウェー、国営石油会社を設立　ノルウェーが国営石油会社スタットオイルを設立した。
9.19	〔全般〕ホンダ、低公害のCVCC方式エンジンを開発　本田技研工業が、世界に先駆けてアメリカのマスキー法の排出ガス規制値をクリアするCVCC方式エンジンを開発した。
9.25	〔原子力〕17億年前の核分裂連鎖反応の痕跡発見　ペランフランス原子力庁前長官は、アフリカのガボン共和国のオクロ・ウラン鉱床で、17億年前に核分裂連鎖反応のあった痕跡を発見したと発表した。
9.30	〔全般〕公害紛争裁定制度発足　「公害紛争の処理手続等に関する規則」が公布・施行され、公害紛争裁定制度が発足した。
9月	〔原子力〕敦賀原発で放射能漏出　福井県敦賀市の日本原子力発電敦賀発電所（沸騰水型）で1080キュリーのヨード131（保安許容値の50％）が燃料棒から炉水へ漏れた。原因は燃料集合体の欠陥（26日の第3回定期検査で発見後、12月1日に運転再開）。
11.1	〔資源〕エクソンに改称　ニュージャージー・スタンダードが、エクソンと名称を変更、翌年1月には持株会社となった。
11.13	〔原子力〕海洋汚染防止条約採択　海洋汚染防止に関する国際会議で、「廃棄物その他の投機による海洋汚染の防止に関する条約（ロンドン条約）」が採択された。1975年発効。高レベルの放射性廃棄物は投棄禁止とし、それ以外の放射性廃棄物は事前の国家間の特別許可に区分するというもの。
11.27	〔資源〕和歌山県沖でイギリスタンカー原油流出　イギリスのタンカーが和歌山県下津町の沖合で岸壁に激突し、送油管を損壊して積荷の原油が流出、現場付近の海面を汚染した。
11.30	〔全般〕大気汚染防止法施行令改正　「大気汚染防止法施行令」の一部改正、政令公布・施行。季節による燃料使用基準を定め、都市部のイオウ酸化物規制を強化した。
11月	〔再生〕国内最大使用水量の水力発電所運用開始　電源開発新豊根発電所が運用を開始した。出力1125MWで国内最大使用水量（645m3/s）。揚水に直結電動機起動方式と同期起動方式、水車入口弁に水圧操作方式を採用した。
12.4	〔原子力〕超高温プラズマの生成成功　日本原子力研究所は、核融合基礎実験装置JFT-2で、摂氏300万度の超高温プラズマの生成に成功したと発表した。
12.12	〔熱〕ホンダ、CVCC方式エンジンを発表　本田技研工業、低公害エンジンである複合渦流調整燃焼方式（CVCC）エンジンを発表。1973年12月12日、同エンジンを搭載したシビックが発売される。
12.20	〔資源〕リヤド協定調印　サウジアラビアとアブダビが、国際石油会社との間に経営参加

- 173 -

協定、リヤド協定を調印した。1973年1月にはクウェート、カタールが参加した。

12.26　〔資源〕ドバイ、**OAPECを脱退**　ドバイがOAPECを脱退した。一方、イラクとエジプトが加盟。

12月　〔資源〕**ブルネイからLNG輸入開始**　東京電力、東京ガス、大阪ガスが、ブルネイからのLNG輸入を開始した。

この年　〔資源〕**レフォルマ油田発見**　以前から浅い地層で石油を産出していたメキシコ南部タバスコ州都ビジャエルモサ付近の掘削を開始。深度約5000mの地層に複数の油田群を発見、レフォルマ油田と総称される。

この年　〔資源〕**燃料電池開発に着手**　東京ガスと大阪ガスが燃料電池ターゲット計画に参加した。

1973年
(昭和48年)

1.8　〔資源〕**クウェート、KOC参加協定調印**　クウェートがクウェート石油(KOC)の25％参加協定に調印したが、議会では批准されなかった。

1.11　〔資源〕**カタールがカタール石油、シェル・カタールへの参加協定調印**　カタールがカタール石油(QPC)、シェル・カタールへの25％参加協定に調印した。

1月　〔全般〕**公害健康被害補償法成立**　四日市公害訴訟の地裁判決を契機として、公害に係る健康被害者の救済に関する特別措置法に代わって、「公害健康被害補償法(公害健康被害の補償等に関する法律)」が国会で成立した。

2.10　〔資源〕**アメリカでガスタンク爆発**　午後1時12分、アメリカ・ニューヨークのスタテン・アイランドにある世界最大の液化天然ガス貯蔵タンクが爆発、タンクの地下で修理・清掃作業をしていた作業員37人と保安職員3人が死亡した。タンクは直径86mで下半分は地下に埋没しており、9ヶ月前にガス漏れを起こしたためガスを抜いて絶縁材の修理や清掃が行われていたが、何らかの理由でガスが完全に抜け切らず、残存していたガスに着火・爆発したものとみられる。

2.28　〔資源〕**イラクの国有化保障問題解決**　イラクがイラク石油会社(IPC)との国有化保障協定が成立した。

2月　〔資源〕**島根県で廃油汚染**　島根県松江平田市付近の島根半島に廃油が漂着、養殖漁業に深刻な被害が発生した。

3.5　〔資源〕**通産省、産油国との原油直接取引に関する指導方針発表**　通商産業省鉱山石炭局が、産油国との原油直接取引における輸入秩序に関する指導方針を発表した。

3.7　〔全般〕**日米エネルギー協力で合意**　アメリカのピーターソン特使が、政財界とエネルギー不足打開策を協議。日米のエネルギー協力で合意。

3.8　〔資源〕**国際石油設立**　中国原油の輸入窓口として国際石油が設立された。

3.15　〔原子力〕**高密度・超高温プラズマの生成・閉じ込めに成功**　日本原子力研究所は、JFT-2で高密度、超高温プラズマの生成・閉じ込めに成功した。cm³あたり、約10億個、摂氏700万度。

3月	〔原子力〕美浜原発で放射能漏出	福井県美浜町の関西電力美浜発電所で1号炉の蒸気発生器の細管が破損し、放射能を含む蒸気が漏れた（3月から8月まで運転を停止して修理実施）。
3月	〔再生〕鹿児島県で地熱資源調査開始	日鉄鉱業が、鹿児島県姶良郡牧園町銀湯・白水越地域で地熱開発調査を開始した。
3月	〔資源〕新潟県でガス田発見	石油資源開発が、新潟県で東新潟ガス田を発見した。
3月	〔全般〕国連環境計画発足	国際連合環境計画（UNEP、本部はケニア・ナイロビ）が発足した。
4.5	〔原子力〕EURATOM、IAEAが保障措置協定調印	欧州原子力共同体（EURATOM）と国際原子力機関（IAEA）間で、核拡散防止条約（NPT）に基づく保障措置協定に調印した。
4.14	〔原子力〕福島第一原発で廃液漏出	福島県双葉町の東京電力福島第一原子力発電所で1号機の定期検査をおこなっていたところ、施設から放射能を含む廃液が漏れた（8月19日に復旧）。
4月	〔再生〕全国地熱基礎調査開始	工業技術院が30地域で全国地熱基礎調査と、資源エネルギー庁による深度500mの試錐調査が開始した。
4月	〔資源〕新潟県で天然ガス噴出	4月頃から、新潟県中条町山王および高畑地区で住宅の庭や井戸、田畑から天然ガスが激しく噴出し続け、農作物の被害が深刻化したほか、住民の生活への影響も懸念された。原因は、現地付近で天然ガスの採掘調査のために試掘をおこなったためとみられる。
5.24	〔資源〕イラン・コンソーシアム新協定に調印	イランが、イラン・コンソーシアム（国際石油財団）との新協定に調印した。7月24日に議会承認を経て、3月21日に遡及して発効した。
5月	〔再生〕点集中装置の解析	ノルウェーのFalnesらが点集中装置を解析した。
6.2	〔資源〕OPEC新ジュネーヴ協定締結	同年2月のドル10％切り下げ、4月の石油輸出国機構（OPEC）による公示価格5.8％引き上げを受け、OPECと国際石油会社が新ジュネーヴ協定を締結。主な内容は石油公示価格の11.9％引き上げ、価格を毎月修正する新算定方式の導入、ドル減価保障問題についての規定。
6.4	〔全般〕運輸省、低公害車第1号を指定	運輸省が低公害車第1号に東洋工業ルーチェAP2を指定した。これにより同車購入者は自動車所得税と物品税の軽減特典を受けられることになった。また12月には本田技研がCVCC方式エンジン搭載の低公害車ホンダ・シビックCVCCを発表した。
6.8	〔原子力〕アメリカ・ハンフォード核施設で放射能廃液漏洩	アメリカのハンフォード核施設で、高レベル放射能廃液43万7000リットルが、タンクから地中に漏えいした。
6.8	〔資源〕東亜共石設立	東亜共石が設立された。
6.11	〔資源〕ナイジェリアが参加協定調印	ナイジェリアが、シェル、ブリティッシュ・ペトロリアム（BP）のペトロリアム・デベロップメントと35％の参加協定に調印した。
6.25	〔原子力〕福島第一原発で廃液漏出	福島県双葉町の東京電力福島第一原子力発電所で1号炉（沸騰水型、出力46万kW）の廃液貯蔵施設から中程度の放射能を含む廃液3.8m^{3}が漏出、うち0.2m^{3}が屋外に流れて地面に染み込み、調査により1cm^{2}当たり5500ピコキュリーの放射能が土壌から検出された。原因は関係者の不注意。

6月　〔再生〕世界最大ロックフィルダム完成　アスファルトフェーシングとして世界最大の遮水壁面積・斜面舗装長のロックフィルダムの沼原ダムが完成し、沼原発電所が運用を開始した。高さ38.0m。世界初の500m級大容量単段可逆式フランシス形ポンプ車を設置した。出力675MW。

7.11　〔原子力〕美浜原発で燃料棒破損　福井県美浜町の関西電力美浜発電所で2号炉の燃料棒が折れ、8月28日と9月8日にも同炉で故障が続いた（9月15日から運転を停止して検査実施）。後に、企業側が燃料棒の破損を故意に隠していたことがわかり（1976年12月7日に発表）、論議を呼んだ。

7.16　〔原子力〕ソ連高速増殖炉が運転開始　ソ連の高速増殖炉BN-350が運転を開始した。

7.16　〔全般〕日米貿易経済合同委員会開会　第9回日米貿易経済合同委員会が東京で開会。大平外相が農産物や原材料の安定供給を要請し、ロジャーズ長官はエネルギーでの協力を表明し、17日に共同声明11項目を採択して閉会。

7.19　〔原子力〕CERN、ニュートリノ反応における中性カレントの存在を確認　欧州原子核研究機構（CERN）は、ニュートリノ反応における中性カレントの存在を確認した。この存在は「ワインバーグ＝サラム理論」で予測されており、実験によりこの理論が支持された。

7.19　〔資源〕千葉県沖合でタンカー衝突によるガソリン流出　タンカー興山丸（998t）が千葉県白浜町の野島崎の沖合で新造貨物船エバーパイオニア（1万2500t）と衝突、積荷のガソリン650klが流出し、現場付近の海域を汚染した。

7.20　〔資源〕香川県沖合でタンカー衝突による重油流出　午後、貨物船が香川県坂出市の沖合でタンカー竜進丸（4200t）の側面に衝突、竜進丸から積荷の重油538klが流出し、現場付近の海域の魚介類や特産の養殖海苔に被害があった（高松海上保安部がオイルフェンスや中和剤などによる汚染防止対策を実施）。

7.21　〔核〕フランス、核実験実施　ムルロア環礁でフランスが核実験を実施した。

7.25　〔全般〕資源エネルギー庁設置　通商産業省に資源エネルギー庁が設置された。

8.11　〔資源〕リビアが石油会社を国有化　リビアがオクシデンタル、オアシスグループの資産51％を国有化。9月1日にはエッソ・シルテ、グレース・ペトロリアム、エッソ・スタンダードの国内資産51％、シェブロンの100％を国有化。

8.16　〔原子力〕通産省、サンシャイン計画構想　通商産業省は、太陽、地熱の利用、石炭ガス化などの開発を目指す、サンシャイン計画の構想を打ち出した。

8.20　〔原子力〕原研研究所員被曝　茨城県東海村の日本原子力研究所東海研究所国産1号炉で解体修理した重水ポンプ組立ての際、所員2名と下請け作業員4名が産業用や医療用の放射線源として使われるコバルト60などを含む浮遊粉塵を吸い込み、31ミリレムから120ミリレムで被曝した。原因は同ポンプの管理不徹底と作業時の不注意。

8.21　〔火力〕豊前火発環境権訴訟　福岡・大分両県の住民らが、九州電力豊前火力発電所の建設差し止めを求める訴訟を提起した。

8.27　〔原子力〕伊方原発で、原子力発電所の安全性を問う日本初の裁判　四国電力伊方発電所から半径30kmの住民35人の原告らは、国を相手取り「伊方原発設置許可処分の取り消しを求める訴訟」を松山地裁に提訴した。

8.28　〔原子力〕美浜原発で冷却用水ポンプ故障　福井県美浜町の関西電力美浜発電所の2号炉で冷却用水ポンプの電気回路が故障し、発電を停止。2号炉は、9月の定期点検でも燃料集合体の一部に歪みのあることがわかり、運転を休んで交換を実施した。

8.31　〔原子力〕フランス、高速増殖炉原型炉フェニックスが臨界　フランスの高速増殖

原型炉フェニックス（25万kW）が臨界に達した。12月から送電開始。

9.25　〔全般〕『日本のエネルギー問題』刊行　通商産業省は、日本初のエネルギー白書である『日本のエネルギー問題』を刊行。

9.26　〔原子力〕英、使用済み核燃料再処理工場で放射能漏れ事故　イギリスのウィンズケールの使用済み核燃料再処理工場B204の火災で、放射能漏れ事故が発生した。揮発性ルテニウムにより、運転員35名が被曝し、工場は閉鎖された。

9月　〔原子力〕中国電力島根原発で制御棒欠陥　島根県鹿島町の中国電力島根原子力発電所で97本の制御棒のうち36本が中性子吸収管の上下逆になったまま運転に使用された（22日までに通商産業省と県が確認）。

9月　〔資源〕大慶・秦皇島間パイプライン完成　中国で、大慶・秦皇島間パイプライン1152kmが完成した。1975年6月には秦皇島・北京の間でパイプラインが完成する。

10.1　〔資源〕出光北海道製油所完成　出光興産の北海道製油所が完成した。

10.1　〔資源〕東亜共石名古屋製油所完成　東亜共石の名古屋製油所が完成した。

10.2　〔全般〕瀬戸内海環境保全臨時措置法公布　瀬戸内海環境保全臨時措置法を公布。瀬戸内海が高度経済成長に伴い昭和40年代に急激に水質の汚濁が悪化していたため、水質保全対策を推進する必要があった。

10.5　〔全般〕公害健康被害補償法公布　公害健康被害補償法が公布。翌年9月1日全面施行。

10.6　〔資源〕第4次中東戦争が勃発　ユダヤ暦で最も厳粛な日とされる「ヨム・キプールの日」に、エジプト・シリア両軍がイスラエルに対して攻撃を開始。これにより、第4次中東戦争が勃発した。

10.16　〔資源〕第1次オイルショックが発生　第4次中東戦争の勃発を受け、16日にペルシャ湾岸6ヶ国が原油公示価格の大幅引き上げを発表した。

10.17　〔再生〕水特法制定　水源地域対策連絡協議会での検討結果を受け、水特法（水源地域対策特別措置法）が制定。ダム貯水池、湖沼などの水質保全、関係住民の生活の安定と福祉の向上を図り、ダム等の建設を促進する。

10.17　〔資源〕OAPEC石油戦略発動　アラブ石油輸出国機構（OAPEC）加盟10ヶ国が、アメリカおよびイスラエル支持国に対する石油禁輸、原油生産を9月比月5％ずつの削減を決定。翌18日にはサウジアラビアが10％の削減を発表した。

10.18　〔資源〕石油緊急対策決定　通商産業省は、石油の緊急対策を決定した。

10.20　〔資源〕OAPEC、イスラエル支持国への石油禁輸を決定　サウジアラビアが対米石油禁輸を決定、リビア、クウェートがこれに追随した。OAPECはイスラエル支持国に対する石油禁輸を決定。6日以降の一連の流れが原油の供給逼迫や石油価格高騰など、世界的な経済混乱を引き起こす。その一方で、極端な石油依存から脱却する試みが各方面で始まる契期ともなった。

10.21　〔資源〕イラク、ロイヤルダッチ社の利権を国有化　イラクは、BPCのロイヤル・ダッチ、シェル両社の利権23.75％のうち、ロイヤル・ダッチ社分60％を国有化した。

10.26　〔資源〕アラブ諸国、日本を中間国と表明　アラブ諸国は、日本、西ドイツ、イタリアについて、友好国でも非友好国でもない「中間国」と位置づけることを表明した。

10.31　〔資源〕香川県沖合でタンカー事故による重油流出　タンカーが香川県の沖合で事故を起こし、重油が流出、現場付近の海域の魚介類や特産の養殖海苔に被害が発生し、沿岸漁業の関係者も事故後10日以上操業を休んだ。

1973年（昭和48年）　　　　　　　　　　　　　　　　　　　　　　　　　資源・エネルギー史事典

11.5　〔資源〕**OAPECが生産削減強化**　OAPEC石油相会議がクウェートで開催され、9月比25％の原油生産削減強化、12月にはさらに5％の生産削減を追加することを決定した。

11.6　〔資源〕**サウジアラビア、対日強硬声明を発表**　サウジアラビアが日本に対し、イスラエルとの関係断絶を求める強硬声明を発表した。

11.6　〔資源〕**トンキン湾油田共同開発に関して合意メモ**　トンキン湾の石油共同開発をめぐり、北ベトナムと合意メモ。日本側の2企業が、中国の参加も打診。

11.16　〔資源〕**石油緊急対策要綱を発表**　政府の緊急石油対策推進本部が初会合を開き、石油緊急対策要綱を発表した。総需要抑制策を採用して、高度経済成長時代が終わりを迎えた。

11.19　〔資源〕**エクアドルがOPEC加盟**　OPEC閣僚会議がウィーンで開催され、エクアドルの加盟を承認し、加盟国は12ヶ国となった。

11.25　〔資源〕**アメリカ、エネルギー節約声明**　アメリカのニクソン大統領が、エネルギー節約声明を出した。ガソリンの日曜販売禁止、家庭用灯油15％供給削減等を内容とする。

11.26　〔資源〕**アラブ首脳会議開催**　第6回アラブ首脳会議がアルジェで26日から28日まで開催され、日本、フィリピンへの石油供給削減の緩和、石油戦略の継続等を決定した。

11.27　〔資源〕**米、ガソリン割当制実施**　アメリカがガソリンの割当制を実施した。ニクソン大統領はエネルギー自立計画を発表。

11.28　〔資源〕**サウジアラビアがアラムコへの事業参加を通告**　サウジアラビアが、アラビアン・アメリカン・オイル（アラムコ）への51％事業参加を正式に通告した。

11.28　〔資源〕**灯油小売価格の上限価格を設定**　通商産業省は、家庭用灯油小売販売価格の指導上限価格を設定した。

11月　〔再生〕**民間企業出資による地熱開発企業が設立**　工業技術院「サンシャイン計画」の共同研究受託会社として民間企業30社の出資による地熱技術開発が設立された。

11月　〔資源〕**国際石油産業環境保全連盟設立**　国際石油産業環境保全連盟（IPIECA）が設立された。

11月　〔資源〕**福島県沖にガス田発見**　帝国石油、エッソ阿武隈、東日本石油が福島県磐城沖に磐城沖ガス田を発見した。

12.1　〔資源〕**石油不足対策で省エネ推奨**　田中角栄首相が、石油不足対策のため「省資源・省エネルギー」推奨方針に転換すると演説した。

12.8　〔資源〕**OAPEC閣僚会議開催**　OAPEC閣僚会議がクウェートで8日から9日まで開催され、1974年1月から原油生産削減追加5％を再開、イスラエルの撤退に応じて緩和するとの意向を表明した。

12.11　〔資源〕**イランの原油入札**　イラン、DD原油1,200万トンに対する入札に、日米欧の数社が1バレルあたり16〜17.40ドルで落札したと発表した。

12.17　〔全般〕**資源エネルギー庁臨時石油対策本部発足**　資源エネルギー庁に臨時石油対策本部が発足した。

12.22　〔全般〕**国民生活安定緊急措置法など公布**　1973年12月18日政府は国民生活安定緊急対策本部の設置を閣議決定。同月22日国民生活安定緊急措置法及び石油需要適正化法を公布・施行。また、石油需要適正化法に基づく対策実施（緊急事態宣言）を告示。

12.23　〔資源〕**OPEC閣僚会議開催**　OPEC閣僚会議がテヘランで開催され、ペルシャ湾岸6ヶ国が公示価格2.12倍の大幅な引き上げを決定、1974年1月1日から実施と発表された。

− 178 −

| 12.24 | 〔資源〕OAPEC、友好国への削減緩和　OAPEC石油担当相会議がクウェートで24日から25日まで開催され、日本を含むアラブ友好国への100%供給、全体の削減率を25%から15%に緩和すること、対米・オランダ等への禁輸は継続することなどを決定した。
| この年 | 〔火力〕排煙脱硫装置が開発　硫黄酸化物の規制を定めた、大気汚染防止法の制定を受け、排煙脱硫装置が実用化される。関西電力尼崎東発電所に湿式石灰石膏法を採用した排煙脱硫装置の第1号装置が完成。
| この年 | 〔原子力〕漸近的自由性の発見　アメリカの物理学者デビッド・ポリツァー、デビッド・グロス、フランク・ウィルチェックは、クォークの距離が近づくほど、強い相互作用が弱くなるという漸近的に自由な場の理論を発表。量子色力学という新しい理論の基礎となり、素粒子物理学の発展に大きく貢献した。3人が同様に論文を発表していたため、同時に "漸近的自由性" を発見したことになっている。2004年にノーベル物理学賞を受賞。
| この年 | 〔再生〕早明浦ダム建設現場で水質汚濁　高知県土佐町田井にある水資源開発公団の早明浦ダム建設現場の付近で、掘削土砂などにより吉野川が濁った。
| この年 | 〔再生〕大学で風力研究開始　足利工業大学と三重大学で、風力研究が開始される。
| この年 | 〔再生〕南極で風力発電機の実証試験　日本大学が南極越冬隊で風力発電機の実証試験を行った。

1974年
(昭和49年)

| 1.12 | 〔電力〕電気使用制限規則を公布　通商産業省、電力使用制限規則を公布施行し、電力制限を実施。契約500kW以上の使用量を最高15%減に規制する内容。6月、法規制を廃止し、行政指導に移行。
| 1.14 | 〔資源〕家庭用灯油・LPガスの標準額を告示　通商産業省は国民生活安定緊急措置法に基づき、家庭用灯油、家庭用LPガスの小売価格について小売標準価格を告示した。
| 1.16 | 〔資源〕石油・電力使用節減対策を決定　国民生活安定緊急対策本部が、石油・電力使用節減対策を決定した。
| 1.29 | 〔原子力〕原潜放射能測定データ捏造問題追及　衆議院予算委員会で、日本分析化学研究所の原潜放射能測定データ捏造問題について共産党・不破書記局長が追及した。
| 1.29 | 〔資源〕クウェート、KOC参加協定調印　クウェートが、ブリティッシュ・ペトロリアム（BP）との間でクウェート石油（KOC）の60%経営参加に関する協定に調印した。5月14日に批准し、1月1日に遡及して発効した。
| 1.30 | 〔資源〕カイロにパイプライン会社設立　アラブ石油パイプライン会社（スメド）がカイロに設立された。
| 1.30 | 〔資源〕日韓大陸棚協定調印　日韓大陸棚協定（「日本国と大韓民国との間の両国に隣接する大陸棚の北部の境界画定に関する協定」と「日本国と大韓民国との間の両国に隣接する大陸棚の南部の共同開発に関する協定」の総称）にソウルで調印した。発効は1978年6月。
| 2.11 | 〔資源〕リビア、米系石油会社3社を完全国有化　リビアが1973年9月の国有化を拒否したアメリカ系石油会社3社、テキサコ、カリフォルニア・アジアティック、リビアン・アメ

1974年（昭和49年）　　　　　　　　　　　　　　　　　　　　　　　　　資源・エネルギー史事典

　　　　リカン・オイルを完全国有化した。3月にはシェルの国内資産を100％国有化した。
2.11　〔資源〕石油消費国会議開催　　ワシントンで石油消費国会議が開催された。13ヶ国が参加し、産油国を含めたエネルギー国際協力、緊急石油融通制度の創設、調整グループの設置等について協議した。
2.15　〔資源〕公取委、石油元売と石油連盟を独禁法違反で告発　　公正取引委員会が、石油元売12社と石油連盟が独占禁止法に違反するとして検事総長に告発した。
2月　〔原子力〕原発事故相次ぐ　　福井県の関西電力美浜発電所、日本原子力発電敦賀発電所の両原子力発電所で事故が相次いだ。2月に美浜2号機タービンからの蒸気漏れ、5月に敦賀で燃料集合体からヨウ素漏れ、7月は美浜1号機の蒸気発生器から放射能漏れ。美浜1号機は、科学技術庁から根本的な改善を指示された。また、事故のたびに発電所は県への通報義務を怠りがちだった。
3.6　〔資源〕チュメニ油田共同開発の方針決定　　チュメニ油田のソ連との共同開発を、米国抜き、日本単独で推進する方針を政府と財界首脳が決定。
3.14　〔原子力〕高浜1号機が臨界　　関西電力高浜発電所1号機（PWR：82万6000kW）が臨界に達した。
3.18　〔資源〕OAPEC対米禁輸を解除　　OAPEC石油担当相会議が開催され、アメリカ向け石油禁輸を解除した。
3.18　〔資源〕石油製品の行政指導価格実施　　行政指導による石油製品の値上げが実施された。
3.22　〔全般〕公海汚染防止条約調印　　世界初の多国間公海汚染防止条約に、バルト海沿岸の7ヶ国（ソ連、西ドイツ、スウェーデンなど）が調印した。
3.29　〔原子力〕国産第1号炉が営業運転開始　　日本国産第1号炉である中国電力島根原子力発電所1号機（沸騰水型軽水炉、46万kW）が営業運転を開始した。国産化率は94％。
3月　〔原子力〕日本原電敦賀発電所作業員が被曝　　福井県敦賀市の日本原子力発電敦賀発電所で作業員数名が許容値を超える放射線を浴びた（3月18日に公明党の議員が参議院予算委員会で追及）。
4.9　〔資源〕OPEC第39回総会開催　　石油輸出国機構（OPEC）第39回総会がジュネーヴで開催され、発展途上国への特別基金設置を決定した。
4.26　〔資源〕愛媛県沖でタンカー衝突事故による原油流出　　キプロスのタンカーと日本貨物船の衝突事故が愛媛県沖で発生し、原油が流出した。
4.26　〔資源〕日ソ探鉱覚書に調印　　日ソ両国が、ヤクート天然ガスとサハリン大陸棚の探鉱覚書に調印。
4月　〔再生〕火山・高温岩体発電フィージビリティスタディ開始　　工業技術院が、火山・高温岩体発電フィージビリティスタディを開始。
5.7　〔資源〕日豪経済合同委員会開会　　第12回日豪経済合同委員会が東京で開会。オーストラリア側が資源輸出を積極化する方針を提示。
5.13　〔原子力〕岡山県でイリジウム被曝事故　　岡山県警と水島署は、日本非破壊検査会社（本社・東京）の水島出張所を捜査するとともに元現場責任者を逮捕した。警察の調べでは、同社は、1971年に法律で禁じられている18歳未満の少年5名にイリジウム192などを取り扱わせていた。このため少年の中には素手で扱ったりしたため、脱毛やツメが変形するなどの症状が出ていた。

− 180 −

5.18　〔核〕インド、地下核実験実施　インドはラジャスタン州タール砂漠で地下核実験を実施、平和利用の目的を強調した。インドは6番目の核保有国となる。

5.20　〔全般〕ディーゼル黒煙を規制　自動車排出ガス量の許容限度一部改正により、ディーゼル車の一酸化炭素・炭化水素・窒素酸化物の1974年度規制、使用過程のガソリン(LPG)乗用車・バスの炭化水素規制、使用過程のディーゼル車の黒煙規制が定められた。

5.27　〔資源〕産油国国営会社会議開催　産油国国営会社会議がベイルートで開催された。アルジェリア、リビア、ベネズエラ、クウェート、アブダビ、イラク、イランが参加し、DD原油の販路開拓問題を中心に討議した。

5.28　〔火力〕1000MW級発電機、運転開始　東京電力鹿島火力発電所5号機が運転を開始。単機容量は日本初の1000MW。

5.28　〔資源〕石油連盟・石油元売を独禁法違反で起訴　東京高等検察庁が、石油連盟、石油元売12社および関係者を独占禁止法違反で東京高裁に起訴した。

5月　〔再生〕福島県で地熱調査開始　三井金属鉱業が、福島県河沼郡柳津町西山地域で地熱開発調査を開始した。

6.1　〔資源〕OAPEC禁輸問題について討議　OAPEC閣僚会議がカイロで1日から2日まで開催され、デンマーク、オランダについては禁輸継続を決定した。アルジェリアは独自に禁輸解除とした。

6.1　〔全般〕大気汚染防止法一部改正　「大気汚染防止法」の一部改正、公布。イオウ酸化物に総量規制が導入された。

6.3　〔原子力〕被曝事故相次ぐ　放射線医学総合研究所(千葉市)で、医療用にフランスから導入したサイクロトロンで研究員が手の指に3万レムから4万レムの放射線を浴びた。関西電力美浜発電所ではアルバイトの6名の岡山大学生が、東北大学原子核理学研究施設でも中性子回折実験中に研究員6名が放射線を浴びたことが明らかにされた。

6.10　〔資源〕サウジアラビアがアラムコへ参加　サウジアラビアがアラビアン・アメリカン・オイル(アラムコ)に対し、100%参加を前提に60%の経営参加協定で合意した。

6.11　〔原子力〕六フッ化ウラン循環ループの試験運転成功　日本原子力研究所、六フッ化ウラン循環ループの試験運転に成功した。

6.11　〔全般〕公害紛争処理法公布　公害等調整委員会や都道府県公害審査会による斡旋を可能とする「公害紛争処理法」改正が公布され、調停・仲裁・裁定に関する手続きや苦情処理体制が定められた。

6.15　〔資源〕OPEC第40回総会開催　石油輸出国機構(OPEC)第40回総会がキトで15日から17日まで開催され、公示価格の据え置き、利権料の2%引き上げを採択した。

6.17　〔再生〕大沼地熱発電所が運転開始　秋田県の三菱金属大沼地熱発電所が、営業運転を開始した。東北で2番目、全国では3番目に完成。出力6000kW(1986年9500kWに変更)。シングルフラッシュ発電方式。

6月　〔電力〕電源3法を公布　電源開発促進税法、電源開発特別会計法、発電用施設周辺地域整備法が公布される。

6月　〔原子力〕九州石油増設現場従業員被曝　大分市の九州石油大分製油所の増設現場で従業員7名が被曝、潰瘍や皮膚炎などにかかった。原因は検査を担当した日本非破壊検査が現場付近で放射性物質のイリジウム192を紛失したまま、紛失を隠し続けたため。

6月　〔再生〕地熱資源開発促進協議会発足　地熱資源開発促進協議会が発足した。

6月	〔資源〕第4回LNG国際会議開催	第4回LNG国際会議がアルジェで開催された。
7.3	〔核〕米ソ、地下核実験制限条約を調印	米ソ首脳会談で、ABM議定書、地下核実験制限条約（TTBT）等の3文書が調印された。1976年3月以降、150kT以上の実験を禁止するというもの。
7.10	〔資源〕OAPECオランダ石油禁輸解除	OAPEC閣僚会議がカイロで開催され、オランダに対する石油禁輸措置を決議し、アラブ石油戦略は一応の終了となった。
7.10	〔資源〕オマーン、参加協定調印	オマーンが、ペトロリアム・デベロップメント・オマーン（PDO）への60％参加協定に調印した。
7.10	〔資源〕カタール、参加協定調印	カタールが、カタール石油（QPC）とシェル・カタールへの60％参加協定に調印した。1月1日に遡及して発効する。
7.10	〔資源〕日本中国石油輸入協議会発足	日本中国石油輸入協議会が発足した。国際石油とともに、国交正常化に伴い解禁された中国原油の輸入を扱う。
7.11	〔原子力〕美浜原発で放射能漏出	福井県美浜町の関西電力美浜発電所で1号炉（加圧水型）の蒸気発生器から放射能が漏れた。問題の蒸気発生器からの放射能漏れが5回続いたため、関西電力は修復不能と結論、2基のうち1基を交換した。
7.15	〔全般〕日米エネルギー研究開発協力協定調印	ワシントンで、日米エネルギー研究開発協力協定調印。
7.17	〔原子力〕秋田の病院で放射性同位体違法投棄	秋田市土崎の県厚生団体連合会秋田組合病院で使用済みのヨード131や金198など医療用の放射性同位体（ラジオアイソトープ）を敷地内に埋め、違法投棄した。
7.17	〔原子力〕美浜原発で放射能漏出	以前から事故が続いていた関西電力美浜発電所1号機は、7月17日に、またも蒸気発生器の細管から冷却水が漏れた。細管に小さな穴があいていたもので、運転を中止した。これで1号機の停止は5回目にもなる。
7.18	〔原子力〕福島第一2号機、営業運転開始	東京電力福島第一原子力発電所2号機（BWR、78万4000kW）が営業運転を開始した。
7.19	〔再生〕北海道・濁川地域における地熱開発協定締結	北海道電力と日本重化学工業が、濁川地域における地熱開発に関する共同開発基本協定を締結した。5万kW 1975年から1977年にかけて調査井9本の掘削調査を行い、地熱開発の可能性が高いことが確認された。
7月	〔原子力〕NERSA発足	商用高速増殖炉建設のための、フランス、西ドイツ、イタリア3国の共同コンソーシアム「NERSA」が発足した。
7月	〔再生〕サンシャイン計画が開始	石油に代わるエネルギーの開発に取り組むため通商産業省の「新エネルギー技術研究開発計画」、通称「サンシャイン計画」が始まった。2000年までの長期にわたり、エネルギー源の多様化と石油に代わるクリーンな国産エネルギーの開発が目的である。
8.1	〔資源〕カタール、総合石油会社設立	カタールがカタール石油（QPC）とシェル・カタールの国有化に備え、総合石油会社（GGPC）を設立した。1972年設立のQNPCを吸収する。
8.13	〔原子力〕原子炉施設の安全研究専門部会設置	原子力委員会は原子炉施設等安全研究専門部会を設置した。
8.16	〔資源〕石油製品の行政指導価格解除	通商産業省は、石油製品の行政指導価格について、家庭用灯油をのぞいて解除した。

8.26	〔原子力〕原子力船「むつ」が臨界実験成功	原子力船「むつ」が臨界試験のため出港した。28日に臨界実験に成功した。平和利用の船舶原子炉臨界に成功したのは、アメリカ、ソ連、西ドイツについで、世界で4番目であった。
8.31	〔資源〕政府、緊急事態宣言を解除	政府は、石油需給適正化法に基づく緊急事態宣言を解除した。
8月	〔再生〕全国地熱資源開発利用促進協議会発足	地熱資源開発の推進のため、全国地熱資源開発利用促進協議会が発足した。
9.1	〔原子力〕原子力船「むつ」放射線異常値検出	9月1日、日本原子力船研究開発事業団の実験船むつ（約8350t）が北部太平洋で出力上昇試験を開始後、船内に比較的強い放射線が漏れた。事業団および放射線遮蔽技術検討委員会の発表によれば、原因は鋼鉄製遮蔽板の設計および製造上の欠陥。むつは8月26日早朝、陸奥湾にある青森県むつ市大湊の母港から地元漁業関係者らの抗議を無視して出港し、2日後に現場付近の海域で臨界実験を実施、成功した矢先だった（9月5日に漁業関係者らが放射能汚染の危険を訴えて帰港阻止を決議。10月14日に政府と地元が母港撤去協定に合意後、むつは50日ぶりに帰港し、原子炉を封印。1978年7月21日に政府と長崎県、佐世保市が修理の際、封印を解かない条件で協定を結び、むつは同10月16日に佐世保へ入港）。
9.4	〔資源〕アブダビ、参加協定調印	アブダビが、アブダビペトロリアム会社（ADPC）への60％経営参加協定に調印した。9月15日にはアブダビマリンエリアズ会社（ADMA）への60％経営参加協定に調印した。
9.10	〔原子力〕核兵器積載軍艦が日本寄港	アメリカ海軍作戦局の戦略核兵器の責任者だったジーン・ラロック退役海軍少将が、米議会原子力合同委員会の軍事利用分科委員会の公開公聴会で、「核装備可能な軍艦は、ほとんど核兵器を積載していた。日本など他国に寄港する場合も積み降ろしたりはしない」と発言、日本への持ち込みを明らかに。
9.12	〔資源〕OPEC第41回総会開催	石油輸出国機構（OPEC）第41回総会がウィーンで12日から14日まで開催され、原油公示価格の据え置き、利権料、所得税の引き上げを決定した。
9月	〔原子力〕美浜原発で燃料棒歪曲	福井県美浜町の関西電力美浜発電所2号炉の燃料棒が曲がった。
10.1	〔資源〕サハリン石油開発協力設立	サハリン石油開発協力が設立された。
10.23	〔原子力〕浜岡原発で放射能漏出	静岡県の中部電力浜岡原子力発電所1号炉で超音波テストの結果、循環水バイパスパイプに2ヶ所影が見つかった。当原発は1974年8月に試運転を始めたばかりであったが、試運転を2、3ヶ月中止すると発表された。
10.23	〔原子力〕福島第一原発で放射能漏出	福島県双葉町の東京電力福島第一原子力発電所で1号炉（沸騰水型）の営業運転を始めた直後、同炉の再循環バイパス管の溶接部分に腐食によるひび割れが発生し、放射能が冷却水に漏れた。
10.28	〔原子力〕オーストラリアがウラン安定供給を確約	日本とオーストラリアの共同発表で、原子力平和利用に欠かせない天然ウランについて未契約の1986年以降も日本の需要を満たすよう安定供給を確約した。
10月	〔核〕核実験禁止で一致	ニュージーランドを訪問中の田中角栄首相とビル・ローリング首相は、東南アジア経済開発閣僚会議など協力を歓迎、核実験反対と核兵器保有国なることを排すると共同発表した。
10月	〔核〕佐藤栄作がノーベル賞受賞	佐藤栄作がノーベル平和賞を受賞した。1967年に非核三原則を提唱したことが受賞理由。

1974年（昭和49年）　　　　　　　　　　　　　　　　　　　　資源・エネルギー史事典

11.9　〔資源〕東京湾でタンカー衝突による炎上　東京湾でLPGタンカーとリベリア船が衝突し、タンカーは20日間炎上、死者33人を出した。

11.9　〔資源〕湾岸3ヶ国原油新価格体系の採用を決定　ペルシャ湾岸6ヶ国石油担当相会議がアブダビで9日から10日まで開催され、サウジアラビア、カタール、アラブ首長国連邦の3ヶ国が原油の新価格体系の採用を決定した。

11.11　〔原子力〕敦賀原発で配管亀裂　福井県美浜町の日本原子力発電敦賀発電所で再循環バイパス管の溶接部分に腐食によるひび割れが発生した。

11.12　〔資源〕アメリカ、エネルギー自立計画発表　アメリカ合衆国エネルギー庁は、1973年11月にニクソン大統領の「エネルギー自立計画」に基づき、今後10年間のエネルギー基本政策をまとめ、「エネルギー自立計画」を発表した。

11.14　〔原子力〕高浜1号機、営業運転開始　関西電力高浜発電所1号機（PWR、82万6000kW）が営業運転を開始した。

11.16　〔原子力〕新しい素粒子「J/ψ」の発見　素粒子,S.C.C.ティンが率いるマサチューセッツ工科大学のグループとB.リヒターを中心とするスタンフォード大学のグループにより、ほとんど同時に、独立に新しい素粒子が発見された。ティンはJ粒子、リヒターはψ粒子と命名した。現在ではJ/ψ粒子と呼ばれる。これによりチャーム理論が確立した。

11.18　〔資源〕国際エネルギー機関設立　国際エネルギー機関（IEA）が発足した。11月15日、OECDが下部組織としての設立を決定したもので、代替エネルギーの開発促進、輸入依存の削減、国際エネルギー計画の実施機関となる。IEAは、OECD諸国に対し、60日分（のち90日）の石油の備蓄を義務付けた。

11.26　〔資源〕通産省、ガソリン無鉛化を決定　通商産業省資源エネルギー庁がガソリン無鉛化対策を決定、石油業界に対して方針を通達した。

11月　〔資源〕日本、IEAに加盟　日本が国際エネルギー機関（IEA）に加盟した。

11月　〔全般〕汚染者負担原則実施勧告発表　経済協力開発機構（OECD）が、加盟国に環境アセスメントの取り入れを勧告する「化学物質の環境上の潜在的影響評価に関する勧告」を発表した。さらに「越境汚染原則勧告」「環境政策宣言」「汚染者負担原則の実施勧告」を相次いで発表した。

12.2　〔原子力〕敦賀原発で原子炉異常　アメリカで沸騰水型炉に欠陥がみつかったことから、日本原子力発電会社敦賀発電所で原子炉の調査をしたところ、再循環系バイパス管の溶接部分に溶接不良によるすき間ができていることを発見したと発表した。欠陥部分を取り換えるために約半月炉を停止した。

12.9　〔資源〕サウジアラビアがアラムコと完全国有化交渉　サウジアラビアがアラビアン・アメリカン・オイル（アラムコ）と完全国有化についての交渉で基本的合意が成立した。

12.12　〔資源〕OPEC第42回総会開催　石油輸出国機構（OPEC）第42回総会がウィーンで開催され、11月9日から10日に開催された湾岸3ヶ国アブダビ会議の決定を追認した。

12.18　〔資源〕三石水島製油所重油流出　水島臨海工業地帯にある岡山県倉敷市の三菱石油水島製油所で貯蔵用タンクが壊れ、C重油約4万3000kℓが流出、そのうち2割前後が海に流れ出たものと見られ、これまでの最大の汚染事故となった。流出した重油は備讃瀬戸全面に広がり、さらに一部は鳴門海峡を通って紀伊水道に抜けた。汚染された岡山、香川、徳島、兵庫の各県での漁業被害額は100億円を越えた。拡散した重油以外に、海底に沈澱した重油及び中和剤による2次災害も心配されている。（同29日に陸上自衛隊が兵庫、岡山、香川、徳島県へ出動し、回収作業を実施。1975年1月30日に企業側が汚染海域の県漁業協同組合連合会と補償合意）。原因はタンクの設計および建設上の欠陥。

- 184 -

| 12月 | 〔再生〕全国地熱基礎調査地域で精密調査開始　資源エネルギー庁が、全国地熱基礎調査地域で地熱開発精密調査を開始した。

この年　〔原子力〕ジョージとグラショウ、「大統一理論」を提唱　アメリカのH.M.ジョージとS.L.グラショウは、電磁相互作用、弱い相互作用と強い相互作用の3力を統一する「大統一理論」の構想を発表した。宇宙の始まりに存在したのは1つの力だけで、その後、宇宙が冷え始めた頃に分かれたとする。

この年　〔原子力〕線型加速器故障により被爆　この年、東北大学理学部で線型加速器の故障により学生6名が被曝した。

この年　〔原子力〕日本工業検査で高校生被曝　大阪市の日本工業検査大阪営業所が高等学校の生徒数名をアルバイトに雇い、生徒が許容値を超える放射線を浴びた（1978年2月24日、大阪地方裁判所が企業に慰謝料などの支払いを命令）。

この年　〔原子力〕福島第一原発で作業員被曝　福島県双葉町の東京電力福島第一原子力発電所の1号炉で放射線防護対策の不備により、作業を1週間から10日続けた関係者の白血球数が約50％減少することがわかった（定期検査で発見）。

この年　〔再生〕全国10地点で100万kW計画　日本重化学工業が、国内10地点で地熱発電の100万kW出力を計画した。

この年　〔再生〕日本メーカーが宇宙用太陽電池事業に着手　三菱電機が宇宙衛星用の太陽電池事業にとりかかった。

この年　〔再生〕浮遊式可動物体型ドックの発明　イギリス・エジンバラ大学のソルターが、発明した可動物体の草分け的な優れたシステム（ソルターダック）。物体が回転動してエネルギーを吸収するので、伝達波が小さいのが特徴。浅海域での波浪環境を改善できる。

この年　〔資源〕シベリア資源開発契約締結　南ヤクート原料炭開発、第2次極東森林資源開発、ヤクート天然ガス開発、サハリン大陸棚石油・天然ガス探鉱の基本契約が締結。しかし最大の懸案だったチュメニ油田の石油開発については断念。

1975年
（昭和50年）

1.1　〔全般〕ディーゼル黒煙規制実施　使用過程のガソリン（LPG）乗用車・バスの炭化水素、使用過程のディーゼル車の黒煙規制が実施された。

1.6　〔資源〕シンガポール沖で日本タンカー座礁による原油流出　日本のタンカー祥和丸がシンガポール沖で座礁し、原油4500klが流出した。

1.8　〔原子力〕美浜原発で放射能漏出　福井県美浜町の関西電力美浜発電所で2号炉の1次冷却水が2次冷却水に混入、放射能が漏れ、同炉は運転を緊急停止した。

1.13　〔資源〕OPEC、消費国合同会議へ　石油輸出国機構（OPEC）が、バグダットで消費国との合同会議開催指示を表明した。

1.17　〔原子力〕緊急エネルギー声明発表　アメリカで、ハンス・アルブレヒト・ベーテらノーベル賞受賞者11人を含む科学者32名が、原子力開発促進を求める緊急エネルギー声明を発表した。

1975年（昭和50年）

1.23　〔資源〕米、石油輸入課徴金付加　アメリカのジェラルド・R.フォード大統領が輸入原油に対し石油輸入課徴金引き上げの布告に署名、2月1日より1バレルあたり1ドルが追加されることとなった。

1.31　〔資源〕フィラデルフィア河川でタンカー衝突・炎上　フィラデルフィアのデラウェア川でタンカー2隻が衝突、炎上したため、2月1日の時点で死者2人、35人が負傷、25人が行方不明となった。衝突したのはアメリカの1万9000tのタンカーとリベリア船籍の3万700tのタンカーで、場所はブリティッシュ・ペトロリアム（BP）の製油所付近だった。炎が60mから90mほどの高さに吹き上がり、近隣の住民は一時避難した。

2.1　〔資源〕無鉛ガソリン生産開始　精製各社が無鉛ガソリンの生産を開始した。

2.7　〔資源〕石油消費節約目標で合意　国際エネルギー機関（IEA）理事会がパリで開催され、1975年末までの石油節約目標量を1日あたり200万バレルとすることで合意した。

2.28　〔資源〕沖縄周辺海域に廃油ボール漂着　沖縄本島周辺の離島の油汚染調査を発表。伊平屋島、平安座島、宮城島、渡嘉敷島など太平洋側、東支那海側を問わず各島に廃油ボールが漂着、とくに北部の伊平屋島付近がひどかった。

3.3　〔資源〕石油価格の物価スライド制導入　OPEC閣僚会議がアルジェリアで開催され、石油価格への物価スライド制の導入について合意した。

3.5　〔原子力〕敦賀原発で破損事故　福井県敦賀市の日本原子力発電敦賀発電所で原子炉（沸騰水型）の非常用炉心冷却装置（ECCS）の炉心スプレー配管の溶接部分がひび割れ、破損した。

3.9　〔原子力〕福島第一原発で放射能漏出　福島県双葉町の東京電力福島第一原子力発電所で2号炉（沸騰水型）の給水ポンプの接続部分と原子炉冷却剤浄化系ポンプ軸封部とで放射能を含む冷却水が漏れた。

3.19　〔再生〕宮城県鬼首発電所運転開始　電源開発鬼首地熱発電所が運転を開始した。シングルフラッシュ発電方式。出力9000kW。1976年4月には1万2500kWに出力変更。東北で3番目、全国4番目に完成した。

3.22　〔原子力〕米ブラウンズ・フェリー原子力発電所で火災事故　アメリカのブラウンズ・フェリー原子力発電所1号機（BWR）で、ケーブル火災事故が発生した。多重化された安全系統が同時に機能喪失し、一時的に炉心冷却が不能に陥った。

3月　〔再生〕太陽熱温水器が人気に　燃料費の高騰で太陽熱温水器が人気を呼び、1974年度の販売台数は前年比2.5倍となったことがわかった。

3月　〔資源〕石油60日備蓄達成　行政指導による60日石油備蓄が達成された。

4.20　〔原子力〕欧州原子力学会設立　欧州原子力学会が設立された。4月21日から25日まで、パリで第1回会議が開催された。

4.24　〔原子力〕動燃で被曝事故　茨城県東海村の動力炉・核燃料開発事業団で関係者10名が被曝した。

5.11　〔資源〕第9回世界石油会議開催　第9回世界石油会議が東京で開催された（16日まで）。75ヶ国から6150人が参加。

5.15　〔原子力〕美浜原発で燃料集合体歪曲　福井県美浜町の関西電力美浜発電所で2号炉の燃料集合体121個のうち約半数に歪曲などのあることがわかり、使用時に被覆管が破れて放射能漏れが起こらないように、うち30個の緊急交換を実施した。

5.27　〔資源〕IEA、産油国との合同会議へ　第1回IEA閣僚理事会がパリで開催され、産油国

		との合同会議開催について合意した。
5.28	〔再生〕ソーラーハウス公開	科学技術庁は、草加市で、冷暖房・給湯施設の一部が太陽熱で稼働する「ソーラーハウス」を初公開した。
5月	〔再生〕2000kW風車を開発	デンマークのツヴィン・ホイスコーレで、当時世界最大の風力発電機となる2000kW風車の製造が開始され、1978年完成。30年も稼働を続ける。ウルリッヒ・ヒュッターの風力タービンに関する理論に基づくこの風車のブレード技術は、以後の風車製造に影響を与えた。
5月	〔資源〕サウジ、第2次5ヶ年計画発表	サウジアラビアが、第2次経済開発5ヶ年計画を発表した。
6.1	〔資源〕家庭用灯油価格への行政指導撤廃	通商産業省は、家庭用灯油の元売仕切り価格への行政指導を撤廃した。9月にはLPガスについても撤廃した。
6.4	〔資源〕東京湾沖でタンカー座礁による原油流出	三光汽船のタンカー栄光丸（23万1799t）がペルシャ湾からの帰途、千葉港へ到着直前、横浜市中区本牧の沖合の東京湾中ノ瀬航路で対向船を避けようとして誤って座礁し、積荷の原油1000tが現場付近の海域に流出した。
6.9	〔資源〕OPEC第44回総会開催	石油輸出国機構（OPEC）第44回総会がリーブルビルで開催され、計算単位にSDR表示を採用すること等を決定した。
6.10	〔原子力〕九州電力玄海原発放射能漏出	佐賀県玄海町の九州電力玄海原子力発電所の1号炉で蒸気発生器の第1次冷却水循環管が破損、比較的強い放射能を帯びた冷却水が第2次側に漏れた。原因は、作業で使った金属製巻尺を同管から出し忘れたまま組み立てたため。
6.12	〔原子力〕ウラン協会設立	オーストラリア、カナダ、フランス、南アフリカ共和国、イギリスのウラン生産者16社が、ウラン協会をロンドンに設立した。
7.14	〔資源〕日ソ、輸銀借款に仮調印	日ソ両国が輸銀借款に仮調印。ヤクート天然ガス開発と肥料プラント輸出に総額3億8000万ドル。天然ガス開発は米国の参加が借款の条件。
7.28	〔資源〕住友海南鋼管工場で重油流出	和歌山県海南市の住友海南鋼管工場で新造の貯蔵用タンクから重油が流出し、工場周辺の海域を汚染した。
7月	〔再生〕地殻熱部を設置	地質調査所に地殻熱部が設置された。
8.15	〔全般〕総合エネルギー調査会、エネルギー安定化政策を答申	総合エネルギー調査会は、昭和50年代のエネルギー安定化政策を答申した。
8.29	〔資源〕ベネズエラ、石油産業国有法公布	ベネズエラが石油産業国有法を公布した。ベネズエラ国営石油会社（PDVSA）を設立、従来の利権を廃止した。
8月	〔電力〕パール、タウオンを発見	アメリカの物理学者マーティン・パールは、電子と陽電子衝突実験の結果、第3の種類のレプトンを発見した。これはタウオン（タウ粒子）と名づけられた。タウオンはミューオンの約17倍、電子の3500倍の質量を持つ。
9.4	〔原子力〕動燃で職員被曝	茨城県東海村の動力炉・核燃料開発事業団の使用済み核燃料再処理工場でウランの冷凍実験を開始後、20日に担当職員1名が左手指を被曝した。
9.5	〔原子力〕動燃、再処理施設のウラン試験を開始	動力炉・核燃料開発事業団、東海再処理施設でウラン試験を開始。
9.24	〔資源〕OPEC第45回総会開催	石油輸出国機構（OPEC）第45回総会がウィーンで開催され、10月以降の原油価格の10%引き上げを決定した。

1975年（昭和50年）

9月	〔原子力〕島根原発温排水で漁業被害　八束郡鹿島町の中国電力島根原子力発電所周辺の海域で、海中の透視度が落ち沿岸漁民の操業がむずかしくなったが、県は原子力発電所から出る温排出が原因と断定した。
10.1	〔資源〕出光愛知製油所完成　出光石油の愛知製油所が完成した。
10.15	〔原子力〕玄海1号機、営業運転開始　九州電力玄海原子力発電所1号機（PWR、55.9万kW）が営業運転を開始した。
11.1	〔資源〕日石精が東洋石精を吸収合併　日本石油精製が東洋石油精製を吸収合併した。
11.3	〔資源〕フォーティーズ油田で生産開始　1970年に発見された北海のフォーティーズ油田で本格的な生産が開始された。
11.14	〔原子力〕高浜2号機、営業運転開始　関西電力高浜発電所2号機（PWR、82万6000kW）が営業運転を開始した。
11.18	〔資源〕**OPEC**が途上国援助基金を設立　石油輸出国機構（OPEC）が途上国援助基金設立を決定した。
11.30	〔原子力〕レニングラード原発1号機で放射能漏れ事故　ソ連・レニングラード原子力発電所1号機で、放射能漏れ事故が発生した。推定150万Ciの放射性物質が放出されるも、ソ連政府は事故情報を隠蔽した。
12.1	〔資源〕クウェート、**KOC**へ事業参加　クウェートがクウェート石油（KOC）への100%事業参加協定に調印、国有化した。1976年3月に批准された。
12.1	〔資源〕石油製品価格の標準額告示　通商産業省が石油製品元売販売価格の標準額を告示した。
12.12	〔資源〕アメリカ、原油輸入課徴金を廃止　アメリカは、輸入原油に対する輸入課徴金を廃止した。
12.17	〔原子力〕東ドイツ・グライフスヴァルト原発1号機で、冷却材喪失事故　東ドイツ・グライフスヴァルト発電所1号機（PWR）で、受電系のトラブルから火災が発生し、部分的に停電した。一次系の圧力上昇、圧力逃がし弁が固着して、冷却材喪失状態に陥った。
12.17	〔全般〕発電所の温排水に関する中間報告発表　発電所の温排水について、中央公害対策審議会水質部会温排水分科会が中間報告を発表した。
12.19	〔資源〕**IEA**、輸入石油最低保証価格等で合意　IEA理事会は、輸入石油最低保証価格、を1バレルあたり7ドル、1976年の石油消費節約目標を1973年比8%減とすること等で合意した。
12.19	〔全般〕総合エネルギー政策の基本方向を決定　総合エネルギー対策閣僚会議は、総合エネルギー政策の基本報告を決定。
12.22	〔全般〕米、エネルギー政策節約法成立　アメリカのジェラルド・R.フォード大統領がエネルギー政策節約法（EPCA）に署名し、成立した。連邦石油備蓄が規定された。
12月	〔資源〕**PEAC**、天然ガス開発について建議　石油資源開発促進審議会（PEAC）が、今後の水溶性天然ガス開発の在り方に関する意見を通産大臣に建議した。
この年	〔電力〕酸化亜鉛避雷器を使用開始　松下電器産業と明電舎が酸化亜鉛バリスタを高電圧・大電力用に発展させた酸化亜鉛避雷器を共同で開発。日本で電力系統用に酸化亜鉛避雷器が使用され始める。
この年	〔再生〕リーセア、小型の風力発電機を製作　デンマークのクリスチャン・リーセアが

7kWの小型の風力発電機を製作し、電気系統に無許可で接続、電気メーターを逆転させる実験に成功。これをきっかけに個人が電力会社に電気を売ることができる規則が制定された。

この年　〔再生〕益田ブイ、世界で普及　波力発電にも用いられる航路標識用OWC益田ブイが、世界で1400個普及。

この年　〔再生〕京セラ、太陽電池研究に着手　京セラが太陽電池の研究開発にとりかかった。1976年には、シリコンリボン結晶太陽電池の生産を開始した。

この年　〔核〕アンドレイ・サハロフがノーベル平和賞を受賞　ソビエト連邦で体制を批判する"異論派"として、核実験停止・知的自由の体制の擁護を訴え、反体制側の逮捕者救済など民主化要求運動の中心となって人権擁護活動をおこなったことにより、ソビエト連邦の物理学者アンドレイ・サハロフがノーベル平和賞を受賞した。

この年　〔資源〕大阪ガス、天然ガスへ転換　大阪ガスが天然ガスへの転換を開始した。

この頃　〔資源〕石油貯蔵用タンク沈下　名古屋市港区の名古屋港9号地や三重県四日市市の化学コンビナート、鹿児島県喜入町の日本石油備蓄基地などで石油貯蔵用タンク109基の沈下速度の不均等が深刻化。同じ時期、タンク735基に設計および製造上の欠陥のあることもわかり、本体の損壊や貯蔵品の流失などが懸念された（1975年2月21日に消防庁が緊急総点検の結果を発表）。

1976年
（昭和51年）

1.1　〔資源〕ベネズエラ、石油産業国有化　ベネズエラ政府が、石油会社21社を国有化、既存の利権は全て廃止し、炭化水素に関する全事業を政府・国営石油会社が保有するとした。

1.1　〔資源〕英、国営石油会社設立　イギリスが国営石油会社BNOCを設立した。

1.16　〔原子力〕科技庁原子力安全局発足　科技庁原子力安全局が発足した。

1月　〔原子力〕原研東海研究所で冷却剤漏出　1月から4月にかけて、茨城県東海村の日本原子力研究所東海研究所で動力試験炉（JPDR）の回収用タンクが壊れ、冷却剤約960t（推定）が漏れた（4月3日に発見）。

1月　〔資源〕島根県沿岸海域で廃油不法投棄　1月から2月にかけて、島根県の沿岸海域に廃油が3回にわたり無許可で投棄され、ワカメや海苔などに被害が相次いだ。

2.23　〔資源〕バーレーン、国営石油会社設立　バーレーンが国営石油会社BANOCOを設立した。

3.1　〔原子力〕原子力工学試験センター設立　通産大臣の認可を得て、財団法人原子力工学試験センターが設立した。原子力発電施設に関する、大規模な工学的実証実験を推進するもので、中心事業として耐震信頼性実証実験を担う。初代理事長に、藤波恒雄電中研常務理事。

3.5　〔資源〕アメリカ、エネルギー自立計画見直しへ　アメリカ、1985年までのエネルギー自立計画の見直しを発表した。

3.13　〔資源〕タンカー大破による重油流出　1月24日から座礁していた27万5000tのギリシャ籍のタンカーが、強風のためにまっぷたつに大破し、積載していた1200tの重油が流出した。

1976年(昭和51年)

3.17	〔原子力〕浜岡1号機、営業運転開始　中部電力浜岡原子力発電所1号機(BWR、54万kW)が営業運転を開始した。
3.27	〔原子力〕福島第一3号機、営業運転開始　東京電力福島第一原子力発電所3号機(BWR、78万4000kW)が営業運転を開始した。
4.5	〔資源〕マラッカ海峡でタンカー座礁による原油流出　午前2時ごろ、シンガポール南端のセントジョーンズ島南西約3kmのマラッカ海峡で、大型タンカーが座礁し、約2000tの原油が流出した。
4.26	〔資源〕石油備蓄法施行　石油備蓄法が施行された。段階的に90日分を目標とする石油備蓄が義務づけられる。
4月	〔再生〕日本地熱資源開発促進センター設立　日本地熱資源開発促進センターを設立、日本地熱調査会調査業務を委譲(地熱資源開発促進協議会廃止)した。
5.13	〔資源〕石油製品販売価格の標準撤廃　通商産業省は、石油製品販売価格の標準額を撤廃した。
6.5	〔再生〕アメリカ・アイダホ州でダム決壊　アイダホ州スネーク川上流に完成したばかりのティートンダムが、ほぼ満水になったばかりのところで決壊し、奔流がニューデール、ティートン、シュガーシティーなどを襲った。11日までに6人が死亡、80人が重軽傷、60～135人が行方不明となったほか、3万人が家を失った。ダムの設計と施行技術に問題があったとみられる。
6.8	〔核〕核拡散防止体制へ正式参加　1970年の核拡散防止条約(NPT)調印から6年かかって、同条約の批准書を米英ソに寄託。正式に体制に加わった。
6.10	〔原子力〕第5福竜丸展示館開館　1954年にビキニ環礁で被爆した第5福竜丸の展示館が、東京・夢の島に開館した。
6.15	〔資源〕アメリカ上院、大手石油企業分割法案可決　アメリカ合衆国上院司法委員会は、大手石油企業分割法案を可決した。
6.15	〔資源〕アメリカ、石油備蓄構想を発表　アメリカは1985年までに10億バレルとする戦略石油備蓄構想(SPR構想)を発表した。
6.18	〔資源〕モービル・コーポレーションと改称　モービル・オイルがモービル・コーポレーションと改称した。
6月	〔原子力〕原子力発電設備改良標準化調査委員会発足　原子力発電設備改良標準化調査委員会が発足した。委員長は内田秀雄東大工学部教授、改良沸騰水型(ABWR)と改良加圧水型(APWR)の設計開発に成功した。
6月	〔資源〕秋田県でガス田発見　石油資源開発が秋田県で由利原ガス田を発見した。
7月	〔原子力〕美浜原発1号機でトラブル隠し　関西電力美浜発電所1号機のトラブル隠しが発覚した。定検中の1973年5月24日、燃料棒2本の折損を発見、被覆管および燃料ペレットが炉内を循環する状態になっていたが、隠蔽していた。
8.12	〔原子力〕英国原子力公社が軽水型炉開発へ　英国原子力公社(AEA)は、重水炉路線打ち切りを宣言し、軽水型炉開発へ傾斜。
8.20	〔資源〕日本海石油への出資比率を日石が引き上げ　日本石油が、日本海石油への出資比率を20%から66%に引き上げた。
8月	〔資源〕原油価格統制撤廃法案成立へ　アメリカのジェラルド・R.フォード大統領が原

油価格統制撤廃法案に署名した。

9.16 〔資源〕カタールがQPC100%事業参加　カタール政府はカタール石油(QPC)の100%事業参加協定を締結した。

9.25 〔資源〕アメリカ、ガソリン無鉛化規制実施を延期　アメリカ合衆国環境保護庁は、ガソリン無鉛化の実施時期を3年か延期する方針を決定した。

10.12 〔資源〕埼玉県荒川支流で重油流出　埼玉県川越市の荒川支流に重油約3400 ℓ が流出、同県が上水道の取水を一時中止した。

11.9 〔原子力〕米ベクテル、ウラン濃縮計画から脱退　アメリカのベクテルは、ウラン濃縮計画から脱退することを発表した。

12.1 〔原子力〕美浜3号機、営業運転開始　関西電力美浜発電所3号機(PWR、82万6000kW)が営業運転を開始した。

12.7 〔原子力〕濃縮パイロットプラント建設着手決定　原子力委員会は、昭和52年度から遠心分離法による濃縮パイロットプラント建設に着手することを決定した。

12.15 〔資源〕OPEC第48回総会開催　石油輸出国機構(OPEC)第48回総会がドーハで開催され、1977年1月1日からの原油価格の二重価格制を決定した。サウジアラビアとUAEが5%、イラン等11ヶ国が1%、さらに7月以降5%引き上げるとした。

12.17 〔資源〕OPEC、原油価格値上げ実施決議を採択　石油輸出国機構(OPEC)が原油価格の2本立て値上げ実施決議を採択。来年1月から、サウジとアラブ首長国連邦のみ5%、7ヶ国は10%値上げ。日本への影響は平均8%アップ、とされる。

12.21 〔資源〕米マサチューセッツ州沖でタンカー座礁により原油流出　マサチューセッツ州コッド岬沖で、15日にシケにあって座礁していたタンカーの船体がまっぷたつになり、積荷760万ガロンの原油が流れ出した。23日には原油が長さ160km、幅約100kmにわたって広がった。

この年　〔電力〕超LSIを開発　富士通、日立製作所、三菱電機、日本電気、東芝、超LSIを開発。

この年　〔再生〕アモルファスシリコン太陽電池の発明　アメリカのRCA社のD.E.カールソンらが、結晶シリコンを使用しないで作るアモルファス(非結晶)太陽電池を発表。不完全な結合を水素で埋めた構造を持つこのアモルファスシリコンをガラス基板に真空蒸着し薄いシリコン層を形成させることで、薄膜型太陽電池の作成に成功した。発電効率が結晶系に劣るが、電流、電圧比を自由に選べる性質を利用して、電卓、腕時計などエレクトロニクス製品として広く普及。

この年　〔資源〕フランス、国営石油会社設立　フランスのアキテーヌ石油(SNPA)とERAPが合併し、国営会社エルフ・アキテーヌ(ELF)が設立された。

この年　〔資源〕メキシコ、カンペチェ湾油田群発見　メキシコ・ユカタン半島西約80kmで、カンペチェ湾油田群が発見される。

この年　〔全般〕四日市で二酸化硫黄の環境基準達成　四日市の全観測点で二酸化硫黄の環境基準が達成された。1973年までにコンビナートのほぼ全ての工場に脱硫装置を設置した成果で、全観測点での基準達成は全国で初めて。

1977年
（昭和52年）

1.2 〔資源〕エネルギーのOPEC離れ　エネルギーのOPEC離れを図る。日ソでシベリア天然ガスを共同開発。東京電力・東京ガスはオーストラリアの液化天然ガス（LNG）大量輸入を計画。

1.5 〔資源〕イギリス、エクソン・シェルと北海油田利権参加へ　イギリス、エクソン・シェルと北海油田利権への参加に関する覚書に調印した。

1.25 〔再生〕世界初の商業用太陽熱発電　フランスのピレネー山脈にあるオディロ＝アポティロ太陽熱発電所が、フランス電力公社向けに送電を開始した。世界初の商業用太陽熱発電となる。出力は1000kW。

2.14 〔全般〕総合エネルギー対策推進本部設置　通商産業省内に、総合エネルギー対策推進本部の設置を省議決定。

2.15 〔全般〕総合エネルギー対策推進閣僚会議設置　内閣府に、総合エネルギー対策推進閣僚会議の設置を決定。

2.24 〔資源〕新潟石油共同備蓄発足　新潟石油共同備蓄が設立された。

2.25 〔資源〕スメド・パイプライン開通　1974年に着工した地中海・紅海を結ぶスメド・パイプラインが開通した。送油能力は1日あたり160万バレル。

2.28 〔資源〕OPEC蔵相会議開催　OPEC蔵相会議が28日から1日までウィーンで開催され、OPEC特別基金について8億ドルから16億ドルへの倍額増資を決定した。

3.4 〔原子力〕日本、IAEA保障措置協定署名　日本政府は、核拡散防止条約に基づきIAEA保障措置協定に署名。12月2日に発効した。IAEA保障措置協定は、原子力が平和的利用から軍事的目的に転用されないよう、原子力活動の査察などを内容とする保障措置を規定する。

3月 〔再生〕北海道・濁川地域における地熱開発協定締結　北海道電力と、1976年に日本重化学工業より事業継承した湘南地熱エネルギーは、濁川地域における地熱開発に関する共同開基本協定を締結した。8月に生産・還元井掘削を開始。

3月 〔資源〕新西日本石油開発設立　西日本石油開発の事業を引き継ぎ、新西日本石油開発が設立された。

4.6 〔資源〕愛媛県釣島水道で原油流出　愛媛県釣島水道で、パナマのタンカー・アストロレオ号と貨物船幾春丸が衝突し、積荷の原油が流出した。

4.18 〔資源〕CIA、国際エネルギー事情を公表　アメリカ・中央情報局（CIA）が、「国際エネルギー事情：1985年までの見通し」を公表した。

4.20 〔全般〕アメリカ、包括的エネルギー政策発表　アメリカのカーター大統領は、包括的エネルギー政策を発表した。

4.22 〔資源〕ノルウェー海底油田で原油流出　午後9時半ごろ、ノルウェー南部エコフィスク地区西沖の海底油田で、従業員が採油パイプの噴出防止装置を取付中に、石油と天然ガスが噴出する事故が発生した。従業員は全員逃げ出して無事だったが、数千トンの石油が海へ

— 192 —

		流れ出した。また、天然ガスが現場付近に溜まり、発火や施設爆発の危険が出たため油田の生産活動は停止した。後に、噴出装置の付け違いが原因と発表された。
4.24	〔原子力〕	高速実験炉「常陽」臨界　動力炉・核燃料開発事業団の高速実験炉「常陽」が臨界に達した。熱出力は、5万kW。
4.27	〔資源〕	出光興産製油所で原油が流出　臨海工業地区にある兵庫県姫路市の出光興産兵庫製油所で貯蔵用タンクが破損、同タンク下部から原油680kℓが敷地内へ流出したが、海洋汚染はなかった。
4.30	〔原子力〕	長崎県、原子力船「むつ」受入れ　燃料抜きを条件として、原子力船「むつ」の佐世保港への修理受入れを長崎県議会が議決した。
5.9	〔原子力〕	フィンランド初の商業用原発が営業運転開始　フィンランド初の商業用原発ロビーサ1号（ロシア型PWR、51万kW）が営業運転を開始した。
5.11	〔資源〕	サウジ・アブカイク油田で火災事故　サウジアラビアのアブカイク油田で火災事故が発生した。
5.23	〔資源〕	揮発油販売業法施行　揮発油販売業法が施行され、通商産業省は6月6日、これに基づいて給油所新設規制指定地区102カ所を告示した。
5月	〔資源〕	WAES、石油需給見通し発表　世界エネルギー戦略選択機構（WAES）が、2000年までの石油需給見通しを発表した。
5月	〔資源〕	液化天然ガス第1船、入港　アラブ首長国連邦のアブダビで生産され日本に供給する液化天然ガス（LNG）が千葉に入港した。また8月にはインドネシアの液化天然ガスの第1船が大阪に入港した。
6.7	〔原子力〕	原発核燃料3国交渉不調　日英仏の原子力発電所核燃料3国交渉が不調、と電力業界が発表。イギリスは調印を延期した。
6.8	〔全般〕	総合エネルギー調査会に省エネルギー部会設置　1977年6月総合エネルギー調査会に、省エネルギー部会を設置。同年8月同部会は、省エネルギー政策の基本方向について中間とりまとめ。同年11月部門別省エネルギー対策の方向などをとりまとめた。
6.24	〔再生〕	八丁原1号機、営業運転開始　九州電力八丁原発電所1号機が営業運転を開始した。出力2万3000kW。ダブルフラッシュ発電方式。日本最大の地熱発電所（1、2号機合わせて）で、九州で2番目、全国で5番目に完成した。
6.29	〔資源〕	イランなどが原油価格引き上げを撤回　OPEC本部は、イランなど9ヶ国が、7月1日からの原油5%追加引き上げについて撤回したと発表した。
6月	〔火力〕	世界初、海外炭長期輸入契約合意　オーストラリアの石炭会社2社と電源開発が、石炭長期輸入契約で合意した。これは石炭火力発電見直し政策の第一歩で、中国からの輸入も考えている。
7.3	〔資源〕	サウジアラビア、UAEが原油価格値上げ　サウジアラビアとアラブ首長国連邦が、7月1日に遡及して原油価格の5%の値上げを決定したと、サウジアラビア国営通信が伝えた。これにより二重価格が解消した。
7月	〔電力〕	ニューヨーク大停電発生　ニューヨーク大停電が発生。
7月	〔再生〕	鹿児島県で地熱開発調査を開始　石油資源開発が鹿児島県指宿市薩南地域（伏目）で地熱開発調査を開始した。
7月	〔資源〕	ISO石油製品国内委員会発足　ISO石油製品国内委員会が発足した。

1977年（昭和52年）

8.4	〔原子力〕レーダーマンら、ウプシロンを発見　アメリカのL.レーダーマンのグループはフェルミ加速器研究所で第5のクォーク（ボトムクォーク）を構成要素とする「ウプシロン（ウプシロン粒子）」を発見した。質量は陽子の10倍、74のプサイの3倍。
8.30	〔原子力〕むつ小川原開発基本計画了解　むつ小川原開発の基本計画が、閣議口頭了解された。
8.31	〔全般〕総合エネルギー調査会基本問題懇談会、中間報告　総合エネルギー調査会基本問題懇談会は、整合性と実効性のある総合エネルギー政策の推進を中間報告した。
8月	〔資源〕第5回LNG国際会議開催　第5回LNG国際会議がデュッセルドルフで開催された。
9.12	〔原子力〕東海村再処理問題日米共同声明・共同決定調印　東海再処理施設の運転方法に関する日米共同声明及び共同決定が調印された。東海再処理施設での米国製濃縮ウランの使用済み核燃料の再処理が、年間99tまで可能となった。
9.19	〔資源〕クウェート、アミノイルを国有化　クウェートが、アミノイルの在クウェート事業について100%国有化することを発表。開発部門はクウェート石油（KOC）、精製部門はクウェート国営石油会社（KNPC）へ吸収した。
9.22	〔原子力〕動燃、東海再処理施設の運転開始　動力炉・核燃料開発事業団は、東海再処理施設の運転を開始した。11月7日に、単体プルトニウムを国内で初めて抽出した。1981年1月17日に本格操業入り。
9.22	〔全般〕緊急時対策研究委員会設置　資源エネルギー庁に、緊急時対策研究委員会を設置。
9.30	〔原子力〕伊方1号機、営業運転開始　四国電力伊方発電所1号機（PWR、56万6000kW）が営業運転を開始した。
9月	〔再生〕地熱開発基礎調査開始　資源エネルギー庁が地熱開発基礎調査を開始した。12月には、発電用地熱開発環境調査（環審査等調査）が開始された。
10.1	〔全般〕アメリカ、エネルギー省発足　アメリカ合衆国エネルギー省（DOE）が発足した。
10.5	〔資源〕エネルギー政策12原則採択　国際エネルギー機関（IEA）閣僚理事会が5日から6日までパリで開催され、石油節約目標実現のためのエネルギー政策12原則を採択した。
10.20	〔資源〕OPEC第50回総会開催　石油輸出国機構（OPEC）第50回総会がカラカスで開催され、1978年6月まで原油価格の実質的凍結を決定した。
10.20	〔資源〕高知県沖合でタンカー破損による重油流出　クウェートのタンカーアルサビア号が高知県室戸市の南約60kmの沖合を通過する際、船底に亀裂が発生し、積荷のC重油のうち約1305klが流出、土佐湾付近の魚介類に被害があったほか、同県大方町入野の県立自然公園の海岸に流出油が漂着するなど、現場付近の海域を汚染した。
10月	〔原子力〕仏電力9社、核再処理で契約　フランス核燃料公社と電力9社が、使用済み核燃料の再処理委託契約に調印した。1982から1990年の契約で委託費用総額約2700億円。
10月	〔再生〕北海道で発電プラントに成功　工業技術院が北海道芽部郡森町濁川地域で熱水専用型バイナリーサイクル発電パイロットプラント「R-114」に成功した。出力1000kWで担当は東芝。
10月	〔資源〕OPEC第1回セミナー開催　石油輸出国機構（OPEC）第1回セミナーがウィーンで開催された。

11.7	〔原子力〕東海再処理施設で、プルトニウム初抽出	動力炉・核燃料開発事業団は、東海再処理施設でプルトニウム（820g）の初抽出に成功した。
11.25	〔全般〕省エネルギー・省資源対策推進会議を設置	省エネルギー・省資源対策推進会議設置を閣議決定。
11.25	〔全般〕総合エネルギー調査会省エネルギー部会が報告取りまとめ	総合エネルギー調査会省エネルギー部会は、「省エネルギー政策の必要性と課題」を取りまとめた。
12.20	〔再生〕太陽熱温水プール完成	三菱重工業は、君津市の新日鐵健康増進センター内に、太陽熱利用による大規模温水プールの完成を発表。
12月	〔電力〕新信濃周波数変換所が稼働	東日本と西日本の広域運営の拠点となる東京電力新信濃周波数変換所（変換容量30万kW）が運転を開始。
12月	〔再生〕大分県で発電プラントに成功	工業技術院が大分県玖珠郡九重町（大岳）で蒸気専型バイナリーサイクル発電パイロットプラント「イソブタン」に成功した。出力950kWで担当は三菱重工業。
この年	〔火力〕排煙脱硝装置が導入される	1973年の大気汚染防止法の改正により、排出規制が設けられたことを受け、1977年バブコック日立が関西電力海南発電所に排煙脱硝装置を納入、火力発電用の排煙脱硝装置の実用化に成功した。
この年	〔原子力〕福島第一原発で放射性同位体漏出	福島県双葉町の東京電力福島第一原子力発電所が放射性同位体のコバルト60を含む廃液を排出し、取水口付近の海底が汚染された（同11月7日、県原子力センターが環境調査で検出と発表）。
この年	〔再生〕アモルファスシリコン太陽電池の実用化へ	三洋電機が集積型アモルファスシリコン太陽電池を開発。1979年には世界で初めてアモルファスシリコン太陽電池の実用化に成功。1980年、世界初のアモルファスシリコン太陽電池内臓の電卓を発売した。
この年	〔再生〕浮体式装置実験実行	海洋科学技術センターは、山形県鶴岡市で、浮体式振動水柱型波力発電装置「海明」の第一期実験を行った。

1978年
(昭和53年)

1.18	〔原子力〕東海第二発電所が臨界	日本原子力発電東海第二発電所が臨界に達した。わが国の原子力発電量は100万kW級になった。
1.23	〔原子力〕日加ウラン交渉締結	3次にわたった日加ウラン交渉が締結した。日加原子力協定の改定議定書に仮調印を行う。1974年インド核実験にカナダ産プルトニウムが使用されたことで、カナダがウランの輸出規制を実施したため、1960年締結していた旧協定の改正が必要となっていた。交渉の妥結を受け、カナダはウラン供給を再開。8月本署名が行われ、1980年9月に発効した。
1.24	〔原子力〕ソ連の原子炉軍事衛星墜落	ソ連の原子炉軍事衛星コスモス954号がカナダ北西部に墜落し、放射線を放つ破片が幅600kmにわたって飛散した。
2.10	〔資源〕日本タンカー石油備蓄協会発足	海運業界、石油業界により日本タンカー石油備蓄協会が発足した。

1978年（昭和53年）

2.27 〔核〕アメリカで、初のプラズマ閉じ込め成功　アメリカのGAA社は、世界最大の核融合実験装置ダブレットⅢで、初のプラズマ閉じ込めに成功した。

3.16 〔資源〕フランス海上でタンカー座礁による原油流出　フランス北西部ブルターニュ半島の港町ブレスト付近の海上でリベリア船籍の大型タンカー「アモコ・カジス号」（23万3000t）が座礁、乗員44人は無事に救助されたが、24日に船体が2つに裂けて沈没した。また、積んでいた原油23万トンのほとんどが流出して当時の世界タンカー史上最悪の流出量を記録、ブルターニュ半島北岸百数十kmが汚染され、沿岸漁業や生態系などに大きな被害が出た。事故原因は機関故障で、シケのために岸に引き寄せられて岩礁に乗り上げたものだが、引き船の契約価格引下げ交渉に数時間を費やしたためにシケがひどくなり曳航が不可能になり、ブレスト海軍軍管区へ通報したのが故障発生から12時間以上後であるなど、船長の責任が大きい。

3.20 〔原子力〕「ふげん」臨界　新型転換炉原型炉「ふげん」が臨界に達した。独自開発で初の成果だった。

4.12 〔核〕ビキニ環礁の住民に退去命令　ビキニ環礁の原水爆実験（1946年～1958年）による放射能が住民から検出され、アメリカ内務省が住民に退去を命じた。

4.15 〔資源〕サウジ・アブカイク油田で爆発事故　サウジアラビアのアブカイク油田で爆発事故が発生した。

4.18 〔原子力〕福島第一5号機、営業運転開始　東京電力福島第一原子力発電所5号機（BWR、78万4000kW）が営業運転を開始した。

4.27 〔火力〕アメリカ・火力発電所建設現場で事故　アメリカ・ウェストバージニア州セントメリーの火力発電所で建設中の冷却塔の足場が崩れ、51人が死亡した。同塔は蒸気に用いた水を冷却するためのもので、高さ約140m、直径約100mの円筒形。このうち3分の1程度の高さまで作業が進んでいたが、頂上付近の鉄製の足場が突然崩れ、作業員51人が地表に落下し全員が死亡した。

4月 〔原子力〕銀河系の中心に反物質存在か　ベル研究所のレビンソールとサンディア研究所のマカラムが、ゲルマニウム感知器によってγ線を捉え、銀河系中心部に多量の反物質が存在する可能性を発表した。

4月 〔再生〕東芝製タービンが米国へ出荷　東芝がアメリカ・カリフォルニア州のガイザース地熱発電所へ世界最大4流排気形12万4000kWタービン7を出荷した。

4月 〔全般〕日本版マスキー法が実施される　自動車排出ガス規制として日本版マスキー法を実施した。ガソリン自動車の一酸化炭素、炭化水素、窒素酸化物を当時の10分の1にまで削減するという厳しい内容で、当のアメリカでは実質廃案となる一方で、日本では1978年予定通り実施された。この結果、日本車のエンジン技術が改良され、低燃費と高い信頼性で知られる日本車の性能向上に役立った。

5.6 〔資源〕OPEC長期戦略特別委員会設置　OPEC閣僚会議が6日から7日までサウジアラビア・タイフで開催され、長期戦略特別委員会設置を決定した。

5.9 〔原子力〕「ふげん」が全炉心臨界　新型転換炉原型炉「ふげん」が全炉心臨界。

5.13 〔原子力〕高性能遠心分離機BT-2初公開　動力炉・核燃料開発事業団は、高性能遠心分離機BT-2を初公開した。

5.24 〔原子力〕電力9社、日本原電、英国核燃料公社が再処理委託契約に調印　電力9社と日本原子力発電、英国核燃料公社（BNFL）が、1600tの使用済み燃料再処理委託契約に調印した。1982年から搬出。

— 196 —

5.26	〔再生〕クローズド地熱発電運転開始	岩手県の東北電力葛根田地熱発電所(日本重化学工業が蒸気提供)1号機が完成し、運転を開始した。出力は5万kW。日本初の高温熱水還元クローズドシステムを採用。シングルフラッシュ発電方式。
5.27	〔原子力〕チェルノブイリ原発1号機が営業運転開始	ソ連ウクライナ共和国初の原発・チェルノブイリ原子力発電所1号機(LWGR、80万kW)が営業運転を開始した。
6.1	〔資源〕石油税法施行	石油税法が施行され、石油税3.5%の賦課が開始された。
6.13	〔全般〕瀬戸内海環境保全特別措置法公布	瀬戸内海環境保全臨時措置法が改正され、恒久法となり、瀬戸内海環境保全特別措置法が公布された。水質に初の総量規制を導入。
6.18	〔原子力〕西独・ブルンスビュッテル原発で放射能漏れ事故	西ドイツのブルンスビュッテル原子力発電所(BWR)で、放射能を帯びた蒸気が循環パイプの割れ目から漏出し、エンジン室から外部に漏出した。
6.21	〔原子力〕日独仏、FBR技術協力協定調印	動力炉・核燃料開発事業団は、ドイツのカールスルーエ研究所、フランス原子力庁と、東京でFBR技術協力協定に調印した。
6.23	〔資源〕クウェート・ブルガン油田で火災	クウェートのブルガン油田で火災が発生した。
6.25	〔再生〕日本初の波力発電装置公開	日本で最初の浮体式波力発電装置「海明」が公開された。
6.27	〔資源〕石油公団と改称	改正石油開発公団法が公布・施行され、石油開発公団が石油公団に改称した。
7.5	〔原子力〕「常陽」、定格出力達成	高速実験炉「常陽」が、5万kWの定格出力を達成した。
7.29	〔原子力〕「ふげん」試運転開始	新型転換炉原型炉「ふげん」が試運転を開始した。
7月	〔全般〕二酸化窒素の大気環境基準の改定	環境庁は、二酸化窒素(NO_2)の大気環境基準の改定を告示。1時間値の日平均平均98%値0.02ppm以下から0.04〜0.06ppmに緩和。
8.2	〔再生〕波力発電実験の開始	庄内沖で浮体式波力発電装置「海明」の波力発電実験が開始された。
8.3	〔原子力〕西ドイツ、再処理プロセス「電界分離法」開発	西ドイツのカールスルーエ研究所は、新しい再処理プロセス「電界分離法」の開発に成功した。
8.25	〔原子力〕東南アジア地域原子力協力協定参加決定	日本政府は、国際原子力機関(IAEA)の東南アジア地域原子力協力協定(RCA)に参加を決定した。9月30日発効。
9月	〔資源〕新潟県でガス田発見	石油資源開発が新潟県で片貝ガス田を発見した。
10.4	〔原子力〕原子力安全委員会発足	原子力委員会から、安全の確保に関する機能を切り離し、原子力安全委員会が発足した。委員長に、吹田徳雄。
10.6	〔全般〕ハイブリッド型LTA航空機懇談会が発足	ハイブリッド型LTA航空機懇談会が発足した。LTA航空機とは飛行船など空気より軽い航空機のことで、日本では1970年代中頃から機械振興協会などを中心に研究が行われていたが、この年の秋に通商産業省工業技術院が大型プロジェクトの新規テーマに決定し、開発が促進されることになった。
10.12	〔原子力〕福島第一4号機、営業運転開始	東京電力福島第一原子力発電所4号機(BWR、78万4000kW)が営業運転を開始した。わが国の原子力発電開発規模は956万kWに達し、世界第2位になった。

1978年（昭和53年）

10.12 〔資源〕シンガポール造船所で爆発事故　午後2時15分ごろ、シンガポールのジュロン工業団地にある造船所ジュロン・シップヤードで修理中のリベリア船籍のギリシャのタンカー「スピロス」(3万6000t)のエンジン室で爆発が発生、火災となり、同船船員や造船所作業員49人が死亡、85人が負傷した。造船所の事故としては戦後世界最大級とされる。

10.15 〔資源〕米、エネルギー関係4法案成立　アメリカ議会は、天然ガス価格統制撤廃法案、石油転換法案、電気料金改定法案、エネルギー節約法案のエネルギー関係4法案を可決成立した。11月9日に大統領署名。

10.16 〔火力〕九州電力旧相浦発電所で屋根崩落　佐世保市光町の九州電力旧相浦発電所で、解体中のタービン室の屋根全体が崩れ落ち、5名が死亡、1名が重傷。

10.16 〔原子力〕長崎県に原子力船「むつ」入港　佐世保港に原子力船「むつ」が修理入港し、反対派が陸海上で抗議活動を行った。

10.16 〔資源〕省エネルギーセンター発足　省エネルギーセンター(ECCJ)が発足した。

10.25 〔全般〕総合エネルギー調査会基本問題懇談会報告　総合エネルギー調査会基本問題懇談会は、21世紀へのエネルギー戦略について報告した。同月27日総合エネルギー対策推進閣僚会議は、基本問題懇談会報告を了承した。

10月 〔再生〕九州で地熱発電所環境保全実証調査開始　資源エネルギー庁が豊肥地域で大規模深部地熱発電所環境保全実証調査を開始(5ヶ年計画)。

10月 〔資源〕石油公団、タンカー備蓄開始　石油公団が、硫黄島西方海域でタンカー備蓄を開始した。

11.2 〔原子力〕福島第一3号機で臨界事故　東京電力福島第一原子力発電所3号機(BWR)で、定検中に制御棒5本が脱落し、7.5時間のあいだ臨界状態になっていた。

11.2 〔資源〕メキシコで石油パイプライン爆発　メキシコのサンチェス・マガラネスにある国営メキシコ石油(PENEX)の石油貯蔵庫付近で石油パイプラインが2度に渡り爆発し、52人が死亡、数十人が負傷した。負傷者のうち21人が重体。パイプラインはマガラネス油田とメキシコ湾岸のコートザコアルコス製油所を結ぶもので、パイプのつなぎ目に材質の欠陥があり、ガス漏れを起こしたとみられる。

11.5 〔原子力〕オーストリア国民投票で原発拒否　オーストリアの国民投票で、原子力発電所の稼働が拒否された。

11.8 〔資源〕四日市港内で原油流出　三重県四日市港内で原油荷揚げ作業中のタンカー隆洋丸が作業ミスにより、荷揚げ中の原油約100kℓを流出した。

11.28 〔原子力〕東海第二発電所、営業運転開始　日本原子力発電東海第二発電所(BWR、110万kW)が営業運転を開始した。わが国の原子力発電規模は1000万kWの大台を突破した。

11.29 〔原子力〕浜岡2号機、営業運転を開始　中部電力浜岡原子力発電所2号機(BWR、84万kW)が、営業運転を開始した。

12.12 〔再生〕日本地熱学会設立　日本地熱学会が設立された。設立目的は、地熱の探査、開発、発電、多目的利用など学術・技術の進歩発達をはかる。

12.15 〔原子力〕オーストリア国民議会で原発禁止　原発禁止法案がオーストリア国民議会で可決した。

12.16 〔資源〕OPEC第52回総会開催　石油輸出国機構(OPEC)第52回総会がアブダビで開催され、1979年中の原油価格の段階的な引き上げを決定した。

12.21	〔再生〕群馬県庁屋上で風力発電　群馬県庁屋上の風力発電機が発電を開始した。
12.25	〔原子力〕プルトニウム輸入　初の商業用プルトニウム燃料が、アメリカから神戸に到着した。
12.26	〔資源〕イラン原油の輸出全面停止　石油産業労働者は12月4日、10月31日以来2度目のストライキに突入。イランは27日原油の輸出を全面停止した。イラン国営放送は28日、反政府活動の高まりからイランの製油所が全て閉鎖されたと発表。国際石油資本は対日石油供給削減を通告。
12.30	〔資源〕BPが原油供給削減を通告　ブリティッシュ・ペトロリアム（BP）は、イランの原油生産削減により、1979年1月～3月の原油供給を最大35％削減すると通告した。
12.31	〔資源〕スペイン沖合でタンカー火災・原油流出　スペイン北西部ビリャノ岬沖合約54kmで、約22万tの原油を積んだギリシャ船籍タンカーが火災を起こした。乗組員32人のうち、9人が死亡、残りは行方不明。原油6万トンが流出した。
12月	〔再生〕鹿児島県で地熱開発調査開始　新日本製鐵が日鉄鉱業と共同で鹿児島県姶良郡牧園町銀湯・白水越で地熱開発調査を開始した。
この年	〔原子力〕原子力供給国グループ設立　NPT体制を補完するため、原子力供給国グループ（NSG）が設立された。2012年現在で、加盟国は46ヶ国。
この年	〔再生〕「太陽光発電システムの研究」が開始　既存の電力系統と太陽光発電システムをどのように連携させるかについての「太陽光発電システムの研究」が開始される。この成果は、一般家庭での太陽光発電について、夜間など必要なときに電力会社から電力を買い、昼間には太陽光発電で発電した余った電力が電力会社に買取られるという、系統連系システムとして結実した。
この年	〔再生〕日本で風力発電開始　風力発電の分野で「サンシャイン計画」による研究が開始。
この年	〔再生〕日本の小型風車の実証試験開始　1978年から1979年にかけて、日本における小型風車の実証試験「風トピア計画」（科学技術庁）が金沢市、安中市、武豊町で実施された。

1979年
（昭和54年）

1.3	〔資源〕アメリカ、国民に石油節約呼びかけ　アメリカのシュレディンガーエネルギー庁長官が、国民に自主的な石油の節約を呼びかけた。
1.8	〔核〕核実験による白血病死　ネバダ州の原爆実験場西側にあるユタ州の住民の間に、実験の放射能に起因すると思われる白血病や甲状腺がん患者が多数発生したとする1965年9月14日付けの報告書が明らかになった。1950年から1964年の間に、28人が白血病で死亡、7人が白血病と診断されていた。ネバダ州では1951年から1962年の間に80回の核実験が行われ、そのうち20～26回は放射能がユタ州地方へ流れていた。
1.8	〔資源〕アイルランドでタンカー爆発による原油流出　午前1時ごろ、アイルランド南西部のバントリー湾内の石油基地に停泊中の大型タンカーが突然2度にわたって大爆発した。乗組員42人と石油会社の社員7人が死亡したとみられる。爆発で船体が二つに裂け、原油が大量に流出して炎上した。同タンカーは原油11万5000tの積み下ろし作業中だった。爆発の原因はガス漏れとみられる。

1.17	〔全般〕国民にエネルギー節約を求める方針	通商産業省は、国民にエネルギー節約を呼びかける方針を決定した。
1.19	〔資源〕四日市コンビナートで原油流出	四日市コンビナートの昭和四日市石油シーバースで、荷揚げ中のタンカーから原油が流出、鈴鹿市沿岸の海苔漁場が被害を受けた。
1.22	〔資源〕アメリカ、石油備蓄計画を下方修正	アメリカは、石油備蓄計画について、1985年までの備蓄目標10億バレルを、7.5億バレルに下方修正した。
1.30	〔原子力〕使用済み核燃料、初の国内輸送	東京電力の使用済み核燃料、東海再処理施設へ初の国内輸送。
2.15	〔資源〕原油値上げ相次ぐ	15日、カタールが1バレルあたり0.94～1.02ドルの値上げを発表、21日にはリビアが1バレルあたり0.68ドル、26日にはクウェートが1バレルあたり1.20ドルの値上げを発表した。
2月	〔再生〕大分県で地熱調査開始	出光興産が大分県玖珠郡九重町地域(滝上)及び大分郡湯布院町地域で地熱開発調査を開始した。
2月	〔資源〕イラン、コンソーシアムとの契約を破棄	イランが、イラン・コンソーシアム(国際石油財団)との契約を破棄した。
2月	〔資源〕第2次オイルショックが発生	イラン革命が勃発し、同国での石油生産が中断したため、日本の石油需給が逼迫。6月、石油輸出国機構(OPEC)総会で原油価格の大幅値上げが決定。このため石油価格が急騰し、第2次オイルショックが発生。
3.1	〔全般〕JISに省エネルギー基準採用	工業技術院は、JIS(日本工業規格)に省エネルギー基準を採用することを決定。
3.2	〔資源〕IEA理事会、石油消費節約実施を決定	国際エネルギー機関(IEA)理事会は、1979年の石油消費量の5%に相当する1日あたり200万バレルの石油消費節約を実施することを決定。
3.5	〔資源〕イラン、原油輸出再開	イランが原油の輸出を再開し、144万バレルを積み出した。
3.14	〔資源〕イラン新政府、対日長期輸出契約を締結	国営イラン石油会社(NIOC)と日本企業とDD原油長期契約をイランの新政府としては初めて締結した。
3.14	〔資源〕北海道石油共同備蓄設立	北海道石油共同備蓄が設立された。
3.15	〔全般〕省エネ省資源対策推進会議石油5%節約決定	省エネルギー・省資源対策推進会議は、官庁の暖房停止、夏のノーネクタイ、マイカー自粛など、石油5%消費節減対策推進を決定。
3.20	〔原子力〕「ふげん」本格運転開始	動燃・核燃料開発事業団の新型転換炉原型炉「ふげん」が本格運転を開始した。出力16万5000kW。使用済み核燃料のリサイクルを実現する初の国産原子炉の誕生。
3.22	〔資源〕瀬戸内海でタンカー衝突による重油流出	瀬戸内海の備讃瀬戸でタンカー第8宮丸(997t)と貨物船第18大黒丸(414t)が衝突、第8宮丸に積載していたミナス重油約543kℓが流出した。
3.26	〔資源〕OPEC第53回臨時総会開催	石油輸出国機構(OPEC)第53回臨時総会がジュネーヴで開催され、前年末の総会で決定した段階値上げの実施日を4月1日に繰り上げ、またプレミアム付加の容認を決定した。石油は多重価格時代に入る。

1979年（昭和54年）

3.27 〔原子力〕大飯原発1号機、営業運転開始　関西電力大飯発電所1号機（PWR、117万5000kW）が営業運転を開始した。

3.28 〔原子力〕スリーマイル島原子力発電所事故発生　28日午前4時ごろ、アメリカのペンシルバニア州スリーマイル島原子力発電所で、人為的ミスと装置の不備が重なって、冷却水とともに高濃度の放射能が大気中に噴出する事故があった。2次冷却水の給水ポンプの故障で、1次冷却水の放出が止まらなくなった。これにより炉内の温度が急上昇し、緊急炉心冷却装置が作動したものの、作業員の判断ミスにより手動で止めてしまったため燃料棒が破損、核燃料が溶け出して冷却水を汚染した。この冷却水が補助建屋に流れ込み、放射性物質が放出されたもの。従業員4人が最大許容線量を超える線量を浴び被爆。30日早朝には新たな放射能漏れがあったため非常事態宣言が出され、周辺8km圏内の妊婦と乳幼児の避難と全学校の臨時休校、16km以内の住民の外出自粛が勧告された。一部住民の間でパニックが起こり、社会的にも当時として原発事故史上最悪の事故となった。国際原子力事象評価尺度（INES）はレベル5。事故原因は作業員のミスと装置の不備が重なった結果とされた。

4.19 〔原子力〕英国核燃料公社再処理工場で、放射性廃液漏洩事故発生　英国核燃料公社（BNFL）は、ウィンズケールの再処理工場で、3月に9000リットル、3万Ciの放射性廃液が地下の土壌に漏出する事故があったと報告した。その後、高レベル放射性廃液の漏えいが、20年間続いていたことが判明した。

5.21 〔全般〕IEA理事会、石炭政策の原則を採択　国際エネルギー機関（IEA）閣僚理事会は、石炭利用の拡大と電力用石油使用の抑制を目的とした"石炭政策の原則"を採択した。

5.22 〔熱〕航空エンジン開発で提携　三菱重工業、石川島播磨重工業、川崎重工業の3社、イギリス・ロールス・ロイス社と航空エンジン開発で提携へ。

5.24 〔資源〕エッソがゼネラルの株式を取得　エッソ・イースタンがゼネラル石油の株式の49％を取得した。

5.28 〔原子力〕カナダ・ブルース原発で燃料棒破損事故　カナダのオンタリオ州ダグラスポイントにあるブルース原子力発電所で、燃料棒の束が破損する事故が発生した。作業員2人が、年間最大許容量を上回る放射線を一時に浴びて被曝した。

6.1 〔原子力〕原子炉等規制法一部改正法案成立　原子炉等規制法（核原料物質、核燃料物質及び原子炉の規制に関する法律）一部改正案が参院本会議で可決、成立した。民間での使用済み燃料再処理の再処理が可能になった。

6.3 〔資源〕メキシコ・油田で原油流出　メキシコ湾に突き出たユカタン半島の北側、カンペチェ湾の沖80kmで掘られている石油試掘井が、試掘中に突然油を吹き出した。6月下旬に一時噴出を止められたが、すぐにまた吹き出した。1日2～3万バレル、8月8日までに250万バレル以上が流出し続け、8月半ばにはアメリカ・テキサス州のパドレ島の海岸にも漂着した。

6.6 〔原子力〕原子力損害賠償法一部改正法案成立　原子力損害賠償法一部改正法案が、参院本会議で可決、成立した。従業者も賠償の対象となった。

6.6 〔全般〕省エネルックが話題に　第2次オイルショックを背景に、通商産業省の後押しで始められた「省エネルック」が話題を集め、6月6日、大平正芳首相が、半袖の背広に簡易ネクタイの姿で、首相官邸の庭でモデル役となってPRに努めた。省エネルックは、一着上下が2～4万円で百貨店で販売されたが、サラリーマンの人気は得られなかった。

6.14 〔原子力〕アメリカ、太平洋ベースン構想発表　アメリカ合衆国国務省は、使用済み核燃料の国際貯蔵施設構想（太平洋ベースン構想）を公表した。ウェーク、パルミナ、ミッドウェーの3島が候補にあがった。

6.15 〔全般〕エネルギー対策を決定　石油消費節減・原子力発電強化・石炭火力開発促進等のエネルギー対策が、総合エネルギー対策推進閣僚会議で決定した。

1979年（昭和54年）

6.22	〔全般〕省エネルギー法成立	6月6日、エネルギーの使用の合理化に関する法律（省エネルギー法）が成立し、6月22日公布。前身の熱管理法は廃止された。
6.26	〔資源〕OPEC第54回総会開催	石油輸出国機構（OPEC）第54回総会がジュネーヴで開催され、原油基準価格を6月1日に遡及して9.05%の大幅値上げを決定した。
6.28	〔原子力〕東京宣言採択	東京で第5回先進国首脳会議（東京サミット）が開かれ、原子力発電の拡大などを盛り込んだ東京宣言を採択した。
6.29	〔資源〕サミットで原油輸入目標を設定	東京サミットが開催され、原油輸入目標に合意した。
6月	〔再生〕日本最大の揚水式発電所完成	176.0mの高さのロックフィルダムの高瀬ダムが完成し、新高瀬川発電所が運用を開始した。出力は1280MWで、国内最大の揚水式地下発電所。
7.15	〔資源〕アメリカ、新エネルギー政策発表	アメリカのカーター大統領が、1990年の石油輸入量を半減することを目標とする新エネルギー政策を発表した。
7.16	〔原子力〕「常陽」熱出力7万5000kW達成	高速増殖炉実験炉「常陽」が、熱出力7万5000kWを達成した。
7月	〔原子力〕アメリカ・ウラン鉱滓ダム決壊で放射能汚染水流入	アメリカ・ニューメキシコ州チャーチロックのユナイテッド・ニュークリア社のウラン鉱滓ダムが決壊した。9000万ガロンの放射能を含んだ水と鉱滓がプエルコ川に流入した。
8.13	〔資源〕メキシコ原油取引で合意成立	メキシコ原油の政府間長期取引で合意が成立した。
8.20	〔電力〕省エネ電車運転開始	国鉄は8月20日から、東京-高尾の中央線快速で「新型省エネルギー電車」201系の試作車の運転を開始した。半導体利用により加速時の消費電力を大幅に節約し、従来は熱として捨てていた発電ブレーキの電力を架線に戻し再利用を図る省エネルギー型だった。
8.28	〔原子力〕レーダーマン、「グルーオン」の存在の検出に成功	アメリカのL.レーダーマンは、クォークをつなぐ粒子「グルーオン」の存在の検出に成功したと発表した。
8.31	〔全般〕総合エネルギー調査会需給部会、中間報告	総合エネルギー調査会企画専門委員会は、長期エネルギー需給暫定見通しを取りまとめた。同月総合エネルギー調査会需給部会は、長期エネルギー需給暫定見通しを中間報告した。
8月	〔資源〕ナイジェリアがBP資産国有化	ナイジェリアは、南アフリカ問題に対するイギリスへの制裁措置として、同国で創業するシェル・BPにおけるBPシェアの即時全面国有化を発表した。
9.4	〔全般〕石油代替エネルギー開発計画を発表	通商産業省は、石油代替エネルギーの開発計画を発表した。
9.9	〔資源〕第10回世界石油会議開催	第10回世界石油会議が9日から14日までブカレストで開催された。
9.12	〔原子力〕人形峠ウラン濃縮パイロットプラント運転入り	動力炉・核燃料開発事業団の人形峠ウラン濃縮パイロットプラント第1期計画分1000台が完成し、運転開始。
9.25	〔原子力〕米ノースアンナ1号機で原子炉緊急停止	アメリカのノースアンナ原子力発電所1号機で、蒸気発生器伝熱細管が破裂し、タービン・原子炉が緊急停止した。ベント管から放射性ガスが建屋内に漏出した。

10.1	〔資源〕関西石油を合併	丸善石油が関西石油を合併した。
10.1	〔資源〕省エネルギー法施行	エネルギー使用の合理化に関する法律(省エネルギー法)が施行された。
10.2	〔原子力〕米プレイレ1号機で原子炉緊急遮断	アメリカのプレイレ1号機で、蒸気発生器伝熱細管が減肉、破裂した。原子炉緊急遮断、ECCSが作動した。
10.23	〔資源〕アメリカ、ガソリン配給制法案を可決	アメリカ下院でガソリン配給制法案が可決・成立した。
10.24	〔原子力〕福島第一6号機、営業運転開始	東京電力福島第一原子力発電所6号機(BWR、110万kW)が営業運転を開始した。
10.26	〔原子力〕核物質防護条約採択	国際原子力機関(IAEA)による策定作業を経て、核物質防護条約(核物質の防護に関する条約)が採択された。1987年2月発効。締結国政府が、国際輸送中の核物質に対する一定水準の防護措置の確保と、義務を負うというもの。
10月	〔再生〕出光興産事業継承の企業設立	出光興産より事業継承された出光地熱開発が設立された。
11.3	〔原子力〕高浜原発2号機で冷却水もれ	午前5時半から9時間にわたり、関西電力高浜発電所2号機の1次冷却水が格納容器内に約80t漏れる事故があった。原因は、1次冷却水の温度を測る配管のねじこみ式の栓がステンレス製でなく銅合金製だったためで、関西電力職員の取り付けミスとわかった。
11.7	〔原子力〕仏、国立放射性廃棄物管理公社設置	フランス国立放射性廃棄物管理公社(ANDRA)がフランス原子力庁(CEA)内に設置された。
11.13	〔資源〕アメリカ、イランからの原油輸入停止	イランのアメリカ大使館占拠事件に伴い、アメリカは、イラン原油の輸入禁止を決定した。イランは18日、対米輸出を停止。
11.13	〔資源〕ガルフ、原油供給停止	国際石油資本ガルフ・オイルが、非系列の国内石油各社に、1980年1月以降の原油供給全面停止を通告した。
11.19	〔原子力〕原子力安全委員会、低レベルの放射性廃棄物海洋処分安全性確認	日本政府・原子力安全委員会は、放射性廃棄物安全技術専門部会の報告を受けて、低レベル放射性廃棄物の海洋処分について、安全性を表明した。
11.19	〔資源〕メキシコ石油輸入設立	メキシコ石油輸入が設立された。
11月	〔火力〕LNG冷熱発電に成功	東京電力、世界初の液化天然ガス(LNG)冷熱発電に成功。出力122kW。
12.5	〔原子力〕大飯原発2号機、営業運転開始	関西電力大飯発電所2号機(PWR、117万5000kW)が営業運転を開始した。
12.10	〔資源〕各国別の石油輸入量上限目標設定	国際エネルギー機関(IEA)閣僚理事会がパリで開催され、各国別1980年の石油輸入量上限目標設定に合意した。日本は1日あたり540万バレル。
12.12	〔資源〕湾岸3ヶ国が原油価格引き上げ	サウジアラビア、カタール、UAEの3ヶ国が、11月1日に遡及して原油価格の1バレルあたり6ドルの値上げを発表した。
12.13	〔資源〕東亜共石の経営譲渡を了承	東亜共石が有する資産の日本鉱業への譲渡ならびに昭和石油による東亜石油経営権の取得について、石油審議会が了承した。
12.18	〔原子力〕原子炉等規制法改正法施行	再処理事業の民営化および安全規制を目的とし

た原子炉等規制法改正法が施行された。

12.20 〔資源〕むつ小川原石油備蓄設立　むつ小川原国家石油備蓄基地の建設・管理運営のため、むつ小川原石油備蓄が設立された。

12.25 〔資源〕知多石油発足　東亜共石が改称し、知多石油として発足した。

12.26 〔原子力〕動燃、濃縮ウラン約300kgの回収に成功　動力炉・核燃料開発事業団は、人形峠ウラン濃縮パイロットプラントで、3.2%の濃縮ウラン約300kgの回収に成功した。

この年 〔熱〕ターボチャージャー付量産車を発売　日産自動車、日本国内初のターボチャージャー付量産車としてセドリックとグロリアを発売。

この年 〔電力〕クサビ型超音波モーターを発明　指田年生、クサビ型超音波モーターを発明。

この年 〔電力〕京都市で電気バス運行　京都市の洛西ニュータウンに電気バスが登場。省エネへの関心が高まる中、デモンストレーションとして運行された。

この年 〔火力〕排熱回収発電プラントが完成　新日本製鐵若松熱水発電所で、熱水タービンを用いた世界初の排熱回収発電プラントが完成。排熱を熱水で回収し、直接熱水タービンで発電することでエネルギー効率を高めた。

この年 〔再生〕デンマーク、ブレード形式の異なる2機設置　ツヴィン風車の研究に参加していたデンマーク国立研究所によって、ブレード形式の異なる風力発電機2基（600kW）がNIBEに設置される。

この年 〔再生〕振り子式波力発電システムを発明　室蘭工業大学の渡部富治・近藤俶郎らが、振り子式波力発電装置を発明した。

この年 〔再生〕波エネルギー国際会議開催　スウェーデンのチャルマース工科大学で、波エネルギー国際会議が開かれた。

この年 〔資源〕カザフ・テンギス油田発見　カザフスタンのカスピ海沿岸部で巨大なテンギス油田が発見された。

この年 〔全般〕WMO、温室効果による温暖化を警鐘　世界気候会議（WMO）は、温室効果による地球の温暖化を警告。

この頃 〔再生〕MTBEが利用され始める　アメリカで、アンチノッキング剤として利用された四エチル化鉛が使用を禁じられ、MTBE改質ガソリンが使用され始める。MTBEはイソブチレンとメタノールから合成される。排気中の一酸化炭素などが削減できる利点を持つ一方で、MTBEが、水に溶けて飲み水として使用できなくなる問題がある。

1980年
（昭和55年）

1.9 〔資源〕鳴門海峡で重油流出　タンカーと貨物船の衝突による重油流出事故が鳴門海峡で発生した。

1.11 〔全般〕石油消費節減対策強化を決定　総合エネルギー対策推進閣僚会議は、石油消費節減対策を7%節減と強化することを決定。

1.21	〔資源〕LPガスの備蓄義務づけを答申	石油審議会LPガス部会が、輸入LPガスの備蓄義務づけを答申した。段階的に積み増し、1989年度までに50日分とする内容。
1.28	〔資源〕サウジアラビア原油値上げ	サウジアラビアが、1月1日に遡及して原油価格の引き上げを通告した。
1.29	〔火力〕ごみ発電の推進	資源調査会は、省エネルギー策として、ごみ処理の焼却熱を利用した「ごみ発電」の推進を科学技術庁長官に建議した。
1月	〔資源〕クウェート、国営石油会社を新設	クウェートが、クウェート国営石油会社（KNPC）と、接収したクウェート石油（KOC）を統合し、国営石油会社KPCを新設した。
2.1	〔原子力〕「常陽」定常運転入り	高速増殖炉実験炉「常陽」は、熱出力7万5000kWの定常運転に入った。
2.8	〔資源〕埕北油田の開発協力	石油公団が中国石油天然ガス探査開発公司と埕北油田開発基本合意書に調印。
2.12	〔原子力〕アメリカ、放射性廃棄物管理総合政策を発表	アメリカのジミー・カーター大統領は、放射性廃棄物管理総合政策を発表した。
3.1	〔原子力〕日本原燃サービス株式会社発足	核燃料サイクルの事業化を目的として、わが国初の民間再処理会社・日本原燃サービス株式会社が発足した。電力9社、日本原子力発電が出資。
3.3	〔原子力〕日本、核物質防護条約署名	日本政府は、核物質防護条約（核物質の防護に関する条約）に署名、1988年に加入した。核物質防護条約は、1987年にスイスの批准を受けて発効している。
3.13	〔原子力〕仏サン・ローラン・デンゾー原発2号機で炉心溶融事故	フランスのサン・ローラン・デゾー原子力発電所2号機で炉心溶融事故が発生した。INESレベル4。
3.23	〔原子力〕スウェーデン国民投票で原発容認	原子力発電所に関する国民投票がスウェーデンで行われ、58％が原発を容認する結果となった。
3.27	〔資源〕アメリカ、石油超過利潤税法案成立	アメリカ上院で、石油超過利潤税法案が可決成立した。
3.27	〔資源〕北海油田海上宿舎崩れる	イギリス、ノルウェー、デンマーク3国の沖合にある北海油田で採掘作業関係者の宿舎として使われている海上建造物（リグ）が暴風雨による高波で沈没しかかり、多数の労働者が海に投げ出されたり、リグ内に閉じ込められるなどして行方不明になった。救助作業は悪天候のため難航し、123名が死亡した。1975年に北海油田の採掘開始以来、最大規模の惨事となった。事故にあったリグはデンマークの240km沖合、ノルウェー領海のエコフィスク油田にあるノルウェーのフィリップス石油会社所有の「アレキサンダー・キーランド」で、約1万トン、縦・横約100m、高さ40mの大きさ。
4.24	〔資源〕日中石油開発、埕北石油開発設立	日中石油開発ならびに埕北石油開発が設立された。
4.25	〔原子力〕放射線障害防止法改正	放射線障害防止法（放射性同位元素等による放射線障害の防止に関する法律）の改正案が、参院本会議で可決、成立した。翌年5月18日施行。
4月	〔原子力〕東京大学原子核研究所放射能漏出	東京都田無市緑町の東京大学原子核研究所で放射能が漏れた（5月10日に確認）。
4月	〔資源〕第6回LNG国際会議開催	第6回LNG国際会議が京都で開催された。

1980年(昭和55年)　　　　　　　　　　　　　　　　　　　　　　　　　資源・エネルギー史事典

5.6　　〔資源〕日韓大陸棚石油共同開発事業初試掘　日韓大陸棚石油共同開発事業(長崎県沖)の初試掘が始まる。

5.11　〔原子力〕東大原子核研究所で放射能汚染事故　東京田無市緑町の東京大学原子核研究所で、所外研究者のミスによる超ウラン元素カリフォルニウムの放射能汚染事故が発覚。

5.14　〔資源〕サウジアラビア原油値上げ　サウジアラビアが、原油価格を1月に引き続き1バレルあたり2ドル、4月1日遡及して値上げした。

5.21　〔火力〕IEA閣僚理事会開催　IEA閣僚理事会が開催され、1985年の石油輸入目標の削減、石油火力発電所新設の原則禁止等を含む国際協力を決議した。

5.29　〔資源〕日中石油開発プロジェクト調印　東京で中国・渤海の日中石油開発プロジェクト「渤海南・西部石油共同開発」契約に調印した。

5.30　〔再生〕石油代替エネルギー法を公布　1980年2月15日石油代替エネルギー開発・導入促進法の政府案が決定。5月14日参院本会議で、石油代替エネルギー法が可決・成立。同月30日石油代替エネルギーの開発及び導入の促進に関する法律を公布、施行。エネルギーの安定的かつ適切な供給および環境への負荷低減を目的として、非化石エネルギーの開発、導入を図る。

5月　　〔原子力〕ライネス、ニュートリノに質量があることを確認　アメリカの物理学者フレデリック・ライネスは、素粒子のひとつニュートリノが非常に小さい質量を持っていることを実験で確認したと発表した。全く異なった実験から、モスクワの研究者達も同様な結果を報告した。ニュートリノの質量は電子の13000分の1と考えられた。

6.3　　〔核〕米、コンピュータ故障で核戦争の非常警戒態勢入り　アメリカがコンピュータの故障のため、対ソ核戦争の非常警戒態勢に入った。3分後に解除。6日にも同様の事件が発生した。

6.9　　〔資源〕OPEC第57回総会開催　石油輸出国機構(OPEC)第57回総会がアルジェで開催され、基準原油価格の上限値を1バレルあたり32ドル、プレミアムの価格差を5ドルまでと決定した。

6.16　〔資源〕出光が沖石精の株式を取得　出光興産が沖縄石油精製の全株式を取得した。

6月　　〔資源〕大協とアジア石油資本提携合意　大協石油とアジア石油が資本提携に合意した。

8.8　　〔原子力〕プルトニウム混合転換技術開発施設着工　動力炉・核燃料開発事業団がプルトニウム混合転換技術開発施設の建設に着工した。

8.15　〔原子力〕放射性廃棄物海洋投棄の中止要求　南太平洋首脳会議がグアム島で開催され、日本による放射性廃棄物海洋投棄計画の中止要求決議が採択された。

8.16　〔資源〕国鉄静岡駅前地下街で爆発事故　午前9時40分ごろ、静岡市紺屋町の静岡駅前地下街「ゴールデン街」でガス爆発が起きた。静岡消防署、静岡県警が現場検証中、爆発のショックでヒビの入ったガス管から都市ガスが漏れ出し、9時55分ごろ、2次の大爆発を起こした。地下街は数10mにわたって炎上、消防士や買物客ら15名が死亡、222名が重軽傷を負った。この事故はわが国初の地下街の爆発火災だっただけに、通商産業省、消防庁では、全国140の地下街について遅まきながら、ガスの安全性も含めた総点検を始めた。

9.17　〔資源〕OPEC第58回臨時総会開催　石油輸出国機構(OPEC)第58回臨時総会がウィーンで開催され、基準原油価格を1バレルあたり30ドルに引き上げ、加盟国原油価格の凍結等を決定した。

9.22　〔全般〕イラン・イラク戦争が勃発　イランがイラン革命による政情不安定となっている状況下、かねてより懸案となっていた石油輸出の要地であるシャトル・アラブ川河口付

— 206 —

の領有問題を巡り、イラクがイランに奇襲を仕掛けたことで、イラン・イラク戦争が勃発。イラクが化学兵器を用いたほか、相互に長距離ミサイルを撃ち合うなど1988年8月20日停戦となるまでに100万人以上が犠牲となったとみられる。この戦争で、イランの勝利を恐れたアメリカがイラクを積極的に支援したことが、強大なイラク軍を育て、イラクのクウェート侵略を準備することとなった。

9.26	〔資源〕石油業界独禁法違反事件判決	東京高等裁判所は、石油連盟と石油元売12社、関係者15名の独占禁止法違反事件について、生産調整関係においては無罪、価格協定関係においては有罪の判決を下した。
9.27	〔全般〕新エネルギー財団が設立	財団法人新エネルギー財団(NEF)が設立。
9月	〔再生〕2段式純揚水運転開始	取水ダムに底部取水方式を採用した中部電力奥矢作第一・第二発電所が運用を開始した。出力は第一が315MW、第二が780MW。ポンプ水車が高速化された。
9月	〔資源〕OPEC諸国が減産を表明	原油供給が過剰であることから、サウジアラビアをのぞくOPEC諸国が、1月以降10%の原油減産を表明した。
10.1	〔再生〕新エネルギー総合開発機構設立	新エネルギー総合開発機構(現独立行政法人新エネルギー・産業技術総合開発機構(NEDO技術開発機構))が設立された。石炭鉱業合理化事業団を統合。これは民間の活力を生かして、石炭、地熱、太陽熱発電等の開発が産学官の総力を結集してすすめるもの。
10.1	〔資源〕IEA、市場混乱予防措置で合意	国際エネルギー機関(IEA)臨時理事会が、スポット市場での原油取引の自粛等、市場混乱予防措置で合意した。
10.1	〔資源〕ゼネラル石油が関係2社を吸収	ゼネラル石油がゼネラル石油精製とゼネラル瓦斯を吸収合併した。
10.10	〔資源〕サウジアラビア等4ヶ国、原油増産を決定	9月に勃発したイラン・イラク戦争によるイラクの原油減産に対応し、サウジアラビア等4ヶ国が増産を決定した。
10.14	〔火力〕伊達火力発電所環境権訴訟で原告側敗訴	地域住民が提訴した伊達発電所建設差止環境権訴訟で、札幌地裁が原告側敗訴の判決を下した。
11.6	〔原子力〕高浜2号機が322日間の連続運転記録樹立	関西電力高浜発電所2号機が、322日間の連続運転記録を樹立した。
11.8	〔原子力〕放射能海洋投棄に関する説明会開催	低レベル放射性廃棄物の海洋投棄に関する説明会が、北マリアナ連邦主催でサイパン島で開催された。科学技術庁の第2次説明団が出席したが、現地に海洋投棄を拒否された。
11.14	〔原子力〕動燃、プルトニウム燃料の国産化に成功	動力炉・核燃料開発事業団は、プルトニウム燃料の国産化に成功した。
11.14	〔全般〕海洋汚染防止法改正	「海洋汚染及び海上災害の防止に関する法律の一部を改正する法律」「廃棄物の処理及び清掃に関する法律施行令及び海洋汚染及び海上災害の防止に関する法律施行令の一部を改正する政令」施行。「ロンドン・ダンピング条約」の日本発効に伴い、国内法が整備された。
11.20	〔原子力〕電事連、濃縮ウラン国産化推進を決定	電気事業連合会は、濃縮ウラン国産化推進を決定した。電力業界を主体として、商業プラント建設へ。
11.28	〔全般〕石油代替エネルギー供給目標を決定	日本政府は、石油代替エネルギーの供給目標を閣議決定した。

1980年（昭和55年）

11.30　〔資源〕イラクが原油輸出再開　イラクが、トルコ経由のパイプラインによる原油輸出を再開した。

11月　〔再生〕群馬県で地熱井掘削開始　東京電力が群馬県企業局と共同で群馬県吾妻郡嬬恋村地区で地熱井の掘削を始めた。

12.4　〔原子力〕柏崎刈羽原発増設の反対運動起こる　東京電力柏崎刈羽原子力発電所増設についての「第一次公開ヒアリング」開催前夜から反対住民ら2000名が会場前に徹夜で座り込み、当日は7000名以上となり、機動隊が排除、重傷者を含む10名以上の負傷者が出たなかでヒアリングが強行された。

12.9　〔原子力〕脱石油・原発推進で合意　脱石油・原発推進について、東京電力と東北電力が合意した。

12.15　〔資源〕OPEC第59回総会開催　石油輸出国機構（OPEC）第59回総会がバリで開催され、原油基準価格の1バレルあたり2ドルの引き上げ32ドル、見なし基準原油価格を1バレルあたり36ドル、プレミアムとの価格差を含めた上限を41ドルと決定した。

12月　〔再生〕富士電機製タービンがエルサルバドルへ　富士電機がエルサルバドルへ4万kWタービンを出荷した。

この年　〔熱〕日本初の水冷DOHC6気筒エンジン製作　日本初の水冷DOHC6気筒エンジンが製作される。

この年　〔火力〕超臨界圧変圧貫流ボイラーが導入される　東京電力広野火力発電所で、国産の超臨界圧変圧貫流ボイラーが初めて導入される。1973年、1979年のオイルショックの影響を受け、エネルギー源の多様化が進み、火力発電所にも中間負荷運用に適した変圧型の導入が求められていた。

この年　〔原子力〕フォン・クリッツィング、量子ホール効果を発見　ドイツのクラウス・フォン・クリッツィングは、量子ホール効果を実験的に発見した。これにより微細構造定数の精密測定等の研究が発展した。

この年　〔再生〕室蘭港に波力発電装置設置　室蘭工業大学が、室蘭港に波力実験プラント・ケーソンを設置した。

この年　〔再生〕太陽電池式街路灯が発売　京セラが太陽電池式街路灯を発売した。

この年　〔再生〕八丁原2号機の地熱開発調査開始　九州電力八丁原地熱発電所2号機の地熱開発調査を開始した。

この年　〔資源〕ガス料金二部料金体系へ　東京ガス、東邦ガス、大阪ガスが二部料金体系を導入した。

この年　〔資源〕サウジアラビア、アラムコを国有化　サウジアラビアが、アラビアン・アメリカン・オイル（アラムコ）を100％国有化した。

この頃　〔再生〕日本で燃料電池の開発進む　日本でも、石油代替・省エネルギー技術開発を目的として国家プロジェクト「ムーンライト計画」の発足により、リン酸型（PAFC）・溶融炭酸塩型（MCFC）・固体酸化物型（SOFC）それぞれの燃料電池の開発が進められた。

この頃　〔再生〕米、燃料電池の実証運転始まる　アメリカでは1MW（1000kW）級の燃料電池発電プラントが建設されて、実証運転が始まった。

1981年
（昭和56年）

1.17 〔原子力〕**東海再処理施設が本格運転入り**　動力炉・核燃料開発事業団東海再処理施設が本格運転に入った。国内の再処理需要の30％を処理可能に。

1.20 〔原子力〕**不注意で作業員被曝**　午前10時ごろ、茨城県大洗町の大洗工業センターで、放射性廃棄物の取り扱いの不注意から、作業員4人が最高30ミリレムの放射能を浴びた。

1.28 〔資源〕**アメリカ、原油価格統制撤廃**　アメリカのレーガン大統領が、国産原油価格統制とガソリン割当制を即時撤廃した。

2.27 〔資源〕**苫小牧東部石油備蓄設立**　苫小牧東部石油備蓄が設立された。

3.6 〔再生〕**ホテル自家用発電運転開始**　大分県の杉乃井ホテル（現杉乃井ホテル＆リゾート）地熱発電所が運転開始（出力1170kW）8月には3000kWに変更した。

3.8 〔原子力〕**敦賀原発1号機で高濃度放射性廃液漏洩**　日本原子力発電敦賀発電所1号機の廃棄物処理建屋内で、フィルタースラッジ貯蔵タンクから高濃度の放射性廃液が床に漏えい、一般廃炉に漏れ出した。

3.21 〔再生〕**仁尾太陽博覧会開催**　香川県仁尾町で、太陽熱発電プラントの完成を記念し、「仁尾太陽博覧会」が開催された。太陽熱発電プラントは8月6日に稼働。

3.30 〔原子力〕**玄海2号機営業運転開始**　九州電力玄海原子力発電所2号機（PWR、55万9000kW）が営業運転を開始した。

3月 〔資源〕**民間石油備蓄90日分達成**　民間石油備蓄が90日分の石油備蓄を達成した。

4.3 〔原子力〕**米エネルギー省が、原子力発電が石油火力発電を上回ったと発表**　アメリカ合衆国エネルギー省（DOE）は、1980年は原子力発電がはじめて石油火力を上回ったと発表した。

4.6 〔資源〕**IPE、先物売買取引開始**　ロンドンに国際石油取引所（IPE）が解説され、暖房用油の先物取り引き売買を開始した。

4.9 〔原子力〕**米軍原子力潜水艦・日昇丸衝突事故**　4月9日午前10時30分頃、鹿児島県下甑島釣掛埼灯台から西北西約75kmの海上を航行中の愛媛県北条市、忽那（つくな）海運の貨物船「日昇丸」（2350総t、乗組員15人）が、機関室船底で衝撃を受け浸水、約15分後に沈没した。乗組員は全員海中に飛び込み、うち13人が救命いかだで漂流していたところを、翌10日午前5時すぎ、護衛艦「あきぐも」に救助されたが、船長と一等航海士が死亡した。この事故はアメリカ海軍の原子力潜水艦ジョージ・ワシントン（6555t）が、貨物船日昇丸に衝突したもので、事故は潜水艦の過失によるものであった。

4.12 〔熱〕**スペースシャトルが初飛行**　アメリカ航空宇宙局（NASA）、スペースシャトル「コロンビア号」の打ち上げに成功し、スペースシャトルによる宇宙空間初飛行を達成。従来の使い捨てロケットと異なり、様々な荷物を搭載して何度も地上と宇宙を往復する再使用・多用途の宇宙連絡船。

4.14 〔原子力〕**敦賀原発前面海域から異常放射能値検出**　福井県衛生研究所は、日本原子力発電敦賀発電所前面海域から、異常放射能値を検出した。

- 209 -

| 4.18 | 〔原子力〕敦賀原発で放射能汚染　4月18日未明、通商産業省は「日本原子力発電会社敦賀発電所で一般排水路の土砂から高濃度の放射性物質が検出された」と緊急発表した。汚染源は原子炉に隣接する廃棄物処理建屋と断定されたが、その後の調査で処理施設の構造的な欠陥、処理タンクの弁を締め忘れるなどの作業ミス、過去の放射性廃液漏れを隠していた事などが次々と明るみに出た。 |

| 5.4 | 〔全般〕エネルギー対策投資促進税制適用対象決定　日本政府は、エネルギー対策投資促進税制の適用対象設備を最終決定した。 |

| 5.18 | 〔核〕ライシャワー発言の衝撃　元駐日アメリカ大使のエドウィン・O.ライシャワーハーバード大学教授は、1981年5月18日付朝刊の毎日新聞インタビューに対し「核兵器を積んだ米国の航空母艦と巡洋艦が日本に寄港したことがある。これは日米了解済み」と明らかにした。これまで日本政府が「事前協議制」と「非核3原則」をタテに「核持ち込みは一切ない」としていた説明を当時の米政府当局者が真っ向から否定したものだけに、衝撃は大きかった。 |

| 5.22 | 〔原子力〕美浜原発で冷却水漏れ　夜、福井県の関西電力美浜発電所1号機で1次冷却水3tが漏れる事故があり、作業員3人が飛まつを浴びたが、放射線量がごく微量だったため、人体に影響はなかった。原因は点検作業に予定のない温度測定用パイプの継ぎ手をゆるめたためであった。 |

| 5.25 | 〔資源〕OPEC第60回総会開催　第60回OPEC総会が25日から26日までジュネーヴで開催され、年末までの原油価格の現行価格継続、6月1日からの協調減産、長期戦略の検討等を決定した。 |

| 5.29 | 〔原子力〕病院内で被曝事故　午後1時40分、東京築地の国立がんセンターで、間違って治療用に使うコバルト60の線源を持ち歩いたため、病院内で患者や他の医師など計14人が被曝したが放射線量が微量なことから人体に影響はなかった。原因は治療用の線源と模擬用の放射線の無いものを間違えたためで、ずさんな管理体制が指摘された。病院内での被曝事故は今回が初めて。 |

| 5月 | 〔資源〕阿賀沖油ガス田試掘成功　出光日本海石油開発が新潟県阿賀沖油ガス田で試掘に成功した。 |

| 6.2 | 〔全般〕大気汚染防止法施行令の改正　大気汚染防止法施行令改正が行われ、東京、神奈川、大阪にNO$_X$の総量規制が導入された。 |

| 6.7 | 〔核〕イラク原子炉爆撃事件　イスラエル空軍機がイラクの首都バグダッド近郊に位置するオシラク原子炉（タムーズ1号）を爆撃し、完全に破壊した（イスラエル側作戦名バビロン作戦）。同原子炉はフランス製で稼働を間近に控えており、イスラエルはイラクによる核兵器開発を防ぐための自衛措置と主張。8日、アラブ諸国・アメリカ・フランスがイスラエルを非難。9日、日本の園田直外相が「極めて遺憾」との談話を発表した。 |

| 6.7 | 〔全般〕京都会議で声明発表　核軍縮を訴え、湯川秀樹らが第4回科学者京都会議で声明文を発表した。 |

| 6.8 | 〔資源〕白鳥石油備蓄設立　白鳥石油備蓄が設立された。 |

| 6月 | 〔再生〕秋田県で地熱調査開始　三菱金属（現三菱マテリアル）が、三菱ガス化学と共同で秋田県鹿角八幡平澄川地域で本格的な地熱開発調査開始した。 |

| 7.1 | 〔資源〕石油製品減産指導　資源エネルギー庁が、石油製品の生産について前年同月比15%の減産を指導した。 |

| 7.1 | 〔資源〕石油備蓄法改正施行　改正石油備蓄法が施行された。輸入液化石油ガス（LPG）の備蓄義務づけを追加する。 |

7.15	〔原子力〕新型BWR開発計画調印	東京電力、アメリカ・ゼネラル・エレクトリック（GE）、日立製作所、東芝の4社は、新型BWR（沸騰水型原子炉）開発計画で調印した。
7月	〔再生〕フランシス水車で国内最大容量の水力発電所運転開始	フランシス水車を用いて国内最大の単機容量の北陸電力有峰第一発電所が運転を開始した。出力266MW。
7月	〔再生〕三菱重工業製発電設備出荷	三菱重工業がメキシコ電力庁セロプリエト発電所へ、ダブルフラッシュ形3万kW発電設備を出荷した。
7月	〔資源〕アラビア半島横断パイプライン開通	アラビア半島横断パイプライン、ペトロラインが開通した。
8.6	〔再生〕太陽熱発電プラントが稼働	通商産業省のサンシャイン計画による太陽熱発電プラントが香川県仁尾町にて稼働を開始した。
8.10	〔資源〕石油情報センター発足	日本エネルギー経済研究所付属機関となる石油情報センターが設置された。
8.21	〔資源〕サウジアラビアが減産を発表	サウジアラビアが、9月からの1日あたり100万バレルの生産削減と、1982年まで現行価格を据え置くと発表した。
9.30	〔資源〕アジア石油の持株生産で合意	共同石油と大協石油が、アジア石油の持株の生産等について覚書を締結した。
9.30	〔全般〕大気汚染防止法施行規則の一部改正	窒素酸化物の総量規制基準等を定めた「大気汚染防止法施行規則」の一部改正、総理府令等が公布された。
9月	〔再生〕西条太陽光試験発電所建設	サンシャイン計画に基づき、愛媛県西条市西ひうちに太陽光発電試験プラント（西条太陽光試験発電所）の建設が開始され、1986年2月に完成した。2万7千枚の太陽光発電パネル（合計1MW）を設置し、太陽光発電の普及を目的とした実験が行われた。
9月	〔核〕SS20の極東配備が進展	アメリカのキャスパー・ワインバーガー国防長官は「ソ連の軍事力」と題した報告書を公表し、このなかでソ連の中距離核ミサイルSS20の配備が進展していることを指摘した。この報告書によると、ソ連は250基のうち75基をシベリアのチタ付近に中国、日本に向けて配備している。アメリカがソ連の日本に対する核脅威をあからさまに指し示すのはこれが初めて。
10.1	〔電力〕電気自動車の導入	電気自動車が環境庁に導入された。
10.10	〔原子力〕ATR原型炉「ふげん」が、初の国産MOX燃料で発電	動力炉・核燃料開発事業団のATR原型炉「ふげん」が、初の国産プルトニウム・ウラン混合燃料（MOX燃料）による発電を開始した。
10.10	〔核〕パーシングⅡ配備反対デモ	西ドイツの首都ボンでアメリカ軍のパーシングⅡ準中距離弾道ミサイル配備に反対する平和デモが開催され、ヨーロッパ各国から30万人が参加した。24日にはロンドンとローマで、25日にはデュッセルドルフでもデモが行われ、各20万人前後が参加。また、25日にはパリで反核集会が開催された。
10.19	〔資源〕OPEC第61回臨時総会開催	石油輸出国機構（OPEC）第61回臨時総会がジュネーヴで開催され、基準価格の値上げと高価格原油の値下げ、年末までの価格差維持で合意した。
11.6	〔資源〕タイ天然ガス分離プロジェクトへ円借款	日タイ共同でタイの天然ガス分離プロジェクトへ円借款150億円が決定と声明。
11.10	〔資源〕国際石油交流センター設立	国際石油交流センター（JCCP）が設立された。

11.11　〔原子力〕原子力施設への軍事攻撃禁止決議案採択　国際連合総会で、原子力施設への軍事攻撃禁止決議案が採択された。

11.13　〔原子力〕アメリカ、高温ガス冷却炉原型炉100％出力運転　アメリカの高温ガス冷却炉原型フォート・セント・ブレイン炉が100％出力運転に成功した。

11.15　〔核〕欧州各地で平和デモ　アテネでアメリカ軍基地撤去要求デモが開催され、20万人が参加した。同日、マドリードではNATO加盟反対と反核を訴えるデモが開催され、50万人が参加。21日にはアムステルダムで反核デモが開催されて30万人が参加し、28日にはフィレンツェで15万人が参加するデモが行われた。

11.16　〔原子力〕原研、初のプラズマ加熱装置完成　日本原子力研究所で、初のプラズマ加熱装置(中性粒子入射加熱装置)が完成した。

12.5　〔資源〕汐留川で重油流出　午前5時40分、東京都中央区の浜離宮公園に隣接する汐留川に係留してあった第18芳栄丸(19.8t)が沈没、燃料のA重油約2tが流出した。

12.9　〔資源〕OPEC第62回総会開催　石油輸出国機構（OPEC）第62回総会がアブダビで開催され、原油油種間格差について討議を行った（〜11日まで）。

12.27　〔原子力〕再開した敦賀原発が再停止　12月25日に運転を再開した日本原子力発電敦賀発電所が、異常により再停止した。

この年　〔熱〕三元触媒システムを開発　日本で三元触媒システムが開発される。

この年　〔熱〕普通乗用車にDOHCエンジン　日本国内の普通乗用車にDOHCエンジンが搭載されるようになる。

この年　〔再生〕国内で風力発電の実証試験　東京都三宅島でNEDO実証機100kW風車(2枚翼29.4m)が設置され、実証試験が行われた。1991年から1998年には青森県竜飛崎にNEDO実証機500kWを設置した。

この年　〔再生〕振り子式波力発電の実験　北海道増毛町の増毛港の堤防に、振り子式の波力発電装置を設置、1986年にかけて実験を行った。この装置によりできた電力(20kW相当)は、防波堤そばの漁民センターの給湯装置の熱源として利用した。

この年　〔再生〕太陽電池飛行機が英仏海峡横断　アメリカが太陽電池を動力とする飛行機「ソーラー＝チャレンジャー号」が英仏海峡横断に成功した。

1982年
(昭和57年)

1.1　〔資源〕三井物産石油設立　三井物産石油が設立された。

1.18　〔原子力〕仏FBR実証炉スーパーフェニックスにロケット砲弾　フランスで建設中のFBR実証炉スーパーフェニックスにロケット砲弾が撃ち込まれた。

1.19　〔資源〕鬼怒川温泉で重油流出　午後、栃木県塩谷郡藤原町の鬼怒川温泉で、ホテルのボイラー用タンクから約5000ℓのB重油がもれ、うち2000ℓが鬼怒川に流出した。原因はタンクのバルブの閉め忘れらしい。

1.22　〔原子力〕敦賀発電所営業運転再開　日本原子力発電敦賀発電所は、放射能漏れ事故を

克服し営業運転を再開した。

1.25 〔原子力〕**米ギネイ原発で、原子炉緊急停止**　アメリカ・ニューヨーク州のギネイ原発（PWR）で、全力出力運転中に、異物による機械的損傷が原因で蒸気発生器伝熱細管が破裂し、ECCSが作動、原子炉が緊急停止した。

1.27 〔原子力〕**西独ゴアレーベン核燃料中間貯蔵施設の建設開始**　西ドイツのゴアレーベン核燃料中間貯蔵施設の建設が開始された。1984年に完成。

1.29 〔資源〕**福井石油備蓄設立**　福井石油備蓄が設立された。

1.31 〔資源〕**宇都宮市で重油流出事故**　1月31日から2月1日にかけて、栃木県宇都宮市平出工業団地の鉄工所から、燃料用A重油約8000 ℓ（ドラムカン40本分）が流出、一部が排水溝を伝って4.5km離れた鬼怒川に流れ込んだ。

2.4 〔資源〕**上五島石油備蓄設立**　上五島石油備蓄が設立された。

2.15 〔資源〕**カナダ石油掘削基地が倒壊**　カナダのニューファウンドランド島沖合約280kmの大西洋上にあるオイルリグ（石油掘削ステーション）が倒壊、沈没した。作業員は救命ボートで避難したが荒天のため相次いで行方不明になり、84人が死亡した。このオイルリグは、アメリカのモービル・コーポレーションがハイバーニア海底油田から原油生産のため設けていたもの。事故当時、現場海域は風速36m、波高13mに達し、みぞれまじりの雪がたたきつけるという最悪の条件で、係留装置が突然壊れて傾いたリグはしばらく漂流後、海中に沈んだ。

2月 〔資源〕**中国海洋石油総公司設立**　中国海洋石油総公司が設立された。

3.1 〔資源〕**エッソ石油に改称**　エッソ・スタンダード石油が社名をエッソ石油と改称した。

3.10 〔資源〕**アメリカ、リビア原油禁輸**　アメリカは、リビア原油の全面輸入禁止等を決定した。

3.11 〔資源〕**秋田石油備蓄設立**　秋田石油備蓄が設立された。

3.19 〔原子力〕**伊方原発2号機、営業運転開始**　四国電力伊方発電所2号機（PWR、56万6000kW）が、営業運転を開始した。

3.19 〔資源〕**OPEC第63回総会開催**　石油輸出国機構（OPEC）第63回総会が19日から20日までウィーンで開催され、基準原油価格の確認、4月からの原油生産の上限削減、軽質原油の価格差を1978年水準とすることなどを決定した。

3.31 〔資源〕**鹿島製油所で爆発事故**　午後8時30分ごろ、茨城県神栖町の鹿島石油鹿島製油所で石油精製装置が爆発、炎上し、作業員2人が死亡、6人が負傷（うち2人は数日後に死亡）した。安全弁から重油が噴出したのを計器の異常で知り、点検中の事故だった。

4.19 〔再生〕**大渡ダム地滑り**　4月19日、建設省が高知県高岡郡仁淀村に建設、完成を間近に控えた大渡ダムで、試験貯水中、ダム湖に面した戸崎地区で地滑りが発生。その後も沢渡地区、対岸の吾川郡吾川村鷲ノ巣などへ被害が広がった。建設省は「試験貯水が地滑りを招いた」と認め、水位を下げて被害の実態を調べて抜本的な対策工事を約束した。約100億円の追加工事が必要で、完成は2年もずれ込む見通しとなった。

4.19 〔資源〕**ナフサ輸入自由化へ**　通商産業省は、ナフサ輸入の実質自由化を省議決定した。

4.20 〔原子力〕**福島第二原発1号機、営業運転開始**　東京電力福島第二原子力発電所1号機（BWR、110万kW）が、営業運転を開始した。

4.21 〔原子力〕**原子力発電量が水力発電量を上回ったと発表**　中央電力協議会は、昭和56年度の原子力発電量が初めて、水力発電量を上回ったと発表した。

4.21	〔資源〕**長期エネルギー需給見通しを答申**　第15回総合エネルギー調査会需給部会において、長期エネルギー需給見通しを改定、通商産業省に答申した。
4.23	〔全般〕**石油代替エネルギー供給目標を閣議決定**　第17回総合エネルギー対策推進閣僚会議を開催し、石油代替エネルギー供給目標を閣議決定。
4.23	〔全般〕**総合エネルギー調査会、石油代替エネルギー部会設置**　総合エネルギー調査会は、石油代替エネルギー部会を設置。同日、第1回石油代替エネルギー部会を開催。
4.28	〔原子力〕**仏FBR原型炉フェニックスの蒸気発生器が発火事故**　フランスの高速増殖型原型炉フェニックスの蒸気発生器一台で、発火事故が起こった。
5.25	〔資源〕**精製設備能力の縮小方針を答申**　精製設備が過剰となっていることを受け、石油審議会が、精製設備能力1日あたり100万バレルの休廃止方針等を答申。
5.28	〔全般〕**大気汚染防止法施行規則の一部改正**　石炭ボイラー基準値を石油ボイラーなみにするなど、ばいじんの排出基準を強化する「大気汚染防止法施行規則」一部改正の総理府令が公布された。新規施設では6月施行。
6.3	〔原子力〕**京大ヘリオトロン核融合研究センターで、40ミリ秒のプラズマ閉じ込めに成功**　京大ヘリオトロン核融合研究センターで、ヘリオトロンE装置で1500万度、40ミリ秒のプラズマ長時間閉じ込めを達成した。
6.10	〔資源〕**イラクが全占領地から撤退**　イラク軍がイラン領内の全ての占領地から撤退した。また、戦争終結方針を発表したが、イラン側はこれを拒否。7月13日、イラン軍がイラク領内への侵攻を開始した。14日、イラク軍がイラン西部の石油積み出し基地カーグ島を爆撃。21日、イラン軍がイラクの首都バグダッドにある石油施設を爆撃した。
6.18	〔資源〕**サハリン石油・天然ガス事業が停滞**　日ソ共同開発のサハリン石油・天然ガス事業が、アメリカのロナルド・レーガン大統領の対ソ輸出禁止措置強化により暗礁に。
7.10	〔資源〕**OPEC第65回臨時総会開催**　石油輸出国機構（OPEC）第65回臨時総会がウィーンで開催され、国別の原油生産枠配分について検討したが、不調に終わった。
7.19	〔原子力〕**高知県で原発設置町民投票条例が誕生**　高知県窪川町の当時の町長が「窪川町原子力発電所設置についての町民投票に関する条例」を提案し、町議会で可決されたため、全国初の原発設置町民投票条例が誕生した。ただし、四国電力による原発設置は中止され、町民投票は行われなかった。
7月	〔再生〕**国内最大使用水量の水路式発電所運転**　国内最大の使用水量の水路式発電の電源開発佐久間第二発電所が運用を開始した。(306m3/s) 地下発電所の湧水対策にディープウェル工法を採用し、世界唯一の50、60Hz両周波数の2速度バルブ水車を設置した。
8.23	〔全般〕**石油代替エネルギー部会開催**　第3回総合エネルギー調査会石油代替エネルギー部会において、今後の石油代替エネルギー政策のあり方について中間報告。
8月	〔再生〕**三菱重工業、メキシコ地熱発電所に設備を納入**　三菱重工業がメキシコ電力庁ロス・アスフレス地熱発電所へ可搬式背圧型5000kW発電設備出荷。
9.22	〔原子力〕**原研、トカマク炉で世界最高のベータ値達成**　日本原子力研究所は、アメリカ・ゼネラル・エレクトリック（GE）の核融合試験装置「タブレット㉓」を使って、トカマク炉で世界最高のベータ値4.6%を達成したと発表した。
9.25	〔再生〕**葛根田地熱発電所2号機建設へ**　東北電力と日本重化学工業は、葛根田2号機共同開発推進協定を締結した。
9月	〔再生〕**ハイブリット型温度差発電が稼働**　九州電力、世界初のハイブリット型温度差

資源・エネルギー史事典　　　　　　　　　　　　　　　　　　　　　　　　1982年（昭和57年）

発電施設の運転を開始した。出力50kW。

9月　〔資源〕原油の回収技術研究　原油2、3次回収技術研究組合が設立された。

10.5　〔原子力〕仏・高速実験炉ラプソディー解体撤去決定　フランスで、FBR高速実験炉ラプソディーの解体撤去が決定した。

11.6　〔原子力〕多度津工学試験センター開所　原子力工学試験センターは、原発施設の耐震信頼性実証試験が行える多度津工学試験センターを開所した。世界最大規模の振動台を設置した。

11.27　〔再生〕日本で8番目の地熱発電所運転開始　北海道電力森発電所（道南地熱エネルギーが蒸気提供）が運転開始。出力5万kW。ダブルフラッシュ発電方式。世界的にも珍しいカルデラ盆地に建設され、民家に隣接している。

12.16　〔原子力〕仏FBR原型炉フェニックスで放射能漏れ事故　フランスのFBR原型炉フェニックスのタービン室で放射能漏れを検知、自動停止した。一次冷却系ナトリウム漏れが発生した。

12.19　〔原子力〕南アフリカ・クーバーグ原子力発電所で爆発　南アフリカ初の商業用原発、クーバーグ原子力発電所で、連続4回の爆発が発生し、発電所が破壊された。

12.19　〔資源〕OPEC第66回総会開催　石油輸出国機構（OPEC）第66回総会がウィーンで19日から20日まで開催され、現行価格維持を確認し、生産上限を1日1850万バレルとすることについては決定したが、国別配分については不調に終わった。

12.25　〔原子力〕国内初の濃縮ウラン使用燃料を「ふげん」に装荷　人形峠濃縮工場で製造した、国内初の濃縮ウランを使った燃料を「ふげん」に装荷した。

この年　〔熱〕ターボ付DOHCエンジン開発　日本でターボ付DOHCエンジンが開発される。

この年　〔電力〕進行波型超音波モーターを発明　指田年生、進行波型超音波モーターを発明。

この年　〔再生〕SEA CLAM開発　イギリス・コベントリー大学のN.W.ベラミーらが、SEA CLAM型波力発電装置を開発した。

この年　〔再生〕米アルコ・ソーラー、1MWの太陽光発電を達成　77年設立のアメリカのARCOソーラー、年間1MWの発電量を達成する太陽電池を製造し、太陽光発電システムを稼働させることを世界で初めて成功した。

この年　〔再生〕米国に風車輸出ブーム　州知事のエネルギー政策の影響を受け、カリフォルニアへの風車の輸出がブームとなった。1986年までにデンマーク風車7277台が輸出され、デンマーク風車産業が確立された。

この年　〔核〕アルバ・ミュルダールがノーベル平和賞を受賞　1962年から1973年まで国際連合軍縮会議へのスウェーデン首席代表をつとめるなど、長年非核・中立の立場で忍耐強く細心に軍縮を推進したとして、女性外交官で政治家だったアルバ・ミュルダールがノーベル平和賞を受賞した。

この年　〔核〕アルフォンソ・ガルシア・ロブレスがノーベル平和賞を受賞　中南米地域非核武装準備委員会議長となり、中南米諸国14ヶ国が結んだ中南米非核地域条約を成立させるなど、キューバ危機を背景にした時代に中南米の非核化に努力したとして、メキシコの外交官で政治家のアルフォンソ・ガルシア・ロブレスがノーベル平和賞を受賞した。

この頃　〔再生〕ニッケル・水素蓄電池を発明　スタンフォード・R.オブシンスキーが二次電池の一種、ニッケル・水素蓄電池を発明した。毒性のあるカドミウムに代わる材料として水素を吸収する合金を使用した。

1983年
（昭和58年）

1.7　〔原子力〕アメリカで、放射性廃棄物政策法が発効　アメリカで、1982年成立の放射性廃棄物政策法が発効した。使用済み核燃料を含む高レベル放射性廃棄物の管理・責任体制などが明確化された。

2.14　〔原子力〕海洋投棄停止の決議案　海洋投棄規制条約締結国会議がロンドンで開催され、2月15日、安全性の検討終了まで放射性廃棄物の海洋投棄を停止するよう求める決議案が可決された。

2.18　〔資源〕BNOC、原油価格値下げを発表　イギリス国営石油会社BNOCが、北海原油の主要油種について2月1日に遡及して1バレルあたり3ドルの値下げを通告した。

2.19　〔資源〕ナイジェリアが原油値下げ発表　ナイジェリアが、OPEC決議を得ずに、2月1日に遡及して原油価格を1バレルあたり5.5ドル値下げすると発表した。

2.27　〔資源〕木更津市金田海岸で重油流出　千葉県木更津市金田海岸のノリ養殖場で、大量の重油が流れ着いているのが見つかった。

3.2　〔資源〕イラクがイランの油田爆撃　イラク海軍が、イランのノールーズ油田を爆撃し、損傷した油井から流出した原油がペルシャ湾岸を汚染した。

3.3　〔資源〕OPEC第67回臨時総会開催　石油輸出国機構（OPEC）第67回臨時総会が3日から14日までロンドンで開催され、12日間に及ぶ協議の結果、基準価格の1バレルあたり5ドル値下げする、価格差の据え置き、ただしナイジェリアの原油は基準価格に1ドル追加する、生産上限を1日あたり1750万バレルとして各国に配分、サウジアラビアは供給量バランスをとるスウィング・プロデューサーとなることなどを決定した。

3.21　〔原子力〕原子力空母が佐世保に寄港　原子力空母エンタープライズが佐世保に寄港した。

3月　〔資源〕サウジにヤンブー製油所完成　サウジアラビアでヤンブー製油所が完成した。1日あたり17万バレルを処理する。8月から操業を開始する。

4.6　〔全般〕総合エネルギー調査会基本問題懇談会開催　第8回総合エネルギー調査会基本問題懇談会を開催。「最近のエネルギー情勢について」「長期エネルギー需給見通しとエネルギー政策の総点検」について話し合われた。

4.21　〔資源〕軽質留分新用途開発技術研究組合発足　軽質留分新用途開発技術研究組合が発足した。

4.28　〔原子力〕福島第二1号機、連続運転で軽水炉の世界記録を更新　東京電力福島第二原子力発電所1号機が、連続運転で軽水炉の世界記録を更新した。

4.28　〔資源〕横浜港でタンカー衝突によるナフサ流出　午前8時10分、神奈川県横浜市の横浜港で、ナフサ専用タンカー「第11霧島丸」とLPGタンカー「第3ごおるでんくらっくす」が衝突、積み荷のナフサ890kℓ（ドラムカン930本分）が流出、付近に悪臭がたちこめ119番通報が殺到した。

5.24　〔核〕米兵被曝者13.2万人　アメリカが、広島・長崎への進駐と核実験によるアメリカ兵

被曝者が13万2000人にのぼると発表した。

5.25　〔核〕仏、ムルロア環礁で地下核実験　フランス領ポリネシアのムルロア環礁で、フランスが大規模な地下核実験を実施した。

6.10　〔資源〕熱海湾に重油流出　午前8時30分、静岡県熱海市大黒崎の清掃事務所の焼却場燃料タンクから、A重油（2100ℓ）が熱海湾に流出した。調査の結果、何者かが焼却場に侵入しオイルのバルブを開けたものとみられる。

6.29　〔原子力〕EC、ファーストプラズマ発生に成功　ヨーロッパ共同体（EC）の核融合実験装置JETで、ファースト・プラズマの発生に成功した。

6.29　〔原子力〕動燃、FBR燃料サイクル成功　動力炉・核燃料開発事業団は「常陽」燃料の再処理に初めて成功した。

7.1　〔資源〕知多石油が設備を譲渡　知多石油が石油精製業部門、名古屋製油所の設備等を日本鉱業に譲渡した。

7.18　〔資源〕OPEC第68回総会開催　石油輸出国機構（OPEC）第68回総会がヘルシンキで18日から19日まで開催され、3月の臨時総会決議事項を維持することを確認した。

7.19　〔原子力〕放射性廃棄物海洋投棄の中止要請　科学技術庁長官が、5月にマーシャル諸島大統領から放射性廃棄物の海洋投棄をやめるよう申し入れがあったことを公表した。

7.23　〔原子力〕インドに原子力発電所が開所　インドのマドラス原子力発電所が、自主技術の設計、建設によって開所した。

8.1　〔原子力〕ピカリングA発電所2号機で冷却材喪失事故　カナダのピカリングA発電所2号機（CANDU）で、1mの圧力管破断により、冷却材喪失事故が発生した。

8.6　〔資源〕南アフリカ沖合でタンカー爆発・原油流出　南アフリカ・ケープタウン近くの大西洋側沖合で航行中のスペインの巨大タンカー「カスチリョ・デ・ベルベル」（27万1465t）で火災が発生、炎上した。同午前10時すぎ、激しい爆発を起こし、船体は真っ二つに折れ、後ろ半分は沈没した。事故現場はケープタウンの北西約130kmの海上。タンカーは原油約25万トンを満載してペルシャ湾からスペインに向かう途中だった。火災はタンカー中央部で発生、すぐに全船体に広がった。煙は約1000mにまで達し、海面に流れ出た原油も燃え上がった。同日正午までに乗組員36人のうち33人を救い出したものの、3人が行方不明。タンカーから流出した5万トンの原油は、事故4日後もケープタウン北西沖を南北120kmに広がって漂い、油流出の規模としては世界最大級の事故となった。

8.20　〔再生〕潮流発電の実験を開始　日本大学が、愛媛県今治市来島海峡において、世界初の潮流発電装置の実験を開始した。27日潮流エネルギーを利用した発電により、電球を点灯させることに成功。

8.25　〔原子力〕川内原発1号機が臨界　九州電力川内原子力発電所1号機が臨界に達した。3ループPWR改良標準化初号機、89万kW。

8.28　〔資源〕第11回世界石油会議開催　第11回世界石油会議がロンドンで28日から2日まで開催された。

8月　〔再生〕熊本県で地熱調査開始　電源開発が熊本県阿蘇郡小国町地域で地熱開発調査を開始した。

9.1　〔資源〕日石無鉛プレミアムガソリン発売　日本石油が、無鉛プレミアムガソリンを発売した。この後、各社が追随した。

9.5　〔資源〕中国南部沿岸大陸棚油田開発契約に調印　石油公団と出光石油開発が中国南部

沿岸大陸棚油田開発契約に調印した。

10.11 〔原子力〕アインシュタインの重力波を実証　ニース天文台のフィリップ・ドラシュやサクレー原子核研究所のジャック・ポールらフランス、イギリス、イタリアの4科学者が、アインシュタインの一般相対性理論の中で予言されている重力波の存在を実証したと、フランス紙『ルモンド』が報じた。ドラシュらは、太陽の振動と「ゲミンガ」と呼ばれるふたご座中の中性子星かブラックホールとみられる天体を観測することによって、重力波の存在を導き出した。

10.28 〔資源〕中国沖で石油掘削船沈没　10月26日朝、中国・広東省海南島の西南沖、鶯歌海で石油採掘と探査を続けていたアメリカ・アルコ社の石油掘削船「グロマー・ジャバ・シー」が台風のため行方不明になった。28日朝、捜索中の中国の飛行機が付近海域で石油リグにあった白い救命ボートを発見。11月8日までに、沈没した掘削船の船室内で乗組員78人の遺体が発見された。

11.9 〔全般〕倉敷公害で提訴　第1次提訴。岡山県倉敷市水島コンビナート地区の住民が、健康被害への損害賠償と大気汚染物質の排出差し止めを求め、主要8社を岡山地裁に提訴した（倉敷公害訴訟第1次提訴）。

11.11 〔原子力〕英セラフィールド核燃料再処理工場で、高放射性廃溶媒が漏出　イギリスのセラフィールドの核燃料再処理工場で、運転ミスにより高放射性廃溶媒がアイリッシュ海に放出された。19日から20日、近隣25マイルの海岸が閉鎖された。

11.11 〔全般〕米国産エネルギー対日輸出契約合意　日米首脳会談において、米国産エネルギーの対日輸出契約で合意した。

11.16 〔全般〕長期エネルギー需給見通しを策定　第16回総合エネルギー調査会需給部会が開催され、長期エネルギー需給見通しを策定。

11.18 〔原子力〕アルゼンチン、ガス拡散法によるウラン濃縮に成功　アルゼンチンは、ガス拡散法によるウラン濃縮に成功したと発表した。

11.18 〔原子力〕動燃、濃縮原型プラントの設置場所を決定　動力炉・核燃料開発事業団は、濃縮原型プラントを人形峠に決定した。

11.18 〔全般〕石油代替エネルギー供給目標を決定　日本政府は、石油代替エネルギーの供給目標を閣議決定した。

12.10 〔全般〕省エネルギー法を一部改正　省エネルギー法（エネルギーの使用の合理化等に関する法律）が一部改正される。これに伴い、エネルギー管理士試験事務の民間団体等への委譲が可能となった。

12.10 〔全般〕電気事業法、ガス事業法など一部改正　電気事業法、ガス事業法、熱供給事業法、電気工事士法の一部が改正された。

12月 〔熱〕YXX搭載エンジン開発　YXX機に搭載されるエンジンの共同開発のための合弁会社インターナショナル・エアロ・エンジンズ社（IAE）が設立。搭載されるエンジンV2500は、日本、アメリカ、イギリスなど5ヶ国での共同開発が決まっている。

この年 〔熱〕電子制御ターボエンジン実用化　世界初の電子制御ターボエンジンが日本で実用化される。

この年 〔電力〕ネオジム磁石を発明　アメリカのゼネラル・モーターズ（GM）、高速急冷法（メルトスピニング法）によるネオジム磁石を開発。同年、これとは別に住友特殊金属の佐川眞人ら、粉末焼結法によるネオジム磁石を発表。1986年、アメリカでネオジム磁石を利用したモーターが実用化される。

この年　〔原子力〕ルビアら、弱電理論を確立　イタリアの物理学者カルロ・ルビアとオランダの物理学者シモン・ファン・デル・メーアの率いる欧州原子核研究機構（CERN）の実験グループによって、W粒子と中性Z粒子を発見、中性カレントの発見と共に弱電理論を確立する。陽子と反陽子を衝突させ、ウィークボソンの検出に成功。これらは、力の統一理論を実証する有力な証拠となる。

この年　〔再生〕空気混合泥水掘削が実施される　エスケイエンジニアリングが、大分県滝上地区および鹿児島県伏目地区で空気混合泥水掘削を実施した。また鹿児島県伏目地区の地熱井では多段式セメンチング法を初めて実施した。

この年　〔再生〕湿式太陽電池開発　ドイツとアメリカの科学者チームが、エネルギー交換率9.5%の湿式太陽電池（wet solar cell）を開発した。

この年　〔再生〕太陽電池和瓦の開発　三洋電機が、透明な和瓦にアモルファスシリコンを塗布して太陽電池和瓦（アモルトン瓦太陽電池）を開発。

この年　〔核〕セーガン、『核の冬』を発表　1982年、ドイツのノーベル賞気象学者パウル・クルッツェンが、スウェーデンの環境専門誌『アンビオ』で核の冬について世界で初めて言及すると、アメリカの天文学者・作家カール・セーガンらは、コンピュータ計算の結果実際にこれが発生しうることを確認。1983年、核戦争による大規模環境変動と氷期の発生を描いた『核の冬』を発表した。

この年　〔全般〕ウィークボソンを発見　欧州合同原子核研究所（CERN）、素粒子間に働く弱い力を媒介するウィークボソン（W粒子、Z粒子）を発見。

1984年
(昭和59年)

1.1　〔原子力〕中国、IAEAに正式加盟　中国が、国際原子力機関（IAEA）に正式加盟した。

1.6　〔資源〕テキサコ、ゲッティの買収に基本合意　アメリカの石油会社のテキサコが、ゲッティ・オイルの株式買収について基本的合意を発表した。

1.23　〔原子力〕重電メーカー5社に、新型転換炉実証炉の基本設計発注　電源開発は、日立製作所、東芝など重電メーカー5社に新型転換炉実証炉の基本設計を発注した。

2.3　〔原子力〕福島第二2号機、営業運転開始　東京電力福島第二原子力発電所2号機が、営業運転を開始した。

2.23　〔再生〕鹿児島のホテルが自家地熱発電運転開始　霧島国際ホテル（大和紡観光）の自家用地熱発電所が運転を開始した。出力100kW。2010年10月、100kW出力の発電設備の更新を行った。

2.24　〔資源〕石油元売独禁法違反で最高裁判決　石油元売12社の独占禁止法違反事件について、最高裁は一部を除き執行猶予付きの有罪判決を下した。

2.25　〔資源〕ブラジルでガソリンのパイプライン爆発　ブラジルのサンパウロの南東約48kmの工業都市クバタオでガソリンのパイプラインが爆発、付近のスラム街が火に包まれ、死者70人、重傷者16人を出した。クバタオにはブラジル国営石油会社ペトロブラスの製油工場があった。

1984年（昭和59年）

2月	〔再生〕燃料電池で4500kWを達成　東京電力、燃料電池発電実験プラントで世界初の出力4500kWを達成。
3.5	〔資源〕ソーカルがガルフの買収に合意　アメリカのカリフォルニア・スタンダード石油会社（ソーカル）が、ガルフ・オイルの株式買収について合意に達し、5月に合併した。
3.8	〔原子力〕放射性廃棄物安全規制専門部会設置　原子力安全委員会は、放射性廃棄物安全規制専門部会を設置した。
3.9	〔全般〕エネルギー管理士試験に関する規則が公布　省エネルギー法に基づき、通商産業省令としてエネルギー管理士試験及び免状の公布に関する規則が公布・施行された。
3.11	〔資源〕モービルがスーペリアの買収に合意　アメリカの石油会社モービル・コーポレーションがスーペリアの株式買収について合意を発表した。
3.29	〔原子力〕理研、赤外可変ラマンレーザー開発　理化学研究所は、ウランなど重金属の同位体分離用レーザーである「赤外可変ラマンレーザー」の開発に成功した。
3.29	〔資源〕マラソンがハスキーを買収　マラソン・オイルがアメリカ・ハスキー・オイルの買収を発表した。
4.1	〔資源〕コスモ石油設立　大協石油と丸善石油の精製部門が分離・合併してコスモ石油が設立された。
4.9	〔原子力〕EC、トーラス型核融合臨界プラズマ実験装置完成　ヨーロッパ共同体（EC）は、トーラス型核融合臨界プラズマ実験装置（JET）を完成させた。
4.11	〔原子力〕回収ウランとプルトニウムでMOX燃料完成　動力炉・核燃料開発事業団は、東海再処理施設から回収したウランとプルトニウムを使って、ATR原型炉「ふげん」発電所用の混合酸化物（MOX）燃料4体を完成させたと発表した。
4.18	〔全般〕エネルギー管理士試験指定機関を指定　財団法人省エネルギーセンターをエネルギー管理士試験の指定機関に指定した。
4.20	〔原子力〕原研「緊急時環境線量情報予報システム」を開発・公開　日本原子力研究所は、スリーマイル島原子力発電所事故を契機に、住民の避難計画を立てるため、「緊急時環境線量情報予報システム（SPEEDI）」を開発・公開した。
5.1	〔原子力〕汚染家具で被曝　アメリカのテキサス州エルパソに近いメキシコの国境沿いの町フアレスで、がん治療に使われた大量の放射性物質コバルト60のペレットを入れたカプセルが、誤ってスクラップ屋に売り払われ、他のクズ鉄とともに鉄筋の棒やテーブルの脚に鋳造されてメキシコやアメリカで販売されていたことが5月1日、明らかになった。このため200人以上が放射線を浴び、うち染色体テストを受けた10人全員に染色体損傷がみられた。ペレット6010個が入ったカプセルは、約20年前に製造されたがん治療用のもの。カプセル全体で400キュリーの放射性コバルト60を含んでおり、スリーマイル島原発事故の際に漏出した物質の放射能より、100倍も強い。
5.11	〔資源〕三菱グループがゲッティから株式買収　三菱グループが、ゲッティ・オイルが所有していた三菱石油の株式の買収合意を発表した。
6.1	〔原子力〕女川1号機、営業運転開始　東北電力女川原子力発電所1号機（BWR、52.4万kW）が営業運転を開始した。
7.1	〔資源〕シェブロンと改称　アメリカのカリフォルニア・スタンダード石油会社（ソーカル）がシェブロンと改称した。
7.4	〔原子力〕川内原発1号機、運転開始　九州電力川内原子力発電所1号機（PWR、89万

kW)が運転を開始した。

7月 〔再生〕国内最高の有効落差発電所運転　水路式で国内最高の有効落差(577.0m)のある北陸電力尾添発電所が、運用を開始した。出力30MW。

7月 〔資源〕イラクがパイプライン増強　イラクが行っていたトルコ経由のパイプラインの増強工事が完了した。

8.16 〔資源〕ブラジル石油採掘基地で炎上　ブラジルのリオデジャネイロ沖約90kmにある石油採掘基地が炎上、従業員らは救命艇で脱出したが、そのうちの1隻が荒天のため転覆し、31人以上が死亡した。石油の採掘作業中に突然ガスが噴出し、それに火がついたとみられる。現場は、ブラジルで最も重要な石油生産地区。

8.25 〔原子力〕核物質積載の仏船沈没　ベルギー沖のドーバー海峡オステンデ港沖約16kmの海上で西ドイツのカーフェリー、オラウ・ブリタニア号(1万5000t)とフランスの貨物船モン・ルイ号(4200t)が衝突し、沈没した。このうちモン・ルイ号が450tもの核物質を積んでいたことが26日になって明らかになり、船会社とフランス海運当局などは沈没によって環境汚染が起こることはないとしているが、積み荷の核物質は弱い放射性と同時に強い毒性と腐食性を持つため、危険が指摘された。モン・ルイ号が積んでいたのは、ソ連のバルチック海リガ港向けの、30の容器に分けて入れられていた使用済み核燃料から回収された6フッ化ウラン450t。30日、同船には低濃縮ウランも積載されていたことがわかった。

8.30 〔全般〕石油代替エネルギー部会開催　総合エネルギー調査会石油代替エネルギー部会を開催。石油代替エネルギー関連施策の概要及び石炭液化技術開発の進捗状況について報告。

9.4 〔資源〕ガス消費危機安全性調査委員会答申　ガス消費危機安全性調査委員会が「今後の都市ガス需要家保安対策について」答申した。

9.17 〔資源〕志布志石油備蓄設立　志布志石油備蓄が設立された。

9.23 〔原子力〕スイスの国民投票で原発規制案否決　原発規制に関する国民投票がスイスで実施され、段階的撤廃、代替エネルギー強化の両案が反対多数で否決された。

9月 〔再生〕日本製地熱発電設備が全世界へ　日本メーカーによる地熱発電設備累計輸出容量が全世界設備の72.4%となる。

10.17 〔資源〕BNOCが価格引き下げ　イギリス国営石油会社BNOCが、北海原油価格の引き下げを発表し、即日適用した。

11.7 〔全般〕新エネルギー導入ビジョン研究会を設置　エネルギー庁は、新エネルギー導入ビジョン研究会を設置した。

11.13 〔資源〕佐倉市でパイプライン破壊　午後11時30分、千葉県佐倉市のジェット燃料用パイプラインが埋設してある竹林で、1mほどの穴が掘られてパイプが破損して油が漏れているのを公団職員がみつけた。燃料の流出量は80kℓ(ドラムカン400本分)で、印旛沼にも流れ込んだ。

11.19 〔資源〕メキシコでガスタンク群爆発　午前5時半すぎ、メキシコシティ郊外の住宅密集地に隣接するメキシコ石油公社(ペメックス)の家庭用都市ガス供給センターのガスタンク群が爆発、飛び散った鉄などが付近の住宅地区を破壊、炎上させ、20日までに544人が死亡、約500人が負傷、同センターの職員100人を含め多数の行方不明者が出た。爆発と火災は7時間以上も続き、昼すぎにほぼ鎮火したが、完全鎮火は13時間後の同日午後6時半すぎになった。この事故で4000人以上が家屋を失い、誘爆や有毒ガスなどを恐れて2万5000世帯、20万人以上が避難した。メキシコの石油化学施設の災害としては史上最悪のものとなった。

12.1 〔原子力〕ウラン濃縮機器株式会社発足　東芝、日立製作所、三菱重工業の3社合弁の

「ウラン濃縮機器株式会社」が発足した。

12.1　〔資源〕租税特別措置法改正施行　租税特別措置法が8月8日改正、12月1日施行された。自動車用燃料として利用されているにも関わらず、税法上の定義に合致していなかったため、それまで課税のなかった類似ガソリンへの課税を強化する。

12.10　〔原子力〕原子力空母横須賀入港に抗議　アメリカ原子力空母カールビンソンの横須賀入港に対し、神奈川県知事が抗議した。

12月　〔再生〕自然流入水利用の発電運転　純揚水発電所下池の自然流入水を利用した中国電力俣野川発電所が運用を開始した。

この年　〔火力〕コンバインドサイクル発電が採用される　東北電力東新潟火力発電所3号系列で、ガスタービンと蒸気タービンを組み合わせたコンバインドサイクル発電が、日本で初めて本格的に採用される（1100℃級CC）。排熱によって、汽力発電を行う複合発電が可能となる。

この年　〔原子力〕ルビアら、トップクォークを発見　欧州原子核研究機構（CERN）のカルロ・ルビアのグループが、トップクォークとモノジェットの徴候を発見する。

この年　〔再生〕40kWの振り子式波力発電装置設置　室蘭工業大学が、室蘭港外防波堤沖で振り子式波力発電装置（40kW）を設置、実験を行った。

この年　〔再生〕葛根田2号機建設へ　日本重化学工業から事業を引き継いだ東北地熱エネルギー（現東北水力地熱）が葛根田調査井の掘削に成功した。

この年　〔資源〕石油業界再編　5月28日、日本石油と三菱石油が業務提携のための合同委員会を設置。11月12日に公正取引委員会が4グループ8社の業務提携を了承すると、12月1日に日本石油と三菱石油の業務提携が成立、12月、エッソ石油とゼネラル石油、モービル石油とキグナス石油、丸善石油と大協石油がそれぞれ業務提携基本協定書に調印した。

1985年
（昭和60年）

1.1　〔資源〕昭和シェル石油発足　昭和石油とシェル石油が合併し、昭和シェル石油が設立された。

1.17　〔原子力〕高浜3号機、営業運転開始　関西電力高浜発電所3号機（PWR、87万kW）が営業運転を開始した。

1.28　〔資源〕OPEC第73回総会開催　石油輸出国機構（OPEC）第73回総会がジュネーヴで28日から30日まで開催され、重質原油と軽質原油の最大化格差を2.40ドルとすることとした。

2.1　〔核〕核搭載船の寄港を拒否　ニュージーランドのロンギ首相はアメリカに対し、核兵器搭載能力のある艦船一切の寄港を拒否すると通告。5日、アメリカは3月に予定していたアメリカ・オーストラリア・ニュージーランドの合同演習を中止した。4月18日にはアイスランド外相が核兵器搭載能力のある全艦船の領海内立ち入り拒否を言明した。

2.18　〔原子力〕東海再処理施設の新溶解槽の試運転開始　動力炉・核燃料開発事業団は、東海再処理施設の新溶解槽（R12）の試験運転を開始した。

3.1	〔原子力〕日本原燃産業発足	ウラン濃縮・低レベル放射性廃棄物埋設の事業主体として、日本原燃産業が発足した。
3.13	〔資源〕BNOC解体民営化へ	イギリス・エネルギー相は、イギリス国営石油会社BNOCを解体・再編して民営化する方針を発表した。
3.31	〔原子力〕新生・原研が発足	日本原子力研究所、日本原子力船研究開発事業団を統合して、新生・原研が発足した。
4.5	〔再生〕太陽電池工場が竣工	北海道千歳市で、太陽電池の完全ロボット化工場が竣工した。
5.15	〔原子力〕電事連が新型転換炉実証炉の建設計画を正式了承	電気事業連合会は、9電力社長会で新型転換炉(ATR)実証炉建設計画を、正式了承した。
5.26	〔資源〕スペイン・アルヘシラス湾でタンカー爆発・沈没	午前11時17分、スペイン南端のアルヘシラス湾で日本人船員6人らが乗り組んでいたパナマ籍タンカー、ペトラゲン・ワン(1万9070t)と、スペイン国営石油公社タンカー、カンボナビア(4222t)の2隻が爆発炎上、沈没した。同日深夜までに日本人2人を含む18人の遺体が発見され、負傷者は37人、行方不明者は13人。死者は40人以上になるとみられるとも伝えられた。ペトラゲン・ワンの船倉にたまった気化ナフサが、何らかのきっかけで爆発した可能性が高い。
6.5	〔原子力〕高浜4号機、営業運転開始	関西電力高浜発電所4号機(PWR、87万kW)が営業運転を開始した。
6.6	〔全般〕大気汚染防止法施行令の一部改正	「大気汚染防止法施行令」の一部改正、政令公布(9月10日施行)。小型ボイラーが規則対象に追加された。
6.21	〔原子力〕福島第二3号機、営業運転開始	東京電力福島第二原子力発電所3号機(BWR、110万kW)が営業運転を開始した。
6.22	〔核〕核の冬フォーラム開催	日本環境学会は明治大学で「核の冬フォーラム」を開催。全面核戦争がもたらす地球規模の環境変化に関し、講演と討論が行われた。
7.10	〔核〕核実験抗議船爆破	ニュージーランドのオークランド港に停泊中の環境保護団体グリーンピースの核実験抗議船「虹の戦士」が爆発した。フランスのミッテラン大統領は8月7日、フランス情報機関の関与について厳重調査を指示。フランス国営放送は10日、犯人はフランス軍将校と放送したが、フランス政府は26日、一切の責任を否定する調査報告書を公表し、ニュージーランドのロンギ首相はこれを非難した。のち、フランス国防相エルニュが虚偽の報告をしていたことが暴露され辞任、9月22日、フランスのファビウス首相は、国防省付属の情報機関の犯行と認める声明を発表した。
7.18	〔原子力〕原研臨界プラズマ試験装置がプラズマ達成	日本原子力研究所臨界プラズマ試験装置JT-60が、電流160万A、平均密度$4.8×10の13乗cm^3$、中心温度2000万度のプラズマを達成した。
7.23	〔原子力〕米中原子力協定調印	米中原子力協定がワシントンで調印された。
8.6	〔核〕南太平洋非核地域条約採択	第16回南太平洋フォーラムで、南太平洋非核地域条約(ラロトンガ条約)が採択された。背景にフランス政府による南太平洋での核実験再開などがある。
9.3	〔再生〕波力発電実験の再開	鶴岡市由良沖の海上で、海洋科学技術センターの浮体式波力発電装置「海明」が波力発電の実験を再開した。
9.7	〔原子力〕高速増殖炉スーパーフェニックスが世界初の臨界に	フランスの高速増殖炉スーパーフェニックス(120万kW)が、世界初の臨界に達した。翌年1月14日に、フランス

国内に送電開始。

9.13 〔核〕仏大統領、ムルロア環礁訪問　フランスのミッテラン大統領が、フランス領ポリネシアのムルロア環礁を訪問し、同地域に対する諸権利を宣言。10月25日に同環礁で地下核実験を行った。

9.18 〔原子力〕柏崎刈羽原発1号機、営業運転開始　東京電力柏崎刈羽原子力発電所1号機（PWR、110万kW）が営業運転を開始した。

10.28 〔原子力〕高速増殖原型炉「もんじゅ」起工式　動力炉・核燃料開発事業団は、敦賀市白木地区で高速増殖炉原型炉「もんじゅ」の起工式をおこなった。

10.28 〔資源〕アメリカ、クック湾産原油輸出解禁　アメリカ政府は、アラスカ州クック湾産出原油の輸出解禁を発表した。

10月 〔再生〕地熱発電開発費補助金制度創設　地熱発電開発費補助金（20％）が創設された。対象は蒸気井及び還元井。後には地上設備、パイプラインにも適用された。

10月 〔資源〕サウジアラビアがネットバック価格方式採用　サウジアラビアが、スエズ以西向け原油販売価格について、ネットバック価格方式を採用した。

10月 〔全般〕地球温暖化問題の高まり　1985年10月地球温暖化問題の認識の高まりを受け、共通の科学認識をもつために初の国際会議がオーストリア・フィラハで開催された。同年12月イギリスによる初の調査で南極上空にオゾンホールがあることを公表した。同年オゾン層保護のためウィーン条約が採択された。

11.8 〔資源〕浦賀水道で重油流出　午前7時40分、神奈川県横須賀市観音崎沖の浦賀水道で、航行中の客船さくら丸（16431t）と貨物船第8たかみ丸（470t）が衝突、第8たかみ丸は船体に穴があき、まもなく沈没した。乗組員ら4人がゴムボートで漂流しているところを海上保安庁に救助された。沈没した第8たかみ丸からは重油40kℓが流れ出した。

11.13 〔原子力〕ウラン濃縮原型プラントの起工式　動力炉・核燃料開発事業団は、岡山県人形峠事業所で、ウラン濃縮原型プラントの起工式を行った。年間生産量は200tSWU。

11.15 〔全般〕21世紀エネルギービジョン検討委員会設置　21世紀エネルギービジョン検討委員会を設置し、同日第1回委員会を開催。12月4日第1回21世紀エネルギービジョン企画小委員会を開催。

11.28 〔原子力〕川内2号機が営業運転を開始　九州電力川内原子力発電所2号機（PWR、89万kW）が、営業運転を開始した。

11月 〔資源〕ペンゾイル訴訟で損害賠償命令　アメリカ・テキサス州地方裁判所は、テキサコによるゲッティ・オイル買収に絡むペンゾイル訴訟で、テキサコに対し112億ドルの損害賠償支払を命令した。

12.8 〔資源〕OPEC第76回総会開催　石油輸出国機構（OPEC）第76回総会が8日から9日までジュネーヴで開催され、シェア確保と防衛のための5ヶ国石油相特別委員会の設置、現行の生産枠・価格体系の維持等を決定した。

12.17 〔火力〕伊達火力発電所訴訟最高裁判決　北海道の伊達発電所建設差し止めを求める第1次訴訟の最高裁判決で、環境権を求めた住民の原告適格が否定され、敗訴が確定した。

12.21 〔資源〕イタリア製油所で爆発事故　午前5時ごろ、イタリアのナポリ郊外の工業地帯セントエラスモにある国営石油会社アジップ（AGIP）の製油所で爆発があり、合計32基の貯蔵タンクが爆発、炎上した。隣接する家の住人2人と従業員1人の計3人が死亡、従業員1人が行方不明となり、約160人が負傷した。石油貯蔵タンクで最初に爆発があり、またたく間に近く

にある31基のタンクに火が燃え移った。この爆発で、付近の建物や車が大破し、近くを通過しようとしていた列車が急ブレーキをかけたため、その乗客の中にもけが人が出たという。

12月　〔再生〕日本最高揚程の水力発電所運用開始　純揚水式で国内最高揚程(601.7m)の九州電力天山発電所が運用を開始した。出力600MW。

この年　〔熱〕セラミックターボを商品化　日産自動車、窒化ケイ素セラミックスを用いた世界初のセラミックターボチャージャーを商品化した。

この年　〔再生〕カナダで史上最大のダリウス風車設置　カナダで史上最大のダリウス風車EOLE4MW(100mH、64mD)が設置された。

この年　〔再生〕スケール問題解決　北海道電力森発電所で、1983年に発生した蒸気の動きを妨げるスケール(水あか)問題が解決された。

この年　〔再生〕越波型装置の稼働　クバーナー社(ノルウェー)が、多重共鳴型OWC(MOWC) 500kW及び波うち上げ式タプチャン(TAPCHAN) 350kWを、Toftenstallenという岩礁地帯に設置、1991年まで実証実験を行った。この装置の特徴は収斂する先の方向が一方向に湾曲していること。

この年　〔再生〕沖縄で浮体式発電装置実験　沖縄県八重山郡竹富町西表船浮湾サバ崎沖では、日本造船振興財団海洋環境研究所が、浮体式波浪発電装置「海陽」で実験を行った。

この年　〔再生〕波力利用熱回収システム実験　大成建設が波力利用熱回収システムを新潟県寝屋漁港で実験した。波力によって生じた空気の流れを熱に変換して、貯蔵しやすい温水として回収できる。

この年　〔核〕核戦争防止国際医師会議がノーベル平和賞を受賞　核戦争が与える地上の生態系への影響を具体的に警告したこと、その想定が核拡散防止や東西の軍縮交渉の促進に心理的な影響を与えたことにより、核戦争を医療関係者の立場から防止する活動をおこなうための国際組織である核戦争防止国際医師会議(IPPNW)がノーベル平和賞を受賞した。

この年　〔核〕核爆発を用いるX線レーザーの地下実験が行われる　アメリカのロスアラモス国立研究所で、核爆発を用いるX線レーザーの地下実験が行われ、そのX線の強度は以前の100万倍に達した。

この年　〔全般〕ヘルシンキ議定書採択　「長距離越境大気汚染条約(ECE条約)」に基づき、各国のイオウ酸化物(SO_X)排出量削減を定めた「ヘルシンキ議定書」がヘルシンキで採択された。1993年までに対1980年比で最低30％削減する内容。1994年「オスロ議定書」に変更された。

1986年
(昭和61年)

1.4　〔原子力〕米ウラン濃縮施設で放射性ガス漏出　午前11時半ごろ、アメリカ中部オクラホマ州にあるエネルギー企業カーマギー社のウラン濃縮施設で、放射性ガスが充満したタンクの一部が壊れ、付近一帯を有毒ガスが覆った。工場の従業員1人が死亡、従業員や住民101人が入院したり、病院で手当を受けた。放射能汚染はない模様だが、アメリカ原子力規制委員会(NRC)は工場を閉鎖し調査を開始。同施設はタルサ市の南東約160km、人口約500人の町ゴアの近くにある。

2月	〔原子力〕豪レンジャー鉱山で29回の事故	オーストラリアのレンジャー鉱山で、29回の事故が起こった。85～1988年に生産された二酸化ウランを出荷する梱包エリアの放射能は、15.6～18.4mSv。
2月	〔資源〕サウジ、ネットバック価格方式適用拡大	サウジアラビアが、ネットバック価格方式の適用範囲を極東地域にも拡大した。
3月	〔再生〕地熱井掘削自主保全基準制定	新エネルギー財団（NEF）が地熱井掘削自主保全基準を制定した。
4.26	〔原子力〕チェルノブイリ原子力発電所事故	4月26日未明、ソ連のウクライナにあるチェルノブイリ原子力発電所で爆発事故が発生、大量の放射性物質が周辺の大気中にまき散らされた。同発電所はキエフ市の北108km、チェルノブイリ市の北西15kmにある。この発電所の4号炉で、外部電源が断たれた場合に備えた実験を行っていたところ、原子炉出力が急上昇して爆発、炉心溶解が2度起こり放射性物質が多量に放出された。放出核分裂生成物は希ガスを除いて約50メガキュリーで、広島原爆の死の灰の35倍以上。国際原子力事象評価尺度（INES）は最悪のレベル7。203人が急性放射線障害で即座に入院、事故当日に消火活動の際の火傷による死者も含め31人が死亡した。数日間で30km圏内から住民約13万5000人が避難したが、政府が当初事故を公表しなかったため、周辺住民の多くが被曝した。27～28日には北欧、5月1日には中南欧まで汚染が拡大した。事故後も放射能の影響は残り、汚染区域に暮らした子どもの甲状腺ガン発症率が数年間に急増したほか、事故直後の処理に従事した数十万人の労働者も高いガン発症率を示した。2005年、国際原子力機関（IAEA）と世界保健機関（WHO）の専門家チームはこの事故による死者を約4000人と発表したが、一部では数万人とも言われ、その調査には疑問の声もある。原子力史上最悪の事故と言える。2000年12月15日、同発電所の3号炉が運転を停止し、全面閉鎖された。
5.4	〔原子力〕日本で放射能汚染	政府の放射能対策本部は5月4日、チェルノブイリ原発事故による放射能汚染が日本各地の広い範囲で確認されたと発表した。測定値は千葉市の雨水1ℓ中1万3300ピコキュリーなどで、ただちに健康に影響するレベルではなかった。
5.5	〔原子力〕チェルノブイリ原発事故に関する声明	政治3文書（東京宣言、国際テロ問題でリビアを非難する声明、チェルノブイリ原発事故に関する声明）が、東京サミットで採択された。
5.7	〔原子力〕西独ハム・ユントロップ原発で放射能漏れ事故	西ドイツのハム・ユントロップ原発で、原子炉内のフィルター故障により放射能漏れ事故が発生した。
6.23	〔原子力〕動燃東海で被曝事故	那珂郡東海村の動力炉・核燃料開発事業団東海事業所で、貯蔵プルトニウムを査察中の国際原子力機関のアメリカ人査察官を含む12人が、プルトニウム貯蔵缶を入れたビニール袋にあいた穴からもれていたプルトニウム粉末を吸い込み被曝した。
7.16	〔核〕パキスタンの核開発に警告	アメリカのレーガン大統領がパキスタンのムハンマド・ハーン・ジュネジョ首相に対し、核兵器保有の方向に向かえば援助を一切停止すると警告した。
8.14	〔原子力〕ソ連、IAEAにチェルノブイリ事故報告書提出	ソ連は、国際原子力機関（IAEA）にチェルノブイリ事故報告書を提出した。タービン発電機の実験中に事故が発生し、6つの人為的ミスが重なったことが原因と断定された。この事故を受け、IAEAはチェルノブイリ原発事故について「事故後評価専門家会合」をウィーンで開催、原子力事故の「早期通報」「相互援助」の2条約を採択した。
8月	〔熱〕トヨタ、乗用車エンジンをすべてDOHC4バルブに	トヨタ自動車は乗用車向け普及型エンジンとしてDOHCエンジンを開発、採用していたが、これ以降自社の乗用車に搭載するエンジンのほとんどをDOHC4バルブにすると決定した。これは世界で初めての試

資源・エネルギー史事典　　　　　　　　　　　　　　　　　　　　　　　　　　1986年（昭和61年）

み。後に国内の他メーカーも次々に追随した。

9.26　〔原子力〕IAEA、原子力事故通報条約と原子力事故援助条約採択　国際原子力機関（IAEA）特別総会で、「原子力事故の早期通報に関する条約（原子力事故通報条約）」と「原子力事故または放射線緊急事態の場合における援助に関する条約（原子力事故援助条約）」が採択された。

9.27　〔核〕ソ連、地下核実験場を公開　カザフ共和国の地下核実験場をソ連政府が西側に公開した。

10.3　〔原子力〕ソ連原潜が大西洋上で火災事故　バミューダ諸島の北東約1000kmのところを航行中のソ連の原子力潜水艦K-219で火災が発生した。この原潜は1960年代に就役した「ヤンキー」級で、核ミサイルを搭載していた。浸水と放射能漏れを引き起こし、自力航行ができなくなり、6日午前11時3分、積んでいた核兵器34個も艦とともに沈没した。乗組員は避難したが、原子炉の手動停止を行った4人が死亡。火災の原因はミサイルの燃料漏れによる爆発とみられる。

10.11　〔核〕米ソ首脳会談開催　アイスランド・レイキャビクで米ソ首脳会談が開催され、ソ連のゴルバチョフ共産党書記長がアメリカのレーガン大統領に対し、中距離核戦力（INF）・戦略核・宇宙兵器の3分野での包括的かつ具体的な大幅軍縮案を提案した。12日にはINFや戦略核についてほぼ合意に達したが、SDI問題で交渉が決裂した。

10.29　〔資源〕サウジ石油相解任　サウジアラビアのアハマド・ザキ・ヤマニ石油相が解任された。ヒシャーム・M.ナーゼル企画相が代行に就任。

10月　〔原子力〕量子跳躍がはじめて観測される　アメリカ標準局・ワシントン大学・ハンブルク大学の各グループで、それぞれ独立に、量子跳躍がはじめて観測される。単一過程として原子内で観測された。

12.9　〔原子力〕米サリー原発で二次系配管のギロチン破断　アメリカのサリー原子力発電所2号機（PWR）で、二次系配管のギロチン破断。破断口から噴出した高温水、蒸気で、作業員4名が死亡、2名が重傷を負った。

12.11　〔資源〕OPEC第80回総会開催　石油輸出国機構（OPEC）第80回総会がジュネーヴで開催され、基準原油価格を1バレルあたり18ドルの固定価格制に復帰することを決定した。

この年　〔熱〕日産が可変バルブタイミング機構を採用　日産自動車、段階的位相可変型の可変バルブタイミング機構であるNVCSを採用。可変バルブタイミング機構の元祖的な存在とされる。

この年　〔電力〕ミュラーとベドノルツ、高温超伝導を発見　スイスのカール・アレクサンダー・ミュラーとドイツのヨハネス・ゲオルク・ベドノルツが高温超伝導を発見する。物質を極低温に保ち続けるためにはコストと大変な作業が必要とされ高い臨界温度の実現が望まれていた中、27Kの臨界温度を持つ新物質を発見する。この新物質は、銅、ランタン、バリウムのセラミックスのである。また、バリウムをストロンチウムに置き換えることで、臨界温度を従来の記録より14Kも更新することに成功、37Kにまで達した。この功績により、1987年にノーベル物理学賞を受賞した。

この年　〔再生〕H-Ⅰロケットに液体水素燃料エンジンが搭載　日本のH-Ⅰロケット第2段に液体水素燃料エンジンが搭載された。

この年　〔再生〕六甲アイランドで、系統連系システムが完成　兵庫県六甲アイランドで、関西電力と電力中央研究所の共同による一般家庭100戸分の太陽電池をつないだ系統連系システム（200kW）が完成（NEDOプロジェクト）。電気事業法などの規制を受け、実験場の範囲内だけで外部配線とつないでいた。

この年　〔資源〕原油スポット価格低下　原油のスポット価格が大幅に低下した。

1987年
(昭和62年)

1.6　〔資源〕ドバイで日本タンカーが被弾　新和海運のタンカー、コスモ・ジュピター号がペルシャ湾内のドバイで被弾した。

2.3　〔核〕米、核実験実施　アメリカで、この年最初の核実験が実施された。

2.14　〔核〕核廃絶の国際フォーラム開催　核兵器廃絶国際フォーラムが2月14日～16日、ソ連モスクワのクレムリンで開催され、世界80ヶ国から約1000人が参加、最大規模の宗教部会は、56ヶ国から6大宗教など250人が参加。

2.17　〔原子力〕敦賀2号機、営業運転開始　日本原子力発電敦賀発電所2号機（PWR、116万kW）が営業運転を開始した。

2.26　〔原子力〕IAEA「原子力事故援助条約」発効　国際原子力機関（IAEA）の「原子力事故または放射線緊急事態の場合における援助に関する条約」が発効した。

3.5　〔資源〕エクアドル地震で原油パイプライン損傷　3月5日夜から6日午後にかけて、エクアドルでマグニチュード最大6.5までの地震が約10回連続して発生した。震源地は、首都キトの東約90kmの活火山レベンタドール山付近。ジャングル奥地での発生だったため、15日の時点でも被害の全貌がつかめておらず、死者数は約20人～2000人とされる。5日午後11時9分発生のマグニチュード6.5の大地震では、震源に近いサンタローサ、バエサなどの町の家屋の20％が損傷し、キトでも建物多くが被害を受けた。また、同国アマゾン地域の油田から太平洋岸に原油を送るパイプラインが損傷を受け、原油輸送が不可能となり、その損害だけでも約6億ドルに上った。

3.9　〔原子力〕仏スーパーフェニックスでナトリウム漏れ事故　フランスの高速増殖実証炉スーパーフェニックスで、燃料貯蔵タンクの亀裂からナトリウムが漏えいした。修理のため、5月末から無期限停止となった。

3.25　〔原子力〕日本で食品放射能汚染　京都大学工学部助手らによる調査で、京都市内で市販されている輸入食品のうち、スパゲッティ・マカロニ・チーズなど18点から放射能が検出された。特に香辛料に使う月桂樹の葉からは食品衛生法で定めた放射能汚染限度の2倍以上のセシウムが検出された。ソ連のチェルノブイリ原発事故の影響と推測される。

4.23　〔再生〕太陽光発電懇話会設立　太陽光発電懇話会が設立。2000年、現在の名称である太陽光発電協会（JPEA）と改称。

4月　〔全般〕環境と開発に関する世界委員会開催　ブルントラント元ノルウェー首相を委員長とする賢人会議 "環境と開発に関する世界委員会（WCED、ブルントラント委員会）" を開催。持続可能な開発の考え方が盛り込んだ「われら共通の未来」を発表、広く認知されるきっかけとなった。

5.11　〔再生〕波力発電コスト発表　波力発電を開発してきた海洋科学技術センターが、発電コストを当面目標のkWあたり50円に抑える見通しがついたと発表した。

5.22　〔原子力〕米でラドン汚染　放射性同位元素のラドンが、カンザス州などアメリカ10州の1万1600戸で、5戸に1戸の割合で安全の目安となる基準値を超えていることがわかった。定

められている基準値以上のラドンが測定された戸数は全体の21%にものぼった。ラドンは無色無臭の気体で、土中から発生し、地下室などの空気にたまり、吸った人を肺ガンの危険にさらす。推定では全米で最高2万人がこのラドンによる肺ガンで死んでいる可能性があるとされる。

5.26 〔火力〕大井火力発電所で爆発事故　午前9時5分ごろ、東京都大井ふ頭にある東京電力大井火力発電所で、原油補助タンク170kℓが爆発、炎上し、定期検査中の作業員の4人が焼死し、2人がけがをした。原因は、補助タンクにつながった空気抜き管の先端を溶接工事中、管内のガス抜きをしなかったため。石油コンビナート火災で死者が出たのは東京では初めてだった。

7.15 〔原子力〕米ノースアンナ1号機で蒸気発生器伝熱管破断　アメリカ・バージニア州のノースアンナ原子力発電所1号機（PWR）で、定格出力運転中の蒸気発生器伝熱管がギロチン破断、放射性冷却水600ガロン/分が漏えいした。

7.22 〔資源〕米海軍がクウェート藉タンカー護衛開始　アメリカ海軍が、クウェート藉のタンカーの護衛を開始した。

7.29 〔原子力〕チェルノブイリ原発事故判決　ソ連最高裁特別法廷が、チェルノブイリ原発事故の責任を問われた前所長らに矯正労働の実刑判決を下した。

8.3 〔火力〕コージェネレーション問題検討委員会報告書発表　通商産業省のコージェネレーション問題検討委員会が報告書をまとめる。

8.25 〔原子力〕福島第二4号機、営業運転開始　東京電力福島第二原子力発電所4号機（BWR、110万kW）が営業運転を開始した。

8.28 〔原子力〕浜岡3号機、営業運転開始　中部電力浜岡原子力発電所3号機（BWR、110万kW）が営業運転を開始した。

9.4 〔再生〕メタノール車調査結果発表　窒素酸化物の排出量削減のため実用化が期待されているメタノール車について、東京都が低公害性には優れているが経済性に難があるとの調査結果を発表した。

9月 〔電力〕リン酸型燃料電池で1000kWを達成　関西電力、リン酸型燃料電池で日本最大となる1000kWの発電に成功。

10.14 〔全般〕長期エネルギー需給見通しを発表　総合エネルギー調査会需給部会は、長期エネルギー需給見通しを発表。

10.15 〔資源〕イランがアメリカのタンカーを攻撃　クウェート沖でイランがリベリア船籍のアメリカのタンカーをミサイルで攻撃し、16日にも米船籍のクウェート・タンカーを攻撃した。19日、報復攻撃としてアメリカ艦隊がペルシャ湾中部にあるイラン海上石油基地を艦砲射撃し、22日にはイランがクウェート石油基地アルマディをミサイル攻撃する事態となった。アメリカは26日にイランに対して輸入全面禁止などの経済制裁を発表したが、日本はアメリカの要請に同調しない方針を29日に決定した。11月1日、緊急アラブ首脳会議が開かれ、イラン非難を全会一致で決議した。

10.16 〔全般〕石油代替エネルギー供給目標改定　総合エネルギー対策推進閣僚会議は、石油代替エネルギー供給目標を改定。目標年度を昭和70から75年度、供給数量目標を27000万kℓから30000万kℓとした。

10.30 〔全般〕大気汚染防止法施行令の一部改正　「大気汚染防止法施行令」の一部改正、政令公布。大気汚染防止法の規制対象施設としてガスタービン、ディーゼル機関が追加された。1988年2月1日施行。

| 11.4 | 〔原子力〕新日米原子力協力協定に署名　政府は、「包括事前同意方式」を盛り込んだ新日米原子力協力協定に署名した。
| 11.8 | 〔原子力〕伊・国民投票で原発政策反対　原発政策についての国民投票がイタリアで行われ、反対多数の結果となった。
| 11.20 | 〔原子力〕伊・原発建設凍結を発表　原発建設の凍結をイタリアのジョヴァンニ・ゴリア首相が発表した。
| 12.7 | 〔核〕米ソ、共同声明を発表　アメリカを訪問したソ連のゴルバチョフ共産党書記長が、8日にアメリカのレーガン大統領と会談し、中距離核戦力(INF)全廃条約に調印した。10日には米ソ間の戦争防止、戦略核兵器50%削減への努力、軍事的優位を求めない決意を盛り込んだ共同声明を発表。
| 12.20 | 〔資源〕石油タンカー衝突により海難史上最大事故　午後10時ごろ、乗客1400人乗りの内航フェリー、ドニャパス(2215t)とフィリピン籍の石油タンカー、ビクトル(629t)が、マニラ南東約160kmのルソン島南部沖のマリンドケ島近くで衝突し炎上、両船とも沈没した。衝突直後、現場付近は海面まで火に包まれ、救出された人たちもやけどを負っていた。26人が救出されたが、翌年1月10日までに判明した乗客は3009人。相手タンカーの乗組員を加えると、犠牲者は3078人に上る。この死者数はタイタニック号沈没事故(死者1513人)を大幅に上回り、海難史上最大となる。
| この年 | 〔電力〕チューら、イットリウム系超伝導体を発見　ヒューストン大学のC.W.チューをリーダーとするグループが、液体窒素温度77Kを超える90K級という高温で超伝導を起こす、イットリウム系超伝導体を初めて発見した。
| この年 | 〔原子力〕玄海原発で細管腐食　佐賀県東松浦郡玄海町の玄海原発は、1号機の第9回定期検査で見つかった、緊急炉心冷却装置(ECCS)の余熱除去ポンプ主軸折れや、蒸気発生器の細管466本の腐食割れから、運転停止が149日間に及んだ。稼働力も59.3%で史上2番目の低さとなった。11月から行われた第10回点検でも、447本の細管割れが見つかっている。
| この年 | 〔原子力〕臨界プラズマ条件を達成　ヨーロッパの核融合実験装置(JET)、臨界プラズマ条件を達成。同年、日本のJT-60も臨界プラズマ条件を達成。
| この年 | 〔再生〕デンマークブイ(1kW)現地試験　波力発電のためのデンマークブイ(1kW)の現地試験が行われた。
| この年 | 〔再生〕葛根田地熱発電所で輸送管崩壊　東北電力葛根田地熱発電所1号機で地滑りにより輸送管が崩壊した。

1988年
(昭和63年)

| 1.14 | 〔原子力〕原子力船「むつ」、関根浜港で開港式　日本原子力研究所は、原子力船「むつ」の新母港、関根浜港で開港式を行った。27日に「むつ」入港。
| 1月 | 〔電力〕新しい高温超伝導体の開発　日本の金属材料研究所のグループが、ビスマス蒼鉛を機材とした新しい高温超伝導体を開発。超伝導体としてビスマス系の酸化物が80K及び100K級の臨界温度をもつことを発表する。これにより、高温超伝導体のタイプが、3種類に増加する。

4.8	〔全般〕昭和63年度電力施設計画を発表	資源エネルギー庁が、電気事業者から提出された届け出をとりまとめた昭和63年度電力施設計画を発表した。
4.18	〔資源〕米軍、イランへ報復攻撃	アメリカ軍は14日の米艦触雷への報復措置として、ペルシャ湾でイランの石油基地や高速艇などを攻撃し、5艦船を撃沈・大破させ、アメリカのレーガン大統領は正当性を強調した。
4.25	〔原子力〕人形峠のウラン濃縮原型プラント操業開始	動力炉・核燃料開発事業団は、岡山県人形峠事業所でウラン濃縮原型プラントの操業を開始した。年間100tSWUの濃縮ウランを生産可能。
5.10	〔全般〕エネルギーライフ21フォーラム発足	資源エネルギー庁は、エネルギーライフ21フォーラムを発足した。
5.16	〔原子力〕旭化成、化学ウラン濃縮法成功	旭化成は、化学ウラン濃縮法で3%濃縮に成功した。
5.24	〔資源〕メキシコ・石油基地でタンク爆発	メキシコ北部の都市チワワにある国営メキシコ石油公社（ペメックス）の石油タンク1基が爆発して炎上した。ほかのタンクが誘爆する恐れがあるため、付近の住民10万人以上が避難した。死傷者はなかった。爆発したタンクは容量3万バレル（180万ℓ）で、同様のタンクが15基ある。チワワ市は人口50万人。石油基地の半径3km以内の住民10万人から20万人が避難した。
5.25	〔原子力〕日米新原子力協定承認案が可決成立	日米新原子力協定の承認案が、参院で可決・成立した。核燃料サイクル継続が可能となった。
5.29	〔核〕モスクワで米ソ首脳会談	アメリカのレーガン大統領がモスクワを訪問し、ソ連のゴルバチョフ共産党書記長と首脳会談を行った。戦略核兵器・地域紛争問題などを協議し、31日には地下核実験検証など9文書に調印、6月1日には中距離核戦力（INF）全廃条約の批准書を交換した。
6.7	〔原子力〕スウェーデン議会で原発全廃を可決	全原発の2010年までの廃棄が、スウェーデン議会で可決した。
6.21	〔全般〕トロントサミットの開催	カナダ・トロントで行われたトロントサミットにおいて、オゾン層の保護、温室効果等地球環境問題に積極的に取り組むことを表明。
6.27	〔全般〕先進国のCO$_2$排出20%削減の必要性宣言	6月27日から30日までに行われたカナダ首相主催の"変化する大気国際会議"において、2005年までに先進諸国のCO$_2$排出を20%削減することの必要性を宣言した。
7.6	〔資源〕スコットランド沖で油田爆発	スコットランド沖の北海油田中心部にある米オキシデンタル石油所有のパイパー油田の海上石油基地で爆発炎上事故があり、基地施設は大破して海中に没した。同基地にいた229人のうち、7日夕までに65人の生存と16人の死亡が確認され、148人が行方不明となった。救援活動に従事していた2人も行方不明。不明者は全員が死亡したものとみられる。世界の洋上石油施設事故史上最悪の惨事となった。最初の爆発を起こしたのが天然ガス圧縮装置で、ガス漏れが起きたものとみられる。
7.8	〔電力〕電気自動車普及促進懇談会設置	環境庁が電気自動車普及促進懇談会を設置した。
7.17	〔原子力〕日米新原子力協定発効	日米新原子力協定が発効した。
7月	〔再生〕フランシス・ポンプ水車で国内最大級単機容量の水力発電所運用開始	フランシス・ポンプ水車で国内最大級単機容量の東京電力今市発電所が運用を開始した。出力360MW。

1988年（昭和63年）　　　　　　　　　　　　　　　　　　　　　資源・エネルギー史事典

8.20	〔全般〕8年ぶりにイラン・イラク戦争が停戦　8月8日にデクエヤル国連事務総長は20日からイラン・イラク戦争を停戦、国際連合が停戦監視団を派遣すると発表したことで、7年11ヶ月ぶりに停戦が実現した（死傷者約100万人）。25日には、ジュネーヴで両国が和平直接交渉を開始した。
8.22	〔原子力〕米で原子力損害賠償法成立　アメリカで、原子力損害賠償法（プライス・アンダーソン法）が成立した。最高賠償責任額が、従来の10倍の71億ドルに引き上げられた。
8月	〔資源〕放射能汚染土砂投棄　日本で初めてウラン鉱床が発見された苫田郡上斎原村の人形峠近くの山中で、動力炉・核燃料開発事業団人形峠事業所がウラン採掘の際の土砂を30年近く野積みのまま投棄、国の被曝基準を上回る放射線が出ているのがわかった。
9.1	〔原子力〕動燃東海で作業員被曝　未明、那珂郡東海村の動力炉・核燃料開発事業団東海事業所の再処理工場で職員4人とメーカーから派遣された作業員3人の計7人が被曝し、うち3人がプルトニウムなどの放射性物質を肺に吸い込んだ。動力炉・核燃料開発事業団東海事業所では「被曝線量は最大で100ミリレムで健康上問題はない」としたが、原因は部品交換中の不注意からとみられる。
9月	〔資源〕中国石油天然気総公司設立　中国で、中国石油天然気総公司（CNPC）が設立された。
10.3	〔資源〕ドバイ原油のスポット価格暴落　ドバイ原油のスポット価格が1986年8月以来初めて10ドル台を割り込んだ。
10.11	〔全般〕長期エネルギー問題に関する懇談会を開催　第1回世界的視野から見た長期エネルギー問題に関する懇談会を開催した。
10月	〔再生〕九州山川地域の地熱開発で協定締結　九州電力と石油資源開発は山川地域（伏目）における地熱開発事業に関する基本協定を締結した。
11.8	〔資源〕サウジ・アラムコ設立　サウジアラビアがペトロミンに代わり、国営石油会社サウジ・アラムコを設立した。
11.10	〔資源〕サウジ・アラムコとテキサコが合弁会社設立　サウジ・アラムコとテキサコが、アメリカ東部における合弁事業契約に調印した。共同でスター・エンタープライズを設立。
11月	〔再生〕九州で地熱国際シンポジウム開催　日本地熱学会が熊本市及び別府市で地熱国際シンポジウム開催し、20ヶ国が参加した。
11月	〔再生〕高温岩体国際ワークショップ開催　新エネルギー・産業技術総合開発機構（NEDO）が筑波学園都市で高温岩体国際ワークショップを開催した。アメリカ、イギリス、フランス、西ドイツ、イタリア、スウェーデンが参加した。
12.31	〔全般〕印バ関係、改善の方向へ　パキスタンのベナジル・ブット首相とインドのラジブ・ガンジー首相がイスラマバード首脳会談を行い、核施設相互不攻撃協定など3協定に調印した。
12月	〔熱〕全日空、国産ジェットエンジン不採用　全日本空輸（ANA）が1990年から導入予定のエアバスA320に、初の国産ジェットエンジンV2500を採用しないことを決定。V2500は、通商産業省と石川島播磨重工業・川崎重工業・三菱重工業が、イギリス、アメリカ、西ドイツ、イタリアのメーカーと共同開発したもの。
この年	〔電力〕ビオブル、マイナスモーターを開発　R.ビオブルが、高温超伝導に基づく電動機であるマイナスモーターを開発した。
この年	〔電力〕ミュラー、静電マイクロ・ステッピングモーターを試作　アメリカのR.ミュラーが、静電マイクロ・ステッピングモーターを試作した。

この年　〔再生〕固定式振動水柱型装置設置　エンジニアリング振興協会他が、千葉県九十九里町に消波工型定圧化タンク方式波力発電システム装置30kWを設置した。

この年　〔再生〕大分県と熊本県で地熱調査開始　フジタ工業が大分県玖珠郡九重町田野湯沢地域と熊本県阿蘇郡小国町南平地域で地熱開発調査を開始した。

1989年
(昭和64年, 平成1年)

1.6　〔原子力〕福島第二原発3号機で運転停止　東京電力福島第二原子力発電所3号機(BWR)で、原子炉再循環ポンプの部品が損傷・脱落し、運転を停止した。INESレベル2。

1.26　〔原子力〕動燃、ウラン濃縮プラントを完成　動力炉・核燃料開発事業団のウラン濃縮原型プラントが完成した。

2.10　〔原子力〕中国電力・島根2号機が営業運転を開始　中国電力島根原子力発電所、2号機(BWR、82万kW)の営業運転を開始した。

2.13　〔原子力〕福島第一原発で漏水　福島県大熊町の東京電力福島第一原子力発電所で、3号機の原子炉格納容器に隣接しているタービン建物内で水漏れが起きていることがわかった。放射能レベルは、検出限界値以下で、放射能漏れの心配はない。

3.14　〔資源〕千葉県沖でタンカー炎上　14日午前5時45分ごろ、千葉県野島崎の東南東約100kmの海上で、川崎港に向かっていたリベリア船籍のケミカルタンカー「マースグサール号」(23038t)が火災を起こしているのを、近くで訓練中の海上自衛隊第1護衛隊の護衛艦が発見した。海上保安庁のヘリコプターや自衛艦が現場に向かい消火・捜索活動を行ったが、メタノール、エチレンなどを大量に積んでおり近づけないまま、爆発、炎上を繰り返し、1〜2ノットの速力で北北東方向に漂流、5日後の3月19日午後4時40分ごろ、犬吠埼の南東約390kmで乗員23人とともに沈没した。

3.16　〔原子力〕動燃再処理工場で作業員被曝　茨城県東海村の動力炉・核燃料開発事業団の使用済み核燃料再処理施設で、作業員1人が放射性物質を吸い込み、体内被曝する事故があった。被曝線量は小さく、健康への影響はないという。事故の原因は作業員が使っていたグローブに小さなピンホールがあいていたため。

3.20　〔原子力〕川内原発で冷却装置故障　この朝、鹿児島県川内市の九州電力川内原子力発電所で、2号機の1次冷却水の水量調整などをする装置の開閉弁の弁棒が折れていることが分かった。2号機は1988年末から原子炉を止めて定期検査中で影響はないとしている。

3.24　〔資源〕米・アラスカ州沖でタンカー座礁により原油流出　午前0時半ごろ、アメリカ・アラスカ州ヴァルディーズ港沖で、エクソンのタンカー「ヴァルディーズ号」が坐礁。原油24万バレルが流出し、アメリカ史上最悪の事故になった。同日夜になっても流出は止まらず、約3万5000tの原油は沖の方へ約8kmにわたり拡散、除去作業は難航した。エクソンは除去に20億ドルを支出した。

4.7　〔原子力〕ノルウェー海上で原潜火災　ノルウェーの沖合約500kmのノルウェー海上で、ソ連の原子力潜水艦が火災を起こして沈没した。事故を起こしたのはソ連のマイク級原潜で、9日夜までに69人の乗組員のうち42人が死亡、27人が救助された。この原潜には2基の核弾頭つき魚雷が搭載されていたが、艦とともに海底に沈んだ。火災の原因は、電気のショートで火が出たのが燃え広がったためとみられる。6月26日にも、ソ連の原潜ノルウェー沖で

1989年（昭和64年，平成1年）　　　　　　　　　　　　　　　　　資源・エネルギー史事典

原子炉の故障を起こして浮上，原子炉の1時冷却系のパイプが破損したと説明した。現場海域に放射能の異常はみられなかった。

5.2　〔資源〕来島海峡で重油流出　午前9時20分ごろ，愛媛県今治市沖北東約9kmの来島海峡で，パナマ船籍の自動車運搬船オレンジコーラル（7627t）と，同じパナマ船籍のタンカー，シャムロック・オーチョー（2785t）が衝突，オレンジコーラルが積み荷の自動車138台，部品884tとともに沈没，燃料の重油が海面へ流出，乗組員は全員救助され無事だった。

5.12　〔電力〕電気自動車普及促進調査報告書を発表　環境庁が，電気自動車普及促進調査報告書を発表した。

5.15　〔原子力〕世界原子力発電事業者協会設立　世界の原子力事業者が，原子力発電所の安全性と信頼性の向上を目的として，世界原子力発電事業者協会（WANO）を設立した。モスクワで設立総会が行われた。

5.30　〔原子力〕原研東海研究所でウラン自然発火　午後7時23分ごろ，茨城県東海村の日本原子力研究所東海研究所の，ウラン濃縮研究棟核燃料貯蔵庫内の天然ウラン入りポリ容器から煙が出て火災報知器が鳴ったため，粉末消火器などで消火した。この火災で，核燃料貯蔵庫のある管理区域の外部では放射能汚染はなかったが，貯蔵庫内は通常の1000倍近い放射能濃度になったため，消火にあたった研究員ら3人が最大に見積もって5ミリシーベルト（放射線業務従事者の年間被曝限度線量の10分の1）以下の被曝をしたと推定している。

5.30　〔資源〕四日市港沖合で原油流出　午後11時ごろ，三重県・四日市港沖合5.5kmの海上で，原油荷揚げ中の大阪の陽光海運のタンカー，サンシャインリーダー（13万4555t）の左舷後ろのマンホールから原油があふれ，幅100から200m，長さ12kmの帯状になって流出した。

6.3　〔原子力〕福島第二原発で冷却水漏れ　午前10時ごろ，福島県双葉郡の東京電力福島第二原子力発電所2号機で，原子炉建屋4階の再生熱交換器から，冷却水が漏れているのが見つかった。この冷却水は高温，高圧で循環しており，放射能を帯びているが，同交換器は密閉された無人の部屋の中にあるため，建屋内の人の出入りする場所や外部への放射能漏れはないと発表。原因は3台ある再生熱交換器のうち2台目の配管に亀裂が生じたため，漏れた水の量は1t以上。

6.3　〔資源〕ソ連で液化石油ガス輸送管爆発　ソ連のウラル山脈付近で液化石油ガス輸送管が爆発，これに並行しているシベリア鉄道の列車2本が巻き添えになった。乗客計約1200人のうち，462人が死亡・行方不明となった。病院に収容された負傷者は706人。事故の原因となった液化石油ガス輸送管は，事故3時間前に圧力が低下した。点検のためにポンプで圧力を上げたことで逆にガス漏れが激しくなり，膨大な量のガスが充満。通りかかった旅客列車のパンタグラフから出た火花で一瞬にして激しく爆発した。

6.22　〔原子力〕泊原発1号機，営業運転開始　北海道電力泊発電所1号機（PWR，57万9000kW）の営業運転を開始した。

6.22　〔再生〕メタノール自動車普及促進懇談会設置　環境庁がメタノール自動車普及促進懇談会を設置した。

7.26　〔資源〕米で天然ガス統制撤廃法成立　アメリカのジョージ・H.W.ブッシュ大統領が，天然ガス統制撤廃法案に署名した。

7月　〔熱〕地球環境問題検討会を設置　環境問題への関心の高まりを受け，日本自動車工業会は地球環境問題検討会の設置を決定した。ガソリンエンジンの省燃費技術の開発や排気ガス削減を目指す。

7月　〔再生〕プロペラ水車で世界最大単機容量の水力発電所運用開始　プロペラ水車で世界最大単機容量の只見発電所が運用を開始した。出力65.8MW。

- 234 -

資源・エネルギー史事典　　　　　　　　　　　　　　　　　　1989年（昭和64年，平成1年）

7月	〔再生〕大霧地域地熱開発で協定締結	九州電力と新日本製鐵・日鉄鉱業は大霧地域における地熱開発に関する基本協定を締結した。
9.18	〔資源〕イラクのパイプライン稼働開始	イラクのサウジアラビア横断パイプラインIPSA-IIが稼働開始した。
9月	〔全般〕公害健康被害補償法の一部改正	1989年公害健康被害補償法の一部改正を行い、1988年大気汚染に係る指定地域を解除した。
10.4	〔原子力〕動燃再処理施設から放射性ヨウ素大量放出	茨城県東海村にある動力炉・核燃料開発事業団の東海再処理施設から放射性物質のヨウ素129が通常の10倍も放出されていたことがわかり運転を緊急停止した。動燃では「従業員に被曝はなく、周辺環境への影響も無視できる」としているが、運転再開から1週間で放出された放射線量は前年度1年分に相当する。原因はヨウ素を吸収、除去した水などがバルブの接続部から漏れていたため。
10.19	〔原子力〕スペイン・バンデロス1号機で、発電機破壊事故	午後9時39分ごろ、スペインのバルセロナ南方にあるバンデロス原子力発電所1号機（出力50万kW、ガス冷却炉）で、タービンが爆発、火災が起きた。外部への放射能漏れはなかったとみられる。半日後に沈火したが、炉心が燃える一歩手前の事故だった。2基あるタービンのうち1基が爆発し、炉を冷却するポンプ4台のうち2台が動かなくなり、炉心の温度が急上昇したが、残ったポンプが炉心を冷やし、周辺の火災も鎮火したため、炉心材黒鉛には引火せずにすんだ。同原発はスペインでは3番目に古い。事故の原因は、タービン発電機に生じた傷から冷却システムに使われる水素ガスが漏れ、これが空気に触れたために爆発したとみられる。INESレベル3。
11.3	〔資源〕台風で天然ガス採掘船転覆	バンコクから約280km南のタイ南部サムイ島付近のシャム湾で天然ガス採掘作業をしていたアメリカ企業、ユノカル・タイランド社の採掘船シークレスト号（4400t）が、現地を襲った台風のため転覆し、タイ人作業員64人のほか、技術者33人が行方不明になった。
11.7	〔原子力〕カナダで放射性重金属汚染水流出	カナダ・コリンズ湾ウラン鉱山と、ラビットレイク製錬所をつなぐパイプから、200万リットルの放射性重金属汚染水が流出した。
11月	〔熱〕米デルタ航空V2500搭載機発注	アメリカのデルタ航空が、日米欧5ヶ国で共同開発したV2500エンジン搭載の旅客機「MD90-30」を160機発注すると発表。同機はV2500エンジンを、1機につき2基搭載しているため350基程度（予備分を含む）の受注が見込まれる。
11月	〔全般〕ノールドベイク宣言を提言	大気汚染と気候変動に関する環境大臣閣僚会議がオランダ政府主催、68ヶ国の環境担当閣僚と国際機関スタッフが参加してノールドベイクで開催された。ヨーロッパが地球温暖化防止のため二酸化炭素の排出抑制を実施する「ノールドベイク宣言」を提言した。
12.19	〔資源〕モロッコ沖でタンカー爆発・原油流出	モロッコ沖の大西洋上でイラン船籍の石油タンカー「カーグ5」（28万4600t）がカナリア諸島の北約400kmの大西洋上で爆発事故を起こした。乗員は全員退避したが、放置された同船から流れ出した原油がモロッコの沿岸約28kmのところまで迫り、同国政府は環境破壊を憂慮。1990年1月1日までに流出した原油の量は約6万トンと推定され、3月にアラスカのプリンス・ウィリアム湾で座礁したエクソン・ヴァルディーズ事故の流出量約3万5000tを大きく上回っている。
12月	〔再生〕秋田県上の岱地域の地熱開発で協定締結	東北電力、秋田地熱エネルギーは泥湯・小安地域（上の岱）における地熱開発に関する基本協定を締結した。
この年	〔熱〕ホンダが可変バルブタイミング・リフト機構を採用	本田技研工業、カム切り替えによる可変バルブタイミング・リフト機構であるVTECを搭載したインテグラを発売。
この年	〔電力〕ABBを設立	スイス・ドイツのブラウン・ボベリ社とスウェーデンのアセア社が合併し、アセア・ブラウン・ボベリ（ABB）が設立される。ABBは、電力技術部門（発送

- 235 -

配電関連）とオートメーション技術部門（工業・商業分野向け自動化システム）からなる多国籍メーカーである。

この年　〔火力〕USC技術が実用化される　中部電力川越火力発電所1、2号機(700MW)が、営業運転を開始。最高蒸気温度は566℃。超々臨界圧(USC)を達成した。

この年　〔再生〕葛根田で深部生産井成功　東北電力葛根田地熱発電所2号機で深部生産井に成功した。3万kWに縮小。

1990年
（平成2年）

3.18　〔資源〕イランで都市ガスのパイプライン爆発　イランのテヘラン西郊で、都市ガスのパイプラインが爆発、死者数人、負傷者数十人の惨事となった。巨大な炎を噴き上げて爆発が起こり、住宅15棟が被害を受け、10台前後の車が破壊された。

4.10　〔原子力〕柏崎刈羽原発5号機、営業運転開始　東京電力柏崎刈羽原子力発電所5号機（BWR、110万kW）が営業運転を開始した。

4.11　〔資源〕大阪南港で重油流出　午前11時ごろ、大阪市住之江区の大阪南港岸壁付近で、給油中の小型タンカー「第10和栄丸」(121t)に貨物船「すみりゅう丸」(499t)が衝突、タンカーのタンクに亀裂が入り、残っていた約35kℓの重油の一部が流出した。

6.2　〔資源〕横浜港内に廃油流出　午前7時ごろ、神奈川県横浜市鶴見区大黒町の大黒埠頭にある船舶廃油処理場の廃油と雨水をためるドレンポンドという池から横浜港内に廃油約200ℓが流出、約3km²にわたって海上に広がった。当日降った雨で、上昇した池の水位を下げるためのポンプが故障、下水管に廃油が流入したという。

6.5　〔全般〕新エネルギー導入に関する中間報告発表　総合エネルギー調査会第23回総合部会及び第24回需給部会を合同開催。中間報告として「地球規模のエネルギー新潮流への挑戦」を取りまとめた。6月7日省エネルギー部会では中間報告として「エネルギーの利用効率化に向けて」を取りまとめた。6月14日には石油代替エネルギー部会で中間報告として「新エネルギーの導入・普及に向けて」を取りまとめた。

6.6　〔再生〕メタノール車普及促進懇談会報告書発表　環境庁が、メタノール自動車普及促進懇談会報告書を発表した。

6.9　〔資源〕メキシコ湾でタンカー炎上・原油流出　アメリカ・テキサス州ガルベストン南東約100km沖合のメキシコ湾でノルウェーの原油タンカー「メガ・ボルグ」が爆発、2日にわたって炎上を続け、11日午後、船尾付近から沈み始めた。タンカーには、1989年3月にアラスカで起きた「ヴァルディーズ」事故で流出した量の3倍を上回る約15万kℓの原油が積まれており、メキシコ湾に甚大な環境被害をもたらす恐れが強まった。同船はエンジン室付近で原因不明の爆発事故を起こし、乗組員41人のうち2人が死亡、2人が行方不明、17人がけがをした。その後も連続爆発が起きるなどして船体だけでなく流出した原油にも引火して燃え広がった。

6.22　〔再生〕八丁原発電所2号機運転開始　九州電力八丁原発電所2号機が営業運転を開始した。出力5万5000kW、ダブルフラッシュ発電方式。運転監視は2km離れた大岳発電所で24時間体制で運用しているため、八丁原発電所には運転員はいない。

- 236 -

6.26	〔資源〕庄内川に重油流出	午後10時35分ごろ、愛知県名古屋市守山区志段味南荒田の工場から燃料用C重油約600ℓが流出。重油は工場そばの小川を伝って庄内川に流れ込んだ。
6.27	〔資源〕大阪市で重油漏れ事故	午前9時半ごろ、大阪市大正区鶴町、出光興産大阪油槽所大阪配送センターで、タンカーから重油貯蔵タンクにA重油を給油中、約65kℓがあふれ出した。原因はタンクがいっぱいになってからも給油を続けたため。
6月	〔再生〕通産省、太陽光発電関連規制を緩和	通商産業省は、太陽光発電に関連する規制を緩和するため、1890年6月から電気事業法関係法令・電気用品取締法関係省令の一部改正を実施。1990年6月、500kWの未満の太陽光発電設備については、通産大臣の届出許可が不要となり、届出のみで設置が可能となった。これにより、家庭などに太陽光発電設備を設置することがたやすくなった。1991年3月、低圧配電線系統連系要件を設定した。
7.3	〔原子力〕仏・高速増殖炉スーパーフェニックスでポンプトラブル	フランスの高速増殖実証炉スーパーフェニックスが、ポンプトラブルにより運転停止した。一次冷却系ナトリウムに空気が混入して個体となり、フィルターが目詰まりしたもの。INESレベル2。
7.28	〔資源〕米テキサス州でタンカー衝突による原油大量流出	アメリカ・テキサス州のガルベストンで、ギリシャ船籍のタンカーと、原油を輸送する2隻のはしけが衝突、31日までに約50万ガロン（約1900kℓ）の原油が流出した。事故が起きたのは、ヒューストンに通じる水路がガルベストン湾に流入する地点。約2万5000tのタンカーは無事だったが、計約170万ガロンの原油を運んでいた2隻のはしけが破損、うち1隻は沈みかけて原油が流出した。湾内には湿地帯が広がっており、環境汚染が心配される。
8.2	〔全般〕イラク軍、クウェートに侵攻	イラクとクウェートは8月1日に石油問題をめぐる交渉で決裂し、イラク軍がクウェートに侵攻して全土を制圧した。クウェートのジャビル首長がサウジアラビアに脱出し、暫定自由政府が樹立された。8月6日国際連合安全保障委員会はイラクに対する制裁措置等660号を採択。日本政府は、イラク、クウェートからの石油輸入禁止に加え、全貨物の輸入禁止を決定した。
8.8	〔資源〕KPCが本社を移転	クウェート石油公社（KPC）が、本社をロンドンに移転すると発表した。
8.29	〔資源〕OPEC閣僚監視委員会開催	OPEC閣僚監視委員会が開催され、自主増産を決定した。
9.23	〔原子力〕スイス国民投票で原発建設凍結	新規原発建設の10年間凍結が、スイスの国民投票で採択された。
9.24	〔資源〕北海ブレント原油が高騰	ロンドン市場で、10月渡しの北海ブレント原油の価格が1バレルあたり42ドルに高騰した。
9.25	〔原子力〕原子力船「むつ」が高出力試験で出航	日本原子力研究所の原子力船「むつ」が、高出力試験で第二次航海に出航した。
9.28	〔原子力〕柏崎刈羽原発2号機、営業運転開始	東京電力柏崎刈羽原子力発電所2号機（BWR、110万kW）が営業運転を開始した。
10.9	〔原子力〕浜岡原発で放射能漏れ	静岡県小笠郡浜岡町の中部電力浜岡原子力発電所1号機で、炉水中に漏れる放射性物質の量が基準を上回っていることがわかった。基準値を上回ったのはセシウム137で、環境への影響はないという。
10.23	〔全般〕地球温暖化防止行動計画を決定	地球環境保全に関する関係閣僚会議において、地球温暖化防止行動計画を決定。
10.29	〔全般〕第3回世界気候会議開催	第3回世界気候会議が29日から翌月7日まで開催され

た。CO_2 の排出目標値を概ね2000年において2年レベルで安定化させるとした各国の方針決定を歓迎すること等を閣僚宣言。

10.30　〔全般〕石油代替エネルギーの供給目標決定　石油代替エネルギーの供給目標を閣議決定。

10月　〔資源〕尖閣諸島領有権論争再発　10月21日、台湾漁船が沖縄・尖閣諸島付近で領海を侵犯したのをきっかけに、日・中・台がそれぞれ固有の領土と主張する尖閣諸島領有権論争に発展した。27日、斉懐遠外務次官が駐中国大使に、資源の共同開発や漁業資源の開放を提案。

11.2　〔全般〕大気汚染防止法施行令の一部改正　「大気汚染防止法施行令」の一部改正、政令公布（1991年2月1日施行）。煤煙発生施設として、ガス機関とガソリン機関が追加された。

11.14　〔再生〕太陽光発電技術研究組合設立　太陽光発電の技術開発を目的とした、太陽光発電技術研究組合（PVTEC）が設立総会を行った。

11.30　〔原子力〕青森県六ケ所村で、低レベル放射性廃棄物貯蔵施設着工　青森県六ケ所村で、低レベル放射性廃棄物貯蔵施設が着工した。1992年12月8日操業開始。

11月　〔再生〕秋田県澄川地域の地熱開発で協定締結　東北電力と三菱マテリアルは澄川地域の地熱開発に関する基本協定を締結した。

12.11　〔原子力〕独ハナウMOX燃料工場で爆発事故　ドイツ・シーメンス社のハナウMOX燃料工場で、爆発事故が起きた。翌年4月、6月と事故が重なり、州政府は操業停止命令を出した。

12.20　〔熱〕ディーゼル車排ガス規制強化　運輸省が、窒素酸化物（NO_X）規制の強化、ディーゼル車に対する粒子状物質規制の新規導入と黒煙規制強化などの「道路運送車両の保安基準」一部改正を公表した。1991〜1994年度に順次実施。

12.22　〔資源〕木更津港に燃料流出　午前6時50分ごろ、千葉県木更津港の北約8kmの海上で、濃霧の中タンカー第63浪速丸がタンカー第3ちとせ丸の右舷に衝突、第3ちとせ丸から航空用燃料約370kℓが流出した。

この年　〔熱〕酸化・三元二段階触媒コンバータ開発　日本で酸化・三元二段階触媒コンバータが開発される。

この年　〔再生〕ニッケル水素電池を世界初商品化　日本の松下電池工業と三洋電機が世界で初めてニッケル水素二次電池を商品化した。

この年　〔再生〕初の可変速揚水開始　東京電力は群馬県の矢木沢発電所の発電機を改造し、可変速揚水を開始した。

この年　〔再生〕電気自動車用の燃料電池の開発活発化　都市部の大気汚染問題が認識されるようになり、カナダのバラード社などの、電気自動車用の高分子固体電解質型燃料電池（PEFC）の開発が活発になった。

この年　〔核〕ミハイル・ゴルバチョフがノーベル平和賞を受賞　中距離核戦力（INF）全廃条約調印・ペレストロイカによる共産圏の民主化などをおこない、東西両陣営間の対決を緩和し、地域紛争の解決に役立ち、米ソ間の冷戦の終結に貢献したとして、ソビエト連邦のミハイル・ゴルバチョフ大統領がノーベル平和賞を受賞した。

この頃　〔再生〕大型風車製造が活発化　各国の大型風力発電機メーカーの風車製造が1990年以降活発となった。世界各国で小型風車のメーカーは200社を超えた。

1991年
(平成3年)

1.11 〔資源〕IEA、湾岸戦争対応計画決定　国際エネルギー機関(IEA)理事会がパリで開催され、湾岸戦争開戦の場合、1日あたり250万バレルの供給増加を図る旨の緊急時協調対応計画に合意した。

1.17 〔全般〕湾岸戦争がはじまる　アメリカ軍を主体とする多国籍軍は命名「砂漠の嵐」作戦でイラク軍に攻撃を開始した。18日、イラクがイスラエルにミサイル攻撃したが、イスラエルは報復攻撃を自制し、19日にアメリカが自重を要請してイスラエルに新鋭迎撃ミサイルと実戦部隊を緊急配備した。イラクは20日にもサウジアラビアの首都リヤドにミサイル攻撃し、捕虜にした多国籍軍兵士7人を国営放送で放送した。21日には捕虜を空爆への「人間の盾」として戦略施設に配置することを発表。また、25日にはクウェート沖の石油積み出し基地からペルシャ湾に大量の原油を放出し、アメリカが「環境テロ」と非難。同日、多国籍軍に対しクウェートの亡命政権が135億ドルの追加資金拠出の方針を明らかにし、26日にはドイツ政府もアメリカに55億ドル追加支援することを決定した。30日、OECDの環境相会議がイラクの原油放出に対し非難声明を発表した。

1.18 〔原子力〕大飯原発1号機にひび割れなどの損傷　福井県は、関西電力大飯発電所1号機の蒸気発生器細管368本にひび割れなどの損傷が見つかったと発表した。

1.25 〔資源〕ペルシャ湾に原油流出　アメリカ政府は、イラクがクウェート領内にある石油基地からペルシャ湾に数百万バレルもの原油を故意に放出していることを明らかにし、非難した。原油の帯はサウジアラビア東岸まで拡大していると発表。流出量は一時1100万バレルとも伝えられたが、これは史上最大規模の海洋汚染となる。沿岸では2万羽の野鳥が原油で汚染されたとも伝えられた。アメリカ軍は流出源の油圧制御装置を爆破することで流出を防いだ。

1月 〔再生〕福島県での地熱発電共同開発について合意　東北電力と奥会津地熱は、1986年から共同で地熱調査を行っていた柳津西山地域における共同開発に関して、基本合意した。

1月 〔全般〕IEA、緊急時協調対応計画を採択　国際エネルギー機関(IEA)理事会は、湾岸戦争に対処するため、石油備蓄の取り崩し等 "緊急時協調対応計画" を採択した。

2.9 〔原子力〕美浜原発2号機が事故停止　関西電力美浜発電所2号機が、蒸気発生器の細管破断で、1次冷却水漏れが起き、原子炉が自動停止した。初の非常用炉心冷却装置(ECCS)が作動した。INESレベル2。

2.9 〔原子力〕美浜原発で冷却水漏れ事故　福井県の関西電力美浜発電所2号機で、放射能汚染した1次冷却水が2次冷却水に漏れし、原子炉が自動停止する国際評価尺度「レベル2」の事故発生。加圧型原子炉の蒸気発生器の細管破裂が原因だった。

2.20 〔全般〕アメリカ、国家エネルギー戦略を発表　アメリカのブッシュ大統領は、国家エネルギー戦略を発表した。

2.22 〔全般〕アメリカ、イラクに最後通告　2月21日にイラクのサダム・フセイン大統領が「地上戦を辞さない」と強硬演説を行ったことで、アメリカのジョージ・ブッシュ大統領が23日正午までに撤退開始を要求する事実上の最後通告をした。また、同日にはモスクワでイラクのアジズ外相とソ連のゴルバチョフ大統領が8項目の和平案で基本合意した。22日、ソ連とイラクは和平案を6項目に修正して合意。クウェート各地では油田火災が起こった。

3.20 〔熱〕自動車排ガス規制大幅強化　環境庁が自動車排出ガス規制の大幅強化を決めた。新規制では中小型車（総重量が2.5tまで）で窒素酸化物を現行より33～35％削減、大型車は2～17％削減とし、粒子状物質についても新排出基準を設定する。1993年秋から順次実施。また3月27日には、バスやトラックのディーゼル車種を中心に窒素酸化物などの排出規制を強化する「自動車排出ガス量の許容限度の改正」が告示された。

4.11 〔資源〕イタリア・ジェノバ港沖でタンカー爆発・原油流出　午後0時半ごろ、イタリア北部ジェノバ港沖でキプロス船籍の原油タンカー「ヘイブン」（10万9700t）が爆発・炎上した。乗組員35人のうち5人が死亡または行方不明となった。同船はイラン原油を積んでジェノバ港に寄港、約55万バレルを積みおろしたが、爆発時にはまだ97万バレルが船内に残っていた。同船の船体は2つに割れて沈没寸前だが、この原油が流出すれば地中海史上最悪の海洋汚染事故となる恐れがある。

4.12 〔原子力〕泊原発2号機、営業運転開始　北海道電力泊発電所の2号機（PWR、57万9000kW）が営業運転を開始した。

4.18 〔全般〕日ソ原子力協定締結　原子力の平和的利用への協力に関する日ソ原子力協力協定が締結された。

5.18 〔原子力〕「もんじゅ」が試運転　動力炉・核燃料開発事業団、福井県敦賀市に建設した核燃料サイクル用のFBR（高速増殖炉）実証原型炉「もんじゅ」の試運転を開始。電気出力28万kW。

5.29 〔資源〕産油国・消費国合同会議開催　第1回産油国・消費国合同会議がイスファハーンで開催された。

6.6 〔原子力〕美浜原発の事故原因報告　2月9日に発生した関西電力美浜発電所冷却水漏洩事故の調査特別委員会報告で、振動から細管を守る金具の取り付け不良が原因と結論された。

7.10 〔原子力〕ソ連・ビリビノ原発で放射能汚染水漏出　ソ連・ビリビノ原子力発電所乾式放射性廃棄物処分場への燃料破片収納キャスク輸送時に、プラント敷地内で放射能汚染水が漏出した。作業員の安全規則違反によるもの。INESレベル3。

7.22 〔原子力〕ロシア・スモレンクス原発ででECCSとMSV利用不能　ロシア・スモレンスク原子力発電所2号機（LWGR）で、ECCSとMSV（種安全弁）が利用不能になった。再起動準備中の運転制限条件に違反するもので、INESレベル3。

8.2 〔原子力〕原子力委員会、プルサーマル方式の導入を決定　原子力委員会は、核燃料リサイクル専門部会の報告を了承し、高速増殖炉計画に代えて、軽水炉でプルトニウムを利用する、プルサーマル方式の導入を決定した。

8月 〔再生〕九州滝上地域の地熱開発で協定締結　九州電力と出光地熱開発は滝上地域における地熱開発に関する基本協定を締結した。

8月 〔再生〕世界初の多坑井抽熱循環システム抽熱実験に成功　新エネルギー・産業技術総合開発機構（NEDO）が肘折高温岩体実験場で、世界初の多坑井抽熱循環システムによる90日間抽熱実験に成功した。

9.5 〔原子力〕落雷で3原子炉停止　福井県三方郡美浜町丹生の関西電力美浜発電所1号機、敦賀市明神町の動力炉・核燃料開発事業団の新型転換炉原型炉「ふげん」、日本原子力発電の敦賀1号機の3つの原子炉が落雷のため一時的に停止した。関電湖東変電所間の27万5000Vの送電系統への落雷が原因とみられる。

9.27 〔資源〕北九州市で可燃ガス流出　午後8時ごろ、北九州市小倉北区末広、兼松油商小倉油槽所の貯蔵タンクで、高波で倒壊した防波壁がガスタンクの配管を破り、ブタンガス約34tが流失し、爆発の恐れがあるため付近の住民が避難した。

10月	〔再生〕熊本県の自家用発電所運転開始	熊本県阿蘇にある自家用の岳の湯地熱発電所（廣瀬商事）が運転を開始。出力105kW。
10月	〔全般〕廃棄物処理法を改正	「廃棄物の処理及び清掃に関する法律」を改正した。特別管理廃棄物制度の導入のほか、廃棄物処理施設についての規制強化、廃棄物の不法投棄の罰則強化などが行われた。
11.6	〔資源〕クウェート油井火災鎮火	イラク軍による放火で起こったクウェートの油井火災の消火が完了し、記念式典が行われた。
11.28	〔資源〕名古屋港で重油流出	午後3時5分ごろ、愛知県海部郡弥富町の名古屋港の南約2km、外港第2航路出入り口付近でタンカー第8天山丸（995t）と貨物船名友丸（4737t）が衝突、第8天山丸の燃料タンクに穴が開き、重油約4kℓが流出した。
12.17	〔資源〕欧州エネルギー憲章調印	旧ソ連、東欧を含む欧州諸国、アメリカ、カナダ、オーストラリア及び日本が、ハーグで欧州エネルギー憲章に調印した。旧ソ連・東ヨーロッパ諸国におけるエネルギー分野の市場原理に基づく改革の促進、エネルギー分野における企業活動を全世界的に促進すること等を宣言する。
12.18	〔原子力〕大飯原発3号機、営業運転開始	関西電力大飯発電所3号機（PWR、118万kW）が営業運転を開始した。
12.22	〔資源〕不二製油工場で製油タンク爆発	大阪府泉佐野市不二製油阪南工場で製油タンクが爆発し炎上。作業員8人が死亡した。
12月	〔再生〕中小地熱バイナリー発電システム実証試験開始	新エネルギー・産業技術総合開発機構（NEDO）が、「中小地熱バイナリー発電システム実証試験」を開始した。
この年	〔電力〕燃料電池自動車を製作	ロジャー・ビリングズら、燃料電池自動車を製作。
この年	〔再生〕ウィンドファームが完成	デンマークの沖合に商業用として世界初、かつ洋上では世界初のウィンドファーム（集合型風力発電所）が完成。
この年	〔再生〕京セラ、国内初の系統連系システムを設置	京セラは、北海道北見市に国内初の系統連系システムを設置した。住宅用太陽光発電システムの市場形成の第一歩となった。
この年	〔再生〕森地熱発電所で深部生産井成功	北海道電力森発電所で深部生産井に成功した。
この年	〔再生〕陸上型OWC実験	イギリスのクイーンズ大学ベルファストが、スコットランドのアイラ島で陸上型OWC75kWを実験した。

1992年
（平成4年）

1.9	〔原子力〕動燃東海で硝酸プルトニウム溶液漏洩	動力炉・核燃料開発事業団東海事業所・高レベル放射性物質研究施設で、配管接続部から硝酸プルトニウム溶液が漏えいした。作業員二人が内部被ばく。
1.28	〔再生〕葛根田2号機の地熱開発基本協定締結	東北電力と東北地熱エネルギーは葛根田発電所2号機の地熱開発に関する基本協定を締結し、発電所の建設が本格的に開始した。
2.14	〔原子力〕原子力船「むつ」実験終了	日本原子力研究所は、原子力船「むつ」での実

験終了を宣言した。

3.2 〔資源〕タンカーのダブルハル化を決定　国際海事機関(IMO)第32回海洋環境保護委員会がロンドンで2日から6日まで開催され、タンカーの二重船殻化について決定した。

3.24 〔原子力〕ロシア・レニングラード3号機で圧力管、燃料棒被覆管が破裂　午前2時37分、ロシアのレニングラード原子力発電所の3号機が燃料筒の損傷事故を起こし、放射能が漏出した。この事故で3人が軽度の被曝。冷却水を圧力管に送る調整弁が損傷し、冷却水の供給が減少した結果、圧力管の密閉状態が損なわれ、燃料棒が数本破損したという。この原発の原子炉4基はいずれも1986年に大事故を起こしたチェルノブイリ原発と同じ、100万kW級の黒鉛減速軽水冷却炉で、安全性を疑問視されてきた型。大気への放射能漏れは基準値内に止まり、住民の保護措置などは行われなかった。INESレベル3。

3.27 〔原子力〕六ヶ所村ウラン濃縮工場、本格操業開始　青森県六ヶ所村で、国内初の民間ウラン濃縮工場が本格的に操業を開始した。

4月 〔再生〕電力会社、余剰電力買上げを決定　電力会社、住宅などの太陽光発電設備を既存の配電線に連系し、その余剰電力を買い上げることを決定。

5.6 〔全般〕環境事業団設立　「公害防止事業団法の一部を改正する法律」が公布され、公害防止事業団を環境事業団に改組した。(1992年10月1日施行)。

5.9 〔全般〕気候変動枠組条約採択　気候変動枠組条約(気候変動に関する国際連合枠組条約)についての第5回交渉(2月・4月)を受けて、リオデジャネイロで開催された国際連合環境開発会議(UNCED)で「気候変動枠組条約」が採択された。日本を含む155ヶ国が署名し、1994年に発効。

5.11 〔原子力〕原研東海研究所3号炉自動停止　5月11日午後7時8分ごろ、関東地方を中心に地震が発生、震源は茨城県中部、震源の深さは約50km、マグニチュードは5.5、水戸で震度4、福島で震度3を記録した。この地震の影響で、茨城県那珂郡東海村白方の日本原子力研究所・東海研究所の試験研究用原子炉のうち、平常運転中だった3号炉が自動停止した。

6.19 〔再生〕低公害車排ガス指針提示　環境庁がメタノール車の窒素酸化物の排出量に関する技術指針を提示した。現行のディーゼル車に比べ窒素酸化物の排出量を4割〜7割削減し、メタノール車排ガス特有のホルムアルデヒドも新たな規制物質に盛り込むなどの内容。

6.30 〔全般〕政府、政府開発援助大綱を閣議決定　政府が「環境保全の達成を目指しつつ、地球規模での持続可能な開発が進められるよう努める」ことを謳った「政府開発援助大綱」を閣議決定した。

6月 〔全般〕自動車NO$_x$法の制定　自動車から排出される窒素酸化物の抑制のため、自動車NO$_x$法が制定された。

7.1 〔原子力〕日本原燃設立　日本原燃サービスと日本原燃産業が合併し、日本原燃株式会社が設立される。本社は青森。

7月 〔再生〕イギリス・アイ発電所建設　ファイブロパワー社は、イギリス・サフォーク州アイ発電所を建設、運転を開始した。養鶏所の鶏糞を含む敷き藁を主燃料とする世界初の商業発電所で、発電効率は24％。この成功を受け、1993年にはランカシャー州グランフォードに、1998年にはノーフォーク州セットフォードにプラントが建設された。

8.2 〔原子力〕ピカリング原発1号機で重水漏れ　カナダ・ピカリング原子力発電所1号機(CANDU)熱交換機が重水漏れを起こし、オンタリオ湖に2300兆Bqの放射性トリチウムが流入した。

8月 〔再生〕新地熱開発促進調査開始　新エネルギー・産業技術総合開発機構(NEDO)が、

「新地熱開発促進調査」(調査A、調査B、調査C)を開始した。

9.8 〔原子力〕英セラフィールド再処理施設で、プルトニウム漏洩事故　イギリス・セラフィールド核燃料再処理工場で、配管腐食により、プルトニウム硝酸塩溶液30リットルが、容器から漏れる事故が起きた。INESレベル3。

9.10 〔原子力〕ITER計画理事会が初会合　国際熱核融合実験炉 (ITER) 計画理事会が、ウィーンで初会合を開いた。

9.22 〔資源〕ロシア石油精製工場で爆発事故　9月22日から、ロシアのバシコルトスタン共和国の首都ウファにある石油精製工場で、大規模な爆発事故が続けて発生した。同工場は独立国家共同体 (CIS) 諸国への航空燃料の主要生産施設で、ロシアをはじめCIS全体の航空燃料供給が危機に陥ると伝えられた。この爆発はガス・バルブ弁の欠損が原因で始まり、24日までに9回発生、これで生じた火災と共に工場施設の9割を破壊、今後の操業の見通しが立たなくなった。また、事故で従業員15人が重軽傷を負った。同工場の施設は老朽化が伝えられている。

9.24 〔核〕米、エネルギー水資源法案可決　アメリカ上下院が核実験禁止を盛り込むエネルギー水資源法案を可決した。

9.29 〔原子力〕福島第一原発2号機でポンプ停止事故　東京電力福島第一原子力発電所2号機で、ポンプ停止事故が発生した。ECCSが作動したのはこれで5回目。

9月 〔全般〕世界エネルギー会議開催　世界エネルギー会議 (WEC) がスペイン・マドリードで開催され、経済と環境両立の理念を確認。

10.24 〔全般〕米で国家エネルギー政策法成立　アメリカのブッシュ大統領、1992年包括国家エネルギー政策法案に署名。

11.7 〔原子力〕プルトニウム輸送船が仏から出港　フランスから日本へプルトニウムを持ち帰る輸送船「あかつき丸」がシェルブール港からプルトニウムを積み込んで出港した。8日にはブルターニュ半島北方の公海上で、「あかつき丸」の護衛にあたっていた巡視船「しきしま」と環境保護団体グリーンピースの船「ソロ」が接触し、国際問題に発展した。

11.25 〔資源〕OPEC第92回総会開催　石油輸出国機構 (OPEC) 第92回総会がウィーンで25日から27日まで開催され、1993年第1四半期の生産水準や国別割当の他、エクアドルの加盟資格一時停止で合意した。

11.25 〔全般〕産業構造審議会、総合エ調査会等合同会議　第4回産業構造審議会、総合エネルギー調査会、産業技術審議会エネルギー環境特別部会の合同会議が開催され、「今後のエネルギー環境対策のあり方について」の報告書を取りまとめた。

12.30 〔原子力〕ソ連、極東海域に放射性廃棄物海洋投棄　ロシア政府調査委員会は、旧ソ連時代にソ連が液体放射性廃棄物を、日本海・太平洋を含む極東海域に流していたことを明らかにした。

この年 〔再生〕リンペットを開発　アラン・ウェルズとウエーブゲン社、海岸固定式波力発電装置(リンペット)を開発。

この年 〔再生〕三洋電機、「逆潮流」太陽光発電システムを設置　三洋電機、日本で初めて逆潮流ありの太陽光発電システムを個人住宅に設置、実用を開始した。

この年 〔再生〕太陽光発電フィールドテスト事業開始　新エネルギー・産業技術総合開発機構 (NEDO) が、総設備費3分の2を国が負担する形で公共施設を対象に太陽光発電フィールドテスト事業を開始した。

1993年
(平成5年)

1.5	〔原子力〕プルトニウム荷揚げ	プルトニウム輸送船「あかつき丸」が、茨城県東海村の東海港に入港し、プルトニウムを荷揚げした。
1.5	〔資源〕イギリス沖でタンカー坐礁による原油流出	イギリス北部のシェトランド諸島沖でリベリア籍のタンカー、ブレア号が座礁、積荷の原油が流出する事故が発生した。
1.21	〔資源〕スマトラ沖でタンカー衝突による原油流出	スマトラ島北部の沖合で、シンガポール船籍のタンカー、マースク・ナビゲーター号が、サンコー・オナー号と衝突して炎上、原油が流出した。
1.22	〔全般〕自動車排出ガス総量削減方針策定	環境庁が「自動車NO_X法」指定地域6都府県での窒素酸化物排出量の削減目標と対策についての「総量削減基本方針」を策定した。鉄道・海運輸送など物流システムの改善、環状道路やバイパスなどの整備、自動車排出ガス規制や車種規制、低公害車の普及促進など8項目からなり、2000年度までの環境基準達成を目指す。1月26日、政府が「自動車NO_X法」に基づき「自動車排出窒素酸化物の総量の削減に関する基本方針」を閣議決定した。
2.2	〔原子力〕ロシア・コレ原発1、2号機で外部電源喪失	ロシア・コレ原子力発電所1、2号機(PWR)で、竜巻による送電線網の乱れから、外部電源が喪失するというトラブルが起きた。INESレベル3。
2.2	〔原子力〕大飯原発4号機、営業運転開始	関西電力大飯発電所4号機(PWR、118万kW)が営業運転を開始した。
2.4	〔再生〕鏡で太陽光線を届ける実験に成功	宇宙から巨大な鏡で太陽光線を反射させ、夜の地上を照らす宇宙反射鏡実験に、ロシア飛行管制センターが成功した。高度400kmの軌道上で無人宇宙貨物船「プログレス」が直径20mの鏡を傘状に展開し、地球の夜の部分に反射させた。将来は冬季に太陽の照らないロシアの広大な北極地帯に、光とエネルギーをもたらす計画である。
2.13	〔核〕北朝鮮がIAEA査察受け入れ拒否	北朝鮮が、国際原子力機関(IAEA)の核特別査察の申し入れに反対を表明した。
2.18	〔再生〕太陽発電衛星の基礎実験	将来の太陽発電衛星開発の基礎実験となる、宇宙空間でのマイクロ波伝送実験に文部省宇宙科学研究所(ISAS)などが成功した。小型ロケットS-520型16号を用い、軌道上で2つに分かれたロケット間で約4分間マイクロ波を送り、送電機能を確認した。
2.18	〔資源〕アメリカ、エネルギー税を構想	アメリカのクリントン大統領が、BTUを単位としたエネルギー税の導入構想、戦略石油備蓄の購入基金圧縮構想等を発表した。
2.25	〔原子力〕フィンランド・ロビーサ原発2号機で、給水配管破損	フィンランド・ロビーサ原子力発電所2号機(PWR)で、腐食により給水配管が破損し、原子炉を手動停止した。INESレベル2。
2.25	〔核〕IAEA、北朝鮮に対する特別査察要求決議採択	国際原子力機関(IAEA)理事会は、北朝鮮に対して1ヶ月以内に未申告の2施設の特別査察受入れを要求する決議を採択した。北朝鮮は、これに拒否声明を発表。

3.12	〔核〕北朝鮮、NPTを脱退	北朝鮮が核拡散防止条約（NPT）脱退を決定し、国際連合に通告した。

3.31　〔原子力〕インド・ナローラ原発1号機で、タービン建屋火災　インド・ナローラ原子力発電所1号機（PHWR）で、タービン建屋の火災による所内停電が発生し、原子炉を手動停止した。炉心の崩壊熱は、一次熱移送系循環ポンプ、自然循環によって除去された。INESレベル3。

3.31　〔全般〕エネルギー需給構造関係法律の整備　エネルギー需給構造高度化のための関係法律の整備に関する法律を公布（省エネルギー法、代替エネルギー法、石油特別会計法の改正）。同日、エネルギー等の使用の合理化及び再生資源の利用に関する事業活動の促進に関する臨時措置法を公布。

3月　〔全般〕OECDが環境税導入を勧告　経済協力開発機構（OECD）が環境政策と税制のあり方に関する報告書を発表した。地球温暖化防止対策として炭素税が有効であるなど、加盟各国に対して環境税を段階的に導入するよう勧告する内容。

4.1　〔核〕IAEA、北朝鮮の保障措置協定違反を安保理に報告　国際原子力機関（IAEA）特別理事会が、北朝鮮の査察受け入れ拒否は保障措置協定違反として、国際連合安全保障理事会に報告することを決議した。

4.5　〔原子力〕カザフスタンで放射性廃棄物放置が発覚　カザフスタンで、高レベル廃棄物800万tを含む、計2億3000万tの放射性廃棄物が、指定廃棄場所以外に放置されていたことが発覚した。

4.6　〔原子力〕シベリア・トムスク7の再処理施設で爆発事故発生　4月6日早朝、ロシア・シベリアのトムスク市から100kmの閉鎖都市「トムスク7」の放射性化学工場「シベリア化学コンビナート」で、ウラン廃液の貯蔵容器が爆発、工場の屋根が吹き飛んで、廃液が飛散した。火災は間もなく鎮火したが、工場周辺2万m²が放射能で汚染された。INESレベル3。施設外に放出された放射能はベータ・ガンマ放射能で40Ci、プルトニウムで1Ciと推定された。作業員など計86人が被曝。同国政府は、彼らの健康への影響はないとしている。この工場は旧ソ連の軍事工場で、原子力発電で使用済みの核燃料を軍事用に再生していた秘密工場だった。

4.6　〔資源〕シェブロン、カザフと合弁契約締結　シェブロンが、カザフスタン共和国とテンギス、コロレフ両油田開発の合弁契約を締結し、テンギス・シェブルオイルを設立した。

4.18　〔原子力〕珠洲市で原発推進派の現職市長が3選　石川県珠洲市の市長選挙で、原発推進派の現職市長が、原発反対派の新人候補を破って3選。しかし同市選挙の不手際により選挙確定が大幅に遅れ、裁判に発展することになった。

4月　〔再生〕系統連系技術要件ガイドラインが改正　86年に成立していた通商産業省策定の系統連系技術要件ガイドラインが改正される。逆潮流の要件を定められ、系統連系システムが本格的に運用できるようになった。

4月　〔再生〕深部地熱資源調査・採取技術開発プロジェクト開始　新エネルギー・産業技術総合開発機構（NEDO）が、深部地熱資源調査・採取技術開発プロジェクトを開始した。

5.11　〔核〕安保理、北朝鮮のNPT脱退に再考を促す　国際連合安全保障理事会が、北朝鮮に核査察受け入れと核拡散防止条約（NPT）からの脱退を再考を要請する決議を採択した。

5月　〔原子力〕第1回日米欧3極電力首脳会議を開催　第1回日米欧3極電力首脳会議が開催され、原子力利用推進の方針を確認。

5月　〔再生〕地熱開発促進のためのルール整備　地熱開発促進のため3ルールを整備した。1.蒸気購入価格に関する基本的な考え方（電気事業連合会）、2.地熱発電開発協調原則

(NEF)、3.地熱貯留層評価ガイドライン(NEDO)。

6.14 〔資源〕サウジアラビア、石油会社2社を統合　サウジアラビアは、サウジ・アラムコとサマレクの両社の統合を決定した。7月にはペトロミンの統合も決定した。

7.19 〔核〕北朝鮮がIAEA査察受け入れ　北朝鮮とアメリカの高官が、北朝鮮の核問題についてジュネーヴで会談。北朝鮮と国際原子力機関(IAEA)との協議の早期開催や、アメリカの軽水炉転換への支援などで合意。8月3日IAEA査察団3人が北朝鮮入り。18日北朝鮮が核査察交渉を提案。

7.30 〔原子力〕志賀原発1号機、営業運転開始　北陸電力志賀原子力発電所1号機(BWR、54万kW)が営業運転を開始した。

8.11 〔原子力〕柏崎刈羽原発3号機、営業運転開始　東京電力柏崎刈羽原子力発電所3号機(BWR、110万kW)が営業運転を開始した。

9.3 〔原子力〕浜岡4号機、営業運転開始　中部電力浜岡原子力発電所4号機(BWR、113万7000kW)が営業運転を開始した。

10.7 〔原子力〕ロシア高速増殖炉BNI600でナトリウム漏れ　ロシアの高速増殖炉BNI600で、ナトリウム漏れ事故が発生した。

10.16 〔原子力〕ロシア、放射性廃棄物を海洋投棄　グリーンピースがナホトカ沖合で発見した航行中のロシア海軍の放射性廃棄物海洋投棄船が、ウラジオストクの南東200kmの日本海で液体放射性廃棄物を投棄していたことが判明した。

10.21 〔原子力〕ロシア、放射性廃棄物の海洋投棄を中止　ロシアは、日本海での2回目の放射性廃棄物投棄の予定を中止すると発表した。

10.24 〔資源〕アゼルバイジャン、カスピ海沖油田開発契約締結　アゼルバイジャン共和国は8社のコンソーシアムと、カスピ海沖合油田の開発契約を締結した。

10月 〔再生〕大霧発電所の建設認可　九州電力大霧発電所の建設予定地が自然公園普通地域内であるが、風景の保護上支障がないことから建設が認められた。

11.2 〔原子力〕原子力委員会、低レベル放射性廃棄物海洋投棄中止を決定　原子力委員会が、低レベル放射性廃棄物の処分について海洋投棄と陸上処分の両方を計画してきた従来政策を転換し、今後は海洋投棄を行わないことを決定した。11月8日のロンドン・ダンピング条約締約国会議では「低レベル放射性廃棄物海洋投棄の全面禁止」に賛成を表明した。また同会議では、1996年から産業廃棄物の海洋投棄を全面禁止する改正案が採択された。

11.8 〔原子力〕ロンドン条約締結国際会議を開催　第16回ロンドン条約締結国際会議をロンドンで8日から12日まで開催。12日、低レベル放射性廃棄物を含む放射性廃棄物の海洋投棄の全面禁止を決定。

11.11 〔再生〕ホンダ、ソーラーカー・レースで優勝　オーストラリア大陸を縦断するソーラーカー・レース「第3回ワールド・ソーラー・チャレンジ」で、ホンダの「ドリーム」が平均時速84.56kmで優勝した。

11.18 〔原子力〕六ヶ所村ウラン濃縮工場初出荷　六ヶ所村ウラン濃縮工場から、濃縮六フッ化ウランが初出荷された。

11.19 〔全般〕環境基本法の公布　12日に成立した環境基本法及び環境基本法の施行に伴う関係法律の整備等に関する法律が公布、施行された。日本の環境政策の根幹を定める基本法となる。これに伴い公害対策基本法は廃止された。

11.29 〔再生〕フィリピン・地熱発電所でヒ素中毒　フィリピン・ミンダナオ島のアポ山(標

高2954m）周辺で、開発中の地熱発電所から出るヒ素を含んだ排水が川を汚染、住民に中毒症状が広がっていることが明らかになった。皮膚が黒ずむヒ素中毒特有の症状が起き、村によっては人口の約2割が発病したり、乳幼児約20人が死亡した。アポ山の中腹にある地熱発電所付近を水源とするマティンガオ、マルボル両川で調査を行い、下流の合流地点などで最高2ppm（WHOの子供向け飲料水質基準の20倍）のヒ素を検出した。

12.17　〔原子力〕美浜原発で蒸気発生機交換作業　関西電力美浜発電所2号機の蒸気発生機の交換作業が開始された。

12.27　〔原子力〕動燃東海・分離精錬工場で放射性物質が飛散　動力炉・核燃料開発事業団東海・分離精錬工場で、フィルター交換作業中に放射性物質が飛散し、作業員4名が被曝した。INESレベル2。

この年　〔再生〕インドでケーソン式を設置　インド・トリヴァンドラムに、ケーソン式OWC・150kWを設置した。

この年　〔再生〕「ニューサンシャイン計画」開始　太陽光発電などの実用化の促進するとともに、持続可能な成長エネルギー問題の解決を目指す「ニューサンシャイン計画」が始まった。地球環境問題の観点から、今までの「サンシャイン計画」が見直された。

この年　〔再生〕バイオマスガス化複合発電の実証プラント建設　スウェーデンのバルナモにバイオマスガス化複合発電CHPの実証プラントが建設され、1999年に運転を終了した。

この年　〔再生〕ロータリーベーンポンプ発明　渡部富治らが、ロータリーベーンポンプ及び振り子ロータリーベーンポンプ一体型システムを発明した。従来のシリンダーに替わるロータリーベーンポンプはすぐれた耐久性を持つ。

この年　〔再生〕京セラ、住宅用太陽光発電システムを販売　京セラが、日本で初めての住宅用の太陽光発電システムの販売を開始した。

1994年
（平成6年）

1.1　〔資源〕NAFTA発効　アメリカ、カナダ、メキシコの3ヶ国が1992年に合意した自由貿易協定、北米自由貿易協定（NAFTA）が発効した。

1.17　〔原子力〕英再処理工場ソープ、操業開始　イギリス・英国核燃料公社（BNFL）のソープ再処理工場が操業を開始した。

1.25　〔電力〕電気自動車研究会発足　低公害車の普及などを多角度から検討する「電気自動車研究会」が東京で発足した。

1.27　〔原子力〕福島第一原発に、日本初の乾式貯蔵が採用　東京電力は、福島第一原子力発電所に、わが国初の乾式貯蔵の採用を決めた。2月3日に、原子力安全委員会が認可した。

1.31　〔原子力〕女川原発差し止め請求を棄却　仙台地裁は、東北電力女川原子力発電所の差し止め請求を棄却する判決を下した。

2.1　〔原子力〕中国・広東大亜湾1号機、営業運転開始　中国・広東大亜湾原子力発電所1号機（PWR、98.4万kW）が営業運転を開始した。

1994年（平成6年）

2.7 〔原子力〕アメリカ、新型炉の開発中止　アメリカが、プルトニウム利用の新型炉の開発を中止した。

2.8 〔原子力〕六ヶ所村ウラン濃縮工場運転停止　日本原燃は、青森県六ヶ所村のウラン濃縮工場が制御系統の部品の故障等により運転を停止したと発表した。

2.9 〔原子力〕海洋汚染等の法令公布　ロンドン条約・マルポール条約の付属書の改正に伴い、「海洋汚染及び海上災害の防止に関する法律施行令」及び「廃棄物の処理及び清掃に関する法律施行令の一部を改正する政令」が公布された。

2.15 〔核〕核査察で合意　国際原子力機関（IAEA）と北朝鮮が核査察問題をめぐる協議で合意に達した。

3.4 〔再生〕上の岱発電所運転開始　東北電力上の岱地熱発電所（秋田地熱エネルギーが蒸気供給）が運転を開始。東北で5番目、全国で12番目に完成。出力2万7500kW。シングルフラッシュ発電方式。

3.16 〔原子力〕米で原子力エネルギー協会が発足　アメリカで原子力エネルギー協会（NEI）が発足した。企業、大学、研究所などからなる原子力発電・原子力技術産業に関する政策機構で、関連法制政策の立案・制度の実現を目指す。

3.18 〔原子力〕玄海3号機が営業運転を開始　九州電力玄海原子力発電所3号機（PWR、118万kW）が営業運転を開始した。

3.21 〔全般〕気候変動枠組条約が発効　地球温暖化を防止するための「気候変動枠組条約」が世界と日本で同時発効した。締約国は温室効果ガスの排出・吸収に関する現状と将来予測、温暖化防止の国家計画などを6ヶ月以内に策定する。

3.31 〔原子力〕英ドーンレイ高速増殖原子炉運転打ち切り　イギリス・ドーンレイ高速増殖原子炉の運転が打ち切られた。イギリスは高速炉開発から完全撤退した。

3.31 〔原子力〕仏・高速実験炉ラプソディーで爆発事故　解体中のフランス・高速実験炉ラプソディーで、ナトリウムタンクの爆発事故が発生した。1名が死亡、4名が重軽傷を負った。

3月 〔電力〕関西国際空港エネルギーセンターが竣工　コージェネレーション型発電設備（出力4万kW）を備えた関西電力の関西国際空港エネルギーセンターが竣工。

4.1 〔原子力〕中国・秦山1号、営業運転開始　中国・秦山原子力発電所1号（自主開発PWR、30万kW）が営業運転を開始した。

4.5 〔原子力〕高速増殖炉「もんじゅ」が初臨界　福井県敦賀市に建設された動力炉・核燃料開発事業団高速増殖炉もんじゅが初臨界に達した。同年、アメリカは同種の原子炉開発を中止。

4.26 〔原子力〕トップクォークを確認　日米伊の共同研究チームは、1992年8月から1993年6月までのフェルミ国立加速器研究所での実験データを解析して、物質の基本粒子である6種のクォークのうち、唯一未確認だったトップクォークの生成に成功していたと発表、翌3月正式に確認。小林・益川理論で予測されていた6種のクォークのうち、質量が最も大きかったため、生成には超高性能加速器が必要とされていた。

4月 〔再生〕住宅用太陽光発電システムモニター事業開始　新エネルギー財団（NEF）が、個人住宅を対象にした補助事業「住宅用太陽光発電システムモニター事業」を開始。

4月 〔核〕北朝鮮核開発疑惑への制裁議論高まる　国際原子力機関（IAEA）の朝鮮民主主義人民共和国（北朝鮮）への核査察が不可能になったことで、北朝鮮への制裁議論が高まった。日本政府は中国との連携だけでなく、日米、日韓の各国間、アジアの関係各国との連携を決定。6月に入り安保制裁が一段と強まり、日米韓3国が実務者協議を開き制裁を含め共同歩

調体制をとることを確認。同15日、マデレーン・オルブライト国連大使が5項目の制裁を盛り込んだ安保理決議草案を日韓両国と常任理4ヶ国に提示した。

6.13 〔核〕北朝鮮がIAEA脱退　北朝鮮が国際原子力機関(IAEA)を脱退した。

6.17 〔全般〕原子力安全条約が成立　国際原子力機関(IAEA)にて原子力安全条約が成立した。

7.2 〔原子力〕中国・広東大亜湾原発で冷却水漏れ事故　中国・広東大亜湾原子力発電所(PWR)で冷却水漏れ事故が発生、運転が停止した。

7.4 〔資源〕ナイジェリアで石油労働者スト　ナイジェリアで石油労働者がストに突入、9月4日まで継続した。

7.8 〔全般〕瀬戸内海環境保全特別措置法施行　「瀬戸内海環境保全特別措置法施行令の一部を改正する政令」が公布、施行された。窒素を削減指導物質に追加指定する。

8.1 〔全般〕二酸化炭素削減達成が困難に　環境庁が2000年度の二酸化炭素(CO_2)排出総量を試算した国際連合への報告書素案を発表した。地球温暖化防止条約の「CO_2公約」3億2000万tを上回り、削減目標達成が困難に。

8.4 〔原子力〕仏高速増殖炉スーパーフェニックス運転再開　事故のため1990年7月から運転を停止していたフランスの高速増殖炉スーパーフェニックスが長寿命放射性廃棄物を燃焼させる研究炉として運転を再開した。11月15日にアルゴンガス漏れで、12月26日に蒸気漏れで、運転停止した。

8.11 〔原子力〕柏崎刈羽原発4号機、営業運転開始　東京電力柏崎刈羽原子力発電所4号機(BWR、110万kW)が営業運転を開始した。

8.25 〔原子力〕志賀原発差止めならず　石川県の北陸電力志賀原子力発電所1号機の運転差し止めを求めた民事訴訟で、金沢地裁は原告の周辺住民や各地の原発反対派の市民らの請求を棄却した。

8.26 〔原子力〕志賀原発がポンプのトラブルで運転停止　北陸電力志賀原発で、再循環ポンプにトラブルが起こり、運転を停止する事故が起きた。前日に運転差し止め訴訟が棄却されたばかりだった。

8.31 〔原子力〕インドネシアの原子力研究施設で爆発事故　インドネシアの原子力研究施設で爆発事故が起こった。

8月 〔熱〕NO_X吸蔵還元型三元触媒を開発　トヨタ自動車、NO_X吸蔵還元型三元触媒を搭載したカリーナを発売。

9.13 〔全般〕石油代替エネルギーの供給目標を閣議決定　第24回エネルギー対策推進閣僚会議を開催。長期エネルギー需給見通し、石油代替エネルギーの供給目標及び新エネルギー導入大綱の策定等を了承。また、石油代替エネルギーの供給目標を閣議決定、気候変動枠組条約に基づく国別報告書を地球環境保全に関する関係閣僚会議にて決定。

9.20 〔原子力〕IAEA、原子力安全条約締結　国際原子力機関(IAEA)で、原子力の安全に関する条約「原子力安全条約」を締結した。1996年10月24日発効。

10月 〔再生〕小国地域における地熱開発基本協定締結　九州電力と電源開発は小国地域における地熱開発に関する基本協定を締結した。

11.10 〔全般〕イラク、クウェートの主権を承認　イラク国会が、クウェートの主権と国境を承認すると宣言した。

- 249 -

12.15	〔原子力〕伊方3号機、営業運転開始	四国電力伊方発電所3号機（PWR、89万kW）が営業運転を開始した。
12.16	〔資源〕EU炭素税案廃案	欧州連合（EU）は1992年の炭素税法案を廃案とし、各国の自主性にゆだねる方針とした。
12.16	〔全般〕新エネルギー導入大綱を決定	第25回エネルギー対策推進閣僚会議を開催。新エネルギー導入大綱を決定したほか、環境基本計画を閣議決定した。
12.28	〔資源〕米、新油濁法施行	アメリカで、新油濁法が施行された。
12月	〔電力〕50万V長距離地中送電CVケーブルを実用化	東京電力他7社、世界で初めて50万V長距離地中送電CVケーブルの実証試験に成功。

1995年
（平成7年）

1.5	〔原子力〕柏崎刈羽原発が落雷で自動停止	柏崎の東京電力柏崎刈羽原子力発電所で送電線に落雷したため、原子炉の4号機が自動停止した。
1.30	〔核〕アメリカ、核実験停止期間を延長	アメリカ合衆国が、包括的核実験禁止条約（CTBT）が発効するまで核実験停止期間を延長することを表明した。
1月	〔再生〕NEDO、中小地熱バイナリー発電プラント発電試験開始	新エネルギー・産業技術総合開発機構（NEDO）が、100kWの「中小地熱バイナリー発電プラントの発電試験」を開始した。
2.8	〔原子力〕TNT27の放射性廃棄物が飛散	ロシアのパブロフスク湾に停止していたロシア太平洋艦隊のタンカーTNT27の放射性廃棄物が凍結して膨張、中の放射性廃棄物が飛び散る事故が起こった。
2.12	〔原子力〕「もんじゅ」で意見交換会	大阪で、福井県敦賀の高速増殖炉「もんじゅ」に関する田中真紀子科学技術庁長官と反対派の市民グループとの初の意見交換会が開かれた。
2.20	〔原子力〕日本初の高レベル放射性廃棄物のガラス固化体が公開	動力炉・核燃料開発事業団は、日本初の高レベル放射性廃棄物のガラス固化体を公開した。
2.23	〔原子力〕パシフィック・ピンテール号、放射性廃棄物を輸送	再処理により生じた高レベル放射性廃棄物（ガラス固化体）を載せた輸送船パシフィック・ピンテール号が、シェルブール港を日本に向けて出港した。
2.25	〔原子力〕大飯原発で冷却水もれ	福井県の関西電力大飯発電所で、電源の入れ忘れから放射能を含む一次冷却水の水蒸気が漏れる事故が発生した。
3.1	〔再生〕山川発電所、運転開始	九州電力山川発電所（2005年まで九州地熱が蒸気供給）が営業運転を開始した。出力3万kW、シングルフラッシュ発電方式。九州では3番目に完成した。運転状況の監視は、約80km離れた川内発電所が運用している。
3.2	〔再生〕八幡平澄川発電所、運転開始	東北電力澄川地熱発電所（三菱マテリアルが蒸気供給）が運転開始。東北で6番目、全国では14番目に完成。5万kW。シングルフラッシュ発電方式。世界で初めて蒸気タービン第1段ノズルに水冷却方式を採用した。

3.2	〔核〕グリーンピース、ロシアが保有する核弾頭数を発表	環境保護団体グリーンピースは、2万3200個の核弾頭がロシア国内に存在するという調査結果を発表した。
3.9	〔原子力〕朝鮮半島エネルギー開発機構設立	日米韓、北朝鮮への軽水炉転換支援のため、「朝鮮半島エネルギー開発機構」(KEDO) を設立した。
3.16	〔原子力〕チリ政府、パシフィック・ピンテール号の通過を禁止	チリ政府は、高レベル放射性廃棄物を積載して日本に向かっていたパシフィック・ピンテール号の沖合200海里内の通過を禁止した。
3月	〔全般〕気候変動枠組条約第1回締結国会議開催	気候変動枠組条約の発効を受け、気候変動枠組条約第1回締結国会議を開催。2000年以降の先進国の排出目標、政策措置の検討開始などに関して合意。
4.25	〔原子力〕青森県知事、パシフィック・ピンテール号の入港を拒否	高レベル放射性廃棄物が積み荷の輸送船パシフィック・ピンテール号の青森のむつ小川原港への入港を、青森県知事が拒否。科学技術庁は「最終処分地を知事の了承なしで青森県にしないという確約する」という文書を提出した。
4.26	〔原子力〕高レベル放射性廃棄物貯蔵管理センター操業開始	日本原燃高レベル放射性廃棄物貯蔵管理センターが操業を開始した。
4月	〔全般〕改正電気事業法が成立	日本で改正電気事業法が成立。12月、施行。主な内容は発電部門への新規参入、料金制度の改善、自己責任の明確化による保安規制の合理化など。
5.1	〔核〕アメリカ、イランの原子炉建設に協力中止を要請	アメリカ合衆国クリストファー国務長官は、イランの原子炉建設への協力をやめるようロシアと中国に呼びかけると同時に、日本、フランス、カナダなどに対してイランとの経済的な関係を見直すよう要請。
5.8	〔原子力〕「もんじゅ」原子炉再起動	敦賀の高速増殖炉「もんじゅ」の原子炉が再起動された。
5.10	〔原子力〕原子力船「むつ」船体切断	110日間航海しただけで役割を終えた原子力船「むつ」から原子炉を取り外すための船体切断作業が開始された。
5.15	〔核〕中国、7ヶ月ぶりの地下核実験	中国が新疆ウイグル自治区で7ヶ月ぶりに地下核実験を行ったことが明らかにされた。これに対し22日に日本政府は、対中無償資金協力を圧縮する意向を発表。24日には中国外務省の沈報道官が今年度の対中無償援助の削減に遺憾の意を表明した。
5.25	〔再生〕柳津西山発電所、運転開始	東北電力柳津西山地熱発電所 (奥会津地熱が蒸気供給) が運転を開始した。東北で7番目、全国で15番目に完成。出力は日本最大の6万5000kW。シングルフラッシュ発電方式。
6.7	〔原子力〕ロシア原潜、大陸間弾道ミサイルを発射	バレンツ海海上のロシア海軍原子力潜水艦から大陸間弾道ミサイルが発射され、20分で7500km離れたカムチャツカ半島まで到達した。
6.8	〔原子力〕墜落自衛隊ヘリに放射性同位元素	6日に相模湾に墜落した海上自衛隊のヘリコプターに微量の放射性同位元素「ストロンチウム90」を含む部品7個が搭載されていたことが判明、6つは回収されないままだった。
6.13	〔原子力〕米朝、軽水炉転換事業で共同声明を発表	アメリカと北朝鮮が、クアラルンプールのアメリカ大使館で、軽水炉転換事業の道筋を示す共同声明を発表する。北朝鮮が「韓国型」を受入れる代りにアメリカ主導で軽水炉事業を進めるというもの。
6.13	〔核〕仏の核実験再開声明で抗議行動	ジャック・シラク大統領は9月から1996年5月ま

での間に南太平洋で核実験を再開するとの声明を発表。アメリカ、オーストラリア、ニュージーランドなどで抗議行動が広がったほか、村山首相は19日の日仏首脳会談で中止を申し入れた。また、7月にブルネイで開かれたASEAN外相会議は、フランス、中国の核実験再開への遺憾の意を表明して閉幕した。

6.22 〔原子力〕原子力船「むつ」原子炉取り外し　原子力船「むつ」の原子炉が取り外された。

6.26 〔原子力〕巻原発で住民投票条例案　新潟県巻町の6月定例町議会で、東北電力の原子力発電所を巻町に建設することに対する是非を問う住民投票条例案が賛成多数で可決された。

7.10 〔核〕核実験抗議のグリーンピース船がフランスに拿捕される　国際環境保護団体「グリーンピース」のフランス核実験再開に対する抗議船「MVグリーンピース」のヘリコプター1機が、フランスが核実験を行っているムルロア環礁で立ち入り禁止区域に突入した。フランス軍特殊部隊は、同船と抗議船「虹の戦士2」を拿捕し、乗組員や報道関係者など50人を拘束。

7.11 〔原子力〕電事連、青森県大間町の新型転換炉実証炉建設計画から撤退　電気事業連合会は、青森県大間町の新型転換炉実証炉の建設計画から撤退することを正式に発表した。

7.12 〔原子力〕柏崎刈羽原発が油漏れで運転停止　東京電力柏崎刈羽原子力発電所5号機が、定期検査の調整運転中にタービンバイパス弁の制御装置から油漏れを起こし、手動で運転を停止させた。

7.28 〔原子力〕女川原発2号機、営業運転開始　東北電力女川原子力発電所2号機（BWR、82万5000kW）が営業運転を開始した。

8.17 〔核〕すべての核実験の中止を　南太平洋環境閣僚会議が、すべての核実験の中止を求める宣言を採択した。

8.17 〔核〕中国の地下核実験に、日本で抗議運動　中国が新疆ウィグル地区のロプノール核実験場で地下核実験を行ったことを発表、19日には日本国内でこれに対する抗議運動が起こった。

8.23 〔原子力〕「もんじゅ」臨界に　動力炉・核燃料開発事業団の高速増殖炉「もんじゅ」が臨界に達した。

8.25 〔原子力〕新型転換炉の実証炉建設中止　原子力委員会は、青森県大間町に建設予定だった新型転換炉の実証炉の建設の中止を決定した。

8.29 〔原子力〕「もんじゅ」初送電　動力炉・核燃料開発事業団の高速増殖炉「もんじゅ」初の発送電を約1時間、フル出力の約5%の1.4万kWで実施した。

9.5 〔核〕フランス、ムルロア環礁で核実験　フランスのジャック・シラク大統領は核抑止力の必要性を強調し、国際世論を無視してムルロア環礁での核実験を強行。ムルロア環礁で4年ぶり通算205回目の核実験を行った。フランス政府は20kt以下と発表する。6日、ニュージーランドとチリは駐フランス大使を召還を決定してこれに抗議した。ニュージーランドが国際司法裁判所に核実験差し止めを請求し、ニューギニアで開催された南太平洋諸国会議（SPF）首脳会議では「最大の怒り」と表現されるなど、非難が相次いだ。フランスは10月と11月にも3回の実験を続けた。

9.12 〔原子力〕原子力安全委員会、バックエンド対策専門部会を設置　原子力安全委員会は、原子力バックエンド対策専門部会を設置した。

9月 〔原子力〕バーゼル条約改正で、有害廃棄物が輸出禁止に　第3回バーゼル条約締約国会議がジュネーヴで開催された。条約改正と新附属書追加が行われ、経済協力開発機構

- 252 -

(OECD)加盟国から非加盟国への最終処分目的の有害廃棄物輸出が禁止された。

10.2 〔核〕フランス、ファンガタウファ環礁で核実験　フランスが南太平洋のムルロア環礁の南隣のファンガタウファ環礁で再開決定後2回目の核実験を実施した。規模は第1回実験の5倍。

10.3 〔原子力〕巻原発建設の住民投票は先送り　新潟県巻町の東北電力巻原発建設の是非を問う住民投票条例に対する改正案に関して、同町議会が可否同数となり、議長採決で可決。15日が期限だった住民投票の実施は先送りとなった。

10.3 〔原子力〕高レベル放射性廃棄物の貯蔵作業　青森県六ヶ所村の核燃料サイクル基地で高レベル放射性廃棄物の貯蔵作業が開始された。

10.23 〔原子力〕スーパーフェニックスで蒸気漏れ　リヨン郊外にある高速増殖炉「スーパーフェニックス」で、蒸気発生器の亀裂部分から蒸気漏れが発見され、運転中止した。

10.27 〔核〕フランス、ムルロア環礁で3回目の核実験　フランスが、ムルロア環礁で3回目の核実験を行った。規模は60kt以下と推定された。

10.31 〔核〕国連に核実験即時停止決議案を提出　日本などのアジア・太平洋諸国を中心とする26ヶ国が、あらゆる核実験の即時停止を求める決議案を国際連合に共同提出した。11月16日、国際連合総会第1委員会でこの案が採択されたが、フランスは国際連合の停止決議を無視して21日、ムルロア環礁での第4回地下核実験を強行した。12月12日、国際連合総会でもこの決議案が採択された。

10月 〔全般〕世界エネルギー会議開催　世界エネルギー会議(WEC)が東京で開催され、エネルギーの持続的供給を可能とする諸提言を採択。

11.7 〔核〕核兵器の違法性をめぐりICJで審理　オランダ・ハーグの国際司法裁判所(ICJ)で核兵器は国際法上、違法として問うことが出来るか審理が行われ、被爆地である広島、長崎の市長が証人として証言した。両市長は核兵器の使用とその威嚇は違法との見解を主張し、河村武平和軍備管理・科学審議官は従来の政府見解を述べ、違法性については言及しなかった。その後、野坂浩賢官房長官が記者会見で政府見解と異なる国際法違反との見解を示し波紋を呼んだ。

11.13 〔核〕核不拡散国際会議、日本のプルトニウム利用に懸念を表明　プルトニウムの原発への利用しようとする日本の政策について、各国の関係者が意見を交換する「核不拡散国際会議」を、動力炉・核燃料開発事業団が東京で開催。アメリカなど各国は日本の政策について懸念を表明した。

11.16 〔核〕核実験即時停止決議案が採択される　国際連合総会の第1委員会で、日本などが提案している核実験即時停止決議案が採択された。日本など95ヶ国が賛成、フランスなど12ヶ国が反対し、アメリカなど45ヶ国が棄権した。

11.21 〔原子力〕天津電線工場で二名被曝　中国・天津電線工場で、二人の作業員が作業中、高周波高電圧電子加速器により被曝、皮膚にやけどを負った。INESレベル3。

11.21 〔核〕フランス、ムルロア環礁で4回目の核実験　フランスはムルロア環礁で4回目の核実験を実施。今回の規模は広島型原爆とほぼ同じ15kt程度と推定された。

11.27 〔原子力〕チェルノブイリ原発1号機で原子炉建屋内の放射能汚染　ウクライナ・チェルノブイリ原子力発電所1号機(LWGR)で、燃料集合体の損傷により、原子炉建屋内が放射能汚染された。INESレベル3「重大な異常事象」とされた。

11.28 〔資源〕アメリカ、アラスカ原油輸出解禁へ　アメリカのビル・クリントン大統領が、アラスカ原油輸出解禁法案に署名し、同法が成立した。1996年5月以降に輸出が解禁される

こととなった。

12.8 〔原子力〕高速増殖炉「もんじゅ」ナトリウム漏出事故　8日午後7時47分ごろ、福井県敦賀市の動力炉・核燃料開発事業団のFBR原型炉「もんじゅ」で、冷却剤の液化ナトリウムが流れている2次冷却系配管付近の警報機が作動、原子炉を手動停止させた。ナトリウムの漏出量は3t近くとみられる。事故の原因は、温度計破損と断定された。この事故について動燃は、停止作業の遅れ、手動での停止、事故通報の遅れ、事故の模様を撮影したビデオの一部をカットして公開するなど管理体制のずさんさを浮き彫りにした。長期の運転停止、プルトニウム利用政策見直しの契機となった。INESレベル1。

12.10 〔核〕パグウォッシュ会議、ジョセフ・ロートブラットがノーベル平和賞を受賞　科学者がその責任を自覚し、政治家とともに核の脅威を減らすために政治的な相違を乗り越えて協力するための建設的な提案をおこなってきたとして、核兵器と戦争の廃絶を訴える科学者による国際会議である「科学と世界の諸問題に関するパグウォッシュ会議」とその創設者の一人で会長のイギリスの物理学者ジョセフ・ロートブラットがノーベル平和賞を受賞した。

12.12 〔原子力〕「もんじゅ」ナトリウム抜き取り作業が終了　事故を起こした高速増殖炉「もんじゅ」の1次冷却系のナトリウムを全て抜き取る作業が終了した。

12.12 〔核〕核実験即時停止決議案が採択される　国際連合総会は、フランス、中国が続けている核実験の即時停止を求め、日本や南太平洋諸国などが提案した核実験停止決議を賛成85、反対18、棄権43で採択した。

12.13 〔原子力〕科学技術庁、「もんじゅ」に立ち入り調査　科学技術庁の専門家チームが、ナトリウム漏れを起こした高速増殖炉「もんじゅ」への立ち入り調査を開始した。

12.20 〔原子力〕「もんじゅ」事故ビデオで核心隠蔽　動力炉・核燃料開発事業団が高速増殖炉「もんじゅ」のナトリウム漏洩事故の内部を撮影したビデオテープの核心部分を隠蔽していたことが判明、科学技術庁は動燃に立ち入り検査することを決定した。

12.20 〔原子力〕スーパーフェニックス、運転再開　10月23日に蒸気漏れが見つかったフランスの高速増殖炉「スーパーフェニックス」に対して、フランス・核安全調査委員会が運転再開を認めた。

12.20 〔原子力〕チェルノブイリ原発閉鎖の覚書調印　ウクライナとG7が、チェルノブイリ原子力発電所の閉鎖で、覚書調印した。

12.21 〔原子力〕「もんじゅ」事故現場ビデオ隠蔽問題　科学技術庁は、「もんじゅ」のナトリウム漏出事故で動力炉・核燃料開発事業団が事故現場撮影ビデオを隠蔽した問題を機に、原子炉等規制法に基づく立ち入り検査を本格開始した。

12.23 〔原子力〕「もんじゅ」事故・不祥事で担当理事ら更迭　「もんじゅ」のナトリウム漏出事故で、隠蔽など不祥事が重なったことを重視した動力炉・核燃料開発事業団が、担当理事ら4人の更迭を発表した。

12.24 〔原子力〕女川原発で冷却水漏れ　東北電力女川原子力発電所2号機で、冷却水が漏れているのが見つかり、手動で停止した。

12.27 〔核〕フランス、ムルロア環礁で5回目の核実験　国際的な批判が高まる中、フランスはムルロア環礁で5回目の核実験を実施した。

この年 〔熱〕トヨタが連続可変バルブタイミング機構を採用　トヨタ自動車、高性能低燃費を実現させる連続位相可変型の可変バルブタイミング・リフト機構であるVVT-iを搭載したクラウンを発売した。ベーン式の構造を持つ可変バルブタイミング機構としては世界初であった。

この年　〔熱〕環境にやさしいバスが導入　圧縮天然ガスを燃料としたCNGバスが富士山に2台導入。上高地では、制動エネルギーをリサイクルするタイプのハイブリッドバスが4台導入されるなど、環境にやさしいバスの導入が進んだ。

この年　〔熱〕石川島、川崎重がGEと共同開発　石川島播磨重工業と川崎重工業が、アメリカ・ゼネラル・エレクトリック（GE）と小型旅客機用エンジンの開発で共同開発を始めた。総開発費は400億円程度で、カナダのボンバルディア社が開発している「CRJ-X」に搭載。

この年　〔熱〕日野自動車がコモンレール式を採用　日野自動車、トラック「ライジングレンジャー」に低騒音、低振動、高出力を狙った技術であるコモンレール式電子制御燃料噴射システムのディーゼル・エンジンを採用した。

この年　〔原子力〕ケターレら、ボース＝アインシュタイン凝縮を確認　ドイツの物理学者ヴォルフガング・ケターレ、アメリカの物理学者エリック・コーネルとカール・ワイマンは、ボース＝アインシュタイン凝縮の状態をつくることに成功。ケターレは独立して、コーネルはワイマンとともに確認した。2001年、ノーベル物理学賞を受賞。

この年　〔再生〕ART社、波－風力ハイブリッド型システム設置　イギリスのART社が、スコットランドに波－風力ハイブリッド型システム「オスプレイ」を設置した。

この年　〔再生〕アメリカ、MTBEの使用を義務づけ　アメリカで自動車の排出ガス規制を導入した改正大気浄化法が成立。ロサンゼルスなどスモッグ汚染の激しい地域で、MTBE改質ガソリンの利用が義務づけられる。

この年　〔再生〕一体型ロータリーベーンポンプ現地試験が実施される　波力発電の研究を行ってきた室蘭工業大学と寒地港湾技術研究センターが、一体型ロータリーベーンポンプ20kWの現地試験を行った。

この年　〔核〕日本政府、中国核実験に抗議　中国は核実験全面禁止条約（CTBT）発効前の5月15日、8月17日に地下核実験を行った。これに対し日本政府は5月22日無償資金協力の抑制を決定、8月17日にも一層の抑制を決定し、同29日には人道目的を除き大幅に圧縮することを決定。9月4日に訪中した野坂浩賢官房長官は李鉄映・国務委員と会談し実験中止を求め、10月22日には村山富市首相も江沢民主席に同様の要請を行った。一方、政府は中国国内の不安定に繋がらぬよう有償援助（円借款）の供与は継続する方針を堅持した。

この年　〔全般〕気候変動枠組条約締約国会議開催　第1回気候変動枠組条約締約国会議（COP1）がベルリンで開催された。地球温暖化防止のため各国が目標値を定めて二酸化炭素排出量を削減する計画の話し合いが本格化、2000年以降の検討課題や手順を定めた「ベルリンマンデート」が採択された。

この頃　〔再生〕携帯用燃料電池の開発が活発に　携帯用直接型メタノール燃料電池（DMFC）の開発が活発化してきた。

1996年
（平成8年）

1.3　〔原子力〕南ウクライナ原発で放射能漏れ事故　南ウクライナ原子力発電所で放射能漏れ事故が発生した。

1.4　〔原子力〕CERN、反水素原子の合成に成功　欧州合同原子核研究所（CERN）が、反

物質の原子の合成に世界で初めて成功したと発表。合成された反水素原子は、1億分の4秒後に消滅。反水素原子は、水素原子と構成粒子の電荷だけが反対で、マイナスの反陽子とプラスの陽電子で構成されている。

1.4 〔核〕シラク大統領、核実験について談話を発表　フランスのジャック・シラク大統領は、「核実験は2月末までに完了する」との談話を発表した。

1.8 〔原子力〕動燃、「もんじゅ」ナトリウム漏れの原因を発表　「もんじゅ」の事故調査で、温度検出器のさやの先端部分が折れてそこからナトリウムが漏れたと判明。動力炉・核燃料開発事業団は、低い出力での解析が十分でなかったことを明らかにした。

1.13 〔原子力〕「もんじゅ」事故隠しで動燃担当者が自殺　「もんじゅ」のナトリウム漏れ事故の隠蔽に関し、動力炉・核燃料開発事業団の内部調査担当者が飛び降り自殺した。

1.14 〔原子力〕伊方原発で蒸気逃がし弁にトラブル　定期検査のため出力低下中の四国電力伊方発電所3号機で、湿分分離加熱器の蒸気逃がし弁にトラブルが生じ、約2時間にわたり排出管から蒸気が空気中に噴出する事故が発生した。

1.23 〔核〕ムルロア環礁近くで放射性物質検出　フランス原子力庁が、ムルロア環礁近くで放射性物質のヨウ素131を検出していたことを認めた。

1.26 〔原子力〕「もんじゅ」事故原因の温度計を探索　「もんじゅ」の事故で、ナトリウム漏れの原因となった温度計の先端のさやを探す作業が始まった。

1.27 〔核〕フランス、ファンガタウファ環礁で6回目の核実験　フランスがファンガタウファ環礁で、シラク政権6回目の核実験を実施。規模は120kt以下といわれたが、これまでで最高。

1.29 〔核〕シラク大統領、核実験の完了を発表　フランスのジャック・シラク大統領は、前年9月に再開した一連の核実験について当初の目的通り完了したとし、フランスは今後一切の核実験をやめると発表した。

2.10 〔原子力〕動燃、「もんじゅ」破断面の映像を公開　もんじゅの事故で、動力炉・核燃料開発事業団は温度検出器のさや管の破断面の70倍映像を公開した。

2.15 〔資源〕イギリス・ブリストル海峡でタンカー座礁による原油流出　イギリス・ウェールズ西部のブリストル海峡で、リベリア船籍の大型タンカー「シー・エンプレス」号が座礁し、21日までに原油6万5000tが流出した。

2.22 〔原子力〕柏崎刈羽原発、原子炉を手動で停止　新潟県柏崎市の東京電力柏崎刈羽原子力発電所で、試運転中の6号機の冷却水再循環ポンプの1台が故障で出力低下したため、原子炉を手動で停止させた。後にコンピュータのバックアップ・プログラムにもバグがあったことが判明した。

2.29 〔資源〕BPとモービルが業務統合計画　ブリティッシュ・ペトロリアム（BP）とモービル・コーポレーションが、ヨーロッパ諸国でのガソリン、潤滑油の精製・販売部門の業務統合計画を発表した。

3.1 〔再生〕葛根田地熱発電所2号機、運転開始　東北電力葛根田地熱発電所2号機（東北地熱エネルギーが蒸気供給）が完成し、運転を開始した。出力3万kW。シングルフラッシュ発電方式。

3.1 〔再生〕大霧発電所、運転開始　九州電力大霧発電所（日鉄鹿児島地熱が蒸気供給）が営業運転を開始した。出力3万kW、シングルフラッシュ発電方式。九州では4番目に完成した。運転状況の監視は、約60km離れた川内発電所で運用している。

3.4 〔原子力〕巻原発をめぐる住民投票　新潟県巻町の町議会で、町長が原発をめぐる住民

投票を7月7日に行うことを提案した。

3.11 〔原子力〕柏崎刈羽原発の停止原因が判明　前月に東京電力柏崎刈羽原子力発電所6号機が2回にわたって停止したのは、制御コンピュータのデータが壊れ、バックアップに切り換えるプログラムのバグによるものであることが判明した。

3.15 〔原子力〕高浜原発で原子炉自動停止　福井県の関西電力高浜発電所2号機で、変圧器の故障を示す保護回路が働いて、原子炉が自動停止。原因は作業員の作業ミスと判明した。

3.21 〔原子力〕巻原発住民投票の日程決定　新潟県巻町定例議会の最終本会議で、東北電力巻原子力発電所計画に対する全国初の住民投票の8月4日実施が決定した。

3.28 〔原子力〕「もんじゅ」事故原因の温度計、見つかる　「もんじゅ」のナトリウム漏れ事故で割れた温度計のさやの先端部分が見つかった。

4.2 〔再生〕二風谷ダムで貯水開始　北海道・日高地方の二風谷（にぶたに）に建設されたダムで、北海道開発局は貯水を開始。アイヌ民族の聖地が水没するとして、アイヌ民族の萱野茂参議院議員らが反発。

4.8 〔原子力〕「もんじゅ」ナトリウム漏れの再現実験　動力炉・核燃料開発事業団が「もんじゅ」のナトリウム漏れの再現実験を行った。

4.10 〔原子力〕チェルノブイリから10年　ウィーンで開催中の国際会議「チェルノブイリから10年」で、チェルノブイリ事故で放出された放射能は、旧ソ連が事故直後に行った推計よりも3倍多い、約11エクサベクレルに及ぶことが報告された。

4.17 〔原子力〕東通原発の公開ヒアリング開催　青森県の東通村に建設される東通原子力発電所の公開ヒアリングが行われた。

4.19 〔原子力〕エリツィン大統領、放射性廃棄物海洋投棄の中止を明言　モスクワを訪問中の橋本龍太郎首相が、ボリス・エリツィン大統領と首脳会談。エリツィン大統領は早期の平和条約締結を希望したほか、ロシアは放射性廃棄物の海洋投棄は行わないと述べた。

4.20 〔原子力〕原子力安全サミット開催　モスクワで開催中の原子力安全サミットで、橋本龍太郎首相は原子力会議を東京で開催することを提案。「原子力の利用には、安全に絶対的な優先順位を与える決意」を表明した宣言を採択してサミットは閉幕した。

4.25 〔原子力〕原子力政策円卓会議開催　「もんじゅ」の事故をきっかけに原子力政策について国民と議論する初めての「原子力政策円卓会議」が東京で開かれ、有識者12人が参加した。

4月 〔熱〕小型機用エンジンの開発開始　石川島播磨重工業と川崎重工業が、アメリカ・ゼネラル・エレクトリック（GE）と共同で小型旅客機用エンジンの開発を本格的に開始した。カナダのボンバルディア社が進めている75席級の旅客機に搭載予定。

5.3 〔原子力〕「もんじゅ」事故原因の温度計は試験運転から亀裂　「もんじゅ」の事故の原因となった温度計には、1992年の試験運転の段階で既に亀裂が入っていたことが判明した。

5.12 〔核〕仏領ポリネシア議会選挙で核実験を支持　フランス領ポリネシアで行われた議会選挙で、核実験支持派が過半数を獲得した。

5.14 〔原子力〕「もんじゅ」反対署名100万人を達成　「もんじゅ」に反対している市民グループが集めた署名が100万人を超え、環境庁長官に提出された。

5.20 〔電力〕トヨタと松下電器産業、合弁会社を設立　トヨタ自動車と松下電器産業グループが、9月に電気自動車の開発に向けた合同新会社の設立を発表した。12月、パナソニックEVエナジーが設立。

5.22 〔原子力〕KEDOと北朝鮮、軽水炉建設についての議定書に仮調印　北朝鮮の軽水

炉建設に従事するKEDO職員や韓国人技術者の法的地位などに関する議定書の内容で、朝鮮半島エネルギー開発機構（KEDO）と北朝鮮が合意し、ニューヨークで仮調印した。

5.23　〔原子力〕「もんじゅ」事故報告書まとまる　科学技術庁が、高速増殖炉「もんじゅ」の事故の原因を温度計のさや管の設計ミスと断定する報告書をまとめた。

5.31　〔原子力〕珠洲市長選挙無効で原発推進派市長が失職　最高裁が、1993年4月の石川県珠洲市の市長選挙の不在者投票がずさんであったとして、選挙の無効とする判決を下した。この結果、原発推進派の林幹人市長が失職した。

5.31　〔全般〕東京大気汚染公害裁判　1996年5月東京大気汚染公害裁判において、原告102人が東京地裁に第1次提訴。未認定患者が、自動車メーカーと自治体の公害責任を問うた初めての提訴となった。

6.7　〔原子力〕「もんじゅ」事故再現実験　「もんじゅ」の事故原因究明のための再現実験が茨城県大洗町の動力炉・核燃料開発事業団の施設で行われ、鉄製の空調ダクトや足場に穴が空くことが確認された。

6.8　〔核〕中国、地下核実験を強行　包括的核実験禁止条約の交渉のさなか、中国が地下核実験を強行、日本政府は遺憾の意を表明した。

6.19　〔再生〕バクン・ダム建設を中止　完成すれば東南アジア最大のダムとなる東マレーシア・サラワク州のバクン・ダムについて、マレーシア高等裁判所は住民の訴えを認め、環境基準法の要求を満たしていないとし、これを満たすまでは建設計画を差し止めるよう命じた。

6.20　〔核〕インド政府、包括的核実験禁止条約を拒否　核開発の疑惑が持たれているインド政府は、包括的核実験禁止条約を拒否する方針を明らかにした。同様の疑惑が持たれているパキスタンに対抗した措置とみられる。

6.22　〔原子力〕国内初の商業用原発・東海発電所の閉鎖・解体が決定　国内初の商業用原子力発電所だった日本原子力発電東海発電所が、1997年度限りで閉鎖・解体されることが決定した。

7.7　〔原子力〕やり直し珠洲市長選挙で原発推進派・反対派が激突　最高裁の選挙無効の判決を受け、石川県珠洲市のやり直し市長選挙が告示され、原発立地反対派・推進派双方に立候補が出た。

7.14　〔原子力〕やり直し珠洲市長選挙で原発推進派当選　最高裁の選挙無効の判決石川県珠洲市のやりなおし市長選挙で、原発推進派候補が当選した。

7.29　〔核〕中国、ロプノール核実験場で核実験実施　中国政府は、新疆ウイグル自治区のロプノール核実験場で核実験を行ったことを発表した。

8.4　〔原子力〕住民投票で巻原発反対　新潟県西蒲原郡巻町で行われた、東北電力巻原子力発電所建設計画の是非を問う全国で初めての住民投票は即日開票の結果、反対票が賛成票を大きく上回った。

8月　〔全般〕APECエネルギー大臣会合開催　APEC（アジア太平洋経済協力）エネルギー大臣会合を開催し、APEC域内が直面するエネルギー問題について閣僚宣言を行った。

9.20　〔資源〕ヴァルディーズ号原油流出事故で、賠償支払い命令　1989年に発生したエクソンのヴァルディーズ号原油流出事故について、アラスカ州連邦地裁はエクソンに対し懲罰賠償金50億ドルの支払を命じる判決を出し、エクソン社は控訴した。

9.24　〔核〕包括的核実験禁止条約（CTBT）が採択される　国際連合総会特別会議で、平和利用目的の核実験も含めたあらゆる核爆発を禁止する、包括的核実験禁止条約（CTBT）が

9月	〔再生〕フォルサCHP発電所建設　フィンランド・ヘルシンキ北西約120km地点にフォルサCHP発電所が建設される。製材産業の廃棄物や建設廃棄物など燃料を100％木材とし、石油はボイラーの点火時、故障時、メンテナンス中を除いては使用しない。この地域熱供給プラントは、フォルサのほとんど全ての熱、3分の1の電力を供給する。
10.24	〔原子力〕IAEAの原子力安全条約が発効　国際原子力機関（IAEA）の原子力安全条約が発効。
11.1	〔再生〕滝上発電所運転開始　九州電力滝上発電所（出光大分地熱が蒸気供給）が営業運転を開始した。出力2万5000kW、シングルフラッシュ発電方式。九州では5番目に完成した。運転監視は、約20km離れた大岳発電所で運用している。
11.7	〔原子力〕柏崎刈羽原発6号機、営業運転開始　東京電力柏崎刈羽原子力発電所6号機（ABWR、135万6000kW）が営業運転を開始した。
11.25	〔資源〕イラク産石油の禁輸が限定解除　イラクは、国際連合によるイラク産原油輸出禁止限定解除に関する合意条件を受諾した。
11.30	〔原子力〕チェルノブイリ原発1号炉が停止　チェルノブイリ原子力発電所の1号炉が停止、残るは3号炉だけとなった。
11月	〔核〕日本政府、中国向け円借款を再開　日本政府は1995年5月、8月に中国が核実験を実施したことへの抗議として、対中無償援助の停止し、有償援助についても1996年から3年間で計5800億円に達する第4次円借款の給与を事実上凍結していた。しかし、中国が7月の核実験を最後とする表明をしたため、11月に円借款を実施することに決定した。
12.1	〔全般〕地球温暖化対策推進本部設置　環境庁に環境庁長官を本部長とする「地球温暖化対策推進本部」が設置された。
12.6	〔再生〕環境庁、風力発電導入マニュアルを公表　環境庁が、地方公共団体に向けた風力発電導入マニュアルを公表した。
12.10	〔資源〕イラクが原油輸出再開　イラクが6年半ぶりに原油の輸出を再開した。
12.11	〔原子力〕チェルノブイリ原発事故除染作業員遺族、遺族給付金の支払いを求める　ウクライナの首都キエフ議会付近で、チェルノブイリ原発事故で死亡した除染作業員の遺族が、遺族給付金の支払を求めて集会を開いた。
12.17	〔原子力〕柏崎刈羽原発7号機が試運転　東京電力柏崎刈羽原子力発電所7号機が試運転を開始した。
12.24	〔原子力〕敦賀原発で冷却水漏れ　福井県敦賀市の日本原子力発電敦賀発電所2号機の原子炉格納容器内の配管から、1次冷却水が漏れているのが見つかり、出力降下開始。翌日停止した。
この年	〔熱〕三菱がガソリン直噴エンジンを採用　三菱自動車、世界初の量産自動車用リーンバーンガソリン直噴エンジン（筒内噴射ガソリンエンジン）であるGDIエンジンを開発し、同エンジンを搭載したギャランとレグナムを発売。
この年	〔電力〕トヨタが電気自動車を発売　トヨタ自動車、ニッケル水素電池を搭載した業務用電気自動車であるRAV4EVを発売。1997年、同車をアメリカで発売。2003年までに約1900台（うちアメリカ1500台）を販売。
この年	〔電力〕日産が電気自動車を発売　日産自動車、リチウムイオン電池を搭載した電気自

1997年（平成9年）　　　　　　　　　　　　　　　　　　　　　　　　　　資源・エネルギー史事典

動車であるプレーリーJOY EVを発売。同車を用いて北極圏で6万kmを走行する実証実験を行う。

この年　〔再生〕アイルランドで浮体式可動物体型装置試験　アイルランドのHydam TechnologyがKilbaharaで、McCabe Wave Pump（浮体式可動物体型）を設置し、試験を行った。

この年　〔再生〕カリフォルニア州の地下水源からMTBEが検出される　アメリカのカリフォルニア州サンタモニカの地下水源から、MTBEが検出される。それ以前からガソリンスタンドなどからガソリンの漏洩は起きていたが、ガソリンは水に溶けないため問題にはならなかった。MTBEは水に溶けやすくかつ分解しにくいため、地下水汚染が起きる。

この年　〔再生〕東北電力、水弁集約式波力発電システムを設置　東北電力が水弁集約式波力発電システムを、福島県原町火力発電所南防波堤に設置した。

1997年
（平成9年）

1.2　〔資源〕ナホトカ号重油流失事故　1月2日未明、島根県隠岐島沖の日本海で、ロシア船籍のタンカー「ナホトカ号」（1万3157t）が破断し、本体部分が沈没、残った船首部分が漂流、7日に福井県三国町の安島岬沖200mの岩場に座礁した。積載していたC重油1万9000l万7911klのうち6240l万7911klが流出し、富山県を除く島根県から山形県にかけて府5県の広域の沿岸に漂着した。油回収作業は柄杓やバケツなどの人手で行われ、4月末の終息宣言が出されるまで延べ16万人が回収にあたり、1万7911klを回収した。また、この回収作業中に5人が死亡した。

1.14　〔原子力〕通産省、プルサーマル計画推進　通商産業省・総合エネルギー調査会は、高速増殖炉開発政策を転換し、プルサーマル計画の推進を決定した。

1.20　〔原子力〕電事連、プルサーマル計画推進　電気事業連合会が、既存の原子力発電所でプルトニウムとウランを混ぜた燃料を燃やす「プルサーマル計画」推進のための了承を新潟、福島、福井の3県に求める方針を固めた。

2.10　〔核〕アメリカ、劣化ウラン弾使用問題で謝罪　アメリカ海兵隊機による沖縄の鳥島周辺での劣化ウラン弾使用問題で、誤使用について日本側への通報が著しく遅れたことにアメリカが「深い遺憾の意」を表明した。

2.12　〔再生〕上の岱地熱発電所の出力変更　東北電力上の岱地熱発電所（秋田地熱エネルギーが蒸気供給）が認可出力が2万7500から2万8800kWに変更された。

2.21　〔原子力〕電事連、プルサーマル全体計画発表　電気事業連合会は、電力11社のプルサーマル全体計画を発表した。2010年ごろまでに16～18基で実施するというもの。

2月　〔再生〕NEDO、中小地熱バイナリー発電プラントの発電試験開始　新エネルギー・産業技術総合開発機構（NEDO）が500kWの「中小地熱バイナリー発電プラントの発電試験」を開始した。

3.11　〔原子力〕動力炉・核燃料開発事業団東海事業所火災・爆発事故が発生　3月11日午前10時8分ごろ、茨城県東海村の動力炉・核燃料開発事業団東海事業所の再処理施設内部で火災が発生、スプリンクラーが作動し14分後に消火、作業員10人が被曝した。INESレベル

— 260 —

3。また、11日午後8時14分ごろ「アスファルト固化処理施設」で爆発が起き、施設の窓やシャッターが壊れたほか、建物のほとんどのガラスが割れ、数時間にわたり煙が出るなどした。原因は午前中に起こった火災で消火が不十分であったことと、消火活動前に電話で指示を仰いでいて消火が遅れたことなどで、安全管理体制にも問題があった。また、被曝者は新たに27人が確認され、計37人となった。

3.26 〔原子力〕福島第一原発で世界初のシュラウド交換　福島第一原子力発電所のひび割れ対策で、1、2、3、5号機のシュラウド交換を、東京電力が表明した。

4.8 〔原子力〕動燃東海事業所火災・爆発事故で消火確認なし　動力炉・核燃料開発事業団は、東海村の再処理工場で起きた火災・爆発事故について、実際には火災の際の消火の確認作業をしていなかったとこれまでの発表を訂正した。

4.10 〔原子力〕動燃東海事業所火災・爆発事故で虚偽報告書　東海村の動力炉・核燃料開発事業団再処理工場での火災・爆発事故で、動燃が科学技術庁に虚偽の事故報告書を提出した問題で、水戸地検が捜査を開始した。

4.14 〔原子力〕「ふげん」重水漏れ　福井県敦賀市の新型転換炉ふげんの重水精製装置から、中性子による各分裂反応を促進する重水が漏れ、微量の放射性物質「トリチウム」が大気中に放出、排気筒の「トリチウム放射能高」警報が鳴った。11名が被曝。

4.16 〔原子力〕「ふげん」廃炉方針　科学技術庁は、トリチウム漏れの通報遅れを出した動力炉・核燃料開発事業団の「ふげん」を廃炉にする方針を固めた。

4.18 〔再生〕新エネルギー利用促進法制定　「新エネルギー利用等の促進に関する特別措置法」が制定。資源制約が少ない石油代替エネルギーの導入を図る。新エネルギーの範疇から除外された地熱発電などの分野ではさまざまな助成を得られず、停滞期に入ることとなった。

4.28 〔資源〕神戸港で、タンカー転覆による重油流出　神戸港で小型ケミカルタンカーが転覆し、燃料の重油が流出した。

4月 〔再生〕熱水供給設備も補助金対象に　地熱発電開発費補助金の交付対象施設に、熱水供給設備を追加した。

5.29 〔原子力〕国際原子力規制者会議設立　国際原子力規制者会議（INRA）がパリに設立された。以降、毎年会合を開催している。

5.30 〔原子力〕ロシア極東で、原潜沈没事故　ロシア極東のペトロパブロフスクカムチャッキーの湾内で、係留中の原子力潜水艦が事故を起こして沈没した。

6.13 〔全般〕環境影響評価法公布　環境影響評価法（アセスメント法）が公布された。大規模事業についての環境影響評価の手続等を定める。

6.19 〔原子力〕「スーパーフェニックス」廃止方針　フランスのリオネル・ジョスパン首相は施政方針演説の中で、日本の高速増殖炉「もんじゅ」と提携している高速増殖実験炉「スーパーフェニックス」を、費用がかかりすぎるとして廃止する方針であることを明らかにした。

7.2 〔原子力〕柏崎刈羽原発7号機、営業運転開始　東京電力柏崎刈羽原子力発電所7号機（ABWR、135万6000kW）が営業運転を開始した。柏崎刈羽原発は世界最大の原子力発電所になった。

7.2 〔核〕アメリカ、ネバダ核実験場で未臨界核実験　アメリカ合衆国エネルギー省（DOE）が、ネバダ州のネバダ核実験場で第1回の未臨界核実験（臨界前核実験）を実施した。核物質を臨界状態寸前で止め、その変化などを観察する。核爆発を伴わないため、CTBTに違反せず、また環境汚染もないという。

7.2 〔資源〕東京湾沖でタンカー座礁による原油流出　午前10時20分ごろ、東京湾横浜港の

1997年(平成9年)

本牧ふ頭沖南東約6kmでパナマ船籍の大型タンカー「ダイヤモンドグレース」(14万7012t)が座礁した。船首の一部が損傷し、二つのタンクが破損、原油1万5000kℓが流出。この油によるとみられる異臭が東京都江戸川区や千葉県方面にまで広がり、異臭を吸った小学生13人が病院に運ばれる騒ぎになった。

7.25 〔原子力〕玄海原発4号機が営業運転を開始　九州電力玄海原子力発電所4号機(PWR、118万kW)が営業運転を開始した。

7.29 〔原子力〕ニュートリノに質量　東京大学宇宙線研究所を中心とする研究チームが世界で初めて、巨大観測装置スーパーカミオカンデを使って、正体不明の素粒子「ニュートリノ」が微量な質量を持つことを示すデータをとらえることに成功し、ドイツの素粒子論国際シンポジウムで発表した。長距離を経たニュートリノのみが理論予測の半分程度しか観測できず、ニュートリノが質量を持ち長距離を経た場合のみに起こるニュートリノ振動が起き、別の粒子になってしまったことを示した。これまでの素粒子理論はニュートリノが質量を持たないことが前提だった。

7月 〔再生〕小国地熱発電所が電調審を通過　電源開発小国地熱発電所(出力2万kW)が第135回電源開発調整審議会を通過した。

8.2 〔原子力〕インドネシア、原発建設計画を断念　インドネシア政府は、21世紀までの原子力発電所建設の計画を断念した。

8.3 〔原子力〕「もんじゅ」半年間運転停止処分　科学技術庁は、動力炉・核燃料開発事業団の高速増殖炉「もんじゅ」を半年間運転停止処分にする方針を決定。

8.9 〔原子力〕「もんじゅ」事故で立入検査　科学技術庁は、動力炉・核燃料開発事業団の高速増殖炉「もんじゅ」を、放射線障害防止法違反の疑いで立ち入り検査を行った。

8.27 〔原子力〕低レベル放射性廃棄物ドラム缶腐食問題が発覚　動力炉・核燃料開発事業団東海事業所の低レベル放射性廃棄物貯蔵ピットが浸水してドラム缶が腐食した問題で、廃棄物の保管を求めて科学技術庁に提出した申請書を動燃が紛失していたことが判明した。

9.5 〔原子力〕IAEA、「使用済み燃料管理及び放射性廃棄物管理の安全に関する条約」を採択　国際原子力機関(IAEA)で、「使用済み燃料管理及び放射性廃棄物管理の安全に関する条約(廃棄物等安全条約)」が採択された。条約加盟国は、3年ごとに検討会議を開き、各国の情報を公表し合う。

9.12 〔原子力〕IAEA、原子力損害補完的補償条約採択　国際原子力機関(IAEA)で、「原子力の損害についての補完的保償に関する条約」(原子力損害補完的補償条約)が採択された。大規模な原子力損害によって責任限度額を超えた場合、締約国が拠出する基金によって、実際の補償額が底上げされる内容である。

9月 〔再生〕山葵沢地域で、1万kWの蒸気を確認　NEDO地熱開発促進調査で秋田県の「山葵沢地域」で、1万kW相当の蒸気を確認した。

10.13 〔資源〕ナホトカ号重油流出事故の回収費支払いが通知される　国際油濁補償基金(本部：ロンドン)は、ロシアのタンカー「ナホトカ」の重油流出事故で、油回収費の請求手続きを終えている福井、石川、富山、新潟の4県と市町村に、緊急暫定的に計10億3400万円を支払うと通知した。

10.15 〔資源〕シンガポール海峡で、タンカー衝突による燃料油が流出　10月15日午後9時ごろ、シンガポールの南約5kmのシンガポール海峡でタイ船籍のタンカー「オラピングローバル」(12万9702t)とキプロス船籍のタンカー「エボイコス」(7万5428t)が衝突し、エボイコスから燃料油2万5000tが流出、東南アジアで過去最大級の燃料流出事故となった。翌月6日シンガポール港湾局は、重油の回収作業が終了したと発表。

10.18　〔原子力〕日本政府、チェルノブイリ原発事故に人道支援　日本政府は、ロシアに対する人道支援策の一環として、チェルノブイリ原発事故の被災者の治療などを行う「ロシア大統領メディカルセンター」に56億円を融資する方針を固めた。

10月　〔電力〕トヨタがプリウスを発売　トヨタ自動車、世界初の量産ハイブリッド自動車であるプリウスを発表。ガソリンエンジンと電動機（ニッケル水素電池で駆動）を併用したハイブリッド自動車で、低燃費で低排出ガスなどの環境性能を向上させた。12月、発売。

11.13　〔全般〕エネルギー需要抑制による地球温暖化対策がまとまる　地球温暖化問題への国内対策に関する関係審議会合同会議報告書「総合的なエネルギー需要抑制対策を中心とした地球温暖化対策の基本的方向について」が公表された。

11.18　〔原子力〕敦賀原発で制御棒に亀裂　日本原子力発電が、敦賀発電所1号機の制御棒1本に亀裂ができていたことを発表した。

11月　〔再生〕NEDO、貯留層変動探査法開発プロジェクト開始　新エネルギー・産業技術総合開発機構（NEDO）の地熱探査技術等検証調査「貯留層変動探査法開発」プロジェクトが開始した。

12.1　〔全般〕京都議定書が採択される　第3回気候変動枠組条約締約国会議（COP3、通称地球温暖化防止京都会議）が、京都市・国立京都国際会館で開催された（10日まで）。先進国の温室効果ガス削減目標を国ごとに設定し、京都メカニズムを盛り込んだ「京都議定書」が採択された。

12.2　〔全般〕対人地雷全面禁止条約を調印　カナダのオタワで、対人地雷全面禁止オタワ会議が開会した。3日、日本の小渕恵三外相が対人地雷全面禁止条約（オタワ条約）の署名式に出席して賛成署名。4日には条約の早期発効に向けた地雷行動計画を採択して閉会した。

12.10　〔全般〕地雷禁止国際キャンペーン、ジョディ・ウィリアムズがノーベル平和賞を受賞　1997年9月に採択された対人地雷全面禁止条約実現にいたる、対人地雷の禁止および除去に尽力したことにより、対人地雷の製造と使用の廃止を目指す非政府組織の集合体である地雷禁止国際キャンペーンと、その初代コーディネーターであるアメリカの女性活動家ジョディ・ウィリアムズがノーベル平和賞を受賞した。

12.20　〔資源〕米連邦取引委、3社の事業統合を承認　アメリカの連邦取引委員会は、テキサコ、アラムコ、シェル3社の国内精製・販売事業の統合を承認した。

12月　〔原子力〕ウィーン条約改正議定書が採択される　原子力損害の民事責任に関するウィーン条約改正議定書が採択された。原子力事業者の責任制限額の増額、条約適用範囲の拡大、賠償請求権の延長などを規定した。

1998年
（平成10年）

1月　〔再生〕NEDO、中小地熱バイナリー発電プラントの発電試験終了　新エネルギー・産業技術総合開発機構（NEDO）の「中小地熱バイナリー発電プラントの発電試験（100kW）」が終了。累計運転時間1万3096時間、累計発電電力量133万8162kWh。

2.2　〔原子力〕高速増殖炉スーパーフェニックス、運転終了　フランス政府は、高速増殖炉「スーパーフェニックス」の即時廃止と、その後の解体を正式発表した。事故が多発し、

1998年(平成10年)　　　　　　　　　　　　　　　　　　　　　資源・エネルギー史事典

　　　　　12年間の平均稼働率は6%強だった。
2.5　　〔原子力〕東海第二発電所がISO環境規格の認証を取得　　日本原子力発電東海第二発電所が、ISO環境規格の認証を取得した。
3.17　〔資源〕ドバイ原油価格下落　　ドバイ原油のアジア市場価格が、1バレルあたり10ドルを割った。
3.22　〔資源〕リヤドで3ヶ国減産会議　　サウジアラビア、ベネズエラ、メキシコの3ヶ国が、リヤドで石油減産に関する会議を開催した。
3.25　〔核〕アメリカ、ネバダ核実験場で3回目の未臨界核実験　　アメリカ合衆国エネルギー省(DOE)は、ネバダ核実験場で3回目の未臨界核実験を実施した。
3.30　〔資源〕OPEC臨時総会協調減産で合意　　石油輸出国機構(OPEC)臨時総会がウィーンで開催され、1日あたり124.5万バレルの協調減産に合意した。
3.31　〔原子力〕東海発電所が営業運転終了　　日本原子力発電東海発電所は、廃炉に向けて約30年間運転したガス冷却黒鉛減速炉の営業運転を終了した。国内初の商業炉の閉鎖となった。
3月　　〔再生〕NEDO、中小地熱バイナリー発電プラントの発電試験終了　　新エネルギー・産業技術総合開発機構(NEDO)の「中小地熱バイナリー発電プラントの発電試験(500kW)」が終了。累計運転時間8182時間、累計発電電力量380万6670kWh。
4.6　　〔核〕英仏、包括的核実験禁止条約を批准　　イギリスとフランスが、核兵器保有国としては最初の包括的核実験禁止条約(CTBT)批准を発表した。
4月　　〔再生〕NEDO、産業等用太陽光発電フィールドテスト事業開始　　新エネルギー・産業技術総合開発機構(NEDO)は、工場などを対象とした「産業等用太陽光発電フィールドテスト事業」を開始した。
4月　　〔再生〕八丈島に関東初の地熱発電所建設　　東京電力は八丈島で、地熱発電所(出力3300kW)の建設に着工した。1999年3月25日運転開始。シングルフラッシュ発電方式。これは関東では初めて、全国では19番目となった。
5.6　　〔原子力〕福井県、プルサーマル計画に同意　　福井県がプルサーマル計画の了解願に同意を表明。8日には、計画の導入を目指す関西電力に実施手続きに同意する旨を伝えた。
5.11　〔核〕インド、ポカラン砂漠で地下核実験　　インドが、24年ぶりに西部のラジャスタン州ポカラン砂漠で地下核実験を実施した。
5.12　〔核〕日本政府、インドの核実験に対抗措置を検討　　日本政府は、地下核実験を実施したインドに対して、無償資金協力の凍結を含む対抗措置の検討に入った。
5.13　〔原子力〕動燃改革法案が可決成立　　動燃改革法案(原子力基本法および動力炉・核燃料開発事業団法の一部を改正する法案)が可決成立した。これに伴い、10月1日、核燃料サイクル開発機構が発足した。
5.13　〔核〕米独、インドの核実験に対し経済制裁を発動　　アメリカのビル・クリントン大統領とドイツのヘルムート・コール首相は、ポツダムで会談した後、共同記者会見し、地下核実験を行ったインドに対し経済制裁を発動したと発表した。
5.14　〔核〕日本政府、核実験へ追加制裁措置　　13日に2度目・2回の核実験を強行したインドに対して、日本政府は新規の円借款を停止と駐インド大使を一時帰国させるなどの追加制裁措置を決定。同日、中国外務省もインドに対し非難声明を出した。
5.23　〔核〕パキスタン、インドの核実験で記者会見　　パキスタンのナワーズ・シャリーフ首相が首相官邸で記者会見し、インドの核実験について「いかなる挑発に対しても確固たる対

- 264 -

資源・エネルギー史事典　　　　　　　　　　　　　　　　　　　　　　　1998年（平成10年）

応をとる」と述べた。

5.27　〔資源〕海洋汚染防止法改正　油などの防除体制を強化する「海洋汚染防止法」一部改正が公布された。1月30日改正、7月1日施行。

5.28　〔核〕パキスタン、核実験を強行　パキスタンが、アフガニスタンの国境に近いチャガイで核実験を強行、5発を爆発させた。

5.29　〔核〕日本政府、パキスタンの核実験に制裁措置　日本政府は、核実験を実施したパキスタンに対し、制裁措置として新規の円借款と緊急・人道的なものを除き無償資金協力を凍結した。

5.30　〔核〕パキスタン、2度目の核実験　パキスタンが2度目の核実験を実施。1発を爆発させた。

5.30　〔核〕米、パキスタンに経済制裁発動　アメリカのビル・クリントン大統領が、核実験を実施したパキスタンに対して経済制裁発動の指令書に署名した。

6.4　〔核〕国連安保理、核実験に対し共同声明　国際連合安全保障理事会の5常任理事国が緊急外相会議を開き、インドとパキスタンを新たな核保有国と認めず、包括的核実験禁止条約（CTBT）への即時無条件署名などを求める共同声明を発表した。

6.5　〔原子力〕国際会議でニュートリノに質量があると結論　有無が分からなかった最後の素粒子「ニュートリノ」について、東京大学宇宙線研究所など日米の共同実験グループは"質量はある"との結論をまとめ、岐阜県高山市で行われたニュートリノ国際会議で発表した。この研究発表は米紙『ワシントン・ポスト』や『ニューヨーク・タイムズ』も1面で報じるなど大きな反響を呼んだ。2001年欧米の研究グループがカナダ・サドベリー・ニュートリノ天文台の観測施設を使って、この観測成果を裏付けた。

6.6　〔核〕国連安保理、印パ核実験非難決議　国際連合安全保障理事会は、インドとパキスタンの核実験を非難して核不拡散体制の堅持などを求める日本主導の決議を全会一致で採択、インドとパキスタンは強く反発した。

6.12　〔核〕G8、印パに核実験開発中止を要求　主要8ヶ国（G8）外相会議がロンドンで開かれ、インド、パキスタン両国に核兵器開発・配備計画の中止や包括的核実験禁止条約（CTBT）への即刻無条件参加などを求める共同声明をまとめた。

6.19　〔全般〕地球温暖化対策推進大綱が決定　地球温暖化対策の総合的推進計画である「地球温暖化対策推進大綱」が政府・地球温暖化対策推進本部により決定された。京都議定書で定められた温室効果ガスの6％削減目標を達成するためのもの。

6.26　〔核〕インド、核実験への制裁に反発し緊急援助を拒絶　インド政府が、グジャラート州のサイクロンによる被害に対する日本政府の緊急援助を拒絶。核実験後の日本の対応に反発したものと推測された。

6.30　〔原子力〕琉球大病院で被曝事故　琉球大学病院で、子宮がん治療用の放射性同位元素を交換していた放射線技師（45）が、誤って放射線源を素手で触って指先を中心に被曝。医学部助手も全身に被曝した。

7.4　〔原子力〕原研の試験炉が緊急停止　東海村の日本原子力研究所の試験炉が緊急停止した。

7.10　〔核〕英、印パへ核関連物質輸出規制　イギリス政府は、インド、パキスタンの核実験に対する措置として、核関連物質の輸出規制の実施を表明した。

7.27　〔核〕ARF議長声明で、印パの核実験を非難　ASEAN各国、日本、アメリカ、中国、インドなどと欧州連合（EU）が地域の安全保障問題を話し合うASEAN地域フォーラム

― 265 ―

1998年（平成10年）

（ARF）が、（事実上インドとパキスタンの）核実験を批判する議長声明を発表して閉幕した。

7.27　〔資源〕中国、2社を設立で石油産業再編　中国は石油・石油化学産業関係の事業を再編成し、中国石油天然気集団公司（新CNPC）と中国石油加工集団公司（SINOPEC）が設立された。

7月　〔再生〕柳津西山地熱発電所、運転開始　東北電力柳津西山地熱発電所（6万5000kW）で硫化水素除去装置の運転が開始された。

8.1　〔再生〕東芝、UTCと合弁会社を設立　アメリカ航空機部品大手のユナイテッド・テクノロジーズ（UTC）と、東芝が自動車用燃料電池量産の合弁会社「インターナショナル・フェル・セル」をコネティカット州に設立した。

8.11　〔資源〕BPとアモコが合併合意　イギリス・ブリティッシュ・ペトロリアム（BP）とアメリカ・アモコが合併に合意したと発表。12月31日にBPアモコとして新規発足した。

8.14　〔熱〕ディーゼル車の規制強化　環境庁は、1999年度から工場ばいじんとディーゼル車排ガスの軽油中に含まれるイオウ分の規制を大幅に強化する方針を固めた。現行の500ppmを2000年規制で350ppm、2005年規制で50ppmと段階的に引き上げて、7年間で9割削減を目指す。

8.15　〔資源〕犬吠埼沖でタンカー衝突による燃料流出　銚子市犬吠崎沖の海上で、ケミカルタンカーとパナマ船籍の貨物船が衝突し、タンカーの燃料約46kℓが流出した。翌日流出した重油は、千葉県飯岡町の海水浴場に流れつき、遊泳禁止となった。

8.30　〔核〕核軍縮フォーラムを東京で開催　インド、パキスタンの核実験をうけ日本政府は「核不拡散・核軍縮に関する東京フォーラム」の開催を提唱した。8月末に初会合を都内で、12月中旬に2回目の会合を広島で開き、1999年夏までにインド、パキスタン両国のNPT体制への参加や核保有国の核軍縮促進について提言をまとめる。

9.9　〔原子力〕志賀原発訴訟で名古屋高裁判決　石川県民が起こしていた志賀原発1号機建設差し止めを求めた訴訟の控訴審判決公判が名古屋高裁で開かれ、控訴は棄却された。

9.22　〔原子力〕経団連がエネルギー情勢の報告書を公表　日本経済団体連合会、エネルギー情勢について、原子力は地球温暖化対策の柱とする報告書を公表した。

9.24　〔核〕日米韓でミサイル問題を協議　首脳会談を受け、日米に韓国を加えた3ヶ国の外相会議で北朝鮮問題を中心に協議された。各国とも連携を緊密に取りながら事態に対処することを確認したが、米韓両国は日本に朝鮮半島エネルギー開発機構（KEDO）への資金拠出を促すなど、認識の温度差も目立った。

9.26　〔核〕アメリカ、ネバダ核実験場で4回目の未臨界核実験　アメリカ合衆国エネルギー省（DOE）は、ネバダ核実験場で4回目の未臨界核実験を実施した。

9.30　〔原子力〕六栄丸、使用済み核燃料の輸送を開始　使用済み核燃料を運ぶため「六栄丸」が東京電力福島第二原子力発電所に到着した。

10.1　〔原子力〕核燃料サイクル開発機構発足　核燃料サイクル開発機構（旧動力炉・核燃料開発事業団）が発足した。

10.2　〔原子力〕六栄丸、使用済み核燃料の輸送を終了　東京電力福島第二原子力発電所の使用済み核燃料を積んだ六栄丸が、青森県むつ小川原港の六ヶ所村に到着した。

10.4　〔原子力〕月城原発で重水漏れ　韓国南東部の慶尚北道にある月城原子力発電所3号機で、冷却水ポンプの整備作業中、重水が原子炉の建物内に漏出、職員など作業員22人が放射能被曝した。漏れ出した重水は50ℓで、被ばく量が4.4ミリシーベルトと最も高かった作業

員は事故が発生した4日夜、体に異常を感じなかったため、同日午後11時まで仕事を続け、帰宅していた。

10.9 〔全般〕地球温暖化対策推進法公布　「地球温暖化対策の推進に関する法律」(地球温暖化対策推進法)が公布された。

10.18 〔資源〕コロンビアで、石油パイプラインが爆発　コロンビアのアンティオキア州セゴビア近くで石油パイプラインが爆発し、付近の住民45人以上が死亡、70人以上が負傷した。

10.18 〔資源〕ナイジェリアで、石油パイプラインが炎上　ナイジェリア南部の町ワリに近いジェッセにあるパイプラインから石油が漏れ出して火災が発生、約1000人が死亡した。火災が起きたのはワリから北部の都市カズナに向かうパイプラインで、国有の石油会社が敷設したもの。付近の住民らが大量に漏れ出した石油をくみ取ろうとした際に、何らかの火が引火したとみられる。事故現場の周辺地域では、同国政府やアメリカなどの石油会社に対する不満が広がり、石油関連施設への襲撃事件や石油会社員を人質に取る事件が度々起きている。今回の油漏れも人為的なものとみられるが、犯行声明などは出されていない。

10月 〔再生〕JOPRE発足　日本でリニューアブルエネルギー有効利用・普及促進機構(JOPRE)が発足。

12.1 〔資源〕エクソンとモービルが合併に合意　エクソンとモービル・コーポレーションが合併に合意、1999年中頃までに合併を完了する予定と発表した。

12.1 〔資源〕トタルがペトロフィナ吸収合併　フランスの総合石油エネルギー企業トタルが、ベルギーのペトロフィナの株式を取得し、吸収合併することで合意した。1999年新会社トタル・フィナとして発足。

12.8 〔核〕ロシア、未臨界核実験を実施　ロシアがノヴァヤゼムリャ島で未臨界核実験を実施した。

12.15 〔熱〕中環審、ディーゼル車排ガス削減を答申　環境庁・中央環境審議会大気部会が、「自動車排出ガス量の許容限度」設定のうちのディーゼル車排ガス削減規制に関して答申、2002年を目処に現行規制値より窒素酸化物(NO_X)を25〜30％、粒子状物質(PM)を28〜30％を削減し、2007年を目処に2002年値をさらに半減し、現状より70％の削減を達成する長期計画などを打ち出した。

この年 〔再生〕ケーソンによる沖合固定式実験が実施される　運輸省第一港湾建設局と港湾技術研究所が山形県酒田港北防波堤(1991年建設)で、波力発電ケーソンによる沖合固定式実験を行った。1999年まで。

この年 〔再生〕ケミエルビ発電所、運転開始　フィンランド南部ラハティ近郊のケミエルビ発電所が、バイオマス循環式流動床ガス化設備を設置する改修を経て、運転を開始した。石炭と天然ガス、ガス化したバイオマス燃料が使用される。

1999年
(平成11年)

1.23 〔原子力〕「ふげん」トラブル　1月8日、敦賀市の核燃料サイクル開発機構の新型転換炉「ふげん」が定期検査に入ったが、ガイシの破裂や再循環ポンプの異常が相次いだ。23日に冷却用海水約500m^{3}が漏出。7月2日には微量の放射能(トリチウム)を含む重水50ℓ、8月25

日にも冷却水500ℓが漏出。JCO臨界事故の影響で茨城県東海村の再処理工場が操業を再開できず、使用済み核燃料の交換ができなくなったため、核燃機構は2000年1月からふげんの運転をいったん停止する方針を打ち出した。

2.9　〔核〕アメリカ、ネバダ核実験場で6回目の未臨界核実験　アメリカ合衆国エネルギー省 (DOE) は、ネバダ地下核実験場で6回目となる未臨界核実験を実施した。

2.21　〔核〕印パ、ラホール宣言に署名　インドのアタル・ビハリ・バジパイ首相とパキスタンのナワーズ・シャリーフ首相はパキスタンのラホールで会談し、核を保有する両国が一層の責任を持って紛争回避していくことをうたったラホール宣言に署名した。

2.24　〔原子力〕パシフィック・スワン号、放射性廃棄物の積み込み完了　フランスのシェルブール港で、日本向け高レベル放射性廃棄物のパシフィック・スワン号への積み込み作業が完了した。

2.26　〔再生〕BMW、電気自動車開発完了時期を公表　ドイツ・BMW社は、公害のない燃料電池を積んだ自動車の開発を2000年に完了すると発表した。

3.16　〔核〕北朝鮮、立ち入り調査に同意　核施設疑惑を持たれている北朝鮮が、焦点となっている地下施設へのアメリカの立ち入り調査を受け入れることに同意した。

3.17　〔原子力〕三菱マテリアル研で放射能汚染　大宮市の三菱マテリアル総合研究所で、11年前に操業を停止していたウラン燃料の製錬・転換施設の建屋や敷地内の土壌が、放射能で汚染されていたことが判明した。さらに4月6日、建屋の遮蔽が長期間にわたって不十分だったため汚染が周辺に及び、広範囲が汚染されていたことが判明した。

3.26　〔原子力〕アメリカ、廃棄物隔離パイロットプラントに軍事用超ウラン元素を処分　アメリカ合衆国エネルギー省 (DOE) は、アメリカ初の放射性廃棄物処分場としてニューメキシコ州カールスバッドに建設した廃棄物隔離パイロットプラントに、軍事用超ウラン元素を処分した。

4.1　〔資源〕BPアモコとアルコが合併を発表　BPアモコがアメリカのアルコと年末までの合併で合意したと発表した。

4.8　〔全般〕地球温暖化対策推進法施行　「地球温暖化対策の推進に関する法律」の全面施行、同施行令の施行。翌日の閣議で「地球温暖化対策に関する基本方針」が決定した。

4.19　〔再生〕トヨタがGMと提携　トヨタ自動車がゼネラル・モーターズ (GM) と環境対応技術の開発で包括提携したと発表した。燃料電池電気自動車の開発で、21世紀の環境対応車として注目された。

4月　〔再生〕調査井掘削費等を開発費に統合　地熱発電所調査井掘削費等補助金を地熱発電開発費補助金に統合した。

5.28　〔原子力〕敦賀原発を2010年に廃炉　日本原子力発電は、福井県敦賀市の敦賀発電所1号機を2010年ごろに廃炉にすることを発表した。商業用軽水炉の廃炉決定は国内で初めて。

5.29　〔全般〕低公害車普及対策案まとまる　低公害車の普及実績が当初予定に比べはかばかしくないことから、環境庁・低公害車大量普及方策検討会が、製造・販売段階で一定台数を低公害車とする義務づけ、有料道路料金免除などの対策案をまとめた。

6.1　〔原子力〕志賀原発1号機で臨界事故　北陸電力志賀原子力発電所1号機 (BWR) で、定検中に臨界事故が発生した。誤った操作で、制御棒3本抜け落ち、緊急停止装置が働かず、圧力容器・格納容器のふたが開いたままだった。INESレベル2。

6.2　〔資源〕テキサコとシェブロンの合併交渉決裂　石油メジャーの一つであるテキサコとシェブロンの合併交渉が決裂した。

6.9	〔原子力〕**原子炉等規制法改正案が、参院本会議で可決・成立**	使用済み核燃料の中間貯蔵を盛り込んだ、「核原料物質、核燃料物質及び原子炉の規制に関する法律（原子炉等規制法）」改正案が、参院本会議で可決、成立した。
6.30	〔原子力〕**国会でKEDO協定を承認**	北朝鮮の軽水炉建設のための朝鮮半島エネルギー開発機構（KEDO）に資金拠出する国際協定を国会が承認した。KEDOは1994年10月の米朝枠組み合意で北朝鮮が核開発を凍結する見返りとして盛り込まれたこともあり、政府は核開発防止に有効な枠組みとして今後、軽水炉建設の進行状況に応じて段階的に資金を拠出する。
6月	〔資源〕**トタル・フィナ発足**	国際石油資本のトタルとペトロフィナが合併し、新会社トタル・フィナが発足した。
7.8	〔資源〕**サハリン2生産開始**	ロイヤル・ダッチ・シェル、三菱商事、三井物産の共同プロジェクト、サハリン2が原油生産を開始した。
7.12	〔原子力〕**敦賀原発2号機で放射能漏れ**	福井県敦賀市の日本原子力発電敦賀発電所2号機で、放射能を浴びた1次冷却水約51tが14時間にわたって原子炉格納容器内に漏出、原子炉を手動で緊急停止させる事故があった。国際的な自己評価尺度はレベル1（逸脱）。原因は高サイクル熱疲労により再生熱交換器のステンレス製配管に亀裂が生じたためで、亀裂箇所以外にも金属表面に無数のひび割れがあった。
7.18	〔原子力〕**玄海原発1号機で海水漏れ**	午後2時55分、佐賀県玄海町にある九州電力玄海原子力発電所で、運転中の1号機の復水器導電率計が上昇していることがわかった。上昇が続いたため、九電は復水器内に海水が漏れているとみて、19日午前0時現在、計画出力を50％まで落として点検の準備を進めている。九電はこの事故で「放射能漏れはない」としている。
7.25	〔核〕**核不拡散・核軍縮フォーラム開催**	1998年のインド、パキスタンの核実験を受けて、日本政府の呼びかけで「核不拡散・核軍縮に関する東京フォーラム」が開催された。アメリカとロシアに段階的な核軍縮を示した提言をまとめ、印パ両国に包括的核実験禁止条約（CTBT）への署名と批准を促し、北朝鮮に対して核兵器とミサイル関連技術の開発中止を呼びかけた。また、核不拡散条約体制の強化のため常設機関を設置することや、国際連合安全保障理事会で大量破壊兵器の拡散を非難する決議の採択などを促した。
8.14	〔原子力〕**バレンツ海で、原潜「クルスク」沈没**	8月14日、ロシア北西部のバレンツ海の海底約100mで、露北方艦隊所属の大型原子力潜水艦「クルスク」が航行不能となり、沈没した。乗組員118人の救助作業は悪天候で難航し、16日、艦内から生存を知らせる信号が途絶えた。ロシア政府は当初、国家機密の漏洩を恐れて他国の救助を拒んでいたが、19日にイギリスやノルウェーとの3国合同救助チームが組まれた。同艦は爆発により船首部が大きく破損し、艦の全域が浸水していることが21日になって判明し、全員の死亡が公式に表明された。事故原因として、当初は他国の潜水艦との衝突説なども浮上したが、クルスクが搭載していた船首部分の魚雷の爆発による可能性が高い。同艦の原子炉からの放射能漏れなどはなかった。
8.20	〔資源〕**ドバイ原油価格持ち直し**	ドバイ原油価格が22ヶ月ぶりに20ドル台に乗った。
8.25	〔原子力〕**川内原発1号機発電機タービン停止**	川内市久見崎町の九州電力川内原子力発電所1号機が、発電機を回すタービンの停止に伴い自動停止した。1ヶ月前の定期検査で取り外したタービン油圧系の配管を接続する際、ボルトの締め付けが悪かったため、接合部のパッキングが破損したことが原因。
8.27	〔原子力〕**福島第一原発で配管にひび**	福島県大熊町の東京電力福島第一原子力発電所1号機の原子炉圧力容器内にある緊急炉心冷却装置（ECCS）の配管の溶接部近くにひびが入っていたことが分かった。同機は先月から定期検査中で、環境への放射能の影響はないという。同機は1971年に運転を開始したが、問題の配管は試運転で稼動させた後、一度も使ったことがなく、部品も交換されていない。

1999年（平成11年）

9.13 〔資源〕トタル・フィナとエルフが合併合意　トタル・フィナとエルフが合併に合意、翌年フランス最大世界第4位の石油会社トタル・フィナ・エルフが誕生した。

9.30 〔原子力〕JCO東海事業所で臨界事故　9月30日午前10時35分ごろ、茨城県東海村のJCO東海事業所転換試験棟で、高速増殖炉「常陽」用の硝酸ウラニル溶液均一化作業中に、投入量が多すぎたためにウラン溶液が臨界に達し、臨界状態が約20時間続いた。INESレベル4。この事故で作業員3人が大量被曝で入院し、うち2人が死亡したが、国内の原子力事故で死者が出たのは初めて。その他に隣接するゴルフ場の作業員7人や救急隊員3人など計56人が被曝した。また、周辺住民119人が年間被曝限度を超えていたが、健康への影響は殆ど無いとみられる。約50世帯160人が公共施設に避難、半径10km以内の住民約11万世帯31万人に外出を避ける要請が出され、幼稚園・学校が休校となった他、周囲1km以内の交通も一時遮断され、農林関係者は安全宣言が出るまで収穫・出荷を見合わせた。支払われた補償金は約130億円に達した。

10.6 〔核〕CTBT発効促進会議が開催　国際連合のコフィー・アナン事務総長は、包括的核実験禁止条約（CTBT）の早期発効を目指すため招集し、第1回発効促進会議をウィーンで開催した（〜8日）。高村正彦外相が議長に選出され、同条約を批准していないアメリカ、ロシア、中国と未批准、未署名のインド、パキスタン、北朝鮮などに積極的な取り組みを求める最終宣言を採択したが、具体的な実行措置は盛り込まれなかった。15日、小渕恵三首相はアメリカ上院が包括的核実験禁止条約（CTBT）批准案を否決したため、アメリカのビル・クリントン大統領に親書を送った。

11.30 〔資源〕エクソン・モービル正式発足　アメリカ・連邦取引委員会が一部資産の売却という条件つきで承認したことを受け、エクソン・モービルが正式に発足した。

12.17 〔原子力〕原子力災害対策措置法制定　JCO事故を受けて、原子力災害対策措置法が制定された。原子力緊急事態宣言時には、内閣総理大臣に全権が集中し、地方自治体、原子力事業者を直接指揮することが盛り込まれた。

12.27 〔原子力〕ブレイエ原発で外部電源喪失事故　フランス・ジロンド川の洪水により、ブレイエ原発（PWR）の原子炉建屋が浸水し、外部電源の部分喪失が発生した。バックアップ電源が機能した。INESレベル2。

この年 〔再生〕太陽電池生産量、日本が世界一　日本の太陽電池生産量が、アメリカを抜いて世界一位となった。

この年 〔資源〕日中、排他的経済水域で問題　国際法上、領海を含む沖合200カイリまでは排他的経済水域とされ、海洋資源に関する主権が認められている。日本側は日中両国の経済水域の重なる部分は中間線を境とすべきと考え、中国海洋調査船の日本の主張する経済水域内での海洋調査は日本の了解が必要だと主張するが、中国側は大陸棚が中国から沖縄の西側まで続いているため問題ないとする国際法上主流ではない自然延長論を主張している。

この年 〔全般〕低公害車燃料等供給施設に税金の軽減措置を実施　低公害車の普及を目的に、2000年3月末までに106ヶ所のエコ・ステーション（燃料等供給施設）を設置すると共に、同施設に関する固定資産税等の軽減措置が取られることになった。

2000年
（平成12年）

1.1　〔原子力〕グローバル・ニュークリア・フュエル社設立　アメリカのゼネラル・エレクトリック（GE）、日立製作所、東芝の3社は、国際燃料合弁会社「グローバル・ニュークリア・フュエル社」を設立した。

1.16　〔原子力〕福島第一原発5号機で熱湯漏れ　午後5時15分ごろ、福島県双葉町の東京電力福島第一原子力発電所5号機で、薬品を流し込む配管につないだホースの別のつなぎ目から熱湯が漏れた。この際、作業員がホースを手で折り曲げて防ごうとし、手などに全治1ヶ月のやけどを負った。当初東電は熱湯中に放射性物質は含まれていないと発表したが、17日になって、「熱湯中に微量の放射性物質が含まれているが、外部への放射能漏れはない」と訂正した。

1.16　〔資源〕日本、サウジアラビア政府間交渉決裂　アラビア石油の利権更新についての日本・サウジアラビアの政府間交渉が決裂した。

2.18　〔熱〕ディーゼル車にフィルター装着義務化方針　石原慎太郎東京都知事が、都内を走るすべてのディーゼル車を対象に、粒子状物質（PM）を取り除くフィルターの装着を義務づける方針を明らかにした。これ以後、東京都は2003年度からの規制に向けて次々とディーゼル車排ガス対策を打ち出した。

2.22　〔原子力〕芦浜原発建設撤回　北川正恭三重県知事が県議会で芦浜原発建設計画の白紙撤回を表明した。

3.8　〔全般〕温室効果ガス排出権市場の創設　欧州委員会が、京都会議に基づきEU共通の温室効果ガス排出権市場を2005年までに創設することを提案したが、実施方法をめぐって日米とEUの間に対立があり、第6回締約国会議（COP6）での交渉難航が予想された。

3.27　〔原子力〕日本原燃低レベル放射性廃棄物埋設センターで放射能漏れ　青森県上北郡六ヶ所村の日本原燃・低レベル放射性廃棄物埋設センターで、低レベル放射性廃棄物のドラム缶内部から、放射性廃棄物が漏れ出ていたことが判明。

5.31　〔原子力〕特定放射性廃棄物の最終処分に関する法律成立　高レベル放射性廃棄物の地層処分を定めた「特定放射性廃棄物の最終処分に関する法律」が成立した。通商産業省が処分計画を5年ごとに策定し、「原子力発電環境整備機構（NUMO）」が処分にあたるという内容。NUMOは10月11日に発足。

5月　〔原子力〕核関連施設付近で山林火災　5月初め、アメリカ・ニューメキシコ州ロスアラモスで大規模な山火事が発生、11日朝までに焼失面積が18km^{2}を超え、民家100棟以上が全焼、住民1万8000人以上が避難した。その後も火災は拡大し、15日までにロスアラモス国立研究所の一部が焼失した。同研究所は第二次世界大戦中にマンハッタン計画の舞台となり、多くの核関連施設が存在する。焼失したのは「Vサイト」と呼ばれる木造建物群6棟のうち5棟で、使用はされておらず、前年に歴史的記念物として修復する計画が策定されたばかりだった。核関連施設には被害は出ていないという。国立公園管理当局が低木を焼き払う目的で火をつけたことが火災の原因で、折からの強風に乗って一気に燃え広がったという。

5月　〔再生〕世界地熱会議が日本で初開催　日本で初めてとなる世界地熱会議が開催された。

6.2　〔全般〕循環型社会形成推進基本法を公布　循環型社会形成推進基本法（廃棄物・リサ

イクル法)を公布した。

6.15　〔原子力〕ドイツ、原発全廃で合意　ドイツのゲアハルト・シュレーダー首相は、主要電力会社首脳と会談し、2030年代初めには原発全廃で合意したと発表した。

6月　〔原子力〕放射性廃棄物処分法施行　特定放射性廃棄物の最終処分に関する法律(放射性廃棄物処分法)が施行された。

7.4　〔資源〕カスピ海沖油田、共同発掘で合意　カザフスタンのヌルスルタン・ナザルバエフ大統領は、カスピ海沖で海底大油田の存在が確認されたと発表した。このカシャガン油田は、日本の政府系石油開発会社と国際石油資本が共同試掘していた油田で、日本側の権益は7%。

7.6　〔原子力〕福島第二原発3号機でシュラウドにひび割れ　東京電力は、福島第二原子力発電所3号機で、原子炉内中心部を覆っている円筒状のステンレス製構造物シュラウドにひび割れを発見したと発表した。

7.10　〔資源〕ナイジェリアで、石油パイプラインが爆発　ナイジェリア南部の町ワリ近郊で石油パイプラインが爆発し、少なくとも250人が死亡した。原因は不明だが、石油を盗もうとした住民がパイプラインを破壊したとの情報もある。現地住民の間では環境破壊・地代補償・雇用問題などをめぐり石油を採掘する多国籍企業への不満が高まっており、パイプラインや掘削施設を破壊する事件が散発的に発生、1998年にはワリの近くの町ジェッセでパイプラインから漏れ出した石油が爆発して推定1000人が焼死している。

7.31　〔原子力〕高エネルギー加速器研究機構、CP対称性の破れについて実験　筑波県の高エネルギー加速器研究機構で、B中間子と反B中間子の崩壊のしかたを比べる実験を行い、反B中間子の生成から崩壊までの時間が、B中間子のそれよりも平均して1兆分の1から2秒ほど短いことを示すデータが得られたと高エネルギー物理学国際会議で発表。CP対称性の破れと呼ばれる、粒子と反粒子のアンバランスを実際に実験装置の中で初めて確認することに成功した。

8.17　〔原子力〕泊原発で作業員転落死亡事故　北海道電力泊発電所の放射性廃棄物処理建屋内廃液タンクで、作業員の転落死亡事故が発生した。死因は、排気ダクトを外していたことによる酸欠死の可能性が強い。

9.2　〔原子力〕女川原発1号機で水漏れ　午前10時40分ごろ、宮城県女川、牡鹿両町にまたがる東北電力女川原子力発電所1号機のタービン建屋地下1階にある復水ろ過脱塩塔内で、水の不純物を取り除くろ過装置のバルブ室の配管から霧状に水が漏れていたのが発見され、バルブを閉めるなどして午後1時20分に水漏れを止めた。漏れた水は約1ℓで、放射能レベルは約5000ベクレル。事故の通報義務が生じる国の安全基準370万ベクレルを大きく下回り、外部にも漏れていない。

9.14　〔原子力〕川内原発1号機で蒸気発生器にひび割れ　川内市久見崎町の九州電力川内原子力発電所1号機で、蒸気発生器の細管16本にひび割れが発見された。

9月　〔再生〕秋の宮地域で蒸気確認　新エネルギー・産業技術総合開発機構(NEDO)の地熱開発促進調査で、秋田県の「秋の宮地域」において75t/h(0.75万kW相当)の蒸気を確認した。

11.24　〔原子力〕新「原子力研究・開発及び利用に関する長期計画」決定　原子力委員会は、新「原子力研究・開発及び利用に関する長期計画(原子力長計)」を決定した。核燃料サイクルを国策と位置づけるもの。

11.30　〔資源〕ナイジェリアで、石油パイプライン火災　ナイジェリアの中心都市ラゴス近くの漁村を通る石油パイプラインで火災が発生、約60人が死亡した。

11月　〔再生〕NEDO、長期循環試験を開始　新エネルギー・産業技術総合開発機構

(NEDO)の山形県最上郡大蔵村肘折地区の高温岩体実験場で、2年間の予定の長期循環試験を開始した。

12.1 〔再生〕**九重地熱発電所運転開始** 大分県の九重観光ホテルの九重地熱発電所が運転を開始した。出力2000kW。シングルフラッシュ発電方式。

12.15 〔原子力〕**チェルノブイリ原発閉鎖** 1986年4月に史上最悪の原発事故を起こしたウクライナのチェルノブイリ原子力発電所が閉鎖された。

この年 〔電力〕**水素燃料電池バスが運航開始** ドイツ・ダイムラー・クライスラー社製の水素燃料電池30個を搭載したバスが、ヨーロッパで運航を開始した。

この年 〔再生〕**NEDO、風力発電の発電量が一般家庭5万世帯分以上に達したと発表** 日本全国の風力発電用の風車は2000年度末の見込みで225基、総発電能力11万kW(一般家庭5万世帯分以上)に達することが新エネルギー・産業技術総合開発機構(NEDO)により発表された。

この年 〔再生〕**ウエーブゲン社、世界初の商業規模波力発電装置稼働** スコットランドのアイラ島で、イギリスのウエーブゲン社が、世界初の産業用発電である陸上OWC500kW級実用機「リンペット」(沿岸固定式波浪発電装置)の運用を開始した。

この年 〔再生〕**海洋科学技術センター、浮体型波力発電装置実験** 海洋科学技術センター(現:独立行政法人海洋研究開発機構)が三重県英虞湾など5カ所湾沖で、浮体型波力発電装置「マイティーホエール」120kWの実験を行った。

この年 〔再生〕**太陽電池製造量世界一** シャープが世界一の太陽電池の生産メーカーとなった。

2001年
(平成13年)

1.6 〔原子力〕**原子力安全・保安院設立** 第2次森内閣の中央省庁再編に伴い、経済産業省から工業技術院が独立。これに代わって、原子力安全・保安院が新設された。また、地熱発電の推進原課だった工業技術院サンシャイン計画推進本部が消滅したことに伴い、地熱発電の技術開発が終了に向かう。

1.6 〔全般〕**環境省設立** 第2次森内閣の中央省庁再編に伴い、環境庁が環境省に再編された。

1.8 〔再生〕**トヨタ、燃料電池車共同開発** トヨタ自動車、アメリカゼネラル・モーターズ(GM)は、エクソン・モービルと協力し燃料電池車を共同で開発することで合意したと発表した。

2.8 〔電力〕**東京電力、発電所建設を凍結** 東京電力は、電力需要が伸び悩んでいることから、新規の発電所建設計画を原則として3～5年間、凍結する方針を発表した。

2.10 〔原子力〕**えひめ丸、米原潜と衝突し沈没** 日本時間の2月10日、ハワイ・オアフ島沖で、愛媛県立宇和島水産高校の実習船「えひめ丸」が民間人を乗船させデモンストレーションで急浮上してきたアメリカ海軍原子力潜水艦「グリーンビル」に衝突され沈没、生徒ら9人が行方不明となった。9月から同船の船体引き上げが開始され、船内から8人の遺体が収容された。2002年4月、同県とアメリカ海軍は救助者への心的外傷後ストレス障害(PTSD)対策費を含む総額1147万ドルで示談し、11月には乗員35人のうち33人の家族が賠償総額1390万ドルで和解。同年12月、グリーンビル元艦長が来日・謝罪、これを受けて残る2家族も和解した。

2001年（平成13年）

- **3.1** 〔電力〕超伝導体MgB_2が発見される　青山大学の秋光純らの研究グループが、金属化合物としてはそれまでより16度も高い最高のマイナス234度で超伝導体になる物質、2ホウ化マグネシウムを発見した、とイギリスの科学雑誌『ネイチャー』に発表。2ホウ化マグネシウムは、それまでの高温超伝導物質より安価で加工もしやすいなど、産業への応用が期待される。

- **3.28** 〔全般〕アメリカ、京都議定書を離脱　アメリカのブッシュ大統領は、地球温暖化防止のための温室効果ガスの排出削減義務をさだめた「京都議定書」の合意について履行する意思のないことを明言した。「発展途上国が議定書の義務を負わないため、削減目標がアメリカ経済に悪影響を与える」ことを理由としている。日本は閣僚協議などを通じて、アメリカに対し議定書への復帰と代替案の提出を促したが、対立は解けなかった。

- **3月** 〔再生〕NEDO、「深部地熱資源調査」終了　新エネルギー・産業技術総合開発機構（NEDO）の地熱探査技術等検証調査「深部地熱資源調査」が終了した。

- **4.18** 〔全般〕衆参両院、京都議定書を全会一致で可決　参議院にて「京都議定書発効のための国際合意の実現に関する国会決議」が全会一致で可決された。翌19日、衆議院でも全会一致で可決された。

- **5.17** 〔原子力〕ブッシュ大統領「国家エネルギー政策」を発表　アメリカのジョージ・W.ブッシュ大統領は、原子力を地球環境保全とエネルギーの安定供給に重要な役割を果たすものと位置づけた、「国家エネルギー政策（National Energy Policy）」を発表した。1970年のスリーマイル島事故以降中断している原子力発電所の新規建設の推進が盛り込まれている。

- **5.27** 〔原子力〕柏崎刈羽原発プルサーマル計画で住民投票　東京電力柏崎刈羽原子力発電所でのプルサーマル計画受け入れの是非を問う住民投票が行われた。投票結果は、反対派が53.6％と過半数を占めた。6月1日、東京電力は、計画を2002年夏まで先送りすることを決定した。

- **6.11** 〔原子力〕ドイツ、原発全廃で電力4社と合意　ドイツのゲアハルト・シュレーダー首相は、国内の19基の原子力発電所を、将来的に全廃することを決め、電力4社との合意文書に調印した。

- **6.11** 〔全般〕ブッシュ大統領、独自に地球温暖化対策を実施すると発表　アメリカのジョージ・W.ブッシュ大統領は、温室効果ガスの排出削減技術の推進を柱とする、独自の地球温暖化対策を進める、と発表した。しかし削減の具体策は示さなかった。

- **6.26** 〔全般〕循環型社会白書公表　日本政府は、循環型社会形成基本法に基づき新しい白書「平成12年度版 循環型社会白書—循環型社会の夜明け‐未来へと続く挑戦」を閣議決定・公表した。

- **6月** 〔全般〕自動車NO_X・PM法制定　「自動車から排出される窒素酸化物及び粒子状物質の特定地域における総量の削減等に関する特別措置法」（自動車NO_X・PM法）を制定。

- **7.23** 〔全般〕京都議定書運用ルールで合意　気候変動枠組条約第6回締約国会議再開会合が、7月16〜27日にドイツのボンで開かれ、23日の閣僚級協議で、京都議定書の主要な運用ルールについて合意した。2008〜2012年の削減目標を達成できなかった場合は、未達成量の1.3倍を次の5年間の削減義務に加えることなどを定めたが、目標遵守規定に法的拘束力を持たせるかどうかの問題は、先送りされた。

- **8月** 〔電力〕フラーレンで、超伝導を実現　アメリカ・ルーセントテクノロジーズ社ベル研究所のグループが、C_{60}フラーレンで、マイナス156度での高温超伝導体を作成することに成功。高温超伝導体の作成は、金属酸化物以外では世界初となる。また、有機高分子化合物P3HT（ポリ3ヘキシルチオフェン）を超伝導体にすることにも成功。小型・軽量な電子素子の材料となることが期待される。

9.11 〔全般〕アメリカで同時多発テロが発生　アメリカで4機の旅客機が乗っ取られ、2機がニューヨークの世界貿易センターのツインタワービルに激突、2棟とも崩壊した。1機はワシントン郊外の国防総省に突っ込んで炎上。残りの1機はピッツバーグ近郊に墜落した。一連のテロで日本人24人を含む2993人の命が奪われた。アメリカ政府はこれを反米テロと断定。13日、ジョージ・W.ブッシュ大統領は、アメリカが国際テロ組織との戦争状態に入ったとの認識を示し、14日には「国家緊急事態」を宣言。コリン・パウエル国務長官は、イスラム原理主義の指導者でアフガニスタンに潜伏していると思われるウサマ・ビン・ラーディンが容疑者であると認めた。アメリカは報復として、2001年10月アフガニスタンに、2003年3月イラクに、攻撃を開始した。

9.22 〔核〕アメリカが印パ制裁を解除　アメリカのジョージ・W.ブッシュ大統領は、1998年の核実験以来インド、パキスタンの両国に対してアメリカが発動していた軍事・経済制裁を全面解除した。

9.30 〔原子力〕核燃料サイクル開発機構、ウラン濃縮技術開発終了　核燃料サイクル開発機構は、核燃料サイクル開発法施行令の一部改正に基づき、ウラン濃縮技術の開発を終了した。

10.23 〔原子力〕島根原発「ISO9001」の認証取得　中国電力島根原子力発電所は、国内の原子力発電所で初めて「ISO9001」認証を取得した。

10.26 〔核〕日本、印パの核実験に対しての経済制裁停止　日本政府は、1998年にインドとパキスタンが実施した核実験に対して行っていた経済制裁措置の停止を正式決定した。これ以外にもパキスタンに対し無償資金協力（4000万ドル）、646億円の公的債務繰り延べを決定した。タリバン政権崩壊後のアフガニスタン新政権づくりや復興を円滑に進めるためには、パキスタンなど周辺国の経済基盤の安定が不可欠と判断した。

10.31 〔原子力〕高速実験炉「常陽」施設で火災　午後8時40分ごろ、茨城県東茨城郡大洗町成田町で、核燃料サイクル開発機構の高速実験炉「常陽」敷地内のメンテナンス建屋で火災が発生。建屋は原子炉から約30m離れており、ビニールシートや木材を焼いただけで建物の被害や放射能漏れはなかった。不要となった配管を解体し付着したナトリウムを除去する作業中に、配管を拭いた紙タオルを捨てる容器にナトリウムが混入し発火したもの。従業員の訓練が不十分だったことやナトリウムへの認識の甘さが指摘された。

11.7 〔原子力〕浜岡原発で冷却水漏れ　7日午後5時ごろ、静岡県小笠郡浜岡町の中部電力浜岡原子力発電所1号機で、緊急時に原子炉内に冷却水を送り込む高圧注入系の試験中に注入系が自動的に停止した。検査の結果、炉水の放射線分解により生じた水素と酸素が配管頂部に蓄積し、着火、爆発したことで緊急炉心冷却装置系の配管が破断し、放射能を含む蒸気が建屋内に漏れていたことが判明。INESレベル1。9日には原子炉圧力容器下部に溶接した制御棒駆動機構の収納ケース付近から放射能を帯びた冷却水が漏れ出していることもわかった。原子炉心臓部からの冷却水漏れは国内の原発ではほとんど例がなく、同原発の運転開始から25年たっていることもあり、老朽化を懸念する声もある。

11.18 〔原子力〕海山町の住民投票で原発反対7割　三重県海山町で原子力発電所誘致の賛否を問う住民投票が行われ、反対派が7割近くを占め勝利。

11月 〔再生〕NEDO、「10MW級プラントの開発」終了　新エネルギー・産業技術総合開発機構（NEDO）の熱水利用発電プラント等開発「10MW級プラントの開発」が終了した。

12.7 〔原子力〕原研の高温工学試験研究炉がフル出力達成　日本原子力研究所のHTTR（高温工学試験研究炉）が、フル出力を達成し、850度のヘリウムガスの取り出しに成功した。

12月 〔熱〕ホンダ、シビックハイブリッドを発売　本田技研工業はハイブリッドシビックを搭載したシビックの新モデルを発売した。独自のパラレル方式ハイブリッドシステム「新Honda IMAシステム」を搭載した。

この年　〔再生〕フィンランドで、アルポルメンス・クラフト・ユニットが建設　フィンランドのピエタルサーリに、世界最大の熱電供給プラント・アルポルメンス・クラフト・ユニットを建設した。泥炭と木質バイオマス主要な燃料とし、バイオマスとピートを混焼させることができる。

この年　〔再生〕豪州に波収斂型システム設置　Energytech社が、オーストラリアのポート・ケンブラに波収斂型OWCを設置した。

この年　〔再生〕国交省、燃料電池自動車実験　国土交通省の認定を受け、燃料電池自動車の走行実験が行われた。

2002年
（平成14年）

1.30　〔原子力〕女川原発3号機、営業運転開始　東北電力女川原子力発電所3号機（BWR、82万5000kW）が営業運転を開始した。

2.1　〔原子力〕使用済み核燃料貯蔵プールで漏水が発生　日本原燃は青森県六ヶ所村にある同社の核燃料再処理工場内の使用済み核燃料貯蔵プール北壁部西側のプールライニングプレート部で、前年7月から漏水が起きていると発表した。漏水は国の基準値の1000分の1以下の放射性物質を含んでおり、漏水の累計は5.2tになるが、廃液処理施設に送っているため周辺への放射能漏れはないという。稼働中の燃料貯蔵プールでの漏水事故は全国で初めて。

2.1　〔資源〕ラウダタイン油田が炎上　2月1日、クウェート北部のイラク国境近くにあるラウダタイン油田でパイプラインから漏れた原油が炎上し爆発、作業員4人が死亡、19人が負傷した。また、産油施設の損壊が激しく、当面は日量60万バレルの減産が見込まれるが、これは同国の産油量（日量約170万バレル）の3分の1に相当する。

2.9　〔原子力〕女川原発でボヤ　午前9時30分すぎ、宮城県女川町と牡鹿町にまたがる東北電力女川原子力発電所2号機で、制御棒駆動機構保修室上部で液体の入ったスプレー缶に穴を開ける作業中に出火。ビニールシート1枚が燃え、作業員2人が軽いやけどを負った。原発は定期検査のため停止中で、放射能漏れはなかった。

2月　〔再生〕岳の湯発電所を廃止　熊本県阿蘇郡小国町の岳の湯地熱発電所を廃止した。

3.8　〔原子力〕デービス・ベッセ原発で欠損発見　アメリカのデービス・ベッセ原子力発電所（PWR）で、定検中に原子炉容器上蓋の母材に欠損が発見された。INESレベル3。

3.29　〔全般〕地球温暖化対策推進法改正　「気候変動枠組条約の京都議定書の締結の国会承認を求める件」及び「地球温暖化対策の推進に関する法律の一部を改正する法律案」が閣議決定された。

3.31　〔資源〕島根県沖で、貨物船沈没・重油流出　午前3時20分ごろ、島根県隠岐島沖南東26kmの海上で、鳥取県岩美町田後漁協所属の底引き網漁船「第3更賜丸」（78t）と中米ベリーズ船籍の貨物船「アイガー」（2847t）が衝突。第3更賜丸の3人が軽い怪我を負った。アイガーは沈没し、乗組員は全員更賜丸に救助されたが、同船から燃料のA重油が流出し、一部が京都府網野町の浜詰海岸に漂着し、定置網などにも付着した。

3月　〔再生〕電源開発、小国発電所計画から撤退　電源開発が、熊本県阿蘇郡小国町の小国地熱発電所計画から撤退した。

3月　〔再生〕熱水利用発電プラント等開発を終了　新エネルギー・産業技術総合開発機構（NEDO）の熱水利用発電プラント等開発「深部地熱資源採取技術の開発」と「地熱井掘削時孔底情報検知システムの開発」を終了した。

4.2　〔原子力〕女川原発で配管に水漏れ　午前11時15分ごろ、宮城県女川町と牡鹿両町にまたがる東北電力女川原子力発電所2号機のタービン建屋で、冷却水を原子炉に戻す配管に水漏れが見つかった。漏れた水には微量の放射能が含まれていたが、人体や周辺の環境に影響はないという。また、午前、石川県志賀町の北陸電力志賀原子力発電所1号機で、原子炉冷却水再循環ポンプの軸振動値に異常が認められたため、原子炉を手動停止した。外部への放射能漏れは確認されていない。いずれも定期検査中で調整運転を行っていたが、コストダウンを背景に定期検査のレベルの低下を懸念する専門家もいる。

4.12　〔原子力〕国際協力でプルトニウム処分が実現　核燃料サイクル開発機構は、ロシアの余剰核兵器解体プルトニウムを用いた、パイパック燃料集合体の照射試験が目標燃焼度に達したと発表した。世界初、国際協力でのロシア解体プルトニウム処分が実現した。

4.26　〔再生〕RPS法制定　地球温暖化対策として、新エネルギーの利用目標を定める「電気事業者による新エネルギー等の利用に関する特別措置法」（略称：RPS法）が衆議院で採択され、5月31日には参議院で可決、成立した。翌年4月施行。電気事業者ごとに新エネルギーの利用量を設定し、利用を義務づける。

5.24　〔核〕米露、モスクワ条約に調印　アメリカのジョージ・W・ブッシュ大統領とロシアのウラジーミル・プーチン大統領は、クレムリンで戦略攻撃戦力削減条約（モスクワ条約）に調印した。両国の戦略核弾頭の配備数を2012年末までに、約1700～2200発までに削減する。核弾頭の解体・廃棄の義務づけはない。米露ともに批准し、2003年6月1日発効した。STARTⅡは調印されたものの、発効されていなかった。

5.25　〔原子力〕浜岡原発で冷却水漏れ　静岡県小笠郡浜岡町にある中部電力浜岡原子力発電所2号機の緊急炉心冷却装置の配管から水漏れ事故が発生し、原子炉を手動で停止した。2001年11月の1号機の事故を受けて2号機を自主的に点検、前日に運転再開したばかりだった。原因は運転時の振動で配管溶接部分から別れた水抜き配管に亀裂が入ったため。

6.4　〔全般〕京都議定書批准決定・受諾書寄託　地球温暖化防止のための二酸化炭素などの排出量削減義務づけた京都議定書について、政府は、参議院での承認・成立を受け、批准を正式に決定し、受諾書をニューヨークの国際連合本部に寄託した。京都議定書は、1997年12月11日、京都市で開かれた地球温暖化防止京都会議で議決され、日本では2002年3月29日に批准承認案が閣議決定され、5月21日に衆議院本会議で承認、31日には参議院本会議でも承認され、成立した。

6.7　〔原子力〕RPS法公布　新エネルギーによる発電を一定割合以上利用することを電気事業者に義務づける、電気事業者による新エネルギーなどの利用に関する特別措置法（RPS法）が公布された。2003年4月1日施行。

6.7　〔原子力〕エネルギー政策基本法成立　参議院で、安定供給、環境保全を重点としたエネルギー政策基本法が可決、成立した。エネルギー需給対策の推進、多様なエネルギーの開発・導入・利用、石油の安定供給確保など。14日公布施行。

6.7　〔全般〕地球温暖化対策推進法改正　「地球温暖化対策の推進に関する法律の一部を改正する法律」が公布された。

6月　〔再生〕小型バイナリー発電機による発電実験開始　新エネルギー・産業技術総合開発機構（NEDO）、山形県最上郡大蔵村肘折地区の高温岩体実験場にて小型バイナリー発電機による発電実験を開始した。

6月　〔再生〕世界初の立軸バルブ水車　東北電力は、福島県で立軸バルブ水車を使った第二

上野尻発電所の運用を開始した。出力1万3500kW。

8.23 〔原子力〕柏崎刈羽原発3号機で炉心隔壁に亀裂　新潟県の東京電力柏崎刈羽原子力発電所3号機で定期点検中、炉心隔壁にひび割れが見つかった。

8.26 〔全般〕ヨハネスブルグ・サミット開催　国際連合の「持続可能な環境と開発に関する世界首脳会議」(UNCED)、通称「地球サミット」が、南アフリカのヨハネスブルクで開幕した。約170ヶ国の政府代表、民間活動団体など6万人が参加した。9月4日、会議は21世紀の人類の行動計画となる「実施計画」と、各首脳の決意を示した「持続可能な開発に関するヨハネスブルグ宣言」を採択した。

8.29 〔原子力〕東京電力自主点検記録不正問題が発覚　東京電力が柏崎刈羽、福島第一、第二の3原子力発電所の原子炉計13基で、1980年代後半から1990年代にかけて行われた自主点検で部品のひび割れなどのトラブルを見つけながら、修理記録の改ざんや虚偽記載など29件の不正を行っていたことが、経済産業省原子力安全・保安院の調査で判明した。東京電力の南直哉東電社長は事実関係を認め、プルサーマル計画の凍結を表明した。

8月 〔再生〕高温岩体発電の実証試験が終了　1999年12月以降行われていた高温岩体発電の実証試験が山形県大蔵村肘折地区で終了した。高温岩体発電は、放射性同位元素を多く含み熱エネルギーを多く持ちながらも、天然に熱を輸送する媒体を持たない花崗岩などの高温岩体に亀裂を入れて人工的な熱交換面を作ることで、発電を行う。肘折地区では、地下約2000mに造成された岩体温度260～280度の人工貯留層を対象に循環抽熱試験を行い1万kWの熱出力が得られることを実証した。

9.2 〔原子力〕福島第二原発で放射能漏れ　福島県にある東京電力福島第二原子力発電所2号機の排気筒から放出される放射性物質濃度が通常の1.76倍まで上昇したため、東京電力は原子炉を手動停止した。発電所排気筒から微量の放射能物質の放出が確認された。

9.12 〔原子力〕原子力安全・保安院、告発者名を東京電力に漏らす　東京電力の原発トラブル隠しで内部告発を受けた経済産業省原子力安全・保安院が2000年末、告発者の元GE社員の氏名などを東電に漏らしていたことが判明。

9.12 〔全般〕日本、対イラクで国際協調要請　小泉純一郎首相とアメリカのブッシュ大統領は、アメリカ同時テロの1年後の9月12日、ニューヨークのホテルで会談した。首相はイラクによる大量破壊兵器の国連査察拒否への対応について、欧州諸国などの十分な理解を得る努力をすべきだとの考えを伝え、大統領は、イラクの対応が変わらなければ、国際社会の理解がなくても武力行使に踏み切る可能性を示唆した。

9.19 〔原子力〕CERN、「反物質」大量生成に成功　欧州合同原子核研究所(CERN)で活動する東京大学(早野龍五ら)などの国際研究グループが、通常の物質とは逆の電気を帯びた粒子で構成される「反物質」の反水素原子を世界で初めて大量に作り出した。約20時間の実験で、反陽子と反電子から5万個以上の反水素を生成。成果は19日、イギリスの科学雑誌『ネイチャー』オンライン版に掲載された。

9.26 〔原子力〕伊方原発で発電機台に亀裂　脱原発市民団体の「原子力資料情報室」(東京都)は、四国電力伊方発電所(愛媛県)1号機のタービン発電機を載せる鉄筋コンクリート製の台にひび割れと変形があると内部告発があったと発表した。

9.27 〔原子力〕原子力安全・保安院長らを処分　平沼経産相は、東京電力の原発自主点検記録不正問題を巡り、調査に手間取ったことなどを理由に、経済産業省原子力安全・保安院の佐々木宜彦院長ら幹部5人を処分すると発表した。点検記録改ざん問題では9月13日に保安院が東電に対し電気事業法違反などでの刑事告発や行政処分を行わないとした後にも、東電の社内調査で指摘された29件のうち16件が悪質な改ざんであったという事実が明らかになるなど対応の遅れが指摘されていた。

9月	〔再生〕長期循環試験終了	2000年11月に開始した新エネルギー・産業技術総合開発機構(NEDO)の高温岩体実験場での長期循環試験を終了した。
10.1	〔全般〕イラクが査察受入れ	イラクの大量破壊兵器査察問題で国際連合とイラクの実務協議がウィーンで開かれていたが、最終日のこの日、イラクは大統領宮殿などを除くすべての施設について即時無条件無制限に査察を受入れることで合意した。
10.8	〔原子力〕小柴昌俊ら、ノーベル物理学賞受賞	「天体物理学特に宇宙ニュートリノの検出に関する先駆的貢献」で小柴昌俊(東京大学名誉教授)、レイモンド・デービス(アメリカ・ペンシルベニア大学名誉教授)、「宇宙X線源の発見を導いた天体物理学への先駆的貢献」でリカルド・ジャッコーニ(アメリカ・アソシエイテッド・ユニバーシティーズ社社長)がノーベル物理学賞を受賞。小柴は1983年に完成した岐阜県神岡町に設けた素粒子観測装置「カミオカンデ」の建設計画を主導し、1987年2月世界で初めて星の終末である超新星爆発により発生した素粒子ニュートリノを観測、謎に包まれていた超新星爆発の詳細な分析に成功。太陽系の外からのニュートリノの観測は世界初めてだった。この観測により、「星が最後に爆発して超新星ができる際、ニュートリノが放出される」という理論が裏づけられ、またその後、太陽ニュートリノの検出にも成功。光や電波などではなく、宇宙から飛来するニュートリノを観測することにより天体の性質を解明する「ニュートリノ天文学」を創始した。デービスは、1967年太陽中心部の核融合によって生じるニュートリノを測定出来る可能性に気づき、サウスダコタ州の地下1500mに約600tのテトラクロロエチレンを入れたタンクを建設。1970年代から1994年まで20年にわたる測定を行う。結果、ニュートリノの量は予測される理論値の3分の1程度しかないことが判明し、残りはどこへいったのか、この現象をどう考えるべきかという「太陽ニュートリノ問題」を提唱した。また、太陽が放出するニュートリノを詳しく観測し、核融合が太陽のエネルギー源であることの証明も行った。小柴と共にニュートリノ天文学の先駆として知られる。ジャッコーニは、宇宙X線放射は地球の大気で吸収されてしまうので、これを調べるには装置を宇宙に置く必要があると考え、1962年観測装置をロケットで打ち上げて宇宙のある方向から非常に強いX線を観測し、新種の天体を発見することに成功。これはさそり座の一角にあることから「ScoX-1」と名づけられ、これをきっかけにX線天文学の幕開けを迎えた。また、太陽系の外でのX線源を初めて検出し、また宇宙にはX線の宇宙背景放射があることを証明するなど天体物理学とX線天文学への先駆的業績をあげた。
10.25	〔原子力〕福島第一原発1号機を1年間運転停止へ	東京電力福島第一原子力発電所1号機の原子炉格納容器気密試験不正操作疑惑で、経済産業省原子力安全・保安院は1991年、1992年の定期検査は偽装で、原子炉等規制法違反と断じ、1年間の運転停止を命じた。
11.5	〔原子力〕電気事業法、原子炉等規制法の改正案が閣議決定	自主点検記録不正問題の再発防止に向けた、電気事業法と原子炉等規制法改正案が閣議決定した。
11.8	〔全般〕イラク査察が再開	国際連合安全保障理事会が公式協議を開き、大量破壊兵器査察を全面的に受け入れるようイラクに迫る決議案を全会一致で採択した。13日、イラクの国連大使は、同国政府がこの決議を受諾したことを明らかにした。27日から、国際連合監視検証査察委員会と国際原子力機関の2団体による査察が始まった。1998年以来4年ぶりの査察となる。
11.15	〔全般〕東京都、CO_2削減を義務づけすると発表	東京都は、「京都議定書」の二酸化炭素(CO_2)削減義務に関し、国に先駆ける法的措置として、都内の大規模事業所に対し、CO_2削減を条例で義務づける方針を明らかにした。
12.2	〔再生〕トヨタとホンダ、燃料電池車のリースを開始	トヨタ自動車と本田技研工業は、世界で初めて燃料電池乗用車をリース方式で市販した。両社が首相官邸と中央官庁に納車した燃料電池車「トヨタFCHV」と「FCX」は、水素と酸素を反応させて発電し、排出するのは水だけという低公害車。リース期間はトヨタ自動車が30ヶ月で月120万円、本田技研工業が12ヶ月で月80万円。その後、日産自動車も「X-TRAIL FCV」を公開した。

2002年（平成14年）　　　　　　　　　　　　　　　　　　　　　　資源・エネルギー史事典

12.5 〔資源〕茨城県日立港の船舶事故で重油流出　未明、茨城県日立市久慈町の日立港東防波堤付近で北朝鮮籍の貨物船「チルソン」(3144t)が座礁、船底に穴があき燃料の重油が流出した。ボランティアらが海面の重油除去を行うと共に、船内に残った約70klの重油を回収した。

12.7 〔全般〕イラクの大量破壊兵器をめぐって　イラク政府は国際連合安全保障理事会の決議に基づく大量破壊兵器に関する申告書を公開し、大量破壊兵器の開発、保持を全面的に否定した。19日、アメリカのパウエル国務長官は会見し、イラク政府が公開した報告書には重大な申告漏れがあり、安保理決議への重大な違反にあたるというアメリカ政府の見解を述べた。

12.10 〔原子力〕原研大洗研究所で材料試験炉水漏れ　午前、茨城県大洗町にある日本原子力研究所大洗研究所の材料試験炉「JMTR」で、冷却水循環ポンプ付近から水が漏れて手動停止した。原因は、ポンプの出口配管から分岐している圧力計の配管にできた約2cmの亀裂。

12.10 〔再生〕潮谷義子県知事、荒瀬ダム撤去表明　潮谷義子熊本県知事は、球磨川下流の県営荒瀬ダムを、2010年4月以降に撤去すると県議会で表明した。周辺住民からの放水による振動障害の訴えに呼応するものである。代替ダムをつくらず既存のダムを撤去するのは、初めての事例となる。県営荒瀬ダムは、水力発電を目的に建設されたダムであった。

12.11 〔原子力〕改正電気事業法、原子炉等規制法改正案が可決成立　改正電気事業法および、原子炉等規制法改正案が可決・成立した。

12.12 〔原子力〕敦賀原発2号機のタービン建屋内で火災　午後7時40分ごろ、日本原子力発電敦賀発電所2号機のタービン建屋内でボヤ火災が発生し、原子炉を手動停止した。

12.12 〔核〕北朝鮮が核開発再開　北朝鮮が、1994年以来行われてきた核関連施設の凍結措置を解除し、電力生産のための核施設の稼働、建設を再開すると発表、国際原子力機関（IAEA）に対して核施設の封印解除を求めた。31日、北朝鮮から国外退去を通告されたIAEAの監視要員の2人が平壌から北京に出国した。

12.30 〔原子力〕柏崎刈羽原発5号機の原子炉建屋付属棟から煙　午後11時5分ごろ、新潟県刈羽村の東京電力柏崎刈羽原子力発電所5号機の原子炉建屋付属棟で、火災報知機が作動した。高電導度廃液系の地下3階の中和装置につながる炭素鋼管内の濃硫酸約20ℓが流れ出、濃硫酸が水蒸気と反応して気化したためとみられる。

12月 〔再生〕燃料電池車の開発進む　トヨタ自動車と本田技研工業は燃料電池車の限定販売を始める。ダイハツ工業も軽乗用車初の燃料電池車ムーヴFCV-K2を開発した。

この年 〔電力〕GM、ハイワイヤーを発表　ゼネラル・モーターズ（GM）、水素燃料電池コンセプトカー「ハイワイヤー」を発表。

この年 〔再生〕NEDO、「集中連系型太陽光発電システム実証研究」開始　新エネルギー・産業技術総合開発機構（NEDO）は、群馬県太田市の住宅団地「PalTown城西の杜」で、「集中連系型太陽光発電システム実証研究」を開始。人が実際に生活している一般家庭553戸の屋根に太陽光パネルを設置して、集中連系時の安全性を検証する。

この年 〔核〕ジミー・カーターがノーベル平和賞を受賞　核不拡散条約（NPT）脱退宣言をした北朝鮮の金日成主席との1994年の会談により危機回避に貢献するなど、長年国際紛争の平和的解決への努力を続けて民主主義と人権の拡大、経済・社会開発に尽力したとして、アメリカ合衆国の元大統領ジミー・カーターがノーベル平和賞を受賞した。

- 280 -

2003年
(平成15年)

1.10 〔資源〕日露、パイプラインを共同推進　小泉純一郎首相とロシアのウラジーミル・プーチン大統領は1月10日、モスクワで行われた首脳会談で、極東やシベリアでのエネルギー資源の開発と、輸送パイプライン整備で協力を拡大することで合意した。

1.28 〔資源〕中川で、作業船転覆・重油流出　午後8時40分ごろ、東京都足立区の中川右岸付近で、クレーン付きの台船をえい航していた作業船(17t)が横転し、作業船の燃料の重油(約2000ℓ)が流出した。東京消防庁から消防艇5隻が出動し、重油が広がらないよう川にオイルフェンスを設置した。

1月 〔再生〕雲仙火山科学掘削プロジェクトによる火道掘削が開始　雲仙火山の噴火機構解明を目的とした雲仙火山科学掘削プロジェクトによる火道掘削が開始、2004年7月に掘削が終了した。活火山の中心を開坑する試みは世界初。

1月 〔核〕北朝鮮の核に関し動きあいつぐ　北朝鮮の核開発問題で、在中国北朝鮮大使は3日、核拡散防止条約脱退の可能性を示唆しながら米朝対話の再開を求めた。6日、国際原子力機関(IAEA)の緊急理事会が開かれ北朝鮮の動きに強い遺憾の意を示すとともに再凍結を求める決議が採択された。10日には、北朝鮮政府が核拡散防止条約(NPT)から脱退し、IAEAの核査察協定から完全に離脱することを宣言した。

1月 〔全般〕フセイン大統領、アメリカに徹底抗戦を表明　6日、イラクのサダム・フセイン大統領は、国連査察団の活動を防諜活動であると批判するとともに、アメリカがイラクを攻撃する場合は徹底抗戦すると述べた。これに対してアメリカは14日に「時間がなくなりつつある」とイラクに警告、15日にはNATO加盟諸国に対イラク戦への軍事支援を要請した。27日、国際連合監視検証査察委員会(UNMOVIC)のハンス・ブリクス委員長は国際連合安全保障理事会の公開協議で査察活動の結果を報告し、イラク側の協力が不十分で兵器開発疑惑が残っていると述べた。翌日、ジョージ・W.ブッシュ大統領は一般教書演説で、安保理の武力行使決議がなくてもイラク攻撃に踏み切る考えを示した。

2.6 〔全般〕アメリカがイラク攻撃の意思強める　アメリカのコリン・パウエル国務長官は6日、国際連合安全保障理事会の外相会議の席で、アメリカ政府が集めたイラクの隠蔽工作を裏付ける証拠を提示した。7日、ブッシュ大統領は、安保理理事国に早期にアメリカと同調するよう強く求めた。25日、アメリカ、イギリス、スペインの3ヶ国は国連安保理の非公式協議で、対イラク武力行使を容認する新決議案を共同で提出した。

2月 〔全般〕イラク攻撃に慎重な各国　9~10日にロシアのウラジーミル・プーチン大統領がドイツとフランスを訪問してゲアハルト・シュレーダー首相、ジャック・シラク大統領それぞれ会談、イラク危機の平和的解決を求める3ヶ国共同宣言を出した。10日、フランス、ドイツ、ベルギーの3ヶ国が、アメリカに求められていた対イラク戦軍事支援を決定するのは時期尚早として拒否。16日、アラブ連盟はカイロで緊急の外相会議を開き、対イラク戦でのアメリカとの軍事協力はすべきでないという声明を採択した。また、15日にはイラク攻撃に反対するデモがアメリカを含めた世界約60ヶ国の400都市で一斉に行われ、数百万人がこれに参加した。

3.12 〔再生〕小里川発電所、誘導発電機を世界で初めて導入　中部電力は岐阜県の小里川発電所で、世界で初めて誘導発電機使用の可変速発電を行った。

- 281 -

3.17 〔全般〕アメリカがイラクに最後通告　アメリカのブッシュ大統領が、イラクのサダム・フセイン大統領と息子たちに対し、48時間以内に出国しない場合武力行使に踏み切るという演説をした。18日、イラク政府は大統領らの亡命を拒否する声明を発表し、国会でも徹底抗戦を確認。一方、アメリカ側はイラク攻撃への支持国が45ヶ国に達したと発表（うち30ヶ国の国名も公表）。同じ日に、イラクに滞在していた国際連合監視検証査察委員会（UNMOVIC）の査察要員56人がキプロスへ脱出するなど、国際機関のスタッフらもバグダッドを去った。

3.19 〔全般〕米英がイラク攻撃開始　アメリカ軍、イギリス軍がイラクに対する攻撃を始めた（イラクの現地時間では20日）。24日、カイロで外相会議を開いていたアラブ連盟も、この米英軍のイラク攻撃を侵略として非難して即時無条件撤退を求めた。同じ日、アメリカのブッシュ大統領はロシアのプーチン大統領と電話会談し、ロシアの企業がイラクに対して国連決議で禁止された対戦車ミサイルなどを輸出しているという疑惑に対し懸念を表明したが、ロシア側はこの疑惑を否定した。

3.29 〔原子力〕「ふげん」運転終了　核燃料サイクル開発機構は、新型転換炉ふげん（ATR、16万5000kW）の運転を終了した。ふげん発電所は、「原子炉廃止措置研究開発センター」に改称した。

3月 〔再生〕「貯留層変動探査法開発」「高温岩体発電システムの技術開発」終了　新エネルギー・産業技術総合開発機構（NEDO）の地熱探査技術等検証調査「貯留層変動探査法開発」が終了。熱水利用発電プラント等開発「高温岩体発電システムの技術開発」も終了。

4.7 〔全般〕フセイン政権崩壊　イラク・バグダッドの中心部にアメリカ軍が突入し、共和国宮殿などフセイン政権の重要施設を制圧した。9日、住民らがサダム・フセイン大統領の像を引き倒し、フセイン政権は開戦から21日で崩壊した。11日、アメリカのブッシュ大統領はフセイン大統領について、生死不明だが政権は崩壊したという見方を示した。各国間でイラクの戦後復興について話し合われ、イラク人主体の暫定行政機構を中心として国際連合やEUも関与することで合意した。

4.10 〔原子力〕ハンガリー・パクシュ原発2号機で、放射性希ガス放出　ハンガリー・パクシュ原子力発電所2号機（PWR）で、定検中の燃料集合体洗浄時、放射性希ガスが放出した。これにより、燃料集合体の大部分が破損した。冷却不十分によるものと推定される。INESレベル3。

4.24 〔核〕北朝鮮が核保有を表明　北京で開催されたアメリカ、中国との3ヶ国協議に出席した北朝鮮代表が核兵器の保有を表明したと、アメリカのCNNテレビが報じた。

4.25 〔再生〕燃料電池活用戦略検討会、報告書をまとめる　環境省設置の燃料電池活用戦略検討会は、地球温暖化対策として有効な燃料電池について、効果的な活用方策に係る戦略を検討・整理した結果を「燃料電池活用戦略検討会」報告書にとりまとめた。

4月 〔再生〕御岳発電所に、スプリッタランナ水車を導入　関西電力は、長野県御岳発電所で長翼と短翼を交互に配置し乱流を抑える日立製作所製造のスプリッタランナ水車に交換した。

5.1 〔全般〕イラク戦争終結を宣言　アメリカのジョージ・W.ブッシュ大統領は、イラク戦争の終結を宣言した。戦争開始から44日目、全土掌握から18日目のこと。対テロ戦争は続くことも強調した。

5.7 〔原子力〕柏崎刈羽原発で運転再開　東京電力が新潟県の柏崎刈羽原子力発電所6号機の原子炉を起動。原発トラブル隠しで東電の原発は全17基が停止中で6号機は運転再開第1号。

5.16 〔再生〕川辺川ダム訴訟で農家側逆転勝訴　熊本県の球磨川支流である川辺川に計画中の川辺川ダム建設を巡り、反対派の農家が、土地改良事業の計画変更への異議棄却決定の取

		り消しを求めた、川辺川利水訴訟の控訴審で、福岡高裁は、法が定める関係農家の3分の2の同意が得られていない、として、1審の熊本地裁判決を変更し、異議棄却決定を取り消す、農家側逆転勝訴判決を言い渡した。川辺川をめぐっては、治水効果や電源開発の意義について疑問が生じたことや建設予定地周辺にクマタカの生息地が確認されるなど優れた河川環境を維持していることから、ダム建設に流域住民や自然保護団体が強く反対している。
5月	〔再生〕八丁原バイナリー発電施設工事開始	九州電力が、八丁原バイナリー発電施設の本体基礎工事を開始した。8月には機器据え付け工事を開始、12月に運転を開始した。
6.6	〔原子力〕経産相が、東電原発トラブル隠しで謝罪	平沼赳夫経産相が原発トラブル隠し後、初めて新潟県入りし、柏崎、刈羽両議会で「信頼裏切ったことをおわび」と謝罪。
6.19	〔資源〕ナイジェリアで、石油パイプラインが爆発	6月19日、ナイジェリア南東部で石油パイプラインが爆発し、少なくとも105人が死亡した。多数の負傷者が病院に搬送されており、犠牲者数はさらに増える可能性がある。爆発したのは同国南部ポート・ハーコートからエヌーグーに石油を運ぶパイプラインで、付近の住民らが漏れ出した石油をくみ取っていた際に爆発したという。
7.1	〔原子力〕Spring-8で、ペンタクォークの生成に成功	大阪大学核物理研究センターと日本原子力研究所などの研究グループは、大型放射光施設「Spring-8」における実験で、4個のクォークと1個の反クォークからなる新たな素粒子を発見したと発表。
7.4	〔原子力〕新型転換炉「ふげん」で爆発音	午前11時52分、敦賀市明神町の核燃料サイクル開発機構の新型転換炉「ふげん」(3月運転終了)の廃棄物処理建屋の一室から爆発音があり、火災警報が作動した。原因は衣服など低レベル放射性廃棄物を燃やす焼却炉の異常燃焼。7日、核燃料サイクル開発機構は、焼却炉から焼却灰取り出し室内に約460万ベクレルの放射能が漏れたが室外への放射能漏れはなかったと発表した。
7月	〔原子力〕核燃料再処理工場で硝酸溶液漏れ	青森県六ヶ所村に日本原燃が建設中の核燃料再処理工場で配管接続部から硝酸溶液が漏れる事故があった。配管を接続するゴム製ガスケット(パッキング)が不適切な素材だったことが原因。外部への放射能漏れはなかった。
7月	〔資源〕アザデガン油田、交渉難航	イランの核開発疑惑により、交渉継続が危ぶまれているイラン南部・アザデガン油田開発交渉について、2001年11月に開発・操業の優先交渉権を獲得し自主開発油田を増やそうとしている日本に対し、核疑惑を重くみたアメリカ政府は7月、開発推進に反対を表明。交渉の進展は困難となった。
8.13	〔原子力〕東電、停止していた福島第一原発を再稼働	東京電力は立て続きで起きたトラブル隠しの影響で停止していた福島第一原子力発電所3号機について、地元の容認が得られたとして再稼働した。
8.14	〔電力〕ニューヨークで大停電が発生	8月14日午後4時ごろ、アメリカ北東部からカナダ南東部にいたる広い地域で大規模な停電が発生、5000万人が影響を受けた。このうちニューヨーク州が1900万人、カナダが1000万人で、他にオハイオ、ニュージャージー、ミシガン、コネティカット、マサチューセッツの各州に被害が及んだ。経済的な損失額はニューヨーク市だけで約10億5000万ドル(約1250億円)に達する見込み。発端は、同日午後3時5分から41分にかけて、オハイオ州東部の電力会社の3ヶ所の高圧送電線が樹木に触れて機能停止したこととされる。異常をモニターする警戒システムがダウンしていて対応が遅れ、他の高圧送電線に負荷がかかり被害が拡大した。また、同州などアメリカ中西部の電力網監視機関が異常を即時にモニターする機能を備えていなかったため、トラブルに対処できなかった。
8.14	〔火力〕三重ごみ固形燃料発電所で爆発	8月14日、三重県桑名郡多度町の「三重ごみ固形燃料発電所」のごみ固形燃料貯蔵槽で爆発があり、作業員4人が負傷した。8月19日、消火作業中に再び爆発し、消防士2人が死亡、作業員1人がけがをした。三重県警は危機回避の措置を取らなかったとして施設設置者の県企業庁や県などを業務上過失傷死容疑で家宅捜索

した。

8.26　〔原子力〕放射性廃棄物等安全条約加入を閣議決定　日本政府は「使用済燃料管理および放射性廃棄物管理の安全に関する条約（放射性廃棄物等安全条約）」に加入することを閣議決定した。

9.7　〔原子力〕泊原発で冷却水漏れ　北海道電力は北海道泊村の泊発電所2号機の原子炉格納容器内の再生熱交換器室から、冷却水の温度変化の繰り返しで生じた「熱疲労」による再生熱交換器の配管の穴と台座部分のひびによって1次冷却水漏れが確認されたと発表した。漏洩量は計140ℓとみられる。

9.18　〔原子力〕「使用済核燃料税」の創設　総務省は、柏崎市、川内市から申請のあった、「使用済核燃料税」の創設に同意した。使用済核燃料への課税は全国初となる。

9.26　〔資源〕地震で製油所の貯蔵タンク火災　9月26日十勝沖地震の直後、北海道苫小牧市の出光興産北海道製油所の原油タンクで火災が発生した。28日午前10時45分ごろ、同製油所の別ナフサ（粗製ガソリン）タンクが炎上、倒壊。ゆったりした揺れでタンクの液面が大きく揺さぶられる「スロッシング減少」が原因と見られる。道などの現地対策本部は消火剤を大量に散布したが強風のせいもあって効果がなく、発生から約44時間後の30日午前6時55分、タンクに入っていたナフサ約2万6000kℓが燃え尽きて沈静化した。その後、火災が起きたタンクを除き、計34基のタンクで油漏れがあったことが判明した。

10.1　〔原子力〕改正電気事業法および、改正原子炉規制法が施行　原子力発電所の事故再発防止を目的とした改正電気事業法および、改正原子炉規制法が施行された。

10.1　〔原子力〕原子力安全基盤機構設立　独立行政法人原子力安全基盤機構が設立した。国が行う原子力発電所の検査の一部を担当し、事業者検査の審査も行う。

10.16　〔原子力〕フィンランドの原発で、世界初の欧州加圧水型炉建設を決定　フィンランドのTVO社は、オルキルオト・サイトに建設する原子力発電所で、世界初の欧州加圧水型炉を選択した。

12.5　〔原子力〕珠洲原発建設凍結　関西、中部、北陸の3電力社長が、石川県の珠洲原子力発電所建設を凍結すると珠洲市長に申し入れた。電力会社側の自主的な計画撤回はこれが初めてであった。

12.19　〔核〕リビアが核開発放棄　リビアのカダフィ大佐が同国が過去に核兵器などの大量破壊兵器を開発していたことを認め、すべての計画を放棄すると確約したことを米英首脳が発表した。27日、国際原子力機関（IAEA）のエルバラダイ事務局長を団長とする査察団が査察を開始した。

12.23　〔資源〕中国の天然ガス田で有毒ガスが噴出　23日午後10時ごろ、中国重慶市開県の天然ガス田で有毒ガスが噴出する事故が発生し、2004年1月4日までに作業員や付近の住民ら243人が死亡した。緊急避難したのは約4万人。事故が起きたのは国有企業「中国天然ガス集団」が所有する大型天然ガス田で、ガス井の深さは約4000m、ガス産出量は1日100万m^3。硫化水素の混じった天然ガスが地上から約30mの高さまで噴出し、約10km離れた地点でもガス臭がしたという。

12月　〔電力〕上海トランスラピッドが開業　中国でリニアモーターカー（常電導式浮上リニア同期モーター式）の「上海トランスラピッド」が開業した。

この年　〔熱〕排ガス規制で買い換え需要が増　2002年10月からディーゼル車を対象にした排ガス規制強化に向けた買い換え需要が増え、商用車メーカー3社の2003年3月期連結決算は業績悪化に歯止めがかかり、9月中間連結決算では全社売上高が2ケタで伸び、営業利益もいすゞ自動車、日野自動車、日産ディーゼルが中間期最高を記録した。

この年	〔再生〕NEDO、太陽光発電新技術等フィールドテスト事業開始　新エネルギー・産業技術総合開発機構（NEDO）は、中規模・大規模向け「太陽光発電新技術等フィールドテスト事業」を開始した。
この年	〔再生〕安曇発電所に日本初の揚水式水車を導入　東京電力は長野県の安曇発電所の水車を、東芝製造の揚水式スプリッタランナ水車に交換した。
この年	〔再生〕佐賀大が海洋エネルギー研究センターを開設　佐賀大学は海洋温度差発電システムと波力発電システムと研究を中心とする海洋エネルギー研究センターを開設した。

2004年
（平成16年）

1.19	〔資源〕アルジェリアで、ガス施設爆発　アルジェリア北部の港湾都市スキクダで、液化天然ガス（LNG）施設が爆発し、20日までに少なくとも23人の死者と74人の負傷者が確認され、9人の作業員が行方不明になった。
1月	〔再生〕ホンダ、氷点下で始動可能な燃料電池車を開発　本田技研工業は氷点下で始動できる燃料電池車を開発。2005年の発売を目指すとした。同年11月、ニューヨーク州政府と販売で合意、12月に納車した。
2.4	〔核〕核の闇市場、明らかに　パキスタンの科学者アブドル・カディル・カーンは、パキスタンの国営テレビに出演し、イラン、北朝鮮、リビアに対し核技術を漏洩するなど、国際的な闇の核拡散ネットワークの構築に関与したことを認めた。カーンは、隣国インドと核開発競争をしていたパキスタンで核開発の責任者となって、1998年核実験に成功、核開発の父として国民的な人気があった。
2.11	〔原子力〕パリ条約、ブラッセル補足条約改定　原子力第三者責任条約（パリ条約）とこれを補足するブラッセル補足条約を改訂する議定書が、OECD/NEAで調印された。
2.19	〔資源〕アザデガン油田の開発契約で合意　日本とイランは、中東地域で最大級とみられるイランのアザデガン油田を巡る権益獲得交渉で合意し、2月19日、テヘラン市内で契約書に調印した。合意したプロジェクトの総額は、20億ドル。日本側が75%、イラン側が25%を出資し、2010年には日量約26万バレルを生産する計画の大規模プロジェクト。アメリカはイランの核開発疑惑などを理由にこのプロジェクトに反発、日本に油田開発の見直しを促した。
2月	〔原子力〕クォーク凝縮、初確認　東京大学と理化学研究所などのグループは、ドイツ国立重イオン研究所の実験施設で、理論的に予測されていたカイラル対称性の破れを実証する、クォーク凝縮を初めて確認した、とアメリカ物理学会誌『フィジカル・レビュー・レターズ誌』に発表。陽子の質量0.5%以下しかないクォーク3個からなる陽子がどのように質量を獲得したのかが明らかになった。
3.13	〔核〕IAEAがイラン非難決議　イランの核疑惑問題で、国際原子力機関（IAEA）定例理事会は新たに判明したイランの未申告核開発計画を非難する決議を採択し、イランに対して6月に開催される次回の理事会までに全情報を開示することを要求した。
3.30	〔原子力〕日本初の改良型加圧水炉の設置変更許可申請　日本原子力発電は、わが国初の改良型加圧水炉（APWR）となる敦賀発電所3、4号機の原子炉設置変更許可申請を、経済産業大臣に行った。7月2日に準備工事に着手。

6.11　〔原子力〕「ニュートリノ振動」により質量確認　高エネルギー加速器研究機構などのグループは、素粒子ニュートリノに質量がある確率が99.99％と発表した。茨城県つくば市の同機構で発射した人工的に作られたニュートリノを250km離れた岐阜県の観測施設で観測し、その間のニュートリノの減り具合から、質量がある場合に起きる「ニュートリノ振動」が起きたことが確認されたことによる。

6.14　〔核〕IAEA、日本の原子力計画「平和利用に限定」と　日本の原子力計画について国際原子力機関理事会が「軍事転用はなく、平和利用に限定されている」と公式に認定。

6.21　〔資源〕中国にガス田開発のデータ要求　日中韓外相会議で訪中した川口順子外相は、中国の李肇星外相との会談で、東シナ海で中国がおこなっているガス田開発についてのデータ提供を求めた。

6.28　〔火力〕関西電力、火力発電所のデータねつ造を発表　関西電力は全11カ所の火力発電施設で、2000～2003年度に自主検査のデータねつ造など不正な記録処理が3659件あったと発表。

6月　〔再生〕NEDO、PV2030を策定　新エネルギー・産業技術総合開発機構（NEDO）は、「2030年に向けた太陽光発電ロードマップ（PV2030）」を策定。2030年までの長期的視点で、太陽光発電の持続的な発展、普及拡大に向けた方向性を示す。「シーズ先行型技術開発」から本格的な市場形成に向けた「市場対応型技術開発」に転換するとした。

7.14　〔全般〕イラクに大量破壊兵器計画なし　7月14日、イラクの大量破壊兵器問題で、イギリス政府の情報活動を検証してきた調査委員会の委員長が報告書を発表し、イラク戦争前に大量の生物化学兵器は存在しなかったと結論付けた。10月6日にはアメリカ政府の調査団も、開戦時にはイラク国内に大量破壊兵器も具体的な開発計画も存在しなかったという結論を議会に提出。イラク戦争の大義とされていたものが揺らいだ結果となった。

8.9　〔原子力〕美浜原発で死亡事故　8月9日午後3時28分ごろ、営業運転中の福井県美浜町の関西電力美浜発電所3号機が緊急停止。配管が破損し建屋内に高温の水蒸気が充満していた。中で作業していた作業員11人がやけどを負い、うち5人が死亡、6人が重軽傷を負った。外部への放射能漏れはなかったが、原子力施設で起きた事故としては国内最悪。事故後の調査で、破損した配管の寿命を無視して28年間点検を怠り、補修を先延ばしにしていた関電のずさんな管理が明らかになった。2005年3月の事故調査委最終報告書では、関電と配管管理に関わった三菱重工業の責任が厳しく指摘され、電力会社の自主管理に任せていた国の責任も問われた。

9.14　〔原子力〕IAEAより統合保障措置適用　国際原子力機関（IAEA）は日本政府に対し、「統合保障措置」を15日から適用すると通知した。これにより、わが国への査察頻度が大幅減へ。

9.23　〔電力〕新興鋳管の発電所で爆発　9月23日午後4時ごろ、中国河北省邯鄲市にある国有企業「新興鋳管」の専用発電所で爆発が起き、13人が死亡、数人が負傷した。専用発電所の正式な運転開始のため点火した際に爆発が起きたという。

10.25　〔資源〕中国が東シナ海でガス田開発　中国が2003年8月から東シナ海で進めている天然ガス田の開発をめぐる日中実務者協議での初会合が北京で行われた。東シナ海の日中間の排他的経済水域（EEZ）の境界線について、日本側は日中の中間線を主張している。地下でつながっている日本側の資源が吸い取られる可能性を指摘したが、中国側は日本の資源に影響しないと反論するのとどまった。

11.6　〔核〕日韓、北朝鮮の核問題で連携　町村信孝外相が11月6日、ソウル市内で盧泰愚大統領、潘基文外交通商相と相次いで会談した。町村外相は大統領に対し、北朝鮮による日本人拉致問題について訴え、理解を求めた。両国は6ヶ国協議の早期開催の必要性で一致。大統領も日米韓の緊密な連携を図りたいと応じた。

11.10　〔原子力〕中国原子力潜水艦が日本領海侵犯　中国の原子力潜水艦が沖縄県の宮古列島の多良間島周辺の海域を潜航し、同日午前5時頃から約3時間にわたって日本領海を侵犯した。中国側は事実関係を認めた上で、技術的原因で誤って領海にはいったものであり、遺憾であると述べた。

11.22　〔熱〕三井物産排ガス浄化装置で試験データをねつ造　三井物産は記者会見し同社子会社が製造し、同社が販売したディーゼル・エンジンの排ガス浄化装置の試験データをねつ造し、東京都から不正に承認を得ていたことを発表。

11.26　〔原子力〕日本原子力研究開発機構法案が可決　独立行政法人日本原子力研究開発機構法案が参院本会議で可決・成立した。

12.7　〔再生〕日本地熱調査会解散　日本地熱調査会の解散手続きが正式に終了した。

12.21　〔原子力〕六ヶ所再処理工場で試験開始　日本原燃は、六ヶ所再処理工場で、ウラン試験を開始した。

12.26　〔原子力〕スマトラ沖地震により、インドのマドラス原発被災　M9.1のスマトラ沖地震の津波により、インドのマドラス原子力発電所が被災した。高速増殖炉の工事現場で1名死亡。

この年　〔熱〕ホンダ、航空エンジンに参入　本田技研工業は、小型ビジネス用ジェット機用のエンジンの商業化でアメリカ・ゼネラル・エレクトリック（GE）と提携することで合意。開発には本田技研工業があたり、GEは販売や量産化に協力する。

この年　〔熱〕排ガス規制によるトラック買い替え需要が一巡　2003年10月のディーゼル車の排ガス規制強化によるトラックの買替え需要が一巡し、国内新車販売台数は2004年4月以降前年割れの状態が続いた。しかし兵庫県で新たな規制が始まったことを受け、関西地方などでの販売は比較的好調だったため、減少幅は最大で2割程度にとどまった。

この年　〔再生〕可動物体型ペラミス発電装置の海域試験　オーシャン・パワー・デリバリー社が、スコットランド・オークリー沖（水深50m）で可動物体型ペラミス等の波力発電装置の海域試験を行った。

この年　〔再生〕日産が、燃料電池車を販売　日産自動車が燃料電池車をコスモ石油に初めてリース販売した。トヨタ自動車と本田技研工業に次ぎ、国内大手3社の燃料電池車が出そろったことになる。マツダは水素を燃料とするロータリーエンジン車を開発、公道での走行試験を開始した。

この年　〔再生〕北海道に海上風力発電機設置　北海道瀬棚町が、瀬棚港内に海上風力発電2機（各600kW）を設置した。

2005年
（平成17年）

2.10　〔再生〕シャディコル・ダムが大雨で決壊　2月10日、パキスタン西部バルチスタン州で大雨のためダムが崩壊した。12日までに約135人の死亡が確認され、約500人が行方不明になったほか、約1万人が浸水などで避難した。決壊したのはアラビア海に面した小都市パシニの北にあるシャディコル・ダム。これによって大規模停電も発生している。濁流は下流を直撃し、パシニ郊外ではバスが押し流され乗客約20人が死亡した。パキスタンではこのほ

か、2月初めから続いた雪と雨のため、15日までに全国で500人以上が死亡、約1500人が行方不明になっている。

2.16 〔全般〕京都議定書が発効　「気候変動に関する国際連合枠組条約の京都議定書」が発効した。1997年12月に開かれた第3回気候変動枠組条約締約国会議（地球温暖化防止京都会議、COP3）で採択されたもの。

2.18 〔原子力〕原子力関連の2法案閣議決定　日本政府は、「原子力発電における使用済燃料の再処理等のための積立金の積立て及び管理に関する法律案」と「核原料物質、核燃料物質及び原子炉の規制に関する法律の一部を改正する法律案」を閣議決定した。

2月 〔原子力〕「核燃料バンク」提言　エルバラダイ構想であるMNAsを検討していた専門家グループが、国際原子力機関（IAEA）の関与による核燃料供給を国際的に保証する「核燃料バンク」などを提言した。

3.23 〔資源〕テキサス州の製油所で爆発　3月23日午後1時20分ごろ、アメリカ・テキサス州南部テキサスシティーにあるイギリス石油大手BPの製油所で、大規模な爆発が起きた。14人が死亡、100人以上が負傷した。

3月 〔電力〕リニモが開業　リニアモーターカー（常電導磁気浮上リニア誘導モーター式）の愛知高速交通東部丘陵線「リニモ」が開業した。

4.1 〔電力〕電力系統利用協議会と日本卸電力取引所が業務開始　送配電等業務の円滑な実施を支援することを目的とした「電力系統利用協議会」と、卸電力取引市場を開設・運営する「日本卸電力取引所」が業務開始。電力系統利用協議会は2015年3月31日に解散。

4.1 〔資源〕日本政府、東シナ海ガス田の調査結果を発表　日本政府は、東シナ海で中国が開発を進めているガス田には日中中間線をまたいで日本側とつながっているものがあるとする調査結果を発表した。

4.11 〔再生〕内燃機関燃料として、バイオエタノールが普及　アメリカ合衆国環境保護庁は、飲料水汚染問題を受け、2014年12月31日以降のMTBEの使用を禁止した。これにより、代替燃料となるバイオエタノールが普及する。

4.13 〔核〕国連が核テロ防止条約を採択　国際連合総会は、テロリストによる核物質の入手や使用を阻止するための、核によるテロリズムの行為の防止に関する国際条約（核テロ防止条約）を全会一致で採択した。2007年7月7日発効。9.11同時多発テロ事件後初のテロ防止関連条約。

4.20 〔原子力〕英セラフィールド・ソープ再処理工場で、全処理工程の配管破損　イギリス・セラフィールドのソープ再処理工場で、全処理工程の配管破損が確認された。ウラン硝酸溶液の漏えい量は83m^{3}に及んだ。INESレベル3。

5.13 〔原子力〕原子力規制法の改正案、再処理費用積立ての新法案が成立　原子炉等規制法の改正案と、再処理費用積立ての新法案が、参院本会議で可決、成立した。放射性廃棄物のクリアランス制度導入などが盛り込まれた。

6.28 〔原子力〕ITER閣僚級会合がモスクワで開催　ITER（国際熱核融合実験炉）閣僚級会合がモスクワで開催され、本体建設はフランスのカダラッシュに、関連施設を日本の六ヶ所村で建設することが決定した。

7.4 〔原子力〕IAEA、核物質防護条約の検討・改正会議をウィーンで開催　国際原子力機関（IAEA）は核物質防護条約の検討・改正会議をウィーンで8日まで開催した。条約での核物質防護対象を、従来の国際輸送から、国内での輸送・利用・貯蔵・および原子力施設全体に拡大する改正案を採択した。

8.16	〔原子力〕女川原発が自動停止　宮城県沖地震により、東北電力女川原子力発電所で、全3基が自動停止した。
9.7	〔原子力〕玄海原発3号機プルサーマル計画実施許可　原子力安全・保安院は、九州電力玄海原子力発電所3号機のプルサーマル計画の実施を許可した。
9.20	〔資源〕中国がガス田で生産開始　中川昭一経産相は、東シナ海の日中中間線付近のガス田のうち「樫（中国名・天外天）」で天然ガスの生産が開始されたことを確認したと発表した。外務省は中国大使館に抗議。9月9日には付近の海域を中国の軍艦が航行しているのが確認されている。
10.1	〔原子力〕日本原子力研究開発機構発足　日本原子力研究所と核燃料サイクル開発機構が統合して、日本原子力研究開発機構が発足した。
10.1	〔資源〕日本、東シナ海ガス田の共同開発を提案　日中局長級協議で、日本政府は日中中間線をまたぐガス田の共同開発を初めて提案した。中国政府は次回協議で回答と返答。
10.7	〔核〕IAEAにノーベル平和賞　核不拡散に尽力したとして、国際原子力機関（IAEA、本部ウィーン）とIAEAのムハンマド・エルバラダイ事務局長に今年のノーベル平和賞が贈られることが発表された。
11.21	〔原子力〕リサイクル燃料貯蔵株式会社発足　使用済み核燃料中間貯蔵施設の建設・管理運営を担当する、リサイクル燃料貯蔵株式会社（RFS）が発足した。東電80％、日本原子力発電20％の共同出資。
12.8	〔原子力〕東北電力東通原子力発電所1号機が営業運転開始　東北電力東通原子力発電所1号機（BWR、110万kW）が営業運転開始。
12.11	〔資源〕イギリスの石油貯蔵施設で爆発・火災　11日午前6時、同6時半前にイギリス南東部ハートフォードシャー州ヘメルヘムステッドのバンスフィールド石油貯蔵基地で爆発が連続して起き、火災が発生。43人が負傷し、うち2人が重傷を負った。夜になっても火勢は衰えず、煙は南方のロンドン方面まで流れた。爆発の衝撃で付近の住宅の窓ガラスが破れ、住民がけがを負った。テロの可能性は低く、事故とみられる。
この頃	〔再生〕洋上風力発電が活発化　ヨーロッパ（イギリス、ドイツ、イタリア、フランス、スウェーデン、ノルウェー、アイルランド、オランダなど）を中心に、2005年以降洋上風力発電が活発となった。

2006年
（平成18年）

1.3	〔核〕イランが核活動再開　国際原子力機関（IAEA）は、イランが核関連活動を再開すると通告してきたことを明らかにした。
1.6	〔原子力〕電事連、再処理プルトニウム利用計画を公表　電気事業連合会は、使用済み核燃料再処理によるプルトニウム利用計画を初めて公表。電力業界が出資する青森県六ヶ所村の日本原燃再処理工場で取り出したプルトニウムを、2012年度以降、原子力発電所16～18基で年間計5.5～6.5t利用する。
2.6	〔原子力〕ブッシュ大統領「国際原子力エネルギー・パートナーシップ」を発表　アメリカのジョージ・W.ブッシュ大統領は、再処理・高速炉開発を基軸とする「国際原子力

エネルギー・パートナーシップ」(GNEP)を発表した。原子力平和利用の促進と核不拡散を両立させるとするもの。

2.6 〔原子力〕東芝、米原子力企業を買収　東芝はアメリカ原子力大手ウェスティングハウス・エレクトリック・カンパニーを買収。ウェスティングハウスの親会社英国核燃料公社(BNFL)と合意したもので、買収額は54億ドル(約6210億円)。

2.7 〔原子力〕佐賀県知事、玄海原発のプルサーマル計画の安全性を保証　九州電力が玄海原子力発電所(佐賀県玄海町)3号機で計画中のプルサーマル発電について、佐賀県の古川康知事は「安全性は確保される」との見解を正式発表した。

2.9 〔核〕仏領ポリネシア議会、核実験による放射能被害を報告　1960～1970年代にフランスが南太平洋のフランス領ポリネシアで行った大気圏内核実験について、ポリネシア領土議会の調査委員会は、タヒチ島を含む全土で放射性物質の降下による健康被害が出ていた、とする報告書をまとめた。

2.27 〔火力〕東芝、石炭火力発電所計画断念　東芝が山口県宇部市で計画していた大型の石炭火力発電所(出力100万kW)の建設を断念した、と発表した。石炭を燃料にすることで石油や天然ガスなどの場合よりも、地球温暖化をもたらす二酸化炭素(CO_2)排出量が大幅に増えるとして、小池環境相が懸念を表明していた。発電所計画の見直しで、CO_2排出増が考慮されたのは初めて。

2.27 〔原子力〕日本とEURATOM、原子力平和利用協定に調印　日本と欧州原子力共同体(EURATOM)とで「原子力の平和的利用に関する協力のための日本国政府と欧州原子力共同体との間の協定」締結。

3.7 〔原子力〕久美浜原発計画断念　関西電力は、京都府京丹後市(旧久美浜町)に申し入れていた原子力発電所建設のための事前環境調査の撤回を決めた。同社が約30年前から検討を進めてきた久美浜原発の建設構想は白紙に戻った。

3.16 〔電力〕ゲンジボタルの発光現象のメカニズムを解明　京都大学と理化学研究所のグループが、大型放射光施設「Spring-8」における実験で、ゲンジボタルの発光酵素ルシフェラーゼの立体構造を解明、構成するアミノ酸を置換することで発光色を変えることにも成功した、と発表した。現在の人工光のエネルギー効率が最高でも3割程度であるのに対し、9割にも達するゲンジボタルの反応を調べることで、発光施設の省エネルギー化が期待される。

3.22 〔原子力〕国家基幹技術に、高速増殖炉技術が指定　日本政府・総合科学技術会議は、第3期科学技術基本計画の推進戦略を決定。2006～2010年度の国の研究開発投資目標が25兆円とされ、大型予算を組む「国家基幹技術」には、高速増殖炉サイクル技術など5プロジェクトが指定された。

3.24 〔原子力〕志賀原発運転差し止め判決が下る　北陸電力志賀原子力発電所2号機を巡り、周辺住民らが同社に運転差し止めを求めた訴訟で、金沢地裁は「耐震設計に問題がある」などとして、運転差し止めを命じる判決を言い渡した。商業用原発の運転や設置を巡る判決での住民側勝訴は初めて。2号機は15日に運転を開始したばかりで、北陸電力は控訴し、運転を継続している。

3.31 〔原子力〕日本原燃、アクティブ試験を開始　日本原燃は、六ヶ所再処理工場でプルトニウムを抽出するアクティブ試験を開始した。

4.1 〔原子力〕日本、INPROに正式参加　日本は、国際原子力機関(IAEA)の革新的原子炉開発プロジェクト(INPRO)に正式に参加した。

4.1 〔原子力〕日本原子力産業協会発足　日本原子力産業会議は改組され、日本原子力産業協会として発足した。

4.22	〔全般〕温室効果ガス排出権取引	日本企業初の温室効果ガス排出権取引が決まった。国際協力銀行や商社などが出資する温室効果ガスの排出権購入会社、日本カーボンファイナンス（JCF、東京都千代田区）は、日本企業として初めてスリランカで排出権取引を行う「クリーン開発メカニズム（CDM）」事業に参入し、排出権を購入する契約を結んだことを明らかにした。
4.26	〔原子力〕チェルノブイリ20年追悼	旧ソ連・ウクライナのチェルノブイリ原発事故から丸20年を迎え、同国の各地で追悼式典が行われた。参列者は犠牲者の冥福（めいふく）と事故の再発防止を祈った。
4月	〔再生〕杉乃井ホテル、地熱発電設備を更新	杉乃井ホテルの地熱発電所は発電設備の更新を行い、出力を1900kWで発電を再開した。
5.12	〔核〕大阪地裁、原爆症の認定基準を緩和	原爆症の認定申請を却下された被爆者170人が、国に処分取り消しなどを求め全国13地裁に提訴した集団訴訟で、初の判決が大阪地裁で言い渡された。判決では、行政の判断基準を大幅に緩和し、大阪、兵庫、京都の3府県に住む9人について「全員を認定すべき」とし、却下処分を取り消した。原爆投下後に爆心地周辺に入った「入市被爆者」も認定、「遠距離被爆者」にも救済範囲を広げる画期的な内容となった。
5.12	〔資源〕ナイジェリアで、石油パイプライン爆発	5月12日、ナイジェリア南西部にある最大の都市ラゴス郊外で、石油パイプラインが爆発した。死者数が200人に達する可能性がある。爆発はラゴス郊外アパパ地区の石油貯蔵施設に送油するパイプラインで起きた。住民がパイプラインから石油を盗んでいたところ、盗んだ油をためていた燃料缶500本に何かの火が引火したという。同国では原油の抜き取りと密売が横行し、年間10万バレルが盗まれているとの試算もある。
5.15	〔原子力〕第2再処理工場の建設が決定	使用済み核燃料の「第2再処理工場」建設費の一部を電力会社が負担する日本政府の方針が決まった。現行の再処理工場（青森県六ヶ所村）で対応しきれずに残る大量の核燃料を処理するため、2050年前後から「第2再処理工場」が必要になる。建設に備え、その事業費の一部を電力会社に積み立てさせる方針を経済産業省資源エネルギー庁が決めたもの。
5.26	〔原子力〕美浜原発3号機、運転再開	2004年の配管破損事故の発生以来、運転停止中の関西電力美浜発電所3号機（福井県美浜町）について、西川一誠・福井県知事と山口治太郎・美浜町長は、関電の森詳介社長らと会談し、運転の再開を了承すると伝えた。法定の検査などを経て、今夏に再起動する見通し。
5.29	〔全般〕経産省、新・国家エネルギー戦略を提示	経済産業省は、新しいエネルギー政策の指針となる「新・国家エネルギー戦略」を、経産相の諮問機関である総合資源エネルギー調査会総合部会に提示した。原油高などで国際的な資源確保競争が激しくなっているため、「エネルギー安全保障」の強化を打ち出し、2030年を目標年次として、国内消費の石油依存度を10ポイント下げ40％にする、などの5項目の数値目標を設けた。
5月	〔再生〕国内初の商用向けバイナリー発電設備実証試験開始	霧島国際ホテルは、既設の100kW発電設備を廃止し、9月には同場所にて富士電機システムズにより、国内初の商用向けバイナリー発電設備の実証試験を開始した。2009年10月終了。
6.9	〔原子力〕英仏「原子力フォーラム」立ち上げで合意	イギリスのトニー・ブレア首相と、フランスのジャック・シラク大統領は、原子力拡大に向けて「原子力フォーラム」を立ち上げることで合意した。
6.13	〔核〕最高裁、在外被爆者手当訴訟で、原告側請求を棄却	海外在住の被爆者に法に基づく健康管理手当を支給する場合、国と自治体のどちらに支給義務があるかが争われた2訴訟の上告審判決で、最高裁は「国から事務を委任された自治体が負う」との初判断を示し

た。国に支払いを求めた原告側の請求は棄却された。

6.14 〔原子力〕ロシア、世界初の海上浮揚型原子力発電所の建設に着手　ロシアは、世界初となる海上浮揚型原子力発電所の建設に着手した。

6.15 〔原子力〕浜岡原発5号機、運転停止　中部電力浜岡原子力発電所5号機は、タービンの破損・ひび割れで運転を中止した。

7.3 〔原子力〕三菱重工業、「US-APWR」の開発と「MHI原子力システムズ」の業務開始を発表　三菱重工業は、アメリカでの原子力プラント事業を展開するため、170万kW級の「US-APWR」の開発と、全額出資の現地法人「MHI原子力システムズ」をワシントンに設立、業務開始の発表をした。

7.15 〔核〕国連安保理が対北朝鮮決議を採択　国際連合安全保障理事会は、北朝鮮のミサイル発射を非難し、弾道ミサイル計画に関連する全ての活動の中止とミサイル発射凍結の再確認、核開発放棄などを求める決議案を全会一致で採択した。この決議案は日本主導のもので、日本主導の安保理決議案が採択されたのは初めて。

7.18 〔原子力〕志賀原発2号機でひび割れ発見　北陸電力志賀原子力発電所2号機の低圧タービンにひび割れがあると発表した。25日、新たに144枚のひび割れを確認。

7.31 〔核〕国連安保理が対イラン決議を採択　国際連合安全保障理事会は、イランに8月末までのウラン濃縮停止を求め、それに従わない場合には経済制裁を警告する決議を賛成14、反対1で採択した。イラン核問題に関する安保理決議採択は初めてのこと。

8.4 〔核〕広島地裁、原爆症の認定基準を緩和　広島県などの被爆者が、国などに原爆症認定申請却下処分の取り消しと損害賠償を求めた訴訟の判決で、広島地裁は、5月の大阪地裁判決（原告9人全員認定）よりもさらに遠距離での被爆者まで救済範囲を広げ、原告41人全員について原爆症と認定、却下処分の取り消しを命じた。損害賠償請求は棄却された。

8.8 〔原子力〕「原子力立国計画」策定　総合資源エネルギー調査会原子力部会は、部会報告書「原子力立国計画」を了承。資源エネルギー庁は、「原子力立国計画」アクションプランを提示した。

8.10 〔全般〕海外経済協力会議、省エネODAを重点化　日本政府・海外経済協力会議は、エネルギー安全保障の観点から、中国とインドに対する省エネルギー分野の政府開発援助（ODA）を今後重点的に実施する方針を決めた。

8.25 〔再生〕経産省、バイオエタノール混合燃料を試験販売　自動車から排出される二酸化炭素（CO_2）を減らすためにガソリンと混合されるバイオエタノールの一種「ETBE」の試験販売に経済産業省が乗り出すことが分かった。同省では石油業界と協力し、首都圏のスタンド50カ所で来年度から試験販売する。同省が10億円を補助し、販売価格は通常のガソリンと同じになる予定。

8.28 〔原子力〕小泉首相、カザフスタンと原子力平和利用協力覚書に署名　小泉純一郎首相は、カザフスタンと原子力平和利用協力覚書に署名した。29日、ウズベキスタンのウラン鉱山共同開発で、協力声明をだした。

9.19 〔原子力〕原子力安全委員会、新耐震指針を決定　原子力安全委員会は新耐震指針を決定し、即日適用した。原子力安全・保安院は、新指針に基づくバックチェックを事業者に要請。

10.9 〔核〕北朝鮮が初の地下核実験　朝鮮中央通信は、北朝鮮が地下核実験を実施したと発表した。

11.13 〔原子力〕日立とGEは、原子力事業提携で合意　日立製作所は、アメリカのゼネラ

ル・エレクトリック（GE）と原子力事業での戦略的な提携に合意したと発表した。両社は2007年6月をめどに、それぞれが出資しあって日本とアメリカに合弁会社を設立し、原子力事業部門を移す。世界的な原発事業を視野にした事実上の事業統合と言える。

11.14 〔原子力〕ANSのランドマーク賞に、高速実験炉「常陽」が選出　アメリカ原子力学会（ANS）は、ランドマーク賞に日本原子力研究開発機構の高速実験炉「常陽」を選んだ。

11.16 〔原子力〕六ヶ所村再処理工場で、MOX粉末製造開始　日本原燃は、六ヶ所村の使用済み核燃料再処理工場で、MOX粉末製品の製造を開始した。日本で初めての、商業的プルトニウム燃料生産となる。

11.23 〔核〕国連安保理、イラン制裁決議を採択　国際連合安全保障理事会は、イランがウラン濃縮停止を拒否している件に対し、同国への核、ミサイル関連物資の禁輸などを定めた制裁決議を全会一致で採択した。翌24日、イランのマフムード・アフマディネジャド大統領は、決議受入れを拒否し、核開発を継続する姿勢を改めて強調する演説を行った。

12.7 〔原子力〕東北電力、女川原発のデータ不正操作を発表　東北電力は、宮城県の女川原子力発電所1号機の冷却用海水の温度データが1995年から2001年にかけて不正操作されていたと発表した。発電タービンを回した後の蒸気を冷却する機器で、入り口と出口の水温の差が7度を超えても、データ処理される中央制御室では7度になるよう、プログラムが改ざんされていた。

12.21 〔資源〕サハリン2の経営権問題で合意　ロシア・サハリン沖の資源開発「サハリン2」の経営権をめぐるモスクワでの交渉でロシア側と最終合意に達し、文書に署名。国際石油資本のロイヤル・ダッチ・シェル、三井物産、三菱商事が、事業主体のサハリン・エナジーの株式の過半数を露天然ガス独占企業体ガスプロムに74億5000万ドル（約8720億円）で譲渡することが決定。

12.26 〔資源〕ナイジェリアで、石油パイプラインが爆発　ナイジェリア南西部の主要都市ラゴスで、石油パイプラインが爆発、少なくとも200人が死亡した。一部情報では死者500人以上ともいわれる。爆発の原因は不明だが、25日夜から26日にかけて何者かがパイプラインに穴を開け、多くの住民がパイプラインから漏れた石油を盗んでいたという。犠牲者の多くは焼死とみられる。

2007年
（平成19年）

1.31 〔原子力〕WEC、「欧州における原子力発電の役割」を発表　世界エネルギー会議（WEC）は、原子力発電の将来予測を盛り込んだ報告書「欧州における原子力発電の役割」を発表した。

2.15 〔原子力〕国際放射能標識の使用・運営開始　国際原子力機関（IAEA）と国際標準化機構（ISO）が、国際放射能標識の使用、運営を開始した。

3.15 〔原子力〕志賀原発1号機で、1999年6月の臨界事故が判明　北陸電力志賀原子力発電所1号機で、1999年6月18日の定期検査中、臨界事故を起こしていたことが判明した。INESレベル2。

4.20 〔原子力〕経産省、原発トラブル隠しをめぐり改善命令　経済産業省は、原子力発電所のトラブル隠しやデータ改ざんなど電力会社による一連の不正問題をめぐり東京電力など

11社に対し、重大事故が経営トップにただちに報告される体制を確立するように保安規定の改善などを命じる行政処分を下すと発表した。

4月 〔原子力〕「日米原子力エネルギー共同計画」策定　国際原子力エネルギー・パートナーシップ構想に基づく原子力エネルギー研究開発協力、原子力発電所の新規建設を支援するための政策協調、核燃料供給保証メカニズムの構築、原子力エネルギー拡大を支援するための協調など、日米間の協力促進が目的。

6.6 〔原子力〕高レベル廃棄物最新処分法案成立　高レベル廃棄物最終処分法案が、参院で可決・成立した。

7.1 〔原子力〕三菱重工業、原子力輸出部新設　三菱重工業は、本格的な国際展開に向け、原子力輸出部を新設した。

7.16 〔原子力〕新潟中越沖地震発生により、柏崎刈羽原発が自動停止　新潟県中越沖を震源とするマグニチュード6.8の地震が発生し、東京電力柏崎刈羽原子力発電所では、稼働中の4基が自動停止した。3号機変圧器で火災が発生、使用済燃料プールの水が一般排水口から海水に放出、7号機主排気筒から放射性物質が大気中に放出された。

9.12 〔原子力〕経産省、電事連、電工会が次世代軽水炉開発で正式合意　経済産業省、電気事業連合会、日本電機工業会は、180万kW級次世代軽水炉の開発で正式合意した。2008年度から8年間、600億円の開発費を官民で折半する。

11.5 〔原子力〕六ヶ所村再処理工場で、高レベル廃液のガラス固化作業開始　六ヶ所再処理工場で、高レベル廃液のガラス固化作業が開始されるが、12月28日に溶融炉内に残渣が溜まって中断した。

2008年
（平成20年）

1.1 〔再生〕東北水力地熱、蒸気供給事業を承継　東北水力地熱は、秋田地熱エネルギーの東北電力上の岱地熱発電所向け蒸気設備を譲り受け、湯沢地熱事業所を設立し、蒸気供給事業を承継した。

1.31 〔原子力〕日仏米、高速実証炉の研究開発で調印　日本原子力発電開発機構、フランス原子力庁、アメリカ合衆国エネルギー省の三者間で、高速実証炉の研究開発で調印した。

2.21 〔原子力〕原子力安全・保安院、トピカルレポートを採用　原子力安全・保安院は、燃料設計と安全解析コードに係るトピカルレポートを採用することを決めた。

3.16 〔全般〕「G20対話」温室効果ガス削減日本案継続議論　7月の北海道洞爺湖サミットに向けた閣僚級会議「G20対話」（クリーンエネルギー及び持続可能な開発に関する閣僚級対話）は、日本が提案していた国の枠を超え産業ごとに取組む「セクター別アプローチ」について今後も議論を継続することで一致した。

4.1 〔原子力〕原子力工学センター開設　エネルギー総合工学研究所は、次世代炉開発の中核機関となる新組織、「原子力工学センター」を開設した。

4.1 〔再生〕「新エネルギー法」改正　「新エネルギー法」を改正する「新エネルギー利用等の促進に関する特別措置法施行令の一部を改正する政令」が施行。従来新エネルギーに加えられていなかった地熱発電、小水力発電が新エネルギーに追加された。

4.11　〔原子力〕日仏「原子力エネルギーの平和的利用における協力に関する宣言」合意
　　　福田康夫首相とフランスのフランソワ・フィヨン首相は、「原子力エネルギーの平和的利用における協力に関する宣言」に合意した。

5.28　〔原子力〕日本原子力研究開発機構設置法改正　日本原子力研究開発機構設置法が改正された。研究施設など廃棄物の処分実施が主体となる。

6.18　〔資源〕日中、東シナ海ガス田開発で正式合意　日本・中国両国政府は、東シナ海の天然ガスのガス田のうち「白樺（中国名・春暁）」と「翌檜（同・龍井）」の共同開発に関して合意したと発表した。「樫（同・天外天）」と「楠（同・断橋）」については継続協議とした。共同開発実現のための条約交渉は具体化していない。

7.7　〔原子力〕トリカスタン原子力施設内で、ウラン廃水漏れ　フランスのトリカスタン原子力施設内のソカトリ社のウラン施設で、約30m^{3}のウラン廃水が漏出し、近隣の河川に流れ込む事故が発生した。

7.7　〔全般〕洞爺湖でサミット—温室効果ガス半減目標を明記　サミットでの焦点であった気候変動対策について、2050年までに温室効果ガス排出量を半減とする長期目標に関し「世界全体の目標として共有し、採択を求める」と明記した。

12.3　〔全般〕クラスター爆弾禁止条約に加盟　ノルウェーの首都オスロで、不発弾となった子爆弾が民間人に被害をもたらし、問題となっているクラスター（集束）爆弾の禁止条約（オスロ条約）署名式が行われ、日本からは中曽根弘文外相が出席・署名した。2008年5月採択、2010年8月発効。

12.4　〔原子力〕新潟・柏崎刈羽原発で14年弁開け放し　東京電力は、新潟県の東京電力柏崎刈羽原子力発電所1号機の床下から、放射性廃棄物の樹脂約0.82m^{3}が見つかったと発表した。平成6年に廃棄槽へ流した際、途中の配管の排水弁が開いていたため漏れたらしい。14年後に発見された時も弁は開いたまま。ずさんな管理が明らかになった。放射能量は約1800万ベクレル。室内の放射線は検出限界値以下で、作業員や外部への影響はないという。いつから開いていたかは不明。

12.22　〔原子力〕浜岡原発1、2号機廃炉と6号機新設を決定　中部電力は、浜岡原子力発電所1、2号機の廃炉と、6号機の新設を決定した。

12.23　〔資源〕「ガス輸出国フォーラム」正式発足　ガス輸出国版OPECを目指すガス輸出国フォーラム（GECF）がロシア、イランなど天然ガスを豊富に埋蔵する14ヶ国が参加して正式に発足した。ガス供給国がOPEC同様連携することでエネルギー取引の主導権を握るとともに政治的存在感を高めようとするものである。

12月　〔再生〕「地熱発電に関する研究会」設置　資源エネルギー庁は、「地熱発電に関する研究会」を設置した。これからの地熱発電の開発促進を図るための方策について検討を行う。

2009年
(平成21年)

1.30　〔原子力〕浜岡原発1、2号機が運転終了　中部電力浜岡原子力発電所1、2号機が経済性悪化により、運転を終了した。中部電力は解体・廃棄物処理費用を840億円と見込む。

2.5　〔熱〕ホンダ、「インサイト」を発表　本田技研工業は新型ハイブリッド車「インサイ

ト」を発表した。200万円を切る価格はハイブリッド車としては破格。

4.1 〔全般〕新グリーン税制施行　通称「新グリーン税制（環境対応車普及促進税制）」が施行された。クリーンディーゼル車やハイブリッド車といった環境性能に優れた自動車を対象に、平成24年度（2012年）までに新車で購入した場合、2012年までの3年間限定で自動車取得税と自動車重量税が減額されるというもの。

4.14 〔原子力〕日本とヨルダン、原子力協力文書を締結　日本とヨルダンは東京で、原子力協力文書を締結した。

5.15 〔原子力〕カナダ・チョークリバーのNRU炉で重水漏れ　カナダ原子力公社は、チョークリバー研究所のNRU炉で、20万リットルのトリチウムと重水を含む水漏れ事故を報告した。汚染水はオンタリオ湖に流入した。作業員のミスによるもの。

5.19 〔原子力〕ロシアで浮揚型原子力発電所の組み立て開始　ロシア原子力企業のロスアトム社は、サンクトペテルブルクにあるバルチック造船所で、世界初の浮揚型原子力発電所の組み立てを開始したと発表した。

6.18 〔原子力〕国際原子力協力協議会発足　原子力分野での国際貢献を促進するための官民連携組織「国際原子力協力協議会」が発足した。

6月 〔再生〕NEDO、PV2030＋を策定　新エネルギー・産業技術総合開発機構（NEDO）は、太陽光発電の加速的な普及を受け、2050年までと更に長期的な視点でもって、PV2030を見直すとともにグローバル社会への貢献を視野に「太陽光発電ロードマップ（PV2030＋）」を策定した。

7.2 〔原子力〕IAEA事務局長に、日本の天野之弥が選出　国際原子力機関（IAEA）事務局長に、日本人としてはじめて天野之弥ウィーン国際機関日本政府代表部大使が選ばれた。

8.11 〔原子力〕駿河湾地震で、浜岡原発4、5号機が自動停止　M6.5の駿河湾地震で、中部電力浜岡原子力発電所4、5号機が自動停止した。

9.24 〔核〕安保理、「核なき世界」決議　国際連合安全保障理事会は、首脳級会合で「核なき世界」を目指すとする決議を全会一致で採択した。アメリカのバラク・オバマ大統領が、アメリカ大統領としては初めて核廃絶を提唱したことが決議を後押しした。核軍縮、NPT体制の強化、核物質管理の強化を掲げた。また、アメリカとロシアの核兵器削減交渉を歓迎するとした。

9月 〔核〕岡田外相、核持ち込み「密約」調査を指示　岡田克也外相は核の持ち込みや沖縄返還に関し日米間に密約があったとされる問題に関し、外務省の藪中外務次官に徹底した調査と報告をするよう指示した。核艦船や核ミサイルを積んだ軍用機が日本に自由に立ち寄れることを両国が秘密裏に約束していたのではないかという疑問に対するものである。事実だとすれば非核三原則が空文化することになる。翌年3月、核兵器の持込みがあったとした報告書を発表。

10.9 〔核〕核廃絶を評価、オバマ大統領にノーベル平和賞　ノルウェーのノーベル賞委員会はアメリカのバラク・オバマ大統領にノーベル平和賞を授与すると発表した。これはアメリカ大統領として初めて核廃絶を提唱し、国際連合安全保障理事会の「核兵器のない世界」を目指すという決議につなげたことが評価されてのことである。

10月 〔熱〕プリウスが国内新車販売台数首位　2009年度上半期の国内新車販売台数ランキングで、トヨタ自動車のプリウスが初めて首位に立った。ハイブリッド車が半期ベースで1位になるのはこれが初めて。低燃費志向の高まりやハイブリッド車が減税対象となったことが影響したと見られる。プリウスは2009年日本カー・オブ・ザ・イヤーにも選ばれた。

11.5 〔原子力〕玄海原発3号機で、プルサーマル国内初臨界　九州電力玄海原子力発電所3

号機（PWR、91万2000kW）で、MOX燃料によるプルサーマルが初臨界に達した。22日、営業運転入り。

11.17 〔電力〕**電気自動車で560km走破**　日本EVクラブが軽自動車を改造して自作したコンバートEV「ダイハツ ミラ EVバン」で東京―大阪間の555.6kmの無充電走破に成功、世界新記録を達成した。

11.18 〔核〕**イラン、核合意破棄**　イランは、米欧との間にあった「低濃度ウランをロシアで再濃縮、フランスで燃料化した後、イランへ返還する」という合意に関し、搬出自体を拒否すると表明した。合意はイランの低濃縮ウランが再濃縮され高濃縮ウランになることを妨げる目的があったが達せられなかった。これに対し米欧は追加制裁にむけた協議を開始、一方イランは新たにウラン濃縮施設を10ヶ所建設する方針を決め強硬姿勢に転換した。

12.1 〔原子力〕**浜岡原発3号機で放射性廃液漏洩**　中部電力浜岡原子力発電所3号機（BWR）で、貯蔵タンク点検のため排出中に、放射性廃液が漏えいした。作業員29名が被曝した。

12.22 〔原子力〕**泊原発3号機、営業運転開始**　北海道電力泊発電所3号機（PWR、91万2000kW）が、営業運転を開始した。

この年 〔再生〕**宮坂力ら、ペロブスカイト太陽電池を発明**　桐蔭横浜大学の宮坂力らのグループは、有機無機ハイブリッド構造のペロブスカイト結晶を感光材料に使った固体薄膜太陽電池（ペロブスカイト太陽電池）を発明。変換効率3.9％を達成した。2012年には、イギリス・オックスフォード大学との共同研究を行って、10％を超える高い変換効率を達成し、注目を集めた。

2010年
（平成22年）

1.13 〔原子力〕**韓国「原子力発電輸出産業化戦略」発表**　韓国知識経済部は、原子力産業を新たな輸出産業として本格的に育成する方針を打ち出した「原子力発電輸出産業化戦略」を発表した。

1.24 〔核〕**イラン、ウラン高濃縮化を表明**　イランのアフマディネジャド大統領は、濃縮ウランの濃縮率を3.5％から20％に引き上げ、高濃縮ウランを製造すると発表した。翌月9日、イラン中部ナタンツの核施設でウラン濃縮率の引き上げ作業を開始。

1.29 〔原子力〕**川内原発1号機で事故**　九州電力川内原子力発電所1号機タービン建屋内で、点検作業中の作業員が事故により火傷し、1名が死亡、2名が重傷を負った。

2.1 〔原子力〕**高速増殖炉原型炉フェニックス運転終了**　長半減期廃棄物処理の研究のために運転再開していた、フランスの高速増殖炉原型炉フェニックスが運転を終了した。

2月 〔再生〕**鬼首発電所定格出力変更**　宮城県の鬼首地熱発電所は定格出力を、1万2500から1万5000kWに変更した。

3.11 〔電力〕**斎藤英治ら、絶縁体に電気信号を流す**　東北大学の斎藤英治教授らのグループが、電荷ではなく電子のスピンの波を伝わせることで、ジュール熱の発生もなく、絶縁体に電気信号を流すことに世界で初めて成功した、と発表した。省エネルギー技術への応用が期待されている。

3.12 〔全般〕**地球温暖化対策基本法案を閣議決定**　日本政府は、地球温暖化対策基本法案を

閣議決定した。温室効果ガスを20年までに25％、2050年までに80％削減するなど削減目標を示したほか、実現手段として、地球温暖化対策税、国内排出量取引制度、再生可能エネルギーの固定価格買取制度の導入などが盛り込まれる。経済界は激しく反発。5月衆院を通過するも、鳩山総理の退陣による審議未了で参院で廃案となった。10月臨時国会に再提出されるも、翌年3月11日の東日本大震災による原発停止の影響でエネルギー政策の見直しが迫られることとなった。

3.30 〔原子力〕日本とポーランド、原子力協力文書に署名　日本とポーランドは、原子力協力文書に署名した。

4.1 〔全般〕東京都、日本初の排出量取引制度を開始　東京都は、大規模事業所を対象に「地球温暖化対策計画書制度」を導入。温室効果ガスの排出量の算定・報告・削減目標設定などを求めた。都から課された削減義務の未達分を事業所間でやりとりする。排出量取引制度が行われるのは、日本初、世界で3番目となる。

4.9 〔再生〕黒部第四発電所、IEEEマイルストーン賞受賞　富山県にある関西電力の黒部川第四発電所が、日本の電力業界として初めて、IEEEマイルストーン賞を受賞した。

4.20 〔資源〕メキシコ湾海底油井から大量の原油が流出　アメリカ南部ルイジアナ州沖メキシコ湾内にあるイギリス石油大手BP社の石油掘削施設で爆発事故が発生した。原油の流出量は、過去最悪だった1989年3月のタンカー座礁事故の約20倍で、78万kℓ。流出源となった油井が9月19日に完全封鎖されるまで5ヶ月を要した。

4月 〔再生〕富士電機、世界最大の地熱発電機を開発　ニュージーランドのナ・アワ・プルア地熱発電所が、富士電機が製造した世界最大出力を持つ地熱発電機の商業運転を開始。トリプルフラッシュ発電方式を採用したもので、地熱発電設備単機としては世界最大で140mWもの供給が可能である。

5.3 〔核〕アメリカ、核弾頭数を公表　アメリカ合衆国国防総省、「核なき世界」を提唱するオバマ政権の理念に則り、これまで最高機密としてきた核兵器の保有数と解体数を公表した。2009年9月末現在で5113発。

5.6 〔原子力〕高速増殖炉「もんじゅ」の運転再開　日本原子力研究開発機構は、1995年末のナトリウム漏れ事故で停止していた、高速増殖原型炉もんじゅの運転を再開した。

6.2 〔原子力〕ウレンコ社、遠心分離法による濃縮工場を完成　国際濃縮企業ウレンコ社は、アメリカ・ニューメキシコ州で、遠心分離法による濃縮工場が完成したと発表した。

6.16 〔再生〕滝上発電所定格出力変更　大分県の九州電力滝上発電所は、地熱発電の定格出力を2万5000から2万7500kWに変更した。

7.21 〔原子力〕中国の高速実験炉が初臨界　中国原子能科学研究院の高速実験炉（CEAE）が初臨界に達した。

8.26 〔原子力〕高速増殖原型炉「もんじゅ」でトラブル発生　日本原子力研究開発機構は、高速増殖原型炉もんじゅで、燃料交換に使う「炉内中継装置」が原子炉内で落下するというトラブルが発生したと発表した。落下した装置は、翌2011年6月24日に回収された。

8.31 〔全般〕オバマ大統領、イラクでの戦闘任務の終結を宣言　アメリカのバラク・オバマ大統領は、国民に向けたテレビ演説で、イラクでのアメリカ軍の戦闘任務が終結したことを宣言した。以後は、国際テロ組織アルカイダとの戦いに完全移行すると表明。

9.2 〔原子力〕日本、マレーシアの原子力発電計画を支援する協力協定締結　マレーシアの原子力発電計画を支援する協力を定めた協定が、ピーター・チン・エネルギー環境技術大臣と直嶋正行経済産業大臣との間で署名された。

9.10　〔原子力〕日本とヨルダンが原子力協力協定締結　日本とヨルダンの原子力協力協定の署名が、アンマンで行われた。浅子清・在ヨルダン臨時大使と、トゥカーン・ヨルダン原子力委員長が署名。

9.18　〔原子力〕東京電力、プルサーマル方式による原子炉起動　東京電力福島第一原子力発電所3号機で、プルサーマル方式による原子炉を起動した。プルサーマルは国内3番目。

10.22　〔原子力〕国際原子力開発株式会社発足　電力9社と東芝・日立製作所・三菱重工業・産業革新機構の13社により、新規原子力発電の導入を目指す国に対する援助組織「国際原子力開発株式会社」が発足した。

10.28　〔原子力〕六ヶ所村MOX燃料工場の本体工事に着手　日本原燃は、六ヶ所村のMOX燃料工場の本体工事に着手した。

10.31　〔原子力〕ベトナム原発、日本受注で決定　日本の菅直人首相、ベトナムのグエン・タン・ズン首相とハノイで会談を行い、ベトナム政府がニントゥアン省に予定する原子力発電所2基の建設で日本を協力パートナーとすることで合意した。日本が新興国の原発建設を受注するのは初。受注窓口には、官民共同出資の国際原子力開発株式会社となる。

10月　〔原子力〕大亜湾原発1号機で放射性物質漏えい　中国・大亜湾原子力発電所1号機（PWR）の定期検査中に、冷却水配管の亀裂から漏れた放射性物質で、作業員数人が被曝した。INESレベル1。

11.20　〔核〕北朝鮮は、ウラン濃縮施設を新設　アメリカの核専門家は、北朝鮮に訪問中ウラン濃縮施設に案内され、「2000基の遠心分離器が既に稼働中」と説明を受けたとする報告書を公表。ウラン型核兵器の開発を本格化した恐れがある。

12.20　〔原子力〕日・韓原子力協定協定締結　2009年1月の日韓首脳会談より交渉開始、2010年10月実質的合意に達して、12月20日東京で署名が行われた。これにより、「原子力の平和的利用における協力のための日本国政府と大韓民国政府との間の協定」（日・韓原子力協定）が締結された。

2011年
（平成23年）

1.20　〔原子力〕日・ベトナム原子力協定締結　2010年6月、非公式に交渉が開始され、第3回交渉で実質的に合意が成立し、1月20日ベトナム・ハノイで署名が行われた。これにより、「原子力の開発及び平和的利用における協力のための日本国政府とベトナム社会主義共和国政府との間の協定」（日・ベトナム原子力協定）が締結された。

2.5　〔核〕新STARTが発効　アメリカとロシアは、前年3月26日に合意が成立した新START（第4次戦略兵器削減条約）を発効。2018年までに戦略核弾頭1550発以下に抑え、大陸間弾道ミサイルなどの数量にも制限を加える。アメリカのミサイル防衛計画についての認識は不一致のまま残された。START Iが2009年12月5日に失効して以降、後継条約は締結されていなかった。

2.7　〔再生〕下田達也ら、液体シリコンによる太陽電池を発明　北陸先端科学技術大学院大学の下田達也らの研究グループが、液体シリコンをガラスに塗布して、ヒーターの上で焼いて、アモルファス・シリコン薄膜を作るだけという、低コストの製造法で太陽電池を作ることに成功したと発表。性能は現状のPE-CVDセルの20%程度だが、シリコン薄膜の多層化

2011年（平成23年）

などで性能を高めることが可能とされる。

3.11　〔原子力〕東日本大震災により、女川原発が被災　東北電力女川原子力発電所では、東日本大震災の津波による引き潮で、冷却システムに使う海水が取水できず、予備用海水を数分間使用、1～3号機はディーゼル発電機や外部電源で運転をおこなった。

3.11　〔原子力〕東日本大震災により、東海第二原発が被災　日本原子力発電東海第二発電所では、東日本大震災の5.4mの津波により、非常電源の1台が停止した。残る2台で冷却を継続し、3日半後に冷温停止状態になった。

3.11　〔原子力〕東日本大震災により、福島第一原発が被災　14時46分18.1秒、東北地方太平洋沖地震（東日本大震災）が発生。マグニチュード9.0の巨大地震とその後の津波により、東京電力福島第一原子力発電所は1～4号機の外部電源および非常電源すべてを失い、冷却材喪失状態に陥った。4号機の使用済燃料プールの冷却機能も喪失した。災害全体で大気中に放出された放射性物質総量は、ヨウソ131換算で50万～100万テラBqと推定される。排出基準を超える放射性物質を含む汚染水が、海洋へ流出。INESレベル7、福島県のほぼ全域がセシウム134と137で3万7000Bq/m^{2}に汚染された。国際原子力事象評価尺度（INES）は最終的には最悪のレベル7となった。

3.11　〔原子力〕東日本大震災により、福島第二原発が被災　東京電力福島第二原子力発電所では、東日本大震災により1、2、4号機（BWR）の海水熱交換器建屋が津波で進水し、冷却用の海水ポンプが故障、冷却機能喪失により格納容器圧力が上昇したが、別系統の冷却器で代替冷却を実施した。15日までに圧力抑制室温度および原子炉冷却材温度が100℃未満の冷温停止に至った。1、2、4号機は熱除去機能が喪失したためINESレベル3、3号機は1系統の機能喪失でレベル1と評価された。

3.12　〔原子力〕福島第一原発1号機で水素爆発　15時36分、東京電力福島第一原子力発電所1号機で水素爆発が起こり、20km圏内の住民に避難指示が出された。

3.14　〔原子力〕福島第一原発3号機で水素爆発　11時1分、東京電力福島第一原子力発電所3号機で水素爆発が起こった。

3.15　〔原子力〕EU、統一基準でのストレステスト実施決定　欧州連合（EU）は福島第一原子力発電所事故を受けて、域内14ヶ国で運転中の143基の原子炉について、統一基準での「ストレステスト」を実施すると決定した。

3.15　〔原子力〕福島第一原発2号機の圧力抑制室で破損事故　6時10分、東京電力福島第一原子力発電所2号機の圧力抑制室で、破損事故が起こった。

3.15　〔原子力〕福島第一原発から20～30km圏内に屋内退避指示　東京電力福島第一原子力発電所から半径20～30km圏内に、屋内退避指示が出された。

3.16　〔原子力〕福島第一原発正面付近で、毎時10ミリシーベルトの放射線量　東京電力福島第一原子力発電所正面付近で、毎時10ミリシーベルトの放射線量を観測した。

3.25　〔原子力〕福島第一原発1号機タービン建屋地下で高濃度の放射線を検出　東京電力福島第一原子力発電所1号機のタービン建屋地下の溜まり水で、高濃度の放射線を検出した。

3.25　〔原子力〕福島第一原発から半径20～30km圏内に自主避難要請　政府は、東京電力福島第一原子力発電所から半径20～30km圏内の市町村住民の自主避難を要請した。

3.31　〔原子力〕オバマ大統領「ブループリント」公表　アメリカのバラク・オバマ大統領は、アメリカの将来のエネルギー政策を示す「ブループリント」を公表した。原子力発電について、これまで通り石油に代替するクリーン・エネルギーと位置づけた。

3月　〔再生〕地熱開発促進調査事業と地熱発電開発事業を廃止　経済産業省の行政事業レ

ビューの結果から、新エネルギー・産業技術総合開発機構（NEDO）の地熱開発促進調査事業と地熱発電開発事業を廃止した。

4.4 〔原子力〕東京電力、福島第一原発の低レベル放射性汚染水を海へ放出　東京電力は、福島第一原子力発電所の施設内にある低レベル放射性汚染水1万1500tを海へ放出した。

4.7 〔原子力〕女川原発、震度6強の余震で、一部電源遮断　東北電力女川原子力発電所は、震度6強の余震で外部電源4回線のうち3回線が遮断された。

4.12 〔原子力〕IAEA、福島第一原発事故の国際原子力事象評価尺度引き上げ　国際原子力機関（IAEA）デニス・フローリー事務次長は、福島第一原発事故の国際原子力事象評価尺度（INES）をレベル5からレベル7に引き上げたことを発表した。

5.6 〔原子力〕菅直人首相、浜岡原発全基停止を要請　菅直人首相は、中部電力浜岡原子力発電所全基の一時停止を要請した。14日までに全3基が停止した。

5.20 〔原子力〕東京電力、福島第一原発廃止決定　東京電力は取締役会で、福島第一原子力発電所1～4号機の廃止と、7、8号機の増設中止を決定した。

5.24 〔原子力〕東電、福島第一原発の事故分析結果発表　東京電力は、福島第一原子力発電所の事故分析結果を発表した。1～3号機まで炉心溶融があったことが明らかにされた。

5.25 〔原子力〕スイス政府「2050年までのエネルギー戦略」策定　スイス政府は、2034年までに国内の原子力発電所5基すべてを廃止していくとした、「2050年までのエネルギー戦略」を策定した。

6.6 〔原子力〕ドイツ、2022年までに原子炉17基すべての閉鎖を閣議決定　ドイツのメルケル政権は、2022年末までに国内で稼働中の原子炉17基すべての閉鎖を閣議決定した。

7.26 〔再生〕バイオ燃料の実用化が近づく　東京大学が植物の10倍～数百倍の油生産能力を持つ藻（ボトリオコッカス）の遺伝子の特定に成功と発表。化石燃料の枯渇や地球温暖化対策として、単位面積当たりのオイル生産性が高いバイオ燃料資源として注目を集めた。

8.3 〔原子力〕原子力損害賠償支援機構法が成立　福島第一原発事故の賠償のための、原子力損害賠償支援機構法が、参院本会議で可決、成立した。機構は9月12日に設立。

8.5 〔原子力〕政府、原子力低減を明記した「再生戦略」を閣議決定　政府は、福島第一原子力発電所事故を踏まえて、原子力低減を明記した「再生戦略」を閣議決定した。

8.15 〔原子力〕原子力安全庁設置　政府は、原子力安全規制を強化するために、経済産業省の原子力安全・保安院と内閣府の原子力安全委員会などを統合した「原子力安全庁」を、環境省の外郭組織として設置することを閣議決定した。

8.23 〔原子力〕ノースアンナ原発が地震により自動停止　アメリカ・バージニア州ノースアンナ原発付近でM5.8の地震が発生し、同原発2基（PWR）が自動停止した。非常用ディーゼル発電機で安全システムを稼働した。

8.26 〔原子力〕再生可能エネルギー特別措置法成立　電気事業者による再生可能エネルギー電気の調達に関する特別措置法が成立。再生可能エネルギー（太陽光、風力、バイオマス、地熱、中小水力）によって得られた電気を一定期間、固定価格で買取るよう義務づける。2012年7月1日施行され、固定価格買い取り制度がスタートした。

9.12 〔原子力〕イランで原発が稼働　イラン南部のブシェール原子力発電所で稼働を開始。中東初の商業用原子力発電所で、出力は100万kW。

9.12 〔原子力〕フランスの廃棄物処理施設で爆発事故　フランス・マルクールに隣接するセントラコ廃棄物処理・調整プラントで溶融炉爆発・火災事故が発生した。1名が死亡、4名が

負傷した。外部への放射能漏れはなく、INESレベル1。

9.12 〔原子力〕原子力損害賠償支援機構設立　原発事故が発生した場合の原子力事業者の損害賠償のため、原子力損害賠償支援機構が設立された。

9.28 〔原子力〕原発導入FS契約締結　日本原子力発電とベトナム原子力公社は原発導入FS契約を締結した。

10.28 〔原子力〕原子力委員会、福島第一原発廃炉までの工程表発表　原子力委員会は、東京電力福島第一原子力発電所の廃炉までの工程表を発表した。廃炉までに30年以上かかるというもの。

12.8 〔原子力〕国会内に福島事故調査委員会設置　国会内に、東京電力福島原子力発電所事故調査委員会（国会事故調）が設置された。委員長に黒川清。

12.10 〔全般〕日本政府、環境税を導入　日本政府、2012年度税制改正大綱を閣議決定した。エコカー減税の3年延長を決定したほか、地球温暖化対策税（環境税）の導入を決定した。石油石炭税に上乗せされ、CO_2排出量が多い燃料ほど税率が高い。2012年10月より段階的に実施し、2016年4月から完全実施する。

12.11 〔全般〕ダーバン合意が採択される　11月28日から南アフリカダーバンで開催されていたCOP17で、2012年末で期限切れとなる京都議定書の延長を決定するなどを盛り込んだダーバン合意が採択された。一定の評価を受ける一方で、2013年以降はほとんどの国が削減義務のない状況を迎える。

12.13 〔原子力〕ヒッグス粒子の痕跡を確認　欧州合同原子核研究所（CERN）は、大型ハドロン衝突型加速器（LHC）を用いた衝突実験で、素粒子に質量を与えるヒッグス粒子を99.98％の確率で見つけた、と発表した。

12.14 〔全般〕オバマ大統領、イラク戦争の終結を宣言　アメリカのバラク・オバマ大統領は、ノースカロライナ州フォートブラッグ陸軍基地での演説で、イラク戦争の終結を宣言した。翌15日、イラクに駐留していたすべての部隊が撤収を完了。イラク戦争が終結した。

12.16 〔原子力〕福島事故収束宣言　政府は、福島第一原子力発電所事故について「ステップ2」の「冷温停止状態を達成した」として、事故収束を宣言した。

12.16 〔再生〕温泉発電システムの実証試験を開始　新潟県十日町市松之山温泉で、温泉バイナリー地熱発電の実証試験を開始。温泉水の熱により、低い沸点を持つ媒体を加熱・蒸発させてタービンを回すことで発電を行う。定格出力は87kW。100度を下回る低温型は国内初。

12月 〔核〕アメリカ、X線による未臨界核実験　アメリカが新式の未臨界核実験を行った。地下の実験場を使わずに、X線を使う手法の実験である。

2012年
（平成24年）

1.30 〔原子力〕バイロン原発2号機が自動停止　アメリカの原子力規制委員会は、バイロン原子力発電所2号機が、外部電源喪失の異常事態で、午前10時過ぎに自動停止したと発表した。

2.26 〔再生〕小規模地熱バイナリー発電設備の実証試験を開始　九州電力山川発電所と川崎重工業は、小規模地熱バイナリー発電設備の2年間の実証試験を開始。定格出力は250kW。

工場廃熱の利用を目的に川崎重工業が開発したグリーンバイナリータービンを採用。

2.29 〔核〕北朝鮮、ウラン濃縮活動の停止受入れ　北朝鮮は、23日から24日までの北京でのアメリカとの協議を受け、寧辺でのウラン濃縮活動の停止やIAEA職員の復帰を受け入れ、核実験の一時停止などで合意した。

3.26 〔原子力〕東京電力全原子炉が運転停止　東京電力柏崎刈羽原子力発電所6号機が定検に入り、東京電力の全原子炉が運転停止に入った。

3.27 〔再生〕国立・国定公園内における地熱開発が可能に　環境省、「国立・国定公園内における地熱開発の取扱いについて」を通知。小規模開発、地域関係者との合意形成を前提に、地熱開発の有望地の大半が含まれる国立・国定公園内の限定的な開発が可能となった。

4.3 〔全般〕エネルギー分野における規制・制度改革に係る方針が閣議決定　規制・制度改革に関する分科会での検討を受け、「エネルギー分野における規制・制度改革に係る方針」が閣議決定。

5.5 〔原子力〕国内全原子力発電所が運転停止　北海道電力・泊発電所3号機が定検入りし、1972年以来42年ぶりに、日本で稼働中のすべての原発がストップした。

6.20 〔原子力〕原子力規制委員会設置法が参院本会議で可決・成立　原子力安全規制の一元化を導入する「原子力規制委員会設置法」が参院本会議で可決・成立した。新組織の「原子力規制委員会」は環境省の外郭組織だが、国会行政組織法第三条に基づくもので、人事、予算面で独立する。初代委員長は田中俊一・全原子力委員長代理、委員は中村佳代子日本アイソトープ協力プロジェクトチーム主査、更田豊志日本原子力研究開発機構原子力基礎工学研究部門副部門長、大島賢三元国連大使、島崎邦彦地震予知連絡会会長である。9月19日発足。

7.4 〔原子力〕ヒッグス粒子、発見される　欧州合同原子核研究所(CERN)は、物質に質量を与えるとされるヒッグス粒子とみられる新粒子を発見したと発表。現代物理学の標準理論で予測されていた17種類の素粒子で、唯一発見されていなかった。

9.14 〔原子力〕日本政府、革新的エネルギー・環境戦略を決定　日本政府のエネルギー・環境会議は、2030年代以降を見据えたエネルギー社会の在り方を示す「革新的エネルギー・環境戦略」を決定した。原発40年運転制の厳格な適用や、2030年代の原発稼働ゼロなどを盛り込む。

9.19 〔原子力〕原子力規制委員会、原子力規制庁設置　「原子力規制委員会設置法」に基づき、原子力規制委員会と、原子力規制庁が環境省の外局として設置された。

9月 〔再生〕森発電所定格出力変更　北海道電力森発電所は、地熱発電の定格出力を5万kWから2万5000kWに変更した。

10.3 〔資源〕石油資源開発、シェールオイルを採取　石油資源開発は、秋田県由利本荘市でシェール層からシェールオイルの日本初採取に成功したと発表した。

2013年
(平成25年)

3.12 〔資源〕メタンハイドレートの採取に成功　経済産業省は、愛知県渥美半島沖の海底の地下約330mにあるメタンハイドレート層から、探査船「ちきゅう」が、メタンガスの採取に世界で初めて成功したと発表。メタンハイドレートは、水とメタンガスが結合した水和物

で、周辺の水を汲み上げることで圧力を下げ、水とメタンガスに分解できる。日本近海には、世界有数の埋蔵量が確認され、国産燃料として期待される。

3.14 〔原子力〕新粒子はヒッグス粒子で確定　欧州合同原子核研究所（CERN）は、前年7月に発見した新粒子を解析した結果、そのスピンが理論的に予測されていたゼロであることから、万物に質量を与えるとされるヒッグス粒子であることがほぼ確実になったと発表した。

3.28 〔原子力〕東北電力、浪江・小高原子力発電所の計画を中止　東北電力は、福岡県に予定されていた浪江・小高原子力発電所の計画中止を発表した。

4.1 〔再生〕飯田市、全国初の再生可能エネルギー導入条例を制定　長野県飯田市で全国初となる本格的な再生可能エネルギー導入条例「飯田市再生可能エネルギー導入による持続的な地域づくりに関する条例」が施行された。地域環境権の制定、自然エネルギー事業の利益の一部を地域の課題解決に役立てる仕組みの導入、公共施設の屋根貸しの本来目的化、公益的な地域自然エネルギー事業に対する助言や初期の調査費用の無利子貸し付け、事業の認定による資金調達を容易とする仕組み等を盛り込む。

5.2 〔原子力〕日・UAE原子力協定を締結　アラブ首長国連邦を訪問中の安倍晋三首相は、同国のムハンマド首相と会談。原子力の平和的利用における協力のための日本国政府とアラブ首長国連邦政府との間の協定の協定の締結で合意した。翌年7月10日発効。

5.3 〔原子力〕日・トルコ原子力協定を締結　トルコを訪問中の安倍晋三首相は、同国のレジェップ・タイップ・エルドアン首相と会談。原子力の平和的利用における協力のための日本国政府とアラブ首長国連邦政府との間の協定の締結で合意した。

5.15 〔原子力〕原子力規制委員会、高速増殖原型炉「もんじゅ」の使用停止を命令　原子力規制委員会は、日本原子力研究開発機構に対して、原子炉等規制法に基づき、高速増殖原型炉「もんじゅ」の使用停止を命じた。

11.13 〔電力〕改正電気事業法が成立　電力システム改革を3段階で進める「改正電気事業法」が成立した。1951年に現在の電力制度ができて以来の抜本改革となる。政府は電気事業法を3回にわたって改正する予定で今回はその第1弾であり、2015年に全国規模で電力需給を調整する「広域系統運用機関」を設立することが決まった。この先、2016年に電力小売りの参入を自由化を、2018～2020年に電力会社の発電と送電部門を別会社にする「発送電分離」を実現する見通し。それぞれ2014年と2015年の通常国会に改めて改正案を提出する。

11.15 〔再生〕農山漁村再生可能エネルギー法が成立　農林漁業の健全な発展と調和のとれた再生可能エネルギー電気の発電の促進に関する法律（農山漁村再生可能エネルギー法）が成立。農山漁村における再生可能エネルギー発電設備の整備について、土地利用の調整を適正に行い地域の農林漁業の健全な発展と調和のとれた再生可能エネルギー発電を促進することで、農山漁村の活性化を図る。11月22日公布、2014年5月1日施行。

11月 〔再生〕浮体式洋上ウィンドファームの第1期工事が終了　福島県沖に浮体式洋上ウィンドファームの第1期工事が終了。浮体式洋上風力発電設備1基（2MW）と浮体式洋上サブステーション（変電設備）を建設、実証運転を開始した。2015年度までに第2期工事を実施し、浮体式洋上風力発電設備2基（7MW）を増設する予定。

2014年
(平成26年)

1.31 〔原子力〕**福島第一原発5、6号機廃止決定**　東京電力は、東京電力福島第一原子力発電所5、6号機の廃止を決定した。

3月 〔火力〕**石炭火力発電所の新設計画**　電力各社の2014年度の供給計画が発表され、各社が石炭火力発電所の新設計画を持つことがわかった。原発再稼働が見通せない中、電力を安定供給するための方策だが、CO_2排出問題が懸念される。

4.1 〔原子力〕**原子力災害対策本部、都路町地区東部の避難指示を解除**　原子力災害対策本部は、福島県田村市都路みやこじ町地区東部の福島第一原子力発電所事故による避難指示を解除した。避難指示の解除は県内初で、10月には福島県双葉郡川内村の一部でも避難指示の解除があった。

4.4 〔原子力〕**東京電力の廃炉推進カンパニー始動**　東京電力、福島第一原子力発電所事故後の廃炉・汚染水対策を担当する社内分社「福島第一廃炉推進カンパニー」を始動させた。

4.11 〔全般〕**エネルギー基本計画（第四次計画）を閣議決定**　政府は、原子力発電所の再稼働を進める方針などを明記した、エネルギー基本計画（第四次計画）を閣議決定した。原発依存度は「可能な限り低減させる」とはしているが、原発を「ベースロード電源」のひとつと位置づけ、原発再稼働への道を開いた。風力発電や太陽光発電などの再生可能エネルギーについては、過去の計画を上回る水準で利用・普及を目ざすことを盛り込んだが、将来の電源比率目標は盛り込まれなかった。

6.11 〔電力〕**改正電気事業法（第2段階）が成立**　改正電気事業法（第2段階）が成立した。東京電力福島第一原子力発電所の事故を受け、電力10社が地域ごとに販売を独占してきた体制を改め、家庭向けを含めた電力小売りを2016年に完全自由化する。消費者は契約する業者を選択できるようになる。

6.20 〔原子力〕**改正原子力委員会設置法成立**　改正原子力委員会設置法が、参院本会議で成立した。

8.22 〔再生〕**バイナリー発電システムの実証試験を開始**　東芝と神戸製鋼は、バイナリー発電システムの実験設備を完成、南あわじ市で実証試験を開始。低沸点の媒体を加熱・蒸発させて、タービンを回して発電を行うもので、定格出力は70kW。

9.1 〔原子力〕**福島県に中間貯蔵施設建設が決定**　佐藤雄平福島県知事は、福島第一原子力発電所事故での汚染土など放射性廃棄物を最長30年間保管する中間貯蔵施設建設について受入れを表明した。

9.10 〔原子力〕**川内原発、安全審査に合格**　原子力規制委員会は、九州電力川内原子力発電所1、2号機について安全審査に合格したとする審査書を決定した。地方自治体も稼働に同意した。

9.11 〔原子力〕**日本政府、吉田調書を公開**　日本政府は、東京電力福島原子力発電所における事故調査・検証委員会（政府事故調）による聴取結果書のうち、吉田昌郎元所長や菅直人元首相ら19人の調書を公開した。吉田調書は当初故人の遺志に基づき非公開とされていたが、朝日新聞が非公式にこれを入手したとして東京電力が福島原発から全面撤退したなどと事実を捏造した報道を行い、他の報道機関もこれを入手、朝日新聞を批判し始めるに至り、公開

に踏み切らざるを得なかった。朝日新聞は同日謝罪。

9月　〔再生〕**NEDO、NEDO PV Challengesを策定**　新エネルギー・産業技術総合開発機構（NEDO）、太陽電池価格の大幅下落、新興国企業の勃興、固定価格買取制度の開始など大きく変化した太陽光発電の状況に対応する目的で、普及後の社会を見据えた「太陽光発電開発戦略（NEDO PV Challenges）」を策定した。

分野別索引

分野別索引　目次

熱 ……………………………………………… 309

電力 …………………………………………… 311

火力 …………………………………………… 315

原子力 ………………………………………… 316

再生 …………………………………………… 327

核 ……………………………………………… 332

資源 …………………………………………… 335

全般 …………………………………………… 344

【熱】

ニューコメン、実用的蒸気機関を発明	1712（この年）
物理学者のパパン、消息を絶つ	1712（この年）
ダービー1世、コークス製鉄法を発明	1713（この年）
ファーレンハイト、水銀温度計を発明	1714（この年）
レオミュール、溶鉱炉を建設	1720（この年）
シュタール、『教条的および実験的化学の基礎』刊	1723（この年）
ロイポルト、『機械の一般論』刊行開始	1723（この年）
ブールハーヴェ、カロリック説をまとめる	1724（この年）
レオミュール、アルコール温度計を発明	1730（この年）
医師・化学者のシュタールが没する	1734.5.14
ダービー2世、鉄鉱石をコークス高炉で溶解	1735（この年）
物理学者のファーレンハイトが没する	1736.9.16
セルシウス、摂氏温度目盛を作成	1742（この年）
フランクリン、フランクリンストーブを発明	1742（この年）
ハンツマン、るつぼ製鋼法を確立	1742（この頃）
ローバック、鉛室法を確立	1746（この年）
ブラック、比熱と潜熱を定義	1760（この頃）
ワット、蒸気凝縮を発明	1765（この年）
クラネージ兄弟、反射炉を製作	1766（この年）
キュニョー、世界初の蒸気機関自動車を製作	1769（この年）
キュニョー、大砲牽引用蒸気自動車を製作	1770（この年）
シェーレ、酸素を発見	1772（この年）
プリーストリー、酸素を発見	1774（この年）
マードック、乗合蒸気自動車を製作	1774（この年）
ラヴォアジェ、『物理学および化学の小論』刊	1774（この年）
ウィルキンソン、中ぐり旋盤を改良	1775（この年）
ワット、蒸気機関の特許を取得	1775（この年）
ヴォルタ、メタンの爆発実験を行う	1776（この年）
シェーレ、『空気と火に関する科学的観察と実験』刊	1777（この年）
ブッシュネル、魚雷を発明	1777（この年）
ラヴォアジェ、燃焼理論を確立	1777（この年）
クロフォード、『動物熱と可燃物の燃焼についての実験と考察』刊	1778（この年）
トムソン、摩擦熱を発見	1778（この年）
ラヴォアジェ、酸素を命名	1779.9.5
クーロン、『単純機械の理論』刊	1781（この年）
ジョフロア侯爵、蒸気船を設計	1781（この年）
ワット、遊星歯車機構を発明	1781（この年）
ウェッジウッド、パイロメーターを発明	1782（この年）
シックス、最高最低温度計を発明	1782（この年）
ワット、複動式蒸気機関の特許を取得	1782（この年）
ラヴォアジェら、氷熱量計を発明	1782（この頃）
モンゴルフィエ兄弟、熱気球の公開飛行	1783.6.5
ジョフロア、実用的蒸気船を開発	1783（この年）
ソシュール、『湿度測定についての小論』刊	1783（この年）
ミンケレス、石炭ガス照明を用いる	1783（この年）
ラヴォアジェ、呼吸について研究	1783（この年）
コート、パドル法を発明	1784（この年）
ブランシャール、熱気球によるドーヴァー海峡横断に成功	1785（この年）
フィッチ、最初の蒸気船を航行させる	1787.8.22
ラグランジュ、『解析力学』刊	1788（この年）
ワット、遠心調速機を発明	1789（この年）
ストリート、テレビン油使用エンジンを発明	1794（この年）
エバンス、高圧蒸気機関を発明	1797（この年）
トムソン、『摩擦によって引き起こされる熱の源についての実験的研究』刊	1798（この年）
W.ハーシェル、赤外線放射の発見	1800（この年）
トレヴィシック、蒸気自動車を完成	1801.12.24
ジャカール、ジャカード織機を発明	1801（この年）
ダンブルザン、石炭ガス使用内燃機関を提案	1801（この年）
ドルトン、気体の分圧の法則を定式化	1801（この年）
ゲイ＝リュサック、シャルルの法則を発表	1802（この年）
トレヴィシック、世界初の高圧蒸気機関を製作	1802（この年）
マードック、建物の照明にガス灯を常用	1802（この年）
トレヴィシック、軌道用蒸気機関車を開発	1804（この年）
フルトン、蒸気外輪船を航行	1807.8.17
ド・リバ、街の乗用にエンジンを推奨	1807（この年）
ヤング、エネルギーの概念を導入	1807（この年）
ロンドンにガス灯がともる	1807（この年）
フーリエ、懸賞に応じて、熱伝導に関する論文を提出	1811.9.11
アヴォガドロ、アヴォガドロの仮説を発表	1811（この年）
クルップ、クルップ社を設立	1811（この年）
アンペール、気体の分子説を発表	1813（この年）
物理学者のトムソンが没する	1814.8.21
スティーヴンソン、最初の実用的蒸気機関車を製作	1814（この年）
発明家のワットが没する	1819.8.19
サヴァンナ号が大西洋を横断	1819（この年）
デュロンとプティ、原子量の表を作成	1819（この年）
ブルメンタール、精留塔を発明	1820（この年）
フーリエ、『熱の解析的理論』刊	1822（この年）
ブラウン、実用蒸気機関を発明	1823（この年）
カルノー、カルノーサイクルを考案	1824（この年）
スティーヴンソン、蒸気機関車完成	1825.9.27
ハザード、爆発性混合物で特許を取得	1826（この年）
スティーヴンソン、レインヒルの競争を行う	1829.10月
数学者のフーリエが没する	1830.5.16
アメリカで鉄道が開業	1830（この年）
物理学者のゼーベックが没する	1831.12.10
グレアム、グレアムの法則を発見	1831（この年）
機械技術者のトレヴィシックが没する	1833.4.22
クラペイロン、熱力学理論を確立	1834（この年）
ドイツ初の鉄道が開通	1835（この年）
化学者・物理学者のデュロンが没する	1838.7.18
バーネット、圧縮式内燃機関を発明	1838（この年）
発明家のマードックが没する	1839.11.15
アルキメデス号が就航	1839（この年）
スミス、スクリュー・プロペラを発明	1839（この年）

アウクスブルク機械製作所設立	1840 (この年)	日本初の鉄道が開業	1872.10月
ヘス、総熱量不変の法則を発表	1840 (この年)	ギブズ、相律を確立	1874 (この年)
マイヤー、エネルギー保存の法則を発表	1842.5.31	オットー、4サイクル内燃機関完成	1876 (この年)
ネイスミス、蒸気ハンマーを発明	1842 (この年)	ボルツマン、熱力学の第2法則に統計的基礎をおく	1877 (この年)
グレート・ブリテン号が就航	1843.7.19		
ジュール、熱の仕事当量を測定	1843 (この年)	物理学者で医師のマイヤーが没する	1878.3.20
リリュー、多重効用缶を発明	1843 (この年)	オットー、マグネト点火装置を開発	1878 (この年)
シェーンバイン、綿火薬を発見	1845 (この年)	J.シュテファン、シュテファンの法則を証明	1879 (この年)
ケルヴィン卿、地球の年齢を約1億年と割り出す	1846 (この年)	クラーク、2サイクルガスエンジンを製作	1879 (この年)
ソブレロ、ニトログリセリンを発明	1846 (この年)		
ジュール、熱の仕事当量を確立	1847 (この年)	ダイムラーら、4サイクル高速ガソリンエンジンを製作	1882 (この年)
ヘルムホルツ、『力の保存について』を発表	1847 (この年)	ヘルムホルツ、自由エネルギーを提唱	1882 (この年)
ケルヴィン、絶対温度を提唱	1848 (この年)	ドブテビーユ、ガスエンジンを製作	1883 (この年)
クラウジウス、熱力学の諸法則が確立	1850 (この年)	ハドフィールド、マンガン鋼の特許を取得	1883 (この年)
ジュール、気体分子の平均運動速度を計算	1851 (この年)	ベンツ、ベンツ会社を設立	1883 (この年)
ジファール、蒸気機関付き飛行船を建造	1852 (この年)	L.ボルツマン、シュテファンの法則を証明	1884 (この年)
ジュールとケルヴィン、ジュール=トムソン効果を発見	1852 (この年)	ファント・ホフ、化学熱力学の確立	1884 (この年)
薩摩藩、反射炉を築造	1852 (この年)	オットー・サイクルの特許が無効に	1886.1.30
黒船来航	1853 (この年)	ボッシュが工場を設立	1886.11.15
ベッセマー、転炉製鋼法の特許取得	1855 (この年)	ベンツ、ベンツ・パテント・モトールヴァーゲンを製作	1886 (この年)
薩摩藩で、日本最初の小型木造外輪蒸気船を建造	1855 (この年)	F.アーベル、コルダイトを開発	1889 (この年)
大島高任、石炭で銑鉄の溶解に成功	1856.3月	ダイムラーら、ダイムラー・エンジン会社を設立	1890.11.28
バルサンチら、大気圧エンジンを製作	1856 (この年)		
クラウジウス、気体分子運動論の基礎をつくる	1857 (この年)	下瀬雅允、下瀬火薬を発明	1891 (この年)
石炭ガスで灯籠点灯	1857 (この年)	ディーゼル、ディーゼル・エンジンを開発	1892.2.23
ヒューゴン、無圧縮ガスエンジンの特許を取得	1858 (この年)	フォード、ガソリン自動車を製作	1896.5月
ジーメンス兄弟、蓄熱式ガス発生炉を発明	1860 (この年)	アチソン、人造黒鉛をつくる	1896 (この年)
ベッセマー、回転炉の特許取得	1860 (この年)	ディーゼル・エンジンの実働に成功	1897.2.16
マクスウェル、気体分子運動論を発表	1860 (この年)	初の蒸気タービン船の完成	1897.6月
ルノワール、無圧縮ガスエンジンの特許取得	1860 (この年)	アマガ、気体の超高圧を実現	1899 (この年)
オットー、4サイクルエンジンを試作	1862 (この年)	ツェッペリン卿、飛行船の製作をし、飛行する	1900 (この年)
ド・ロシャス、4サイクルの作動を記述	1862 (この年)	マイバッハ、メルセデス第1号車を製作	1901 (この年)
オットー、大気圧エンジンを実用化	1863 (この年)	ホノルド、高電圧点火装置を開発	1902 (この年)
オットーら、N.A.オットー会社設立	1864.3.31	フォード、フォード・モーターを設立	1903.6.16
マルクス、第1マルクスカー製作	1864 (この年)	ライト兄弟が初飛行	1903.12.17
マルタン父子、ジーメンス=マルタン炉を組み立て売り出す	1864 (この年)	ツィオルコフスキー、『ロケットによる宇宙空間の探求』刊	1903 (この年)
クラウジウス、エントロピーを提唱	1865 (この年)	八幡製鉄所で火入れ	1904 (この年)
蒸気船スルタナ号ボイラー破裂事故が発生	1865 (この年)	プラントル、境界層理論等を提出	1904 (この頃)
ノーベル、ダイナマイトを開発	1866 (この年)	ネルンスト、熱力学の第3法則を発見	1906 (この年)
オットーのエンジンが、パリ万博で金賞を受賞	1867 (この年)	東京自動車製作所、ガソリン自動車第1号製作	1907.4月
ボルツマン、『運動する質点の間の活力の平衡についての研究』を発表	1868 (この年)	モーリタニア号完成	1907 (この年)
日本初の蒸気ポンプを設置	1868 (この年)	フォード、自動車量産開始	1908.10.1
アメリカ大陸横断鉄道が完成	1869.5.10	ブレリオ、飛行機で初めて英仏海峡を横断	1909.7.25
アンドルーズ、臨界温度・臨界圧力を発見	1869 (この年)	ファルマン、161kmの飛行に成功	1909 (この年)
モンスニ=トンネル開通	1871 (この年)	徳川好敏、代々木原で初飛行に成功	1910.12.19
高島嘉右衛門、ガス灯をともす	1872.9.29	ホルツワース、ガスタービンを製作	1910 (この年)
		ケタリング、自動車の自動スターターを開発	1911 (この年)
		フォード、テーラーシステムを導入	1911 (この年)
		セランディア号が就航	1912 (この年)
		ユンカース、金属製の単葉飛行機を完成	1915.12月

ゾンマーフェルト、スペクトル線の微細構造を相対性理論で説明	1915(この年)	セラミックターボを商品化	1985(この年)
ラングミュア、高真空の水銀ポンプを製作	1915(この年)	トヨタ、乗用車エンジンをすべてDOHC4バルブに	1986.8月
オールコックとブラウン、大西洋横断無着陸飛行に成功	1919.6.19	日産が可変バルブタイミング機構を採用	1986(この年)
ゴダード、『超高層に到達する方法』刊	1919(この年)	全日空、国産ジェットエンジン不採用	1988.12月
初めてロンドン―パリ間定期旅客空輸を開始	1919(この年)	地球環境問題検討会を設置	1989.7月
ミジリー、四エチル鉛がアンチノッキング剤となることを発見	1921(この年)	米デルタ航空V2500搭載機発注	1989.11月
ディーゼル・エンジン、自動車に搭載	1923(この年)	ホンダが可変バルブタイミング・リフト機構を採用	1989(この年)
デ・ラ・シェルバ、オートジャイロの飛行に成功	1923(この年)	ディーゼル車排ガス規制強化	1990.12.20
ダイムラー社、自動車用ディーゼル・エンジンの試作に成功	1924(この年)	酸化・三元二段階触媒コンバータ開発	1990(この年)
ゴダード、世界最初の液体燃料ロケット飛行成功	1926.3.16	自動車排ガス規制大幅強化	1991.3.20
日本、石炭液化研究に着手	1928(この年)	NO_X吸蔵還元型三元触媒を開発	1994.8月
パウリ、ニュートリノ仮説を提唱	1930(この年)	トヨタが連続可変バルブタイミング機構を採用	1995(この年)
ホイットル、ガスタービン・ジェットエンジンの特許取得	1930(この年)	環境にやさしいバスが導入	1995(この年)
ローレンスら、サイクロトロンを建設	1930(この年)	石川島、川崎重がGEと共同開発	1995(この年)
オンサーガー、オンサーガーの相反定理を発見	1931(この年)	日野自動車がコモンレール式を採用	1995(この年)
オハインとホイットルがジェットエンジンを製作	1937(この年)	小型機用エンジンの開発開始	1996.4月
シコルスキー、ヘリコプターを完成	1939.9.14	三菱がガソリン直噴エンジンを採用	1996(この年)
ドイツでジェット戦闘機が実用化	1942.4月	ディーゼル車の規制強化	1998.8.14
ドイツでロケットを実用化	1942(この年)	中環審、ディーゼル車排ガス削減を答申	1998.12.15
ドイツ軍、V-2ロケットでロンドン攻撃	1944.9.7	ディーゼル車にフィルター装着義務化方針	2000.2.18
マクミランとヴェクスラーがシンクロサイクロトロンを発明	1946(この年)	ホンダ、シビックハイブリッドを発売	2001.12月
世界初の実用旅客機が初飛行	1949.7月	排ガス規制で買い換え需要が増	2003(この年)
石炭鉱業合理化臨時措置法を公布	1955.8.10	三井物産排ガス浄化装置で試験データをねつ造	2004.11.22
ロータリー・エンジンを発明	1957.2.1	ホンダ、航空エンジンに参入	2004(この年)
ソ連、スプートニク1号を打ち上げ	1957.10.4	排ガス規制によるトラック買い替え需要が一巡	2004(この年)
ソ連でスーパーロケット打ち上げ実験	1960.1月	ホンダ、「インサイト」を発表	2009.2.5
液体水素燃料エンジンを開発	1960(この頃)	プリウスが国内新車販売台数首位に	2009.10月
世界初の有人宇宙飛行が成功	1961.4月		
石炭対策大綱を閣議決定	1962.11.29	**【電力】**	
日本初のOHCエンジン	1963(この年)	グレイ、電気伝導を発見	1729(この年)
日本初の4サイクル直接噴射式ディーゼル・エンジン	1967(この年)	デュ・フェ、金属摩擦電気を発見	1733(この年)
アポロ11号を打ち上げ	1969.7.16	デュ・フェ、電気の二流体説を提唱	1733(この年)
日本初のフルトランジスター式点火装置	1969(この年)	物理学者のグレイが没する	1736.2.25
日産、ロータリー・エンジンの技術導入契約調印	1970.10.2	クライストら、ライデン瓶を発明	1745(この年)
日本初の電子制御燃料噴射装置製作	1970(この年)	フランクリン、避雷針の原理を発見	1747(この年)
ホンダ、CVCC方式エンジンを発表	1972.12.1	キャントン、人工磁石を発明	1749(この年)
航空エンジン開発で提携	1979.5.22	フランクリン、電気一流体説を提唱	1750(この年)
ターボチャージャー付量産車を発売	1979(この年)	フランクリン、避雷針を発明	1750(この年)
日本初の水冷DOHC6気筒エンジン製作	1980(この年)	ミッチェル、『人工磁石論』刊	1750(この年)
スペースシャトルが初飛行	1981.4.12	フランクリン、雷が電気であることを証明	1752(この年)
三元触媒システムを開発	1981(この年)	キャントン、静電誘導を発見	1753(この年)
普通乗用車にDOHCエンジン	1981(この年)	エピヌス、『電気磁気試論』刊	1759(この年)
ターボ付DOHCエンジン開発	1982(この年)	物理学者のミュッセンブルクが没する	1761.9.19
YXX搭載エンジン開発	1983.12月	ヴィルケ、電気盆を発明	1764(この年)
電子制御ターボエンジン実用化	1983(この年)	プリーストリー、『電気学の歴史と現状』刊	1768
		キャヴェンディッシュ、静電容量の概念を確立	1773(この年)
		ベリマン、『電気引力に関する試論』刊	1775(この年)
		ヴォルタ、蓄電器を改良	1775(この年)
		平賀源内、エレキテルを完成	1776(この年)
		クーロン、ねじり天秤を発明	1777(この年)
		リヒテンベルク、電気の正・負の名称を導入	1779(この年)

- 311 -

電力　　　　　分野別索引　　　　　資源・エネルギー史事典

ガルヴァーニ、動物電気を発見　1780（この年）	スタージョン、ロンドン電気協会を設立
ヴォルタ、コンデンサに関する論文を発表	1837（この年）
1782（この年）	ファラデー、真空放電を発見　1837（この年）
クーロン、クーロンの法則を発表　1785（この年）	ブイエ、正検検流計を発明　1837（この年）
ベネット、金箔検電器を発明　1786（この年）	シュタインハイル、大地帰線を考案 1838（この年）
ヴォルタ、電圧などの概念を導入　1788（この年）	ダビッドソン、直流モーターを製作 1838（この年）
ガルヴァーニ、ガルヴァーニ現象を発見　1789.8月	ブンゼン、ブンゼン電池を発明　1839（この年）
ガルヴァーニ、『筋肉運動に対する人工電気	ジュール、ジュールの法則を発表　1840（この年）
の作用について』刊　　　　　　1791（この年）	ジーメンス、電気めっき法を発明　1842（この年）
ヴォルタ、ヴォルタ堆を発明　1799（この年）	ホイートストンブリッジを発明　1843（この年）
ニコルソン、電気分解に成功　　　　1800.5.2	ウェーバー、絶対測定電流力計を考案 1843（この頃）
ヴォルタ、ヴォルタ電池を発明　1800（この年）	モールス、電信機を実用化　　　　1844.5.24
グロートゥス、電気分解に関する理論を発表	ファラデー、ファラデー効果を発見 1845（この年）
1805（この年）	ホイートストン、電磁石を用いた発電機を製
デーヴィー、アーク灯を発明　1807（この年）	作　　　　　　　　　　　　1845（この年）
デーヴィー、ナトリウムとカリウムを発見	ウェーバー、『電気力学的な量の測定』刊
1807（この年）	1846（この年）
フーリエ、熱伝導に関する論文を提出 1807（この年）	ルームコルフ、感応コイルを製作 1846（この年）
ゼンメリング、電信機を発明　1809（この年）	ジーメンス、シーメンス社を設立　1847.12.12
物理学者のリッターが没する　　　　1810.1.23	レンツ、電機子反作用を明らかに　1847（この年）
ベルツェリウス、『化学的比例説と電気の化	キルヒホッフ、キルヒホッフの法則を発見
学的影響に関する試論』刊　1812（この年）	1849（この年）
アラゴー、電磁石現象を発見　1820（この年）	ジョン・ブレットとヤコブ・ブレット、英仏
アンペール、アンペールの法則を発見 1820（この年）	間に海底ケーブルを敷設　1850（この年）
エルステッド、電流の磁気作用を発見 1820（この年）	メローニ、赤外線と可視光の同一性を証明
シュヴァイガー、倍率器を発明　1820（この年）	1850（この年）
ビオとサバール、ビオ・サバールの法則を発	ワイルド、他励式発電機を発明 1851（この年）
見　　　　　　　　　　　　1820（この年）	誘導コイルを発明　　　　　　1851（この年）
ポッケンドルフ、電流計を発明 1820（この年）	物理学者のオームが没する　　　　1854.7.7
ファラデー、電磁回転を発明　1821（この年）	フーコー、渦電流を発見　　　　　1855（この年）
ゼーベック、ゼーベック効果を発見 1822（この年）	マクスウェル、『ファラデーの力線について』
アンペール、電磁気の理論を研究 1823（この年）	を発表　　　　　　　　　　1856（この年）
スタージョン、電磁石を発明　1823（この年）	ガイスラー、ガイスラー管を発明 1857（この年）
アラゴー、アラゴーの円盤を発明 1824（この年）	フェダーセン、振動放電を発見　1858（この年）
オーム、オームの法則を発見　1826（この年）	プリュッカー、陰極線を発見　1858（この年）
物理学者のヴォルタが没する　　　　1827.5.5	プランテ、鉛蓄電池を発明　1859（この年）
化学者のデーヴィーが没する　　　　1829.5.29	パチノッティ、環状電機子を発明 1860（この年）
ネグロ、往復式電動機を製作　1830（この年）	ライス、振動膜を利用した電話機を発明
ヘンリー、電磁誘導を発見　1830（この年）	1860（この年）
ファラデー、電磁誘導を発見　　　　1831.8.21	『エレクトリシャン』創刊　　　1861（この年）
ヘンリー、『電動機についての論文』を発表	マクスウェル、『電磁場の理論』刊 1861（この年）
1831（この年）	電気単位に関する委員会設立
ガウス、絶対単位系を提唱　1832（この年）	マクスウェル、電磁波の存在を予言 1864（この年）
ピキシ、手回し発電機を発明　1832（この年）	フィールド、大西洋横断海底電信を敷設
ヘンリー、自己誘導を発見　1832（この年）	1866（この年）
ガウスとウェーバー、電信機を発明 1833（この年）	ヴァーレイが自励式発電機の特許を出願
ファラデー、電気分解のファラデーの法則を	1866（この年）
発表　　　　　　　　　　　　1833（この年）	物理学者・化学者のファラデーが没する 1867.8.25
リッチー、電磁石モーターを製作 1833（この年）	ジーメンスら、複T形電機子を用いた発電機
ペルティエ、ペルティエ効果を発見 1834（この年）	を製作　　　　　　　　　　1867（この年）
ホイートストンら、電気伝導速度を実験	ルクランシェ、ルクランシェ電池を発明
1834（この年）	1868（この年）
ヤコビ、整流子モーターを試作 1834（この年）	横浜でブレゲ指字電信機による通信実験に成
レンツ、レンツの法則を発見　1834（この年）	功　　　　　　　　　　　　1869.8.9
物理学者のアンペールが没する　　　1836.6.10	東京・横浜間電信開通　　　　　1869.12.25
スタージョン、『電気磁気年報』を刊行 1836（この年）	ヒットルフ、陰極線を発見　1869（この年）
ダニエル、ダニエル電池を発明 1836（この年）	グラム、グラム発電機を発明　1870（この年）
ダベンポート、直流モーターを製作 1836（この年）	イギリス電信学会設立　　　　1871（この年）
ファラデー、電媒定数を測定　1836（この年）	エジソン、印字電信機を発明　1871（この年）
モールス、電信機を発明　　　　　1837.9.4	画家で発明家のモールスが没する　1872.4.2
	エジソン、二重電信機を発明　1872（この年）

— 312 —

交流発電機の商業利用が開始	1872（この年）
クラーク、クラーク電池を発明	1873（この年）
グラム、電動機と発電機の可逆性を発見	1873（この年）
デビッドソン、電気自動車を試作	1873（この年）
マクスウェル、『電気磁気論』を刊行	1873（この年）
工部大学校電信科設立	1873（この年）
ストーニー、電子の概念を提唱	1874（この年）
物理学者のホイートストン卿が没する	1875.10.19
ドイツのエンジニアジーメンス、蒸気機関利用の発電機で5kWを出力	1875（この年）
ゴルトシュタイン、ヒットルフの放射線を陰極線と命名	1876（この年）
ベル、実用電話機を発明	1876（この年）
ベル、ベル電話会社を設立	1877.7.9
日本初のアーク灯が点灯	1878.3.25
スワン、白熱電灯を発明	1878（この年）
ジーメンス、ベルリン勧業博覧会に電車を出展	1879.5.31
エジソン、白熱電球を実用化	1879.10月
物理学者のマクスウェルが没する	1879.11.5
エジソン、エジソン・ダイナモを発明	1879（この年）
ベルリン電気学会設立	1879（この年）
ホール効果を発見	1879（この年）
キュリー兄弟、圧電効果を発見	1880（この年）
ベル、光線電話機の特許を取得	1880（この年）
シーメンス社、電車を開業	1881.5.12
パリ国際電気会議で、電気単位が決定	1881（この年）
ヘルムホルツ、電気素量を初めて計算	1881（この年）
ラランド、ラランド電池を発明	1881（この年）
東京電灯設立を出願	1882.3月
ゴラールとギブス、二次発電機の特許を取得	1882（この年）
テスラ、二相交流モーターを考案	1882（この年）
デプレ、長距離送電実験を実施	1882（この年）
電流戦争が勃発	1882（この頃）
エジソン、3線式送電法を発明	1883.3.20
エジソン、エジソン効果を発見	1883（この年）
スタンリー、逆起電力を提唱	1883（この年）
ラーテナウ、ドイッチェ・エジソン社を設立	1883（この年）
国際電気学会設立	1883（この年）
ホプキンソンら、交流電動機を製作	1883（この頃）
アメリカ電気学会設立	1884（この年）
アレニウス、電離説を提唱	1884（この年）
電車が実用化される	1884（この年）
日本初の電灯が点灯する	1885.6月
ガスナー、ガスナー乾電池を発明	1885（この年）
スタンリー、変圧器を実用化	1885（この年）
デリら、閉磁路変圧器の並列使用を考案	1885（この年）
フレミング、フレミングの右手の法則を発表	1885（この年）
小型二相交流電動機を発明	1885（この年）
大阪紡績会社三軒家工場に発電機を設置	1886.9月
ウェスティングハウス、ウェスティングハウス社を設立	1886（この年）
ゴルトシュタイン、カナル線を発見	1886（この年）
ホールとエルー、独立にアルミニウムの電気精錬法を発見	1886（この年）
名古屋電灯を設立	1887.9月
京都電灯設立	1887.11月
大阪電灯設立	1887.12月
テスラ、二相誘導発電機を製作	1887（この年）
神戸電灯設立	1888.1月
電気学会設立	1888.6月
ハルバックス、光電効果を発見	1888（この年）
ヘルツ、電磁波を証明	1888（この年）
ロンドン電力供給社、デットフォード計画を開始	1888（この年）
屋井先蔵、屋井乾電池を発明	1888（この年）
札幌電灯舎設立	1889.8月
横浜共同電灯設立	1889.11月
熊本電灯設立	1889.12月
エジソン・ゼネラル・エレクトリック社設立	1889（この年）
トムソン、積算電力計を発明	1889（この年）
ドブロウォルスキー、三相籠型誘導モーターを発明	1889（この年）
ブランリー、コヒーラ検波器を発明	1889（この年）
東京電灯が電車に電力供給	1890.5.4
トムソン、高周波発電機を発明	1890（この年）
ヘルツ、運動物体の電子力学の論文を発表	1890（この年）
レベデフ、光の圧力を測定	1890（この年）
電気式地下鉄を運行	1890（この年）
電気営業取締規則を制定	1891.2月
日本電灯協会設立	1891.5月
東京電灯、1万灯祝典を挙行	1891.7月
通信省に電気試験所が設立	1891.8.16
テスラ、テスラコイルを発明	1891（この年）
ドブロウォルスキー、三相交流発送電実験を行う	1891（この年）
GEが誕生	1892（この年）
モアッサン、電気炉を製作	1892（この年）
ローレンツ、電子論を提唱	1892（この年）
ウェストン、標準電池を発明	1893（この年）
スタインメッツがGEに入社	1893（この年）
日本初の電気鉄道が開通	1895.2.1
P.キュリー、磁性に関するキュリーの法則を発見	1895（この年）
ポポフ、無線通信法を発明	1895（この年）
マルコーニ、無線通信法を発明	1895（この年）
ローレンツ、運動物体の電磁光学理論を展開	1895（この年）
電灯が11万個を突破	1895（この年）
電気事業取締規則を公布	1896.5月
C.F.ブラウン、ブラウン管を発明	1897（この年）
ダッデル、電磁オシログラフを発明	1897（この年）
大阪電灯、60サイクル発電機を採用	1897（この年）
ガイテルとエルスター、光電管を発明	1898（この年）
エジソン、エジソン電池を発明	1900（この年）
鉄道電化が始まる	1900（この頃）
マルコーニ、大西洋横断の無線通信に成功	1901.12.12
C.F.ブラウン、電波の検出に鉱石検波器を用いる	1901（この年）
ジョルジ、MKSΩ 単位系を提唱	1901（この年）
アイントホーフェン、心電図を開発	1903（この年）
ビルケランとエイデ、電弧式空中窒素固定法の特許取得	1903（この年）

電力　分野別索引　資源・エネルギー史事典

J.フレミング、2極真空管を発明	1904（この年）
ラーモアとローレンツ、ローレンツ変換を提唱	1904（この年）
東京電灯、タービン発電機を採用	1905.1月
ブリッジマン、高圧装置を開発	1905（この年）
IEC設立	1906.6.26
フェッセンデン、AMラジオを発明	1906.12.24
アレクサンダーソン、高周波発電機を製作	1906（この年）
クーリッジ、電球のフィラメントにタングステンを用いる	1906（この年）
ド・フォレストとリーベン、三極真空管を発明	1906（この年）
国際会議で電気の単位を確定する	1908（この年）
電気局設立	1909.7月
GE、タングステン電球を発表	1910（この年）
G.クロード、パリでネオンランプを考案	1910（この年）
電気事業法を公布	1911.3月
カーメルリング‐オンネス、超伝導を発見	1911（この年）
国鉄、日本初の電気機関車を導入	1912.5.1
アームストロング、再生増幅器を発明	1912（この年）
東京に電灯が普及	1913.4月
シュタルク、シュタルク効果を発見	1913（この年）
ラングミュア、窒素封入電球を開発	1913（この年）
ラングミュア、高真空真空管を製作	1914（この年）
本多光太郎と高木弘、KS鋼を発明	1917.6月
3電協定が成立	1917.7月
アームストロング、スーパーヘテロダイン回路を開発	1918（この年）
リーベンス、『The Theory of Electricity』刊	1918（この年）
ウォーカー、ステッピングモーターの分解能を向上	1919（この年）
ラジオ放送が始まる	1920.11.2
アメリカで、「超電力方式」計画開始	1920（この年）
ハル、マグネトロンを発明	1921（この年）
東京電灯と大同電力が電力融通契約	1924（この年）
国際電力発電供給連合を設立	1925（この年）
ラウンド、五極管を発明	1927（この年）
英軍艦にステッピングモーターを搭載	1927（この年）
イギリスの「グリッドシステム」が計画される	1928（この年）
ヴァン・デ・グラフ、高圧静電発電機を発明	1929（この年）
加藤与五郎ら、OP磁石を発明	1930（この年）
電気事業法改正	1931.4月
三島徳七、MK鋼を発明	1931（この年）
ベーコン、アルカリ型燃料電池を開発	1932（この年）
マイスナー、マイスナー効果を発見	1933（この年）
第1回国際電熱会議を開催	1936（この年）
ヒステリシスモーターの論文を発表	1937（この年）
蛍光灯を発表	1938（この年）
電気庁を設立	1939.4月
電力調整令を公布	1939.10月
バリアン兄弟がクライストロンを発明	1939（この年）
配電統制令を公布	1941.8月
国内に9配電会社を設立	1942.4月
電気局を設立	1942.11月
ルーベンが水銀電池を発明	1942（この年）
大日本電気会と改称	1943.10月
軍需省電力局を設立	1943.11月
配電統制令、電力調整令を廃止	1946.9.30
エッカートとモークリーがENIACが完成	1946（この年）
ノイマンがプログラム内蔵式コンピュータを考案	1946（この年）
日本電気協会と改称	1947.5月
電力危機突破対策要綱を閣議決定	1947.11.14
ショックレーらがトランジスターを発明	1947.12月
ウィーナーがサイバネティックスを創始	1948（この年）
シャノンが情報理論を体系化	1948（この年）
GHQが電気事業再編成に関する覚書を提出	1949.7.9
ウィルクスらがEDSACを製作	1949（この年）
接合型トランジスターを開発	1949（この年）
電気事業再編成令公布	1950.11.24
カストレルが光ポンピング法の発見	1950（この年）
タウンズ、「メーザー」のアイデアを考案	1951.4.26
9電力会社設立	1951.5.1
電気料金算定基準を公布・施行	1951.6.16
本州全域に電力制限実施を決定	1951.9.5
電源開発5ヶ年計画を発表	1951.10.16
電力技術研究所を設立	1951.11月
公益事業委、電源開発5ヶ年計画を発表	1952.1.16
電源開発促進法を公布	1952.7.31
日本電力調査委員会設立	1952.11月
ハイブリッド型ステッピングモーターを発明	1952（この年）
メーザーを発明	1954（この年）
海野和三郎、「Unnoの式」を導く	1955（この年）
ブレームバーゲン、連続可能な固体メーザーを考案	1956（この年）
拡散接合型トランジスターを開発	1956（この年）
GE、サイリスタを発明	1957（この年）
VR型ステッピングモーターが実用化	1957（この年）
エサキダイオードを発明	1957（この年）
バーディーンら、超伝導理論を提唱	1957（この年）
第2世代コンピュータを発表	1959（この年）
イーリヒが燃料電池トラクターを製作	1959（この年）
ベーコンが燃料電池をデモンストレーション	1959（この年）
キルビーとノイスが集積回路を製作	1959（この頃）
カーングとアタラがMOSトランジスターを発明	1960（この年）
メイマンが、世界初のレーザーを発明	1960（この年）
マシアスとクンツラーが超伝導磁石を製作	1961（この年）
電気事業審議会を設置	1962.4月
ジョセフソン効果を発表	1962（この年）
ホロニアック・ジュニア、発光ダイオードを発明	1962（この年）
アメリカ電機電子学会を設立	1963（この年）
ガン・ダイオードを開発	1963（この年）
電気事業法案可決・成立	1964.6.25
集積回路MOS-ICを発表	1964（この年）
NASAが燃料電池を採用	1965（この年）
ジェーバーが非定常ジョセフソン効果を観測	1965（この年）
プリントモーターを発明	1966（この年）

- 314 -

電源開発新長期計画を決定	1967.5.30
世界初の2ローター・ロータリー・エンジンを日本で製作	1967(この年)
アメリカでサマリウム・コバルト磁石を発明	1968(この年)
松下電器産業、酸化亜鉛バリスタを開発	1968(この年)
大規模集積回路LSIの生産を開始	1968(この年)
三菱重工業長崎造船所でボイラー爆発	1970.10.24
マイクロプロセッサが登場	1971.4月
トホーフト、ヤン＝ミルズ理論の繰り込み可能性を証明	1971(この年)
沖縄電力設立	1972.2月
リニアモーターカー公開走行試験実施	1972.3月
電気使用制限に関する通産相指定告示	1972.8.17
電気使用制限規則を公布	1974.1.12
電源3法を公布	1974.6月
パール、タウオンを発見	1975.8月
酸化亜鉛避雷器を使用開始	1975(この年)
超LSIを開発	1976(この年)
ニューヨーク大停電発生	1977.7月
新信濃周波数変換所が稼働	1977.12月
省エネ電車運転開始	1979.8.20
クサビ型超音波モーターを発明	1979(この年)
京都市で電気バス運行	1979(この年)
電気自動車の導入	1981.10.1
進行波型超音波モーターを発明	1982(この年)
ネオジム磁石を発明	1983(この年)
ミュラーとベドノルツ、高温超伝導を発見	1986(この年)
リン酸型燃料電池で1000kWを達成	1987.9月
チューロ、イットリウム系超伝導体を発明	1987(この年)
新しい高温超伝導体の開発	1988.1月
電気自動車普及促進懇談会設置	1988.7.8
ビオブル、マイナスモーターを開発	1988(この年)
ミュラー、静電マイクロ・ステッピングモーターを試作	1988(この年)
電気自動車普及促進調査報告書を発表	1989.5.12
ABBを設立	1989(この年)
燃料電池自動車を製作	1991(この年)
電気自動車研究会発足	1994.1.25
関西国際空港エネルギーセンターが竣工	1994.3月
50万V長距離地中送電CVケーブルを実用化	1994.12月
トヨタと松下電器産業、合弁会社を設立	1996.5.20
トヨタ、電気自動車を発売	1996(この年)
日産が電気自動車を発売	1996(この年)
トヨタがプリウスを発売	1997.10月
水素燃料電池バスが運航開始	2000(この年)
東京電力、発電所建設を凍結	2001.2.8
超伝導体MgB₂が発見される	2001.3.1
フラーレンで、超伝導を実現	2001.8月
GM、ハイワイヤーを発表	2002(この年)
ニューヨークで大停電が発生	2003.8.14
上海トランスラピッドが開業	2003.12月
新興鋳管の発電所で爆発	2004.9.23
リニモが開業	2005.3月
電力系統利用協議会と日本卸電力取引所が業務開始	2005.4.1
ゲンジボタルの発光現象のメカニズムを解明	2006.3.16
電気自動車で560km走破	2009.11.17
斎藤英治ら、絶縁体に電気信号を流す	2010.3.11
改正電気事業法が成立	2013.11.13
改正電気事業法(第2段階)が成立	2014.6.11

【火力】

マードック、ガス照明を発明	1792(この年)
マードック、建物の照明にガス照明を使用	1798(この年)
ウィンザー、都市ガス事業を創始	1810(この年)
トレヴィシック、コルニッシュボイラーを発明	1811(この年)
水管ボイラーが実用化される	1825(この頃)
フェアベーンら、ランカシャボイラーを発明	1844(この年)
ハートフォード蒸気ボイラ検査・保険会社設立	1866(この年)
ルート、ルーツボイラーを発明	1867(この頃)
ド・ラバール、S型反動タービンを発明	1878(この年)
ブラッシュ、照明事業を開始	1879(この年)
宮原二郎、宮原式水管ボイラーを発明	1880(この年)
米国機械学会設立	1880(この年)
エジソン、ロンドンに火力発電所を建設	1881(この年)
エジソン電灯会社、世界初の商用電力事業を開始	1882(この年)
ド・ラバール、単式衝動タービンを発明	1883(この年)
パーソンズ、蒸気タービンを発明	1884(この年)
ウェルスバッハ、白熱ガス・マントルを発明	1886(この年)
東京電灯、火力発電で市内配電開始	1887.11.29
日本で初めてボイラーの特許が取得される	1890(この年)
幸町火力発電所建設	1896.9月
カーチス、速度複式衝動タービンを発明	1896(この年)
ラトー、圧力複式衝動タービンを発明	1897(この年)
浅草火力発電所建設	1897(この年)
横浜共同電灯、蒸気タービンを導入	1904(この年)
深川古石場発電所、蒸気タービンを導入	1904(この年)
ツェリー、圧力複式衝動タービンを発明	1908(この年)
三菱長崎造船所、国産第一号舶用タービンを製作	1908(この年)
三菱長崎造船所、国産第一号発電用タービンを製作	1908(この年)
ユングストローム、輻流タービンを発明	1911(この年)
レークサイド発電所建設	1919(この年)
ベンソン、貫流ボイラーを発明	1922(この年)
ラモント、ラモントボイラーを発明	1925(この年)
日本初の発電設備付きごみ焼却施設が操業	1929.7月
スルザーボイラーが発明される	1931(この年)
広島電気が世界最大の発電機を増設	1935.3月
関西電力火力発電所が爆発	1951.9.8
1缶1機システムを採用	1953(この年)
東京電力鶴見第2火力発電所建設現場ガス爆発	1954.3.3

火力　　　　　　　　　　　　分野別索引　　　　　　　　資源・エネルギー史事典

超臨界圧ベンソンボイラーが建設される	1954（この年）
西ドイツで超臨界圧火力発電所を建設	1956（この年）
多奈川発電所、運転開始	1956（この年）
豊富発電所が完成	1957.11月
アメリカで超臨界圧スルザーボイラーが建設される	1960（この年）
東電千葉火力発電所で水管腐食事故が発生	1960（この年）
重油専焼ボイラーの導入が可能に	1961（この年）
ばい煙規制改正法公布	1963.7.12
煤塵対策で電気集塵機が導入される	1966（この年）
東電姉崎火力発電所で600MW級超臨界圧ユニットを採用	1967.12月
日本初の二段再熱サイクルが採用される	1968.3月
静岡県富士市で東電発電所建設反対派住民と警官隊が衝突	1969.3.29
南横浜火力発電所が稼働	1970.4月
東京電力、GMFを世界初設置	1971（この年）
伊達火力発電所環境権訴訟	1972.7.27
豊前火発環境権訴訟	1973.8.21
排煙脱硫装置が開発	1973（この年）
1000MW級発電機、運転開始	1974.5.28
世界初、海外炭長期輸入契約合意	1977.6月
排煙脱硝装置が導入される	1977（この年）
アメリカ・火力発電所建設現場で事故	1978.4.27
九州電力旧相浦発電所で屋根բ落	1978.10.16
LNG冷熱発電に成功	1979.11月
排熱回収発電プラントが完成	1979（この年）
ごみ発電の推進	1980.1.29
IEA閣僚理事会開催	1980.5.21
伊達火力発電所環境権訴訟で原告側敗訴	1980.10.14
超臨界圧変圧貫流ボイラーが導入される	1980（この年）
コンバインドサイクル発電が採用される	1984（この年）
伊達火力発電所訴訟最高裁判決	1985.12.17
大井火力発電所で爆発事故	1987.5.26
コージェネレーション問題検討委員会報告書発表	1987.8.3
USC技術が実用化される	1989（この年）
三重ごみ固形燃料発電所で爆発	2003.8.14
関西電力、火力発電所のデータねつ造が	2004.6.28
東芝、石炭火力発電所計画断念	2006.2.27
石炭火力発電所の新設計画	2014.3月

【原子力】

アイスランドのラキ火山が噴火	1783（この年）
クラプロート、ウランを発見	1789（この年）
ドルトン、原子論を提唱	1803（この年）
ベルツェリウスとヒシンガー、セリウムを発見	1803（この年）
R.ブラウン、ブラウン運動を発見	1827（この年）
デーベライナー、3つ組元素の法則を発表	1829（この年）
ベルツェリウス、トリウムを発見	1829（この年）
ブンゼンとキルヒホッフ、セシウムを発見	1860（この年）
マイケルソンとモーリー、地球とエーテルの相対運動に関する実験を実施	1881（この年）
マイケルソン、干渉計を発明	1881（この年）
バルマー、バルマーの公式を発見	1885（この年）
レーナルト、レーナルト線を発見	1892（この年）
ウィーンの変位則	1893（この年）
ウィーン、熱放射の変位則を発見	1893（この年）
レントゲン、X線を発見	1895.11.8
ラムゼー、地球上でヘリウムを発見	1895（この年）
ベクレル、放射線を発見	1896.2月
ゼーマン、ゼーマン効果を発見	1896（この年）
ローレンツ、ゼーマン効果を荷電粒子の比荷の計算に利用	1896（この年）
J.J.トムソン、電子を発見	1897（この年）
ラーモア、歳差運動を予言	1897（この年）
キュリー夫妻、ラジウムを発見	1898.12月
J.J.トムソン、電子論を展開	1899（この年）
キュリー夫妻、誘導放射能を発見	1899（この年）
ドビエルヌ、アクチニウムを発見	1899（この年）
ラザフォード、α線とβ線を分離	1899（この年）
ドルーデ、金属内の自由電子モデルを発表	1900（この年）
ドルン、ラドンを発見	1900（この年）
プランク、「黒体放射の公式」発表	1900（この年）
ヴィラール、γ線を発見	1900（この年）
カウフマン、β粒子が電子であることを実証	1901（この年）
リチャードソン、熱電子効果を発見	1901（この年）
レーナルト、光電子のエネルギーが照射光の強さに無関係であると確認	1902（この年）
長岡半太郎、土星型原子模型を発表	1903.12.5
ラザフォードとソディー、原子崩壊説を提唱	1903（この年）
J.J.トムソン、『原子の構造について』刊	1904（この年）
ラザフォード、地球の年齢問題について言及	1904（この年）
アインシュタイン、光量子仮説を発表	1905.3.17
アインシュタイン、特殊相対性理論に関する最初の論文を発表	1905.3.30
アインシュタイン、特殊相対性理論に関する2番目の論文を発表	1905.9.29
アインシュタイン、ブラウン運動の理論	1905（この年）
J.J.トムソン、電子の数と原子量の比を発見	1906（この年）
バークラ、特性X線を発見	1906（この年）
ラザフォード、α粒子の電荷の質量に対する比を決定	1906（この年）
アインシュタイン、固体の比熱の理論を発表	1907（この年）
ボルトウッド、ウラン鉱物中の鉛の量で放射年代を測定	1907（この年）
ガイガーとラザフォード、計数管を開発	1908（この年）
パッシェン、水素スペクトル系列に、パッシェン系列を発見	1908（この年）
ペラン、ブラウン運動から分子の実在を証明	1908（この年）
J.J.トムソン、原子量を測定	1910（この年）
C.T.R.ウィルソン、霧箱を完成	1911（この年）
アインシュタイン、万有引力場における光線屈折の理論	1911（この年）

- 316 -

ラザフォード、有核原子模型を発表　1911（この年）
V.F.ヘス、「宇宙線」を発見　　　　1912（この年）
W.H.ブラッグとW.L.ブラッグ、結晶格子に
　よるラウエ斑点の説明　　　　　 1912（この年）
デバイ、固体比熱の量子論を改良　1912（この年）
ラウエ、結晶によるX線の回折（ラウエ斑点）
　を発見　　　　　　　　　　　　1912（この年）
ガイガーとマースデン、原子核の大きさと荷
　電を測定　　　　　　　　　　　1913（この年）
ガイガー、計数管を改良　　　　　1913（この年）
クーリッジ、クーリッジ管を発明　1913（この年）
ソディら、放射性崩壊の変位法則を発見
　　　　　　　　　　　　　　　　1913（この年）
ソディ、同位体と命名　　　　　　1913（この年）
ボーア、ボーアの原子模型を発表　1913（この年）
モーズリー、特性X線と原子番号の関係を発
　見　　　　　　　　　　　　　　1913（この年）
リチャーズ、鉛の同位体を証明　　1913（この年）
J.フランクとG.ヘルツ、電子と原子の衝突実
　験を行う　　　　　　　　　　　1914（この年）
チャドウィック、β線の連続スペクトルを検
　出　　　　　　　　　　　　　　1914（この年）
ラザフォード、陽子を発見　　　　1914（この年）
アインシュタイン、一般相対性理論を完成　1915.11.25
アインシュタイン、一般相対性理論を発表
　　　　　　　　　　　　　　　　1915（この年）
シーグバーン、X線スペクトルのM系列を発
　見　　　　　　　　　　　　　　1916（この年）
アストン、質量分析器による同位体の分離
　　　　　　　　　　　　　　　　1918（この年）
ボーア、対応原理を提唱　　　　　1918（この年）
アインシュタイン、重力で光線が湾曲するこ
　とを予想　　　　　　　　　　　　　 1919.5.29
ラザフォード、α粒子による原子核破壊実験
　　　　　　　　　　　　　　　　1919（この年）
チャドウィック、原子核の電荷が原子番号と
　一致することを実証　　　　　　1920（この年）
ボーア、原子の電子配置から新元素を予言
　　　　　　　　　　　　　　　　1921（この年）
コンプトン、コンプトン効果を発見　1923（この年）
ド・ブロイ、物質波の概念を提唱　1923（この年）
ヘヴェシーとコスター、ハフニウムを発見
　　　　　　　　　　　　　　　　1923（この年）
シュテルンとゲルラッハ、方向電子化を実証
　　　　　　　　　　　　　　　　1924（この年）
パウリ、排他原理を発見　　　　　1924（この年）
ボース、ボース＝アインシュタイン統計を導
　入　　　　　　　　　　　　　　1924（この年）
ハイゼンベルク、行列力学を提唱　1925（この年）
フェルミ、フェルミ・ディラックの統計を導
　入　　　　　　　　　　　　　　　 1926.2月
エディントン、『恒星の内部構造』刊　1926（この年）
シュレディンガー、波動力学を提唱　1926（この年）
ディラック、ディラック方程式を発表　1928（この年）
ディラック、空孔理論を提唱　　　1930（この年）
ボーテとベッカー、原子核をα衝撃してγ線
　放出実験　　　　　　　　　　　1930（この年）
ユーリー、重水素を発見　　　　　1931（この年）
アンダーソン、陽電子を発見　　　1932（この年）
コックロフトとウォルトン、原子核の人工
　転換に成功　　　　　　　　　　1932（この年）
チャドウィック、中性子を発見　　1932（この年）

ハイゼンベルク、原子核が陽子と中性子から
　なるとする理論を提出　　　　　1932（この年）
フェルミ、β崩壊の理論を提出　　　 1933.12月
ゾンマーフェルトとベーテ、『固体電子論』
　刊　　　　　　　　　　　　　　1933（この年）
ジョリオ＝キュリー夫妻、人工放射能を発見
　　　　　　　　　　　　　　　　1934（この年）
フェルミ、人工放射性同位元素を生成　1934（この年）
湯川秀樹が中間子を予言　　　　　1935（この年）
ウィグナー、中性子が原子核に吸収される数
　学を完成　　　　　　　　　　　1936（この年）
アルバレス、原子核による電子捕獲を観測
　　　　　　　　　　　　　　　　1937（この年）
ハーンとシュトラスマンがウランの核分裂反
　応発見　　　　　　　　　　　　　 1938.12.22
ベーテとヴァイツゼッカーが恒星の核融合反
　応を提唱　　　　　　　　　　　1938（この年）
マイトナーとフリッシュが「核分裂」理論を
　提出　　　　　　　　　　　　　　 1939.1.26
ジンが核分裂反応は持続可能なことを確認
　　　　　　　　　　　　　　　　1939（この年）
ラービが原子核の磁気モーメントの測定法を
　発見　　　　　　　　　　　　　1939（この年）
ニフラーがウラン235の分離に成功　1940（この年）
マクミランとアベルソンが、最初の超ウラン
　元素ネプツニウムを発見　　　　1940（この年）
超ウラン元素、プルトニウムの発見 1941（この年）
フェルミらが持続的原子力連鎖反応に成功　1942.12.2
世界初の原子炉シカゴ・パイル1号が完成
　　　　　　　　　　　　　　　　1942（この年）
ORNL原子炉クリントン・パイル臨界　1943.11.4
アメリカでウラン重水減速実験炉が試験可能
　段階へ　　　　　　　　　　　　　 1944.5.15
アメリカで「湯わかし型」原子炉（LOPO）
　完成　　　　　　　　　　　　　　 1944.5月
アメリカでCP-3炉稼働　　　　　　　 1944.7.4
ハンフォード・パイル第1号完成　　 1944.9月
アメリカで初のウラン235製造　　　 1945.3.12
ロスアラモスの高濃縮ウラン臨界集合体で臨
　界事故　　　　　　　　　　　　　 1945.6.4
ロスアラモス国立研究所で臨界事故　 1945.8.8
ロスアラモス国立研究所で臨界事故　 1945.8.21
トルーマン大統領、原子力の平和利用を力説
　　　　　　　　　　　　　　　　　 1945.10.3
米英加、「原子力国際管理」について声明　1945.11.15
米英ソ、原子力委員会の設置を提唱　 1945.12.27
国連原子力委員会設置を決議　　　　 1946.1.24
ロスアラモス国立研究所で臨界事故　 1946.5.21
アメリカがバルーク案を提案　　　　 1946.6.14
ソ連・グロムイコ国連代表、原子力管理案提
　出　　　　　　　　　　　　　　　 1946.6.19
米国原子力管理法（マクマホン法）成立　1946.8.1
ロスアラモスで世界最初の高速中性子炉が臨
　界　　　　　　　　　　　　　　　 1946.8.11
ソ連、原子炉1号機が初臨界　　　　 1946.12.25
アメリカ、マーシャル諸島エニウェトク環礁
　で核実験　　　　　　　　　　　　 1948.4.14
ソ連、プルトニウム生産炉運転開始　 1948.6.19
ソ連、チェリャビンスク40の再処理工場が運
　転開始　　　　　　　　　　　　　 1948.12.22
原子核研究連絡委員会を設置　　　　 1949.4月

- 317 -

原子力　　　　　　　　分野別索引　　　　　　　　資源・エネルギー史事典

ソ連、セミパラチンスク核実験場で原爆実験	1949.8.29
湯川秀樹、ノーベル賞物理学賞を受賞	1949.11月
アメリカBNLで濃縮ウラン黒鉛減速空冷型研究炉、臨界	1950.8.1
イギリス・ウィンズケールのプルトニウム生産1号機、臨界	1950.10月
アメリカ、ネバダ核実験場で核実験	1951.1.27
日本放射性同位元素協会設立	1951.5.1
新軍縮委員会設置	1951.11.5
イギリスで民間初の原子炉の使用開始	1951.11.19
アメリカ、実験用増殖原子炉完成	1951.12.8
アメリカ、世界初の原子力発電成功	1951.12.29
原子核の流体的理論の数学的検討	1951(この年)
ネバダでアメリカ最大の核爆発実験	1952.4.22
サンフランシスコ講和条約発効	1952.4.28
ソ連、濃縮ウラン黒鉛原子炉の運転開始	1952.4月
ノーチラス号を起工	1952.6.14
カナダ・チョークリバーで燃料棒融解	1952.12.12
グレーザー、泡箱を発明	1952(この年)
電力経済研究所設立	1952(この年)
原子核研究所の設置を決定	1953.4.21
ゲルマン、ストレンジ粒子を研究	1953.8月
アイゼンハワーが原子力の国際管理を提案	1953.12.8
世界初の原子力潜水艦「ノーチラス号」進水	1954.1.21
原子力研究の三原則採択	1954.3.18
原子力国際管理並びに原子力兵器禁止に関する決議	1954.4月
ソ連第1号発電用原子炉AM-1臨界	1954.5.9
原子力利用審議会設置	1954.5.11
ヨーロッパ原子力協会結成	1954.6.15
「ヤン＝ミルズ理論（非可換ゲージ理論）」の発表	1954.6月
世界初の原子力発電所運転開始	1954.6月
アメリカが原子力法を改正	1954.8.30
アメリカ原子力学会設立	1954.10.11
国連総会で原子力平和利用7ヶ国決議案採択	1954.12.4
世界初の原子力潜水艦「ノーチラス号」の試運転成功	1955.1.17
通商産業省工業技術院に原子力課発足	1955.4.11
原子力平和利用調査会が発足	1955.6.18
日米原子力双務協定仮調印	1955.6.22
東京大学原子核研究所設立	1955.7.1
アメリカが原子炉輸出	1955.7.2
ラッセル・アインシュタイン宣言	1955.7.9
第1回ジュネーヴ会議開催	1955.8.8
東京電力、原子力発電委員会設置	1955.10.11
原子力開発開発計画基本方針決定	1955.10.21
原子力平和利用博覧会開催	1955.11.1
原子力基本法要綱決定	1955.11.5
人形峠でウラン鉱床発見	1955.11.12
日米原子力協定、ワシントンで調印	1955.11.14
実験用高速増殖炉EBR-1で炉心溶融事故	1955.11.29
原子力研究所設立	1955.11.30
原子力関係三法案公布	1955.12.19
日本原子力研究協定発効	1955.12月
ウラン鉱採掘作業員被曝	1955(この年)
チェンバレンとセグレが反陽子を発見	1955(この年)
原子力委員会発足	1956.1.1
日本原子力産業会議を設立	1956.3.1
原研、ウォーターボイラー型実験原子炉の輸入契約を発表	1956.3.27
フォード財団、原子力平和利用賞設定	1956.4.1
日本原子力研究所法、核原料物質開発促進臨時措置法、原子燃料公社法成立	1956.4.30
アメリカで民間の原子力工場が設立	1956.5.4
英国原子力公社・原発運転開始	1956.5.23
国産金属ウラン製造	1956.6.1
日本原子力研究所発足	1956.6.15
ニュートリノ発見	1956.6.21
民間初の工業用原子炉運転開始	1956.6.28
原子力発電準備室設置を決定	1956.7.19
CP-5型研究用原子炉の輸入、国産原子炉制作を決定	1956.7.27
コールダーホール型原子炉、商業運転開始	1956.7月
アジア初の原子炉運転開始	1956.8.4
原子燃料公社発足	1956.8.10
原子力開発利用長期基本計画内定	1956.9.6
反中性子発見	1956.9.15
国際原子力機関（IAEA）創立総会	1956.9.20
国連総会IAEA憲章草案を採択	1956.10.23
世界初の商用原発が稼働	1956.10月
日米原子力細目協定調印	1956.11.24
欧州原子力共同体の設置決定	1957.2.20
欧州原子力共同体設立	1957.3.25
原子炉等規制法を公布	1957.6.10
第1回パグウォッシュ会議開催	1957.7.6
国際原子力機関発足	1957.7.29
日本初の原子炉JRR-1が臨界	1957.8.27
ソ連の再処理施設で、高レベル放射性廃棄物爆発事故	1957.9.29
ウィンズケール原子炉火災事故	1957.10.10
日本原子力発電株式会社設立	1957.11.1
シッピングポート原子力発電所、運転開始	1957.12.18
アメリカ、沸騰水型実験炉発電開始	1957.12.29
核融合反応制御の成果を発表	1957(この年)
原子力砕氷艦レーニン号が進水	1957(この年)
欧州原子力共同体設立	1958.1.1
経済協力開発機構の欧州原子力機関発足	1958.2.1
インド原子力委員会設置	1958.3.14
日米原子力協定調印	1958.4.28
カナダ・チョークリバーで火災事故	1958.5.24
アメリカで世界初の商用原炉が操業開始	1958.5.26
原子力産業育成方針策定	1958.6.6
日米、日英原子力協定調印	1958.6.16
米英原子力協定発効	1958.8.4
日本原子力事業株式会社創立	1958.8.25
日本原子力学会創立決定	1958.10.10
ユーゴスラビア重水減速炉で即発臨界事故	1958.10.15
天然ウラン精鉱輸入契約締結	1958.10.29
アメリカ・ユーラトム協力協定調印	1958.11.8
日米、日英原子力協定発効	1958.12.5
ロスアラモス国立研究所で即発臨界事故	1958.12.30
メスバウアー効果の実験成功	1958(この年)
第2回原子力平和利用国際会議を開催	1958(この年)
国産一号原子炉JRR-3着工	1959.1.14
イギリス・ユーラトム原子力協定調印	1959.2.4

日本原子力学会創立総会	1959.2.14	原研の原発実験炉臨界	1963.8.22
日本初の金属ウラン製造	1959.3月	アメリカのエンリコ・フェルミ発電所臨界	1963.8.23
米加原子力協定調印	1959.5.22	原研でガス噴出	1963.9.2
可搬型ベータトロン完成	1959.5.27	日本初の原子力発電に成功	1963.10.26
日加原子力協定調印	1959.7.2	ウィンズケールAGR炉で事故	1963.11.16
アメリカで初の原子力商船進水	1959.7.21	ゲルマン、クォークの概念を提唱	1964.2月
アルコ燃料化学再処理工場で、高濃縮ウラン臨界超過事故	1959.10.16	動力試験用原子炉で蒸気噴出	1964.3.28
日本原子力研究所で放射性物質汚染発生	1959.11.8	世界初の原子力灯台が完成	1964.5.20
オークリッジ国立研究所再処理施設で爆発事故	1959.11.20	原子力安全研究協会創立	1964.6.12
		オットー・ハーン号進水	1964.6.13
アメリカ国立原子炉試験場で臨界事故	1960.1.5	アメリカの核燃料回収工場で臨界事故	1964.7.24
原電、英国原子力公社との核燃料協定に調印	1960.3.7	「原子力の日」閣議決定	1964.7.31
東海製錬所が金属ウラン4.2t生産	1960.5.6	原子力発電所建設反対派住民が反対集会で負傷	1964.8.11
ドレスデン原子力発電所1号機が営業運転開始	1960.7.4	JPDR発電開始	1964.12.16
パリ条約採択	1960.7.29	オメガ粒子が発見される	1964(この年)
世界初の原子力空母エンタープライズ号が進水	1960.9.24	フィッチとクローニン、CP対称性の破れを発見	1964(この年)
原研JRR-2臨界	1960.10.1	地中海で原子力潜水艦衝突事故	1965.1.10
世界初の移動発電炉臨界	1961.3.30	インドでプルトニウム生産開始	1965.1.22
純国産金属ウランの精錬に成功	1961.4.28	アメリカのピーチ・ボトム発電炉で火災	1965.2.3
世界初熔融プルトニウムを使った原子炉が臨界	1961.4.30	欧州原子力機関(ENEA)への準加盟申し込みを閣議決定	1965.2.12
原子力損害関係の2法案成立	1961.6.8	東海発電炉臨界	1965.5.4
原研JRR-2、出力上昇試験運転成功	1961.11.29	動力炉・核燃料開発事業団発足	1965.7.20
国連総会で核兵器使用禁止宣言可決	1961.11月	朝永振一郎、ノーベル物理学賞受賞	1965.10.21
アメリカの原子力船「サバンナ号」臨界	1961.12.21	日本初の営業用原子力発電を認可	1965.10月
東京原子力産業研究所開設	1962.1.30	日本初の営業用原子力発電に成功	1965.11.10
横須賀市に天然ウラン黒鉛減速型未臨界実験装置完成	1962.2.7	原子力空母日本寄港についてアメリカから連絡	1965.11.26
原子力損害賠償法、原子力損害補償法施行	1962.3.15	首相が、原子力空母寄港承認と答弁	1966.2.14
ハンフォード再処理工場で臨界事故	1962.4.7	JPDR、5000kW/hを達成	1966.3.21
放射性廃棄物処理に関する中間報告書提出	1962.4.11	横須賀で米軍原潜寄港反対派と警官隊が衝突	1966.5.29
IAEA初の原子炉査察	1962.6.1	横須賀港に米軍原子力潜水艦寄港	1966.5.30
バークレイ原子力発電所、一般家庭へ送電開始	1962.6.15	日本エネルギー経済研究所発足	1966.6.29
日本で原子力船建造計画	1962.6.15	フランス、黒鉛炉燃料の再処理施設運転開始	1966.6.30
アメリカ核燃料回収工場で臨界事故	1962.7.24	国内初の商業用発電所が連続送電開始	1966.7.27
第8回原水爆禁止世界大会開催	1962.8.1	京大の研究用原子炉が臨界に達する	1966.8.27
国産1号炉「JRR-3」臨界	1962.9.12	東海発電所が営業運転を開始	1966.9.1
ドーンレイ高速増殖炉、発電開始	1962.10.17	アメリカで実験用高速増殖炉が炉心溶解事故	1966.10.5
アメリカでプルトニウム炉の連鎖反応維持に成功	1962.11.27	北極海で原潜ノーチラス号衝突事故	1966.11.10
アメリカ原子力委員会が「世界の原子炉数」を発表	1962.12.1	カナダの商業用原子炉が初臨界	1966.11.15
オークンが素粒子を分類してハドロンと命名	1962(この年)	仏・高速増殖炉実験炉ラプソディー臨界	1967.1.28
		東海発電所、定格出力の試運転に成功	1967.2.4
ライシャワーが原潜の日本寄港を申し入れ	1963.1.9	ラティーナ原子力発電所で溶融破損	1967.3月
ブラッセル補足条約調印	1963.1.31	核燃料加工会社日本ニユクリア・フユエルの設置許可	1967.4.20
日本原子力研究所で爆発	1963.2.21	アメリカでウラン鉱山で肺ガン多発と発表	1967.5.9
原潜寄港に対して湯川秀樹らが声明を発表	1963.3.25	スペイン初の原子力発電所が臨界	1967.5.25
アメリカの原潜「スレッシャー」沈没	1963.4.10	原研再処理試験、プルトニウムの回収に成功	1967.8月
IAEAでウィーン条約採択	1963.5.19	アメリカの原子力空母寄港申し入れ	1967.9.7
アメリカ・ハラム原子力発電所送電開始	1963.5.29	動力炉・核燃料開発事業団(動燃)発足	1967.10.2
名古屋大学プラズマ研究所開所	1963.6.1	西ドイツの原子力船、約6時間航海	1967.10.11
使用済み核燃料の海上輸送開始	1963.6.6	原研高崎研究所でコバルト60食品照射開始	1967.10.18
日本原子力船開発事業団法公布	1963.6.8	原子力船「むつ」の定係港決まる	1967.11.14
東工大で濃縮ウラン軽水系臨界未満実験装置完成	1963.7.8	日本原子力発電発電所で火災	1967.11.18
原子力船開発事業団発足	1963.8.17	ワインバーグ、電弱統一理論を発表	1967(この年)

米原子力空母寄港反対派学生と警官隊衝突（佐世保事件・平瀬橋事件・佐世保橋事件）	1968.1.17
日米新原子力協力協定調印、ウラン供給を確保	1968.2.26
日英新原子力協定調印	1968.3.6
原潜ソードフィッシュ号、寄港中の佐世保港で異常放射能測定	1968.5.6
原研、使用済み核燃料からプルトニウムを初抽出	1968.5.16
原子力潜水艦スコーピオンが遭難	1968.5.27
日本原子力研究所材料試験炉で漏水	1968.7.3
日本原子力研究所制御室で火災	1968.7.12
那覇アメリカ海軍港付近で放射性物質汚染	1968.7月
日米原子力協定公布	1968.7月
米原潜寄港中の那覇軍港からコバルト60検出	1968.9.6
ORNL実験炉で、世界で初めてウラン233を燃料で臨界	1968.10.2
原子力空母「エンタープライズ」ハワイ海上で火災	1969.1.14
IAEA、INIS計画を承認	1969.3.31
ガス拡散法によるウラン濃縮成功	1969.3.31
日本原子力研究所でプルトニウム飛散	1969.4.11
ロッキーフラッツ核工場で火災事故	1969.5.11
高速炉用ナトリウム加熱蒸気発生器の開発成功	1969.5.28
動燃、遠心分離法によるウラン濃縮実験成功	1969.5.30
原子力第一船「むつ」進水	1969.6.12
溶融塩燃料実験炉MSRE、12000時間の全出力運転達成	1969.9.29
サン・ローラン・デゾー原発1号機で炉心溶融事故	1969.10.17
原研で被曝事故	1969.11.8
国連総会で核実験停止決議案採択	1969.12.4
東北地方に放射性物質飛来	1969.12.29
インド初の原発	1970.1.19
高速増殖実験炉「常陽」を設置	1970.2月
英、西独、蘭がガス遠心分離法による濃縮ウラン共同生産協定に正式調印	1970.3.4
原研東海研究所内で放射能汚染	1970.3.7
敦賀発電所営業運転開始	1970.3.14
世界初の原子力ペースメーカー移植成功	1970.4.27
IAEA、保障措置委員会を発足	1970.6.20
日本最大の原子力発電センター建設計画発表	1970.6.24
原子力人工補助心臓移植手術成功	1970.7.14
関西電力美浜原発が稼働	1970.7.29
多核弾頭ミサイルの実験成功	1970.8.3
美浜1号機、初発電	1970.8.8
ドーンレイ高速増殖炉で火災事故	1970.8.21
美浜原発1号機、営業運転開始	1970.11.28
「ふげん」設置	1970.11月
福島第一原発1号機、営業運転開始	1971.3.26
高エネルギー物理学研究所設置	1971.3月
原研東海研究所で廃棄物発火	1971.7.13
日本原電東海発電所で放射能漏れ	1971.7.15
スイス、原発で火災	1971.7.28
日本アイソトープ協会と改称	1971.8.1
三井造船イリジウム紛失	1971.9.20
三菱原子燃料発足	1971.12.1
日本原電敦賀発電所で放射能汚染	1971（この頃）
ソ連、初の商業用高速増殖炉完成	1972.1.5
遠心分離法による国産濃縮機完成	1972.1.19
日本核燃料開発会社発足	1972.2.15
プルトニウム燃料製造工場完成	1972.2.16
日豪原子力協力協定に調印	1972.2.21
日本原電東海研究所で放射性物質廃液流出	1972.4.19
美浜原発で放射性物質漏出	1972.6.15
大分製油所でイリジウム被曝	1972.6.26
美浜2号機、営業運転開始	1972.7.25
17億年前の核分裂連鎖反応の痕跡発見	1972.9.25
敦賀原発で放射能漏出	1972.9月
海洋汚染防止条約採択	1972.11.13
超高温プラズマの生成成功	1972.12.4
高密度・超高温プラズマの生成・閉じ込めに成功	1973.3.15
美浜原発で放射能漏出	1973.3月
EURATOM、IAEAが保障措置協定調印	1973.4.5
福島第一原発で廃液漏出	1973.4.14
アメリカ・ハンフォード核施設で放射能廃液漏洩	1973.6.8
福島第一原発で廃液漏出	1973.6.25
美浜原発で燃料棒破損	1973.7.11
ソ連高速増殖炉が運転開始	1973.7.16
CERN、ニュートリノ反応における中性カレントの存在を確認	1973.7.19
通産省、サンシャイン計画構想	1973.8.16
原研研究所員被曝	1973.8.20
伊方原発で、原子力発電所の安全性を問う日本初の裁判	1973.8.27
美浜原発で冷却用水ポンプ故障	1973.8.28
フランス、高速増殖炉原型炉フェニックスが臨界	1973.8.31
英、使用済み核燃料再処理工場で放射能漏れ事故	1973.9.26
中国電力島根原発で制御棒欠陥	1973.9月
漸近的自由性の発見	1973（この年）
原潜放射能測定データ捏造問題追及	1974.1.29
原発事故相次ぐ	1974.2月
高浜1号機が臨界	1974.3.14
国産第1号炉が営業運転開始	1974.3.29
日本原電敦賀発電所作業員が被曝	1974.3月
岡山県でイリジウム被曝事故	1974.5.13
被曝事故相次ぐ	1974.6.3
六フッ化ウラン循環ループの試験運転成功	1974.6.11
九州石油増設現場従業員被曝	1974.6月
美浜原発で放射能漏出	1974.7.11
秋田の病院で放射性同位体違法投棄	1974.7.17
美浜原発で放射能漏出	1974.7.17
福島第一2号機、営業運転開始	1974.7.18
NERSA発足	1974.7月
原子炉施設の安全研究専門部会設置	1974.8.13
原子力船「むつ」が臨界実験成功	1974.8.26
原子力船「むつ」放射線異常検出	1974.9.1
核兵器積載軍艦が日本寄港	1974.9.10
美浜原発で燃料棒歪曲	1974.9月
浜岡原発で放射能漏出	1974.10.23
福島第一原発で放射能漏出	1974.10.23
オーストラリアがウラン安定供給を確約	1974.10.28

敦賀原発で配管亀裂	1974.11.11
高浜1号機、営業運転開始	1974.11.14
新しい素粒子「J/ψ」の発見	1974.11.16
敦賀原発で原子炉異常	1974.12.2
ジョージとグラショウ、「大統一理論」を提唱	1974(この年)
線型加速器故障により被爆	1974(この年)
日本工業検査で高校生被曝	1974(この年)
福島第一原発で作業員被曝	1974(この年)
美浜原発で放射能漏出	1975.1.8
緊急エネルギー声明発表	1975.1.17
敦賀原発で破損事故	1975.3.5
福島第一原発で放射能漏出	1975.3.9
米ブラウンズ・フェリー原子力発電所で火災事故	1975.3.22
欧州原子力学会設立	1975.4.20
動燃で被曝事故	1975.4.24
美浜原発で燃料集合体歪曲	1975.5.15
九州電力玄海原発放射能漏出	1975.6.10
ウラン協会設立	1975.6.12
動燃で職員被曝	1975.9.4
動燃、再処理施設のウラン試験を開始	1975.9.5
島根原発温排水で漁業被害	1975.9月
玄海1号機、営業運転開始	1975.10.15
高浜2号機、営業運転開始	1975.11.14
レニングラード原発1号機で放射能漏れ事故	1975.11.30
東ドイツ・グライフスヴァルト原発1号機で、冷却材喪失事故	1975.12.17
科技庁原子力安全局発足	1976.1.16
原研東海研究所で冷却剤漏出	1976.1月
原子力工学試験センター設立	1976.3.1
浜岡1号機、営業運転開始	1976.3.17
福島第一3号機、営業運転開始	1976.3.27
第5福竜丸展示館開館	1976.6.10
原子力発電設備改良標準化調査委員会発足	1976.6月
美浜原発1号機でトラブル隠し	1976.7月
英国原子力公社が軽水型炉開発へ	1976.8.12
米ベクテル、ウラン濃縮計画から脱退	1976.11.9
美浜3号機、営業運転開始	1976.12.1
濃縮パイロットプラント建設着手決定	1976.12.7
日本、IAEA保障措置協定署名	1977.3.4
高速実験炉「常陽」臨界	1977.4.24
長崎県、原子力船「むつ」受入れ	1977.4.30
フィンランド初の商業用原発が営業運転開始	1977.5.9
原発核燃料3国交渉不調	1977.6.7
レーダーマン、ウプシロンを発見	1977.8.4
むつ小川原開発基本計画了解	1977.8.30
東海村再処理問題日米共同声明・共同決定調印	1977.9.12
動燃、東海再処理施設の運転開始	1977.9.22
伊方1号機、営業運転開始	1977.9.30
仏電力9社、核再処理で契約	1977.10月
東海再処理施設で、プルトニウム初抽出	1977.11.7
福島第一原発で放射性同位体漏出	1977(この年)
東海第二発電所が稼働	1978.1.18
日加ウラン交渉締結	1978.1.23
ソ連の原子炉軍事衛星墜落	1978.1.24
「ふげん」臨界	1978.3.20
福島第一5号機、営業運転開始	1978.4.18
銀河系の中心に反物質存在か	1978.4月
「ふげん」が全炉心臨界	1978.5.9
高性能遠心分離機BT-2初公開	1978.5.13
電力9社、日本原電、英国核燃料公社が再処理委託契約に調印	1978.5.24
チェルノブイリ原発1号機が営業運転開始	1978.5.27
西独・ブルンスビュッテル原発で放射能漏れ事故	1978.6.18
日独仏、FBR技術協力調印	1978.6.21
「常陽」、定格出力達成	1978.7.5
「ふげん」試運転開始	1978.7.29
西ドイツ、再処理プロセス「電界分離法」開発	1978.8.3
東南アジア地域原子力協力協定参加決定	1978.8.25
原子力安全委員会発足	1978.10.4
福島第一4号機、営業運転開始	1978.10.12
長崎県に原子力船「むつ」入港	1978.10.16
福島第一3号機で臨界事故	1978.11.2
オーストリア国民投票で原発拒否	1978.11.5
東海第二発電所、営業運転開始	1978.11.28
浜岡2号機、営業運転開始	1978.11.29
オーストリア国民議会で原発禁止	1978.12.15
プルトニウム輸入	1978.12.25
原子力供給国グループ設立	1978(この年)
使用済み核燃料、初の国内輸送	1979.1.30
「ふげん」本格運転開始	1979.3.20
大飯原発1号機、営業運転開始	1979.3.27
スリーマイル島原子力発電所事故発生	1979.3.28
英国核燃料公社再処理工場で、放射性廃液漏洩事故発生	1979.4.19
カナダ・ブルース原発で燃料棒破損事故	1979.5.28
原子炉等規制法一部改正法案成立	1979.6.1
原子力損害賠償法一部改正法案成立	1979.6.6
アメリカ、太平洋ベースン構想発表	1979.6.14
東京宣言採択	1979.6.26
「常陽」熱出力7万5000kW達成	1979.7.16
アメリカ・ウラン鉱滓ダム決壊で放射能汚染水流入	1979.7月
レーダーマン、「グルーオン」の存在の検出に成功	1979.8.28
人形峠ウラン濃縮パイロットプラント運転入り	1979.9.12
米ノースアンナ1号機で原子炉緊急停止	1979.9.25
米ブライル1号機で原子炉緊急遮断	1979.10.2
福島第一6号機、営業運転開始	1979.10.24
核物質防護条約採択	1979.10.26
高浜原発2号機で冷却水もれ	1979.11.3
仏、国立放射性廃物管理公社設置	1979.11.7
原子力安全委員会、低レベルの放射性廃物海洋処分安全性確認	1979.11.19
大飯原発2号機、営業運転開始	1979.12.5
原子炉等規制法改正法施行	1979.12.18
動燃、濃縮ウラン約300kgの回収に成功	1979.12.26
「常陽」定常運転入り	1980.2.1
アメリカ、放射性廃棄物管理総合政策を発表	1980.2.12
日本原燃サービス株式会社発足	1980.3.1
日米、核物質防護条約署名	1980.3.3
仏サン・ローラン・デンゾー原発2号機で炉心溶融事故	1980.3.13

原子力　　　　　　　　　　　　　　　　分野別索引　　　　　　　　　　　資源・エネルギー史事典

スウェーデン国民投票で原発容認	1980.3.23
放射線障害防止法改正	1980.4.25
東京大学原子核研究所放射能漏出	1980.4月
東大原子核研究所で放射能汚染事故	1980.5.11
ライネス、ニュートリノに質量があることを確認	1980.5月
プルトニウム混合転換技術開発施設着工	1980.8.8
放射性廃棄物海洋投棄の中止要求	1980.8.15
高浜2号機が322日間の連続運転記録樹立	1980.11.6
放射能海洋投棄に関する説明会開催	1980.11.8
動燃、プルトニウム燃料の国産化に成功	1980.11.14
電事連、濃縮ウラン国産化推進を決定	1980.11.20
柏崎刈羽原発増設の反対運動起こる	1980.12.4
脱石油・原発推進で合意	1980.12.9
フォン・クリッツィング、量子ホール効果を発見	1980（この年）
東海再処理施設が本格運転入り	1981.1.17
不注意で作業員被曝	1981.1.20
敦賀原発1号機で高濃度放射性廃液漏洩	1981.3.8
玄海2号機営業運転開始	1981.3.30
米エネルギー省が、原子力発電が石油火力発電を上回ったと発表	1981.4.3
米軍原子力潜水艦・日昇丸衝突事故	1981.4.9
敦賀原発前面海域から異常放射能値検出	1981.4.14
敦賀原発で放射能汚染	1981.4.18
美浜原発で冷却水漏れ	1981.5.22
病院内で被曝事故	1981.5.29
新型BWR開発計画調印	1981.7.15
ATR原型炉「ふげん」が、初の国産MOX燃料で発電	1981.10.10
原子力施設への軍事攻撃禁止決議案採択	1981.11.11
アメリカ、高温ガス冷却原型炉100%出力運転	1981.11.13
原研、初のプラズマ加熱装置完成	1981.11.16
再開した敦賀原発が再停止	1981.12.27
仏FBR実証炉スーパーフェニックスにロケット砲弾	1982.1.18
敦賀原発所営業運転再開	1982.1.22
米ギニイ原発で、原子炉緊急停止	1982.1.25
西独ゴアレーベン核燃料中間貯蔵施設の建設開始	1982.1.27
伊方原発2号機、営業運転開始	1982.3.19
福島第二原発1号機、営業運転開始	1982.4.20
原子力発電量が水力発電量を上回ったと発表	1982.4.21
仏FBR原型炉フェニックスの蒸気発生器が発火事故	1982.4.28
京大ヘリオトロン核融合研究センターで、40ミリ秒のプラズマ閉じ込めに成功	1982.6.3
高知県で原発設置町民投票条例が誕生	1982.7.19
原研、トカマク炉で世界最高のベータ値達成	1982.9.22
仏・高速実験炉ラプソディー解体撤去決定	1982.11.5
多度津工学試験センター開所	1982.11.6
仏FBR原型炉フェニックスで放射能漏れ事故	1982.12.16
南アフリカ・クーバーグ原子力発電所で爆発	1982.12.19
国内初の濃縮ウラン使用燃料を「ふげん」に装備	1982.12.25
アメリカで、放射性廃棄物政策法が発効	1983.1.7

海洋投棄停止の決議案	1983.2.14
原子力空母が佐世保に寄港	1983.3.21
福島第二1号機、連続運転で軽水炉の世界記録を更新	1983.4.28
EC、ファーストプラズマ発生に成功	1983.6.29
動燃、FBR燃料サイクル成功	1983.6.29
放射性廃棄物海洋投棄の中止要請	1983.7.19
インドに原子力発電所が開所	1983.7.23
ピカリングA発電所2号機で冷却材喪失事故	1983.8.1
川内原発1号機が臨界	1983.8.25
アインシュタインの重力波を実証	1983.10.11
英セラフィールド核燃料再処理工場で、高放射性廃溶媒が漏出	1983.11.11
アルゼンチン、ガス拡散法によるウラン濃縮に成功	1983.11.18
動燃、濃縮原型プラントの設置場所を決定	1983.11.18
ルビアら、弱電理論を確立	1983（この年）
中国、IAEAに正式加盟	1984.1.1
重電メーカー5社に、新型転換炉実証炉の基本設計発注	1984.1.23
福島第二2号機、営業運転開始	1984.2.3
放射性廃棄物安全規制専門部会設置	1984.3.8
理研、赤外可変ラマンレーザー開発	1984.3.29
EC、トーラス型核融合臨界プラズマ実験装置完成	1984.4.9
回収ウランとプルトニウムでMOX燃料完成	1984.4.11
原研「緊急時環境線量情報予報システム」を開発・公開	1984.4.20
汚染家具で被曝	1984.5.1
女川1号機、営業運転開始	1984.6.1
川内原発1号機、運転開始	1984.7.4
核物質積載の仏船沈没	1984.8.25
スイスの国民投票で原発規制案否決	1984.9.23
ウラン濃縮機器株式会社発足	1984.12.1
原子力空母横須賀入港に抗議	1984.12.10
ルビアら、トップクォークを発見	1984（この年）
高浜3号機、営業運転開始	1985.1.17
東海再処理施設の新溶解槽の試運転開始	1985.2.18
日本原燃産業発足	1985.3.1
新生・原研が発足	1985.3.31
電事連が新型転換炉実証炉の建設計画を正式了承	1985.5.15
高浜4号機、営業運転開始	1985.6.5
福島第二3号機、営業運転開始	1985.6.21
原研臨界プラズマ試験装置がプラズマ達成	1985.7.18
米中原子力協定調印	1985.7.23
高速増殖炉スーパーフェニックスが世界初の臨界に	1985.9.7
柏崎刈羽原発1号機、営業運転開始	1985.9.18
高速増殖原型炉「もんじゅ」起工式	1985.10.28
ウラン濃縮原型プラントの起工式	1985.11.13
川内2号機が営業運転を開始	1985.11.28
米ウラン濃縮施設で放射性ガス漏出	1986.1.4
豪レンジャー鉱山で29回の事故	1986.2月
チェルノブイリ原子力発電所事故	1986.4.26
日本で放射能汚染	1986.5.4
チェルノブイリ原発事故に関する声明	1986.5.5
西独ハム・ユントロップ原発で放射能漏れ事故	1986.5.7
動燃東海で被曝事故	1986.6.23

- 322 -

ソ連、IAEAにチェルノブイリ事故報告書提出	1986.8.14
IAEA、原子力事故通報条約と原子力事故援助条約採択	1986.9.26
ソ連原潜が大西洋上で火災事故	1986.10.3
量子跳躍がはじめて観測される	1986.10月
米サリー原発で二次系配管のギロチン破断	1986.12.9
敦賀2号機、営業運転開始	1987.2.17
IAEA「原子力事故援助条約」発効	1987.2.26
仏スーパーフェニックスでナトリウム漏れ事故	1987.3.9
日本で食品放射能汚染	1987.3.25
米でラドン汚染	1987.5.22
米ノースアンナ1号機で蒸気発生器伝熱管破断	1987.7.15
チェルノブイリ原発事故判決	1987.7.29
福島第二4号機、営業運転開始	1987.8.25
浜岡3号機、営業運転開始	1987.8.28
新日米原子力協力協定に署名	1987.11.4
伊・国民投票で原発政策反対	1987.11.8
伊・原発建設凍結を発表	1987.11.20
玄海原発で細管腐食	1987 (この年)
臨界プラズマ条件を達成	1987 (この年)
原子力船「むつ」、関根浜港で開港式	1988.1.14
人形峠のウラン濃縮原型プラント操業開始	1988.4.25
旭化成、化学ウラン濃縮法成功	1988.5.16
日米新原子力協定承認案が可決成立	1988.5.25
スウェーデン議会で原発全廃を可決	1988.6.7
日米新原子力協定発効	1988.7.17
米で原子力損害賠償法成立	1988.8.22
動燃東海で作業員被曝	1988.9.1
福島第二原発3号機で運転停止	1989.1.6
動燃、ウラン濃縮プラントを完成	1989.1.26
中国電力・島根2号機が営業運転を開始	1989.2.10
福島第一原発で漏水	1989.2.13
動燃再処理工場で作業員被曝	1989.3.16
川内原発で冷却装置故障	1989.3.20
ノルウェー海上で原潜火災	1989.4.7
世界原子力発電事業者協会設立	1989.5.15
原研東海研究所でウラン自然発火	1989.5.30
福島第二原発で冷却水漏れ	1989.6.3
泊原発1号機、営業運転開始	1989.6.22
動燃再処理施設から放射性ヨウ素大量放出	1989.10.4
スペイン・バンデロス1号機で、発電機破壊事故	1989.10.19
カナダで放射性重金属汚染水流出	1989.11.7
柏崎刈羽原発5号機、営業運転開始	1990.4.10
仏・高速増殖炉スーパーフェニックスでポンプトラブル	1990.7.3
スイス国民投票で原発建設凍結	1990.9.23
原子力船「むつ」が高出力試験で出航	1990.9.25
柏崎刈羽原発2号機、営業運転開始	1990.9.28
浜岡原発で放射能漏れ	1990.10.9
青森県六ヶ所村で、低レベル放射性廃棄物貯蔵施設着工	1990.11.30
独ハナウMOX燃料工場で爆発事故	1990.12.11
大飯原発1号機にひび割れなどの損傷	1991.1.18
美浜原発2号機が事故停止	1991.2.9
美浜原発で冷却水漏れ事故	1991.2.9
泊原発2号機、営業運転開始	1991.4.12
「もんじゅ」が試運転	1991.5.18
美浜原発の事故原因報告	1991.6.6
ソ連・ビリビノ原発で放射能汚染水漏出	1991.7.10
ロシア・スモレンクス原発ででECCSとMSV利用不能	1991.7.22
原子力委員会、プルサーマル方式の導入を決定	1991.8.2
落雷で3原子炉停止	1991.9.5
大飯原発3号機、営業運転開始	1991.12.18
動燃東海で硝酸プルトニウム溶液漏洩	1992.1.9
原子力船「むつ」実験終了	1992.2.14
ロシア・レニングラード3号機で圧力管、燃料棒被覆管が破裂	1992.3.24
六ヶ所村ウラン濃縮工場、本格操業開始	1992.3.27
原研東海研究所3号炉自動停止	1992.5.11
日本原燃設立	1992.7.1
ピカリング原発1号機で重水漏れ	1992.8.2
英セラフィールド再処理施設で、プルトニウム漏洩事故	1992.9.8
ITER計画理事会が初会合	1992.9.10
福島第一原発2号機でポンプ停止事故	1992.9.29
プルトニウム輸送船が仏から出港	1992.11.7
ソ連、極東海域に放射性廃棄物海洋投棄	1992.12.30
プルトニウム荷揚げ	1993.1.5
ロシア・コレ原発1、2号機で外部電源喪失	1993.2.2
大飯原発4号機、営業運転開始	1993.2.2
フィンランド・ロビーサ原発2号機で、給水配管破損	1993.2.25
インド・ナローラ原発1号機で、タービン建屋火災	1993.3.31
カザフスタンで放射性廃棄物放置が発覚	1993.4.5
シベリア・トムスク7の再処理施設で爆発事故発生	1993.4.6
珠洲市で原発推進派の現職市長が3選	1993.4.18
第1回日米欧3極電力首脳会議を開催	1993.5月
志賀原発1号機、営業運転開始	1993.7.30
柏崎刈羽原発3号機、営業運転開始	1993.8.11
浜岡4号機、営業運転開始	1993.9.3
ロシア高速増殖炉BNI600でナトリウム漏れ	1993.10.7
ロシア、放射性廃棄物を海洋投棄	1993.10.16
ロシア、放射性廃棄物の海洋投棄を中止	1993.10.21
原子力委員会、低レベル放射性廃棄物海洋投棄中止を決定	1993.11.2
ロンドン条約締結国際会議を開催	1993.11.8
六ヶ所村ウラン濃縮工場初出荷	1993.11.18
美浜原発で蒸気発生機交換作業	1993.12.17
動燃東海・分離精錬工場で放射性物質が飛散	1993.12.27
英再処理工場ソープ、操業開始	1994.1.17
福島第一原発に、日本初の乾式貯蔵が採用	1994.1.27
女川原発差し止め請求を棄却	1994.1.31
中国・広東大亜湾1号機、営業運転開始	1994.2.1
アメリカ、新型炉の開発中止	1994.2.7
六ヶ所村ウラン濃縮工場運転停止	1994.2.8
海洋汚染等の法令公布	1994.2.9
米で原子力エネルギー協会が発足	1994.3.16
玄海3号機が営業運転を開始	1994.3.18
英ドーンレイ高速増殖原子炉運転打ち切り	1994.3.31
仏・高速実験炉ラプソディーで爆発事故	1994.3.31
中国・秦山1号、営業運転開始	1994.4.1

| 原子力 | 分野別索引 | 資源・エネルギー史事典 |

高速増殖炉「もんじゅ」が初臨界	1994.4.5
トップクォークを確認	1994.4.26
中国・広東大亜湾原発で冷却水漏れ事故	1994.7.2
仏高速増殖炉スーパーフェニックス運転再開	1994.8.4
柏崎刈羽原発4号機、営業運転開始	1994.8.11
志賀原発差止めならず	1994.8.25
志賀原発がポンプのトラブルで運転停止	1994.8.26
インドネシアの原子力研究施設で爆発事故	1994.8.31
IAEA、原子力安全条約締結	1994.9.20
伊方3号機、営業運転開始	1994.12.15
柏崎刈羽原発が落雷で自動停止	1995.1.5
TNT27の放射性廃棄物が飛散	1995.2.8
「もんじゅ」で意見交換会	1995.2.12
日本初の高レベル放射性廃棄物のガラス固化体が公開	1995.2.20
パシフィック・ピンテール号、放射性廃棄物を輸送	1995.2.23
大飯原発で冷却水もれ	1995.2.25
朝鮮半島エネルギー開発機構設立	1995.3.9
チリ政府、パシフィック・ピンテール号の通過を禁止	1995.3.16
青森県知事、パシフィック・ピンテール号の入港を拒否	1995.4.25
高レベル放射性廃棄物貯蔵管理センター操業開始	1995.4.26
「もんじゅ」原子炉再起動	1995.5.8
原子力船「むつ」船体切断	1995.5.10
ロシア原潜、大陸間弾道ミサイルを発射	1995.6.7
墜落自衛隊ヘリに放射性同位元素	1995.6.8
米朝、軽水炉転換事業で共同声明を発表	1995.6.13
原子力船「むつ」原子炉取り外し	1995.6.22
巻原発で住民投票条例案	1995.6.26
電事連、青森県大間町の新型転換炉実証炉建設計画から撤退	1995.7.11
柏崎刈羽原発が油漏れで運転停止	1995.7.12
女川原発2号機、営業運転開始	1995.7.28
「もんじゅ」臨界に	1995.8.23
新型転換炉の実証炉建設中止	1995.8.25
「もんじゅ」初送電	1995.8.29
原子力安全委員会、バックエンド対策専門部会を設置	1995.9.12
バーゼル条約改正で、有害廃棄物が輸出禁止に	1995.9月
巻原発建設の住民投票は先送り	1995.10.3
高レベル放射性廃棄物の貯蔵作業	1995.10.3
スーパーフェニックスで蒸気漏れ	1995.10.23
天津電線工場で二名被曝	1995.11.21
チェルノブイリ原発1号機で原子炉建屋内の放射能汚染	1995.11.27
高速増殖炉「もんじゅ」ナトリウム漏出事故	1995.12.8
「もんじゅ」ナトリウム抜き取り作業が終了	1995.12.12
科学技術庁、「もんじゅ」に立ち入り調査	1995.12.13
「もんじゅ」事故ビデオで核心隠蔽	1995.12.20
スーパーフェニックス、運転再開	1995.12.20
チェルノブイリ原発閉鎖の覚書署名	1995.12.20
「もんじゅ」事故現場ビデオ隠蔽問題	1995.12.21
「もんじゅ」事故・不祥事で担当理事ら更迭	1995.12.23
女川原発で冷却水漏れ	1995.12.24

ケターレら、ボース＝アインシュタイン凝縮を確認	1995（この年）
南ウクライナ原発で放射能漏れ事故	1996.1.3
CERN、反水素原子の合成に成功	1996.1.4
動燃、「もんじゅ」ナトリウム漏れの原因を発表	1996.1.8
「もんじゅ」事故隠しで動燃担当者が自殺	1996.1.13
伊方原発で蒸気逃がし弁にトラブル	1996.1.14
「もんじゅ」事故原因を探索	1996.1.26
動燃、「もんじゅ」破断面の映像を公開	1996.2.10
柏崎刈羽原発、原子炉を手動で停止	1996.2.22
巻原発をめぐる住民投票	1996.3.4
柏崎刈羽原発の停止原因が判明	1996.3.11
高浜原発で原子炉自動停止	1996.3.15
巻原発住民投票の日程決定	1996.3.21
「もんじゅ」事故原因の温度計、見つかる	1996.3.28
「もんじゅ」ナトリウム漏れの再現実験	1996.4.8
チェルノブイリから10年	1996.4.10
東通原発の公開ヒアリング開催	1996.4.17
エリツィン大統領、放射性廃棄物海洋投棄の中止を明言	1996.4.19
原子力安全サミット開催	1996.4.20
原子力政策円卓会議開催	1996.4.25
「もんじゅ」事故原因の温度計は試験運転から亀裂	1996.5.3
「もんじゅ」反対署名100万人を達成	1996.5.14
KEDOと北朝鮮、軽水炉建設についての議定書に仮調印	1996.5.22
「もんじゅ」事故報告書まとまる	1996.5.24
珠洲市長選挙無効で原発推進派市長が失職	1996.5.31
「もんじゅ」事故再現実験	1996.6.7
国内初の商業用原発・東海発電所の閉鎖・解体が決定	1996.6.22
やり直し珠洲市長選挙で原発推進派・反対派が激突	1996.7.7
やり直し珠洲市長選挙で原発推進派当選	1996.7.14
住民投票で巻原発反対	1996.8.4
IAEAの原子力安全条約が発効	1996.10.24
柏崎刈羽原発6号機、営業運転開始	1996.11.7
チェルノブイリ原発1号炉が停止	1996.11.30
チェルノブイリ原発事故除染作業員遺族、遺族給付金の支払いを求める	1996.12.11
柏崎刈羽原発7号機が試運転	1996.12.17
敦賀原発で冷却水漏れ	1996.12.24
通産省、プルサーマル計画推進	1997.1.14
電事連、プルサーマル計画推進	1997.1.20
電事連、プルサーマル全体計画発表	1997.2.21
動力炉・核燃料開発事業団東海事業所火災・爆発事故が発生	1997.3.11
福島第一原発で世界初のシュラウド交換	1997.3.26
動燃東海事業所火災・爆発事故で消火確認なし	1997.4.8
動燃東海事業所火災・爆発事故で虚偽報告書	1997.4.10
「ふげん」重水漏れ	1997.4.14
「ふげん」廃炉方針	1997.4.16
国際原子力規制者会議設立	1997.5.29
ロシア極東で、原潜沈没事故	1997.5.30
「スーパーフェニックス」廃止方針	1997.6.19
柏崎刈羽原発7号機、営業運転開始	1997.7.2
玄海原発4号機が営業運転を開始	1997.7.25

ニュートリノに質量	1997.7.29
インドネシア、原発建設計画を断念	1997.8.2
「もんじゅ」半年間運転停止処分	1997.8.3
「もんじゅ」事故で立入検査	1997.8.9
低レベル放射性廃棄物ドラム缶腐食問題が発覚	1997.8.27
IAEA、「使用済み燃料管理及び放射性廃棄物管理の安全に関する条約」を採択	1997.9.5
IAEA、原子力損害補完的補償条約採択	1997.9.12
日本政府、チェルノブイリ原発事故に人道支援	1997.10.18
敦賀原発で制御棒に亀裂	1997.11.18
ウィーン条約改正議定書が採択される	1997.12月
高速増殖炉スーパーフェニックス、運転終了	1998.2.2
東海第二発電所がISO環境規格の認証を取得	1998.2.5
東海発電所が営業運転終了	1998.3.31
福井県、プルサーマル計画に同意	1998.5.6
動燃改革法案が可決成立	1998.6.9
国際会議でニュートリノに質量があると結論	1998.6.5
琉球大病院で被曝事故	1998.6.30
原研の試験炉が緊急停止	1998.7.4
志賀原発訴訟で名古屋高裁判決	1998.9.9
経団連がエネルギー情勢の報告書を公表	1998.9.22
六栄丸、使用済み核燃料の輸送を開始	1998.9.30
核燃料サイクル開発機構発足	1998.10.1
六栄丸、使用済み核燃料の輸送を終了	1998.10.2
月城原発で重水漏れ	1998.10.4
「ふげん」トラブル	1999.1.23
パシフィック・スワン号、放射性廃棄物の積込み完了	1999.2.24
三菱マテリアル研で放射能汚染	1999.3.17
アメリカ、廃棄物隔離パイロットプラントに軍事用超ウラン元素を処分	1999.3.26
敦賀原発を2010年に廃炉	1999.5.28
志賀原発1号機で臨界事故	1999.6.1
原子炉等規制法改正案が、参院本会議で可決・成立	1999.6.9
国会でKEDO協定を承認	1999.6.30
敦賀原発2号機で放射能漏れ	1999.7.12
玄海原発1号機で海水漏れ	1999.7.18
バレンツ海で、原潜「クルスク」沈没	1999.8.14
川内原発1号機発電機タービン停止	1999.8.25
福島第一原発で配管にひび	1999.8.27
JCO東海事業所で臨界事故	1999.9.30
原子力災害対策措置法制定	1999.12.17
ブレイエ原発で外部電源喪失事故	1999.12.27
グローバル・ニュークリア・フュエル社設立	2000.1.1
福島第二原発5号機で熱湯漏れ	2000.1.16
芦浜原発建設撤回	2000.2.22
日本原燃低レベル放射性廃棄物埋設センターで放射能漏れ	2000.3.27
特定放射性廃棄物の最終処分に関する法律成立	2000.5.31
核関連施設付近で山林火災	2000.5月
ドイツ、原発全廃で合意	2000.6.15
放射性廃棄物処分法施行	2000.6月
福島第二原発3号機でシュラウドにひび割れ	2000.7.6
高エネルギー加速器研究機構、CP対称性の破れについて実験	2000.7.31
泊原発で作業員転落死亡事故	2000.8.17
女川原発1号機で水漏れ	2000.9.2
川内原発1号機で蒸気発生器にひび割れ	2000.9.14
新「原子力研究・開発及び利用に関する長期計画」決定	2000.11.24
チェルノブイリ原発閉鎖	2000.12.15
原子力安全・保安院設立	2001.1.6
えひめ丸、米原潜と衝突し沈没	2001.2.10
ブッシュ大統領「国家エネルギー政策」を発表	2001.5.17
柏崎刈羽原発プルサーマル計画で住民投票	2001.5.27
ドイツ、原発全廃で電力4社と合意	2001.6.11
核燃料サイクル開発機構、ウラン濃縮技術開発終了	2001.9.30
島根原発「ISO9001」の認証取得	2001.10.23
高速実験炉「常陽」施設で火災	2001.10.31
浜岡原発で冷却水漏れ	2001.11.7
海山町の住民投票で原発反対7割	2001.11.18
原研の高温工学試験研究炉がフル出力達成	2001.12.7
女川原発3号機、営業運転開始	2002.1.30
使用済み核燃料貯蔵プールで漏水が発生	2002.2.1
女川原発でボヤ	2002.2.9
デービス・ベッセ原発で欠損発見	2002.3.8
女川原発で配管に水漏れ	2002.4.2
国際協力でプルトニウム処分が実現	2002.4.12
浜岡原発で冷却水漏れ	2002.5.25
RPS法公布	2002.6.7
エネルギー政策基本法成立	2002.6.7
柏崎刈羽原発3号機で炉心隔壁に亀裂	2002.8.23
東京電力自主点検記録不正問題が発覚	2002.8.29
福島第二原発で放射能漏れ	2002.9.2
原子力安全・保安院、告発者名を東京電力に漏らす	2002.9.12
CERN、「反物質」大量生成に成功	2002.9.19
伊方原発で発電機台に亀裂	2002.9.26
原子力安全・保安院長らを処分	2002.9.27
小柴昌俊ら、ノーベル物理学賞受賞	2002.10.8
福島第一原発1号機を1年間運転停止へ	2002.10.25
電気事業法、原子炉等規制法の改正案が閣議決定	2002.11.5
原研大洗研究所で材料試験炉水漏れ	2002.12.10
改正電気事業法、原子炉等規制法改正案が可決成立	2002.12.11
敦賀原発2号機のタービン建屋内で火災	2002.12.12
柏崎刈羽原発5号機の原子炉建屋付属棟から煙	2002.12.30
「ふげん」運転終了	2003.3.29
ハンガリー・パクシュ原発2号機で、放射性希ガス放出	2003.4.10
柏崎刈羽原発で運転再開	2003.5.7
経産相が、東電原発トラブル隠しで謝罪	2003.6.6
Spring-8で、ペンタクォークの生成に成功	2003.7.1
新型転換炉「ふげん」で爆発音	2003.7月
核燃料再処理工場で硝酸溶液漏れ	2003.7月
東電、停止していた福島第一原発を再稼働	2003.8.13
放射性廃棄物等安全条約加入を閣議決定	2003.8.26
泊原発で冷却水漏れ	2003.9.7
「使用済核燃料税」の創設	2003.9.18
改正電気事業法および、改正原子炉規制法が施行	2003.10.1
原子力安全基盤機構設立	2003.10.1

原子力

フィンランドの原発で、世界初の欧州加圧水型炉建設を決定	2003.10.16
珠洲原発建設凍結	2003.12.5
パリ条約、ブラッセル補足条約改定	2004.2.11
クォーク凝縮、初確認	2004.2月
日本初の改良型加圧水炉の設置変更許可申請	2004.3.30
「ニュートリノ振動」により質量確認	2004.6.11
美浜原発で死亡事故	2004.8.9
IAEAより統合保障措置適用	2004.9.14
中国原子力潜水艦が日本領海侵犯	2004.11.10
日本原子力研究開発機構法案が可決	2004.11.26
六ヶ所再処理工場で試験開始	2004.12.21
スマトラ沖地震により、インドのマドラス原発被災	2004.12.26
原子力関連の2法案閣議決定	2005.2.18
「核燃料バンク」提言	2005.2月
英セラフィールド・ソープ再処理工場で、全処理工程の配管破損	2005.4.20
原子力規制法の改正案、再処理費用積立ての新法案が成立	2005.5.13
ITER閣僚級会合がモスクワで開催	2005.6.28
IAEA、核物質防護条約の検討・改正会議をウィーンで開催	2005.7.4
女川原発が自動停止	2005.8.16
玄海原発3号機プルサーマル計画実施許可	2005.9.7
日本原子力研究開発機構発足	2005.10.1
リサイクル燃料貯蔵株式会社発足	2005.11.21
東北電力東通原子力発電所1号機が営業運転開始	2005.12.8
電事連、再処理プルトニウム利用計画を公表	2006.1.6
ブッシュ大統領「国際原子力エネルギー・パートナーシップ」を発表	2006.2.6
東芝、米原子力企業を買収	2006.2.6
佐賀県知事、玄海原発のプルサーマル計画の安全性を保証	2006.2.7
日本とEURATOM、原子力平和利用協定に調印	2006.2.27
久美浜原発計画断念	2006.3.7
国家基幹技術に、高速増殖炉技術が指定	2006.3.22
志賀原発運転差し止め判決が下る	2006.3.24
日本原燃、アクティブ試験を開始	2006.3.31
日本、INPROに正式参加	2006.4.1
日本原子力産業協会発足	2006.4.1
チェルノブイリ20年追悼	2006.4.26
第2再処理工場の建設が決定	2006.5.15
美浜原発3号機、運転再開	2006.5.26
英仏「原子力フォーラム」立ち上げで合意	2006.6.9
ロシア、世界初の海上浮揚型原子力発電所の建設に着手	2006.6.14
浜岡原発5号機、運転停止	2006.6.15
三菱重工業、「US-APWR」の開発と「MHI原子力システムズ」の業務開始を発表	2006.7.3
志賀原発2号機でひび割れ発見	2006.7.18
「原子力立国計画」策定	2006.8.8
小泉首相、カザフスタンと原子力平和利用協力覚書に署名	2006.8.28
原子力安全委員会、新耐震指針を決定	2006.9.19
日立とGEは、原子力事業提携で合意	2006.11.13
ANSのランドマーク賞に、高速実験炉「常陽」が選出	2006.11.14
六ヶ所村再処理工場で、MOX粉末製造開始	2006.11.16
東北電力、女川原発のデータ不正操作を発表	2006.12.7
WEC、「欧州における原子力発電の役割」を発表	2007.1.31
国際放射能標識の使用・運営開始	2007.2.15
志賀原発1号機で、1999年6月の臨界事故が判明	2007.3.15
経産省、原発トラブル隠しをめぐり改善命令	2007.4.20
「日米原子力エネルギー共同計画」策定	2007.4月
高レベル廃棄物最新処分法案成立	2007.6.6
三菱重工業、原子力輸出部新設	2007.7.1
新潟中越沖地震発生により、柏崎刈羽原発が自動停止	2007.7.16
経産省、電事連、電工会が次世代軽水炉開発で正式合意	2007.9.12
六ヶ所村再処理工場で、高レベル廃液のガラス固化作業開始	2007.11.5
日仏米、高速実証炉の研究開発で調印	2008.1.31
原子力安全・保安院、トピカルレポートを採用	2008.2.21
原子力工学センター開設	2008.4.1
日仏「原子力エネルギーの平和的利用における協力に関する宣言」合意	2008.4.11
日本原子力研究開発機構設置法改正	2008.5.28
トリカスタン原子力施設内で、ウラン廃水漏れ	2008.7.7
新潟・柏崎刈羽原発で14年弁開け放し	2008.12.4
浜岡原発1、2号機廃炉と6号機新設を決定	2008.12.22
浜岡原発1、2号機が運転終了	2009.1.30
日本とヨルダン、原子力協力文書を締結	2009.4.14
カナダ・チョークリバーのNRU炉で重水漏れ	2009.5.15
ロシアで浮揚型原子力発電所の組み立て開始	2009.5.19
国際原子力協力協議会発足	2009.6.18
IAEA事務局長に、日本の天野之弥が選出	2009.7.2
駿河湾地震で、浜岡原発4、5号機が自動停止	2009.8.11
玄海原発3号機で、プルサーマル国内初臨界	2009.11.5
浜岡原発3号機で放射性廃液漏洩	2009.12.1
泊原発3号機、営業運転開始	2009.12.22
韓国「原子力発電輸出産業化戦略」発表	2010.1.13
川内原発1号機で事故	2010.1.29
高速増殖炉原型炉フェニックス運転終了	2010.2.1
日本とポーランド、原子力協力文書に署名	2010.3.30
高速増殖炉「もんじゅ」の運転再開	2010.5.6
ウレンコ社、遠心分離法による濃縮工場を完成	2010.6.2
中国の高速実験炉が初臨界	2010.7.21
高速増殖原型炉「もんじゅ」でトラブル発生	2010.8.26
日本、マレーシアの原子力発電計画を支援する協力協定締結	2010.9.2
日本とヨルダンが原子力協力協定締結	2010.9.10
東京電力、プルサーマル方式による原子炉起動	2010.9.18
国際原子力開発株式会社発足	2010.10.22
六ヶ所村MOX燃料工場の本体工事に着手	2010.10.28
ベトナム原発、日本受注で決定	2010.10.31

大亜湾原発1号機で放射性物質漏えい	2010.10月
日・韓原子力協定協定締結	2010.12.20
日・ベトナム原子力協定締結	2011.1.20
東日本大震災により、女川原発が被災	2011.3.11
東日本大震災により、東海第二原発が被災	2011.3.11
東日本大震災により、福島第一原発が被災	2011.3.11
東日本大震災により、福島第二原発が被災	2011.3.11
福島第一原発1号機で水素爆発	2011.3.12
福島第一原発3号機で水素爆発	2011.3.14
EU、統一基準でのストレステスト実施決定	2011.3.15
福島第一原発2号機の圧力抑制室で破損事故	2011.3.15
福島第一原発から20～30km圏内に屋内退避指示	2011.3.15
福島第一原発正面付近で、毎時10ミリシーベルトの放射線量	2011.3.16
福島第一原発1号機タービン建屋地下で高濃度の放射線を検出	2011.3.25
福島第一原発から半径20～30km圏内に自主避難要請	2011.3.25
オバマ大統領「ブループリント」公表	2011.3.31
東京電力、福島第一原発の低レベル放射性汚染水を海へ放出	2011.4.4
女川原発、震度6強の余震で、一部電源遮断	2011.4.7
IAEA、福島第一原発事故の国際原子力事象評価尺度引き上げ	2011.4.12
菅直人首相、浜岡原発全基停止を要請	2011.5.6
東京電力、福島第一原発廃止決定	2011.5.20
東電、福島第一原発の事故分析結果発表	2011.5.24
スイス政府「2050年までのエネルギー戦略」策定	2011.5.25
ドイツ、2022年までに原子炉17基すべての閉鎖を閣議決定	2011.6.6
原子力損害賠償支援機構法が成立	2011.8.3
政府、原子力低減を明記した「再生戦略」を閣議決定	2011.8.5
原子力安全庁設置	2011.8.15
ノースアンナ原発が地震により自動停止	2011.8.23
再生可能エネルギー特別措置法成立	2011.8.26
イランで原発が稼働	2011.9.12
フランスの廃棄物処理施設で爆発事故	2011.9.12
原子力損害賠償支援機構設立	2011.9.12
原発導入FS契約締結	2011.9.28
原子力委員会、福島第一原発廃炉までの工程表発表	2011.10.28
国会内に福島事故調査委員会設置	2011.12.8
ヒッグス粒子の痕跡を確認	2011.12.13
福島事故収束宣言	2011.12.16
バイロン原発2号機が自動停止	2012.1.30
東京電力全原子炉が運転停止	2012.3.26
国内全原子力発電所が運転停止	2012.5.5
原子力規制委員会設置法が参院本会議で可決・成立	2012.6.20
ヒッグス粒子、発見される	2012.7.4
日本政府、革新的エネルギー・環境戦略を決定	2012.9.14
原子力規制委員会、原子力規制庁設置	2012.9.19
新粒子はヒッグス粒子で確定	2013.3.14
東北電力、浪江・小高原子力発電所の計画を中止	2013.3.28
日・UAE原子力協定を締結	2013.5.2
日・トルコ原子力協定を締結	2013.5.3
原子力規制委員会、高速増殖原型炉「もんじゅ」の使用停止を命令	2013.5.15
福島第一原発5、6号機廃止決定	2014.1.31
原子力災害対策本部、都路町地区東部の避難指示を解除	2014.4.1
東京電力の廃炉推進カンパニー始動	2014.4.4
改正原子力委員会設置法成立	2014.6.20
福島県に中間貯蔵施設建設が決定	2014.9.1
川内原発、安全審査に合格	2014.9.10
日本政府、吉田調書を公開	2014.9.11

【再生】

ピトー、ピトー管を発明	1728（この年）
ブーゲ、『光の強度に関する光学実験』刊	1729（この年）
ダニエル・ベルヌーイ、『流体力学』刊	1738（この年）
リー、ファンテイルを発明	1745（この年）
ダランベール、『風の一般的な原因についての考察』刊	1747（この年）
オイラー、流体の運動方程式を発見	1755（この年）
スミートン、水車を改良	1759（この年）
ランベルト、『光量測定』刊	1760（この年）
キャヴェンディッシュ、水素を発見	1766（この年）
ソシュール、ホットボックスを製作	1767（この年）
アークライト、水力紡績機を発明	1768（この年）
アークライト、紡績工場を建設	1771（この年）
シャルル、水素気球を発明	1783.8.27
数学者・哲学者のダランベールが没する	1783.10.29
カートライト、動力織布機を発明	1785（この年）
スレーター、アメリカ最初の紡績工場の建設を開始	1790（この年）
ブラマ、水圧器を発明	1795（この年）
リッター、紫外線放射を発見	1801（この年）
フルネーロン、タービンを製作	1827（この年）
パーキンス、圧縮式冷凍機を開発	1834（この年）
グローブ、燃料電池の原理が実証される	1839（この年）
ベクレル、太陽電池の基礎原理を発見	1839（この年）
アームストロング、水力発電機を発明	1840（この年）
フランシス、水力タービンを発明	1849（この年）
多翼揚水風車の工場生産が始まる	1850（この頃）
ムショー、太陽エネルギーで動くモーターを発明	1860（この頃）
グラム、水力発電機で3.2kWを出力	1874（この年）
クルックス、ラジオメーター効果を発見	1875（この年）
アダムスら、セレン光起電力効果を発見	1876（この年）
ペルトン、ペルトン水車を発明	1877（この年）
アダムス、ソーラー発電塔を建設	1878（この年）
世界初の水力発電が開始	1878（この年）
エリクソン、パラボラトラフを製作	1880（この頃）
アメリカ・イギリスで水力発電所が建設される	1881（この年）
商業用水力発電所を建設	1882（この年）
イギリスで垂直軸風車による発電が開始	1887.7.1
多翼風車での発電実験は失敗	1887（この年）
日本初の水力発電、運転開始	1888.7.1
ブラッシュ、マンモス多翼風車で発電を開始	1888（この年）

再生		分野別索引		資源・エネルギー史事典

工場電灯用水力発電が開始	1890.7月
日本初の自家用水力発電	1890.8月
鉱山業の水力発電が開始	1890.12月
ナイアガラ水力発電所が開業	1891.8.16
WEC、エームズ水力発電プラントを建設	1891（この年）
ケンプ、ソーラーヒーターを製作	1891（この年）
ラ・クール、世界初の風力発電装置を製作	1891（この年）
日本初の電気事業用水力発電所が営業開始	1892.6.4
箱根電灯発電所完成	1892.6月
世界初の揚水発電	1892（この年）
国産初の交流発電機が設置される	1893.10月
鉱山の水力発電所、運用開始	1894.3月
E.D.アダムズ発電所が稼働	1896.11.16
滝を利用した水力発電所、運転開始	1897.7月
ネルンスト、ネルンストランプを発明	1897（この年）
九州初の水力発電所が運転開始	1898.7月
農業用水利用の水力発電所が運転開始	1899.3.29
日本で、長距離送電始まる	1899.5月
1万V級の水力発電所建設	1899（この年）
ユングナー、ニカド電池を発明	1899（この年）
鍛接管利用の水力発電所、運転開始	1900.5月
鍛接管利用の水力発電所、運転開始	1900.12月
キャリア、空調装置を発明	1902（この年）
愛媛県に電灯がともる	1903.1月
ラ・クール、デンマーク風力発電協会（DVES）設立	1903.10月
F形分岐鉄管使用の水力発電所、運転開始	1904.9月
Cu、Cu$_2$O光敏感性の発見	1904（この年）
コンティ公爵、世界初の地熱発電を行う	1904（この年）
北海道で滝利用の水力発電、運転開始	1906.11月
広島水力電気、第二発電所を設立	1907.4月
札幌水力電気、定山渓水力を設置	1907.5月
日本の水力発電技術が進歩	1907.12.20
逓信省、第1次水力調査を開始	1910.4月
デンマークで大量の風力発電機が利用される	1910（この頃）
日本初の発電用アースダム完成	1911.12月
シューマン、ソーラーポンプ場を建設	1912（この年）
水力発電が火力を追い越す	1912（この年）
発電用ダム完成	1912（この年）
臨時電気水力調査局廃止	1913.6.13
宇治川水力発電所建設	1913（この年）
世界初の地熱発電所運転	1913（この年）
『発電水力調査』刊	1914.3月
日本初の発電所での長距離送電	1914.10月
ランチェスター、風車のパワー係数を導出	1915.3.15
ダム式発電所、運転開始	1918.8月
地熱利用の研究・調査開始	1918.11月
水路式流込み式発電所、運用開始	1919.7.10
ヤンセンら、高性能アグリコ風車を開発	1919（この年）
ガイザースで地熱開発調査開始	1920（この年）
ベッツ、風車のパワー係数を導出	1920（この年）
デンマークの風力発電機製造は一社のみに	1920（この頃）
グラント、ガイザースで井戸を掘削	1921（この年）
バウアー、MCFCが試作される	1921（この年）
コンクリート遮水型アースダム完成	1922.7月
全自動式発電所開始	1923.5月
大容量送電開始	1923.5月
50、60Hz用発電機設置	1923.11.25
発電用バットレスダム完成	1924.9月
ダム水路式が運転開始	1924.12.12
国産初の自動発電用水車設置	1924.12月
太刀川平治、日本初のタービンによる地熱発電成功	1925.11月
京大に地熱・温泉関係の研究開始	1926.10月
日本初のカプラン水車、運用開始	1927（この年）
日本初の差動式サージタンク発電所、運転開始	1928.11月
小諸発電所のダムで決壊事故が発生	1928（この年）
日本電力、水車効率を測定	1928（この年）
国産初のカプラン水車が設置	1930.10月
屋外式発電所、運転開始	1930.11月
小型風車製造が活発化	1930（この頃）
ジェイコブス風車の商用利用が始まる	1931（この年）
ダリウス風車の特許を取得	1931（この年）
マンモス風車構想が発表	1931（この年）
可逆式ポンプ水車の運転を開始	1931（この年）
ホネフ、浮体式洋上風力発電構想を発表	1932（この年）
日本初の揚水式水力発電が行われる	1934.4月
小口川第三発電所で、初の別置ポンプが使用される	1934.5.17
満州で風力発電研究を開始	1935（この年）
アメリカでフーバーダムが完成	1936（この年）
ドイツで直径130m風車構想発表	1937（この年）
京都で世界初のヒートポンプ式冷暖房設備導入	1937（この年）
固体酸化物形燃料電池が試作される	1937（この年）
国内最大出力の水路式発電所が運転開始	1939.11月
オールがシリコンの光起電力効果を発見	1939（この年）
軍部にボーリング機械徴用	1940（この年）
デンマーク各地に風車設置	1940（この頃）
アメリカで史上初のMW級風車設置	1941（この年）
東洋一の発電所が完成	1941（この年）
日本初の地下式発電所、運転開始	1943（この年）
GHQが地熱開発を提唱	1946（この年）
地熱開発地域選定の調査開始	1947.1月
地熱開発技術委員会を設置	1947.9月
ユールが系統連系方式風力発電システムを開発	1947（この年）
各地でボーリング開始	1947（この年）
大分県で地熱開発調査実施	1948.3月
温泉法設定	1948.8月
ニールセンが地熱を暖房に利用	1948（この年）
地熱開発技術審議会を設置	1949.4月
九州地方の地熱開発調査開始	1949（この年）
山田風力電設工業所設立	1949（この年）
イギリスでも大型風車開発実施	1950（この頃）
国内で山田風車多数設置	1950（この頃）
地熱実験場で発電成功	1951.7月
熊本県・大分県で地熱開発調査	1951.8月
地熱発電第2期計画	1951（この年）
日本初の無人発電所	1952.5月
蒸気機関車で発電	1952.10月

― 328 ―

日本初の純揚水発電所が運用開始	1952.11.14	益田善雄、世界初の波力発電用航路標識ブイを発明	1964（この年）
アルカリ型水素・酸素燃料電池実用化へ	1952（この年）	松川発電所生産井M-1成功	1964（この年）
ダムと平行して発電所を設置	1953.8月	カナダ、水力発電所の誤作動により停電	1965.11.9
立軸ペルトンを使用の発電所を設置	1954.3月	秋田県で地熱調査開始	1965（この年）
層雲峡発電所に高圧バタフライバルブ設置	1954.10月	太陽熱温水器の発売が相次ぐ	1965（この頃）
アメリカで世界初の実用的シリコン太陽電池を開発	1954（この年）	ソ連の地熱発電所が運転開始	1966.1月
東北電力が水車モデル試験実施	1954（この年）	日本初の地熱発電所、運転開始	1966.10.8
北陸電力が高効率運転方式を採用	1955.1月	矢木沢ダム発電所で爆発事故	1966.11.7
日本初のハイアーチダム完成	1955.5月	フランスで潮汐ダムが稼働	1966（この年）
岩手県で地熱調査開始	1955.7月	九大研究所で地熱研究開始	1966（この年）
CdS太陽電池の発明	1955（この年）	九州初の地熱発電所完成	1967.8.11
「水力発電所の設備規模の決定について」発表	1955（この年）	アメリカで一般用燃料電池の開発が本格化	1967（この年）
変換効率11%の太陽電池完成	1955（この年）	海鵜島灯台で海岸固定式波力発電装置の実用化	1967（この年）
コンクリ表面遮水壁型ダム完成	1956.10月	岩手県葛根田で地熱本格調査開始	1968.6月
佐久間ダムが完成	1956.10月	日本地熱調査会が地熱資源調査受託	1968.7月
ガリウムヒ素太陽電池の発明	1956（この年）	松川地熱発電所の出力増加	1968（この年）
水力開発規模決定の基準を発表	1956（この年）	地熱発電設備輸出第1号	1969.11月
地熱調査必要なしと結論	1956（この年）	フランスで太陽炉が完成	1969（この年）
ユールがゲサ風車を設計	1956（この年）	岩手県での地熱発電で協定締結	1970.12月
日本初の中空重力ダム完成	1957.9月	3000kW風車の実証試験	1970（この頃）
3枚ブレード非同期発電機設置	1957（この年）	GROWIAN計画	1970（この頃）
初の50・60Hz両用機採用	1958.6月	NASA/ERDAのMODシリーズが開発	1970（この頃）
日本初の太陽光発電	1958.11月	液体水素燃料エンジンが開発される	1970（この頃）
立軸4ノズルペルトン水車の新太田切発電所、運用開始	1958.12月	浮体式洋上風力発電の構想発表	1970（この頃）
人工衛星に太陽電池を使用	1958（この年）	一ッ瀬川で水質汚濁	1971.8.29
世界初の熱水分離型地熱発電所	1958（この年）	秋田県で地熱調査開始	1971.9月
フランスで大型風車開発実施	1958（この頃）	北海道で本格的地熱調査開始	1972.7月
日本初の典型的薄肉ドーム型アーチダム完成	1959.4月	国内最大使用水量の水力発電所運用開始	1972.11月
日本最大のコンクリ重力ダム完成	1959.5月	鹿児島県で地熱資源調査開始	1973.3月
大森川水力発電所が完成	1959.8月	全国地熱基礎調査開始	1973.4月
フランスで、大雨のためダムが決壊	1959.12.2	点集中装置の解析	1973.5月
シャープ、太陽電池の研究を開始	1959（この年）	世界最大ロックフィルダム完成	1973.6月
ヒュッターが高性能風力タービンを開発	1959（この年）	水特法制定	1973.10.17
ミャンマーに日本の水力技術	1959（この年）	民間企業出資による地熱開発企業が設立	1973.11月
日本電気、太陽電池を設置	1959（この年）	早明浦ダム建設現場で水質汚濁	1973（この年）
日本地熱調査会設立	1960.6月	大学で風力研究開始	1973（この年）
箱根の旅館が自家発電開始	1960.10月	南極で風力発電機の実証試験	1973（この年）
日本最大有効貯水量の奥只見ダムが完成、発電所の運用開始	1960.12月	火山・高温岩体発電フィージビリティスタディ開始	1974.4月
デュポン社がナフィオン膜を開発	1960（この頃）	福島県で地熱調査開始	1974.5月
燃料電池がアポロ宇宙船に搭載される	1960（この年）	大沼地熱発電所が運転開始	1974.6.17
御母衣ダム完成	1961.1月	地熱資源開発促進協議会発足	1974.6月
九電が熱水蒸気利用を調査研究	1961（この年）	北海道・濁川地域における地熱開発協定締結	1974.7.19
大規模地下式発電所の完成	1961（この年）	サンシャイン計画が開始	1974.7月
坂本ダム完成、尾鷲第一発電所が運用開始	1962.4月	全国地熱資源開発利用促進協議会発足	1974.8月
畑薙第一ダムが完成、畑薙第一発電所が運用開始	1962.9月	全国地熱基礎調査地域で精密調査開始	1974.12月
WH社、SOFCの性能について高く評価	1962（この年）	全国10地点で100万kW計画	1974（この年）
国内最大水量の揚川発電所が運用開始	1963.5月	日本メーカーが宇宙用太陽電池事業に着手	1974（この年）
太陽電池を実用化	1963（この年）	浮遊式可動物体型ドックの発明	1975.3.19
熊本県が下筌ダム予定地の収用を決定	1964.4.5	宮城県鬼首発電所運転開始	1975.3月
熊本県下筌ダム反対派の拠点を強制撤去	1964.6.23	太陽熱温水器が人気に	1975.5.28
		ソーラーハウス公開	1975.5月
		2000kW風車を開発	1975.7月
		地殻熱部を設置	

- 329 -

リーセア、小型の風力発電機を製作	1975(この年)	三菱重工業、メキシコ地熱発電所に設備を納入	1982.8月
益田ブイ、世界で普及	1975(この年)	葛根田地熱発電所2号機建設へ	1982.9.25
京セラ、太陽電池研究に着手	1975(この年)	ハイブリット型温度差発電が稼働	1982.9月
日本地熱資源開発促進センター設立	1976.4月	日本で8番目の地熱発電所運転開始	1982.11.27
アメリカ・アイダホ州でダム決壊	1976.6.5	SEA CLAM開発	1982(この年)
アモルファスシリコン太陽電池の発明	1976(この年)	米アルコ・ソーラー、1MWの太陽光発電を達成	1982(この年)
世界初の商業用太陽熱発電	1977.1.25	米国に風車輸出ブーム	1982(この年)
北海道・澄川地域における地熱開発協定締結	1977.3月	ニッケル・水素蓄電池を発明	1982(この頃)
八丁原1号機、営業運転開始	1977.6.24	潮流発電の実験を開始	1983.8.20
鹿児島県で風力開発調査を開始	1977.7月	熊本県で地熱調査開始	1983.8月
地熱開発基礎調査開始	1977.9月	空気混合泥水掘削が実施される	1983(この年)
北海道で発電プラントに成功	1977.10月	湿式太陽電池開発	1983(この年)
太陽熱温水プール完成	1977.12.20	太陽電池和瓦の開発	1983(この年)
大分県で発電プラントに成功	1977.12月	鹿児島のホテルが自家地熱発電運転開始	1984.2.23
アモルファスシリコン太陽電池の実用化へ	1977(この年)	燃料電池で4500kWを達成	1984.2月
浮体式装置実験実行	1977(この年)	国内最高の有効落差発電所運転	1984.7月
東芝製タービンが米国へ出荷	1978.4月	日本製地熱発電設備が全世界へ	1984.9月
クローズド地熱発電運転開始	1978.5.26	自然流入水利用の発電運転	1984.12月
日本初の波力発電装置公開	1978.6.25	40kWの振り子式波力発電装置設置	1984(この年)
波力発電実験の開始	1978.8.2	葛根田2号機運転へ	1984(この年)
九州で地熱発電所環境保全実証調査開始	1978.10月	太陽電池工場が竣工	1985.4.5
日本地熱学会設立	1978.12.12	波力発電実験の再開	1985.9.3
群馬県庁屋上で風力発電	1978.12.21	地熱発電開発費補助金制度創設	1985.10月
鹿児島県で地熱開発調査開始	1978.12月	日本最高揚程の水力発電所運用開始	1985.12月
「太陽光発電システムの研究」が開始	1978(この年)	カナダで史上最大のダリウス風車設置	1985(この年)
日本で風力発電開始	1978(この年)	スケール問題解決	1985(この年)
日本の小型風車の実証試験開始	1978(この年)	越波型装置の稼働	1985(この年)
大分県で地熱調査開始	1979.2月	沖縄で浮体式発電装置実験	1985(この年)
日本最大の揚水式発電所完成	1979.6月	「海明」の第二期実験	1985(この年)
出光興産事業継承の企業設立	1979.10月	波力利用熱回収システム実験	1985(この年)
デンマーク、ブレード形式の異なる2機設置	1979(この年)	地熱井掘削自主保全基準制定	1986.3月
振り子式波力発電システムを発明	1979(この年)	H-Ⅰロケットに液体水素燃料エンジンが搭載	1986(この年)
波エネルギー国際会議開催	1979(この年)	六甲アイランドで、系統連系システムが完成	1986(この年)
MTBEが利用され始める	1979(この頃)	太陽光発電懇話会設立	1987.4.23
石油代替エネルギー法を公布	1980.5.30	波力発電コスト発表	1987.5.11
2段式純揚水運転開始	1980.9月	メタノール車調査結果発表	1987.9.4
新エネルギー総合開発機構設立	1980.10.1	デンマークブイ(1kW)現地試験	1987(この年)
群馬県で地熱井掘削開始	1980.11月	葛根田地熱発電所で輸送管崩壊	1987(この年)
富士電機製タービンがエルサルバドルへ	1980.12月	フランシス・ポンプ水車で国内最大級単容量の水力発電所運用開始	1988.7月
室蘭港に波力発電装置設置	1980(この年)	九州山川地域の地熱開発で協定締結	1988.10月
太陽電池式街路灯が発売	1980(この年)	九州で地熱国際シンポジウム開催	1988.11月
八丁原2号機の地熱開発調査開始	1980(この年)	高温岩体国際ワークショップ開催	1988.11月
日本で燃料電池の開発進む	1980(この頃)	固定式振動水柱型装置設置	1988(この年)
米、燃料電池の実証運転始まる	1980(この頃)	大分県と熊本県で地熱調査開始	1988(この年)
ホテル自家用発電運転開始	1981.3.6	メタノール自動車普及促進懇談会設置	1989.6.22
仁尾太陽博覧会開催	1981.3.21	プロペラ水車で世界最大単機容量の水力発電所運用開始	1989.7月
秋田県で地熱調査開始	1981.6月	大霧地域地熱開発で協定締結	1989.7月
フランシス水車で国内最大容量の水力発電所運転開始	1981.7月	秋田県上の岱地域の地熱開発で協定締結	1989.12月
三菱重工業製発電設備出荷	1981.7月	葛根田で深部生産井成功	1989(この年)
太陽熱発電プラントが稼働	1981.8.6	メタノール車普及促進懇談会報告書発表	1990.6.6
西条太陽光試験発電所建設	1981.9月	八丁原発電所2号機運転開始	1990.6.22
国内で風力発電の実証試験	1981(この年)	通産省、太陽光発電関連規制を緩和	1990.6月
振り子式波力発電の実験	1981(この年)	太陽光発電技術研究組合設立	1990.11.14
太陽電池飛行機が英仏海峡横断	1981(この年)	秋田県澄川地域の地熱開発で協定締結	1990.11月
大渡ダム湖滑り	1982.4.19		
国内最大使用水量の水路式発電所運転	1982.7月		

資源・エネルギー史事典　分野別索引　再生

ニッケル水素電池を世界初商品化	1990（この年）
初の可変速揚水開始	1990（この年）
電気自動車用の燃料電池の開発活発化	1990（この年）
大型風車製造が活発化	1990（この頃）
福島県での地熱発電共同開発について合意	1991.1月
九州滝上地域の地熱開発で協定締結	1991.8月
世界初の多坑井抽熱循環システム抽熱実験に成功	1991.8月
熊本県の自家用発電所運転開始	1991.10月
中小地熱バイナリー発電システム実証試験開始	1991.12月
ウィンドファームが完成	1991（この年）
京セラ、国内初の系統連系システムを設置	1991（この年）
森地熱発電所で深部生産井成功	1991（この年）
陸上型OWC実験	1991（この年）
葛根田2号機の地熱開発基本協定締結	1992.1.28
電力会社、余剰電力買上げを決定	1992.4月
低公害車排ガス指針提示	1992.6.19
イギリス・アイ発電所建設	1992.7月
新地熱開発促進調査開始	1992.8月
リンペットを開発	1992（この年）
三洋電機、「逆潮流」太陽光発電システムを設置	1992（この年）
太陽光発電フィールドテスト事業開始	1992（この年）
鏡で太陽光線を届ける実験に成功	1993.2.4
太陽発電衛星の基礎実験	1993.2.18
系統連系技術要件ガイドラインが改正	1993.4月
深部地熱資源調査・採取技術開発プロジェクト開始	1993.4月
地熱開発促進のためのルール整備	1993.5月
大霧発電所の建設認可	1993.10月
ホンダ、ソーラーカー・レースで優勝	1993.11.11
フィリピン・地熱発電所でヒ素中毒	1993.11.29
インドでケーソン式を設置	1993（この年）
「ニューサンシャイン計画」開始	1993（この年）
バイオマスガス化複合発電の実証プラント建設	1993（この年）
ロータリーベーンポンプ発明	1993（この年）
京セラ、住宅用太陽光発電システムを販売	1993（この年）
上の岱発電所運転開始	1994.3.4
住宅用太陽光発電システムモニター事業開始	1994.4月
小国地域における地熱開発基本協定締結	1994.10月
NEDO、中小地熱バイナリー発電プラント発電試験開始	1995.1月
山川発電所、運転開始	1995.3.1
八幡平澄川発電所、運転開始	1995.3.2
柳津西山発電所、運転開始	1995.5.25
ART社、波-風力ハイブリッド型システム設置	1995（この年）
アメリカ、MTBEの使用を義務づけ	1995（この年）
一体型ロータリーベーンポンプ現地試験が実施される	1995（この年）
携帯用燃料電池の開発が活発に	1995（この頃）
葛根田地熱発電所2号機、運転開始	1996.3.1
大霧発電所、運転開始	1996.3.1
二風谷ダムで貯水開始	1996.4.2
バクン・ダム建設を中止	1996.6.19
フォルサCHP発電所建設	1996.9月
滝上発電所運転開始	1996.11.1
環境庁、風力発電導入マニュアルを公表	1996.12.6
アイルランドで浮体式可動物体型装置試験	1996（この年）
カリフォルニア州の地下水源からMTBEが検出される	1996（この年）
東北電力、水弁集結式波力発電システムを設置	1996（この年）
上の岱地熱発電所の出力変更	1997.2.12
NEDO、中小地熱バイナリー発電プラントの発電試験開始	1997.2月
新エネルギー利用促進法制定	1997.4.18
熱水供給設備も補助金対象に	1997.4月
小国地熱発電所が電調審を通過	1997.7月
山葵沢地域で、1万kWの蒸気を確認	1997.9月
NEDO、貯留層変動探査法開発プロジェクト開始	1997.11月
NEDO、中小地熱バイナリー発電プラントの発電試験終了	1998.1月
NEDO、中小地熱バイナリー発電プラントの発電試験終了	1998.3月
NEDO、産業等用太陽光発電フィールドテスト事業開始	1998.4月
八丈島に関東初の地熱発電所建設	1998.4月
柳津西山地熱発電所、運転開始	1998.7月
東芝、UTCと合弁会社を設立	1998.8.1
JOPRE発足	1998.10月
ケーソンによる沖合固定式実験が実施される	1998（この年）
ケミエルビ発電所、運転開始	1998（この年）
BMW、電気自動車開発完了時期を公表	1999.2.26
トヨタがGMと提携	1999.4.19
調査井掘削費等を開発費に統合	1999.4月
太陽電池生産量、日本が世界一	1999（この年）
世界地熱会議が日本で初開催	2000.5月
秋の宮地域で蒸気確認	2000.9月
NEDO、長期循環試験を開始	2000.11月
九重地熱発電所運転開始	2000.12.1
NEDO、風力発電の発電量が一般家庭5万世帯分以上に達したと発表	2000（この年）
ウエーブゲン社、世界初の商業規模波力発電装置稼動	2000（この年）
海洋科学技術センター、浮体型波力発電装置実験	2000（この年）
太陽電池製造量世界一	2000（この年）
トヨタ、燃料電池車共同開発	2001.1.8
NEDO、「深部地熱資源調査」終了	2001.3月
NEDO、「10MW級プラントの開発」終了	2001.11月
フィンランドで、アルボルメンス・クラフト・ユニットが建設	2001（この年）
豪州に波収斂型システム設置	2001（この年）
国交省、燃料電池自動車実験	2001（この年）
岳の湯発電所を廃止	2002.2月
電源開発、小国発電所計画から撤退	2002.3月
熱水利用発電プラント等開発を終了	2002.3月
RPS法制定	2002.4.26
小型バイナリー発電機による発電実験開始	2002.6月
世界初の立軸バルブ水車	2002.6月
高温岩体発電の実証試験が終了	2002.8月
長期循環試験終了	2002.9月

- 331 -

トヨタとホンダ、燃料電池車のリースを開始	2002.12.2
潮谷義子県知事、荒瀬ダム撤去表明	2002.12.10
燃料電池車の開発進む	2002.12月
NEDO、「集中連系型太陽光発電システム実証研究」開始	2002（この年）
雲仙火山科学掘削プロジェクトによる火道掘削が開始	2003.1月
小里川発電所、誘導発電機を世界で初めて導入	2003.3.12
「貯留層変動探査法開発」「高温岩体発電システムの技術開発」終了	2003.3月
燃料電池活用戦略検討会、報告書をまとめる	2003.4.25
御岳発電所に、スプリッタランナ水車を導入	2003.4月
川辺川ダム訴訟で農家側逆転勝訴	2003.5.16
八丁原バイナリー発電施設工事開始	2003.5月
NEDO、太陽光発電新技術等フィールドテスト事業開始	2003（この年）
安曇発電所に日本初の揚水式水車を導入	2003（この年）
佐賀大が海洋エネルギー研究センターを開設	2003（この年）
ホンダ、氷点下で始動可能な燃料電池車を開発	2004.1月
NEDO、PV2030を策定	2004.6月
日本地熱調査会解散	2004.12.7
可動物体型ペラミス発電装置の海域試験	2004（この年）
日産が、燃料電池車を販売	2004（この年）
北海道に海上風力発電機設置	2004（この年）
シャディコル・ダムが大雨で決壊	2005.2.10
内燃機関燃料として、バイオエタノールが普及	2005.4.11
洋上風力発電が活発化	2005（この頃）
杉乃井ホテル、地熱発電設備を更新	2006.4月
国内初の商用向けバイナリー発電設備実証試験開始	2006.5月
経産省、バイオエタノール混合燃料を試験販売	2006.8.25
東北水力地熱、蒸気供給事業を承継	2008.1.1
「新エネルギー法」改正	2008.4.1
「地熱発電に関する研究会」設置	2008.12月
NEDO、PV2030＋を策定	2009.6月
宮坂力ら、ペロブスカイト太陽電池を発明	2009（この年）
鬼首発電所定格出力変更	2010.2月
黒部第四発電所、IEEEマイルストーン賞受賞	2010.4.9
富士電機、世界最大の地熱発電機を開発	2010.4月
滝上発電所定格出力変更	2010.6.16
下田達也ら、液体シリコンによる太陽電池を発明	2011.2.7
地熱開発促進調査事業と地熱発電開発事業を廃止	2011.3月
バイオ燃料の実用化が近づく	2011.7.26
温泉発電システムの実証試験を開始	2011.12.16
小規模地熱バイナリー発電設備の実証試験を開始	2012.2.26
国立・国定公園内における地熱開発が可能に	2012.3.27
森発電所定格出力変更	2012.9月
飯田市、全国初の再生可能エネルギー導入条例を制定	2013.4.1
農山漁村再生可能エネルギー法が成立	2013.11.15
浮体式洋上ウィンドファームの第1期工事が終了	2013.11月
バイナリー発電システムの実証試験を開始	2014.8.22
NEDO、NEDO PV Challengesを策定	2014.9月

【核】

アインシュタインが原子爆弾開発を促す書簡の差出人になる	1939（この年）
スペディングが原子爆弾開発用の高純度ウランを製造	1942.11月
アメリカでトリニティ実験を実施	1945.7.16
広島に原爆投下	1945.8.6
長崎に原爆投下	1945.8.9
京大原爆調査隊員が放射線被曝	1945.9.20
GHQがサイクロトロンを破壊	1945.11.24
九大医学部の桝屋冨一が原爆症を指摘	1945.12.9
ビキニ環礁を核実験場に選定	1946.1.24
アメリカ、マーシャル群島ビキニ環礁で核実験	1946.7.1
原子爆弾組立基地爆発	1950.3.8
朝鮮戦争で原爆使用の可能性	1950.11.30
被爆者の肺癌死亡率激増	1950（この年）
イギリスが核保有公表	1952.2.26
イギリス、最初の原爆実験成功	1952.10.3
アメリカ、水爆実験に成功	1952.11.1
アメリカで原爆実験	1953.3.17
ソ連、最初の水爆実験	1953.8.12
ビキニ環礁で水爆実験	1954.3.1
漁船第5福竜丸被曝	1954.3.1
奈良県で放射能灰	1954.3.6
愛知県で放射能灰	1954.3.13
北海道で放射能雪	1954.4.2
全国各地で放射能雨	1954.5.13
緑茶・野菜類放射能汚染	1954.5.15
飲料用天水放射能汚染	1954.5.20
佐多岬燈台で関係者が被曝	1954.5月
東北地方から日本海沿岸部で放射能雨	1954.9.18
関東地方各地で稲の放射能汚染	1954.9月
日本海側各地で放射能雨	1954.10月
青森県で放射能雪	1954.11.11
アメリカ、水爆実験開始	1955.2.18
東京都に放射能雪	1955.3.5
マーシャル群島で放射能汚染	1955.12.13
アメリカで「大量報復戦略」構想	1955（この年）
原水爆実験禁止要望決議	1956.2.10
全国各地に放射能雨	1956.4.16
爆撃機からの水爆投下実験	1956.5.4
東北地方と日本海沿岸で放射能雨	1956.6.21
福岡で放射能を観測	1956.12.19
核実験登録制の提案	1957.1.21
核実験反対を申入れ	1957.1.30
ゲッチンゲン宣言	1957.4月
各種放射性同位元素検出	1957.4月
イギリス、クリスマス島で水爆実験	1957.5.15
水爆実験抗議デモ	1957.5.16
世界平和評議会総会で核実験停止の呼びかけ	1957.6.16

国連に核実験停止決議案提出	1957.9.23
核実験停止決議案否決	1957.11.6
自衛隊員に放射線障害	1957 (この年)
核実験停止嘆願書を国連に提出	1958.1.13
日本海側に放射能雪	1958.1.22
放射能雨からウラン238を検出	1958.1月
島根県に放射能雨	1958.3.3
中国の第1号原子炉完成	1958.3.6
新潟県に放射能雪	1958.3.7
立教大学理学部が放射能塵を分析	1958.3.10
全国各地に放射能雨	1958.3.18
大阪府に放射能雨	1958.3.25
ソ連が一方的核実験中止宣言	1958.3.31
イギリスで核武装反対運動の大行進	1958.4.4
インド放射能汚染	1958.4.7
全国各地に放射能雨	1958.7.9
観測測量船拓洋・さつまで被曝	1958.7.21
国連が核実験の影響を発表	1958.8.10
日本学術会議が米核実験に抗議	1958.8.14
アメリカ、1年間の核実験停止を発表	1958.8.22
ソ連、核実験を再開	1958.9.30
北海道で、放射能雨	1958.10.13
東京で、放射能雨	1958.10.24
核実験停止3国会議開催	1958.10.31
琉球立法院で原水爆基地化反対決議	1959.7.1
南極条約を採択	1959.12.1
フランス、サハラで初の核実験	1960.2.13
アイゼンハワーとマクミランが核実験停止の共同声明を発表	1960.3.27
イスラエルの原爆開発情報	1960.12.18
ソ連、核実験を再開	1961.9.1
アメリカ、核実験を再開	1961.9.15
新潟県に放射能塵降下	1961.10.16
衆議院で核実験禁止決議	1961.10.25
全国各地に放射能雨	1961.10.27
ソ連、史上最大の水爆実験	1961.10.30
福岡市付近に放射能雨	1961.11.5
ビキニ被曝の第五福竜丸元乗務員が死去	1961.12.11
核実験停止会議が一時決裂	1962.1.29
アメリカ、核実験を再開	1962.4.25
原爆事故で、核爆弾が投下されたことが判明	1962.10.21
キューバ危機	1962.10.22
ライナス・ポーリングがノーベル平和賞を受賞	1962 (この年)
全国各地に放射性物質降下	1963.1月
核戦争回避のための米ソホットライン協定を発표	1963.6.20
米英ソによる核実験停止会議開催	1963.7.15
米英ソ、部分的核実験禁止条約に仮調印	1963.7.25
米英ソ、部分的核実験禁止条約に調印	1963.8.5
日本、部分的核実験禁止条約に調印	1963.8.14
部分的核実験禁止条約発効	1963.10.10
衆議院が部分的核実験禁止条約を承認	1964.5.15
中国、初の核実験実施	1964.10.16
全国各地で高数値の放射能を観測	1965.1.21
地中海岸上空で軍爆撃機墜落・原爆行方不明	1966.1.17
中国が3回目の水爆実験	1966.5.9
核探知国際会議開催、日本も参加	1966.5.23
フランス、ムルロア環礁で初の核実験	1966.6.30
フランスがムルロア環礁で地上核実験を開始	1966.7.2
政府、フランスの核実験に抗議	1966.10.6
中国・新疆ウイグル自治区で初の水爆実験	1967.6.17
核拡散防止条約の調印式	1967.7.1
ネヴァダ州で最大規模地下核実験	1968.4.26
核拡散防止条約可決	1968.6.12
フランス初の水爆実験	1968.8.24
被爆者二世が白血病で死去	1969.9.27
核拡散防止条約に調印	1970.2.3
アメリカが地下核実験	1970.3.26
核拡散防止条約が発効	1970.3月
フランスが核実験	1970.5.15
アメリカ、地下核実験を強行実施	1971.11.6
ビキニ水爆実験の被曝調査	1971.12.7
フランス、核実験実施	1973.7.21
インド、地下核実験実施	1974.5.18
米ソ、地下核実験制限条約を調印	1974.7.3
核実験禁止で一致	1974.10月
佐藤栄作がノーベル賞受賞	1974.10月
アンドレイ・サハロフがノーベル平和賞を受賞	1975 (この年)
核拡散防止体制へ正式参加	1976.6.8
アメリカで、初のプラズマ閉じ込め成功	1978.2.27
ビキニ環礁の住民に退去命令	1978.4.12
核実験による白血病死	1979.1.8
米、コンピュータ故障で核戦争の非常警戒態勢入り	1980.6.3
ライシャワー発言の衝撃	1981.5.18
イラク原子炉爆撃事件	1981.6.7
SS20の極東配備が進展	1981.9月
パーシングⅡ配備反対デモ	1981.10.10
欧州各地で平和デモ	1981.11.15
アルバ・ミュルダールがノーベル平和賞を受賞	1982 (この年)
アルフォンソ・ガルシア・ロブレスがノーベル平和賞を受賞	1982 (この年)
米兵被曝者13.2万人	1983.5.24
仏、ムルロア環礁で地下核実験	1983.5.25
セーガン、『核の冬』を発表	1983 (この年)
核搭載船の寄港を拒否	1985.2.1
核の冬フォーラム開催	1985.6.22
核実験抗議船爆破	1985.7.10
南太平洋非核地域条約採択	1985.8.6
仏大統領、ムルロア環礁訪問	1985.9.13
核戦争防止国際医師会議がノーベル平和賞を受賞	1985 (この年)
核爆発を用いるX線レーザーの地下実験が行われる	1985 (この年)
パキスタンの核開発に警告	1986.7.16
ソ連、地下核実験場を公開	1986.9.27
米ソ首脳会談開催	1986.10.11
米、核実験実施	1987.2.3
核廃絶の国際フォーラム開催	1987.2.14
米ソ、共同声明を発表	1987.12.7
モスクワで米ソ首脳会談	1988.5.29
ミハイル・ゴルバチョフがノーベル平和賞を受賞	1990 (この年)
米、エネルギー水資源法案可決	1992.9.24
北朝鮮がIAEA査察受け入れ拒否	1993.2.13

| 核 | 分野別索引 | 資源・エネルギー史事典 |

IAEA、北朝鮮に対する特別査察要求決議採択	1993.2.25
北朝鮮、NPTを脱退	1993.3.12
IAEA、北朝鮮の保障措置協定違反を安保理に報告	1993.4.1
安保理、北朝鮮のNPT脱退に再考を促す	1993.5.11
北朝鮮がIAEA査察受け入れ	1993.7.19
核査察で合意	1994.2.15
北朝鮮核開発疑惑への制裁議論高まる	1994.4月
北朝鮮がIAEA脱退	1994.6.13
アメリカ、核実験停止期間を延長	1995.1.30
グリーンピース、ロシアが保有する核弾頭数を発表	1995.3.2
アメリカ、イランの原子炉建設に協力中止を要請	1995.5.1
中国、7ヶ月ぶりの地下核実験	1995.5.15
仏の核実験再開声明で抗議行動	1995.6.13
核実験抗議のグリーンピース船がフランスに拿捕される	1995.7.10
すべての核実験の中止を	1995.8.17
中国の地下核実験に、日本で抗議運動	1995.8.17
フランス、ムルロア環礁で核実験	1995.9.5
フランス、ファンガタウファ環礁で核実験	1995.10.2
フランス、ムルロア環礁で3回目の核実験	1995.10.27
国連止核実験即時停止決議案を提出	1995.10.31
核兵器の違法性をめぐりICJで審理	1995.11.7
核不拡散国際会議、日本のプルトニウム利用に懸念を表明	1995.11.13
核実験即時停止決議案が採択される	1995.11.16
フランス、ムルロア環礁で4回目の核実験	1995.11.21
パグウォッシュ会議、ジョセフ・ロートブラットがノーベル平和賞を受賞	1995.12.10
核実験即時停止決議案が採択される	1995.12.12
フランス、ムルロア環礁で5回目の核実験	1995.12.27
日本政府、中国核実験に抗議	1995(この年)
シラク大統領、核実験について談話を発表	1996.1.4
ムルロア環礁近くで放射性物質検出	1996.1.23
フランス、ファンガタウファ環礁で6回目の核実験	1996.1.27
シラク大統領、核実験の完了を発表	1996.1.29
仏領ポリネシア議会選挙で核実験を支持	1996.5.12
中国、地下核実験を強行	1996.6.8
インド政府、包括的核実験禁止条約を拒否	1996.6.20
中国、ロプノール核実験場で核実験実施	1996.7.29
包括的核実験禁止条約(CTBT)が採択される	1996.9.24
日本政府、中国向け円借款を再開	1996.11月
アメリカ、劣化ウラン弾使用問題で謝罪	1997.2.10
アメリカ、ネバダ核実験場で未臨界核実験	1997.7.2
アメリカ、ネバダ核実験場で3回目の未臨界核実験	1998.3.25
英仏、包括的核実験禁止条約を批准	1998.4.6
インド、ポカラン砂漠で地下核実験	1998.5.11
日本政府、インドの核実験に対抗措置を検討	1998.5.12
米独、インドの核実験に対し経済制裁を発動	1998.5.13
日本政府、核実験へ追加制裁措置	1998.5.14
パキスタン、インドの核実験で記者会見	1998.5.23
パキスタン、核実験を強行	1998.5.28
日本政府、パキスタンの核実験に制裁措置	1998.5.29
パキスタン、2度目の核実験	1998.5.30
米、パキスタンに経済制裁発動	1998.5.30
国連安保理、核実験に対し共同声明	1998.6.4
国連安保理、印パ核実験非難決議	1998.6.6
G8、印パに核実験開発中止を要求	1998.6.12
インド、核実験への制裁に反発し緊急援助を拒絶	1998.6.26
英、印パへ核関連物質輸出規制	1998.7.10
ARF議長声明で、印パの核実験を非難	1998.7.27
核軍縮フォーラムを東京で開催	1998.8.30
日米韓でミサイル問題を協議	1998.9.24
アメリカ、ネバダ核実験場で4回目の未臨界核実験	1998.9.26
ロシア、未臨界核実験を実施	1998.12.8
アメリカ、ネバダ核実験場で6回目の未臨界核実験	1999.2.9
印パ、ラホール宣言に署名	1999.2.21
北朝鮮、立ち入り調査に同意	1999.3.16
核不拡散・核軍縮フォーラム開催	1999.7.25
CTBT発効促進会議が開催	1999.10.6
アメリカが印パ制裁を解除	2001.9.22
日本、印パの核実験に対しての経済制裁停止	2001.10.26
米露、モスクワ条約に調印	2002.5.24
北朝鮮が核開発再開	2002.12.12
ジミー・カーターがノーベル平和賞を受賞	2002(この年)
北朝鮮の核に関し動きあいつぐ	2003.1月
北朝鮮が核保有を表明	2003.4.24
リビアが核開発放棄	2003.12.19
核の闇市場、明らかに	2004.2.4
IAEAがイラン非難決議	2004.3.13
IAEA、日本の原子力計画「平和利用に限定」と	2004.6.14
日韓、北朝鮮の核問題で連携	2004.11.6
国連が核テロ防止条約を採択	2005.4.13
IAEAにノーベル平和賞	2005.10.7
イランが核活動再開	2006.1.3
仏領ポリネシア議会、核実験による放射能被害を報告	2006.2.9
大阪地裁、原爆症の認定基準を緩和	2006.5.12
最高裁、在外被爆者手当訴訟で、原告側請求を棄却	2006.6.13
国連安保理が対北朝鮮決議を採択	2006.7.15
国連安保理が対イラン決議を採択	2006.7.31
広島地裁、原爆症の認定基準を緩和	2006.8.4
北朝鮮が初の地下核実験	2006.10.9
国連安保理、イラン制裁決議を採択	2006.11.23
安保理、「核なき世界」決議	2009.9.24
岡田外相、核持ち込み「密約」調査を指示	2009.9月
核廃絶を評価、オバマ大統領にノーベル平和賞	2009.10.9
イラン、核合意破棄	2009.11.18
イラン、ウラン高濃縮化を表明	2010.1.24
アメリカ、核弾頭数を公表	2010.5.3
北朝鮮は、ウラン濃縮施設を新設	2010.11.20
新STARTが発効	2011.2.5
アメリカ、X線による未臨界核実験	2011.12月
北朝鮮、ウラン濃縮活動の停止受入れ	2012.2.29

- 334 -

資源・エネルギー史事典　　　　　分野別索引　　　　　　　資源

【資源】

オハイオ州で石油を採取	1813（この年）
キッド、ナフタレンを分離	1819（この年）
クレーン、水性ガスを得る	1823（この年）
グロズニー油田産油開始	1823（この年）
ファラデー、ベンゼンを発見	1825（この年）
ケンタッキー州で噴油	1829（この年）
ドノヴァン、照明用ガスを製造	1830（この年）
ルンゲ、フェノールとアニリンを発見	1834（この年）
ビショップ、石炭ガスを溶鉱炉で利用	1839（この年）
マンスフィールド、トルエンを発見	1848（この年）
ゲスナー、灯油を発見	1853（この年）
パーキン、最初の人工染料モーブを発見	1856（この年）
江戸幕府、釧路で石炭採掘開始	1857（この年）
ドレーク、ドレーク油田で採掘開始	1859（この年）
ロックフェラー、製油工場を建設	1862（この年）
ペンシルベニア州でタンク車が実用化	1865.9月
ペンシルベニア州で石油パイプライン敷設	1865.10.10
リスター、石炭酸による消毒法を提唱	1865（この年）
パークス、石炭無税輸出の承認を要求	1867.10.26
ロックフェラー、オハイオ・スタンダード設立	1870.1.10
石坂周造、長野石炭油会社設立	1871.8月
日本坑法施行	1873（この年）
金津で石油採掘開始	1874.8月
清国が日本産石炭の売買を禁止	1874（この年）
日本、原油産額の記録を開始	1874（この年）
ノーベル兄弟、ロシアにロベルト・ノーベル製油所を建設	1875（この年）
ライマン、油田地質調査開始	1876.5月
春日永太郎ら、石油削井組合設立	1876.6月
滝沢安之助、愛国石油削井会社を設立	1877.7月
シッケル、連続蒸留法を発明	1877（この年）
ノーベル兄弟、タンカーを建造	1878.1月
ドーソン、半水性ガスを製造	1878（この年）
ノーベル兄弟、ノーベル兄弟産油会社設立	1879.5.15
日本初の原油パイプライン敷設	1879.11月
尼瀬で出油	1879（この年）
オハ油田が発見される	1880（この年）
ノーベル兄弟産油会社、連続蒸留法を実用化	1881（この年）
ロックフェラー、スタンダード・オイル・トラスト成立	1882.1.2
田代虎次郎、泰平社を設立	1882（この年）
スマトラ油田、開発開始	1883（この年）
ロスチャイルド、バクー石油の販売開始	1883（この年）
東京瓦斯会社設立	1885.10月
アメリカ石油事業の情報を収集	1885（この年）
ロシア石油の輸出開始	1885（この年）
尼瀬油田、開発開始	1886（この年）
アングロ・アメリカン石油設立	1888.4.27
内藤久寛ら、日本石油会社設立	1888.5月
石炭無税輸出に勅令	1888.7.18
ロイターがペルシャで石油利権獲得	1889（この年）
小倉油店開業	1889（この年）
ロイヤル・ダッチ設立	1890.6.12
シャーマン反トラスト法制定	1890.7月
ユニオン石油会社設立	1890.10.17
日本石油、アメリカから掘削機を輸入	1890.12月
ウェスト・バージニア油田隆盛	1891（この年）
バクー油田産油激増	1891（この年）
スタンダード・トラストに解散命令	1892.3.2
後の宝田石油設立	1892.6月
鉱業条例施行	1892.6月
タンカー「ミュレックス」完成	1892.7月
日本、ロシア灯油輸入開始	1893.2月
宝田石油設立	1893.2月
アメリカの石油会社が日本支店を開設	1893.5月
グロズニー油田で機械掘成功	1893（この年）
テキサス油田試掘成功	1893（この年）
ドヘニー、ロサンゼルスで石油掘削	1893（この年）
新津油田で出油	1894.11月
ジャワ島で噴油井出現	1894（この年）
日本石油、新潟鉄工所設置	1895.6月
ロータリー式掘削に成功	1895.10.15
中島謙造、本邦石油産地調査報告発表	1896.3月
サンノーキンバレー油田発見	1896（この年）
米露の石油事情視察へ	1897.5月
シェル運輸貿易会社設立	1897.10.18
バクー油田の生産量が世界一	1898（この年）
ニュージャージー・スタンダード設立	1899（この年）
日石、タンク車を製作	1899（この年）
ライジング・サン石油設立	1900.4月
インターナショナル石油設立	1900.11月
スピンドルトップで大噴油	1901.1月
テキサス会社設立	1902.4.7
バーマ石油会社設立	1902.5.15
宝田石油第一次大合同	1902（この年）
アジアチック・ペトロリアム設立	1903.6月
国油共同販売会社	1904.11月
アメリカ液体燃料局、重油の優秀性を立証	1904（この年）
コッパース、コッパース炉を発明	1904（この年）
鉱業法施行	1905.7月
自動車給油所誕生	1905（この年）
国油共同販売所、宝田石油の販売会社に	1906.9月
カルテル・エブーが成立	1906（この年）
スタンダード石油（カリフォルニア）設立	1906（この年）
パーカー、コーライトを発明	1906（この年）
日本天然瓦斯会社、天然ガス井掘削に成功	1906（この年）
ガルフ・オイル設立	1907.1.30
ロイヤル・ダッチ・シェルグループ結成	1907.1月
日石がインターナショナル一部事業を買収	1907.6月
第一開発会社、マスジッド・イ・スライマン油田開発成功	1908.5.26
日本石油、旭川油田で出油に成功	1908（この年）
アングロ・ペルシャン石油設立	1909.4.4
原油関税を独立	1909.4月
西戸崎製油所完成	1909.7月
国内4社が販売協定を調印	1910.1月
イギリス海軍、石油への転換を言明	1910.2.20
新潟鉄工所が日石から分離	1910.6月
日石がインターナショナル一部事業買収	1911.2月
スタンダード石油連合解散	1911.5.15
日石、新式削井機輸入	1912.3月

- 335 -

資源　分野別索引　資源・エネルギー史事典

帝国瓦斯協会創立	1912.5.30	日本鉱業設立	1929.4月
トルコ石油会社設立	1912.10.23	イラク石油会社と改称	1929.6.8
アバダン製油所操業開始	1912（この年）	石油販売協定により、ガソリン値上げが決定	1929.6月
イギリス海軍省がアングロ・ペルシャン石油に出資	1913.5.20	小倉石油横浜製油所完成	1929.11月
バートン、クラッキングを実用化	1913（この年）	アメリカの産油激増	1929（この年）
ベルギウス、石炭液化法を発明	1913（この年）	日石下松製油所開所	1930.4月
黒川油田で大噴油	1914.5月	5ヶ年計画成功	1930（この年）
イランで巨大油井	1915（この年）	バーレーン島で油田発見	1930（この年）
クイーン・エリザベス号完成	1915（この年）	石炭・石油の液体燃料化技術が発展	1930（この頃）
スマトラで大噴油井	1917.6月	三菱石油設立	1931.2月
日本石油、殉職者追悼碑を建立	1917.10月	ソコニー・バキューム社設立	1931.7.30
テキサスで大噴油井	1917（この年）	台湾でカーボンブラック装置が稼働	1931.9月
京大、重力偏差計探査	1918（この年）	シェルメックス社設立	1931.11月
日本初のガソリンスタンド完成	1919.2月	三菱石油川崎製油所完成	1931.11月
アメリカ石油協会設立	1919.3.14	早山石油川崎製油所完成	1931.11月
鉱山専門学校に石油学科開設	1919.4月	ベネズエラで産油制限	1931（この年）
北辰会結成	1919.5月	バーレーンで試掘に成功	1932.6.1
オレゴン州で、ガソリン税創設	1919（この年）	国内6社販売協定成立	1932.8月
ダブズ、連続熱分解法を開発	1919（この年）	イギリス・ペルシャで紛争が起こる	1932.11.26
日本石油、油田地質調査にアメリカ人技師を招聘	1919（この年）	重要産業統制法が、揮発油産業に適用	1932.11月
サンレモ協定成立	1920.4.25	石油技術協会設立	1933.5.25
海軍燃料廠令施行	1921.4月	東洋商工設立	1933.6月
燃料調査会開催	1921.6月	第1回世界石油会議開催	1933.7.19
日石、宝田が合併	1921.10月	スタンダード・バキューム石油会社設立	1933.9.7
ベネズエラ石油大増産	1921（この年）	カリフォルニア・アラビアン・スタンダード社設立	1933.11.8
石炭鉱害が問題に	1921（この年）	丸善石油設立	1933.11月
ペンシルベニア・ガルフ石油会社設立	1922.8.9	イギリス・ペルシャ紛争解決	1933（この年）
クウェート・イラク中立地帯設定	1922.12.2	イタリア石油業法公布	1933（この年）
F.フィッシャーとトロプシュ、人造石油を製造	1923（この年）	クウェート石油設立	1934.2.2
フードリー、固定床接触分解法を開発	1923（この年）	国際タンカー船主協会設立	1934.2月
北辰会が北樺太で試掘に成功	1923（この年）	満州石油設立	1934.2月
フランス石油会社設立	1924.3.28	国内7社販売協定成立	1934.6月
連邦石油保全局設置	1924.12.19	石油業法施行	1934.7.1
プロパンガス供給開始	1924（この年）	アルゼンチンが石油国有化	1934（この年）
日石鶴見製油所完成	1924（この年）	アメリカ石油産業が国家管理から解放	1935.2.22
北樺太油田から初搬入	1924（この年）	秋田県の雄物川油田で噴油	1935.3月
トルコ石油会社、イラクと利権協定	1925.3.14	満州国で石油専売制を実施	1935.4月
メキシコ産油制限令公布	1925.12.29	アングロ・ペルシャンがアングロ・イラニアン石油と改称	1935.6月
ソ連との北樺太石油利権契約に調印	1925.12月	人造石油ドイツで工業化	1935（この年）
カリフォルニア・スタンダード設立	1926.1.27	アメリカで接触分解装置を工業化	1936.6.6
イタリアで国策石油会社設立	1926.5.19	カリフォルニア・テキサス・オイル設立	1936.6月
北樺太石油設立	1926.6.7	第1次石油消費規制を実施	1937.11月
油槽船爆発	1926.9.13	人造石油製造事業法施行	1938.1月
ウィンクラー、流動床ガス化法を開発	1926（この年）	帝国燃料興業設立	1938.1月
フィッシャーら、合成ガソリン製造に成功	1926（この年）	ブルガン油田発見	1938.2月
石油試掘奨励金公布規則施行	1927.8月	揮発油および重油販売取締規則施行	1938.3.7
IG社、石炭液化技術の工業化に成功	1927（この年）	メキシコが国内外資系企業を国有化	1938.3.18
キルクーク大油田発見	1927（この年）	ダンマン油田発見	1938.3月
メキシコ石油法改正	1928.1.10	第2次石油消費規制を実施	1938.5月
フランス石油業法制定	1928.3.30	メキシコが石油国有化	1938.6.7
トルコで赤線協定を締結	1928.7.31	石油資源開発法施行	1938.8月
アクナキャリー協定締結	1928.9.7	玉門油田が産油を開始	1938（この年）
シェル化学会社設立	1928.10月	イギリス、石油局を設置	1939.1月
ガッチサラン、ハフトケル油田発見	1928（この年）	ドイツ・ルーマニア石油通商協定成立	1939.3.25
バーレーン石油会社設立	1929.1.11	秋田県の油井掘削現場で原油噴出	1939.6月
南樺太油田試掘契約が締結	1929.3月	東亜燃料工業設立	1939.7.5
		大協石油設立	1939.9.4

アメリカ、ソ連・日本に対し道義的輸出禁止		GHQが在日民間人への石油販売を許可	1948.8.5
	1939.12.12	シェル石油と改称	1948.10.15
イタリア、ガソリン消費規制実施	1939（この年）	ベネズエラ、所得税法制定	1948.11.12
ベルギー新石油業法施行	1939（この年）	アメリカ、石油純輸入国へ	1948（この年）
帝国石油資源開発会社設立	1940.7月	クウェート中立地帯の利権を供与	1949.2.20
日蘭石油交渉開始	1940.9月	三菱、タイドウォーターと提携復活	1949.3.31
ラスタヌラに製油所を建設	1940（この年）	揮発油税法公布	1949.4.30
四日市に第二海軍燃料廠が完成	1941.2月	石油資源開発促進審議会設立	1949.5.17
ドイツ、大陸石油会社設立	1941.3.27	昭和石油とロイヤル・ダッチ・シェル、第1次協定に調印	1949.6.20
日石が小倉と合併	1941.6月	GHQが太平洋岸製油所再開を許可	1949.7.13
アメリカ、石油対日輸出全面停止	1941.8.10	3社石油元売り業者に追加指定	1949.8.1
第3次石油消費規制を実施	1941.9月	丸善、ユニオンと提携	1949.8月
帝国石油設立	1941.9月	富士興産設立	1949.9.17
アメリカがPIWC創設	1941.12.8	カタールで商業生産開始	1949.12月
南方油田占領作戦を展開	1941（この年）	ミナス油田の掘削開始	1949.12月
日本軍がバリクパパン占領	1942.1.24	外資との提携進展	1949（この年）
イギリスでガソリン不足が深刻化	1942.2月	太平洋岸各製油所操業再開	1950.1月
日本軍がパレンバン製油所占領	1942.2月	昭和石油川崎製油所で原油流出火災	1950.2.16
帝国石油が4社の石油鉱業部門を統合	1942.4月	石油精製懇話会発足	1950.3.3
アメリカ、ガソリン切符割当制へ	1942.7.22	帝国石油が民間会社へ	1950.4.1
南方原油の共同製油計算制実施	1942.7月	日石・カルテックス委託契約締結	1950.4.21
石油精製業者8ブロックに統合	1942.8月	アスファルト統制廃	1950.5.18
マーフリー、流動接触分解法を開発	1942（この年）	石炭鉱業合理化3ヶ年計画を策定	1950.6.24
石油専売法公布・施行	1943.7.1	興亜とカルテックスが資本提携	1950.7.20
ベネズエラ新炭化水素法制定	1943（この年）	サウジアラビアとアラムコが利益折半協定	
ベネズエラ利益の50-50配分原則で合意			1950.12.30
	1943（この年）	タップライン完成	1950.12月
アラムコに改称	1944.1月	石油が主要エネルギーに	1950（この頃）
北樺太の利権をソ連に委譲	1944.3月	日本精蠟設立	1951.2.10
アメリカ軍、ルーマニア油田地帯爆撃	1944.4.5	GHQが石油行政権を政府に委譲	1951.4.1
日本、ミナス油田の試掘に成功	1944.9月	イランが石油産業を国有化	1951.4.28
英米石油協定締結	1945.2月	関税定率法を全面改定	1951.5.1
日本国内の製油所被爆	1945.3月	イランが英石油会社国有化を命令	1951.5.2
中東原油輸出価格独立して公示	1945.6月	潤滑油元売り業者制度創設	1951.5.4
石油販売取締規則等を廃止	1945.10.9	サファニア油田発見	1951.5月
GHQが製油所に関する覚書を公布	1945.10.13	日本石油精製設立契約	1951.7.3
GHQが石油製品に関する覚書を公布	1945.10.13	イラクとイラク石油会社が折半協定締結	1951.8月
GHQが石油顧問団を設置	1945.11.1	石油製品配給規則等の一部適用停止	1951.9.8
GHQが石油製品等の輸入許可を表明	1945.11.24	クウェートとクウェート石油が折半協定締結	
ポーレー調査団が中間報告	1945.12.7		1951.11月
石油業法、石油専売法などを廃止	1945.12.20	国産原油価格配給統制撤廃	1952.4.1
石油精製業連合会を設立	1945.12.20	ミナス油田商業生産開始	1952.4月
石油配給統制要綱制定を施行	1945.12月	石油および可燃性天然ガス資源開発法公布	1952.5.31
GHQが原油輸入に関する覚書を公布	1946.1.21	燃料油の価格・配給統制撤廃	1952.7.1
GHQが石油の一元的取扱機関を指定	1946.5.13	イラン石油国有化問題提訴を却下	1952.7.22
GHQが太平洋岸製油所の操業停止を指令	1946.9.27	国際石油カルテル報告書	1952.8.22
GHQが石油配給公団設立を指令	1946.10.25	米上院、反トラスト法公聴会開催	1952.8月
ポーレー賠償調査団が最終報告	1946.11.28	亜細亜石油設立	1952.10.4
鉄鋼・石炭の傾斜生産方式を決定	1946.12.24	イギリス・イラン国交断絶	1952.10月
アラムコに2社が参加	1947.3.12	プロパンガスを家庭用に供給	1952（この年）
配炭公団法を公布	1947.4.15	通商産業省が重油へ転換を奨励	1953.1月
石油配給統制株式会社が解散	1947.5.31	イタリア、国営炭化水素公社設立	1953.2.10
石油配給公団設立	1947.6.2	石油陸揚停止処分が申請される	1953.5.7
ゼネラル物産設立	1947.7.26	イラン産揮発油を初輸入	1953.5.9
日本瓦斯協会設立	1947.10.15	石油総合開発5ヶ年計画	1953.9.17
クウェートが独立系業者へ利権供与	1947（この年）	ブラジルが石油産業国有化	1953.10.3
主要石油会社が過度経済力集中企業に指定	1948.2.8	石油元売懇話会設立	1954.2.5
ストライク報告書発表	1948.3.9	通商産業省、重油消費を規制	1954.3.29
ガワール油田発見	1948.6月		

- 337 -

| 資源 | 分野別索引 | 資源・エネルギー史事典 |

イラン・コンソーシアム設立	1954.4.11	北スマトラ油田開発協定締結	1960.4.7
石油資源炭鉱促進臨時措置法施行	1954.5月	北スマトラ石油開発協力設立	1960.5.26
イラン・コンソーシアム協定調印	1954.8.19	中東原油価格引き下げ	1960.8.9
大協石油四日市製油所爆発	1954.10.15	石油輸出国機構（OPEC）を設立	1960.9.14
ブリティッシュ・ペトロリアムと改称	1954.12.17	クウェート国営石油会社設立	1960.10.3
ガス事業法施行	1954（この年）	日網石油川崎製油所完成	1960.10.12
石油資源探鉱促進臨時促進法を公布	1954（この年）	スタンダード・バキューム解散へ	1960.11.15
アメリカの独立系業者がイラン・コンソーシアム参加	1955.4.28	ゼネラル石油川崎製油所完成	1960.11.28
ソコニー・モービル・オイルと改称	1955.4.29	九州石油設立	1960.12.20
石油資源開発設立	1955.8.9	イランとERAPが石油開発について協定締結	1960（この年）
旧軍燃料廠の払下を決定	1955.8.26	石油公示価格を再引き下げ	1960（この年）
重油ボイラー規制法施行	1955.10.1	日本で石油が主要エネルギーに	1960（この頃）
石油連盟創立	1955.11.1	OPEC第3回総会開催	1961.1.15
石油資源開発設立	1955.12.1	インドネシアがプルミンドを国有化	1961.1月
リビア石油法制定	1955（この年）	東邦石油設立	1961.5.1
北日本石油設立	1956.2.24	水島製油所完成	1961.5.16
日本輸出石油設立	1956.6.4	石油関税が従量税に変更される	1961.6.1
クルサニア油田発見	1956.6月	クウェートが独立	1961.6月
ハシ・メサウド油田発見	1956.6月	帝石トッピング・プラント設立	1961.9.1
第2次中東戦争が勃発	1956.10.29	リビア原油輸出開始	1961.10.15
海南製油所を売却へ	1956.10月	産炭地域振興臨時措置法を公布	1961.11.13
北日本石油函館製油所完成	1956.11.10	石油鉱業連盟設立	1961.11.20
ハシ・ルメルガス田発見	1956.11月	エッソとモービルに分割	1961.12.11
日本石油精製室蘭製油所完成	1956.12.15	イラクがイラク石油会社の利権を接収	1961.12.12
ハシ・メサウド油田出油成功	1957.2月	石油政策に関する中間報告発表	1961.12.22
出光徳山製油所完成	1957.3.17	LPガス輸入が本格化	1961.12月
サファニア海底油田商業生産開始	1957.4.17	OECDが備蓄保有を要請	1961.12月
アラビア油田開発出資	1957.6.21	東燃川崎工業完成	1962.3.13
ENI、イランと利権協定	1957.7月	OPEC第4回総会開催	1962.4.5
灯油・軽油等輸入事前割当制に移行	1957.9.27	石油業法を公布	1962.5.11
昭和四日市石油設立	1957.11.1	OPECにリビアとインドネシア加盟	1962.6.4
日本アスファルト協会設立	1957.12.7	西部石油設立	1962.6.25
日本とサウジアラビア石油利権協定に調印	1957.12.10	ウム・シャイフ油田生産開始	1962.6月
イランで石油法が成立	1957（この年）	石油審議会発足	1962.7.10
アラビア石油設立	1958.2.10	アブダビ石油会社と改称	1962.7.25
インドネシア、プルミナを国有化	1958.2月	石油業法施行	1962.7月
ナイジェリア産原油輸出開始	1958.2月	中国で勝利油田発見	1962.9.22
サハラ石油輸出開始	1958.3月	原油の輸入自由化を実施	1962.10.1
石油学会創立	1958.5.23	頸城～豊洲間パイプライン完成	1962.10月
四日市製油所完成	1958.5.26	石油製品販売価格の標準額を告示	1962.11.10
アラビア石油、クウェートと協定締結	1958.7.5	京浜運河でタンカー衝突炎上事故	1962.11.18
ゼネラル石油設立	1958.11.4	サウジアラビアでペトロミン設立	1962.11.30
日網石油精製設立	1958.11.25	丸善千葉製油所完成	1963.1.10
アメリカ、原油輸入割当制を実施	1958（この年）	出光千葉製油所完成	1963.1.31
全漁連の重油輸入を許可	1959.2.5	イタリア、ニュージャージー・スタンダードと契約締結	1963.3.22
中東原油公示価格を一斉値下げ	1959.2.13	大協午起製油所完成	1963.3.23
石油公示価格を引き下げ	1959.2月	日石と九石が販売業務提携	1963.5.14
アメリカ、石油輸入割当制へ	1959.3.10	極東石油工業設立	1963.6.15
出光、ソ連石油公団と輸入契約	1959.3月	日本、OECD加盟に関する覚書に署名	1963.7.26
テキサコ・インコーポレーテッドと改称	1959.4.22	新潟県に頸城製油所完成	1963.7月
第1回アラブ石油会議を開催	1959.4月	インドネシアが3社と開発契約	1963.9.25
リビア、大油田発見	1959.6.13	コメコン・パイプライン完成	1963.11.11
大慶油田発見	1959.9.26	出光、石油連盟脱退	1963.11.12
アメリカで油送船が火災	1959.11.8	アルジェリアで国営石油会社設立	1963.12.31
フローニンゲンガス田発見	1959（この年）	OPECとメジャーが一括交渉	1963（この年）
石油プラントをコンピュータ管理	1959（この年）	通商産業省が石油各社に生産調整を指示	1964.1.25
新亜細亜石油設立	1960.2.1	イラク国営石油会社設立	1964.2.8

- 338 -

エジプトが西部砂漠の利権を許可	1964.2.12
九石大分製油所完成	1964.3.16
日石精根岸製油所完成	1964.3.17
沼津市で石油コンビナート誘致反対集会が紛糾	1964.3.27
ガソリン等輸入自由化	1964.4.1
関西石油設立	1964.4.1
富士石油設立	1964.4.17
カナダ、石油開発を条件付きで許可	1964.4月
丸善シンガポール製油所を売却	1964.6.1
新潟地震で製油所被災	1964.6.16
東邦尾鷲製油所完成	1964.11.10
OPEC第7回総会を開催	1964.11.28
中国・大港油田で出油	1964.12.20
アルジェリアがLNGを初輸出	1964（この年）
インドネシアが石油開発の生産物分与方式を導入	1964（この年）
オマーンでファフード油田発見	1964（この年）
ラバン石油会社設立	1965.4.14
通商産業省が給油所建設指導開始	1965.4月
室蘭でタンカーの衝突爆発事故	1965.5.23
アラスカ州で油田発見	1965.6.8
ゼネラル石油堺製油所完成	1965.7.1
仏・アルジェリア共同開発機構設立	1965.7.29
共同石油設立	1965.8.10
サモトロール巨大油田発見	1965.12.15
石油ガス税法を公布	1965.12.29
シェルがインドネシアの施設を売却	1965.12月
OPEC第9回総会を開催	1965（この年）
アルジェリアとフランスが石油開発政府間協定	1965（この年）
フランスでERAP発足	1966.1.1
フランスで石油貯蔵タンク爆発	1966.1.4
リビア、米国計4社に新法を是認させる	1966.1.4
西ドイツで石油製油所爆発	1966.1.18
北スマトラ海洋石油資源開発設立	1966.2.21
インドネシア政府、国営会社の担当を発表	1966.3.3
日本、サハリン・シベリアの資源に関心	1966.3.14
アトランチック・リッチフィールド設立	1966.5.3
モービル・オイルと改称	1966.5.3
ドバイでファテ油田発見	1966.6月
共同石油が3社の販売部門を全面集約	1966.7.1
九石が石油連盟に加盟	1966.7.11
通商産業省が石油生産調整の廃止表明	1966.9.2
エジプトのエル・モルガン油田開発成功	1966.9.19
日本オイルターミナル設立	1966.10.14
ベネズエラで第1回国営石油会社会議が開催される	1966.10月
リビアでオーギラ油田発見	1966.11.21
OPEC第12回総会開催	1966.12.4
川崎港、船舶事故で原油流出	1967.2.12
カルテックスがヨーロッパの資産を分割	1967.2月
日本石油基地設立	1967.3.1
イギリス沖合でタンカーが座礁し原油流出	1967.3.18
神戸港でタンカー二重衝突	1967.4.24
重油直接脱硫研究開発組合発足	1967.5.25
神戸港内でタンカーから重油流出	1967.5.26
スエズ運河閉鎖	1967.6.7
アラブ諸国、対英米石油輸出禁止	1967.6月
日本海石油設立	1967.7.19
サウジアラビア、クウェート、リビアが石油輸出禁止に反対	1967.8月
石油開発公団設立	1967.10.2
出光千葉製油所で重油直接脱硫装置が完成	1967.10.10
リビアでイドリス油田発見	1967.10.17
鹿島石油設立	1967.10.30
日石柏崎製油所閉鎖	1967.10.31
OPEC第14回総会開催	1967.11.27
西シベリアでガス田発見	1967.12.27
アブダビのザクム油田生産開始	1967（この年）
イラン、石油開発についてフランス・ERAPと協定	1967（この年）
パルドーが、海底と資源を人類共有財産とする提案	1967（この年）
カルテックス・ペトロリアムと改称	1968.1.1
OAPEC結成	1968.1.10
オハイオ州で、原油パイプラインが破裂	1968.1.13
アブダビ石油設立	1968.1.17
琉球政府が製油所建設を許可	1968.1.20
ガビンダ石油生産開始	1968.1月
石油開発公団がガス田を発見	1968.3月
第1回LNG国際会議開催	1968.4月
日本海洋掘削設立	1968.4月
重油流出で浦賀水道海域が汚染	1968.6.8
OPEC第16回総会開催	1968.6.24
サウジアラビアがアラムコに利権返還を要求	1968.6.26
東北石油設立	1968.7.8
プルドー・ベイ油田発見	1968.7.17
西日本石油開発設立	1968.7月
インドネシアでプルタミナ設立	1968.8.20
東洋石油精製設立	1968.8.22
関西、富士、極東の製油所が完成	1968.10.1
フィリピンでガソリンタンク爆発	1968.11.10
浦賀水道でタンカーと貨物船が衝突、重油流出	1968.12.5
日本石油開発設立	1968.12.10
OPEC第15回総会を開催	1968（この年）
アブダビでムバラス油田発見	1969.5.4
エジプト・ソ連石油炭鉱協定	1969.5.9
西ドイツ、デミネックス設立	1969.6.2
OPEC第18回総会開催	1969.7.8
ソ連、イラクと石油開発協定締結	1969.7.15
三井石油開発設立	1969.7.19
ムバラス油田発見	1969.7月
大陸棚石油天然ガス資源開発懇談会発足	1969.7月
タンカー運賃基準レートを変更	1969.9.15
アモコ・インタナショナルと改称	1969.10.1
日鋼など製油所完成	1969.10.1
日石基地、喜入基地を完成	1969.10.1
日石基地喜入基地から原油流出	1969.10.5
タンカー船主自主協定発効	1969.10月
油による汚染損害についての民事責任に関する国際条約採択	1969.11.29
LNガス輸入開始	1969.11月
ジャワ島沖合で油田を発見	1969.12.1
ノルウェーでエコフィスク油田発見	1969（この年）
アブ・ギラブ油田発見	1970.1.16
リビア、原油公示価格値上げを要求	1970.1.26

リビア、新石油会社リノコを設立	1970.3.27
日石秋田製油所廃止	1970.3.31
石油会社国際評議会が定款を決定	1970.4.8
石油資源開発発足	1970.4月
サウジアラビア、送油停止問題でシリアを非難	1970.5.15
アジア共石設立	1970.5.18
リビア、石油会社に減産命令	1970.5.25
OAPECに5ヶ国加盟	1970.5.29
リビアがメジャーズ4社を国有化	1970.6月
イラク政府がIPCに警告	1970.7.17
エジプト石油開発設立	1970.7.17
アルジェリアが原油公示価格引き上げ	1970.7.23
コンゴ石油設立	1970.8.1
リビアが原油公示価格引き上げに合意	1970.9.5
リビア、原油課税と価格決定方式を改訂	1970.9.9
水溶性天然ガス採集規制強化	1970.9月
石油パイプライン設立	1970.10.2
静岡県沖合で軽油輸送中のタンカー沈没	1970.10.16
ナイジェリア原油公示価格引き上げ	1970.10.26
第2回LNG国際会議開催	1970.10月
東洋石油精中城製油所完成	1970.11.5
合同石油開発設立	1970.11.6
出光兵庫製油所完成	1970.11.21
フォーティーズ油田発見	1970.11月
OPEC第21回総会開催	1970.12.9
興亜石油大阪製油所完成	1971.1.6
米サンフランシスコ湾でタンカー衝突による石油流出	1971.1.18
地中海でタンカー爆発	1971.1.21
出光日本海石油開発設立	1971.1.26
アルジェリア・フランス、暫定石油協定を締結	1971.1.28
OPEC第22回総会開催	1971.2.3
テヘラン協定成立	1971.2.14
アルジェリアが外資石油会社資産の半分を国有化	1971.2.24
日本、メコン・デルタ油田開発に参加	1971.3.10
ノースカロライナ州沖で大型タンカー石油流出	1971.3.27
トリポリ協定成立	1971.4.1
ナイジェリアが国営石油会社を設立	1971.4.1
日本海洋石油資源開発設立	1971.5.20
北海道沖で廃油汚染	1971.5月
第8回世界石油会議開催	1971.6.13
石油産業海事協議会設立	1971.6.28
OECDが石油備蓄を勧告	1971.6月
OPEC第24回総会開催	1971.7.12
ブレント油田発見	1971.7月
インドネシアがPS方式の条件を改定	1971.8.9
アブダビで国営石油会社設立	1971.8月
青森石油貯蔵基地で悪臭被害	1971.8月
低硫黄原油関税引き下げ	1971.11.1
新潟沖でタンカー座礁による原油流出	1971.11.30
リビアがBP資産の50%を国有化	1971.12.8
千葉県海岸で廃油汚染	1971.12月
日本各地で船舶廃油汚染が深刻化	1971（この年）
エッソ西原製油所完成	1972.1.18
ジュネーヴ協定締結	1972.1.20
ペルシャ湾に海底油田から原油流出	1972.1月
キグナス石油設立	1972.2.1
日ソ経済合同委員会開催	1972.2.21
ローマクラブ「成長の限界」を発表	1972.2月
三菱石油開発設立	1972.2月
新潟県沖合で新油田発見	1972.3.6
航空機燃料税法成立	1972.3.31
軽油・重油の輸入自由化	1972.4.1
沖縄ガルフ石油精製平安座製油所完成	1972.4.16
韓国、石油鉱区を設定	1972.5月
イラク、国営石油会社INOCを設立	1972.6.1
石油パイプライン事業法改正	1972.6.16
東京ガス、天然ガスへ転換	1972.6月
愛知県沖合でタンカー衝突による燃料油流出	1972.7.3
石油開発技術センター設置	1972.7月
ノルウェー、国営石油会社を設立	1972.9.18
エクソンに改称	1972.11.1
和歌山県沖でイギリスタンカー原油流出	1972.11.27
リヤド協定調印	1972.12.20
ドバイ、OAPECを脱退	1972.12.26
ブルネイからLNG輸入開始	1972.12月
レフォルマ油田発見	1972（この年）
燃料電池開発に着手	1972（この年）
クウェート、KOC参加協定調印	1973.1.8
カタールがカタール石油、シェル・カタールへの参加協定調印	1973.1.11
アメリカでガスタンク爆発	1973.2.10
イラクの国有化保障問題解決	1973.2.28
島根県で廃油汚染	1973.2月
通産省、産油国との原油直接取引に関する指導方針発表	1973.3.5
国際石油設立	1973.3.8
新潟県でガス田発見	1973.3月
新潟県で天然ガス噴出	1973.4月
イラン・コンソーシアム新協定に調印	1973.5.24
OPEC新ジュネーヴ協定締結	1973.6.2
東亜共石設立	1973.6.8
ナイジェリアが参加協定調印	1973.6.11
千葉県沖合でタンカー衝突によるガソリン流出	1973.7.19
香川県沖合でタンカー衝突による重油流出	1973.7.20
リビアが石油会社を国有化	1973.8.11
大慶・秦皇島間パイプライン完成	1973.9月
出光北海道製油所完成	1973.10.1
東亜共石名古屋製油所完成	1973.10.1
第4次中東戦争が勃発	1973.10.6
第1次オイルショックが発生	1973.10.16
OAPEC石油戦略発動	1973.10.17
石油緊急対策決定	1973.10.18
OAPEC、イスラエル支持国への石油禁輸を決定	1973.10.20
イラク、ロイヤルダッチ社の利権を国有化	1973.10.21
アラブ諸国、日本を中間国と表明	1973.10.26
香川県沖合でタンカー事故による重油流出	1973.10.31
OAPECが生産削減強化	1973.11.5
サウジアラビア、対日強硬声明を発表	1973.11.6
トンキン湾油田共同開発に関して合意メモ	1973.11.6
石油緊急対策要綱を発表	1973.11.16
エクアドルがOPEC加盟	1973.11.19
アメリカ、エネルギー節約声明	1973.11.25

アラブ首脳会議開催	1973.11.26	フィラデルフィア河川でタンカー衝突・炎上	
米、ガソリン割当制実施	1973.11.27		1975.1.31
サウジアラビアがアラムコへの事業参加を通		無鉛ガソリン生産開始	1975.2.1
告	1973.11.28	石油消費節約目標で合意	1975.2.7
灯油小売価格の上限価格を設定	1973.11.28	沖縄周辺海域に廃油ボール漂着	1975.2.28
国際石油産業環境保全連盟設立	1973.11月	石油価格の物価スライド制導入	1975.3.3
福島県沖にガス田発見	1973.11月	石油60日備蓄達成	1975.3月
石油不足対策で省エネ推奨	1973.12.1	第9回世界石油会議開催	1975.5.11
OAPEC閣僚会議開催	1973.12.8	IEA、産油国との合同会議へ	1975.5.27
イランの原油入札	1973.12.11	サウジ、第2次5ヶ年計画発表	1975.5月
OPEC閣僚会議開催	1973.12.23	家庭用灯油価格への行政指導撤廃	1975.6.1
OAPEC、友好国への削減緩和	1973.12.24	東京湾沖でタンカー座礁による原油流出	1975.6.4
家庭用灯油・LPガスの標準額を告示	1974.1.14	OPEC第44回総会開催	1975.6.9
石油・電力使用節減対策を決定	1974.1.16	日ソ、輸銀借款に仮調印	1975.7.14
クウェート、KOC参加協定調印	1974.1.29	住友海南鋼管工場で重油流出	1975.7.28
カイロにパイプライン会社設立	1974.1.30	ベネズエラ、石油産業国有法公布	1975.8.29
日韓大陸棚協定調印	1974.1.30	OPEC第45回総会開催	1975.9.24
リビア、米系石油会社3社を完全国有化	1974.2.11	出光愛知製油所完成	1975.10.1
石油消費国会議開催	1974.2.11	日石精が東洋石精を吸収合併	1975.11.1
公取委、石油元売と石油連盟を独禁法違反で		フォーティーズ油田で生産開始	1975.11.3
告発	1974.2.15	OPECが途上国援助基金を設立	1975.11.18
チュメニ油田共同開発の方針決定	1974.3.6	クウェート、KOCへ事業参加	1975.12.1
OAPEC対米禁輸を解除	1974.3.18	石油製品価格の標準額告示	1975.12.1
石油製品の行政指導価格実施	1974.3.18	アメリカ、原油輸入課徴金を廃止	1975.12.12
OPEC第39回総会開催	1974.4.9	IEA、輸入石油最低保証価格等で合意	1975.12.19
愛媛県沖でタンカー衝突事故による原油流出		PEAC、天然ガス開発について建議	1975.12月
	1974.4.26	大阪ガス、天然ガスへ転換	1975(この年)
日ソ探鉱覚書に調印	1974.4.26	石油貯蔵用タンク沈下	1975(この頃)
日豪経済合同委員会開会	1974.5.7	ベネズエラ、石油産業国有化	1976.1.1
産油国国営会社会議開催	1974.5.27	英、国営石油会社設立	1976.1.1
石油連盟・石油元売を独禁法違反で起訴	1974.5.28	島根県沿岸海域で廃油不法投棄	1976.1月
OAPEC禁輸問題について討議	1974.6.1	バーレーン、国営石油会社設立	1976.2.23
サウジアラビアがアラムコへ参加	1974.6.10	アメリカ、エネルギー自立計画見直しへ	1976.3.5
OPEC第40回総会開催	1974.6.15	タンカー大破による重油流出	1976.3.13
第4回LNG国際会議開催	1974.6月	マラッカ海峡でタンカー座礁による原油流出	1976.4.5
OAPECオランダ石油禁輸解除	1974.7.10	石油備蓄法施行	1976.4.26
オマーン、参加協定調印	1974.7.10	石油製品販売価格の標準撤廃	1976.5.13
カタール、参加協定調印	1974.7.10	アメリカ上院、大手石油企業分割法案可決	1976.6.15
日本中国石油輸入協議会発足	1974.7.10	アメリカ、石油備蓄構想を発表	1976.6.15
カタール、総合石油会社設立	1974.8.1	モービル・コーポレーションと改称	1976.6.18
石油製品の行政指導価格解除	1974.8.16	秋田県でガス田発見	1976.6月
政府、緊急事態宣言を解除	1974.8.31	日本海石油への出資比率を日石が引き上げ	1976.8.20
アブダビ、参加協定調印	1974.9.4	原油価格統制撤廃法案成立へ	1976.8月
OPEC第41回総会開催	1974.9.12	カタールがQPC100%事業参加	1976.9.16
サハリン石油開発協力設立	1974.10.1	アメリカ、ガソリン無鉛化規制実施を延期	1976.9.25
東京湾でタンカー衝突による炎上	1974.11.9	埼玉県荒川支流で重油流出	1976.10.12
湾岸3ヶ国原油新価格体系の採用を決定	1974.11.9	OPEC第48回総会開催	1976.12.15
アメリカ、エネルギー自立計画発表	1974.11.12	OPEC、原油価格値上げ実施決議を採択	1976.12.17
国際エネルギー機関設立	1974.11.18	米マサチューセッツ州沖でタンカー座礁によ	
通産省、ガソリン無鉛化を決定	1974.11.26	り原油流出	1976.12.21
日本、IEAに加盟	1974.11月	フランス、国営石油会社設立	1976(この年)
サウジアラビアがアラムコと完全国有化交渉		メキシコ、カンペチェ湾油田群発見	1976(この年)
	1974.12.9	エネルギーのOPEC離れ	1977.1.2
OPEC第42回総会開催	1974.12.12	イギリス、エクソン・シェルと北海油田利権	
三石水島製油所重油流出	1974.12.18	参加へ	1977.1.5
シベリア資源開発契約締結	1974(この年)	新潟石油共同備蓄発足	1977.2.24
シンガポール沖で日本タンカー座礁による原		スメド・パイプライン開通	1977.2.25
油流出	1975.1.6	OPEC蔵相会議開催	1977.2.28
OPEC、消費国合同会議へ	1975.1.13	新西日本石油開発設立	1977.3月
米、石油輸入課徴金付加	1975.1.23	愛媛県釣島水道で原油流出	1977.4.6

― 341 ―

資源　　　　　　　　　　　　　　分野別索引　　　　　　　　　資源・エネルギー史事典

CIA、国際エネルギー事情を公表	1977.4.18	アメリカ、イランからの原油輸入停止	1979.11.13
ノルウェー海底油田で原油流出	1977.4.22	ガルフ、原油供給停止	1979.11.13
出光興産製油所で原油が流出	1977.4.27	メキシコ石油輸入設立	1979.11.19
サウジ・アブカイク油田で火災事故	1977.5.11	各国別の石油輸入量上限目標設定	1979.12.10
揮発油販売業法施行	1977.5.23	湾岸3ヶ国が原油価格引き上げ	1979.12.12
WAES、石油需給見通し発表	1977.5月	東亜共石の経営譲渡を了承	1979.12.13
液化天然ガス第1船、入港	1977.5月	むつ小川原石油備蓄設立	1979.12.20
イランなどが原油価格引き上げを撤回	1977.6.29	知多石油発足	1979.12.25
サウジアラビア、UAEが原油価格値上げ	1977.7.3	カザフ・テンギス油田発見	1979 (この年)
ISO石油製品国内委員会発足	1977.7月	鳴門海峡で重油流出	1980.1.9
第5回LNG国際会議開催	1977.8月	LPガスの備蓄義務づけを答申	1980.1.21
クウェート、アミノイルを国有化	1977.9.19	サウジアラビア原油値上げ	1980.1.28
エネルギー政策12原則採択	1977.10.5	クウェート、国営石油会社を新設	1980.1月
OPEC第50回総会開催	1977.10.20	理北油田の開発協力	1980.2.8
高知県沖合でタンカー破損による重油流出		アメリカ、石油超過利潤税法案成立	1980.3.27
	1977.10.20	北海油田海上宿舎崩れる	1980.3.27
OPEC第1回セミナー開催	1977.10月	日中石油開発、埋北石油開発設立	1980.4.24
日本タンカー石油備蓄協会発足	1978.2.10	第6回LNG国際会議開催	1980.4月
フランス海上でタンカー座礁による原油流出		日韓大陸棚石油共同開発事業初試掘	1980.5.6
	1978.3.16	サウジアラビア原油値上げ	1980.5.14
サウジ・アブカイク油田で爆発事故	1978.4.15	日中石油開発プロジェクト調印	1980.5.29
OPEC長期戦略特別委員会設置	1978.5.6	OPEC第57回総会開催	1980.6.9
石油税法施行	1978.6.1	出光が沖石精の株式を取得	1980.6.16
クウェート・ブルガン油田で火災	1978.6.23	大協とアジア石油資本提携合意	1980.6月
石油公団と改称	1978.6.27	国鉄静岡駅前地下街で爆発事故	1980.8.16
新潟県でガス田発見	1978.9月	OPEC第58回臨時総会開催	1980.9.17
シンガポール造船所で爆発事故	1978.10.12	石油業界独禁法違反事件判決	1980.9.26
米、エネルギー関係4法案成立	1978.10.15	OPEC諸国が減産を表明	1980.9月
省エネルギーセンター発足	1978.10.16	IEA、市場混乱予防措置で合意	1980.10.1
石油公団、タンカー備蓄開始	1978.10月	ゼネラル石油が関石2社を吸収	1980.10.1
メキシコで石油パイプライン爆発	1978.11.2	サウジアラビア等4ヶ国、原油増産を決定	1980.10.10
四日市港内で原油流出	1978.11.8	イラクが原油輸出再開	1980.11.30
OPEC第52回総会開催	1978.12.16	OPEC第59回総会開催	1980.12.15
イラン原油の輸出全面停止	1978.12.26	ガス料金二部料金体系へ	1980 (この年)
BPが原油供給削減を通告		サウジアラビア、アラムコを国有化	1980 (この年)
スペイン沖合でタンカー火災・原油流出	1978.12.31	アメリカ、原油価格統制撤廃	1981.1.28
アメリカ、国民に石油節約呼びかけ	1979.1.3	苫小牧東部石油備蓄設立	1981.2.27
アイルランドでタンカー爆発による原油流出	1979.1.8	民間石油備蓄90日分達成	1981.3月
四日市コンビナートで原油流出	1979.1.19	IPE、先物売買取引開始	1981.4.6
アメリカ、石油備蓄計画を下方修正	1979.1.22	OPEC第60回総会開催	1981.5.25
原油値上げ相次ぐ	1979.2.15	阿賀沖油ガス田試掘成功	1981.5月
イラン、コンソーシアムとの契約を破棄	1979.2月	白鳥石油備蓄設立	1981.6.8
第2次オイルショックが発生	1979.2月	石油製品減産指導	1981.7.1
IEA理事会、石油消費節約実施を決定	1979.3.2	石油備蓄法改正施行	1981.7.1
イラン、原油輸出再開	1979.3.5	アラビア半島横断パイプライン開通	1981.7月
イラン新政府、対日長期輸出契約を締結	1979.3.14	石油情報センター発足	1981.8.10
北海道石油共同備蓄設立	1979.3.14	サウジアラビアが減産を発表	1981.8.21
瀬戸内海でタンカー衝突による重油流出	1979.3.22	アジア石油の持株生産で合意	1981.9.30
OPEC第53回臨時総会開催	1979.3.26	OPEC第61回臨時総会開催	1981.10.19
エッソがゼネラルの株式を取得	1979.5.24	タイ天然ガス分離プロジェクトへ円借款	1981.11.6
メキシコ・油田で原油流出	1979.6.3	国際石油交流センター設立	1981.11.10
OPEC第54回総会開催	1979.6.26	汐留川で重油流出	1981.12.5
サミットで原油輸入目標を設定	1979.6.29	OPEC第62回総会開催	1981.12.9
アメリカ、新エネルギー政策発表	1979.7.15	三井物産石油設立	1982.1.1
メキシコ原油取引で合意成立	1979.8.13	鬼怒川温泉で重油流出	1982.1.28
ナイジェリアがBP資産国有化	1979.8月	福井石油備蓄設立	1982.1.29
第10回世界石油会議開催	1979.9.9	宇都宮市で重油流出事故	1982.1.31
関西石油を合併	1979.10.1	上五島石油備蓄設立	1982.2.4
省エネルギー法施行	1979.10.1	カナダ石油掘削基地が倒壊	1982.2.15
アメリカ、ガソリン配給制法案を可決	1979.10.23		

- 342 -

中国海洋石油総公司設立	1982.2月
エッソ石油に改称	1982.3.1
アメリカ、リビア原油禁輸	1982.3.10
秋田石油備蓄設立	1982.3.11
OPEC第63回総会開催	1982.3.19
鹿島製油所で爆発事故	1982.3.31
ナフサ輸入自由化へ	1982.4.19
長期エネルギー需給見通しを答申	1982.4.21
精製設備能力の縮小方針を答申	1982.5.25
イラクが全占領地から撤退	1982.6.10
サハリン石油・天然ガス事業が停滞	1982.6.18
OPEC第65回臨時総会開催	1982.7.10
原油の回収技術研究	1982.9月
OPEC第66回総会開催	1982.12.19
BNOC、原油価格値下げを発表	1983.2.18
ナイジェリアが原油値下げ発表	1983.2.19
木更津市金田海岸で重油流出	1983.2.27
イラクがイランの油田爆撃	1983.3.2
OPEC第67回臨時総会開催	1983.3.3
サウジにヤンブー製油所完成	1983.3月
軽質留分新用途開発技術研究組合発足	1983.4.21
横浜港でタンカー衝突によるナフサ流出	1983.4.28
熱海湾に重油流出	1983.6.10
知多石油が設備を譲渡	1983.7.1
OPEC第68回総会開催	1983.7.18
南アフリカ沖合でタンカー爆発・原油流出	1983.8.6
第11回世界石油会議開催	1983.8.28
日石無鉛プレミアムガソリン発売	1983.9.1
中国南部沿岸大陸棚油田開発契約に調印	1983.9.5
中国沖で石油掘削船沈没	1983.10.28
テキサコ、ゲッティの買収に基本合意	1984.1.6
石油元売独禁法違反で最高裁判決	1984.2.24
ブラジルでガソリンのパイプライン爆発	1984.2.25
ソーカルがガルフの買収に合意	1984.3.5
モービルがスーペリアの買収に合意	1984.3.11
マラソンがハスキーを買収	1984.3.29
コスモ石油設立	1984.4.1
三菱グループがゲッティから株式買収	1984.5.11
シェブロンと改称	1984.7.1
イラクがパイプライン増強	1984.7月
ブラジル石油採掘基地で炎上	1984.8.16
ガス消費危機安全性調査委員会答申	1984.9.4
志布志石油備蓄設立	1984.9.17
BNOCが価格引き下げ	1984.10.17
佐倉市でパイプライン破壊	1984.11.13
メキシコでガスタンク群爆発	1984.11.19
租税特別措置法改正施行	1984.12.1
石油業界再編	1984(この年)
昭和シェル石油発足	1985.1.1
OPEC第73回総会開催	1985.1.28
BNOC解体民営化へ	1985.3.13
スペイン・アルヘシラス湾でタンカー爆発・沈没	1985.5.26
アメリカ、クック湾産原油輸出解禁	1985.10.28
サウジアラビアがネットバック価格方式採用	1985.10月
浦賀水道で重油流出	1985.11.8
ペンゾイル訴訟で損害賠償命令	1985.11月
OPEC第76回総会開催	1985.12.8
イタリア製油所で爆発事故	1985.12.21
サウジ、ネットバック価格方式適用拡大	1986.2月
サウジ石油相解任	1986.10.29
OPEC第80回総会開催	1986.12.11
原油スポット価格低下	1986(この年)
ドバイで日本タンカーが被弾	1987.1.6
エクアドル地震で原油パイプライン損傷	1987.3.5
米海軍がクウェート籍タンカー護衛開始	1987.7.22
イランがアメリカのタンカーを攻撃	1987.10.15
石油タンカー衝突により海難史上最大事故	1987.12.20
米軍、イランへ報復攻撃	1988.4.18
メキシコ・石油基地でタンク爆発	1988.5.24
スコットランド沖で油田爆発	1988.7.6
放射能汚染土砂投棄	1988.8月
中国石油天然気総公司設立	1988.9月
ドバイ原油のスポット価格暴落	1988.10.3
サウジ・アラムコ設立	1988.11.8
サウジ・アラムコとテキサコが合弁会社設立	1988.11.10
千葉県沖でタンカー炎上	1989.3.14
米・アラスカ州沖でタンカー座礁により原油流出	1989.3.24
来島海峡で重油流出	1989.5.2
四日市港沖合で原油流出	1989.5.30
ソ連で液化石油ガス輸送管爆発	1989.6.3
米で天然ガス統制撤廃法成立	1989.7.26
イラクのパイプライン稼働開始	1989.9.18
台風で天然ガス採掘船転覆	1989.11.3
モロッコ沖でタンカー爆発・原油流出	1989.12.19
イランで都市ガスのパイプライン爆発	1990.3.18
大阪南港で重油流出	1990.4.11
横浜港内に廃油流出	1990.6.2
メキシコ湾でタンカー炎上・原油流出	1990.6.9
庄内川に重油流出	1990.6.26
大阪市で重油漏れ事故	1990.6.27
米テキサス州でタンカー衝突による原油大量流出	1990.7.28
KPCが本社を移転	1990.8.8
OPEC閣僚監視委員会開催	1990.8.29
北海ブレント原油が高騰	1990.9.24
尖閣諸島領有権論争再発	1990.10月
木更津港に燃料流出	1990.12.22
IEA、湾岸戦争対応計画決定	1991.1.11
ペルシャ湾に原油流出	1991.1.25
イタリア・ジェノバ港沖でタンカー爆発・原油流出	1991.4.11
産油国・消費国合同会議開催	1991.5.25
北九州市で可燃ガス流出	1991.9.27
クウェート油井火災鎮火	1991.11.6
名古屋港で重油流出	1991.11.28
欧州エネルギー憲章調印	1991.12.17
不二製油工場で製油タンク爆発	1991.12.22
タンカーのダブルハル化を決定	1992.3.2
ロシア石油精製工場で爆発事故	1992.9.22
OPEC第92回総会開催	1992.11.25
イギリス沖でタンカー座礁による原油流出	1993.1.5
スマトラ沖でタンカー衝突による原油流出	1993.1.21
アメリカ、エネルギー税を構想	1993.2.18
シェブロン、カザフと合弁契約締結	1993.4.6

資源　　　　　　　　　　　　　　分野別索引　　　　　　　資源・エネルギー史事典

サウジアラビア、石油会社2社を統合	1993.6.14
アゼルバイジャン、カスピ海沖油田開発契約締結	1993.10.24
NAFTA発効	1994.1.1
ナイジェリアで石油労働者スト	1994.7.4
EU炭素税案廃案	1994.12.16
米、新油濁法施行	1994.12.28
アメリカ、アラスカ原油輸出解禁へ	1995.11.28
イギリス・ブリストル海峡でタンカー座礁による原油流出	1996.2.15
BPとモービルが業務統合計画	1996.2.29
ヴァルディーズ号原油流出事故で、賠償支払い命令	1996.9.20
イラク産石油の禁輸が限定解除	1996.11.25
イラクが原油輸出再開	1996.12.10
ナホトカ号重油流失事故	1997.1.2
神戸港で、タンカー転覆による重油流出	1997.4.28
東京湾沖でタンカー座礁による重油流出	1997.7.2
ナホトカ号重油流出事故の回収費支払いが通知される	1997.10.13
シンガポール海峡で、タンカー衝突による燃料油が流出	1997.10.15
米連邦取引委、3社の事業統合を承認	1997.12.20
ドバイ原油価格下落	1998.3.17
リヤドで3ヶ国減産会議	1998.3.22
OPEC臨時総会協調減産で合意	1998.3.30
海洋汚染防止法改正	1998.5.27
中国、2社を設立して石油産業再編	1998.7.27
BPとアモコが合併合意	1998.8.11
犬吠埼沖でタンカー衝突による燃料流出	1998.8.15
コロンビアで、石油パイプラインが爆発	1998.10.18
ナイジェリアで、石油パイプラインが炎上	1998.10.18
エクソンとモービルが合併に合意	1998.12.1
トタルがペトロフィナ吸収合併	1998.12.1
BPアモコとアルコが合併を発表	1999.4.1
テキサコとシェブロンの合併交渉決裂	1999.6.2
トタル・フィナ発足	1999.6月
サハリン2生産開始	1999.7.8
ドバイ原油価格持ち直し	1999.8.20
トタル・フィナとエルフが合併合意	1999.9.13
エクソン・モービル正式発足	1999.11.30
日中、排他的経済水域で問題	1999（この年）
日本、サウジアラビア政府間交渉決裂	2000.1.16
カスピ海油田、共同発掘で合意	2000.7.4
ナイジェリアで、石油パイプラインが爆発	2000.7.10
ナイジェリアで、石油パイプライン火災	2000.11.30
ラウダタイン油田が炎上	2002.2.1
島根県沖で、貨物船沈没・重油流出	2002.3.31
茨城県日立港の船舶事故で重油流出	2002.12.5
日露、パイプラインを共同推進	2003.1.10
中川で、作業船転覆・重油流出	2003.1.28
ナイジェリアで、石油パイプラインが爆発	2003.6.19
アザデガン油田、交渉難航	2003.7月
地震で製油所の貯蔵タンク火災	2003.9.26
中国の天然ガス田で有毒ガスが噴出	2003.12.23
アルジェリアで、ガス施設爆発	2004.1.19
アザデガン油田の開発契約で合意	2004.2.19
中国にガス田開発のデータ要求	2004.6.21
中国が東シナ海でガス田開発	2004.10.25
テキサス州の製油所で爆発	2005.3.23
日本政府、東シナ海ガス田の調査結果を発表	2005.4.1
中国がガス田で生産開始	2005.9.20
日本、東シナ海ガス田の共同開発を提案	2005.10.1
イギリスの石油貯蔵施設で爆発・火災	2005.12.11
ナイジェリアで、石油パイプライン爆発	2006.5.12
サハリン2の経営権問題で合意	2006.12.21
ナイジェリアで、石油パイプラインが爆発	2006.12.26
日中、東シナ海ガス田開発で正式合意	2008.6.18
「ガス輸出国フォーラム」正式発足	2008.12.23
メキシコ湾海底油井から大量の原油が流出	2010.4.20
石油資源開発、シェールオイルを採取	2012.10.3
メタンハイドレートの採取に成功	2013.3.12

【全般】

ヨハン・ベルヌーイ、仮想変位の原理を示す	1717（この年）
ダランベール、『動力学論』刊	1743（この年）
モーペルテュイ、最小作用の原理を提唱	1744（この年）
ラヴォアジェ、『化学原論』刊	1789（この年）
バベッジ、差分機械を考案	1822（この頃）
ハミルトン、ハミルトンの方程式を発見	1834（この年）
ランキン、エネルギー転化の一般法則を提唱	1853.3.17
メンデレーエフ、元素の周期律を発見	1869（この年）
大阪府、鋼折・鍛冶・湯屋三業取締規則を制定	1877（この年）
大阪府、製造場取締規則規定を制定	1896（この年）
工場法が制定される	1911.3.20
大阪でばい煙防止研究会が発足	1911（この年）
大阪府、煤煙防止令草案を作成	1912（この年）
浅野セメントで新型電気集塵装置設置	1916（この年）
理研を設立	1917（この年）
発電水利権の法規制定に関する建議案審議	1918（この年）
大阪府、工場取締規定を制定	1920（この年）
電気協会設立	1921.10月
初の煤煙防止規則公布	1932.6.3
逓信省が臨時電力調査会を設置	1937.6月
電力国家管理法、日本発送電法を公布	1938.4月
鉱業法の改正で、無過失賠償の原則	1939（この年）
財閥解体を決定	1945.10.27
電気産業労働協議会を設立	1946.4月
筑豊、山口地方の鉱害被害は200億円超	1947（この年）
持株会社整理委に電気事業再編計画案提出	1948.4.22
通商産業省が発足	1949.5.25
公益事業委員会を設置	1950.12月
ガスの供給規定を認可制に	1951.3.13
通商産業省に公益事業局を設置	1952.8.1
電気およびガスに関する臨時措置法を施行	1952.12月
ガス事業法を公布	1954.3.31
東京でスモッグが頻繁に発生	1955.1.17
東京都に煤煙防止条例が制定される	1955.10.1
科学技術庁が発足	1956.5.19
四日市第一コンビナートが完成	1960（この年）
エネルギー長期政策の基本問題発表	1961.7.25
エネルギー懇談会が発足	1961.8.17
エネルギー対策協議会の設置	1961.12.19

- 344 -

煤煙排出規制法を公布	1962.6.2	公害紛争処理法改正	1972.6.3
ばい煙規制法全面施行	1963.9.1	国連人間環境会議開催	1972.6.5
三島・沼津・清水コンビナート反対運動		環境アセスメント施策が閣議了解	1972.6.6
	1963（この年）	公害対策法案可決	1972.6.9
四日市公害でさまざまな抗議運動	1963（この年）	公害無過失責任規定導入	1972.6.22
東京でスモッグ発生	1963（この年）	自然環境保全法を公布	1972.6.22
公害防止対策連絡協議会を設置	1964.3.5	熱供給事業法を公布	1972.6.22
公害対策連絡会議を設置	1964.3月	公害等調整委員会発足	1972.7.1
厚生省に公害課を設置	1964.4.1	四日市ぜんそく訴訟で住民勝訴	1972.7.24
四日市をばい煙規制地域に指定	1964.5.1	四日市ぜんそくで工場が排出削減を確約	1972.8.21
産業構造審議会総合エネルギー部会発足	1964.9.25	水源地域対策連絡協議会発足	1972.9.9
四日市コンビナートで高煙突の建設が始まる		ホンダ、低公害のCVCC方式エンジンを開発	
	1965.1月		1972.9.19
四日市ぜんそくを「公害病」と認定	1965.5.20	公害紛争裁定制度発足	1972.9.30
公害防止事業団法を公布	1965.6.1	大気汚染防止法施行令改正	1972.11.30
総合エネルギー調査会設置法を公布	1965.6.28	公害健康被害補償法成立	1973.1月
産業公害面からする産業立地適性化要綱がま		日米エネルギー協力で合意	1973.3.7
とまる	1965.8.9	国連環境計画発足	1973.3月
厚生省に公害審議会を設置	1965.9月	運輸省、低公害車第1号を指定	1973.6.4
電気保安協会設立	1965.12月	日米貿易経済合同委員会開会	1973.7.16
公害防止事業団を設立	1966.10.1	資源エネルギー庁設置	1973.7.25
アメリカで大気汚染規制法が制定	1966.10.15	『日本のエネルギー問題』刊行	1973.9.25
総合エネルギー調査会第一次答申	1967.2.20	瀬戸内海環境保全臨時措置法公布	1973.10.2
公害対策基本法を閣議決定	1967.5.16	公害健康被害補償法公布	1973.10.5
公害対策基本法を公布・施行	1967.8.3	資源エネルギー庁臨時石油対策本部発足	1973.12.17
認定患者による四日市公害訴訟	1967.9.1	国民生活安定緊急措置法など公布	1973.12.22
四日市のぜんそく罹患率を発表	1967.11.28	公海汚染防止条約調印	1974.3.22
公害防止事業団法改正	1968.3.30	ディーゼル黒煙を規制	1974.5.20
大気汚染防止法制定	1968.6.10	大気汚染防止法一部改正	1974.6.1
厚生省、初の公害白書を発表	1969.5.23	公害紛争処理法公布	1974.6.11
公害被害者全国大会開催	1969.11.26	日米エネルギー研究開発協力協定調印	1974.7.15
公害健康被害救済法公布	1969.12.15	汚染者負担原則実施勧告発表	1974.11月
アメリカで国立高エネルギー物理学研究所設		ディーゼル黒煙規制実施	1975.1.1
立	1969（この年）	総合エネルギー調査会、エネルギー安定化政	
環境教書発信	1970.1月	策を答申	1975.8.15
四日市ぜんそくで医療費給付開始	1970.2.1	発電所の温排水に関する中間報告発表	1975.12.17
公害問題国際シンポジウムが開催	1970.3.9	総合エネルギー政策の基本方向を決定	1975.12.19
大気汚染防止法規制対象に鉛が追加	1970.5.30	米、エネルギー政策節約法成立	1975.12.22
公害紛争処理法公布	1970.6.1	四日市で二酸化硫黄の環境基準達成	1976（この年）
排ガス無鉛化のガソリン規制	1970.6.3	総合エネルギー対策推進本部発足	1977.2.14
首都圏で光化学スモッグが発生	1970.7.18	総合エネルギー対策推進閣僚会議設置	1977.2.15
長期エネルギー需給バランスの改定	1970.7.24	アメリカ、包括的エネルギー政策発表	1977.4.20
アメリカ、初の環境白書	1970.8.10	総合エネルギー調査会に省エネルギー部会設	
アメリカで大気汚染防止法案可決	1970.9.22	置	1977.6.8
公害国会開催	1970.11.24	総合エネルギー調査会基本問題懇談会、中間	
総合エネルギー調査会答申	1970.12.23	報告	1977.8.31
公害関係14法公布	1970.12.25	緊急時対策研究委員会設置	1977.9.22
道路交通法に公害規定追加	1970.12月	アメリカ、エネルギー省発足	1977.10.1
廃棄物処理法を制定	1970.12月	省エネルギー・省資源対策推進会議を設置	1977.11.25
フランス、環境省設置	1971.1.13	総合エネルギー調査会省エネルギー部会が報	
総合エネルギー調査会、地域暖冷房事業振興		告取りまとめ	1977.11.25
について中間報告	1971.1.13	日本版マスキー法が実施される	1978.4月
公害対策法公布	1971.5.10	瀬戸内海環境保全特別措置法公布	1978.6.13
環境庁設置法公布	1971.5.31	二酸化窒素の大気環境基準の改定	1978.7月
公害対策法公布	1971.6.10	ハイブリッド型LTA航空機懇談会が発足	1978.10.6
環境庁発足	1971.7.1	総合エネルギー調査会基本問題懇談会報告	
中央公害対策審議会設置	1971.9.14		1978.10.25
大気汚染防止法施行令改正	1971.12.25	国民にエネルギー節約を求める方針	1979.1.17
川崎市条例に「環境権」の概念	1972.2.4	JISに省エネルギー基準採用	1979.3.1
環境白書発表	1972.5.26	省エネ省資源対策推進会議石油5%節約決定	1979.3.15

- 345 -

全般　　　分野別索引　　　資源・エネルギー史事典

IEA理事会、石炭政策の原則を採択	1979.5.21	アメリカ、国家エネルギー戦略を発表	1991.2.20
省エネルックが話題に	1979.6.6	アメリカ、イラクに最後通告	1991.2.22
エネルギー対策を決定	1979.6.15	日ソ原子力協定締結	1991.4.18
省エネルギー法成立	1979.6.22	廃棄物処理法を改正	1991.10月
総合エネルギー調査会需給部会、中間報告	1979.8.31	環境事業団設立	1992.5.6
石油代替エネルギー開発計画を発表	1979.9.4	気候変動枠組条約採択	1992.5.9
WMO、温室効果による温暖化を警鐘	1979 (この年)	政府、政府開発援助大綱を閣議決定	1992.6.30
石油消費節減対策強化を決定	1980.1.11	自動車NOx法の制定	1992.6月
イラン・イラク戦争が勃発	1980.9.22	世界エネルギー会議開催	1992.9月
新エネルギー財団が設立	1980.9.27	米で国家エネルギー政策法成立	1992.10.24
海洋汚染防止法改正	1980.11.14	産業構造審議会、総合エ調査会等合同会議	1992.11.25
石油代替エネルギー供給目標を決定	1980.11.28	自動車排出ガス総量削減方針策定	1993.1.22
エネルギー対策投資促進税制適用対象決定	1981.5.4	エネルギー需給構造関係法律の整備	1993.3.31
大気汚染防止法施行令の改正	1981.6.2	OECDが環境税導入を勧告	1993.3月
京都会議で声明発表	1981.6.7	環境基本法の公布	1993.11.19
大気汚染防止法施行規則の一部改正	1981.9.30	気候変動枠組条約が発効	1994.3.21
石油代替エネルギー供給目標を閣議決定	1982.4.23	原子力安全条約が成立	1994.6.17
総合エネルギー調査会、石油代替エネルギー部会設置	1982.4.23	瀬戸内海環境保全特別措置法施行	1994.7.8
		二酸化炭素削減達成が困難に	1994.8.1
大気汚染防止法施行規則の一部改正	1982.5.28	石油代替エネルギーの供給目標を閣議決定	1994.9.13
石油代替エネルギー部会開催	1982.8.23	イラク、クウェートの主権を承認	1994.11.10
総合エネルギー調査会基本問題懇談会開催	1983.4.6	新エネルギー導入大綱を決定	1994.12.16
倉敷公害で提訴	1983.11.9	気候変動枠組条約第1回締結国会議開催	1995.3月
米国産エネルギー対日輸出契約合意	1983.11.11	改正電気事業法が成立	1995.4月
長期エネルギー需給見通しを策定	1983.11.16	世界エネルギー会議開催	1995.10月
石油代替エネルギー供給目標を決定	1983.11.18	気候変動枠組条約締結国会議開催	1995 (この年)
省エネルギー法を一部改正	1983.12.10	東京大気汚染公害裁判	1996.5.31
電気事業法、ガス事業法など一部改正	1983.12.10	APECエネルギー大臣会合開催	1996.8月
ウィークポゾンを発見	1983 (この年)	地球温暖化対策推進本部設置	1996.12.1
エネルギー管理士試験に関する規則が公布	1984.3.9	環境影響評価法公布	1997.6.13
エネルギー管理士試験指定機関を指定	1984.4.18	エネルギー需要抑制による地球温暖化対策がまとまる	1997.11.13
石油代替エネルギー部会開催	1984.8.30		
新エネルギー導入ビジョン研究会を設置	1984.11.7	京都議定書が採択される	1997.12.1
大気汚染防止法施行令の一部改正	1985.6.6	対人地雷全面禁止条約を調印	1997.12.2
地球温暖化問題の高まり	1985.10月	地雷禁止国際キャンペーン、ジョディ・ウィリアムズがノーベル平和賞を受賞	1997.12.10
21世紀エネルギービジョン検討委員会設置	1985.11.15		
ヘルシンキ議定書採択	1985 (この年)	地球温暖化対策推進大綱が決定	1998.6.19
環境と開発に関する世界委員会開催	1987.4月	地球温暖化対策推進法公布	1998.10.9
長期エネルギー需給見通しを発表	1987.10.14	地球温暖化対策推進法施行	1999.4.8
石油代替エネルギー供給目標改定	1987.10.16	低公害車普及対策案まとまる	1999.5.29
大気汚染防止法施行令の一部改正	1987.10.30	低公害車燃料等供給施設に税金の軽減措置を実施	1999 (この年)
昭和63年度電力施設計画を発表	1988.4.8		
エネルギーライフ21フォーラム発足	1988.5.10	温室効果ガス排出権市場の創設	2000.3.8
トロントサミットの開催	1988.6.27	循環型社会形成推進基本法を公布	2000.6.2
先進国のCO₂排出20%削減の必要性宣言	1988.6.27	環境省設立	2001.1.6
8年ぶりにイラン・イラク戦争が停戦	1988.8.20	アメリカ、京都議定書を離脱	2001.3.28
長期エネルギー問題に関する懇談会を開催	1988.10.1	衆参両院、京都議定書を全会一致で可決	2001.4.18
		ブッシュ大統領、独自に地球温暖化対策を実施すると発表	2001.6.11
印パ関係、改善の方向へ	1988.12.31		
公害健康被害補償法の一部改正	1989.9月	循環型社会白書公表	2001.6.26
ノールドベイク宣言を提言	1989.11月	自動車NOx・PM法制定	2001.6月
新エネルギー導入に関する中間報告発表	1990.6.5	京都議定書運用ルールで合意	2001.7.23
イラク軍、クウェートに侵攻	1990.8.2	アメリカで同時多発テロが発生	2001.9.11
地球温暖化防止行動計画を決定	1990.10.23	地球温暖化対策推進法改正	2002.3.29
第3回世界気候会議開催	1990.10.29	京都議定書批准決定・受諾書寄託	2002.6.4
石油代替エネルギーの供給目標決定	1990.10.30	地球温暖化対策推進法改正	2002.6.7
大気汚染防止法施行令の一部改正	1990.11.2	ヨハネスブルグ・サミット開催	2002.8.26
湾岸戦争がはじまる	1991.1.17	日本、対イラクで国際協調要請	2002.9.12
IEA、緊急時協調対応計画を採択	1991.1月	イラクが査察受入れ	2002.10.1
		イラク査察が再開	2002.11.8

東京都、CO$_2$削減を義務づけすると発表	2002.11.15
イラクの大量破壊兵器をめぐって	2002.12.7
フセイン大統領、アメリカに徹底抗戦を表明	2003.1月
アメリカがイラク攻撃の意思強める	2003.2.6
イラク攻撃に慎重な各国	2003.2月
アメリカがイラクに最後通告	2003.3.17
米英がイラク攻撃開始	2003.3.19
フセイン政権崩壊	2003.4.7
イラク戦争終結を宣言	2003.5.1
イラクに大量破壊兵器計画なし	2004.7.14
京都議定書が発効	2005.2.16
温室効果ガス排出権取引	2006.4.22
経産省、新・国家エネルギー戦略を提示	2006.5.29
海外経済協力会議、省エネODAを重点化	2006.8.10
「G20対話」温室効果ガス削減日本案継続議論	2008.3.16
洞爺湖でサミット―温室効果ガス半減目標を明記	2008.7.7
クラスター爆弾禁止条約に加盟	2008.12.3
新グリーン税制施行	2009.4.1
地球温暖化対策基本法案を閣議決定	2010.3.12
東京都、日本初の排出量取引制度を開始	2010.4.1
オバマ大統領、イラクでの戦闘任務の終結を宣言	2010.8.31
日本政府、環境税を導入	2011.12.10
ダーバン合意が採択される	2011.12.11
オバマ大統領、イラク戦争の終結を宣言	2011.12.14
エネルギー分野における規制・制度改革に係る方針が閣議決定	2012.4.3
エネルギー基本計画(第四次計画)を閣議決定	2014.4.11

事項名索引

【あ】

アイガー
島根県沖で、貨物船沈没・重油流出　2002.3.31

愛国石油削井会社
滝沢安之助、愛国石油削井会社を設立　1877.7月
日本初の原油パイプライン敷設　1879.11月

アイゼンハワー, ドワイト・D.
アイゼンハワーが原子力の国際管理を提案　1953.12.8
アメリカが原子力法を改正　1954.8.30
アイゼンハワーとマクミランが核実験停止の共同声明を発表　1960.3.27

アイソスピン
ハイゼンベルク、原子核が陽子と中性子からなるとする理論を提出　1932（この年）

アイダホ国立原子炉試験場
アメリカでプルトニウム炉の連鎖反応維持に成功　1962.11.27

愛知高速交通
リニモが開業　2005.3月

アイ発電所（イギリス）
イギリス・アイ発電所建設　1992.7月

アイビー作戦
アメリカ、水爆実験に成功　1952.11.1

アインシュタイン, アルベルト
アインシュタイン、光量子仮説を発表　1905.3.17
アインシュタイン、特殊相対性理論に関する最初の論文を発表　1905.3.30
アインシュタイン、特殊相対性理論に関する2番目の論文を発表　1905.9.29
アインシュタイン、ブラウン運動の理論　1905（この年）
アインシュタイン、固体の比熱の理論を発表　1907（この年）
アインシュタイン、万有引力場における光線屈折の理論　1911（この年）
アインシュタイン、一般相対性理論を完成　1915.11.25
アインシュタイン、一般相対性理論を発表　1915（この年）
アインシュタイン、重力で光線が湾曲することを予想　1919.5.29
ボース、ボース＝アインシュタイン統計を導入　1924（この年）
アインシュタインが原子爆弾開発を促す書簡の差出人になる　1939（この年）
ラッセル・アインシュタイン宣言　1955.7.9

アイントホーフェン, ウィレム
アイントホーフェン、心電図を開発　1903（この年）

アヴォガドロ, アメデオ
アヴォガドロ、アヴォガドロの仮説を発表　1811（この年）
アンペール、気体の分子説を発表　1813（この年）

アヴォガドロ－アンペールの法則
アンペール、気体の分子説を発表　1813（この年）

アヴォガドロの分子説
アヴォガドロ、アヴォガドロの仮説を発表　1811（この年）

アウクスブルク機械製作所
アウクスブルク機械製作所設立　1840（この年）
ディーゼル、ディーゼル・エンジンを開発　1892.2.23
ディーゼル・エンジンの実働に成功　1897.2.16

アエロモーター社
多翼揚水風車の工場生産が始まる　1850（この頃）

阿賀沖油ガス田
新潟県沖合で新油田発見　1972.3.6
阿賀沖油ガス田試掘成功　1981.5月

赤線協定
トルコで赤線協定を締結　1928.7.31

あかつき丸
プルトニウム輸送船が仏から出港　1992.11.7
プルトニウム荷揚げ　1993.1.5

秋田市土崎の県厚生団体連合会秋田組合病院
秋田の病院で放射性同位体違法投棄　1974.7.17

秋田石油備蓄
秋田石油備蓄設立　1982.3.11

秋田地熱エネルギー
秋田県上の岱地域の地熱開発で協定締結　1989.12月
上の岱発電所運転開始　1994.3.4
上の岱地熱発電所の出力変更　1997.2.12
東北水力地熱、蒸気供給事業を承継　2008.1.1

アキテーヌ石油（SNPA）
フランス、国営石油会社設立　1976（この年）

秋の宮地域
秋の宮地域で蒸気確認　2000.9月

秋光 純
超伝導体MgB_2が発見される　2001.3.1

アクチニウム
ドビエルヌ、アクチニウムを発見　1899（この年）

アーク灯
デーヴィー、アーク灯を発明　1807（この年）
交流発電機の商業利用が開始　1872（この年）
日本初のアーク灯が点灯　1878.3.25
ブラッシュ、照明事業を開始　1879（この年）
アメリカ・イギリスで水力発電所が建設される　1881（この年）
東京電灯設立を出願　1882.3月

アクナキャリー協定
アクナキャリー協定締結　1928.9.7

アークライト, リチャード
アークライト、水力紡績機を発明　1768（この年）
アークライト、紡績工場を建設　1771（この年）

アグリコ風車
ヤンセンら、高性能アグリコ風車を開発　1919（この年）

浅草火力発電所
浅草火力発電所建設　1897（この年）
東京電灯、タービン発電機を採用　1905.1月

浅子 清
日本とヨルダンが原子力協力協定締結　2010.9.10

あさて　事項名索引

アザデガン油田
アザデガン油田、交渉難航　　　　　　2003.7月
アザデガン油田の開発契約で合意　　2004.2.19
浅野 総一郎
日本初の差動式サージタンク発電所、運転
開始　　　　　　　　　　　　　　1928.11月
浅野セメント
浅野セメントで新型電気集塵装置設置
　　　　　　　　　　　　　　1916（この年）
日本初の差動式サージタンク発電所、運転
開始　　　　　　　　　　　　　　1928.11月
旭化成
旭化成、化学ウラン濃縮法成功　　　1988.5.16
旭川油田
日本石油、旭川油田で出油に成功　1908（この年）
アジア共石
アジア共石設立　　　　　　　　　　1970.5.18
アジア石油
共同石油設立　　　　　　　　　　　1965.8.10
共同石油が3社の販売部門を全面集約　1966.7.1
大協とアジア石油資本提携合意　　　　1980.6月
アジア石油の持株生産で合意　　　　1981.9.30
亜細亜石油
亜細亜石油設立　　　　　　　　　　1952.10.4
新亜細亜石油設立　　　　　　　　　1960.2.1
アジア太平洋経済協力（APEC）
APECエネルギー大臣会合開催　　　　1996.8月
アジアチック・ペトロリアム
アジアチック・ペトロリアム設立　　　1903.6月
アジェンダ21
パルドーが、海底と資源を人類共有財産と
する提案　　　　　　　　　1967（この年）
足利工業大学
大学で風力研究開始　　　　　　1973（この年）
海獺島灯台
海獺島灯台で海岸固定式波力発電装置の実
用化　　　　　　　　　　　　1967（この年）
アジップ（AGIP）
イタリアで国策石油会社設立　　　　1926.5.19
イタリア、国営炭化水素公社設立　　1953.2.10
イランで石油法が成立　　　　　1957（この年）
イタリア製油所で爆発事故　　　　1985.12.21
アストロレオ号
愛媛県釣島水道で原油流出　　　　　　1977.4.6
アストン, フランシス・ウィリアム
アストン、質量分析器による同位体の分離
　　　　　　　　　　　　　　1918（この年）
アスファルト
アスファルト統制撤廃　　　　　　　1950.5.18
日本アスファルト協会設立　　　　　1957.12.7
安曇電気
F形分岐鉄管使用の水力発電所、運転開始　1904.9月
アセア社
ABBを設立　　　　　　　　　　1989（この年）
アセア・ブラウン・ボベリ（ABB）
ABBを設立　　　　　　　　　　1989（この年）

アソシェーテッド石油
三菱石油設立　　　　　　　　　　　　1931.2月
アダムス, ウィリアム
アダムス、ソーラー発電塔を建設　1878（この年）
アダムス, W.G.
アダムスら、セレン光起電力効果を発見
　　　　　　　　　　　　　　1876（この年）
アタラ, M.M.
カーングとアタラがMOSトランジスター
を発明　　　　　　　　　　　1960（この年）
アチソン, E.G.
アチソン、人造黒鉛をつくる　　1896（この年）
圧縮式内燃機関
バーネット、圧縮式内燃機関を発明 1838（この年）
圧縮式冷凍機
パーキンス、圧縮式冷凍機を開発 1834（この年）
圧電効果
キュリー兄弟、圧電効果を発見　1880（この年）
圧力釜
物理学者のパパン、消息を絶つ　1712（この年）
圧力計
発明家のワットが没する　　　　　　1819.8.19
圧力複式衝動タービン
ラトー、圧力複式衝動タービンを発明
　　　　　　　　　　　　　　1897（この年）
ツェリー、圧力複式衝動タービンを発明
　　　　　　　　　　　　　　1908（この年）
アディジャヤンティ号
浦賀水道でタンカーと貨物船が衝突、重油
流出　　　　　　　　　　　　　　1968.12.5
アドノック
アブダビで国営石油会社設立　　　　　1971.8月
アトランチック石油精製
アトランチック・リッチフィールド設立　1966.5.3
アトランチック・リッチフィールド（ARCO）
アトランチック・リッチフィールド設立　1966.5.3
プルドー・ベイ油田発見　　　　　　1968.7.17
アナン, コフィー
CTBT発効促進会議が開催　　　　　　1999.10.6
アニッチ（ANIC）
イタリア、国営炭化水素公社設立　　1953.2.10
アニリン
ルンゲ、フェノールとアニリンを発見
　　　　　　　　　　　　　　1834（この年）
アバダン製油所
アバダン製油所操業開始　　　　1912（この年）
アブカイク油田
サウジ・アブカイク油田で火災事故　1977.5.11
サウジ・アブカイク油田で爆発事故　1978.4.15
アブ・ギラブ油田
アブ・ギラブ油田発見　　　　　　　1970.1.16
アブダビ石油会社（ADCP）
アブダビ石油会社と改称　　　　　　1962.7.25
アブダビ石油開発会社
アブダビ石油会社と改称　　　　　　1962.7.25

アブダビ石油（日本）
　アブダビ石油設立　　　　　　　　1968.1.17
　ムバラス油田発見　　　　　　　　1969.7月
アブダビペトロリアム会社（ADPC）
　アブダビ，参加協定調印　　　　　　1974.9.4
アブダビマリンエリアズ会社（ADMA）
　アブダビ，参加協定調印　　　　　　1974.9.4
アフマディネジャド，マフムード
　国連安保理，イラン制裁決議を採択　2006.11.23
　イラン，ウラン高濃縮化を表明　　　2010.1.24
油汚染事故
　昭和石油川崎製油所で原油流出火災　1950.2.16
　室蘭でタンカーの衝突爆発事故　　　1965.5.23
　川崎港，船舶事故で原油流出　　　　1967.2.12
　イギリス沖合でタンカーが座礁し原油流出
　　　　　　　　　　　　　　　　　1967.3.18
　神戸港でタンカー二重衝突　　　　　1967.4.24
　神戸港内でタンカーから重油流出　　1967.5.26
　重油流出で浦賀水道海域が汚染　　　1968.6.8
　浦賀水道でタンカーと貨物船が衝突，重油
　　流出　　　　　　　　　　　　　1968.12.5
　日石基地喜入基地から原油流出　　　1969.10.5
　タンカー船主自主協定発効　　　　　1969.10月
　油による汚染損害についての民事責任に関
　　する国際条約採択　　　　　　　1969.11.29
　静岡県沖合で軽油輸送中のタンカー沈没
　　　　　　　　　　　　　　　　　1970.10.16
　米サンフランシスコ湾でタンカー衝突によ
　　る石油流出　　　　　　　　　　1971.1.18
　ノースカロライナ州沖で大型タンカー石油
　　流出　　　　　　　　　　　　　1971.3.27
　北海道沖で廃油汚染　　　　　　　　1971.5月
　新潟沖でタンカー座礁による原油流出　1971.11.30
　千葉県海岸で廃油汚染　　　　　　　1971.12月
　日本各地で船舶廃油汚染が深刻化　1971（この年）
　ペルシャ湾に海底油田から原油流出　1972.1月
　愛知県沖合でタンカー衝突による燃料油流
　　出　　　　　　　　　　　　　　1972.7.3
　和歌山県沖でイギリスタンカー原油流出
　　　　　　　　　　　　　　　　　1972.11.27
　島根県で廃油汚染　　　　　　　　　1973.2月
　千葉県沖合でタンカー衝突によるガソリン
　　流出　　　　　　　　　　　　　1973.7.19
　香川県沖合でタンカー衝突による重油流出
　　　　　　　　　　　　　　　　　1973.7.20
　香川県沖合でタンカー事故による重油流出
　　　　　　　　　　　　　　　　　1973.10.31
　愛媛県沖でタンカー衝突事故による原油流
　　出　　　　　　　　　　　　　　1974.4.26
　東京湾でタンカー衝突による炎上　　1974.11.9
　三石水島製油所重油流出　　　　　　1974.12.18
　シンガポール沖で日本タンカー座礁による
　　原油流出　　　　　　　　　　　1975.1.6
　フィラデルフィア河川でタンカー衝突・炎
　　上　　　　　　　　　　　　　　1975.1.31
　沖縄周辺海域に廃油ボール漂着　　　1975.2.28
　東京湾沖でタンカー座礁による原油流出　1975.6.4
　住友海南鋼管工場で重油流出　　　　1975.7.28
　島根県沿岸海域で廃油不法投棄　　　1976.1月
　タンカー大破による重油流出　　　　1976.3.13
　マラッカ海峡でタンカー座礁による原油流
　　出　　　　　　　　　　　　　　1976.4.5
　埼玉県荒川支流で重油流出　　　　　1976.10.12
　米マサチューセッツ州沖でタンカー座礁に
　　より原油流出　　　　　　　　　1976.12.21
　愛媛県釣島水道で原油流出　　　　　1977.4.6
　ノルウェー海底油田で原油流出　　　1977.4.22
　出光興産製油所で原油が流出　　　　1977.4.27
　高知県沖合でタンカー破損による重油流出
　　　　　　　　　　　　　　　　　1977.10.20
　フランス海上でタンカー座礁による原油流
　　出　　　　　　　　　　　　　　1978.3.16
　四日市港内で原油流出　　　　　　　1978.11.8
　スペイン沖合でタンカー火災・原油流出　1978.12.31
　アイルランドでタンカー爆発による原油流
　　出　　　　　　　　　　　　　　1979.1.8
　四日市コンビナートで原油流出　　　1979.1.19
　瀬戸内海でタンカー衝突による重油流出　1979.3.22
　メキシコ・油田で原油流出　　　　　1979.6.3
　鳴門海峡で重油流出　　　　　　　　1980.1.9
　汐留川で重油流出　　　　　　　　　1981.12.5
　鬼怒川温泉で重油流出　　　　　　　1982.1.19
　宇都宮市で重油流出事故　　　　　　1982.1.31
　木更津市金田海岸で重油流出　　　　1983.2.27
　イラクがイランの油田爆撃　　　　　1983.3.2
　熱海湾に重油流出　　　　　　　　　1983.6.10
　南アフリカ沖合でタンカー爆発・原油流出　1983.8.6
　ブラジル石油採掘基地で炎上　　　　1984.8.16
　浦賀水道で重油流出　　　　　　　　1985.11.8
　米・アラスカ州沖でタンカー座礁により原
　　流出　　　　　　　　　　　　　1989.3.24
　来島海峡で重油流出　　　　　　　　1989.5.2
　四日市港沖合で原油流出　　　　　　1989.5.30
　モロッコ沖でタンカー爆発・原油流出　1989.12.19
　大阪南港で重油流出　　　　　　　　1990.4.11
　横浜港内に廃油流出　　　　　　　　1990.6.2
　メキシコ湾でタンカー炎上・原油流出　1990.6.9
　庄内川に重油流出　　　　　　　　　1990.6.26
　大阪市で重油漏れ事故　　　　　　　1990.6.27
　米テキサス州沖でタンカー衝突による原油大
　　量流出　　　　　　　　　　　　1990.7.28
　木更津港に燃料流出　　　　　　　　1990.12.22
　ペルシャ湾に原油流出　　　　　　　1991.1.25
　イタリア・ジェノバ港沖でタンカー爆発・
　　原油流出　　　　　　　　　　　1991.4.11
　名古屋港で重油流出　　　　　　　　1991.11.28
　タンカーのダブルハル化を決定　　　1992.3.2
　イギリス沖でタンカー坐礁による原油流出　1993.1.5
　スマトラ沖でタンカー衝突による原油流出
　　　　　　　　　　　　　　　　　1993.1.21
　イギリス・ブリストル海峡でタンカー座礁
　　による原油流出　　　　　　　　1996.2.15
　ヴァルディーズ号原油流出事故で，賠償支
　　払い命令　　　　　　　　　　　1996.9.20
　ナホトカ号重油流失事故　　　　　　1997.1.2
　神戸港で，タンカー転覆による重油流出　1997.4.28
　東京湾沖でタンカー衝突による原油流出　1997.7.2
　シンガポール海峡で，タンカー衝突による
　　燃料油が流出　　　　　　　　　1997.10.15
　海洋汚染防止法改正　　　　　　　　1998.5.27
　犬吠埼沖でタンカー衝突による燃料流出　1998.8.15

— 353 —

島根県沖で、貨物船沈没・重油流出 2002.3.31
茨城県日立港の船舶事故で重油流出 2002.12.5
中川で、作業船転覆・重油流出 2003.1.28
メキシコ湾海底油井から大量の原油が流出 2010.4.20

油による汚染損害についての民事責任に関する国際条約
油による汚染損害についての民事責任に関する国際条約採択 1969.11.29

アフリカン・アンド・イースタン・コンセッションズ会社
トルコ石油会社設立 1912.10.23

安倍 晋三
日・UAE原子力協定を締結 2013.5.2
日・トルコ原子力協定を締結 2013.5.3

アーベル, フレデリック
F.アーベル、コルダイトを開発 1889（この年）

アベルソン, フィリップ
マクミランとアベルソンが、最初の超ウラン元素ネプツニウムを発見 1940（この年）

アマガ, エミール・イレール
アマガ、気体の超高圧を実現 1899（この年）

尼瀬油田
尼瀬油田、開発開始 1886（この年）

天野 之弥
IAEA事務局長に、日本の天野之弥が選出 2009.7.2

アミノイル
クウェートが独立系業者へ利権供与 1947（この年）
クウェート、アミノイルを国有化 1977.9.19

アームストロング, ウィリアム・ジョージ
アームストロング、水力発電機を発明 1840（この年）

アームストロング, エドウィン・ハワード
アームストロング、再生増幅器を発明 1912（この年）
アームストロング、スーパーヘテロダイン回路を開発 1918（この年）

アームストロング, ニール・オールデン
アポロ11号を打ち上げ 1969.7.16

アメリカ液体燃料局
アメリカ液体燃料局、重油の優秀性を立証 1904（この年）

アメリカ海軍
米海軍がクウェート藉タンカー護衛開始 1987.7.22

アメリカ合衆国エネルギー省（DOE）
アメリカで国立高エネルギー物理学研究所設立 1969（この年）
アメリカ、エネルギー省発足 1977.10.1
米エネルギー省が、原子力発電が石油火力発電を上回ったと発表 1981.4.3
アメリカ、ネバダ核実験場で未臨界核実験 1997.7.2
アメリカ、ネバダ核実験場で3回目の未臨界核実験 1998.3.25
アメリカ、ネバダ核実験場で4回目の未臨界核実験 1998.9.26
アメリカ、ネバダ核実験場で6回目の未臨界核実験 1999.2.9

アメリカ、廃棄物隔離パイロットプラントに軍事用超ウラン元素を処分 1999.3.26
日仏米、高速実証炉の研究開発で調印 2008.1.31

アメリカ合衆国エネルギー庁
アメリカ、エネルギー自立計画発表 1974.11.12

アメリカ合衆国環境保護庁
アメリカ、ガソリン無鉛化規制実施を延期 1976.9.25

アメリカ合衆国国防総省
アメリカ、核弾頭数を公表 2010.5.3

アメリカ合衆国国務省
アメリカ、太平洋ベースン構想発表 1979.6.14

アメリカ合衆国上院司法委員会
アメリカ上院、大手石油企業分割法案可決 1976.6.15

アメリカ合衆国連邦裁判所
スタンダード石油連合解散 1911.5.15

アメリカ原子力委員会（AEC）
米国原子力管理法（マクマホン法）成立 1946.8.1
ニュートリノ発見 1956.6.21
アメリカ、沸騰水型実験炉発電開始 1957.12.29
アメリカでプルトニウム炉の連鎖反応維持に成功 1962.11.27
アメリカ原子力委員会が「世界の原子炉数」を発表 1962.12.1
アメリカの原潜「スレッシャー」沈没 1963.4.10
全国各地で高数値の放射能を観測 1965.1.21

アメリカ原子力学会（ANS）
アメリカ原子力学会設立 1954.10.11
ANSのランドマーク賞に、高速実験炉「常陽」が選出 2006.11.14

アメリカ航空宇宙局（NASA）
NASAが燃料電池を採用 1965（この年）
アポロ11号を打ち上げ 1969.7.16
スペースシャトルが初飛行 1981.4.12

アメリカ石油協会（API）
アメリカ石油協会設立 1919.3.14

アメリカ電気学会（AIEE）
アメリカ電気学会設立 1884（この年）
アメリカ電機電子学会を設立 1963（この年）

アメリカ電機電子学会（IEEE）
アメリカ電機電子学会を設立 1963（この年）

アメリカ文化交流局
原子力平和利用博覧会開催 1955.11.1

アメリカ・ユーラトム協力協定
アメリカ・ユーラトム協力協定調印 1958.11.8

アメリカラジオ学会（IRE）
アメリカ電機電子学会を設立 1963（この年）

アメリカ・インタナショナル・オイル
アモコ・インタナショナルと改称 1969.10.1

アメリカンオーバーシーズ石油会社
リビア、石油会社に減産命令 1970.5.25

アモコ
BPとアモコが合併合意 1998.8.11

アモコ・インタナショナル
アモコ・インタナショナルと改称 1969.10.1

あるふ

アモコ・カジス号
　フランス海上でタンカー座礁による原油流
　出　　　　　　　　　　　　　　1978.3.16
アモコ・バージニア号
　アメリカで油送船が火災　　　　 1959.11.8
アモルファスシリコン太陽電池
　アモルファスシリコン太陽電池の発明
　　　　　　　　　　　　　　1976（この年）
　アモルファスシリコン太陽電池の実用化へ
　　　　　　　　　　　　　　1977（この年）
　下田達也ら、液体シリコンによる太陽電池
　を発明　　　　　　　　　　　　2011.2.7
アモントンの摩擦法則
　クーロン、『単純機械の理論』刊　1781（この年）
アラゴー, フランソワ・ジャン・ドミニク
　アラゴー、電磁石現象を発見　1820（この年）
　スタージョン、電磁石を発明　1823（この年）
　アラゴー、アラゴーの円盤を発明　1824（この年）
アラゴーの円盤
　アラゴー、アラゴーの円盤を発明　1824（この年）
荒瀬ダム
　潮谷義子県知事、荒瀬ダム撤去表明　2002.12.10
アラビア石油
　アラビア石油設立　　　　　　　　1958.2.10
　アラビア石油、クウェートと協定締結　1958.7.5
　日本、サウジアラビア政府間交渉決裂　2000.1.16
アラビア油田開発
　アラビア油田開発出資　　　　　　1957.6.21
アラビアン・アメリカン・オイル（アラムコ）
　カリフォルニア・アラビアン・スタンダー
　ド社設立　　　　　　　　　　　1933.11.8
　アラムコに改称　　　　　　　　 1944.1月
　アラムコに2社が参加　　　　　　1947.3.12
　クウェート中立地帯の利権を供与　1949.2.20
　サウジアラビアとアラムコが利益折半協定
　　　　　　　　　　　　　　　　1950.12.30
　サファニア海底油田商業生産開始　1957.4.17
　サウジアラビアがアラムコに利権返還を要
　求　　　　　　　　　　　　　 1968.6.26
　サウジアラビアがアラムコへの事業参加を
　通告　　　　　　　　　　　　 1973.11.28
　サウジアラビアがアラムコへ参加　1974.6.10
　サウジアラビアがアラムコと完全国有化交
　渉　　　　　　　　　　　　　 1974.12.9
　サウジアラビア、アラムコを国有化　1980（この年）
　米連邦取引委、3社の事業統合を承認　1997.12.20
アラブ首脳会議
　アラブ首脳会議開催　　　　　　 1973.11.26
　イランがアメリカのタンカーを攻撃　1987.10.15
アラブ石油会議
　第1回アラブ石油会議を開催　　 　1959.4月
アラブ石油戦略
　OAPECオランダ石油禁輸解除　　　1974.7.10
アラブ石油パイプライン会社（スメド）
　カイロにパイプライン会社設立　　1974.1.30
アラブ石油輸出国機構（OAPEC）
　OAPEC結成　　　　　　　　　　 1968.1.10
　OAPECに5ヶ国加盟　　　　　　　 1970.5.29

　ドバイ、OAPECを脱退　　　　　 1972.12.26
　OAPEC石油戦略発動　　　　　　 1973.10.17
　OAPEC、イスラエル支持国への石油禁輸
　を決定　　　　　　　　　　　　1973.10.20
　OAPECが生産削減強化　　　　　　1973.11.5
　OAPEC閣僚会議開催　　　　　　　1973.12.8
　OAPEC、友好国への削減緩和　　 1973.12.24
　OAPEC対米禁輸を解除　　　　　　1974.3.18
　OAPEC禁輸問題について討議　　　1974.6.1
　OAPECオランダ石油禁輸解除　　　1974.7.10
有澤 広巳
　原子力委員会発足　　　　　　　　1956.1.1
　日本エネルギー経済研究所発足　　1966.6.29
アリス・チャルマーズ社
　燃料電池がアポロ宇宙船に搭載される
　　　　　　　　　　　　　　1960（この頃）
アリストテレス
　シュタール、『教条的および実験的化学の
　基礎』刊　　　　　　　　　 1723（この年）
アルカリ型水素・酸素燃料電池
　アルカリ型水素・酸素燃料電池実用化へ
　　　　　　　　　　　　　　1952（この年）
アルカリ型燃料電池
　ベーコン、アルカリ型燃料電池を開発
　　　　　　　　　　　　　　1932（この年）
アルカリ蓄電池
　エジソン、エジソン電池を発明　1900（この年）
アルキメデス号
　アルキメデス号が就航　　　　 1839（この年）
アルゲマイネ
　浅草火力発電所建設　　　　　 1897（この年）
アルコ
　中国沖で石油掘削船沈没　　　　 1983.10.28
　BPアモコとアルコが合併を発表　 1999.4.1
アルコール温度計
　レオミュール、アルコール温度計を発明
　　　　　　　　　　　　　　1730（この年）
アルゴンヌ国立研究所
　アメリカでウラン重水減速実験炉が試験可
　能段階へ　　　　　　　　　　　 1944.5.15
　アメリカでCP-3炉稼働　　　　　　1944.7.4
　IAEA初の原子炉査察　　　　　　　1962.6.1
アルサビア号
　高知県沖合でタンカー破損による重油流出
　　　　　　　　　　　　　　　　1977.10.20
アルジェリア石油探査公社
　ハシ・メサウド油田発見　　　　 1956.6月
　ハシ・メサウド油田出油成功　　 1957.2月
アルバレス, ルイス・ウォルター
　アルバレス、原子核による電子捕獲を観測
　　　　　　　　　　　　　　1937（この年）
α線
　ベクレル、放射線を発見　　　　 1896.2月
　ラザフォード、α線とβ線を分離 1899（この年）
　ラザフォードとソディー、原子崩壊説を提
　唱　　　　　　　　　　　　 1903（この年）

【あ】

α粒子
　ラザフォード、α粒子の電荷の質量に対する比を決定　　　　　　　　　1906（この年）

アルボルメンス・クラフト・ユニット（フィンランド）
　フィンランドで、アルボルメンス・クラフト・ユニットが建設　　　2001（この年）

アルミニウム
　ホールとエルー、独立にアルミニウムの電気精錬法を発見　　　　1886（この年）

アレキサンダー・キーランド号
　北海油田海上宿舎崩れる　　　1980.3.27

アレクサンダーソン, アーンスト
　アレクサンダーソン、高周波発電機を製作　　　　　　　　　　1906（この年）

アレニウス, スヴァンテ・A.
　アレニウス、電離説を提唱　　1884（この年）

泡箱
　グレーザー、泡箱を発明　　　1952（この年）

アングロ・アメリカン石油
　アングロ・アメリカン石油設立　　1888.4.27

アングロ・イラニアン石油
　アングロ・ペルシャンがアングロ・イラニアン石油と改称　　　　1935.6月
　イランが英石油会社国有化を命令　1951.5.2
　石油陸揚停止処分が申請される　　1953.5.7
　イラン・コンソーシアム協定調印　1954.8.19
　ブリティッシュ・ペトロリアムと改称　1954.12.17

アングロ・ペルシャン石油
　アングロ・ペルシャン石油設立　　1909.4.4
　アバダン製油所操業開始　　　1912（この年）
　イギリス海軍省がアングロ・ペルシャン石油に出資　　　　　　1913.5.20
　アクナキャリー協定締結　　　1928.9.7
　シェルメックス社設立　　　　1931.11月
　イギリス・ペルシャで紛争が起こる　1932.11.26
　イギリス・ペルシャ紛争解決　1933（この年）
　クウェート石油設立　　　　　1934.2.2
　アングロ・ペルシャンがアングロ・イラニアン石油と改称　　　　1935.6月

安全保障条約
　岡田外相、核持ち込み「密約」調査を指示　2009.9月

アンダーソン, カール・デイヴィッド
　アンダーソン、陽電子を発見　1932（この年）

アンチノッキング剤
　ミジリー、四エチル鉛がアンチノッキング剤となることを発見　　1921（この年）

アンテナ
　ポポフ、無線通信法を発明　　1895（この年）

アンドルーズ, トマス
　アンドルーズ、臨界温度・臨界圧力を発見　　　　　　　　　　　1869（この年）

アンペア
　国際会議で電気の単位を確定する　1908（この年）

アンペール, アンドレ・マリー
　アンペール、気体の分子説を発表　1813（この年）
　アンペール、アンペールの法則を発見　　　　　　　　　　　1820（この年）
　アンペール、電磁気の理論を研究　1823（この年）
　物理学者のアンペールが没する　1836.6.10
　ウェーバー、『電気力学的な量の測定』刊　　　　　　　　　1846（この年）

アンペールの法則
　アンペール、アンペールの法則を発見　　　　　　　　　　　1820（この年）

【い】

イオウ酸化物
　ヘルシンキ議定書採択　　　　1985（この年）

井川ダム
　日本初の中空重力ダム完成　　1957.9月

イギリス海軍
　イギリス海軍省がアングロ・ペルシャン石油に出資　　　　　　1913.5.20

イギリス電気学会（IEE）
　イギリス電信学会設立　　　　1871（この年）

イギリス電信学会
　イギリス電信学会設立　　　　1871（この年）

イギリス・ペルシャ紛争
　イギリス・ペルシャで紛争が起こる　1932.11.26
　イギリス・ペルシャ紛争解決　1933（この年）

イギリス・ユーラトム原子力協定
　イギリス・ユーラトム原子力協定調印　　　　　　　　　　　1959.2.4

石川 一郎
　原子力利用審議会設置　　　　1954.5.11
　原子力研究所設立　　　　　　1955.11.30
　原子力委員会発足　　　　　　1956.1.1
　原子力船開発事業団発足　　　1963.8.17

石川島造船所
　浅草火力発電所建設　　　　　1897（この年）

石川島播磨重工業
　国産一号原子炉JRR-3着工　　1959.1.14
　原子力第一船「むつ」進水　　1969.6.12
　航空エンジン開発で提携　　　1979.5.22
　全日空、国産ジェットエンジン不採用　1988.12月
　石川島、川崎重がGEと共同開発　1995（この年）
　小型機用エンジンの開発開始　1996.4月

石坂 周造
　石坂周造、長野石炭油会社設立　　1871.8月

石原 慎太郎
　ディーゼル車にフィルター装着義務化方針　　　　　　　　　2000.2.18

いすゞ自動車
　排ガス規制で買い換え需要が増　2003（この年）

1缶1機システム
　1缶1機システムを採用　　　　1953（この年）

イットリウム系超伝導体
　チューら、イットリウム系超伝導体を発見　　　　　　　　　1987（この年）

一般相対性理論
　アインシュタイン、一般相対性理論を完成　　　　　　　　　1915.11.25

― 356 ―

アインシュタイン、重力で光線が湾曲することを予想	1919.5.29	井上 勝	
アインシュタインの重力波を実証	1983.10.11	日本初の鉄道が開業	1872.10月
出光大分地熱		**伊予水力電気**	
滝上発電所運転開始	1996.11.1	愛媛県に電灯がともる	1903.1月
出光興産		**イラク石油会社（IPC）**	
石油陸揚停止処分が申請される	1953.5.7	イラク石油会社と改称	1929.6.8
イラン産揮発油を初輸入	1953.5.9	イラクとイラク石油会社が折半協定締結	1951.8月
旧軍燃料廠の払下を決定	1955.8.26	イラクがイラク石油会社の利権を接収	1961.12.12
出光、ソ連石油公団と輸入契約	1959.3月	イラク政府がIPCに警告	1970.7.17
東邦石油設立	1961.5.1	イラク、国営石油会社INOCを設立	1972.6.1
九石が石油連盟に加盟	1966.7.11	イラクの国有化保障問題解決	1973.2.28
出光千葉製油所で重油直接脱硫装置が完成	1967.10.10	**イラク戦争**	
出光北海道製油所完成	1973.10.1	アメリカで同時多発テロが発生	2001.9.11
大分県で地熱調査開始	1979.2月	日本、対イラクで国際協調要請	2002.9.12
出光興産事業継承の企業設立	1979.10月	イラクが査察受入れ	2002.10.1
出光が沖石精の株式を取得	1980.6.16	イラク査察が再開	2002.11.8
出光興産千葉製油所		イラクの大量破壊兵器をめぐって	2002.12.7
出光千葉製油所完成	1963.1.31	アメリカがイラク攻撃の意思強める	2003.2.6
出光千葉製油所で重油直接脱硫装置が完成	1967.10.10	イラク攻撃に慎重な各国	2003.2月
		アメリカがイラクに最後通告	2003.3.17
出光興産兵庫製油所		米英がイラク攻撃開始	2003.3.19
出光兵庫製油所完成	1970.11.21	フセイン政権崩壊	2003.4.7
出光興産製油所で原油が流出	1977.4.27	イラク戦争終結を宣言	2003.5.1
出光興産北海道製油所		イラクに大量破壊兵器計画なし	2004.7.14
出光北海道製油所完成	1973.10.1	オバマ大統領、イラクでの戦闘任務の終結を宣言	2010.8.31
地震で製油所の貯蔵タンク火災	2003.9.26	オバマ大統領、イラク戦争の終結を宣言	2011.12.14
出光地熱開発		**イラン・イラク戦争**	
出光興産事業継承の企業設立	1979.10月	イラン・イラク戦争が勃発	1980.9.22
九州滝上地域の地熱開発で協定締結	1991.8月	サウジアラビア等4ヶ国、原油増産を決定	1980.10.10
出光石油		イラク原子炉爆撃事件	1981.6.7
主要石油会社が過度経済力集中企業に指定	1948.2.8	イラクが全占領地から撤退	1982.6.10
出光徳山製油所完成	1957.3.17	イラクがイランの油田爆撃	1983.3.2
出光、石油連盟脱退	1963.11.12	イランがアメリカのタンカーを攻撃	1987.10.15
出光愛知製油所完成	1975.10.1	米軍、イランへ報復攻撃	1988.4.18
出光石油愛知製油所		8年ぶりにイラン・イラク戦争が停戦	1988.8.20
出光愛知製油所完成	1975.10.1	**イラン核開発問題**	
出光石油開発		アメリカ、イランの原子炉建設に協力中止を要請	1995.5.1
出光日本海石油開発設立	1971.1.26	アザデガン油田、交渉難航	2003.7月
中国南部沿岸大陸棚油田開発契約に調印	1983.9.5	アザデガン油田の開発契約で合意	2004.2.19
出光石油千葉製油所		IAEAがイラン非難決議	2004.3.13
出光、石油連盟脱退	1963.11.12	イランが核活動再開	2006.1.3
出光日本海石油開発		国連安保理が対イラン決議を採択	2006.7.31
出光日本海石油開発設立	1971.1.26	国連安保理、イラン制裁決議を採択	2006.11.23
新潟県沖合で新油田発見	1972.3.6	**イラン・コンソーシアム（国際石油財団）**	
阿賀沖油ガス田試掘成功	1981.5月	イラン・コンソーシアム設立	1954.4.11
伊東沖海洋気象観測塔		イラン・コンソーシアム協定調印	1954.8.19
太陽電池を実用化	1963（この年）	アメリカの独立業者がイラン・コンソーシアム参加	1955.4.28
移動発電炉		イラン・コンソーシアム新協定に調印	1973.5.24
世界初の移動発電炉臨界	1961.3.30	イラン、コンソーシアムとの契約を破棄	1979.2月
イドリス油田		**イリジウム192**	
リビアでイドリス油田発見	1967.10.17	三井造船イリジウム紛失	1971.9.20
猪苗代水力電気		大分製油所でイリジウム被曝	1972.6.26
日本初の水力発電での長距離送電	1914.10月	岡山県でイリジウム被曝事故	1974.5.13
井上 五郎		九州石油増設現場従業員被曝	1974.6月
動力炉・核燃料開発事業団（動燃）発足	1967.10.2		

いりひ

イーリヒ, ハリー・カール
　イーリヒが燃料電池トラクタを製作
　　　　　　　　　　　　　　1959（この年）
磐城沖ガス田
　福島県沖にガス田発見　　　1973.11月
岩内水力電気
　北海道で滝利用の水力発電、運転開始　1906.11月
陰極線
　ブリュッカー、陰極線を発見　1858（この年）
　ヒットルフ、陰極線を発見　　1869（この年）
　ゴルトシュタイン、ヒットルフの放射線を
　　陰極線と命名　　　　　　1876（この年）
　レントゲン、X線を発見　　　1895.11.8
　J.J.トムソン、電子を発見　　1897（この年）
インサイト
　ホンダ、「インサイト」を発表　2009.2.5
印字電信機
　エジソン、印字電信機を発明　1871（この年）
インダクタンス
　ヘンリー、自己誘導を発見　　1832（この年）
インターナショナル・エアロ・エンジンズ社
　（IAE）
　YXX搭載エンジン開発　　　1983.12月
インターナショナル石油
　インターナショナル石油設立　1900.11月
　日石がインターナショナル一部事業を買収
　　　　　　　　　　　　　　1907.6月
　日石がインターナショナル一部事業買収　1911.2月
インターナショナル・フェル・セル
　東芝、UTCと合弁会社を設立　1998.8.1
インテル社
　マイクロプロセッサが登場　　1971.4月
インドネシア原発建設計画
　インドネシア、原発建設計画を断念　1997.8.2
インドネシア国営石油会社
　北スマトラ油田開発協定締結　1960.4.7
　北スマトラ石油開発協力設立　1960.5.26

【う】

ヴァイツゼッカー, カール・フリードリヒ・フォン
　ベーテとヴァイツゼッカーが恒星の核融合
　反応を提唱　　　　　　　　1938（この年）
ヴァルディーズ号
　米・アラスカ州沖でタンカー座礁により原
　　油流出　　　　　　　　　1989.3.24
　ヴァルディーズ号原油流出事故で、賠償支
　　払い命令　　　　　　　　1996.9.20
ヴァーレイ, S.A.
　ヴァーレイが自励式発電機の特許を出願
　　　　　　　　　　　　　　1866（この年）
ヴァレンティヌス
　ローバック、鉛室法を確立　　1746（この年）

ヴァンケル, フェリクス
　ロータリー・エンジンを発明　1957.2.1
ヴァン・デ・グラフ, ロバート・ジェミソン
　ヴァン・デ・グラフ、高圧静電発電機を発
　　明　　　　　　　　　　　1929（この年）
ウィグナー, ユージン・ポール
　ウィグナー、中性子が原子核に吸収される
　　数学を完成　　　　　　　1936（この年）
ウィークボソン
　ウィークボソンを発見　　　　1983（この年）
ウィーナー, ノーバート
　ウィーナーがサイバネティックスを創始
　　　　　　　　　　　　　　1948（この年）
ヴィラール, ポール
　ヴィラール、γ線を発見　　　1900（この年）
ウィリアムズ, ジョディ
　地雷禁止国際キャンペーン、ジョディ・
　　ウィリアムズがノーベル平和賞を受賞
　　　　　　　　　　　　　　1997.12.10
ウィルキンソン, ジョン
　ウィルキンソン、中ぐり旋盤を改良　1775（この年）
ウィルクス, モーリス
　ウィルクスらがEDSACを製作　1949（この年）
ヴィルケ, ヨハン
　ヴィルケ、電気盆を発明　　　1764（この年）
ウィルソン, C.T.R.
　C.T.R.ウィルソン、霧箱を完成　1911（この年）
ウィルチェック, フランク
　漸近的自由性の発見　　　　　1973（この年）
ウィーン, ウィルヘルム・カール
　ウィーンの変位則　　　　　　1893（この年）
　ウィーン、熱放射の変位則を発見　1893（この年）
ウィンクラー
　ウィンクラー、流動床ガス化法を開発
　　　　　　　　　　　　　　1926（この年）
ウィンザー, フレデリック
　ウィンザー、都市ガス事業を創始　1810（この年）
ウィーン条約
　IAEAでウィーン条約採択　　1963.5.19
　ウィーン条約改正議定書が採択される　1997.12月
ウィンズケール
　ウィンズケールAGR炉で事故　1963.11.16
　英、使用済み核燃料再処理工場で放射能漏
　　れ事故　　　　　　　　　1973.9.26
　英国核燃料公社再処理工場で、放射性廃液
　　漏洩事故発生　　　　　　1979.4.19
ウィンチャージャ風車
　小型風車製造が活発化　　　　1930（この頃）
ヴィンディング, ポール
　ヤンセンら、高性能アグリコ風車を開発
　　　　　　　　　　　　　　1919（この年）
ウィーンの変位則
　ウィーンの変位則　　　　　　1893（この年）
　ウィーン、熱放射の変位則を発見　1893（この年）

ヴェクスラー, V.
マクミランとヴェクスラーがシンクロサイクロトロンを発明　1946（この年）

ウェスティングハウス, ジョージ
ウェスティングハウス、ウェスティングハウス社を設立　1886（この年）

ウェスティングハウス・エレクトリック・カンパニー
東芝、米原子力企業を買収　2006.2.6

ウェスティングハウス・エレクトリック社
ウェスティングハウス、ウェスティングハウス社を設立　1886（この年）
WEC、エームズ水力発電プラントを建設　1891（この年）
E.D.アダムズ発電所が稼働　1896.11.16
ラジオ放送が始まる　1920.11.2
蛍光灯を発表　1938（この年）
WH社、SOFCの性能について高く評価　1962（この年）
三菱原子燃料発足　1971.12.1

ウェスト・バージニア油田
ウェスト・バージニア油田隆盛　1891（この年）

ウェストミンスター・ガスライト・アンド・コーク社
ウィンザー、都市ガス事業を創始　1810（この年）

ウェストン, エドワード
ウェストン、標準電池を発明　1893（この年）

ウェストン電池
ウェストン、標準電池を発明　1893（この年）
国際会議で電気の単位を確定する　1908（この年）

ウェッジウッド, ジョサイア
ウェッジウッド、パイロメーターを発明　1782（この年）

上野 昌治
新津油田で出油　1894.11月

上の岱地域
秋田県で地熱調査開始　1971.9月
秋田県上の岱地域の地熱開発で協定締結　1989.12月

ウェーバー, ヴィルヘルム・エドゥアルト
ガウスとウェーバー、電信機を発明　1833（この年）
ウェーバー、絶対測定電流力計を考案　1843（この頃）
ウェーバー、『電気力学的な量の測定』刊　1846（この年）

ウェーバーの法則
ウェーバー、『電気力学的な量の測定』刊　1846（この年）

ウエーブゲン社
リンペットを開発　1992（この年）
ウエーブゲン社、世界初の商業規模波力発電装置稼働　2000（この年）

ウェルズ, アラン
リンペットを開発　1992（この年）

ウェルスバッハ, C.A.
ウェルスバッハ、白熱ガス・マントルを発明　1886（この年）

ヴェンツェル, W.A.
反中性子発見　1956.9.15

ウォーカー, C.L.
ウォーカー、ステッピングモーターの分解能を向上　1919（この年）

ウォーターボイラー型原子炉
原研、ウォーターボイラー型実験原子炉の輸入契約を発表　1956.3.27

月城原子力発電所（韓国）
月城原発で重水漏れ　1998.10.4

ヴォルタ, アレッサンドロ
ヴィルケ、電気盆を発明　1764（この年）
ヴォルタ、蓄電器を改良　1775（この年）
ヴォルタ、メタンの爆発実験を行う　1776（この年）
ヴォルタ、コンデンサに関する論文を発表　1782（この年）
ヴォルタ、電圧などの概念を導入　1788（この年）
ガルヴァーニ、ガルヴァーニ現象を発見　1789.8月
ヴォルタ、ヴォルタ電堆を発明　1799（この年）
ヴォルタ、ヴォルタ電池を発明　1800（この年）
デーヴィー、アーク灯を発明　1807（この年）
物理学者のヴォルタが没する　1827.5.5

ヴォルタ電堆
ヴォルタ、ヴォルタ電堆を発明　1799（この年）

ヴォルタ電池
ニコルソン、電気分解に成功　1800.5.2
ヴォルタ、ヴォルタ電池を発明　1800（この年）
デーヴィー、アーク灯を発明　1807（この年）
デーヴィー、ナトリウムとカリウムを発見　1807（この年）
スタージョン、電磁石を発明　1823（この年）
物理学者のヴォルタが没する　1827.5.5

ウォルトン, アーネスト
コッククロフトとウォルトン、原子核の人工転換に成功　1932（この年）

ウカイル協定
クウェート・イラク中立地帯設定　1922.12.2

宇治川水力発電所
宇治川水力発電所建設　1913（この年）

渦電流
フーコー、渦電流を発見　1855（この年）

薄肉アーチダム
坂本ダム完成、尾鷲第一発電所が運用開始　1962.4月

内田 秀雄
原子力発電設備改良標準化調査委員会発足　1976.6月

宇宙科学研究所（ISAS）
太陽発電衛星の基礎実験　1993.2.18

宇宙線
V.F.ヘス、「宇宙線」を発見　1912（この年）

宇宙反射鏡
鏡で太陽光線を届ける実験に成功　1993.2.4

宇宙飛行
ツィオルコフスキー、『ロケットによる宇宙空間の探求』刊　1903（この年）

ウッドリバー・ジャンクション核燃料回収工場（アメリカ）
アメリカの核燃料回収工場で臨界事故　1964.7.24

ウプシロン
　レーダーマンら、ウプシロンを発見　　1977.8.4
ウム・シャイフ油田
　ウム・シャイフ油田生産開始　　1962.6月
ウラニウム放射線
　ラザフォード、α 線と β 線を分離　1899（この年）
ウラン
　クラプロート、ウランを発見　　1789（この年）
　ベクレル、放射線を発見　　1896.2月
　キュリー夫妻、ラジウムを発見　　1898.12月
　ハーンとシュトラスマンがウランの核分裂
　　反応発見　　1938.12.22
　ニフラーがウラン235の分離に成功　1940（この年）
　世界初の原子炉シカゴ・パイル1号が完成
　　　　　　　　　　　　　　　　1942（この年）
　人形峠でウラン鉱床発見　　1955.11.12
　ウラン鉱採掘作業員被曝　　1955（この年）
　天然ウラン精鉱輸入契約締結　　1958.10.29
　オーストラリアがウラン安定供給を確約
　　　　　　　　　　　　　　　　1974.10.28
ウラン・鉛年代測定法
　ボルトウッド、ウラン鉱物中の鉛の量で放
　　射年代を測定　　1907（この年）
ウラン協会
　ウラン協会設立　　1975.6.12
ウラン鉱滓ダム
　アメリカ・ウラン鉱滓ダム決壊で放射能汚
　　染水流入　　1979.7月
ウラン再処理
　六ヶ所再処理工場で試験開始　　2004.12.21
ウラン濃縮
　ガス拡散法によるウラン濃縮成功　　1969.3.31
　動燃、遠心分離法によるウラン濃縮実験成
　　功　　1969.5.30
　遠心分離法による国産濃縮機完成　　1972.1.19
　米ベクテル、ウラン濃縮計画から脱退　　1976.11.9
　濃縮パイロットプラント建設着手決定　　1976.12.7
　東海村再処理問題日米共同声明・共同決定
　　調印　　1977.9.12
　高性能遠心分離機BT-2初公開　　1978.5.13
　人形峠ウラン濃縮パイロットプラント運転
　　入り　　1979.9.12
　動燃、濃縮ウラン約300kgの回収に成功　1979.12.26
　電事連、濃縮ウラン国産化推進を決定　　1980.11.20
　国内初の濃縮ウラン使用燃料を「ふげん」
　　に装荷　　1982.12.25
　アルゼンチン、ガス拡散法によるウラン濃
　　縮に成功　　1983.11.18
　理研、赤外可変ラマンレーザー開発　　1984.3.29
　日本原燃産業発足　　1985.3.1
　旭化成、化学ウラン濃縮法成功　　1988.5.16
　六ヶ所村ウラン濃縮工場、本格操業開始　　1992.3.27
　六ヶ所村ウラン濃縮工場初出荷　　1993.11.18
　核燃料サイクル開発機構、ウラン濃縮技術
　　開発終了　　2001.9.30
　イラン、核合意破棄　　2009.11.18
　ウレンコ社、遠心分離法による濃縮工場を
　　完成　　2010.6.2

ウラン濃縮機器株式会社
　ウラン濃縮機器株式会社発足　　1984.12.1
ウラン濃縮原型プラント
　動燃、濃縮原型プラントの設置場所を決定
　　　　　　　　　　　　　　　　1983.11.18
　ウラン濃縮原型プラントの起工式　　1985.11.13
　人形峠のウラン濃縮原型プラント操業開始
　　　　　　　　　　　　　　　　1988.4.25
　動燃、ウラン濃縮プラントを完成　　1989.1.26
ウラン233
　ORNL実験炉で、世界で初めてウラン233
　　を燃料で臨界　　1968.10.2
ウラン235
　アメリカで初のウラン235製造　　1945.3.12
ウレンゴイ・ガス田
　西シベリアでガス田発見　　1967.12.27
ウレンコ社
　ウレンコ社、遠心分離法による濃縮工場を
　　完成　　2010.6.2
雲行丸
　薩摩藩で、日本最初の小型木造外輪蒸気船
　　を建造　　1855（この年）
雲仙火山科学掘削プロジェクト
　雲仙火山科学掘削プロジェクトによる火道
　　掘削が開始　　2003.1月
『運動する質点の間の活力の平衡についての研究』
　ボルツマン、『運動する質点の間の活力の
　　平衡についての研究』を発表　　1868（この年）
『運動する物体の電気力学について』
　アインシュタイン、特殊相対性理論に関す
　　る最初の論文を発表　　1905.3.30
海野 和三郎
　海野和三郎、「Unnoの式」を導く　　1955（この年）
運輸省第一港湾建設局
　ケーソンによる沖合固定式実験が実施され
　　る　　1998（この年）

【え】

エアトン、ウィリアム・エドワード
　工部大学校電信科設立　　1873（この年）
　国際会議で電気の単位を確定する　　1908（この年）
営業用原子力発電所
　日本初の営業用原子力発電を認可　　1965.10月
栄光丸
　東京湾沖でタンカー座礁による原油流出　　1975.6.4
英国王立協会
　ファラデー、電磁誘導を発見　　1831.8.21
　ジュール、熱の仕事当量を測定　　1843（この年）
英国学術協会
　ジュール、熱の仕事当量を確立　　1847（この年）
英国核燃料公社（BNFL）
　電力9社、日本原電、英国核燃料公社が再
　　処理委託契約に調印　　1978.5.24

英国核燃料公社再処理工場で、放射性廃液
　漏洩事故発生　　　　　　　　　　1979.4.19
英再処理工場ソープ、操業開始　　　　1994.1.17
東芝、米原子力企業を買収　　　　　　2006.2.6
英国原子力公社（AEA）
　英国原子力公社・原発運転開始　　　1956.5.23
　コールダーホール型原子炉、商業運転開始　1956.7月
　原電、英国原子力公社との核燃料協定に調
　　印　　　　　　　　　　　　　　　　1960.3.7
　ドーンレイ高速増殖炉、発電開始　　1962.10.17
　英国原子力公社が軽水型炉開発へ　　1976.8.12
エイデ, サムエル
　ビルケランとエイデ、電弧式空中窒素固定
　　法の特許取得　　　　　　　　　1903（この年）
英仏海峡横断
　ブレリオ、飛行機で初めて英仏海峡を横断
　　　　　　　　　　　　　　　　　　1909.7.25
英米石油協定
　英米石油協定締結　　　　　　　　　　1945.2月
液化石油ガス（LPG）
　LPガス輸入が本格化　　　　　　　　1961.12月
　LPガスの備蓄義務づけを答申　　　　1980.1.21
　石油備蓄法改正施行　　　　　　　　　1981.7.1
液化天然ガス（LNG）
　アルジェリアがLNGを初輸出　　　1964（この年）
　第1回LNG国際会議開催　　　　　　　1968.4月
　LNガス輸入開始　　　　　　　　　　1969.11月
　ブルネイからLNG輸入開始　　　　　1972.12月
　エネルギーのOPEC離れ　　　　　　　1977.1.2
　液化天然ガス第1船、入港　　　　　　1977.5月
　第5回LNG国際会議開催　　　　　　　1977.8月
　LNG冷熱発電に成功　　　　　　　　1979.11月
　第6回LNG国際会議開催　　　　　　　1980.4月
　アルジェリアで、ガス施設爆発　　　　2004.1.19
液体シリコン
　下田達也ら、液体シリコンによる太陽電池
　　を発明　　　　　　　　　　　　　2011.2.7
液体水素燃料エンジン
　液体水素燃料エンジンを開発　　　1960（この頃）
　液体水素燃料エンジンが開発される　1970（この頃）
　H-Ⅰロケットに液体水素燃料エンジンが
　　搭載　　　　　　　　　　　　1986（この年）
液体炭化水素
　F.フィッシャーとトロプシュ、人造石油を
　　製造　　　　　　　　　　　　1923（この年）
液体燃料化技術
　石炭・石油の液体燃料化技術が発展　1930（この頃）
液体燃料ロケット
　ツィオルコフスキー、『ロケットによる宇
　　宙空間の探求』刊　　　　　　1903（この年）
　ゴダード、『超高層に到達する方法』刊
　　　　　　　　　　　　　　　　1919（この年）
　ゴダード、世界最初の液体燃料ロケット飛
　　行成功　　　　　　　　　　　　　　1926.3.16
　ドイツ軍、V-2ロケットでロンドン攻撃　1944.9.7
エクアドル地震
　エクアドル地震で原油パイプライン損傷　1987.3.5
エクソン
　エクソンに改称　　　　　　　　　　1972.11.1

イギリス、エクソン・シェルと北海油田利
　権参加へ　　　　　　　　　　　　　1977.1.5
米・アラスカ州沖でタンカー座礁により原
　油流出　　　　　　　　　　　　　　1989.3.24
ヴァルディーズ号原油流出事故で、賠償支
　払い命令　　　　　　　　　　　　　1996.9.20
エクソンとモービルが合併に合意　　　1998.12.1
エクソン・モービル
　エクソン・モービル正式発足　　　　1999.11.30
　トヨタ、燃料電池車共同開発　　　　　2001.1.8
エコフィスク油田
　ノルウェーでエコフィスク油田発見　1969（この年）
　ノルウェー海底油田で原油流出　　　　1977.4.22
　北海油田海上宿舎崩れる　　　　　　　1980.3.27
江崎 玲於奈
　エサキダイオードを発明　　　　　1957（この年）
　ジェーバーが非定常ジョセフソン効果を観
　　測　　　　　　　　　　　　　　1965（この年）
エサキダイオード
　エサキダイオードを発明　　　　　1957（この年）
エジソン, トーマス・アルバ
　エジソン、印字電信機を発明　　　1871（この年）
　エジソン、二重電信機を発明　　　1872（この年）
　スワン、白熱電灯を発明　　　　　1878（この年）
　エジソン、白熱電球を実用化　　　　1879.10月
　エジソン、エジソン・ダイナモを発明
　　　　　　　　　　　　　　　　1879（この年）
　エジソン、ロンドンに火力発電所を建設
　　　　　　　　　　　　　　　　1881（この年）
　エジソン、3線式送電法を発明　　　1883.3.20
　エジソン、エジソン効果を発見　　1883（この年）
　ラーテナウ、ドイッチェ・エジソン社を設
　　立　　　　　　　　　　　　　1883（この年）
　エジソン・ゼネラル・エレクトリック社設
　　立　　　　　　　　　　　　　1889（この年）
　エジソン、エジソン電池を発明　　1900（この年）
エジソン効果
　エジソン、エジソン効果を発見　　1883（この年）
エジソン・ゼネラル・エレクトリック社
　エジソン・ゼネラル・エレクトリック社設
　　立　　　　　　　　　　　　　1889（この年）
　GEが誕生　　　　　　　　　　　1892（この年）
エジソン・ダイナモ
　エジソン、エジソン・ダイナモを発明
　　　　　　　　　　　　　　　　1879（この年）
エジソン電池
　エジソン、エジソン電池を発明　　1900（この年）
エジソン電灯会社
　エジソン電灯会社、世界初の商用電力事業
　　を開始　　　　　　　　　　　　　　1882（この年）
エジプト・ジェネラル石油
　エジプトのエル・モルガン油田開発成功　1966.9.19
エジプト石油開発
　エジプト石油開発設立　　　　　　　1970.7.17
エジンバラ大学
　浮遊式可動物体型ドックの発明　　1974（この年）
エスケイエンジニアリング
　空気混合泥水掘削が実施される　　1983（この年）

えすり　　事項名索引　　資源・エネルギー史事典

エスリンゲン社
国鉄、日本初の電気機関車を導入　1912.5.1
エセックス号
北極海で原潜ノーチラス号衝突事故　1966.11.10
エチルエーテル
パーキンス、圧縮式冷凍機を開発　1834（この年）
エチルガス
ミジリー、四エチル鉛がアンチノッキング剤となることを発見　1921（この年）
エッカート, J.P.
エッカートとモークリーがENIACが完成　1946（この年）
越境汚染原則勧告
汚染者負担原則実施勧告発表　1974.11月
エッソ
リビア、大油田発見　1959.6.13
リビア、石油会社に減産命令　1970.5.25
エッソ阿武隈
福島県沖にガス田発見　1973.11月
エッソ・イースタン
琉球政府が製油所建設を許可　1968.1.20
エッソがゼネラルの株式を取得　1979.5.24
エッソ・シルテ
リビアが石油会社を国有化　1973.8.11
エッソ・スタンダード（沖縄）
琉球政府が製油所建設を許可　1968.1.20
エッソ西原製油所完成　1972.1.18
エッソ・スタンダード石油
エッソとモービルに分割　1961.12.11
リビアが石油会社を国有化　1973.8.11
エッソ石油に改称　1982.3.1
エッソ・スタンダード西原製油所
エッソ西原製油所完成　1972.1.18
エッソ石油
エッソ石油に改称　1982.3.1
石油業界再編　1984（この年）
エッソ・リビア
リビアがメジャーズ4社を国有化　1970.6月
エディストン発電所
アメリカで超臨界圧スルザーボイラーが建設される　1960（この年）
エディントン, アーサー・スタンレー
エディントン、『恒星の内部構造』刊　1926（この年）
エニウェトク環礁
アメリカ、マーシャル諸島エニウェトク環礁で核実験　1948.4.14
アメリカ、水爆実験に成功　1952.11.1
エネルギー
ヤング、エネルギーの概念を導入　1807（この年）
エネルギー・環境会議
日本政府、革新的エネルギー・環境戦略を決定　2012.9.14
エネルギー管理士試験
省エネルギー法を一部改正　1983.12.10
エネルギー管理士試験に関する規則が公布　1984.3.9
エネルギー管理士試験指定機関を指定　1984.4.18

エネルギー基本計画
エネルギー基本計画（第四次計画）を閣議決定　2014.4.11
エネルギー懇談会
エネルギー懇談会が発足　1961.8.17
石油政策に関する中間報告発表　1961.12.22
エネルギー自立計画
米、ガソリン割当制実施　1973.11.27
アメリカ、エネルギー自立計画発表　1974.11.12
アメリカ、エネルギー自立計画見直しへ　1976.3.5
エネルギー税
アメリカ、エネルギー税を構想　1993.2.18
エネルギー政策
発電水利権の法規制定に関する建議案審議　1918（この年）
エネルギー長期政策の基本問題発表　1961.7.25
エネルギー懇談会が発足　1961.8.17
エネルギー対策協議会の設置　1961.12.19
石油政策に関する中間報告発表　1961.12.22
通商産業省が石油各社に生産調整を指示　1964.1.25
ガソリン等輸入自由化　1964.4.1
産業構造審議会総合エネルギー部会発足　1964.9.25
通商産業省が給油所建設指導開始　1965.4月
総合エネルギー調査会第一次答申　1967.2.20
長期エネルギー需給バランスの改定　1970.7.24
総合エネルギー調査会答申　1970.12.23
総合エネルギー調査会、地域暖冷房事業振興について中間報告　1971.1.13
電気使用制限に関する通産相指定告示　1972.8.17
石油緊急対策要綱を発表　1973.11.16
灯油小売価格の上限価格を設定　1973.11.28
石油不足対策で省エネ推奨　1973.12.1
資源エネルギー庁臨時石油対策本部発足　1973.12.17
国民生活安定緊急措置法など公布　1973.12.22
電気使用制限規則を公布　1974.1.12
家庭用灯油・LPガスの標準額を告示　1974.1.14
石油・電力使用節減対策を決定　1974.1.16
日韓大陸棚協定調印　1974.1.30
石油製品の行政指導価格解除　1974.8.16
石油60日備蓄達成　1975.3月
家庭用灯油価格への行政指導撤廃　1975.6.1
総合エネルギー調査会、エネルギー安定化政策を答申　1975.8.15
総合エネルギー政策の基本方向を決定　1975.12.19
石油製品販売価格の標準撤廃　1976.5.13
エネルギーのOPEC離れ　1977.1.2
総合エネルギー対策推進本部設置　1977.2.14
WAES、石油需給見通し発表　1977.5月
総合エネルギー調査会に省エネルギー部会設置　1977.6.8
総合エネルギー調査会基本問題懇談会、中間報告　1977.8.31
エネルギー政策12原則採択　1977.10.5
省エネルギー・省資源対策推進会議を設置　1977.11.25
総合エネルギー調査会省エネルギー部会が報告取りまとめ　1977.11.25
省エネルギーセンター発足　1978.10.16

- 362 -

総合エネルギー調査会基本問題懇談会報告	
	1978.10.25
国民にエネルギー節約を求める方針	1979.1.17
IEA理事会、石油消費節約実施を決定	1979.3.2
省エネ省資源対策推進会議石油5%節約決定	1979.3.15
IEA理事会、石炭政策の原則を採択	1979.5.21
原子炉等規制法一部改正法案成立	1979.6.1
原子力損害賠償法一部改正法案成立	1979.6.6
エネルギー対策を決定	1979.6.15
省エネルギー法成立	1979.6.22
サミットで原油輸入目標を設定	1979.6.29
総合エネルギー調査会需給部会、中間報告	1979.8.31
各国別の石油輸入量上限目標設定	1979.12.10
原子炉等規制法改正法施行	1979.12.18
石油消費節減対策強化を決定	1980.1.11
IEA閣僚理事会開催	1980.5.21
石油代替エネルギー法を公布	1980.5.30
石油代替エネルギー供給目標を決定	1980.11.28
エネルギー対策投資促進税制適用対象決定	1981.5.4
石油製品減産指導	1981.7.1
ナフサ輸入自由化へ	1982.4.19
長期エネルギー需給見通しを答申	1982.4.21
石油代替エネルギー供給目標を閣議決定	1982.4.23
総合エネルギー調査会、石油代替エネルギー部会設置	1982.4.23
精製設備能力の縮小方針を答申	1982.5.25
石油代替エネルギー部会開催	1982.8.23
総合エネルギー調査会基本問題懇談会開催	1983.4.6
米国産エネルギー対日輸出契約合意	1983.11.11
長期エネルギー需給見通しを策定	1983.11.16
石油代替エネルギー供給目標を決定	1983.11.18
省エネ法を一部改正	1983.12.10
石油代替エネルギー部会開催	1984.8.30
新エネルギー導入ビジョン研究会を設置	1984.11.7
21世紀エネルギービジョン検討委員会設置	1985.11.15
エネルギーライフ21フォーラム発足	1988.5.10
石油代替エネルギーの供給目標決定	1990.10.30
核不拡散国際会議、日本のプルトニウム利用に懸念を表明	1995.11.13
エネルギー需要抑制による地球温暖化対策がまとまる	1997.11.13
経産省、新・国家エネルギー戦略を提示	2006.5.29
海外経済協力会議、省エネODAを重点化	2006.8.10
日本政府、環境税を導入	2011.12.10

エネルギー政策（アメリカ）

アメリカ、エネルギー節約声明	1973.11.25
米、ガソリン割当制実施	1973.11.27
アメリカ、エネルギー自立計画発表	1974.11.12
米、エネルギー政策節約法成立	1975.12.22
アメリカ、エネルギー自立計画見直しへ	1976.3.5
アメリカ、包括的エネルギー政策発表	1977.4.20
米、エネルギー関係4法案成立	1978.10.15
アメリカ、国民に石油節約呼びかけ	1979.1.3
アメリカ、石油備蓄計画を下方修正	1979.1.22
アメリカ、太平洋ベースン構想発表	1979.6.14
アメリカ、新エネルギー政策発表	1979.7.15
アメリカ、ガソリン配給制法案を可決	1979.10.23
アメリカ、イランからの原油輸入停止	1979.11.13
アメリカ、石油超過利潤税法案成立	1980.3.27
アメリカ、原油価格統制撤廃	1981.1.28
アメリカ、リビア原油禁輸	1982.3.10
米国に風車輸出ブーム	1982（この年）
アメリカ、国家エネルギー戦略を発表	1991.2.20
米、エネルギー水資源法案可決	1992.9.24
米で国家エネルギー政策法成立	1992.10.24
アメリカ、MTBEの使用を義務づけ	1995（この年）
ブッシュ大統領「国家エネルギー政策」発表	2001.5.17
ブッシュ大統領、独自に地球温暖化対策を実施すると発表	2001.6.11
オバマ大統領「ブループリント」公表	2011.3.31

エネルギー政策（韓国）

韓国、石油鉱区を設定	1972.5月
韓国「原子力発電輸出産業化戦略」発表	2010.1.13

エネルギー政策基本法

エネルギー政策基本法成立	2002.6.7

エネルギー政策節約法（EPCA）

米、エネルギー政策節約法成立	1975.12.22

エネルギー総合工学研究所

原子力工学センター開設	2008.4.1

エネルギー対策協議会

エネルギー対策協議会の設置	1961.12.19

エネルギー対策推進閣僚会議

石油代替エネルギーの供給目標を閣議決定	1994.9.13
新エネルギー導入大綱を決定	1994.12.16

エネルギー庁

新エネルギー導入ビジョン研究会を設置	1984.11.7

エネルギー転化の一般法則

ランキン、エネルギー転化の一般法則を提唱	1853.3.17

エネルギー分野における規制・制度改革に係る方針

エネルギー分野における規制・制度改革に係る方針が閣議決定	2012.4.3

エネルギー保存の法則

ラグランジュ、『解析力学』刊	1788（この年）
マイヤー、エネルギー保存の法則を発表	1842.5.31
ヘルムホルツ、『力の保存について』を発表	1847（この年）
クラウジウス、熱力学の諸法則が確立	1850（この年）
物理学者で医師のマイヤーが没する	1878.3.20

『エネルギー保存の法則 生命なき自然の力に関する考察』

マイヤー、エネルギー保存の法則を発表	1842.5.31

エネルギーライフ21フォーラム

エネルギーライフ21フォーラム発足	1988.5.10

榎本 武揚

電気学会設立	1888.6月

エノラ・ゲイ

広島に原爆投下	1945.8.6

エバンス, オリバー

エバンス、高圧蒸気機関を発明	1797（この年）

エピヌス, フランツ
　エピヌス,『電気磁気試論』刊　　1759（この年）
愛媛県立宇和島水産高校
　えひめ丸、米原潜と衝突し沈没　　2001.2.10
えひめ丸
　えひめ丸、米原潜と衝突し沈没　　2001.2.10
エプー
　カルテル・エプーが成立　　　　1906（この年）
エボイコス
　シンガポール海峡で、タンカー衝突による
　　燃料油が流出　　　　　　　　　1997.10.15
エームズ水力発電プラント（アメリカ）
　WEC、エームズ水力発電プラントを建設
　　　　　　　　　　　　　　　　1891（この年）
エリクソン, ジョン
　エリクソン、パラボラトラフを製作　1880（この頃）
エリツィン, ボリス
　エリツィン大統領、放射性廃棄物海洋投棄
　　の中止を明言　　　　　　　　　1996.4.19
エルー, P.L.T.
　ホールとエルー、独立にアルミニウムの電
　　気精錬法を発見　　　　　　　　1886（この年）
エルスター, ユリウス
　ガイテルとエルスター、光電管を発明
　　　　　　　　　　　　　　　　1898（この年）
エルステッド, ハンス・クリスティアン
　アンペール、アンペールの法則を発見
　　　　　　　　　　　　　　　　1820（この年）
　エルステッド、電流の磁気作用を発見
　　　　　　　　　　　　　　　　1820（この年）
エルバラダイ, ムハンマド
　リビアが核開発放棄　　　　　　　2003.12.19
　IAEAにノーベル平和賞　　　　　　2005.10.7
エルフ
　トタル・フィナとエルフが合併合意　1999.9.13
エルフ・アキテーヌ（ELF）
　フランス、国営石油会社設立　　　1976（この年）
エル・モルガン油田
　エジプトのエル・モルガン油田開発成功　1966.9.19
エレキテル
　平賀源内、エレキテルを完成　　　1776（この年）
『エレクトリシャン』
　『エレクトリシャン』創刊　　　　1861（この年）
遠隔作用説
　エピヌス,『電気磁気試論』刊　　　1759（この年）
煙管式ボイラー
　日本で初めてボイラーの特許が取得される
　　　　　　　　　　　　　　　　1890（この年）
鉛室法
　ローバック、鉛室法を確立　　　　1746（この年）
エンジニアリング振興協会
　固定式振動水柱型装置設置　　　　1988（この年）
エンジン
　ストリート、テレピン油使用エンジンを発
　　明　　　　　　　　　　　　　　1794（この年）
　ド・リバ、街の乗物用にエンジンを推奨
　　　　　　　　　　　　　　　　1807（この年）
　ハザード、爆発性混合物で特許を取得
　　　　　　　　　　　　　　　　1826（この年）
　オットー・サイクルの特許が無効に　1886.1.30
遠心調速機
　ワット、遠心調速機を発明　　　　1789（この年）
遠心分離法
　動燃、遠心分離法によるウラン濃縮実験成
　　功　　　　　　　　　　　　　　1969.5.30
　英、西独、蘭がガス遠心分離法による濃縮
　　ウラン共同生産協定に正式調印　　1970.3.4
　遠心分離法による国産濃縮機完成　　1972.1.19
　濃縮パイロットプラント建設着手決定　1976.12.7
エンタープライズ号
　世界初の原子力空母エンタープライズ号が
　　進水　　　　　　　　　　　　　1960.9.24
　米原子力空母寄港反対派学生と警官隊衝突
　　（佐世保事件・平瀬橋事件・佐世保橋事
　　件）　　　　　　　　　　　　　1968.1.17
　原子力空母「エンタープライズ」ハワイ海
　　上で火災　　　　　　　　　　　1969.1.14
　原子力空母が佐世保に寄港　　　　1983.3.21
エントロピー
　クラウジウス、エントロピーを提唱　1865（この年）
　ボルツマン、熱力学の第2法則に統計的基
　　礎をおく　　　　　　　　　　　1877（この年）
エンフィールド社
　イギリスでも大型風車開発実施　　1950（この頃）
エンリコ・フェルミ発電所（アメリカ）
　アメリカのエンリコ・フェルミ発電所臨界
　　　　　　　　　　　　　　　　1963.8.23
　アメリカで実験用高速増殖炉が炉心溶解事
　　故　　　　　　　　　　　　　　1966.10.5

【お】

オアシスグループ
　リビアが石油会社を国有化　　　　1973.8.11
オイラー, レオンハルト
　オイラー、流体の運動方程式を発見　1755（この年）
欧州エネルギー憲章
　欧州エネルギー憲章調印　　　　　1991.12.17
欧州加圧水型炉
　フィンランドの原発で、世界初の欧州加圧
　　水型炉建設を決定　　　　　　　2003.10.16
欧州共同市場（EEC）
　欧州原子力共同体の設置決定　　　1957.2.20
欧州経済共同体（EEC）
　欧州原子力共同体設立　　　　　　1957.3.25
欧州原子力学会
　欧州原子力学会設立　　　　　　　1975.4.20
欧州原子力機関（ENEA）
　経済協力開発機構の欧州原子力機関発足　1958.2.1
　パリ条約採択　　　　　　　　　　1960.7.29
　欧州原子力機関（ENEA）への準加盟申し
　　込みを閣議決定　　　　　　　　1965.2.12
欧州原子力共同体（EURATOM）
　欧州原子力共同体の設置決定　　　1957.2.20

- 364 -

欧州原子力共同体設立	1957.3.25
欧州原子力共同体設立	1958.1.1
英、西独、蘭がガス遠心分離法による濃縮ウラン共同生産協定に正式調印	1970.3.4
EURATOM、IAEAが保障措置協定調印	1973.4.5
日本とEURATOM、原子力平和利用協定に調印	2006.2.27

欧州合同原子核研究所（CERN）

ウィークボソンを発見	1983（この年）
CERN、反水素原子の合成に成功	1996.1.4
CERN、「反物質」大量生成に成功	2002.9.19
ヒッグス粒子の痕跡を確認	2011.12.13
ヒッグス粒子、発見される	2012.7.4
新粒子はヒッグス粒子で確定	2013.3.14

欧州における原子力発電の役割

WEC、「欧州における原子力発電の役割」を発表	2007.1.31

欧州連合（EU）

EU炭素税案廃案	1994.12.16
EU、統一基準でのストレステスト実施決定	2011.3.15

往復式電動機

ネグロ、往復式電動機を製作	1830（この年）

鴨緑江水力発電

東洋一の発電所が完成	1941（この年）

大型風車

イギリスでも大型風車開発実施	1950（この頃）
フランスで大型風車開発実施	1958（この頃）
3000kW風車の実証試験	1970（この頃）
GROWIAN計画	1970（この頃）
NASA/ERDAのMODシリーズが開発	1970（この頃）
2000kW風車を開発	1975.5月
カナダで史上最大のダリウス風車設置	1985（この年）
大型風車製造が活発化	1990（この頃）

大倉 喜八郎

東京電灯、火力発電で市内配電開始	1887.11.29

大阪ガス

ブルネイからLNG輸入開始	1972.12月
燃料電池開発に着手	1972（この年）
大阪ガス、天然ガスへ転換	1975（この年）
ガス料金二部料金体系へ	1980（この年）

大阪電灯

大阪電灯設立	1887.12月
幸町火力発電所建設	1896.9月
大阪電灯、60サイクル発電機を採用	1897（この年）

大阪電灯西道頓堀発電所

大阪電灯設立	1887.12月

大阪紡績会社

大阪紡績会社三軒家工場に発電機を設置	1886.9月

大島 賢三

原子力規制委員会設置法が参院本会議で可決・成立	2012.6.20

大島 高任

大島高任、石炭で銑鉄の溶解に成功	1856.3月

大手石油企業分割法

アメリカ上院、大手石油企業分割法案可決	1976.6.15

大平 正芳

省エネルックが話題に	1979.6.6

岡崎電灯

滝を利用した水力発電所、運転開始	1897.7月

岡田 克也

岡田外相、核持ち込み「密約」調査を指示	2009.9月

沖縄核密約

岡田外相、核持ち込み「密約」調査を指示	2009.9月

沖縄ガルフ石油精製平安座製油所

沖縄ガルフ石油精製平安座製油所完成	1972.4.16

沖縄石油精製

沖縄ガルフ石油精製平安座製油所完成	1972.4.16
出光が沖石精の株式を取得	1980.6.16

沖縄電力

沖縄電力設立	1972.2月

オーギラ油田

リビアでオーギラ油田発見	1966.11.21

奥会津地熱

福島県での地熱発電共同開発について合意	1991.1月
柳津西山発電所、運転開始	1995.5.25

オクシデンタル

リビアでイドリス油田発見	1967.10.17
リビア、石油会社に減産命令	1970.5.25
リビアが原油公示価格引き上げに合意	1970.9.5
リビアが石油会社を国有化	1973.8.11

奥只見ダム

日本最大有効貯水量の奥只見ダムが完成、発電所の運用開始	1960.12月

小国地域

熊本県で地熱調査開始	1983.8月
大分県と熊本県で地熱調査開始	1988（この年）
小国地域における地熱開発基本協定締結	1994.10月
小国地熱発電所が電調審を通過	1997.7月
岳の湯発電所を廃止	2002.2月
電源開発、小国発電所計画から撤退	2002.3月

小倉 常吉

小倉油店開業	1889（この年）

オークリッジ国立研究所（ORNL）

ORNL原子炉クリントン・パイル臨界	1943.11.4
アメリカで初のウラン235製造	1945.3.12
オークリッジ国立研究所再処理施設で爆発事故	1959.11.20
ORNL実験炉で、世界で初めてウラン233を燃料で臨界	1968.10.2

オクロ・ウラン鉱床

17億年前の核分裂連鎖反応の痕跡発見	1972.9.25

オークン, L.B.

オークンが素粒子を分類してハドロンと命名	1962（この年）

オーシャン・パワー・デリバリー社

可動物体型ペラミス発電装置の海域試験	2004（この年）

おしら　　　　　　　　事項名索引　　　　　　資源・エネルギー史事典

オシラク原子炉（イスラエル）
　イラク原子炉爆撃事件　　　　　　1981.6.7
オシロスコープ
　C.F.ブラウン、ブラウン管を発明　1897（この年）
オーストリア
　オーストリア国民投票で原発拒否　1978.11.5
　オーストリア国民議会で原発禁止　1978.12.15
オスプレイ
　ART社、波－風力ハイブリッド型システ
　　ム設置　　　　　　　　　　　1995（この年）
オスロ条約
　クラスター爆弾禁止条約に加盟　　2008.12.3
汚染者負担原則
　汚染者負担原則実施勧告発表　　　1974.11月
小田 二三男
　軍部にボーリング機械徴用　　　　1940（この年）
オタワ条約
　対人地雷全面禁止条約を調印　　　1997.12.2
オットー、ニコラウス・アウグスト
　オットー、4サイクルエンジンを試作
　　　　　　　　　　　　　　　　1862（この年）
　オットー、大気圧エンジンを実用化 1863（この年）
　オットーら、N.A.オットー会社設立 1864.3.31
　オットーのエンジンが、パリ万博で金賞を
　　受賞　　　　　　　　　　　　1867（この年）
　オットー、4サイクル内燃機関完成　1876（この年）
　オットー、マグネト点火装置を開発　1878（この年）
　オットー・サイクルの特許が無効に　1886.1.30
オットーサイクルエンジン
　オットー、4サイクル内燃機関完成　1876（この年）
オットー・ハーン号
　オットー・ハーン号進水　　　　　1964.6.13
　西ドイツの原子力船、約6時間航海　1967.10.11
越波型装置
　越波型装置の稼働　　　　　　　　1985（この年）
オーディオン
　ド・フォレストとリーベン、三極真空管を
　　発明　　　　　　　　　　　　1906（この年）
　アームストロング、再生増幅器を発明
　　　　　　　　　　　　　　　　1912（この年）
オディロ＝アポティロ太陽熱発電所（フランス）
　世界初の商業用太陽熱発電　　　　1977.1.25
オートジャイロ
　デ・ラ・シェルバ、オートジャイロの飛行
　　に成功　　　　　　　　　　　1923（この年）
オハイオ・スタンダード
　ロックフェラー、オハイオ・スタンダード
　　設立　　　　　　　　　　　　1870.1.10
　ロックフェラー、スタンダード・オイル・
　　トラスト成立　　　　　　　　1882.1.2
オハイン、ハンス・ヨアヒム・パプスト・フォン
　オハインとホイットルがジェットエンジン
　　を製作　　　　　　　　　　　1937（この年）
オバマ、バラク
　安保理、「核なき世界」決議　　　2009.9.24
　核廃絶を評価、オバマ大統領にノーベル平
　　和賞　　　　　　　　　　　　2009.10.9

オバマ大統領、イラクでの戦闘任務の終結
　を宣言　　　　　　　　　　　　2010.8.31
　オバマ大統領「ブループリント」公表　2011.3.31
　オバマ大統領、イラク戦争の終結を宣言　2011.12.14
オハ油田
　オハ油田が発見される　　　　　　1880（この年）
　北辰会が北樺太で試掘に成功　　　1923（この年）
　北樺太油田から初搬入　　　　　　1924（この年）
　北樺太の利権をソ連に委譲　　　　1944.3月
オブシンスキー、スタンフォード・R.
　ニッケル・水素蓄電池を発明　　　1982（この頃）
小渕 恵三
　対人地雷全面禁止条約を調印　　　1997.12.2
オブニンスク原子力発電所（ソ連）
　世界初の原子力発電所運転開始　　1954.6月
オーム、ゲオルク・ジーモン
　オーム、オームの法則を発見　　　1826（この年）
　物理学者のオームが没する　　　　1854.7.7
オームの法則
　オーム、オームの法則を発見　　　1826（この年）
　物理学者のオームが没する　　　　1854.7.7
Ω粒子
　オメガ粒子が発見される　　　　　1964（この年）
オラピングローバル
　シンガポール海峡で、タンカー衝突による
　　燃料油が流出　　　　　　　　1997.10.15
オール, ラッセル
　オールがシリコンの光起電力効果を発見
　　　　　　　　　　　　　　　　1939（この年）
オルキルオト原子力発電所（フィンランド）
　フィンランドの原発で、世界初の欧州加圧
　　水型炉建設を決定　　　　　　2003.10.16
オールコック, ジョン
　オールコックとブラウン、大西洋横断無着
　　陸飛行に成功　　　　　　　　1919.6.19
オルドリン, バズ
　アポロ11号を打ち上げ　　　　　1969.7.16
オルブライト, マデレーン
　北朝鮮核開発疑惑への制裁議論高まる　1994.4月
オレンジコーラル号
　来島海峡で重油流出　　　　　　　1989.5.2
オンサーガー, ラース
　オンサーガー、オンサーガーの相反定理を
　　発見　　　　　　　　　　　　1931（この年）
オンサーガーの相反定理
　オンサーガー、オンサーガーの相反定理を
　　発見　　　　　　　　　　　　1931（この年）
温室効果ガス
　WMO、温室効果による温暖化を警鐘
　　　　　　　　　　　　　　　　1979（この年）
　気候変動枠組条約が発効　　　　　1994.3.21
　京都議定書が採択される　　　　　1997.12.1
　地球温暖化対策推進大綱が決定　　1998.6.19
　アメリカ、京都議定書を離脱　　　2001.3.28
　ブッシュ大統領、独自に地球温暖化対策を
　　実施すると発表　　　　　　　2001.6.11
　温室効果ガス排出権取引　　　　　2006.4.22

－ 366 －

「G20対話」温室効果ガス削減日本案継続	
議論	2008.3.15
洞爺湖でサミット―温室効果ガス半減目標	
を明記	2008.7.7
地球温暖化対策基本法案を閣議決定	2010.3.12
東京都、日本初の排出量取引制度を開始	2010.4.1

温泉法
温泉法設定	1948.8月

温度差発電
ハイブリッド型温度差発電が稼働	1982.9月

音波
フェッセンデン、AMラジオを発明	1906.12.24

温排水
島根原発温排水で漁業被害	1975.9月
発電所の温排水に関する中間報告発表	1975.12.17

【か】

加圧水型軽水炉
関西電力美浜原発が稼働	1970.7.29

ガイガー, ハンス・ウィリアム
ガイガーとラザフォード、計数管を開発	
	1908（この年）
ガイガーとマースデン、原子核の大きさと	
荷電を測定	1913（この年）
ガイガー、計数管を改良	1913（この年）

海外経済協力会議
海外経済協力会議、省エネODAを重点化	2006.8.10

海外炭長期輸入契約
世界初、海外炭長期輸入契約合意	1977.6月

ガイガー計数管
ガイガーとラザフォード、計数管を開発	
	1908（この年）
ガイガー、計数管を改良	1913（この年）

外貨割当制
灯油・軽油等輸入事前割当制に移行	1957.9.27

海岸固定式波力発電装置
海獺島灯台で海岸固定式波力発電装置の実	
用化	1967（この年）

海軍燃料廠令
海軍燃料廠令施行	1921.4月

カイザー
琉球政府が製油所建設を許可	1968.1.20

ガイザース地熱発電所（アメリカ）
ガイザースで地熱開発調査開始	1920（この年）
グラント、ガイザースで井戸を掘削	1921（この年）
東芝製タービンが米国へ出荷	1978.4月

海上浮揚型原子力発電所
ロシア、世界初の海上浮揚型原子力発電所	
の建設に着手	2006.6.14
ロシアで浮揚型原子力発電所の組み立て開	
始	2009.5.19

海上保安庁
太陽電池を実用化	1963（この年）
益田善雄、世界初の波力発電用航路標識ブ	
イを発明	1964（この年）

ガイスラー, ハインリッヒ
ガイスラー、ガイスラー管を発明	1857（この年）

ガイスラー管
ガイスラー、ガイスラー管を発明	1857（この年）

改正石油開発公団法
石油公団と改称	1978.6.27

『解析力学』
ラグランジュ、『解析力学』刊	1788（この年）

海底ケーブル
ジョン・ブレットとヤコブ・ブレット、英	
仏間に海底ケーブルを敷設	1850（この年）

ガイテル, ハンス・フリードリヒ
ガイテルとエルスター、光電管を発明	
	1898（この年）

回転磁気
アラゴー、アラゴーの円盤を発明	1824（この年）

回転炉
ベッセマー、回転炉の特許取得	1860（この年）

海明
浮体式装置実験実行	1977（この年）
日本初の波力発電装置公開	1978.6.25
波力発電実験の開始	1978.8.2
波力発電実験の再開	1985.9.3

海陽
沖縄で浮体式発電装置実験	1985（この年）

海洋エネルギー研究センター
佐賀大が海洋エネルギー研究センターを開	
設	2003（この年）

海洋科学技術センター
浮体式装置実験実行	1977（この年）
波力発電コスト発表	1987.5.11
海洋科学技術センター、浮体型波力発電装	
置実験	2000（この年）

海洋研究開発機構
海洋科学技術センター、浮体型波力発電装	
置実験	2000（この年）

海洋石油
日本、メコン・デルタ油田開発に参加	1971.3.10

カイラル対称性の破れ
クォーク凝縮、初確認	2004.2月

改良加圧水型
原子力発電設備改良標準化調査委員会発足	
	1976.6月
日本初の改良型加圧水炉の設置変更許可申	
請	2004.3.30

改良型ガス冷却炉
ウィンズケールAGR炉で事故	1963.11.16

改良沸騰水型
原子力発電設備改良標準化調査委員会発足	
	1976.6月

ガウス, ヨハン・カール・フリードリヒ
ガウス、絶対単位系を提唱	1832（この年）
ガウスとウェーバー、電信機を発明	1833（この年）

カウフマン, W.
カウフマン、β粒子が電子であることを実	
証	1901（この年）

科学技術庁
  科学技術庁が発足 1956.5.19
  日本地熱調査会設立 1960.6月
  日本の小型風車の実証試験開始 1978（この年）
  放射能海洋投棄に関する説明会開催 1980.11.8
  「もんじゅ」事故ビデオで核心隠蔽 1995.12.20
  「もんじゅ」事故現場ビデオ隠蔽問題 1995.12.21
  「もんじゅ」事故報告書まとまる 1996.5.23
  動燃東海事業所火災・爆発事故で虚偽報告書 1997.4.10
  「ふげん」廃炉方針 1997.4.16
  「もんじゅ」半年間運転停止処分 1997.8.3
  「もんじゅ」事故で立入検査 1997.8.9
  低レベル放射性廃棄物ドラム缶腐食問題が発覚 1997.8.27

科学技術庁資源調査会
  ごみ発電の推進 1980.1.29

科学研究所
  国産金属ウラン製造 1956.6.1

『化学原論』
  ラヴォアジェ、『化学原論』刊 1789（この年）

化学的親和力論
  ベリマン、『電気引力に関する試論』刊 1775（この年）

『化学的比例説と電気の化学的影響に関する試論』
  ベルツェリウス、『化学的比例説と電気の化学的影響に関する試論』刊 1812（この年）

『化学動力学の研究』
  ファント・ホフ、化学熱力学の確立 1884（この年）

化学熱力学
  ギブズ、相律を確立 1874（この年）
  ファント・ホフ、化学熱力学の確立 1884（この年）

『化学の基礎』
  ブールハーヴェ、カロリック説をまとめる 1724（この年）

化学物質の環境上の潜在的影響評価に関する勧告
  汚染者負担原則実施勧告発表 1974.11月

ガガーリン、ユーリイ・アレクセーエヴィチ
  世界初の有人宇宙飛行が成功 1961.4月

香川県仁尾町
  太陽熱発電プラントが稼働 1981.8.6

科技庁原子力安全局
  科技庁原子力安全局発足 1976.1.16

可逆ポンプ水車
  可逆式ポンプ水車の運転を開始 1931（この年）

核拡散防止条約（NPT）
  核拡散防止条約の調印式 1967.7.1
  核拡散防止条約可決 1968.6.12
  核拡散防止条約に調印 1970.2.3
  核拡散防止条約が発効 1970.3月
  IAEA、保障措置委員会を発足 1970.6.20
  EURATOM、IAEAが保障措置協定調印 1973.4.5
  核拡散防止体制へ正式参加 1976.6.8
  日本、IAEA保障措置協定署名 1977.3.4
  原子力供給国グループ設立 1978（この年）
  北朝鮮、NPTを脱退 1993.3.12
  安保理、北朝鮮のNPT脱退に再考を促す 1993.5.11

核関連物質輸出規制
  英、印パへ核関連物質輸出規制 1998.7.10

核軍縮
  京都会議で声明発表 1981.6.7

核原料物質開発促進臨時措置法
  日本原子力研究所法、核原料物質開発促進臨時措置法、原子燃料公社法成立 1956.4.30

核原料物質、核燃料物質及び原子炉の規制に関する法律
  原子力関連の2法案閣議決定 2005.2.18

核再処理施設事故
  シベリア・トムスク7の再処理施設で爆発事故発生 1993.4.6

拡散接合型トランジスター
  拡散接合型トランジスターを開発 1956（この年）

核施設相互不可攻撃協定
  印パ関係、改善の方向へ 1988.12.31

核実験
  核実験反対を申入れ 1957.1.30
  国連が核実験の影響を発表 1958.8.10
  核実験停止3国会議開催 1958.10.31
  衆議院で核実験禁止決議 1961.10.25
  核探知国際会議開催、日本も参加 1966.5.23
  核実験禁止で一致 1974.10月
  日ソウラン交渉締結 1978.1.23
  仏の核実験再開声明で抗議行動 1995.6.13
  核の闇市場、明らかに 2004.2.4

核実験（アメリカ）
  アメリカでトリニティ実験を実施 1945.7.16
  ビキニ環礁を核実験場に選定 1946.1.24
  アメリカ、マーシャル群島ビキニ環礁で核実験 1946.7.1
  アメリカ、マーシャル諸島エニウェトク環礁で核実験 1948.4.14
  アメリカ、ネバダ核実験場で核実験 1951.1.27
  ネバダでアメリカ最大の核爆発実験 1952.4.22
  アメリカ、水爆実験に成功 1952.11.1
  アメリカで原爆実験 1953.3.17
  ビキニ環礁で水爆実験 1954.3.1
  漁船第5福竜丸被曝 1954.3.1
  アメリカ、水爆実験開始 1955.2.18
  マーシャル群島で放射能汚染 1955.12.13
  爆撃機からの水爆投下実験 1956.5.4
  日本学術会議が米核実験に抗議 1958.8.14
  アメリカ、1年間の核実験停止を発表 1958.8.22
  アメリカ、核実験を再開 1961.9.15
  アメリカ、核実験を再開 1962.4.25
  全国各地で高数値の放射能を観測 1965.1.21
  ネヴァダ州で最大規模地下核実験 1968.4.26
  アメリカが地下核実験 1970.3.26
  アメリカ、地下核実験を強行実施 1971.11.6
  ビキニ水爆実験の被曝調査 1971.12.7
  ビキニ環礁の住民に退去命令 1978.4.12
  核実験による白血病死 1979.1.8
  米兵被曝者13.2万人 1983.5.24
  米、核実験実施 1987.2.3
  アメリカ、核実験停止期間を延長 1995.1.30

核実験（イギリス）
- イギリスが核保有公表　1952.2.26
- イギリス、最初の原爆実験成功　1952.10.3
- イギリス、クリスマス島で水爆実験　1957.5.15
- 水爆実験抗議デモ　1957.5.16

核実験（印パ）
- インド放射能汚染　1958.4.7
- インド、地下核実験実施　1974.5.18
- インド政府、包括的核実験禁止条約を拒否　1996.6.20
- インド、ポカラン砂漠で地下核実験　1998.5.11
- 日本政府、インドの核実験に対抗措置を検討　1998.5.12
- 米独、インドの核実験に対し経済制裁を発動　1998.5.13
- 日本政府、核実験へ追加制裁措置　1998.5.14
- パキスタン、インドの核実験で記者会見　1998.5.23
- パキスタン、核実験を強行　1998.5.28
- 日本政府、パキスタンの核実験に制裁措置　1998.5.29
- パキスタン、2度目の核実験　1998.5.30
- 米、パキスタンに経済制裁発動　1998.5.30
- 国連安保理、核実験に対し共同声明　1998.6.4
- 国連安保理、印パ核実験非難決議　1998.6.6
- G8、印パに核実験開発中止を要求　1998.6.12
- インド、核実験への制裁に反発し緊急援助を拒絶　1998.6.26
- 英、印パへ核関連物質輸出規制　1998.7.10
- ARF議長声明で、印パの核実験を非難　1998.7.27
- 核軍縮フォーラムを東京で開催　1998.8.30
- 核不拡散・核軍縮フォーラム開催　1999.7.25
- アメリカが印パ制裁を解除　2001.9.22
- 日本、印パの核実験に対しての経済制裁停止　2001.10.26

核実験（北朝鮮）
- 北朝鮮が初の地下核実験　2006.10.9
- 北朝鮮、ウラン濃縮活動の停止受入れ　2012.2.29

核実験共同声明
- アイゼンハワーとマクミランが核実験停止の共同声明を発表　1960.3.27

核実験禁止
- 米、エネルギー水資源法案可決　1992.9.24

核実験（ソ連）
- ソ連、セミパラチンスク核実験場で原爆実験　1949.8.29
- ソ連、最初の水爆実験　1953.8.12
- ソ連が一方的核実験中止宣言　1958.3.31
- ソ連、核実験を再開　1958.9.30
- ソ連、核実験を再開　1961.9.1
- ソ連、史上最大の水爆実験　1961.10.30

核実験（中国）
- 中国、初の核実験実施　1964.10.16
- 中国が3回目の水爆実験　1966.5.9
- 中国・新疆ウイグル自治区で初の水爆実験　1967.6.17
- 中国、7ヶ月ぶりの地下核実験　1995.5.15
- 中国の地下核実験に、日本で抗議運動　1995.8.17
- 日本政府、中国核実験に抗議　1995（この年）
- 中国、地下核実験を強行　1996.6.8
- 中国、ロプノール核実験場で核実験実施　1996.7.29
- 日本政府、中国向け円借款を再開　1996.11月

核実験停止会議
- 核実験停止会議が一時決裂　1962.1.29

核実験停止決議案
- 国連に核実験停止決議案提出　1957.9.23
- 核実験停止決議案否決　1957.11.6
- 国連総会で核実験停止決議案採択　1969.12.4
- 国連に核実験即時停止決議案を提出　1995.10.31
- 核実験即時停止決議案が採択される　1995.11.16
- 核実験即時停止決議案が採択される　1995.12.12

核実験登録制
- 核実験登録制の提案　1957.1.21

核実験（フランス）
- フランス、サハラで初の核実験　1960.2.13
- フランス、ムルロア環礁で初の核実験　1966.6.30
- フランスがムルロア環礁で地上核実験を開始　1966.7.2
- 政府、フランスの核実験に抗議　1966.10.6
- フランス初の水爆実験　1968.8.24
- フランスが核実験　1970.5.15
- フランス、核実験実施　1973.7.21
- 仏、ムルロア環礁で地下核実験　1983.5.25
- 核実験抗議船爆破　1985.7.10
- 南太平洋非核地域条約採択　1985.8.6
- 仏大統領、ムルロア環礁訪問　1985.9.13
- 核実験抗議のグリーンピース船がフランスに拿捕される　1995.7.10
- すべての核実験の中止を　1995.8.17
- フランス、ムルロア環礁で核実験　1995.9.5
- フランス、ファンガタウファ環礁で核実験　1995.10.2
- フランス、ムルロア環礁で3回目の核実験　1995.10.27
- フランス、ムルロア環礁で4回目の核実験　1995.11.21
- フランス、ムルロア環礁で5回目の核実験　1995.12.27
- シラク大統領、核実験について談話を発表　1996.1.4
- ムルロア環礁近くで放射性物質検出　1996.1.23
- フランス、ファンガタウファ環礁で6回目の核実験　1996.1.27
- シラク大統領、核実験の完了を発表　1996.1.29
- 仏領ポリネシア議会選挙で核実験を支持　1996.5.12
- 仏領ポリネシア議会、核実験による放射能被害を報告　2006.2.9

革新的エネルギー・環境戦略
- 日本政府、革新的エネルギー・環境戦略を決定　2012.9.14

核戦争
- アメリカで「大量報復戦略」構想　1955（この年）
- キューバ危機　1962.10.22
- 核戦争回避のための米ソホットライン協定を発表　1963.6.20
- 米、コンピュータ故障で核戦争の非常警戒態勢入り　1980.6.3
- 核の冬フォーラム開催　1985.6.22

核戦争防止国際医師会議（IPPNW）
- 核戦争防止国際医師会議がノーベル平和賞を受賞　1985（この年）

かくた　　　　　　　　　事項名索引　　　　　　資源・エネルギー史事典

核探知国際会議
核探知国際会議開催、日本も参加　　1966.5.23
核弾頭
ソ連原潜が大西洋上で火災事故　　　1986.10.3
ノルウェー海上で原潜火災　　　　　1989.4.7
グリーンピース、ロシアが保有する核弾頭
　数を発表　　　　　　　　　　　　1995.3.2
アメリカ、核弾頭数を公表　　　　　2010.5.3
核断面積
ウィグナー、中性子が原子核に吸収される
　数学を完成　　　　　　　　1936 (この年)
核テロ防止条約
国連が核テロ防止条約を採択　　　　2005.4.13
核搭載船
核兵器積載軍艦が日本寄港　　　　　1974.9.10
核搭載船の寄港を拒否　　　　　　　1985.2.1
核なき世界
安保理、「核なき世界」決議　　　　2009.9.24
核廃絶を評価、オバマ大統領にノーベル平
　和賞　　　　　　　　　　　　　　2009.10.9
アメリカ、核弾頭数を公表　　　　　2010.5.3
核燃料
原発核燃料3国交渉不調　　　　　　 1977.6.7
核燃料サイクル
日本原燃サービス株式会社発足　　　1980.3.1
日米新原子力協定承認案が可決成立　1988.5.25
新「原子力研究・開発及び利用に関する長
　期計画」決定　　　　　　　　　　2000.11.24
電事連、再処理プルトニウム利用計画を公
　表　　　　　　　　　　　　　　　2006.1.6
核燃料サイクル開発機構
動燃改革法案が可決成立　　　　　　1998.5.13
核燃料サイクル開発機構発足　　　　1998.10.1
核燃料サイクル開発機構、ウラン濃縮技術
　開発終了　　　　　　　　　　　　2001.9.30
高速実験炉「常陽」施設で火災　　　2001.10.31
国際協力でプルトニウム処分が実現　2002.4.12
「ふげん」運転終了　　　　　　　　2003.3.29
新型転換炉「ふげん」で爆発音　　　2003.7.4
日本原子力研究開発機構発足　　　　2005.10.1
核燃料バンク
「核燃料バンク」提言　　　　　　　2005.2月
核の冬
アイスランドのラキ火山が噴火　1783 (この年)
セーガン、『核の冬』を発表　　1983 (この年)
核の冬フォーラム開催　　　　　　　1985.6.22
核の闇市場
核の闇市場、明らかに　　　　　　　2004.2.4
核爆弾
原爆機事故で、核爆弾が投下されたことが
　判明　　　　　　　　　　　　　　1962.10.21
核不拡散
IAEAにノーベル平和賞　　　　　　 2005.10.7
核不拡散・核軍縮に関する東京フォーラム
核軍縮フォーラムを東京で開催　　　1998.8.30
核不拡散・核軍縮フォーラム開催　　1999.7.25

核不拡散国際会議
核不拡散国際会議、日本のプルトニウム利
　用に懸念を表明　　　　　　　　　1995.11.13
核武装反対運動
イギリスで核武装反対運動の大行進　1958.4.4
核物質防護条約
核物質防護条約採択　　　　　　　　1979.10.26
日本、核物質防護条約署名　　　　　1980.3.3
IAEA、核物質防護条約の検討・改正会議
　をウィーンで開催　　　　　　　　2005.7.4
核分裂
ハーンとシュトラスマンがウランの核分裂
　反応発見　　　　　　　　　　　　1938.12.22
マイトナーとフリッシュが「核分裂」理論
　を提出　　　　　　　　　　　　　1939.1.26
ジンが核分裂反応は持続可能なことを確認
　　　　　　　　　　　　　　　1939 (この年)
フェルミらが持続的原子核連鎖反応に成功
　　　　　　　　　　　　　　　　　1942.12.2
核分裂連鎖反応
17億年前の核分裂連鎖反応の痕跡発見　1972.9.25
核兵器使用禁止宣言
国連総会で核兵器使用禁止宣言可決　1961.11月
核兵器廃絶
ゲッチンゲン宣言　　　　　　　　　1957.4月
第1回パグウォッシュ会議開催　　　 1957.7.6
アンドレイ・サハロフがノーベル平和賞を
　受賞　　　　　　　　　　　　1975 (この年)
核兵器の違法性をめぐりICJで審理　1995.11.7
パグウォッシュ会議、ジョセフ・ロートブ
　ラットがノーベル平和賞を受賞　　1995.12.10
核兵器廃絶国際フォーラム
核廃絶の国際フォーラム開催　　　　1987.2.14
核持込み密約
ライシャワー発言の衝撃　　　　　　1981.5.18
核融合
エディントン、『恒星の内部構造』刊 1926 (この年)
ベーテとヴァイツゼッカーが恒星の核融合
　反応を提唱　　　　　　　　　1938 (この年)
原子核の流体的理論の数学的検討　1951 (この年)
第2回原子力平和利用国際会議を開催
　　　　　　　　　　　　　　　1958 (この年)
アメリカで、初のプラズマ閉じ込め成功　1978.2.27
原研、初のプラズマ加熱装置完成　　1981.11.16
京大ヘリオトロン核融合研究センターで、
　40ミリ秒のプラズマ閉じ込めに成功　1982.6.3
原研、トカマク炉で世界最高のベータ値達
　成　　　　　　　　　　　　　　　1982.9.22
EC、ファーストプラズマ発生に成功　1983.6.29
EC、トーラス型核融合臨界プラズマ実験
　装置完成　　　　　　　　　　　　1984.4.9
原研臨界プラズマ試験装置がプラズマ達成
　　　　　　　　　　　　　　　　　1985.7.18
核融合反応制御
核融合反応制御の成果を発表　　1957 (この年)
カーグ5
モロッコ沖でタンカー爆発・原油流出　1989.12.19
鹿児島電気
九州初の水力発電所が運転開始　　　1898.7月

- 370 -

カザフ共和国
　ソ連、地下核実験場を公開　　　　　1986.9.27
笠松丸
　静岡県沖合で軽油輸送中のタンカー沈没
　　　　　　　　　　　　　　　　　1970.10.16
華氏温度
　ファーレンハイト、水銀温度計を発明
　　　　　　　　　　　　　　　1714（この年）
　物理学者のファーレンハイトが没する　1736.9.16
可視光
　メローニ、赤外線と可視光の同一性を証明
　　　　　　　　　　　　　　　1850（この年）
鹿島石油
　鹿島石油設立　　　　　　　　　　1967.10.30
鹿島石油鹿島製油所
　鹿島製油所で爆発事故　　　　　　　1982.3.31
カシャガン油田
　カスピ海沖油田、共同発掘で合意　　　2000.7.4
ガス
　東京瓦斯会社設立　　　　　　　　1885.10月
　帝国瓦斯協会創立　　　　　　　　　1912.5.30
　日本瓦斯協会設立　　　　　　　　　1947.10.15
　ガスの供給規定を認可制に　　　　　1951.3.13
　ガス事業法施行　　　　　　　1954（この年）
　ガス料金二部料金体系へ　　　　1980（この年）
ガスエンジン
　バーネット、圧縮式内燃機関を発明　1838（この年）
　ドプテビーユ、ガスエンジンを製作　1883（この年）
　ベンツ、ベンツ会社を設立　　　　1883（この年）
春日 永太郎
　春日永太郎ら、石油削井組合設立　　　1876.6月
ガス拡散法
　ガス拡散法によるウラン濃縮成功　　　1969.3.31
　アルゼンチン、ガス拡散法によるウラン濃
　　縮に成功　　　　　　　　　　　　1983.11.18
ガス機関
　ブラウン、実用ガス機関を発明　　1823（この年）
瓦斯工業会
　日本瓦斯協会設立　　　　　　　　　1947.10.15
ガス事業法
　ガス事業法を公布　　　　　　　　　1954.3.31
　電気事業法、ガス事業法など一部改正　1983.12.10
ガス消費危機安全性調査委員会
　ガス消費危機安全性調査委員会答申　　1984.9.4
ガス照明
　ミンケレス、石炭ガス照明を用いる　1783（この年）
　マードック、ガス照明を発明　　　1792（この年）
　マードック、建物の照明にガス照明を使用
　　　　　　　　　　　　　　　1798（この年）
　マードック、建物の照明にガス灯を常用
　　　　　　　　　　　　　　　1802（この年）
　ロンドンにガス灯がともる　　　　1807（この年）
　発明家のマードックが没する　　　　1839.11.15
　石炭ガスで灯籠点灯　　　　　　　1857（この年）
　高島嘉右衛門、ガス灯をともす　　　　1872.9.29
ガスタービン
　ホルツワース、ガスタービンを製作　1910（この年）

ホイットル、ガスタービン・ジェットエン
　　ジンの特許取得　　　　　　　1930（この年）
　大気汚染防止法施行令の一部改正　　　1987.10.30
カスチリョ・デ・ベルベル
　南アフリカ沖合でタンカー爆発・原油流出　1983.8.6
瓦斯統制会
　日本瓦斯協会設立　　　　　　　　　1947.10.15
カストレル, アルフレッド
　カストレルが光ポンピング法の発見　1950（この年）
ガスナー, カール
　ガスナー、ガスナー乾電池を発明　1885（この年）
ガスナー乾電池
　ガスナー、ガスナー乾電池を発明　1885（この年）
カスピ海沖油田
　アゼルバイジャン、カスピ海沖油田開発契
　　約締結　　　　　　　　　　　　1993.10.24
ガスプロム
　サハリン2の経営権問題で合意　　　2006.12.21
ガス輸出国フォーラム（GECF）
　「ガス輸出国フォーラム」正式発足　2008.12.23
ガス冷却黒鉛減速炉
　東海発電所が営業運転終了　　　　　　1998.3.31
『風の一般的な原因についての考察』
　ダランベール、『風の一般的な原因につい
　　ての考察』刊　　　　　　　　1747（この年）
風の一般理論
　数学者・哲学者のダランベールが没する　1783.10.29
カセム, A.
　イラクがイラク石油会社の利権を接収　1961.12.12
仮想変位の原理
　ヨハン・ベルヌーイ、仮想変位の原理を示
　　す　　　　　　　　　　　　　1717（この年）
ガソリン
　バートン、クラッキングを実用化　1913（この年）
　ダブズ、連続熱分解法を開発　　　1919（この年）
ガソリンエンジン
　ダイムラーら、4サイクル高速ガソリンエ
　　ンジンを製作　　　　　　　　1882（この年）
　地球環境問題検討会を設置　　　　　　1989.7月
ガソリンエンジン車
　ベンツ、ベンツ・パテント・モトール
　　ヴァーゲンを製作　　　　　　1886（この年）
ガソリン自動車
　フォード、ガソリン自動車を製作　　　1896.5月
　東京自動車製作所、ガソリン自動車第1号
　　製作　　　　　　　　　　　　　　1907.4月
ガソリン消費規制
　イタリア、ガソリン消費規制実施　1939（この年）
ガソリンスタンド
　日本初のガソリンスタンド完成　　　　1919.2月
ガソリン税
　オレゴン州で、ガソリン税創設　　1919（この年）
ガソリン直噴エンジン
　三菱がガソリン直噴エンジンを採用　1996（この年）
ガソリン配給制法
　アメリカ、ガソリン配給制法案を可決　1979.10.23

カーター, ジミー
アメリカ、包括的エネルギー政策発表　1977.4.20
アメリカ、新エネルギー政策発表　1979.7.15
アメリカ、放射性廃棄物管理総合政策を発表　1980.2.12
ジミー・カーターがノーベル平和賞を受賞　2002（この年）

片貝ガス田
新潟県でガス田発見　1978.9月

カダフィ
リビアが核開発放棄　2003.12.19

カタール石油（QPC）
カタールがカタール石油、シェル・カタールへの参加協定調印　1973.1.11
カタール、参加協定調印　1974.7.10
カタール、総合石油会社設立　1974.8.1
カタールがQPC100%事業参加　1976.9.16

カーチス, チャールズ・ゴードン
カーチス、速度複式衝動タービンを発明　1896（この年）

カーチスタービン
カーチス、速度複式衝動タービンを発明　1896（この年）

葛根田地域
岩手県葛根田で地熱本格調査開始　1968.6月
岩手県での地熱開発で協定締結　1970.12月

ガッチサラン油田
ガッチサラン、ハフトケル油田発見　1928（この年）

荷電粒子
ローレンツ、運動物体の電磁光学理論を展開　1895（この年）
ゼーマン、ゼーマン効果を発見　1896（この年）
ローレンツ、ゼーマン効果を荷電粒子の比電荷の計算に利用　1896（この年）
C.T.R.ウィルソン、霧箱を完成　1911（この年）

加藤 直重
尼瀬で出油　1879（この年）

加藤 与五郎
加藤与五郎ら、OP磁石を発明　1930（この年）

可動式転炉
ベッセマー、回転炉の特許取得　1860（この年）

カドミウム電池
ウェストン、標準電池を発明　1893（この年）

カートライト, エドムンド
カートライト、動力織布機を発明　1785（この年）

カナダ原子力公社
カナダ・チョークリバーのNRU炉で水漏れ　2009.5.15

カナル線
ゴルトシュタイン、カナル線を発見　1886（この年）

可燃ガス
北九州市で可燃ガス流出　1991.9.27

カビンダ
カビンダ石油生産開始　1968.1月

カプラン水車
日本初のカプラン水車、運用開始　1927（この年）
国産初のカプラン水車が設置　1930.10月

初の50・60Hz両用機採用　1958.6月

ガーベット, S.
ローバック、鉛室法を確立　1746（この年）

可変速揚水
初の可変速揚水開始　1990（この年）

可変バルブタイミング機構
日産が可変バルブタイミング機構を採用　1986.1月
ホンダが可変バルブタイミング・リフト機構を採用　1989（この年）
トヨタが連続可変バルブタイミング機構を採用　1995（この年）

カーボンブラック装置
台湾でカーボンブラック装置が稼動　1931.9月

カーマギー社
米ウラン濃縮施設で放射性ガス漏出　1986.1.4

神岡鉱山
鉱山の水力発電所、運用開始　1894.3月

上五島石油備蓄
上五島石油備蓄設立　1982.2.4

上椎葉ダム
日本初のハイアーチダム完成　1955.5月

カーメルリング‐オンネス, ハイケ
カーメルリング‐オンネス、超伝導を発見　1911（この年）

茅 誠司
原子力利用審議会設置　1954.5.11
日本原子力学会創立総会　1959.2.14

萱野 茂
二風谷ダムで貯水開始　1996.4.2

カーライル, アンソニー
ニコルソン、電気分解に成功　1800.5.2

樺太庁
南樺太油田試掘契約が締結　1929.3月

カリウム
デーヴィー、ナトリウムとカリウムを発見　1807（この年）

カリフォルニア・アジアティック
リビア、米系石油会社3社を完全国有化　1974.2.11

カリフォルニア・アラビアン・スタンダード石油会社
カリフォルニア・アラビアン・スタンダード社設立　1933.11.8
ラスタヌラに製油所を建設　1940（この年）
アラムコに改称　1944.1月

カリフォルニア・スタンダード石油会社（ソーカル）
カリフォルニア・スタンダード設立　1926.1.27
バーレーン石油会社設立　1929.1.11
カリフォルニア・アラビアン・スタンダード社設立　1933.11.8
カリフォルニア・テキサス・オイル設立　1936.6月
カルテックスがヨーロッパの資産を分割　1967.2月
ソーカルがガルフの買収に合意　1984.3.5
シェブロンと改称　1984.7.1

カリフォルニア大学
　ローレンスら、サイクロトロンを建設
　　　　　　　　　　　　　　　1930（この年）
　反中性子発見　　　　　　　　1956.9.15
カリフォルニア大学バークレー校
　チェンバレンとセグレが反陽子を発見
　　　　　　　　　　　　　　　1955（この年）
カリフォルニア・テキサス・オイル（カルテックス）
　カリフォルニア・テキサス・オイル設立　1936.6月
　GHQが在日民間人への石油販売を許可　1948.8.5
　ミナス油田の掘削開始　　　　　1949.12月
　外資との提携進展　　　　　　1949（この年）
　日石・カルテックス委託契約締結　1950.4.21
　興亜とカルテックスが資本提携　1950.7.20
　日本石油精製設立契約　　　　　1951.7.3
　ミナス油田商業生産開始　　　　1952.4月
　インドネシアが3社と開発契約　1963.9.25
　カルテックスがヨーロッパの資産を分割　1967.2月
　カルテックス・ペトロリアムと改称　1968.1.1
　琉球政府が製油所建設を許可　　1968.1.20
火力発電所
　ブラッシュ、照明事業を開始　　1879（この年）
ガルヴァーニ、ルイージ
　ガルヴァーニ、動物電気を発見　1780（この年）
　ガルヴァーニ、ガルヴァーニ現象を発見　1789.8月
　ガルヴァーニ、『筋肉運動に関する電気作用について』刊　　　　　　　1791（この年）
ガルヴァーニ現象
　ガルヴァーニ、ガルヴァーニ現象を発見　1789.8月
カールスルーエ研究所
　日独仏、FBR技術協力協定調印　1978.6.21
　西ドイツ、再処理プロセス「電界分離法」開発　　　　　　　　　　　　　1978.8.3
カールソン, D.E.
　アモルファスシリコン太陽電池の発明
　　　　　　　　　　　　　　　1976（この年）
カルテックス・ペトロリアム
　カルテックス・ペトロリアムと改称　1968.1.1
カルノー, ニコラ・レオナール・サディ
　カルノー、カルノーサイクルを考案　1824（この年）
　クラペーロン、熱力学理論を確立　1834（この年）
　ヘス、総熱量不変の法則を発表　1840（この年）
　クラウジウス、熱力学の諸法則が確立
　　　　　　　　　　　　　　　1850（この年）
カルノーサイクル
　カルノー、カルノーサイクルを考案　1824（この年）
　クラペーロン、熱力学理論を確立　1834（この年）
カールビンソン
　原子力空母横須賀港に抗議　　　1984.12.10
ガルフ・オイル
　ガルフ・オイル設立　　　　　　1907.1.30
　ペンシルベニア・ガルフ石油会社設立　1922.8.9
　クウェート石油設立　　　　　　1934.2.2
　琉球政府が製油所建設を許可　　1968.1.20
　ガルフ、原油供給停止　　　　　1979.11.13
　ソーカルがガルフの買収に合意　1984.3.5

ガルフ石油精製会社
　ガルフ・オイル設立　　　　　　1907.1.30
過冷却
　物理学者のファーレンハイトが没する　1736.9.16
カロリック説
　ブールハーヴェ、カロリック説をまとめる
　　　　　　　　　　　　　　　1724（この年）
川口 順子
　中国にガス田開発のデータ要求　2004.6.21
川崎重工業
　航空エンジン開発で提携　　　　1979.5.22
　全日空、国産ジェットエンジン不採用　1988.12月
　石川島、川崎重がGEと共同開発　1995（この年）
　小型機用エンジンの開発開始　　1996.4月
　小規模地熱バイナリー発電設備の実証試験を開始　　　　　　　　　　　2012.2.26
川辺川ダム訴訟
　川辺川ダム訴訟で農家側逆転勝訴　2003.5.16
河村 武和
　核兵器の違法性をめぐりICJで審理　1995.11.7
カーワン, M.J.
　日本石油、油田地質調査にアメリカ人技師を招聘　　　　　　　　　　　1919（この年）
カーン, アブドル・カディル
　核の闇市場、明らかに　　　　　2004.2.4
菅 直人
　ベトナム原発、日本受注で決定　2010.10.31
　菅直人首相、浜岡原発全基停止を要請　2011.5.6
　日本政府、吉田調書を公開　　　2014.9.11
ガン, J.B.
　ガン・ダイオードを開発　　　　1963（この年）
環境アセスメント
　環境教書発信　　　　　　　　　1970.1月
　環境アセスメント施策が閣議了解　1972.6.6
　汚染者負担原則実施勧告発表　　1974.11月
環境アセスメント法
　環境影響評価法公布　　　　　　1997.6.13
環境影響評価法
　環境影響評価法公布　　　　　　1997.6.13
環境基本計画
　新エネルギー導入大綱を決定　　1994.12.16
環境基本法
　環境基本法の公布　　　　　　　1993.11.19
環境教書
　環境教書発信　　　　　　　　　1970.1月
環境権
　公害問題国際シンポジウムが開催　1970.3.9
　川崎市条例に「環境権」の概念　1972.2.4
　伊達火力発電所環境権訴訟　　　1972.7.27
環境事業団
　環境事業団設立　　　　　　　　1992.5.6
環境省
　フランス、環境省設置　　　　　1971.1.13
　環境省設立　　　　　　　　　　2001.1.6
　燃料電池活用戦略検討会、報告書をまとめる　　　　　　　　　　　　　2003.4.25

- 373 -

かんき　事項名索引　資源・エネルギー史事典

国立・国定公園内における地熱開発が可能
に　2012.3.27
原子力規制委員会、原子力規制庁設置　2012.9.19
環境税
OECDが環境税導入を勧告　1993.3月
日本政府、環境税を導入　2011.12.10
環境政策宣言
汚染者負担原則実施勧告発表　1974.11月
環境対応車普及促進税制
新グリーン税制施行　2009.4.1
環境庁
日本地熱調査会設立　1960.6月
公害国会開催　1970.11.24
環境庁発足　1971.7.1
メタノール自動車普及促進懇談会設置　1989.6.22
自動車排出ガス総量削減方針策定　1993.1.22
二酸化炭素削減達成が困難に　1994.8.1
地球温暖化対策推進本部設置　1996.12.1
環境庁、風力発電導入マニュアルを公表　1996.12.6
ディーゼル車の規制強化　1998.8.14
環境省設立　2001.1.6
環境庁設置法
環境庁設置法公布　1971.5.31
環境と開発に関する世界委員会
環境と開発に関する世界委員会開催　1987.4月
環境白書
アメリカ、初の環境白書　1970.8.10
環境白書発表　1972.5.26
カーング、D.
カーングとアタラがMOSトランジスター
を発明　1960（この年）
ガン効果
ガン・ダイオードを開発　1963（この年）
関西国際空港エネルギーセンター
関西国際空港エネルギーセンターが竣工　1994.3月
関西石油
関西石油設立　1964.4.1
関西石油を合併　1979.10.1
関西石油堺製油所
関西、富士、極東の製油所が完成　1968.10.1
関西電力
京都で世界初のヒートポンプ式冷暖房設備
導入　1937（この年）
電気事業再編成令公布　1950.11.24
六甲アイランドで、系統連系システムが完
成　1986（この年）
リン酸型燃料電池で1000kWを達成　1987.9月
関西国際空港エネルギーセンターが竣工　1994.3月
福井県、プルサーマル計画に同意　1998.5.6
珠洲原発建設凍結　2003.12.5
関西電力、火力発電所のデータねつ造を発
表　2004.6.28
関西電力尼崎東発電所
排煙脱硫装置が開発　1973（この年）
関西電力大井発電所
ダム水路式が運転開始　1924.12.12

関西電力大飯発電所
大飯原発1号機、営業運転開始　1979.3.27
大飯原発2号機、営業運転開始　1979.12.5
大飯原発1号機にひび割れなどの損傷　1991.1.18
大飯原発3号機、営業運転開始　1991.12.18
大飯原発4号機、営業運転開始　1993.2.2
大飯原発で冷却水もれ　1995.2.25
関西電力御岳発電所
御岳発電所に、スプリッタランナ水車を導
入　2003.4月
関西電力海南発電所
排煙脱硝装置が導入される　1977（この年）
関西電力火力発電所爆発
関西電力火力発電所が爆発　1951.9.8
関西電力久美浜原子力発電所
久美浜原発計画断念　2006.3.7
関西電力黒部川第四発電所
大規模地下式発電所の完成　1961（この年）
黒部第四発電所、IEEEマイルストーン賞
受賞　2010.4.9
関西電力蹴上水力発電所
日本初の電気事業用水力発電所が営業開始　1892.6.4
関西電力賤母発電所
水路式流込み式発電所、運用開始　1919.7.10
関西電力須原発電所
大容量送電開始　1923.5月
関西電力高浜発電所
高浜1号機が臨界　1974.3.14
高浜1号機、営業運転開始　1974.11.14
高浜2号機、営業運転開始　1975.11.14
高浜原発2号機で冷却水もれ　1979.11.3
高浜2号機が322日間の連続運転記録樹立　1980.11.6
高浜3号機、営業運転開始　1985.1.17
高浜4号機、営業運転開始　1985.6.5
高浜原発で原子炉自動停止　1996.3.15
関西電力多奈川発電所
多奈川発電所、運用開始　1956（この年）
関西電力姫路第二発電所
日本初の二段再熱サイクルが採用される　1968.3月
関西電力美浜発電所
関西電力美浜原発が稼働　1970.7.29
美浜1号機、初発電　1970.8.8
美浜原発1号機、営業運転開始　1970.11.28
美浜原発で放射性物質漏出　1972.6.15
美浜2号機、営業運転開始　1972.7.25
美浜原発で放射能漏出　1973.3月
美浜原発で燃料棒破損　1973.7.11
美浜原発で冷却用水ポンプ故障　1973.8.28
原発事故相次ぐ　1974.2月
被曝事故相次ぐ　1974.6.3
美浜原発で放射能漏出　1974.7.11
美浜原発で放射能漏出　1974.7.17
美浜原発で燃料棒歪曲　1974.9月
美浜原発で放射能漏出　1975.1.8
美浜原発で燃料集合体歪曲　1975.5.15
美浜原発1号機でトラブル隠し　1976.7月
美浜3号機、営業運転開始　1976.12.1
美浜原発で冷却水漏れ　1981.5.22

- 374 -

美浜原発2号機が事故停止	1991.2.9
美浜原発で冷却水漏れ事故	1991.2.9
美浜原発の事故原因報告	1991.6.6
落雷で3原子炉停止	1991.9.5
美浜原発で蒸気発生機交換作業	1993.12.17
美浜原発で死亡事故	2004.8.9
美浜原発3号機、運転再開	2006.5.26

関西電力桃山発電所
50、60Hz用発電機設置	1923.11.25

関西電力柳河原発電所
日本電力、水車効率を測定	1928（この年）

ガンジー，ラジブ
印パ関係、改善の方向へ	1988.12.31

乾式貯蔵
福島第一原発に、日本初の乾式貯蔵が採用	1994.1.27

干渉計
マイケルソン、干渉計を発明	1881（この年）

環状電機子
パチノッティ、環状電機子を発明	1860（この年）

関税定率法
原油関税を独立	1909.4月
関税定率法を全面改定	1951.5.1

観測測量船さつま
観測測量船拓洋・さつまで被曝	1958.7.21

観測測量船拓洋
観測測量船拓洋・さつまで被曝	1958.7.21

ガン・ダイオード
ガン・ダイオードを開発	1963（この年）

寒地港湾技術研究センター
一体型ロータリーベーンポンプ現地試験が実施される	1995（この年）

乾電池
物理学者のリッターが没する	1810.1.23
ルクランシェ、ルクランシェ電池を発明	1868（この年）
ガスナー、ガスナー乾電池を発明	1885（この年）
屋井先蔵、屋井乾電池を発明	1888（この年）

関東水力電気
日本初の差動式サージタンク発電所、運転開始	1928.11月

感応コイル
ルームコルフ、感応コイルを製作	1846（この年）
誘導コイルを発明	1851（この年）

カンペチェ湾油田群
メキシコ、カンペチェ湾油田群発見	1976（この年）

カンボナビア
スペイン・アルヘシラス湾でタンカー爆発・沈没	1985.5.26

γ線
ベクレル、放射線を発見	1896.2月
ヴィラール、γ線を発見	1900（この年）
ラザフォードとソディー、原子崩壊説を提唱	1903（この年）
ボーテとベッカー、原子核をα衝撃してγ線放出実験	1930（この年）

貫流ボイラー
ベンソン、貫流ボイラーを発明	1922（この年）
スルザーボイラーが発明される	1931（この年）

【き】

機械式オシログラフ
フェダーセン、振動放電を発見	1858（この年）

機械式回転調速機
ラ・クール、世界初の風力発電装置を製作	1891（この年）

『機械の一般論』
ロイポルト、『機械の一般論』刊行開始	1723（この年）

菊池 正士
東京大学原子核研究所設立	1955.7.1

菊池 大麓
理研を設立	1917（この年）

キグナス石油
キグナス石油設立	1972.2.1
石油業界再編	1984（この年）

気候変動枠組条約
気候変動枠組条約採択	1992.5.9
気候変動枠組条約が発効	1994.3.21
気候変動枠組条約第1回締結国会議開催	1995.3月
気候変動枠組条約締約国会議開催	1995（この年）

キセノン・ポイゾニング現象
ハンフォード・パイル第1号完成	1944.9月

北アメリカ大停電
カナダ、水力発電所の誤作動により停電	1965.11.9
ニューヨークで大停電が発生	2003.8.14

気体拡散法
アメリカで初のウラン235製造	1945.3.12

『気体の熱膨張について』
ドルトン、気体の分圧の法則を定式化	1801（この年）

気体の分圧の法則
ドルトン、気体の分圧の法則を定式化	1801（この年）

気体の分子説
アンペール、気体の分子説を発表	1813（この年）

気体分子運動論
ジュール、気体分子の平均運動速度を計算	1851（この年）
クラウジウス、気体分子運動論の基礎をつくる	1857（この年）
マクスウェル、気体分子運動論を発表	1860（この年）

北川 正恭
芦浜原発建設撤回	2000.2.22

北サガレン石油企業組合
ソ連との北樺太石油利権契約に調印	1925.12月

北スマトラ海洋石油資源開発
北スマトラ海洋石油資源開発設立	1966.2.21

北スマトラ石油開発協力	
北スマトラ油田開発協定締結	1960.4.7
北スマトラ石油開発協力設立	1960.5.26
北スマトラ海洋石油資源開発設立	1966.2.21

北スマトラ油田開発協定
北スマトラ油田開発協定締結	1960.4.7

北朝鮮核開発問題
北朝鮮がIAEA査察受け入れ拒否	1993.2.13
IAEA、北朝鮮に対する特別査察要求決議採択	1993.2.25
北朝鮮、NPTを脱退	1993.3.12
IAEA、北朝鮮の保障措置協定違反を安保理に報告	1993.4.1
安保理、北朝鮮のNPT脱退に再考を促す	1993.5.11
北朝鮮がIAEA査察受け入れ	1993.7.19
核査察で合意	1994.2.15
北朝鮮核開発疑惑への制裁議論高まる	1994.4月
北朝鮮がIAEA脱退	1994.6.13
朝鮮半島エネルギー開発機構設立	1995.3.9
米朝、軽水炉転換事業で共同声明を発表	1995.6.13
KEDOと北朝鮮、軽水炉建設についての議定書に仮調印	1996.5.22
日米韓でミサイル問題を協議	1998.9.24
北朝鮮、立ち入り調査に同意	1999.3.16
国会でKEDO協定を承認	1999.6.30
北朝鮮が核開発再開	2002.12.12
ジミー・カーターがノーベル平和賞を受賞	2002（この年）
北朝鮮の核に関し動きあいつぐ	2003.1月
北朝鮮が核保有を表明	2003.4.24
日韓、北朝鮮の核問題で連携	2004.11.6
国連安保理が対北朝鮮決議を採択	2006.7.15
北朝鮮が初の地下核実験	2006.10.9
北朝鮮は、ウラン濃縮施設を新設	2010.11.20
北朝鮮、ウラン濃縮活動の停止受け入れ	2012.2.29

北日本石油
北日本石油設立	1956.2.24
北日本石油函館製油所完成	1956.11.10
新亜細亜石油設立	1960.2.1

キッド, ジョン
キッド、ナフタレンを分離	1819（この年）

鬼頭悌二郎
アメリカ石油事業の情報を収集	1885（この年）

鬼怒川温泉
鬼怒川温泉で重油流出	1982.1.19

鬼怒川水力電気
発電用ダム完成	1912（この年）

ギネ原子力発電所（アメリカ）
米ギネ原発で、原子炉緊急停止	1982.1.25

キノリン
ルンゲ、フェノールとアニリンを発見	1834（この年）

揮発油および重油販売取締規則
揮発油および重油販売取締規則施行	1938.3.7

揮発油販売業法
揮発油販売業法施行	1977.5.23

ギブス, ウィラード
ギブス、相律を確立	1874（この年）

ギブス, ジョン・ディクスン
ゴラールとギブス、二次発電機の特許を取得	1882（この年）
デリら、閉磁路変圧器の並列使用を考案	1885（この年）

金日成
ジミー・カーターがノーベル平和賞を受賞	2002（この年）

キャヴェンディッシュ, ヘンリー
キャヴェンディッシュ、水素を発見	1766（この年）
キャヴェンディッシュ、静電容量の概念を確立	1773（この年）
クーロン、クーロンの法則を発表	1785（この年）
オーム、オームの法則を発見	1826（この年）

逆起電力
スタンリー、逆起電力を提唱	1883（この年）

キャッスル作戦
ビキニ環礁で水爆実験	1954.3.1

キャリア, W.H.
キャリア、空調装置を発明	1902（この年）

キャントン, ジョン
キャントン、人工磁石を発明	1749（この年）
キャントン、静電誘導を発見	1753（この年）

義勇艦桜丸
三菱長崎造船所、国産第一号舶用タービンを製作	1908（この年）

九州水力電気
コンクリート遮水型アースダム完成	1922.7月

九州石油
九州石油設立	1960.12.20
日石と九石が販売業務提携	1963.5.14
九石が石油連盟に加盟	1966.7.1

九州石油大分製油所
九石大分製油所完成	1964.3.16
大分製油所でイリジウム被曝	1972.6.26
九州石油増設現場従業員被曝	1974.6月

九州大学
軍部にボーリング機械徴用	1940（この年）
九大研究所で地熱研究開始	1966（この年）

九州地熱
山川発電所、運転開始	1995.3.1

九州電気協会
電気協会設立	1921.10月

九州電力
九州地方の地熱開発調査開始	1949（この年）
電気事業再編成令公布	1950.11.24
地熱実験場で発電成功	1951.7月
日本初のハイアーチダム完成	1955.5月
九電が熱水蒸気利用を調査研究	1961（この年）
ハイブリット型温度差発電が稼働	1982.9月
九州山川地域の地熱開発で協定締結	1988.10月
大霧地域地熱開発で協定締結	1989.7月
九州滝上地域の地熱開発で協定締結	1991.8月
小国地域における地熱開発基本協定締結	1994.10月
八丁原バイナリー発電施設工事開始	2003.5月

九州電力相浦発電所
九州電力旧相浦発電所で屋根崩落	1978.10.16

九州電力大霧発電所
　大霧発電所の建設認可　　　　　　　　1993.10月
　大霧発電所、運転開始　　　　　　　　1996.3.1
九州電力大岳発電所
　九州初の地熱発電所完成　　　　　　　1967.8.11
九州電力上椎葉発電所
　日本初のハイアーチダム完成　　　　　1955.5月
九州電力川上川第四発電所
　全自動式発電所開始　　　　　　　　　1923.5月
九州電力厳木発電所
　屋外式発電所、運転開始　　　　　　　1930.11月
九州電力玄海原子力発電所
　九州電力玄海原発放射能漏れ　　　　　1975.6.10
　玄海1号機、営業運転開始　　　　　　1975.10.15
　玄海2号機営業運転開始　　　　　　　1981.3.30
　玄海原発で細管腐食　　　　　1987（この年）
　玄海3号機が営業運転を開始　　　　　1994.3.18
　玄海原発4号機が営業運転を開始　　　1997.7.25
　玄海原発1号機で海水漏れ　　　　　　1999.7.18
　玄海原発3号機プルサーマル計画実施許可　2005.9.7
　佐賀県知事、玄海原発のプルサーマル計画
　　の安全性を保証　　　　　　　　　　2006.2.7
　玄海原発3号機で、プルサーマル国内臨
　　界　　　　　　　　　　　　　　　　2009.11.5
九州電力小山田発電所
　九州初の水力発電所が運転開始　　　　1898.7月
九州電力川内原子力発電所
　川内原発1号機が臨界　　　　　　　　1983.8.25
　川内原発1号機、運転開始　　　　　　1984.7.4
　川内2号機が営業運転を開始　　　　　1985.11.28
　川内原発で冷却装置故障　　　　　　　1989.3.20
　川内原発1号機発電機タービン停止　　1999.8.25
　川内原発1号機で蒸気発生器にひび割れ　2000.9.14
　川内原発1号機で事故　　　　　　　　2010.1.29
　川内原発、安全審査に合格　　　　　　2014.9.10
九州電力滝上発電所
　滝上発電所運転開始　　　　　　　　　1996.11.1
　滝上発電所定格出力変更　　　　　　　2010.6.16
九州電力天山発電所
　日本最高揚程の水力発電所運用開始　　1985.12月
九州電力八丁原発電所
　八丁原1号機、営業運転開始　　　　　1977.6.24
　八丁原2号機の地熱開発調査開始　　1980（この年）
　八丁原発電所2号機運転開始　　　　　1990.6.22
　八丁原バイナリー発電施設工事開始　　2003.5月
九州電力一ッ瀬ダム
　一ッ瀬川で水質汚濁　　　　　　　　　1971.8.29
九州電力町田第一発電所
　コンクリート遮水型アースダム完成　　1922.7月
九州電力山川発電所
　山川発電所、運転開始　　　　　　　　1995.3.1
　小規模地熱バイナリー発電設備の実証試験
　　を開始　　　　　　　　　　　　　　2012.2.24
九州配電
　九州地方の地熱開発調査開始　　1949（この年）
9.11同時多発テロ
　アメリカで同時多発テロが発生　　　　2001.9.11

国連が核テロ防止条約を採択　　　　　　2005.4.13
給油所建設指導
　通商産業省が給油所建設指導開始　　　1965.4月
キュニョー、ニコラス・ヨセフ
　キュニョー、世界初の蒸気機関自動車を製
　　作　　　　　　　　　　　　　1769（この年）
　キュニョー、大砲牽引用蒸気自動車を製作
　　　　　　　　　　　　　　　　1770（この年）
キューバ危機
　キューバ危機　　　　　　　　　　　　1962.10.22
キュリー、ジャック
　キュリー兄弟、圧電効果を発見　　1880（この年）
キュリー、ピエール
　キュリー兄弟、圧電効果を発見　　1880（この年）
　P.キュリー、磁性に関するキュリーの法則
　　を発見　　　　　　　　　　　1895（この年）
　キュリー夫妻、ラジウムを発見　　　　1898.12月
　キュリー夫妻、誘導放射能を発見　1899（この年）
キュリー、マリア・スクウォドフスカ
　キュリー夫妻、ラジウムを発見　　　　1898.12月
　キュリー夫妻、誘導放射能を発見　1899（この年）
キュリー温度
　P.キュリー、磁性に関するキュリーの法則
　　を発見　　　　　　　　　　　1895（この年）
キュリーの法則
　P.キュリー、磁性に関するキュリーの法則
　　を発見　　　　　　　　　　　1895（この年）
境界層理論
　プラントル、境界層理論等を提出　1904（この頃）
『教条的および実験的化学の基礎』
　シュタール、『教条的および実験的化学の
　　基礎』刊　　　　　　　　　　1723（この年）
強制循環ボイラー
　ラモント、ラモントボイラーを発明　1925（この年）
京セラ
　京セラ、太陽電池研究に着手　　1975（この年）
　太陽電池式街路灯が発売　　　　1980（この年）
　京セラ、国内初の系統連系システムを設置
　　　　　　　　　　　　　　　　1991（この年）
　京セラ、住宅用太陽光発電システムを販売
　　　　　　　　　　　　　　　　1993（この年）
京大ヘリオトロン核融合研究センター
　京大ヘリオトロン核融合研究センターで、
　　40ミリ秒のプラズマ閉じ込めに成功　1982.6.3
共同石油
　共同石油設立　　　　　　　　　　　　1965.8.10
　共同石油が3社の販売部門を全面集約　1966.7.1
　アジア石油の持株生産で合意　　　　　1981.9.30
京都会議
　京都会議で声明発表　　　　　　　　　1981.6.7
京都議定書
　京都議定書が採択される　　　　　　　1997.12.1
　アメリカ、京都議定書を離脱　　　　　2001.3.28
　衆参両院、京都議定書を全会一致で可決　2001.4.18
　京都議定書運用ルールで合意　　　　　2001.7.23
　京都議定書批准決定・受諾書寄託　　　2002.6.4
　東京都、CO$_2$削減を義務づけすると発表　2002.11.15
　京都議定書が発効　　　　　　　　　　2005.2.16

― 377 ―

きよう　　　　　　　　　　　　事項名索引　　　　　　　　　資源・エネルギー史事典

ダーバン合意が採択される　　　2011.12.11
京都大学
　京大に地熱・温泉関係の研究開始　1926.10月
京都大学原子炉実験所
　京大の研究用原子炉が臨界に達する　1966.8.27
京都帝国大学
　京大、重力偏差計探査　　　1918（この年）
京都電気鉄道
　日本初の電気鉄道が開通　　　1895.2.1
京都電灯
　京都電灯設立　　　　　　　　1887.11月
　京都で世界初のヒートポンプ式冷暖房設備
　　導入　　　　　　　　　　　1937（この年）
行列力学
　ハイゼンベルク、行列力学を提唱　1925（この年）
旭石油
　帝国石油が4社の石油鉱業部門を統合　1942.4月
極東石油工業
　極東石油工業設立　　　　　　1963.6.15
極東石油工業千葉製油所
　関西、富士、極東の製油所が完成　1968.10.1
玉門油田
　玉門油田が産油を開始　　　　1938（この年）
魚雷
　ブッシュネル、魚雷を発明　　1777（この年）
霧島丸
　重油流出で浦賀水道海域が汚染　1968.6.8
霧島国際ホテル
　国内初の商用向けバイナリー発電設備実証
　　試験開始　　　　　　　　　　2006.5月
霧島国際ホテル地熱発電所
　鹿児島のホテルが自家地熱発電運転開始　1984.2.23
霧箱
　J.J.トムソン、電子論を展開　1899（この年）
　C.T.R.ウィルソン、霧箱を完成　1911（この年）
キルクーク大油田
　キルクーク大油田発見　　　　1927（この年）
キルビー, ジャック・セイント・クレール
　キルビーとノイスが集積回路を製作　1959（この頃）
キルヒホッフ, グスタフ・ローベルト
　キルヒホッフ、キルヒホッフの法則を発見
　　　　　　　　　　　　　　　1849（この年）
　ブンゼンとキルヒホッフ、セシウムを発見
　　　　　　　　　　　　　　　1860（この年）
キルヒホッフの法則
　キルヒホッフ、キルヒホッフの法則を発見
　　　　　　　　　　　　　　　1849（この年）
銀河系
　銀河系の中心に反物質存在か　1978.4月
緊急エネルギー声明
　緊急エネルギー声明発表　　　1975.1.17
緊急時環境線量情報予報システム
　原研「緊急時環境線量情報予報システム」
　を開発・公開　　　　　　　　1984.4.20
緊急時協調対応計画
　IEA、緊急時協調対応計画を採択　1991.1月

緊急時対策研究委員会
　緊急時対策研究委員会設置　　1977.9.22
緊急事態宣言
　政府、緊急事態宣言を解除　　1974.8.31
銀座アーク灯
　東京電灯設立を出願　　　　　1882.3月
金属ウラン
　国産金属ウラン製造　　　　　1956.6.1
　日本初の金属ウラン製造　　　1959.3月
　東海製錬所が金属ウラン4.2t生産　1960.5.6
　純国産金属ウランの精錬に成功　1961.4.28
金属摩擦電気
　デュ・フェ、金属摩擦電気を発見　1733（この年）
『筋肉運動に対する人工電気の作用について』
　ガルヴァーニ、ガルヴァーニ現象を発見　1789.8月
　ガルヴァーニ、『筋肉運動に対する人工電
　気の作用について』刊　　　　1791（この年）
金箔検電器
　ベネット、金箔検電器を発明　1786（この年）
錦水油田
　台湾でカーボンブラック装置が稼働　1931.9月

【く】

クイーン・エリザベス号
　クイーン・エリザベス号完成　1915（この年）
クイーンズ大学ベルファスト
　陸上型OWC実験　　　　　　　1991（この年）
クウェート国営石油会社（KNPC）
　クウェート国営石油会社設立　1960.10.3
　クウェート、アミノイルを国有化　1977.9.19
　クウェート、国営石油会社を新設　1980.1月
クウェート石油公社（KPC）
　クウェート、国営石油会社を新設　1980.1月
　KPCが本社を移転　　　　　　1990.8.8
クウェート石油（KOC）
　クウェート石油設立　　　　　1934.2.2
　ブルガン油田発見　　　　　　1938.2月
　クウェートとクウェート石油が折半協定締
　　結　　　　　　　　　　　　1951.11月
　クウェート、KOC参加協定調印　1973.1.8
　クウェート、KOC参加協定調印　1974.1.29
　クウェート、KOCへ事業参加　1975.12.1
　クウェート、アミノイルを国有化　1977.9.19
　クウェート、国営石油会社を新設　1980.1月
クウェート油井
　クウェート油井火災鎮火　　　1991.11.6
空気混合泥水掘削
　空気混合泥水掘削が実施される　1983（この年）
空気調和機
　キャリア、空調装置を発明　　1902（この年）
空気電池
　ラランド、ラランド電池を発明　1881（この年）

- 378 -

『空気と火に関する科学的観察と実験』
　シェーレ、『空気と火に関する科学的観察と実験』刊　1777（この年）
空孔理論
　ディラック、空孔理論を発表　1930（この年）
空中線
　ポポフ、無線通信法を発明　1895（この年）
クォーク
　ゲルマン、クォークの概念を提唱　1964.2月
クォーク凝縮
　クォーク凝縮、初確認　2004.2月
クサビ型超音波モーター
　クサビ型超音波モーターを発明　1979（この年）
クーパー, レオン
　バーディーンら、超伝導理論を提唱　1957（この年）
クーバーグ原子力発電所（南アフリカ）
　南アフリカ・クーバーグ原子力発電所で爆発　1982.12.19
クバーナー社
　越波型装置の稼働　1985（この年）
久保山 愛吉
　漁船第5福竜丸被曝　1954.3.1
熊本県営藤本発電所
　潮谷義子県知事、荒瀬ダム撤去表明　2002.12.10
熊本県企業局
　熊本県・大分県で地熱開発調査　1951.8月
熊本電灯
　熊本電灯設立　1889.12月
クライスト, エヴァルト・ゲオルク・フォン
　クライストら、ライデン瓶を発明　1745（この年）
クライストロン
　バリアン兄弟がクライストロンを発明　1939（この年）
グライフスヴァルト発電所（東ドイツ）
　東ドイツ・グライフスヴァルト原発1号機で、冷却材喪失事故　1975.12.17
クラインヘンツ, フランツ
　ドイツで直径130m風車構想発表　1937（この年）
クラウジウス, ルドルフ
　クラペーロン、熱力学理論を確立　1834（この年）
　クラウジウス、熱力学の諸法則が確立　1850（この年）
　クラウジウス、気体分子運動論の基礎をつくる　1857（この年）
　クラウジウス、エントロピーを提唱　1865（この年）
クラーク, デュガルド
　クラーク、2サイクルガスエンジンを製作　1879（この年）
クラーク, J.L.
　クラーク、クラーク電池を発明　1873（この年）
クラーク電池
　クラーク、クラーク電池を発明　1873（この年）
倉敷公害訴訟
　倉敷公害で提訴　1983.11.9
グラショウ, S.L.
　ワインバーグ、電弱統一理論を発表　1967（この年）
　ジョージとグラショウ、「大統一理論」を提唱　1974（この年）
クラスター爆弾禁止条約
　クラスター爆弾禁止条約に加盟　2008.12.3
クラネージ, ジョージ
　クラネージ兄弟、反射炉を製作　1766（この年）
クラネージ, トマス
　クラネージ兄弟、反射炉を製作　1766（この年）
クラプロート, マルティン・ハインリヒ
　クラプロート、ウランを発見　1789（この年）
　ベルツェリウスとヒシンガー、セリウムを発見　1803（この年）
クラペーロン, エミール
　クラペーロン、熱力学理論を確立　1834（この年）
グラム, ゼノブ
　グラム、グラム発電機を発明　1870（この年）
　グラム、電動機と発電機の可逆性を発見　1873（この年）
　グラム、水力発電機で3.2kWを出力　1874（この年）
グラム発電機
　グラム、グラム発電機を発明　1870（この年）
　交流発電機の商業利用が開始　1872（この年）
　グラム、電動機と発電機の可逆性を発見　1873（この年）
グラント, ジョン
　グラント、ガイザースで井戸を掘削　1921（この年）
クリスティ, サミュエル・ハンター
　ホイートストンブリッジを発明　1843（この年）
クリスティン, J.P.
　セルシウス、摂氏温度目盛を作成　1742（この年）
クリストファー, ウォーレン
　アメリカ、イランの原子炉建設に協力中止を要請　1995.5.1
クリスマス諸島
　核実験反対を申入れ　1957.1.30
　イギリス、クリスマス島で水爆実験　1957.5.15
クーリッジ, ウィリアム・デイヴィッド
　クーリッジ、電球のフィラメントにタングステンを用いる　1906（この年）
　GE、タングステン電球を発表　1910（この年）
　クーリッジ、クーリッジ管を発明　1913（この年）
クーリッジ, カルビン
　連邦石油保全局設置　1924.12.19
クーリッジ管
　クーリッジ、クーリッジ管を発明　1913（この年）
クリッツィング, クラウス・フォン
　フォン・クリッツィング、量子ホール効果を発見　1980（この年）
グリッドシステム
　イギリスの「グリッドシステム」が計画される　1928（この年）
クリーンエネルギー
　「G20対話」温室効果ガス削減日本案継続議論　2008.3.16
クリントン, ビル
　アメリカ、エネルギー税を構想　1993.2.18
　アメリカ、アラスカ原油輸出解禁へ　1995.11.28

くりん　　　　　　　　　　　　　事項名索引　　　　　　　　資源・エネルギー史事典

　　米独、インドの核実験に対し経済制裁を発
　　　　動　　　　　　　　　　　　　　　1998.5.13
　　米、パキスタンに経済制裁発動　　　　1998.5.30
　　CTBT発効促進会議が開催　　　　　　1999.10.6
クリントン・パイル
　　ORNL原子炉クリントン・パイル臨界　1943.11.4
グリーンピース
　　核実験抗議船爆破　　　　　　　　　　1985.7.10
　　ロシア、放射性廃棄物を海洋投棄　　 1993.10.16
　　グリーンピース、ロシアが保有する核弾頭
　　　　数を発表　　　　　　　　　　　　 1995.3.2
　　核実験抗議のグリーンピース船がフランス
　　　　に拿捕される　　　　　　　　　　 1995.7.10
グリーンビル
　　えひめ丸、米原潜と衝突し沈没　　　　2001.2.10
グルーオン
　　レーダーマン、「グルーオン」の存在の検
　　　　出に成功　　　　　　　　　　　　 1979.8.28
来島海峡
　　潮流発電の実験を開始　　　　　　　 1983.8.20
クルスク
　　バレンツ海で、原潜「クルスク」沈没　1999.8.14
クルックス、ウィリアム
　　クルックス、ラジオメーター効果を発見
　　　　　　　　　　　　　　　　　　　1875（この年）
クルッツェン、パウル
　　セーガン、『核の冬』を発表　　　1983（この年）
クルップ、アルフレート
　　クルップ、クルップ社を設立　　　1811（この年）
クルップ、フリードリヒ
　　クルップ、クルップ社を設立　　　1811（この年）
クルップ社
　　クルップ、クルップ社を設立　　　1811（この年）
グレアム、トーマス
　　グレアム、グレアムの法則を発見　1831（この年）
グレアムの法則
　　グレアム、グレアムの法則を発見　1831（この年）
グレイ、スティーヴン
　　グレイ、電気伝導を発見　　　　　1729（この年）
　　物理学者のグレイが没する　　　　　　1736.2.25
グレーザー、ドナルド
　　グレーザー、泡箱を発明　　　　　1952（この年）
グレース・ペトロリアム
　　リビア、米国計4社に新法を認めさせる　1966.1.4
　　リビアが石油会社を国有化　　　　　　1973.8.11
グレート・ブリテン号
　　ネイスミス、蒸気ハンマーを発明　1842（この年）
　　グレート・ブリテン号が就航　　　　　1843.7.19
クレメンタイン
　　ロスアラモスで世界最初の高速中性子炉が
　　　　臨界　　　　　　　　　　　　　　 1946.8.11
クレーン
　　クレーン、水性ガスを得る　　　　1823（この年）
黒川 清
　　国会内に福島事故調査委員会設置　　　2011.12.8

黒川調査団
　　四日市コンビナートで高煙突の建設が始ま
　　　　る　　　　　　　　　　　　　　　1965.1月
黒川油田
　　黒川油田で大噴油　　　　　　　　　　1914.5月
グロー光線
　　ヒットルフ、陰極線を発見　　　　1869（この年）
グロス、デビッド
　　漸近的自由性の発見　　　　　　　1973（この年）
グロズニー油田
　　グロズニー油田産油開始　　　　　1823（この年）
　　グロズニー油田で機械掘成功　　　1893（この年）
クロード、ジョルジュ
　　G.クロード、パリでネオンランプを考案
　　　　　　　　　　　　　　　　　　　1910（この年）
グロートゥス、T.フォン
　　グロートゥス、電気分解に関する理論を発
　　　　表　　　　　　　　　　　　　1805（この年）
クローニン、J.W.
　　フィッチとクローニン、CP対称性の破れ
　　　　を発見　　　　　　　　　　　1964（この年）
グローバル・ニュークリア・フュエル社
　　グローバル・ニュークリア・フュエル社設
　　　　立　　　　　　　　　　　　　　　2000.1.1
グローブ、ウィリアム・ロバート
　　グローブ、燃料電池の原理が実証される
　　　　　　　　　　　　　　　　　　　1839（この年）
クロフォード、アデア
　　クロフォード、『動物熱と可燃物の燃焼に
　　　　ついての実験と考察』刊　　　1778（この年）
グローブ電池
　　グローブ、燃料電池の原理が実証される
　　　　　　　　　　　　　　　　　　　1839（この年）
黒船
　　黒船来航　　　　　　　　　　　　1853（この年）
黒部ダム
　　発電用ダム完成　　　　　　　　　　　1912（この年）
グロマー・ジャバ・シー
　　中国沖で石油掘削船沈没　　　　　　1983.10.28
グロムイコ、アンドレイ
　　ソ連・グロムイコ国連代表、原子力管理案
　　　　提出　　　　　　　　　　　　　　1946.6.19
グロリア
　　ターボチャージャー付量産車を発売 1979（この年）
クーロン、シャルル・オーギュスタン・ド
　　クーロン、ねじり天秤を発明　　　1777（この年）
　　クーロン、『単純機械の理論』刊　1781（この年）
　　クーロン、クーロンの法則を発表　1785（この年）
クーロンの法則
　　クーロン、クーロンの法則を発表　1785（この年）
軍縮委員会
　　新軍縮委員会設置　　　　　　　　　　1951.11.5
軍需省電力局
　　軍需省電力局を設立　　　　　　　　　1943.11月
クンツラー
　　マシアスとクンツラーが超伝導磁石を製作
　　　　　　　　　　　　　　　　　　　1961（この年）

群馬県庁
　群馬県庁屋上で風力発電　　　　　1978.12.21

【け】

ケイ, J.
　アークライト、水力紡績機を発明　1768（この年）
蛍光灯
　蛍光灯を発表　　　　　　　　　1938（この年）
経済安定本部
　電源開発5ヶ年計画を発表　　　　　1951.10.16
経済企画庁
　日本地熱調査会が地熱資源調査受託　1968.7月
経済協力開発機構（OECD）
　経済協力開発機構の欧州原子力機関発足　1958.2.1
　OECDが備蓄保有を要請　　　　　1961.12月
　日本、OECD加盟に関する覚書に署名　1963.7.26
　欧州原子力機関（ENEA）への準加盟申し
　　込みを閣議決定　　　　　　　　1965.2.12
　OECDが石油備蓄を勧告　　　　　1971.6月
　国際エネルギー機関設立　　　　　1974.11.18
　OECDが環境税導入を勧告　　　　1993.3月
　パリ条約、ブラッセル補足条約改定　2004.2.11
経済産業省
　経産省、新・国家エネルギー戦略を提示　2006.5.29
　経産省、原発トラブル隠しをめぐり改善命
　　令　　　　　　　　　　　　　　2007.4.20
　経産省、電事連、電工会が次世代軽水炉開
　　発で正式合意　　　　　　　　　2007.9.12
　地熱開発促進調査事業と地熱発電開発事業
　　を廃止　　　　　　　　　　　　2011.3月
　メタンハイドレートの採取に成功　2013.3.12
警視庁
　電気営業取締規則を制定　　　　　1891.2月
軽質留分新用途開発技術研究組合
　軽質留分新用途開発技術研究組合発足　1983.4.21
傾斜生産方式
　鉄鋼・石炭の傾斜生産方式を決定　1946.12.24
軽水型炉
　英国原子力公社が軽水型炉開発へ　1976.8.12
軽水冷却原子炉
　世界初の原子力潜水艦「ノーチラス号」進
　　水　　　　　　　　　　　　　　1954.1.21
系統連系技術要件ガイドライン
　系統連系技術要件ガイドラインが改正　1993.4月
系統連系システム
　「太陽光発電システムの研究」が開始
　　　　　　　　　　　　　　　　1978（この年）
　六甲アイランドで、系統連系システムが完
　　成　　　　　　　　　　　　　1986（この年）
　京セラ、国内初の系統連系システムを設置
　　　　　　　　　　　　　　　　1991（この年）
　電力会社、余剰電力買上げを決定　1992.4月
　三洋電機、「逆潮流」太陽光発電システム
　　を設置　　　　　　　　　　　1992（この年）

　太陽光発電フィールドテスト事業開始
　　　　　　　　　　　　　　　　1992（この年）
　京セラ、住宅用太陽光発電システムを販売
　　　　　　　　　　　　　　　　1993（この年）
　住宅用太陽光発電システムモニター事業開
　　始　　　　　　　　　　　　　　1994.4月
　NEDO、産業等用太陽光発電フィールドテ
　　スト事業開始　　　　　　　　　1998.4月
　NEDO、「集中連系型太陽光発電システム
　　実証研究」開始　　　　　　　2002（この年）
京浜電力
　大容量送電開始　　　　　　　　　1923.5月
鶏糞発電
　イギリス・アイ発電所建設　　　　1992.7月
ゲイ＝リュサック, ジョゼフ・ルイ
　ゲイ＝リュサック、シャルルの法則を発表
　　　　　　　　　　　　　　　　1802（この年）
ゲイ＝リュサックの法則
　アヴォガドロ、アヴォガドロの仮説を発表
　　　　　　　　　　　　　　　　1811（この年）
ゲサ風車
　ユールがゲサ風車を設計　　　　1956（この頃）
ゲスナー, エイブラハム
　ゲスナー、灯油を発見　　　　　1853（この年）
ケスラー, ヘルマン
　鉱山業の水力発電が開始　　　　　1890.12月
ケスラー, J.B.
　ロイヤル・ダッチ設立　　　　　　1890.6.16
ケタリング, チャールズ
　ケタリング、自動車の自動スターターを開
　　発　　　　　　　　　　　　　1911（この年）
ケターレ, ヴォルフガング
　ケターレら、ボース＝アインシュタイン凝
　　縮を確認　　　　　　　　　　1995（この年）
ゲッチンゲン宣言
　ゲッチンゲン宣言　　　　　　　　1957.4月
ゲッチンゲン大学
　ベッツ、風車のパワー係数を導出　1920（この年）
ゲッティ・オイル
　クウェート中立地帯の利権を供与　1949.2.20
　テキサコ、ゲッティの買収に基本合意　1984.1.6
　三菱グループがゲッティから株式買収　1984.5.11
　ペンゾイル訴訟で損害賠償命令　　1985.11月
ケネディ, J.F.
　アメリカ、核実験を再開　　　　　1961.9.15
ケミエルビ発電所（フィンランド）
　ケミエルビ発電所、運転開始　　1998（この年）
ゲミンガ
　アインシュタインの重力波を実証　1983.10.11
ケルヴィン
　ケルヴィン卿、地球の年齢を約1億年と割
　　り出す　　　　　　　　　　　1846（この年）
　ケルヴィン、絶対温度を提唱　　1848（この年）
　ジュールとケルヴィン、ジュール＝トムソ
　　ン効果を発見　　　　　　　　1852（この年）
ゲルマン, マレー
　ゲルマン、ストレンジ粒子を研究　1953.8月

ゲルマン、クォークの概念を提唱　　　1964.2月
ゲルラッハ, ヴァルター
　シュテルンとゲルラッハ、方向電子化を実
　　証　　　　　　　　　　　　　1924（この年）
ケロシン
　ゲスナー、灯油を発見　　　　1853（この年）
研究炉火災
　カナダ・チョークリバーで火災事故　1958.5.24
原子
　J.J.トムソン、電子を発見　　1897（この年）
　アインシュタイン、ブラウン運動の理論
　　　　　　　　　　　　　　　1905（この年）
　J.フランクとG.ヘルツ、電子と原子の衝突
　　実験を行う　　　　　　　　1914（この年）
『原子および分子の構成について』
　ボーア、ボーアの原子模型を発表　1913（この年）
原子核
　ガイガーとマースデン、原子核の大きさと
　　荷電を測定　　　　　　　　1913（この年）
　チャドウィック、原子核の電荷が原子番号
　　と一致することを実証　　　1920（この年）
　ボーテとベッカー、原子核をα衝撃してγ
　　線放出実験　　　　　　　　1930（この年）
　コッククロフトとウォルトン、原子核の人
　　工転換に成功　　　　　　　1932（この年）
　ハイゼンベルク、原子核が陽子と中性子か
　　らなるとする理論を提出　　1932（この年）
　ウィグナー、中性子が原子核に吸収される
　　数学を完成　　　　　　　　1936（この年）
　アルバレス、原子核による電子捕獲を観測
　　　　　　　　　　　　　　　1937（この年）
　ラービが原子核の磁気モーメントの測定法
　　を発見　　　　　　　　　　1939（この年）
　原子核の流体的理論の数学的検討　1951（この年）
原子核研究所
　原子核研究所の設置を決定　　　　1953.4.21
原子核研究連絡委員会
　原子核研究連絡委員会を設置　　　1949.4月
原子核特別委員会
　原子核研究の三原則採択　　　　　1954.3.18
原子核破壊実験
　ラザフォード、α粒子による原子核破壊実
　　験　　　　　　　　　　　　1919（この年）
原子構造論
　ボーア、ボーアの原子模型を発表　1913（この年）
　J.フランクとG.ヘルツ、電子と原子の衝突
　　実験を行う　　　　　　　　1914（この年）
原子燃料公社
　原子燃料公社発足　　　　　　　　1956.8.10
　動力炉・核燃料開発事業団（動燃）発足　1967.10.2
原子能科学研究院
　中国の高速実験炉が初臨界　　　　2010.7.21
『原子の構造について』
　J.J.トムソン、『原子の構造について』刊
　　　　　　　　　　　　　　　1904（この年）
原子爆弾
　フェルミ、人工放射性同位元素を生成
　　　　　　　　　　　　　　　1934（この年）

アインシュタインが原子爆弾開発を促す書
　簡の差出人になる　　　　　1939（この年）
スペディングが原子爆弾開発用の高純度ウ
　ランを製造　　　　　　　　　　1942.11月
アメリカでトリニティ実験を実施　　1945.7.16
広島に原爆投下　　　　　　　　　　1945.8.6
長崎に原爆投下　　　　　　　　　　1945.8.9
京大原爆調査隊員が放射線被曝　　　1945.9.20
トルーマン大統領、原子力の平和利用を演
　説　　　　　　　　　　　　　　1945.10.3
GHQがサイクロトロンを破壊　　　1945.11.24
ソ連、セミパラチンスク核実験場で原爆実
　験　　　　　　　　　　　　　　1949.8.29
朝鮮戦争で原爆使用の可能性　　　　1950.11.30
被爆者の肺癌死亡率激増　　　　　1950（この年）
イギリスが核保有公表　　　　　　　1952.2.26
イギリス、最初の原爆実験成功　　　1952.10.3
アメリカで原爆実験　　　　　　　　1953.3.17
飲料用天水放射能汚染　　　　　　　1954.5.20
イスラエルの原爆開発情報　　　　　1960.12.18
地中海岸上空で軍爆撃機墜落・原爆行方不
　明　　　　　　　　　　　　　　1966.1.17
米兵被曝者13.2万人　　　　　　　　1983.5.24
原子爆弾組立基地
　原子爆弾組立基地爆発　　　　　　1950.3.8
原子崩壊説
　ラザフォードとソディー、原子崩壊説を提
　　唱　　　　　　　　　　　　1903（この年）
ゲンジボタル
　ゲンジボタルの発光現象のメカニズムを解
　　明　　　　　　　　　　　　　　2006.3.16
原子模型
　ラザフォード、有核原子模型を発表　1911（この年）
　ボーア、ボーアの原子模型を発表　1913（この年）
　ゾンマーフェルト、スペクトル線の微細構
　　造を相対性理論で説明　　　1915（この年）
原子量
　デュロンとプティ、原子量の表を作成
　　　　　　　　　　　　　　　1819（この年）
　J.J.トムソン、原子量を測定　1910（この年）
原子力安全委員会
　原子力安全委員会発足　　　　　　1978.10.4
　原子力安全委員会、低レベルの放射性廃棄
　　物海洋処分安全性確認　　　　　1979.11.19
　放射性廃棄物安全規制専門部会設置　1984.3.8
　福島第一原発に、日本初の乾式貯蔵が採用
　　　　　　　　　　　　　　　　1994.1.27
　原子力安全委員会、バックエンド対策専門
　　部会を設置　　　　　　　　　　1995.9.12
　原子力安全委員会、新耐震指針を決定　2006.9.19
　原子力安全庁設置　　　　　　　　2011.8.15
原子力安全基盤機構
　原子力安全基盤機構設立　　　　　2003.10.1
原子力安全研究協会
　原子力安全研究協会創立　　　　　1964.6.12
原子力安全サミット
　原子力安全サミット開催　　　　　1996.4.20
原子力安全条約
　原子力安全条約が成立　　　　　　1994.6.17

IAEA、原子力安全条約締結	1994.9.20	世界初の原子力空母エンタープライズ号が	
IAEAの原子力安全条約が発効	1996.10.24	進水	1960.9.24

原子力安全庁
原子力安全庁設置　　　　　　　　　　2011.8.15

原子力安全・保安院
原子力安全・保安院設立	2001.1.6
東京電力自主点検記録不正問題が発覚	2002.8.29
原子力安全・保安院、告発者名を東京電力に漏らす	2002.9.12
原子力安全・保安院長らを処分	2002.9.27
福島第一原発1号機を1年間運転停止へ	2002.10.25
玄海原発3号機プルサーマル計画実施許可	2005.9.7
原子力安全委員会、新耐震指針を決定	2006.9.19
原子力安全・保安院、トピカルレポートを採用	2008.2.21
原子力安全庁設置	2011.8.15

原子力委員会
新軍縮委員会設置	1951.11.5
原子力関係三法案公布	1955.12.19
原子力委員会発足	1956.1.1
CP-5型研究用原子炉の輸入、国産原子炉制作を決定	1956.7.27
原子力開発利用長期基本計画内定	1956.9.6
インド原子力委員会設置	1958.3.14
放射性廃棄物処理に関する中間報告書提出	1962.4.11
原子炉施設の安全研究専門部会設置	1974.8.13
濃縮パイロットプラント建設着手決定	1976.12.7
原子力安全委員会発足	1978.10.4
原子力委員会、プルサーマル方式の導入を決定	1991.8.2
新型転換炉の実証炉建設中止	1995.8.25
新「原子力研究・開発及び利用に関する長期計画」決定	2000.11.24
原子力委員会、福島第一原発廃炉までの工程表発表	2011.10.28

原子力委員会原子力船専門部会
日本で原子力船建造計画　　　　　　　1962.6.15

原子力委員会設置法
原子力関係三法案公布	1955.12.19
改正原子力委員会設置法成立	2014.6.20

原子力委員会廃棄物処理専門部会
放射性廃棄物処理に関する中間報告書提出　　　　　　　　　　　　　　　1962.4.11

原子力エネルギー協会（NEI）
米で原子力エネルギー協会が発足　　　1994.3.16

原子力エネルギーの平和的利用における協力に関する宣言
日仏「原子力エネルギーの平和的利用における協力に関する宣言」合意　2008.4.11

原子力開発利用長期基本計画
原子力開発利用長期基本計画内定　　　1956.9.6

原子力艦船
ノーチラス号を起工	1952.6.14
世界初の原子力潜水艦「ノーチラス号」進水	1954.1.21
世界初の原子力潜水艦「ノーチラス号」の試運転成功	1955.1.17
アメリカで初の原子力商船進水	1959.7.21
世界初の原子力空母エンタープライズ号が進水	1960.9.24
アメリカの原子力船「サバンナ号」臨界	1961.12.21
日本で原子力船建造計画	1962.6.15
アメリカの原潜「スレッシャー」沈没	1963.4.10
地中海で原子力潜水艦衝突事故	1965.1.10
北極海で原潜ノーチラス号衝突事故	1966.11.10
西ドイツの原子力船、約6時間航海	1967.10.11
原子力潜水艦スコーピオンが遭難	1968.5.27
那覇アメリカ海軍港付近で放射性物質汚染	1968.7月
原子力空母「エンタープライズ」ハワイ海上で火災	1969.1.14
多核弾頭ミサイルの実験成功	1970.8.3
原潜放射能測定データ捏造問題追及	1974.1.29
米軍原子力潜水艦・日昇丸衝突事故	1981.4.9
原子力空母横須賀入港に抗議	1984.12.10
ソ連原潜が大西洋上で火災事故	1986.10.3
ノルウェー海上で原潜火災	1989.4.7
ロシア原潜、大陸間弾道ミサイルを発射	1995.6.7
ロシア極東で、原潜沈没事故	1997.5.30
バレンツ海で、原潜「クルスク」沈没	1999.8.14
えひめ丸、米原潜と衝突し沈没	2001.2.10
中国原子力潜水艦が日本領海侵犯	2004.11.10

原子力艦船寄港
ライシャワーが原潜の日本寄港を申し入れ	1963.1.9
原潜寄港に対して湯川秀樹らが声明を発表	1963.3.25
原子力空母日本寄港についてアメリカから連絡	1965.11.26
首相が、原子力空母寄港承認と答弁	1966.2.14
横須賀で米軍原潜寄港反対派と警官隊が衝突	1966.5.29
横須賀港に米軍原子力潜水艦寄港	1966.5.30
アメリカから原子力空母寄港申し入れ	1967.9.7
米原子力空母寄港反対派学生と警官隊衝突（佐世保事件・平瀬橋事件・佐世保橋事件）	1968.1.17
原潜ソードフィッシュ号、寄港中の佐世保港で異常放射能測定	1968.5.6
米原潜寄港先の那覇軍港からコバルト60検出	1968.9.6
原子力空母が佐世保に寄港	1983.3.21

原子力管理法
米国原子力管理法（マクマホン法）成立　1946.8.1

原子力機関（NEA）
経済協力開発機構の欧州原子力機関発足	1958.2.1
パリ条約、ブラッセル補足条約改定	2004.2.11

原子力規制委員会
原子力規制委員会設置法が参院本会議で可決・成立	2012.6.20
原子力規制委員会、原子力規制庁設置	2012.9.19
原子力規制委員会、高速増殖原型炉「もんじゅ」の使用停止を命令	2013.5.15
川内原発、安全審査に合格	2014.9.10

原子力規制庁
原子力規制委員会、原子力規制庁設置　2012.9.19

原子力規制法
原子力規制法の改正案、再処理費用積立ての新法案が成立　　　　　　　2005.5.13

原子力基本法
原子力関係三法案公布　　　　　　1955.12.19
原子力基本法要綱
原子力基本法要綱決定　　　　　　1955.11.5
原子力供給国グループ（NSG）
原子力供給国グループ設立　　1978（この年）
原子力協定
日米原子力双務協定仮調印　　　　　1955.6.22
日米原子力研究協定、ワシントンで調印 1955.11.14
日米原子力研究協定発効　　　　　　1955.12月
日米原子力細目協定調印　　　　　　1956.11.24
日米原子力協定調印　　　　　　　　1958.4.28
日米、日英原子力協定調印　　　　　1958.6.16
米英原子力協定発効　　　　　　　　1958.8.4
日米、日英原子力協定発効　　　　　1958.12.5
イギリス・ユーラトム原子力協定調印　1959.2.4
米加原子力協定調印　　　　　　　　1959.5.22
日加原子力協定調印　　　　　　　　1959.7.2
日米新原子力協力協定調印、ウラン供給を
　確保　　　　　　　　　　　　　　1968.2.26
日英新原子力協定調印　　　　　　　1968.3.6
日米原子力協定公布　　　　　　　　1968.7月
日豪原子力協定に調印　　　　　　　1972.2.21
日加ウラン交渉締結　　　　　　　　1978.1.23
東南アジア地域原子力協力協定参加決定 1978.8.25
米中原子力協定調印　　　　　　　　1985.7.23
新日米原子力協定に署名　　　　　　1987.11.4
日米原子力協定承認案が可決成立　　1988.5.25
日米新原子力協定発効　　　　　　　1988.7.17
日ソ原子力協定締結　　　　　　　　1991.4.18
日本とEURATOM、原子力平和利用協定
　に調印　　　　　　　　　　　　　2006.2.27
日本、マレーシアの原子力発電計画を支援
　する協力協定締結　　　　　　　　2010.9.2
日本とヨルダンが原子力協力協定締結 2010.9.10
日・韓原子力協定協定締結　　　　　2010.12.20
日・ベトナム原子力協定締結　　　　2011.1.20
日・UAE原子力協定を締結　　　　　2013.5.2
日・トルコ原子力協定を締結　　　　2013.5.3
原子力協力文書
日本とヨルダン、原子力協力文書を締結 2009.4.14
日本とポーランド、原子力協力文書に署名
　　　　　　　　　　　　　　　　　2010.3.30
原子力研究
サンフランシスコ講和条約発効　　　1952.4.28
原子力研究施設事故
インドネシアの原子力研究施設で爆発事故
　　　　　　　　　　　　　　　　　1994.8.31
原子力研究所
原子力研究所設立　　　　　　　　　1955.11.30
国産一号原子炉JRR-3着工　　　　　1959.1.14
原子力工学試験センター
原子力工学試験センター設立　　　　1976.3.1
多度津工学試験センター開所　　　　1982.11.6
原子力工学センター
原子力工学センター開設　　　　　　2008.4.1
原子力工場
アメリカで民間の原子力工場が設立　1956.5.4

原子力合同委員会
原子力基本法要綱決定　　　　　　　1955.11.5
原子力国際管理
米英加、「原子力国際管理」について声明
　　　　　　　　　　　　　　　　　1945.11.15
国連原子力委員会設置を決議　　　　1946.1.24
アメリカがバルーク案を提案　　　　1946.6.14
ソ連・グロムイコ国連代表、原子力管理案
　提出　　　　　　　　　　　　　　1946.6.19
アイゼンハワーが原子力の国際管理を提案
　　　　　　　　　　　　　　　　　1953.12.8
原子力国際管理並びに原子力兵器禁止に関する決議
原子力国際管理並びに原子力兵器禁止に関
　する決議　　　　　　　　　　　　1954.4月
原子力災害対策措置法
原子力災害対策措置法制定　　　　　1999.12.17
原子力災害対策本部
原子力災害対策本部、都路町地区東部の避
　難指示を解除　　　　　　　　　　2014.4.1
原子力砕氷艦
原子力砕氷艦レーニン号が進水　1957（この年）
原子力産業育成方針
原子力産業育成方針策定　　　　　　1958.6.6
原子力事故
ロスアラモスの高濃縮ウラン臨界集合体で
　臨界事故　　　　　　　　　　　　1945.6.4
ロスアラモス国立研究所で臨界事故　1945.8.8
ロスアラモス国立研究所で臨界事故　1945.8.21
ロスアラモス国立研究所で臨界事故　1946.5.21
実験用高速増殖炉EBR-1で炉心溶融事故
　　　　　　　　　　　　　　　　　1955.11.29
ユーゴスラビア重水減速炉で即発臨界事故
　　　　　　　　　　　　　　　　　1958.10.15
ソ連の再処理施設で、高レベル放射性廃棄
　物爆発事故　　　　　　　　　　　1957.9.29
ロスアラモス国立研究所で即発臨界事故
　　　　　　　　　　　　　　　　　1958.12.30
アルコ燃料化学処理工場で、高濃縮ウラン
　臨界超過事故　　　　　　　　　　1959.10.16
日本原子力研究所で放射性物質汚染発生　1959.11.8
オークリッジ国立研究所再処理施設で爆発
　事故　　　　　　　　　　　　　　1959.11.20
アメリカ国立原子炉試験場で臨界事故　1960.1.3
ハンフォード再処理工場で臨界事故　1962.4.7
アメリカ核燃料回収工場で臨界事故　1962.7.24
日本原子力研究所で爆発　　　　　　1963.2.21
原研でガス噴出　　　　　　　　　　1963.9.2
動力試験用原子炉で蒸気噴出　　　　1964.3.28
アメリカの核燃料回収工場で臨界事故 1964.7.24
ロッキーフラッツ核工場で火災事故　1969.5.11
原研東海研究所内で放射能汚染　　　1970.3.7
原研東海研究所で廃棄物発火　　　　1971.7.13
日本原電東海研究所で放射性物質廃液流出
　　　　　　　　　　　　　　　　　1972.4.19
アメリカ・ハンフォード核施設で放射能廃
　液漏洩　　　　　　　　　　　　　1973.6.8
原研研究所員被曝　　　　　　　　　1973.8.20
英、使用済み核燃料再処理工場で放射能漏
　れ事故　　　　　　　　　　　　　1973.9.26
原子力船「むつ」放射線異常値検出　1974.9.1

英国核燃料公社再処理工場で、放射性廃液
　漏洩事故発生　　　　　　　　　1979.4.19
東京大学原子核研究所放射能漏出　　1980.4月
東大原子核研究所で放射能汚染事故　1980.5.11
英セラフィールド核燃料再処理工場で、高
　放射性廃溶媒が漏出　　　　　　1983.11.11
米ウラン濃縮施設で放射性ガス漏出　1986.1.4
ノルウェー海上で原潜火災　　　　　1989.4.7
原研東海研究所でウラン自然発火　　1989.5.30
動燃再処理施設から放射性ヨウ素大量放出
　　　　　　　　　　　　　　　　1989.10.4
独ハナウMOX燃料工場で爆発事故　1990.12.11
美浜原発の事故原因報告　　　　　　1991.6.6
動燃東海で硝酸プルトニウム溶液漏出 1992.1.9
英セラフィールド再処理施設で、プルトニ
　ウム漏洩事故　　　　　　　　　　1992.9.8
動燃東海・分離精錬工場で放射性物質が飛
　散　　　　　　　　　　　　　　1993.12.27
六ヶ所村ウラン濃縮工場運転停止　　1994.2.8
TNT27の放射性廃棄物が飛散　　　　1995.2.8
天津電線工場で二名被曝　　　　　1995.11.21
ロシア極東で、原潜沈没事故　　　　1997.5.30
低レベル放射性廃棄物ドラム缶腐食問題が
　発覚　　　　　　　　　　　　　　1997.8.27
原研の試験炉が緊急停止　　　　　　1998.7.4
バレンツ海で、原潜「クルスク」沈没 1999.8.14
日本原燃低レベル放射性廃棄物埋設セン
　ターで放射能漏れ　　　　　　　　2000.3.27
使用済み核燃料貯蔵プールで漏水が発生 2002.2.1
原研大洗研究所で材料試験炉水漏れ 2002.12.10
核燃料再処理工場で硝酸溶液漏れ　　2003.7月
英セラフィールド・ソープ再処理工場で、
　全処理工程の配管破損　　　　　　2005.4.20
カナダ・チョークリバーのNRU炉で重水
　漏れ　　　　　　　　　　　　　　2009.5.15
フランスの廃棄物処理施設で爆発事故 2011.9.12
原子力事故援助条約
　IAEA、原子力事故通報条約と原子力事故
　　援助条約採択　　　　　　　　　1986.9.26
　IAEA「原子力事故援助条約」発効　1987.2.26
原子力事故通報条約
　IAEA、原子力事故通報条約と原子力事故
　　援助条約採択　　　　　　　　　1986.9.26
原子力施設への軍事攻撃禁止決議案
　原子力施設への軍事攻撃禁止決議案採択
　　　　　　　　　　　　　　　　1981.11.11
原子力資料情報室
　伊方原発で発電機台に亀裂　　　　2002.9.26
原子力人工補助心臓
　原子力人工補助心臓移植手術成功　1970.7.14
原子力政策円卓会議
　原子力政策円卓会議開催　　　　　1996.4.25
原子力船
　オットー・ハーン号進水　　　　　1964.6.13
原子力船開発事業団
　原子力船開発事業団発足　　　　　1963.8.17
原子力船「むつ」
　原子力船「むつ」の定係港決まる 1967.11.14
　原子力第一船「むつ」進水　　　　1969.6.12
　原子力船「むつ」が臨界実験成功　1974.8.26
原子力船「むつ」放射線異常値検出　1974.9.1
長崎県、原子力船「むつ」受入れ　　1977.4.30
長崎県に原子力船「むつ」入港　　1978.10.16
原子力船「むつ」、関根浜港で開港式 1988.1.14
原子力船「むつ」が高出力試験で出航 1990.9.25
原子力船「むつ」実験終了　　　　　1992.2.14
原子力船「むつ」船体切断　　　　　1995.5.10
原子力船「むつ」原子炉取り外し　　1995.6.22
原子力損害賠償支援機構
　原子力損害賠償支援機構法が成立　　2011.8.3
　原子力損害賠償支援機構設立　　　2011.9.12
原子力損害賠償法
　原子力損害賠償関係の2法案成立　　1961.6.8
　原子力損害賠償法、原子力損害補償法施行
　　　　　　　　　　　　　　　　　1962.3.15
　原子力損害賠償法一部改正法案成立　1979.6.6
原子力損害賠償法（アメリカ）
　米で原子力損害賠償法成立　　　　1988.8.22
原子力損害賠償補償契約法
　原子力損害賠償関係の2法案成立　　1961.6.8
原子力損害補完的補償条約
　IAEA、原子力損害補完的補償条約採択 1997.9.12
原子力損害補償法
　原子力損害賠償法、原子力損害補償法施行
　　　　　　　　　　　　　　　　　1962.3.15
原子力第三者責任条約（パリ条約）
　パリ条約、ブラッセル補足条約改定　2004.2.11
原子力灯台
　世界初の原子力灯台が完成　　　　1964.5.20
原子力燃料公社
　日本初の金属ウラン製造　　　　　1959.3月
原子力燃料公社法
　日本原子力研究所法、核原料物質開発促進
　　臨時措置法、原子燃料公社法成立 1956.4.30
原子力の日
　日本初の原子力発電に成功　　　 1963.10.26
　「原子力の日」閣議決定　　　　　1964.7.31
原子力発電
　フェルミ、人工放射性同位元素を生成
　　　　　　　　　　　　　　1934（この年）
原子力発電委員会
　東京電力、原子力発電委員会設置 1955.10.11
原子力発電環境整備機構（NUMO）
　特定放射性廃棄物の最終処分に関する法律
　　成立　　　　　　　　　　　　　2000.5.31
原子力発電計画支援協力協定
　日本、マレーシアの原子力発電計画を支援
　　する協力協定締結　　　　　　　　2010.9.2
原子力発電準備室
　原子力発電準備室設置を決定　　　1956.7.19
原子力発電所（インド）
　インド初の原発　　　　　　　　　1970.1.19
原子力発電設備改良標準化調査委員会
　原子力発電設備改良標準化調査委員会発足
　　　　　　　　　　　　　　　　　1976.6月
原子力発電における使用済燃料の再処理等のための積立金の積立て及び管理に関する法律
　原子力関連の2法案閣議決定　　　 2005.2.18

原子力発電輸出産業化戦略
　韓国「原子力発電輸出産業化戦略」発表　2010.1.13
原子力フォーラム
　英仏「原子力フォーラム」立ち上げで合意　2006.6.9
原子力平和利用
　トルーマン大統領、原子力の平和利用を力
　　説　　　　　　　　　　　　　　　　1945.10.3
　国連総会で原子力平和利用7ヶ国決議案採
　　択　　　　　　　　　　　　　　　　1954.12.4
　第1回ジュネーヴ会議開催　　　　　　1955.8.8
　IAEA、日本の原子力計画「平和利用に限
　　定」と　　　　　　　　　　　　　　2004.6.14
原子力平和利用協定
　日本とEURATOM、原子力平和利用協定
　　に調印　　　　　　　　　　　　　　2006.2.27
原子力平和利用協力覚書
　小泉首相、カザフスタンと原子力平和利用
　　協力覚書に署名　　　　　　　　　　2006.8.28
原子力平和利用国際会議
　第1回ジュネーヴ会議開催　　　　　　1955.8.8
　第2回原子力平和利用国際会議を開催
　　　　　　　　　　　　　　　　1958（この年）
原子力平和利用準備調査会総合部会
　原子力研究開発計画基本方針決定　　1955.10.21
原子力平和利用賞
　フォード財団、原子力平和利用賞設定　1956.4.1
原子力平和利用調査会
　原子力平和利用調査会が発足　　　　　1955.6.18
原子力平和利用博覧会
　原子力平和利用博覧会開催　　　　　1955.11.1
原子力ペースメーカー
　世界初の原子力ペースメーカー移植成功　1970.4.27
原子力法（アメリカ）
　アメリカが原子力法を改正　　　　　　1954.8.30
原子力立国計画
　「原子力立国計画」策定　　　　　　　2006.8.8
原子力利用準備調査会
　原子力利用審議会設置　　　　　　　　1954.5.11
原子力利用審議会
　原子力利用審議会設置　　　　　　　　1954.5.11
原子炉
　フェルミらが持続的原子核連鎖反応に成功
　　　　　　　　　　　　　　　　　　　1942.12.2
　世界初の原子炉シカゴ・パイル1号が完成
　　　　　　　　　　　　　　　　1942（この年）
　ソ連、原子炉1号機が初臨界　　　　1946.12.25
　イギリスで民間初の原子炉の使用開始　1951.11.19
　アメリカが原子炉輸出　　　　　　　　1955.7.2
　アジア初の原子炉運転開始　　　　　　1956.8.4
原子炉規制法
　改正電気事業法および、改正原子炉規制法
　　が施行　　　　　　　　　　　　　　2003.10.1
原子炉軍事衛星
　ソ連の原子炉軍事衛星墜落　　　　　　1978.1.24
原子炉事故
　ウィンズケール原子炉火災事故　　　1957.10.10
原子炉施設等安全研究専門部会
　原子炉施設の安全研究専門部会設置　　1974.8.13

原子炉等規制法
　原子炉等規制法を公布　　　　　　　　1957.6.10
　原子炉等規制法一部改正法案成立　　　1979.6.1
　原子炉等規制法改正法施行　　　　　1979.12.18
　原子炉等規制法改正案が、参院本会議で可
　　決・成立　　　　　　　　　　　　　1999.6.9
　電気事業法、原子炉等規制法の改正案が閣
　　議決定　　　　　　　　　　　　　　2002.11.5
　改正電気事業法、原子炉等規制法改正案が
　　可決成立　　　　　　　　　　　　　2002.12.11
原子炉廃止措置研究開発センター
　「ふげん」運転終了　　　　　　　　　2003.3.29
原子論
　ドルトン、原子論を提唱　　　　1803（この年）
原水爆禁止運動
　水爆実験抗議デモ　　　　　　　　　　1957.5.16
　世界平和評議会総会で核実験停止の呼びか
　　け　　　　　　　　　　　　　　　　1957.6.16
　核実験停止嘆願書を国連に提出　　　　1958.1.13
　琉球立法院で原水爆基地化反対決議　　1959.7.1
原水爆禁止世界大会
　第8回原水爆禁止世界大会開催　　　　1962.8.1
原水爆禁止日本国民会議
　ビキニ水爆実験の被曝調査　　　　　　1971.12.7
原水爆実験禁止要望決議
　原水爆実験禁止要望決議　　　　　　　1956.2.10
建設省
　大渡ダム地滑り　　　　　　　　　　　1982.4.19
原潜寄港・汚染問題調査研究委員会
　米原潜寄港中の那覇軍港からコバルト60検
　　出　　　　　　　　　　　　　　　　1968.9.6
元素
　メンデレーエフ、元素の周期律を発見
　　　　　　　　　　　　　　　　1869（この年）
元素変換
　コッククロフトとウォルトン、原子核の人
　　工転換に成功　　　　　　　　1932（この年）
　フェルミ、人工放射性同位元素を生成
　　　　　　　　　　　　　　　　1934（この年）
原爆機墜落事故
　原爆機事故で、核爆弾が投下されたことが
　　判明　　　　　　　　　　　　　　　1962.10.21
原爆症
　九大医学部の桝屋冨一が原爆症を指摘　1945.12.9
原爆症認定訴訟
　大阪地裁、原爆症の認定基準を緩和　　2006.5.12
　広島地裁、原爆症の認定基準を緩和　　2006.8.4
原発事故
　ウィンズケールAGR炉で事故　　　　1963.11.16
　アメリカのピーチ・ボトム発電炉で火災　1965.2.3
　アメリカで実験用高速増殖炉が炉心溶解事
　　故　　　　　　　　　　　　　　　　1966.10.5
　ラティーナ原子力発電所で溶融破損　　1967.3月
　日本原子力発電発電所で火災　　　　1967.11.18
　サン・ローラン・デゾー原発1号機で炉心
　　溶融事故　　　　　　　　　　　　　1969.10.17
　ドーンレイ高速増殖炉で火災事故　　　1970.8.21
　日本原電東海発電所で放射能漏れ　　　1971.7.15

スイス、原発で火災	1971.7.28
日本原電敦賀発電所で放射能汚染	1971（この頃）
美浜原発で放射性物質漏出	1972.6.15
敦賀原発で放射能漏出	1972.9月
美浜原発で放射能漏出	1973.3月
福島第一原発で廃液漏出	1973.4.14
福島第一原発で廃液漏出	1973.6.25
美浜原発で燃料棒破損	1973.7.11
美浜原発で冷却用水ポンプ故障	1973.8.28
中国電力島根原発で制御棒欠陥	1973.9月
原発事故相次ぐ	1974.2月
美浜原発で放射能漏出	1974.7.11
美浜原発で放射能漏出	1974.7.17
美浜原発で燃料棒歪曲	1974.9月
浜岡原発で放射能漏れ	1974.10.23
福島第一原発で放射能漏出	1974.10.23
敦賀原発で配管亀裂	1974.11.11
敦賀原発で原子炉異常	1974.12.2
美浜原発で放射能漏出	1975.1.8
敦賀原発で破損事故	1975.3.5
福島第一原発で放射能漏出	1975.3.9
米ブラウンズ・フェリー原子力発電所で火災事故	1975.3.22
九州電力玄海原発放射能漏出	1975.6.10
レニングラード原発1号機で放射能漏れ事故	1975.11.30
東ドイツ・グライフスヴァルト原発1号機で、冷却材喪失事故	1975.12.17
美浜原発1号機でトラブル隠し	1976.7月
福島第一原発で放射性同位体漏出	1977（この年）
西独・ブルンスビュッテル原発で放射能漏れ事故	1978.6.18
福島第一3号機で臨界事故	1978.11.2
スリーマイル島原子力発電所事故発生	1979.3.28
カナダ・ブルース原発で燃料棒破損事故	1979.5.28
米ノースアンナ1号機で原子炉緊急停止	1979.9.25
米プレイリ1号機で原子炉緊急遮断	1979.10.2
高浜原発2号機で冷却水もれ	1979.11.3
仏サン・ローラン・デンゾー原発2号機で、炉心溶融事故	1980.3.13
敦賀原発1号機で高濃度放射性廃液漏洩	1981.3.8
敦賀原発前面海域から異常放射能値検出	1981.4.14
敦賀原発で放射能汚染	1981.4.18
美浜原発で冷却水漏れ	1981.5.22
イラク原子炉爆撃事件	1981.6.7
米ギネイ原発で、原子炉緊急停止	1982.1.25
仏FBR原型炉フェニックスの蒸気発生器が発火事故	1982.4.28
仏FBR原型炉フェニックスで放射能漏れ事故	1982.12.16
南アフリカ・クーバーグ原子力発電所で爆発	1982.12.19
ピカリングA発電所2号機で冷却材喪失事故	1983.8.1
原研「緊急時環境線量情報予報システム」を開発・公開	1984.4.20
チェルノブイリ原子力発電所事故	1986.4.26
チェルノブイリ原発事故に関する声明	1986.5.5
西独ハム・ユントロップ原発で放射能漏れ事故	1986.5.7
ソ連、IAEAにチェルノブイリ事故報告書提出	1986.8.14
米サリー原発で二次系配管のギロチン破断	1986.12.9
仏スーパーフェニックスでナトリウム漏れ事故	1987.3.9
米ノースアンナ1号機で蒸気発生器伝熱管破断	1987.7.15
玄海原発で細管腐食	1987（この年）
福島第二原発3号機で運転停止	1989.1.6
スペイン・バンデロス1号機で、発電機破壊事故	1989.10.19
仏・高速増殖炉スーパーフェニックスでポンプトラブル	1990.7.3
浜岡原発で放射能漏れ	1990.10.9
大飯原発1号機にひび割れなどの損傷	1991.1.18
美浜原発2号機が事故停止	1991.2.9
美浜原発で冷却水漏れ事故	1991.2.9
ソ連・ビリビノ原発で放射能汚染水漏出	1991.7.10
落雷で3原子炉停止	1991.9.5
ピカリング原発1号機で重水漏れ	1992.8.2
福島第一原発2号機でポンプ停止事故	1992.9.29
ロシア・コレ原発1、2号機で外部電源喪失	1993.2.2
フィンランド・ロビーサ原発2号機で、給水配管破損	1993.2.25
インド・ナローラ原発1号機で、タービン建屋火災	1993.3.31
ロシア高速増殖炉BNI600でナトリウム漏れ	1993.10.7
仏・高速実験炉ラプソディーで爆発事故	1994.3.31
中国・広東大亜湾原発で冷却水漏れ事故	1994.7.2
仏高速増殖炉スーパーフェニックス運転再開	1994.8.4
志賀原発がポンプのトラブルで運転停止	1994.8.26
柏崎刈羽原発が落雷で自動停止	1995.1.5
大飯原発で冷却水もれ	1995.2.25
柏崎刈羽原発が油漏れで運転停止	1995.7.12
スーパーフェニックスで蒸気漏れ	1995.10.23
チェルノブイリ原発1号機で原子炉建屋内の放射能汚染	1995.11.27
高速増殖炉「もんじゅ」ナトリウム漏出事故	1995.12.8
「もんじゅ」ナトリウム抜き取り作業が終了	1995.12.12
女川原発で冷却水漏れ	1995.12.24
南ウクライナ原発で放射能漏れ事故	1996.1.3
動燃、「もんじゅ」ナトリウム漏れの原因を発表	1996.1.8
伊方原発で蒸気逃がし弁にトラブル	1996.1.14
「もんじゅ」事故原因の温度計を探索	1996.1.26
動燃、「もんじゅ」破断面の映像を公開	1996.2.10
柏崎刈羽原発、原子炉を手動で停止	1996.2.22
柏崎刈羽原発の停止原因が判明	1996.3.11
高浜原発で原子炉自動停止	1996.3.15
「もんじゅ」事故原因の温度計、見つかる	1996.3.28
「もんじゅ」ナトリウム漏れの再現実験	1996.4.8
「もんじゅ」事故原因の温度計は試験運転から亀裂	1996.5.3
「もんじゅ」事故報告書まとまる	1996.5.23
「もんじゅ」事故再現実験	1996.6.7
敦賀原発で冷却水漏れ	1996.12.24

動力炉・核燃料開発事業団東海事業所火災・爆発事故が発生	1997.3.11
「ふげん」重水漏れ	1997.4.14
「もんじゅ」事故で立入検査	1997.8.9
敦賀原発で制御棒に亀裂	1997.11.18
月城原発で重水漏れ	1998.10.4
「ふげん」トラブル	1999.1.23
志賀原発1号機で臨界事故	1999.6.1
敦賀原発2号機で放射能漏れ	1999.7.12
玄海原発1号機で海水漏れ	1999.7.18
川内原発1号機発電機タービン停止	1999.8.25
福島第一原発で配管にひび	1999.8.27
JCO東海事業所で臨界事故	1999.9.30
ブレイエ原発で外部電源喪失事故	1999.12.27
福島第一原発5号機で熱湯漏れ	2000.1.16
福島第二原発3号機でシュラウドにひび割れ	2000.7.6
泊原発で作業員転落死亡事故	2000.8.17
女川原発1号機で水漏れ	2000.9.2
川内原発1号機で蒸気発生器にひび割れ	2000.9.14
高速実験炉「常陽」施設で火災	2001.10.31
浜岡原発で冷却水漏れ	2001.11.7
女川原発でボヤ	2002.2.9
デービス・ベッセ原発で欠損発見	2002.3.8
女川原発で配管に水漏れ	2002.4.2
浜岡原発で冷却水漏れ	2002.5.25
柏崎刈羽原発3号機で炉心隔壁に亀裂	2002.8.23
福島第二原発で放射能漏れ	2002.9.2
伊方原発で発電機台に亀裂	2002.9.26
敦賀原発2号機のタービン建屋内で火災	2002.12.12
柏崎刈羽原発5号機の原子炉建屋付属棟から煙	2002.12.30
ハンガリー・パクシュ原発2号機で、放射性希ガス放出	2003.4.10
新型転換炉「ふげん」で爆発音	2003.7.4
泊原発で冷却水漏れ	2003.9.7
美浜原発で死亡事故	2004.8.9
スマトラ沖地震により、インドのマドラス原発被災	2004.12.26
浜岡原発5号機、運転停止	2006.6.15
志賀原発2号機でひび割れ発見	2006.7.18
志賀原発1号機で、1999年6月の臨界事故が判明	2007.3.15
新潟中越沖地震発生により、柏崎刈羽原発が自動停止	2007.7.16
トリカスタン原子力施設内で、ウラン廃水漏れ	2008.7.7
新潟・柏崎刈羽原発で14年弁開け放し	2008.12.4
浜岡原発3号機で放射性廃液漏洩	2009.12.1
川内原発2号機で事故	2010.1.29
高速増殖原型炉「もんじゅ」でトラブル発生	2010.8.26
大亜湾原発1号機で放射性物質漏えい	2010.10月
東日本大震災により、女川原発が被災	2011.3.11
東日本大震災により、東海第二原発が被災	2011.3.11
東日本大震災により、福島第一原発が被災	2011.3.11
東日本大震災により、福島第二原発が被災	2011.3.11
福島第一原発1号機で水素爆発	2011.3.12
福島第一原発3号機で水素爆発	2011.3.14
福島第一原発2号機の圧力抑制室で破損事故	2011.3.15
福島第一原発から20~30km圏内に屋内退避指示	2011.3.15
福島第一原発正面付近で、毎時10ミリシーベルトの放射線量	2011.3.16
福島第一原発1号機タービン建屋地下で高濃度の放射線を検出	2011.3.25
福島第一原発から半径20~30km圏内に自主避難要請	2011.3.25
東京電力、福島第一原発の低レベル放射性汚染水を海へ放出	2011.4.4
IAEA、福島第一原発事故の国際原子力事象評価尺度引き上げ	2011.4.12
東電、福島第一原発の事故分析結果発表	2011.5.24
原子力損害賠償支援機構法が成立	2011.8.3
原子力委員会、福島第一原発廃炉までの工程表発表	2011.10.28
国会内に福島事故調査委員会設置	2011.12.8
福島事故収束宣言	2011.12.16
バイロン原発2号機が自動停止	2012.1.30

原発推進

スウェーデン国民投票で原発容認	1980.3.23

原発設置

高知県で原発設置町民投票条例が誕生	1982.7.19

原発訴訟

伊方原発で、原子力発電所の安全性を問う日本初の裁判	1973.8.27
志賀原発差止めならず	1994.8.25
志賀原発訴訟で名古屋高裁判決	1998.9.9
志賀原発運転差し止め判決が下る	2006.3.24

原発導入FS契約

原発導入FS契約締結	2011.9.28

原発廃炉

敦賀原発を2010年に廃炉	1999.5.28

原発反対運動

原子力発電所建設反対派住民が反対集会で負傷	1964.8.11

ケンプ，クラレンス・M.

ケンプ、ソーラーヒーターを製作	1891（この年）

原油価格

日本、原油産額の記録を開始	1874（この年）
石油販売協定により、ガソリン値上げが決定	1929.6月
アメリカの産油激増	1929（この年）
国内6社販売協定成立	1932.8月
国内7社販売協定成立	1934.6月
中東原油輸出価格独立して公示	1945.6月
燃料油の価格・配給統制撤廃	1952.7.1
第2次中東戦争が勃発	1956.10.29
中東原油公示価格を一斉値下げ	1959.2.13
石油公示価格を引き下げ	1959.2月
中東原油価格引き下げ	1960.8.9
石油輸出国機構（OPEC）を設立	1960.9.14
石油製品販売価格の標準額を告示	1962.11.10
OPEC第7回総会を開催	1964.11.28
OPEC第12回総会開催	1966.12.4
リビア、原油公示価格値上げを要求	1970.1.29

アルジェリアが原油公示価格引き上げ	1970.7.23	OPEC第53回臨時総会開催	1979.3.26
リビアが原油公示価格引き上げに合意	1970.9.5	OPEC第54回総会開催	1979.6.26
リビア、原油課税と価格決定方式を改訂	1970.9.9	メキシコ原油取引で合意成立	1979.8.13
ナイジェリア原油公示価格引き上げ	1970.10.26	湾岸3ヶ国が原油価格引き上げ	1979.12.12
OPEC第21回総会開催	1970.12.9	サウジアラビア原油値上げ	1980.1.28
アルジェリア・フランス、暫定石油協定を締結	1971.1.28	サウジアラビア原油値上げ	1980.5.14
OPEC第22回総会開催	1971.2.3	OPEC第57回総会開催	1980.6.9
テヘラン協定成立	1971.2.14	OPEC第58回臨時総会開催	1980.9.17
トリポリ協定成立	1971.4.1	OPEC諸国が減産を表明	1980.9月
低硫黄原油関税引き下げ	1971.11.1	イラクが原油輸出再開	1980.11.30
ジュネーヴ協定締結	1972.1.20	OPEC第59回総会開催	1980.12.15
軽油・重油の輸入自由化	1972.4.1	アメリカ、原油価格統制撤廃	1981.1.28
通産省、産油国との原油直接取引に関する指導方針発表	1973.3.5	OPEC第60回総会開催	1981.5.25
		サウジアラビアが減産を発表	1981.8.21
OPEC新ジュネーヴ協定締結	1973.6.2	OPEC第61回臨時総会開催	1981.10.19
第1次オイルショックが発生	1973.10.16	OPEC第63回総会開催	1982.3.19
OAPEC石油戦略発動	1973.10.17	OPEC第66回総会開催	1982.12.19
OAPEC、イスラエル支持国への石油禁輸を決定	1973.10.20	BNOC、原油価格値下げを発表	1983.2.18
		ナイジェリアが原油値下げ発表	1983.2.19
アラブ諸国、日本を中間国と表明	1973.10.26	OPEC第67回臨時総会開催	1983.3.3
サウジアラビア、対日強硬声明を発表	1973.11.6	BNOCが価格引き下げ	1984.10.17
石油緊急対策要綱を発表	1973.11.16	OPEC第73回総会開催	1985.1.28
アメリカ、エネルギー節約声明	1973.11.25	サウジアラビアがネットバック価格方式採用	1985.10月
アラブ首脳会議開催	1973.11.26	OPEC第76回総会開催	1985.12.8
米、ガソリン割当制実施	1973.11.27	サウジ、ネットバック価格方式適用拡大	1986.2月
灯油小売価格の上限価格を設定	1973.11.28	OPEC第80回総会開催	1986.12.11
OAPEC閣僚会議開催	1973.12.8	原油スポット価格低下	1986（この年）
イランの原油入札	1973.12.11	ドバイ原油のスポット価格暴落	1988.10.3
資源エネルギー庁臨時石油対策本部発足	1973.12.17	北海ブレント原油が高騰	1990.9.24
		IEA、湾岸戦争対応計画決定	1991.1.11
国民生活安定緊急措置法など公布	1973.12.22	湾岸戦争がはじまる	1991.1.17
OPEC閣僚会議開催	1973.12.23	アメリカ、イラクに最後通告	1991.2.22
OAPEC、友好国への削減緩和	1973.12.24	クウェート油井火災鎮火	1991.11.6
家庭用灯油・LPガスの標準額を告示	1974.1.14	イラク産石油の禁輸が限定解除	1996.11.25
OPEC第40回総会開催	1974.6.15	イラクが原油輸出再開	1996.12.10
石油製品の行政指導価格解除	1974.8.16	ドバイ原油価格下落	1998.3.17
湾岸3ヶ国原油新価格体系の採用を決定	1974.11.9	リヤドで3ヶ国減産会議	1998.3.22
米、石油輸入課徴金付加	1975.1.23	OPEC臨時総会協調減産で合意	1998.3.30
石油消費節約目標で合意	1975.2.7	ドバイ原油価格持ち直し	1999.8.20
石油価格の物価スライド制導入	1975.3.3	アメリカがイラク攻撃の意思強める	2003.2.6
家庭用灯油価格への行政指導撤廃	1975.6.1	イラク攻撃に慎重な各国	2003.2月
OPEC第45回総会開催	1975.9.24	アメリカがイラクに最後通告	2003.3.17
石油製品価格の標準額告示	1975.12.1	米英がイラク攻撃開始	2003.3.19
アメリカ、原油輸入課徴金を廃止	1975.12.12	フセイン政権崩壊	2003.4.7
IEA、輸入石油最低保証価格等で合意	1975.12.19	イラク戦争終結を宣言	2003.5.1
石油製品販売価格の標準撤廃	1976.5.13	**原油価格統制撤廃法**	
OPEC第48回総会開催	1976.12.15	原油価格統制撤廃法案成立へ	1976.8月
OPEC、原油価格値上げ実施決議を採択	1976.12.17	**原油火災**	
イランなどが原油価格引き上げを撤回	1977.6.29	京浜運河でタンカー衝突炎上事故	1962.11.18
サウジアラビア、UAEが原油価格値上げ	1977.7.3	地震で製油所の貯蔵タンク火災	2003.9.26
OPEC第50回総会開催	1977.10.20	**原油関税**	
石油税法施行	1978.6.1	原油関税を独立	1909.4月
OPEC第52回総会開催	1978.12.16	**原油輸入課徴金**	
イラン原油の輸出全面停止	1978.12.26	アメリカ、原油輸入課徴金を廃止	1975.12.12
BPが原油供給削減を通告	1978.12.30	**原油輸入割当制**	
原油値上げ相次ぐ	1979.2.15	アメリカ、原油輸入割当制を実施	1958（この年）
第2次オイルショックが発生	1979.2月		
イラン、原油輸出再開	1979.3.5		
イラン新政府、対日長期輸出契約を締結	1979.3.14		

原油連続蒸留法
　シッケル、連続蒸留法を発明　　　1877（この年）
原油2、3次回収技術研究組合
　原油の回収技術研究　　　　　　　　1982.9月

【こ】

ゴアレーベン核燃料中間貯蔵施設
　西独ゴアレーベン核燃料中間貯蔵施設の建
　　設開始　　　　　　　　　　　　1982.1.27
小池 百合子
　東芝、石炭火力発電所計画断念　　　2006.2.27
小泉 純一郎
　日本、対イラクで国際協調要請　　　2002.9.12
　日露、パイプラインを共同推進　　　2003.1.10
　小泉首相、カザフスタンと原子力平和利用
　　協力覚書に署名　　　　　　　　　2006.8.28
江 沢民
　日本政府、中国核実験に抗議　　　1995（この年）
興亜石油
　東洋商工設立　　　　　　　　　　　1933.6月
　日本国内の製油所被爆　　　　　　　1945.3月
　3社石油元売り業者に追加指定　　　1949.8.1
　外資との提携進展　　　　　　　　1949（この年）
　興亜とカルテックスが資本提携　　　1950.7.20
　旧軍燃料廠の払下を決定　　　　　　1955.8.26
興亜石油大阪製油所
　興亜石油大阪製油所完成　　　　　　1971.1.6
光圧
　レベデフ、光の圧力を測定　　　　1890（この年）
高圧静電発電機
　ヴァン・デ・グラフ、高圧静電発電機を発
　　明　　　　　　　　　　　　　　1929（この年）
高圧装置
　ブリッジマン、高圧装置を開発　　1905（この年）
高圧バタフライバルブ
　層雲峡発電所に高圧バタフライバルブ設置
　　　　　　　　　　　　　　　　　　1954.10月
高圧複動機関
　機械技術者のトレヴィシックが没する　1833.4.22
広域系統運用機関
　改正電気事業法が成立　　　　　　　2013.11.13
公益事業委員会
　公益事業委員会を設置　　　　　　　1950.12月
　公益事業委、電源開発5ヶ年計画を発表　1952.1.16
公益事業令
　電気事業再編成令公布　　　　　　　1950.11.24
　電気およびガスに関する臨時措置法を施行
　　　　　　　　　　　　　　　　　　1952.12月
高エネルギー加速器研究機構
　高エネルギー加速器研究機構、CP対称性
　　の破れについて実験　　　　　　　2000.7.31
高エネルギー物理学研究所
　高エネルギー物理学研究所設置　　　1971.3月

高温岩体国際ワークショップ
　高温岩体国際ワークショップ開催　　1988.11月
高温超伝導
　ミュラーとベドノルス、高温超伝導を発見
　　　　　　　　　　　　　　　　　1986（この年）
　チューら、イットリウム系超伝導体を発見
　　　　　　　　　　　　　　　　　1987（この年）
　新しい高温超伝導体の開発　　　　　1988.1月
　超伝導体MgB_2が発見される　　　　2001.3.1
　フラーレンで、超伝導を実現　　　　2001.8月
高温熱水還元クローズドシステム
　クローズド地熱発電運転開始　　　　1978.5.26
公海汚染防止条約
　公海汚染防止条約調印　　　　　　　1974.3.22
公害関係14法
　公害関係14法公布　　　　　　　　　1970.12.25
公害健康被害補償法
　公害健康被害補償法成立　　　　　　1973.1月
　公害健康被害補償法公布　　　　　　1973.10.5
　公害健康被害補償法の一部改正　　　1989.9月
公害国会
　公害国会開催　　　　　　　　　　　1970.11.24
公害審議会
　厚生省に公害審議会を設置　　　　　1965.9月
公害対策基本法
　公害対策基本法を閣議決定　　　　　1967.5.16
　公害対策基本法を公布・施行　　　　1967.8.3
公害対策連絡会議
　公害対策連絡会議を設置　　　　　　1964.3月
公害等調整委員会
　公害等調整委員会発足　　　　　　　1972.7.1
　公害紛争処理法公布　　　　　　　　1974.6.11
公害等調整委員会設置法
　公害紛争処理法改正　　　　　　　　1972.6.3
公害に係る健康被害の救済に関する特別措置法
　公害健康被害救済法公布　　　　　　1969.12.15
　四日市ぜんそくで医療費給付開始　　1970.2.1
公害の防止に関する事業に係る国の財政上の特
　別措置に関する法律
　公害対策法公布　　　　　　　　　　1971.5.10
公害の無過失賠償責任
　公害対策法案可決　　　　　　　　　1972.6.9
公害白書
　厚生省、初の公害白書を発表　　　　1969.5.23
公害被害者全国大会
　公害被害者全国大会開催　　　　　　1969.11.26
公害病
　四日市ぜんそくを「公害病」と認定　1965.5.20
公害裁定制度
　公害等調整委員会発足　　　　　　　1972.7.1
　公害紛争裁定制度発足　　　　　　　1972.9.30
公害紛争処理法
　公害紛争処理法公布　　　　　　　　1970.6.1
　公害紛争処理法改正　　　　　　　　1972.6.3
　公害紛争処理法公布　　　　　　　　1974.6.11

公害紛争の処理手続等に関する規則
　公害等調整委員会発足　　　　　　　　1972.7.1
　公害紛争裁定制度発足　　　　　　　　1972.9.30
公害防止事業団
　公害防止事業団法を公布　　　　　　　1965.6.1
　公害防止事業団を設立　　　　　　　　1966.10.1
　公害防止事業団法改正　　　　　　　　1968.3.30
　環境事業団設立　　　　　　　　　　　1992.5.6
公害防止事業費事業者負担法施行令
　公害対策法公布　　　　　　　　　　　1971.5.10
公害防止対策連絡協議会
　公害防止対策連絡協議会を設置　　　　1964.3.5
公害無過失賠償責任規定
　公害無過失責任規定導入　　　　　　　1972.6.22
公害問題国際シンポジウム
　公害問題国際シンポジウムが開催　　　1970.3.9
光化学スモッグ
　首都圏で光化学スモッグが発生　　　　1970.7.18
光起電力効果
　ベクレル、太陽電池の基礎原理を発見
　　　　　　　　　　　　　　　　1839（この年）
　アダムスら、セレン光起電力効果を発見
　　　　　　　　　　　　　　　　1876（この年）
工業技術院
　温泉法設定　　　　　　　　　　　　　1948.8月
　全国地熱基礎調査開始　　　　　　　　1973.4月
　民間企業出資による地熱開発企業が設立　1973.11月
　火山・高温岩体発電フィージビリティスタ
　　ディ開始　　　　　　　　　　　　　1974.4月
　北海道で発電プラントに成功　　　　　1977.10月
　大分県で発電プラントに成功　　　　　1977.12月
　JISに省エネルギー基準採用　　　　　1979.3.1
　原子力安全・保安院設立　　　　　　　2001.1.6
工業技術庁
　大分県で地熱開発調査実施　　　　　　1948.3月
　温泉法設定　　　　　　　　　　　　　1948.8月
　地熱開発技術審議会を設置　　　　　　1949.4月
　地熱実験場で発電成功　　　　　　　　1951.7月
　熊本県・大分県で地熱開発調査　　　　1951.8月
　地熱発電第2期計画　　　　　　　1951（この年）
鉱業条例
　鉱業条例施行　　　　　　　　　　　　1892.6月
　鉱業法施行　　　　　　　　　　　　　1905.7月
鉱業法
　鉱業法施行　　　　　　　　　　　　　1905.7月
　鉱業法の改正で、無過失賠償の原則　1939（この年）
工業用原子炉
　民間初の工業用原子炉運転開始　　　　1956.6.28
航空エンジン
　航空エンジン開発で提携　　　　　　　1979.5.22
　ホンダ、航空エンジンに参入　　　2004（この年）
航空機燃料税法
　航空機燃料税法成立　　　　　　　　　1972.3.31
航空用燃料
　木更津港に燃料流出　　　　　　　　　1990.12.22

興山丸
　千葉県沖合でタンカー衝突によるガソリン
　　流出　　　　　　　　　　　　　　　1973.7.19
鋼式掘削機
　日本石油、アメリカから掘削機を輸入　1890.12月
高周波発電機
　トムソン、高周波発電機を発明　　1890（この年）
　アレクサンダーソン、高周波発電機を製作
　　　　　　　　　　　　　　　　1906（この年）
工場取締規定
　大阪府、工場取締規定を制定　　　1920（この年）
工場法
　工場法が制定される　　　　　　　　　1911.3.20
高真空水銀ポンプ
　ラングミュア、高真空の水銀ポンプを製作
　　　　　　　　　　　　　　　　1915（この年）
恒星
　ベーテとヴァイツゼッカーが恒星の核融合
　　反応を提唱　　　　　　　　　　1938（この年）
合成ガソリン
　フィッシャーら、合成ガソリン製造に成功
　　　　　　　　　　　　　　　　1926（この年）
厚生省
　厚生省、初の公害白書を発表　　　　　1969.5.23
厚生省環境衛生局公害課
　厚生省に公害課を設置　　　　　　　　1964.4.1
公正取引委員会
　公取委、石油元売と石油連盟を独禁法違反
　　で告発　　　　　　　　　　　　　　1974.2.15
　石油業界再編　　　　　　　　　　1984（この年）
高性能遠心分離機
　高性能遠心分離機BT-2初公開　　　　　1978.5.13
『恒星の内部構造』
　エディントン、『恒星の内部構造』刊　1926（この年）
鉱石検波器
　C.F.ブラウン、電波の検出に鉱石検波器を
　　用いる　　　　　　　　　　　　1901（この年）
鋼折・鍛冶・湯屋三業者心得方
　大阪府、鋼折・鍛冶・湯屋三業取締規則を
　　制定　　　　　　　　　　　　　1877（この年）
光線屈折の理論
　アインシュタイン、万有引力場における光
　　線屈折の理論　　　　　　　　　1911（この年）
　アインシュタイン、重力で光線が湾曲する
　　ことを予想　　　　　　　　　　　　1919.5.29
光線電話機
　ベル、光線電話機の特許を取得　　1880（この年）
高速実験炉
　ANSのランドマーク賞に、高速実験炉「常
　　陽」が選出　　　　　　　　　　　　2006.11.14
　中国の高速実験炉が初臨界　　　　　　2010.7.21
高速実証炉
　日仏米、高速実証炉の研究開発で調印　2008.1.31
高速増殖炉
　アメリカ、実験用増殖原子炉完成　　　1951.12.8
　アメリカ、世界初の原子力発電成功　　1951.12.29
　アメリカのエンリコ・フェルミ発電所臨界
　　　　　　　　　　　　　　　　　　　1963.8.23

こうそ　　　　　　　　　　事項名索引　　　　　　資源・エネルギー史事典

アメリカで実験用高速増殖炉が炉心溶解事
　故　　　　　　　　　　　　　　1966.10.5
仏・高速増殖炉実験炉ラプソディー臨界　1967.1.28
高速増殖実験炉「常陽」を設置　　　1970.2月
ソ連、初の商業用高速増殖炉完成　　1972.1.5
ソ連高速増殖炉が運転開始　　　　　1973.7.16
フランス、高速増殖原型炉フェニックス
　が臨界　　　　　　　　　　　　1973.8.31
NERSA発足　　　　　　　　　　　1974.7月
高速実験炉「常陽」臨界　　　　　　1977.4.24
「常陽」、定格出力達成　　　　　　1978.7.5
「常陽」熱出力7万5000kW達成　　　1979.7.16
「常陽」定常運転入り　　　　　　　1980.2.1
仏FBR原型炉フェニックスの蒸気発生器
　が発火事故　　　　　　　　　　1982.4.28
仏・高速増殖炉ラプソディー解体撤去決定
　　　　　　　　　　　　　　　　1982.10.5
動燃、FBR燃料サイクル成功　　　 1983.6.29
高速増殖炉スーパーフェニックスが世界初
　の臨界に　　　　　　　　　　　1985.9.7
高速増殖炉原型炉「もんじゅ」起工式　1985.10.28
仏スーパーフェニックスでナトリウム漏れ
　事故　　　　　　　　　　　　　1987.3.9
仏・高速増殖炉スーパーフェニックスでポ
　ンプトラブル　　　　　　　　　1990.7.3
「もんじゅ」が試運転　　　　　　　1991.5.18
高速増殖炉「もんじゅ」が初臨界　　1994.4.5
「もんじゅ」で意見交換会　　　　　1995.2.12
「もんじゅ」原子炉再起動　　　　　1995.5.8
「もんじゅ」臨界に　　　　　　　　1995.8.23
「もんじゅ」初送電　　　　　　　　1995.8.29
高速増殖炉「もんじゅ」ナトリウム漏出事
　故　　　　　　　　　　　　　　1995.12.8
「もんじゅ」ナトリウム抜き取り作業が終
　了　　　　　　　　　　　　　　1995.12.12
科学技術庁、「もんじゅ」に立ち入り調査
　　　　　　　　　　　　　　　　1995.12.13
「もんじゅ」事故ビデオで核心隠蔽　 1995.12.20
「もんじゅ」事故現場ビデオ隠蔽問題　1995.12.21
高速増殖炉スーパーフェニックス、運転終
　了　　　　　　　　　　　　　　1998.2.2
国家基幹技術に、高速増殖炉技術が指定　2006.3.22
高速増殖炉原型炉フェニックス運転終了　2010.2.1
高速増殖炉「もんじゅ」の運転再開　2010.5.6
高速増殖原型炉「もんじゅ」でトラブル発
　生　　　　　　　　　　　　　　2010.8.26
原子力規制委員会、高速増殖原型炉「もん
　じゅ」の使用停止を命令　　　　2013.5.15
高速中性子炉
　ロスアラモスで世界最初の高速中性子炉が
　　臨界　　　　　　　　　　　　1946.8.11
光速不変の原理
　アインシュタイン、特殊相対性理論に関す
　　る最初の論文を発表　　　　　1905.3.30
高速炉用ナトリウム加熱蒸気発生器
　高速炉用ナトリウム加熱蒸気発生器の開発
　　成功　　　　　　　　　　　　1969.5.28
高知県窪川町
　高知県で原発設置町民投票条例が誕生　1982.7.19
高電圧点火装置
　ホノルド、高電圧点火装置を開発　1902（この年）

光電管
　ガイテルとエルスター、光電管を発明
　　　　　　　　　　　　　　　　1898（この年）
光電効果
　ハルバックス、光電効果を発見　　1888（この年）
　レーナルト、光電子のエネルギーが照射光
　　の強さに無関係であると確認　　1902（この年）
合同石油開発
　合同石油開発設立　　　　　　　　1970.11.6
光度計
　ランベルト、『光量測定』刊　　　1760（この年）
高濃縮ウラン
　スペディングが原子爆弾開発用の高純度ウ
　　ランを製造　　　　　　　　　1942.11月
　ロスアラモスの高濃縮ウラン臨界集合体で
　　臨界事故　　　　　　　　　　1945.6.4
　イラン、ウラン高濃縮化を表明　　2010.1.24
　北朝鮮は、ウラン濃縮施設を新設　2010.11.20
　北朝鮮、ウラン濃縮活動の停止受入れ　2012.2.29
光敏感性
　Cu、Cu_2O光敏感性の発見　　　1904（この年）
工部省
　工部大学校電信科設立　　　　　　1873（この年）
工部大学校
　日本初のアーク灯が点灯　　　　　1878.3.25
工部大学校電信科
　工部大学校電信科設立　　　　　　1873（この年）
高分子固体電解質型燃料電池
　NASAが燃料電池を採用　　　　　1965（この年）
神戸製鋼
　バイナリー発電システムの実証試験を開始
　　　　　　　　　　　　　　　　2014.8.22
神戸電灯
　神戸電灯設立　　　　　　　　　　1888.1月
高村 正彦
　CTBT発効促進会議が開催　　　　1999.10.6
高野山ダム
　発電用バットレスダム完成　　　　1924.9月
交流回路論
　スタインメッツがGEに入社　　　1893（この年）
交流火力発電所
　ロンドン電力供給会社、デットフォード計
　　画を開始　　　　　　　　　　1888（この年）
交流送電
　スタンリー、逆起電力を提唱　　　1883（この年）
　スタンリー、変圧器を実用化　　　1885（この年）
　大阪電灯設立　　　　　　　　　　1887.12月
　テスラ、二相誘導発電機を製作　　1887（この年）
交流電動機
　ホプキンソンら、交流電動機を製作　1883（この頃）
交流電流
　テスラ、テスラコイルを発明　　　1891（この年）
　J.フレミング、2極真空管を発明　1904（この年）
交流発電機
　グラム、グラム発電機を発明　　　1870（この年）
　国産初の交流発電機が設置される　1893.10月

こくさ

交流発電所
ウェスティングハウス、ウェスティングハウス社を設立　1886（この年）
光量子
コンプトン、コンプトン効果を発見　1923（この年）
光量子仮説
アインシュタイン、光量子仮説を発表　1905.3.17
『光量測定』
ランベルト、『光量測定』刊　1760（この年）
高レベル廃棄物最終処分法
高レベル廃棄物最新処分法案成立　2007.6.6
高レベル放射性廃棄物最終処分場
高レベル放射性廃棄物の貯蔵作業　1995.10.3
港湾技術研究所
ケーソンによる沖合固定式実験が実施される　1998（この年）
氷熱量計
ラヴォアジェら、氷熱量計を発明　1782（この頃）
郡山絹糸紡績
1万V級の水力発電所建設　1899（この年）
小型二相交流電動機
小型二相交流電動機を発明　1885（この年）
小型風力発電機
リーセア、小型の風力発電機を製作　1975（この年）
呼吸
ラヴォアジェ、呼吸について研究　1783（この年）
五極管
ラウンド、五極管を発明　1927（この年）
コーク，ブルース
反中性子発見　1956.9.15
国営イラン石油会社（NIOC）
イランが石油産業を国有化　1951.4.28
イラン・コンソーシアム協定調印　1954.8.19
ENI、イランと利権協定　1957.7月
イランで石油法が成立　1957（この年）
イランとERAPが石油開発について協定締結　1960（この年）
イラン、石油開発についてフランス・ERAPと協定　1967（この年）
イラン新政府、対日長期輸出契約を締結　1979.3.14
黒鉛原子炉
ソ連、濃縮ウラン黒鉛原子炉の運転開始　1952.4月
黒鉛減速ガス冷却炉
東海発電炉臨界　1965.5.4
国内初の商業用発電所が連続送電開始　1966.7.27
ラティーナ原子力発電所で溶融破損　1967.3月
黒鉛減速ナトリウム冷却炉
アメリカ・ハラム原子力発電所送電開始　1963.5.29
国際エネルギー機関（IEA）
国際エネルギー機関設立　1974.11.18
日本、IEAに加盟　1974.11月
石油消費節約目標で合意　1975.2.7
IEA、産油国との合同会議へ　1975.5.27
IEA、輸入石油最低保証価格等で合意　1975.12.19
エネルギー政策12原則採択　1977.10.5
IEA理事会、石油消費節約実施を決定　1979.3.2
IEA理事会、石炭政策の原則を採択　1979.5.21
各国別の石油輸入量上限目標設定　1979.12.10
IEA閣僚理事会開催　1980.5.21
IEA、市場混乱予防措置で合意　1980.10.1
IEA、湾岸戦争対応計画決定　1991.1.11
IEA、緊急時協調対応計画を採択　1991.1月
国際エネルギー事情
CIA、国際エネルギー事情を公表　1977.4.18
国際海事機関（IMO）
タンカーのダブルハル化を決定　1992.3.2
国際原子力エネルギー・パートナーシップ（GNEP）
ブッシュ大統領「国際原子力エネルギー・パートナーシップ」を発表　2006.2.6
国際原子力開発株式会社
国際原子力開発株式会社発足　2010.10.22
ベトナム原発、日本受注で決定　2010.10.31
国際原子力機関（IAEA）
国連総会で原子力平和利用7ヶ国決議案採択　1954.12.4
国際原子力機関（IAEA）創立総会　1956.9.20
国連総会IAEA憲章草案を採択　1956.10.23
国際原子力機関発足　1957.7.29
IAEA初の原子炉査察　1962.6.1
IAEAでウィーン条約採択　1963.5.19
IAEA、INIS計画を承認　1969.3.31
IAEA、保障措置委員会を発足　1970.6.20
EURATOM、IAEAが保障措置協定調印　1973.4.5
東南アジア地域原子力協力協定参加決定　1978.8.25
核物質防護条約採択　1979.10.26
中国、IAEAに正式加盟　1984.1.1
チェルノブイリ原子力発電所事故　1986.4.26
動燃東海で被曝事故　1986.6.23
ソ連、IAEAにチェルノブイリ事故報告書提出　1986.8.14
IAEA、原子力事故通報条約と原子力事故援助条約採択　1986.9.26
IAEA「原子力事故援助条約」発効　1987.2.26
北朝鮮がIAEA査察受け入れ拒否　1993.2.13
IAEA、北朝鮮に対する特別査察要求決議採択　1993.2.25
北朝鮮、NPTを脱退　1993.3.12
IAEA、北朝鮮の保障措置協定違反を安保理に報告　1993.4.1
北朝鮮がIAEA査察受け入れ　1993.7.19
核査察で合意　1994.2.15
北朝鮮核開発疑惑への制裁議論高まる　1994.4月
北朝鮮がIAEA脱退　1994.6.13
原子力安全条約が成立　1994.6.17
IAEA、原子力安全条約締結　1994.9.20
IAEAの原子力安全条約が発効　1996.10.24
IAEA、「使用済み燃料管理及び放射性廃物管理の安全に関する条約」を採択　1997.9.5
IAEA、原子力損害補完的補償条約採択　1997.9.12
イラク査察が再開　2002.11.8
北朝鮮が核開発再開　2002.12.12
北朝鮮の核に関し動きあいつぐ　2003.1月
リビアが核開発放棄　2003.12.19
IAEAがイラン非難決議　2004.3.13

- 393 -

IAEA、日本の原子力計画「平和利用に限
　定」と　　　　　　　　　　　　2004.6.14
IAEAより統合保障措置適用　　　2004.9.14
「核燃料バンク」提言　　　　　　 2005.2月
IAEA、核物質防護条約の検討・改正会議
　をウィーンで開催　　　　　　　 2005.7.4
IAEAにノーベル平和賞　　　　　2005.10.7
イランが核活動再開　　　　　　　2006.1.3
日本、INPROに正式参加　　　　 2006.4.1
国際放射能標識の使用・運営開始　2007.2.15
IAEA事務局長に、日本の天野之弥が選出　2009.7.2
IAEA、福島第一原発事故の国際原子力事
　象評価尺度引き上げ　　　　　　2011.4.12
北朝鮮、ウラン濃縮活動の停止受入れ　2012.2.29
国際原子力規制者会議（INRA）
　国際原子力規制者会議設立　　　 1997.5.29
国際原子力協力協議会
　国際原子力協力協議会発足　　　 2009.6.18
国際司法裁判所（ICJ）
　核兵器の違法性をめぐりICJで審理　1995.11.7
国際石油
　国際石油設立　　　　　　　　　 1973.3.8
国際石油交流センター
　国際石油交流センター設立　　　1981.11.10
国際石油産業環境保全連盟（IPIECA）
　国際石油産業環境保全連盟設立　 1973.11月
国際石油取引所（IPE）
　IPE、先物売買取引開始　　　　　1981.4.6
国際タンカー船主協会
　国際タンカー船主協会設立　　　　1934.2月
国際電気学会
　国際電気学会設立　　　　　　1883（この年）
国際電気標準会議（IEC）
　IEC設立　　　　　　　　　　　1906.6.26
　国際会議で電気の単位を確定する　1908（この年）
国際電熱会議
　第1回国際電熱会議を開催　　1936（この年）
国際電流単位
　国際会議で電気の単位を確定する　1908（この年）
国際電力発電供給連合（UNIPEDE）
　国際電力発電供給連合を設立　1925（この年）
国際熱核融合実験炉（ITER）
　ITER計画理事会が初会合　　　　1992.9.10
　ITER閣僚級会合がモスクワで開催　2005.6.28
国際標準化機構（ISO）
　国際放射能標識の使用・運営開始　2007.2.15
国際放射能標識
　国際放射能標識の使用・運営開始　2007.2.15
国際油濁補償基金
　ナホトカ号重油流出事故の回収費支払いが
　　通知される　　　　　　　　　1997.10.13
国際連合
　第1回ジュネーヴ会議開催　　　　1955.8.8
　国連に核実験停止決議案提出　　　1957.9.23
　国連が核実験の影響を発表　　　　1958.8.10
　国連に核実験即時停止決議案を提出　1995.10.31

国際連合安全保障理事会
　IAEA、北朝鮮の保障措置協定違反を安保
　　理に報告　　　　　　　　　　　1993.4.1
　安保理、北朝鮮のNPT脱退に再考を促す　1993.5.11
　国連安保理、核実験に対し共同声明　1998.6.4
　国連安保理、印パ核実験非難決議　 1998.6.6
　イラク査察が再開　　　　　　　　2002.11.8
　アメリカがイラク攻撃の意思強める　2003.2.6
　国連安保理が対北朝鮮決議を採択　 2006.7.15
　国連安保理が対イラン決議を採択　 2006.7.31
　国連安保理、イラン制裁決議を採択　2006.11.23
国際連合環境開発会議（UNCED）
　気候変動枠組条約採択　　　　　　1992.5.9
国際連合環境計画（UNEP）
　国連環境計画発足　　　　　　　　1973.3月
国際連合監視検証査察委員会（UNMOVIC）
　イラク査察が再開　　　　　　　　2002.11.8
　フセイン大統領、アメリカに徹底抗戦を表
　　明　　　　　　　　　　　　　　 2003.1月
　アメリカがイラクに最後通告　　　2003.3.17
国際連合軍縮会議
　アルバ・ミュルダールがノーベル平和賞を
　　受賞　　　　　　　　　　　1982（この年）
国際連合原子力委員会
　国連原子力委員会設置を決議　　　1946.1.24
　アメリカがバルーク案を提案　　　1946.6.14
国際連合人間環境会議
　国連人間環境会議開催　　　　　　1972.6.5
国産原子炉
　国産一号原子炉JRR-3着工　　　　1959.1.14
コークス
　ダービー1世、コークス製鉄法を発明
　　　　　　　　　　　　　　　1713（この年）
　レオミュール、溶鉱炉を建設　1720（この年）
　コート、パドル法を発明　　　1784（この年）
　大島高任、石炭で銑鉄の溶解に成功　1856.3月
コークス高炉
　ダービー2世、鉄鉱石をコークス高炉で溶
　　解　　　　　　　　　　　　1735（この年）
　八幡製鉄所で火入れ　　　　　1904（この年）
黒体放射
　ウィーンの変位則　　　　　　1893（この年）
　ウィーン、熱放射の変位則を発見　1893（この年）
　プランク、「黒体放射の公式」発表　1900（この年）
国鉄
　国鉄、日本初の電気機関車を導入　1912.5.1
　省エネ電車運転開始　　　　　　　1979.8.20
国土交通省
　国交省、燃料電池自動車実験　2001（この年）
国民生活安定緊急措置法
　国民生活安定緊急措置法など公布　1973.12.22
　家庭用灯油・LPガスの標準額を告示　1974.1.14
国民生活安定緊急対策本部
　石油・電力使用節減対策を決定　　1974.1.16
国民投票
　オーストリア国民投票で原発拒否　1978.11.5
　スウェーデン国民投票で原発容認　1980.3.23
　スイスの国民投票で原発規制案否決　1984.9.23

伊・国民投票で原発政策反対	1987.11.8	WH社、SOFCの性能について高く評価	1962（この年）
スイス国民投票で原発建設凍結	1990.9.23	『固体電子論』	
国油共同販売所		ゾンマーフェルトとベーテ、『固体電子論』	
国油共同販売所設立	1904.11月	刊	1933（この年）
国油共同販売所、宝田石油の販売会社に	1906.9月	固体比熱	
小倉油店		アインシュタイン、固体の比熱の理論を発表	1907（この年）
小倉油店開業	1889（この年）	デバイ、固体比熱の量子論を改良	1912（この年）
小倉石油		固体メーザー	
石油販売協定により、ガソリン値上げが決定	1929.6月	ブレームバーゲン、連続可能な固体メーザーを考案	1956（この年）
小倉石油横浜製油所完成	1929.11月	ゴダード, ロバート・ハッチングス	
国内6社販売協定成立	1932.8月	ゴダード、『超高層に到達する方法』刊	1919（この年）
国内7社販売協定成立	1934.6月	ゴダード、世界最初の液体燃料ロケット飛行成功	1926.3.16
日石が小倉と合併	1941.6月	ゴダルミン水力発電所（イギリス）	
小倉石油横浜製油所		アメリカ・イギリスで水力発電所が建設される	1881（この年）
小倉石油横浜製油所完成	1929.11月	国家エネルギー戦略	
国立がんセンター		アメリカ、国家エネルギー戦略を発表	1991.2.20
病院内で被曝事故	1981.5.29	国家環境政策法（NEPA）	
国立原子炉試験場（アメリカ）		環境教書発信	1970.1月
アメリカ国立原子炉試験場で臨界事故	1960.1.3	コッククロフト, ジョン	
国立高エネルギー物理学研究所（アメリカ）		コッククロフトとウォルトン、原子核の人工転換に成功	1932（この年）
アメリカで国立高エネルギー物理学研究所設立	1969（この年）	コッパース, H.	
国立・国定公園		コッパース、コッパース炉を発明	1904（この年）
国立・国定公園内における地熱開発が可能に	2012.3.27	コッパース炉	
国立放射性廃棄物管理公社（ANDRA）		コッパース、コッパース炉を発明	1904（この年）
仏、国立放射性廃棄物管理公社設置	1979.11.7	固定価格買取（FIT）制度	
九重観光ホテル		地球温暖化対策基本法案を閣議決定	2010.3.12
九重地熱発電所運転開始	2000.12.1	再生可能エネルギー特別措置法成立	2011.8.26
九重地熱資源開発研究所		固定式振動水柱型装置	
九大研究所で地熱研究開始	1966（この年）	固定式振動水柱型装置設置	1988（この年）
九重地熱発電所		固定式波力発電装置	
九重地熱発電所運転開始	2000.12.1	リンペットを開発	1992（この年）
九重町		固定床接触分解法	
大分県で地熱調査開始	1979.2月	フードリー、固定床接触分解法を開発	1923（この年）
コージェネレーション型発電		アメリカで接触分解装置を工業化	1936.6.6
関西国際空港エネルギーセンターが竣工	1994.3月	コート, ヘンリー	
コージェネレーション問題検討委員会		コート、パドル法を発明	1784（この年）
コージェネレーション問題検討委員会報告書発表	1987.8.3	後藤 文夫	
小柴 昌俊		電力経済研究所設立	1952（この年）
小柴昌俊ら、ノーベル物理学賞受賞	2002.10.8	コーネル, エリック	
50ヘルツ		ケターレら、ボース＝アインシュタイン凝縮を確認	1995（この年）
浅草火力発電所建設	1897（この年）	小林・益川理論	
コスター, ディルク		トップクォークを確認	1994.4.26
ヘヴェシーとコスター、ハフニウムを発見	1923（この年）	コバルト60	
コスモ・ジュピター号		原研高崎研究所でコバルト60食品照射開始	1967.10.18
ドバイで日本タンカーが被弾	1987.1.6	那覇アメリカ海軍港付近で放射性物質汚染	1968.7月
コスモス954号		米原潜寄港中の那覇軍港からコバルト60検出	1968.9.6
ソ連の原子炉軍事衛星墜落	1978.1.24		
コスモ石油			
コスモ石油設立	1984.4.1		
日産が、燃料電池車を発売	2004（この年）		
固体酸化物形燃料電池（SOFC）			
固体酸化物形燃料電池が試作される	1937（この年）		

こひら

病院内で被曝事故　　　　　　　　1981.5.29
汚染家具で被曝　　　　　　　　　　1984.5.1
コヒーラ検波器
　ブランリー、コヒーラ検波器を発明　1889（この年）
コベントリー大学
　SEA CLAM開発　　　　　　　1982（この年）
小松ホフマン電子工業
　太陽電池を実用化　　　　　　　1963（この年）
ごみ発電
　ごみ発電の推進　　　　　　　　　1980.1.29
コメコン・パイプライン
　コメコン・パイプライン完成　　　　1963.11.11
コモンレール式電子制御燃料噴射システム
　日野自動車がコモンレール式を採用　1995（この年）
コラチア号
　愛知県沖合でタンカー衝突による燃料油流
　出　　　　　　　　　　　　　　1972.7.3
ゴラール, L.
　ゴラールとギブス、二次発電機の特許を取
　得　　　　　　　　　　　　1882（この年）
　デリラ、閉磁路変圧器の並列使用を考案
　　　　　　　　　　　　　　1885（この年）
ゴリア, ジョヴァンニ
　伊・原発建設凍結を発表　　　　　1987.11.20
コール, ヘルムート
　米独、インドの核実験に対し経済制裁を発
　動　　　　　　　　　　　　　　1998.5.13
コルダイト
　F.アーベル、コルダイトを開発　　1889（この年）
コールダーホール原子力発電所（イギリス）
　英国原子力公社・原発運転開始　　1956.5.23
　コールダーホール型原子炉、商業運転開始　1956.7月
　世界初の商用原発が稼働　　　　　1956.10月
ゴルトシュタイン, オイゲン
　プリュッカー、陰極線を発見　　1858（この年）
　ゴルトシュタイン、ヒットルフの放射線を
　陰極線と命名　　　　　　　1876（この年）
　ゴルトシュタイン、カナル線を発見　1886（この年）
コルニッシュボイラー
　トレヴィシック、コルニッシュボイラーを
　発明　　　　　　　　　　　1811（この年）
ゴルバチョフ, ミハイル
　米ソ首脳会談開催　　　　　　　1986.10.11
　米ソ、共同声明を発表　　　　　　1987.12.7
　モスクワで米ソ首脳会談　　　　　1988.5.29
　ミハイル・ゴルバチョフがノーベル平和賞
　を受賞　　　　　　　　　　1990（この年）
　アメリカ、イラクに最後通告　　　1991.2.22
コレ原子力発電所（ロシア）
　ロシア・コレ原発1、2号機で外部電源喪失　1993.2.2
コロレフ油田
　シェブロン、カザフと合弁契約締結　1993.4.6
コロンビア号
　スペースシャトルが初飛行　　　　1981.4.12
ゴワイヨン, シャルル・ド
　多翼風車での発電実験は失敗　　1887（この年）

コンクリート遮水型アースダム
　コンクリート遮水型アースダム完成　1922.7月
コンクリート重力ダム
　日本最大のコンクリ重力ダム完成　　1959.5月
　日本最大有効貯水量の奥只見ダムが完成、
　発電所の運用開始　　　　　　　1960.12月
コンクリート表面遮水壁型ダム
　コンクリ表面遮水壁型ダム完成　　1956.10月
『混合気体の組成について』
　ドルトン、気体の分圧の法則を定式化
　　　　　　　　　　　　　　1801（この年）
混合揚水式
　日本初の揚水式水力発電が行われる　1934.4月
コンゴ石油
　コンゴ石油設立　　　　　　　　　1970.8.1
コンチネンタル
　リビア、米国計4社に新法を是認させる　1966.1.4
コンティ, ジリノ
　コンティ公爵、世界初の地熱発電を行う
　　　　　　　　　　　　　　1904（この年）
コンデンサ
　ヴォルタ、コンデンサに関する論文を発表
　　　　　　　　　　　　　　1782（この年）
近藤 俶郎
　振り子式波力発電システムを発明　1979（この年）
コンバインドサイクル発電
　コンバインドサイクル発電が採用される
　　　　　　　　　　　　　　1984（この年）
コンピュータ
　ノイマンがプログラム内蔵式コンピュータ
　を考案　　　　　　　　　　1946（この年）
　ウィルクスらがEDSACを製作　　1949（この年）
　第2世代コンピュータを発表　　1958（この年）
コンプトン, アーサー・ホリー
　コンプトン、コンプトン効果を発見　1923（この年）
コンプトン効果
　コンプトン、コンプトン効果を発見　1923（この年）

【さ】

在外被爆者手当訴訟
　最高裁、在外被爆者手当訴訟で、原告側請
　求を棄却　　　　　　　　　　　2006.6.13
サイクロトロン
　ローレンスら、サイクロトロンを建設
　　　　　　　　　　　　　　1930（この年）
　GHQがサイクロトロンを破壊　　1945.11.24
最高最低温度計
　シックス、最高最低温度計を発明　1782（この年）
最小作用の原理
　モーペルテュイ、最小作用の原理を提唱
　　　　　　　　　　　　　　1744（この年）
　ハミルトン、ハミルトンの方程式を発見
　　　　　　　　　　　　　　1834（この年）
西条太陽光試験発電所
　西条太陽光試験発電所建設　　　　1981.9月

― 396 ―

再処理試験
　原研再処理試験、プルトニウムの回収に成功　　　　　　　　　　　　　　　　1967.8月
再処理積立金法
　原子力規制法の改正案、再処理費用積立ての新法案が成立　　　　　2005.5.13
再生可能エネルギー導入条例
　飯田市、全国初の再生可能エネルギー導入条例を制定　　　　　　　　2013.4.1
再生可能エネルギー特別措置法
　再生可能エネルギー特別措置法成立　2011.8.26
再生戦略
　政府、原子力低減を明記した「再生戦略」を閣議決定　　　　　　　　　2011.8.5
再生増幅器
　アームストロング、再生増幅器を発明
　　　　　　　　　　　　　　　　1912（この年）
再停止
　再開した敦賀原発が再停止　　　1981.12.27
斎藤 英治
　斎藤英治ら、絶縁体に電気信号を流す　2010.3.11
再熱サイクル
　多奈川発電所、運転開始　　　1956（この年）
財閥解体
　財閥解体を決定　　　　　　　　1945.10.27
サイバネティックス
　ウィーナーがサイバネティックスを創始
　　　　　　　　　　　　　　　　1948（この年）
サイリスタ
　GE、サイリスタを発明　　　　1957（この年）
材料試験炉
　日本原子力研究所材料試験炉で漏水　1968.7.3
ザイール石油
　コンゴ石油設立　　　　　　　　　1970.8.1
幸町火力発電所
　幸町火力発電所建設　　　　　　　1896.9月
サヴァンナ号
　サヴァンナ号が大西洋を横断　1819（この年）
サウジ・アラムコ
　サウジ・アラムコ設立　　　　　1988.11.8
　サウジ・アラムコとテキサコが合弁会社設立　　　　　　　　　　　　　　　　1988.11.10
　サウジアラビア、石油会社2社を統合　1993.6.14
佐賀大学
　佐賀大が海洋エネルギー研究センターを開設　　　　　　　　　　　　　　　2003（この年）
坂本ダム
　坂本ダム完成、尾鷲第一発電所が運用開始
　　　　　　　　　　　　　　　　　　1962.4月
佐川 眞人
　ネオジム磁石を発明　　　　　1983（この年）
佐久間ダム
　佐久間ダムが完成　　　　　　　1956.10月
ザクム油田
　アブダビのザクム油田生産開始　1967（この年）
佐々木 弥市
　石油元売懇話会設立　　　　　　　1954.2.5

石油連盟創立　　　　　　　　　1955.11.1
佐々並川ダム
　日本初の典型的薄肉ドーム型アーチダム完成　　　　　　　　　　　　　　　　　1959.4月
指田 年生
　クサビ型超音波モーターを発明　1979（この年）
　進行波型超音波モーターを発明　1982（この年）
サージタンク
　日本初の差動式サージタンク発電所、運転開始　　　　　　　　　　　　　　　　1928.11月
サターン5型
　液体水素燃料エンジンを開発　1960（この頃）
札幌水力電気
　札幌水力電気、定山渓発電所を設置　1907.5月
札幌電灯舎
　札幌電灯舎設立　　　　　　　　　1889.8月
薩摩藩
　薩摩藩、反射炉を築造　　　　1852（この年）
　薩摩藩で、日本最初の小型木造外輪蒸気船を建造　　　　　　　　　　　　1855（この年）
佐藤 栄作
　佐藤栄作がノーベル賞受賞　　　1974.10月
佐藤 雄平
　福島県に中間貯蔵施設建設が決定　2014.9.1
サハリン
　日本、サハリン・シベリアの資源に関心　1966.3.14
　日ソ探鉱覚書に調印　　　　　　1974.4.26
　シベリア資源開発契約締結　　1974（この年）
サハリン・エナジー
　サハリン2の経営権問題で合意　2006.12.21
サハリン石油開発協力
　サハリン石油開発協力設立　　　1974.10.1
サハリンプロジェクト
　エネルギーのOPEC離れ　　　　1977.1.2
　サハリン石油・天然ガス事業が停滞　1982.6.18
　サハリン2生産開始　　　　　　　1999.7.8
　サハリン2の経営権問題で合意　2006.12.21
サハリン2
　サハリン2生産開始　　　　　　　1999.7.8
　サハリン2の経営権問題で合意　2006.12.21
サバール, フェリックス
　ビオとサバール、ビオ・サバールの法則を発見　　　　　　　　　　　　　　　1820（この年）
サハロフ, アンドレイ
　アンドレイ・サハロフがノーベル平和賞を受賞　　　　　　　　　　　　　　　1975（この年）
サバンナ号
　アメリカで初の原子力商船進水　1959.7.21
　アメリカの原子力船「サバンナ号」臨界　1961.12.21
サファニア海底油田
　サファニア油田発見　　　　　　　1951.5月
差分機械
　バベッジ、差分機械を考案　　1822（この頃）
サマリウム・コバルト磁石
　アメリカでサマリウム・コバルト磁石を発明　　　　　　　　　　　　　　　1968（この年）

サマレク
　サウジアラビア、石油会社2社を統合　1993.6.14
サミュエル, マーカス
　タンカー「ミュレックス」完成　1892.7月
サミュエル・サミュエル商会
　日本、ロシア灯油輸入開始　1893.2月
　ライジング・サン石油設立　1900.4月
早明浦ダム
　早明浦ダム建設現場で水質汚濁　1973（この年）
サモトロール巨大油田
　サモトロール巨大油田発見　1965.12.15
サラム, A.
　ワインバーグ、電弱統一理論を発表　1967（この年）
サラルドブロピーグ号
　京浜運河でタンカー衝突炎上事故　1962.11.18
サリー原子力発電所（アメリカ）
　米サリー原発で二次系配管のギロチン破断
　　　　　　　　　　　　　　　　1986.12.9
三塩化窒素
　化学者・物理学者のデュロンが没する　1838.7.18
酸化亜鉛バリスタ
　松下電器産業、酸化亜鉛バリスタを開発
　　　　　　　　　　　　　　　　1968（この年）
　酸化亜鉛避雷器を使用開始　1975（この年）
酸化亜鉛避雷器
　酸化亜鉛避雷器を使用開始　1975（この年）
酸化・三元二段階触媒コンバータ
　酸化・三元二段階触媒コンバータ開発
　　　　　　　　　　　　　　　　1990（この年）
酸化銅亜鉛電池
　ラランド、ラランド電池を発明　1881（この年）
三吉電機
　日本初の電灯が点灯する　1885.6月
産業革新機構
　国際原子力開発株式会社発足　2010.10.22
産業革命
　スレーター、アメリカ最初の紡績工場の建
　　設を開始　　　　　　　　　1790（この年）
　発明家のワットが没する　1819.8.19
産業技術審議会エネルギー環境特別部会
　産業構造審議会、総合エネルギー調査会等合同会議
　　　　　　　　　　　　　　　　1992.11.25
産業公害面からする産業立地適正化要綱
　産業公害面からする産業立地適正化要綱が
　　まとまる　　　　　　　　　1965.8.9
産業構造審議会
　産業構造審議会、総合エネルギー調査会等合同会議
　　　　　　　　　　　　　　　　1992.11.25
産業合理化審議会原子力産業部会
　原子力産業育成方針策定　1958.6.6
三元触媒システム
　三元触媒システムを開発　1981（この年）
サンシャイン計画
　通産省、サンシャイン計画構想　1973.8.16
　民間企業出資による地熱開発企業が設立　1973.11月
　サンシャイン計画が開始　1974.7月
　日本で風力発電開始　1978（この年）

太陽熱発電プラントが稼働　1981.8.6
サンシャインリーダー号
　四日市港沖合で原油流出　1989.5.30
3線式送電法
　エジソン、3線式送電法を発明　1883.3.20
酸素
　シェーレ、酸素を発見　1772（この年）
　プリーストリー、酸素を発見　1774（この年）
　シェーレ、『空気と火に関する科学的観察
　　と実験』刊　　　　　　　　1777（この年）
　ラヴォアジェ、酸素を命名　1779.9.5
三相交流送配電
　ドブロウォルスキー、三相籠型誘導モー
　　ターを発明　　　　　　　　1889（この年）
　ドブロウォルスキー、三相交流発送電実験
　　を行う　　　　　　　　　　1891（この年）
　大阪電灯、60サイクル発電機を採用　1897（この年）
産炭地域振興臨時措置法
　産炭地域振興臨時措置法を公布　1961.11.13
サンノーキンバレー油田
　サンノーキンバレー油田発見　1896（この年）
サンフランシスコ講和条約
　サンフランシスコ講和条約発効　1952.4.28
産油国国営会社会議
　産油国国営会社会議開催　1974.5.27
産油国・消費国合同会議
　産油国・消費国合同会議開催　1991.5.29
三洋電機
　アモルファスシリコン太陽電池の実用化へ
　　　　　　　　　　　　　　　　1977（この年）
　太陽電池和瓦の開発　1983（この年）
　ニッケル水素電池を世界初商品化　1990（この年）
　三洋電機、「逆潮流」太陽光発電システム
　　を設置　　　　　　　　　　1992（この年）
サンレモ協定
　サンレモ協定成立　1920.4.25
サン・ローラン・デゾー原子力発電所（フランス）
　サン・ローラン・デゾー原発1号機で炉心
　　溶融事故　　　　　　　　　1969.10.17
　仏サン・ローラン・デンゾー原発2号機で
　　炉心溶融事故　　　　　　　1980.3.13

【し】

ジェイコブス兄弟
　ジェイコブス風車の商用利用が始まる
　　　　　　　　　　　　　　　　1931（この年）
ジェイコブス風車
　小型風車製造が活発化　1930（この頃）
　ジェイコブス風車の商用利用が始まる
　　　　　　　　　　　　　　　　1931（この年）
ジェットエンジン
　ホイットル、ガスタービン・ジェットエン
　　ジンの特許取得　　　　　　　1930（この年）

ジェット機
ドイツでジェット戦闘機が実用化　1942.4月
ジェット燃料流出
佐倉市でパイプライン破壊　1984.11.13
ジェット旅客機
世界初の実用旅客機が初飛行　1949.7月
ジェニー
ガリウムヒ素太陽電池の発明　1956（この年）
ジェーバー, アイバー
ジェーバーが非定常ジョセフソン効果を観測　1965（この年）
シェブロン
リビアが石油会社を国有化　1973.8.11
シェブロンと改称　1984.7.1
シェブロン、カザフと合弁契約締結　1993.4.6
テキサコとシェブロンの合併交渉決裂　1999.6.2
シェル運輸貿易会社
タンカー「ミュレックス」完成　1892.7月
シェル運輸貿易会社設立　1897.10.18
アジアチック・ペトロリアム設立　1903.6月
ロイヤル・ダッチ・シェルグループ結成　1907.1月
シェルメックス社設立　1931.11月
クウェートが独立　1961.6月
インドネシアが3社と開発契約　1963.9.25
西日本石油開発設立　1968.7月
ナイジェリアが参加協定調印　1973.6.11
イラク、ロイヤルダッチ社の利権を国有化　1973.10.21
リビア、米石油会社3社を完全国有化　1974.2.11
イギリス、エクソン・シェルと北海油田利権参加へ　1977.1.5
ナイジェリアがBP資産国有化　1979.8月
米連邦取引委、3社の事業統合を承認　1997.12.20
シェールオイル
石油資源開発、シェールオイルを採取　2012.10.3
シェル開発会社
シェル化学会社設立　1928.10月
シェル化学会社
シェル化学会社設立　1928.10月
シェル・カタール
カタールがカタール石油、シェル・カタールへの参加協定調印　1973.1.11
カタール、参加協定調印　1974.7.10
カタール、総合石油会社設立　1974.8.1
シェル石油
シェル石油と改称　1948.10.15
昭和シェル石油発足　1985.1.1
シェルメックス社
シェルメックス社設立　1931.11月
シェル・リビア
リビアがメジャーズ4社を国有化　1970.6月
シェーレ, カール・ヴィルヘルム
シェーレ、酸素を発見　1772（この年）
シェーレ、『空気と火に関する科学的観察と実験』刊　1777（この年）
シェーンバイン, クリスティアン・フリードリヒ
シェーンバイン、綿火薬を発見　1845（この年）

シー・エンプレス号
イギリス・ブリストル海峡でタンカー座礁による原油流出　1996.2.15
塩田 岩治
各地でボーリング開始　1947（この年）
潮谷 義子
潮谷義子県知事、荒瀬ダム撤去表明　2002.12.10
汐留川
汐留川で重油流出　1981.12.5
紫外線
ハルバックス、光電効果を発見　1888（この年）
紫外線放射
リッター、紫外線放射を発見　1801（この年）
シカゴ大学
フェルミらが持続的原子核連鎖反応に成功　1942.12.2
シカゴ・パイル1号
世界初の原子炉シカゴ・パイル1号が完成　1942（この年）
鹿間発電所
鉱山の水力発電所、運用開始　1894.3月
敷島内発電所
北海道で滝利用の水力発電、運転開始　1906.11月
磁気旋光
ファラデー、ファラデー効果を発見　1845（この年）
磁気モーメント
ラービが原子核の磁気モーメントの測定法を発見　1939（この年）
シーグバーン, カール
シーグバーン、X線スペクトルのM系列を発見　1916（この年）
シークレスト号
台風で天然ガス採掘船転覆　1989.11.3
資源エネルギー庁
全国地熱基礎調査地域で精密調査開始　1974.12月
緊急時対策研究委員会設置　1977.9.22
地熱開発基礎調査開始　1977.9月
九州で地熱発電所環境保全実証調査開始　1978.10月
石油製品減産指導　1981.7.1
昭和63年度電力施設計画を発表　1988.4.8
エネルギーライフ21フォーラム発足　1988.5.10
「地熱発電に関する研究会」設置　2008.12月
資源庁
通商産業省が発足　1949.5.25
四国電力
電気事業再編成令公布　1950.11.24
四国電力伊方発電所
伊方原発で、原子力発電所の安全性を問う日本初の裁判　1973.8.27
伊方1号機、営業運転開始　1977.9.30
伊方原発2号機、営業運転開始　1982.3.19
伊方3号機、営業運転開始　1994.12.15
伊方原発で蒸気逃がし弁にトラブル　1996.1.14
伊方原発で発電機台に亀裂　2002.9.26
四国電力大渡発電所
大渡ダム地滑り　1982.4.19

四国電力大森川水力発電所
　大森川水力発電所が完成　　　　　1959.8月
自己誘導
　ヘンリー、自己誘導を発見　　　1832（この年）
シコルスキー、イーゴリ
　シコルスキー、ヘリコプターを完成　1939.9.14
磁石発電機
　ピキシ、手回し発電機を発明　　1832（この年）
自主点検記録不正問題
　東京電力自主点検記録不正問題が発覚　2002.8.29
　原子力安全・保安院、告発者名を東京電力
　　に漏らす　　　　　　　　　　　　2002.9.12
　原子力安全・保安院長らを処分　　　2002.9.27
　福島第一原発1号機を1年間運転停止へ　2002.10.25
　経産相が、東電原発トラブル隠しで謝罪　2003.6.6
　関西電力、火力発電所のデータねつ造を発
　　表　　　　　　　　　　　　　　　2004.6.28
指針型電流計
　シュヴァイガー、倍率器を発明　1820（この年）
静岡駅前地下街爆発事故
　国鉄静岡駅前地下街で爆発事故　　　1980.8.16
磁性
　P.キュリー、磁性に関するキュリーの法則
　　を発見　　　　　　　　　　　1895（この年）
自然環境保全法
　自然環境保全法を公布　　　　　　　1972.6.22
『自然哲学講義』
　ヤング、エネルギーの概念を導入　1807（この年）
『自然のさまざまな法則の一致』
　モーペルテュイ、最小作用の原理を提唱
　　　　　　　　　　　　　　　　1744（この年）
地蔵原ダム
　コンクリート遮水型アースダム完成　1922.7月
持続可能な開発
　環境と開発に関する世界委員会開催　1987.4月
　政府、政府開発援助大綱を閣議決定　1992.6.30
シックス、ジェームス
　シックス、最高最低温度計を発明　1782（この年）
シックス温度計
　シックス、最高最低温度計を発明　1782（この年）
シッケル、サミュエル・ヴァン
　ペンシルベニア州で石油パイプライン敷設
　　　　　　　　　　　　　　　　　1865.10.10
　シッケル、連続蒸留法を発明　　1877（この年）
湿式太陽電池
　湿式太陽電池開発　　　　　　　1983（この年）
『湿度測定についての小論』
　ソシュール、『湿度測定についての小論』
　　刊　　　　　　　　　　　　　1783（この年）
シッピングポート原子力発電所（アメリカ）
　シッピングポート原子力発電所、運転開始
　　　　　　　　　　　　　　　　　1957.12.18
　アメリカで世界初の商用原子炉が操業開始
　　　　　　　　　　　　　　　　　1958.5.26
質量分析器
　アストン、質量分析器による同位体の分離
　　　　　　　　　　　　　　　1918（この年）

質量保存の法則
　ラヴォアジェ、『物理学および化学の小論』
　　刊　　　　　　　　　　　　　1774（この年）
自動車
　マイバッハ、メルセデス第1号車を製作
　　　　　　　　　　　　　　　1901（この年）
　ケタリング、自動車のスターターを開
　　発　　　　　　　　　　　　1911（この年）
自動車公害
　排ガス無鉛化のガソリン規制　　　　1970.6.3
　道路交通法に公害規定追加　　　　　1970.12月
　ディーゼル黒煙を規制　　　　　　　1974.5.20
　ディーゼル黒煙規制実施　　　　　　1975.1.1
自動車排出窒素酸化物の総量の削減に関する基
本方針
　自動車排出ガス総量削減方針策定　　1993.1.22
自動車用給油所
　自動車給油所誕生　　　　　　　1905（この年）
自動車NO$_X$法
　自動車NO$_X$法の制定　　　　　　　1992.6月
自動車NO$_X$・PM法
　自動車NO$_X$・PM法制定　　　　　　2001.6月
自動スターター
　ケタリング、自動車のスターターを開
　　発　　　　　　　　　　　　1911（この年）
信濃川発電所
　国内最大出力の水路式発電所が運転開始　1939.11月
磁場観測
　海野和三郎、「Unnoの式」を導く　1955（この年）
ジファール、アンリ
　ジファール、蒸気機関付き飛行船を建造
　　　　　　　　　　　　　　　1852（この年）
渋沢 栄一
　日本で、長距離送電始まる　　　　　1899.5月
　理研を設立　　　　　　　　　1917（この年）
志布志石油備蓄
　志布志石油備蓄設立　　　　　　　　1984.9.17
シベリア
　日本、サハリン・シベリアの資源に関心　1966.3.14
シーボーグ、グレン・セオドア
　超ウラン元素、プルトニウムの発見　1941（この年）
島崎 邦彦
　原子力規制委員会設置法が参院本会議で可
　　決・成立　　　　　　　　　　　　2012.6.20
島津 斉彬
　薩摩藩、反射炉を築造　　　　　1852（この年）
　石炭ガスで灯籠点灯　　　　　　1857（この年）
ジーメンス、ウィリアム
　ジーメンスら、複T形電機子を用いた発電
　　機を製作　　　　　　　　　1867（この年）
ジーメンス、ヴェルナー・フォン
　ジーメンス、電気めっき法を発明　1842（この年）
　ジーメンス、シーメンス社を設立　1847.12.12
　ジーメンスら、複T形電機子を用いた発電
　　機を製作　　　　　　　　　1867（この年）
　ドイツのエンジニアジーメンス、蒸気機関
　　利用の発電機で5kWを出力　　1875（この年）

ジーメンス
オットー、マグネト点火装置を開発 1878（この年）
ジーメンス、ベルリン勧業博覧会に電車を
出展 1879.5.31

ジーメンス、チャールズ・ウィリアム
ジーメンス兄弟、蓄熱式ガス発生炉を発明
1860（この年）
マルタン父子、ジーメンス＝マルタン炉を
組み立て売り出す 1864（この年）

ジーメンス、フリードリヒ
ジーメンス兄弟、蓄熱式ガス発生炉を発明
1860（この年）
マルタン父子、ジーメンス＝マルタン炉を
組み立て売り出す 1864（この年）

シーメンス社
ジーメンス、シーメンス社を設立 1847.12.12
シーメンス社、電車を開業 1881.5.12
鉱山業の水力発電が開始 1890.12月
ベンソン、貫流ボイラーを発明 1922（この年）
独ハナウMOX燃料工場で爆発事故 1990.12.11

ジーメンス＝マルタン法
マルタン父子、ジーメンス＝マルタン炉を
組み立て売り出す 1864（この年）

下筌ダム
熊本県が下筌ダム予定地の収用を決定 1964.4.5
熊本県下筌ダム反対派の拠点を強制撤去 1964.6.23

下瀬 雅允
下瀬雅允、下瀬火薬を発明 1891（この年）

下瀬火薬
下瀬雅允、下瀬火薬を発明 1891（この年）

下田 達也
下田達也ら、液体シリコンによる太陽電池
を発明 2011.2.7

下野麻紡織発電所
工場電灯用水力発電が開始 1890.7月

下野麻紡績所
日本初の自家用水力発電 1890.8月

ジャカード織機
ジャカール、ジャカード織機を発明 1801（この年）

ジャカール、ジョゼフ・マリー
ジャカール、ジャカード織機を発明 1801（この年）

弱電理論
ルビアら、弱電理論を確立 1983（この年）

ジャッコーニ、リカルド
小柴昌俊ら、ノーベル物理学賞受賞 2002.10.8

シャディコル・ダム
シャディコル・ダムが大雨で決壊 2005.2.10

シャノン、クロード・エルウッド
シャノンが情報理論を体系化 1948（この年）

シャープ
シャープ、太陽電池の研究を開始 1959（この年）
太陽電池を実用化 1963（この年）
太陽電池製造量世界一 2000（この年）

シャーマン、ジョン
シャーマン反トラスト法制定 1890.7月

シャーマン反トラスト法
シャーマン反トラスト法制定 1890.7月
スタンダード・トラストに解散命令 1892.3.2

シャリーフ、ナワーズ
パキスタン、インドの核実験で記者会見 1998.5.23
印パ、ラホール宣言に署名 1999.2.21

シャルル、ジャック・アレクサンドル・セザール
シャルル、水素気球を発明 1783.8.27

シャルルの法則
ドルトン、気体の分圧の法則を定式化
1801（この年）
ゲイ＝リュサック、シャルルの法則を発表
1802（この年）

ジャワ島
ジャワ島沖合で油田を発見 1969.12.1

上海トランスラピッド
上海トランスラピッドが開業 2003.12月

シュヴァイガー、ヨハン・ザロモン・クリストフ
シュヴァイガー、倍率器を発明 1820（この年）

自由エネルギー
ギブズ、相律を確立 1874（この年）
ヘルムホルツ、自由エネルギーを提唱
1882（この年）

周期律
デーベライナー、3つ組元素の法則を発表
1829（この年）
メンデレーエフ、元素の周期律を発見
1869（この年）

重水減速実験炉
アメリカでウラン重水減速実験炉が試験可
能段階へ 1944.5.15
アメリカでCP-3炉稼働 1944.7.4

重水素
ユーリー、重水素を発見 1931（この年）

集積回路
キルビーとノイスが集積回路を製作 1959（この頃）

集団運動モデル
原子核の流体的理論の数学的検討 1951（この年）

自由電子
ドルーデ、金属内の自由電子モデルを発表
1900（この年）

周波数
幸町火力発電所建設 1896.9月
浅草火力発電所建設 1897（この年）

住民投票
高知県で原発設置町民投票条例が誕生 1982.7.19

重油
アメリカ液体燃料局、重油の優秀性を立証
1904（この年）
通商産業省が重油へ転換を奨励 1953.1月
重油ボイラー規制法施行 1955.10.1

重油需給調整要綱
通商産業省、重油消費を規制 1954.3.29

重油直接脱硫研究開発組合
重油直接脱硫研究開発組合発足 1967.5.25

重油直接脱硫装置
出光千葉製油所で重油直接脱硫装置が完成
1967.10.10

重油ボイラー規制法
重油専焼ボイラーの導入が可能に 1961（この年）

重要産業統制法
　重要産業統制法が、揮発油産業に適用　　1932.11月
重力
　アインシュタイン、万有引力場における光
　　線屈折の理論　　　　　　　　　1911（この年）
　アインシュタイン、一般相対性理論を完成
　　　　　　　　　　　　　　　　　1915.11.25
　アインシュタイン、重力で光線が湾曲する
　　ことを予想　　　　　　　　　　1919.5.29
重力波
　アインシュタインの重力波を実証　　1983.10.11
シュタインハイル, カール・アウグスト・フォン
　シュタインハイル、大地帰線を考案　1838（この年）
シュタール, ゲオルク・エルンスト
　シュタール、『教条的および実験的化学の
　　基礎』刊　　　　　　　　　　　1723（この年）
　医師・化学者のシュタールが没する　1734.5.14
シュタルク, ヨハネス
　シュタルク、シュタルク効果を発見　1913（この年）
シュタルク効果
　シュタルク、シュタルク効果を発見　1913（この年）
シュテファン, ヨーゼフ
　J.シュテファン、シュテファンの法則を証
　　明　　　　　　　　　　　　　　1879（この年）
　L.ボルツマン、シュテファンの法則を証明
　　　　　　　　　　　　　　　　　1884（この年）
シュテファン-ボルツマンの法則
　J.シュテファン、シュテファンの法則を証
　　明　　　　　　　　　　　　　　1879（この年）
　L.ボルツマン、シュテファンの法則を証明
　　　　　　　　　　　　　　　　　1884（この年）
　レークサイド発電所建設　　　　　　1919（この年）
シュテルン, オットー
　シュテルンとゲルラッハ、方向電子化を実
　　証　　　　　　　　　　　　　　1924（この年）
シュトラスマン, フリッツ
　ハーンとシュトラスマンがウランの核分裂
　　反応発見　　　　　　　　　　　1938.12.22
　マイトナーとフリッシュが「核分裂」理論
　　を提出　　　　　　　　　　　　1939.1.26
ジュネーヴ会議
　第1回ジュネーヴ会議開催　　　　　　1955.8.8
ジュネーヴ協定
　ジュネーヴ協定締結　　　　　　　　1972.1.20
ジュネーヴ補足協定
　OPEC新ジュネーヴ協定締結　　　　　1973.6.2
ジュネジョ, ムハンマド・ハーン
　パキスタンの核開発に警告　　　　　1986.7.16
シューマン, フランク
　シューマン、ソーラーポンプ場を建設
　　　　　　　　　　　　　　　　　1912（この年）
シュラウド交換
　福島第一原発で世界初のシュラウド交換　1997.3.26
ジュリアナ号
　新潟沖でタンカー座礁による原油流出　1971.11.30
シュリーファー, ジョン・ロバート
　バーディーンら、超伝導理論を提唱　1957（この年）

ジュール, ジェームズ・プレスコット
　ジュール、ジュールの法則を発表　　1840（この年）
　ジュール、熱の仕事当量を測定　　　1843（この年）
　ジュール、熱の仕事当量を確立　　　1847（この年）
　ヘルムホルツ、『力の保存について』を発
　　表　　　　　　　　　　　　　　1847（この年）
　ジュール、気体分子の平均運動速度を計算
　　　　　　　　　　　　　　　　　1851（この年）
　ジュールとケルヴィン、ジュール＝トムソ
　　ン効果を発見　　　　　　　　　1852（この年）
ジュール＝トムソン効果
　ジュールとケルヴィン、ジュール＝トムソ
　　ン効果を発見　　　　　　　　　1852（この年）
ジュールの法則
　ジュール、ジュールの法則を発表　　1840（この年）
シュレーダー, ゲアハルト
　ドイツ、原発全廃で合意　　　　　　2000.6.15
　ドイツ、原発全廃で電力4社と合意　　2001.6.11
　イラク攻撃に慎重な各国　　　　　　2003.2月
シュレディンガー
　アメリカ、国民に石油節約呼びかけ　　1979.1.3
シュレディンガー, エルヴィーン・ルードルフ・ヨーゼフ・アレクサンダー
　ド・ブロイ、物質波の概念を提唱　　1923（この年）
　シュレディンガー、波動力学を提唱　1926（この年）
循環型社会形成推進基本法
　循環型社会形成推進基本法を公布　　　2000.6.2
循環型社会白書
　循環型社会白書公表　　　　　　　　2001.6.26
純揚水発電
　日本初の純揚水発電所が運用開始　　1952.11.14
　自然流入水利用の発電運転　　　　　1984.12月
　日本最高揚程の水力発電所運用開始　1985.12月
省エネルギー基準
　JISに省エネルギー基準採用　　　　　1979.3.1
省エネルギー策
　ごみ発電の推進　　　　　　　　　　1980.1.29
省エネルギー・省資源対策推進会議
　省エネルギー・省資源対策推進会議を設置
　　　　　　　　　　　　　　　　　1977.11.25
　省エネ省資源対策推進会議石油5％節約決
　　定　　　　　　　　　　　　　　1979.3.15
省エネルギーセンター
　省エネルギーセンター発足　　　　　1978.10.16
　省エネルギー管理士試験指定機関を指定　1984.4.18
省エネルギー電車
　省エネ電車運転開始　　　　　　　　1979.8.20
省エネルギー法
　省エネルギー法成立　　　　　　　　1979.6.22
　省エネルギー法施行　　　　　　　　1979.10.1
　省エネルギー法を一部改正　　　　　1983.12.10
　エネルギー管理士試験に関する規則が公布　1984.3.9
　エネルギー需給構造関係法律の整備　1993.3.31
省エネルック
　省エネルックが話題に　　　　　　　　1979.6.6
蒸気外輪船
　フルトン、蒸気外輪船を航行　　　　1807.8.17

蒸気機関
- ニューコメン、実用的蒸気機関を発明 1712（この年）
- 物理学者のパパン、消息を絶つ 1712（この年）
- ロイポルト、『機械の一般論』刊行開始 1723（この年）
- スミートン、水車を改良 1759（この年）
- ワット、蒸気凝縮を発明 1765（この年）
- ワット、蒸気機関の特許を取得 1775（この年）
- ワット、遊星歯車機構を発明 1781（この年）
- ワット、遠心調速機を発明 1789（この年）
- エバンス、高圧蒸気機関を発明 1797（この年）
- トレヴィシック、世界初の高圧蒸気機関を製作 1802（この年）
- ジファール、蒸気機関付き飛行船を建造 1852（この年）
- 黒船来航 1853（この年）
- ドイツのエンジニアジーメンス、蒸気機関利用の発電機で5kWを出力 1875（この年）

蒸気機関車
- トレヴィシック、軌道用蒸気機関車を開発 1804（この年）
- スティーヴンソン、最初の実用的蒸気機関車を製作 1814（この年）
- スティーヴンソン、蒸気機関車完成 1825.9.27
- スティーヴンソン、レインヒルの競争を行う 1829.10月
- 機械技術者のトレヴィシックが没する 1833.4.22
- 蒸気機関車で発電 1952.10月

蒸気自動車
- キュニョー、世界初の蒸気機関自動車を製作 1769（この年）
- キュニョー、大砲牽引用蒸気自動車を製作 1770（この年）
- マードック、乗合蒸気自動車を製作 1774（この年）
- エバンス、高圧蒸気機関を発明 1797（この年）
- トレヴィシック、蒸気自動車を完成 1801.12.24
- 機械技術者のトレヴィシックが没する 1833.4.22

蒸気卓越型
- 日本初の地熱発電所、運転開始 1966.10.8

蒸気タービン
- モーリタニア号完成 1907（この年）

蒸気タービン船
- 初の蒸気タービン船の完成 1897.6月

蒸気ハンマー
- ネイスミス、蒸気ハンマーを発明 1842（この年）

蒸気船
- ジョフロア侯爵、蒸気船を設計 1781（この年）
- ジョフロア、実用的蒸気船を開発 1783（この年）
- サヴァンナ号が大西洋を横断 1819（この年）

蒸気ボイラー
- 米国機械学会設立 1880（この年）

蒸気ポンプ
- 日本初の蒸気ポンプを設置 1868（この年）

商業用火力発電所
- エジソン電灯社、世界初の商用電力事業を開始 1882（この年）

商業用原子力発電所
- コールダーホール型原子炉、商業運転開始 1956.7月
- 世界初の商用原発が稼働 1956.10月
- アメリカで世界初の商用原子炉が操業開始 1958.5.26
- NERSA発足 1974.7月
- 国内初の商業用原発・東海発電所の閉鎖・解体が決定 1996.6.22

商業用水力発電所
- 商業用水力発電所を建設 1882（この年）

商工省
- 地熱開発技術委員会を設置 1947.9月
- 石油資源開発促進審議会設立 1949.5.17

商工省電力局
- 軍需省電力局を設立 1943.11月

使用済核燃料税
- 「使用済核燃料税」の創設 2003.9.18

使用済み核燃料
- 日本原子力研究所で爆発 1963.2.21
- 使用済み核燃料の海上輸送開始 1963.6.6
- フランス、黒鉛炉燃料の再処理施設運転開始 1966.6.30
- 核燃料加工会社日本ニュクリア・フユエルの設置許可 1967.4.20
- 原研、使用済み核燃料からプルトニウムを初抽出 1968.5.16
- 英、使用済み核燃料再処理工場で放射能漏れ事故 1973.9.26
- 動燃で職員被曝 1975.9.4
- 仏電力9社、核再処理で契約 1977.10月
- 使用済み核燃料、初の国内輸送 1979.1.30
- 「ふげん」本格運転開始 1979.3.20
- 原子炉等規制法一部改正法案成立 1979.6.1
- アメリカ、太平洋ベースン構想発表 1979.6.14
- 核物質積載の仏船沈没 1984.8.25
- 六栄丸、使用済み核燃料の輸送を開始 1998.9.30
- 六栄丸、使用済み核燃料の輸送を終了 1998.10.2
- リサイクル燃料貯蔵株式会社発足 2005.11.21
- 第2再処理工場の建設が決定 2006.5.15
- 六ヶ所村再処理工場で、MOX粉末製造開始 2006.11.16

衝動水車
- ペルトン、ペルトン水車を発明 1877（この年）

消毒法
- リスター、石炭酸による消毒法を提唱 1865（この年）

情報理論
- シャノンが情報理論を体系化 1948（この年）

常陽
- 高速増殖実験炉「常陽」を設置 1970.2月
- 高速実験炉「常陽」臨界 1977.4.24
- 「常陽」、定格出力達成 1978.7.5
- 「常陽」熱出力7万5000kW達成 1979.7.16
- 「常陽」定常運転入り 1980.2.1
- 動燃、FBR燃料サイクル成功 1983.6.29
- JCO東海事業所で臨界事故 1999.9.30
- 高速実験炉「常陽」施設で火災 2001.10.31

| しょう | 事項名索引 | 資源・エネルギー史事典 |

ANSのランドマーク賞に、高速実験炉「常
　陽」が選出　　　　　　　　　　2006.11.14
乗用車
　ベンツ、ベンツ・パテント・モトール
　　ヴァーゲンを製作　　　　　1886（この年）
商用波力発電所
　ウエーブゲン社、世界初の商業規模波力発
　　電装置稼働　　　　　　　　2000（この年）
正力 松太郎
　原子力委員会発足　　　　　　　　1956.1.1
祥和丸
　シンガポール沖で日本タンカー座礁による
　　原油流出　　　　　　　　　　　1975.1.6
昭和シェル石油
　昭和シェル石油発足　　　　　　　1985.1.1
昭和石油
　石油精製業者8ブロックに統合　　　1942.8月
　日本国内の製油所被爆　　　　　　1945.3月
　主要石油会社が過度経済力集中企業に指定 1948.2.8
　昭和石油とロイヤル・ダッチ・シェル、第
　　1次協定に調印　　　　　　　　1949.6.20
　旧軍燃料廠の払下を決定　　　　　1955.8.26
　海南製油所を売却　　　　　　　 1956.10月
　東亜共石の経営譲渡を了承　　　1979.12.13
　昭和シェル石油発足　　　　　　　1985.1.1
昭和石油川崎製油所
　昭和石油川崎製油所で原油流出火災　1950.2.16
昭和石油新潟製油所
　新潟地震で製油所被災　　　　　　1964.6.16
昭和四日市石油
　昭和四日市石油設立　　　　　　 1957.11.1
昭和四日市石油四日市製油所
　四日市製油所完成　　　　　　　　1958.5.26
食品照射
　原研高崎研究所でコバルト60食品照射開始
　　　　　　　　　　　　　　　　1967.10.18
ジョージ, H.M.
　ジョージとグラショウ、「大統一理論」を
　　提唱　　　　　　　　　　　1974（この年）
ジョージ・ワシントン
　米軍原子力潜水艦・日昇丸衝突事故　1981.4.9
ジョスパン, リオネル
　「スーパーフェニックス」廃止方針　1997.6.19
ジョセフソン, ブライアン・D.
　ジョセフソン効果を発表　　　1962（この年）
　ジェーバーが非定常ジョセフソン効果を観
　　測　　　　　　　　　　　　1965（この年）
ジョセフソン効果
　ジョセフソン効果を発表　　　1962（この年）
織機
　カートライト、動力織布機を発明　1785（この年）
　ジャカール、ジャカード織機を発明 1801（この年）
ショックレー, ウィリアム・B.
　ショックレーらがトランジスターを発明 1947.12月
　接合型トランジスターを開発　 1949（この年）
初飛行
　徳川好敏、代々木原で初飛行に成功　1910.12.19

ジョフロア
　ジョフロア侯爵、蒸気船を設計 1781（この年）
　ジョフロア、実用的蒸気船を開発 1783（この年）
ジョリオ＝キュリー, イレーヌ
　ジョリオ＝キュリー夫妻、人工放射能を発
　　見　　　　　　　　　　　　1934（この年）
ジョリオ＝キュリー, フレデリック
　ジョリオ＝キュリー夫妻、人工放射能を発
　　見　　　　　　　　　　　　1934（この年）
ジョルジ, ジョヴァンニ
　ジョルジ、MKSΩ単位系を提唱　1901（この年）
ジョーンズ, V.
　国際会議で電気の単位を確定する 1908（この年）
ジョン・ブラウン社
　イギリスでも大型風車開発実施 1950（この頃）
地雷禁止国際キャンペーン
　地雷禁止国際キャンペーン、ジョディ・
　　ウィリアムズがノーベル平和賞を受賞
　　　　　　　　　　　　　　　　1997.12.10
シラク, ジャック
　仏の核実験再開声明で抗議行動　　1995.6.13
　フランス、ムルロア環礁で核実験　　1995.9.5
　シラク大統領、核実験について談話を発表 1996.1.4
　フランス、ファンガタウファ環礁で6回目
　　の核実験　　　　　　　　　　　1996.1.27
　シラク大統領、核実験の完了を発表　1996.1.29
　イラク攻撃に慎重な各国　　　　　 2003.2月
　英仏「原子力フォーラム」立ち上げで合意 2006.6.9
シラード, レオ
　ジンが核分裂反応は持続可能なことを確認
　　　　　　　　　　　　　　　1939（この年）
シリコン太陽電池
　オールがシリコンの光起電力効果を発見
　　　　　　　　　　　　　　　1939（この年）
　アメリカで世界初の実用的シリコン太陽電
　　池を開発　　　　　　　　　1954（この年）
シリコンリボン結晶太陽電池
　京セラ、太陽電池研究に着手　1975（この年）
磁力
　リーベンス、『The Theory of Electricity』
　　刊　　　　　　　　　　　　1918（この年）
磁力の逆2乗法則
　ミッチェル、『人工磁石論』刊　1750（この年）
自励式発電機
　ヴァーレイが自励式発電機の特許を出願
　　　　　　　　　　　　　　　1866（この年）
　ジーメンスら、複T形電機子を用いた発電
　　機を製作　　　　　　　　　1867（この年）
ジン, ウォルター
　ジンが核分裂反応は持続可能なことを確認
　　　　　　　　　　　　　　　1939（この年）
新亜細亜石油
　新亜細亜石油設立　　　　　　　　1960.2.1
信越電力
　発電用パットレスダム完成　　　　1924.0月
新エネルギー財団（NEF）
　新エネルギー財団が設立　　　　　1980.9.27
　地熱井掘削自主保全基準制定　　　1986.3月

- 404 -

新エネルギー・産業技術総合開発機構（NEDO）

地熱開発促進のためのルール整備	1993.5月
住宅用太陽光発電システムモニター事業開始	1994.4月
高温岩体国際ワークショップ開催	1988.11月
世界初の多坑井抽熱循環システム抽熱実験に成功	1991.8月
中小地熱バイナリー発電システム実証試験開始	1991.12月
新地熱開発促進調査開始	1992.8月
太陽光発電フィールドテスト事業開始	1992（この年）
深部地熱資源調査・採取技術開発プロジェクト開始	1993.4月
地熱開発促進のためのルール整備	1993.5月
NEDO、中小地熱バイナリー発電プラント発電試験開始	1995.1月
NEDO、中小地熱バイナリー発電プラントの発電試験開始	1997.2月
山葵沢地域で、1万kWの蒸気を確認	1997.9月
NEDO、貯留層変動探査法開発プロジェクト開始	1997.11月
NEDO、中小地熱バイナリー発電プラントの発電試験終了	1998.1月
NEDO、中小地熱バイナリー発電プラントの発電試験終了	1998.3月
NEDO、産業等用太陽光発電フィールドテスト事業開始	1998.4月
秋の宮地域で蒸気確認	2000.9月
NEDO、長期循環試験を開始	2000.11月
NEDO、風力発電の発電量が一般家庭5万世帯分以上に達したと発表	2000（この年）
NEDO、「深部地熱資源調査」終了	2001.3月
NEDO、「10MW級プラントの開発」終了	2001.11月
熱水利用発電プラント等開発を終了	2002.3月
小型バイナリー発電機による発電実験開始	2002.6月
長期循環試験終了	2002.9月
NEDO、「集中連系型太陽光発電システム実証研究」開始	2002（この年）
「貯留層変動探査法開発」「高温岩体発電システムの技術開発」終了	2003.3月
NEDO、太陽光発電新技術等フィールドテスト事業開始	2003（この年）
NEDO、PV2030を策定	2004.6月
NEDO、PV2030＋を策定	2009.6月
地熱開発促進調査事業と地熱発電開発事業を廃止	2011.3月
NEDO、NEDO PV Challengesを策定	2014.9月

新エネルギー総合開発機構（NEDO）

新エネルギー総合開発機構設立	1980.10.1
国内で風力発電の実証試験	1981（この年）
六甲アイランドで、系統連系システムが完成	1986（この年）

新エネルギー導入大綱

石油代替エネルギーの供給目標を閣議決定	1994.9.13
新エネルギー導入大綱を決定	1994.12.16

新エネルギー導入ビジョン研究会

新エネルギー導入ビジョン研究会を設置	1984.11.7

新エネルギー法

新エネルギー利用促進法制定	1997.4.18
「新エネルギー法」改正	2008.4.1

ジンガー, アイルコ・ヤンツ

スマトラ油田、開発開始	1883（この年）

新型転換炉

「ふげん」設置	1970.11月
「ふげん」臨界	1978.3.20
「ふげん」が全炉心臨界	1978.5.9
「ふげん」試運転開始	1978.7.29
「ふげん」本格運転開始	1979.3.20
ATR原型炉「ふげん」が、初の国産MOX燃料で発電	1981.10.10
国内初の濃縮ウラン使用燃料を「ふげん」に装荷	1982.12.25
重電メーカー5社に、新型転換炉実証炉の基本設計発注	1984.1.23
回収ウランとプルトニウムでMOX燃料完成	1984.4.11
電事連が新型転換炉実証炉の建設計画を正式了承	1985.5.15
落雷で3原子炉停止	1991.9.5
電事連、青森県大間町の新型転換炉実証炉建設計画から撤退	1995.7.11
新型転換炉の実証炉建設中止	1995.8.25
「ふげん」重水漏れ	1997.4.14
「ふげん」トラブル	1999.1.23
「ふげん」運転終了	2003.3.29

新型沸騰水型原子炉（BWR）

新型BWR開発計画調印	1981.7.15

シンガポール製油所

丸善シンガポール製油所を売却	1964.6.1

新疆ウイグル自治区

中国、7ヶ月ぶりの地下核実験	1995.5.15
中国、ロプノール核実験場で核実験実施	1996.7.29

真空管

ド・フォレストとリーベン、三極真空管を発明	1906（この年）
アームストロング、再生増幅器を発明	1912（この年）
ラングミュア、高真空真空管を製作	1914（この年）
ハル、マグネトロンを発明	1921（この年）
バリアン兄弟がクライストロンを発明	1939（この年）
エッカートとモークリーがENIAC完成	1946（この年）

真空放電

ファラデー、真空放電を発見	1837（この年）

真空放電管

ガイスラー、ガイスラー管を発明	1857（この年）
プリュッカー、陰極線を発見	1858（この年）

新グリーン税制

新グリーン税制施行	2009.4.1

シングルフラッシュ発電方式

大沼地熱発電所が運転開始	1974.6.17
宮城県鬼首発電所運転開始	1975.3.19
クローズド地熱発電運転開始	1978.5.26
上の岱発電所運転開始	1994.3.4
山川発電所、運転開始	1995.3.1

八幡平澄川発電所、運転開始	1995.3.2	
柳津西山発電所、運転開始	1995.5.25	
葛根田地熱発電所2号機、運転開始	1996.3.1	
大霧発電所、運転開始	1996.3.1	
滝上発電所運転開始	1996.11.1	
八丈島に関東初の地熱発電所建設	1998.4月	
九重地熱発電所運転開始	2000.12.1	

シングルフラッシュ複流排気形
地熱発電設備輸出第1号　　1969.11月

シンクロサイクロトロン
マクミランとヴェクスラーがシンクロサイクロトロンを発明　　1946（この年）

新軍縮委員会
新軍縮委員会設置　　1951.11.5

新公害防止条例案
川崎市条例に「環境権」の概念　　1972.2.4

『人工空気に関する実験についての3つの論文』
キャヴェンディッシュ、水素を発見　1766（この年）

人工磁石
キャントン、人工磁石を発明　　1749（この年）

『人工磁石論』
ミッチェル、『人工磁石論』刊　　1750（この年）

人工染料
パーキン、最初の人工染料モーブを発見
1856（この年）

新興鋳管
新興鋳管の発電所で爆発　　2004.9.23

進行波型超音波モーター
進行波型超音波モーターを発明　1982（この年）

人工放射性元素
ジョリオ＝キュリー夫妻、人工放射能を発見　　1934（この年）
フェルミ、人工放射性同位元素を生成
1934（この年）

新ジュネーヴ協定
OPEC新ジュネーヴ協定締結　　1973.6.2

新石油業法（ベルギー）
ベルギー新石油業法施行　　1939（この年）

人造黒鉛
アチソン、人造黒鉛をつくる　　1896（この年）

人造石油
F.フィッシャーとトロプシュ、人造石油を製造　　1923（この年）
人造石油ドイツで工業化　　1935（この年）

人造石油製造事業法
人造石油製造事業法施行　　1938.1月

新耐震指針
原子力安全委員会、新耐震指針を決定　2006.9.19

新炭化水素法
ベネズエラ新炭化水素法制定　　1943（この年）

新地熱開発促進調査
新地熱開発促進調査開始　　1992.8月

新的原子炉開発プロジェクト（INPRO）
日本、INPROに正式参加　　2006.4.1

心電図（EKG）
アイントホーフェン、心電図を開発　1903（この年）

振動水柱型波力発電
インドでケーソン式を設置　　1993（この年）

振動放電
フェダーセン、振動放電を発見　1858（この年）

振動膜
ライス、振動膜を利用した電話機を発明
1860（この年）

新西日本石油開発
新西日本石油開発設立　　1977.3月

新日本製鐵
鹿児島県で地熱開発調査開始　　1978.12月
大霧地域地熱開発で協定締結　　1989.7月

新日本製鐵若松熱水発電所
排熱回収発電プラントが完成　　1979（この年）

新橋・横浜間鉄道
日本初の鉄道が開業　　1872.10月

深部地熱資源調査・採取技術開発プロジェクト
深部地熱資源調査・採取技術開発プロジェクト開始　　1993.4月
NEDO、「深部地熱資源調査」終了　2001.3月

秦山原子力発電所（中国）
中国・秦山1号、営業運転開始　　1994.4.1

新油濁法
米、新油濁法施行　　1994.12.28

『新力学』
ヨハン・ベルヌーイ、仮想変位の原理を示す　　1717（この年）

新和海運
ドバイで日本タンカーが被弾　　1987.1.6

新START（第4次戦略兵器削減条約）
新STARTが発効　　2011.2.5

【す】

水圧器
ブラマ、水圧器を発明　　1795（この年）

水管ボイラー
水管ボイラーが実用化される　　1825（この頃）
宮原二郎、宮原式水管ボイラーを発明
1880（この年）

水銀温度計
ファーレンハイト、水銀温度計を発明
1714（この年）
物理学者のファーレンハイトが没する　1736.9.16

水銀電池
ルーベンが水銀電池を発明　　1942（この年）

水源地域対策特別措置法
水特法制定　　1973.10.17

水源地域対策連絡協議会
水源地域対策連絡協議会発足　　1972.9.9

水車
スミートン、水車を改良　　1759（この年）

水車モデル試験
東北電力が水車モデル試験実施　　1954（この年）

- 406 -

『水蒸船略説』
薩摩藩で、日本最初の小型木造外輪蒸気船
を建造　　　　　　　　　　1855（この年）
水性ガス
クレーン、水性ガスを得る　　1823（この年）
水素
キャヴェンディッシュ、水素を発見　1766（この年）
水素気球
シャルル、水素気球を発明　　　　1783.8.27
水素原子
J.J.トムソン、電子の数と原子量の比を発
見　　　　　　　　　　　　1906（この年）
水素スペクトル
バルマー、バルマーの公式を発見　1885（この年）
パッシェン、水素スペクトル系列に、パッ
シェン系列を発見　　　　　1908（この年）
水素燃料
H-Iロケットに液体水素燃料エンジンが
搭載　　　　　　　　　　　1986（この年）
水素爆弾
アメリカ、水爆実験に成功　　　　1952.11.1
ソ連、最初の水爆実験　　　　　　1953.8.12
ビキニ環礁で水爆実験　　　　　　 1954.3.1
アメリカ、水爆実験開始　　　　　1955.2.18
爆撃機からの水爆投下実験　　　　 1956.5.4
イギリス、クリスマス島で水爆実験　1957.5.15
ソ連、史上最大の水爆実験　　　　1961.10.30
中国が3回目の水爆実験　　　　　　1966.5.9
中国・新疆ウイグル自治区で初の水爆実験
　　　　　　　　　　　　　　　　1967.6.17
フランス初の水爆実験　　　　　　1968.8.24
吹田 徳雄
原子力安全委員会発足　　　　　　1978.10.4
垂直軸風車
イギリスで垂直軸風車による発電が開始　1887.7月
水弁集約式
東北電力、水弁集約式波力発電システムを
設置　　　　　　　　　　　1996（この年）
水豊水力発電所
東洋一の発電所が完成　　　　1941（この年）
水豊ダム
東洋一の発電所が完成　　　　1941（この年）
水力タービン
フランシス、水力タービンを発明　1849（この年）
ペルトン、ペルトン水車を発明　　1877（この年）
水力発電
フランシス、水力タービンを発明　1849（この年）
グラム、水力発電機で3.2kWを出力　1874（この年）
ペルトン、ペルトン水車を発明　　1877（この年）
世界初の水力発電が開始　　　　1878（この年）
アメリカ・イギリスで水力発電所が建設さ
れる　　　　　　　　　　　1881（この年）
商業用水力発電所を建設　　　　1882（この年）
日本初の水力発電、運転開始　　　　1888.7.1
工場電灯用水力発電が開始　　　　　1890.7月
日本初の自家用水力発電　　　　　　1890.8月
鉱山業の水力発電が開始　　　　　 1890.12月
ナイアガラ水力発電所が開業　　　 1891.8.16

ドブロウォルスキー、三相交流発送電実験
を行う　　　　　　　　　　1891（この年）
WEC、エームズ水力発電プラントを建設
　　　　　　　　　　　　　1891（この年）
日本初の電気事業用水力発電所が営業開始　1892.6.4
箱根電灯発電所完成　　　　　　　　1892.6月
世界初の揚水発電　　　　　　1892（この年）
国産初の交流発電機が設置される　　1893.10月
鉱山の水力発電所、運用開始　　　　1894.3月
E.D.アダムズ発電所が稼働　　　　1896.11.16
滝を利用した水力発電所、運転開始　1897.7月
九州初の水力発電所が運転開始　　　1898.7月
農業用水利用の水力発電所が運転開始　1899.3.29
日本で、長距離送電始まる　　　　　1899.5月
1万V級の水力発電所建設　　　　1899（この年）
鍛接管利用の水力発電所、運転開始　1900.5月
鍛接管利用の水力発電所、運転開始　1900.12月
愛媛県に電灯がともる　　　　　　　1903.1月
F形分岐鉄管使用の水力発電所、運転開始　1904.9月
北海道で滝利用の水力発電、運転開始　1906.11月
広島水力電気、第二発電所を設立　　1907.4月
札幌水力電気、定山渓発電所を設置　1907.5月
日本の水力発電技術が進歩　　　　1907.12.20
逓信省、第1次水力調査を開始　　　 1910.4月
日本初の発電用アースダム完成　　 1911.12月
水力発電が火力を追い越す　　　1912（この年）
発電用ダム完成　　　　　　　　1912（この年）
臨時発電水力調査局廃止　　　　　　1913.6.13
宇治川水力発電所建設　　　　　1913（この年）
『発電水力調査』刊　　　　　　　　 1914.3月
日本初の水力発電での長距離送電　　1914.10月
ダム式発電所、運転開始　　　　　　1918.8月
水路式流込み式発電所、運用開始　　1919.7.10
コンクリート遮水型アースダム完成　 1922.7月
全自動式発電所開始　　　　　　　　1923.5月
大容量送電開始　　　　　　　　　　1923.5月
50、60Hz用発電機設置　　　　　　1923.11.25
発電用バットレスダム完成　　　　　1924.9月
ダム水路式が運転開始　　　　　　1924.12.12
国産初の自動発電用水車設置　　　 1924.12月
日本初のカプラン水車、運用開始　1927（この年）
日本初の差動式サージタンク発電所、運転
開始　　　　　　　　　　　　　　1928.11月
小諸発電所のダムで決壊事故が発生　1928（この年）
日本電力、水車効率を測定　　　1928（この年）
国産初のカプラン水車が設置　　　 1930.10月
屋外式発電所、運転開始　　　　　 1930.11月
可逆式ポンプ水車の運転を開始　　1931（この年）
日本初の揚水式水力発電が行われる　1934.4月
小口川第三発電所で、初の別置ポンプが使
用される　　　　　　　　　　　　1934.5.17
アメリカでフーバーダムが完成　1936（この年）
国内最大出力の水路式発電所が運転開始　1939.11月
東洋一の発電所が完成　　　　　1941（この年）
日本初の地下式発電所、運転開始　1943（この年）
日本初の無人発電所　　　　　　　　1952.5月
日本初の純揚水式水力発電が運用開始　1952.11.14
ダムと平行して発電所を設置　　　　1953.8月
立軸ペルトンを使用の発電所を設置　 1954.3月

- 407 -

すいり　　　　　　　　　　　事項名索引　　　　　　　　　資源・エネルギー史事典

層雲峡発電所に高圧バタフライバルブ設置
　　　　　　　　　　　　　　　1954.10月
東北電力が水車モデル試験実施　1954（この年）
北陸電力が高効率運転方式を採用　　1955.1月
日本初のハイアーチダム完成　　　　1955.5月
「水力発電所の設備規模の決定について」
　発表　　　　　　　　　　　　1955（この年）
コンクリ表面遮水壁型ダム完成　　　1956.10月
佐久間ダムが完成　　　　　　　　　1956.10月
水力開発規模決定の基準を発表　1956（この年）
日本初の中空重力ダム完成　　　　　 1957.9月
初の50・60Hz両用機採用　　　　　　1958.6月
立軸4ノズルペルトン水車の新太田切発電
　所、運用開始　　　　　　　　　　1958.12月
日本初の典型的薄肉ドーム型アーチダム完
　成　　　　　　　　　　　　　　　 1959.4月
日本最大のコンクリ重力ダム完成　　 1959.5月
大森川水力発電所が完成　　　　　　 1959.8月
フランスで、大雨のためダムが決壊　1959.12.2
ミャンマーに日本の水力技術　　1959（この年）
日本最大有効貯水量の奥只見ダムが完成、
　発電所の運用開始　　　　　　　　1960.12月
御母衣ダム完成　　　　　　　　　　 1961.1月
大規模地下式発電所の完成　　　1961（この年）
坂本ダム完成、尾鷲第一発電所が運用開始　1962.4月
畑薙第一ダムが完成、畑薙第一発電所が運
　用開始　　　　　　　　　　　　　 1962.9月
国内最大水量の揚川発電所が運用開始　1963.5月
熊本県が下筌ダム予定地の収用を決定　1964.4.5
熊本県下筌ダム反対派の拠点を強制撤去　1964.6.23
カナダ、水力発電所の誤作動により停電　1965.11.9
矢木沢ダム発電所で爆発事故　　　　1966.11.7
一ッ瀬川で水質汚濁　　　　　　　　1971.8.29
国内最大使用水量の水力発電所運用開始　1972.11月
世界最大ロックフィルダム完成　　　 1973.6月
早明浦ダム建設現場で水質汚濁　1973（この年）
アメリカ・アイダホ州でダム決壊　　 1976.6.5
日本最大の揚水式水力発電所完成　　 1979.6月
2段式純揚水運転開始　　　　　　　 1980.9月
フランシス水車で国内最大容量の水力発電
　所運用開始　　　　　　　　　　　 1981.7月
大渡ダム地滑り　　　　　　　　　　1982.4.19
国内最高の有効落差発電所運転　　　1984.7月
自然流入水利用の発電運転　　　　　1984.12月
日本最高揚程の水力発電所運用開始　 1985.12月
フランシス・ポンプ水車で国内最大級単機
　容量の水力発電所運用開始　　　　 1988.7月
プロペラ水車で世界最大単機容量の水力発
　電所運用開始　　　　　　　　　　 1989.7月
初の可変速揚水開始　　　　　　1990（この年）
二風谷ダムで貯水開始　　　　　　　1996.4.2
バクン・ダム建設を中止　　　　　　1996.6.19
世界初の立軸バルブ水車　　　　　　 2002.6月
潮谷義三県知事、荒瀬ダム撤去表明　2002.12.10
小里川発電所、誘導発電機を世界で初めて
　導入　　　　　　　　　　　　　　 2003.3.12
御岳発電所に、スプリットランナ水車を導
　入　　　　　　　　　　　　　　　 2003.4月
川辺川ダム訴訟で農家側逆転勝訴　　 2003.5.16
安曇発電所に日本初の揚水式水車を導入
　　　　　　　　　　　　　　　 2003（この年）

黒部第四発電所、IEEEマイルストーン賞
　受賞　　　　　　　　　　　　　　 2010.4.9
水力発電機
　アームストロング、水力発電機を発明
　　　　　　　　　　　　　　　1840（この年）
水力紡績機
　アークライト、水力紡績機を発明　1768（この年）
　アークライト、紡績工場を建設　　1771（この年）
　スレーター、アメリカ最初の紡績工場の建
　　設を開始　　　　　　　　　　1790（この年）
水冷DOHC6気筒エンジン
　日本初の水冷DOHC6気筒エンジン製作
　　　　　　　　　　　　　　　1980（この年）
水路式
　国内最大出力の水路式発電所が運転開始　1939.11月
　国内最大使用水量の水路式発電所運転　 1982.7月
　国内最高の有効落差発電所運転　　 1984.7月
水路式調整池式
　発電用ダム完成　　　　　　　　1912（この年）
水路式流込み式
　水路式流込み式発電所、運用開始　1919.7.10
スエズ運河
　第2次中東戦争が勃発　　　　　　1956.10.29
周防筏瀬灯標
　日本電気、太陽電池を設置　　　1959（この年）
杉乃井地熱発電所
　ホテル自家用発電運転開始　　　　 1981.3.6
　杉乃井ホテル、地熱発電設備を更新　2006.4月
杉乃井ホテル
　ホテル自家用発電運転開始　　　　 1981.3.6
　杉乃井ホテル、地熱発電設備を更新　2006.4月
杉乃井ホテル&リゾート
　ホテル自家用発電運転開始　　　　 1981.3.6
スクリュー蒸気船
　フィッチ、最初の蒸気船を航行させる　1787.8.22
スクリュー・プロペラ
　アルキメデス号が就航　　　　　1839（この年）
　スミス、スクリュー・プロペラを発明
　　　　　　　　　　　　　　　1839（この年）
　グレート・ブリテン号が就航　　　1843.7.19
スコーピオン
　原子力潜水艦スコーピオンが遭難　 1968.5.27
珠洲原子力発電所
　珠洲市で原発推進派の現職市長が3選　1993.4.18
　珠洲市長選挙無効で原発推進派市長が失職
　　　　　　　　　　　　　　　　　1996.5.31
　やり直し珠洲市長選挙で原発推進派・反対
　　派が激突　　　　　　　　　　　 1996.7.7
　やり直し珠洲市長選挙で原発推進派当選　1996.7.14
　珠洲原発建設凍結　　　　　　　　 2003.12.5
スタインメッツ、チャールズ・プロテウス
　スタインメッツがGEに入社　　1893（この年）
スター・エンタープライズ
　サウジ・アラムコとテキサコが合弁会社設
　　立　　　　　　　　　　　　　 1988.11.10
スタージョン，ウィリアム
　スタージョン、電磁石を発明　　1823（この年）

- 408 -

スタージョン、『電気磁気年報』を刊行	1836(この年)	ストライク報告書	
スタージョン、ロンドン電気協会を設立	1837(この年)	ストライク報告書発表	1948.3.9
スタットオイル		**ストリート, ロバート**	
ノルウェー、国営石油会社を設立	1972.9.18	ストリート、テレビン油使用エンジンを発明	1794(この年)
スタンダード・オイル・トラスト		**ストレステスト**	
ロックフェラー、スタンダード・オイル・トラスト成立	1882.2.1	EU、統一基準でのストレステスト実施決定	2011.3.15
アングロ・アメリカン石油設立	1888.4.27	**ストレンジ粒子**	
スタンダード・トラストに解散命令	1892.3.2	ゲルマン、ストレンジ粒子を研究	1953.8月
ニュージャージー・スタンダード設立	1899(この年)	**ストロンチウム90**	
スタンダード石油		自衛隊員に放射線障害	1957(この年)
インターナショナル石油設立	1900.11月	墜落自衛隊ヘリに放射性同位元素	1995.6.8
カルテル・エプーが成立	1906(この年)	**スナム(SNAM)**	
国内4社が販売協定に調印	1910.1月	イタリア、国営炭化水素公社設立	1953.2.10
バートン、クラッキングを実用化	1913(この年)	**スヌーク号**	
アクナキャリー協定締結	1928.9.7	横須賀港に米軍原子力潜水艦寄港	1966.5.30
国内6社販売協定成立	1932.8月	**スーパーカミオカンデ**	
国内7社販売協定成立	1934.6月	ニュートリノに質量	1997.7.29
スタンダード石油(カリフォルニア)		**スパークス, M.**	
スタンダード石油(カリフォルニア)設立	1906(この年)	接合型トランジスターを開発	1949(この年)
スタンダード石油連合		**スーパーフェニックス(フランス)**	
スタンダード・トラストに解散命令	1892.3.2	仏FBR実証炉スーパーフェニックスにロケット砲弾	1982.1.18
スタンダード石油連合解散	1911.5.15	高速増殖炉スーパーフェニックスが世界初の臨界に	1985.9.7
スタンダード・バキューム石油会社		仏スーパーフェニックスでナトリウム漏れ事故	1987.3.9
スタンダード・バキューム石油会社設立	1933.9.7	仏・高速増殖炉スーパーフェニックスでポンプトラブル	1990.7.3
GHQが在日民間人への石油販売を許可	1948.8.5	仏高速増殖炉スーパーフェニックス運転再開	1994.8.4
スタンダード・バキューム解散へ	1960.11.15	スーパーフェニックスで蒸気漏れ	1995.10.23
スタンダード・バキューム石油日本支社		スーパーフェニックス、運転再開	1995.12.20
エッソとモービルに分割	1961.12.11	「スーパーフェニックス」廃止方針	1997.6.19
スタンバック		高速増殖炉スーパーフェニックス、運転終了	1998.2.2
スタンダード・バキューム石油会社設立	1933.9.7	**スーパーヘテロダイン回路**	
インドネシアが3社と開発契約	1963.9.25	アームストロング、スーパーヘテロダイン回路を開発	1918(この年)
スタンリー、ウィリアム		**スーパーロケット**	
スタンリー、逆起電力を提唱	1883(この年)	ソ連でスーパーロケット打ち上げ実験	1960.1月
スタンリー、変圧器を実用化	1885(この年)	**スピンドルトップ油田**	
スティーヴンソン, ジョージ		スピンドルトップで大噴油	1901.1月
スティーヴンソン、最初の実用的蒸気機関車を製作	1814(この年)	**スプートニク1号**	
スティーヴンソン、蒸気機関車完成	1825.9.27	ソ連、スプートニク1号を打ち上げ	1957.10.4
スティーヴンソン、レインヒルの競争を行う	1829.10月	**スプリッタランナ水車**	
ステッピングモーター		御岳発電所に、スプリッタランナ水車を導入	2003.4月
ウォーカー、ステッピングモーターの分解能を向上	1919(この年)	**スペクトル線**	
英軍艦にステッピングモーターを搭載	1927(この年)	ゾンマーフェルト、スペクトル線の微細構造を相対性理論で説明	1915(この年)
ハイブリッド型ステッピングモーターを発明	1952(この年)	**スペースシャトル**	
VR型ステッピングモーターが実用化	1957(この年)	スペースシャトルが初飛行	1981.4.12
ストックホルム宣言		**スペディング, F.H.**	
国連人間環境会議開催	1972.6.5	スペディングが原子爆弾開発用の高純度ウランを製造	1942.11月
ストーニー、ジョージ・J.			
ストーニー、電子の概念を提唱	1874(この年)		

スーペリア
　モービルがスーペリアの買収に合意　1984.3.11
スマトラ沖地震
　スマトラ沖地震により、インドのマドラス
　　原油被災　2004.12.26
スマトラ石油開発準備会社
　スマトラ油田、開発開始　1883（この年）
スマトラ油田
　スマトラ油田、開発開始　1883（この年）
澄川地域
　秋田県澄川地域の地熱開発で協定締結　1990.11月
スミス，フランシス・ペティ
　アルキメデス号が就航　1839（この年）
　スミス、スクリュー・プロペラを発明
　　　　　　　　　　　　　　　1839（この年）
スミス，W.H.
　高島嘉右衛門、ガス灯をともす　1872.9.29
スミス・パトナム
　アメリカで史上初のMW級風車設置　1941（この年）
住友
　財閥解体を決定　1945.10.27
住友 吉左衛門
　本多光太郎と高木弘、KS鋼を発明　1917.6月
住友海南鋼管工場
　住友海南鋼管工場で重油流出　1975.7.28
住友電工
　京大の研究用原子炉が臨界に達する　1966.8.27
　ガス拡散法によるウラン濃縮成功　1969.3.31
住友特殊金属
　ネオジム磁石を発明　1983（この年）
スミートン，ジョン
　スミートン、水車を改良　1759（この年）
スメド・パイプライン
　スメド・パイプライン開通　1977.2.25
スモレンスク原子力発電所（ロシア）
　ロシア・スモレンクス原発でECCSと
　　MSV利用不能　1991.7.22
スラバヤ油田
　ジャワ島で噴油井出現　1894（この年）
スリーマイル島原子力発電所（アメリカ）
　スリーマイル島原子力発電所事故発生　1979.3.28
　原研「緊急時環境線量情報予報システム」
　　を開発・公開　1984.4.20
駿河湾地震
　駿河湾地震で、浜岡原発4、5号機が自動停
　　止　2009.8.11
スルザー社
　スルザーボイラーが発明される　1931（この年）
スルザーボイラー
　スルザーボイラーが発明される　1931（この年）
　アメリカで超臨界圧スルザーボイラーが建
　　設される　1960（この年）
スルタナ号
　蒸気船スルタナ号ボイラー破裂事故が発生
　　　　　　　　　　　　　　　1865（この年）
　ハートフォード蒸気ボイラ検査・保険会社
　　設立　1866（この年）

スレーター，サミュエル
　スレーター、アメリカ最初の紡績工場の建
　　設を開始　1790（この年）
スレッシャー号
　アメリカの原潜「スレッシャー」沈没　1963.4.10
諏訪電気
　鍛接管利用の水力発電所、運転開始　1900.12月
スワン，ジョゼフ・ウィルスン
　スワン、白熱電灯を発明　1878（この年）
　エジソン、白熱電球を実用化　1879.10月
スワン電気会社
　スワン、白熱電灯を発明　1878（この年）
ズン，グエン・タン
　ベトナム原発、日本受注で決定　2010.10.31

【せ】

斉 懐遠
　尖閣諸島領有権論争再発　1990.10月
西大潟油田
　石油開発公団がガス田を発見　1968.3月
正検検流計
　ブイエ、正検検流計を発明　1837（この年）
製造場取締規則
　大阪府、製造場取締規則規定を制定　1896（この年）
成長の限界
　ローマクラブ「成長の限界」を発表　1972.2月
正電気
　リヒテンベルク、電気の正・負の名称を導
　　入　1779（この年）
静電マイクロ・ステッピングモーター
　ミュラー、静電マイクロ・ステッピング
　　モーターを試作　1988（この年）
静電誘導
　キャントン、静電誘導を発見　1753（この年）
　ヴィルケ、電気盆を発明　1764（この年）
　ヴォルタ、蓄電器を改良　1775（この年）
政府開発援助大綱
　政府、政府開発援助大綱を閣議決定　1992.6.30
政府間海事協議機関（IMCO）
　油による汚染損害についての民事責任に関
　　する国際条約採択　1969.11.29
西部砂漠
　エジプトが西部砂漠の利権を許可　1964.2.12
西部石油
　西部石油設立　1962.6.25
西部石油山口製油所
　日鋼など製油所完成　1969.10.1
製油所
　ノーベル兄弟、ロシアにロベルト・ノーベ
　　ル製油所を建設　1875（この年）
　日本国内の製油所被爆　1945.3月
製油タンク爆発
　不二製油工場で製油タンク爆発　1991.12.22

整流子モーター
ヤコビ、整流子モーターを試作　1834（この年）
精留塔
ブルメンタール、精留塔を発明　1820（この年）
セーヴァリ，トマス
物理学者のパパン、消息を絶つ　1712（この年）
世界エネルギー会議（WEC）
世界エネルギー会議開催　1992.9月
世界エネルギー会議開催　1995.10月
WEC、「欧州における原子力発電の役割」を発表　2007.1.31
世界エネルギー戦略選択機構（WAES）
WAES、石油需給見通し発表　1977.5月
世界気候会議（WMO）
WMO、温室効果による温暖化を警鐘　1979（この年）
世界原子力発電事業者協会（WANO）
世界原子力発電事業者協会設立　1989.5.15
世界石油会議
第1回世界石油会議開催　1933.7.19
第8回世界石油会議開催　1971.6.13
第9回世界石油会議開催　1975.5.11
第10回世界石油会議開催　1979.9.9
第11回世界石油会議開催　1983.8.28
世界地熱会議
世界地熱会議が日本で初開催　2000.5月
世界平和評議会総会
世界平和評議会総会で核実験停止の呼びかけ　1957.6.16
セーガン，カール
セーガン、『核の冬』を発表　1983（この年）
赤外可変ラマンレーザー
理研、赤外可変ラマンレーザー開発　1984.3.29
赤外線
メローニ、赤外線と可視光の同一性を証明　1850（この年）
赤外線放射
W.ハーシェル、赤外線放射の発見　1800（この年）
積算電力計
トムソン、積算電力計を発明　1889（この年）
石炭液化
ベルギウス、石炭液化法を発明　1913（この年）
IG社、石炭液化技術の工業化に成功　1927（この年）
日本、石炭液化研究に着手　1928（この年）
石炭ガス
マードック、ガス照明を発明　1792（この年）
マードック、建物の照明にガス照明を使用　1798（この年）
ダンブルザン、石炭ガス使用内燃機関を提案　1801（この年）
マードック、建物の照明にガス灯を常用　1802（この年）
ロンドンにガス灯がともる　1807（この年）
ビショップ、石炭ガスを溶鉱炉で利用　1839（この年）
石炭ガスで灯籠点灯　1857（この年）
石炭火力発電所
石炭火力発電所の新設計画　2014.3月

石炭鉱業合理化事業団
新エネルギー総合開発機構設立　1980.10.1
石炭鉱業合理化臨時措置法
石炭鉱業合理化臨時措置法を公布　1955.8.10
石炭鉱業合理化3ヶ年計画
石炭鉱業合理化3ヶ年計画を策定　1950.6.24
石炭酸
リスター、石炭酸による消毒法を提唱　1865（この年）
石炭産業
キッド、ナフタレンを分離　1819（この年）
クレーン、水性ガスを得る　1823（この年）
ルンゲ、フェノールとアニリンを発見　1834（この年）
マンスフィールド、トルエンを発見　1848（この年）
パーキン、最初の人工染料モーブを発見　1856（この年）
江戸幕府、釧路で石炭採掘開始　1857（この年）
リスター、石炭酸による消毒法を提唱　1865（この年）
パークス、石炭無税輸出の承諾を要求　1867.10.26
清国が日本産石炭の売買を禁止　1874（この年）
ドーソン、半水性ガスを製造　1878（この年）
石炭無税輸出へ勅令　1888.7.18
鉱業条例施行　1892.6月
鉱業法施行　1905.7月
パーカー、コーライトを発明　1906（この年）
海軍燃料廠令施行　1921.4月
石炭鉱害が問題に　1921（この年）
ウィンクラー、流動床ガス化法を開発　1926（この年）
石炭・石油の液体燃料化技術が発展　1930（この年）
鉄鋼・石炭の傾斜生産方式を決定　1946.12.24
配炭公団法を公布　1947.4.15
筑豊、山口地方の鉱害被害は200億円超　1947（この年）
石油が主要エネルギーに　1950（この頃）
日本で石油が主要エネルギーに　1960（この頃）
産炭地域振興臨時措置法を公布　1961.11.13
IEA理事会、石炭政策の原則を採択　1979.5.21
東芝、石炭火力発電所計画断念　2006.2.27
石炭対策大綱
石炭対策大綱を閣議決定　1962.11.29
石油運送連盟
ペンシルベニア州で石油パイプライン敷設　1865.10.10
石油および可燃性天然ガス資源開発審議会
石油および可燃性天然ガス資源開発法公布　1952.5.31
石油総合開発5ヶ年計画　1953.9.17
石油会社国際評議会（OCIMF）
石油会社国際評議会が定款を決定　1970.4.8
石油開発技術センター
石油開発技術センター設置　1972.7月
石油開発協定
ソ連、イラクと石油開発協定締結　1969.7.15
石油開発公団
石油開発公団設立　1967.10.2
石油開発公団がガス田を発見　1968.3月

石油資源開発発足	1970.4月		石油先物取引	
石油開発技術センター設置	1972.7月		IPE、先物売買取引開始	1981.4.6
石油公団と改称	1978.6.27		石油削井組合	
石油ガス税法			春日永太郎ら、石油削井組合設立	1876.6月
石油ガス税法を公布	1965.12.29		**石油産業**	
石油火力発電所			オハイオ州で石油を採取	1813（この年）
IEA閣僚理事会開催	1980.5.21		グロズニー油田産油開始	1823（この年）
石油技術協会			ケンタッキー州で噴油	1829（この年）
石油技術協会設立	1933.5.25		ドレーク、ドレーク油田で採掘開始	1859（この年）
石油業法（イタリア）			ロックフェラー、製油工場を建設	1862（この年）
イタリア石油業法公布	1933（この年）		ペンシルベニア州でタンク車が実用化	1865.9月
石油業法（日本）			ペンシルベニア州で石油パイプライン敷設	
石油業法施行	1934.7.1			1865.10.10
石油業法（フランス）			ロックフェラー、オハイオ・スタンダード	
フランス石油業法制定	1928.3.30		設立	1870.1.10
石油局（イギリス）			石坂周造、長野石炭油会社設立	1871.8月
イギリス、石油局を設置	1939.1月		金津で石油採掘開始	1874.8月
石油禁輸			日本、原油産額の記録を開始	1874（この年）
アメリカ、石油対日輸出全面停止	1941.8.10		ノーベル兄弟、ロシアにロベルト・ノーベル製油所を建設	1875（この年）
アラブ諸国、対英米石油輸出禁止	1967.6月		ライマン、油田地質調査開始	1876.5月
サウジアラビア、クウェート、リビアが石油輸出禁止に反対	1967.8月		春日永太郎ら、石油削井組合設立	1876.6月
サウジアラビア、送油停止問題でシリアを			滝沢安之助、愛国石油削井会社を設立	1877.7月
非難	1970.5.15		ノーベル兄弟、ノーベル兄弟産油会社設立	
OAPEC石油戦略発動	1973.10.17			1879.5.15
OAPEC、イスラエル支援国への石油禁輸			日本初の原油パイプライン敷設	1879.11月
を決定	1973.10.20		尼瀬で出油	1879（この年）
OAPEC、友好国への削減緩和	1973.12.24		オハ油田が発見される	1880（この年）
OAPEC対米禁輸を解除	1974.3.18		ノーベル兄弟産油会社、連続蒸留法を実用	
OAPEC禁輸問題について討議	1974.6.1		化	1881（この年）
OAPECオランダ石油禁輸解除	1974.7.10		ロックフェラー、スタンダード・オイル・	
アメリカ、リビア原油禁輸	1982.3.10		トラスト成立	1882.1.2
アメリカ、クック湾産原油輸出解禁	1985.10.28		田代虎次郎、泰平社を設立	1882（この年）
イラク軍、クウェートに侵攻	1990.8.2		スマトラ油田、開発開始	1883（この年）
イラク産石油の禁輸が限定解除	1996.11.25		ロスチャイルド、バクー石油の販売開始	
石油減産				1883（この年）
OPEC第9回総会を開催	1965（この年）		アメリカ石油事業の情報を収集	1885（この年）
OPEC第15回総会を開催	1968（この年）		ロシア石油の輸出開始	1885（この年）
OPEC臨時総会協調減産で合意	1998.3.30		尼瀬油田、開発開始	1886（この年）
石油鉱業懇話会			アングロ・アメリカン石油設立	1888.4.27
石油鉱業連盟設立	1961.11.20		内藤久寛ら、日本石油会社設立	1888.5月
石油鉱業連盟			ロイターがペルシャで石油利権獲得	1889（この年）
石油鉱業連盟設立	1961.11.20		小倉油店開業	1889（この年）
石油公団			ロイヤル・ダッチ設立	1890.6.16
日本、メコン・デルタ油田開発に参加	1971.3.10		ユニオン石油会社設立	1890.10.17
石油公団と改称	1978.6.27		日本石油、アメリカから掘削機を輸入	1890.12月
石油公団、タンカー備蓄開始	1978.10月		ウェスト・バージニア油田隆盛	1891（この年）
埋北油田の開発協力	1980.2.8		バクー油田産油激増	1891（この年）
中国南部沿岸大陸棚油田開発契約に調印	1983.9.5		後の宝田石油設立	1892.6月
石油国有化法（アルゼンチン）			日本、ロシア灯油輸入開始	1893.2月
アルゼンチンが石油国有化	1934（この年）		宝田石油創業	1893.2月
石油顧問団（PAG）			アメリカの石油会社が日本支店を開設	1893.5月
GHQが石油顧問団を設置	1945.11.1		グロズニー油田で機械掘成功	1893（この年）
石油コンビナート反対運動			テキサス油田試掘成功	1893（この年）
三島・沼津・清水コンビナート反対運動			ドヘニー、ロサンゼルスで石油掘削	1893（この年）
	1963（この年）		新津油田で出油	1894.11月
沼津市で石油コンビナート誘致反対集会が			ジャワ島で噴油井出現	1894（この年）
紛糾	1964.3.27		日本石油、新潟鉄工所設置	1895.6月
			ロータリー式掘削に成功	1895.10.15
			中島謙造、本邦石油産地調査報告発表	1896.3月

- 412 -

サンノーキンバレー油田発見	1896 (この年)	ペンシルベニア・ガルフ石油会社設立	1922.8.9
米露の石油事情視察へ	1897.5月	クウェート・イラク中立地帯協定	1922.12.2
シェル運輸貿易会社設立	1897.10.18	フードリー、固定床接触分解法を開発	1923 (この年)
バクー油田の生産量が世界一	1898 (この年)	北辰会が北樺太で試掘に成功	1923 (この年)
ニュージャージー・スタンダード設立	1899 (この年)	フランス石油会社設立	1924.3.28
日石、タンク車を製作	1899 (この年)	連邦石油保全局設置	1924.12.19
ライジング・サン石油設立	1900.4月	日石鶴見製油所完成	1924 (この年)
インターナショナル石油設立	1900.11月	北樺太油田から初搬入	1924 (この年)
スピンドルトップで大噴油	1901.1月	トルコ石油会社、イラクと利権協定	1925.3.14
テキサス会社設立	1902.4.7	メキシコ産油制限令公布	1925.12.29
バーマ石油会社設立	1902.5.15	ソ連との北樺太石油利権契約に調印	1925.12月
宝田石油第一次大合同	1902 (この年)	カリフォルニア・スタンダード設立	1926.1.27
アジアチック・ペトロリアム設立	1903.6月	イタリアで国策石油会社設立	1926.5.19
国油共同販売所設立	1904.11月	北樺太石油設立	1926.6.7
アメリカ液体燃料局、重油の優秀性を立証	1904 (この年)	石油試掘奨励金公布規則施行	1927.8月
自動車給油所誕生	1905 (この年)	キルクーク大油田発見	1927 (この年)
国油共同販売所、宝田石油の販売会社に	1906.9月	メキシコ石油法改正	1928.1.10
カルテル・エブーが成立	1906 (この年)	フランス石油業法制定	1928.3.30
スタンダード石油 (カリフォルニア) 設立	1906 (この年)	トルコで赤線協定を締結	1928.7.31
ガルフ・オイル設立	1907.1.30	アクナキャリー協定締結	1928.9.7
ロイヤル・ダッチ・シェルグループ結成	1907.1月	シェル化学会社設立	1928.10月
日石がインターナショナル一部事業を買取	1907.6月	ガッチサラン、ハフトケル油田発見	1928 (この年)
第一開発会社、マスジッド・イ・スライマン油田開発成功	1908.5.26	バーレーン石油会社設立	1929.1.11
日本石油、旭川油田で出油に成功	1908 (この年)	南樺太油田試掘契約が締結	1929.3月
アングロ・ペルシャン石油設立	1909.4.4	日本鉱業設立	1929.4月
原油関税を独立	1909.4月	イラク石油会社と改称	1929.6.8
西戸崎製油所完成	1909.7月	石油販売協定により、ガソリン値上げが決定	1929.6月
国内4社が販売協定に調印	1910.1月	小倉石油横浜製油所完成	1929.11月
イギリス海軍、石油への転換を言明	1910.2.20	アメリカの産油激増	1929 (この年)
新潟鉄工所が日石から分離	1910.6月	日石下松製油所開所	1930.4月
日石がインターナショナル一部事業買収	1911.2月	5ヶ年計画成功	1930 (この年)
スタンダード石油連合解散	1911.5.15	バーレーン島で油田発見	1930 (この年)
日石、新式削井機輸入	1912.3月	石炭・石油の液体燃料化技術が発展	1930 (この頃)
トルコ石油会社設立	1912.10.23	三菱石油設立	1931.2月
アバダン製油所操業開始	1912 (この年)	ソコニー・バキューム社設立	1931.7.30
イギリス海軍省がアングロ・ペルシャン石油に出資	1913.5.20	台湾でカーボンブラック装置が稼働	1931.9月
バートン、クラッキングを実用化	1913 (この年)	シェルメックス社設立	1931.11月
黒川油田で大噴油	1914.5月	三菱石油川崎製油所完成	1931.11月
イランで巨大油井	1915 (この年)	早山石油川崎製油所完成	1931.11月
クイーン・エリザベス号完成	1915 (この年)	ベネズエラで産油制限	1931 (この年)
スマトラで大噴油井	1917.6月	バーレーンで試掘に成功	1932.6.1
日本石油、殉職者追悼碑を建立	1917.10月	国内6社販売協定成立	1932.8月
テキサスで大噴油井	1917 (この年)	イギリス・ペルシャで紛争が起こる	1932.11.26
京大、重力偏差計探査	1918 (この年)	重要産業統制法が、揮発油産業に適用	1932.11月
日本初のガソリンスタンド完成	1919.2月	石油技術協会設立	1933.5.25
アメリカ石油協会設立	1919.3.14	東洋商工設立	1933.6月
鉱山専門学校に石油学科開設	1919.4月	第1回世界石油会議開催	1933.7.19
北辰会結成	1919.5月	スタンダード・バキューム石油会社設立	1933.9.7
オレゴン州で、ガソリン税創設	1919 (この年)	カリフォルニア・アラビアン・スタンダード社設立	1933.11.8
日本石油、油田地質調査にアメリカ人技師を招聘	1919 (この年)	丸善石油設立	1933.11月
サンレモ協定成立	1920.4.25	イギリス・ペルシャ紛争解決	1933 (この年)
日石、宝田が合併	1921.10月	クウェート石油設立	1934.2.2
ベネズエラ石油大増産	1921 (この年)	国際タンカー船主協会設立	1934.2月
		満州石油設立	1934.2月
		国内7社販売協定成立	1934.6月
		アルゼンチンが石油国有化	1934 (この年)
		アメリカ石油産業が国家管理から解放	1935.2.22

− 413 −

秋田県の雄物川油田で噴油	1935.3月	GHQが石油配給公団設立を指令	1946.10.25
アングロ・ペルシャンがアングロ・イラニアン石油と改称	1935.6月	アラムコに2社が参加	1947.3.12
		石油配給統制株式会社が解散	1947.5.31
人造石油ドイツで工業化	1935(この年)	石油配給公団設立	1947.6.2
アメリカで接触分解装置を工業化	1936.6.6	ゼネラル物産設立	1947.7.26
カリフォルニア・テキサス・オイル設立	1936.6月	クウェートが独立系業者へ利権供与	1947(この年)
人造石油製造事業法施行	1938.1月	ガワール油田発見	1948.6月
帝国燃料興業設立	1938.1月	GHQが在日民間人への石油販売を許可	1948.8.5
プルガン油田発見	1938.2月	シェル石油と改称	1948.10.15
揮発油および重油販売取締規則施行	1938.3.7	ベネズエラ、所得税法制定	1948.11.12
メキシコが国内外資系企業を国有化	1938.3.18	アメリカ、石油純輸入国へ	1948(この年)
ダンマン油田発見	1938.3月	クウェート中立地帯の利権を供与	1949.2.20
メキシコが石油国有化	1938.6.7	三菱、タイドウォーターと提携復活	1949.3.31
玉門油田が産油を開始	1938(この年)	揮発油税法公布	1949.4.30
イギリス、石油局を設置	1939.1月	石油資源開発促進審議会設立	1949.5.17
ドイツ・ルーマニア石油通商協定成立	1939.3.25	昭和石油とロイヤル・ダッチ・シェル、第1次協定に調印	1949.6.20
秋田県の油井掘削現場で原油噴出	1939.6月		
東亜燃料工業設立	1939.7.5	GHQが太平洋岸製油所再開を許可	1949.7.13
大協石油設立	1939.9.4	3社石油元売り業者に追加指定	1949.8.1
アメリカ、ソ連・日本に対し道義的輸出禁止	1939.12.12	丸善、ユニオンと提携	1949.8月
		富士興産設立	1949.9.17
イタリア、ガソリン消費規制実施	1939(この年)	カタールで商業生産開始	1949.12月
ベルギー新石油業法施行	1939(この年)	ミナス油田の掘削開始	1949.12月
帝国石油資源開発社設立	1940.7月	外資との提携進展	1949(この年)
日蘭石油交渉開始	1940.9月	太平洋岸各製油所操業再開	1950.1月
ラスタヌラに製油所を建設	1940(この年)	石油精製懇話会発足	1950.3.3
ドイツ、大陸石油会社設立	1941.3.27	帝国石油が民間会社へ	1950.4.1
日石が小倉と合併	1941.6月	日石・カルテックス委託契約締結	1950.4.21
アメリカ、石油対日輸出全面停止	1941.8.10	興亜とカルテックスが資本提携	1950.7.20
帝国石油設立	1941.9月	サウジアラビアとアラムコが利益折半協定	1950.12.30
アメリカがPIWC創設	1941.12.8		
南方油田占領作戦を展開	1941(この年)	タップライン完成	1950.12月
日本軍がバリクパパン占領	1942.1.24	石油が主要エネルギーに	1950(この頃)
イギリスでガソリン不足が深刻化	1942.2月	日本精蠟設立	1951.2.10
日本軍がパレンバン製油所占領	1942.2月	GHQが石油行政権を政府に委譲	1951.4.1
帝国石油が4社の石油鉱業部門を統合	1942.4月	イランが石油産業を国有化	1951.4.28
アメリカ、ガソリン切符割当制へ	1942.7.22	イランが英石油会社国有化を命令	1951.5.2
南方原油の共同製油計算制実施	1942.7月	潤滑油元売り業者制度創設	1951.5.4
石油精製業者8ブロックに統合	1942.8月	サファニア油田発見	1951.5月
マーフリー、流動接触分解法を開発	1942(この年)	日本石油精製設立契約	1951.7.3
石油専売法公布・施行	1943.7.1	イラクとイラク石油会社が折半協定締結	1951.8月
アラムコに改称	1944.1月	石油製品配給規則等の一部適用停止	1951.9.8
北樺太の利権をソ連に委譲	1944.3月	クウェートとクウェート石油が折半協定締結	1951.11月
日本、ミナス油田の試掘に成功	1944.9月		
英米石油協定締結	1945.2月	国産原油価格配給統制撤廃	1952.4.1
日本国内の製油所被爆	1945.3月	ミナス油田商業生産開始	1952.4月
中東原油輸出価格独立して公示	1945.6月	石油および可燃性天然ガス資源開発法公布	1952.5.31
石油販売取締規則等を廃止	1945.10.9		
GHQが製油所に関する覚書を公布	1945.10.13	燃料油の価格・配給統制撤廃	1952.7.1
GHQが石油製品に関する覚書を公布	1945.10.13	イラン石油国有化問題提訴を却下	1952.7.22
GHQが石油顧問団を設置	1945.11.1	国際石油カルテル報告書	1952.8.22
GHQが石油製品等の輸入許可を表明	1945.11.24	米上院、反トラスト法公聴会開催	1952.8月
石油業法、石油専売法などを廃止	1945.12.20	亜細亜石油設立	1952.10.4
石油精製業連合会を設立	1945.12.20	イギリス・イラン国交断絶	1952.10月
石油配給統制要綱制定を施行	1945.12月	通商産業省が重油へ転換を奨励	1953.1月
GHQが原油輸入に関する覚書を公布	1946.1.21	石油陸揚停止処分が申請される	1953.5.7
GHQが石油の一元的取扱機関を指定	1946.5.13	イラン産揮発油を初輸入	1953.5.9
GHQが太平洋岸製油所の操業停止を指令	1946.9.27	石油総合開発5ヶ年計画	1953.9.17
		ブラジルが石油産業国有化	1953.10.3
		石油元売懇話会設立	1954.2.5

- 414 -

通商産業省、重油消費を規制	1954.3.29
イラン・コンソーシアム設立	1954.4.11
石油資源炭鉱促進臨時措置法施行	1954.5月
イラン・コンソーシアム協定調印	1954.8.19
ブリティッシュ・ペトロリアムと改称	1954.12.17
アメリカの独立系業者がイラン・コンソーシアム参加	1955.4.28
ソコニー・モービル・オイルと改称	1955.4.29
石油資源開発設立	1955.8.9
旧軍燃料廠の払下を決定	1955.8.26
重油ボイラー規制法施行	1955.10.1
石油連盟創立	1955.11.1
石油資源開発設立	1955.12.1
リビア石油法制定	1955（この年）
北日本石油設立	1956.2.24
日本輸出石油設立	1956.6.4
クルサニア油田発見	1956.6月
ハシ・メサウド油田発見	1956.6月
第2次中東戦争が勃発	1956.10.29
海南製油所を売却へ	1956.10月
北日本石油函館製油所完成	1956.11.10
ハシ・メルガス田発見	1956.11.1
日本石油精製室蘭製油所完成	1956.12.15
ハシ・メサウド油田出油成功	1957.2月
出光徳山製油所完成	1957.3.17
サファニア海底油田商業生産開始	1957.4.17
アラビア石油開発出資	1957.6.21
ENI、イランと利権協定	1957.7月
灯油・軽油等輸入事前割当制に移行	1957.9.27
昭和四日市石油設立	1957.11.1
日本とサウジアラビア石油利権協定に調印	1957.12.10
イランで石油法が成立	1957（この年）
アラビア石油設立	1958.2.10
インドネシア、プルミナを国有化	1958.2月
ナイジェリア産原油輸出開始	1958.2月
サハラ石油輸出開始	1958.3月
石油学会創立	1958.5.23
四日市製油所完成	1958.5.26
アラビア石油、クウェートと協定締結	1958.7.5
ゼネラル石油設立	1958.11.4
日網石油精製設立	1958.11.25
アメリカ、原油輸入割当制を実施	1958（この年）
全漁連の重油輸入を許可	1959.2.5
中東原油公示価格を一斉値下げ	1959.2.13
石油公示価格を引き下げ	1959.2月
アメリカ、石油輸入割当制へ	1959.3.10
出光、ソ連石油公団と輸入契約	1959.3月
テキサコ・インコーポレーテッドと改称	1959.4.22
第1回アラブ石油会議を開催	1959.4月
リビア、大油田発見	1959.6.13
大慶油田発見	1959.9.26
石油プラントをコンピュータ管理	1959（この年）
新亜細亜石油設立	1960.2.1
北スマトラ油田開発協定締結	1960.4.7
北スマトラ石油開発協力設立	1960.5.26
中東原油価格引き下げ	1960.8.9
石油輸出国機構（OPEC）を設立	1960.9.14
クウェート国営石油会社設立	1960.10.3
日網石油川崎製油所完成	1960.10.12
スタンダード・バキューム解散へ	1960.11.15
ゼネラル石油川崎製油所完成	1960.11.28
九州石油設立	1960.12.20
イランとERAPが石油開発について協定締結	1960（この年）
石油公示価格を再引き下げ	1960（この年）
日本で石油が主要エネルギーに	1960（この頃）
OPEC第3回総会開催	1961.1.15
インドネシアがプルミンドを国有化	1961.1月
東邦石油設立	1961.5.1
水島製油所完成	1961.5.16
石油関税が従量税に変更される	1961.6.1
クウェートが独立	1961.6月
帝石トッピング・プラント設立	1961.9.1
リビア原油輸出開始	1961.10.15
石油鉱業連盟設立	1961.11.20
エッソとモービルに分割	1961.12.11
イラクがイラク石油会社の利権を接収	1961.12.12
石油政策に関する中間報告発表	1961.12.22
OECDが備蓄保有を要請	1961.12月
重油専焼ボイラーの導入が可能に	1961（この年）
東燃川崎工業完成	1962.3.13
OPEC第4回総会開催	1962.4.5
石油業法を公布	1962.5.11
OPECにリビアとインドネシア加盟	1962.6.4
西部石油設立	1962.6.25
ウム・シャイフ油田生産開始	1962.6月
石油審議会発足	1962.7.10
アブダビ石油会社と改称	1962.7.25
石油業法施行	1962.7月
中国で勝利油田発見	1962.9.22
原油の輸入自由化を実施	1962.10.1
頸城〜豊洲間パイプライン完成	1962.10月
石油製品販売価格の標準額を告示	1962.11.10
サウジアラビアでペトロミン設立	1962.11.30
丸善千葉製油所完成	1963.1.10
出光千葉製油所完成	1963.1.31
イタリア、ニュージャージー・スタンダードと契約締結	1963.3.22
大協午起製油所完成	1963.3.23
日石と九石が販売業務提携	1963.5.14
極東石油工業設立	1963.6.15
新潟県に頸城製油所完成	1963.7月
インドネシアが3社と開発契約	1963.9.25
コメコン・パイプライン完成	1963.11.11
出光、石油連盟脱退	1963.11.12
アルジェリアで国営石油会社設立	1963.12.31
OPECとメジャーが一括交渉	1963（この年）
三島・沼津・清水コンビナート反対運動	1963（この年）
通商産業省が石油各社に生産調整を指示	1964.1.25
イラク国営石油会社設立	1964.2.8
エジプトが西部砂漠の利権を許可	1964.2.12
日石精根岸製油所完成	1964.3.17
沼津市で石油コンビナート誘致反対集会が紛糾	1964.3.27
関西石油設立	1964.4.1
富士石油設立	1964.4.17
カナダ、石油開発を条件付きで許可	1964.4月

丸善シンガポール製油所を売却	1964.6.1
新潟地震で製油所被災	1964.6.16
東邦尾鷲製油所完成	1964.11.10
OPEC第7回総会を開催	1964.11.28
中国・大港油田で出油	1964.12.20
インドネシアが石油開発の生産物分与方式を導入	1964 (この年)
オマーンでファフード油田発見	1964 (この年)
ラバン石油会社設立	1965.4.14
アラスカ州で油田発見	1965.6.8
ゼネラル石油堺製油所完成	1965.7.1
仏・アルジェリア共同開発政府機構設立	1965.7.29
共同石油設立	1965.8.10
サモトロール巨大油田発見	1965.12.15
シェルがインドネシアの施設を売却	1965.12月
OPEC第9回総会を開催	1965 (この年)
アルジェリアとフランスが石油開発政府間協定	1965 (この年)
フランスでERAP発足	1966.1.1
リビア、米国計4社に新法を是認させる	1966.1.4
北スマトラ海洋石油資源開発設立	1966.2.21
インドネシア政府、国営会社の担当を発表	1966.3.3
アトランチック・リッチフィールド設立	1966.5.3
モービル石油と改称	1966.5.3
ドバイでファテ油田発見	1966.6月
共同石油が3社の販売部門を全面集約	1966.7.1
九石が石油連盟に加盟	1966.7.11
通商産業省が石油生産調整の廃止表明	1966.9.2
エジプトのエル・モルガン油田開発成功	1966.9.19
日本オイルターミナル設立	1966.10.14
ベネズエラで第1回国営石油会社会議が開催される	1966.10月
リビアでオーギラ油田発見	1966.11.21
カルテックスがヨーロッパの資産を分割	1967.2月
日本石油基地設立	1967.3.1
重油直接脱硫研究開発組合発足	1967.5.25
スエズ運河閉鎖	1967.6.7
アラブ諸国、対英米石油輸出禁止	1967.6月
日本海石油設立	1967.7.19
サウジアラビア、クウェート、リビアが石油輸出禁止に反対	1967.8月
認定患者による四日市公害訴訟	1967.9.1
石油開発公団設立	1967.10.2
出光千葉製油所で重油直接脱硫装置が完成	1967.10.10
リビアでイドリス油田発見	1967.10.17
鹿島石油設立	1967.10.30
日石柏崎製油所閉鎖	1967.10.31
アブダビのザクム油田生産開始	1967 (この年)
イラン、石油開発についてフランス・ERAPと協定	1967 (この年)
カルテックス・ペトロリアムと改称	1968.1.1
OAPEC結成	1968.1.10
アブダビ石油設立	1968.1.17
琉球政府が製油所建設を許可	1968.1.20
ガビンダ石油生産開始	1968.1月
石油開発公団がガス田を発見	1968.3月
日本海洋掘削設立	1968.4月
サウジアラビアがアラムコに利権返還を要求	1968.6.24
東北石油設立	1968.7.8
プルドー・ベイ油田発見	1968.7.17
西日本石油開発設立	1968.7月
インドネシアでプルタミナ設立	1968.8.20
東洋石油精製設立	1968.8.22
関西、富士、極東の製油所が完成	1968.10.1
日本石油開発設立	1968.12.10
アブダビでムバラス油田発見	1969.5.4
西ドイツ、デミネックス設立	1969.6.2
三井石油開発設立	1969.7.19
ムバラス油田発見	1969.7月
アモコ・インタナショナルと改称	1969.10.1
日石基地、喜入基地を完成	1969.10.1
油による汚染損害についての民事責任に関する国際条約採択	1969.11.29
ジャワ島沖合で油田を発見	1969.12.1
ノルウェーでエコフィスク油田発見	1969 (この年)
アブ・ギラブ油田発見	1970.1.16
リビア、原油公示価格値上げを要求	1970.1.26
リビア、新石油会社リノコを設立	1970.3.27
日石秋田製油所廃止	1970.3.31
石油会社国際評議会が定款を決定	1970.4.8
石油資源開発発足	1970.4月
アジア共石設立	1970.5.18
リビア、石油会社に減産命令	1970.5.25
リビアがメジャーズ4社を国有化	1970.6月
イラク政府がIPCに警告	1970.7.17
エジプト石油開発設立	1970.7.17
アルジェリアが原油公示価格引き上げ	1970.7.23
コンゴ石油設立	1970.8.1
リビアが原油公示価格引き上げに合意	1970.9.5
リビア、原油課税と価格決定方式を改訂	1970.9.9
石油パイプライン設立	1970.10.2
ナイジェリア原油公示価格引き上げ	1970.10.26
東洋石精中城製油所完成	1970.11.5
合同石油開発設立	1970.11.6
出光兵庫製油所完成	1970.11.21
フォーティーズ油田発見	1970.11月
OPEC第21回総会開催	1970.12.9
興亜石油大阪製油所完成	1971.1.6
アルジェリア・フランス、暫定石油協定を締結	1971.1.28
OPEC第22回総会開催	1971.2.3
テヘラン協定成立	1971.2.14
アルジェリアが外資石油会社資産の半分を国有化	1971.2.24
日本、メコン・デルタ油田開発に参加	1971.3.10
トリポリ協定成立	1971.4.1
ナイジェリアが国営石油会社を設立	1971.4.1
第8回世界石油会議開催	1971.6.13
石油産業海事協議会設立	1971.6.28
OPEC第24回総会開催	1971.7.12
ブレント油田発見	1971.7月
インドネシアがPS方式の条件を改定	1971.8.9
アブダビで国営石油会社設立	1971.8月
低硫黄原油関税引き下げ	1971.11.1
リビアがBP資産の50%を国有化	1971.12.8
エッソ西原製油所完成	1972.1.18
ジュネーヴ協定締結	1972.1.20
キグナス石油設立	1972.2.1

日ソ経済合同委員会開会	1972.2.21	チュメニ油田共同開発の方針決定	1974.3.6
ローマクラブ「成長の限界」を発表	1972.2月	OAPEC対米禁輸を解除	1974.3.18
三菱石油開発設立	1972.2月	石油製品の行政指導価格実施	1974.3.18
新潟県沖合で新油田発見	1972.3.6	OPEC第39回総会開催	1974.4.9
軽油・重油の輸入自由化	1972.4.1	産油国国営石油会議開催	1974.5.27
韓国、石油鉱区を設定	1972.5月	サウジアラビアがアラムコへ参加	1974.6.10
イラク、国営石油会社INOCを設立	1972.6.1	OPEC第40回総会開催	1974.6.15
ノルウェー、国営石油会社を設立	1972.9.18	オマーン、参加協定調印	1974.7.10
エクソンに改称	1972.11.1	カタール、参加協定調印	1974.7.10
リヤド協定調印	1972.12.20	日本中国石油輸入協議会発足	1974.7.10
レフォルマ油田発見	1972 (この年)	カタール、総合石油会社設立	1974.8.1
クウェート、KOC参加協定調印	1973.1.8	石油製品の行政指導価格解除	1974.8.16
カタールがカタール石油、シェル・カタールへの参加協定調印	1973.1.11	アブダビ、参加協定調印	1974.9.4
イラクの国有化保障問題解決	1973.2.28	OPEC第41回総会開催	1974.9.12
通産省、産油国との原油直接取引に関する指導方針発表	1973.3.5	サハリン石油開発協力設立	1974.10.1
国際石油設立	1973.3.8	湾岸3ヶ国原油新価格体系の採用を決定	1974.11.9
イラン・コンソーシアム新協定に調印	1973.5.24	通産省、ガソリン無鉛化を決定	1974.11.26
OPEC新ジュネーヴ協定締結	1973.6.2	サウジアラビアがアラムコと完全国有化交渉	1974.12.9
東亜共石設立	1973.6.8	シベリア資源開発契約締結	1974 (この年)
ナイジェリアが参加協定調印	1973.6.11	OPEC、消費国合同会議へ	1975.1.13
リビアが石油会社を国有化	1973.8.11	米、石油輸入課徴金付加	1975.2.1
大慶・秦皇島間パイプライン完成	1973.9月	無鉛ガソリン生産開始	1975.2.1
出光北海道製油所完成	1973.10.1	石油消費節約目標で合意	1975.2.7
東亜共石名古屋製油所完成	1973.10.1	石油価格の物価スライド制導入	1975.3.3
第1次オイルショックが発生	1973.10.16	第9回世界石油会議開催	1975.5.11
OAPEC石油戦略発動	1973.10.17	IEA、産油国との合同会議へ	1975.5.27
OAPEC、イスラエル支持国への石油禁輸を決定	1973.10.20	サウジ、第2次5ヶ年計画発表	1975.5月
イラク、ロイヤルダッチ社の利権を国有化	1973.10.21	家庭用灯油価格への行政指導撤廃	1975.6.1
アラブ諸国、日本を中間国と表明	1973.10.26	ベネズエラ、石油産業国有法公布	1975.8.29
OAPECが生産削減強化	1973.11.5	OPEC第45回総会開催	1975.9.24
サウジアラビア、対日強硬声明を発表	1973.11.6	出光愛知製油所完成	1975.10.1
トンキン湾油田共同開発に関して合意メモ	1973.11.6	日石精が東洋石精を吸収合併	1975.11.1
石油緊急対策要綱を発表	1973.11.16	フォーティーズ油田で生産開始	1975.11.3
エクアドルがOPEC加盟	1973.11.19	クウェート、KOCへ事業参加	1975.12.1
アメリカ、エネルギー節約声明	1973.11.25	石油製品価格の標準額告示	1975.12.1
アラブ首脳会議開催	1973.11.26	IEA、輸入石油最低保証価格等で合意	1975.12.19
米、ガソリン割当制実施	1973.11.27	ベネズエラ、石油産業国有化	1976.1.1
サウジアラビアがアラムコへの事業参加を通告	1973.11.28	英、国営石油会社設立	1976.1.1
灯油小売価格の上限価格を設定	1973.11.28	バーレーン、国営石油会社設立	1976.2.23
国際石油産業環境保全連盟設立	1973.11月	石油製品販売価格の標準撤廃	1976.5.13
OAPEC閣僚会議開催	1973.12.8	アメリカ上院、大手石油企業分割法案可決	1976.6.15
イランの原油入札	1973.12.11	モービル・コーポレーションと改称	1976.6.18
資源エネルギー庁臨時石油対策本部発足	1973.12.17	秋田県でガス田発見	1976.6月
国民生活安定緊急措置法など公布	1973.12.22	原油価格統制撤廃法案成立へ	1976.8月
OPEC閣僚会議開催	1973.12.23	カタールがQPC100%事業参加	1976.9.16
OAPEC、友好国への削減緩和	1973.12.24	OPEC第48回総会開催	1976.12.15
クウェート、KOC参加協定調印	1974.1.29	フランス、国営石油会社設立	1976 (この年)
カイロにパイプライン会社設立	1974.1.30	メキシコ、カンペチェ湾油田群発見	1976 (この年)
日韓大陸棚協定調印	1974.1.30	イギリス、エクソン・シェルと北海油田利権参加へ	1977.1.5
リビア、米系石油会社3社を完全国有化	1974.2.11	スメド・パイプライン開通	1977.2.25
石油消費国会議開催	1974.2.11	新西日本石油開発設立	1977.3月
公取委、石油元売と石油連盟を独禁法違反で告発	1974.2.15	サウジ・アブカイク油田で火災事故	1977.5.11
		イランなどが原油価格引き上げを撤回	1977.6.29
		サウジアラビア、UAEが原油価格値上げ	1977.7.3
		ISO石油製品国内委員会発足	1977.7月
		クウェート、アミノイルを国有化	1977.9.19
		エネルギー政策12原則採択	1977.10.5

せきゆ　事項名索引

OPEC第50回総会開催	1977.10.20
サウジ・アブカイク油田で爆発事故	1978.4.15
石油税法施行	1978.6.1
クウェート・ブルガン油田で火災	1978.6.23
石油公団と改称	1978.6.27
OPEC第52回総会開催	1978.12.16
イラン原油の輸出全面停止	1978.12.26
BPが原油供給削減を通告	1978.12.30
アメリカ、国民に石油節約呼びかけ	1979.1.3
国民にエネルギー節約を求める方針	1979.1.17
原油値上げ相次ぐ	1979.2.15
イラン、コンソーシアムとの契約を破棄	1979.2月
第2次オイルショックが発生	1979.2月
IEA理事会、石油消費節約実施を決定	1979.3.2
イラン、原油輸出再開	1979.3.5
イラン新政府、対日長期輸出契約を締結	1979.3.14
OPEC第53回臨時総会開催	1979.3.26
エッソがゼネラルの株式を取得	1979.5.24
OPEC第54回総会開催	1979.6.26
サミットで原油輸入目標を設定	1979.6.29
メキシコ原油取引で合意成立	1979.8.13
ナイジェリアがBP資産国有化	1979.8月
関西石油を合併	1979.10.1
アメリカ、イランからの原油輸入停止	1979.11.13
ガルフ、原油供給停止	1979.11.13
メキシコ石油輸入設立	1979.11.19
各国別の石油輸入量上限目標設定	1979.12.10
湾岸3ヶ国が原油価格引き上げ	1979.12.12
東亜共石の経営譲渡を了承	1979.12.13
知多石油発足	1979.12.25
カザフ・テンギス油田発見	1979（この年）
石油消費節約対策強化を決定	1980.1.11
サウジアラビア原油値上げ	1980.1.28
クウェート、国営石油会社を新設	1980.1月
埋北油田の開発協力	1980.2.8
日中石油開発、埋北石油開発設立	1980.4.24
日韓大陸棚石油共同開発事業初試掘	1980.5.6
サウジアラビア原油値上げ	1980.5.14
IEA閣僚理事会開催	1980.5.21
日中石油開発プロジェクト調印	1980.5.29
OPEC第57回総会開催	1980.6.9
出光が沖石精の株式を取得	1980.6.16
大協とアジア石油資本提携合意	1980.6月
OPEC第58回臨時総会開催	1980.9.17
イラン・イラク戦争が勃発	1980.9.22
石油業界禁法違反事件判決	1980.9.26
OPEC諸国が減産を表明	1980.9月
IEA、市場混乱予防措置で合意	1980.10.1
ゼネラル石油が関係2社を吸収	1980.10.1
サウジアラビア等4ヶ国、原油増産を決定	1980.10.10
イラクが原油輸出再開	1980.11.30
OPEC第59回総会開催	1980.12.15
サウジアラビア、アラムコを国有化	1980（この年）
アメリカ、原油価格統制撤廃	1981.1.28
OPEC第60回総会開催	1981.5.25
阿賀沖油ガス田試掘成功	1981.5月
石油製品減産指導	1981.7.1
アラビア半島横断パイプライン開通	1981.7月
石油情報センター発足	1981.8.10
サウジアラビアが減産を発表	1981.8.21
アジア石油の持株生産で合意	1981.9.30
OPEC第61回臨時総会開催	1981.10.19
国際石油交流センター設立	1981.11.10
三井物産石油設立	1982.1.1
カナダ石油掘削基地が倒壊	1982.2.15
中国海洋石油総公司設立	1982.2月
エッソ石油に改称	1982.3.1
OPEC第63回総会開催	1982.3.19
鹿島製油所で爆発事故	1982.3.31
精製設備能力の縮小方針を答申	1982.5.25
イラクが全占領地から撤退	1982.6.10
OPEC第65回臨時総会開催	1982.7.10
原油の回収技術研究	1982.9月
OPEC第66回総会開催	1982.12.19
BNOC、原油価格値下げを発表	1983.2.18
ナイジェリアが原油値下げ発表	1983.2.19
イラクがイランの油田爆撃	1983.3.2
OPEC第67回臨時総会開催	1983.3.3
サウジにヤンブー製油所完成	1983.3月
軽質留分新用途開発技術研究組合発足	1983.4.21
知多石油が設備を譲渡	1983.7.1
中国沖で石油掘削船沈没	1983.10.28
テキサコ、ゲッティの買収に基本合意	1984.1.6
石油元売独禁法違反で最高裁判決	1984.2.24
ソーカルがガルフの買収に合意	1984.3.5
モービルがスーペリアの買収に合意	1984.3.11
マラソンがハスキーを買収	1984.3.29
コスモ石油設立	1984.4.1
三菱グループがゲッティから株式買収	1984.5.11
シェブロンと改称	1984.7.1
イラクがパイプライン増強	1984.7月
ブラジル石油採掘基地で炎上	1984.8.16
BNOCが価格引き下げ	1984.10.17
石油業界再編	1984（この年）
昭和シェル石油発足	1985.1.1
OPEC第73回総会開催	1985.1.28
BNOC解体民営化へ	1985.3.13
アメリカ、クック湾産原油輸出解禁	1985.10.28
サウジアラビアがネットバック価格方式採用	1985.10月
ペンゾイル訴訟で損害賠償命令	1985.11月
OPEC第76回総会開催	1985.12.8
サウジ、ネットバック価格方式適用拡大	1986.2月
サウジ石油相解任	1986.10.29
OPEC第80回総会開催	1986.12.11
原油スポット価格低下	1986（この年）
イランがアメリカのタンカーを攻撃	1987.10.15
米軍、イランへ報復攻撃	1988.4.18
ドバイ原油のスポット価格暴落	1988.10.3
サウジ・アラムコ設立	1988.11.8
米・アラスカ州沖でタンカー座礁により原油流出	1989.3.24
メキシコ湾でタンカー炎上・原油流出	1990.6.9
KPCが本社を移転	1990.8.8
OPEC閣僚監視委員会開催	1990.8.29
北海ブレント原油が高騰	1990.9.24
IEA、湾岸戦争対応計画決定	1991.1.11

- 418 -

湾岸戦争がはじまる	1991.1.17	リビアがBP資産の50%を国有化	1971.12.8
アメリカ、イラクに最後通告	1991.2.22	イラク、国営石油会社INOCを設立	1972.6.1
産油国・消費国合同会議開催	1991.5.29	イラクの国有化保障問題解決	1973.2.28
クウェート油井火災鎮火	1991.11.6	リビアが石油会社を国有化	1973.8.11
ロシア石油精製工場で爆発事故	1992.9.22	イラク、ロイヤルダッチ社の利権を国有化	
OPEC第92回総会開催	1992.11.25		1973.10.21
シェブロン、カザフと合弁契約締結	1993.4.6	リビア、米系石油会社3社を完全国有化	1974.2.11
サウジアラビア、石油会社2社を統合	1993.6.14	カタール、総合石油会社設立	1974.8.1
アゼルバイジャン、カスピ海沖油田開発契		サウジアラビアがアラムコと完全国有化交	
約締結	1993.10.24	渉	1974.12.9
ナイジェリアで石油労働者スト	1994.7.4	ベネズエラ、石油産業国有法公布	1975.8.29
BPとモービルが業務統合計画	1996.2.29	クウェート、KOCへ事業参加	1975.12.1
ヴァルディーズ号原油流出事故で、賠償支		ベネズエラ、石油産業国有化	1976.1.1
払い命令	1996.9.20	クウェート、アミノイルを国有化	1977.9.19
イラク産石油の禁輸が限定解除	1996.11.25	ナイジェリアがBP資産国有化	1979.8月
イラクが原油輸出再開	1996.12.10	サウジアラビア、アラムコを国有化	1980（この年）
米連邦取引委、3社の事業統合を承認	1997.12.20	**石油産業国有化法（イラン）**	
ドバイ原油価格下落	1998.3.17	イランが石油産業を国有化	1951.4.28
リヤドで3ヶ国減産会議	1998.3.22	**石油産業国有法（ベネズエラ）**	
中国、2社を設立で石油産業再編	1998.7.27	ベネズエラ、石油産業国有法公布	1975.8.29
BPとアモコが合併合意	1998.8.11	ベネズエラ、石油産業国有化	1976.1.1
エクソンとモービルが合併に合意	1998.12.1	**石油試掘奨励金公布規則**	
トタルがペトロフィナ吸収合併	1998.12.1	石油試掘奨励金公布規則施行	1927.8月
BPアモコとアルコが合併を発表	1999.4.1	**石油資源開発**	
テキサコとシェブロンの合併交渉決裂	1999.6.2	北スマトラ油田開発協定締結	1960.4.7
トタル・フィナ発足	1999.6月	石油開発公団設立	1967.10.2
サハリン2生産開始	1999.7.8	石油資源開発発足	1970.4月
ドバイ原油価格持ち直し	1999.8.20	新潟県でガス田発見	1973.3月
トタル・フィナとエルフが合併合意	1999.9.13	秋田県でガス田発見	1976.6月
エクソン・モービル正式発足	1999.11.30	鹿児島県で地熱開発調査を開始	1977.7月
日本、サウジアラビア政府間交渉決裂	2000.1.16	新潟県でガス田発見	1978.9月
カスピ海沖油田、共同発掘で合意	2000.7.4	九州山川地域の地熱開発で協定締結	1988.10月
日露、パイプラインを共同推進	2003.1.10	石油資源開発、シェールオイルを採取	2012.10.3
アメリカがイラク攻撃の意思強める	2003.2.6	**石油資源開発促進審議会（PEAC）**	
イラク攻撃に慎重な各国	2003.2月	石油資源開発促進審議会設立	1949.5.17
アメリカがイラクに最後通告	2003.3.17	石油および可燃性天然ガス資源開発法公布	
米英がイラク攻撃開始	2003.3.19		1952.5.31
フセイン政権崩壊	2003.4.7	PEAC、天然ガス開発について建議	1975.12月
イラク戦争終結を宣言	2003.5.1	**石油資源開発法**	
アザデガン油田、交渉難航	2003.7月	石油資源開発法施行	1938.8月
アザデガン油田の開発契約で合意	2004.2.19	**石油資源開発（JAPEX）**	
サハリン2の経営権問題で合意	2006.12.21	石油資源開発設立	1955.8.9
石油産業海事協議会		石油資源開発設立	1955.12.1
石油産業海事協議会設立	1971.6.28	**石油資源探鉱促進臨時促進法**	
石油産業国有化		石油資源探鉱促進臨時促進法を公布	1954（この年）
アルゼンチンが石油国有化	1934（この年）	**石油需給適正化法**	
メキシコが国内外資系企業を国有化	1938.3.18	国民生活安定緊急措置法など公布	1973.12.22
メキシコが石油国有化	1938.6.7	政府、緊急事態宣言を解除	1974.8.31
イランが石油産業を国有化	1951.4.28	**石油商事協会**	
イランが英石油会社国有化を命令	1951.5.2	石油産業海事協議会設立	1971.6.28
イラン石油国有化問題提訴を却下	1952.7.22	**石油消費規制**	
イギリス・イラン国交断絶	1952.10月	第1次石油消費規制を実施	1937.11月
ブラジルが石油産業国有化	1953.10.3	第2次石油消費規制を実施	1938.5月
イラン・コンソーシアム協定調印	1954.8.19	第3次石油消費規制を実施	1941.9月
インドネシア、プルミナを国有化	1958.2月	**石油消費国会議**	
インドネシアがプルミンドを国有化	1961.1月	石油消費国会議開催	1974.2.11
リビアがメジャーズ4社を国有化	1970.6月	**石油情報センター**	
アルジェリアが外資石油会社資産の半分を		石油情報センター発足	1981.8.10
国有化	1971.2.24		

せきゆ　　　　　　　　　　　　事項名索引　　　　　　　　資源・エネルギー史事典

石油審議会
　石油審議会発足　　　　　　　　　　　　1962.7.10
　東亜共石の経営譲渡を了承　　　　　　　1979.12.13
　LPガスの備蓄義務づけを答申　　　　　　1980.1.21
　精製設備能力の縮小方針を答申　　　　　1982.5.25
石油生産調整
　出光、石油連盟脱退　　　　　　　　　　1963.11.12
　通商産業省が石油各社に生産調整を指示　1964.1.25
　通商産業省が石油生産調整の廃止表明　　1966.9.2
石油精製業協議会
　石油精製業者8ブロックに統合　　　　　　1942.8月
石油精製業連合会
　石油精製業連合会を設立　　　　　　　　1945.12.20
石油精製懇話会
　石油精製懇話会発足　　　　　　　　　　1950.3.3
　石油連盟創立　　　　　　　　　　　　　1955.11.1
石油税法
　石油税法施行　　　　　　　　　　　　　1978.6.1
石油対策
　石油緊急対策決定　　　　　　　　　　　1973.10.18
石油代替エネルギー
　石油代替エネルギー開発計画を発表　　　1979.9.4
　石油代替エネルギー部会開催　　　　　　1984.8.30
　石油代替エネルギー供給目標改定　　　　1987.10.16
　新エネルギー導入に関する中間報告発表　1990.6.5
　石油代替エネルギーの供給目標決定　　　1990.10.30
　エネルギー需給構造関係法律の整備　　　1993.3.31
　石油代替エネルギーの供給目標を閣議決定
　　　　　　　　　　　　　　　　　　　　1994.9.1
石油代替エネルギー供給目標
　石油代替エネルギー供給目標を決定　　　1980.11.28
　石油代替エネルギー供給目標を閣議決定　1982.4.23
　石油代替エネルギー供給目標を決定　　　1983.11.18
石油代替エネルギー部会
　石油代替エネルギー部会開催　　　　　　1982.8.23
　石油代替エネルギー部会開催　　　　　　1984.8.30
石油代替エネルギー法
　石油代替エネルギー法を公布　　　　　　1980.5.30
石油炭鉱協定
　エジプト・ソ連石油炭鉱協定　　　　　　1969.5.9
石油超過利潤税法
　アメリカ、石油超過利潤税法案成立　　　1980.3.27
石油統制要綱
　石油業法、石油専売法などを廃止　　　　1945.12.20
石油特別会計法
　エネルギー需給構造関係法律の整備　　　1993.3.31
石油配給切符制
　第2次石油消費規制を実施　　　　　　　　1938.5月
石油配給公団
　石油配給公団設立　　　　　　　　　　　1947.6.2
石油配給統制株式会社
　石油配給統制要綱制定を施行　　　　　　1945.12月
　GHQが石油の一元的取扱機関を指定　　　1946.5.13
　GHQが石油配給公団設立を指令　　　　　1946.10.25
　石油配給統制株式会社が解散　　　　　　1947.5.31

石油パイプライン
　ペンシルベニア州で石油パイプライン敷設
　　　　　　　　　　　　　　　　　　　　1865.10.10
　石油パイプライン設立　　　　　　　　　1970.10.2
　イラクのパイプライン稼働開始　　　　　1989.9.18
石油パイプライン事業法
　石油パイプライン事業法改正　　　　　　1972.6.16
石油販売協定
　石油販売協定により、ガソリン値上げが決
　　定　　　　　　　　　　　　　　　　　1929.6月
石油販売取締法規則
　第3次石油消費規制を実施　　　　　　　　1941.9月
石油備蓄
　OECDが石油備蓄を勧告　　　　　　　　　1971.6月
　青森市石油貯蔵基地で悪臭被害　　　　　1971.8月
　国際エネルギー機関設立　　　　　　　　1974.11.18
　石油60日備蓄達成　　　　　　　　　　　1975.3月
　米、エネルギー政策節約法成立　　　　　1975.12.22
　石油貯蔵用タンク沈下　　　　　　　　　1975（この頃）
　アメリカ、石油備蓄構想を発表　　　　　1976.6.15
　新潟石油共同備蓄発足　　　　　　　　　1977.2.24
　日本タンカー石油備蓄協会発足　　　　　1978.2.10
　石油公団、タンカー備蓄開始　　　　　　1978.10月
　アメリカ、石油備蓄計画を下方修正　　　1979.1.22
　北海道石油共同備蓄設立　　　　　　　　1979.3.14
　むつ小川原石油備蓄設立　　　　　　　　1979.12.20
　苫小牧東部石油備蓄設立　　　　　　　　1981.2.27
　民間石油備蓄90日分達成　　　　　　　　1981.3月
　白鳥石油備蓄設立　　　　　　　　　　　1981.6.8
　石油備蓄法改正施行　　　　　　　　　　1981.7.1
　福井石油備蓄設立　　　　　　　　　　　1982.1.29
　上五島石油備蓄設立　　　　　　　　　　1982.2.4
　秋田石油備蓄設立　　　　　　　　　　　1982.3.11
　志布志石油備蓄設立　　　　　　　　　　1984.9.17
　IEA、緊急時協調対応計画を採択　　　　1991.1月
　アメリカ、エネルギー税を構想　　　　　1993.2.18
石油備蓄法
　石油備蓄法施行　　　　　　　　　　　　1976.4.26
　石油備蓄法改正施行　　　　　　　　　　1981.7.1
石油法（ベネズエラ）
　ベネズエラ石油利益の50-50配分原則で合意
　　　　　　　　　　　　　　　　　　　　1943（この年）
石油法（メキシコ）
　メキシコ石油法改正　　　　　　　　　　1928.1.10
石油法（リビア）
　リビア石油法制定　　　　　　　　　　　1955（この年）
石油元売懇話会
　石油元売懇話会設立　　　　　　　　　　1954.2.5
　石油連盟創立　　　　　　　　　　　　　1955.11.1
石油輸出国機構（OPEC）
　第1回アラブ石油会議を開催　　　　　　　1959.4月
　石油輸出国機構（OPEC）を設立　　　　　1960.9.14
　OPEC第3回総会開催　　　　　　　　　　　1961.1.15
　OPEC第4回総会開催　　　　　　　　　　　1962.4.5
　OPECにリビアとインドネシア加盟　　　　1962.6.4
　OPECとメジャーが一括交渉　　　　　　　1963（この年）
　OPEC第7回総会を開催　　　　　　　　　　1964.11.28
　OPEC第9回総会を開催　　　　　　　　　　1965（この年）

- 420 -

ベネズエラで第1回国営石油会社会議が開催される	1966.10月
OPEC第12回総会開催	1966.12.4
OPEC第14回総会開催	1967.11.27
OPEC第16回総会開催	1968.6.24
OPEC第15回総会を開催	1968(この年)
OPEC第18回総会開催	1969.7.8
OPEC第21回総会開催	1970.12.9
OPEC第22回総会開催	1971.2.3
OPEC第24回総会開催	1971.7.12
ジュネーヴ協定締結	1972.1.20
リヤド協定調印	1972.12.20
OPEC新ジュネーヴ協定締結	1973.6.2
エクアドルがOPEC加盟	1973.11.19
OPEC閣僚会議開催	1973.12.23
OPEC第39回総会開催	1974.4.9
OPEC第40回総会開催	1974.6.15
OPEC第41回総会開催	1974.9.12
OPEC第42回総会開催	1974.12.12
OPEC、消費国合同会議へ	1975.1.13
石油価格の物価スライド制導入	1975.3.3
OPEC第44回総会開催	1975.6.9
OPEC第45回総会開催	1975.9.24
OPECが途上国援助基金を設立	1975.11.18
OPEC第48回総会開催	1976.12.15
OPEC、原油価格値上げ実施決議を採択	1976.12.17
エネルギーのOPEC離れ	1977.1.2
OPEC蔵相会議開催	1977.2.28
イランなどが原油価格引き上げを撤回	1977.6.29
OPEC第50回総会開催	1977.10.20
OPEC第1回セミナー開催	1977.10月
OPEC第52回総会開催	1978.12.16
第2次オイルショックが発生	1979.2月
OPEC第53回臨時総会開催	1979.3.26
OPEC第54回総会開催	1979.6.26
OPEC第57回総会開催	1980.6.9
OPEC第58回臨時総会開催	1980.9.17
OPEC諸国が減産を表明	1980.9月
OPEC第59回総会開催	1980.12.15
OPEC第60回総会開催	1981.5.25
OPEC第61回臨時総会開催	1981.10.19
OPEC第62回総会開催	1981.12.9
OPEC第63回総会開催	1982.3.19
OPEC第65回臨時総会開催	1982.7.10
OPEC第66回総会開催	1982.12.19
ナイジェリアが原油値下げ発表	1983.2.19
OPEC第67回臨時総会開催	1983.3.3
OPEC第68回総会開催	1983.7.18
OPEC第73回総会開催	1985.1.28
OPEC第76回総会開催	1985.12.8
OPEC第80回総会開催	1986.12.11
OPEC第92回総会開催	1992.11.25
OPEC臨時総会協調減産で合意	1998.3.30
「ガス輸出国フォーラム」正式発足	2008.12.23

石油輸入管理局規制
アメリカ、石油輸入割当制へ	1959.3.10

石油類専売法(満州)
満州国で石油専売制を実施	1935.4月

石油連盟
石油連盟創立	1955.11.1
出光、石油連盟脱退	1963.11.12
九石が石油連盟に加盟	1966.7.11
公取委、石油元売と石油連盟を独禁法違反で告発	1974.2.15
石油連盟・石油元売を独禁法違反で起訴	1974.5.28
石油業界独禁法違反事件判決	1980.9.26

セグレ, エミリオ・ジノ
チェンバレンとセグレが反陽子を発見	1955(この年)

セシウム
ブンゼンとキルヒホッフ、セシウムを発見	1860(この年)

セシウム137
浜岡原発で放射能漏れ	1990.10.9

絶縁体
グレイ、電気伝導を発見	1729(この年)
エピヌス、『電気磁気試論』刊	1759(この年)
斎藤英治ら、絶縁体に電気信号を流す	2010.3.11

摂氏温度目盛
セルシウス、摂氏温度目盛を作成	1742(この年)

接触分解装置
アメリカで接触分解装置を工業化	1936.6.6

絶対温度
ケルヴィン、絶対温度を提唱	1848(この年)

絶対測定電流力計
ウェーバー、絶対測定電流力計を考案	1843(この頃)

絶対単位系
ガウス、絶対単位系を提唱	1832(この年)

絶対零度
ゲイ＝リュサック、シャルルの法則を発表	1802(この年)
ネルンスト、熱力学の第3法則を発見	1906(この年)

瀬戸内海環境保全特別措置法
瀬戸内海環境保全特別措置法公布	1978.6.13
瀬戸内海環境保全特別措置法施行	1994.7.8

瀬戸内海環境保全臨時措置法
瀬戸内海環境保全臨時措置法公布	1973.10.2
瀬戸内海環境保全特別措置法公布	1978.6.13

セドリック
ターボチャージャー付量産車を発売	1979(この年)

ゼネラル・エレクトリック(GE)
ウェスティングハウス、ウェスティングハウス社を設立	1886(この年)
エジソン・ゼネラル・エレクトリック社設立	1889(この年)
GEが誕生	1892(この年)
スタインメッツがGEに入社	1893(この年)
日本初の電気鉄道が開通	1895.2.1
幸町火力発電所建設	1896.9月
大阪電灯、60サイクル発電機を採用	1897(この年)
キャリア、空調装置を発明	1902(この年)
GE、タングステン電球を発表	1910(この年)
蛍光灯を発表	1938(この年)

せねら　　　　　　　　　事項名索引　　　　　　　資源・エネルギー史事典

　　ハイブリッド型ステッピングモーターを発
　　　明　　　　　　　　　　　　　1952（この年）
　　GE，サイリスタを発明　　　1957（この年）
　　ドレスデン原子力発電所1号機が営業運転
　　　開始　　　　　　　　　　　　　1960.7.4
　　NASAが燃料電池を採用　　　1965（この年）
　　核燃料加工会社日本ニュクリア・フュエル
　　　の設置許可　　　　　　　　　　1967.4.20
　　新型BWR開発計画調印　　　　　1981.7.15
　　原研，トカマク炉で世界最高のベータ値達
　　　成　　　　　　　　　　　　　　1982.9.22
　　石川島，川崎重がGEと共同開発　1995（この年）
　　小型機用エンジンの開発開始　　　1996.4月
　　グローバル・ニュークリア・フュエル社設
　　　立　　　　　　　　　　　　　　2000.1.1
　　ホンダ，航空エンジンに参入　　2004（この年）
　　日立とGEは，原子力事業提携で合意　2006.11.13
ゼネラル瓦斯
　　ゼネラル石油が関係2社を吸収　　　1980.10.1
ゼネラル石油
　　ゼネラル石油設立　　　　　　　　1958.11.4
　　ゼネラル石油川崎製油所完成　　　1960.11.28
　　エッソがゼネラルの株式を取得　　　1979.5.24
　　ゼネラル石油が関係2社を吸収　　　1980.10.1
　　石油業界再編　　　　　　　　　1984（この年）
ゼネラル石油堺製油所
　　ゼネラル石油堺製油所完成　　　　　1965.7.1
ゼネラル石油川崎製油所
　　ゼネラル石油川崎製油所完成　　　1960.11.28
ゼネラル石油精製
　　ゼネラル石油が関係2社を吸収　　　1980.10.1
ゼネラル石油精製堺製油所
　　日鋼など製油所完成　　　　　　　1969.10.1
ゼネラル物産
　　ゼネラル物産設立　　　　　　　　1947.7.26
　　ゼネラル石油設立　　　　　　　　1958.11.4
ゼネラル・モーターズ（GM）
　　ネオジム磁石を発明　　　　　　1983（この年）
　　トヨタがGMと提携　　　　　　　1999.4.19
　　トヨタ，燃料電池車共同開発　　　　2001.1.8
　　GM，ハイワイヤーを発表　　　2002（この年）
ゼーベック，トマス・ヨハン
　　ゼーベック，ゼーベック効果を発見　1822（この年）
　　物理学者のゼーベックが没する　　　1831.12.10
ゼーベック効果
　　ゼーベック，ゼーベック効果を発見　1822（この年）
　　物理学者のゼーベックが没する　　　1831.12.10
ゼーマン，ピーター
　　ゼーマン，ゼーマン効果を発見　　1896（この年）
ゼーマン効果
　　ゼーマン，ゼーマン効果を発見　　1896（この年）
　　ローレンツ，ゼーマン効果を荷電粒子の比
　　　電荷の計算に利用　　　　　　1896（この年）
ゼーマン線
　　海野和三郎，「Unnoの式」を導く　1955（この年）
セミパラチンスク核実験場
　　ソ連，セミパラチンスク核実験場で原爆実
　　　験　　　　　　　　　　　　　　1949.8.29

セラフィールド核燃料再処理工場
　　英セラフィールド核燃料再処理工場で，高
　　　放射性廃溶媒が漏出　　　　　　1983.11.11
　　英セラフィールド再処理施設で，プルトニ
　　　ウム漏洩事故　　　　　　　　　1992.9.8
セラミックターボチャージャー
　　セラミックターボを商品化　　　1985（この年）
セランディア号
　　セランディア号が就航　　　　　1912（この年）
セリア油田ルトン製油所
　　南方油田占領作戦を展開　　　　1941（この年）
セリウム
　　ベルツェリウスとヒシンガー，セリウムを
　　　発見　　　　　　　　　　　　1803（この年）
セルシウス，アンデルス
　　セルシウス，摂氏温度目盛を作成　1742（この年）
セルメーズ製糖工場（フランス）
　　世界初の水力発電が開始　　　　1878（この年）
セレン
　　アダムスら，セレン光起電力効果を発見
　　　　　　　　　　　　　　　　　1876（この年）
セロプリエト発電所（メキシコ）
　　地熱発電設備輸出第1号　　　　　1969.11月
　　三菱重工業製発電設備出荷　　　　1981.7月
尖閣諸島
　　尖閣諸島領有権論争再発　　　　　1990.10月
漸近的自由性
　　漸近的自由性の発見　　　　　　1973（この年）
全国漁業協同組合連合会
　　全漁連の重油輸入を許可　　　　　1959.2.5
全国地熱基礎調査
　　全国地熱基礎調査開始　　　　　　1973.4月
　　全国地熱基礎調査地域で精密調査開始　1974.12月
全国地熱資源開発利用促進協議会
　　全国地熱資源開発利用促進協議会発足　1974.8月
全国石油行政監督局
　　メキシコ産油制限令公布　　　　　1925.12.29
戦時石油産業諮問委員会（PIWC）
　　アメリカがPIWC創設　　　　　　1941.12.8
セントラコ廃棄物処理・調整プラント（フランス）
　　フランスの廃棄物処理施設で爆発事故　2011.9.12
全日本空輸（ANA）
　　全日空，国産ジェットエンジン不採用　1988.12月
潜熱
　　ブラック，比熱と潜熱を定義　　1760（この頃）
仙北鉄道
　　蒸気機関車で発電　　　　　　　　1952.10月
ゼンメリング，ザムエル・トマス・フォン
　　ゼンメリング，電信機を発明　　1809（この年）
戦略攻撃戦力削減条約
　　米露，モスクワ条約に調印　　　　2002.5.24
戦略石油備蓄構想（SPR構想）
　　アメリカ，石油備蓄構想を発表　　　1976.6.15

- 422 -

【そ】

総合エネルギー対策閣僚会議
 総合エネルギー政策の基本方向を決定　1975.12.19
総合エネルギー対策推進閣僚会議
 総合エネルギー対策推進閣僚会議設置　1977.2.15
 総合エネルギー調査会基本問題懇談会報告
           1978.10.25
  エネルギー対策を決定　1979.6.15
  石油消費節減対策強化を決定　1980.1.11
  石油代替エネルギー供給目標を閣議決定　1982.4.23
  石油代替エネルギー供給目標改定　1987.10.16
総合エネルギー調査会
 総合エネルギー調査会、エネルギー安定化
  政策を答申　1975.8.15
 総合エネルギー調査会需給部会、中間報告
           1979.8.31
  新エネルギー導入に関する中間報告発表　1990.6.5
 産業構造審議会、総合エ調査会等合同会議
           1992.11.25
  通産省、プルサーマル計画推進　1997.1.14
総合エネルギー調査会基本問題懇談会
 総合エネルギー調査会基本問題懇談会、中
  間報告　1977.8.31
 総合エネルギー調査会基本問題懇談会報告
           1978.10.25
 総合エネルギー調査会基本問題懇談会開催　1983.4.6
総合エネルギー調査会需給部会
 長期エネルギー需給見通しを答申　1982.4.21
 長期エネルギー需給見通しを策定　1983.11.16
 長期エネルギー需給見通しを発表　1987.10.14
総合エネルギー調査会省エネルギー部会
 総合エネルギー調査会に省エネルギー部会
  設置　1977.6.8
 総合エネルギー調査会省エネルギー部会が
  報告取りまとめ　1977.11.25
総合エネルギー調査会石油代替エネルギー部会
 総合エネルギー調査会、石油代替エネル
  ギー部会設置　1982.4.23
総合エネルギー調査会設置法
 総合エネルギー調査会設置法を公布　1965.6.28
総合科学技術会議
 国家基幹技術に、高速増殖炉技術が指定　2006.3.22
総合資源エネルギー調査会原子力部会
 「原子力立国計画」策定　2006.8.8
総合石油会社（GGPC）
 カタール、総合石油会社設立　1974.8.1
相対運動
 マイケルソンとモーリー、地球とエーテル
  との相対運動に関する実験を実施　1881（この年）
相対性理論
 アインシュタイン、一般相対性理論を発表
           1915（この年）
増熱水性ガス
 ドノヴァン、照明用ガスを製造　1830（この年）

総熱量不変の法則
 ヘス、総熱量不変の法則を発表　1840（この年）
相律
 ギブズ、相律を確立　1874（この年）
総理府
 公益事業委員会を設置　1950.12月
 電源開発促進法を公布　1952.7.31
 原子力関係三法案公布　1955.12.19
総理府設置法
 原子力関係三法案公布　1955.12.19
総量削減基本方針
 自動車排出ガス総量削減方針策定　1993.1.22
速度複式衝動タービン
 カーチス、速度複式衝動タービンを発明
           1896（この年）
ソコニー・バキューム社
 ソコニー・バキューム社設立　1931.7.30
 スタンダード・バキューム石油会社設立　1933.9.7
 アラムコに2社が参加　1947.3.12
 ソコニー・モービル・オイルと改称　1955.4.29
ソコニー・モービル・オイル
 ソコニー・モービル・オイルと改称　1955.4.29
 モービル石油と改称　1966.5.3
ソシュール, オラス・ベネディクト・ド
 ソシュール、ホットボックスを製作　1767（この年）
 ソシュール、『湿度測定についての小論』
  刊　1783（この年）
租税特別措置法
 租税特別措置法改正施行　1984.12.1
ソディ, フレデリック
 ラザフォードとソディー、原子崩壊説を提
  唱　1903（この年）
 J.J.トムソン、原子量を測定　1910（この年）
 ソディら、放射性崩壊の変位法則を発見
           1913（この年）
 ソディ、同位体と命名　1913（この年）
 リチャーズ、鉛の同位体を証明　1913（この年）
ソードフィッシュ号
 原潜ソードフィッシュ号、寄港中の佐世保
  港で異常放射能測定　1968.5.6
ソナトラーチ
 アルジェリアとフランスが石油開発政府間
  協定　1965（この年）
ソナルトラック
 アルジェリアで国営石油会社設立　1963.12.31
園田 直
 イラク原子炉爆撃事件　1981.6.7
ソープ再処理工場（イギリス）
 英再処理工場ソープ、操業開始　1994.1.17
 英セラフィールド・ソープ再処理工場で、
  全処理工程の配管破損　2005.4.20
ソブレロ, アスカーニオ
 ソブレロ、ニトログリセリンを発明　1846（この年）
ソーラーカー
 ホンダ、ソーラーカー・レースで優勝　1993.11.11
ソーラー＝チャレンジャー号
 太陽電池飛行機が英仏海峡横断　1981

― 423 ―

ソーラーハウス
　ソーラーハウス公開　　　　　　　1975.5.28
ソーラー発電塔
　アダムス、ソーラー発電塔を建設　1878(この年)
ソーラーヒーター
　ケンプ、ソーラーヒーターを製作　1891(この年)
ソーラーポンプ
　シューマン、ソーラーポンプ場を建設
　　　　　　　　　　　　　　　　1912(この年)
ゾリタ原子力発電所(スペイン)
　スペイン初の原子力発電所が臨界　1967.5.25
素粒子
　オークンが素粒子を分類してハドロンと命
　名　　　　　　　　　　　　　　1962(この年)
ソルター
　浮遊式可動物体型ドックの発明　　1974(この年)
ソルニエ, レイモン
　ブレリオ、飛行機で初めて英仏海峡を横断
　　　　　　　　　　　　　　　　1909.7.25
ソ連石油公団
　出光、ソ連石油公団と輸入契約　　1959.3月
ゾロアスター
　ノーベル兄弟、タンカーを建造　　1878.1月
ゾンマーフェルト, アルノルト・ヨハネス
　ゾンマーフェルト、スペクトル線の微細構
　造を相対性理論で説明　　　　　　1915(この年)
　ゾンマーフェルトとベーテ、『固体電子論』
　刊　　　　　　　　　　　　　　1933(この年)

【た】

大亜湾原子力発電所(中国)
　中国・広東大亜湾1号機、営業運転開始　1994.2.1
　中国・広東大亜湾原発で冷却水漏れ事故　1994.7.2
　大亜湾原発1号機で放射性物質漏えい　2010.10月
第一開発会社
　第一開発会社、マスジッド・イ・スライマ
　ン油田開発成功　　　　　　　　　1908.5.26
　アングロ・ペルシャン石油設立　　1909.4.4
第1次オイルショック
　第4次中東戦争が勃発　　　　　　1973.10.6
　第1次オイルショックが発生　　　1973.10.16
　OAPEC石油戦略発動　　　　　　1973.10.17
　OAPEC、イスラエル支持国への石油禁輸
　を決定　　　　　　　　　　　　　1973.10.20
　アラブ諸国、日本を中間国と表明　1973.10.26
　サウジアラビア、対日強硬声明を発表　1973.11.6
　石油緊急対策要綱を発表　　　　　1973.11.16
　アラブ首脳会議開催　　　　　　　1973.11.26
　灯油小売価格の上限価格を設定　　1973.11.28
　OAPEC閣僚会議開催　　　　　　1973.12.8
　イランの原油入札　　　　　　　　1973.12.11
　資源エネルギー庁臨時石油対策本部発足
　　　　　　　　　　　　　　　　1973.12.17
　国民生活安定緊急措置法など公布　1973.12.22
　OPEC閣僚会議開催　　　　　　　1973.12.23

OAPEC、友好国への削減緩和　　1973.12.24
OAPEC対米禁輸を解除　　　　　1974.3.18
大英協会
　電気単位に関する委員会設立　　　1861(この年)
対応原理
　ボーア、対応原理を提唱　　　　　1918(この年)
ダイオード
　C.F.ブラウン、電波の検出に鉱石検波器を
　用いる　　　　　　　　　　　　　1901(この年)
大岳地域
　大分県で発電プラントに成功　　　1977.12月
大気圧エンジン
　パルサンチら、大気圧エンジンを製作
　　　　　　　　　　　　　　　　1856(この年)
　オットー、大気圧エンジンを実用化　1863(この年)
　マルクス、第1マルクスカー製作　1864(この年)
　オットーのエンジンが、パリ万博で金賞を
　受賞　　　　　　　　　　　　　　1867(この年)
大気汚染
　大阪でばい煙防止研究会が発足　　1911(この年)
　大阪府、煤煙防止令草案を作成　　1912(この年)
　浅野セメントで新型電気集塵装置設置
　　　　　　　　　　　　　　　　1916(この年)
　大阪府、工場取締規定を制定　　　1920(この年)
　初の煤煙防止規則公布　　　　　　1932.6.3
　東京でスモッグが頻繁に発生　　　1955.1.17
　東京都に煤煙防止条例が制定される　1955.10.1
　四日市第一コンビナートが完成　　1960(この年)
　煤煙排出規制法を公布　　　　　　1962.6.2
　東京でスモッグ発生　　　　　　　1963(この年)
　首都圏で光化学スモッグが発生　　1970.7.18
　道路交通法に公害規定追加　　　　1970.12月
　日本版マスキー法が実施される　　1978.4月
　二酸化窒素の大気環境基準の改定　1978.7月
　MTBEが利用され始める　　　　　1979(この頃)
　倉敷公害で提訴　　　　　　　　　1983.11.9
　公害健康被害補償法の一部改正　　1989.9月
　ノールドベイク宣言を提言　　　　1989.11月
　アメリカ、MTBEの使用を義務づけ　1995(この年)
　カリフォルニア州の地下水源からMTBE
　が検出される　　　　　　　　　　1996(この年)
　内燃機関燃料として、バイオエタノールが
　普及　　　　　　　　　　　　　　2005.4.11
大気汚染規制法(アメリカ)
　アメリカで大気汚染規制法が制定　1966.10.15
大気汚染防止法
　大気汚染防止法制定　　　　　　　1968.6.10
　大気汚染防止法規制対象に鉛が追加　1970.5.30
　大気汚染防止法施行令改正　　　　1971.12.25
　大気汚染防止法施行令改正　　　　1972.11.30
　排煙脱硫装置が開発　　　　　　　1973(この年)
　大気汚染防止法一部改正　　　　　1974.6.1
　大気汚染防止法施行令の改正　　　1981.6.2
　大気汚染防止法施行規則の一部改正　1981.9.30
　大気汚染防止法施行規則の一部改正　1982.5.28
　大気汚染防止法施行令の一部改正　1985.6.6
　大気汚染防止法施行令の一部改正　1987.10.30
　大気汚染防止法施行令の一部改正　1990.11.2

大気汚染防止法（アメリカ）	
アメリカで大気汚染防止法案可決	1970.9.22

大気汚染防止法及び水質汚濁防止法の一部を改正する法律

公害無過失責任規定導入	1972.6.22

大協石油

大協石油設立	1939.9.4
石油精製業者8ブロックに統合	1942.8月
日本国内の製油所被爆	1945.3月
3社石油元売り業者に追加指定	1949.8.1
アブダビ石油設立	1968.1.17
大協とアジア石油資本提携合意	1980.6月
アジア石油の持株生産で合意	1981.9.30
コスモ石油設立	1984.4.1
石油業界再編	1984（この年）

大協石油午起製油所

大協午起製油所完成	1963.3.23

大協石油四日市製油所

太平洋岸各製油所操業再開	1950.1月
大協石油四日市製油所爆発	1954.10.15

大慶油田

大慶油田発見	1959.9.26

大港油田

中国・大港油田で出油	1964.12.20

第五福竜丸

ビキニ被曝の第五福竜丸元乗組員が死亡	1961.12.11

対人地雷全面禁止条約

対人地雷全面禁止条約を調印	1997.12.2
地雷禁止国際キャンペーン、ジョディ・ウィリアムズがノーベル平和賞を受賞	1997.12.10

大成建設

波力利用熱回収システム実験	1985（この年）

大西洋横断海底電信

フィールド、大西洋横断海底電信を敷設	1866（この年）

大西洋横断無着陸飛行

オールコックとブラウン、大西洋横断無着陸飛行に成功	1919.6.19

代替エネルギー法

エネルギー需給構造関係法律の整備	1993.3.31

大地帰線

シュタインハイル、大地帰線を考案	1838（この年）

大統一理論

ジョージとグラショウ、「大統一理論」を提唱	1974（この年）

タイド・ウォーター

三菱、タイドウォーターと提携復活	1949.3.31

大同電力

50、60Hz用発電機設置	1923.11.25
ダム水路式が運転開始	1924.12.12
東京電灯と大同電力が電力融通契約	1924（この年）

ダイナマイト

ノーベル、ダイナマイトを開発	1866（この年）

第二海軍燃料廠

四日市に第二海軍燃料廠が完成	1941.2月

第2次オイルショック

イラン原油の輸出全面停止	1978.12.26
BPが原油供給削減を通告	1978.12.30
第2次オイルショックが発生	1979.2月
イラン、原油輸出再開	1979.3.5
イラン新政府、対日長期輸出契約を締結	1979.3.14
省エネルックが話題に	1979.6.6

大日本電気会

大日本電気会と改称	1943.10月
日本電気協会と改称	1947.5月

ダイハツ工業

燃料電池車の開発進む	2002.12月

ダイハツ ミラ EVバン

電気自動車で560km走破	2009.11.17

泰平社

田代虎次郎、泰平社を設立	1882（この年）

太平洋岸製油所

GHQが太平洋岸製油所再開を許可	1949.7.13

太平洋ベースン構想

アメリカ、太平洋ベースン構想発表	1979.6.14

ダイムラー, ゴットリーブ

ダイムラーら、4サイクル高速ガソリンエンジンを製作	1882（この年）
ベンツ、ベンツ・パテント・モトールヴァーゲンを製作	1886（この年）
ダイムラーら、ダイムラー・エンジン会社を設立	1890.11.28

ダイムラー・クライスラー社

水素燃料電池バスが運航開始	2000（この年）

ダイムラー社

ダイムラーら、ダイムラー・エンジン会社を設立	1890.11.28
マイバッハ、メルセデス第1号車を製作	1901
ダイムラー社、自動車用ディーゼル・エンジンの試作に成功	1924（この年）

ダイヤモンドグレース

東京湾沖でタンカー座礁による原油流出	1997.7.2

太陽エネルギー

ムショー、太陽エネルギーで動くモーターを発明	1860（この頃）

太陽光発電

アダムス、ソーラー発電塔を建設	1878（この年）
エリクソン、パラボラトラフを製作	1880（この頃）
ケンプ、ソーラーヒーターを製作	1891（この年）
フランスで太陽炉が完成	1969（この年）
「太陽光発電システムの研究」が開始	1978（この年）
西条太陽光試験発電所建設	1981.9月
六甲アイランドで、系統連系システムが完成	1986（この年）
通産省、太陽光発電関連規制を緩和	1990.6月
京セラ、国内初の系統連系システムを設置	1991（この年）
電力会社、余剰電力買上げを決定	1992.4月
三洋電機、「逆潮流」太陽光発電システムを設置	1992（この年）
太陽光発電フィールドテスト事業開始	1992（この年）
鏡で太陽光線を届ける実験に成功	1993.2.4

太陽発電衛星の基礎実験	1993.2.18
系統連系技術要件ガイドラインが改正	1993.4月
ホンダ、ソーラーカー・レースで優勝	1993.11.11
「ニューサンシャイン計画」開始	1993（この年）
京セラ、住宅用太陽光発電システムを販売	1993（この年）
住宅用太陽光発電システムモニター事業開始	1994.4月
NEDO、産業等用太陽光発電フィールドテスト事業開始	1998.4月
NEDO、「集中連系型太陽光発電システム実証研究」開始	2002（この年）
NEDO、PV2030を策定	2004.6月
NEDO、PV2030＋を策定	2009.6月
NEDO、NEDO PV Challengesを策定	2014.9月

太陽光発電技術研究組合（PVTEC）
太陽光発電技術研究組合設立	1990.11.14

太陽光発電協会（JPEA）
太陽光発電懇話会設立	1987.4.23

太陽光発電懇話会
太陽光発電懇話会設立	1987.4.23

太陽光発電新技術等フィールドテスト事業
NEDO、太陽光発電新技術等フィールドテスト事業開始	2003（この年）

太陽電池
ベクレル、太陽電池の基礎原理を発見	1839（この年）
アメリカで世界初の実用的シリコン太陽電池を開発	1954（この年）
変換効率11％の太陽電池完成	1955（この年）
ガリウムヒ素太陽電池の発明	1956（この年）
日本初の太陽光発電	1958.11月
人工衛星に太陽電池を使用	1958（この年）
シャープ、太陽電池の研究を開始	1959（この年）
日本電気、太陽電池を設置	1959（この年）
太陽電池を実用化	1963（この年）
日本メーカーが宇宙用太陽電池事業に着手	1974（この年）
京セラ、太陽電池研究に着手	1975（この年）
アモルファスシリコン太陽電池の発明	1976（この年）
アモルファスシリコン太陽電池の実用化へ	1977（この年）
太陽電池飛行機が英仏海峡横断	1981（この年）
米アルコ・ソーラー、1MWの太陽光発電を達成	1982（この年）
湿式太陽電池開発	1983（この年）
太陽電池工場が竣工	1985.4.5
太陽電池生産量、日本が世界一	1999（この年）
太陽電池製造量世界一	2000（この年）
宮坂力ら、ペロブスカイト太陽電池を発明	2009（この年）
下田達也ら、液体シリコンによる太陽電池を発明	2011.2.7

太陽電池式街路灯
太陽電池式街路灯が発売	1980（この年）

太陽電池和瓦
太陽電池和瓦の開発	1983（この年）

太陽熱
ソシュール、ホットボックスを製作	1767（この年）
ソーラーハウス公開	1975.5.28

太陽熱温水器
太陽熱温水器の発売が相次ぐ	1965（この頃）
太陽熱温水器が人気に	1975.3月

太陽熱発電
世界初の商業用太陽熱発電	1977.1.25
仁尾太陽博覧会開催	1981.3.21
太陽熱発電プラントが稼働	1981.8.6

太陽熱利用
太陽熱温水プール完成	1977.12.20

太陽発電衛星
太陽発電衛星の基礎実験	1993.2.18

太陽炉
フランスで太陽炉が完成	1969（この年）

大陸横断鉄道
アメリカ大陸横断鉄道が完成	1869.5.10

大陸科学院
満州で風力発電研究を開始	1935（この年）

大陸石油会社
ドイツ、大陸石油会社設立	1941.3.27

大陸棚石油天然ガス資源開発懇談会
大陸棚石油天然ガス資源開発懇談会発足	1969.7月

大量破壊兵器（イラク）
日本、対イラクで国際協調要請	2002.9.12
イラクが査察受入れ	2002.10.1
イラク査察が再開	2002.11.8
イラクの大量破壊兵器をめぐって	2002.12.7
フセイン大統領、アメリカに徹底抗戦を表明	2003.1月
イラクに大量破壊兵器計画なし	2004.7.14

大量報復戦略
アメリカで「大量報復戦略」構想	1955（この年）

第1宗像丸
京浜運河でタンカー衝突炎上事故	1962.11.18

第2次中東戦争
第2次中東戦争が勃発	1956.10.29

第3更賜丸
島根県沖で、貨物船沈没・重油流出	2002.3.31

第3ちとせ丸
木更津港に燃料流出	1990.12.22

第4次中東戦争
第4次中東戦争が勃発	1973.10.6

第5福竜丸
漁船第5福竜丸被曝	1954.3.1
第5福竜丸展示館開館	1976.6.10

第8たかみ丸
浦賀水道で重油流出	1985.11.8

第8天山丸
名古屋港で重油流出	1991.11.28

第8宮丸
瀬戸内海でタンカー衝突による重油流出	1979.3.22

第15永進丸
川崎港、船舶事故で原油流出	1967.2.12

第18芳栄丸
汐留川で重油流出	1981.12.5

タ

タウ粒子
パール、タウオンを発見　　　　　　1975.8月

タウンズ, チャールズ・ハード
タウンズ、「メーザー」のアイデアを考案　1951.4.26
メーザーを発明　　　　　　　1954（この年）

高木 弘
本多光太郎と高木弘、KS鋼を発明　　1917.6月

高島 嘉右衛門
高島嘉右衛門、ガス灯をともす　　1872.9.29

高島炭鉱
日本初の蒸気ポンプを設置　　1868（この年）

高橋 幸三郎
原子燃料公社発足　　　　　　　1956.8.10

宝田石油
後の宝田石油設立　　　　　　　　1892.6月
宝田石油創業　　　　　　　　　　1893.2月
宝田石油第一次大合同　　　　1902（この年）
国油共同販売所設立　　　　　　1904.11月
国油共同販売所、宝田石油の販売会社に　1906.9月
国内4社が販売協定に調印　　　　1910.1月
日石、宝田が合併　　　　　　　1921.10月

滝頭塵芥処理所
日本初の発電設備付きごみ焼却施設が操業　　　　　　　　　　　　　　1929.7月

滝上地域
大分県で地熱調査開始　　　　　1979.2月
空気混合泥水掘削が実施される　1983（この年）
九州滝上地域の地熱開発で協定締結　1991.8月

滝沢 安之助
滝沢安之助、愛国石油削井会社を設立　1877.7月

ダグラスポイント原子力発電所（カナダ）
カナダの商業用原子炉が初臨界　1966.11.15

武井 武
加藤与五郎ら、OP磁石を発明　1930（この年）

ターゲット計画
燃料電池開発に着手　　　　1972（この年）

岳の湯地熱発電所
熊本県の自家用発電所運転開始　　1991.10月
岳の湯発電所を廃止　　　　　　2002.2月

多坑井抽熱循環システム
世界初の多坑井抽熱循環システム抽熱実験に成功　　　　　　　　　　　　1991.8月

田子倉ダム
日本最大のコンクリ重力ダム完成　1959.5月

凧の実験
フランクリン、雷が電気であることを証明　　　　　　　　　　　　　　1752（この年）
プリーストリー、『電気学の歴史と現状』刊　　　　　　　　　　　　　　1768（この年）

ダーシー, ウィリアム・ノックス
第一開発会社、マスジッド・イ・スライマン油田開発成功　　　　　　1908.5.26
アングロ・ペルシャン石油設立　　1909.4.4
アバダン製油所操業開始　　1912（この年）

多重価格
OPEC第53回臨時総会開催　　1979.3.26

多重効用缶
リリュー、多重効用缶を発明　1843（この年）

田代 虎次郎
田代虎次郎、泰平社を設立　1882（この年）

多段階反動式タービン
パーソンズ、蒸気タービンを発明　1884（この年）

太刀川 平治
太刀川平治、日本初のタービンによる地熱発電成功　　　　　　　　　　　1925.11月

太刀川井
太刀川平治、日本初のタービンによる地熱発電成功　　　　　　　　　　　1925.11月

ダック・クリーク
オハイオ州で石油を採取　　　1813（この年）

脱原発政策
オーストリア国民投票で原発拒否　　1978.11.5
オーストリア国民議会で原発禁止　　1978.12.15
スイスの国民投票で原発規制案否決　1984.9.23
伊・国民投票で原発政策反対　　　　1987.11.8
伊・原発建設凍結を発表　　　　　　1987.11.20
スウェーデン議会で原発全廃を可決　　1988.6.7
スイス国民投票で原発建設凍結　　　　1990.9.23
ドイツ、原発全廃で合意　　　　　　2000.6.15
ドイツ、原発全廃で電力4社と合意　　2001.6.11
スイス政府「2050年までのエネルギー戦略」策定　　　　　　　　　　　2011.5.25
ドイツ、2022年までに原子炉17基すべての閉鎖を閣議決定　　　　　　2011.6.6
政府、原子力低減を明記した「再生戦略」を閣議決定　　　　　　　　　2011.8.5
日本政府、革新的エネルギー・環境戦略を決定　　　　　　　　　　　　2012.9.14

ダッデル, ウイリアム
ダッデル、電磁オシログラフを発明　1897（この年）

タップ・ライン
サウジアラビア、送油停止問題でシリアを非難　　　　　　　　　　　　1970.5.15

脱硫装置
四日市で二酸化硫黄の環境基準達成　1976（この年）

立軸ペルトン水車
立軸ペルトンを使用の発電所を設置　　1954.3月

多度津工学試験センター
多度津工学試験センター開所　　1982.11.6

田中 角栄
石油不足対策で省エネ推奨　　　1973.12.1
核実験禁止で一致　　　　　　　1974.10月

田中 俊一
原子力規制委員会設置法が参院本会議で可決・成立　　　　　　　　　　2012.6.20

田中 真紀子
「もんじゅ」で意見交換会　　　1995.2.12

田辺 朔郎
日本初の電気事業用水力発電所が営業開始　1892.6.4
日本で、長距離送電始まる　　　　1899.5月

ダニエル, ジョン・フレデリック
ダニエル、ダニエル電池を発明　1836（この年）

ダニエル電池
ダニエル、ダニエル電池を発明　1836（この年）

ダーバン合意
ダーバン合意が採択される　　　　　　2011.12.11
ダービー, エイブラハム (1世)
ダービー1世, コークス製鉄法を発明
　　　　　　　　　　　　　　　　1713 (この年)
ダービー, エイブラハム (2世)
ダービー2世, 鉄鉱石をコークス高炉で溶
解　　　　　　　　　　　　　　1735 (この年)
ダビッドソン, R.
ダビッドソン, 直流モーターを製作　1838 (この年)
タービニア号
初の蒸気タービン船の完成　　　　　1897.6月
タービン
フルネーロン, タービンを製作　　1827 (この年)
タービン発電機
東京電灯, タービン発電機を採用　　1905.1月
広島電気が世界最大の発電機を増設　1935.3月
ダブス式分解蒸留装置
日石鶴見製油所完成　　　　　　1924 (この年)
ダブルハル化
タンカーのダブルハル化を決定　　　1992.3.2
ダブルフラッシュ発電方式
八丁原1号機, 営業運転開始　　　　1977.6.24
三菱重工業製発電設備出荷　　　　　1981.7月
日本で8番目の地熱発電所運転開始　1982.11.27
八丁原発電所2号機運転開始　　　　1990.6.22
ダブレットⅢ
アメリカで, 初のプラズマ閉じ込め成功　1978.2.27
タブレット㉓
原研, トカマク炉で世界最高のベータ値達
成　　　　　　　　　　　　　　　1982.9.22
ダベンポート, T.
ダベンポート, 直流モーターを製作　1836 (この年)
ターボジェットエンジン
オハインとホイットルがジェットエンジン
を製作　　　　　　　　　　　　1937 (この年)
ターボチャージャー付量産車
ターボチャージャー付量産車を発売　1979 (この年)
ターボ付DOHCエンジン
ターボ付DOHCエンジン開発　　　1982
ダム式発電所
ダム式発電所, 運転開始　　　　　　1918.8月
ダム水路式
ダム水路式が運転開始　　　　　　1924.12.12
日本初の地下式発電所, 運転開始　　1943 (この年)
国内最大水量の揚川発電所が運用開始　1963.5月
タムーズ1号
イラク原子炉爆撃事件　　　　　　1981.6.7
多翼風車
多翼揚水風車の工場生産が始まる　1850 (この頃)
多翼風車での発電実験は失敗　　　1887 (この年)
ブラッシュ, マンモス多翼風車で発電を開
始　　　　　　　　　　　　　　1888 (この年)
ダランベール, ジャン・ル・ロン
ダランベール, 『動力学論』刊　　1743 (この年)
ダランベール, 『風の一般的な原因につい
ての考察』刊　　　　　　　　　1747 (この年)

数学者・哲学者のダランベールが没する　1783.10.29
ダランベールの原理
ダランベール, 『動力学論』刊　　1743 (この年)
ダリウス, ジョルジュ・ジャン・マリー
ダリウス風車の特許を取得　　　　1931 (この年)
ダリウス風車
ダリウス風車の特許を取得　　　　1931 (この年)
カナダで史上最大のダリウス風車設置
　　　　　　　　　　　　　　　1985 (この年)
他励式発電機
ワイルド, 他励式発電機を発明　　1851 (この年)
タンカー
ノーベル兄弟, タンカーを建造　　　1878.1月
タンカー「ミュレックス」完成　　　1892.7月
油槽船爆発　　　　　　　　　　　1926.9.13
国際タンカー船主協会設立　　　　　1934.2月
京浜運河でタンカー衝突炎上事故　1962.11.18
室蘭でタンカーの衝突爆発事故　　　1965.5.23
川崎港, 船舶事故で原油流出　　　　1967.2.12
イギリス沖合でタンカーが座礁し原油流出
　　　　　　　　　　　　　　　　1967.3.18
神戸港でタンカー二重衝突　　　　　1967.4.24
神戸港内でタンカーから重油流出　　1967.5.26
重油流出で浦賀水道海域が汚染　　　1968.6.8
浦賀水道でタンカーと貨物船が衝突, 重油
流出　　　　　　　　　　　　　　1968.12.5
タンカー運賃基準レートを変更　　　1969.9.15
タンカー船主自主協定発効　　　　　1969.10月
静岡県沖合で軽油輸送中のタンカー沈没
　　　　　　　　　　　　　　　　1970.10.16
米サンフランシスコ湾でタンカー衝突によ
る石油流出　　　　　　　　　　　1971.1.18
地中海でタンカー爆発　　　　　　　1971.1.21
ノースカロライナ州沖で大型タンカー石油
流出　　　　　　　　　　　　　　1971.3.27
新潟沖でタンカー座礁による原油流出　1971.11.30
愛知県沖合でタンカー衝突による燃料油流
出　　　　　　　　　　　　　　　1972.7.3
和歌山県沖でイギリスタンカー原油流出
　　　　　　　　　　　　　　　　1972.11.27
千葉県沖合でタンカー衝突によるガソリン
流出　　　　　　　　　　　　　　1973.7.19
香川県沖合でタンカー衝突による重油流出
　　　　　　　　　　　　　　　　1973.7.20
香川県沖合でタンカー事故による重油流出
　　　　　　　　　　　　　　　　1973.10.31
愛媛県沖でタンカー衝突事故による原油流
出　　　　　　　　　　　　　　　1974.4.26
東京湾でタンカー衝突による炎上　　1974.11.9
シンガポール沖で日本タンカー座礁による
原油流出　　　　　　　　　　　　1975.1.6
フィラデルフィア河川でタンカー衝突・炎
上　　　　　　　　　　　　　　　1975.1.31
東京湾沖でタンカー座礁による原油流出　1975.6.4
タンカー大破による重油流出　　　　1976.3.13
マラッカ海峡でタンカー座礁による原油流
出　　　　　　　　　　　　　　　1976.4.5
米マサチューセッツ州沖でタンカー座礁に
より原油流出　　　　　　　　　　1976.12.21
愛媛県釣島水道で原油流出　　　　　1977.4.6

高知県沖合でタンカー破損による重油流出			1977.10.20
フランス海上でタンカー座礁による原油流出			1978.3.16
シンガポール造船所で爆発事故			1978.10.12
四日市港内で原油流出			1978.11.8
スペイン沖でタンカー火災・原油流出			1978.12.31
アイルランドでタンカー爆発による原油流出			1979.1.8
四日市コンビナートで原油流出			1979.1.19
瀬戸内海でタンカー衝突による重油流出			1979.3.22
鳴門海峡で重油流出			1980.1.9
横浜港でタンカー衝突によるナフサ流出			1983.4.28
南アフリカ沖合でタンカー爆発・原油流出			1983.8.6
スペイン・アルヘシラス湾でタンカー爆発・沈没			1985.5.26
ドバイで日本タンカーが被弾			1987.1.6
米海軍がクウェート藉タンカー護衛開始			1987.7.22
石油タンカー衝突により海難史上最大事故			1987.12.20
千葉県沖でタンカー炎上			1989.3.14
米・アラスカ州沖でタンカー座礁により原油流出			1989.3.24
来島海峡で重油流出			1989.5.2
四日市港沖合で原油流出			1989.5.30
大阪南港で重油流出			1990.4.11
メキシコ湾でタンカー炎上・原油流出			1990.6.9
大阪市で重油漏れ事故			1990.6.27
米テキサス州でタンカー衝突による原油大量流出			1990.7.28
木更津港に燃料流出			1990.12.22
イタリア・ジェノバ港沖でタンカー爆発・原油流出			1991.4.11
名古屋港で重油流出			1991.11.28
タンカーのダブルハル化を決定			1992.3.2
イギリス沖でタンカー坐礁による原油流出			1993.1.5
スマトラ沖でタンカー衝突による原油流出			1993.1.21
イギリス・ブリストル海峡でタンカー座礁による原油流出			1996.2.15
ヴァルディーズ号原油流出事故で、賠償支払い命令			1996.9.20
神戸港で、タンカー転覆による重油流出			1997.4.28
東京湾沖でタンカー座礁による原油流出			1997.7.2
ナホトカ号重油流出事故の回収費支払いが通知される			1997.10.13
シンガポール海峡で、タンカー衝突による燃料が流出			1997.10.15
犬吠埼沖でタンカー衝突による燃料流出			1998.8.15
炭化水素工業法			
イタリア、国営炭化水素公社設立			1953.2.10
炭化水素公社（ENI）			
イタリア、国営炭化水素公社設立			1953.2.10
ENI、イランと利権協定			1957.7月
イタリア、ニュージャージー・スタンダードと契約締結			1963.3.22
エジプトが西部砂漠の利権を許可			1964.2.12
ターンキー方式			
ドレスデン原子力発電所1号機が営業運転開始			1960.7.4

タンク車			
ペンシルベニア州でタンク車が実用化			1865.9月
タンク・シンジゲート			
タンカー「ミュレックス」完成			1892.7月
タングステンフィラメント電球			
クーリッジ、電球のフィラメントにタングステンを用いる			1906（この年）
GE、タングステン電球を発表			1910（この年）
単式衝動タービン			
ド・ラバール、単式衝動タービンを発明			1883（この年）
『単純機械の理論』			
クーロン、『単純機械の理論』刊			1781（この年）
鍛接管			
鍛接管利用の水力発電所、運転開始			1900.5月
鍛接管利用の水力発電所、運転開始			1900.12月
炭素税法			
EU炭素税案廃案			1994.12.16
炭素フィラメント			
エジソン、白熱電球を実用化			1879.10月
ダンブルザン, フィリップ・レボン			
ダンブルザン、石炭ガス使用内燃機関を提案			1801（この年）
ダンマン油田			
ダンマン油田発見			1938.3月

【ち】

チェリャビンスク40			
ソ連、チェリャビンスク40の再処理工場が運転開始			1948.12.22
ソ連の再処理施設で、高レベル放射性廃棄物爆発事故			1957.9.29
チェルノブイリ原子力発電所（ウクライナ）			
チェルノブイリ原発1号機が営業運転開始			1978.5.27
チェルノブイリ原子力発電所事故			1986.4.26
日本で放射能汚染			1986.5.4
チェルノブイリ原発事故に関する声明			1986.5.5
ソ連、IAEAにチェルノブイリ事故報告書提出			1986.8.14
日本で食品放射能汚染			1987.3.25
チェルノブイリ原発事故判決			1987.7.29
チェルノブイリ原発1号機で原子炉建屋内の放射能汚染			1995.11.27
チェルノブイリ原発閉鎖の覚書調印			1995.12.20
チェルノブイリから10年			1996.4.10
チェルノブイリ原発1号炉が停止			1996.11.30
チェルノブイリ原発事故除染作業員遺族、遺族給付金の支払いを求める			1996.12.11
日本政府、チェルノブイリ原発事故に人道支援			1997.10.18
チェルノブイリ原発閉鎖			2000.12.15
チェルノブイリ20年追悼			2006.4.26
チェンバレン, オーウェン			
チェンバレンとセグレが反陽子を発見			1955（この年）

ちかか

地下核実験制限条約（TTBT）
　米ソ、地下核実験制限条約を調印　　1974.7.3
地下核実験場
　ソ連、地下核実験場を公開　　1986.9.27
地下式
　日本初の地下式発電所、運転開始　1943（この年）
　大規模地下式発電所の完成　1961（この年）
地下鉄
　電気式地下鉄を運行　　1890（この年）
『力の保存について』
　ヘルムホルツ、『力の保存について』を発表　　1847（この年）
ちきゅう
　メタンハイドレートの採取に成功　　2013.3.12
地球温暖化
　WMO、温室効果による温暖化を警鐘　　1979（この年）
　地球温暖化問題の高まり　　1985.10月
　気候変動枠組条約採択　　1992.5.9
　エネルギー需要抑制による地球温暖化対策がまとまる　　1997.11.13
　経団連がエネルギー情勢の報告書を公表　1998.9.22
　ブッシュ大統領、独自に地球温暖化対策を実施すると発表　　2001.6.11
　RPS法制定　　2002.4.26
地球温暖化対策基本法
　地球温暖化対策基本法案を閣議決定　　2010.3.12
地球温暖化対策推進大綱
　地球温暖化対策推進大綱が決定　　1998.6.19
地球温暖化対策推進法
　地球温暖化対策推進法公布　　1998.10.9
　地球温暖化対策推進法施行　　1999.4.8
　地球温暖化対策推進法改正　　2002.3.29
　地球温暖化対策推進法改正　　2002.6.7
地球温暖化対策推進本部
　地球温暖化対策推進本部設置　　1996.12.1
　地球温暖化対策推進大綱が決定　　1998.6.19
地球温暖化防止行動計画
　地球温暖化防止行動計画を決定　　1990.10.23
地球温暖化防止条約
　二酸化炭素削減達成が困難に　　1994.8.1
地球環境問題検討会
　地球環境問題検討会を設置　　1989.7月
地球の年齢
　ケルヴィン卿、地球の年齢を約1億年と割り出す　　1846（この年）
　ラザフォード、地球の年齢問題について言及　　1904（この年）
蓄電池
　キャヴェンディッシュ、静電容量の概念を確立　　1773（この年）
蓄熱式ガス発生炉
　ジーメンス兄弟、蓄熱式ガス発生炉を発明　　1860（この年）
地質調査所
　地熱開発地域選定の調査開始　　1947.1月
　大分県で地熱開発調査実施　　1948.3月
　岩手県で地熱調査開始　　1955.7月

地質調査所地殻熱部
　地殻熱部を設置　　1975.7月
知多石油
　知多石油発足　　1979.12.25
　知多石油が設備を譲渡　　1983.7.1
窒素化学肥料
　ビルケランとエイデ、電弧式空中窒素固定法の特許取得　　1903（この年）
窒素封入電球
　ラングミュア、窒素封入電球を開発　1913（この年）
地熱開発基礎調査
　地熱開発基礎調査開始　　1977.9月
地熱開発精密調査
　全国地熱基礎調査地域で精密調査開始　1974.12月
地熱技術開発
　民間企業出資による地熱開発企業が設立　1973.11月
地熱国際シンポジウム
　九州で地熱国際シンポジウム開催　　1988.11月
地熱資源開発促進協議会
　地熱資源開発促進協議会発足　　1974.6月
　日本地熱資源開発促進センター設立　　1976.4月
地熱井掘削自主保全基準
　地熱井掘削自主保全基準制定　　1986.3月
地熱調査所
　熊本県・大分県で地熱開発調査　　1951.8月
地熱発電
　コンティ公爵、世界初の地熱発電を行う　　1904（この年）
　世界初の地熱発電所運転　　1913（この年）
　地熱利用の研究・調査開始　　1918.11月
　ガイザースで地熱開発調査開始　1920（この年）
　グラント、ガイザースで井戸を掘削　1921（この年）
　太刀川平治、日本初のタービンによる地熱発電成功　　1925.11月
　京大に地熱・温泉関係の研究開始　　1926.10月
　軍部にボーリング機械徴用　　1940（この年）
　GHQが地熱開発を提唱　　1946（この年）
　地熱開発地域選定の調査開始　　1947.1月
　地熱開発技術委員会を設置　　1947.9月
　大分県で地熱開発調査実施　　1948.3月
　ニールセンが地熱を暖房に利用　　1948（この年）
　地熱開発技術審議会を設置　　1949.4月
　九州地方の地熱開発調査開始　1949（この年）
　地熱実験場で発電成功　　1951.7月
　熊本県・大分県で地熱開発調査　　1951.8月
　地熱発電第2期計画　　1951（この年）
　岩手県で地熱調査開始　　1955.7月
　地熱調査必要なしと結論　　1956（この年）
　世界初の熱水分離型地熱発電所　1958（この年）
　日本地熱調査会設立　　1960.6月
　箱根の旅館が自家発電開始　　1960.10月
　松川発電所生産井M-1成功　1964（この年）
　秋田県で地熱調査開始　　1965（この年）
　ソ連の地熱発電所が運転開始　　1966.1月
　日本初の地熱発電所、運転開始　　1966.10.8
　九大研究所で地熱研究開始　1966（この年）
　九州初の地熱発電所完成　　1967.8.11
　岩手県葛根田で地熱本格調査開始　　1968.6月

日本地熱調査会が地熱資源調査受託	1968.7月	葛根田で深部生産井成功	1989(この年)
松川地熱発電所の出力増加	1968(この年)	八丁原発電所2号機運転開始	1990.6.22
地熱発電設備輸出第1号	1969.11月	秋田県澄川地域の地熱開発で協定締結	1990.11月
岩手県での地熱開発で協定締結	1970.12月	福島県での地熱発電共同開発について合意	
秋田県で地熱調査開始	1971.9月		1991.1月
北海道で本格的地熱調査開始	1972.7月	九州滝上地域の地熱開発で協定締結	1991.8月
鹿児島県で地熱資源調査開始	1973.3月	世界初の多坑井抽熱循環システム抽熱実験	
全国地熱基礎調査開始	1973.4月	に成功	1991.8月
民間企業出資による地熱開発企業が設立	1973.11月	熊本県の自家用発電所運転開始	1991.10月
火山・高温岩体発電フィージビリティスタ		中小地熱バイナリー発電システム実証試験	
ディ開始	1974.4月	開始	1991.12月
福島県で地熱調査開始	1974.5月	森地熱発電所で深部生産井成功	1991(この年)
大沼地熱発電所が運転開始	1974.6.17	葛根田2号機の地熱開発基本協定締結	1992.1.28
地熱資源開発促進協議会発足	1974.6月	新地熱開発促進調査開始	1992.8月
北海道・濁川地域における地熱開発協定締		深部地熱資源調査・採取技術開発プロジェ	
結	1974.7.19	クト開始	1993.4月
全国地熱資源開発利用促進協議会発足	1974.8月	地熱開発促進のためのルール整備	1993.5月
全国地熱基礎調査地域で精密調査開始	1974.12月	フィリピン・地熱発電所でヒ素中毒	1993.11.29
全国10地点で100万kW計画	1974(この年)	上の岱発電所運転開始	1994.3.4
宮城県鬼首発電所運転開始	1975.3.19	小国地域における地熱開発基本協定締結	1994.10月
地殻熱部を設置	1975.7月	NEDO、中小地熱バイナリー発電プラント	
日本地熱資源開発促進センター設立	1976.4月	発電試験開始	1995.1月
北海道・濁川地域における地熱開発協定締		山川発電所、運転開始	1995.3.1
結	1977.3月	八幡平澄川発電所、運転開始	1995.3.2
八丁原1号機、営業運転開始	1977.6.24	柳津西山発電所、運転開始	1995.5.25
鹿児島県で地熱開発調査を開始	1977.7月	葛根田地熱発電所2号機、運転開始	1996.3.1
地熱開発基礎調査開始	1977.9月	大霧発電所、運転開始	1996.3.1
北海道で発電プラントに成功	1977.10月	滝上発電所運転開始	1996.11.1
大分県で発電プラントに成功	1977.12月	上の岱地熱発電所の出力変更	1997.2.12
東芝製タービンが米国へ出荷	1978.4月	NEDO、中小地熱バイナリー発電プラント	
クローズド地熱発電運転開始	1978.5.26	の発電試験開始	1997.2月
九州で地熱発電所環境保全実証調査開始	1978.10月	熱水供給設備も補助金対象に	1997.4月
日本地熱学会設立	1978.12.12	小国地熱発電所が電調審を通過	1997.7月
鹿児島県で地熱開発調査開始	1978.12月	山葵沢地域で、1万kWの蒸気を確認	1997.9月
大分県で地熱調査開始	1979.2月	NEDO、貯留層変動探査法開発プロジェク	
出光興産事業継承の企業設立	1979.10月	ト開始	1997.11月
群馬県で地熱井掘削開始	1980.11月	NEDO、中小地熱バイナリー発電プラント	
富士電機製タービンがエルサルバドルへ	1980.12月	の発電試験終了	1998.1月
八丁原2号機の地熱開発調査開始	1980(この年)	NEDO、中小地熱バイナリー発電プラント	
ホテル自家用発電運転開始	1981.3.6	の発電試験終了	1998.3月
秋田県で地熱調査開始	1981.6月	八丈島に関東初の地熱発電所建設	1998.4月
三菱重工業製地熱発電設備出荷	1981.7月	柳津西山地熱発電所、運転開始	1998.7月
三菱重工業、メキシコ地熱発電所に設備を		調査井掘削費等を開発費に統合	1999.4月
納入	1982.8月	世界地熱会議が日本で初開催	2000.5月
葛根田地熱発電所2号機建設へ	1982.9.25	秋の宮地域で蒸気確認	2000.9月
日本で8番目の地熱発電所運転開始	1982.11.27	NEDO、長期循環試験を開始	2000.11月
熊本県で地熱調査開始	1983.8月	九重地熱発電所運転開始	2000.12.1
空気混合泥水掘削が実施される	1983(この年)	NEDO、「深部地熱資源調査」終了	2001.3月
鹿児島のホテルが自家地熱発電運転開始	1984.2.23	NEDO、「10MW級プラントの開発」終了	
日本製地熱発電設備が全世界へ	1984.9月		2001.11月
葛根田2号機建設へ	1984(この年)	岳の湯発電所を廃止	2002.2月
スケール問題解決	1985(この年)	電源開発、小国発電所計画から撤退	2002.3月
地熱井掘削自主保全基準制定	1986.3月	熱水利用発電プラント等開発を終了	2002.3月
葛根田地熱発電所で輸送管崩壊	1987(この年)	小型バイナリー発電機による発電実験開始	
九州山川地域の地熱開発で協定締結	1988.10月		2002.6月
九州で地熱国際シンポジウム開催	1988.11月	高温岩体発電の実証試験が終了	2002.8月
高温岩体国際ワークショップ開催	1988.11月	長期循環試験終了	2002.9月
大分県と熊本県で地熱調査開始	1988(この年)	雲仙火山科学掘削プロジェクトによる火道	
大霧地域地熱開発で協定締結	1989.7月	掘削が開始	2003.1月
秋田県上の岱地域の地熱開発で協定締結	1989.12月	「貯留層変動探査法開発」「高温岩体発電シ	
		ステムの技術開発」終了	2003.3月

| ちねつ | 事項名索引 | 資源・エネルギー史事典 |

八丁原バイナリー発電施設工事開始	2003.5月
杉乃井ホテル、地熱発電設備を更新	2006.4月
国内初の商用向けバイナリー発電設備実証試験開始	2006.5月
東北水力地熱、蒸気供給事業を承継	2008.1.1
「地熱発電に関する研究会」設置	2008.12月
鬼首発電所定格出力変更	2010.2月
富士電機、世界最大の地熱発電機を開発	2010.4月
滝上発電所定格出力変更	2010.6.16
地熱開発促進調査事業と地熱発電開発事業を廃止	2011.3月
温泉発電システムの実証試験を開始	2011.12.16
小規模地熱バイナリー発電設備の実証試験を開始	2012.2.26
国立・国定公園内における地熱開発が可能に	2012.3.27
森発電所定格出力変更	2012.9月
バイナリー発電システムの実証試験を開始	2014.8.22

地熱発電開発費補助金制度
| 地熱発電開発費補助金制度創設 | 1985.10月 |
| 調査井掘削費等を開発費に統合 | 1999.4月 |

地熱発電に関する研究会
| 「地熱発電に関する研究会」設置 | 2008.12月 |

チャガイ
| パキスタン、核実験を強行 | 1998.5.28 |

チャーチロック
| アメリカ・ウラン鉱滓ダム決壊で放射能汚染水流入 | 1979.7月 |

チャドウィック、ジェームズ
チャドウィック、β線の連続スペクトルを検出	1914（この年）
チャドウィック、原子核の電荷が原子番号と一致することを実証	1920（この年）
チャドウィック、中性子を発見	1932（この年）

チャピン、ダリル
| アメリカで世界初の実用的シリコン太陽電池を開発 | 1954（この年） |

チャーム理論
| 新しい素粒子「J/ψ」の発見 | 1974.11.16 |

チャールズ2世
| 物理学者のパパン、消息を絶つ | 1712（この年） |

チャルマース工科大学
| 波エネルギー国際会議開催 | 1979（この年） |

チュー、C.W.
| チューら、イットリウム系超伝導体を発見 | 1987（この年） |

中央公害審査委員会
| 公害等調整委員会発足 | 1972.7.1 |

中央公害対策審議会
| 中央公害対策審議会設置 | 1971.9.14 |

中央情報局（CIA）
| CIA、国際エネルギー事情を公表 | 1977.4.18 |

中央電気
| 日本初の揚水式水力発電が行われる | 1934.4月 |

中央電気協会
| 電気協会設立 | 1921.10月 |

中央電力協議会
| 原子力発電量が水力発電量を上回ったと発表 | 1982.4.21 |

中央発電所（アメリカ）
| エジソン電灯会社、世界初の商用電力事業を開始 | 1882（この年） |

肘折地区
世界初の多坑井抽熱循環システム抽熱実験に成功	1991.8月
NEDO、長期循環試験を開始	2000.11月
小型バイナリー発電機による発電実験開始	2002.6月
高温岩体発電の実証試験が終了	2002.8月

中間子
| 湯川秀樹が中間子を予言 | 1935（この年） |
| 湯川秀樹、ノーベル賞物理学賞を受賞 | 1949.11月 |

中間貯蔵施設
| 福島県に中間貯蔵施設建設が決定 | 2014.9.1 |

中間負荷運用
| 超臨界圧変圧貫流ボイラーが導入される | 1980（この年） |

中距離核戦力（INF）全廃条約
米ソ首脳会談開催	1986.10.11
米ソ、共同声明を発表	1987.12.7
モスクワで米ソ首脳会談	1988.5.29
ミハイル・ゴルバチョフがノーベル平和賞を受賞	1990（この年）

中空重力ダム
| 日本初の中空重力ダム完成 | 1957.9月 |
| 畑薙第一ダムが完成、畑薙第一発電所が運用開始 | 1962.9月 |

中国海洋石油総公司
| 中国海洋石油総公司設立 | 1982.2月 |

中国石油加工集団公司（SINOPEC）
| 中国、2社を設立で石油産業再編 | 1998.7.27 |

中国石油天然ガス探査開発公司
| 埕北油田の開発協力 | 1980.2.8 |

中国石油天然気集団公司（新CNPC）
| 中国、2社を設立で石油産業再編 | 1998.7.27 |

中国石油天然気総公司（CNPC）
| 中国石油天然気総公司設立 | 1988.9月 |

中国天然ガス集団
| 中国の天然ガス田で有毒ガスが噴出 | 2003.12.23 |

中国電力
| 電気事業再編成令公布 | 1950.11.24 |

中国電力小野田火力発電所
| 1缶1機システムを採用 | 1953（この年） |

中国電力河内発電所
| 広島水力電気、第二発電所を設立 | 1907.4月 |

中国電力坂火力発電所
| 広島電気が世界最大の発電機を増設 | 1935.3月 |

中国電力佐々並川発電所
| 日本初の典型的薄肉ドーム型アーチダム完成 | 1959.4月 |

中国電力島根原子力発電所
| 中国電力島根原発で制御棒欠陥 | 1973.9月 |
| 国産第1号炉が営業運転開始 | 1974.3.29 |

― 432 ―

島根原発温排水で漁業被害　　　　1975.9月
中国電力・島根2号機が営業運転を開始　1989.2.10
島根原発「ISO9001」の認証取得　　2001.10.23
中国電力玉島発電所
　屋外式発電所、運転開始　　　　　1930.11月
中国電力広発電所
　日本で、長距離送電始まる　　　　1899.5月
中国電力俣野川発電所
　自然流入水利用の発電運転　　　　1984.12月
中国電力森原発電所
　日本初の無人発電所　　　　　　　1952.5月
中国南部沿岸大陸棚油田開発契約
　中国南部沿岸大陸棚油田開発契約に調印　1983.9.5
中性カレント
　CERN、ニュートリノ反応における中性カ
　レントの存在を確認　　　　　　　1973.7.19
中性子
　チャドウィック、中性子を発見　　1932(この年)
　ウィグナー、中性子が原子核に吸収される
　数学を完成　　　　　　　　　　　1936(この年)
中南米非核地域条約
　アルフォンソ・ガルシア・ロブレスがノー
　ベル平和賞を受賞　　　　　　　　1982(この年)
中部電力
　電気事業再編成令公布　　　　　　1950.11.24
　立軸4ノズルペルトン水車の新太田切発電
　所、運転開始　　　　　　　　　　1958.12月
　東邦石油設立　　　　　　　　　　1961.5.1
　原子力発電所建設反対派住民が反対集会で
　負傷　　　　　　　　　　　　　　1964.8.11
　小里川発電所、誘導発電機を世界で初めて
　導入　　　　　　　　　　　　　　2003.3.12
　珠洲原発建設凍結　　　　　　　　2003.12.5
中部電力芦浜原子力発電所
　原子力発電所建設反対派住民が反対集会で
　負傷　　　　　　　　　　　　　　1964.8.11
　芦浜原発建設撤回　　　　　　　　2000.2.22
中部電力井川発電所
　日本初の中空重力ダム完成　　　　1957.9月
中部電力岩津発電所
　滝を利用した水力発電所、運転開始　1897.7月
中部電力奥矢作第一・第二発電所
　2段式純揚水運転開始　　　　　　1980.9月
中部電力落合発電所
　鍛接管利用の水力発電所、運転開始　1900.12月
中部電力小里川発電所
　小里川発電所、誘導発電機を世界で初めて
　導入　　　　　　　　　　　　　　2003.3.12
中部電力川越火力発電所
　USC技術が実用化される　　　　　1989(この年)
中部電力新太田切発電所
　立軸4ノズルペルトン水車の新太田切発電
　所、運転開始　　　　　　　　　　1958.12月
中部電力中房第四発電所
　国産初の自動発電用水車設置　　　1924.12月
中部電力畑薙第一発電所
　畑薙第一ダムが完成、畑薙第一発電所が運
　用開始　　　　　　　　　　　　　1962.9月

中部電力浜岡原子力発電所
　浜岡原発で放射能漏出　　　　　　1974.10.23
　浜岡1号機、営業運転開始　　　　1976.3.17
　浜岡2号機、営業運転を開始　　　1978.11.29
　浜岡3号機、営業運転開始　　　　1987.8.28
　浜岡原発で放射能漏れ　　　　　　1990.10.9
　浜岡4号機、営業運転開始　　　　1993.9.3
　浜岡原発で冷却水漏れ　　　　　　2001.11.7
　浜岡原発で冷却水漏れ　　　　　　2002.5.25
　浜岡原発5号機、運転停止　　　　2006.6.15
　浜岡原発1、2号機廃炉と6号機新設を決定
　　　　　　　　　　　　　　　　　2008.12.22
　浜岡原発1、2号機が運転終了　　 2009.1.30
　駿河湾地震で、浜岡原発4、5号機が自動停
　止　　　　　　　　　　　　　　　2009.8.11
　浜岡原発3号機で放射性廃液漏洩　 2009.12.1
　菅直人首相、浜岡原発全基停止を要請　2011.5.6
中部電力宮城第一水力発電所
　F形分岐鉄管使用の水力発電所、運転開始　1904.9月
中部電力湯山発電所
　愛媛県に電灯がともる　　　　　　1903.1月
中立地帯沖合油田開発協定
　アラビア石油、クウェートと協定締結　1958.7.5
チュメニ油田
　日ソ経済合同委員会開催　　　　　1972.2.21
　チュメニ油田共同開発の方針決定　1974.3.6
　シベリア資源開発契約締結　　　　1974(この年)
チューリッヒ発電所(スイス)
　世界初の揚水発電　　　　　　　　1892(この年)
長期エネルギー需給見通し
　長期エネルギー需給バランスの改定　1970.7.24
　総合エネルギー調査会需給部会、中間報告
　　　　　　　　　　　　　　　　　1979.8.31
　長期エネルギー需給見通しを答申　1982.4.21
　長期エネルギー需給見通しを策定　1983.11.16
　長期エネルギー需給見通しを発表　1987.10.14
長期エネルギー問題に関する懇談会
　長期エネルギー問題に関する懇談会を開催
　　　　　　　　　　　　　　　　　1988.10.11
長距離越境大気汚染条約
　ヘルシンキ議定書採択　　　　　　1985(この年)
長距離送電
　日本で、長距離送電始まる　　　　1899.5月
　1万V級の水力発電所建設　　　　 1899(この年)
　大容量送電開始　　　　　　　　　1923.5月
長距離送電実験
　デプレ、長距離送電実験を実施　　1882(この年)
長距離地中送電CVケーブル
　50万V長距離地中送電CVケーブルを実用
　化　　　　　　　　　　　　　　　1994.12月
超高圧
　アマガ、気体の超高圧を実現　　　1899(この年)
超高温プラズマ
　超高温プラズマの生成成功　　　　1972.12.4
　高密度・超高温プラズマの生成・閉じ込め
　に成功　　　　　　　　　　　　　1973.3.15

『超高層に到達する方法』
　ゴダード、『超高層に到達する方法』刊
　　　　　　　　　　　　　　　　1919（この年）
朝鮮中央通信
　北朝鮮が初の地下核実験　　　　2006.10.9
朝鮮半島エネルギー開発機構（KEDO）
　朝鮮半島エネルギー開発機構設立　1995.3.9
　KEDOと北朝鮮、軽水炉建設についての議
　　定書に仮調印　　　　　　　　1996.5.22
　日米韓でミサイル問題を協議　　　1998.9.24
　国会でKEDO協定を承認　　　　1999.6.30
調速器
　発明家のワットが没する　　　　1819.8.19
超伝導
　カーメルリング・オンネス、超伝導を発見
　　　　　　　　　　　　　　　　1911（この年）
　マイスナー、マイスナー効果を発見 1933（この年）
　バーディーンら、超伝導理論を提唱 1957（この年）
　ジョセフソン効果を発表　　　　1962（この年）
　ジェーバーが非定常ジョセフソン効果を観
　　測　　　　　　　　　　　　　1965（この年）
超伝導磁石
　マシアスとクンツラーが超伝導磁石を製作
　　　　　　　　　　　　　　　　1961（この年）
超電力方式
　アメリカで、「超電力方式」計画開始 1920（この年）
潮流発電
　潮流発電の実験を開始　　　　　1983.8.20
潮力発電
　フランスで潮汐ダムが稼働　　　1966（この年）
超臨界圧発電ユニット
　超臨界圧ベンソンボイラーが建設される
　　　　　　　　　　　　　　　　1954（この年）
　アメリカで超臨界圧スルザーボイラーが建
　　設される　　　　　　　　　　1960（この年）
　東電姉崎火力発電所で600MW級超臨界圧
　　ユニットを採用　　　　　　　1967.12月
超臨界圧変圧貫流ボイラー
　超臨界圧変圧貫流ボイラーが導入される
　　　　　　　　　　　　　　　　1980（この年）
超々臨界圧（USC）
　USC技術が実用化される　　　　1989（この年）
超臨界火力発電所
　西ドイツで超臨界火力発電所を建設 1956（この年）
超LSI
　超LSIを開発　　　　　　　　　1976（この年）
チョークリバー研究所（カナダ）
　カナダ・チョークリバーのNRU炉で重水
　　漏れ　　　　　　　　　　　　2009.5.15
直流送電
　東京電灯、火力発電で市内配電開始　1887.11.29
直流電動機
　ヤコビ、整流子モーターを試作　1834（この年）
直流発電機
　大阪紡績会社三軒家工場に発電機を設置　1886.9月
直流モーター
　ダベンポート、直流モーターを製作 1836（この年）
　ダビッドソン、直流モーターを製作 1838（この年）

直列型変圧器
　ゴラールとギブス、二次発電機の特許を取
　　得　　　　　　　　　　　　　1882（この年）
貯留層変動探査法
　NEDO、貯留層変動探査法開発プロジェク
　　ト開始　　　　　　　　　　　1997.11月
　「貯留層変動探査法開発」「高温岩体発電シ
　　ステムの技術開発」終了　　　2003.3月
チルソン
　茨城県日立港の船舶事故で重油流出　2002.12.5
チン，ピーター
　日本、マレーシアの原子力発電計画を支援
　　する協力協定締結　　　　　　2010.9.2

【つ】

ツィオルコフスキー，コンスタンチン
　ツィオルコフスキー、『ロケットによる宇
　　宙空間の探求』刊　　　　　　1903（この年）
ツィペルノフスキー，C.
　デリら、閉磁路変圧器の並列使用を考案
　　　　　　　　　　　　　　　　1885（この年）
ツヴィン・ホイスコーレ
　2000kW風車を開発　　　　　　1975.5月
通商産業省
　通商産業省、重油消費を規制　　1954.3.29
　原子力産業育成方針策定　　　　1958.6.6
　全漁連の重油輸入を許可　　　　1959.2.5
　日本地熱調査会設立　　　　　　1960.6月
　エネルギー対策協議会の設置　　1961.12.19
　電気事業審議会を設置　　　　　1962.4月
　石油製品販売価格の標準額を告示 1962.11.10
　産業公害面からする産業立地適性化要綱が
　　まとまる　　　　　　　　　　1965.8.9
　通商産業省が石油生産調整の廃止表明　1966.9.2
　排ガス無鉛化のガソリン規制　　1970.6.3
　通産省、サンシャイン計画構想　1973.8.16
　『日本のエネルギー問題』刊行　1973.9.25
　石油緊急対策決定　　　　　　　1973.10.18
　灯油小売価格の上限価格を設定　1973.11.28
　電気使用制限規則を公布　　　　1974.1.12
　家庭用灯油・LPガスの標準額を告示　1974.1.14
　サンシャイン計画が開始　　　　1974.7月
　石油製品の行政指導価格解除　　1974.8.16
　石油製品販売価格の標準額告示　1975.12.1
　石油製品販売価格の標準額撤廃　1976.5.13
　揮発油販売業法施行　　　　　　1977.5.23
　国民にエネルギー節約を求める方針 1979.1.17
　省エネルックが話題に　　　　　1979.6.6
　石油代替エネルギー開発計画を発表 1979.9.4
　太陽熱発電プラントが稼働　　　1981.8.6
　ナフサ輸入自由化へ　　　　　　1982.4.19
　長期エネルギー需給見通しを答申 1982.4.21
　エネルギー管理士試験に関する規則が公布 1984.3.9
　コージェネレーション問題検討委員会報告
　　書発表　　　　　　　　　　　1987.8.3
　全日空、国産ジェットエンジン不採用 1988.12月

通産省、太陽光発電関連規制を緩和	1990.6月	電気自動車研究会発足	1994.1.25
系統連系技術要件ガイドラインが改正	1993.4月	低公害車普及対策案まとまる	1999.5.29
通産省、プルサーマル計画推進	1997.1.14	低公害車燃料等供給施設に税金の軽減措置を実施	1999（この年）
特定放射性廃棄物の最終処分に関する法律成立	2000.5.31		

低公害車大量普及方策検討会
低公害車普及対策案まとまる　　　　1999.5.29

通商産業省公益事業局
通商産業省に公益事業局を設置　　　1952.8.1
原子力発電準備室設置を決定　　　　1956.7.19
水力開発規模決定の基準を発表　　　1956（この年）

帝国瓦斯協会
帝国瓦斯協会創立　　　　　　　　　1912.5.30

帝国石油
帝国石油設立　　　　　　　　　　　1941.9月
帝国石油が4社の石油鉱業部門を統合　1942.4月
北樺太の利権をソ連に委譲　　　　　1944.3月
主要石油会社が過度経済力集中企業に指定 1948.2.8
帝国石油が民間会社へ　　　　　　　1950.4.1
頸城～豊洲間パイプライン完成　　　1962.10月
福島県沖にガス田発見　　　　　　　1973.11月

通商産業省工業技術院
ハイブリッド型LTA航空機懇談会が発足 1978.10.6

通商産業省工業技術院原子力課
通商産業省工業技術院に原子力課発足 1955.4.11

通商産業省鉱山石炭局
通産省、産油国との原油直接取引に関する指導方針発表 1973.3.5

通商産業省資源エネルギー庁
資源エネルギー庁設置　　　　　　　1973.7.25
通産省、ガソリン無鉛化を決定　　　1974.11.26

帝国石油資源開発会社
帝国石油資源開発会社設立　　　　　1940.7月
帝国石油設立　　　　　　　　　　　1941.9月

帝国燃料興業
帝国燃料興業設立　　　　　　　　　1938.1月

通商産業省設置法
通商産業省が発足　　　　　　　　　1949.5.25

通商産業省総合エネルギー対策推進本部
総合エネルギー対策推進本部設置　　1977.2.14

逓信省
電気事業取締規則を公布　　　　　　1896.5月
逓信省、第1次水力調査を開始　　　 1910.4月
逓信省が臨時電力調査会を設置　　　1937.6月

通商産業省地質調査所
ウラン鉱採掘作業員被曝　　　　　　1955（この年）

逓信省電気局
電気局設立　　　　　　　　　　　　1909.7月

ツェッペリン、フェルディナント・フォン
ツェッペリン卿、飛行船の製作をし、飛行する 1900（この年）

逓信省臨時発電水力調査局
『発電水力調査』刊　　　　　　　　1914.3月

帝石コンゴ石油
コンゴ石油設立　　　　　　　　　　1970.8.1

ツェリー, H.
ツェリー、圧力複式衝動タービンを発明 1908（この年）

帝石トッピング・プラント
帝石トッピング・プラント設立　　　1961.9.1

ツェリータービン
ツェリー、圧力複式衝動タービンを発明 1908（この年）

帝石トッピング・プラント頸城製油所
新潟県に頸城製油所完成　　　　　　1963.7月

嬬恋村
群馬県で地熱井掘削開始　　　　　　1980.11月

ディーゼル, ルドルフ
ディーゼル、ディーゼル・エンジンを開発 1892.2.23

強い相互作用
ゲルマン、ストレンジ粒子を研究　　1953.8月

ディーゼル・エンジン
ディーゼル、ディーゼル・エンジンを開発 1892.2.23
ディーゼル・エンジンの実働に成功　1897.2.16
セランディア号が就航　　　　　　　1912（この年）
ディーゼル・エンジン、自動車に搭載 1923（この年）
ダイムラー社、自動車用ディーゼル・エンジンの試作に成功 1924（この年）
三井物産排ガス浄化装置で試験データをねつ造 2004.11.22

鶴見航路1号ブイ
太陽電池を実用化　　　　　　　　　1963（この年）

【て】

デイ, R.E.
アダムスら、セレン光起電力効果を発見 1876（この年）

ディーゼル機関
大気汚染防止法施行令の一部改正　　1987.10.30

低温乾留
パーカー、コーライトを発明　　　　1906（この年）

ディーゼル車
ディーゼル車排ガス規制強化　　　　1990.12.20
自動車排ガス規制大幅強化　　　　　1991.3.20
ディーゼル車の規制強化　　　　　　1998.8.14
中環審、ディーゼル車排ガス削減を答申 1998.12.15
ディーゼル車にフィルター装着義務化方針 2000.2.18

定期旅客空輸
初めてロンドン―パリ間定期旅客空輸を開始 1919（この年）

低公害車
ホンダ、低公害のCVCC方式エンジンを開発 1972.9.19
運輸省、低公害車第1号を指定　　　 1973.6.4

― 435 ―

排ガス規制で買い換え需要が増　2003（この年）
排ガス規制によるトラック買い替え需要が
　一巡　2004（この年）
ティートンダム
　アメリカ・アイダホ州でダム決壊　1976.6.5
ディープウェル工法
　国内最大使用水量の水路式発電所運転　1982.7月
埕北石油開発
　日中石油開発、埕北石油開発設立　1980.4.24
埕北油田
　埕北油田の開発協力　1980.2.8
ディラック, ポール・エイドリアン・モーリス
　フェルミ、フェルミ・ディラックの統計を
　　導入　1926.2月
　ディラック、ディラック方程式を発表
　　　1928（この年）
　ディラック、空孔理論を発表　1930（この年）
　アンダーソン、陽電子を発見　1932（この年）
ディラック方程式
　ディラック、ディラック方程式を発表
　　　1928（この年）
ティール, G.K.
　接合型トランジスターを開発　1949（この年）
低レベル放射性廃棄物貯蔵施設
　青森県六ヶ所村で、低レベル放射性廃棄物
　　貯蔵施設着工　1990.11.30
ティン, サミュエル
　新しい素粒子「J/ψ」の発見　1974.11.16
デーヴィー, ハンフリー
　デーヴィー、アーク灯を発明　1807（この年）
　デーヴィー、ナトリウムとカリウムを発見
　　　1807（この年）
　化学者のデーヴィーが没する　1829.5.29
テキサコ
　テキサコ・インコーポレーテッドと改称　1959.4.22
　石油プラントをコンピュータ管理　1959（この年）
　カルテックスがヨーロッパの資産を分割　1967.2月
　リビア、米系石油会社3社を完全国有化　1974.2.11
　テキサコ、ゲッティの買収に基本合意　1984.1.6
　ベンゾイル訴訟で損害賠償命令　1985.11月
　サウジ・アラムコとテキサコが合弁会社設
　　立　1988.11.10
　米連邦取引委、3社の事業統合を承認　1997.12.20
　テキサコとシェブロンの合併交渉決裂　1999.6.2
テキサス・インスツルメンツ社
　集積回路MOS-ICを発表　1964（この年）
　大規模集積回路LSIの生産を開始　1968（この年）
テキサス会社
　テキサス会社設立　1902.4.7
　カリフォルニア・テキサス・オイル設立　1936.6月
　テキサコ・インコーポレーテッドと改称　1959.4.22
テキサス燃料会社
　テキサス会社設立　1902.4.7
テキサス油田
　テキサス油田試掘成功　1893（この年）
　テキサスで大噴油井　1917（この年）

テスラ, ニコラ
　テスラ、二相交流モーターを考案　1882（この年）
　テスラ、二相誘導発電機を製作　1887（この年）
　テスラ、テスラコイルを発明　1891（この年）
テスラコイル
　テスラ、テスラコイルを発明　1891（この年）
テスラ電灯社
　テスラ、二相誘導発電機を製作　1887（この年）
鉄船
　グレート・ブリテン号が就航　1843.7.19
鉄道
　アメリカで鉄道が開業　1830（この年）
　ドイツ初の鉄道が開通　1835（この年）
　日本初の鉄道が開業　1872.10月
鉄道技術研究所
　リニアモーターカー公開走行試験実施　1972.3月
鉄道トンネル
　モンスニ＝トンネル開通　1871（この年）
デットフォード発電所
　ロンドン電力供給会社、デットフォード計
　　画を開始　1888（この年）
デバイ, ピーター
　デバイ、固体比熱の量子論を改良　1912（この年）
デ・ハビランド社
　世界初の実用旅客機が初飛行　1949.7月
デービス, レイモンド
　小柴昌俊ら、ノーベル物理学賞受賞　2002.10.8
デービス・ベッセ原子力発電所（アメリカ）
　デービス・ベッセ原発で欠損発見　2002.3.8
デビッドソン, R.
　デビッドソン、電気自動車を試作　1873（この年）
デプレ, マルセル
　デプレ、長距離送電実験を実施　1882（この年）
デーベライナー, ヨハン・ヴォルフガング
　デーベライナー、3つ組元素の法則を発表
　　　1829（この年）
テヘラン協定
　テヘラン協定成立　1971.2.14
デミネックス
　西ドイツ、デミネックス設立　1969.6.2
デュアー, ジェイムズ
　F.アーベル、コルダイトを開発　1889（この年）
デュ・フェ, シャルル・フランソワ
　デュ・フェ、金属摩擦電気を発見　1733（この年）
　デュ・フェ、電気の二流体説を提唱　1733（この年）
デュポン社
　デュポン社がナフィオン膜を開発　1960（この頃）
デュロン, ピエール・ルイ
　デュロンとプティ、原子量の表を作成
　　　1819（この年）
　化学者・物理学者のデュロンが没する　1838.7.18
デュロン-プティの法則
　デュロンとプティ、原子量の表を作成
　　　1819（この年）
　化学者・物理学者のデュロンが没する　1838.7.18

テラー, エドワード
　アメリカ, 水爆実験に成功　　　　　1952.11.1
デ・ラ・シェルバ, フアン
　デ・ラ・シェルバ, オートジャイロの飛行
　　に成功　　　　　　　　　　　1923（この年）
テーラーシステム
　フォード, テーラーシステムを導入　1911（この年）
デリ, M.
　デリら, 閉磁路変圧器の並列使用を考案
　　　　　　　　　　　　　　　　1885（この年）
デルタ航空
　米デルタ航空V2500搭載機発注　　　1989.11月
テロリズム
　アメリカで同時多発テロが発生　　　2001.9.11
電圧
　ヴォルタ, 電圧などの概念を導入　1788（この年）
電圧計
　シュヴァイガー, 倍率器を発明　　1820（この年）
電位
　ヴォルタ, コンデンサに関する論文を発表
　　　　　　　　　　　　　　　　1782（この年）
電荷
　ラザフォード, α粒子の電荷の質量に対す
　　る比を決定　　　　　　　　　1906（この年）
　チャドウィック, 原子核の電荷が原子番号
　　と一致することを実証　　　　1920（この年）
電界分離法
　西ドイツ, 再処理プロセス「電界分離法」
　　開発　　　　　　　　　　　　　　1978.8.3
電気アーク
　ビルケランとエイデ, 電弧式空中窒素固定
　　法の特許取得　　　　　　　　1903（この年）
電気一流体説
　フランクリン, 電気一流体説を提唱　1750（この年）
『電気引力に関する試論』
　ベリマン,『電気引力に関する試論』刊
　　　　　　　　　　　　　　　　1775（この年）
電気営業取締規則
　電気営業取締規則を制定　　　　　　1891.2月
電気学会
　電気学会設立　　　　　　　　　　　1888.6月
『電気学会雑誌』
　電気学会設立　　　　　　　　　　　1888.6月
『電気学の歴史と現状』
　プリーストリー,『電気学の歴史と現状』
　　刊　　　　　　　　　　　　　1768（この年）
電気機関車
　国鉄, 日本初の電気機関車を導入　　 1912.5.1
電気協会
　日本電灯協会設立　　　　　　　　　1891.5月
　電気協会設立　　　　　　　　　　 1921.10月
　大日本電気会と改称　　　　　　　 1943.10月
電気局
　電気局を設立　　　　　　　　　　 1942.11月
電気工事士法
　電気事業法, ガス事業法など一部改正　1983.12.10

電気産業労働協議会
　電気産業労働協議会を設立　　　　　1946.4月
『電気磁気試論』
　エピヌス,『電気磁気試論』刊　　1759（この年）
電気式地下鉄
　電気式地下鉄を運行　　　　　　1890（この年）
『電気磁気年報』
　スタージョン,『電気磁気年報』を刊行
　　　　　　　　　　　　　　　　1836（この年）
電気事業再編成審議会
　GHQが電気事業再編成に関する覚書を提
　　出　　　　　　　　　　　　　　　1949.7.9
電気事業再編成令
　電気事業再編成令公布　　　　　　1950.11.24
　9電力会社設立　　　　　　　　　　 1951.5.1
　電気およびガスに関する臨時措置法を施行
　　　　　　　　　　　　　　　　　 1952.12月
電気事業審議会
　電気事業審議会を設置　　　　　　　1962.4月
電気事業取締規則
　電気事業取締規則を公布　　　　　　1896.5月
電気事業法
　電気事業法を公布　　　　　　　　　1911.3月
　電気事業法改正　　　　　　　　　　1931.4月
　電気事業法案可決・成立　　　　　 1964.6.25
　電気事業法, ガス事業法など一部改正　1983.12.10
　通産省, 太陽光発電関連規制を緩和　 1990.6月
　改正電気事業法が成立　　　　　　　1995.4月
　電気事業法, 原子炉等規制法の改正案が閣
　　議決定　　　　　　　　　　　　 2002.11.5
　改正電気事業法, 原子炉等規制法改正案が
　　可決成立　　　　　　　　　　　2002.12.11
　改正電気事業法および, 改正原子炉規制法
　　が施行　　　　　　　　　　　　 2003.10.1
　改正電気事業法が成立　　　　　　2013.11.13
　改正電気事業法（第2段階）が成立　 2014.6.11
電気事業連合会
　アラビア油田開発出資　　　　　　 1957.6.21
　電事連, 濃縮ウラン国産化推進を決定　1980.11.20
　電事連が新型転換炉実証炉の建設計画を正
　　式了承　　　　　　　　　　　　 1985.5.15
　地熱開発促進のためのルール整備　　 1993.5月
　電事連, 青森県大間町の新型転換炉実証炉
　　建設計画から撤退　　　　　　　 1995.7.11
　電事連, プルサーマル計画推進　　　1997.1.20
　電事連, プルサーマル全体計画発表　 1997.2.21
　電事連, 再処理プルトニウム利用計画を公
　　表　　　　　　　　　　　　　　　2006.1.6
　経産省, 電事連, 電工会が次世代軽水炉開
　　発で正式合意　　　　　　　　　 2007.9.12
『電気磁気論』
　マクスウェル,『電気磁気論』を刊行　1873（この年）
電気試験所
　通信省に電気試験所が設立　　　　 1891.8.16
電気自動車
　デビドソン, 電気自動車を試作　　1873（この年）
　電気自動車の導入　　　　　　　　 1981.10.1
　電気自動車普及促進懇談会設置　　　1988.7.8
　電気自動車普及促進調査報告書を発表　1989.5.12

- 437 -

電気自動車用の燃料電池の開発活発化
　　　　　　　　　　　　　　1990（この年）
　燃料電池自動車を製作　　　　1991（この年）
　トヨタが電気自動車を発売　　　1996（この年）
　日産が電気自動車を発売　　　1996（この年）
　東芝、UTCと合弁会社を設立　　　1998.8.1
　BMW、電気自動車開発完了時期を公表 1999.2.26
　トヨタがGMと提携　　　　　　　1999.4.19
　水素燃料電池バスが運航開始　2000（この年）
　トヨタ、燃料電池車共同開発　　　2001.1.8
　国交省、燃料電池自動車実験　2001（この年）
　燃料電池車の開発進む　　　　　2002.12月
　GM、ハイワイヤーを発表　　　2002（この年）
　ホンダ、氷点下で始動可能な燃料電池車を
　　開発　　　　　　　　　　　　　2004.1月
　日産が、燃料電池車を販売　　2004（この年）
　電気自動車で560km走破　　　　2009.11.17
電気自動車研究会
　電気自動車研究会発足　　　　　　1994.1.25
電気自動車普及促進懇談会
　電気自動車普及促進懇談会設置　　1988.7.8
電気自動車普及促進調査報告書
　電気自動車普及促進調査報告書を発表 1989.5.12
電機子反作用
　レンツ、電機子反作用を明らかに　1847（この年）
電気集塵機
　浅野セメントで新型電気集塵装置設置
　　　　　　　　　　　　　　1916（この年）
　煤塵対策で電気集塵機が導入される 1966（この年）
電気需要調整規則
　配電統制令、電力調整令を廃止　　1946.9.30
電気使用制限規則
　電気使用制限規則を公布　　　　　1974.1.12
電気信号
　斎藤英治ら、絶縁体に電気信号を流す　2010.3.11
テンギス・シェブルオイル
　シェブロン、カザフと合弁契約締結　1993.4.6
テンギス油田
　カザフ・テンギス油田発見　　1979（この年）
　シェブロン、カザフと合弁契約締結　1993.4.6
電気精錬法
　ホールとエルー、独立にアルミニウムの電
　　気精錬法を発見　　　　　1886（この年）
電気双極子モーメント
　デバイ、固体比熱の量子論を改良　1912（この年）
電気素子
　ストーニー、電子の概念を提唱　1874（この年）
電気素量
　ヘルムホルツ、電気素量を初めて計算
　　　　　　　　　　　　　　1881（この年）
電気単位
　パリ国際電気会議で、電気単位が決定
　　　　　　　　　　　　　　1881（この年）
電気単位に関する委員会
　電気単位に関する委員会設立　1861（この年）
電気庁
　電気庁を設立　　　　　　　　　　1939.4月
　電気局を設立　　　　　　　　　　1942.11月

電気抵抗
　物理学者のオームが没する　　　　1854.7.7
電気抵抗測定法
　物理学者のホイートストン卿が没する 1875.10.19
電気的親和力
　ベルツェリウス、『化学的比例説と電気の
　　化学的影響に関する試論』刊 1812（この年）
電気鉄道
　ジーメンス、ベルリン勧業博覧会に電車を
　　出展　　　　　　　　　　　　　1879.5.31
　日本初の電気鉄道が開通　　　　　1895.2.1
　鉄道電化が始まる　　　　　1900（この頃）
電気伝導
　グレイ、電気伝導を発見　　　1729（この年）
　物理学者のグレイが没する　　　　1736.2.25
電気伝導速度実験
　ホイートストンら、電気伝導速度を実験
　　　　　　　　　　　　　　1834（この年）
電気時計
　物理学者のホイートストン卿が没する 1875.10.19
『電気に関する観察と実験』
　フランクリン、避雷針を発明　1750（この年）
電気バス
　京都市で電気バス運行　　　　1979（この年）
電気分解
　ニコルソン、電気分解に成功　　　1800.5.2
　グロートゥス、電気分解に関する理論を発
　　表　　　　　　　　　　　1805（この年）
　ゼンメリング、電信機を発明　1809（この年）
　化学者のデーヴィーが没する　　　1829.5.29
電気保安協会
　電気保安協会設立　　　　　　　　1965.12月
電気盆
　ヴィルケ、電気盆を発明　　　1764（この年）
　ヴォルタ、蓄電器を改良　　　1775（この年）
　物理学者のヴォルタが没する　　　1827.5.5
電気めっき
　ジーメンス、電気めっき法を発明 1842（この年）
電気容量
　ヴォルタ、電圧などの概念を導入 1788（この年）
『電気力学的な量の測定』
　ウェーバー、『電気力学的な量の測定』刊
　　　　　　　　　　　　　　1846（この年）
電気料金
　電気料金算定基準を公布・施行　　1951.6.16
電気力の逆2乗法則
　プリーストリー、『電気学の歴史と現状』
　　刊　　　　　　　　　　　1768（この年）
電気炉
　モアッサン、電気炉を製作　　1892（この年）
電源開発
　電源開発促進法を公布　　　　　　1952.7.31
　日本原子力発電株式会社発足　　　1957.11.1
　世界初、海外炭長期輸入契約合意　1977.6月
　熊本県で地熱調査開始　　　　　　1983.8月
　重電メーカー5社に、新型転換炉実証炉の
　　基本設計発注　　　　　　　　　1984.1.23

資源・エネルギー史事典　　事項名索引　　てんし

小国地域における地熱開発基本協定締結　1994.10月
電源開発、小国発電所計画から撤退　2002.3月
電源開発秋葉第二発電所
　初の50・60Hz両用機採用　1958.6月
電源開発大間原子力発電所
　電事連、青森県大間町の新型転換炉実証炉
　　建設計画から撤退　1995.7.11
　新型転換炉の実証炉建設中止　1995.8.25
電源開発奥只見発電所
　日本最大有効貯水量の奥只見ダムが完成、
　　発電所の運用開始　1960.12月
電源開発小国地熱発電所
　小国地熱発電所が電調審を通過　1997.7月
電源開発鬼首地熱発電所
　宮城県鬼首発電所運転開始　1975.3.19
　鬼首発電所定格出力変更　2010.2月
電源開発尾鷲第一発電所
　坂本ダム完成、尾鷲第一発電所が運用開始
　　　　　　　　　　　　　　　1962.4月
電源開発佐久間第二発電所
　国内最大使用水量の水路式発電所運転　1982.7月
電源開発佐久間発電所
　佐久間ダムが完成　1956.10月
電源開発新長期計画
　電源開発新長期計画を決定　1967.5.30
電源開発新豊根発電所
　佐久間ダムが完成　1956.10月
　国内最大使用水量の水力発電所運用開始　1972.11月
電源開発促進法
　電源開発促進法を公布　1952.7.31
電源開発田子倉発電所
　日本最大のコンクリ重力ダム完成　1959.5月
電源開発調整審議会
　電源開発促進法を公布　1952.7.31
　電源開発新長期計画を決定　1967.5.30
電源開発沼原発電所
　世界最大ロックフィルダム完成　1973.6月
電源開発御母衣発電所
　御母衣ダム完成　1961.1月
電源開発5ヶ年計画
　電源開発5ヶ年計画を発表　1951.10.16
　公益事業委、電源開発5ヶ年計画を発表　1952.1.16
電源3法
　電源3法を公布　1974.6月
電弧式空中窒素固定法
　ビルケランとエイデ、電弧式空中窒素固定
　　法の特許取得　1903（この年）
電子
　ストーニー、電子の概念を提唱　1874（この年）
　J.J.トムソン、電子を発見　1897（この年）
　J.J.トムソン、電子論を展開　1899（この年）
　カウフマン、β粒子が電子であることを実
　　証　1901（この年）
　J.J.トムソン、電子の数と原子量の比を発
　　見　1906（この年）
　J.フランクとG.ヘルツ、電子と原子の衝突
　　実験を行う　1914（この年）

フェルミ、フェルミ・ディラックの統計を
　導入　1926.2月
電磁オシログラフ
　ダッデル、電磁オシログラフを発明　1897（この年）
電磁回転
　ファラデー、電磁回転を発明　1821（この年）
電磁気論
　アンペール、電磁気の理論を研究　1823（この年）
　物理学者のアンペールが没する　1836.6.10
　物理学者・化学者のファラデーが没する　1867.8.25
電子計算機
　エッカートとモークリーがENIACが完成
　　　　　　　　　　　　　　　1946（この年）
電磁現象
　エルステッド、電流の磁気作用を発見
　　　　　　　　　　　　　　　1820（この年）
電磁石
　スタージョン、電磁石を発明　1823（この年）
　ホイートストン、電磁石を用いた発電機を
　　製作　1845（この年）
電磁石現象
　アラゴー、電磁石現象を発見　1820（この年）
電磁石モーター
　リッチー、電磁石モーターを製作　1833（この年）
電子スピン
　ディラック、ディラック方程式を発表
　　　　　　　　　　　　　　　1928（この年）
電子制御ターボエンジン
　電子制御ターボエンジン実用化　1983（この年）
電子制御燃料噴射装置
　日本初の電子制御燃料噴射装置製作　1970（この年）
電子の相対論的波動方程式
　ディラック、ディラック方程式を発表
　　　　　　　　　　　　　　　1928（この年）
電磁波
　ヘルツ、電磁波を証明　1888（この年）
　ラウエ、結晶によるX線の回折（ラウエ斑
　　点）を発見　1912（この年）
電磁場
　マクスウェル、電磁場の存在を予言　1864（この年）
　物理学者のマクスウェルが没する　1879.11.5
『電磁場の理論』
　マクスウェル、『電磁場の理論』刊　1861（この年）
電車
　シーメンス社、電車を開業　1881.5.12
　電車が実用化される　1884（この年）
　東京電灯が電車に電力供給　1890.5.4
電弱統一理論
　ワインバーグ、電弱統一理論を発表　1967（この年）
点集中装置
　点集中装置の解析　1973.5月
電磁誘導
　ヘンリー、電磁誘導を発見　1830（この年）
　ファラデー、電磁誘導を発見　1831.8.21
　ピキシ、手回し発電機を発明　1832（この年）
　ウェーバー、『電気力学的な量の測定』刊
　　　　　　　　　　　　　　　1846（この年）

- 439 -

マクスウェル、『ファラデーの力線について』を発表　1856（この年）
　　フレミング、フレミングの右手の法則を発表　1885（この年）
『電磁誘導の法則』
　　ファラデー、電磁誘導を発見　1831.8.21
電子力学
　　ヘルツ、運動物体の電子力学の論文を発表　1890（この年）
電子論
　　ローレンツ、電子論を提唱　1892（この年）
電信機
　　ゼンメリング、電信機を発明　1809（この年）
　　ガウスとウェーバー、電信機を発明　1833（この年）
　　物理学者のホイートストン卿が没する　1875.10.19
天津電線工場（中国）
　　天津電線工場で二名被曝　1995.11.21
電池
　　ガルヴァーニ、ガルヴァーニ現象を発見　1789.8月
　　ヴォルタ、ヴォルタ電池を発明　1800（この年）
電灯
　　東京電灯、1万灯祝典を挙行　1891.7月
　　電灯が11万個を突破　1895（この年）
　　東京に電灯が普及　1913.4月
電動機
　　ヘンリー、『電動機についての論文』を発表　1831（この年）
　　ヘンリー、自己誘導を発見　1832（この年）
『電動機についての論文』
　　ヘンリー、『電動機についての論文』を発表　1831（この年）
天然ウラン黒鉛減速型未臨界実験装置
　　横須賀市に天然ウラン黒鉛減速型未臨界実験装置完成　1962.2.7
天然ウラン黒鉛減速空冷型機
　　イギリス・ウィンズケールのプルトニウム生産1号機、臨界　1950.10月
天然ウラン精鉱輸入契約
　　天然ウラン精鉱輸入契約締結　1958.10.29
天然ガス
　　日本天然瓦斯社、天然ガス井掘削に成功　1906（この年）
　　石油技術協会設立　1933.5.25
　　石油および可燃性天然ガス資源開発法公布　1952.5.31
　　フローニンゲンガス田発見　1959（この年）
　　西シベリアでガス田発見　1967.12.27
　　石油開発公団がガス田を発見　1968.3月
　　日本海洋掘削設立　1968.4月
　　水溶性天然ガス採集規制強化　1970.9月
　　東京ガス、天然ガスへ転換　1972.6月
　　新潟県でガス田発見　1973.3月
　　新潟県で天然ガス噴出　1973.4月
　　福島県沖にガス田発見　1973.11月
　　日ソ探鉱覚書に調印　1974.4.26
　　シベリア資源開発契約締結　1974（この年）
　　日ソ、輸銀借款に仮調印　1975.7.14
　　PEAC、天然ガス開発について建議　1975.12月
　　大阪ガス、天然ガスへ転換　1975（この年）
　　新潟県でガス田発見　1978.9月
　　国鉄静岡駅前地下街で爆発事故　1980.8.16
　　タイ天然ガス分離プロジェクトへ円借款　1981.11.6
　　環境にやさしいバスが導入　1995（この年）
　　中国の天然ガス田で有毒ガスが噴出　2003.12.23
　　中国にガス田開発のデータ要求　2004.6.21
　　中国が東シナ海でガス田開発　2004.10.25
　　日本政府、東シナガス田の調査結果を発表　2005.4.1
　　中国がガス田で生産開始　2005.9.20
　　日本、東シナ海ガス田の共同開発を提案　2005.10.1
　　日中、東シナ海ガス田開発で正式合意　2008.6.18
　　「ガス輸出国フォーラム」正式発足　2008.12.23
天然ガス専焼発電所
　　南横浜火力発電所が稼働　1970.4月
天然ガス統制撤廃法
　　米で天然ガス統制撤廃法成立　1989.7.26
天然ガス発電所
　　豊富発電所が完成　1957.11月
電波
　　C.F.ブラウン、電波の検出に鉱石検波器を用いる　1901（この年）
電媒定数
　　ファラデー、電媒定数を測定　1836（この年）
電報
　　東京・横浜間電信開通　1869.12.25
デンマーク国立研究所
　　デンマーク、ブレード形式の異なる2機設置　1979（この年）
デンマークブイ
　　デンマークブイ（1kW）現地試験　1987（この年）
デンマーク風力発電協会（DVES）
　　ラ・クール、デンマーク風力発電協会（DVES）設立　1903.10月
田野湯沢地域
　　大分県と熊本県で地熱調査開始　1988（この年）
電離説
　　アレニウス、電離説を提唱　1884（この年）
電流計
　　ポッゲンドルフ、電流計を発明　1820（この年）
電流交直論争
　　電流戦争が勃発　1882（この頃）
電流天秤
　　国際会議で電気の単位を確定する　1908（この年）
電流の磁気作用
　　エルステッド、電流の磁気作用を発見　1820（この年）
電力管理準備局
　　逓信省が臨時電力調査会を設置　1937.6月
電力危機突破対策要綱
　　電力危機突破対策要綱を閣議決定　1947.11.14
電力技術研究所
　　電力技術研究所を設立　1951.11月
電力供給
　　3電協定が成立　1917.7月
電力供給事業
　　ブラッシュ、照明事業を開始　1879（この年）

電力経済研究会
　原子力平和利用調査会が発足　　　　　1955.6.18
電力経済研究所
　電力経済研究所設立　　　　　　　　1952（この年）
電力系統利用協議会
　電力系統利用協議会と日本卸電力取引所が
　業務開始　　　　　　　　　　　　　　2005.4.1
電力国家管理法
　電力国家管理法、日本発送電法を公布　　1938.4月
電力審議会
　逓信省が臨時電力調査会を設置　　　　　1937.6月
電力制限
　本州全域に電力制限実施を決定　　　　　1951.9.5
電力中央研究所
　電力技術研究所を設立　　　　　　　　1951.11月
　地熱調査必要なしと結論　　　　　　1956（この年）
　六甲アイランドで、系統連系システムが完
　成　　　　　　　　　　　　　　　1986（この年）
電力調整令
　電力調整令を公布　　　　　　　　　　1939.10月
　配電統制令、電力調整令を廃止　　　　　1946.9.30
電力融通契約
　東京電灯と大同電力が電力融通契約　1924（この年）
転炉製鋼法
　ベッセマー、転炉製鋼法の特許取得　1855（この年）
電話機
　ライス、振動膜を利用した電話機を発明
　　　　　　　　　　　　　　　　　1860（この年）
　ベル、実用電話機を発明　　　　　　1876（この年）
　ベル、ベル電話会社を設立　　　　　　　1877.7.9

【と】

ドイツ・ガスエンジン製作所
　ボッシュが工場を設立　　　　　　　　1886.11.15
ドイツ銀行
　カルテル・エブーが成立　　　　　　1906（この年）
ドイツ国立重イオン研究所
　クォーク凝縮、初確認　　　　　　　　　2004.2月
ドイッチェ・エジソン社（AEG）
　ラーテナウ、ドイッチェ・エジソン社を設
　立　　　　　　　　　　　　　　　1883（この年）
　国鉄、日本初の電気機関車を導入　　　　1912.5.1
ドイツ電気学会
　ベルリン電気学会設立　　　　　　　1879（この年）
ドイツ・ルーマニア石油通商協定
　ドイツ・ルーマニア石油通商協定成立　　1939.3.25
東亜共石名古屋製油所
　東亜共石名古屋製油所完成　　　　　　　1973.10.1
東亜共石
　東亜共石設立　　　　　　　　　　　　　1973.6.8
　東亜共石名古屋製油所完成　　　　　　　1973.10.1
　東亜共石の経営譲渡を了承　　　　　　1979.12.13
　知多石油発足　　　　　　　　　　　　1979.12.25

東亜石油
　共同石油設立　　　　　　　　　　　　1965.8.10
　共同石油が3社の販売部門を全面集約　　1966.7.1
　東亜共石の経営譲渡を了承　　　　　　1979.12.13
東亜燃料工業
　東亜燃料工業設立　　　　　　　　　　　1939.7.5
　石油精製業者8ブロックに統合　　　　　1942.8月
　日本国内の製油所被爆　　　　　　　　　1945.3月
　ゼネラル石油設立　　　　　　　　　　1958.11.4
　日網石油精製設立　　　　　　　　　　1958.11.25
　東燃川崎工業完成　　　　　　　　　　　1962.3.13
東亜燃料工業清水製油所
　太平洋岸各製油所操業再開　　　　　　　1950.1月
同位体
　J.J.トムソン、原子量を測定　　　　1910（この年）
　ソディ、同位体と命名　　　　　　　1913（この年）
　リチャーズ、鉛の同位体を証明　　　1913（この年）
　アストン、質量分析器による同位体の分離
　　　　　　　　　　　　　　　　　1918（この年）
東海再処理施設
　動燃、再処理施設のウラン試験を開始　　1975.9.5
　東海村再処理問題日米共同声明・共同決定
　調印　　　　　　　　　　　　　　　　1977.9.12
　動燃、東海再処理施設の運転開始　　　　1977.9.22
　東海再処理施設で、プルトニウム初抽出　1977.11.7
　使用済み核燃料、初の国内輸送　　　　　1979.1.30
　東海再処理施設が本格運転入り　　　　　1981.1.17
　回収ウランとプルトニウムでMOX燃料完
　成　　　　　　　　　　　　　　　　　1984.4.11
　東海再処理施設の新溶解槽の試運転開始　1985.2.18
東海再処理施設の運転方法に関する日米共同声
明及び共同決定
　東海村再処理問題日米共同声明・共同決定
　調印　　　　　　　　　　　　　　　　1977.9.12
東海村JCO臨界事故
　JCO東海事業所で臨界事故　　　　　　1999.9.30
等価原理
　アインシュタイン、一般相対性理論を完成
　　　　　　　　　　　　　　　　　　1915.11.25
東化工
　岩手県で地熱調査開始　　　　　　　　　1955.7月
トゥカーン
　日本とヨルダンが原子力協力協定締結　　2010.9.10
東京ガス
　LNガス輸入開始　　　　　　　　　　　1969.11月
　東京ガス、天然ガスへ転換　　　　　　　1972.6月
　ブルネイからLNG輸入開始　　　　　　1972.12月
　燃料電池開発に着手　　　　　　　　1972（この年）
　エネルギーのOPEC離れ　　　　　　　　1977.1.2
　ガス料金二部料金体系へ　　　　　　1980（この年）
東京瓦斯会社
　東京瓦斯会社設立　　　　　　　　　　　1885.10月
東京瓦斯局
　東京瓦斯会社設立　　　　　　　　　　　1885.10月
東京原子力産業研究所
　東京原子力産業研究所開設　　　　　　　1962.1.30
東京工業大学
　加藤与五郎、OP磁石を発明　　　　　1930（この年）

とうき　　　　事項名索引　　　　資源・エネルギー史事典

東工大で濃縮ウラン軽水系臨界未満実験装
　置完成　　　　　　　　　　　　　1963.7.8
東京高等検察庁
　石油連盟・石油元売を独禁法違反で起訴　1974.5.28
東京高等裁判所
　石油業界独禁法違反事件判決　　　1980.9.26
東京サミット
　東京宣言採択　　　　　　　　　　1979.6.28
東京市街鉄道深川古石場発電所
　深川古石場発電所、蒸気タービンを導入
　　　　　　　　　　　　　　　1904（この年）
東京市電
　3電協定が成立　　　　　　　　　　1917.7月
東京自動車製作所
　東京自動車製作所、ガソリン自動車第1号
　　製作　　　　　　　　　　　　　1907.4月
東京宣言
　公害問題国際シンポジウムが開催　　1970.3.9
　東京宣言採択　　　　　　　　　　1979.6.28
東京大学原子核研究所
　東京大学原子核研究所設立　　　　1955.7.1
　東京大学原子核研究所放射能漏出　1980.4月
　東大原子核研究所で放射能汚染事故　1980.5.11
東京大学工学部
　工部大学校電信科設立　　　　　1873（この年）
東京大気汚染公害裁判
　東京大気汚染公害裁判　　　　　　1996.5.31
東京電信中央局
　日本初のアーク灯が点灯　　　　　1878.3.25
東京電灯
　東京電灯設立を出願　　　　　　　1882.3月
　日本初の電灯が点灯する　　　　　1885.6月
　大阪紡績会社三軒家工場に発電機を設置
　　　　　　　　　　　　　　　　　1886.9月
　東京電灯、火力発電で市内配電開始　1887.11.29
　東京電灯が電車に電力供給　　　　1890.5.4
　東京電灯、1万灯祝典を挙行　　　　1891.7月
　東京電灯、タービン発電機を採用　　1905.1月
　日本の水力発電技術が進歩　　　　1907.12.20
　3電協定が成立　　　　　　　　　　1917.7月
　東京電灯と大同電力が電力融通契約 1924（この年）
　太刀川平治、日本初のタービンによる地熱
　　発電成功　　　　　　　　　　　1925.11月
　国内最大出力の水路式発電所が運転開始 1939.11月
東京電灯千住火力発電所
　東京電灯、タービン発電機を採用　　1905.1月
東京電灯第2電灯局
　東京電灯、火力発電で市内配電開始　1887.11.29
東京電力
　東京電灯、火力発電で市内配電開始　1887.11.29
　日本の水力発電技術が進歩　　　　1907.12.20
　太刀川平治、日本初のタービンによる地熱
　　発電成功　　　　　　　　　　　1925.11月
　電気事業再編成令公布　　　　　　1950.11.24
　東京電力、原子力発電委員会設置　　1955.10.11
　国内初の商業用発電所が連続送電開始　1966.7.27
　LNガス輸入開始　　　　　　　　　　1969.11月
　日本最大の原子力発電センター建設計画発
　　表　　　　　　　　　　　　　1970.6.24

ブルネイからLNG輸入開始　　　　　1972.12月
エネルギーのOPEC離れ　　　　　　1977.1.2
使用済み核燃料、初の国内輸送　　　1979.1.30
LNG冷熱発電に成功　　　　　　　　1979.11月
群馬県で地熱井掘削開始　　　　　　1980.11月
脱石油・原発推進で合意　　　　　　1980.12.9
新型BWR開発計画調印　　　　　　1981.7.15
燃料電池で4500kWを達成　　　　　　1984.2月
50万V長距離地中送電CVケーブルを実用
　化　　　　　　　　　　　　　　1994.12月
八丈島に関東初の地熱発電所建設　　1998.4月
東京電力、発電所建設を凍結　　　　2001.2.8
東京電力自主点検記録不正問題が発覚　2002.8.29
原子力安全・保安院、告発者名を東京電力
　に漏らす　　　　　　　　　　　　2002.9.12
原子力安全・保安院長らを処分　　　2002.9.27
経産相が、東電原発トラブル隠しで謝罪　2003.6.6
東京電力、福島第一原発の低レベル放射性
　汚染水を海へ放出　　　　　　　　2011.4.4
東京電力、福島第一原発廃止決定　　　2011.5.20
東電、福島第一原発の事故分析結果発表　2011.5.24
東京電力全原子炉が運転停止　　　　2012.3.26
東京電力の廃炉推進カンパニー始動　　2014.4.4
東京電力安曇発電所
　安曇発電所に日本初の揚水式水車を導入
　　　　　　　　　　　　　　　2003（この年）
東京電力姉崎火力発電所
　東電姉崎火力発電所で600MW級超臨界圧
　　ユニットを採用　　　　　　　　1967.12月
東京電力猪苗代第一発電所
　日本初の水力発電での長距離送電　　1914.10月
東京電力今市発電所
　フランシス・ポンプ水車で国内最大級単機
　　容量の水力発電所運用開始　　　1988.7月
東京電力大井火力発電所
　東京電力、GMFを世界初設置　　1971（この年）
　大井火力発電所で爆発事故　　　　1987.5.26
東京電力鹿島火力発電所
　1000MW級発電機、運転開始　　　　1974.5.28
東京電力柏崎刈羽原子力発電所
　柏崎刈羽原発増設の反対運動起こる　1980.12.4
　柏崎刈羽原発1号機、営業運転開始　1985.9.18
　柏崎刈羽原発5号機、営業運転開始　1990.4.10
　柏崎刈羽原発2号機、営業運転開始　1990.9.28
　柏崎刈羽原発3号機、営業運転開始　1993.8.11
　柏崎刈羽原発4号機、営業運転開始　1994.8.11
　柏崎刈羽原発が落雷で自動停止　　1995.1.5
　柏崎刈羽原発が油漏れで運転停止　　1995.7.12
　柏崎刈羽原発、原子炉を手動で停止　1996.2.22
　柏崎刈羽原発の停止原因が判明　　1996.3.11
　柏崎刈羽原発6号機、営業運転開始　1996.11.7
　柏崎刈羽原発7号機が試運転　　　1996.12.17
　柏崎刈羽原発7号機、営業運転開始　1997.7.2
　柏崎刈羽原発プルサーマル計画で住民投票
　　　　　　　　　　　　　　　　　2001.5.27
　柏崎刈羽原発3号機で炉心隔壁に亀裂　2002.8.23
　柏崎刈羽原発5号機の原子炉建屋付属棟か
　　ら煙　　　　　　　　　　　　　2002.12.30
　柏崎刈羽原発で運転再開　　　　　2003.5.7

- 442 -

新潟中越沖地震発生により、柏崎刈羽原発
　が自動停止　　　　　　　　　　　2007.7.16
新潟・柏崎刈羽原発で14年弁開け放し　2008.12.4
東京電力鬼怒川発電所
　発電用ダム完成　　　　　　　1912（この年）
東京電力切明発電所
　コンクリ表面遮水壁型ダム完成　　　1956.10月
東京電力駒橋発電所
　日本の水力発電技術が進歩　　　　　1907.12.20
東京電力小諸発電所
　小諸発電所のダムで決壊事故が発生 1928（この年）
東京電力佐久発電所
　日本初の差動式サージタンク発電所、運転
　　開始　　　　　　　　　　　　　1928.11月
東京電力白根発電所
　立軸ペルトンを使用の発電所を設置　　1954.3月
東京電力新信濃周波数変換所
　新信濃周波数変換所が稼働　　　　　1977.12月
東京電力新高瀬川発電所
　日本最大の揚水式発電所完成　　　　 1979.6月
東京電力千葉火力発電所
　東電千葉火力発電所で水管腐食事故が発生
　　　　　　　　　　　　　　　1960（この年）
東京電力鶴見第2火力発電所
　東京電力鶴見第2火力発電所建設現場ガス
　　爆発　　　　　　　　　　　　　 1954.3.3
東京電力中津川第一発電所
　発電用バットレスダム完成　　　　　 1924.9月
東京電力南横浜火力発電所
　南横浜火力発電所が稼働　　　　　　 1970.4月
東京電力日光第二発電所
　国産初の交流発電機が設置される　　　1893.10月
東京電力沼上水力発電所
　1万V級の水力発電所建設　　　 1899（この年）
東京電力八丈島地熱発電所
　八丈島に関東初の地熱発電所建設　　　1998.4月
東京電力広野火力発電所
　超臨界圧変圧貫流ボイラーが導入される
　　　　　　　　　　　　　　　1980（この年）
東京電力福島原子力発電所事故調査委員会（国会
　事故調）
　国会内に福島事故調査委員会設置　　2011.12.8
東京電力福島原子力発電所における事故調査・
　検証委員会（政府事故調）
　日本政府、吉田調書を公開　　　　　2014.9.11
東京電力福島第一原子力発電所
　福島第一原発1号機、営業運転開始　　1971.3.26
　福島第一原発で廃液漏出　　　　　　1973.4.14
　福島第一原発で廃液漏出　　　　　　1973.6.25
　福島第一2号機、営業運転開始　　　 1974.7.18
　福島第一原発で放射能漏出　　　　　1974.10.23
　福島第一原発で作業員被曝　　　　1974（この年）
　福島第一原発で放射能漏れ　　　　　 1975.3.9
　福島第一3号機、営業運転開始　　　 1976.3.27
　福島第一原発で放射性同位体漏出　 1977（この年）
　福島第一5号機、営業運転開始　　　 1978.4.18
　福島第一4号機、営業運転開始　　　1978.10.2

福島第一3号機で臨界事故　　　　　 1978.11.2
福島第一6号機、営業運転開始　　　1979.10.24
福島第一原発で漏水　　　　　　　　 1989.2.13
福島第一原発2号機でポンプ停止事故　 1992.9.29
福島第一原発に、日本初の乾式貯蔵が採用
　　　　　　　　　　　　　　　　　 1994.1.27
福島第一原発で世界初のシュラウド交換 1997.3.26
福島第一原発で配管にひび　　　　　 1999.8.27
福島第一原発5号機で熱湯漏れ　　　　 2000.1.16
福島第一原発1号機を1年間運転停止へ 2002.10.25
東電、停止していた福島第一原発を再稼働
　　　　　　　　　　　　　　　　　 2003.8.13
東京電力、プルサーマル方式による原子炉
　起動　　　　　　　　　　　　　　 2010.9.18
東日本大震災により、福島第一原発が被災
　　　　　　　　　　　　　　　　　 2011.3.11
福島第一原発1号機で水素爆発　　　　 2011.3.12
福島第一原発3号機で水素爆発　　　　 2011.3.14
福島第一原発2号機の圧力抑制室で破損事
　故　　　　　　　　　　　　　　　 2011.3.15
福島第一原発から20〜30km圏内に屋内退
　避指示　　　　　　　　　　　　　 2011.3.15
福島第一原発正面付近で、毎時10ミリシー
　ベルトの放射線量　　　　　　　　 2011.3.16
福島第一原発1号機タービン建屋地下で高
　濃度の放射線を検出　　　　　　　 2011.3.25
福島第一原発から半径20〜30km圏内に自
　主避難要請　　　　　　　　　　　 2011.3.25
東京電力、福島第一原発の低レベル放射性
　汚染水を海へ放出　　　　　　　　　2011.4.4
IAEA、福島原発事故の国際原子力事
　象評価尺度引き上げ　　　　　　　 2011.4.12
東京電力、福島第一原発廃止決定　　　2011.5.20
東電、福島第一原発の事故分析結果発表 2011.5.24
原子力損害賠償支援機構法が成立　　　 2011.8.3
原子力委員会、福島第一原発廃炉までの工
　程表発表　　　　　　　　　　　　2011.10.28
福島事故収束宣言　　　　　　　　　2011.12.16
福島第一原発5、6号機廃止決定　　　 2014.1.31
原子力災害対策本部、都路町地区東部の避
　難指示を解除　　　　　　　　　　　2014.4.1
改正電気事業法（第2段階）が成立　　 2014.6.11
東京電力福島第二原子力発電所
　福島第二1号機、営業運転開始　　　 1982.4.20
　福島第二1号機、連続運転で軽水炉の世界
　　記録を更新　　　　　　　　　　 1983.4.28
　福島第二2号機、営業運転開始　　　　1984.2.3
　福島第二3号機、営業運転開始　　　　1985.6.21
　福島第二4号機、営業運転開始　　　　1987.8.25
　福島第二原発3号機で運転停止　　　　1989.1.6
　福島第二原発で冷却水漏れ　　　　　　1989.6.3
　六栄丸、使用済み核燃料の輸送を開始　1998.9.30
　六栄丸、使用済み核燃料の輸送を終了　1998.10.2
　福島第二原発3号機でシュラウドにひび割
　　れ　　　　　　　　　　　　　　　 2000.7.6
　福島第二原発で放射能漏れ　　　　　　2002.9.2
　東日本大震災により、福島第二原発が被災
　　　　　　　　　　　　　　　　　 2011.3.11
東京電力富士川火力発電所
　静岡県富士市で東電発電所建設反対派住民
　　と警官隊が衝突　　　　　　　　　1969.3.29

- 443 -

とうき

東京電力矢木沢発電所
　矢木沢ダム発電所で爆発事故　　1966.11.7
　初の可変速揚水開始　　　1990（この年）
東京電力横須賀火力発電所
　煤塵対策で電気集塵機が導入される　1966（この年）
東京電力竜島第二発電所
　大容量送電開始　　　　　　　　1923.5月
東京・横浜間電信
　東京・横浜間電信開通　　　　1869.12.25
東芝
　国産一号原子炉JRR-3着工　　　1959.1.14
　核燃料加工会社日本ニユクリア・フユエル
　　の設置許可　　　　　　　　　1967.4.20
　地熱発電設備輸出第1号　　　　1969.11月
　日本核燃料開発会社発足　　　　1972.2.15
　超LSIを開発　　　　　　　1976（この年）
　北海道で発電プラントに成功　　1977.10月
　東芝製タービンが米国へ出荷　　1978.4月
　新型BWR開発計画調印　　　　　1981.7.15
　重電メーカー5社に、新型転換炉実証炉の
　　基本設計発注　　　　　　　　1984.1.23
　ウラン濃縮機器株式会社発足　　1984.12.1
　東芝、UTCと合弁会社を設立　　1998.8.1
　グローバル・ニュークリア・フュエル社設
　　立　　　　　　　　　　　　　2000.1.1
　安曇発電所に日本初の揚水式水車を導入
　　　　　　　　　　　　　　2003（この年）
　東芝、米原子力企業を買収　　　2006.2.6
　国際原子力開発会社発足　　　2010.10.22
　バイナリー発電システムの実証試験を開始
　　　　　　　　　　　　　　　　2014.8.22
東芝マツダ研
　可搬型ベータトロン完成　　　　1959.5.27
導体
　グレイ、電気伝導を発見　　1729（この年）
東南アジア経済開発閣僚会議
　核実験禁止で一致　　　　　　　1974.10月
東南アジア地域原子力協力協定
　東南アジア地域原子力協力協定参加決定　1978.8.25
道南地熱エネルギー
　北海道・濁川地域における地熱開発協定締
　　結　　　　　　　　　　　　　1977.3月
　日本で8番目の地熱発電所運転開始　1982.11.27
動燃改革法
　動燃改革法案が可決成立　　　　1998.5.13
動物電気
　ガルヴァーニ、動物電気を発見　1780（この年）
　ガルヴァーニ、『筋肉運動に関する電気作
　　用について』刊　　　　　1791（この年）
　物理学者のヴォルタが没する　　1827.5.5
『動物熱と可燃物の燃焼についての実験と考察』
　クロフォード、『動物熱と可燃物の燃焼に
　　ついての実験と考察』刊　　　1778（この年）
東邦ガス
　ガス料金二部料金体系へ　　1980（この年）
東邦石油
　東邦石油設立　　　　　　　　　1961.5.1

東邦石油尾鷲製油所
　東邦尾鷲製油所完成　　　　　1964.11.10
東邦電力
　全自動式発電所開始　　　　　　1923.5月
　屋外式発電所、運転開始　　　　1930.11月
東北水力地熱
　葛根田2号機建設へ　　　　1984（この年）
　東北水力地熱、蒸気供給事業を承継　2008.1.1
東北石油
　東北石油設立　　　　　　　　　1968.7.8
東北大学原子核理学研究施設
　被曝事故相次ぐ　　　　　　　　1974.6.3
東北大学理学部
　線型加速器故障により被爆　　1974（この年）
東北地熱エネルギー
　葛根田2号機建設へ　　　　1984（この年）
　葛根田2号機の地熱開発基本協定締結　1992.1.28
　葛根田地熱発電所2号機、運転開始　1996.3.1
東北電力
　電気事業再編成令公布　　　　1950.11.24
　日本初の純揚水発電所が運用開始　1952.11.14
　ダムと平行して発電所を設置　　1953.8月
　東北電力の原子力モデル試験実施　1954（この年）
　日本最大の原子力発電センター建設計画発
　　表　　　　　　　　　　　　　1970.6.24
　岩手県での地熱開発で協定締結　1970.12月
　脱石油・原発推進で合意　　　　1980.12.9
　秋田県上の岱地域の地熱開発で協定締結　1989.12月
　秋田県澄川地域の地熱開発で協定締結　1990.11月
　福島県での地熱発電共同開発について合意
　　　　　　　　　　　　　　　　1991.1月
　東北電力、水弁集約式波力発電システムを
　　設置　　　　　　　　　　1996（この年）
　世界初の立軸バルブ水車　　　　2002.6月
東北電力揚川発電所
　国内最大水量の揚川発電所が運用開始　1963.5月
東北電力池尻川発電所
　日本初の揚水式水力発電が行われる　1934.4月
東北電力上の岱地熱発電所
　上の岱発電所運転開始　　　　　1994.3.4
　上の岱地熱発電所の出力変更　　1997.2.12
　東北水力地熱、蒸気供給事業を承継　2008.1.1
東北電力女川原子力発電所
　女川1号機、営業運転開始　　　1984.6.1
　女川原発差し止め請求を棄却　　1994.1.31
　女川原発2号機、営業運転開始　1995.7.28
　女川原発で冷却水漏れ　　　　1995.12.24
　女川原発1号機で水漏れ　　　　2000.9.2
　女川原発3号機、営業運転開始　2002.1.30
　女川原発でボヤ　　　　　　　　2002.2.9
　女川原発で配管に水漏れ　　　　2002.4.2
　女川原発が自動停止　　　　　　2005.8.16
　東北電力、女川原発のデータ不正操作を発
　　表　　　　　　　　　　　　　2006.12.7
　東日本大震災により、女川原発が被災　2011.3.11
　女川原発、震度6強の余震で、一部電源遮
　　断　　　　　　　　　　　　　2011.4.7

― 444 ―

東北電力片門発電所
ダムと平行して発電所を設置　1953.8月
東北電力葛根田地熱発電所
クローズド地熱発電運転開始　1978.5.26
葛根田地熱発電所2号機建設へ　1982.9.25
葛根田2号機建設へ　1984(この年)
葛根田地熱発電所で輸送管崩壊　1987(この年)
葛根田で深部生産井成功　1989(この年)
葛根田2号機の地熱開発基本協定締結　1992.1.28
葛根田地熱発電所2号機、運転開始　1996.3.1
東北電力三居沢発電所
日本初の水力発電、運転開始　1888.7.1
東北電力信夫山無線中継所
日本初の太陽光発電　1958.11月
東北電力白岩発電所
鍛接管利用の水力発電所、運転開始　1900.5月
東北電力澄川地熱発電所
八幡平澄川発電所、運転開始　1995.3.2
東北電力第二上野尻発電所
世界初の立軸バルブ水車　2002.6月
東北電力浪江・小高原子力発電所
東北電力、浪江・小高原子力発電所の計画を中止　2013.3.28
東北電力沼沢沼発電所
日本初の純揚水発電所が運用開始　1952.11.14
東北電力原町火力発電所
東北電力、水弁集約式波力発電システムを設置　1996(この年)
東北電力東新潟火力発電所
コンバインドサイクル発電が採用される　1984(この年)
東北電力本名発電所
東北電力が水車モデル試験実施　1954(この年)
東北電力巻原子力発電所
巻原発で住民投票条例案　1995.6.26
巻原発建設の住民投票は先送り　1995.10.3
巻原発をめぐる住民投票　1996.3.4
巻原発住民投票の日程決定　1996.3.21
住民投票で巻原発反対　1996.8.4
東北電力柳津西山地熱発電所
柳津西山発電所、運転開始　1995.5.25
柳津西山地熱発電所、運転開始　1998.7月
洞爺湖サミット
洞爺湖でサミット―温室効果ガス半減目標を明記　2008.7.7
灯油
ゲスナー、灯油を発見　1853(この年)
ドレーク、ドレーク油田で採掘開始　1859(この年)
東洋商工
東洋商工設立　1933.6月
東洋商工石油
東洋商工設立　1933.6月
東洋石油精製
東洋石油精製設立　1968.8.22
日石精が東洋石精を吸収合併　1975.11.1
東洋石油精製中城製油所
東洋石精中城製油所完成　1970.11.5

『動力学論』
ダランベール、『動力学論』刊　1743(この年)
動力炉・核燃料開発事業団
動力炉・核燃料開発事業団発足　1965.7.20
動力炉・核燃料開発事業団(動燃)発足　1967.10.2
動燃、遠心分離法によるウラン濃縮実験成功　1969.5.30
高速増殖実験炉「常陽」を設置　1970.2月
「ふげん」設置　1970.11月
遠心分離法による国産濃縮機完成　1972.1.19
プルトニウム燃料製造工場完成　1972.2.16
動燃で被曝事故　1975.4.24
動燃で職員被曝　1975.9.4
動燃、再処理施設のウラン試験を開始　1975.9.5
高速実験炉「常陽」臨界　1977.4.24
動燃、東海再処理施設の運転開始　1977.9.22
東海再処理施設で、プルトニウム初抽出　1977.11.7
高性能遠心分離機BT-2初公開　1978.5.13
日独仏、FBR技術協力協定調印　1978.6.21
「ふげん」本格運転開始　1979.3.20
人形峠ウラン濃縮パイロットプラント運転入り　1979.9.12
動燃、濃縮ウラン約300kgの回収に成功　1979.12.26
プルトニウム混合転換技術開発施設着工　1980.8.8
動燃、プルトニウム燃料の国産化に成功　1980.11.14
東海再処理施設が本格運転入り　1981.1.17
ATR原型炉「ふげん」が、初の国産MOX燃料で発電　1981.10.10
動燃、FBR燃料サイクル成功　1983.6.29
動燃、濃縮原型プラントの設置場所を決定　1983.11.18
回収ウランとプルトニウムでMOX燃料完成　1984.4.11
東海再処理施設の新溶解槽の試運転開始　1985.2.18
高速増殖原型炉「もんじゅ」起工式　1985.10.28
ウラン濃縮原型プラントの起工式　1985.11.13
人形峠のウラン濃縮原型プラント操業開始　1988.4.25
放射能汚染土砂投棄　1988.8月
動燃、ウラン濃縮プラントを完成　1989.1.26
動燃再処理工場で作業員被曝　1989.3.16
「もんじゅ」が試運転　1991.5.18
落雷で3原子炉停止　1991.9.5
動燃東海・分離精錬工場で放射性物質が飛散　1993.12.27
高速増殖炉「もんじゅ」が初臨界　1994.4.5
日本初の高レベル放射性廃棄物のガラス固化体が公開　1995.2.20
「もんじゅ」臨界に　1995.8.23
「もんじゅ」初送電　1995.8.29
核不拡散国際会議、日本のプルトニウム利用に懸念を表明　1995.11.13
高速増殖炉「もんじゅ」ナトリウム漏出事故　1995.12.8
「もんじゅ」事故ビデオで核心隠蔽　1995.12.20
「もんじゅ」事故現場ビデオ隠蔽問題　1995.12.21
「もんじゅ」事故・不祥事で担当理事ら更迭　1995.12.23
動燃、「もんじゅ」ナトリウム漏れの原因を発表　1996.1.8
「もんじゅ」事故隠しで動燃担当者が自殺　1996.1.13

| とうり | 事項名索引 | 資源・エネルギー史事典 |

「もんじゅ」事故原因の温度計を探索　1996.1.26
動燃、「もんじゅ」破断面の映像を公開　1996.2.10
「もんじゅ」事故原因の温度計、見つかる　1996.3.28
「もんじゅ」ナトリウム漏れの再現実験　1996.4.8
「もんじゅ」事故再現実験　1996.6.7
動力炉・核燃料開発事業団東海事業所火
　災・爆発事故が発生　1997.3.11
「ふげん」廃炉方針　1997.4.16
「もんじゅ」半年間運転停止処分　1997.8.3
「もんじゅ」事故で立入検査　1997.8.9
動燃改革法案が可決成立　1998.5.13
核燃料サイクル開発機構発足　1998.10.1
動力炉・核燃料開発事業団東海再処理施設
　動燃再処理施設から放射性ヨウ素大量放出
　　　　　　　　　　　　　　　　　1989.10.4
動力炉・核燃料開発事業団東海事業所
　動燃東海で被曝事故　1986.6.23
　動燃東海で作業員被曝　1988.9.1
　動燃東海で硝酸プルトニウム溶液漏洩　1992.1.9
　動力炉・核燃料開発事業団東海事業所火
　　災・爆発事故が発生　1997.3.11
　動燃東海事業所火災・爆発事故で消火確認
　　なし　1997.4.8
　動燃東海事業所火災・爆発事故で虚偽報告
　　書　1997.4.10
　低レベル放射性廃棄物ドラム缶腐食問題が
　　発覚　1997.8.27
同和鉱業
　秋田県で地熱調査開始　1971.9月
トカマク炉
　原研、トカマク炉で世界最高のベータ値達
　　成　1982.9.22
徳川 好敏
　徳川好敏、代々木原で初飛行に成功　1910.12.19
特殊相対性理論
　アインシュタイン、特殊相対性理論に関す
　　る最初の論文を発表　1905.3.30
　アインシュタイン、特殊相対性理論に関す
　　る2番目の論文を発表　1905.9.29
特性X線
　バークラ、特性X線を発見　1906（この年）
　モーズリー、特性X線と原子番号の関係を
　　発見　1913（この年）
独占禁止法
　石油連盟・石油元売を独禁法違反で起訴　1974.5.28
　石油業界独禁法違反事件判決　1980.9.26
　石油元売独禁法違反で最高裁判決　1984.2.24
**特定工場における公害防止組織の整備に関する
法律**
　公害対策法公布　1971.6.10
特定放射性廃棄物の最終処分に関する法律
　特定放射性廃棄物の最終処分に関する法律
　　成立　2000.5.31
都市ガス
　ウィンザー、都市ガス事業を創始　1810（この年）
　ガス消費危機安全性調査委員会答申　1984.9.4
途上国援助基金
　OPECが途上国援助基金を設立　1975.11.18

土星型原子模型
　長岡半太郎、土星型原子模型を発表　1903.12.5
ドーソン
　ドーソン、半水性ガスを製造　1878（この年）
ドーソンガス
　ドーソン、半水性ガスを製造　1878（この年）
トタル
　トタルがペトロフィナ吸収合併　1998.12.1
　トタル・フィナ発足　1999.6月
トタル・フィナ
　トタルがペトロフィナ吸収合併　1998.12.1
　トタル・フィナ発足　1999.6月
　トタル・フィナとエルフが合併合意　1999.9.13
トタル・フィナ・エルフ
　トタル・フィナとエルフが合併合意　1999.9.13
土地調整委員会
　公害等調整委員会発足　1972.7.1
トップクォーク
　ルビアら、トップクォークを発見　1984（この年）
　トップクォークを確認　1994.4.26
都道府県公害審査会
　公害紛争処理法公布　1974.6.11
ドニャパス
　石油タンカー衝突により海難史上最大事故
　　　　　　　　　　　　　　　　　1987.12.20
ドノヴァン
　ドノヴァン、照明用ガスを製造　1830（この年）
ドビエルヌ，アンドレ＝ルイ
　ドビエルヌ、アクチニウムを発見　1899（この年）
トピカルレポート
　原子力安全・保安院、トピカルレポートを
　　採用　2008.2.21
ド・フォレスト，リー
　ド・フォレストとリーベン、三極真空管を
　　発明　1906（この年）
ドブテビーユ，エドア・デラマル
　ドブテビーユ、ガスエンジンを製作　1883（この年）
ド・ブロイ，ルイ
　ド・ブロイ、物質波の概念を提唱　1923（この年）
ド・ブロイ波
　ド・ブロイ、物質波の概念を提唱　1923（この年）
ドブロウォルスキー，ドリボ・フォン
　ドブロウォルスキー、三相籠型誘導モー
　　ターを発明　1889
　ドブロウォルスキー、三相交流発送電実験
　　を行う　1891（この年）
ドヘニー，エドワード
　ドヘニー、ロサンゼルスで石油掘削　1893（この年）
トホーフト，ヘーラルト
　トホーフト、ヤン＝ミルズ理論の繰り込み
　　可能性を証明　1971（この年）
苫小牧東部石油備蓄
　苫小牧東部石油備蓄設立　1981.2.27
ドーム型アーチダム
　日本初の典型的薄肉ドーム型アーチダム完
　　成　1959.4月

- 446 -

トムスク7（ロシア）
　シベリア・トムスク7の再処理施設で爆発
　　事故発生　　　　　　　　　　1993.4.6
トムソン, ウィリアム
　ケルヴィン卿、地球の年齢を約1億年と割
　　り出す　　　　　　　　　1846（この年）
　ケルヴィン、絶対温度を提唱　1848（この年）
　ジュールとケルヴィン、ジュール＝トムソ
　　ン効果を発見　　　　　　　1852（この年）
トムソン, ジョゼフ・ジョン
　J.J.トムソン、電子を発見　　1897（この年）
　J.J.トムソン、電子論を展開　1899（この年）
　J.J.トムソン、『原子の構造について』刊
　　　　　　　　　　　　　　　1904（この年）
　J.J.トムソン、電子の数と原子量の比を発
　　見　　　　　　　　　　　　1906（この年）
　J.J.トムソン、原子量を測定　1910（この年）
トムソン, ベンジャミン
　トムソン、摩擦熱を発見　　　1778（この年）
　トムソン、『摩擦によって引き起こされる
　　熱の源についての実験的研究』刊 1798（この年）
　物理学者のトムソンが没する　　1814.8.21
トムソン, E.
　トムソン、積算電力計を発明　1889（この年）
　トムソン、高周波発電機を発明 1890（この年）
トムソン・ヒューストン・カンパニー
　GEが誕生　　　　　　　　　1892（この年）
朝永 振一郎
　朝永振一郎、ノーベル物理学賞受賞 1965.10.21
富山電灯
　農業用水利用の水力発電所が運転開始 1899.3.29
トヨタ自動車
　トヨタ、乗用車エンジンをすべてDOHC4
　　バルブに　　　　　　　　　　1986.8月
　NO_X吸蔵還元型三元触媒を開発　1994.8月
　トヨタが連続可変バルブタイミング機構を
　　採用　　　　　　　　　　1995（この年）
　トヨタと松下電器産業、合弁会社を設立 1996.5.20
　トヨタが電気自動車を発売　　1996（この年）
　トヨタがプリウスを発売　　　　1997.10月
　トヨタがGMと提携　　　　　　　1999.4.19
　トヨタ、燃料電池車共同開発　　　2001.1.8
　トヨタとホンダ、燃料電池車のリースを開
　　始　　　　　　　　　　　　　2002.12.2
　燃料電池車の開発進む　　　　　　2002.12月
　日産が、燃料電池車を販売　　2004（この年）
ドラシュ, フィリップ
　アインシュタインの重力波を実証 1983.10.11
トーラス型核融合臨界プラズマ実験装置
　EC、トーラス型核融合臨界プラズマ実験
　　装置完成　　　　　　　　　　1984.4.9
ド・ラバール, グスタフ
　ド・ラバール、S型反動タービンを発明
　　　　　　　　　　　　　　　1878（この年）
トランジスター
　ショックレーらがトランジスターを発明 1947.12月
　接合型トランジスターを開発　1949（この年）

トリヴァンドラム
　インドでケーソン式を設置　　1993（この年）
トリウム
　ベルツェリウス、トリウムを発見 1829（この年）
トリカスタン原子力発電所（フランス）
　トリカスタン原子力施設内で、ウラン廃水
　　漏れ　　　　　　　　　　　　2008.7.7
トリー・キャニオン号
　イギリス沖合でタンカーが座礁し原油流出
　　　　　　　　　　　　　　　1967.3.18
トリニティ実験
　アメリカでトリニティ実験を実施 1945.7.16
ド・リバ, アイザック
　ド・リバ、街の乗物用にエンジンを推奨
　　　　　　　　　　　　　　　1807（この年）
トリプルフラッシュ発電方式
　富士電機、世界最大の地熱発電機を開発 2010.4月
トリポリ協定
　トリポリ協定成立　　　　　　　1971.4.1
トルコ石油会社
　トルコ石油会社設立　　　　　　1912.10.23
　サンレモ協定成立　　　　　　　1920.4.25
　トルコ石油会社、イラクと利権協定 1925.3.14
　トルコで赤線協定を締結　　　　　1928.7.31
　イラク石油会社と改称　　　　　　1929.6.8
ドルーデ, パウル
　ドルーデ、金属内の自由電子モデルを発表
　　　　　　　　　　　　　　　1900（この年）
ドルトン, ジョン
　ドルトン、気体の分圧の法則を定式化
　　　　　　　　　　　　　　　1801（この年）
　ドルトン、原子論を提唱　　　1803（この年）
トルーマン, ハリー・S.
　トルーマン大統領、原子力の平和利用を力
　　説　　　　　　　　　　　　　1945.10.3
ドルン, F.E.
　ドルン、ラドンを発見　　　　1900（この年）
トレヴィシック, リチャード
　トレヴィシック、蒸気自動車を完成 1801.12.24
　トレヴィシック、世界初の高圧蒸気機関を
　　製作　　　　　　　　　　　1802（この年）
　トレヴィシック、軌道用蒸気機関車を開発
　　　　　　　　　　　　　　　1804（この年）
　トレヴィシック、コルニッシュボイラーを
　　発明　　　　　　　　　　　1811（この年）
　機械技術者のトレヴィシックが没する 1833.4.22
ドレーク, エドウィン・L.
　ドレーク、ドレーク油田で採掘開始 1859（この年）
ドレーク油田
　ドレーク、ドレーク油田で採掘開始 1859（この年）
ドレスデン原子力発電所（アメリカ）
　ドレスデン原子力発電所1号機が営業運転
　　開始　　　　　　　　　　　　1960.7.4
ド・ロシャス, アルフォンス・ウジェーヌ・ボー
　ド・ロシャス、4サイクルの作動を記述
　　　　　　　　　　　　　　　1862（この年）
　オットー・サイクルの特許が無効に 1886.1.30

— 447 —

トロプシュ, ハンス
　F.フィッシャーとトロプシュ、人造石油を
　　製造　　　　　　　　　　　　1923（この年）
　フィッシャーら、合成ガソリン製造に成功
　　　　　　　　　　　　　　　　1926（この年）
トロントサミット
　トロントサミットの開催　　　　1988.6.21
トロンベイ
　インドでプルトニウム生産開始　1965.1.22
トンキン湾油田
　トンキン湾油田共同開発に関して合意メモ
　　　　　　　　　　　　　　　　1973.11.6
トンネル効果
　エサキダイオードを発明　　　1957（この年）
ドーンレイ高速増殖炉（イギリス）
　ドーンレイ高速増殖炉、発電開始　1962.10.17
　ドーンレイ高速増殖炉で火災事故　1970.8.21
　英ドーンレイ高速増殖原子炉運転打ち切り
　　　　　　　　　　　　　　　　1994.3.31

【な】

ナ・アワ・プルア地熱発電所（ニュージーランド）
　富士電機、世界最大の地熱発電機を開発　2010.4月
ナイアガラ水力発電所（アメリカ）
　アメリカ・イギリスで水力発電所が建設さ
　　れる　　　　　　　　　　　1881（この年）
　ナイアガラ水力発電所が開業　　1891.8.16
ナイアガラ＝フォールス社
　ナイアガラ水力発電所が開業　　1891.8.16
内閣官報局印刷所
　日本初の電灯が点灯する　　　　1885.6月
内閣府
　総合エネルギー対策推進閣僚会議設置　1977.2.15
内藤 久寛
　アメリカ石油事業の情報を収集　1885（この年）
　内藤久寛ら、日本石油会社設立　1888.5月
　米露の石油事情視察へ　　　　　1897.5月
内燃機関
　ルノワール、無圧縮ガスエンジンの特許取
　　得　　　　　　　　　　　　1860（この年）
　オットー、4サイクルエンジンを試作
　　　　　　　　　　　　　　　1862（この年）
　オットーら、N.A.オットー会社設立　1864.3.31
　オットーのエンジンが、パリ万博で金賞を
　　受賞　　　　　　　　　　　1867（この年）
　オットー、4サイクル内燃機関完成　1876（この年）
　ベンツ、ベンツ・パテント・モトール
　　ヴァーゲンを製作　　　　　1886（この年）
直島 正行
　日本、マレーシアの原子力発電計画を支援
　　する協力協定締結　　　　　　2010.9.2
長岡 半太郎
　長岡半太郎、土星型原子模型を発表　1903.12.5

中川 昭一
　中国がガス田で生産開始　　　　2005.9.20
中ぐり旋盤
　ウィルキンソン、中ぐり旋盤を改良　1775（この年）
中島 謙造
　中島謙造、本邦石油産地調査報告書発表　1896.3月
中島機械
　箱根電灯発電所完成　　　　　　1892.6月
中曽根 弘文
　クラスター爆弾禁止条約に加盟　2008.12.3
中野 貫一
　金津で石油採掘開始　　　　　　1874.8月
中野 初子
　浅草火力発電所建設　　　　　1897（この年）
中野興業
　帝国石油が4社の石油鉱業部門を統合　1942.4月
長野石炭油会社
　石坂周造、長野石炭油会社設立　1871.8月
中村 佳代子
　原子力規制委員会設置法が参院本会議で可
　　決・成立　　　　　　　　　　2012.6.20
名古屋大学プラズマ研究所
　名古屋大学プラズマ研究所開所　1963.6.1
名古屋電灯
　名古屋電灯を設立　　　　　　　1887.9月
　水路式流込み式発電所、運用開始　1919.7.10
ナザルバエフ, ヌルスルタン
　カスピ海沖油田、共同発掘で合意　2000.7.4
ナーゼル、ヒシャーム・M.
　サウジ石油相解任　　　　　　　1986.10.29
ナトリウム
　デーヴィー、ナトリウムとカリウムを発見
　　　　　　　　　　　　　　　1807（この年）
ナフィオン膜
　デュポン社がナフィオン膜を開発　1960（この頃）
ナフサ流出
　横浜港でタンカー衝突によるナフサ流出　1983.4.28
ナフタレン
　キッド、ナフタレンを分離　　　1819（この年）
ナホトカ号
　ナホトカ号重油流出事故　　　　1997.1.2
　ナホトカ号重油流出事故の回収費支払いが
　　通知される　　　　　　　　　1997.10.13
鉛蓄電池
　プランテ、鉛蓄電池を発明　　　1859（この年）
ナローラ原子力発電所（インド）
　インド・ナローラ原発1号機で、タービン
　　建屋火災　　　　　　　　　　1993.3.31
南樺太油田試掘契約
　南樺太油田試掘契約が締結　　　1929.3月
南極条約
　南極条約を採択　　　　　　　　1959.12.1
南西石油
　エッソ西原製油所完成　　　　　1972.1.18
南方油田占領作戦
　南方油田占領作戦を展開　　　1941（この年）

- 448 -

【に】

新潟地震
　新潟地震で製油所被災　　　　　　　　1964.6.16
新潟石油共同備蓄
　新潟石油共同備蓄発足　　　　　　　　1977.2.24
新潟中越沖地震
　新潟中越沖地震発生により、柏崎刈羽原発
　が自動停止　　　　　　　　　　　　　2007.7.16
新潟鉄工所
　日本石油、新潟鉄工所設置　　　　　　1895.6月
　日石、タンク車を製作　　　　　　1899（この年）
　新潟鉄工所が日石から分離　　　　　　1910.6月
新津油田
　京大、重力偏差計探査　　　　　　1918（この年）
仁尾太陽博覧会
　仁尾太陽博覧会開催　　　　　　　　　1981.3.21
ニカド電池
　ユングナー、ニカド電池を発明　　1899（この年）
2極真空管
　J.フレミング、2極真空管を発明　　1904（この年）
ニクソン，リチャード
　環境教書発信　　　　　　　　　　　　1970.1月
　アメリカ、初の環境白書　　　　　　　1970.8.10
　アメリカ、エネルギー節約声明　　　　1973.11.25
　米、ガソリン割当制実施　　　　　　　1973.11.27
　アメリカ、エネルギー自立計画発表　　1974.11.12
濁川地域
　北海道で本格的地熱調査開始　　　　　1972.7月
　北海道・濁川地域における地熱開発協定締
　結　　　　　　　　　　　　　　　　　1974.7.19
　北海道・濁川地域における地熱開発協定締
　結　　　　　　　　　　　　　　　　　1977.3月
　北海道で発電プラントに成功　　　　　1977.10月
ニコルソン，ウィリアム
　ニコルソン、電気分解に成功　　　　　1800.5.2
2サイクルガスエンジン
　クラーク、2サイクルガスエンジンを製作
　　　　　　　　　　　　　　　　　1879（この年）
西川　一誠
　美浜原発3号機、運転再開　　　　　　2006.5.26
仁科　芳雄
　原子核研究連絡委員会を設置　　　　　1949.4月
西日本石油開発
　西日本石油開発設立　　　　　　　　　1968.7月
　新西日本石油開発設立　　　　　　　　1977.3月
虹の戦士
　核実験抗議船爆破　　　　　　　　　　1985.7.10
虹の戦士2
　核実験抗議のグリーンピース船がフランス
　に拿捕される　　　　　　　　　　　　1995.7.10
二次発電機
　ゴラールとギブス、二次発電機の特許を取
　得　　　　　　　　　　　　　　　1882（この年）

21世紀エネルギービジョン検討委員会
　21世紀エネルギービジョン検討委員会設置
　　　　　　　　　　　　　　　　　　　1985.11.15
二重価格
　OPEC第48回総会開催　　　　　　　　1976.12.15
　サウジアラビア、UAEが原油価格値上げ　1977.7.3
二重電信機
　エジソン、二重電信機を発明　　　1872（この年）
二重T型電機子
　オットー、マグネト点火装置を開発　1878（この年）
二種流体説
　デュ・フェ、電気の二流体説を提唱　1733（この年）
二相交流モーター
　テスラ、二相交流モーターを考案　　1882（この年）
二相誘導発電機
　テスラ、二相誘導発電機を製作　　　1887（この年）
2速度バルブ水車
　国内最大使用水量の水路式発電所運転　1982.7月
二段再熱サイクル
　日本初の二段再熱サイクルが採用される　1968.3月
2段式純揚水発電
　2段式純揚水運転開始　　　　　　　　1980.9月
日英原子力協定
　日米、日英原子力協定調印　　　　　　1958.6.16
　日米、日英原子力協定発効　　　　　　1958.12.5
日英新原子力協定
　日英新原子力協定調印　　　　　　　　1968.3.6
日豪経済合同委員会
　日豪経済合同委員会開催　　　　　　　1974.5.7
日豪原子力協力協定
　日豪原子力協力協定に調印　　　　　　1972.2.21
日・トルコ原子力協定
　日・トルコ原子力協定を締結　　　　　2013.5.3
日仏原子力協定
　日豪原子力協力協定に調印　　　　　　1972.2.21
日米エネルギー協力
　日米エネルギー協力で合意　　　　　　1973.3.7
日米エネルギー研究開発協力協定
　日米エネルギー研究開発協力協定　　　1974.7.15
日米欧3極電力首脳会議
　第1回日米欧3極電力首脳会議を開催　　1993.5月
日米原子力エネルギー共同計画
　「日米原子力エネルギー共同計画」策定　2007.4月
日米原子力協定
　日米原子力細目協定調印　　　　　　　1956.11.24
　日米原子力協定調印　　　　　　　　　1958.4.28
　日米、日英原子力協定調印　　　　　　1958.6.16
　日米、日英原子力協定発効　　　　　　1958.12.5
　日米原子力協定公布　　　　　　　　　1968.7月
日米原子力研究協定
　日米原子力双務協定仮調印　　　　　　1955.6.22
　日米原子力研究協定、ワシントンで調印　1955.11.14
　日米原子力研究協定発効　　　　　　　1955.12月
日米新原子力協定
　日米新原子力協力協定調印、ウラン供給を
　確保　　　　　　　　　　　　　　　　1968.2.26

新日米原子力協力協定に署名	1987.11.4
日米新原子力協定承認案が可決成立	1988.5.25
日米新原子力協定発効	1988.7.17

日米貿易経済合同委員会
日米貿易経済合同委員会開会	1973.7.16

日・ベトナム原子力協定
日・ベトナム原子力協定締結	2011.1.20

日網石油精製
日網石油精製設立	1958.11.25
日網石油川崎製油所完成	1960.10.12

日・ヨルダン原子力協定
日本とヨルダンが原子力協力協定締結	2010.9.10

日蘭石油交渉
日蘭石油交渉開始	1940.9月

日・UAE原子力協定
日・UAE原子力協定を締結	2013.5.2

日加原子力協定
日加原子力協定調印	1959.7.2
日加ウラン交渉締結	1978.1.23

日・韓原子力協定
日・韓原子力協定締結	2010.12.20

日韓大陸棚協定
日韓大陸棚協定調印	1974.1.30

日韓大陸棚石油共同開発事業
日韓大陸棚石油共同開発事業初試掘	1980.5.6

ニッケル・水素蓄電池
ニッケル・水素蓄電池を発明	1982 (この頃)
ニッケル水素電池を世界初商品化	1990 (この年)

日光電力
国産初の交流発電機が設置される	1893.10月

日産自動車
日産、ロータリー・エンジンの技術導入契約調印	1970.10.2
ターボチャージャー付量産車を発売	1979 (この年)
セラミックターボを商品化	1985 (この年)
日産が可変バルブタイミング機構を採用	1986 (この年)
日産が電気自動車を発売	1996 (この年)
日産が、燃料電池車を販売	2004 (この年)

日産ディーゼル
排ガス規制で買い換え需要が増	2003 (この年)

日昇丸
米軍原子力潜水艦・日昇丸衝突事故	1981.4.9

日章丸
石油陸揚停止処分が申請される	1953.5.7

日食
アインシュタイン、重力で光線が湾曲することを予想	1919.5.29

日ソ議定書
北樺太の利権をソ連に委譲	1944.3月

日ソ経済合同委員会
日本、サハリン・シベリアの資源に関心	1966.3.14
日ソ経済合同委員会開会	1972.2.21

日ソ原子力協定
日ソ原子力協定締結	1991.4.18

日中石油開発
日中石油開発、埕北石油開発設立	1980.4.24

日鉄鹿児島地熱
大霧発電所、運転開始	1996.3.1

日鉄鉱業
鹿児島県で地熱資源調査開始	1973.3月
鹿児島県で地熱開発調査開始	1978.12月
大霧地域地熱開発で協定締結	1989.7月

ニトログリセリン
ソブレロ、ニトログリセリンを発明	1846 (この年)

ニトロセルロース
シェーンバイン、綿火薬を発見	1845 (この年)

二風谷ダム
二風谷ダムで貯水開始	1996.4.2

二風谷発電所
二風谷ダムで貯水開始	1996.4.2

ニフラー
ニフラーがウラン235の分離に成功	1940 (この年)

2ホウ化マグネシウム
超伝導体MgB_2が発見される	2001.3.1

日本アイソトープ協会
日本放射性同位元素協会設立	1951.5.1
日本アイソトープ協会と改称	1971.8.1

日本エネルギー経済研究所
日本エネルギー経済研究所発足	1966.6.29
石油情報センター発足	1981.8.10

日本オイルターミナル
日本オイルターミナル設立	1966.10.14

日本卸電力取引所
電力系統利用協議会と日本卸電力取引所が業務開始	2005.4.1

日本海軍
日本、石炭液化研究に着手	1928 (この年)

日本海石油
日本海石油設立	1967.7.19
日本海石油への出資比率を日石が引き上げ	1976.8.20

日本海石油富山製油所
日鋼など製油所完成	1969.10.1

日本海洋掘削
日本海洋掘削設立	1968.4月

日本海洋石油資源開発（JPO）
日本海洋石油資源開発設立	1971.5.20
新潟県沖合で新油田発見	1972.3.6

日本学術会議
原子核研究連絡委員会を設置	1949.4月
原子核研究所の設置を決定	1953.4.21
原子力研究の三原則採択	1954.3.18
日本学術会議が米核実験に抗議	1958.8.14
日本原子力学会創立決定	1958.10.10

日本核燃料開発会社
日本核燃料開発会社発足	1972.2.15

日本ガス協会
日本瓦斯協会設立	1947.10.15

日本カーボンファイナンス
温室効果ガス排出権取引	2006.4.22

日本瓦斯協会
日本瓦斯協会設立	1947.10.15

日本環境学会
　核の冬フォーラム開催　　　　　　　1985.6.22
日本漁網船具
　日網石油精製設立　　　　　　　　　1958.11.25
　キグナス石油設立　　　　　　　　　1972.2.1
日本経済団体連合会
　経団連がエネルギー情勢の報告書を公表　1998.9.22
日本原子力学会
　日本原子力学会創立決定　　　　　　1958.10.10
　日本原子力学会創立総会　　　　　　1959.2.14
日本原子力研究開発機構
　日本原子力研究開発機構法案が可決　　2004.11.26
　日本原子力研究開発機構発足　　　　2005.10.1
　ANSのランドマーク賞、高速実験炉「常陽」が選出　　　　　　　　　　　2006.11.14
　高速増殖炉「もんじゅ」の運転再開　　2010.5.6
　高速増殖原型炉「もんじゅ」でトラブル発生　　　　　　　　　　　　　2010.8.26
　原子力規制委員会設置法が参院本会議で可決・成立　　　　　　　　　　　　2012.6.20
　原子力規制委員会、高速増殖原型炉「もんじゅ」の使用停止を命令　　　　2013.5.15
日本原子力研究開発機構設置法
　日本原子力研究開発機構設置法改正　　2008.5.28
日本原子力研究所
　原子力研究所設立　　　　　　　　　1955.11.30
　原研、ウォーターボイラー型実験原子炉の輸入契約を発表　　　　　　1956.3.27
　日本原子力研究所法、核原料物質開発促進臨時措置法、原子燃料公社法成立　1956.4.30
　日本原子力研究所発足　　　　　　　1956.6.15
　日本原子力研究所で放射性物質汚染発生　1959.11.8
　東海製錬所が金属ウラン4.2t生産　　1960.5.6
　原研JRR-2臨界　　　　　　　　　　1960.10.1
　原研JRR-2、出力上昇試験運転成功　　1961.11.29
　国産1号炉「JRR-3」臨界　　　　　　1962.9.12
　日本初の原子力発電に成功　　　　　　1963.10.26
　動力試験用原子炉で蒸気噴出　　　　　1964.3.28
　JPDR発電開始　　　　　　　　　　　1964.12.16
　日本初の営業用原子力発電を認可　　　1965.10月
　JPDR、5000kW/hを達成　　　　　　　1966.3.21
　原研再処理試験、プルトニウムの回収に成功　　　　　　　　　　　　　　1967.8月
　原研、使用済み核燃料からプルトニウムを初抽出　　　　　　　　　　　1968.5.16
　超高温プラズマの生成成功　　　　　　1972.12.4
　高密度・超高温プラズマの生成・閉じ込めに成功　　　　　　　　　　　1973.3.15
　六フッ化ウラン循環ループの試験運転成功　　　　　　　　　　　　　　1974.6.11
　原研、初のプラズマ加熱装置完成　　　1981.11.16
　原研、トカマク炉で世界最高のベータ値達成　　　　　　　　　　　　　1982.9.22
　原研「緊急時環境線量情報予報システム」を開発・公開　　　　　　　　　1984.4.20
　新生・原研が発足　　　　　　　　　　1985.3.31
　原研臨界プラズマ試験装置がプラズマ達成　　　　　　　　　　　　　　1985.7.18
　原子力船「むつ」、関根浜港で開港式　　1988.1.14
　原子力船「むつ」が高出力試験で出航　　1990.9.25

原子力船「むつ」実験終了　　　　　　1992.2.14
原研の試験炉が緊急停止　　　　　　　1998.7.4
原研の高温工学試験研究炉がフル出力達成
　　　　　　　　　　　　　　　　　　2001.12.7
日本原子力研究開発機構発足　　　　　2005.10.1
日本原子力研究所大洗研究所
　原研大洗研究所で材料試験炉水漏れ　　2002.12.10
日本原子力研究所高崎研究所
　原研高崎研究所でコバルト60食品照射開始
　　　　　　　　　　　　　　　　　　1967.10.18
日本原子力研究所東海研究所
　日本初の原子炉JRR-1が臨界　　　　　1957.8.27
　日本原子力研究所で爆発　　　　　　　1963.2.21
　原研の原塩実験炉臨界　　　　　　　　1963.8.22
　原研でガス噴出　　　　　　　　　　　1963.9.2
　日本原子力研究所材料試験炉で漏水　　1968.7.3
　日本原子力研究所制御室で火災　　　　1968.7.12
　日本原子力研究所でプルトニウム飛散　　1969.4.11
　原研で被曝事故　　　　　　　　　　　1969.11.8
　原研東海研究所内で放射能汚染　　　　1970.3.7
　原研東海研究所で廃棄物発火　　　　　1971.7.13
　原研研究所員被曝　　　　　　　　　　1973.8.20
　原研東海研究所で冷却剤漏出　　　　　1976.1月
　原研東海研究所でウラン自然発火　　　1989.5.30
　原研東海研究所3号炉自動停止　　　　1992.5.11
日本原子力研究所法
　日本原子力研究所法、核原料物質開発促進臨時措置法、原子燃料公社法成立　1956.4.30
日本原子力産業会議
　日本原子力産業会議を設立　　　　　　1956.3.1
　日本原子力産業協会発足　　　　　　　2006.4.1
日本原子力産業協会
　日本原子力産業協会発足　　　　　　　2006.4.1
日本原子力事業株式会社
　日本原子力事業株式会社創立　　　　　1958.8.25
日本原子力船開発事業団法
　日本原子力船開発事業団法公布　　　　1963.6.8
日本原子力船研究開発事業団
　新生・原研が発足　　　　　　　　　　1985.3.31
日本原子力発電
　日本原子力発電株式会社発足　　　　　1957.11.1
　原電、英国原子力公社との核燃料協定に調印　　　　　　　　　　　　　　1960.3.7
　電力9社、日本原電、英国核燃料公社が再処理委託契約に調印　　　　　　1978.5.24
　日本原燃サービス株式会社発足　　　　1980.3.1
　原発導入FS契約締結　　　　　　　　　2011.9.28
日本原子力発電開発機構
　日仏米、高速実証炉の研究開発で調印　　2008.1.31
日本原子力発電敦賀原子力発電所
　落雷で3原子炉停止　　　　　　　　　1991.9.5
日本原子力発電敦賀発電所
　敦賀発電所営業運転開始　　　　　　　1970.3.14
　日本原電敦賀発電所で放射能汚染　　　1971(この頃)
　敦賀原発で放射能漏出　　　　　　　　1972.9月
　原発事故相次ぐ　　　　　　　　　　　1974.2月
　日本原電敦賀発電所作業員が被曝　　　1974.3月
　敦賀原発で配管亀裂　　　　　　　　　1974.11.11

- 451 -

にほん　　　　　　　　　事項名索引　　　　　　資源・エネルギー史事典

敦賀原発で原子炉異常	1974.12.2
敦賀原発で破損事故	1975.3.5
敦賀原発1号機で高濃度放射性廃液漏洩	1981.3.8
敦賀原発前面海域から異常放射能値検出	1981.4.14
敦賀原発で放射能汚染	1981.4.18
再開した敦賀原発が再停止	1981.12.27
敦賀発電所営業運転再開	1982.1.22
敦賀2号機、営業運転開始	1987.2.17
敦賀原発で冷却水漏れ	1996.12.24
敦賀原発で制御棒に亀裂	1997.11.18
敦賀原発を2010年に廃炉	1999.5.28
敦賀原発2号機で放射能漏れ	1999.7.12
敦賀原発2号機のタービン建屋内で火災	2002.12.12
日本初の改良型加圧水炉の設置変更許可申請	2004.3.30

日本原子力発電東海研究所
日本原電東海研究所で放射性物質廃液流出	1972.4.19

日本原子力発電東海第二発電所
東海第二発電所が臨界	1978.1.18
東海第二発電所、営業運転開始	1978.11.28
東海第二発電所がISO環境規格の認証を取得	1998.2.5
東日本大震災により、東海第二原発が被災	2011.3.11

日本原子力発電東海発電所
東海発電炉臨界	1965.5.4
日本初の営業用原子力発電を認可	1965.10月
日本初の営業用原子力発電に成功	1965.11.10
国内初の商業用発電所が連続送電開始	1966.7.27
東海発電所が営業運転を開始	1966.9.1
東海発電所、定格出力の試運転に成功	1967.2.4
日本原電東海発電所で放射能漏れ	1971.7.15
国内初の商業用原発・東海発電所の閉鎖・解体が決定	1996.6.22
東海発電所が営業運転終了	1998.3.31

日本原子力発電発電所
日本原子力発電発電所で火災	1967.11.18

日本原燃
日本原燃設立	1992.7.1
六ヶ所村ウラン濃縮工場運転停止	1994.2.8
使用済み核燃料貯蔵プールで漏水が発生	2002.2.1
六ヶ所再処理工場で試験開始	2004.12.21
日本原燃、アクティブ試験を開始	2006.3.31
六ヶ所村再処理工場で、MOX粉末製造開始	2006.11.16
六ヶ所村MOX燃料工場の本体工事に着手	2010.10.28

日本原燃高レベル放射性廃棄物貯蔵管理センター
高レベル放射性廃棄物貯蔵管理センター操業開始	1995.4.26

日本原燃サービス
日本原燃サービス株式会社発足	1980.3.1
日本原燃設立	1992.7.1

日本原燃産業
日本原燃産業発足	1985.3.1
日本原燃設立	1992.7.1

日本原燃低レベル放射性廃棄物埋設センター
日本原燃低レベル放射性廃棄物埋設センターで放射能漏れ	2000.3.27

日本原燃東海製錬所
東海製錬所が金属ウラン4.2t生産	1960.5.6
純国産金属ウランの精錬に成功	1961.4.28

日本鉱業
日本鉱業設立	1929.4月
秋田県の雄物川油田で噴油	1935.3月
帝国石油が4社の石油鉱業部門を統合	1942.4月
石油精製業者8ブロックに統合	1942.8月
主要石油会社が過度経済力集中企業に指定	1948.2.8
水島製油所完成	1961.5.16
共同石油設立	1965.8.10
共同石油が3社の販売部門を全面集約	1966.7.1
アブダビ石油設立	1968.1.17
東亜共石の経営譲渡を了承	1979.12.13
知多石油が設備を譲渡	1983.7.1

日本工業規格（JIS）
JISに省エネルギー基準採用	1979.3.1

日本工業検査大阪営業所
日本工業検査で高校生被曝	1974（この年）

日本鉱業水島製油所
日鋼など製油所完成	1969.10.1

日本坑法
日本坑法施行	1873（この年）
鉱業条例施行	1892.6月

日本産業
日本鉱業設立	1929.4月

日本自動車工学会
地球環境問題検討会を設置	1989.7月

日本社中
高島嘉右衛門、ガス灯をともす	1872.9.29

日本重化学工業
岩手県で地熱調査開始	1955.7月
日本初の地熱発電所、運転開始	1966.10.8
岩手県葛根田で地熱本格調査開始	1968.6月
岩手県での地熱開発で協定締結	1970.12月
北海道で本格的地熱調査開始	1972.7月
北海道・濁川地域における地熱開発協定締結	1974.7.19
全国10地点で100万kW計画	1974（この年）
北海道・濁川地域における地熱開発協定締結	1977.3月
クローズド地熱発電運転開始	1978.5.26
葛根田地熱発電所2号機建設へ	1982.9.25
葛根田2号機建設へ	1984（この年）

日本水産
日網石油精製設立	1958.11.25

日本精蝋
日本精蝋設立	1951.2.10

日本石油
内藤久寛ら、日本石油会社設立	1888.5月
日本石油、アメリカから掘削機を輸入	1890.12月
日本石油、新潟鉄工所設置	1895.6月
日石、タンク車を製作	1899（この年）
国油共同販売所設立	1904.11月

- 452 -

日石がインターナショナル一部事業を買収	1907.6月
日本石油、旭川油田で出油に成功	1908（この年）
国内4社が販売協定に調印	1910.1月
新潟鉄工所が日石から分離	1910.6月
日石がインターナショナル一部事業買収	1911.2月
日石、新式削井機輸入	1912.3月
黒川油田で大噴油	1914.5月
日本石油、殉職者追悼碑を建立	1917.10月
日本初のガソリンスタンド完成	1919.2月
日本石油、油田地質調査にアメリカ人技師を招聘	1919（この年）
日石、宝田が合併	1921.10月
南樺太油田試掘契約が締結	1929.3月
石油販売協定により、ガソリン値上げが決定	1929.6月
台湾でカーボンブラック装置が稼働	1931.9月
国内6社販売協定成立	1932.8月
国内7社販売協定成立	1934.6月
日石が小倉と合併	1941.6月
帝国石油が4社の石油鉱業部門を統合	1942.4月
石油精製業者8ブロックに統合	1942.8月
日本国内の製油所被爆	1945.3月
主要石油会社が過度経済力集中企業に指定	1948.2.8
外資との提携進展	1949（この年）
日石・カルテックス委託契約締結	1950.4.21
日本石油精製設立契約	1951.7.3
石油元売懇話会設立	1954.2.5
日石と九石が販売業務提携	1963.5.14
日石柏崎製油所閉鎖	1967.10.31
日石秋田製油所廃止	1970.3.31
日本海石油への出資比率を日石が引き上げ	1976.8.20
日石無縁プレミアムガソリン発売	1983.9.1
石油業界再編	1984（この年）
日本石油秋田製油所	
日石秋田製油所廃止	1970.3.31
日本石油開発	
日本石油開発設立	1968.12.10
日本石油柏崎製油所	
日石柏崎製油所閉鎖	1967.10.31
日本石油基地	
日本石油基地設立	1967.3.1
日石基地、喜入基地を完成	1969.10.1
日本石油基地喜入基地	
日石基地喜入基地から原油流出	1969.10.5
日本石油下松製油所	
日石下松製油所開所	1930.4月
日本石油精製	
日本石油精製設立契約	1951.7.3
日石精が東洋石精を吸収合併	1975.11.1
日本石油精製根岸製油所	
日石精根岸製油所完成	1964.3.17
日本石油精製室蘭製油所	
日本石油精製室蘭製油所完成	1956.12.15
日本石油鶴見製油所	
日石鶴見製油所完成	1924（この年）

日本造船振興財団海洋環境研究所	
沖縄で浮体式発電装置実験	1985（この年）
日本大学	
南極で風力発電機の実証試験	1973（この年）
日本タンカー石油備蓄協会	
日本タンカー石油備蓄協会発足	1978.2.10
日本地熱学会	
日本地熱学会設立	1978.12.12
九州で地熱国際シンポジウム開催	1988.11月
日本地熱資源開発促進センター	
日本地熱資源開発促進センター設立	1976.4月
日本地熱調査会	
日本地熱調査会設立	1960.6月
日本地熱調査会が地熱資源調査受託	1968.7月
日本地熱資源開発促進センター設立	1976.4月
日本地熱調査会解散	2004.12.7
日本中国石油輸入協議会	
日本中国石油輸入協議会発足	1974.7.10
日本電気	
CdS太陽電池の発明	1955（この年）
日本電気、太陽電池を設置	1959（この年）
超LSIを開発	1976（この年）
日本電気協会	
日本初のアーク灯が点灯	1878.3.25
電気協会設立	1921.10月
日本電気協会と改称	1947.5月
日本電機工業会	
経産省、電事連、電工会が次世代軽水炉開発で正式合意	2007.9.12
日本電灯	
3電協定が成立	1917.7月
日本電灯協会	
日本電灯協会設立	1891.5月
日本天然瓦斯会社	
日本天然瓦斯会社、天然ガス井掘削に成功	1906（この年）
日本電力調査委員会	
日本電力調査委員会設立	1952.11月
日本ニユクリア・フユエル	
核燃料加工会社日本ニユクリア・フユエルの設置許可	1967.4.20
『日本のエネルギー問題』	
『日本のエネルギー問題』刊行	1973.9.25
日本発送電	
国内に9配電会社を設立	1942.4月
主要石油会社が過度経済力集中企業に指定	1948.2.8
持株会社整理委に電気事業再編計画案提出	1948.4.22
電気事業再編成令公布	1950.11.24
9電力会社設立	1951.5.1
電気料金算定基準を公布・施行	1951.6.16
日本発送電法	
電力国家管理法、日本発送電法を公布	1938.4月
日本非破壊検査会社水島出張所	
岡山県でイリジウム被曝事故	1974.5.13
日本分析化学研究所	
原潜放射能測定データ捏造問題追及	1974.1.29

にほん　　　　　　　　　　事項名索引　　　　　資源・エネルギー史事典

日本放射性同位元素協会
　日本放射性同位元素協会設立　　　1951.5.1
　日本アイソトープ協会と改称　　　1971.8.1
日本輸出石油
　日本輸出石油設立　　　　　　　　1956.6.4
　日本とサウジアラビア石油利権協定に調印
　　　　　　　　　　　　　　　　1957.12.10
　アラビア石油設立　　　　　　　　1958.2.10
日本EVクラブ
　電気自動車で560km走破　　　　　2009.11.17
ニューコメン，トーマス
　ニューコメン，実用的蒸気機関を発明
　　　　　　　　　　　　　　　1712（この年）
ニューコメン機関
　発明家のワットが没する　　　　　1819.8.19
ニューサンシャイン計画
　「ニューサンシャイン計画」開始　1993（この年）
ニュージャージー・スタンダード
　ニュージャージー・スタンダード設立
　　　　　　　　　　　　　　　1899（この年）
　スタンダード・バキューム石油会社設立　1933.9.7
　アラムコに2社が参加　　　　　　1947.3.12
　スタンダード・バキューム解散へ　1960.11.15
　イタリア，ニュージャージー・スタンダー
　　ドと契約締結　　　　　　　　　1963.3.22
　エクソンに改称　　　　　　　　　1972.11.1
ニュートリノ
　ニュートリノ発見　　　　　　　　1956.6.21
　CERN，ニュートリノ反応における中性カ
　　レントの存在を確認　　　　　　1973.7.19
　ライネス，ニュートリノに質量があること
　　を確認　　　　　　　　　　　　1980.5月
　国際会議でニュートリノに質量があると結
　　論　　　　　　　　　　　　　　1998.6.5
ニュートリノ仮説
　パウリ，ニュートリノ仮説を提唱　1930（この年）
ニュートリノ振動
　ニュートリノに質量　　　　　　　1997.7.29
　「ニュートリノ振動」により質量確認　2004.6.11
ニューヨーク・スタンダード石油
　アメリカの石油会社が日本支店を開設　1893.5月
　ソコニー・バキューム社設立　　　1931.7.30
ニューヨーク大停電
　ニューヨーク大停電発生　　　　　1977.7月
『ニューヨーク・タイムズ』
　国際会議でニュートリノに質量があると結
　　論　　　　　　　　　　　　　　1998.6.5
ニールス・ボーア研究所
　ハーンとシュトラスマンがウランの核分裂
　　反応発見　　　　　　　　　　　1938.12.22
ニールセン，カール
　ニールセンが地熱を暖房に利用　　1948（この年）
2ローター・ロータリー・エンジン
　世界初の2ローター・ロータリー・エンジ
　　ンを日本で製作　　　　　　　　1967（この年）
人形峠
　人形峠ウラン濃縮パイロットプラント運転
　　入り　　　　　　　　　　　　　1979.9.21

動燃，濃縮ウラン約300kgの回収に成功　1979.12.26
国内初の濃縮ウラン使用燃料を「ふげん」
　に装荷　　　　　　　　　　　　　1982.12.25
動燃，濃縮原型プラントの設置場所を決定
　　　　　　　　　　　　　　　　1983.11.18
ウラン濃縮原型プラントの起工式　　1985.11.13
人形峠のウラン濃縮原型プラント操業開始
　　　　　　　　　　　　　　　　1988.4.25
動燃，ウラン濃縮プラントを完成　　1989.1.26
人間環境宣言
　国連人間環境会議開催　　　　　　1972.6.5
ニントゥアン原子力発電所
　ベトナム原発，日本受注で決定　　2010.10.31

【ね】

ネイスミス，ジェームズ
　ネイスミス，蒸気ハンマーを発明　1842（この年）
ネオジム磁石
　ネオジム磁石を発明　　　　　　　1983（この年）
ネオンランプ
　G.クロード，パリでネオンランプを考案
　　　　　　　　　　　　　　　1910（この年）
ネグロ，ダル
　ネグロ，往復式電動機を製作　　　1830（この年）
ねじり天秤
　クーロン，ねじり天秤を発明　　　1777（この年）
熱管理法
　省エネルギー法成立　　　　　　　1979.6.22
熱気球
　モンゴルフィエ兄弟，熱気球の公開実験　1783.6.5
　ブランシャール，熱気球によるドーヴァー
　　海峡横断に成功　　　　　　　　1785（この年）
熱供給事業法
　熱供給事業法を公布　　　　　　　1972.6.22
　電気事業法，ガス事業法など一部改正　1983.12.10
熱水型シングルフラッシュ方式
　九州初の地熱発電所完成　　　　　1967.8.11
熱水供給設備
　熱水供給設備も補助金対象に　　　1997.4月
熱水蒸気
　九電が熱水蒸気利用を調査研究　　1961（この年）
熱水分離型
　世界初の熱水分離型地熱発電所　　1958（この年）
熱素
　プールハーヴェ，カロリック説をまとめる
　　　　　　　　　　　　　　　1724（この年）
熱電供給
　バイオマスガス化複合発電の実証プラント
　　建設　　　　　　　　　　　　1993（この年）
　フォルサCHP発電所建設　　　　　1996.9月
　ケミエルビ発電所，運転開始　　　1998（この年）
　フィンランドで，アルボルメン人・クラフ
　　ト・ユニットが建設　　　　　　2001（この年）
熱電効果
　ゼーベック，ゼーベック効果を発見　1822（この年）

物理学者のゼーベックが没する　　　1831.12.10
熱電子効果
　リチャードソン、熱電子効果を発見　1901（この年）
熱電子放出現象
　エジソン、エジソン効果を発見　　1883（この年）
熱伝導
　フーリエ、熱伝導に関する論文を提出
　　　　　　　　　　　　　　　　1807（この年）
　フーリエ、懸賞に応じて、熱伝導に関する
　　論文を提出　　　　　　　　　　1811.9.11
　数学者のフーリエが没する　　　　1830.5.16
熱伝導方程式
　フーリエ、『熱の解析的理論』刊　1822（この年）
『熱という運動の形態について』
　クラウジウス、気体分子運動論の基礎をつ
　　くる　　　　　　　　　　　　1857（この年）
ネットバック価格方式
　サウジアラビアがネットバック価格方式採
　　用　　　　　　　　　　　　　　1985.10月
　サウジ、ネットバック価格方式適用拡大　1986.2月
『熱の解析的理論』
　フーリエ、『熱の解析的理論』刊　1822（この年）
『熱の機械的等時性について』
　ジュール、熱の仕事当量を測定　1843（この年）
熱の仕事当量
　ジュール、熱の仕事当量を測定　1843（この年）
　ジュール、熱の仕事当量を確立　1847（この年）
熱分解法
　バートン、クラッキングを実用化　1913（この年）
　ダブズ、連続熱分解法を開発　　　1919（この年）
熱平衡状態
　ボルツマン、『運動する質点の間の活力の
　　平衡についての研究』を発表　　1868（この年）
**『熱平衡法則に関する力学的熱理論の第2主法則
と確率計算の関係について』**
　ボルツマン、熱力学の第2法則に統計的基
　　礎をおく　　　　　　　　　　1877（この年）
熱放射
　ウィーン、熱放射の変位則を発見　1893（この年）
　プランク、「黒体放射の公式」発表　1900（この年）
熱力学
　カルノー、カルノーサイクルを考案　1824（この年）
　ジュール、熱の仕事当量を確立　1847（この年）
　ヘルムホルツ、『力の保存について』を発
　　表　　　　　　　　　　　　　1847（この年）
熱力学の第1法則
　クラウジウス、熱力学の諸法則が確立
　　　　　　　　　　　　　　　　1850（この年）
熱力学の第2法則
　クラペーロン、熱力学理論を確立　1834（この年）
　クラウジウス、熱力学の諸法則が確立
　　　　　　　　　　　　　　　　1850（この年）
　クラウジウス、エントロピーを提唱　1865（この年）
　ボルツマン、熱力学の第2法則に統計的基
　　礎をおく　　　　　　　　　　1877（この年）
熱力学の第3法則
　ネルンスト、熱力学の第3法則を発見
　　　　　　　　　　　　　　　　1906（この年）

ネバダ核実験場
　アメリカ、ネバダ核実験場で核実験　1951.1.27
　核実験による白血病死　　　　　　1979.1.8
　アメリカ、ネバダ核実験場で未臨界核実験　1997.7.2
　アメリカ、ネバダ核実験場で3回目の未臨
　　界核実験　　　　　　　　　　1998.3.25
　アメリカ、ネバダ核実験場で4回目の未臨
　　界核実験　　　　　　　　　　1998.9.26
　アメリカ、ネバダ核実験場で6回目の未臨
　　界核実験　　　　　　　　　　1999.2.9
ネプツニウム
　マクミランとアベルソンが、最初の超ウラ
　　ン元素ネプツニウムを発見　　1940（この年）
ネルソン・バンカー・ハント
　リビア、米国計4社に新法を是認させる　1966.1.4
ネルンスト、ヴァルター・ヘルマン
　ネルンスト、ネルンストランプを発明
　　　　　　　　　　　　　　　　1897（この年）
　ネルンスト、熱力学の第3法則を発見
　　　　　　　　　　　　　　　　1906（この年）
ネルンストランプ
　ネルンスト、ネルンストランプを発明
　　　　　　　　　　　　　　　　1897（この年）
燃焼理論
　ラヴォアジェ、『物理学および化学の小論』
　　刊　　　　　　　　　　　　　1774（この年）
　シェーレ、『空気と火に関する科学的観察
　　と実験』刊　　　　　　　　　1777（この年）
　ラヴォアジェ、燃焼理論を確立　1777（この年）
　ラヴォアジェ、呼吸について研究　1783（この年）
燃料成形加工
　京大の研究用原子炉が臨界に達する　1966.8.27
燃料調査会
　燃料調査会開催　　　　　　　　　1921.6月
燃料電池
　グローブ、燃料電池の原理が実証される
　　　　　　　　　　　　　　　　1839（この年）
　ユングナー、ニカド電池を発明　1899（この年）
　バウアー、MCFCが試作される　1921（この年）
　固体酸化物形燃料電池が試作される　1937（この年）
　イーリヒが燃料電池トラクターを製作
　　　　　　　　　　　　　　　　1959（この年）
　ベーコンが燃料電池をデモンストレーショ
　　ン　　　　　　　　　　　　　1959（この年）
　燃料電池がアポロ宇宙船に搭載される
　　　　　　　　　　　　　　　　1960（この頃）
　WH社、SOFCの性能について高く評価
　　　　　　　　　　　　　　　　1962（この年）
　NASAが燃料電池を採用　　　　1965（この年）
　アメリカで一般用燃料電池の開発が本格化
　　　　　　　　　　　　　　　　1967（この年）
　燃料電池開発に着手　　　　　　1972（この年）
　日本で燃料電池の開発進む　　　1980（この頃）
　米、燃料電池の実証運転始まる　1980（この頃）
　燃料電池で4500kWを達成　　　　1984.2月
　リン酸型燃料電池で1000kWを達成　1987.9月
　電気自動車用の燃料電池の開発活発化
　　　　　　　　　　　　　　　　1990（この年）
　燃料電池自動車を製作　　　　　1991（この年）
　携帯用燃料電池の開発が活発に　1995（この頃）

ねんり　　　　　　　事項名索引　　　　　資源・エネルギー史事典

トヨタが電気自動車を発売　　　1996（この年）
日産が電気自動車を発売　　　　1996（この年）
東芝、UTCと合弁会社を設立　　　1998.8.1
BMW、電気自動車開発完了時期を公表　1999.2.26
トヨタがGMと提携　　　　　　1999.4.19
水素燃料電池バスが運航開始　　2000（この年）
トヨタ、燃料電池車共同開発　　　2001.1.8
国交省、燃料電池自動車実験　　2001（この年）
トヨタとホンダ、燃料電池車のリースを開始
　　　　　　　　　　　　　　2002.12.2
燃料電池車の開発進む　　　　　2002.12月
GM、ハイワイヤーを発表　　　2002（この年）
ホンダ、氷点下で始動可能な燃料電池車を開発　　　　　　　　　　　　2004.1月
日産が、燃料電池車を販売　　　2004（この年）
燃料電池活用戦略検討会
燃料電池活用戦略検討会、報告書をまとめる　　　　　　　　　　　　　　2003.4.25
燃料棒融解
カナダ・チョークリバーで燃料棒融解　1952.12.12

【の】

ノイス, ロバート・ノートン
キルビーとノイスが集積回路を製作　1959（この頃）
ノイマン型コンピュータ
ノイマンがプログラム内蔵式コンピュータを考案　　　　　　　　　　1946（この年）
ノヴァヤゼムリャ島
ソ連、史上最大の水爆実験　　　1961.10.30
ロシア、未臨界核実験を実施　　1998.12.8
農山漁村再生可能エネルギー法
農山漁村再生可能エネルギー法が成立　2013.11.15
濃縮ウラン
ソ連、濃縮ウラン黒鉛原子炉の運転開始　1952.4月
日米原子力研究協定発効　　　　1955.12月
英、西独、蘭がガス遠心分離法による濃縮ウラン共同生産協定に正式調印　1970.3.4
濃縮ウラン軽水系臨界未満実験装置
東工大で濃縮ウラン軽水系臨界未満実験装置完成　　　　　　　　　　　1963.7.8
濃縮ウラン黒鉛減速空冷型研究炉
アメリカBNLで濃縮ウラン黒鉛減速空冷型研究炉、臨界　　　　　　　1950.8.1
濃縮ウラン炉
アメリカで「湯わかし型」原子炉（LOPO）完成　　　　　　　　1944.5月
野坂 浩賢
核兵器の違法性をめぐりICJで審理　1995.11.7
日本政府、中国核実験に抗議　　1995（この年）
ノースアンナ原子力発電所（アメリカ）
米ノースアンナ1号機で原子炉緊急停止　1979.9.25
米ノースアンナ1号機で蒸気発生器伝熱管破断　　　　　　　　　　　　1987.7.15
ノースアンナ原発が地震により自動停止　2011.8.23

ノーチラス号
ノーチラス号を起工　　　　　　1952.6.14
世界初の原子力潜水艦「ノーチラス号」進水　　　　　　　　　　　　　1954.1.21
世界初の原子力潜水艦「ノーチラス号」の試運転成功　　　　　　　　1955.1.17
北極海で原潜ノーチラス号衝突事故　1966.11.10
ノーベル, アルフレッド・ベルンハルド
ソブレロ、ニトログリセリンを発明　1846（この年）
ノーベル、ダイナマイトを開発　1866（この年）
ノーベル化学賞
オンサーガー、オンサーガーの相反定理を発見　　　　　　　　　　1931（この年）
ノーベル兄弟
ノーベル兄弟、ロシアにロバート・ノーベル製油所を建設　　　　1875（この年）
ノーベル兄弟、タンカーを建造　1878.1月
ノーベル兄弟、ノーベル兄弟産油会社設立
　　　　　　　　　　　　　　1879.5.15
ノーベル兄弟産油会社
ノーベル兄弟、ノーベル兄弟産油会社設立
　　　　　　　　　　　　　　1879.5.15
アングロ・アメリカン石油設立　1888.4.27
ノーベル兄弟産油会社バクー製油所
ノーベル兄弟産油会社、連続蒸留法を実用化　　　　　　　　　　　　1881（この年）
ノーベル物理学賞
ウィーンの変位則　　　　　　　1893（この年）
ウィーン、熱放射の変位則を発見　1893（この年）
シーグバーン、X線スペクトルのM系列を発見　　　　　　　　　　　1916（この年）
アンダーソン、陽電子を発見　　1932（この年）
チャドウィック、中性子を発見　1932（この年）
アルバレス、原子核による電子捕獲を観測
　　　　　　　　　　　　　　1937（この年）
湯川秀樹、ノーベル賞物理学賞を受賞　1949.11月
カストレルが光ポンピング法の発見　1950（この年）
グレーザー、泡箱を発明　　　　1952（この年）
チェンバレンとセグレが反陽子を発見
　　　　　　　　　　　　　　1955（この年）
朝永振一郎、ノーベル物理学賞受賞　1965.10.21
漸近的自由性の発見　　　　　　1973（この年）
ミュラーとベドノルツ、高温超伝導を発見
　　　　　　　　　　　　　　1986（この年）
ケターレら、ボース＝アインシュタイン凝縮を確認　　　　　　　　　1995（この年）
小柴昌俊ら、ノーベル物理学賞受賞　2002.10.8
ノーベル平和賞
ライナス・ポーリングがノーベル平和賞を受賞　　　　　　　　　　1962（この年）
佐藤栄作がノーベル賞受賞　　　1974.10月
アンドレイ・サハロフがノーベル平和賞を受賞　　　　　　　　　　1975（この年）
アルバ・ミュルダールがノーベル平和賞を受賞　　　　　　　　　　1982（この年）
アルフォンソ・ガルシア・ロブレスがノーベル平和賞を受賞　　　　1082（この年）
核戦争防止国際医師会議がノーベル平和賞を受賞　　　　　　　　　1985（この年）

- 456 -

ミハイル・ゴルバチョフがノーベル平和賞を受賞	1990(この年)	自動車NO$_X$法の制定	1992.6月
		自動車排出ガス総量削減方針策定	1993.1.22
パグウォッシュ会議、ジョセフ・ロートブラットがノーベル平和賞を受賞	1995.12.10	東京大気汚染公害裁判	1996.5.31
		ディーゼル車の規制強化	1998.8.14
地雷禁止国際キャンペーン、ジョディ・ウィリアムズがノーベル平和賞を受賞	1997.12.10	ディーゼル車にフィルター装着義務化方針	2000.2.18
		自動車NO$_X$・PM法制定	2001.6月
ジミー・カーターがノーベル平和賞を受賞	2002(この年)	排ガス規制で買い換え需要が増	2003(この年)
IAEAにノーベル平和賞	2005.10.7	三井物産排ガス浄化装置で試験データをねつ造	2004.11.22
核廃絶を評価、オバマ大統領にノーベル平和賞	2009.10.9	排ガス規制によるトラック買い替え需要が一巡	2004(この年)
ノールーズ油田		**廃棄物処理法**	
イラクがイランの油田爆撃	1983.3.2	廃棄物処理法を制定	1970.12月
ノールドベイク宣言		廃棄物処理法を改正	1991.10月
ノールドベイク宣言を提言	1989.11月	**廃棄物等安全条約**	
		IAEA、「使用済み燃料管理及び放射性廃棄物管理の安全に関する条約」を採択	1997.9.5
【は】		**廃棄物発電**	
		三重ごみ固形燃料発電所で爆発	2003.8.14
		ばい煙の排出の規制等に関する法律	
ハイアーチダム		ばい煙規制法全面施行	1963.9.1
日本初のハイアーチダム完成	1955.5月	**排出量取引制度**	
ばい煙規制法		温室効果ガス排出権市場の創設	2000.3.8
ばい煙規制改正法公布	1963.7.12	温室効果ガス排出権取引	2006.4.22
煤塵対策で電気集塵機が導入される	1966(この年)	東京都、日本初の排出量取引制度を開始	2010.4.1
排煙脱硝装置		**ハイゼンベルク, ヴェルナー・カール**	
排煙脱硝装置が導入される	1977(この年)	ハイゼンベルク、行列力学を提唱	1925(この年)
排煙脱硫装置		ハイゼンベルク、原子核が陽子と中性子からなるとする理論を提出	1932(この年)
排煙脱硫装置が開発	1973(この年)		
煤煙排出規制法		**排他原理**	
煤煙排出規制法を公布	1962.6.2	パウリ、排他原理を発見	1924(この年)
煤煙防止規則		**排他的経済水域（EEZ）**	
初の煤煙防止規則公布	1932.6.3	日中、排他的経済水域で問題	1999(この年)
ばい煙防止研究会		中国が東シナ海でガス田開発	2004.10.25
大阪でばい煙防止研究会が発足	1911(この年)	**配炭公団法**	
煤煙防止条例		配炭公団法を公布	1947.4.15
東京都に煤煙防止条例が制定される	1955.10.1	**配電統制令**	
バイオエタノール		配電統制令を公布	1941.8月
内燃機関燃料として、バイオエタノールが普及	2005.4.11	国内に9配電会社を設立	1942.4月
		配電統制令、電力調整令を廃止	1946.9.30
経産省、バイオエタノール混合燃料を試験販売	2006.8.25	**バイナリー発電システム**	
		北海道で発電プラントに成功	1977.10月
バイオマス		大分県で発電プラントに成功	1977.12月
メタノール車普及促進懇談会報告書発表	1990.6.6	中小地熱バイナリー発電システム実証試験開始	1991.12月
バイオ燃料の実用化が近づく	2011.7.26	NEDO、中小地熱バイナリー発電プラント発電試験開始	1995.1月
バイオマス発電			
イギリス・アイ発電所建設	1992.7月	NEDO、中小地熱バイナリー発電プラントの発電試験開始	1997.2月
バイオマスガス化複合発電の実証プラント建設	1993(この年)		
フォルサCHP発電所建設	1996.9月	NEDO、中小地熱バイナリー発電プラントの発電試験終了	1998.1月
ケミエルビ発電所、運転開始	1998(この年)		
フィンランドで、アルポルメンス・クラフト・ユニットが建設	2001(この年)	NEDO、中小地熱バイナリー発電プラントの発電試験終了	1998.3月
		小型バイナリー発電機による発電実験開始	2002.6月
排ガス規制			
排ガス無鉛化のガソリン規制	1970.6.3	八丁原バイナリー発電施設工事開始	2003.5月
日本版マスキー法が実施される	1978.4月	国内初の商用向けバイナリー発電設備実証試験開始	2006.5月
ディーゼル車排ガス規制強化	1990.12.20		
自動車排ガス規制大幅強化	1991.3.20		

はいね

温泉発電システムの実証試験を開始　2011.12.16
小規模地熱バイナリー発電設備の実証試験
　を開始　2012.2.26
バイナリー発電システムの実証試験を開始
　　2014.8.22

排熱回収発電プラント
排熱回収発電プラントが完成　1979（この年）

パイパー油田
スコットランド沖で油田爆発　1988.7.6

パイプライン
日本初の原油パイプライン敷設　1879.11月
ダンマン油田発見　1938.3月
頸城〜豊洲間パイプライン完成　1962.10月
コメコン・パイプライン完成　1963.11.11
オハイオ州で、原油パイプラインが破裂　1968.1.13
石油パイプライン事業法改正　1972.6.16
大慶・秦皇島間パイプライン完成　1973.9月
スメド・パイプライン開通　1977.2.25
メキシコで石油パイプライン爆発　1978.11.2
アラビア半島横断パイプライン開通　1981.7月
ブラジルでガソリンのパイプライン爆発　1984.2.25
イラクがパイプライン増強　1984.7月
エクアドル地震で原油パイプライン損傷　1987.3.5
ソ連で液化石油ガス輸送管爆発　1989.6.3
イランで都市ガスのパイプライン爆発　1990.3.18
コロンビアで、石油パイプラインが爆発　1998.10.18
ナイジェリアで、石油パイプラインが炎上
　　1998.10.18
ナイジェリアで、石油パイプラインが爆発
　　2000.7.10
ナイジェリアで、石油パイプライン火災　2000.11.30
日露、パイプラインを共同推進　2003.1.10
ナイジェリアで、石油パイプラインが爆発
　　2003.6.19
ナイジェリアで、石油パイプライン爆発　2006.5.12
ナイジェリアで、石油パイプラインが爆発
　　2006.12.26

ハイブリット型温度差発電
ハイブリット型温度差発電が稼働　1982.9月

ハイブリッド型LTA航空機懇談会
ハイブリッド型LTA航空機懇談会が発足　1978.10.6

ハイブリッド車
環境にやさしいバスが導入　1995（この年）
トヨタがプリウスを発売　1997.10月
ホンダ、シビックハイブリッドを発売　2001.12月
ホンダ、「インサイト」を発表　2009.2.5
プリウスが国内新車販売台数首位に　2009.10月

ハイムバルト号
室蘭でタンカーの衝突爆発事故　1965.5.23

倍率器
シュヴァイガー、倍率器を発明　1820（この年）

バイロシェイプ号
ジョフロア侯爵、蒸気船を設計　1781（この年）

バイロメーター
ウェッジウッド、バイロメーターを発明
　　1782（この年）

バイロン原子力発電所（アメリカ）
バイロン原発2号機が自動停止　2012.1.30

ハイワイヤー
GM、ハイワイヤーを発表　2002（この年）

バウアー
バウアー、MCFCが試作される　1921（この年）
固体酸化物形燃料電池が試作される　1937（この年）

パウエル, コリン
アメリカで同時多発テロが発生　2001.9.11
イラクの大量破壊兵器をめぐって　2002.12.7
アメリカがイラク攻撃の意思強める　2003.2.6

パウジェトカ地熱発電所（ソ連）
ソ連の地熱発電所が運転開始　1966.1月

パウリ, ヴォルフガング・エルンスト
パウリ、排他原理を発見　1924（この年）
パウリ、ニュートリノ仮説を提唱　1930（この年）

パウリの排他原理
フェルミ、フェルミ・ディラックの統計を
　導入　1926.2月

パーカー
パーカー、コーライトを発明　1906（この年）

バキューム・オイル
ソコニー・バキューム社設立　1931.7.30

パーキン, ウィリアム
パーキン、最初の人工染料モーブを発見
　　1856（この年）

パーキンス, ヤコブ
パーキンス、圧縮式冷凍機を開発　1834（この年）

パグウォッシュ会議
第1回パグウォッシュ会議開催　1957.7.6
パグウォッシュ会議、ジョセフ・ロートブ
　ラットがノーベル平和賞を受賞　1995.12.10

ハーグ国際司法裁判所
イラン石油国有化問題提訴を却下　1952.7.22

パクシュ原子力発電所（ハンガリー）
ハンガリー・パクシュ原発2号機で、放射
　性希ガス放出　2003.4.10

パークス, ハリー
パークス、石炭無税輸出の承諾を要求　1867.10.26

白水越地域
鹿児島県で地熱資源調査開始　1973.3月
鹿児島県で地熱開発調査開始　1978.12月

白鳥石油備蓄
白鳥石油備蓄設立　1981.6.8

白熱ガス・マントル
ウェルスバッハ、白熱ガス・マントルを発
　明　1886（この年）

白熱舎
日本初の電灯が点灯する　1885.6月

白熱電灯
スワン、白熱電灯を発明　1878（この年）
エジソン、白熱電球を実用化　1879.10月
エジソン、エジソン・ダイナモを発明
　　1879（この年）
商業用水力発電所を建設　1882（この年）
日本初の電灯が点灯する　1885.6月
大阪紡績会社三軒家工場に発電機を設置　1886.9月

- 458 -

爆発事故
　蒸気船スルタナ号ボイラー破裂事故が発生
　　　　　　　　　　　　　　　1865（この年）
　　油槽船爆発　　　　　　　　　1926.9.13
　　原子爆弾組立基地爆発　　　　　1950.3.8
　　東京電力鶴見第2火力発電所建設現場ガス
　　爆発　　　　　　　　　　　　1954.3.3
　　大協石油四日市製油所爆発　　　1954.10.15
　　フランスで石油貯蔵タンク爆発　　1966.1.4
　　西ドイツで石油製油所爆発　　　1966.1.18
　　オハイオ州で、原油パイプラインが破裂 1968.1.13
　　フィリピンでガソリンタンク爆発 1968.11.10
　　地中海でタンカー爆発　　　　　1971.1.21
　　アメリカでガスタンク爆発　　　1973.2.10
　　シンガポール造船所で爆発事故　1978.10.12
　　メキシコで石油パイプライン爆発 1978.11.2
　　ブラジルでガソリンのパイプライン爆発 1984.2.25
　　メキシコでガスタンク群爆発　　1984.11.19
　　スペイン・アルヘシラス湾でタンカー爆
　　発・沈没　　　　　　　　　　　1985.5.26
　　イタリア製油所で爆発事故　　　1985.12.21
　　メキシコ・石油基地でタンク爆発　1988.5.24
　　スコットランド沖で油田爆発　　1988.7.6
　　ソ連で液化石油ガス輸送管爆発　1989.6.3
　　イランで都市ガスのパイプライン爆発 1990.3.18
　　ロシア石油精製工場で爆発事故　1992.9.22
　　コロンビアで、石油パイプラインが爆発 1998.10.18
　　ナイジェリアで、石油パイプラインが炎上
　　　　　　　　　　　　　　　　1998.10.18
　　ナイジェリアで、石油パイプラインが爆発
　　　　　　　　　　　　　　　　2000.7.10
　　ナイジェリアで、石油パイプライン火災 2000.11.30
　　ラウダタイン油田が炎上　　　　2002.2.1
　　ナイジェリアで、石油パイプライン爆発
　　　　　　　　　　　　　　　　2003.6.19
　　アルジェリアで、ガス施設爆発　2004.1.19
　　テキサス州の製油所で爆発　　　2005.3.23
　　イギリスの石油貯蔵施設で爆発・火災 2005.12.11
　　ナイジェリアで、石油パイプライン爆発 2006.5.12
　　ナイジェリアで、石油パイプラインが爆発
　　　　　　　　　　　　　　　　2006.12.25
爆発性混合物
　　ハザード、爆発性混合物で特許を取得
　　　　　　　　　　　　　　　1826（この年）
バクー油田
　　バクー油田産油激増　　　　1891（この年）
　　バクー油田の生産量が世界一　1898（この年）
バークラ，チャールズ・グローヴァー
　　バークラ、特性X線を発見　　1906（この年）
バークレイ原子力発電所（イギリス）
　　バークレイ原子力発電所、一般家庭へ送電
　　開始　　　　　　　　　　　　1962.6.15
バクン水力発電所（マレーシア）
　　バクン・ダム建設を中止　　　　1996.6.19
バクン・ダム
　　バクン・ダム建設を中止　　　　1996.6.19
箱根電灯発電所
　　箱根電灯発電所完成　　　　　　1892.6月

ハザード，エルスカイン
　　ハザード、爆発性混合物で特許を取得
　　　　　　　　　　　　　　　1826（この年）
ハーシェル，ウィリアム
　　W.ハーシェル、赤外線放射の発見　1800（この年）
バジパイ，アタル・ビハリ
　　印パ、ラホール宣言に署名　　　1999.2.21
パシフィック・ウェスタン・オイル
　　クウェート中立地帯の利権を供与　1949.2.20
パシフィック・コースト石油
　　スタンダード石油（カリフォルニア）設立
　　　　　　　　　　　　　　　1906（この年）
パシフィック・スワン号
　　パシフィック・スワン号、放射性廃棄物の
　　積込み完了　　　　　　　　　1999.2.24
ハシ・メサウド油田
　　ハシ・メサウド油田発見　　　　1956.6月
　　ハシ・メサウド油田出油成功　　1957.2月
橋本 清之助
　　電力経済研究所設立　　　　1952（この年）
橋本 龍太郎
　　エリツィン大統領、放射性廃棄物海洋投棄
　　の中止を明言　　　　　　　　1996.4.19
　　原子力安全サミット開催　　　　1996.4.20
ハシ・ルメルガス田
　　ハシ・ルメルガス田発見　　　　1956.11月
パーシングⅡ
　　パーシングⅡ配備反対デモ　　　1981.10.10
パスカルの原理
　　ブラマ、水圧器を発明　　　　1795（この年）
ハスキー・オイル
　　マラソンがハスキーを買収　　　1984.3.29
パスツール，ルイ
　　リスター、石炭酸による消毒法を提唱
　　　　　　　　　　　　　　　1865（この年）
バーゼル条約
　　バーゼル条約改正で、有害廃棄物が輸出禁
　　止に　　　　　　　　　　　　1995.9月
パーソンズ，チャールズ・アルジャーノン
　　パーソンズ、蒸気タービンを発明　1884（この年）
　　初の蒸気タービン船の完成　　　1897.6月
パーソンズ社
　　三菱長崎造船所、国産第一号発電用タービ
　　ンを製作　　　　　　　　　　1908（この年）
パーソンズタービン
　　パーソンズ、蒸気タービンを発明　1884（この年）
　　三菱長崎造船所、国産第一号舶用タービン
　　を製作　　　　　　　　　　　1908（この年）
　　三菱長崎造船所、国産第一号発電用タービ
　　ンを製作　　　　　　　　　　1908（この年）
畑薙第一ダム
　　畑薙第一ダムが完成、畑薙第一発電所が運
　　用開始　　　　　　　　　　　1962.9月
蜂の巣城紛争
　　熊本県が下筌ダム予定地の収用を決定　1964.4.5
　　熊本県下筌ダム反対派の拠点を強制撤去　1964.6.23

パチノッティ, アントニオ
　パチノッティ、環状電機子を発明　1860（この年）
　グラム、グラム発電機を発明　1870（この年）
八幡平地域
　秋田県で地熱調査開始　1965（この年）
　秋田県で地形調査開始　1981.6月
発光ダイオード
　ホロニアック・ジュニア、発光ダイオード
　　を発明　1962（この年）
パッシェン, フリードリッヒ
　パッシェン、水素スペクトル系列に、パッ
　　シェン系列を発見　1908（この年）
パッシェン系列
　パッシェン、水素スペクトル系列に、パッ
　　シェン系列を発見　1908（この年）
発電機
　ホイートストン、電磁石を用いた発電機を
　　製作　1845（この年）
発電所事故
　アメリカで超臨界圧スルザーボイラーが建
　　設される　1960（この年）
　東電千葉火力発電所で水管腐食事故が発生
　　1960（この年）
　アメリカ・火力発電所建設現場で事故　1978.4.27
　大井火力発電所で爆発事故　1987.5.26
　三重ごみ固形燃料発電所で爆発　2003.8.14
　新興鋳管の発電所で爆発　2004.9.23
『発電水力調査』
　『発電水力調査』刊　1914.3月
発電用アースダム
　日本初の発電用アースダム完成　1911.12月
発電用原子炉
　ソ連第1号発電用原子炉AM-1臨界　1954.5.9
発電用コンクリート重力ダム
　発電用ダム完成　1912（この年）
発電用地熱開発環境調査
　地熱開発基礎調査開始　1977.9月
バットレスダム
　発電用バットレスダム完成　1924.9月
バーディーン, ジョン
　バーディーンら、超伝導理論を提唱　1957（この年）
波動力学
　シュレディンガー、波動力学を提唱　1926（この年）
ハドフィールド, ロバート・アボット
　ハドフィールド、マンガン鋼の特許を取得
　　1883（この年）
ハートフォード蒸気ボイラ検査・保険会社
　ハートフォード蒸気ボイラ検査・保険会社
　　設立　1866（この年）
パドル法
　コート、パドル法を発明　1784（この年）
ハドロン
　オークンが素粒子を分類してハドロンと命
　　名　1962（この年）
バートン, ウィリアム M.
　バートン、クラッキングを実用化　1913（この年）
　ダブズ、連続熱分解法を開発　1919（この年）

ハナウMOX燃料工場
　独ハナウMOX燃料工場で爆発事故　1990.12.11
パナソニックEVエナジー
　トヨタと松下電器産業、合弁会社を設立　1996.5.20
羽根車
　ジュール、熱の仕事当量を測定　1843（この年）
　クルックス、ラジオメーター効果を発見
　　1875（この年）
バーネット, ウィリアム
　バーネット、圧縮式内燃機関を発明　1838（この年）
パパン, ドニ
　物理学者のパパン、消息を絶つ　1712（この年）
パフィング・デヴィル号
　トレヴィシック、蒸気自動車を完成　1801.12.24
バブコック日立
　排煙脱硝装置が導入される　1977（この年）
ハフトケル油田
　ガッチサラン、ハフトケル油田発見　1928（この年）
ハフニウム
　ボーア、原子の電子配置から新元素を予言
　　1921（この年）
　ヘヴェシーとコスター、ハフニウムを発見
　　1923（この年）
バベッジ, チャールズ
　バベッジ、差分機械を考案　1822（この頃）
バーマ石油会社
　バーマ石油会社設立　1902.5.15
ハミルトン, ウィリアム・ローワン
　ハミルトン、ハミルトンの方程式を発見
　　1834（この年）
ハミルトンの方程式
　ハミルトン、ハミルトンの方程式を発見
　　1834（この年）
ハム・ユントロップ原子力発電所（西ドイツ）
　西独ハム・ユントロップ原発で放射能漏れ
　　事故　1986.5.7
林 幹人
　珠洲市長選挙無効で原発推進派市長が失職
　　1996.5.31
早野 龍五
　CERN、「反物質」大量生成に成功　2002.9.19
早山石油
　早山石油川崎製油所完成　1931.11月
早山石油川崎製油所
　早山石油川崎製油所完成　1931.11月
パラシュート
　ブランシャール、熱気球によるドーヴァー
　　海峡横断に成功　1785（この年）
バラード社
　電気自動車用の燃料電池の開発活発化
　　1990（この年）
パラボラトラフ
　エリクソン、パラボラトラフを製作　1880（この頃）
ハラム原子力発電所（アメリカ）
　アメリカ・ハラム原子力発電所送電開始　1963.5.29

バリアン兄弟
バリアン兄弟がクライストロンを発明
1939（この年）
バリクパパン油田
日本軍がバリクパパン占領　1942.1.24
パリ条約
パリ条約採択　1960.7.29
ハリマン, W.A.
イランが英石油会社国有化を命令　1951.5.2
波力発電
益田善雄、世界初の波力発電用航路標識ブイを発明
1964（この年）
海獺島灯台で海岸固定式波力発電装置の実用化
1967（この年）
点集中装置の解析　1973.5月
浮遊式可動物体型ドックの発明　1974（この年）
益田ブイ、世界で普及　1975（この年）
浮体式装置実験実行　1977（この年）
日本初の波力発電装置公開　1978.6.25
波力発電実験の開始　1978.8.2
振り子式波力発電システムを発明　1979（この年）
波エネルギー国際会議開催　1979（この年）
室蘭港に波力発電装置設置　1980（この年）
振り子式波力発電の実験　1981（この年）
SEA CLAM開発　1982（この年）
40kWの振り子式波力発電装置設置　1984（この年）
波力発電実験の再開　1985.9.3
越波型装置の稼働　1985（この年）
沖縄で浮体式発電装置実験　1985（この年）
波力利用熱回収システム実験　1985（この年）
波力発電コスト発表　1987.5.11
デンマークブイ（1kW）現地試験　1987（この年）
固定式振動水柱型装置設置　1988（この年）
陸上型OWC実験　1991（この年）
リンペットを開発　1992（この年）
インドでケーソン式を設置　1993（この年）
ロータリーベーンポンプ発明　1993（この年）
ART社、波-風力ハイブリッド型システム設置
1995（この年）
一体型ロータリーベーンポンプ現地試験が実施される
1995（この年）
アイルランドで浮体式可動物体型装置試験
1996（この年）
東北電力、水弁集約式波力発電システムを設置
1996（この年）
ケーソンによる沖合固定式実験が実施される
1998（この年）
ウエーブゲン社、世界初の商業規模波力発電装置稼働
2000（この年）
海洋科学技術センター、浮体型波力発電装置実験
2000（この年）
豪州に波収斂型システム設置　2001（この年）
佐賀大が海洋エネルギー研究センターを開設
2003（この年）
可動物体型ペラミス発電装置の海域試験
2004（この年）
波力利用熱回収システム
波力利用熱回収システム実験　1985（この年）
ハル, アルバート・ウォーレス
ハル、マグネトロンを発明　1921（この年）

パール, マーティン
パール、タウオンを発見　1975.8月
バルーク案
アメリカがバルーク案を提案　1946.6.14
バルサンチ, オユゼニオ
バルサンチら、大気圧エンジンを製作
1856（この年）
バルチック造船所
ロシアで浮揚型原子力発電所の組み立て開始
2009.5.19
バルーチャン第二発電所（ミャンマー）
ミャンマーに日本の水力技術　1959（この年）
ハルバックス, W.L.F.
ハルバックス、光電効果を発見　1888（この年）
Cu、Cu_2O光敏感性の発見　1904（この年）
バルマー, ヨハン・ヤコブ
バルマー、バルマーの公式を発見　1885（この年）
バルマー系列
バルマー、バルマーの公式を発見　1885（この年）
バルマーの公式
バルマー、バルマーの公式を発見　1885（この年）
バーレーン石油会社
バーレーン石油会社設立　1929.1.11
バーレーンで試掘に成功　1932.6.1
パレンバン製油所
日本軍がパレンバン製油所占領　1942.2月
ハーン, オットー
ハーンとシュトラスマンがウランの核分裂反応発見
1938.12.22
マイトナーとフリッシュが「核分裂」理論を提出
1939.1.26
潘 基文
日韓、北朝鮮の核問題で連携　2004.11.6
パン・アメリカン石油
エジプトが西部砂漠の利権を許可　1964.2.12
リビア、米国計4社に新法を是認させる　1966.1.4
エジプトのエル・モルガン油田開発成功　1966.9.19
反核デモ
パーシングⅡ配備反対デモ　1981.10.10
欧州各地で平和デモ　1981.11.15
半径流式タービン
ユングストローム、輻流タービンを発明
1911（この年）
反原発運動
柏崎刈羽原発増設の反対運動起こる　1980.12.4
「もんじゅ」反対署名100万人を達成　1996.5.14
海山町の住民投票で原発反対7割　2001.11.18
反射炉
クラネージ兄弟、反射炉を製作　1766（この年）
コート、パドル法を発明　1784（この年）
薩摩藩、反射炉を築造　1852（この年）
半水性ガス
ドーソン、半水性ガスを製造　1878（この年）
反水素原子
CERN、反水素原子の合成に成功　1996.1.4

バンスフィールド石油貯蔵基地
 イギリスの石油貯蔵施設で爆発・火災　2005.12.11
パンチカード
 ジャカール、ジャカード織機を発明　1801(この年)
反中性子
 反中性子発見　1956.9.15
ハンツマン、ベンジャミン
 ハンツマン、るつぼ製鋼法を確立　1742(この頃)
バンデロス発電所(スペイン)
 スペイン・バンデロス1号機で、発電機破
 壊事故　1989.10.19
『反動装置による宇宙空間の探求』
 ツィオルコフスキー、『ロケットによる宇
 宙空間の探求』刊　1903(この年)
反動タービン
 初の蒸気タービン船の完成　1897.6月
反トラスト法
 スタンダード石油連合解散　1911.5.15
バンド理論
 ゾンマーフェルトとベーテ、『固体電子論』
 刊　1933(この年)
ハンフォード核施設
 アメリカ・ハンフォード核施設で放射能廃
 液漏洩　1973.6.8
ハンフォード再処理工場(アメリカ)
 ハンフォード再処理工場で臨界事故　1962.4.7
ハンフォード・パイル
 ハンフォード・パイル第1号完成　1944.9月
反物質
 アンダーソン、陽電子を発見　1932(この年)
 銀河系の中心に反物質存在か　1978.4月
 CERN、「反物質」大量生成に成功　2002.9.19
反陽子
 チェンバレンとセグレが反陽子を発見
 　1955(この年)

【ひ】

ピアソン、ゲラルド・L.
 アメリカで世界初の実用的シリコン太陽電
 池を開発　1954(この年)
ピエゾ電気効果
 キュリー兄弟、圧電効果を発見　1880(この年)
ビオ、ジャン・バティスト
 ビオとサバール、ビオ・サバールの法則を
 発見　1820(この年)
ビオ・サバールの法則
 ビオとサバール、ビオ・サバールの法則を
 発見　1820(この年)
ビオブル, R.
 ビオブル、マイナスモーターを開発　1988(この年)
非可換ゲージ理論
 「ヤン—ミルズ理論(非可換ゲージ理論)」
 の発表　1954.6月

非核三原則
 佐藤栄作がノーベル賞受賞　1974.10月
 岡田外相、核持ち込み「密約」調査を指示　2009.9月
東シナ海ガス田問題
 日中、排他的経済水域で問題　1999(この年)
 中国にガス田開発のデータ要求　2004.6.21
 中国が東シナ海でガス田開発　2004.10.25
 日本政府、東シナ海ガス田の調査結果を発
 表　2005.4.1
 中国がガス田で生産開始　2005.9.20
 日本、東シナ海ガス田の共同開発を提案　2005.10.1
 日中、東シナ海ガス田開発で正式合意　2008.6.18
東通原子力発電所
 東通原発の公開ヒアリング開催　1996.4.17
 東北電力東通原子力発電所1号機が営業運
 転開始　2005.12.8
東新潟ガス田
 新潟県でガス田発見　1973.3月
東日本石油
 福島県沖にガス田発見　1973.11月
東日本大震災
 東日本大震災により、女川原発が被災　2011.3.11
 東日本大震災により、東海第二原発が被災
 　2011.3.11
 東日本大震災により、福島第一原発が被災
 　2011.3.11
 東日本大震災により、福島第二原発が被災
 　2011.3.11
『光の強度に関する光学実験』
 ブーゲ、『光の強度に関する光学実験』刊
 　1729(この年)
光ポンピング
 カストルレが光ポンピング法の発見　1950(この年)
ピカリング原子力発電所(カナダ)
 ピカリングA発電所2号機で冷却材喪失事
 故　1983.8.1
 ピカリング原発1号機で重水漏れ　1992.8.2
比感応容量
 ファラデー、電媒定数を測定　1836(この年)
ピキシ、N.ヒポライト
 ピキシ、手回し発電機を発明　1832(この年)
ピキシ発電機
 ピキシ、手回し発電機を発明　1832(この年)
ビキニ環礁
 ビキニ環礁を核実験場に選定　1946.1.24
 アメリカ、マーシャル群島ビキニ環礁で核
 実験　1946.7.1
 ビキニ環礁で水爆実験　1954.3.1
 漁船第5福竜丸被曝　1954.3.1
 爆撃機からの水爆投下実験　1956.5.4
 ビキニ被曝の第五拓新丸元乗務員が死去
 　1961.12.11
 ビキニ環礁の住民に退去命令　1978.4.12
ビクトル
 石油タンカー衝突により海難史上最大事故
 　1987.12.20
ピクワ発電所(アメリカ)
 IAEA初の原子炉査察　1962.6.1

飛行機
ブレリオ、飛行機で初めて英仏海峡を横断
　　　　　　　　　　　　　　　1909.7.25
飛行船
ジファール、蒸気機関付き飛行船を建造
　　　　　　　　　　　　　　1852（この年）
ツェッペリン卿、飛行船の製作をし、飛行
する　　　　　　　　　　　　1900（この年）
ビジコン社
マイクロプロセッサが登場　　　　1971.4月
非常警戒態勢
米、コンピュータ故障で核戦争の非常警戒
態勢入り　　　　　　　　　　　　1980.6.3
ビショップ
ビショップ、石炭ガスを溶鉱炉で利用
　　　　　　　　　　　　　　1839（この年）
ヒシンガー，ウィルヘルム
ベルツェリウスとヒシンガー、セリウムを
発見　　　　　　　　　　　　1803（この年）
ヒステリシスモーター
ヒステリシスモーターの論文を発表　1937（この年）
ビスマス蒼鉛
新しい高温超伝導体の開発　　　　1988.1月
ヒ素中毒
フィリピン・地熱発電所でヒ素中毒　1993.11.29
ピーターソン
日米エネルギー協力で合意　　　　1973.3.7
日立製作所
国産一号原子炉JRR-3着工　　　　1959.1.14
核燃料加工会社日本ニュクリア・フユエル
の設置許可　　　　　　　　　　1967.4.20
日本核燃料開発会社発足　　　　　1972.2.15
超LSIを開発　　　　　　　　1976（この年）
新型BWR開発計画調印　　　　　1981.7.15
重電メーカー5社に、新型転換炉実証炉の
基本設計発注　　　　　　　　　1984.1.23
ウラン濃縮機器株式会社発足　　　1984.12.1
グローバル・ニュークリア・フユエル社設
立　　　　　　　　　　　　　　2000.1.1
御岳発電所に、スプリッタランナ水車を導
入　　　　　　　　　　　　　　2003.4月
日立とGEは、原子力事業提携で合意　2006.11.13
国際原子力開発株式会社発足　　　2010.10.22
ピーチ・ボトム原子力発電所（アメリカ）
アメリカのピーチ・ボトム発電炉で火災　1965.2.3
ヒッグス粒子
ヒッグス粒子の痕跡を確認　　　　2011.12.13
ヒッグス粒子、発見される　　　　2012.7.4
新粒子はヒッグス粒子で確定　　　2013.3.14
ピッチオニ，O.
反中性子発見　　　　　　　　　　1956.9.15
ピッチブレンド
クラプロート、ウランを発見　　　1789（この年）
キュリー夫妻、ラジウムを発見　　1898.12月
ヒットルフ，J.W.
ヒットルフ、陰極線を発見　　　　1869（この年）
ゴルトシュタイン、ヒットルフの放射線を
陰極線と命名　　　　　　　　1876（この年）

非定常ジョセフソン効果
ジェーバーが非定常ジョセフソン効果を観
測　　　　　　　　　　　　　1965（この年）
ビデオ隠し
「もんじゅ」事故ビデオで核心隠蔽　1995.12.20
「もんじゅ」事故現場ビデオ隠蔽問題　1995.12.21
「もんじゅ」事故隠しで動燃担当者が自殺　1996.1.13
比電荷
ローレンツ、ゼーマン効果を荷電粒子の比
電荷の計算に利用　　　　　　　1896（この年）
ピトー，アンリ
ピトー、ピトー管を発明　　　　1728（この年）
ピトー管
ピトー、ピトー管を発明　　　　1728（この年）
ヒートポンプ式熱機関
キャリア、空調装置を発明　　　1902（この年）
ヒートポンプ式冷暖房設備
京都で世界初のヒートポンプ式冷暖房設備
導入　　　　　　　　　　　　1937（この年）
火止石油
田代虎次郎、泰平社を設立　　　1882（この年）
比熱
ブラック、比熱と潜熱を定義　　1760（この頃）
クロフォード、『動物熱と可燃物の燃焼に
ついての実験と考察』刊　　　1778（この年）
デュロンとプティ、原子量の表を作成
　　　　　　　　　　　　　　1819（この年）
日野自動車
日野自動車がコモンレール式を採用　1995（この年）
排ガス規制で買い換え需要が増　　2003（この年）
『火の動力およびこの動力を発生させるに適した機関についての考察』
カルノー、カルノーサイクルを考案　1824（この年）
被曝事故
京大原爆調査隊員が放射線被曝　　　　1945.9.20
ウラン鉱採掘作業員被曝　　　　1955（この年）
原研で被曝事故　　　　　　　　　　1969.11.8
三井造船イリジウム紛失　　　　　　1971.9.20
大分製油所でイリジウム被曝　　　　1972.6.26
日本原電敦賀発電所作業員が被曝　　1974.3月
岡山県でイリジウム被曝事故　　　　1974.5.13
被曝事故相次ぐ　　　　　　　　　　1974.6.3
九州石油増設現場従業員被曝　　　　1974.6月
線型加速器故障により被曝　　　1974（この年）
日本工業検査で高校生被曝　　　1974（この年）
福島第一原発で作業員被曝　　　1974（この年）
動燃で被曝事故　　　　　　　　　　1975.4.24
動燃で職員被曝　　　　　　　　　　1975.9.4
第5福竜丸展示館開館　　　　　　　1976.6.10
不注意で作業員被曝　　　　　　　　1981.1.20
病院内で被曝事故　　　　　　　　　1981.5.29
米兵被曝者13.2万人　　　　　　　　1983.5.24
動燃東海で被曝事故　　　　　　　　1986.6.23
動燃東海で作業員被曝　　　　　　　1988.9.1
動燃再処理工場で作業員被曝　　　　1989.3.16
琉球大病院で被曝事故　　　　　　　1998.6.30
被爆者二世
被爆者二世が白血病で死去　　　　　1969.9.27

— 463 —

ひめし

姫路水力電気南小田第一発電所
　日本初の発電用アースダム完成　1911.12月
ピーヤス社
　日本石油、アメリカから掘削機を輸入　1890.12月
『百科全書』
　数学者・哲学者のダランベールが没する　1783.10.29
ヒュゲニン
　薩摩藩、反射炉を築造　1852（この年）
ヒューゴン, ピエール
　ヒューゴン、無圧縮ガスエンジンの特許を取得　1858（この年）
ヒュッター, ウルリッヒ
　ヒュッターが高性能風力タービンを開発　1959（この年）
　2000kW風車を開発　1975.5月
ビュルダン, クロード
　フルネーロン、タービンを製作　1827（この年）
避雷針
　フランクリン、避雷針の原理を発見　1747（この年）
　フランクリン、避雷針を発明　1750（この年）
平賀 源内
　平賀源内、エレキテルを完成　1776（この年）
平沼 赳夫
　経産相が、東電原発トラブル隠しで謝罪　2003.6.6
ビリビノ原子力発電所（ソ連）
　ソ連・ビリビノ原発で放射能汚染水漏出　1991.7.10
ビリングズ, ロジャー
　燃料電池自動車を製作　1991（この年）
ビルケラン, クリスチャン
　ビルケランとエイデ、電弧式空中窒素固定法の特許取得　1903（この年）
広島県衛生部
　被爆者の肺癌死亡率激増　1950（この年）
広島水力電気
　日本で、長距離送電始まる　1899.5月
　広島水力電気、第二発電所を設立　1907.4月
広島電気
　広島電気が世界最大の発電機を増設　1935.3月
廣瀬商事
　熊本県の自家用発電所運転開始　1991.10月
ヒロニマス, W.E.
　浮体式洋上風力発電の構想発表　1970（この頃）
ビン・ラーディン, ウサマ
　アメリカで同時多発テロが発生　2001.9.11

【ふ】

ファイブロパワー社
　イギリス・アイ発電所建設　1992.7月
ファットマン
　長崎に原爆投下　1945.8.9
ファテ油田
　ドバイでファテ油田発見　1966.6月

ファビウス, ローラン
　核実験抗議船爆破　1985.7.10
ファフード油田
　オマーンでファフード油田発見　1964（この年）
ファヤンス, カジミェシュ
　ソディら、放射性崩壊の変位法則を発見　1913（この年）
ファラデー, マイケル
　ファラデー、電磁回転を発明　1821（この年）
　ファラデー、ベンゼンを発見　1825（この年）
　ヘンリー、電磁誘導を発見　1830（この年）
　ファラデー、電磁誘導を発見　1831.8.21
　ファラデー、電気分解のファラデーの法則を発表　1833（この年）
　ファラデー、電媒定数を測定　1836（この年）
　ファラデー、真空放電を発見　1837（この年）
　ファラデー、ファラデー効果を発見　1845（この年）
　マクスウェル、『ファラデーの力線について』を発表　1856（この年）
　マクスウェル、『電磁場の理論』刊　1861（この年）
　マクスウェル、電磁場の存在を予言　1864（この年）
　物理学者・化学者のファラデーが没する　1867.8.25
　交流発電機の商業利用が開始　1872（この年）
　マクスウェル、『電気磁気論』を刊行　1873（この年）
　物理学者のマクスウェルが没する　1879.11.5
ファラデー暗部
　ファラデー、真空放電を発見　1837（この年）
ファラデー効果
　ファラデー、ファラデー効果を発見　1845（この年）
ファラデーの法則
　ファラデー、電気分解のファラデーの法則を発表　1833（この年）
『ファラデーの力線について』
　マクスウェル、『ファラデーの力線について』を発表　1856（この年）
ファルマン, アンリ
　ファルマン、161kmの飛行に成功　1909（この年）
ファルマンⅢ
　ファルマン、161kmの飛行に成功　1909（この年）
ファーレンハイト, ガブリエル・ダニエル
　ファーレンハイト、水銀温度計を発明　1714（この年）
　物理学者のファーレンハイトが没する　1736.9.16
ファーレンハイト度
　ファーレンハイト、水銀温度計を発明　1714（この年）
ファンガタウファ環礁
　フランス、ファンガタウファ環礁で核実験　1995.10.2
　フランス、ファンガタウファ環礁で6回目の核実験　1996.1.27
ファンテイル
　リー、ファンテイルを発明　1745（この年）
ファント・ホフ, ヤコブス・ヘンリクス
　ファント・ホフ、化学熱力学の確立　1884（この年）
ブイエ, クロード・S.M.
　ブイエ、正検検流計を発明　1837（この年）

『フィジカル・レビュー・レターズ誌』
クォーク凝縮、初確認　2004.2月

フィッシャー，フランツ
F.フィッシャーとトロプシュ、人造石油を製造　1923（この年）
フィッシャーら、合成ガソリン製造に成功　1926（この年）

フィッシャー・トロプシュ法
F.フィッシャーとトロプシュ、人造石油を製造　1923（この年）
人造石油ドイツで工業化　1935（この年）

フィッチ，ジョン
フィッチ、最初の蒸気船を航行させる　1787.8.22

フィッチ，V.L.
フィッチとクローニン、CP対称性の破れを発見　1964（この年）

フィヨン，フランソワ
日仏「原子力エネルギーの平和的利用における協力に関する宣言」合意　2008.4.11

フィリップス
エジプトが西部砂漠の利権を許可　1964.2.12

フィールド，サイラス・W．
フィールド、大西洋横断海底電信を敷設　1866（この年）

フィロ発電所（アメリカ）
超臨界圧ベンソンボイラーが建設される　1954（この年）

風車
スミートン、水車を改良　1759（この年）

風車輸出ブーム
米国に風車輸出ブーム　1982（この年）

風トピア計画
日本の小型風車の実証試験開始　1978（この年）

風力タービン
ヒュッターが高性能風力タービンを開発　1959（この年）

風力発電
リー、ファンテイルを発明　1745（この年）
イギリスで垂直軸風車による発電が開始　1887.7月
多翼風車での発電実験は失敗　1887（この年）
ブラッシュ、マンモス多翼風車で発電を開始　1888（この年）
ラ・クール、世界初の風力発電装置を製作　1891（この年）
ラ・クール、デンマーク風力発電協会（DVES）設立　1903.10月
デンマークで大量の風力発電機が利用される　1910（この頃）
ランチェスター、風車のパワー係数を導出　1915.3.15
ヤンセンら、高性能アグリコ風車を開発　1919（この年）
ベッツ、風車のパワー係数を導出　1920（この年）
デンマークの風力発電機製造は一社のみに　1920（この頃）
小型風車製造が活発化　1930（この頃）
ジェイコブス風車の商用利用が始まる　1931（この年）
ダリウス風車の特許を取得　1931（この年）
マンモス風車構想が発表　1931（この年）
満州で風力発電研究を開始　1935（この年）
ドイツで直径130m風車構想発表　1937（この年）
デンマーク各地に風車設置　1940（この頃）
アメリカで史上初のMW級風車設置　1941（この年）
ユールが系統連系方式風力発電システムを開発　1947（この年）
山田風力電設工業所設立　1949（この年）
イギリスでも大型風車開発実施　1950（この頃）
国内で山田風車多数設置　1950（この頃）
ユールがゲサ風車を設計　1956（この頃）
3枚ブレード非同期発電機設置　1957（この年）
フランスで大型風車開発実施　1958（この年）
3000kW風車の実証試験　1970（この頃）
GROWIAN計画　1970（この頃）
NASA/ERDAのMODシリーズが開発　1970（この頃）
浮体式洋上風力発電の構想発表　1970（この頃）
大学で風力研究開始　1973（この年）
南極で風力発電機の実証試験　1973（この年）
2000kW風車を開発　1975.5月
リーセア、小型の風力発電機を製作　1975（この年）
群馬県庁屋上で風力発電　1978.12.21
日本で風力発電開始　1978（この年）
日本の小型風車の実証試験開始　1978（この年）
デンマーク、ブレード形式の異なる2機設置　1979（この年）
国内で風力発電の実証試験　1981（この年）
米国に風車輸出ブーム　1982（この年）
カナダで史上最大のダリウス風車設置　1985（この年）
大型風車製造が活発化　1990（この頃）
ウィンドファームが完成　1991（この年）
環境庁、風力発電導入マニュアルを公表　1996.12.6
NEDO、風力発電の発電量が一般家庭5万世帯分以上に達したと発表　2000（この年）
北海道に海上風力発電機設置　2004（この年）
洋上風力発電が活発化　2005（この頃）
浮体式洋上ウィンドファームの第1期工事が終了　2013.11月

風力発電技術者協会
ラ・クール、デンマーク風力発電協会（DVES）設立　1903.10月

風力発電研究所（デンマーク）
ラ・クール、世界初の風力発電装置を製作　1891（この年）

フェアベーン，W．
フェアベーンら、ランカシャボイラーを発明　1844（この年）

フェダーセン，W．
フェダーセン、振動放電を発見　1858（この年）

フェッセンデン，レジナルド・A．
フェッセンデン、AMラジオを発明　1906.12.24

フェニックス（フランス）
フランス、高速増殖炉原型炉フェニックスが臨界　1973.8.31
仏FBR原型炉フェニックスの蒸気発生器が発火事故　1982.4.28
仏FBR原型炉フェニックスで放射能漏れ事故　1982.12.16

高速増殖炉原型炉フェニックス運転終了	2010.2.1	福島第一廃炉推進カンパニー	
フェノール		東京電力の廃炉推進カンパニー始動	2014.4.4
ルンゲ、フェノールとアニリンを発見		**福田 康夫**	
	1834（この年）	日仏「原子力エネルギーの平和的利用にお	
フェライト磁石		ける協力に関する宣言」合意	2008.4.11
加藤与五郎ら、OP磁石を発明	1930（この年）	**複動式蒸気機関**	
フェラリス, ガリレオ		ワット、複動式蒸気機関の特許を取得	
小型二相交流電動機を発明	1885（この年）		1782（この年）
フェランティ, セバスチャン・Z.		**複葉機**	
ロンドン電力供給会社、デットフォード計		ファルマン、161kmの飛行に成功	1909（この年）
画を開始	1888（この年）	**輻流タービン**	
フェルミ, エンリコ		ユングストローム、輻流タービンを発明	
フェルミ、フェルミ・ディラックの統計を			1911（この年）
導入	1926.2月	**複T形電機子**	
フェルミ、β崩壊の理論を提出	1933.12月	ジーメンスら、複T形電機子を用いた発電	
フェルミ、人工放射性同位元素を生成		機を製作	1867（この年）
	1934（この年）	**ブーゲ, ピエール**	
フェルミらが持続的原子核連鎖反応に成功		ブーゲ、『光の強度に関する光学論』刊	
	1942.12.2		1729（この年）
世界初の原子炉シカゴ・パイル1号が完成		**更田 豊志**	
	1942（この年）	原子力規制委員会設置法が参院本会議で可	
フェルミ・ディラックの統計		決・成立	2012.6.20
フェルミ、フェルミ・ディラックの統計を		**ふげん**	
導入	1926.2月	「ふげん」設置	1970.11月
フェルミ粒子		「ふげん」臨界	1978.3.20
パウリ、排他原理を発見	1924（この年）	「ふげん」が全炉心臨界	1978.5.9
フォーティーズ油田		「ふげん」試運転開始	1978.7.29
フォーティーズ油田発見	1970.11月	「ふげん」本格運転開始	1979.3.20
フォーティーズ油田で生産開始	1975.11.3	ATR原型炉「ふげん」が、初の国産MOX	
フォード, ジェラルド・R.		燃料で発電	1981.10.10
米、石油輸入課徴金付加	1975.1.23	国内初の濃縮ウラン使用燃料を「ふげん」	
米、エネルギー政策節約法成立	1975.12.22	に装荷	1982.12.25
原油価格統制撤廃法案成立へ	1976.8月	回収ウランとプルトニウムでMOX燃料完	
フォード, ヘンリー		成	1984.4.11
フォード、ガソリン自動車を製作	1896.5月	落雷で3原子炉停止	1991.9.5
フォード、フォード・モーターを設立	1903.6.16	「ふげん」重水漏れ	1997.4.14
フォード財団		「ふげん」廃炉方針	1997.4.16
フォード財団、原子力平和利用賞設定	1956.4.1	「ふげん」トラブル	1999.1.23
フォート・セント・ブレイン炉（アメリカ）		「ふげん」運転終了	2003.3.29
アメリカ、高温ガス冷却炉原型炉100%出		新型転換炉「ふげん」で爆発音	2003.7.4
力運転	1981.11.13	**フーコー, ジャン・ベルナール・レオン**	
フォード・モーター		フーコー、渦電流を発見	1855（この年）
フォード、フォード・モーターを設立	1903.6.16	**富士石油**	
フォード、自動車量産開始	1908.10.1	富士石油設立	1964.4.17
フォード、テーラーシステムを導入	1911（この年）	**富士石油袖ヶ浦製油所**	
フォルサCHP発電所（フィンランド）		関西、富士、極東の製油所が完成	1968.10.1
フォルサCHP発電所建設	1996.9月	**ブシェール原子力発電所（イラン）**	
フォン・ノイマン, ジョン		イランで原発が稼働	2011.9.12
ノイマンがプログラム内蔵式コンピュータ		**藤岡 市助**	
を考案	1946（この年）	日本初の電灯が点灯する	1885.6月
フォン・ブラウン, ウェルナー		日本で、長距離送電始まる	1899.5月
ドイツ軍、V-2ロケットでロンドン攻撃	1944.9.7	**藤岡 由夫**	
福井県衛生研究所		原子力利用審議会設置	1954.5.11
敦賀原発前面海域から異常放射値検出	1981.4.14	原子力委員会発足	1956.1.1
福井石油備蓄		**富士興産**	
福井石油備蓄設立	1982.1.29	富士興産設立	1949.9.17
		海南製油所を売却へ	1956.10月

- 466 -

藤田観光
箱根の旅館が自家発電開始　　　　1960.10月
フジタ工業
大分県と熊本県で地熱調査開始　1988（この年）
富士通
超LSIを開発　　　　　　　　　1976（この年）
富士電機
ダム式発電所，運転開始　　　　　1918.8月
横須賀市に天然ウラン黒鉛減速型未臨界実
　験装置完成　　　　　　　　　　1962.2.7
富士電機製タービンがエルサルバドルへ　1980.12月
富士電機，世界最大の地熱発電機を開発　2010.4月
藤波 収
原子力安全研究協会創立　　　　　1964.6.12
藤波 恒雄
原子力工学試験センター設立　　　1976.3.1
伏見 康治
名古屋大学プラズマ研究所開所　　1963.6.1
伏見宮貞愛親王
理研を設立　　　　　　　　　　1917（この年）
伏目地域
鹿児島県で地熱開発調査を開始　　1977.7月
空気混合泥水掘削が実施される　1983（この年）
九州山川地域の地熱開発で協定締結　1988.10月
フセイン，サダム
アメリカ，イラクに最後通告　　　1991.2.22
フセイン大統領，アメリカに徹底抗戦を表
　明　　　　　　　　　　　　　　2003.1月
アメリカがイラクに最後通告　　　2003.3.17
フセイン政権崩壊　　　　　　　　2003.4.7
豊前火力発電所
豊前火発環境権訴訟　　　　　　　1973.8.21
浮体式可動物体型
アイルランドで浮体式可動物体型装置試験
　　　　　　　　　　　　　　　1996（この年）
浮体式波力発電
浮体式装置実験実行　　　　　　1977（この年）
日本初の波力発電装置公開　　　　1978.6.25
波力発電実験の開始　　　　　　　1978.8.2
波力発電実験の再開　　　　　　　1985.9.3
沖縄で浮体式発電装置実験　　　1985（この年）
浮体式洋上風力発電
ホネフ，浮体式洋上風力発電構想を発表
　　　　　　　　　　　　　　　1932（この年）
プーチン，ウラジーミル
米露，モスクワ条約に調印　　　　2002.5.24
日露，パイプラインを共同推進　　2003.1.10
イラク攻撃に慎重な各国　　　　　2003.2月
米英がイラク攻撃開始　　　　　　2003.3.19
物質波
ド・ブロイ，物質波の概念を提唱　1923（この年）
ブッシュ，ジョージ・H.W.
米で天然ガス統制撤廃法成立　　　1989.7.26
アメリカ，国家エネルギー戦略を発表　1991.2.20
アメリカ，イラクに最後通告　　　1991.2.22
米で国家エネルギー政策法成立　　1992.10.24

ブッシュ，ジョージ・W.
アメリカ，京都議定書を離脱　　　2001.3.28
ブッシュ大統領「国家エネルギー政策」を
　発表　　　　　　　　　　　　　2001.5.17
ブッシュ大統領，独自に地球温暖化対策を
　実施すると発表　　　　　　　　2001.6.11
アメリカで同時多発テロが発生　　2001.9.11
アメリカが印パ制裁を解除　　　　2001.9.22
米露，モスクワ条約に調印　　　　2002.5.24
日本，対イラクで国際協調要請　　2002.9.12
フセイン大統領，アメリカに徹底抗戦を表
　明　　　　　　　　　　　　　　2003.1月
アメリカがイラク攻撃の意思強める　2003.2.6
アメリカがイラクに最後通告　　　2003.3.17
米英がイラク攻撃開始　　　　　　2003.3.19
フセイン政権崩壊　　　　　　　　2003.4.7
イラク戦争終結を宣言　　　　　　2003.5.1
ブッシュ大統領「国際原子力エネルギー・
　パートナーシップ」を発表　　　2006.2.6
ブッシュネル，デヴィッド
ブッシュネル，魚雷を発明　　　1777（この年）
『物体の慣性は，そのエネルギーに依存するか？』
アインシュタイン，特殊相対性理論に関す
　る2番目の論文を発表　　　　　1905.9.29
ブット，ベナジル
印パ関係，改善の方向へ　　　　　1988.12.31
沸騰水型軽水炉
敦賀発電所営業運転開始　　　　　1970.3.14
国産第1号炉が営業運転開始　　　1974.3.29
沸騰水型原子炉
日本初の原子炉JRR-1が臨界　　　1957.8.27
沸騰水型実験炉
アメリカ，沸騰水型実験炉発電開始　1957.12.29
『物理学および化学の小論』
ラヴォアジェ，『物理学および化学の小論』
　刊　　　　　　　　　　　　　1774（この年）
プティ，アレクシ・テレーズ
デュロンとプティ，原子量の表を作成
　　　　　　　　　　　　　　　1819（この年）
負電気
リヒテンベルク，電気の正・負の名称を導
　入　　　　　　　　　　　　　1779（この年）
フードリー，E.J.
フードリー，固定床接触分解法を開発
　　　　　　　　　　　　　　　1923（この年）
フードリー法
フードリー，固定床接触分解法を開発
　　　　　　　　　　　　　　　1923（この年）
アメリカで接触分解装置を工業化　1936.6.6
不二製油
不二製油工場で製油タンク爆発　　1991.12.22
フーバーダム
アメリカでフーバーダムが完成　1936（この年）
部分的核実験禁止条約（PTBT）
米英ソによる核実験停止会議開催　1963.7.15
米英ソ，部分的核実験禁止条約に仮調印　1963.7.25
米英ソ，部分的核実験禁止条約に調印　1963.8.5
日本，部分的核実験禁止条約に調印　1963.8.14

部分的核実験禁止条約発効	1963.10.10
衆議院が部分的核実験禁止条約を承認	1964.5.15

浮遊式可動物体型ドック
浮遊式可動物体型ドックの発明	1974(この年)

フラー, カルビン
アメリカで世界初の実用的シリコン太陽電池を開発	1954(この年)

プライス
固体酸化物形燃料電池が試作される	1937(この年)

プライス, J.
イギリスで垂直軸風車による発電が開始	1887.7月

プライス・アンダーソン法
米で原子力損害賠償法成立	1988.8.22

ブライレ原子力発電所(アメリカ)
米ブライレ1号機で原子炉緊急遮断	1979.10.2

ブラウン, アーサー
オールコックとブラウン、大西洋横断無着陸飛行に成功	1919.6.19

ブラウン, カール・フェルディナント
C.F.ブラウン、ブラウン管を発明	1897(この年)
C.F.ブラウン、電波の検出に鉱石検波器を用いる	1901(この年)

ブラウン, サミュエル
ブラウン、実用ガス機関を発明	1823(この年)

ブラウン, ロバート
R.ブラウン、ブラウン運動を発見	1827(この年)

ブラウン運動
R.ブラウン、ブラウン運動を発見	1827(この年)
アインシュタイン、ブラウン運動の理論	1905(この年)
ペラン、ブラウン運動から分子の実在を証明	1908(この年)

ブラウン管
C.F.ブラウン、ブラウン管を発明	1897(この年)

ブラウンズ・フェリー原子力発電所(アメリカ)
米ブラウンズ・フェリー原子力発電所で火災事故	1975.3.22

ブラウン・ボベリ社
ABBを設立	1989(この年)

ブラジル国営石油会社(ペトロブラス)
ブラジルが石油産業国有化	1953.10.3
ブラジルでガソリンのパイプライン爆発	1984.2.25

プラズマ加熱装置
原研、初のプラズマ加熱装置完成	1981.11.6

プラズマ閉じ込め
アメリカで、初のプラズマ閉じ込め成功	1978.2.27
京大ヘリオトロン核融合研究センターで、40ミリ秒のプラズマ閉じ込めに成功	1982.6.3

ブラック, ジョゼフ
ブラック、比熱と潜熱を定義	1760(この頃)

ブラッグ, ヘンリー
W.H.ブラッグとW.L.ブラッグ、結晶格子によるラウエ斑点の説明	1912(この年)

ブラッグ, ローレンス
W.H.ブラッグとW.L.ブラッグ、結晶格子によるラウエ斑点の説明	1912(この年)

ブラックホール
アインシュタインの重力波を実証	1983.10.11

ブラッシュ, チャールズ・F.
ブラッシュ、照明事業を開始	1879(この年)
ブラッシュ、マンモス多翼風車で発電を開始	1888(この年)

ブラッセル補足条約
ブラッセル補足条約調印	1963.1.31
パリ条約、ブラッセル補足条約改定	2004.2.11

ブラティ, O.T.
デリラ、閉磁路変圧器の並列使用を考案	1885(この年)

ブラマ, ジョゼフ
ブラマ、水圧器を発明	1795(この年)

フラーレン
フラーレンで、超伝導を実現	2001.8月

フランク, ジェームズ
J.フランクとG.ヘルツ、電子と原子の衝突実験を行う	1914(この年)

プランク, マックス
ウィーンの変位則	1893(この年)
ウィーン、熱放射の変位則を発見	1893(この年)
プランク、「黒体放射の公式」発表	1900(この年)

プランクの法則
プランク、「黒体放射の公式」発表	1900(この年)

フランクリン, ベンジャミン
フランクリン、フランクリンストーブを発明	1742(この年)
フランクリン、避雷針の原理を発見	1747(この年)
フランクリン、電気一流体説を提唱	1750(この年)
フランクリン、避雷針を発明	1750(この年)
フランクリン、雷が電気であることを証明	1752(この年)
プリーストリー、『電気学の歴史と現状』刊	1768(この年)
アイスランドのラキ火山が噴火	1783(この年)

フランクリンストーブ
フランクリン、フランクリンストーブを発明	1742(この年)

フランシス, J.B.
フランシス、水力タービンを発明	1849(この年)

フランシス水車
フランシス、水力タービンを発明	1849(この年)
北陸電力が高効率運転方式を採用	1955.1月
フランシス水車で国内最大容量の水力発電所運転開始	1981.7月

フランシス・ポンプ水車
フランシス・ポンプ水車で国内最大級単機容量の水力発電所運用開始	1988.7月

ブランシャール, ジャン=ピエール
ブランシャール、熱気球によるドーヴァー海峡横断に成功	1785(この年)

フランス・アルジェリア共同開発機構
仏・アルジェリア共同開発機構設立	1965.7.29

フランス核燃料公社
仏電力9社、核再処理で契約	1977.10月

資源・エネルギー史事典　　　事項名索引　　　ふるた

フランス原子力庁
　日独仏、FBR技術協力協定調印　　1978.6.21
　ムルロア環礁近くで放射性物質検出　1996.1.23
　日米仏、高速実証炉の研究開発で調印　2008.1.31
フランス石油会社（CFP）
　フランス石油会社設立　　　　　　　1924.3.28
フランス電気学会（SEE）
　国際電気学会設立　　　　　　　1883（この年）
フランス電力公社
　世界初の商業用太陽熱発電　　　　　1977.1.25
フランス電力庁
　フランスで大型風車開発実施　　　1958（この頃）
プランテ, ガストン
　プランテ、鉛蓄電池を発明　　　　1859（この年）
プラント・ケーソン
　室蘭港に波力発電装置設置　　　　1980（この年）
プラントル, ルートヴィヒ
　プラントル、境界層理論等を提出　1904（この頃）
ブランリー, エドアール
　ブランリー、コヒーラ検波器を発明　1889（この年）
プリウス
　トヨタがプリウスを発売　　　　　　1997.10月
　プリウスが国内新車販売台数首位に　2009.10月
フーリエ, ジャン・バプティスト
　フーリエ、熱伝導に関する論文を提出
　　　　　　　　　　　　　　　　 1807（この年）
　フーリエ、懸賞に応じて、熱伝導に関する
　　論文を提出　　　　　　　　　　　1811.9.11
　フーリエ、『熱の解析的理論』刊　　　1822（この年）
　数学者のフーリエが没する　　　　　1830.5.16
フーリエ級数
　フーリエ、熱伝導に関する論文を提出
　　　　　　　　　　　　　　　　 1807（この年）
　ケルヴィン卿、地球の年齢を約1億年と割
　　り出す　　　　　　　　　　　 1846（この年）
ブリクス, ハンス
　フセイン大統領、アメリカに徹底抗戦を表
　　明　　　　　　　　　　　　　　　2003.1月
振り子式波力発電
　振り子式波力発電システムを発明　1979（この年）
　振り子式波力発電の実験　　　　　1981（この年）
　40kWの振り子式波力発電装置設置　1984（この年）
プリーストリー, ジョゼフ
　プリーストリー、『電気学の歴史と現状』
　　刊　　　　　　　　　　　　　1768（この年）
　プリーストリー、酸素を発見　　　1774（この年）
　ラヴォアジェ、酸素を命名　　　　　 1779.9.5
プリーストリー環
　プリーストリー、『電気学の歴史と現状』
　　刊　　　　　　　　　　　　　1768（この年）
『プリズム分解された色光が、物体を加熱し、輝かせる能力に関する研究』
　W.ハーシェル、赤外線放射の発見　1800（この年）
ブリッジマン, パーシー
　ブリッジマン、高圧装置を開発　　1905（この年）

フリッシュ, オットー・ロベルト
　ハーンとシュトラスマンがウランの核分裂
　　反応発見　　　　　　　　　　　1938.12.22
　マイトナーとフリッシュが「核分裂」理論
　　を提出　　　　　　　　　　　　　1939.1.26
ブリティッシュ・ペトロリアム（BP）
　ブリティッシュ・ペトロリアムと改称　1954.12.17
　丸善シンガポール製油所を売却　　　　1964.6.1
　フォーティーズ油田発見　　　　　　1970.11月
　リビアがBP資産の50%を国有化　　　1971.12.8
　ナイジェリアが参加協定調印　　　　　1973.6.11
　クウェート、KOC参加協定調印　　　 1974.1.29
　BPが原油供給削減を通告　　　　　 1978.12.30
　ナイジェリアがBP資産国有化　　　　1979.8月
　BPとモービルが業務統合計画　　　　1996.2.29
　BPとアモコが合併合意　　　　　　　1998.8.11
フリードリヒ・クルップ
　ディーゼル、ディーゼル・エンジンを開発
　　　　　　　　　　　　　　　　　　1892.2.23
プリュッカー, ユリウス
　プリュッカー、陰極線を発見　　　1858（この年）
　ヒットルフ、陰極線を発見　　　　1869（この年）
　ゴルトシュタイン、ヒットルフの放射線を
　　陰極線と命名　　　　　　　　　1876（この年）
ブリル
　東京電灯が電車に電力供給　　　　　　1890.5.4
プリントモーター
　プリントモーターを発明　　　　　1966（この年）
古川 康
　佐賀県知事、玄海原発のプルサーマル計画
　　の安全性を保証　　　　　　　　　　2006.2.7
ブルガン油田
　ブルガン油田発見　　　　　　　　　　1938.2月
　クウェート・ブルガン油田で火災　　　1978.6.23
プルサーマル計画
　原子力委員会、プルサーマル方式の導入を
　　決定　　　　　　　　　　　　　　　1991.8.2
　核不拡散国際会議、日本のプルトニウム利
　　用に懸念を表明　　　　　　　　　1995.11.13
　通産省、プルサーマル計画推進　　　　1997.1.14
　電事連、プルサーマル計画推進　　　　1997.1.20
　電事連、プルサーマル全体計画発表　　1997.2.21
　福井県、プルサーマル計画に同意　　　 1998.5.6
　柏崎刈羽原発プルサーマル計画で住民投票
　　　　　　　　　　　　　　　　　　 2001.5.27
　玄海原発3号機プルサーマル計画実施許可　2005.9.7
　佐賀県知事、玄海原発のプルサーマル計画
　　の安全性を保証　　　　　　　　　　2006.2.7
　玄海原発3号機で、プルサーマル国内初臨
　　界　　　　　　　　　　　　　　　 2009.11.5
　東京電力、プルサーマル方式による原子炉
　　起動　　　　　　　　　　　　　　 2010.9.18
ブルース原子力発電所（カナダ）
　カナダ・ブルース原発で燃料棒破損事故　1979.5.28
プルタミナ
　インドネシアでプルタミナ設立　　　　1968.8.20
　インドネシアがPS方式の条件を改定　　 1971.8.9
プルタミン
　インドネシア政府、国営会社の担当を発表　1966.3.3

- 469 -

ふるつ

ブルックヘブン国立研究所
 インドネシアでプルタミナ設立　　1968.8.20
 アメリカBNLで濃縮ウラン黒鉛減速空冷
  型研究炉、臨界　　　　　　　　1950.8.1
 IAEA初の原子炉査察　　　　　　1962.6.1

ブルッセ病院
 世界初の原子力ペースメーカー移植成功　1970.4.27

プルトニウム
 超ウラン元素、プルトニウムの発見　1941（この年）
 ハンフォード・パイル第1号完成　　1944.9月
 ロスアラモス国立研究所で臨界事故　1945.8.21
 ロスアラモス国立研究所で臨界事故　1946.5.21
 インドでプルトニウム生産開始　　　1965.1.22
 原研再処理試験、プルトニウムの回収に成
  功　　　　　　　　　　　　　　　1967.8月
 原研、使用済み核燃料からプルトニウムを
  初抽出　　　　　　　　　　　　　1968.5.16
 世界初の原子力ペースメーカー移植成功　1970.4.27
 原子力人工補助心臓移植手術成功　　1970.7.14
 プルトニウム燃料製造工場完成　　　1972.2.16
 動燃、東海再処理施設の運転開始　　1977.9.22
 東海再処理施設で、プルトニウム初抽出　1977.11.7
 プルトニウム輸入　　　　　　　　　1978.12.25
 プルトニウム混合転換技術開発施設着工　1980.8.8
 動燃、プルトニウム燃料の国産化に成功　1980.11.14
 プルトニウム輸送船が仏から出港　　1992.11.7
 アメリカ、新型炉の開発中止　　　　1994.2.7
 日本原燃、アクティブ試験を開始　　2006.3.31
 六ヶ所村再処理工場で、MOX粉末製造開
  始　　　　　　　　　　　　　　　2006.11.16
 六ヶ所村再処理工場で、高レベル廃液のガ
  ラス固化作業開始　　　　　　　　2007.11.5

プルトニウム混合転換技術開発施設
 プルトニウム混合転換技術開発施設着工　1980.8.8

プルトニウム生産炉
 ソ連、プルトニウム生産炉運転開始　1948.6.19

プルトニウム炉
 アメリカでプルトニウム炉の連鎖反応維持
  に成功　　　　　　　　　　　　　1962.11.27

ブルドー・ベイ油田
 ブルドー・ベイ油田発見　　　　　　1968.7.17

フルトランジスター式点火装置
 日本初のフルトランジスター式点火装置
 　　　　　　　　　　　　　　1969（この年）

フルトン, ロバート
 フルトン、蒸気外輪船を航行　　　　1807.8.17

ブルーネル, イザムバード・キングダム
 グレート・ブリテン号が就航　　　　1843.7.19

フルネーロン, ブノワ
 フルネーロン、タービンを製作　　1827（この年）

ブールハーヴェ, ヘルマン
 ブールハーヴェ、カロリック説をまとめる
 　　　　　　　　　　　　　　1724（この年）

ブループリント
 オバマ大統領「ブループリント」公表　2011.3.31

プルミナ
 インドネシア、プルミナを国有化　　1958.2月
 インドネシア政府、国営会社の担当を発表　1966.3.3

 インドネシアでプルタミナ設立　　1968.8.20

プルミンド
 インドネシアがプルミンドを国有化　1961.1月

ブルームバーゲン, ニコラス
 ブレームバーゲン、連続可能な固体メー
  ザーを考案　　　　　　　　1956（この年）

ブルメンタール, C.
 ブルメンタール、精留塔を発明　　1820（この年）

ブルンスビュッテル原子力発電所（西ドイツ）
 西独・ブルンスビュッテル原発で放射能漏
  れ事故　　　　　　　　　　　　　1978.6.18

ブレア, トニー
 英仏「原子力フォーラム」立ち上げで合意　2006.6.9

ブレア号
 イギリス沖でタンカー座礁による原油流出　1993.1.5

ブレイエ原発（フランス）
 ブレイエ原発で外部電源喪失事故　　1999.12.27

ブレゲ指字電信機
 横浜でブレゲ指字電信機による通信実験に
  成功　　　　　　　　　　　　　　1869.8.9

ブレット, ジョン
 ジョン・ブレットとヤコブ・ブレット、英
  仏間に海底ケーブルを敷設　　1850（この年）

ブレット, ヤコブ
 ジョン・ブレットとヤコブ・ブレット、英
  仏間に海底ケーブルを敷設　　1850（この年）

ブレード技術
 2000kW風車を開発　　　　　　　　1975.5月
 デンマーク、ブレード形式の異なる2機設
  置　　　　　　　　　　　　1979（この年）

フレミング, ジョン・アンブローズ
 フレミング、フレミングの右手の法則を発
  表　　　　　　　　　　　　1885（この年）
 J.フレミング、2極真空管を発明　1904（この年）

フレミングの右手の法則
 フレミング、フレミングの右手の法則を発
  表　　　　　　　　　　　　1885（この年）

ブレリオ, ルイ
 ブレリオ、飛行機で初めて英仏海峡を横断
 　　　　　　　　　　　　　　　　1909.7.25

ブレリオⅥ
 ブレリオ、飛行機で初めて英仏海峡を横断
 　　　　　　　　　　　　　　　　1909.7.25

ブレント油田
 ブレント油田発見　　　　　　　　　1971.7月

フロギストン説
 シュタール、『教条的および実験的化学の
  基礎』刊　　　　　　　　　1723（この年）
 医師・化学者のシュタールが没する　1734.5.14

プログレス
 鏡で太陽光線を届ける実験に成功　　1993.2.4

プロトン
 ラザフォード、陽子を発見　　　　1914（この年）

プロトン伝導性高分子膜
 デュポン社がナフィオン膜を開発　1960（この頃）

フローニンゲンガス田
 フローニンゲンガス田発見　　　　1959（この年）

— 470 —

プロパンガス
プロパンガス供給開始　　　　　1924（この年）
プロパンガスを家庭用に供給　　1952（この年）
プロペラ水車
プロペラ水車で世界最大単機容量の水力発
電所運用開始　　　　　　　　　1989.7月
フローリー, デニス
IAEA、福島第一原発事故の国際原子力事
象評価尺度引き上げ　　　　　　2011.4.12
分解蒸留法
バートン、クラッキングを実用化　1913（この年）
分子
ペラン、ブラウン運動から分子の実在を証
明　　　　　　　　　　　　　　1908（この年）
噴出事故
秋田県の油井掘削現場で原油噴出　1939.6月
新潟県で天然ガス噴出　　　　　　1973.4月
ブンゼン, ローベルト・ヴィルヘルム
ブンゼン、ブンゼン電池を発明　1839（この年）
ブンゼンとキルヒホッフ、セシウムを発見
1860（この年）
ブンゼン電池
ブンゼン、ブンゼン電池を発明　1839（この年）

【ヘ】

米英原子力協定
米英原子力協定発効　　　　　　　1958.8.4
米国機械学会（ASME）
米国機械学会設立　　　　　　　1880（この年）
米中原子力協定
米中原子力協定調印　　　　　　　1985.7.23
ヘイブン
イタリア・ジェノバ港沖でタンカー爆発・
原油流出　　　　　　　　　　　　1991.4.11
平炉製鋼法
マルタン父子、ジーメンス＝マルタン炉を
組み立て売り出す　　　　　　　1864（この年）
米露両国石油事情調査報告
米露の石油事情視察へ　　　　　　1897.5月
平和デモ
パーシングⅡ配備反対デモ　　　　1981.10.10
欧州各地で平和デモ　　　　　　　1981.11.15
ヘヴェシー, ゲオルク・ド
ヘヴェシーとコスター、ハフニウムを発見
1923（この年）
北京原子能研究院
中国の第1号原子炉完成　　　　　1958.3.6
ベクテル
米ベクテル、ウラン濃縮計画から脱退　1976.11.9
ベクレル, アレクサンドル・エドモン
ベクレル、太陽電池の基礎原理を発見
1839（この年）
ベクレル, アントワーヌ・アンリ
ベクレル、放射線を発見　　　　　1896.2月

ベクレル効果
ベクレル、太陽電池の基礎原理を発見
1839（この年）
ベクレル線
ベクレル、放射線を発見　　　　　1896.2月
ベーコン, フランシス・トーマス
ベーコン、アルカリ型燃料電池を開発
1932（この年）
アルカリ型水素・酸素燃料電池実用化へ
1952（この年）
ベーコンが燃料電池をデモンストレーショ
ン　　　　　　　　　　　　　　1959（この年）
ヘザリントン, J.
フェアベーンら、ランカシャボイラーを発
明　　　　　　　　　　　　　　1844（この年）
ヘス, ヴィクトール・フランツ
V.F.ヘス、「宇宙線」を発見　　　1912（この年）
ヘス, ジェルマン・アンリ
ヘス、総熱量不変の法則を発表　　1840（この年）
ヘスの法則
ヘス、総熱量不変の法則を発表　　1840（この年）
ベースロード電源
エネルギー基本計画（第四次計画）を閣議
決定　　　　　　　　　　　　　　2014.4.11
β線
ベクレル、放射線を発見　　　　　1896.2月
ラザフォード、α線とβ線を分離　1899（この年）
ラザフォードとソディー、原子崩壊説を提
唱　　　　　　　　　　　　　　1903（この年）
チャドウィック、β線の連続スペクトルを
検出　　　　　　　　　　　　　　1914（この年）
β崩壊
フェルミ、β崩壊の理論を提出　　1933.12月
β粒子
カウフマン、β粒子が電子であることを実
証　　　　　　　　　　　　　　1901（この年）
ソディら、放射性崩壊の変位法則を発見
1913（この年）
ベッカー, H.
ボーテとベッカー、原子核をα衝撃してγ
線放出実験　　　　　　　　　　1930（この年）
ベッセマー, ヘンリー
ベッセマー、転炉製鋼法の特許取得　1855（この年）
ベッセマー、回転炉の特許取得　　1860（この年）
ベッセマー法
ベッセマー、転炉製鋼法の特許取得　1855（この年）
ベッセマー、回転炉の特許取得　　1860（この年）
ベッツ, アルバート
ベッツ、風車のパワー係数を導出　1920（この年）
ベッツ係数
ランチェスター、風車のパワー係数を導出
1915.3.15
ベッツ、風車のパワー係数を導出　1920（この年）
ベッヒャー, ヨハン・ヨアヒム
シュタール、『教条的および実験的化学の
基礎』刊　　　　　　　　　　　1723（この年）

- 471 -

ベーテ, ハンス・アルブレヒト
　ゾンマーフェルトとベーテ,『固体電子論』
　　刊　　　　　　　　　　　　1933(この年)
　ベーテとヴァイツゼッカーが恒星の核融合
　　反応を提唱　　　　　　　　1938(この年)
　緊急エネルギー声明発表　　　1975.1.17
ベトナム原子力公社
　原発導入FS契約締結　　　　　2011.9.28
ベドノルツ, ヨハネス・ゲオルク
　ミュラーとベドノルツ, 高温超伝導を発見
　　　　　　　　　　　　　　　1986(この年)
ベトラゲン・ワン
　スペイン・アルヘシラス湾でタンカー爆
　　発・沈没　　　　　　　　　1985.5.26
ペトロフィナ
　トタルがペトロフィナ吸収合併　1998.12.1
　トタル・フィナ発足　　　　　　1999.6月
ペトロミン
　サウジアラビアでペトロミン設立　1962.11.30
　サウジ・アラムコ設立　　　　　1988.11.8
　サウジアラビア, 石油会社2社を統合　1993.6.14
ペトロライン
　アラビア半島横断パイプライン開通　1981.7月
ペトロリアム・デベロップメント
　ナイジェリアが参加協定調印　　1973.6.11
ペトロリアム・デベロップメント・オマーン
　(PDO)
　オマーン, 参加協定調印　　　　1974.7.10
ペトロリビア
　リビアがメジャーズ4社を国有化　1970.6月
ベネズエラ国営石油会社 (PDVSA)
　ベネズエラ, 石油産業国有法公布　1975.8.29
ベネット, エイブラハム
　ベネット, 金箔検電器を発明　　1786(この年)
平出工業団地
　宇都宮市で重油流出事故　　　　1982.1.31
ベラミー, N.W.
　SEA CLAM開発　　　　　　　1982(この年)
ペラミス発電装置
　可動物体型ペラミス発電装置の海域試験
　　　　　　　　　　　　　　　2004(この年)
ペラン
　17億年前の核分裂連鎖反応の痕跡発見　1972.9.25
ペラン, ジャン・バティスト
　ペラン, ブラウン運動から分子の実在を証
　　明　　　　　　　　　　　　1908(この年)
ペリー, マシュー
　黒船来航　　　　　　　　　　1853(この年)
ヘリウム
　ラムゼー, 地球上でヘリウムを発見 1895(この年)
ヘリウムガス
　原研の高温工学試験研究炉がフル出力達成
　　　　　　　　　　　　　　　2001.12.7
ヘリオメーター
　ブーゲ,『光の強度に関する光学実験』刊
　　　　　　　　　　　　　　　1729(この年)

ヘリコプター
　シコルスキー, ヘリコプターを完成　1939.9.14
ベリマン, トルビョルン・オラフ
　ベリマン,『電気引力に関する試論』刊
　　　　　　　　　　　　　　　1775(この年)
ベリリウム線
　チャドウィック, 中性子を発見　1932(この年)
ベル, アレクサンダー・グラハム
　ベル, 実用電話機を発明　　　　1876(この年)
　ベル, ベル電話会社を設立　　　1877.7.9
　ベル, 光線電話機の特許を取得　1880(この年)
ベルギウス, フリードリヒ・カール・ルドルフ
　ベルギウス, 石炭液化法を発明　1913(この年)
ベルギウス法
　ベルギウス, 石炭液化法を発明　1913(この年)
ベル研究所
　アメリカで世界初の実用的シリコン太陽電
　　池を開発　　　　　　　　　1954(この年)
　変換効率11%の太陽電池完成　　1955(この年)
　フラーレンで, 超伝導を実現　　2001.8月
ヘルシンキ議定書
　ヘルシンキ議定書採択　　　　　1985(この年)
ヘルツ, グスタフ
　J.フランクとG.ヘルツ, 電子と原子の衝突
　　実験を行う　　　　　　　　1914(この年)
ヘルツ, ハインリヒ・ルドルフ
　ヘルツ, 電磁波を証明　　　　　1888(この年)
　ヘルツ, 運動物体の電子力学の論文を発表
　　　　　　　　　　　　　　　1890(この年)
ベルツェリウス, イェンス・ヤコブ
　ベルツェリウスとヒシンガー, セリウムを
　　発見　　　　　　　　　　　1803(この年)
　ベルツェリウス,『化学的比例説と電気の
　　化学的影響に関する試論』刊　1812(この年)
　ベルツェリウス, トリウムを発見 1829(この年)
ヘルツ波
　マルコーニ, 無線通信法を発明　1895(この年)
ペルティエ, ジャン・シャルル
　ペルティエ, ペルティエ効果を発見 1834(この年)
ペルティエ効果
　ペルティエ, ペルティエ効果を発見 1834(この年)
ベル電話会社
　ベル, ベル電話会社を設立　　　1877.7.9
ペルトン, レスター・アラン
　ペルトン, ペルトン水車を発明　1877(この年)
ペルトン水車
　ペルトン, ペルトン水車を発明　1877(この年)
ベルヌーイ, ダニエル
　ダニエル・ベルヌーイ,『流体力学』刊
　　　　　　　　　　　　　　　1738(この年)
ベルヌーイ, ヨハン
　ヨハン・ベルヌーイ, 仮想変位の原理を示
　　す　　　　　　　　　　　　1717(この年)
ベルヌーイの定理
　ダニエル・ベルヌーイ,『流体力学』刊
　　　　　　　　　　　　　　　1738(この年)

ヘルムホルツ, ヘルマン・フォン
 ヘルムホルツ、『力の保存について』を発表　　1847（この年）
 ヘルムホルツ、電気素量を初めて計算　　1881（この年）
 ヘルムホルツ、自由エネルギーを提唱　　1882（この年）

ベルリン大学
 ハーンとシュトラスマンがウランの核分裂反応発見　　1938.12.22

ベルリン電気学会（ETV）
 ベルリン電気学会設立　　1879（この年）

ペロブスカイト太陽電池
 宮坂力ら、ペロブスカイト太陽電池を発明　　2009（この年）

変圧器
 スタンリー、逆起電力を提唱　　1883（この年）
 スタンリー、変圧器を実用化　　1885（この年）
 デリラ、閉磁路変圧器の並列使用を考案　　1885（この年）
 テスラ、テスラコイルを発明　　1891（この年）

ペンシルベニア・ガルフ石油会社
 ペンシルベニア・ガルフ石油会社設立　　1922.8.9

ベンゼン
 ファラデー、ベンゼンを発見　　1825（この年）

ベンゾイル訴訟
 ベンゾイル訴訟で損害賠償命令　　1985.11月

ベンソン
 ベンソン、貫流ボイラーを発明　　1922（この年）

ベンソンボイラー
 ベンソン、貫流ボイラーを発明　　1922（この年）
 超臨界圧ベンソンボイラーが建設される　　1954（この年）

ペンタクォーク
 Spring-8で、ペンタクォークの生成に成功　　2003.7.1

ベンツ, カール・フリードリヒ
 ベンツ、ベンツ会社を設立　　1883（この年）
 ベンツ、ベンツ・パテント・モトールヴァーゲンを製作　　1886（この年）

ベンツ会社ライン川ガスエンジン工場
 ベンツ、ベンツ会社を設立　　1883（この年）

ヘンリー, ジョセフ
 ヘンリー、電磁誘導を発見　　1830（この年）
 ヘンリー、『電動機についての論文』を発表　　1831（この年）
 ヘンリー、自己誘導を発見　　1832（この年）

【ほ】

ボーア, オーゲ・ニールス
 原子核の流体的理論の数学的検討　　1951（この年）

ボーア, ニールス・ヘンリク・ダヴィド
 バルマー、バルマーの公式を発見　　1885（この年）
 ボーア、ボーアの原子模型を発表　　1913（この年）
 J.フランクとG.ヘルツ、電子と原子の衝突実験を行う　　1914（この年）
 ボーア、対応原理を提唱　　1918（この年）
 ボーア、原子の電子配置から新元素を予言　　1921（この年）

ポアンカレ, ジュール・アンリ
 ラーモアとローレンツ、ローレンツ変換を提唱　　1904（この年）

ホイットル, フランク
 ホイットル、ガスタービン・ジェットエンジンの特許取得　　1930（この年）
 オハインとホイットルがジェットエンジンを製作　　1937（この年）

ホイートストン, チャールズ
 ホイートストンら、電気伝導速度を実験　　1834（この年）
 ホイートストンブリッジを発明　　1843（この年）
 ホイートストン、電磁石を用いた発電機を製作　　1845（この年）
 ジーメンスら、複T形電機子を用いた発電機を製作　　1867（この年）
 物理学者のホイートストン卿が没する　　1875.10.19

ホイートストンブリッジ
 ホイートストンブリッジを発明　　1843（この年）
 物理学者のホイートストン卿が没する　　1875.10.19

ボイル, ロバート
 物理学者のパパン、消息を絶つ　　1712（この年）

包括的核実験禁止条約（CTBT）
 アメリカ、核実験停止期間を延長　　1995.1.30
 インド政府、包括的核実験禁止条約を拒否　　1996.6.20
 包括的核実験禁止条約（CTBT）が採択される　　1996.9.24
 英仏、包括的核実験禁止条約を批准　　1998.4.6
 CTBT発効促進会議が開催　　1999.10.6

方向電子化
 シュテルンとゲルラッハ、方向電子化を実証　　1924（この年）

放射性元素の変位法則
 ソディら、放射性崩壊の変位法則を発見　　1913（この年）

放射性重金属汚染水流出
 カナダで放射性重金属汚染水流出　　1989.11.7

放射性廃棄物
 ソ連、チェリャビンスク40の再処理工場が運転開始　　1948.12.22
 放射性廃棄物処理に関する中間報告書提出　　1962.4.11
 原研東海研究所で廃棄物発火　　1971.7.13
 秋田の病院で放射性同位体違法投棄　　1974.7.17
 仏、国立放射性廃棄物管理公社設置　　1979.11.7
 不注意で作業員被曝　　1981.1.20
 日本原燃産業発足　　1985.3.1
 カザフスタンで放射性廃棄物放置が発覚　　1993.4.5
 日本初の高レベル放射性廃棄物のガラス固化体が公開　　1995.2.20
 高レベル放射性廃棄物貯蔵管理センター操業開始　　1995.4.26
 IAEA、「使用済み燃料管理及び放射性廃棄物管理の安全に関する条約」を採択　　1997.9.5
 特定放射性廃棄物の最終処分に関する法律成立　　2000.5.31

放射性廃棄物等安全条約加入を閣議決定 2003.8.26
原子力規制法の改正案、再処理費用積立て
  の新法案が成立   2005.5.13
放射性廃棄物安全規制専門部会
　放射性廃棄物安全規制専門部会設置   1984.3.8
放射性廃棄物海洋投棄
　海洋汚染防止条約採択   1972.11.13
　原子力安全委員会、低レベルの放射性廃棄
  　物海洋処分安全性確認   1979.11.19
　放射性廃棄物海洋投棄の中止要求   1980.8.15
　放射能海洋投棄に関する説明会開催   1980.11.8
　海洋投棄停止の決議案   1983.2.14
　放射性廃棄物海洋投棄の中止要請   1983.7.19
　原子力委員会、低レベル放射性廃棄物海洋
  　投棄中止を決定   1993.11.2
　ロンドン条約締結国際会議を開催   1993.11.8
　海洋汚染等の法令公布   1994.2.9
放射性廃棄物海洋投棄（ロシア）
　ソ連、極東海域に放射性廃棄物海洋投棄 1992.12.30
　ロシア、放射性廃棄物を海洋投棄   1993.10.16
　ロシア、放射性廃棄物の海洋投棄を中止 1993.10.21
　エリツィン大統領、放射性廃棄物海洋投棄
  　の中止を明言   1996.4.19
放射性廃棄物管理総合政策
　アメリカ、放射性廃棄物管理総合政策を発
　　表   1980.2.12
放射性廃棄物処分場
　アメリカ、廃棄物隔離パイロットプラント
　　に軍事用超ウラン元素を処分   1999.3.26
放射性廃棄物処分法
　放射性廃棄物処分法施行   2000.6月
放射性廃棄物政策法
　アメリカで、放射性廃棄物政策法が発効 1983.1.7
放射性廃棄物等安全条約
　放射性廃棄物等安全条約加入を閣議決定 2003.8.26
放射性廃棄物輸送
　使用済み核燃料の海上輸送開始   1963.6.6
　プルトニウム荷揚げ   1993.1.5
　パシフィック・ピンテール号、放射性廃棄
　　物を輸送   1995.2.23
　チリ政府、パシフィック・ピンテール号の
　　通過を禁止   1995.3.16
　青森県知事、パシフィック・ピンテール号
　　の入港を拒否   1995.4.25
　六栄丸、使用済み核燃料の輸送を開始 1998.9.30
　六栄丸、使用済み核燃料の輸送を終了 1998.10.2
　パシフィック・スワン号、放射性廃棄物の
　　積込み完了   1999.2.24
　IAEA、核物質防護条約の検討・改正会議
　　をウィーンで開催   2005.7.4
放射線
　ベクレル、放射線を発見   1896.2月
　ラザフォードとソディー、原子崩壊説を提
　　唱   1903（この年）
放射線医学総合研究所
　被曝事故相次ぐ   1974.6.3
放射線障害
　自衛隊員に放射線障害   1957（この年）

放射線障害防止法
　放射線障害防止法改正   1980.4.25
『放射能』
　ラザフォード、地球の年齢問題について言
　　及   1904（この年）
放射能汚染
　被爆者の肺癌死亡率激増   1950（この年）
　奈良県で放射能灰   1954.3.6
　愛知県で放射能灰   1954.3.13
　北海道で放射能雪   1954.4.2
　全国各地で放射能雨   1954.5.13
　緑茶・野菜類放射能汚染   1954.5.15
　飲料用天水放射能汚染   1954.5.20
　佐多岬燈台で関係者が被曝   1954.5月
　東北地方から日本海沿岸部で放射能雨 1954.9.18
　関東地方各地で稲の放射能汚染   1954.9月
　日本海側各地で放射能雨   1954.10月
　青森県で放射能雪   1954.11.11
　東京都に放射能雨   1955.3.5
　全国各地に放射能雨   1956.4.16
　東北地方と日本海沿岸で放射能雨   1956.6.21
　福岡で放射能を観測   1956.12.19
　各種放射性同位元素検出   1957.4月
　日本海側に放射能雪   1958.1.22
　放射能雨からウラン238を検出   1958.1月
　島根県に放射能雨   1958.3.3
　新潟県に放射能雪   1958.3.7
　立教大学理学部が放射能塵を分析   1958.3.10
　全国各地に放射能雨   1958.3.18
　大阪府に放射能雨   1958.3.25
　インド放射能汚染   1958.4.7
　全国各地に放射能雨   1958.7.9
　北海道に、放射能雨   1958.10.13
　東京で、放射能雨   1958.10.24
　新潟県に放射能塵降下   1961.10.16
　全国各地に放射能雨   1961.10.27
　福岡市付近に放射能雨   1961.11.5
　全国各地に放射性物質降下   1963.1月
　全国各地で高数値の放射能を観測   1965.1.21
　地中海岸上空で軍爆撃機墜落・原爆行方不
　　明   1966.1.17
　中国が3回目の水爆実験   1966.5.9
　アメリカでウラン鉱山で肺ガン多発と発表 1967.5.9
　原潜ソードフィッシュ号、寄港中の佐世保
　　港で異常放射能測定   1968.5.6
　日本原子力研究所でプルトニウム飛散 1969.4.11
　東北地方に放射性物質飛来   1969.12.29
　ビキニ水爆実験の被曝調査   1971.12.7
　ソ連の原子炉軍事衛星墜落   1978.1.24
　ビキニ環礁の住民に退去命令   1978.4.12
　核実験による白血病死   1979.1.8
　アメリカ・ウラン鉱滓ダム決壊で放射能汚
　　染水流入   1979.7月
　汚染家具で被曝   1984.5.1
　核物質積載の仏船沈没   1984.8.25
　豪レンジャー鉱山で29回の事故   1986.2月
　日本で放射能汚染   1986.5.4
　日本で食品放射能汚染   1987.3.25
　米でラドン汚染   1987.5.22

放射能汚染土砂投棄	1988.8月	保障措置協定	
カザフスタンで放射性廃棄物放置が発覚	1993.4.5	EURATOM、IAEAが保障措置協定調印	1973.4.5
墜落自衛隊ヘリに放射性同位元素	1995.6.8	ボース, サティエンドラ	
バーゼル条約改正で、有害廃棄物が輸出禁止に	1995.9月	ボース、ボース＝アインシュタイン統計を導入	1924（この年）
三菱マテリアル研で放射能汚染	1999.3.17	ボース＝アインシュタイン凝縮	
仏領ポリネシア議会、核実験による放射能被害を報告	2006.2.9	ケターレら、ボース＝アインシュタイン凝縮を確認	1995（この年）
豊肥地域		ボース＝アインシュタイン統計	
九州で地熱発電所環境保全実証調査開始	1978.10月	ボース、ボース＝アインシュタイン統計を導入	1924（この年）
ポカラン砂漠		ポセイドン・ミサイル	
インド、ポカラン砂漠で地下核実験	1998.5.11	多核弾頭ミサイルの実験成功	1970.8.3
北樺太石油		ホセ・カブレラ原子力発電所（スペイン）	
北樺太石油設立	1926.6.7	スペイン初の原子力発電所が臨界	1967.5.25
北樺太の利権をソ連に委譲	1944.3月	細谷 安太郎	
北樺太石油利権契約		日本で初めてボイラーの特許が取得される	
ソ連との北樺太石油利権契約に調印	1925.12月		1890（この年）
北辰会		北海道石油共同備蓄	
北辰会結成	1919.5月	北海道石油共同備蓄設立	1979.3.14
北辰会が北樺太で試掘に成功	1923（この年）	北海道電力	
北樺太石油設立	1926.6.7	電気事業再編成令公布	1950.11.24
北米自由貿易協定（NAFTA）		層雲峡発電所に高圧バタフライバルブ設置	
NAFTA発効	1994.1.1		1954.10月
北陸電力		原子力安全研究協会創立	1964.6.12
電気事業再編成令公布	1950.11.24	北海道・濁川地域における地熱開発協定締結	1974.7.19
北陸電力が高効率運転方式を採用	1955.1月	北海道・濁川地域における地熱開発協定締結	1977.3月
珠洲原発建設凍結	2003.12.5	北海道電力雨竜発電所	
北陸電力有峰第一発電所		日本初の地下式発電所、運転開始	1943（この年）
フランシス水車で国内最大容量の水力発電所運転開始	1981.7月	北海道電力定山渓発電所	
北陸電力大久保発電所		札幌水力電気、定山渓発電所を設置	1907.5月
農業用水利用の水力発電所が運転開始	1899.3.29	北海道電力層雲峡発電所	
北陸電力小口川第三発電所		層雲峡発電所に高圧バタフライバルブ設置	
小口川第三発電所で、初の別置ポンプが使用される	1934.5.17		1954.10月
北陸電力尾添発電所		北海道電力伊達発電所	
国内最高の有効落差発電所運転	1984.7月	伊達火力発電所環境権訴訟	1972.7.27
北陸電力桑島発電所		伊達火力発電所環境権訴訟で原告側敗訴	
北陸電力が高効率運転方式を採用	1955.1月		1980.10.14
北陸電力志賀原子力発電所		伊達火力発電所訴訟最高裁判決	1985.12.17
志賀原発1号機、営業運転開始	1993.7.30	北海道電力泊発電所	
志賀原発差止めならず	1994.8.25	泊原発1号機、営業運転開始	1989.6.22
志賀原発がポンプのトラブルで運転停止	1994.8.26	泊原発2号機、営業運転開始	1991.4.12
志賀原発訴訟で名古屋高裁判決	1998.9.9	泊原発で作業員転落死亡事故	2000.8.17
志賀原発1号機で臨界事故	1999.6.1	泊原発で配管に水漏れ	2002.4.2
女川原発で配管に水漏れ	2002.4.2	泊原発で冷却水漏れ	2003.9.7
志賀原発運転差し止め判決が下る	2006.3.24	泊原発3号機、営業運転開始	2009.12.22
志賀原発2号機でひび割れ発見	2006.7.18	国内全原子力発電所が運転停止	2012.5.5
志賀原発1号機で、1999年6月の臨界事故が判明	2007.3.15	北海道電力豊富発電所	
北陸電力西勝原第一発電所		豊富発電所が完成	1957.11月
日本初のカプラン水車、運転開始	1927（この年）	北海道電力野花南発電所	
北陸電力吉野第二発電所		ダム式発電所、運転開始	1918.8月
国産初のカプラン水車が設置	1930.10月	北海道電力森発電所	
保障措置委員会		日本で8番目の地熱発電所運転開始	1982.11.27
IAEA、保障措置委員会を発足	1970.6.20	スケール問題解決	1985（この年）
		森地熱発電所で深部生産井成功	1991（この年）
		森発電所定格出力変更	2012.9月

ほつか

渤海南・西部石油共同開発契約
　日中石油開発プロジェクト調印　　1980.5.29
北海油田
　イギリス、エクソン・シェルと北海油田利
　権参加へ　　　　　　　　　　　　1977.1.5
ボックス・カー
　長崎に原爆投下　　　　　　　　　1945.8.9
ポッケンドルフ, ヨハン・クリスチャン
　ポッケンドルフ、電流計を発明　1820（この年）
ボッシュ, ロベルト
　ボッシュが工場を設立　　　　　1886.11.15
ボッシュ社
　ホノルド、高電圧点火装置を開発　1902（この年）
ホットボックス
　ソシュール、ホットボックスを製作　1767（この年）
ボーテ, ヴァルター
　ボーテとベッカー、原子核をα衝撃してγ
　線放出実験　　　　　　　　　1930（この年）
ボトリオコッカス
　バイオ燃料の実用化が近づく　　2011.7.26
ホネフ, ヘルマン
　マンモス風車構想が発表　　　　1931（この年）
　ホネフ、浮体式洋上風力発電構想を発表
　　　　　　　　　　　　　　　1932（この年）
ホノルド, ゴットロフ
　ホノルド、高電圧点火装置を開発　1902（この年）
ホプキンソン, ジョン
　ホプキンソンら、交流電動機を製作　1883（この頃）
ポポフ, アレクサンドル・S.
　ポポフ、無線通信法を発明　　　1895（この年）
ボリス・キドリッチ核化学研究所
　ユーゴスラビア重水減速炉で即発臨界事故
　　　　　　　　　　　　　　　1958.10.15
ポリツァー, デビッド
　漸近的自由性の発見　　　　　　1973（この年）
ボーリング
　軍部にボーリング機械徴用　　　1940（この年）
　GHQが地熱開発を提唱　　　　　1946（この年）
　各地でボーリング開始　　　　　1947（この年）
ポーリング, ライナス
　ライナス・ポーリングがノーベル平和賞を
　受賞　　　　　　　　　　　　1962（この年）
ホール, エドウィン・ハーバート
　ホール効果を発見　　　　　　　1879（この年）
ホール, ジャック
　アインシュタインの重力波を実証　1983.10.11
ホール, チャールズ.M.
　ホールとエルー、独立にアルミニウムの電
　気精錬法を発見　　　　　　　1886（この年）
ホール－エルー法
　ホールとエルー、独立にアルミニウムの電
　気精錬法を発見　　　　　　　1886（この年）
ホール効果
　ホール効果を発見　　　　　　　1879（この年）

ボルツマン, ルートヴィヒ・エドゥアルト
　ボルツマン、『運動する質点の間の活力の
　平衡についての研究』を発表　1868（この年）
　ボルツマン、熱力学の第2法則に統計的基
　礎をおく　　　　　　　　　　1877（この年）
　J.シュテファン、シュテファンの法則を証
　明　　　　　　　　　　　　　1879（この年）
　L.ボルツマン、シュテファンの法則を証明
　　　　　　　　　　　　　　　1884（この年）
ボルツマンの関係式
　ボルツマン、熱力学の第2法則に統計的基
　礎をおく　　　　　　　　　　1877（この年）
ホルツワース, ハンス
　ホルツワース、ガスタービンを製作　1910（この年）
ボルトウッド, パートラム・ボーデン
　ボルトウッド、ウラン鉱物中の鉛の量で放
　射年代を測定　　　　　　　　1907（この年）
ボールトン, マシュー
　ワット、蒸気凝縮を発明　　　　1765（この年）
　マードック、乗合蒸気自動車を製作　1774（この年）
ボールトン・アンド・ワット商会
　ワット、蒸気凝縮を発明　　　　1765（この年）
　機械技術者のトレヴィシックが没する　1833.4.22
　発明家のマードックが没する　　1839.11.15
ホルボーン・バイアダクト火力発電所（アメリ
カ）
　エジソン、ロンドンに火力発電所を建設
　　　　　　　　　　　　　　　1881（この年）
ボーレー報告
　ボーレー調査団が中間報告　　　1945.12.7
　ボーレー賠償調査団が最終報告　1946.11.28
ホロニアック, ニック（ジュニア）
　ホロニアック・ジュニア、発光ダイオード
　を発明　　　　　　　　　　　1962（この年）
ポロニウム
　キュリー夫妻、ラジウムを発見　1898.12月
本多 光太郎
　本多光太郎と高木弘、KS鋼を発明　1917.6月
本田技研工業
　ホンダ、CVCC方式エンジンを発表　1972.12.12
　ホンダが可変バルブタイミング・リフト機
　構を採用　　　　　　　　　　1989（この年）
　ホンダ、シビックハイブリッドを発売　2001.12月
　トヨタとホンダ、燃料電池車のリースを開
　始　　　　　　　　　　　　　2002.12.2
　燃料電池車の開発進む　　　　　2002.12月
　ホンダ、氷点下で始動可能な燃料電池車を
　開発　　　　　　　　　　　　2004.1月
　ホンダ、航空エンジンに参入　　2004（この年）
　日産が、燃料電池車を販売　　　2004（この年）
　ホンダ、「インサイト」を発表　　2009.2.5
ボンバルディア社
　石川島、川崎重がGEと共同開発　1995（この年）

― 476 ―

【ま】

マイクロプロセッサ
　マイクロプロセッサが登場　　　　　1971.4月
マイケルソン, アルバート
　マイケルソンとモーリー、地球とエーテル
　との相対運動に関する実験を実施　1881(この年)
　マイケルソン、干渉計を発明　　　1881(この年)
マイスナー, フリッツ・ヴァルター
　マイスナー、マイスナー効果を発見　1933(この年)
マイスナー効果
　マイスナー、マイスナー効果を発見　1933(この年)
マイティーホエール
　海洋科学技術センター、浮体型波力発電装
　置実験　　　　　　　　　　　　　2000(この年)
マイトナー, リーゼ
　マイトナーとフリッシュが「核分裂」理論
　を提出　　　　　　　　　　　　　1939.1.26
マイナスモーター
　ビオブル、マイナスモーターを開発　1988(この年)
マイバッハ, ヴィルヘルム
　ダイムラーら、4サイクル高速ガソリンエ
　ンジンを製作　　　　　　　　　　1882(この年)
　ダイムラーら、ダイムラー・エンジン会社
　を設立　　　　　　　　　　　　　1890.11.28
　マイバッハ、メルセデス第1号車を製作
　　　　　　　　　　　　　　　　　1901(この年)
マイヤー, ユリウス・ロベルト・フォン
　マイヤー、エネルギー保存の法則を発表　1842.5.31
　物理学者で医師のマイヤーが没する　1878.3.20
マイヤーの関係式
　物理学者で医師のマイヤーが没する　1878.3.20
マカラム
　銀河系の中心に反物質存在か　　　1978.4月
マクスウェル, ジェームズ・クラーク
　マクスウェル、『ファラデーの力線につい
　て』を発表　　　　　　　　　　　1856(この年)
　マクスウェル、気体分子運動論を発表
　　　　　　　　　　　　　　　　　1860(この年)
　マクスウェル、『電磁場の理論』刊　1861(この年)
　マクスウェル、電磁場の存在を予言　1864(この年)
　マクスウェル、『電気磁気論』を刊行　1873(この年)
　物理学者のマクスウェルが没する　1879.11.5
　ヘルツ、電磁波を証明　　　　　　1888(この年)
マクスウェルの方程式
　マクスウェル、電磁場の存在を予言　1864(この年)
　マクスウェル、『電気磁気論』を刊行　1873(この年)
　物理学者のマクスウェルが没する　1879.11.5
マグネト点火装置
　オットー、マグネト点火装置を開発　1878(この年)
　ボッシュが工場を設立　　　　　　1886.11.15
マグネトロン
　ハル、マグネトロンを発明　　　　1921(この年)

マクマホン法
　米国原子力管理法(マクマホン法)成立　1946.8.1
マクミラン, エドウィン・マティソン
　マクミランとアベルソンが、最初の超ウラ
　ン元素ネプツニウムを発見　　　　1940(この年)
　超ウラン元素、プルトニウムの発見　1941(この年)
　マクミランとヴェクスラーがシンクロサイ
　クロトロンを発明　　　　　　　　1946(この年)
マクミラン, ハロルド
　アイゼンハワーとマクミランが核実験停止
　の共同声明を発表　　　　　　　　1960.3.27
マサチューセッツ大学
　浮体式洋上風力発電の構想発表　　1970(この頃)
『摩擦によって引き起こされる熱の源についての実験的研究』
　トムソン、『摩擦によって引き起こされる
　熱の源についての実験的研究』刊　1798(この年)
摩擦熱
　トムソン、摩擦熱を発見　　　　　1778(この年)
　トムソン、『摩擦によって引き起こされる
　熱の源についての実験的研究』刊　1798(この年)
　物理学者のトムソンが没する　　　1814.8.21
マシアス
　マシアスとクンツラーが超伝導磁石を製作
　　　　　　　　　　　　　　　　　1961(この年)
マスキー法
　アメリカで大気汚染防止法案可決　1970.9.22
　ホンダ、低公害のCVCC方式エンジンを開
　発　　　　　　　　　　　　　　　1972.9.19
　日本版マスキー法が実施される　　1978.4月
マースグサール号
　千葉県沖でタンカー炎上　　　　　1989.3.14
マースク・ナビゲーター号
　スマトラ沖でタンカー衝突による原油流出
　　　　　　　　　　　　　　　　　1993.1.21
マスジッド・イ・スライマン油田
　第一開発会社、マスジッド・イ・スライマ
　ン油田開発成功　　　　　　　　　1908.5.26
　アバダン製油所操業開始　　　　　1912(この年)
益田 善雄
　益田善雄、世界初の波力発電用航路標識ブ
　イを発明　　　　　　　　　　　　1964(この年)
益田ブイ
　益田善雄、世界初の波力発電用航路標識ブ
　イを発明　　　　　　　　　　　　1964(この年)
　益田ブイ、世界で普及　　　　　　1975(この年)
マースデン, アーネスト
　ガイガーとマースデン、原子核の大きさと
　荷電を測定　　　　　　　　　　　1913(この年)
桝屋 冨一
　九大医学部の桝屋冨一が原爆症を指摘　1945.12.9
マチエ
　地熱調査必要なしと結論　　　　　1956(この年)
町村 信孝
　日韓、北朝鮮の核問題で連携　　　2004.11.6
松方日ソ
　国内7社販売協定成立　　　　　　1934.6月

- 477 -

松川地熱発電所
- 松川発電所生産井M-1成功　　　1964（この年）
- 日本初の地熱発電所、運転開始　　1966.10.8
- 松川地熱発電所の出力増加　　　　1968（この年）

松下電器産業
- 松下電器産業、酸化亜鉛バリスタを開発
　　　　　　　　　　　　　　　　1968（この年）
- 酸化亜鉛避雷器を使用開始　　　　1975（この年）
- トヨタと松下電器産業、合弁会社を設立　1996.5.20

松下電池工業
- ニッケル水素電池を世界初商品化　1990（この年）

マツダ
- 日産が、燃料電池車を販売　　　　2004（この年）

松之山温泉
- 温泉発電システムの実証試験を開始　2011.12.16

マトウチ，フェリス
- バルサンチら、大気圧エンジンを製作
　　　　　　　　　　　　　　　　1856（この年）

間藤発電所
- 鉱山業の水力発電が開始　　　　　1890.12月

マードック，ウィリアム
- マードック、乗合蒸気自動車を製作　1774（この年）
- マードック、ガス照明を発明　　　1792（この年）
- マードック、建物の照明にガス照明を使用
　　　　　　　　　　　　　　　　1798（この年）
- マードック、建物の照明にガス灯を常用
　　　　　　　　　　　　　　　　1802（この年）
- ロンドンにガス灯がともる　　　　1807（この年）
- 発明家のマードックが没する　　　1839.11.15

マドラス原子力発電所（インド）
- インドに原子力発電所が開所　　　1983.7.23
- スマトラ沖地震により、インドのマドラス
　原発被災　　　　　　　　　　　2004.12.26

マトリックス力学
- ハイゼンベルク、行列力学を提唱　1925（この年）

マーフリー，エーゲル・ヴォーン
- マーフリー、流動接触分解法を開発　1942（この年）

マラソン・オイル
- アラスカ州で油田発見　　　　　　1965.6.8
- マラソンがハスキーを買収　　　　1984.3.29

マルクス，ジークフリート
- マルクス、第1マルクスカー製作　　1864（この年）

マルクスカー
- マルクス、第1マルクスカー製作　　1864（この年）

マルコーニ，グリエルモ
- マルコーニ、無線通信法を発明　　1895（この年）
- マルコーニ、大西洋横断の無線通信に成功
　　　　　　　　　　　　　　　　1901.12.12

丸善石油
- 丸善石油設立　　　　　　　　　　1933.11月
- 石油精製業者8ブロックに統合　　 1942.8月
- 日本国内の製油所被爆　　　　　　1945.3月
- 主要石油会社が過度経済力集中企業に指定　1948.2.8
- 3社石油元売り業者に追加指定　　 1949.8.1
- 丸善、ユニオンと提携　　　　　　1949.8月
- 丸善シンガポール製油所を売却　　1964.6.1
- アブダビ石油設立　　　　　　　　1968.1.17
- 関西石油を合併　　　　　　　　　1979.10.1
- コスモ石油設立　　　　　　　　　1984.4.1
- 石油業界再編　　　　　　　　　　1984（この年）

丸善石油大阪製油所
- 丸善石油設立　　　　　　　　　　1933.11月

丸善石油下津製油所
- 太平洋岸各製油所操業再開　　　　1950.1月

丸善石油千葉製油所
- 丸善千葉製油所完成　　　　　　　1963.1.10

マルタ，パルドー
- パルドー、海底と資源を人類共有財産と
　する提案　　　　　　　　　　　 1967（この年）

マルタン，E.
- マルタン父子、ジーメンス＝マルタン炉を
　組み立て売り出す　　　　　　　 1864（この年）

マルタン，P.
- マルタン父子、ジーメンス＝マルタン炉を
　組み立て売り出す　　　　　　　 1864（この年）

マルパッセ・ダム
- フランスで、大雨のためダムが決壊　1959.12.2

マンガン鋼
- ハドフィールド、マンガン鋼の特許を取得
　　　　　　　　　　　　　　　　1883（この年）

満州石油
- 満州石油設立　　　　　　　　　　1934.2月

【み】

三重ごみ固形燃料発電所
- 三重ごみ固形燃料発電所で爆発　　2003.8.14

三重大学
- 大学で風力研究開始　　　　　　　1973（この年）

右手の法則
- アンペール、アンペールの法則を発見
　　　　　　　　　　　　　　　　1820（この年）

右ねじの法則
- アンペール、アンペールの法則を発見
　　　　　　　　　　　　　　　　1820（この年）

三島 徳七
- 本多光太郎と高木弘、KS鋼を発明　1917.6月
- 三島徳七、MK鋼を発明　　　　　 1931（この年）

三島 徳蔵
- 米露の石油事情視察へ　　　　　　1897.5月

ミジリー，トマス（2世）
- ミジリー、四エチル鉛がアンチノッキング
　剤となることを発見　　　　　　 1921（この年）

三相籠型誘導電動機
- ドブロウォルスキー、三相籠型誘導モー
　ターを発明　　　　　　　　　　 1889（この年）

三井
- 国内7社販売協定成立　　　　　　1934.6月
- 財閥解体を決定　　　　　　　　　1945.10.27

三井金属鉱業
- 福島県で地熱調査開始　　　　　　1974.5月

三井グループ
旧軍燃料廠の払下を決定　　　　　1955.8.26
三井鉱山
鉱山の水力発電所、運用開始　　　1894.3月
三石石油
石油精製業者8ブロックに統合　　 1942.8月
三石水島製油所
三石水島製油所重油流出　　　　 1974.12.18
三井石油開発
三井石油開発設立　　　　　　　　1969.7.19
三井造船イリジウム紛失事件
三井造船イリジウム紛失　　　　　1971.9.20
三井物産
国内6社販売協定成立　　　　　　 1932.8月
ゼネラル物産設立　　　　　　　　1947.7.26
サハリン2生産開始　　　　　　　 1999.7.8
三井物産排ガス浄化装置で試験データをね
　つ造　　　　　　　　　　　　2004.11.22
サハリン2の経営権問題で合意　　 2006.12.21
三井物産石油
三井物産石油設立　　　　　　　　1982.1.1
3つ組元素
デーベライナー、3つ組元素の法則を発表
　　　　　　　　　　　　　　　1829(この年)
箕作 阮甫
薩摩藩で、日本最初の小型木造外輪蒸気船
　を建造　　　　　　　　　　　1855(この年)
ミッチェル, ジョン
ミッチェル、『人工磁石論』刊　　1750(この年)
ミッチェルリッヒ, アイルハルト
ファラデー、ベンゼンを発見　　　1825(この年)
ミッテラン, フランソワ
核実験抗議船爆破　　　　　　　　1985.7.10
仏大統領、ムルロア環礁訪問　　　1985.9.13
三菱
三菱石油設立　　　　　　　　　　1931.2月
広島電気が世界最大の発電機を増設　1935.3月
財閥解体を決定　　　　　　　　 1945.10.27
三菱ガス化学
秋田県で地熱調査開始　　　　　　1981.6月
三菱金属
秋田県で地熱調査開始　　　　　 1965(この年)
秋田県で地熱調査開始　　　　　　1981.6月
三菱金属大沼地熱発電所
大沼地熱発電所が運転開始　　　　1974.6.17
三菱金属鉱業
原子燃料公社発足　　　　　　　　1956.8.10
三菱原子燃料発足　　　　　　　 1971.12.1
三菱グループ
西日本石油開発設立　　　　　　　1968.7月
三菱グループがゲッティから株式買収　1984.5.11
三菱原子燃料
三菱原子燃料発足　　　　　　　 1971.12.1
三菱原子力
高速炉用ナトリウム加熱蒸気発生器の開発
　成功　　　　　　　　　　　　　1969.5.28

三菱鉱業
三菱石油設立　　　　　　　　　　1931.2月
三菱自動車
三菱がガソリン直噴エンジンを採用　1996(この年)
三菱重工業
国産一号原子炉JRR-3着工　　　　 1959.1.14
三菱原子燃料発足　　　　　　　 1971.12.1
太陽熱温水プール完成　　　　　 1977.12.20
大分県で発電プラントに成功　　　1977.12月
航空エンジン開発で提携　　　　　1979.5.22
三菱重工業製発電設備出荷　　　　1981.7月
三菱重工業、メキシコ地熱発電所に設備を
　納入　　　　　　　　　　　　　1982.8月
ウラン濃縮機器株式会社発足　　　1984.12.1
全日空、国産ジェットエンジン不採用　1988.12月
三菱重工業、「US-APWR」の開発と
　「MHI原子力システムズ」の業務開始を
　発表　　　　　　　　　　　　　2006.7.3
三菱重工業、原子力輸出部新設　　2007.7.1
国際原子力開発株式会社発足　　 2010.10.22
三菱重工業長崎造船所
三菱重工業長崎造船所でボイラー爆発　1970.10.24
三菱商事
三菱石油設立　　　　　　　　　　1931.2月
国内6社販売協定成立　　　　　　 1932.8月
天然ウラン精鉱輸入契約締結　　 1958.10.29
東邦石油設立　　　　　　　　　　1961.5.1
サハリン2生産開始　　　　　　　 1999.7.8
サハリン2の経営権問題で合意　　 2006.12.21
三菱石油
三菱石油設立　　　　　　　　　　1931.2月
国内7社販売協定成立　　　　　　 1934.6月
日本国内の製油所被爆　　　　　　1945.3月
主要石油会社が過度経済力集中企業に指定　1948.2.8
三菱、タイドウォーターと提携復活　1949.3.31
水島製油所完成　　　　　　　　　1961.5.16
三菱グループがゲッティから株式買収　1984.5.11
石油業界再編　　　　　　　　　 1984(この年)
三菱石油開発
三菱石油開発設立　　　　　　　　1972.2月
三菱石油川崎製油所
三菱石油川崎製油所完成　　　　　1931.11月
三菱電機
日本メーカーが宇宙用太陽電池事業に着手
　　　　　　　　　　　　　　　1974(この年)
超LSIを開発　　　　　　　　　　 1976(この年)
三菱長崎造船所
三菱長崎造船所、国産第一号舶用タービン
　を製作　　　　　　　　　　　 1908(この年)
三菱長崎造船所、国産第一号発電用タービ
　ンを製作　　　　　　　　　　 1908(この年)
三菱マテリアル
秋田県で地熱調査開始　　　　　 1965(この年)
秋田県で地熱調査開始　　　　　　1981.6月
秋田県澄川地域の地熱開発で協定締結　1990.11月
八幡平澄川発電所、運転開始　　　1995.3.2
三菱マテリアル総合研究所
三菱マテリアル研で放射能汚染　　1999.3.17

水戸藩
　大島高任、石炭で銑鉄の溶解に成功　　1856.3月
ミナス油田
　日本、ミナス油田の試掘に成功　　1944.9月
　ミナス油田商業生産開始　　1952.4月
南ウクライナ原子力発電所（ウクライナ）
　南ウクライナ原発で放射能漏れ事故　　1996.1.3
南太平洋環境閣僚会議
　すべての核実験の中止を　　1995.8.17
南太平洋首脳会議
　放射性廃棄物海洋投棄の中止要求　　1980.8.15
南太平洋非核地域条約
　南太平洋非核地域条約採択　　1985.8.6
南満州鉄道
　日本、石炭液化研究に着手　　1928（この年）
御母衣ダム
　御母衣ダム完成　　1961.1月
宮城県沖地震
　女川原発が自動停止　　2005.8.16
宮城県地熱開発利用協会
　GHQが地熱開発を提唱　　1946（この年）
宮城水力紡績会社
　日本初の水力発電、運転開始　　1888.7.1
宮城紡績
　日本初の水力発電、運転開始　　1888.7.1
宮原　二郎
　宮原二郎、宮原式水管ボイラーを発明
　　　　　　　　　　　　　　　　1880（この年）
宮原式水管ボイラー
　宮原二郎、宮原式水管ボイラーを発明
　　　　　　　　　　　　　　　　1880（この年）
海山町
　海山町の住民投票で原発反対7割　　2001.11.18
ミュッセンブルク, ピーター・ファン
　クライストら、ライデン瓶を発明　　1745（この年）
　物理学者のミュッセンブルクが没する　　1761.9.19
ミュラー, カール・アレクサンダー
　ミュラーとベドノルツ、高温超伝導を発見
　　　　　　　　　　　　　　　　1986（この年）
ミュラー, R.
　ミュラー、静電マイクロ・ステッピング
　　モーターを試作　　　　　　　1988（この年）
ミュルダール, アルバ
　アルバ・ミュルダールがノーベル平和賞を
　　受賞　　　　　　　　　　　　1982（この年）
ミューレベルク原子力発電所（スイス）
　スイス、原発で火災　　1971.7.28
三吉　正一
　日本初の電灯が点灯する　　1885.6月
未臨界核実験
　アメリカ、ネバダ核実験場で未臨界核実験　1997.7.2
　アメリカ、ネバダ核実験場で3回目の未臨
　　界核実験　　　　　　　　　　1998.3.25
　アメリカ、ネバダ核実験場で4回目の未臨
　　界核実験　　　　　　　　　　1998.9.26
　ロシア、未臨界核実験を実施　　1998.12.8

　アメリカ、ネバダ核実験場で6回目の未臨
　　界核実験　　　　　　　　　　1999.2.9
　アメリカ、X線による未臨界核実験　2011.12月
ミルズ, ロバート
　「ヤン＝ミルズ理論（非可換ゲージ理論）」
　　の発表　　　　　　　　　　　1954.6月
民間石油備蓄
　民間石油備蓄90日分達成　　1981.3月
ミンケレス, ヤン・ピーター
　ミンケレス、石炭ガス照明を用いる　1783（この年）

【む】

無圧縮ガスエンジン
　ヒューゴン、無圧縮ガスエンジンの特許を
　　取得　　　　　　　　　　　　1858（この年）
　ルノワール、無圧縮ガスエンジンの特許取
　　得　　　　　　　　　　　　　1860（この年）
ムーヴFCV-K2
　燃料電池車の開発進む　　2002.12月
無鉛ガソリン
　排ガス無鉛化のガソリン規制　　1970.6.3
　通産省、ガソリン無鉛化を決定　　1974.11.26
　無鉛ガソリン生産開始　　1975.2.1
　アメリカ、ガソリン無鉛化規制実施を延期
　　　　　　　　　　　　　　　　1976.9.25
無煙火薬
　F.アーベル、コルダイトを開発　1889（この年）
無鉛プレミアムガソリン
　日石無縁プレミアムガソリン発売　　1983.9.1
無核原子模型
　J.J.トムソン、『原子の構造について』刊
　　　　　　　　　　　　　　　　1904（この年）
ムショー, オーギュスト
　ムショー、太陽エネルギーで動くモーター
　　を発明　　　　　　　　　　　1860（この頃）
無人発電所
　日本初の無人発電所　　1952.5月
無線通信
　ポポフ、無線通信法を発明　　1895（この年）
　マルコーニ、無線通信法を発明　　1895（この年）
　マルコーニ、大西洋横断の無線通信に成功
　　　　　　　　　　　　　　　　1901.12.12
むつ小川原開発
　むつ小川原開発基本計画了解　　1977.8.30
むつ小川原石油備蓄
　むつ小川原石油備蓄設立　　1979.12.20
六ヶ所ウラン濃縮工場
　六ヶ所村ウラン濃縮工場運転停止　　1994.2.8
六ヶ所再処理工場
　核燃料再処理工場で硝酸溶液漏れ　　2003.7月
　六ヶ所再処理工場で試験開始　　2004.12.21
ムバラス油田
　アブダビでムバラス油田発見　　1969.5.4
　ムバラス油田発見　　1969.7月

村山 富士
　日本政府、中国核実験に抗議　1995（この年）
ムルロア環礁
　フランス、ムルロア環礁で初の核実験　1966.6.30
　フランスがムルロア環礁で地上核実験を開始　1966.7.2
　政府、フランスの核実験に抗議　1966.10.6
　フランス、核実験実施　1973.7.21
　仏、ムルロア環礁で地下核実験　1983.5.25
　仏大統領、ムルロア環礁訪問　1985.9.13
　フランス、ムルロア環礁で核実験　1995.9.5
　フランス、ムルロア環礁で3回目の核実験　1995.10.27
　フランス、ムルロア環礁で4回目の核実験　1995.11.21
　フランス、ムルロア環礁で5回目の核実験　1995.12.27
　ムルロア環礁近くで放射性物質検出　1996.1.23
室蘭工業大学
　振り子式波力発電システムを発明　1979（この年）
　室蘭港に波力発電装置設置　1980（この年）
　40kWの振り子式波力発電装置設置　1984（この年）
　一体型ロータリーベーンポンプ現地試験が実施される　1995（この年）
ムーンライト計画
　日本で燃料電池の開発進む　1980（この頃）

【め】

メーア、シモン・ファン・デル
　ルビアら、弱電理論を確立　1983（この年）
明電舎
　酸化亜鉛避雷器を使用開始　1975（この年）
メイマン、セオドア・ハロルド
　メイマンが、世界初のレーザーを発明　1960（この年）
メガ・ボルグ
　メキシコ湾でタンカー炎上・原油流出　1990.6.9
メキシコ産油制限令
　メキシコ産油制限令公布　1925.12.29
メキシコ石油公社（ペメックス）
　メキシコが石油国有化　1938.6.7
　メキシコでガスタンク群爆発　1984.11.19
　メキシコ・石油基地でタンク爆発　1988.5.24
メキシコ石油輸入
　メキシコ石油輸入設立　1979.11.19
メコン・デルタ油田
　日本、メコン・デルタ油田開発に参加　1971.3.10
メーザー
　タウンズ、「メーザー」のアイデアを考案　1951.4.26
　メーザーを発明　1954（この年）
メサ・トランジスター
　拡散接合型トランジスターを開発　1956（この年）
メスバウアー、ルドルフ
　メスバウアー効果の実験成功　1958（この年）

メスバウアー効果
　メスバウアー効果の実験成功　1958（この年）
メタノール
　メタノール車調査結果発表　1987.9.4
　低公害車排ガス指針提示　1992.6.19
メタノール自動車普及促進懇談会
　メタノール自動車普及促進懇談会設置　1989.6.22
　メタノール車普及促進懇談会報告書発表　1990.6.6
メタノール車
　メタノール自動車普及促進懇談会設置　1989.6.22
メタン
　ヴォルタ、メタンの爆発実験を行う　1776（この年）
メタンハイドレート
　メタンハイドレートの採取に成功　2013.3.12
メルケル、アンゲラ
　ドイツ、2022年までに原子炉17基すべての閉鎖を閣議決定　2011.6.6
メローニ、マセドニオ
　メローニ、赤外線と可視光の同一性を証明　1850（この年）
綿火薬
　シェーンバイン、綿火薬を発見　1845（この年）
メンデレーエフ、ドミトリ・I.
　デーベライナー、3つ組元素の法則を発表　1829（この年）
　メンデレーエフ、元素の周期律を発見　1869（この年）

【も】

モアッサン、ヘンリー
　モアッサン、電気炉を製作　1892（この年）
毛髪湿度計
　ソシュール、『湿度測定についての小論』刊　1783（この年）
モークリー、J.W.
　エッカートとモークリーがENIACが完成　1946（この年）
モサデク、モハンマド
　イランが英石油会社国有化を命令　1951.5.2
モスクワ3国外相会議
　米英ソ、原子力委員会の設置を提唱　1945.12.27
モスクワ条約
　米露、モスクワ条約に調印　2002.5.24
モーズリー、ヘンリー
　モーズリー、特性X線と原子番号の関係を発見　1913（この年）
モーズリーの法則
　モーズリー、特性X線と原子番号の関係を発見　1913（この年）
モスル石油会社（MPC）
　イラク、国営石油会社INOCを設立　1972.6.1
モーター
　ヘンリー、『電動機についての論文』を発表　1831（この年）

モッテルソン, ベン・ロイ
原子核の流体的理論の数学的検討　1951（この年）
本岡 玉樹
満州で風力発電研究を開始　1935（この年）
モノジェット
ルビアら、トップクォークを発見　1984（この年）
モービル・オイル
モービル・オイルと改称　1966.5.3
モービル・コーポレーションと改称　1976.6.18
モービル・コーポレーション
モービル・コーポレーションと改称　1976.6.18
カナダ石油掘削基地が倒壊　1982.2.15
モービルがスーペリアの買収に合意　1984.3.11
BPとモービルが業務統合計画　1996.2.29
エクソンとモービルが合併に合意　1998.12.1
モービル石油
エッソとモービルに分割　1961.12.11
石油業界再編　1984（この年）
モーブ
パーキン、最初の人工染料モーブを発見　1856（この年）
モーペルテュイ, ピエール＝ルイ・ド
モーペルテュイ、最小作用の原理を提唱　1744（この年）
モーリー, エドワード
マイケルソンとモーリー、地球とエーテルとの相対運動に関する実験を実施　1881（この年）
森 詳介
美浜原発3号機、運転再開　2006.5.26
モーリタニア号
モーリタニア号完成　1907（この年）
モールス, サミュエル
モールス、電信機を発明　1837.9.4
モールス、電信機を実用化　1844.5.24
画家で発明家のモールスが没する　1872.4.2
モールス電信機
モールス、電信機を発明　1837.9.4
モールス、電信機を実用化　1844.5.24
画家で発明家のモールスが没する　1872.4.2
モールス符号
モールス、電信機を発明　1837.9.4
モールス、電信機を実用化　1844.5.24
画家で発明家のモールスが没する　1872.4.2
モレル, エドモンド
日本初の鉄道が開業　1872.10月
モンゴルフィエ, ジャック・エティエンヌ・ド
モンゴルフィエ兄弟、熱気球の公開実験　1783.6.5
モンゴルフィエ, ジョゼフ・ミッシェル・ド
モンゴルフィエ兄弟、熱気球の公開実験　1783.6.5
もんじゅ
高速増殖炉原型炉「もんじゅ」起工式　1985.10.28
「もんじゅ」が試運転　1991.5.18
高速増殖炉「もんじゅ」が初臨界　1994.4.5
「もんじゅ」で意見交換会　1995.2.12
「もんじゅ」原子炉再起動　1995.5.8
「もんじゅ」臨界に　1995.8.23
「もんじゅ」初送電　1995.8.29
高速増殖炉「もんじゅ」ナトリウム漏出事故　1995.12.8
「もんじゅ」ナトリウム抜き取り作業が終了　1995.12.12
科学技術庁、「もんじゅ」に立ち入り調査　1995.12.13
「もんじゅ」事故ビデオで核心隠蔽　1995.12.20
「もんじゅ」事故現場ビデオ隠蔽問題　1995.12.21
「もんじゅ」事故・不祥事で担当理事ら更迭　1995.12.23
動燃、「もんじゅ」ナトリウム漏れの原因を発表　1996.1.8
「もんじゅ」事故隠しで動燃担当者が自殺　1996.1.13
「もんじゅ」事故原因の温度計を探索　1996.1.26
動燃、「もんじゅ」破断面の映像を公開　1996.2.10
「もんじゅ」事故原因、見つかる　1996.3.28
「もんじゅ」ナトリウム漏れの再現実験　1996.4.8
原子力政策円卓会議開催　1996.4.25
「もんじゅ」事故原因の温度計は試験運転から亀裂　1996.5.3
「もんじゅ」反対署名100万人を達成　1996.5.14
「もんじゅ」事故報告書まとまる　1996.5.23
「もんじゅ」事故再現実験　1996.6.7
「スーパーフェニックス」廃止方針　1997.6.19
「もんじゅ」半年間運転停止処分　1997.8.3
「もんじゅ」事故で立入検査　1997.8.9
高速増殖炉「もんじゅ」の運転再開　2010.5.6
高速増殖原型炉「もんじゅ」でトラブル発生　2010.8.26
原子力規制委員会、高速増殖原型炉「もんじゅ」の使用停止を命令　2013.5.15
モンスニ＝トンネル
モンスニ＝トンネル開通　1871（この年）
モン・ルイ号
核物質積載の仏船沈没　1984.8.25

【や】

屋井 先蔵
屋井先蔵、屋井乾電池を発明　1888（この年）
屋井乾電池
屋井先蔵、屋井乾電池を発明　1888（この年）
ヤクート
日ソ探鉱覚書に調印　1974.4.26
シベリア資源開発契約締結　1974（この年）
日ソ、輸銀借款に仮調印　1975.7.14
ヤコビ, M.H.フォン
ヤコビ、整流子モーターを試作　1834（この年）
矢嶋 作郎
東京電灯、火力発電で市内配電開始　1887.11.29
安川 第五郎
日本原子力研究所発足　1956.6.15
日本原子力発電株式会社発足　1957.11.1
安田
財閥解体を決定　1945.10.27
柳津西山地域
福島県で地熱調査開始　1974.5月

福島県での地熱発電共同開発について合意
　　　　　　　　　　　　　　　　　　1991.1月
八橋油田
　秋田県の雄物川油田で噴油　　　1935.3月
八幡製鉄所
　八幡製鉄所で火入れ　　　　　1904（この年）
山県 四郎
　三菱原子燃料発足　　　　　　　1971.12.1
山川 義太郎
　日本で、長距離送電始まる　　　1899.5月
山口 治太郎
　美浜原発3号機、運転再開　　　2006.5.26
山口 修一
　軍部にボーリング機械徴用　　1940（この年）
山田 又七
　後の宝田石油設立　　　　　　　1892.6月
　宝田石油創業　　　　　　　　　1893.2月
山田 基博
　山田風力電設工業所設立　　　1949（この年）
山田風車
　山田風力電設工業所設立　　　1949（この年）
　国内で山田風車多数設置　　　1950（この頃）
山田風力電設工業所
　山田風力電設工業所設立　　　1949（この年）
大和紡観光
　鹿児島のホテルが自家地熱発電運転開始　1984.2.23
ヤマニ、アハマド・ザキ
　サウジ石油相解任　　　　　　1986.10.29
山内 万寿治
　地熱利用の研究・調査開始　　　1918.11月
ヤング、トマス
　ヤング、エネルギーの概念を導入　1807（この年）
ヤンセン、ヨハネス
　ヤンセンら、高性能アグリコ風車を開発
　　　　　　　　　　　　　　　　　　1919
ヤンブー製油所
　サウジにヤンブー製油所完成　　1983.3月
ヤン＝ミルズ理論
　「ヤン＝ミルズ理論（非可換ゲージ理論）」
　　の発表　　　　　　　　　　　　1954.6月
　トホーフト、ヤン＝ミルズ理論の繰り込み
　　可能性を証明　　　　　　　1971（この年）

【ゆ】

有人宇宙飛行
　世界初の有人宇宙飛行が成功　　1961.4月
有人動力飛行
　ライト兄弟が初飛行　　　　　　1903.12.17
遊星歯車機構
　ワット、遊星歯車機構を発明　1781（この年）
　発明家のワットが没する　　　　1819.8.19
誘導コイル
　誘導コイルを発明　　　　　　1851（この年）

誘導発電
　小里川発電所、誘導発電機を世界で初めて
　　導入　　　　　　　　　　　　2003.3.12
誘導放射能
　キュリー夫妻、誘導放射能を発見　1899（この年）
有毒ガス噴出事故
　中国の天然ガス田で有毒ガスが噴出　2003.12.23
湯川 秀樹
　湯川秀樹が中間子を予言　　　1935（この年）
　原子力委員会発足　　　　　　　1956.1.1
　原潜寄港に対して湯川秀樹らが声明を発表
　　　　　　　　　　　　　　　　　　1963.3.25
　京都会議で声明発表　　　　　　1981.6.7
輸銀借款
　日ソ、輸銀借款に仮調印　　　　1975.7.14
湯沢地熱事業所
　東北水力地熱、蒸気供給事業を承継　2008.1.1
油田地質調査
　ライマン、油田地質調査開始　　1876.5月
　日本石油、油田地質調査にアメリカ人技師
　　を招聘　　　　　　　　　　1919（この年）
ユナイテッド・テクノロジーズ（UTC）
　燃料電池がアポロ宇宙船に搭載される
　　　　　　　　　　　　　　　　1960（この頃）
　NASAが燃料電池を採用　　　1965（この年）
　東芝、UTCと合弁会社を設立　　1998.8.1
ユナイテッド・ニュークリア社
　アメリカ核燃料回収工場で臨界事故　1962.7.24
　アメリカ・ウラン鉱滓ダム決壊で放射能汚
　　染水流入　　　　　　　　　　1979.7月
ユニオン石油会社
　ユニオン石油会社設立　　　　　1890.10.17
　丸善、ユニオンと提携　　　　　1949.8月
　アラスカ州で油田発見　　　　　1965.6.8
　イギリス沖合でタンカーが座礁し原油流出
　　　　　　　　　　　　　　　　　　1967.3.18
輸入自由化
　ガソリン等輸入自由化　　　　　1964.4.1
輸入割当制
　アメリカ、石油輸入割当制へ　　1959.3.10
ユノカル・タイランド社
　台風で天然ガス採掘船転覆　　　1989.11.3
ユーリー、ハロルド
　ユーリー、重水素を発見　　　1931（この年）
由利原ガス田
　秋田県でガス田発見　　　　　　1976.6月
ユール、ヨハネス
　ユールが系統連系方式風力発電システムを
　　開発　　　　　　　　　　　1947（この年）
　ユールがゲサ風車を設計　　　1956（この頃）
　3枚ブレード非同期発電機設置　1957（この年）
湯わかし型原子炉
　アメリカで「湯わかし型」原子炉
　　（LOPO）完成　　　　　　　　1944.5月
ユンカース、フーゴー
　ユンカース、金属製の単葉飛行機を完成　1915.12月

- 483 -

ユングストローム兄弟
　ユングストローム、輻流タービンを発明
　　　　　　　　　　　　　　　1911（この年）
ユングストロームタービン
　ユングストローム、輻流タービンを発明
　　　　　　　　　　　　　　　1911（この年）
ユングナー
　ユングナー、ニカド電池を発明　1899（この年）

【よ】

楊 振寧
　「ヤン＝ミルズ理論（非可換ゲージ理論）」
　　の発表　　　　　　　　　　　　　1954.6月
陽極線
　ゴルトシュタイン、カナル線を発見　1886（この年）
溶鉱炉
　レオミュール、溶鉱炉を建設　　　1720（この年）
陽子
　ラザフォード、陽子を発見　　　　1914（この年）
洋上風力発電
　浮体式洋上風力発電の構想発表　　1970（この頃）
　ウィンドファームが完成　　　　　1991（この年）
　北海道に海上風力発電機設置　　　2004（この年）
　洋上風力発電が活発化　　　　　　2005（この頃）
　浮体式洋上ウィンドファームの第1期工事
　　が終了　　　　　　　　　　　　　2013.11月
揚水式
　大森川水力発電所が完成　　　　　　1959.8月
揚水式水車
　安曇発電所に日本初の揚水式水車を導入
　　　　　　　　　　　　　　　　2003（この年）
揚水発電
　世界初の揚水発電　　　　　　　1892（この年）
　国内最大使用水量の水力発電所運用開始　1972.11月
　日本最大の揚水式発電所完成　　　　1979.6月
ヨウ素129
　動燃再処理施設から放射性ヨウ素大量放出
　　　　　　　　　　　　　　　　　1989.10.4
ヨウ素131
　ムルロア環礁近くで放射性物質検出　1996.1.23
陽電子
　ディラック、空孔理論を発表　　　1930（この年）
　アンダーソン、陽電子を発見　　　1932（この年）
溶融塩燃料実験炉
　溶融塩燃料実験炉MSRE、12000時間の全
　　出力運転達成　　　　　　　　　　1969.9.29
溶融炭酸塩形燃料電池（MCFC）
　バウアー、MCFCが試作される　1921（この年）
熔融プルトニウム
　世界初熔融プルトニウムを使った原子炉が
　　臨界　　　　　　　　　　　　　　　1961.4.30
横浜
　横浜でブレゲ指字電信機による通信実験に
　　成功　　　　　　　　　　　　　　　1869.8.9

横浜共同電灯
　横浜共同電灯設立　　　　　　　　1889.11月
横浜共同電灯裏高島火力発電所
　横浜共同電灯、蒸気タービンを導入　1904（この年）
横浜裁判所
　横浜でブレゲ指字電信機による通信実験に
　　成功　　　　　　　　　　　　　　　1869.8.9
横浜燈台役所
　横浜でブレゲ指字電信機による通信実験に
　　成功　　　　　　　　　　　　　　　1869.8.9
吉井ガス田
　石油開発公団がガス田を発見　　　　1968.3月
吉田 昌郎
　日本政府、吉田調書を公開　　　　　2014.9.11
吉田調書
　日本政府、吉田調書を公開　　　　　2014.9.11
余剰プルトニウム処分
　国際協力でプルトニウム処分が実現　2002.4.12
四日市公害訴訟
　公害健康被害補償法成立　　　　　　1973.1月
四日市ぜんそく
　四日市第一コンビナートが完成　　1960（この年）
　四日市公害でさまざまな抗議運動　1963（この年）
　四日市をばい煙規制地域に指定　　　1964.5.1
　四日市コンビナートで高煙突の建設が始ま
　　る　　　　　　　　　　　　　　　1965.1月
　四日市ぜんそくを「公害病」と認定　1965.5.20
　認定患者による四日市公害訴訟　　　1967.9.1
　四日市のぜんそく罹患率を発表　　　1967.11.28
　四日市ぜんそく訴訟で住民勝訴　　　1972.7.24
　四日市ぜんそくで工場が排出削減を確約　1972.8.21
ヨハネスブルグ・サミット
　ヨハネスブルグ・サミット開催　　　2002.8.26
読売新聞社
　原子力平和利用博覧会開催　　　　　1955.11.1
ヨーロッパ共同体（EC）
　EC、ファーストプラズマ発生に成功　1983.6.29
　EC、トーラス型核融合臨界プラズマ実験
　　装置完成　　　　　　　　　　　　　1984.4.9
ヨーロッパ原子力協会
　ヨーロッパ原子力協会結成　　　　　1954.6.15
四エチル鉛
　ミジリー、四エチル鉛がアンチノッキング
　　剤となることを発見　　　　　　1921（この年）
4サイクル
　ド・ロシャス、4サイクルの作動を記述
　　　　　　　　　　　　　　　　1862（この年）
4サイクルエンジン
　オットー、4サイクルエンジンを試作
　　　　　　　　　　　　　　　　1862（この年）
　ダイムラーら、4サイクル高速ガソリンエ
　　ンジンを製作　　　　　　　　1882（この年）
4サイクル直接噴射式ディーゼル・エンジン
　日本初の4サイクル直接噴射式ディーゼ
　　ル・エンジン　　　　　　　　1967（この年）
4流排気形
　東芝製タービンが米国へ出荷　　　　1978.4月

【ら】

ラ・アーグ再処理工場
　フランス、黒鉛炉燃料の再処理施設運転開
　　始　　　　　　　　　　　　　　1966.6.30
雷検知器
　ポポフ、無線通信法を発明　　　1895（この年）
ライシャワー、エドウィン・O.
　ライシャワーが原潜の日本寄港を申し入れ　1963.1.9
　ライシャワー発言の衝撃　　　　　　1981.5.18
ライジング・サン石油
　ライジング・サン石油設立　　　　　1900.4月
　国内4社が販売協定に調印　　　　　1910.1月
　国内6社販売協定成立　　　　　　　1932.8月
　国内7社販売協定成立　　　　　　　1934.6月
　GHQが在日民間人への石油販売を許可　1948.8.5
　シェル石油と改称　　　　　　　　　1948.10.15
ライジング・サン石油西戸崎製油所
　西戸崎製油所完成　　　　　　　　　1909.7月
ライス, シキルツ
　高島嘉右衛門、ガス灯をともす　　　　1872.9.29
ライス, F.
　ライス、振動膜を利用した電話機を発明
　　　　　　　　　　　　　　　　1860（この年）
ライデン瓶
　クライストら、ライデン瓶を発明　1745（この年）
　フランクリン、避雷針の原理を発見　1747（この年）
　フランクリン、雷が電気であることを証明
　　　　　　　　　　　　　　　　1752（この年）
　物理学者のミュッセンブルクが没する　1761.9.19
ライト, ウィルバー
　ライト兄弟が初飛行　　　　　　　　1903.12.17
ライト, オーヴィル
　ライト兄弟が初飛行　　　　　　　　1903.12.17
ライトフライヤー号
　ライト兄弟が初飛行　　　　　　　　1903.12.17
ライネス, フレデリック
　ライネス、ニュートリノに質量があること
　　を確認　　　　　　　　　　　　　1980.5月
ライプチヒ・ドイツ大審院
　オットー・サイクルの特許が無効に　　1886.1.30
ライマン, B.S.
　ライマン、油田地質調査開始　　　　　1876.5月
ラウエ, マックス・テオドール・フェリックス・
　フォン
　ラウエ、結晶によるX線の回折（ラウエ斑
　　点）を発見　　　　　　　　1912（この年）
ラウエ斑点
　W.H.ブラッグとW.L.ブラッグ、結晶格子
　　によるラウエ斑点の説明　　　1912（この年）
　ラウエ、結晶によるX線の回折（ラウエ斑
　　点）を発見　　　　　　　　1912（この年）

ラヴォアジェ, アントワーヌ・ローラン・ド
　ラヴォアジェ、『物理学および化学の小論』
　　刊　　　　　　　　　　　　1774（この年）
　ラヴォアジェ、燃焼理論を確立　1777（この年）
　ラヴォアジェ、酸素を命名　　　　1779.9.5
　ラヴォアジェら、氷熱量計を発明　1782（この頃）
　ラヴォアジェ、呼吸について研究　1783（この年）
　ラヴォアジェ、『化学原論』刊　1789（この年）
ラウダタイン油田
　ラウダタイン油田が炎上　　　　　　　2002.2.1
ラウフェン水力発電所（ドイツ）
　ドブロウォルスキー、三相交流発送電実験
　　を行う　　　　　　　　　　1891（この年）
ラウンド, H.J.
　ラウンド、五極管を発明　　　　1927（この年）
ラキ火山
　アイスランドのラキ火山が噴火　1783（この年）
ラグランジュ, ジョゼフ・ルイ
　モーペルテュイ、最小作用の原理を提唱
　　　　　　　　　　　　　　　　1744（この年）
　ラグランジュ、『解析力学』刊　1788（この年）
　フーリエ、熱伝導に関する論文を提出
　　　　　　　　　　　　　　　　1807（この年）
　ハミルトン、ハミルトンの方程式を発見
　　　　　　　　　　　　　　　　1834（この年）
ラ・クール, ホール
　ラ・クール、世界初の風力発電装置を製作
　　　　　　　　　　　　　　　　1891（この年）
　ラ・クール、デンマーク風力発電協会
　　（DVES）設立　　　　　　　　1903.10月
ラザフォード, アーネスト
　ラザフォード、α線とβ線を分離　1899（この年）
　ラザフォードとソディー、原子崩壊説を提
　　唱　　　　　　　　　　　　　1903（この年）
　ラザフォード、地球の年齢問題について言
　　及　　　　　　　　　　　　　1904（この年）
　ラザフォード、α粒子の電荷の質量に対す
　　る比を決定　　　　　　　　1906（この年）
　ガイガーとラザフォード、計数管を開発
　　　　　　　　　　　　　　　　1908（この年）
　ラザフォード、有核原子模型を発表　1911（この年）
　ラザフォード、陽子を発見　　　1914（この年）
　ラザフォード、α粒子による原子核破壊実
　　験　　　　　　　　　　　　　1919（この年）
ラジウム
　キュリー夫妻、ラジウムを発見　　1898.12月
ラジオ放送
　ラジオ放送が始まる　　　　　　　1920.11.2
ラジオメーター効果
　クルックス、ラジオメーター効果を発見
　　　　　　　　　　　　　　　　1875（この年）
ラッセル, バートランド
　ラッセル・アインシュタイン宣言　1955.7.9
ラッセル, A.S.
　ソディら、放射性崩壊の変位法則を発見
　　　　　　　　　　　　　　　　1913（この年）
ラッセル・アインシュタイン宣言
　ラッセル・アインシュタイン宣言　1955.7.9

ラティーナ原子力発電所（イタリア）
　ラティーナ原子力発電所で溶融破損　　1967.3月
ラーテナウ，エミール
　ラーテナウ，ドイッチェ・エジソン社を設立　　　　　　　　　　　　　　1883（この年）
ラトー，A.C.E.
　ラトー，圧力複式衝動タービンを発明
　　　　　　　　　　　　　　1897（この年）
　ツェリー，圧力複式衝動タービンを発明
　　　　　　　　　　　　　　1908（この年）
ラトータービン
　ラトー，圧力複式衝動タービンを発明
　　　　　　　　　　　　　　1897（この年）
ラドン
　ドルン，ラドンを発見　　　1900（この年）
　米でラドン汚染　　　　　　　　1987.5.22
ラバン石油会社
　ラバン石油会社設立　　　　　　1965.4.14
ラービ，イジドール・イザーク
　ラービが原子核の磁気モーメントの測定法を発見　　　　　　　　　　　1939（この年）
ラビットレイク製錬所（カナダ）
　カナダで放射性重金属汚染水流出　1989.11.7
ラプソディー高速増殖炉（フランス）
　仏・高速増殖炉実験炉ラプソディー臨界1967.1.28
　仏・高速実験炉ラプソディー解体撤去決定
　　　　　　　　　　　　　　　　1982.10.5
　仏・高速実験炉ラプソディーで爆発事故　1994.3.31
ラプラス，ピエール・シモン・ド
　ラヴォアジェら，氷熱量計を発明　1782（この頃）
　ラヴォアジェ，呼吸について研究　1783（この年）
ラホール宣言
　印パ，ラホール宣言に署名　　　　1999.2.21
ラムゼー，ウィリアム
　ラムゼー，地球上でヘリウムを発見　1895（この年）
ラーモア，ジョゼフ
　ラーモア，歳差運動を予言　1897（この年）
　ラーモアとローレンツ，ローレンツ変換を提唱　　　　　　　　　　　1904（この年）
ラーモア歳差運動
　ラーモア，歳差運動を予言　1897（この年）
ラモント，W.D.
　ラモント，ラモントボイラーを発明　1925（この年）
ラモント水冷壁
　ラモント，ラモントボイラーを発明　1925（この年）
ラモントボイラー
　ラモント，ラモントボイラーを発明　1925（この年）
ラランド
　ラランド，ラランド電池を発明　　1881（この年）
ラランド電池
　ラランド，ラランド電池を発明　　1881（この年）
ラルデレロ地熱発電所（イタリア）
　コンティ公爵，世界初の地熱発電を行う
　　　　　　　　　　　　　　1904（この年）
　世界初の地熱発電所運転　　1913（この年）
ラロック，ジーン
　核兵器積載軍艦が日本寄港　　　　1974.9.10

ラロトンガ条約
　南太平洋非核地域条約採択　　　　1985.8.6
ランカシャボイラー
　フェアベーンら，ランカシャボイラーを発明　　　　　　　　　　　　　　1844（この年）
ランキン，W.J.M.
　ランキン，エネルギー転化の一般法則を提唱　　　　　　　　　　　　　　1853.3.17
ラングミュア，アーヴィング
　GE，タングステン電球を発表　1910（この年）
　ラングミュア，窒素封入電球を開発　1913（この年）
　ラングミュア，高真空真空管を製作　1914（この年）
　ラングミュア，高真空の水銀ポンプを製作
　　　　　　　　　　　　　　1915（この年）
ランゲン，オイゲン
　オットーら，N.A.オットー会社設立　1864.3.31
ランス潮汐発電所（フランス）
　フランスで潮汐ダムが稼働　　1966（この年）
ランチェスター，フレデリック・W.
　ランチェスター，風車のパワー係数を導出
　　　　　　　　　　　　　　　　1915.3.15
ランバートソン，G.R.
　反中性子発見　　　　　　　　　　1956.9.15
ランベルト，ヨハン・ハインリヒ
　ランベルト，『光量測定』刊　1760（この年）
ランベルト＝ベールの法則
　ブーゲ，『光の強度に関する光学実験』刊
　　　　　　　　　　　　　　1729（この年）
　ランベルト，『光量測定』刊　1760（この年）

【り】

リー，エドモント
　リー，ファンテイルを発明　　1745（この年）
リー，チャールズ・A.
　拡散接合型トランジスターを開発　1956（この年）
李　肇星
　中国にガス田開発のデータ要求　　2004.6.21
李　鉄映
　日本政府，中国核実験に抗議　1995（この年）
リヴァプール・マンチェスタ鉄道
　スティーヴンソン，レインヒルの競争を行う　　　　　　　　　　　　　　1829.10月
理化学研究所
　理研を設立　　　　　　　　1917（この年）
　GHQがサイクロトロンを破壊　1945.11.24
　ガス拡散法によるウラン濃縮成功　1969.3.31
　理研，赤外可変ラマンレーザー開発　1984.3.29
『力学要論』
　数学者・哲学者のダランベールが没する　1783.10.29
陸上型OWC
　陸上型OWC実験　　　　　　1991（この年）
利根地下技術開発
　各地でボーリング開始　　　1947（この年）

利根ボーリング
各地でボーリング開始　　　　　1947（この年）
蒸気機関車で発電　　　　　　　1952.10月
リサイクル燃料貯蔵株式会社（RFS）
リサイクル燃料貯蔵株式会社発足　2005.11.21
リスター, ジョゼフ
リスター、石炭酸による消毒法を提唱
　　　　　　　　　　　　　　　1865（この年）
リーセア, クリスチャン
リーセア、小型の風力発電機を製作　1975（この年）
リチャーズ, セオドア・W.
リチャーズ、鉛の同位体を証明　　1913（この年）
リチャードソン, オーエン
リチャードソン、熱電子効果を発見　1901（この年）
リチャードソン効果
リチャードソン、熱電子効果を発見　1901（この年）
リッター, ヨハン・ヴィルヘルム
リッター、紫外線放射を発見　　　1801（この年）
物理学者のリッターが没する　　　1810.1.23
リッチー, ウィリアム
リッチー、電磁石モーターを製作　1833（この年）
リッチフィールド
アトランチック・リッチフィールド設立　1966.5.3
リトルボーイ
広島に原爆投下　　　　　　　　1945.8.6
リトルレークス・クリーク
ケンタッキー州で噴油　　　　　1829（この年）
リニアモーターカー
リニアモーターカー公開走行試験実施　1972.3月
上海トランスラピッドが開業　　　2003.12月
リニモが開業　　　　　　　　　2005.3月
リニューアブルエネルギー有効利用・普及促進機構（JOPRE）
JOPRE発足　　　　　　　　　　1998.10月
リノコ
リビア、新石油会社リノコを設立　1970.3.27
リビア核開発問題
リビアが核開発放棄　　　　　　2003.12.19
リビアン・アメリカン・オイル
リビア、米系石油会社3社を完全国有化　1974.2.11
リヒター, バートン
新しい素粒子「J/ψ」の発見　1974.11.16
リヒテンベルク, ゲオルク・クリストフ
リヒテンベルク、電気の正・負の名称を導入　1779（この年）
リビングストン, M.S.
ローレンスら、サイクロトロンを建設
　　　　　　　　　　　　　　　1930（この年）
リーブマン
アメリカの原潜「スレッシャー」沈没　1963.4.10
リペトコ
リビア、新石油会社リノコを設立　1970.3.27
リーベン, R.
ド・フォレストとリーベン、三極真空管を発明　1906（この年）

リーベンス, G.H.
リーベンス、『The Theory of Electricity』刊　1918（この年）
リヤド協定
リヤド協定調印　　　　　　　　1972.12.20
硫化カドミウム太陽電池
CdS太陽電池の発明　　　　　　1955（この年）
琉球大学病院
琉球大病院で被曝事故　　　　　1998.6.30
粒子・波動の二重性
ド・ブロイ、物質波の概念を提唱　1923（この年）
竜進丸
香川県沖合でタンカー衝突による重油流出
　　　　　　　　　　　　　　　1973.7.20
流体的理論
原子核の流体的理論の数学的検討　1951（この年）
流体の運動方程式
オイラー、流体の運動方程式を発見　1755（この年）
『流体力学』
ダニエル・ベルヌーイ、『流体力学』刊
　　　　　　　　　　　　　　　1738（この年）
流体力学
数学者・哲学者のダランベールが没する　1783.10.29
流動床ガス化法
ウィンクラー、流動床ガス化法を開発
　　　　　　　　　　　　　　　1926（この年）
流動接触分解法
マーフリー、流動接触分解法を開発　1942（この年）
隆洋丸
四日市港内で原油流出　　　　　1978.11.8
リュッケゴール社
デンマークの風力発電機製造は一社のみに
　　　　　　　　　　　　　　　1920（この頃）
リュームコルフ, H.D.
誘導コイルを発明　　　　　　　1851（この年）
両羽電気紡績
鍛接管利用の水力発電所、運転開始　1900.5月
量子跳躍
量子跳躍がはじめて観測される　　1986.10月
量子電磁力学
朝永振一郎、ノーベル物理学賞受賞　1965.10.21
量子ホール効果
フォン・クリッツィング、量子ホール効果を発見　1980（この年）
量子力学
ボーア、ボーアの原子模型を発表　1913（この年）
ド・ブロイ、物質波の概念を提唱　1923（この年）
量子論
プランク、「黒体放射の公式」発表　1900（この年）
デバイ、固体比熱の量子論を改良　1912（この年）
ボーア、対応原理を提唱　　　　1918（この年）
リリュー, ノルベルト
リリュー、多重効用缶を発明　　　1843（この年）
臨界
ORNL原子炉クリントン・パイル臨界　1943.11.4
アメリカで「湯わかし型」原子炉（LOPO）完成　1944.5月

ロスアラモスで世界最初の高速中性子炉が
　　臨界　　　　　　　　　　　　　1946.8.11
ソ連、原子炉1号機が初臨界　　　　1946.12.25
アメリカBNLで濃縮ウラン黒鉛減速空冷
　　型研究炉、臨界　　　　　　　　1950.8.1
イギリス・ウィンズケールのプルトニウム
　　生産1号機、臨界　　　　　　　1950.10月
ソ連第1号発電用原子炉AM-1臨界　　1954.5.9
日本初の原子炉JRR-1が臨界　　　　1957.8.27
原研JRR-2臨界　　　　　　　　　　1960.10.1
世界初の移動発電炉臨界　　　　　　1961.3.30
世界初熔融プルトニウムを使った原子炉が
　　臨界　　　　　　　　　　　　　1961.4.30
アメリカの原子力船「サバンナ号」臨界　1961.12.21
国産1号機「JRR-3」臨界　　　　　1962.9.12
原研の原発実験炉臨界　　　　　　　1963.8.22
アメリカのエンリコ・フェルミ発電所臨界
　　　　　　　　　　　　　　　　　1963.8.23
東海発電炉臨界　　　　　　　　　　1965.5.4
京大の研究用原子炉が臨界に達する　1966.8.27
カナダの商業用原子炉が初臨界　　　1966.11.15
仏・高速増殖炉実験炉ラプソディー臨界　1967.1.28
スペイン初の原子力発電所が臨界　　1967.5.25
ORNL実験炉で、世界で初めてウラン233
　　を燃料で臨界　　　　　　　　　1968.10.2
関西電力美浜原発が稼働　　　　　　1970.7.29
フランス、高速増殖炉原型炉フェニックス
　　が臨界　　　　　　　　　　　　1973.8.31
高浜1号機が臨界　　　　　　　　　1974.3.14
原子力船「むつ」が臨界実験成功　　1974.8.26
高速実験炉「常陽」臨界　　　　　　1977.4.24
東海第二発電所が臨界　　　　　　　1978.1.18
「ふげん」臨界　　　　　　　　　　1978.3.20
「ふげん」が全炉心臨界　　　　　　1978.5.9
川内原発1号機が臨界　　　　　　　1983.8.25
高速増殖炉スーパーフェニックスが世界初
　　の臨界　　　　　　　　　　　　1985.9.7
高速増殖炉「もんじゅ」が初臨界　　1994.4.5
「もんじゅ」臨界に　　　　　　　　1995.8.23
玄海原発3号機で、プルサーマル国内初臨
　　界　　　　　　　　　　　　　　2009.11.5
中国の高速実験炉が初臨界　　　　　2010.7.21
臨界温度
　　アンドルーズ、臨界温度・臨界圧力を発見
　　　　　　　　　　　　　　　　　1869（この年）
臨界プラズマ
　　臨界プラズマ条件を達成　　　　1987（この年）
臨界プラズマ試験装置
　　原研臨界プラズマ試験装置がプラズマ達成
　　　　　　　　　　　　　　　　　1985.7.18
臨時電力調査会
　　逓信省が臨時電力調査会を設置　1937.6月
臨時発電水力調査局
　　逓信省、第1次水力調査を開始　1910.4月
リンペット
　　ウエーブゲン社、世界初の商業規模波力発
　　電装置稼働　　　　　　　　　　2000（この年）

【る】

『**ルイク王立鋳砲所における鋳造法**』
　　薩摩藩、反射炉を築造　　　　　1852（この年）
類似ガソリン
　　租税特別措置法改正施行　　　　1984.12.1
ルクランシェ, ジョルジュ
　　ルクランシェ、ルクランシェ電池を発明
　　　　　　　　　　　　　　　　　1868（この年）
ルシフェラーゼ
　　ゲンジボタルの発光現象のメカニズムを解
　　明　　　　　　　　　　　　　　2006.3.16
ルーズベルト, フランクリン
　　アインシュタインが原子爆弾開発を促す書
　　簡の差出人になる　　　　　　　1939（この年）
ルーツボイラー
　　ルート、ルーツボイラーを発明　1867（この頃）
るつぼ製鋼法
　　ハンツマン、るつぼ製鋼法を確立　1742（この頃）
ルート, ベンジャミン
　　ルート、ルーツボイラーを発明　1867（この頃）
ルノワール, ジャン・ジョゼフ・エティエンヌ
　　ヒューゴン、無圧縮ガスエンジンの特許を
　　取得　　　　　　　　　　　　　1858（この年）
　　ルノワール、無圧縮ガスエンジンの特許取
　　得　　　　　　　　　　　　　　1860（この年）
ルビア, カルロ
　　ルビアら、弱電理論を確立　　　1983（この年）
　　ルビアら、トップクォークを発見　1984（この年）
ルビー・レーザー
　　メイマンが、世界初のレーザーを発明
　　　　　　　　　　　　　　　　　1960（この年）
ルーベン, サミュエル
　　ルーベンが水銀電池を発明　　　1942（この年）
ルーベン電池
　　ルーベンが水銀電池を発明　　　1942（この年）
ルーマニア油田地帯
　　アメリカ軍、ルーマニア油田地帯爆撃　1944.4.5
ルームコルフ, ハインリッヒ・ダニエル
　　ルームコルフ、感応コイルを製作　1846（この年）
ルメイラ油田
　　イラクがイラク石油会社の利権を接収　1961.12.12
ルールベンジン社
　　人造石油ドイツで工業化　　　　1935（この年）
ルンゲ, フリードリヒ・フェルディナント
　　ルンゲ、フェノールとアニリンを発見
　　　　　　　　　　　　　　　　　1834（この年）

【れ】

冷却水漏れ
　　福島第二原発で冷却水漏れ　　　1989.6.3

レインウォーター, レオ・ジェームス
　原子核の流体的理論の数学的検討　1951（この年）
レインヒルの競争
　スティーヴンソン、レインヒルの競争を行う　1829.10月
レオナルド
　CdS太陽電池の発明　1955（この年）
レオミュール, ルネ
　レオミュール、溶鉱炉を建設　1720（この年）
　レオミュール、アルコール温度計を発明　1730（この年）
レーガン, ロナルド
　アメリカ、原油価格統制撤廃　1981.1.28
　サハリン石油・天然ガス事業が停滞　1982.6.18
　パキスタンの核開発に警告　1986.7.16
　米ソ首脳会談開催　1986.10.11
　米ソ、共同声明を発表　1987.12.7
　米軍、イランへ報復攻撃　1988.4.18
　モスクワで米ソ首脳会談　1988.5.29
レークサイド発電所（アメリカ）
　レークサイド発電所建設　1919（この年）
レーザー
　メイマンが、世界初のレーザーを発明　1960（この年）
レーダーマン, L.
　レーダーマンら、ウプシロンを発見　1977.8.4
　レーダーマン、「グルーオン」の存在の検出に成功　1979.8.28
劣化ウラン弾
　アメリカ、劣化ウラン弾使用問題で謝罪　1997.2.10
列氏温度目盛
　レオミュール、アルコール温度計を発明　1730（この年）
レーナルト, フィリップ
　レーナルト、レーナルト線を発見　1892（この年）
　レーナルト、光電子のエネルギーが照射光の強さに無関係であると確認　1902（この年）
レーナルト線
　レーナルト、レーナルト線を発見　1892（この年）
レニングラード原子力発電所（ロシア）
　レニングラード原発1号機で放射能漏れ事故　1975.11.30
　ロシア・レニングラード3号機で圧力管、燃料棒被覆管が破裂　1992.3.24
レーニン号
　原子力砕氷艦レーニン号が進水　1957（この年）
レビンソール
　銀河系の中心に反物質存在か　1978.4月
レフォルマ油田
　レフォルマ油田発見　1972（この年）
レベデフ, ピョートル
　レベデフ、光の圧力を測定　1890（この年）
連合国軍最高司令官総司令部（GHQ）
　GHQが製油所に関する覚書を公布　1945.10.13
　GHQが石油製品に関する覚書を公布　1945.10.13
　財閥解体を決定　1945.10.27
　GHQが石油顧問団を設置　1945.11.1

　GHQがサイクロトロンを破壊　1945.11.24
　GHQが石油製品等の輸入許可を表明　1945.11.24
　GHQが石油配給公団設立を指令　1946.10.25
　GHQが地熱開発を提唱　1946（この年）
　石油配給統制株式会社が解散　1947.5.31
　石油配給公団設立　1947.6.2
　GHQが在日民間人への石油販売を許可　1948.8.5
　GHQが電気事業再編成に関する覚書を提出　1949.7.9
　GHQが太平洋岸製油所再開を許可　1949.7.13
　日本精蠟設立　1951.2.10
　GHQが石油行政権を政府に委譲　1951.4.1
レンジャー鉱山
　豪レンジャー鉱山で29回の事故　1986.2月
連続蒸留法
　ノーベル兄弟産油会社、連続蒸留法を実用化　1881（この年）
連続スペクトル
　チャドウィック、β線の連続スペクトルを検出　1914（この年）
レンツ, ハインリヒ
　レンツ、レンツの法則を発表　1834（この年）
　レンツ、電機子反作用を明らかに　1847（この年）
レンツの法則
　レンツ、レンツの法則を発表　1834（この年）
レントゲン, ヴィルヘルム
　レントゲン、X線を発見　1895.11.8
連邦石油保全局
　連邦石油保全局設置　1924.12.19

【ろ】

盧　泰愚
　日韓、北朝鮮の核問題で連携　2004.11.6
ロイター, J.D.
　ロイターがペルシャで石油利権獲得　1889（この年）
ロイポルト, J.
　ロイポルト、『機械の一般論』刊行開始　1723（この年）
ロイヤル・ダッチ
　ロイヤル・ダッチ設立　1890.6.16
　アジアチック・ペトロリアム設立　1903.6月
　ロイヤル・ダッチ・シェルグループ結成　1907.1月
　イラク、ロイヤルダッチ社の利権を国有化　1973.10.21
ロイヤル・ダッチ・シェルグループ
　ロイヤル・ダッチ・シェルグループ結成　1907.1月
　アクナキャリー協定締結　1928.9.7
　昭和石油とロイヤル・ダッチ・シェル、第1次協定に調印　1949.6.20
　シェルがインドネシアの施設を売却　1965.12月
　サハリン2生産開始　1999.7.8
　サハリン2の経営権問題で合意　2006.12.21
六栄丸
　六栄丸、使用済み核燃料の輸送を開始　1998.9.30

六栄丸、使用済み核燃料の輸送を終了　1998.10.2
60ヘルツ
　大阪電灯、60サイクル発電機を採用　1897（この年）
六フッ化ウラン循環ループ
　六フッ化ウラン循環ループの試験運転成功
　　　　　　　　　　　　　　　　1974.6.11
ロケット号
　スティーヴンソン、レインヒルの競争を行
　　う　　　　　　　　　　　　　1829.10月
『ロケットによる宇宙空間の探求』
　ツィオルコフスキー、『ロケットによる宇
　　宙空間の探求』刊　　　　　1903（この年）
ロコモーション1号
　スティーヴンソン、蒸気機関車完成　1825.9.27
ロシア大統領メディカルセンター
　日本政府、チェルノブイリ原発事故に人道
　　支援　　　　　　　　　　　　1997.10.18
ロス・アスフレス地熱発電所（メキシコ）
　三菱重工業、メキシコ地熱発電所に設備を
　　納入　　　　　　　　　　　　1982.8月
ロスアトム社
　ロシアで浮揚型原子力発電所の組み立て開
　　始　　　　　　　　　　　　　2009.5.19
ロスアラモス国立研究所
　ロスアラモス国立研究所で臨界事故　1945.8.8
　ロスアラモス国立研究所で臨界事故　1945.8.21
　ロスアラモス国立研究所で臨界事故　1946.5.21
　ロスアラモスで世界最初の高速中性子炉が
　　臨界　　　　　　　　　　　　1946.8.11
　ロスアラモス国立研究所で即発臨界事故
　　　　　　　　　　　　　　　　1958.12.30
　核爆発を用いるX線レーザーの地下実験が
　　行われる　　　　　　　　1985（この年）
　核関連施設付近で山林火災　　　　2000.5月
ロスチャイルド
　ロスチャイルド、バクー石油の販売開始
　　　　　　　　　　　　　　　1883（この年）
　アングロ・アメリカン石油設立　　1888.4.27
　アジアチック・ペトロリアム設立　　1903.6月
　カルテル・エブーが成立　　　1906（この年）
ロータリー・エンジン
　ロータリー・エンジンを発明　　　1957.2.1
　日産、ロータリー・エンジンの技術導入契
　　約調印　　　　　　　　　　　1970.10.2
ロータリー式掘削
　ロータリー式掘削に成功　　　　　1895.10.15
ロータリーベーンポンプ
　ロータリーベーンポンプ発明　1993（この年）
　一体型ロータリーベーンポンプ現地試験が
　　実施される　　　　　　　1995（この年）
六ヶ所村
　六ヶ所村ウラン濃縮工場、本格操業開始　1992.3.27
　六ヶ所村ウラン濃縮工場初出荷　　1993.11.18
ロッキーフラッツ核工場火災事故（アメリカ）
　ロッキーフラッツ核工場で火災事故　1969.5.11
ロックフィルダム
　御母衣ダム完成　　　　　　　　　1961.1月
　世界最大ロックフィルダム完成　　　1973.6月
　日本最大の揚水式発電所完成　　　　1979.6月

ロックフェラー, ジョン・D.
　ロックフェラー、製油工場を建設　1862（この年）
　ロックフェラー、オハイオ・スタンダード
　　設立　　　　　　　　　　　　1870.1.10
　ロックフェラー、スタンダード・オイル・
　　トラスト成立　　　　　　　　1882.1.2
　ニュージャージー・スタンダード設立
　　　　　　　　　　　　　　　1899（この年）
六甲アイランド
　六甲アイランドで、系統連系システムが完
　　成　　　　　　　　　　　　1986（この年）
ロートブラット, ジョセフ
　パグウォッシュ会議、ジョセフ・ロートブ
　　ラットがノーベル平和賞を受賞　1995.12.10
ローバック, ジョン
　ローバック、鉛室法を確立　　1746（この年）
ロビーサ原子力発電所（フィンランド）
　フィンランド初の商業用原発が営業運転開
　　始　　　　　　　　　　　　　1977.5.9
　フィンランド・ロビーサ原発2号機で、給
　　水配管破損　　　　　　　　　1993.2.25
ロプノール核実験場
　中国、初の核実験実施　　　　　　1964.10.16
　中国・新疆ウイグル自治区で初の水爆実験
　　　　　　　　　　　　　　　　1967.6.17
　中国の地下核実験に、日本で抗議運動　1995.8.17
　中国、ロプノール核実験場で核実験実施　1996.7.29
ロブレス, アルフォンソ・ガルシア
　アルフォンソ・ガルシア・ロブレスがノー
　　ベル平和賞を受賞　　　　　1982（この年）
ロベルト・ノーベル製油所
　ノーベル兄弟、ロシアにロベルト・ノーベ
　　ル製油所を建設　　　　　　1875（この年）
ローマクラブ
　ローマクラブ「成長の限界」を発表　1972.2月
ローリング, ビル
　核実験禁止で一致　　　　　　　　1974.10月
ロールス・ロイス
　航空エンジン開発で提携　　　　　1979.5.22
ローレンス, E.O.
　ローレンスら、サイクロトロンを建設
　　　　　　　　　　　　　　　1930（この年）
ローレンツ, ヘンドリック・アントーン
　ローレンツ、電子論を提唱　　　　1892（この年）
　ローレンツ、運動物体の電磁光学理論を展
　　開　　　　　　　　　　　　1895（この年）
　ゼーマン、ゼーマン効果を発見　1896（この年）
　ローレンツ、ゼーマン効果を荷電粒子の比
　　電荷の計算に利用　　　　　1896（この年）
　ラーモアとローレンツ、ローレンツ変換を
　　提唱　　　　　　　　　　　1904（この年）
ローレンツ変換
　ラーモアとローレンツ、ローレンツ変換を
　　提唱　　　　　　　　　　　1904（この年）
ローレンツ力
　ローレンツ、運動物体の電磁光学理論を展
　　開　　　　　　　　　　　　1895（この年）
ロンギ, デビッド
　核搭載船の寄港を拒否　　　　　　1985.2.1

核実験抗議船爆破 1985.7.10
ロンドン条約
　海洋汚染防止条約採択 1972.11.13
　海洋汚染防止法改正 1980.11.14
　海洋投棄停止の決議案 1983.2.14
　ロンドン条約締結国際会議を開催 1993.11.8
ロンドン電気協会
　スタージョン、ロンドン電気協会を設立 1837（この年）
ロンドン電力供給会社
　ロンドン電力供給会社、デットフォード計画を開始 1888（この年）

【わ】

ワイマン, カール
　ケターレら、ボース＝アインシュタイン凝縮を確認 1995（この年）
ワイラケイ地熱発電所（ニュージーランド）
　世界初の熱水分離型地熱発電所 1958（この年）
ワイルド
　ワイルド、他励式発電機を発明 1851（この年）
ワインバーガー, キャスパー
　SS20の極東配備が進展 1981.9月
ワインバーグ, S.
　ワインバーグ、電弱統一理論を発表 1967（この年）
ワインバーグ＝サラム理論
　ワインバーグ、電弱統一理論を発表 1967（この年）
　CERN、ニュートリノ反応における中性カレントの存在を確認 1973.7.19
渡部 富治
　振り子式波力発電システムを発明 1979（この年）
　ロータリーベーンポンプ発明 1993（この年）
ワット, ジェイムズ
　ワット、蒸気凝縮を発明 1765（この年）
　マードック、乗合蒸気自動車を製作 1774（この年）
　ウィルキンソン、中ぐり旋盤を改良 1775（この年）
　ワット、蒸気機関の特許を取得 1775（この年）
　ワット、遊星歯車機構を発明 1781（この年）
　ワット、複動式蒸気機関の特許を取得 1782（この年）
　ワット、遠心調速機を発明 1789（この年）
　発明家のワットが没する 1819.8.19
ワトソン
　ホイートストンら、電気伝導速度を実験 1834（この年）
湾岸戦争
　イラク軍、クウェートに侵攻 1990.8.2
　IEA、湾岸戦争対応計画決定 1991.1.11
　湾岸戦争がはじまる 1991.1.17
　アメリカ、イラクに最後通告 1991.2.22
　クウェート油井火災鎮火 1991.11.6
　イラク、クウェートの主権を承認 1994.11.10

【ABC】

A320
　全日空、国産ジェットエンジン不採用 1988.12月
AMラジオ
　フェッセンデン、AMラジオを発明 1906.12.24
AM-1
　ソ連第1号発電用原子炉AM-1臨界 1954.5.9
ARCOソーラー
　米アルコ・ソーラー、1MWの太陽光発電を達成 1982（この年）
ART社
　ART社、波－風力ハイブリッド型システム設置 1995（この年）
ASEAN地域フォーラム（ARF）
　ARF議長声明で、印パの核実験を非難 1998.7.27
B204
　英、使用済み核燃料再処理工場で放射能漏れ事故 1973.9.26
BANOCO
　バーレーン、国営石油会社設立 1976.2.23
BCS理論
　バーディーンら、超伝導理論を提唱 1957（この年）
Blakey, W.
　水管ボイラーが実用化される 1825（この頃）
BMW
　BMW、電気自動車開発完了時期を公表 1999.2.26
BN-350
　ソ連高速増殖炉が運転開始 1973.7.16
BNI600（ロシア）
　ロシア高速増殖炉BNI600でナトリウム漏れ 1993.10.7
BNOC
　英、国営石油会社設立 1976.1.1
　BNOC、原油価格値下げを発表 1983.2.18
　BNOCが価格引き下げ 1984.10.17
　BNOC解体民営化へ 1985.3.13
BP
　テキサス州の製油所で爆発 2005.3.23
　メキシコ湾海底油井から大量の原油が流出 2010.4.20
BPアモコ
　BPとアモコが合併合意 1998.8.11
　BPアモコとアルコが合併を発表 1999.4.1
BPC
　イラク、ロイヤルダッチ社の利権を国有化 1973.10.21
BT-2
　高性能遠心分離機BT-2初公開 1978.5.13
CdS太陽電池
　CdS太陽電池の発明 1955（この年）
CEAE
　中国の高速実験炉が初臨界 2010.7.21
CGG社
　地熱調査必要なしと結論 1956（この年）
CNGバス
　環境にやさしいバスが導入 1995（この年）

CO₂排出削減
先進国のCO₂排出20%削減の必要性宣言　1988.6.27
第3回世界気候会議開催　1990.10.29

CP対称性の破れ
フィッチとクローニン、CP対称性の破れ
を発見　1964（この年）
高エネルギー加速器研究機構、CP対称性
の破れについて実験　2000.7.31

CP-3
アメリカでウラン重水減速実験炉が試験可
能段階へ　1944.5.15
アメリカでCP-3炉稼働　1944.7.4

CP-5型研究用原子炉
CP-5型研究用原子炉の輸入、国産原子炉
制作を決定　1956.7.27

CRJ-X
石川島、川崎重がGEと共同開発　1995（この年）

CTBT発効促進会議
CTBT発効促進会議が開催　1999.10.6

CVCC方式エンジン
ホンダ、低公害のCVCC方式エンジンを開
発　1972.9.19
ホンダ、CVCC方式エンジンを発表　1972.12.12
運輸省、低公害車第1号を指定　1973.6.4

DFR
ドーンレイ高速増殖炉、発電開始　1962.10.17

DH－コメット
世界初の実用旅客機が初飛行　1949.7月

DOHCエンジン
日本初のOHCエンジン　1963（この年）
普通乗用車にDOHCエンジン　1981（この年）

DOHC4バルブ
トヨタ、乗用車エンジンをすべてDOHC4
バルブに　1986.8月

Donahoo, J.T.
ハイブリッド型ステッピングモーターを発
明　1952（この年）

EBR-1
アメリカ、実験用増殖原子炉完成　1951.12.8
アメリカ、世界初の原子力発電成功　1951.12.29
実験用高速増殖炉EBR-1で炉心溶融事故
　1955.11.29
アメリカでプルトニウム炉の連鎖反応維持
に成功　1962.11.27

E.D.アダムズ発電所（アメリカ）
E.D.アダムズ発電所が稼働　1896.11.16

Energytech社
豪州に波収斂型システム設置　2001（この年）

ENIAC
エッカートとモークリーがENIACが完成
　1946（この年）

EOLE
カナダで史上最大のダリウス風車設置
　1985（この年）

ERAP
イランとERAPが石油開発について協定締
結　1960（この年）
フランスでERAP発足　1966.1.1
イラン、石油開発についてフランス・
ERAPと協定　1967（この年）

アブ・ギラブ油田発見　1970.1.16
フランス、国営石油会社設立　1976（この年）

Falnes
点集中装置の解析　1973.5月

FBR技術協力協定
日独仏、FBR技術協力協定調印　1978.6.21

FBR実証炉
仏FBR実証炉スーパーフェニックスにロ
ケット砲弾　1982.1.18

FBR燃料サイクル
動燃、FBR燃料サイクル成功　1983.6.29

Feiertag, K.M.
ハイブリッド型ステッピングモーターを発
明　1952（この年）

F.L.スミト社
デンマーク各地に風車設置　1940（この頃）

FSR
ソ連、原子炉1号機が初臨界　1946.12.25

GAA社
アメリカで、初のプラズマ閉じ込め成功　1978.2.27

GMF
東京電力、GMFを世界初設置　1971（この年）

GMI社
集積回路MOS-ICを発表　1964（この年）

Griffin
「水力発電所の設備規模の決定について」
発表　1955（この年）

GROWIAN計画
GROWIAN計画　1970（この頃）

GUPCO
エジプトのエル・モルガン油田開発成功　1966.9.19

H-Iロケット
H-Iロケットに液体水素燃料エンジンが
搭載　1986（この年）

Henry-Baudot
プリントモーターを発明　1966（この年）

HIFAR
使用済み核燃料の海上輸送開始　1963.6.6

Hydam Technology
アイルランドで浮体式可動物体型装置試験
　1996（この年）

IAEA憲章
国連総会IAEA憲章草案を採択　1956.10.23

IAEA統合保障措置
IAEAより統合保障措置適用　2004.9.14

IAEA保障措置協定
日本、IAEA保障措置協定署名　1977.3.4

IBM
第2世代コンピュータを発表　1958（この年）

IC
キルビーとノイスが集積回路を製作　1959（この頃）

IEEEマイルストーン賞
黒部第四発電所、IEEEマイルストーン賞
受賞　2010.4.9

『IEE Proceedings』
イギリス電信学会設立　1871（この年）

IG社
IG社、石炭液化技術の工業化に成功　1927（この年）

INIS計画
IAEA、INIS計画を承認　　　　　1969.3.31
INOC
イラク国営石油会社設立　　　　　1964.2.8
イラク、国営石油会社INOCを設立　1972.6.1
ISO
東海第二発電所がISO環境規格の認証を取得　　　　　　　　　　　　　　1998.2.5
ISO石油製品国内委員会
ISO石油製品国内委員会発足　　　　1977.7月
ISO9001
島根原発「ISO9001」の認証取得　2001.10.23
J/ψ 中間子
新しい素粒子「J/ψ」の発見　　　1974.11.16
J1型全金属単葉飛行機
ユンカース、金属製の単葉飛行機を完成　1915.12月
JCO東海事業所
JCO東海事業所で臨界事故　　　　1999.9.30
JET
EC、ファーストプラズマ発生に成功　1983.6.29
EC、トーラス型核融合臨界プラズマ実験装置完成　　　　　　　　　　　　1984.4.9
臨界プラズマ条件を達成　　　　1987（この年）
JFT-2
超高温プラズマの生成成功　　　　1972.12.4
高密度・超高温プラズマの生成・閉じ込めに成功　　　　　　　　　　　　　1973.3.15
J.M.ガッフィ石油会社
ガルフ・オイル設立　　　　　　　1907.1.30
JMTR
原研大洗研究所で材料試験炉水漏れ　2002.12.10
JPDR
原研の原発実験炉臨界　　　　　　1963.8.22
日本初の原子力発電に成功　　　　1963.10.26
動力試験用原子炉で蒸気噴出　　　1964.3.28
「原子力の日」閣議決定　　　　　1964.7.31
JPDR発電開始　　　　　　　　　1964.12.16
JPDR、5000kW/hを達成　　　　　1966.3.21
原研東海研究所で冷却剤漏出　　　1976.1月
JRR-1
日本初の原子炉JRR-1が臨界　　　1957.8.27
JRR-2
原研JRR-2臨界　　　　　　　　　1960.10.1
原研JRR-2、出力上昇試験運転成功　1961.11.29
JRR-3
国産一号原子炉JRR-3着工　　　　1959.1.14
東海製錬所が金属ウラン4.2t生産　1960.5.6
国産1号炉「JRR-3」臨界　　　　　1962.9.12
原研、使用済み核燃料からプルトニウムを初抽出　　　　　　　　　　　　1968.5.16
JT-60
原研臨界プラズマ試験装置がプラズマ達成
　　　　　　　　　　　　　　　1985.7.18
臨界プラズマ条件を達成　　　　1987（この年）
K-219
ソ連原潜が大西洋上で火災事故　　1986.10.3
KDKA局
ラジオ放送が始まる　　　　　　　1920.11.2
KS鋼
本多光太郎と高木弘、KS鋼を発明　1917.6月

三島徳七、MK鋼を発明　　　　1931（この年）
LAMPRE
世界初熔融プルトニウムを使った原子炉が臨界　　　　　　　　　　　　　1961.4.30
LGPC
リビアがメジャーズ4社を国有化　　1970.6月
LNG国際会議
第1回LNG国際会議開催　　　　　1968.4月
第2回LNG国際会議開催　　　　　1970.10月
第4回LNG国際会議開催　　　　　1974.6月
第5回LNG国際会議開催　　　　　1977.8月
第6回LNG国際会議開催　　　　　1980.4月
LNG冷熱発電
LNG冷熱発電に成功　　　　　　　1979.11月
LOPO
アメリカで「湯わかし型」原子炉（LOPO）完成　　　　　　　　　1944.5月
LTA航空機
ハイブリッド型LTA航空機懇談会が発足　1978.10.6
MAN社
ドイツで直径130m風車構想発表　1937（この年）
MD90-30
米デルタ航空V2500搭載機発注　　1989.11月
MHI原子力システムズ
三菱重工業、「US-APWR」の開発と「MHI原子力システムズ」の業務開始を発表　　　　　　　　　　　　　2006.7.3
MK鋼
三島徳七、MK鋼を発明　　　　1931（この年）
MKSΩ 単位系
ジョルジ、MKSΩ 単位系を提唱　1901（この年）
ML-1
世界初の移動発電炉臨界　　　　　1961.3.30
MOSトランジスター
カーングとアタラがMOSトランジスターを発明　　　　　　　　　　　　1960（この年）
MOS-IC
集積回路MOS-ICを発表　　　　1964（この年）
MOS-LSI
大規模集積回路LSIの生産を開始　1968（この年）
MOX燃料
ATR原型炉「ふげん」が、初の国産MOX燃料で発電　　　　　　　　　　1981.10.10
回収ウランとプルトニウムでMOX燃料完成　　　　　　　　　　　　　　1984.4.11
六ヶ所村再処理工場で、MOX粉末製造開始　　　　　　　　　　　　　　2006.11.16
玄海原発3号機で、プルサーマル国内初臨界　　　　　　　　　　　　　　2009.11.5
六ヶ所村MOX燃料工場の本体工事に着手
　　　　　　　　　　　　　　　2010.10.28
MSRE
ORNL実験炉で、世界で初めてウラン233を燃料で臨界　　　　　　　　　1968.10.2
溶融塩燃料実験炉MSRE、12000時間の全出力運転達成　　　　　　　　　1969.9.29
MTBE
MTBEが利用され始める　　　　1979（この頃）
アメリカ、MTBEの使用を義務づけ　1995（この年）
カリフォルニア州の地下水源からMTBEが検出される　　　　　　　　1996（この年）

MVく

MVグリーンピース
　核実験抗議のグリーンピース船がフランス
　　に拿捕される　　　　　　　　　1995.7.10
MW級風車
　アメリカで史上初のMW級風車設置　1941（この年）
N.A.オットー会社
　オットーら、N.A.オットー会社設立　1864.3.31
　オットーのエンジンが、パリ万博で金賞を
　　受賞　　　　　　　　　　　　1867（この年）
NAA社
　原研、ウォーターボイラー型実験原子炉の
　　輸入契約を発表　　　　　　　　1956.3.27
NEDO PV Challenges
　NEDO、NEDO PV Challengesを策定　2014.9月
NERSA
　NERSA発足　　　　　　　　　　1974.7月
『New System of Chemical Philosophy』
　ドルトン、原子論を提唱　　　1803（この年）
NNOC
　ナイジェリアが国営石油会社を設立　1971.4.1
NNPC
　ナイジェリアが国営石油会社を設立　1971.4.1
NOC
　リビアがメジャーズ4社を国有化　　1970.6月
NO$_X$吸蔵還元型三元触媒
　NO$_X$吸蔵還元型三元触媒を開発　　1994.8月
NSU
　日産、ロータリー・エンジンの技術導入契
　　約調印　　　　　　　　　　　1970.10.2
NVCS
　日産が可変バルブタイミング機構を採用
　　　　　　　　　　　　　　　1986（この年）
ODA
　海外経済協力会議、省エネODAを重点化　2006.8.10
OHCエンジン
　日本初のOHCエンジン　　　　1963（この年）
OP磁石
　加藤与五郎、OP磁石を発明　　1930（この年）
OPEC閣僚監視委員会
　OPEC閣僚監視委員会開催　　　　1990.8.29
OPEC長期戦略特別委員会
　OPEC長期戦略特別委員会設置　　　1978.5.6
PEFC
　NASAが燃料電池を採用　　　　1965（この年）
PIT法
　マシアスとクンツラーが超伝導磁石を製作
　　　　　　　　　　　　　　　1961（この年）
P.N.プルタミン
　インドネシアがプルミンドを国有化　1961.1月
P.N.プルミナ
　インドネシア、プルミナを国有化　　1958.2月
P.R.マロリー社
　ルーベンが水銀電池を発明　　　　1942（この年）
PS方式
　インドネシアがPS方式の条件を改定　1971.8.9
PV2030
　NEDO、PV2030を策定　　　　　　2004.6月

PV2030+
　NEDO、PV2030+を策定　　　　　2009.6月
QNPC
　カタール、総合石油会社設立　　　1974.8.1
R12
　東海再処理施設の新溶解槽の試運転開始　1985.2.18
RCA社
　アモルファスシリコン太陽電池の発明
　　　　　　　　　　　　　　　1976（この年）
RM電池
　ルーベンが水銀電池を発明　　1942（この年）
RPS法
　RPS法制定　　　　　　　　　　　2002.4.26
　RPS法公布　　　　　　　　　　　2002.6.7
S型反動タービン
　ド・ラバール、S型反動タービンを発明
　　　　　　　　　　　　　　　1878（この年）
SEA CLAM
　SEA CLAM開発　　　　　　　1982（この年）
SIRIP
　イランで石油法が成立　　　　1957（この年）
Spring-8
　Spring-8で、ペンタクォークの生成に成功　2003.7.1
　ゲンジボタルの発光現象のメカニズムを解
　　明　　　　　　　　　　　　　2006.3.16
SS20
　SS20の極東配備が進展　　　　　　1981.9月
T型自動車
　フォード、自動車量産開始　　　　1908.10.1
『tangent galvanometer』
　プイエ、正検検流計を発明　　1837（この年）
Teare, B.R.
　ヒステリシスモーターの論文を発表　1937（この年）
『The Theory of Electricity』
　リーベンス、『The Theory of Electricity』
　　刊　　　　　　　　　　　　1918（この年）
TNT27
　TNT27の放射性廃棄物が飛散　　　1995.2.8
TOVALOP
　タンカー船主自主協定発効　　　　1969.10月
TVO社
　フィンランドの原発で、世界初の欧州加圧
　　水型炉建設を決定　　　　　　2003.10.16
Unnoの式
　海野和三郎、「Unnoの式」を導く　1955（この年）
UP2
　フランス、黒鉛炉燃料の再処理施設運転開
　　始　　　　　　　　　　　　　1966.6.30
US-APWR
　三菱重工業、「US-APWR」の開発と
　　「MHI原子力システムズ」の業務開始を
　　発表　　　　　　　　　　　　　2006.7.3
V-2ロケット
　ドイツでロケットを実用化　　1942（この年）
　ドイツ軍、V-2ロケットでロンドン攻撃　1944.9.7
V2500
　YXX搭載エンジン開発　　　　　1983.12月
　全日空、国産ジェットエンジン不採用　1988.12月
　米デルタ航空V2500搭載機発注　　1989.11月

VTEC
　ホンダが可変バルブタイミング・リフト機
　　構を採用　　　　　　　　1989（この年）
VVT-i
　トヨタが連続可変バルブタイミング機構を
　　採用　　　　　　　　　　1995（この年）
Wing
　「水力発電所の設備規模の決定について」
　　発表　　　　　　　　　　1955（この年）
X線
　レントゲン、X線を発見　　　　1895.11.8
　シーグバーン、X線スペクトルのM系列を
　　発見　　　　　　　　　　1916（この年）
　コンプトン、コンプトン効果を発見 1923（この年）

X線解析
　ヘヴェシーとコスター、ハフニウムを発見
　　　　　　　　　　　　　　1923（この年）

X線回折
　W.H.ブラッグとW.L.ブラッグ、結晶格子
　　によるラウエ斑点の説明　　1912（この年）
　ラウエ、結晶によるX線の回折（ラウエ斑
　　点）を発見　　　　　　　1912（この年）
X線管
　クーリッジ、クーリッジ管を発明　1913（この年）
X線レーザー
　核爆発を用いるX線レーザーの地下実験が
　　行われる　　　　　　　　1985（この年）
YXX機
　YXX搭載エンジン開発　　　　　1983.12月

資源・エネルギー史事典
—トピックス 1712-2014

2015年7月25日 第1刷発行

編　集／日外アソシエーツ編集部
発行者／大高利夫
発　行／日外アソシエーツ株式会社
　　　　〒143-8550 東京都大田区大森北 1-23-8 第3下川ビル
　　　　電話 (03)3763-5241(代表)　FAX(03)3764-0845
　　　　URL http://www.nichigai.co.jp/
発売元／株式会社紀伊國屋書店
　　　　〒163-8636 東京都新宿区新宿 3-17-7
　　　　電話 (03)3354-0131(代表)
　　　　ホールセール部(営業)　電話 (03)6910-0519

　　　　電算漢字処理／日外アソシエーツ株式会社
　　　　印刷・製本／株式会社平河工業社

不許複製・禁無断転載　　　　　《中性紙三菱クリームエレガ使用》
〈落丁・乱丁本はお取り替えいたします〉
ISBN978-4-8169-2553-5　　　　Printed in Japan, 2015

本書はディジタルデータでご利用いただくことができます。詳細はお問い合わせください。

海洋・海事史事典 トピックス古代-2014
A5・540頁　定価(本体13,800円+税)　2015.1刊

古代から2014年まで、海洋・海事に関するトピック3,400件を年月日順に掲載した記録事典。造船、海運、航海、海難事故など船の歴史から、潮汐、海底資源、海洋汚染、深海生物など海洋学、生物学、さらには軍事、海洋レジャーまで「海」に関する出来事を幅広く収録。「分野別索引」「国名索引」「事項名索引」付き。

科学技術史事典 トピックス原始時代-2013
A5・690頁　定価(本体13,800円+税)　2014.2刊

原始時代から2013年まで、科学技術に関するトピック4,700件を年月日順に掲載した記録事典。人類学・天文学・宇宙科学・生物学・化学・地球科学・地理学・数学・医学・物理学・技術・建築学など、科学技術史に関する重要なトピックとなる出来事を幅広く収録。「国名索引」「事項名索引」付き。

日本交通史事典 トピックス1868-2009
A5・500頁　定価(本体13,800円+税)　2010.3刊

1868〜2009年までの交通に関するトピック4,500件を年月日順に掲載した記録事典。法整備、国際交渉、技術開発、業界・企業動向、事故など幅広いテーマを収録。「分野別索引」「事項名索引」付き。

事典 日本の科学者 科学技術を築いた5000人
板倉聖宣監修　A5・1,020頁　定価(本体17,000円+税)　2014.6刊

江戸時代初期から平成にかけて活躍した物故科学者を収録した人名事典。自然科学の全分野のみならず、医師や技術者、科学史家、科学啓蒙に尽くした人々などを幅広く収録。

ノーベル賞受賞者業績事典
新訂第3版―全部門855人
ノーベル賞人名事典編集委員会編
A5・790頁　定価(本体8,500円+税)　2013.1刊

1901年の創設から2012年までの、ノーベル賞各部門の全受賞者の業績を詳しく紹介した人名事典。835人、20団体の経歴・受賞理由・著作・参考文献を掲載。

データベースカンパニー
日外アソシエーツ　〒143-8550　東京都大田区大森北1-23-8
TEL.(03)3763-5241　FAX.(03)3764-0845　http://www.nichigai.co.jp/